D0837522

COLLINS GEM

RUSSIAN DICTIONARY

RUSSIAN • ENGLISH
ENGLISH • RUSSIAN

Collins Gem

An imprint of HarperCollins*Publishers*

first published in this edition 1996

latest reprint 2000

ISBN 0 00 458652-2

The Collins Gem website address is
www.**collins-gem**.com

Авторский коллектив/Contributors
Albina Ozieva • Olga Stott

Заведующий редакцией/Editorial Management
Jeremy Butterfield

Ведущий редактор/Editor
Maree Airlie

Редакторы/Editorial Staff
Isobel Gordon • Andrew Knox

Компьютерное обслуживание/Computing
André Gautier • Robert McMillan

Редактор серии/Series Editor
Lorna Sinclair Knight

A catalogue record for this book is available from the British Library

Typeset by Tradespools Ltd, Somerset, Great Britain

Printed and bound in Great Britain by Caledonian International Book Manufacturing Ltd, Glasgow, G64

ВВЕДЕНИЕ

Мы рады, что вы выбрали словарь, подготовленный издательством Коллинз. Мы надеемся, что он окажется вам полезен, где бы вы им ни пользовались – дома, на отдыхе или на работе.

В настоящем введении излагаются некоторые советы по эффективному использованию данного издания: его обширного словника и сведений, содержащихся в каждой словарной статье. Данная информация поможет вам не только читать и понимать современный английский, но также овладеть устной речью.

INTRODUCTION

We are delighted that you have decided to use the Collins Russian Dictionary and hope that you will enjoy and benefit from using it at home, on holiday or at work.

This introduction gives you a few tips on how to get the most out of your dictionary – not simply from its comprehensive wordlist but also from the information provided in each entry. This will help you to read and understand modern Russian, as well as communicate and express yourself in the language.

СОДЕРЖАНИЕ

CONTENTS

О ПОЛЬЗОВАНИИ СЛОВАРЁМ

Заглавные слова

Заглавными называются слова, начинающие словарную статью. Они напечатаны жирным шрифтом и расположены в алфавитном порядке. При многих из них приводятся словосочетания и сращения. Они напечатаны жирным шрифтом меньшего размера.

Перевод

Перевод заглавных слов напечатан обычным шрифтом. Варианты перевода синонимичны. Различные значения многозначного слова разделены точкой с запятой.

Переводы для значений производных слов часто разделены только точкой с запятой и перед ними даётся одна помета типа (*см прил*). Это означает, что последовательное разделение значений рассматриваемого слова и их переводов даётся при слове, от которого данное слово образовано. Например, **careful/carefully**.

В случаях, когда точный перевод невозможен, даётся приблизительный эквивалент. Он обозначается знаком ≈. Если же таковой отсутствует, то приводится толкование.

Пометы

Пометы служат для разделения значений многозначного слова. Их цель – помочь читателю выбрать перевод, наиболее подходящий в том или ином контексте. Пометы напечатаны курсивом и заключены в круглые скобки.

При заглавных словах даны необходимые стилистические пометы. Нецензурные слова помечены восклицательным знаком (!).

Произношение

В англо-русской части словаря все заглавные слова снабжены транскрипцией. Транскрипция не даётся для производных слов, о произношении которых можно судить, исходя из произношения исходного слова, например, **enjoy/enjoyment**. Список фонетических знаков приводится на страницах xv–xvi.

В русско-английской части словаря все русские слова снабжены знаком ударения. Омографы (слова, имеющие одинаковое написание, но различное ударение и значение) приводятся как отдельные заглавные слова в том порядке, в котором в них проставлено ударение, например, первым даётся слово **за́мок**, затем – **замо́к**. Более подробную информацию о принципах русского произношения читатель может найти в разделе на страницах xiv–xv.

Служебные слова
В словаре уделяется особое внимание русским и английским словам, которые обладают сложной грамматической структурой. Таковыми являются в первую очередь служебные слова, вспомогательные глаголы, местоимения, частицы итп. Они обозначены пометой **KEYWORD**.

Английские фразовые глаголы
Фразовыми глаголами называются устойчивые сочетания глагола с элементами **in, up** итп, типа **blow up, cut down** итп. Они приводятся при базовых глаголах, таких как **blow, cut**, и расположены в алфавитном порядке.

Употребление *or*/*или*, **косой черты и скобок**
Между взаимозаменяемыми вариантами перевода фраз в англо-русской части употребляется союз "*or*", в русско-английской – "*или*". Косая черта (/) означает, что приведённые варианты перевода не являются взаимозаменяемыми. В круглые скобки заключаются возможные, но необязательные в данном выражении слова.

Употребление тильды (~)
Тильда в англо-русской части заменяет заглавное слово в словосочетаниях. Например, если заглавным является слово "**order**", то фраза "**out of order**" будет представлена следующим образом: **out of** ~. В русско-английской части тильда заменяет: 1) целое заглавное слово: например, в статье "**до́бр|ый**" фраза "**до́брый день**" показана следующим образом: **~ день**. 2) тильда заменяет часть заглавного слова, предшествующую вертикальной черте: например, в статье "**до́бр|ый**" фраза "**до́брое у́тро**" показана следующим образом: **~ое у́тро.**

USING THE DICTIONARY

Headwords

The **headword** is the word you look up in a dictionary. They are listed in alphabetical order, and printed in bold type. Each headword may contain phrases, which are in smaller bold type. The two headwords appearing at the top of each page indicate the first and last word dealt with on that page.

Where appropriate, words related to headwords are grouped in the same entry (eg. **enjoy**, **enjoyment**) in smaller bold type than the headword.

Translations

The translations of the headword are printed in ordinary roman type. Translations separated by a comma are interchangeable, those separated by a semi-colon are not interchangeable. Where the indicator refers to a different part of speech eg. (*see adj*), the translations mirror the splits shown at the other part of speech eg. **careful/carefully**.

Where it is not possible to give an exact translation equivalent, an approximate (cultural) equivalent is given preceded by ≈. If this also isn't possible, then a gloss is given to explain the source item.

Indicators

Indicators are pieces of information given in italic type and in brackets. They offer contexts in which the headword might appear or provide synonyms, guiding you to the most appropriate translation.

Colloquial and informal language in the dictionary is marked at the headword. Rude or offensive translations are also marked with (!).

Pronunciation

On the English-Russian side of the dictionary you will find the phonetic spelling of the word in square brackets after the headword, unless the word is grouped under another headword and the pronunciation can be easily derived eg. **enjoy/ enjoyment**. A list of the symbols used is given on pages xv–xvi.

For Russian-English, stress is given on all Russian words as a guide to pronunciation. Words which are spelt in the same way, but have different stress positions are treated as separate entries, the order following the order of the stress eg. **за́мок** comes before **замо́к**. The section on pages xiv–xv explains Russian phonetics in more detail.

Keywords

In the dictionary special status is given to "key" Russian and English words. These words can be grammatically complex, often having many different usages, and are labelled **KEYWORD**.

"You" in phrases
The Russian formal form is used to translate "you/your" and imperative phrases, unless the phrase is very colloquial and the informal form would be more natural.

Use of *or*/*или*, oblique and brackets
"*or*" on the English-Russian side, and "*или*" on the Russian-English side are used between interchangeable parts of a translation or phrase, whereas the oblique (/) is used between non-interchangeable alternatives. Round brackets are used to show optional parts of the translation or phrase.

Use of the swung dash (~)
The swung dash (~) is used on the English-Russian side to stand for the headword in phrases eg. at "**order**" the phrase "**out of order**" is shown as "**out of ~**". On the Russian-English side the swung dash can either stand for the full headword eg. at "**добр|ый**" the phrase "**добрый день**" is shown as "**~ день**", or it can stand for the part of the word before the hairline eg. at "**добрый**" the phrase "**доброе утро**" appears as "**~ое утро**".

American Variants
American spelling variants are generally shown at the British headword eg. **colour/color** and may also be shown as a separate entry. Variant forms are generally shown as separate headwords eg. **trousers/ pants**, unless the British and American forms are alphabetically adjacent, when the American form is only shown separately if phonetics are required eg. **cut-price/cut-rate**.

Russian reflexive verbs
Russian reflexive verbs eg. **мыться**, **краситься** are listed under the basic verb eg. **мыть**, **красить**.

STYLE AND LAYOUT OF THE DICTIONARY
RUSSIAN-ENGLISH

Inflectional and grammatical information
Inflectional information is shown in the dictionary in brackets straight after the headword and before the part of speech eg. **стол (-á)** *м*.

Grammatical information is shown after the part of speech and refers to the whole entry eg. **завид|овать (-ую; *pf* позавидовать)** *несов*: ~ *+dat*. Where grammatical information eg. *no pf* is given in the middle of the entry, it then governs all the following senses.

Use of the hairline (|)
The hairline is used in headwords to show where the inflection adds on eg. **кни́г|а (-и)**. It is also used in swung dash relacement.

Stress
Stress changes are shown where they occur, the last form given being indicative of the rest of the pattern eg. **игр|á (-ы́**; *nom pl* **-ы)**. In this example the stress is on the last syllable in the singular moving to the first syllable in the plural.

Nouns, numerals and pronouns
In order to help you determine the declension and stress pattern of nouns, numerals and pronouns, we have shown the genitive in each case. This is given as the first piece of information after the headword and is not labelled eg. **стол (-á)**.

Where the headword has further irregularities in declension these are shown at the headword and labelled eg. **я́блок|о (-а**; *nom pl* **-и)**.

Verbs
The majority of verbs are dealt with in aspectual pairs, and the translation is shown at the base form of the pair. The other aspect is generally shown separately and cross-referred to the base form. To help you see how a verb conjugates, inflections are shown immediately after the headword.

In phrases both aspects are shown if both work in the context.

The past tense is shown at the headword if it is irregularly formed.

Inflections given as separate entries
Some irregular inflected forms are also shown at their alphabetical position and cross-referred to the base headword.

Spelling rules
The following spelling rules apply to Russian:
– after **ж, ч, ш, щ, г, к** and **х, ы** is replaced by **и, я** by **а** and **ю** by **у**.
– after **ж, ч, ш, щ** and **ц, е** replaces an unstressed **о**.

ENGLISH-RUSSIAN

Gender
The gender of Russian noun translations is only shown for:
– nouns ending in **-ь**
– neuter nouns ending in **-я**
– masculine nouns ending in **-а**
– nouns with a common gender
– indeclinable nouns
– substantivized adjectives
– plural noun translations if a singular form exists.

Feminine forms
The feminine forms of masculine

nouns are shown as follows:
– the feminine ending adds on to the masculine form, eg. учи́тель(ница)
– the feminine ending substitutes part of the masculine form, the last common letter of both forms being shown before the feminine ending (unless it is a substantivized adjective), eg. актёр(-три́са).
– the feminine form is given in full, eg. чех (че́шка).

Adjectives
Russian translations of adjectives are always given in the masculine, unless the adjective relates only to a feminine noun eg. бере́менная.

Verbs
Imperfective and perfective aspects are shown in translation where they both apply eg. **to do** де́лать (сде́лать *pf*). If only one aspect is shown, it means that only one aspect works for this sense. The same applies to translations of infinitive phrases eg. **to buy sth** покупа́ть (купи́ть *pf*) что-н.

Where the English phrase contains the construction "to do" standing for any verb, it has been translated by *+infin*/*+impf infin*/*+pf infin*, depending on which aspects of the Russian verb work in the context.

Where the English phrase contains the past tense of a verb in the 1st person singular, the Russian translation gives only the masculine form eg. **I was glad** я был рад

Prepositions
Unless bracketed, prepositions and cases which follow verbs, adjectives etc are obligatory as part of the translation eg. **to inundate with** зава́ливать (завали́ть *pf*) *+instr*

Where they are separated by *or* they are interchangeable.

An oblique (/) is used to separate prepositions when the preposition depends on the following noun not the preceding verb eg. идти́ в/на.

RUSSIAN ABBREVIATIONS

aviation	**АВИА**	авиация
automobiles	**АВТ**	автомобильное дело
administration	**АДМИН**	администрация
anatomy	**АНАТ**	анатомия
architecture	**АРХИТ**	архитектура
impersonal	**безл**	безличный
biology	**БИО**	биология
botany	**БОТ**	ботаника
parenthesis	**вводн сл**	вводное слово
military	**ВОЕН**	военный термин
reflexive	**возв**	возвратный глагол
geography	**ГЕО**	география
geometry	**ГЕОМ**	геометрия
verb	**глаг**	глагол
offensive	**груб!**	грубо
singular	**ед**	единственное число
feminine	**ж**	женский род
zoology	**ЗООЛ**	зоология
history	**ИСТ**	история
et cetera	**итп**	и тому подобное
predicate	**как сказ**	как сказуемое
commercial	**КОММ**	коммерция
computing	**КОМП**	компьютер
somebody	**кто-н**	кто-нибудь
culinary	**КУЛИН**	кулинария
linguistics	**ЛИНГ**	лингвистика
masculine	**м**	мужской род
mathematics	**МАТ**	математика
medicine	**МЕД**	медицина
exclamation	**межд**	междометие
pronoun	**мест**	местоимение
plural	**мн**	множественное число
nautical	**МОР**	морской термин
music	**МУЗ**	музыка
adverb	**нареч**	наречие
invariable	**неизм**	неизменяемое
intransitive	**неперех**	непереходный глагол
indeclinable	**нескл**	несклоняемое
imperfective	**несов**	несовершенный вид
figurative	**перен**	в переносном значении
transitive	**перех**	переходный
subject	**подлеж**	подлежащее
politics	**ПОЛИТ**	политика
superlative	**превос**	превосходная степень

preposition	***предл***	предлог
pejorative	***пренебр***	пренебрежительное
adjective	***прил***	прилагательное
possessive	***притяж***	притяжательный
school	***ПРОСВЕЩ***	просвещение
psychology	***ПСИХОЛ***	психология
informal	***разг***	разговорное
religion	***РЕЛ***	религия
agriculture	***С.-Х.***	сельское хозяйство
see	***см***	смотри
collective	***собир***	собирательное
perfective	***сов***	совершенный вид
abbreviation	***сокр***	сокращение
neuter	***ср***	средний род
comparative	***сравн***	сравнительная степень
construction	***СТРОИТ***	строительство
noun	***сущ***	имя существительное
television	***ТЕЛ***	телевидение
technology	***ТЕХ***	техника
printing	***ТИПОГ***	типографский термин
diminutive	***уменьш***	уменьшительное
physics	***ФИЗ***	физика
photography	***ФОТО***	фотография
chemistry	***ХИМ***	химия
particle	***част***	частица
somebody's	***чей-н***	чей-нибудь
numeral	***чис***	числительное
something	***что-н***	что-нибудь
economics	***ЭКОН***	экономика
eletricity	***ЭЛЕК***	электроника
law	***ЮР***	юридический термин
registered trademark	®	зарегистрированный товарный знак
introduces a cultural equivalent	≈	вводит культурный эквивалент

АНГЛИЙСКИЕ СОКРАЩЕНИЯ

сокращение	***abbr***	abbreviation
винительный падеж	***acc***	accusative
прилагательное	***adj***	adjective
администрация	***ADMIN***	administration
наречие	***adv***	adverb
сельское хозяйство	***AGR***	agriculture
анатомия	***ANAT***	anatomy
архитектура	***ARCHIT***	architecture

автомобильное дело	***AUT***	automobiles
вспомогательный глагол	***aux vb***	auxiliary verb
авиация	***AVIAT***	aviation
биология	***BIO***	biology
ботаника	***BOT***	botany
британский английский	***BRIT***	British English
химия	***CHEM***	chemistry
коммерция	***COMM***	commerce
компьютер	***COMPUT***	computing
союз	***conj***	conjunction
строительство	***CONSTR***	construction
сращение	***cpd***	compound
кулинария	***CULIN***	culinary
дательный падеж	***dat***	dative
склоняется	***decl***	declines
определённый артикль	***def art***	definite article
уменьшительное	***dimin***	diminutive
экономика	***ECON***	economics
электроника	***ELEC***	electricity
особенно	***esp***	especially
и тому подобное	***etc***	et cetera
междометие	***excl***	exclamation
женский род	***f***	feminine
в переносном значении	***fig***	figurative
родительный падеж	***gen***	genitive
география	***GEO***	geography
геометрия	***GEOM***	geometry
безличный	***impers***	impersonal
несовершенный вид	***impf***	imperfective verb
несклоняемое	***ind***	indeclinable
неопределённый артикль	***indef art***	indefinite article
разговорное	***inf***	informal
грубо	***inf!***	offensive
инфинитив	***infin***	infinitive
творительный падеж	***instr***	instrumental
неизменяемое	***inv***	invariable
неправильный	***irreg***	irregular
лингвистика	***LING***	linguistics
местный падеж	***loc***	locative
мужской род	***m***	masculine
субстантивированное прилагательное	***m/f/nt adj***	adjectival noun
математика	***MATH***	mathematics
медицина	***MED***	medicine
военный термин	***MIL***	military
музыка	***MUS***	music

существительное	***n***	noun
морской термин	***NAUT***	nautical
именительный падеж	***nom***	nominative
существительное во множественном числе	***npl***	plural noun
средний род	***nt***	neuter
числительное	***num***	numeral
себя	***o.s.***	oneself
разделительный	***part***	partitive
пренебрежительное	***pej***	pejorative
совершенный вид	***pf***	perfective verb
фотография	***PHOT***	photography
физика	***PHYS***	physics
физиология	***PHYSIOL***	physiology
множественное число	***pl***	plural
политика	***POL***	politics
страдательное причастие	***pp***	past participle
предлог	***prep***	preposition
местоимение	***pron***	pronoun
предложный падеж	***prp***	prepositional
психология	***PSYCH***	psychiatry
прошедшее время	***pt***	past tense
религия	***REL***	religion
кто-нибудь	***sb***	somebody
просвещение	***SCOL***	school
единственное число	***sg***	singular
что-нибудь	***sth***	something
подлежащее	***subj***	subject
превосходная степень	***superl***	superlative
техника	***TECH***	technology
телесвязь	***TEL***	telecommunications
театр	***THEAT***	theatre
телевидение	***TV***	television
типографский термин	***TYP***	printing
американский английский	***US***	American English
обычно	***usu***	usually
глагол	***vb***	verb
непереходный глагол	***vi***	intransitive verb
звательный падеж	***voc***	vocative case
фразовый глагол	***vt fus***	inseparable verb
переходный глагол	***vt***	transitive verb
зоология	***ZOOL***	zoology
зарегистрированный товарный знак	®	registered trademark
вводит культурный эквивалент	≈	introduces a cultural equivalent

RUSSIAN PRONUNCIATION

Vowels and diphthongs

Letter	*Symbol*	*Russian Example*	*English Example/Explanation*
А,а	[a]	дать	after
Е,е	[ɛ]	сел	get
Ё,ё	[jo]	ёлка, моё	yawn
И,и	[i]	их, ни́ва	sheet
Й,й	[j]	йод, мой	yield
Ó,ó	[o]	кот	dot
О,о	[ʌ]	нога́	cup
У,у	[u]	ум	shoot
Ы,ы	[ɨ]	сын	*pronounced like "ee", but with the tongue arched further back in the mouth*
Э,э	[æ]	э́то	cat
Ю,ю	[ju]	юг	you, youth
Я,я	[ja]	я́сно	yak

Consonants

Letter	*Symbol*	*Russian Example*	*English Example/Explanation*
Б,б	[b]	банк	but
В,в	[v]	вот	vat
Г,г	[g]	год	got
Д,д	[d]	дом	dog
Ж,ж	[ʒ]	жена́	measure
З,з	[z]	за́втра	doze
К,к	[k]	кот	cat
Л,л	[l]	ло́дка	lot
М,м	[m]	мать	mat
Н,н	[n]	нас	no
П,п	[p]	пасть	put
Р,р	[r]	рот	*pronounced like rolled Scots "r"*
С,с	[s]	сад	sat
Т,т	[t]	ток	top
Ф,ф	[f]	фо́рма	fat
Х,х	[x]	ход	*pronounced like Scots "ch" in "loch"*
Ц,ц	[ts]	цель	bits
Ч,ч	[tʃ]	ча́сто	chip
Ш,ш	[ʃ]	шу́тка	shoot
Щ,щ	[ʃʃ]	щит	fresh sheets

Russian vowels are inherently short. Russian stressed vowels tend to be slightly longer than unstressed vowels. In unstressed positions all vowels are "reduced". Unstressed "**o**" sounds like "**a**" eg. **городá** [gərʌ'da], except in some loanwords and acronyms eg. **рáдио** ['raḑio], **госбáнк** [gos'bank]. Unstressed "**e**" is pronounced like "**bit**" eg. **селó** [şi'lo]. The same is true of "**я**" before stressed syllables eg. **пяти́** [pi'ţi], and of "**a**" when it follows "**ч**" or "**щ**" eg. **щади́ть**[ʃʃi'ḑiţ].

The letter "**ë**" is used only in grammar books, dictionaries etc. to avoid ambiguity eg. **нéбо** and **нёбо**.

АНГЛИЙСКОЕ ПРОИЗНОШЕНИЕ

Гласные и Дифтонги

Знак	*Английский Пример*	*Русское Соответствие/Описание*
[ɑː]	father	мáма
[ʌ]	but, come	алья́нс
[æ]	man, cat	э́тот
[ə]	father, ago	рáна, парохóд
[əː]	bird, heard	фёдор
[ɛ]	get, bed	жест
[ɪ]	it, big	кит
[iː]	tea, sea	и́ва
[ɔ]	hot, wash	ход
[ɔː]	saw, all	óчень
[u]	put, book	бук
[uː]	too, you	ýлица
[aɪ]	fly, high	лáй
[au]	how, house	áут
[ɛə]	there, bear	*произнóсится как сочетáние звýков "э" и крáткого "а"*
[eɪ]	day, obey	эй
[ɪə]	here, hear	*произнóсится как сочетáние звýков "и" и крáткого "а"*
[əu]	go, note	óу
[ɔɪ]	boy, oil	бой

[uə]	p***oo***r, s***ure***	*произнóсится как сочетáние звýков "у" и крáткого "а"*
[juə]	p***ure***	*произнóсится как сочетáние звýков "ю" и крáткого "а"*

Согласные

[b]	***b***ut	***б***ал
[d]	men***ded***	арéн***д***а
[g]	***g***o, ***g***et, bi***g***	***г***ол, ми***г***
[dʒ]	***g***in, ***j***u***dge***	***дж***и́нсы, и́ми***дж***
[ŋ]	si***ng***	*произнóсится как рýсский "н", но не кóнчиком языкá, а зáдней чáстью егó спи́нки*
[h]	***h***ouse, ***h***e	***х***áос, ***х***и́мия
[j]	***y***oung, ***y***es	***й***од, ***й***éмен
[k]	***c***ome, mo***ck***	***к***áмень, ро***к***
[r]	***r***ed, t***r***ead	***р***от, т***р***авá
[s]	***s***and, ye***s***	***с***ад, ри***с***
[z]	ro***s***e, ***z***ebra	рó***з***а, ***з***éбра
[ʃ]	***sh***e, ma***ch***ine	***ш***и́на, ма***ш***и́на
[tʃ]	***ch***in, ri***ch***	***ч***ин, кули́***ч***
[v]	***v***alley	***в***альс
[w]	***w***ater, ***wh***ich	***уó***тергейт, ***уи***к-энд
[ʒ]	vi***s***ion	вá***ж***ный
[θ]	***th***ink, my***th***	*произнóсится как рýсский "с", но кóнчик языкá нахóдится мéжду зубáми*
[ð]	***th***is, ***th***e	*произнóсится как рýсский "з", но кóнчик языкá нахóдится мéжду зубáми*
[f]	***f***ace	***ф***акт
[l]	***l***ake, ***l***ick	***л***ай, ***л***ом
[m]	***m***ust	***м***ат
[n]	***n***ut	***н***ет
[p]	***p***at, ***p***ond	***п***арохóд
[t]	***t***ake, ha***t***	э́***т***о***т***, не***т***
[x]	lo***ch***	***х***од

РУССКО – АНГЛИЙСКИЙ
RUSSIAN – ENGLISH

А, а

KEYWORD

а *союз* **1** but; **он согласи́лся, а я отказа́лась** he agreed, but I refused
2 (*выражает присоединение*) and
3 (*во фразах*): **а (не) то** or (else); **а вот** but
♦ *част* (*обозначает отклик*): **иди́ сюда́! – а, что тако́е!** come here! – yes, what is it?; **а как же** (*разг*) of course
♦ *межд* ah; (*выражает ужас, боль*) oh; **а ну** (*разг*) go on; **а ну́ его!** (*разг*) stuff him!

абажу́р (-а) *м* lampshade.
абза́ц (-а) *м* paragraph.
абитурие́нт (-а) *м* *entrant to university, college etc.*
абонеме́нт (-а) *м* season ticket.
абоне́нт (-а) *м* subscriber.
або́рт (-а) *м* abortion.
абрико́с (-а) *м* (*плод*) apricot.
абсолю́тный *прил* absolute.
абстра́ктный *прил* abstract.
абсу́рдный *прил* absurd.
аванга́рд (-а) *м* vanguard; (*ИСКУССТВО*) avant-garde.
ава́нс (-а) *м* (*КОММ*) advance.
авантю́р|а (-ы) *ж* adventure.
авари́йный *прил* emergency; (*дом, состояние техники*) unsafe; **~ сигна́л** alarm signal.
ава́ри|я (-и) *ж* accident; (*повреждение*) breakdown.
а́вгуст (-а) *м* August.
а́виа *нескл* (*авиапочта*) air mail.
авиакомпа́ни|я (-и) *ж* airline.
авиано́с|ец (-ца) *м* aircraft carrier.
авиа́ци|я (-и) *ж* aviation.
Австра́ли|я (-и) *ж* Australia.
А́встри|я (-и) *ж* Austria.
автоба́з|а (-ы) *ж* depot.
автобиогра́фи|я (-и) *ж* autobiography.
авто́бус (-а) *м* bus.
автовокза́л (-а) *м* bus station.
авто́граф (-а) *м* autograph.
автозаво́д (-а) *м* car (*BRIT*) *или* automobile (*US*) plant.
автозапра́вочн|ая (-ой) *ж* (*также:* **~ ста́нция**) filling station.
автомагистра́л|ь (-и) *ж* motorway (*BRIT*), expressway (*US*).
автома́т (-а) *м* automatic machine; (*ВОЕН*) sub-machine-gun.
автомаши́н|а (-ы) *ж* (motor)car, automobile (*US*).
автомеха́ник (-а) *м* car mechanic.
автомоби́л|ь (-я) *м* (motor)car, automobile (*US*); **легково́й ~** (passenger) car.
автоно́мный *прил* autonomous.
автоотве́тчик (-а) *м* answering machine.
а́втор (-а) *м* author.
авторите́т (-а) *м* authority.
авторите́тный *прил* authoritative.
а́вторск|ий *прил* author's; **~ое пра́во** copyright.

авторýч|ка (**-ки**; *gen pl* **-ек**) *ж* fountain pen.
автострáд|а (**-ы**) *ж* motorway (*BRIT*), expressway (*US*).
агéнт (**-а**) *м* agent.
агéнтств|о (**-а**) *ср* agency.
агитúр|овать (**-ую**) *несов*: **~ (за** *+acc*) to campaign (for).
агóни|я (**-и**) *ж* death throes *мн*.
агрáрный *прил* agrarian.
агрегáт (**-а**) *м* machine.
агрéсси|я (**-и**) *ж* aggression.
агронóм (**-а**) *м* agronomist.
ад (**-а**) *м* hell.
адаптúр|оваться (**-уюсь**) *(не)сов возв* to adapt.
адвокáт (**-а**) *м* (*ЮР*) ≈ barrister (*BRIT*), ≈ attorney (*US*); (*консультант*) counsel.
адеквáтный *прил* adequate.
администрáтор (**-а**) *м* administrator; (*в гостинице*) manager.
администрáци|я (**-и**) *ж* administration; (*гостиницы*) management.
áдрес (**-а**; *nom pl* **-á**) *м* address.
áдресный *прил*: **~ стол** *residents' registration office*.
адрес|овáть (**-ýю**) *(не)сов перех*: **~ что-н комý-н** to address sth to sb.
ажýрный *прил* lace.
азáрт (**-а**) *м* ardour (*BRIT*), ardor (*US*).
азáртн|ый *прил* ardent; **~ая игрá** gambling.
áзбук|а (**-и**) *м* alphabet; (*букварь*) first reading book.
Азербайджáн (**-а**) *м* Azerbaijan.
Áзи|я (**-и**) *ж* Asia.
азóт (**-а**) *м* nitrogen.
áист (**-а**) *м* stork.
ай *межд* (*выражает боль*) ow, ouch.
áйсберг (**-а**) *м* iceberg.
акадéмик (**-а**) *м* academician.
акадéми|я (**-и**) *ж* academy.
акварéл|ь (**-и**) *ж* watercolours *мн* (*BRIT*), watercolors *мн* (*US*); (*картина*) watercolo(u)r.
аквáриум (**-а**) *м* aquarium, fish tank.
аккомпанúр|овать (**-ую**) *несов*: **~** *+dat* to accompany.
аккóрд (**-а**) *м* chord.
аккредитúв (**-а**) *м* letter of credit.
аккумулятор (**-а**) *м* accumulator.
аккурáтный *прил* (*посещение*) regular; (*работник*) meticulous; (*работа*) accurate; (*костюм*) neat.
акрúл (**-а**) *м* acrylic.
акробáт (**-а**) *м* acrobat.
акселерáтор (**-а**) *м* accelerator.
акт (**-а**) *м* act; (*документ*) formal document.
актёр (**-а**) *м* actor.
актúвный *прил* active.
актрúс|а (**-ы**) *ж* actress.
актуáльный *прил* topical; (*задача*) urgent.
акýл|а (**-ы**) *ж* shark.
акушéр (**-а**) *м* obstetrician.
акушéр|ка (**-ки**; *gen pl* **-ок**) *ж* midwife.
акцéнт (**-а**) *м* accent.
акционéр (**-а**) *м* shareholder.
акционéрный *прил* joint-stock.
áкци|я (**-и**) *ж* (*КОММ*) share; (*действие*) action.
áлгебр|а (**-ы**) *ж* algebra.
áлиби *ср нескл* alibi.
алимéнт|ы (**-ов**) *мн* alimony *ед*, maintenance *ед*.
алкогóлик (**-а**) *м* alcoholic.
алкогóл|ь (**-я**) *м* alcohol.
аллергú|я (**-и**) *ж* allergy.
аллé|я (**-и**) *ж* alley.
аллó *межд* hello.

алма́з (-а) *м* diamond.
алта́р|ь (-я́) *м* chancel.
алфави́т (-а) *м* alphabet.
а́лый *прил* scarlet.
альбо́м (-а) *м* album.
альмана́х (-а) *м* anthology.
альпини́зм (-а) *м* mountaineering.
альт (-а́) *м* (*инструмент*) viola.
альтернати́в|а (-ы) *ж* alternative.
алья́нс (-а) *м* alliance.
алюми́ни|й (-я) *м* aluminium (*BRIT*), aluminum (*US*).
амбулато́ри|я (-и) *ж* doctor's surgery (*BRIT*) *или* office (*US*).
Аме́рик|а (-и) *ж* America.
амети́ст (-а) *м* amethyst.
ами́нь *част* (*РЕЛ*) amen.
амнисти́р|овать (-ую) *(не)сов перех* to grant (an) amnesty to.
амни́сти|я (-и) *ж* amnesty.
амора́льный *прил* immoral.
амортиза́тор (-а) *м* (*ТЕХ*) shock absorber.
амортиза́ци|я (-и) *ж* (*ТЕХ*) shock absorption; (*ЭКОН*) depreciation.
а́мпул|а (-ы) *ж* ampoule (*BRIT*), ampule (*US*).
ампути́р|овать (-ую) *(не)сов перех* to amputate.
АН *ж сокр* (= *Акаде́мия нау́к*) Academy of Sciences.
ана́лиз (-а) *м* analysis.
анализи́р|овать (-ую; *pf* **про~**) *несов перех* to analyse (*BRIT*), analyze (*US*).
анали́тик (-а) *м* analyst.
аналоги́чный *прил* analogous.
анало́ги|я (-и) *ж* analogy; **по ~и (с** *+instr*) in a similar way (to).
анана́с (-а) *м* pineapple.
ана́рхи|я (-и) *ж* anarchy.
анато́ми|я (-и) *ж* anatomy.
анга́р (-а) *м* hangar.
а́нгел (-а) *м* (*также разг*) angel.
анги́н|а (-ы) *ж* tonsillitis.
англи́йский *прил* English; **~ язы́к** English.
англича́н|ин (-ина; *nom pl* **-е**, *gen pl* **-**) *м* Englishman.
А́нгли|я (-и) *ж* England.
анекдо́т (-а) *м* joke.
анеми́|я (-и) *ж* anaemia (*BRIT*), anemia (*US*).
анестезио́лог (-а) *м* anaesthetist (*BRIT*), anesthiologist (*US*).
анестези́|я (-и) *ж* anaesthesia (*BRIT*), anesthesia (*US*).
анке́т|а (-ы) *ж* (*опросный лист*) questionnaire; (*бланк для сведений*) form; (*сбор сведений*) survey.
аннота́ци|я (-и) *ж* précis.
аннули́р|овать (-ую) *(не)сов перех* (*брак, договор*) to annul.
анони́мный *прил* anonymous.
анса́мбл|ь (-я) *м* ensemble; (*танцевальный*) company; (*эстрадный*) group.
Антаркти́д|а (-ы) *ж* Antarctica.
Анта́рктик|а (-и) *ж* the Antarctic.
анте́нн|а (-ы) *ж* aerial (*BRIT*), antenna (*US*); **~ косми́ческой свя́зи** satellite dish.
антибио́тик (-а) *м* antibiotic.
антивое́нный *прил* antiwar.
антиква́рный *прил* antique.
антисанита́рный *прил* unhygienic, insanitary.
антисемити́зм (-а) *м* anti-Semitism.
антифаши́стский *прил* antifascist.
анти́чный *прил* classical; **~ мир** the Ancient World.
антра́кт (-а) *м* interval.
аню́тины *прил*: **~ гла́зки** pansy *ед.*
А/О *ср сокр* (= *акционе́рное*

общество) joint-stock company.
апати|я (**-и**) *ж* apathy.
апеллир|овать (**-ую**) *(не)сов* (*ЮР*) to appeal.
апелляци|я (**-и**) *ж* (*ЮР*) appeal.
апельсин (**-а**) *м* orange.
аплодир|овать (**-ую**) *несов*: ~ *+dat* to applaud.
аплодисмент|ы (**-ов**) *мн* applause *ед*.
апостол (**-а**) *м* apostle.
аппарат (**-а**) *м* apparatus; (*ФИЗИОЛОГИЯ*) system; (*штат*) staff.
аппаратур|а (**-ы**) *ж собир* equipment.
аппендицит (**-а**) *м* appendicitis.
аппетит (**-а**) *м* appetite; **приятного ~а!** bon appétit!
апрел|ь (**-я**) *м* April.
аптек|а (**-и**) *ж* pharmacy.
аптекар|ь (**-я**) *м* pharmacist.
араб (**-а**) *м* Arab.
арабский *прил* (*страны*) Arab; ~ **язык** Arabic.
арахис (**-а**) *м* peanut.
арбитр (**-а**) *м* (*в спорах*) arbitrator; (*в футболе*) referee.
арбитраж (**-а**) *м* arbitration.
арбуз (**-а**) *м* watermelon.
аргумент (**-а**) *м* argument.
аргументир|овать (**-ую**) *(не)сов перех* to argue.
арен|а (**-ы**) *ж* arena; (*цирка*) ring.
аренд|а (**-ы**) *ж* (*наём*) lease.
арендн|ый *прил* lease; **~ая плата** rent.
аренд|овать (**-ую**) *(не)сов перех* to lease.
арест (**-а**) *м* (*преступника*) arrest.
арестованн|ый (**-ого**) *м* *person held in custody*.
арест|овать (**-ую**; *impf* **арестовывать**) *сов перех* (*преступника*) to arrest.
аристократи|я (**-и**) *ж* aristocracy
арифметик|а (**-и**) *ж* arithmetic.
ари|я (**-и**) *ж* aria.
арк|а (**-ки**; *gen pl* **-ок**) *ж* arch.
Арктик|а (**-и**) *ж* the Arctic.
арматур|а (**-ы**) *ж* steel framework
армейский *прил* army.
Армени|я (**-и**) *ж* Armenia.
арми|я (**-и**) *ж* army.
аромат (**-а**) *м* (*цветов*) fragrance; (*кофе итп*) aroma.
арсенал (**-а**) *м* (*склад*) arsenal.
артери|я (**-и**) *ж* (*также перен*) artery.
артикл|ь (**-я**) *м* (*ЛИНГ*) article.
артиллери|я (**-и**) *ж* artillery.
артист (**-а**) *м* artist(e); (*КИНО*) actor.
артист|ка (**-ки**; *gen pl* **-ок**) *ж* (*см* **м**... artist(e); actress.
артрит (**-а**) *м* arthritis.
арф|а (**-ы**) *ж* harp.
архангел (**-а**) *м* archangel.
археолог (**-а**) *м* archaeologist (*BRIT*), archeologist (*US*).
архив (**-а**) *м* archive.
архиепископ (**-а**) *м* archbishop.
архипелаг (**-а**) *м* archipelago.
архитектор (**-а**) *м* architect.
архитектур|а (**-ы**) *ж* architecture.
асбест (**-а**) *м* asbestos.
аспект (**-а**) *м* aspect.
аспирант (**-а**) *м* postgraduate (*doing PhD*).
аспирантур|а (**-ы**) *ж* postgraduat... studies *мн* (*leading to PhD*).
аспирин (**-а**) *м* aspirin.
ассамбле|я (**-и**) *ж* assembly.
ассигн|овать (**-ую**) *(не)сов пере*... to allocate.
ассимилир|оваться (**-уюсь**) *(не)сов возв* to become assimilated
ассистент (**-а**) *м* assistant; (*в вузе*...

assistant lecturer.
ассортимéнт (**-а**) *м* assortment.
ассоциáци|я (**-и**) *ж* association.
ассоциир|овать (**-ую**) *(не)сов перех* to associate.
астм|а (**-ы**) *ж* asthma.
áстр|а (**-ы**) *ж* aster.
астролóги|я (**-и**) *ж* astrology.
астронóм (**-а**) *м* astronomer.
астрономи́ческий *прил* (*также перен*) astronomic(al).
асфáльт (**-а**) *м* asphalt.
асфальти́р|овать (**-ую**; *pf* **за~**) *(не)сов перех* to asphalt.
атáк|а (**-и**) *ж* attack.
атак|овáть (**-ýю**) *(не)сов перех* to attack.
атамáн (**-а**) *м* ataman (*Cossack leader*).
атеи́ст (**-а**) *м* atheist.
ательé *ср нескл* (*художника, фотографа*) studio; (*мод*) tailor's shop; **телевизиóнное ~** television repair shop; **~ прокáта** rental shop.
атланти́ческий *прил*: **А~ океáн** the Atlantic (Ocean).
áтлас (**-а**) *м* atlas.
атлéтик|а (**-и**) *ж*: **лёгкая ~** track and field events.
атмосфéр|а (**-ы**) *ж* atmosphere.
áтом (**-а**) *м* atom.
атрофи́р|оваться (*3sg* **-уется**) *(не)сов возв* to atrophy.
АТС *ж сокр* (= *автомати́ческая телефóнная стáнция*) automatic telephone exchange.
атташé *м нескл* attaché.
аттестáт (**-а**) *м* certificate; **~ зрéлости** ≈ GCSE (*certificate attained for passing school-leaving examinations*).
аттест|овáть (**-ýю**) *(не)сов перех* to assess.
аттракциóн (**-а**) *м* (*в цирке*) attraction; (*в парке*) amusement.
аудитóри|я (**-и**) *ж* (*помещение*) lecture hall ◆ *собир* (*слушатели*) audience.
аукциóн (**-а**) *м* auction.
áут (**-а**) *м* (*в теннисе*) out; (*в футболе*): **мяч в áуте** the ball is out of play.
афери́ст (**-а**) *м* swindler.
афи́ш|а (**-и**) *ж* poster.
Áфрик|а (**-и**) *ж* Africa.
ах *межд*: **~!** oh!, ah!; **~ да!** (*разг*) ah yes!
ацетóн (**-а**) *м* acetone.
аэрóбик|а (**-и**) *ж* aerobics.
аэрóбус (**-а**) *м* airbus.
аэровокзáл (**-а**) *м* air terminal (*esp BRIT*).
аэродрóм (**-а**) *м* aerodrome.
аэрозóл|ь (**-я**) *м* aerosol, spray.
аэропóрт (**-а**; *loc sg* **-ý**) *м* airport.
АЭС *ж сокр* (= *áтомная электростáнция*) atomic power station.

Б, б

б *част см* **бы**.
бáб|а (**-ы**) *ж* (*разг*) woman.
бáб|а-яг|á (**-ы, -и́**) *ж* Baba Yaga (*old witch in Russian folk-tales*).
бáб|ий *прил* (*разг*: *пренебр*) womanish; **~ье лéто** Indian summer.
бáб|ка (**-ки**; *gen pl* **-ок**) *ж* grandmother.
бáбоч|ка (**-ки**; *gen pl* **-ек**) *ж* butterfly; (*галстук*) bow tie.
бáбуш|ка (**-ки**; *gen pl* **-ек**) *ж* grandmother, grandma.
багáж (**-á**) *м* luggage (*BRIT*), baggage (*US*).
багáжник (**-а**) *м* (*в автомобиле*)

boot (*BRIT*), trunk (*US*); (*на велосипеде*) carrier.
багро́вый *прил* crimson.
бадминто́н (-а) *м* badminton.
ба́з|а (-ы) *ж* basis; (*ВОЕН, АРХИТ*) base; (*для туристов, спортсменов*) centre (*BRIT*), center (*US*); (*товаров*) warehouse.
база́р (-а) *м* market; (*новогодний, книжный итп*) fair; (*перен: разг*) racket.
бази́р|овать (-ую) *несов перех*: **~ что-н на** *+prp* to base sth on; **~ся** *несов возв*: **~ся (на** *(+prp)*) to be based (on).
байда́р|ка (-ки; *gen pl* **-ок)** *ж* canoe.
Байка́л (-а) *м* Lake Baikal.
бак (-а) *м* tank.
бакале́|я (-и) *ж* grocery section; (*товары*) groceries *мн*.
ба́кен (-а) *м* buoy.
бакенба́рд|ы (-) *мн* sideburns *мн*.
баклажа́н (-а; *gen pl* **-** *или* **-ов)** *м* aubergine (*BRIT*), eggplant (*US*).
бакте́ри|я (-и) *ж* bacterium.
бал (-а; *loc sg* **-у́,** *nom pl* **-ы́)** *м* ball.
балала́|йка (-йки; *gen pl* **-ек)** *ж* balalaika.
бала́нс (-а) *м* balance.
баланси́р|овать (-ую) *несов*: **~ (на** *+prp*) to balance (on).
балери́н|а (-ы) *ж* ballerina.
бале́т (-а) *м* ballet.
ба́л|ка (-ки; *gen pl* **-ок)** *ж* beam; (*металлическая*) girder.
балко́н (-а) *м* (*АРХИТ*) balcony; (*ТЕАТР*) circle (*BRIT*), balcony (*US*).
балл (-а) *м* (*на экзамене*) mark; (*на соревновании*) point.
балла́д|а (-ы) *ж* ballad.
баллисти́ческий *прил* ballistic.
балло́н (-а) *м* (*газовый*) cylinder; (*для жидкости*) jar.
баллоти́р|овать (-ую) *несов перех* to vote for; **~ся** *несов возв*: **~ся в** *+acc или* **на пост** *+gen* to stand (*BRIT*) *или* run (*US*) for.
бал|ова́ть (-у́ю; *pf* **из~)** *несов перех* to spoil; **~ся** *несов возв* to fool around; (*ребёнок*) to be naughty.
балти́йск|ий *прил*: **Б~ое мо́ре** the Baltic (Sea).
бальза́м (-а) *м* balsam.
ба́льн|ый *прил*: **~ое пла́тье** ball gown.
ба́мпер (-а) *м* bumper.
бана́льный *прил* banal, trite.
бана́н (-а) *м* banana.
ба́нд|а (-ы) *ж* gang.
бандеро́л|ь (-и) *ж* package.
банди́т (-а) *м* bandit.
банк (-а) *м* bank.
ба́н|ка (-ки; *gen pl* **-ок)** *ж* (*стеклянная*) jar; (*жестяная*) tin (*BRIT*), can (*US*).
банке́т (-а) *м* banquet.
банки́р (-а) *м* banker.
банкно́т (-а; *gen pl* **-)** *м* banknote.
ба́нковский *прил* bank.
банкро́т (-а) *м* bankrupt.
банкро́тств|о (-а) *ср* bankruptcy.
бант (-а) *м* bow.
ба́н|я (-и; *gen pl* **-ь)** *ж* bathhouse.
бапти́ст (-а) *м* Baptist.
бар (-а) *м* bar.
бараба́н (-а) *м* drum.
бараба́н|ить (-ю, -ишь) *несов* to drum.
бараба́нн|ый *прил*: **~ая перепо́нка** eardrum.
бара́к (-а) *м* barracks *мн*.
бара́н (-а) *м* sheep.
бара́ний *прил* (*котлета*) lamb; (*тулуп*) sheepskin.
бара́нин|а (-ы) *ж* mutton; (*молодая*) lamb.

барахл|о́ (-а́) *ср собир* junk.
барахо́л|ка (-**ки**; *gen pl* -**ок**) *ж* flea market.
барда́к (-а́) *м* (*груб!*: *беспорядок*) hell broke loose (*!*).
барелье́ф (-а) *м* bas-relief.
ба́рж|а (-**и**) *ж* barge.
барито́н (-а) *м* baritone.
ба́рмен (-а) *м* barman, bartender (*US*).
баро́метр (-а) *м* barometer.
баррика́д|а (-**ы**) *ж* barricade.
барсу́к (-а́) *м* badger.
ба́ртер (-а) *м* barter.
ба́рхат (-а) *м* velvet.
барье́р (-а) *м* (*в беге*) hurdle; (*на скачках*) fence; (*перен*) barrier.
бас (-**а**; *nom pl* -**ы́**) *м* bass.
баскетбо́л (-а) *м* basketball.
ба́с|ня (-**ни**; *gen pl* -**ен**) *ж* fable.
бассе́йн (-а) *м* (swimming) pool; (*реки, озера итп*) basin.
баст|ова́ть (-у́ю) *несов* to be on strike.
батальо́н (-а) *м* batallion.
батаре́|йка (-**йки**; *gen pl* -**ек**) *ж* (*ЭЛЕК*) battery.
батаре́|я (-**и**) *ж* (*отопительная*) radiator; (*ВОЕН, ЭЛЕК*) battery.
бати́ст (-а) *м* cambric, lawn.
бато́н (-а) *м* (white) loaf (*long or oval*).
ба́тюш|ка (-**ки**; *gen pl* -**ек**) *м* father.
бахром|а́ (-ы́) *ж* fringe (*BRIT*), bangs *мн* (*US*).
ба́ш|ня (-**ни**; *gen pl* -**ен**) *ж* tower.
баю́ка|ть (-ю) *несов перех* to lull to sleep.
бая́н (-а) *м* bayan (*kind of concertina*).
бди́тельный *прил* vigilant.
бег (-а) *м* running; (*СПОРТ*) race; *см также* **бега́**.
бег|а́ (-о́в) *мн* the races *мн*.
бе́га|ть (-ю) *несов* to run.
бегемо́т (-а) *м* hippopotamus, hippo (*inf*).
беги́(те) *несов см* **бежа́ть**.
бегле́ц (-а́) *м* fugitive.
бе́глый *прил* escaped; (*речь, чтение*) fluent; (*обзор*) cursory.
бегов|о́й *прил* (*лошадь*) race; (*лыжи*) racing; **~а́я доро́жка** running track.
бего́м *нареч* quickly; (*перен*: *разг*) in a rush.
бе́гств|о (-а) *ср* (*из плена*) escape; (*из дома*) flight.
бегу́ *итп несов см* **бежа́ть**.
бегу́н (-а́) *м* runner.
бед|а́ (-ы́; *nom pl* -**ы**) *ж* tragedy; (*несчастье*) misfortune, trouble; **про́сто ~!** it's just awful!; **не ~!** (*разг*) (it's) nothing!
бедне́|ть (-ю; *pf* **о~**) *несов* to become poor.
бе́дност|ь (-и) *ж* poverty.
бе́дный *прил* poor.
бедня́г|а (-и) *м/ж* (*разг*) poor thing.
бедня́к (-а́) *м* poor man.
бедр|о́ (-а́; *nom pl* **бёдра**, *gen pl* **бёдер**) *ср* thigh; (*таз*) hip.
бе́дственный *прил* disastrous.
бе́дстви|е (-я) *ср* disaster.
бе́дств|овать (-ую) *несов* to live in poverty.
бе|жа́ть (*см* **Table 20**) *несов* to run; (*время*) to fly.
бе́жевый *прил* beige.
бе́жен|ец (-ца) *м* refugee.
без *предл*: ~ *+gen* without; **~ пяти́/десяти́ мину́т шесть** five to/ten to six.
безава́ри́йный *прил* accident-free.
безала́берный *прил* (*разг*) sloppy.

безалкого́льный *прил* nonalcoholic, alcohol-free; **~ напи́ток** soft drink.
безапелляцио́нный *прил* peremptory.
безбиле́тник (**-а**) *м* fare dodger.
безбо́жный *прил* (*разг*) shameless.
безболе́зненный *прил* painless.
безбре́жный *прил* boundless.
безве́тренный *прил* calm.
безвку́сный *прил* tasteless.
безвла́сти|е (**-я**) *ср* anarchy.
безвозвра́тн|ый *прил* irretrievable; **~ая ссу́да** nonrepayable loan.
безво́льный *прил* weak-willed.
безвы́ходный *прил* hopeless.
безгра́мотный *прил* illiterate; (*работник*) incompetent.
безграни́чный *прил* boundless.
безда́рный *прил* (*человек*) talentless; (*произведение*) mediocre.
безде́йств|овать (**-ую**) *несов* to stand idle; (*человек*) to take no action.
безде́льник (**-а**) *м* (*разг*) loafer.
безде́льнича|ть (**-ю**) *несов* (*разг*) to loaf *или* lounge about.
безде́тный *прил* childless.
бе́здн|а (**-ы**) *ж* abyss; **у меня́ ~ дел** (*разг*) I've got heaps of things to do.
бездо́мный *прил* (*человек*) homeless; (*собака*) stray.
бездо́нный *прил* bottomless.
безду́мный *прил* thoughtless.
безду́шный *прил* heartless.
безе́ *ср нескл* meringue.
безжа́лостный *прил* ruthless.
безжи́зненный *прил* lifeless.
беззабо́тный *прил* carefree.
беззако́ни|е (**-я**) *ср* lawlessness.
беззасте́нчивый *прил* shameless.
беззащи́тный *прил* defenceless (*BRIT*), defenseless (*US*).
беззву́чный *прил* inaudible.
беззу́бый *прил* toothless.
безли́чный *прил* impersonal.
безлю́дный *прил* deserted.
безме́рный *прил* boundless.
безмо́лвный *прил* silent.
безмяте́жный *прил* tranquil.
безнадёжный *прил* hopeless.
безнака́занный *прил* unpunished.
безнали́чный *прил* noncash; **~ расчёт** clearing settlement.
безнра́вственный *прил* immoral.
безо *предл см* **без**.
безоби́дный *прил* harmless.
безо́блачный *прил* cloudless; (*перен*: *жизнь*) carefree.
безобра́зи|е (**-я**) *ср* ugliness; (*поступок*) outrage; **~!** it's outrageous!, it's a disgrace!
безобра́зный *прил* ugly; (*поступок*) outrageous, disgraceful
безогово́рочный *прил* unconditional.
безопа́сност|ь (**-и**) *ж* safety; (*международная*) security.
безопа́сный *прил* safe.
безору́жный *прил* unarmed.
безотве́тный *прил* (*любовь*) unrequited; (*существо*) meek.
безотве́тственный *прил* irresponsible.
безотка́зный *прил* reliable.
безотлага́тельный *прил* urgent
безотноси́тельно *нареч*: **~ к** *+dat* irrespective of.
безоши́бочный *прил* correct.
безрабо́тиц|а (**-ы**) *ж* unemployment.

безрабо́тн|ый *прил* unemployed ◆ **(-ого)** *м* unemployed person.
безра́достный *прил* joyless.
безразли́чно *нареч* indifferently ◆ *как сказ*: **мне ~** it doesn't matter *или* makes no difference to me; **~ кто/что** no matter who/what.
безразли́чный *прил* indifferent.
безразме́рн|ый *прил*: **~ые носки́/чулки́** one-size socks/ stockings.
безрезульта́тный *прил* fruitless.
безрука́в|ка (-ки; *gen pl* **-ок)** *ж* (*кофта*) sleeveless top; (*куртка*) sleeveless jacket.
безукори́зненный *прил* irreproachable; (*работа*) flawless.
безу́ми|е (-я) *ср* madness; **до ~я** madly.
безу́мно *нареч* (*любить*) madly; (*устать*) terribly.
безу́мный *прил* mad; (*о чувстве*) wild.
безупре́чный *прил* irreproachable; (*работа*) flawless.
безусло́вно *нареч* (*доверять*) unconditionally ◆ *част* (*несомненно*) without a doubt; (*конечно*) naturally.
безуспе́шный *прил* unsuccessful.
безуча́стный *прил* indifferent.
безъя́дерный *прил* nuclear-free.
безымя́нный *прил* (*герой, автор*) anonymous; **~ па́лец** ring finger.
бей(ся) *несов см* **би́ть(ся)**.
Белару́с|ь (-и) *ж* Belarus.
белору́с (-а) *м* Belorussian.
беле́|ть (-ю; *pf* **по~)** *несов* (*лицо*) to go *или* turn white; (*no pf*; *цветы*) to show white.
бели́л|а (-) *мн* emulsion *ед*.
бел|и́ть (-ю́, -ишь; *pf* **по~)** *несов перех* to whitewash.
бе́личий *прил* squirrel's; (*шуба*) squirrel (fur).
бе́л|ка (-ки; *gen pl* **-ок)** *ж* squirrel.
белко́вый *прил* proteinous.
бел|о́к (-ка́) *м* protein; (*яйца*) (egg) white; (*АНАТ*) white (of the eye).
белокро́ви|е (-я) *ср* (*МЕД*) leukaemia (*BRIT*), leukemia (*US*).
белоку́рый *прил* (*человек*) fair (-haired); (*волосы*) fair.
белосне́жный *прил* snow-white.
бе́лый *прил* white; **~ медве́дь** polar bear.
Бе́льги|я (-и) *ж* Belgium.
бель|ё (-я́) *ср собир* linen; **ни́жнее ~** underwear.
бельэта́ж (-а) *м* (*ТЕАТР*) dress circle.
бемо́л|ь (-я) *м* (*МУЗ*) flat.
бензи́н (-а) *м* petrol (*BRIT*), gas (*US*).
бензоба́к (-а) *м* petrol (*BRIT*) *или* gas (*US*) tank.
бензоколо́н|ка (-ки; *gen pl* **-ок)** *ж* petrol (*BRIT*) *или* gas (*US*) pump.
Бенилю́кс (-а) *м* Benelux.
бенуа́р (-а) *м* (*ТЕАТР*) boxes *мн*.
бе́рег (-а; *loc sg* **-у́**, *nom pl* **-а́)** *м* (*моря, озера*) shore; (*реки*) bank.
бережли́вый *прил* thrifty.
бе́режный *прил* caring.
берёз|а (-ы) *ж* birch (tree).
берём *несов см* **брать**.
бере́мене|ть (-ю; *pf* **за~)** *несов* to get pregnant.
бере́менн|ая *прил* pregnant ◆ **(-ой)** *ж* pregnant woman.
бере́менност|ь (-и) *ж* pregnancy.
бере́т (-а) *м* beret.
берёт *итп несов см* **брать**.
бер|е́чь (-егу́, -ежёшь *итп*, **-егу́т**; *pt* **-ёг, -егла́)** *несов перех* (*здоровье, детей*) to look after, take care of; (*деньги*) to be careful

with; (*время*) to make good use of; **~ся** (*pf* **побере́чься**) *несов возв*: **~ся** *+gen* to watch out for; **~ги́тесь!** watch out!
Берли́н (**-а**) *м* Berlin.
беру́(сь) *итп несов см* **брать(ся)**.
бесе́д|а (**-ы**) *ж* conversation; (*популярный доклад*) talk.
бесе́д|ка (**-ки**; *gen pl* **-ок**) *ж* pavilion.
бесе́д|овать (**-ую**) *несов*: **~** (**с** *+instr*) to talk (to).
бе|си́ть (**-шу́, -сишь**) *несов перех* to infuriate; **~ся** *несов возв* (*разг*) to run wild; (*pf* **взбеси́ться**; *раздражаться*) to become furious.
бескомпроми́ссный *прил* uncompromising.
бесконе́чност|ь (**-и**) *ж* infinity; **до ~и** (*очень долго*) endlessly; (*очень сильно*) infinitely.
бесконе́чный *прил* endless; (*любовь, ненависть*) undying.
бесконтро́льный *прил* uncontrolled.
бескоры́стный *прил* unselfish.
бескро́вный *прил* bloodless.
бесперспекти́вный *прил* (*работа*) without prospects.
беспе́чный *прил* carefree.
беспла́тный *прил* free.
беспло́дный *прил* (*женщина*) infertile; (*почва*) barren, infertile; (*попытки, дискуссии*) fruitless.
бесповоро́тный *прил* irrevocable.
бесподо́бный *прил* (*разг*) fantastic.
беспоко́|ить (**-ю, -ишь**; *pf* **по~**) *несов перех* (*мешать*) to disturb, trouble; (*pf* **о~**; *тревожить*) to bother, worry; **~ся** *несов возв* (*утруждать себя*) trouble o.s.; (*тревожиться*): **~ся о** *+prp или* **за** *+acc* to worry about.
беспоко́йный *прил* (*человек, взгляд*) anxious; (*ребёнок*) restless; (*время*) troubled.
беспоко́йств|о (**-а**) *ср* anxiety, unease; (*хлопоты*) trouble; **прости́те за ~!** sorry to trouble you!
бесполе́зный *прил* useless.
беспо́мощный *прил* helpless.
беспоря́дк|и (**-ов**) *мн* disturbances *мн*.
беспоря́д|ок (**-ка**) *м* disorder; **в ~ке** (*комната, дела*) in a mess; *см также* **беспоря́дки**.
беспоря́дочный *прил* disorderly; (*рассказ*) confused.
беспоса́дочный *прил* nonstop.
беспо́чвенный *прил* groundless.
беспо́шлинный *прил* duty-free.
беспоща́дный *прил* merciless.
беспра́вный *прил* without (civil) rights.
беспреде́л (**-а**) *м* lawlessness.
беспреде́льный *прил* boundless; (*о чувстве*) immeasurable.
беспрекосло́вный *прил* unquestioning.
беспрепя́тственный *прил* unimpeded.
беспрецеде́нтный *прил* unprecedented.
беспри́быльный *прил* unprofitable.
беспризо́рный *прил* homeless.
беспринци́пный *прил* unscrupulous.
беспристра́стный *прил* unbias(s)ed.
беспричи́нный *прил* unfounded.
беспроце́нтный *прил* interest-free.
бессвя́зный *прил* incoherent.
бессерде́чный *прил* heartless.

бесси́льный *прил* feeble, weak; (*гнев*) impotent; (*президент*) powerless.
бессме́ртный *прил* immortal.
бессмы́сленный *прил* meaningless, senseless, pointless; (*взгляд, улыбка*) inane.
бессо́вестный *прил* (*нечестный*) unscrupulous; (*наглый*) shameless.
бессодержа́тельный *прил* (*речь*) empty.
бессозна́тельн|ый *прил* (*страх, действия*) instinctive; **быть** *(impf)* **в ~ом состоя́нии** to be unconscious.
бессо́нниц|а (-ы) *ж* insomnia.
бессо́нный *прил* (*ночь*) sleepless.
бесспо́рный *прил* indisputable.
бесстра́шный *прил* fearless.
бессты́дный *прил* shameless.
беста́ктный *прил* tactless.
бестолко́вый *прил* (*глупый*) stupid.
бестсе́ллер (-а) *м* best seller.
бесхозя́йственный *прил* (*руководитель*) inefficient.
бесцве́тный *прил* colourless (*BRIT*), colorless (*US*).
бесце́льный *прил* pointless, futile.
бесце́нный *прил* priceless.
бесце́нок *м*: **за ~** dirt cheap, for next to nothing.
бесчелове́чный *прил* inhuman.
бесче́|стить (-щу, -стишь; *pf* **о~)** *несов перех* (*девушку*) to violate.
бесчи́сленный *прил* countless.
бесчу́вственный *прил* (*жестокий*) unfeeling; (*без сознания*) senseless.
бето́н (-а) *м* concrete.
бетони́р|овать (-ую; *pf* **за~)** *несов перех* to concrete.
бефстро́ганов *м нескл* boeuf *или* beef stroganoff.
бе́шенств|о (-а) *ср* (*МЕД*) rabies; (*раздражение*) rage.
бе́шеный *прил* (*взгляд*) furious; (*характер, ураган*) violent; (*разг: цены*) crazy.
биатло́н (-а) *м* biathlon.
Би-би-си *ж сокр* (= *Брита́нская радиовеща́тельная корпора́ция*) BBC.
библе́йский *прил* biblical.
библиогра́фи|я (-и) *ж* bibliography.
библиоте́к|а (-и) *ж* library.
библиоте́кар|ь (-я) *м* librarian.
библиоте́чный *прил* library.
Би́бли|я (-и) *ж* the Bible.
бигуди́ *ср/мн нескл* curlers *мн.*
бидо́н (-а) *м* (*для молока*) churn.
бижуте́ри|я (-и) *ж* costume jewellery.
би́знес (-а) *м* business.
бизнесме́н (-а) *м* businessman.
бики́ни *ср нескл* bikini.
биле́т (-а) *м* ticket; (*члена организации*) (membership) card; **обра́тный ~** return (*BRIT*) *или* roundtrip (*US*) ticket; **входно́й ~** entrance ticket (*for standing room*).
биллио́н (-а) *м* billion (*one thousand million*).
билья́рд (-а) *м* (*игра*) billiards.
бино́кл|ь (-я) *м* binoculars *мн.*
бинт (-а́) *м* bandage.
бинт|ова́ть (-у́ю; *pf* **за~)** *несов перех* to bandage.
биогра́фи|я (-и) *ж* biography.
био́лог (-а) *м* biologist.
биоло́ги|я (-и) *ж* biology.
би́рж|а (-и) *ж* (*КОММ*) exchange; **фо́ндовая ~** stock exchange *или* market.
биржеви́к (-а́) *м* stockbroker.

биржевóй *прил* (*сделка*) stock-exchange; **~ брóкер** stockbroker.
бúр|ка (**-ки**; *gen pl* **-ок**) *ж* tag.
бирюз|á (**-ы**) *ж* turquoise.
бис *межд*: **Б~!** encore!
бúсер (**-а**) *м собир* glass beads *мн*.
бисквúт (**-а**) *м* sponge (cake).
бúтв|а (**-ы**) *ж* battle.
биткóм *нареч*: **~ (набúт)** (*разг*) jam-packed.
бить (**бью, бьёшь**; *imper* **бей(те)**, *pf* **побúть**) *несов перех* to beat; (*стёкла*) to break ◆ (*pf* **пробúть**) *неперех* (*часы*) to strike; **~** *(impf)* **в** *+acc* (*в дверь*) to bang at; (*дождь, ветер*) to beat against; (*орудие*) to hit; **егó бьётознóб** he's got a fit of the shivers; **бúться** *несов возв* (*сердце, пульс*) to beat; (*стекло, фарфор*) to be breakable; (*сражаться*) to fight; **бúться** *(impf)* **о** *+acc* to bang against; **бúться** *(impf)* **над** *+instr* (*над задачей*) to struggle with.
бифштéкс (**-а**) *м* steak.
блáг|а (**-**) *мн* rewards *мн*; **всех благ!** all the best!
блáг|о (**-а**) *ср* benefit; *см также* **блáга**.
благовúдный *прил* plausible.
благодар|úть (**-ю, -úшь**; *pf* **по~**) *несов перех* to thank.
благодáрност|ь (**-и**) *ж* gratitude, thanks *мн*.
благодáр|ный *прил* grateful; (*перен*: *тема*) rewarding; **я Вам óчень ~ен** I am very grateful to you.
благодаря́ *предл*: **~** *+dat* thanks to ◆ *союз*: **~ томý, что** owing to the fact that.
благ|óй *прил*: **~úе намéрения** good intentions *мн*.
благополýчи|е (**-я**) *ср* (*в семье*) welfare; (*материальное*) prosperity.
благополýчный *прил* successful.
благоприя́тный *прил* favourable (*BRIT*), favorable (*US*).
благоразýмный *прил* prudent.
благорóдный *прил* noble.
благослов|úть (**-лю́, -úшь**; *impf* **благословля́ть**) *сов перех* to bless.
благосостоя́ни|е (**-я**) *ср* wellbeing, prosperity.
благотворúтельност|ь (**-и**) *ж* charity.
благотворúтельн|ый *прил* charitable; **~ая организáция** charity (organization); **~ концéрт** charity concert.
благоустрóенный *прил* (*дом*) *with all modern conveniences.*
блажéнный *прил* blissful; (*РЕЛ*) Blessed.
блажéнств|о (**-а**) *ср* bliss.
бланк (**-а**) *м* form; (*организации*) headed notepaper.
блат (**-а**) *м* (*разг*) connections *мн*; **по блáту** (*разг*) through (one's) connections.
бледнé|ть (**-ю**; *pf* **по~**) *несов* to (grow) pale.
блéдный *прил* pale; (*перен*) dull.
блеск (**-а**) *м* (*огней, молнии*) brilliance, brightness; (*металла*) shine; **с блéском** (*сдать экзамен*) brilliantly.
блесн|ýть (**-ý, -ёшь**) *сов* to flash.
бле|стéть (**-щý, -стúшь** *или*, **-щешь**) *несов* (*звёзды, металл*) to shine; (*глаза*) to sparkle.
блестя́щий *прил* (*звезда*) bright; (*металл*) shining; (*глаза*) sparkling; (*студент*) brilliant.
блé|ять (**-ю**) *несов* to bleat.
ближáйший *прил* (*город, дом*) the

nearest; (*год*) the next; (*планы*) immediate; (*друг, участие*) closest; **~ ро́дственник** next of kin.
бли́же *сравн прил от* **бли́зкий** ♦ *сравн нареч от* **бли́зко**.
бли́жний *прил* (*город*) neighbouring; **Б~ Восто́к** Middle East.
бли́зк|ие (**-их**) *мн* (*родственники*) relatives *мн*.
бли́зкий *прил* (*друг, отношения, родственник*) close; (*конец*) imminent; **~ кому́-н** (*интересы, тема*) close to sb's heart; **~ по** *+dat* (*по содержанию, по цели*) similar *или* close in.
бли́зко *нареч* near *или* close by ♦ *как сказ* not far off; **~ от** *+gen* near, close to.
близне́ц (**-а́**) *м* (*обычно мн*) twin; **бра́тья/сёстры-близнецы́** twin brothers/sisters; *см также* **Близнецы́**.
Близнец|ы́ (**-о́в**) *мн* (*созвездие*) Gemini *ед*.
близору́кий *прил* short-sighted (*BRIT*), nearsighted (*US*).
бли́зост|ь (**-и**) *ж* proximity; (*интересов, мнений*) closeness.
блин (**-а́**) *м* pancake.
блок (**-а**) *м* bloc; (*ТЕХ*) unit.
блока́д|а (**-ы**) *ж* (*ВОЕН*) siege; (*экономическая*) blockade.
блоки́р|овать (**-ую**) *(не)сов перех* (*город*) to blockade; (*СПОРТ, КОМП*) to block.
блокно́т (**-а**) *м* notebook, jotter.
блонди́н (**-а**) *м*: **он – ~** he is blond.
блонди́н|ка (**-ки**; *gen pl* **-ок**) *ж* blonde.
блох|а́ (**-и́**; *nom pl* **-и**) *ж* flea.
блужда́|ть (**-ю**) *несов* to wander *или* roam (around).
блу́з|ка (**-ки**; *gen pl* **-ок**) *ж* blouse.
блю́д|о (**-а**) *ср* dish.
блю|сти́ (**-ду́, -дёшь**; *pt* **-л, -ла́, -ло́**, *pf* **со~**) *несов перех* (*интересы*) to guard; (*чистоту*) to maintain.
боб (**-а́**) *м* (*обычно мн*) bean.
бобр (**-а́**) *м* beaver.
Бог (**-а**; *voc* **Бо́же**) *м* God; **не дай ~!** God forbid!; **ра́ди Бо́га!** for God's sake!; **сла́ва Бо́гу** (*к счастью*) thank God.
богате́|ть (**-ю**; *pf* **раз~**) *несов* to become rich.
бога́тств|а (-) *мн* (*природные*) resources *мн*.
бога́тств|о (**-а**) *ср* wealth, riches *мн*; *см также* **бога́тства**.
бога́тый *прил* rich; **~ урожа́й** bumper harvest.
богаты́р|ь (**-я́**) *м* *warrior hero of Russian folk epics*; (*перен*) Hercules.
бога́ч (**-а́**) *м* rich man.
боги́н|я (**-и**) *ж* goddess.
богоро́диц|а (**-ы**) *ж* the Virgin Mary.
богосло́ви|е (**-я**) *ср* theology.
богослуже́ни|е (**-я**) *ср* service.
боготвор|и́ть (**-ю́, -и́шь**) *несов перех* to worship.
бо́дрый *прил* energetic; (*настроение, музыка*) cheerful.
боеви́к (**-а́**) *м* militant; (*фильм*) action movie.
боево́й *прил* military; (*настроение, дух*) fighting.
боеголо́в|ка (**-ки**; *gen pl* **-ок**) *ж* warhead.
боеприпа́с|ы (**-ов**) *мн* ammunition *ед*.
бо|е́ц (**-йца́**) *м* (*солдат*) soldier.
Бо́же *сущ см* **Бог** ♦ *межд*: **~ (ты мой)!** good Lord *или* God!; **~! кака́я красота́!** God, it's

beautiful!; ~ **угаси́** (*разг*) God forbid.
бо́жеский *прил* (*РЕЛ*) divine; (*разг: цены, условия*) half-decent.
боже́ственный *прил* divine.
бо́ж|ий *прил* God's; **ка́ждый ~ день** every single day; **~ья коро́вка** ladybird.
бо|й (**-я**; *loc sg* **-ю́**, *nom pl* **-и́**, *gen pl* **-ёв**) *м* battle; (*боксёров*) fight; (*барабанов*) beating; (*часов*) striking.
бо́йкий *прил* (*речь, ответ*) quick; (*продавец*) smart; (*место*) busy.
бойко́т (**-а**) *м* boycott.
бойкоти́р|овать (**-ую**) (*не*)*сов перех* to boycott.
бо́|йня (**-йни**; *gen pl* **-ен**) *ж* slaughterhouse, abattoir.
бок (**-а**; *loc sg* **-у́**, *nom pl* **-а́**) *м* side.
бока́л (**-а**) *м* (wine)glass, goblet.
бо́ком *нареч* sideways.
бокс (**-а**) *м* (*СПОРТ*) boxing; (*МЕД*) isolation ward.
боксёр (**-а**) *м* boxer.
болва́н (**-а**) *м* (*разг*) blockhead.
Болга́ри|я (**-и**) *ж* Bulgaria.
бо́лее *нареч* more; **~ или ме́нее** more or less; **~ того́** what's more; **тем ~** all the more so.
боле́зненный *прил* sickly; (*укол, перевязка*) painful; (*перен: подозрительность*) unhealthy; (*самолюбие*) unnatural.
боле́зн|ь (**-и**) *ж* illness; (*заразная*) disease.
боле́льщик (**-а**) *м* fan.
бол|е́ть (**-е́ю**) *несов*: **~** (**+*instr***) to be ill (with); (*СПОРТ*): **~ за** *+acc* to be a fan of; (*3sg* **-и́т**; *руки итп*) to ache.
болеутоля́ющ|ий *прил*: **~ее сре́дство** painkiller.
боло́н|ка (**-ки**; *gen pl* **-ок**) *ж* lapdog.
боло́нь|я (**-и**) *ж* (*ткань*) *lightweight waterproof material.*
боло́т|о (**-а**) *ср* marsh, bog.
болт (**-а́**) *м* bolt.
болта́|ть (**-ю**) *несов перех* (*разг: вздор*) to talk ◆ *неперех* (*разговаривать*) to chat; (*: много*) to chatter; **~** *(impf)* **нога́ми** to dangle one's legs.
болтовн|я́ (**-и́**) *ж* (*разг*) waffle.
болту́н (**-а́**) *м* chatterbox.
болту́ш|ка (**-ки**; *gen pl* **-ек**) *ж см* **болту́н**.
бол|ь (**-и**) *ж* pain; **зубна́я ~** toothache; **головна́я ~** headache.
больни́ц|а (**-ы**) *ж* hospital.
больни́чный *прил* hospital; **~ лист** medical certificate.
бо́льно *нареч* (*удариться, упасть*) badly, painfully; (*обидеть*) deeply; **~!** that hurts!; **мне ~** I am in pain.
больн|о́й *прил* (*рука итп*) sore; (*воображение*) unhealthy; (*нездоров*) ill, sick ◆ (**-о́го**) *м* (*болеющий*) sick person; (*пациент*) patient; **~ вопро́с** a sore point.
бо́льше *сравн прил от* **большо́й** ◆ *сравн нареч от* **мно́го** ◆ *нареч*: **~** *+gen* (*часа, килограмма итп*) more than; (*не хотеть, не жить*) anymore; **~ не бу́ду** (*разг*) I won't do it again; **~ так не де́лай** don't do that again.
большинств|о́ (**-а́**) *ср* majority.
больш|о́й *прил* big, large; (*радость*) great; (*дети*) grown-up; **бо́льшей ча́стью, по бо́льшей ча́сти** for the most part; **~а́я бу́ква** capital letter.
боля́ч|ка (**-ки**; *gen pl* **-ек**) *ж* sore.
бо́мб|а (**-ы**) *ж* bomb.

бомб|и́ть (**-лю́, -и́шь**) *несов перех* to bomb.
бомбоубе́жищ|е (**-а**) *ср* bomb shelter.
бордо́вый *прил* dark red, wine colour.
бордю́р (**-а**) *м* (*тротуара*) kerb (*BRIT*), curb (*US*); (*салфетки*) border.
бор|е́ц (**-ца́**) *м* (*за свободу итп*) fighter; (*СПОРТ*) wrestler.
борм|ота́ть (**-очу́, -о́чешь**) *несов перех* to mutter.
бор|ода́ (*acc sg* **-оду**, *gen sg* **-оды́**, *nom pl* **-оды**, *gen pl* **-о́д**, *dat pl* **-ода́м**) *ж* beard.
борода́в|ка (**-ки**; *gen pl* **-ок**) *ж* wart.
бор|о́ться (**-ю́сь, -ешься**) *несов возв* (*СПОРТ*) to wrestle; **~** *(impf)* **(с** *+instr***)** to fight (with *или* against).
борт (**-а**; *acc sg* **за́ ~** *или* **за бо́рт**, *instr sg* **за бо́ртом** *или* **за ~о́м**, *loc sg* **-у́**, *nom pl* **-а́**) *м* side; **на ~у́** *или* **~** on board, aboard; **челове́к за ~о́м!** man overboard!
бортпроводни́к (**-а́**) *м* steward (*on plane*).
бортпроводни́ц|а (**-ы**) *ж* air hostess, stewardess (*on plane*).
борщ (**-а́**) *м* borsch (*beetroot-based soup*).
борьб|а́ (**-ы́**) *ж* fight; (*СПОРТ*) wrestling.
босико́м *нареч* barefoot.
босо́й *прил* barefoot.
босоно́ж|ка (**-ки**; *gen pl* **-ек**) *ж* (*обычно мн*) sandal; (: *с закрытым носом*) slingback.
бота́ник|а (**-и**) *ж* botany.
боти́н|ок (**-ка**) *м* (*обычно мн*) ankle boot.
бо́цман (**-а**) *м* boatswain, bosun.
бо́ч|ка (**-ки**; *gen pl* **-ек**) *ж* barrel.
бо|я́ться (**-ю́сь, -и́шься**) *несов возв*: **~ (***+gen***)** to be afraid (of); **~** *(impf) +infin* to be afraid of doing *или* to do.
бра́во *межд* bravo.
бразды́ *мн*: **~ правле́ния** the reins *мн* of power.
брак (**-а**) *м* (*супружество*) marriage; (*продукция*) rejects *мн*; (*деффект*) flaw.
брако́ванный *прил* reject.
брак|ова́ть (**-у́ю**; *pf* **за~**) *несов перех* to reject.
браконье́р (**-а**) *м* poacher.
браконье́рств|о (**-а**) *ср* poaching.
бракосочета́ни|е (**-я**) *ср* marriage ceremony.
брасле́т (**-а**) *м* (*на часах*) bracelet; (*украшение*) bangle.
брасс (**-а**) *м* breaststroke.
брат (**-а**; *nom pl* **-ья**, *gen pl* **-ьев**) *м* brother; **двою́родный ~** cousin.
бра́тск|ий *прил* brotherly, fraternal; **~ая моги́ла** communal grave.
бра́тств|о (**-а**) *ср* brotherhood.
бра|ть (**беру́, берёшь**; *pt* **-л, -ла́, -ло**, *pf* **взять**) *несов перех* to take; (*билет*) to get; (*работника*) to take on; (*барьер*) to clear; **бра́ться** (*pf* **взя́ться**) *несов возв*: **бра́ться за** *+acc* (*хватать рукой*) to take hold of; (*за чтение, за работу*) to get down to; (*за книгу*) to begin; (*за решение проблемы*) to take on; **бра́ться** (**взя́ться** *pf*) **за ум** to see sense.
бра́тья *итп сущ см* **брат**.
бра́чный *прил* (*контракт*) marriage; (*союз*) conjugal.
бревн|о́ (**-а́**; *nom pl* **брёвна**, *gen pl* **брёвен**) *ср* log; (*СПОРТ*) the beam.
бред (**-а**; *loc pl* **-у́**) *м* delirium;

(*вздор*) nonsense.
брé|дить (-жу, -дишь) *несов* to be delirious; ~ *(impf)* **кем-н/чем-н** to be mad about sb/sth.
брезгли́вый *прил* (*человек*) fastidious; (*взгляд*) disgusted.
брéзг|овать (-ую; *pf* **по~)** *несов:* ~ *+instr* to be fastidious about.
брезéнт (-а) *м* tarpaulin.
брéм|я (-ени; *как* **врéмя;** *см* **Table 4)** *ср* burden.
бр|ести́ (-еду́, -едёшь; *pt* **-ёл, -ела́, -ело́)** *несов* (*человек*) to trudge.
брига́д|а (-ы) *ж* (*ВОЕН*) brigade; (*на производстве*) (work) team.
бригади́р (-а) *м* (*на производстве*) team leader.
бриллиа́нт (-а) *м* (cut) diamond.
брита́н|ец (-ца) *м* Briton; **~цы** the British.
Брита́ни|я (-и) *ж* Britain.
брита́нский *прил* British.
бри́тв|а (-ы) *ж* razor; **безопа́сная** ~ safety razor.
бр|ить (-éю, -éешь; *pf* **побри́ть)** *несов перех* (*человека*) to shave; (*бороду*) to shave off; **~и́ться** (*pf* **побри́ться**) *несов возв* to shave.
бри́финг (-а) *м* briefing.
бров|ь (-и; *gen pl* **-éй)** *ж* eyebrow.
бро|ди́ть (-жу́, -дишь) *несов* to wander.
бродя́г|а (-и) *м/ж* tramp.
брожéни|е (-я) *ср* fermentation; (*перен: в обществе*) ferment.
бро́кер (-а) *м* broker.
бронетранспортёр (-а) *м* armoured (*BRIT*) *или* armored (*US*) personnel carrier.
бро́нз|а (-ы) *ж* bronze.
брони́р|овать (-ую; *pf* **за~)** *(не)сов перех* to reserve.
бронх (-а) *м* bronchial tube.
бронхи́т (-а) *м* bronchitis.
бро́н|я (-и) *ж* reservation.
брон|я́ (-и́) *ж* armour (*BRIT*) *или* armor (*US*) plating.
броса́|ть (-ю) *несов от* **бро́сить; ~ся** *несов от* **бро́ситься** ♦ *возв:* **~ся снежка́ми/камня́ми** to throw snowballs/stones at each other.
бро́|сить (-шу, -сишь; *impf* **броса́ть)** *сов перех* (*камень, мяч итп*) to throw; (*якорь, сети*) to cast; (*семью, друга*) to abandon; (*войска*) to dispatch; (*спорт*) to give up; **меня́ ~сило в жар** I broke out in a sweat; **броса́ть (~** *pf*) *+infin* to give up doing; **~ся** (*impf* **броса́ться**) *сов возв:* **~ся на** *+acc* (*на врага*) to throw o.s. at; **броса́ться (~ся** *pf*) **в ата́ку** to rush to the attack.
бро́сов|ый *прил* (*разг: вещь*) trashy; **~ая цена́** giveaway price.
бро́ш|ка (-ки; *gen pl* **-ек)** *ж* brooch.
брош|ь (-и) *ж см* **бро́шка.**
брошю́р|а (-ы) *ж* (*книжка*) booklet.
брус (-а; *nom pl* **-ья,** *gen pl* **-ьев)** *м* beam; *см также* **бру́сья.**
брусни́к|а (-и) *ж* cowberry.
брус|о́к (-ка́) *м* (*для точки*) whetstone; (*мыла*) bar.
бру́сь|я (-ев) *мн* parallel bars *мн.*
бру́тто *прил неизм* gross.
бры́з|гать (-жу, -жешь) *несов* to splash; **(-гаю;** *опрыскивать*): **~ на** *+acc* to spray.
бры́зг|и (-) *мн* splashes *мн;* (*мелкие*) spray *ед.*
бры́нз|а (-ы) *ж* brynza (*sheep's milk cheese*).
брю́кв|а (-ы) *ж* swede.
брю́к|и (-) *мн* trousers *мн*, pants *мн* (*US*).
брюнéт (-а) *м:* **он ~** he has dark hair.

брюне́т|ка (**-ки**; *gen pl* **-ок**) *ж* brunette.
Брюссе́л|ь (**-я**) *м* Brussels.
брюшно́й *прил* abdominal; **~ тиф** typhoid (fever).
БТР *сокр* = **бронетранспортёр**.
бу́блик (**-а**) *м* ≈ bagel.
бу́б|ны (**-ён**; *dat pl* **-нам**) *мн* (*КАРТЫ*) diamonds *мн*.
буг|о́р (**-ра́**) *м* mound; (*на коже*) lump.
Будапе́шт (**-а**) *м* Budapest.
бу́дем *несов см* **быть**.
бу́дет *несов см* **быть** ♦ *част* that's enough; **~ тебе́!** that's enough from you!
бу́дешь *итп несов см* **быть**.
буди́льник (**-а**) *м* alarm clock.
бу|ди́ть (**-жу́, -дишь**; *pf* **раз~**) *несов перех* to wake (up), awaken.
бу́д|ка (**-ки**; *gen pl* **-ок**) *ж* (*сторожа*) hut; (*для собаки*) kennel; **телефо́нная ~** telephone box.
бу́дн|и (**-ей**) *мн* working *или* week days *мн*; (*перен*: *повседневность*) routine *ед*.
бу́дто *союз* (*якобы*) supposedly; (*словно*): **(как) ~ (бы)** as if; **уверя́ет, ~ сам её ви́дел** he claims to have seen her himself.
бу́ду *итп несов см* **быть**.
бу́дущ|ее (**-его**) *ср* the future; **в ~ем** in the future.
бу́дущ|ий *прил* (*следующий*) next; (*предстоящий*) future; **~ее вре́мя** future tense.
бу́дь(те) *несов см* **быть** ♦ *союз*: **будь то** be it.
бужени́н|а (**-ы**) *ж cold cooked and seasoned pork.*
бу|й (**-я**; *nom pl* **-и́**) *м* buoy.
бу́йвол (**-а**) *м* buffalo.
бу́йный *прил* wild; (*растительность*) luxuriant, lush.
бук (**-а**) *м* beech.
бу́кв|а (**-ы**) *ж* letter.
буква́льный *прил* literal.
буква́р|ь (**-я́**) *м* first reading book.
буке́т (**-а**) *м* (*цветов, вина*) bouquet.
букинисти́ческий *прил*: **~ магази́н** second-hand bookshop.
букле́т (**-а**) *м* booklet.
букси́р (**-а**) *м* tug; (*трос*) towrope.
була́в|ка (**-ки**; *gen pl* **-ок**) *ж* pin.
бу́л|ка (**-ки**; *gen pl* **-ок**) *ж* roll; (*белый хлеб*) loaf.
бу́лоч|ка (**-ки**; *gen pl* **-ек**) *ж* small roll.
бу́лочн|ая (**-ой**) *ж* baker, baker's (shop).
булы́жник (**-а**) *м* cobblestone.
булы́жн|ый *прил*: **~ая мостова́я** cobbled street.
бульва́р (**-а**) *м* boulevard.
бульва́рн|ый *прил* boulevard; **~ая пре́сса** gutter press.
бульдо́г (**-а**) *м* bulldog.
бульдо́зер (**-а**) *м* bulldozer.
бульо́н (**-а**; *part gen* **-у**) *м* stock.
бум (**-а**) *м* boom.
бума́г|а (**-и**) *ж* paper; **це́нные ~и** securities.
бума́ж|ка (**-ки**; *gen pl* **-ек**) *ж* piece of paper.
бума́жник (**-а**) *м* wallet, pocketbook (*US*).
бума́жный *прил* paper.
бу́нкер (**-а**) *м* bunker.
бунт (**-а**) *м* (*мятеж*) riot; (*: на корабле*) mutiny.
бунт|ова́ть (**-у́ю**) *несов* (*см сущ*) to riot; to mutiny.
бура́в|ить (**-лю, -ишь**; *pf* **про~**) *несов перех* to drill.
бура́н (**-а**) *м* blizzard, snowstorm.
буре́ни|е (**-я**) *ср* boring, drilling.

буржуази́|я (-и) *ж* bourgeoisie; **ме́лкая ~** petty bourgeoisie.
буржуа́зный *прил* bourgeois.
бур|и́ть (-ю́, -и́шь; *pf* **про~**) *несов перех* to bore, drill.
бурл|и́ть (-ю́, -и́шь) *несов* (*ручей*) to bubble; (*толпа*) to seethe.
бу́рный *прил* (*погода, океан*) stormy; (*чувство*) wild; (*рост*) rapid.
буров|о́й *прил* boring, drilling; **~а́я вы́шка** derrick; **~а́я сква́жина** bore(hole).
бу́рый *прил* brown.
бу́р|я (-и) *ж* storm.
бу́с|ы (-) *мн* beads *мн*.
бутафо́ри|я (-и) *ж* (*ТЕАТР*) props *мн*; (*перен*) sham.
бутербро́д (-а) *м* sandwich.
буто́н (-а) *м* bud.
бу́тс|а (-ы) *ж* football boot.
буты́л|ка (-ки; *gen pl* -ок) *ж* bottle.
буты́лочный *прил* bottle; (*цвет*) bottle-green.
бу́фер (-а; *nom pl* -а́) *м* buffer.
буфе́т (-а) *м* snack bar; (*шкаф*) sideboard.
буфе́тчик (-а) *м* assistant (*in snack bar*).
буха́н|ка (-ки; *gen pl* -ок) *ж* loaf.
Бухаре́ст (-а) *м* Bucharest.
бухга́лтер (-а) *м* accountant, book-keeper.
бухгалте́ри|я (-и) *ж* accountancy, book-keeping; (*отдел*) accounts office.
бухга́лтерск|ий *прил* book-keeping, accountancy; **~ие кни́ги** books; **~ учёт** book-keeping, accountancy.
бу́хт|а (-ы) *ж* bay.
буш|ева́ть (-у́ю) *несов* (*пожар, ураган*) to rage.

KEYWORD

бы *част* **1** (*выражает предположительную возможность*): **купи́л бы, е́сли бы бы́ли де́ньги** I would buy it if I had the money; **я бы давно́ уже́ купи́л э́ту кни́гу, е́сли бы у меня́ бы́ли де́ньги** I would have bought this book long ago if I had had the money
2 (*выражает пожелание*): **я бы хоте́л поговори́ть с тобо́й** I would like to speak to you
3 (*выражает совет*): **ты бы написа́л ей** you should write to her
4 (*выражает опасение*): **не захвати́л бы нас дождь** I hope we don't get caught in the rain; **отдохну́ть/погуля́ть бы** it would be nice to have a rest/go for a walk.

быва́ло *част expresses repeated action in the past*; **~ сиди́м и разгова́риваем** we used to *или* would sit and talk.
быва́|ть (-ю) *несов* (*приходить, посещать*) to be; (*случаться*) to happen, take place; **он ~ет у нас ча́сто** he often comes to see us; **как ни в чём не ~ло** (*разг*) as if nothing had happened.
бы́вший *прил* former.
бык (-а́) *м* bull; (*рабочий*) ox.
был *итп несов см* **быть**.
бы́стро *нареч* quickly.
быстрот|а́ (-ы́) *ж* speed; (*ума, рук*) quickness.
бы́стрый *прил* (*лошадь, машина итп*) fast; (*руки, взгляд, речь*) quick.
быт (-а; *loc sg* -у́) *м* life; (*повседневность*) everyday life; **слу́жба бы́та** consumer services.

бытов|о́й *прил* everyday; **~о́е обслу́живание населе́ния** consumer services.

KEYWORD

быть (*см* **Table 21**) *несов* **1** (*omitted in present tense*) to be; **кни́га на столе́** the book is on the table; **за́втра я бу́ду в шко́ле** I will be at school tomorrow; **дом был на краю́ го́рода** the house was *или* stood on the edge of the town; **на ней краси́вое пла́тье** she is wearing a beautiful dress; **вчера́ был дождь** it rained yesterday
2 (*часть составного сказ*) to be; **я хочу́ быть учи́телем** I want to be a teacher; **я был рад ви́деть тебя́** I was happy to see you; **так и быть!** so be it!; **как быть?** what is to be done?; **э́того не мо́жет быть** that's impossible; **кто/како́й бы то ни́ был** whoever/whatever it might be; **бу́дьте добры́!** excuse me!; **бу́дьте добры́, позови́те его́!** would you be so good *или* kind as to call him?; **бу́дьте здоро́вы!** take care!
3 (*образует будущее время*: *+impf vb*): **ве́чером я бу́ду писа́ть пи́сьма** I'll be writing letters this evening; **я бу́ду люби́ть тебя́ всегда́** I'll love you forever.

бью(сь) *итп несов см* **бить(ся)**.
бюдже́т (**-а**) *м* budget; **дохо́дный ~** revenue; **расхо́дный ~** expenditure.
бюдже́тный *прил* budgetary.
бюллете́н|ь (**-я**) *м* bulletin; (*листок*: *для голосования*) ballot paper; (: *нетрудоспособности*) medical certificate.
бюро́ *ср нескл* office; **~ нахо́док** lost property office.
бюрокра́т (**-а**) *м* bureaucrat.
бюрокра́ти|я (**-и**) *ж* bureaucracy.
бюст (**-а**) *м* bust.
бюстга́льтер (**-а**) *м* bra.

В, в

В *сокр* (= *вольт*) V.

KEYWORD

в *предл* (*+acc*) **1** (*о месте направления*) in(to); **я положи́л кни́гу в портфе́ль** I put the book in(to) my briefcase; **я сел в маши́ну** I got in(to) the car
2 (*уехать, пойти*) to; **он уе́хал в Москву́** he went to Moscow; **выбира́ть (вы́брать** *pf*) **кого́-н в комите́т** to elect sb to a committee
3 (*об изменении состояния*): **погружа́ться в рабо́ту** to be absorbed in one's work
4 (*об объекте физического действия*): **он постуча́л в дверь** he knocked on the door; **он посмотре́л мне в глаза́** he looked me in the eyes; **мать поцелова́ла меня́ в щёку** mother kissed me on the cheek
5 (*о времени совершения чего-н*): **он пришёл в понеде́льник** he came on Monday; **я ви́дел его́ в про́шлом году́** I saw him last year; **я встре́тил его́ в два часа́** I met him at two o'clock; **э́то случи́лось в ма́рте/в двадца́том ве́ке** it happened in March/in the twentieth century
6 (*о размере, количестве*): **ве́сом в 3 то́нны** 3 tons *или* tonnes in weight; (: *+prp*): **дра́ма в трёх**

частях a drama in three acts; **в пяти метрах от дороги** five metres (*BRIT*) *или* meters (*US*) from the road
7 (*о соотношении величин*): **в два раза больше/длиннее** twice as big/long; **во много раз лучше/умнее** much better/cleverer
8 (*обозначает форму, вид*): **брюки в клетку** checked trousers; **лекарство в таблетках** medicine in tablet form
9 (*+prp; о месте*) in; **кошка сидит в корзине** the cat is sitting in the basket; **я живу в деревне** I live in the country; **сын учится в школе/университете** my son is at school/university
10 (*о чём-н облегающем, покрывающем*): **руки в краске/саже** hands covered in paint/soot; **товар в упаковке** packaged goods
11 (*об одежде*) in; **мужчина в очках/в шапке** a man in *или* wearing glasses/a hat
12 (*о состоянии*): **быть в ужасе/негодовании** to be terrified/indignant.

в. *сокр* (= **век**) c; (= **восток**) E.
вагон (-а) *м* (*пассажирский*) carriage (*BRIT*), coach (*BRIT*), car (*US*); (*товарный*) wagon (*BRIT*), truck; **спальный ~** couchette car; **мягкий ~** ≈ sleeping car; **~-ресторан** dining (*BRIT*) *или* club (*US*) car.
важный *прил* important; (*гордый*) pompous.
ваз|а (-ы) *ж* vase.
вазелин (-а) *м* Vaseline ®.
ваканси|я (-и) *ж* vacancy.
вакантн|ый *прил* vacant; **~ая должность** vacancy.
вакуум (-а) *м* vacuum.
вакцин|а (-ы) *ж* vaccine.
вакцинир|овать (-ую) *(не)сов перех* to vaccinate.
вал (-а; *loc sg* -у́, *nom pl* -ы́) *м* (*насыпь*) bank; (*ТЕХ: стержень*) shaft; (*волна*) breaker.
вален|ок (-ка) *м* felt boot.
валерианк|а (-и) *ж* valerian drops *мн.*
валет (-а) *м* (*КАРТЫ*) jack.
валик (-а) *м* (*в механизме*) cylinder; (*для краски*) roller; (*подушка*) bolster.
вал|ить (-ю, -ишь; *pf* **с~** *или* **по~**) *несов перех* (*заставить падать*) to knock over; (*рубить*) to fell; (*pf* **с~**; *разг: бросать*) to dump ◆ *неперех* (*дым, пар*) to pour out; **~ (свалить *pf*) вину на** *+acc* (*разг*) to point the finger at; **~ся** (*pf* **свалиться** *или* **повалиться**) *несов возв* (*падать*) to fall; **~ся** (*impf*) **с ног** (*разг*) to be dead on one's feet.
валовой *прил* (*доход*) gross.
валун (-а́) *м* boulder.
вальс (-а) *м* waltz.
валют|а (-ы) *ж* currency ◆ *собир* foreign currency.
валютный *прил* currency; **~ курс** rate of exchange.
валя|ть (-ю) *несов перех* (*катать*) to roll; (*pf* **с~**; *скатывать*) to shape; **~ся** *несов возв* (*кататься*) to roll about; (*разг: человек, бумаги итп*) to lie about.
вам *итп мест см* **вы**.
вампир (-а) *м* vampire.
ванил|ь (-и) *ж* vanilla.
ванн|а (-ы) *ж* bath.
ванн|ая (-ой) *ж* bathroom.
варвар (-а) *м* barbarian.

ва́рварств|о (-а) *ср* (*бескульту́рье*) barbarism; (*жестокость*) barbarity.
ва́реж|ка (-ки; *gen pl* -ек) *ж* mitten.
варёный *прил* boiled.
варе́нь|е (-я) *ср* jam.
вариа́нт (-а) *м* variant.
вар|и́ть (-ю́, -ишь; *pf* с~) *несов перех* (*обед*) to cook; (*суп, кофе*) to make; (*картофель*) to boil; (*TEX*) to weld; **~ся** (*pf* **свари́ться**) *несов возв* (*обед*) to be cooking.
Варша́в|а (-ы) *ж* Warsaw.
варьете́ *ср нескл* variety show.
варьи́р|овать (-ую) *несов* (*не*)*перех* to vary.
вас *мест см* **вы**.
ва́т|а (-ы) *ж* cotton wool (*BRIT*), (absorbent) cotton (*US*).
ва́тман (-а) *м* *heavy paper for drawing etc.*
ва́тный *прил* cotton-wool (*BRIT*), absorbent cotton (*US*).
ватру́ш|ка (-ки; *gen pl* -ек) *ж* curd tart.
ватт (-а) *м* watt.
ва́учер (-а) *м* voucher.
ва́ф|ля (-ли; *gen pl* -ель) *ж* wafer.
ва́хт|а (-ы) *ж* watch; (*антивоенная*) vigil; **стоя́ть** (*impf*) **на ~е** to keep watch.
вахтёр (-а) *м* caretaker, janitor (*esp US, SCOTTISH*).
ваш (-его; *f* -а, *nt* -е, *pl* -и; *как* **наш**; *см* **Table 9**) *притяж мест* your; **э́то ва́ше** this is yours.
Вашингто́н (-а) *м* Washington.
вбе|жа́ть (*как* **бежа́ть**; *см* **Table 20**; *impf* **вбега́ть**) *сов*: ~ (**в** *+acc*) to run in(to).
вбить (**вобью́, вобьёшь**; *impf* **вбива́ть**) *сов перех*: ~ (**в** *+acc*) to drive *или* hammer in(to).
вблизи́ *нареч* nearby ◆ *предл*: ~ *+gen или* **от** *+gen* near (to).
вбок *нареч* sideways.
вбро́|сить (-шу, -сишь; *impf* **вбра́сывать**) *сов перех* to throw in.
ввал|и́ться (-ю́сь, -ишься; *impf* **вва́ливаться**) *сов возв* (*щеки, глаза*) to become sunken.
введе́ни|е (-я) *ср* introduction.
ввез|ти́ (-у́, -ёшь; *pt* **ввёз, -ла́, -ло́**, *impf* **ввози́ть**) *сов перех* (*в дом итп*) to take in; (*в страну*) to import.
вверх *нареч* up ◆ *предл*: ~ **по** *+dat* up; ~ **по тече́нию** upstream; **в до́ме всё ~ дном** (*разг*) everything in the house is topsy-turvy; ~ **нога́ми** (*разг*) upside down.
вверху́ *нареч* up ◆ *предл*: ~ *+gen* at the top of.
вв|ести́ (-еду́, -едёшь; *pt* -ёл, -ела́, *impf* **вводи́ть**) *сов перех* to take in; (*лекарство*) to inject; (*в компьютер*) to enter; (*закон, пошлины итп*) to introduce; (*сделать действующим*): ~ **что-н в** *+acc* to put sth into.
ввиду́ *предл*: ~ *+gen* in view of ◆ *союз*: ~ **того́, что** in view of the fact that.
ввод (-а) *м* bringing in; (*данных*) input, feeding in.
вво|ди́ть (-жу́, -дишь) *несов от* **ввести́**.
вво́дн|ый *прил* introductory; **~ое сло́во** parenthesis.
ввоз (-а) *м* (*процесс*) importation; (*импорт*) imports *мн*.
вво|зи́ть (-жу́, -зишь) *несов от* **ввезти́**.
ввозн|о́й *прил* imported; **~ые по́шлины** import duty.
ВВП *м сокр* (= *валово́й вну́тренний*

проду́кт) GDP.

вглубь *нареч* (down) into the depths ◆ *предл*: ~ *+gen* (*вниз*) into the depths of; (*внутрь*) into the heart of.

вда|ва́ться (**-ю́сь**) *несов от* **вда́ться**.

вдав|и́ть (**-лю́, -ишь**; *impf* **вда́вливать**) *сов перех*: ~ (**в** *+acc*) to press in(to).

вдалеке́ *нареч* in the distance; ~ **от** *+gen* a long way from.

вдали́ *нареч* = **вдалеке́**.

вдаль *нареч* into the distance.

вда́ться (*как* **дать**; *см* **Table 16**; *impf* **вдава́ться**) *сов возв*: ~ **в** *+acc* to jut out into; (*перен*: *в рассуждения*) to get caught up in; **вдава́ться** (~ *pf*) **в подро́бности** to go into details.

вдво́е *нареч* (*сложить*) in two; ~ **сильне́е** twice as strong.

вдвоём *нареч*: **они́ живу́т** ~ the two of them live together.

вдвойне́ *нареч* double (the amount).

вде|ть (**-ну, -нешь**; *impf* **вдева́ть**) *сов перех* to put in.

вдоба́вок *нареч* (*разг*) in addition ◆ *предл*: ~ **к** *+dat* in addition to.

вдов|а́ (**-ы́**; *nom pl* **-ы**) *ж* widow.

вдов|е́ц (**-ца́**) *м* widower.

вдо́воль *нареч* to one's heart's content.

вдоль *нареч* (*сломаться*) lengthways ◆ *предл*: ~ *+gen* along.

вдох (**-а**) *м* inhalation; **де́лать** (**сде́лать** *pf*) ~ to breathe in.

вдохнове́ни|е (**-я**) *ср* inspiration.

вдохнов|и́ть (**-лю́, -и́шь**; *impf* **вдохновля́ть**) *сов перех* to inspire.

вдохн|у́ть (**-у́**; *impf* **вдыха́ть**) *сов перех* (*воздух*) to breathe in; (*дым, лекарство*) to inhale.

вдре́безги *нареч* to smithereens.

вдруг *нареч* suddenly; (*а если*) what if.

вду́ма|ться (**-юсь**; *impf* **вду́мываться**) *сов возв*: ~ **в** *+acc* to think over.

вдыха́|ть (**-ю**) *несов от* **вдохну́ть**.

вегетариа́н|ец (**-ца**) *м* vegetarian.

вегетариа́нский *прил* vegetarian.

ве́да|ть (**-ю**) *несов*: ~ *+instr* (*управлять*) to be in charge of.

ве́дени|е (**-я**) *ср* authority.

веде́ни|е (**-я**) *ср* conducting; (*войны*) waging; ~ **хозя́йства** housekeeping.

ведёт(ся) *итп несов см* **вести́(сь)**.

ве́дом|о *ср*: **с/без ~а кого́-н** (*согласие*) with/without sb's consent; (*уведомление*) with/ without sb's knowledge.

ве́домост|ь (**-и**; *gen pl* **-е́й**) *ж* register; **расчётная** *или* **платёжная** ~ payroll.

ве́домств|о (**-а**) *ср* department.

ведр|о́ (**-а́**; *nom pl* **вёдра**, *gen pl* **вёдер**) *ср* bucket, pail.

веду́щ|ий *прил* leading ◆ (**-его**) *м* presenter.

ведь *нареч* (*в вопросе*): ~ **ты хо́чешь пое́хать?** you do want to go, don't you?; (*в утверждении*): ~ **она́ не спра́вится одна́!** she can't surely manage alone! ◆ *союз* (*о причине*) seeing as; **пое́шь, ~ ты го́лоден** you should eat, seeing as you're hungry.

ве́дьм|а (**-ы**) *ж* witch.

ве́ер (**-а**; *nom pl* **-а́**) *м* fan.

ве́жливый *прил* polite.

везде́ *нареч* everywhere; ~ **и всю́ду** everywhere you go.

вездехо́д (-а) *м* ≈ Landrover ®.
везе́ни|е (-я) *ср* luck.
вез|ти́ (-у́, -ёшь) *несов перех* to transport, take; (*сани*) to pull; (*тачку*) to push ◆ (*pf* **по~**) *безл*: ~ *+dat* (*разг*) to be lucky.
век (-а; *loc sg* -у́, *nom pl* -а́) *м* century; (*период*) age; **на ~а́, во ве́ки ~о́в** forever.
ве́к|о (-а) *ср* eyelid.
веково́й *прил* ancient.
ве́ксел|ь (-я; *nom pl* -я́) *м* promissory note.
вел|е́ть (-ю́, -и́шь) *(не)сов*: ~ *+dat* to order.
велика́н (-а) *м* giant.
вели́к|ий *прил* great ◆ *как сказ*: **сапоги́ мне велики́** the boots are too big for me; **~ие держа́вы** the Great Powers.
Великобрита́ни|я (-и) *ж* Great Britain.
великоду́шный *прил* magnanimous, big-hearted.
великоле́пный *прил* magnificent.
вели́чественный *прил* majestic.
величин|а́ (-ы́) *ж* size; (*МАТ*) quantity.
велого́н|ка (-ки; *gen pl* -ок) *ж* cycle race.
велосипе́д (-а) *м* bicycle.
вельве́т (-а) *м* corduroy.
Ве́н|а (-ы) *ж* Vienna.
ве́н|а (-ы) *ж* vein.
Ве́нгри|я (-и) *ж* Hungary.
венери́ческий *прил* venereal.
ве́ник (-а) *м* broom.
вен|о́к (-ка́) *м* wreath.
вентиля́тор (-а) *м* (ventilator) fan.
венча́|ть (-ю; *pf* **об~** *или* **по~**) *несов перех* (*соединять браком*) to marry; ~ *(impf)* **на ца́рство кого́-н** to crown sb; **~ся** (*pf* **обвенча́ться**) *несов возв* to be married (*in church*).
ве́р|а (-ы) *ж* faith; (*в бога*) belief.
вера́нд|а (-ы) *ж* verandah.
ве́рб|а (-ы) *ж* pussy willow.
верблю́д (-а) *м* camel.
ве́рбн|ый *прил*: **~ое воскресе́нье** ≈ Palm Sunday.
верб|ова́ть (-у́ю; *pf* **за~**) *несов перех* to recruit.
верёв|ка (-ки; *gen pl* -ок) *ж* (*толстая*) rope; (*тонкая*) string.
ве́р|ить (-ю, -ишь; *pf* **по~**) *несов*: ~ *+dat* to believe; (*доверять*) to trust; ~ **(пове́рить** *pf*) **в кого́-н/что-н** to believe in sb/sth; ~ **(пове́рить** *pf*) **на́ слово кому́-н** to take sb at his *или* word; **~ся** *несов безл*: **не ~ится, что э́то пра́вда** it's hard to believe it's true.
вермише́л|ь (-и) *ж* vermicelli.
ве́рмут (-а) *м* vermouth.
верне́е *вводн сл* or rather; ~ **всего́** most likely.
ве́рно *нареч* (*преданно*) faithfully; (*правильно*) correctly ◆ *как сказ* that's right.
верн|у́ть (-у́, -ёшь) *сов перех* to return, give back; (*долг*) to pay back; (*здоровье, надежду*) to restore; **~ся** *сов возв*: **~ся (к** *+dat*) to return (to).
ве́рный *прил* (*друг*) faithful; (*надёжный*) sure; (*правильный*) correct; ~ **сло́ву** true to one's word.
вероисповеда́ни|е (-я) *ср* faith.
вероло́мный *прил* (*друг*) treacherous; (*нападение*) deceitful.
вероя́тно *как сказ* it is probable ◆ *вводн сл* probably.
вероя́тн|ый *прил* probable; **~ее всего́** most likely *или* probably.
ве́рси|я (-и) *ж* version.
верста́к (-а́) *м* (*ТЕХ*) (work)bench.

вер|тéть (**-чý, -тишь**) *несов перех* (*руль*) to turn; ~ *(impf)* **в рукáх что-н** to fiddle with sth; **~ся** *несов возв* (*колесо*) to spin; (*человек*) to fidget.

вертикáльный *прил* vertical.

вертолёт (**-а**) *м* helicopter.

вéрующ|ий (**-его**) *м* believer.

верф|ь (**-и**) *ж* shipyard.

верх (**-а**; *loc sg* **-ý**, *nom pl* **-ú**) *м* (*дома, стола*) top; (*обуви*) upper; ~ **совершéнства/глýпости** the height of perfection/stupidity; *см также* **верхú**.

верх|ú (**-óв**) *мн*: **в ~áх** at the top; **встрéча/переговóры в ~áх** summit meeting/talks.

вéрхн|ий *прил* top; **~яя одéжда** outer clothing *или* garments.

верхóвный *прил* supreme; **В~ Суд** High Court (*BRIT*), Supreme Court (*US*).

верхов|óй *прил*: **~áя ездá** horse (*BRIT*) *или* horseback (*US*) riding.

верхóм *нареч* astride.

верхýш|ка (**-ки**; *gen pl* **-ек**) *ж* (*дерева, насыпи*) top; (*перен*: *правящая*) elite.

вершúн|а (**-ы**) *ж* top; (*горы*) summit.

вес (**-а**; *nom pl* **-á**) *м* weight; (*перен*: *влияние*) authority.

веселé|ть (**-ю**; *pf* **по~**) *несов* to cheer up.

весел|úть (**-ю́, -úшь**; *pf* **раз~**) *несов перех* to amuse; **~ся** *несов возв* to have fun.

вéсело *нареч* (*сказать*) cheerfully ♦ *как сказ*: **здесь** ~ it's fun here; **мне** ~ I'm having fun.

весёлый *прил* cheerful.

весéль|е (**-я**) *ср* merriment.

весéнний *прил* spring.

вé|сить (**-шу, -сишь**) *несов* to weigh.

вéский *прил* (*аргумент*) potent.

весл|ó (**-á**; *nom pl* **вёсла**, *gen pl* **вёсел**) *ср* oar.

весн|á (**-ы́**; *nom pl* **вёсны**, *gen pl* **вёсен**) *ж* spring.

веснóй *нареч* in (the) spring.

веснýш|ка (**-ки**; *gen pl* **-ек**) *ж* freckle.

весóмый *прил* (*вклад*) substantial.

ве|стú (**-дý, -дёшь**; *pt* **вёл, -лá, -лó**) *несов перех* to take; (*машину, поезд*) to drive; (*корабль*) to navigate; (*отряд*) to lead; (*заседание*) to chair; (*работу*) to conduct; (*хозяйство*) to run; (*дневник, записи*) to keep ♦ (*pf* **при~**) *неперех*: ~ **к** *+dat* to lead to; ~ *(impf)* **себя́** to behave; **~сь** *несов возв* (*расследование*) to be carried out; (*переговоры*) to go on.

вестибю́л|ь (**-я**) *м* lobby.

вест|ь (**-и**) *ж* news; **пропадáть (пропáсть** *pf*) **бéз ~и** (*ВОЕН*) to go missing; **бéз ~и пропáвший** (*ВОЕН*) missing feared dead; **Бог ~ кто/что** (*разг*) God knows who/what.

вес|ы́ (**-óв**) *мн* scales *мн*; (*созвездие*): **В~** Libra.

весь (**всегó**; *f* **вся**, *nt* **всё**, *pl* **все**; *см* **Table 13**) *мест* all; **всегó хорóшего** *или* **дóброго!** all the best!

ветв|ь (**-и**; *gen pl* **-éй**) *ж* branch.

вéт|ер (**-ра**) *м* wind.

ветерáн (**-а**) *м* veteran.

ветеринáр (**-а**) *м* vet (*BRIT*), veterinarian (*US*).

вéт|ка (**-ки**; *gen pl* **-ок**) *ж* branch.

вéто *ср нескл* veto.

вéтреный *прил* windy.

ветров|óй *прил*: **~óе стеклó** windscreen (*BRIT*), windshield (*US*).

ветря́н|ка (**-ки**) *ж* (*МЕД*) chickenpox.
ветряно́й *прил* wind-powered.
ве́тхий *прил* (*дом*) dilapidated; (*одежда*) shabby; **В~ Заве́т** the Old Testament.
ветч|ина́ (**-ины́**; *nom pl* **-и́ны**) *ж* ham.
ве́х|а (**-и**) *ж* landmark.
ве́чер (**-а**; *nom pl* **-а́**) *м* evening; (*праздник*) party.
вече́рний *прил* evening.
ве́чером *нареч* in the evening.
ве́чно *нареч* eternally; (*разг*: *жаловаться*) perpetually.
ве́чност|ь (**-и**) *ж* eternity.
ве́чный *прил* eternal, everlasting.
ве́шал|ка (**-ки**; *gen pl* **-ок**) *ж* (*планка*) rack; (*стойка*) hatstand; (*плечики*) coat hanger; (*гардероб*) cloakroom; (*петля*) loop.
ве́ша|ть (**-ю**; *pf* **пове́сить**) *несов перех* to hang; (*pf* **с~**; *товар*) to weigh; **~ся** (*pf* **пове́ситься**) *несов возв* to hang o.s.
веща́|ть (*3sg* **-ет**) *несов* to broadcast.
веще́ственный *прил* material.
веществ|о́ (**-а́**) *ср* substance.
вещ|ь (**-и**; *gen pl* **-е́й**) *ж* thing; (*книга, фильм*) piece.
ве́|ять (**-ю, -ешь**) *несов* (*ветер*) to blow lightly.
взаи́мный *прил* mutual.
взаимоде́йстви|е (**-я**) *ср* (*связь*) interaction.
взаимоотноше́ни|е (**-я**) *ср* (inter-)relationship.
взаимопо́мощ|ь (**-и**) *ж* mutual assistance *или* aid.
взаимопонима́ни|е (**-я**) *ср* mutual understanding.
взаимосвя́з|ь (**-и**) *ж* interconnection.
взаймы́ *нареч*: **дава́ть/брать де́ньги ~** to lend/borrow money.
взаме́н *нареч* in exchange ♦ *предл*: ~ *+gen* (*вместо*) instead of; (*в обмен*) in exchange for.
взаперти́ *нареч* under lock and key.
взбить (**взобью́, взобьёшь**; *imper* **взбей(те)**, *impf* **взбива́ть**) *сов перех* (*яйца*) to beat; (*сливки*) to whip; (*волосы*) to fluff up; (*подушки*) to plump up.
взвал|и́ть (**-ю́, -ишь**; *impf* **взва́ливать**) *сов перех*: **~ что-н на** *+acc* to haul sth up onto.
взве́|сить (**-шу, -сишь**; *impf* **взве́шивать**) *сов перех* (*товар*) to weigh; (*факты*) to weigh up, consider.
взве|сти́ (**-ду́, -дёшь**; *pt* **взвёл, -ла́**, *impf* **взводи́ть**) *сов перех*: **~ куро́к** to cock a gun.
взве́шенный *прил* considered.
взве́шива|ть (**-ю**) *несов от* **взве́сить**.
взвин|ти́ть (**-чу́, -ти́шь**; *impf* **взви́нчивать**) *сов перех* (*разг*: *цены*) to jack up.
взвод (**-а**) *м* platoon; **на взво́де** (*курок*) cocked.
взво|ди́ть (**-жу́, -дишь**) *несов от* **взвести́**.
взволно́ванный *прил* (*в тревоге*) agitated; (*радостный*) excited.
взволн|ова́ть(ся) (**-у́ю(сь)**) *сов от* **волнова́ть(ся)**.
взв|ыть (**-о́ю, -о́ешь**) *сов* (*животное, человек*) to howl; (*сирена*) to wail.
взгляд (**-а**) *м* glance; (*выражение*) look; (*перен*: *мнение*) view; **на мой/твой ~** in my/your view.
взглян|у́ть (**-у́, -ешь**) *сов*: **~ на**

+acc to look at.
вздор (**-а**) *м* (*разг*) rubbish.
вздóрный *прил* (*нелепый*) absurd; (*сварливый*) crotchety.
вздох (**-а**) *м* sigh; (*ужаса*) gasp.
вздохн|ýть (**-ý, -ёшь**) *сов* to sigh.
вздрóгн|уть (**-у**; *impf* **вздрáгивать**) *сов* to shudder.
вздýма|ть (**-ю**) *сов* (*разг*): **не ~йте лгать!** don't even think of lying!
вздыхá|ть (**-ю**) *несов* to sigh.
взимá|ть (**-ю**) *несов перех* (*налоги*) to collect.
взлёт (**-а**) *м* (*самолёта*) takeoff.
взле|тéть (**-чý, -тúшь**; *impf* **взлетáть**) *сов* (*птица*) to soar; (*самолёт*) to take off; **взлетáть** (**~** *pf*) **на вóздух** to explode.
взлётн|ый *прил*: **~ая полосá** runway, airstrip.
взломá|ть (**-ю**; *impf* **взлáмывать**) *сов перех* to break open, force.
взлóмщик (**-а**) *м* burglar.
взмахн|ýть (**-ý, -ёшь**; *impf* **взмáхивать**) *сов*: **~** *+instr* (*рукой*) to wave; (*крылом*) to flap.
взмóрь|е (**-я**) *ср* seashore.
взнос (**-а**) *м* (*страховой*) payment; (*в фонд*) contribution; (*членский, вступительный*) fee.
взойтú (*как* **идтú**; *см* **Table 18**; *impf* **всходúть** *или* **восходúть**) *сов* to rise; (*семена*) to come up.
взорв|áть (**-ý, -ёшь**; *impf* **взрывáть**) *сов перех* (*бомбу*) to detonate; (*дом, мост*) to blow up; **~ся** (*impf* **взрывáться**) *сов возв* (*бомба*) to explode; (*мост, дом*) to be blown up.
взрев|éть (**-ý, -ёшь**) *сов* to roar.
взрослé|ть (**-ю**; *pf* **по~**) *несов* to grow up; (*духовно*) to mature.
взрóсл|ый *прил* (*человек*) grown-up; (*фильм, билет*) adult ◆ (**-ого**) *м* adult.
взрыв (**-а**) *м* explosion; (*дома*) blowing up; **~** *+gen* (*возмущения*) outburst of.
взрывá|ть(ся) (**-ю(сь)**) *несов от* **взорвáть(ся)**.
взрывоопáсный *прил* explosive
взрывчáт|ка (**-ки**; *gen pl* **-ок**) *ж* explosive (substance).
взы|скáть (**-щý, -щешь**; *impf* **взыскивать**) *сов перех* (*долг*) to recover; (*штраф*) to exact ◆ *неперех*: **~ с когó-н** to call sb to account.
взя́т|ка (**-ки**; *gen pl* **-ок**) *ж* bribe.
взя́точник (**-а**) *м* bribe-taker.
взя|ть (**возьмý, возьмёшь**) *сов от* **брать** ◆ *перех*: **возьмý (да) и откажýсь** (*разг*) I could refuse just like that; **с чегó** *или* **откýда ты ~л?** (*разг*) whatever gave you that idea?; **взя́ться** *сов от* **брáться**.
вид (**-а**; *part gen* **-у**, *loc sg* **-ý**) *м* (*внешность*) appearance; (*предмета, искусства*) form; (*панорама*) view; (*растений, животных*) species; (*спорта*) type; (*ЛИНГ*) aspect; **в вúде** *+gen* in the form of; **на ~ý у** *+gen* in full view of; **под вúдом** *+gen* in the guise of; **~ на óзеро/гóры** a view of the lake/hills; **имéть** (*impf*) **в ~ý** to mean; (*учитывать*) to bear in mind; **дéлать (сдéлать** *pf*) **~** to pretend; **упускáть (упустúть** *pf*) **из вúду что-н** (*факт*) to lose sight of sth; **терять (потеря́ть** *pf*) **когó-н из вúду** to lose sight of sb; **~ на жúтельство** residence permit.
видá|ть (*pt* **-л, -ла, -ло**, *pf* **по~**) *несов перех* (*разг*) to see; (*испытать*) to know; **~ся** (*pf*

повида́ться) *несов возв* (*разг*) to see each other.
видеоза́пис|ь (-**и**) *ж* video recording.
видеоигр|а́ (-**ы́**; *nom pl* -**ы**) *ж* video game.
видеока́мер|а (-**ы**) *ж* camcorder, videocamera.
видеокассе́т|а (-**ы**) *ж* video cassette.
видеомагнитофо́н (-**а**) *м* video (recorder).
ви́д|еть (-**жу, -дишь**) *несов* to see ♦ (*pf* **у**~) *перех* to see; (*испытать*) to know; ~**дите ли** you see; ~**ся** (*pf* **уви́деться**) *несов возв* to see each other.
ви́димо *вводн сл* apparently.
ви́димо-неви́димо *нареч* (*разг*): **наро́ду на пло́щади** ~ there are masses of people in the square.
ви́димост|ь (-**и**) *ж* visibility; (*подобие*) outward appearance; **по всей ~и** apparently.
видне́|ться (*3sg* -**ется**) *несов возв* to be visible.
ви́дно *как сказ* (*можно видеть*) one can see; (*можно понять*) clearly ♦ *вводн сл* probably; **тебе́ видне́е** you know best; **там ~ бу́дет** we'll see.
ви́дный *прил* (*заметный*) visible; (*известный*) prominent.
ви́жу(сь) *несов см* **ви́деть(ся)**.
ви́з|а (-**ы**) *ж* visa.
визг (-**а**) *м* (*собаки*) yelp; (*ребёнка, поросёнка*) squeal; (*металла*) screech.
визж|а́ть (-**у́, -и́шь**) *несов* (*см сущ*) to yelp; to squeal.
визи́т (-**а**) *м* visit.
визи́тн|ый *прил*: ~**ая ка́рточка** (business) card.
виктори́н|а (-**ы**) *ж* quiz game.
ви́л|ка (-**ки**; *gen pl* -**ок**) *ж* fork; (**ште́псельная**) ~ plug.
ви́лл|а (-**ы**) *ж* villa.
ви́л|ы (-) *мн* pitchfork *ед*.
виля́|ть (-**ю**) *несов*: ~ *+instr* (*хвостом*) to wag; (*бёдрами*) to wiggle.
вин|а́ (-**ы́**) *м* blame; (*чувство*) guilt.
винегре́т (-**а**) *м* beetroot salad.
вини́тельный *прил*: ~ **паде́ж** accusative (case).
вин|и́ть (-**ю́, -и́шь**) *несов перех*: ~ **кого́-н в** *+prp* to blame sb for; (*упрекать: за лень*): ~ **кого́-н за** *+acc* to accuse sb of.
вин|о́ (-**а́**; *nom pl* -**а**) *ср* wine.
винова́тый *прил* (*взгляд umn*) guilty; ~ (**в** *+prp*) (*в проигрыше, в неудаче*) responsible *или* to blame (for); **винова́т!** sorry!, excuse me!
вино́вност|ь (-**и**) *ж* guilt.
вино́вн|ый *прил* guilty ♦ (-**ого**) *м* guilty party.
виногра́д (-**а**) *м* (*растение*) (grape)vine; (*ягоды*) grapes *мн*.
виногра́дник (-**а**) *м* vineyard.
винт (-**а́**) *м* screw.
винто́в|ка (-**ки**; *gen pl* -**ок**) *ж* rifle.
виолонче́л|ь (-**и**) *ж* cello.
вира́ж (-**а́**) *м* (*поворот*) turn.
виртуо́з (-**а**) *м* virtuoso.
виртуо́зн|ый *прил* masterly; ~**ое исполне́ние** a virtuoso performance.
ви́рус (-**а**) *м* virus.
ви́селиц|а (-**ы**) *ж* gallows.
ви|се́ть (-**шу́, -си́шь**) *несов* to hang.
ви́ски *ср нескл* whisky (*BRIT*), whiskey (*US, IRELAND*).
вис|о́к (-**ка́**) *м* (*АНАТ*) temple.
високо́сный *прил*: ~ **год** leap

year.
витами́н (-а) *м* vitamin.
вита́|ть (-ю) *несов* to hang in the air.
вито́й *прил* twisted.
вит|о́к (-ка́) *м* (*спирали*) twist.
витра́ж (-а́) *м* stained-glass window.
витри́н|а (-ы) *ж* (*в магазине*) shop window; (*в музее*) display case.
ви|ть (**вью, вьёшь**; *impег* **вей(те)**, *pf* **с~**) *несов перех* (*венок*) to weave; (*гнездо*) to build; **ви́ться** *несов возв* (*растения*) to trail; (*волосы*) to curl.
вихр|ь (-я) *м* whirlwind.
ви́це-президе́нт (-а) *м* vice president.
ВИЧ *м сокр* (= *ви́рус иммунодефици́та челове́ка*) HIV; **~-инфици́рованный** HIV-positive.
ви́ш|ня (-ни; *gen pl* -ен) *ж* cherry.
вка́лыва|ть (-ю) *несов от* **вколо́ть**.
вка|ти́ть (-чу́, -тишь; *impf* **вка́тывать**) *сов перех* (*что-н на колёсах*) to wheel in; (*что-н круглое*) to roll in.
вклад (-а) *м* (*в науку*) contribution; (*в банке*) deposit.
вкла́дчик (-а) *м* investor.
вкла́дыва|ть (-ю) *несов от* **вложи́ть**.
включа́|ть (-ю) *несов от* **включи́ть** ◆ *перех*: ~ **(в себя́)** to include; **~ся** *несов от* **включи́ться**.
включа́я *предл*: ~ *+acc* including.
включи́тельно *нареч* inclusive.
включ|и́ть (-у́, -и́шь; *impf* **включа́ть**) *сов перех* to turn *или* switch on; **включа́ть (~ *pf*) кого́-н/что-н во что-н** to include sb/sth in sth; **~ся** (*impf* **включа́ться**) *сов возв* to come on; (*в спор*): **~ся в** *+acc* to join in.
вкол|о́ть (-ю́, -ешь; *impf* **вка́лывать**) *сов перех* to stick in.
вкра́тце *нареч* briefly.
вкривь *нареч*: ~ **и вкось** (*разг*) squint.
вкру|ти́ть (-чу́, -тишь; *impf* **вкру́чивать**) *сов перех* to screw in.
вкруту́ю *нареч*: **яйцо́** ~ hard-boiled egg.
вкус (-а) *м* taste; **она́ оде́та со вку́сом** she is tastefully dressed.
вку́сно *нареч* tastily ◆ *как сказ*: **о́чень** ~ it's delicious; **она́ ~ гото́вит** she is a good cook.
вку́сный *прил* tasty; (*обед*) delicious.
вла́г|а (-и) *ж* moisture.
владе́л|ец (-ьца) *м* owner.
владе́ни|е (-я) *ср* ownership; (*помещика*) estate.
владе́|ть (-ю) *несов*: ~ *+instr* (*обладать*) to own, possess; (*языком*) to be proficient in; (*с оружием*) to handle proficiently; ~ (*impf*) **собо́й** to control o.s.; ~ (*impf*) **рука́ми/нога́ми** to have the use of one's arms/legs.
вла́жност|ь (-и) *ж* humidity.
вла́жный *прил* damp; (*глаза, кожа*) moist.
вла́ств|овать (-ую) *несов*: ~ **над** *+instr* to rule; (*перен*) to hold sway over.
вла́ст|и (-е́й) *мн* authorities *мн*.
вла́ст|ный *прил* (*человек*) imperious; **он не ~ен** *+infin* ... it's not within his power to ...
власт|ь (-и; *gen pl* -е́й) *ж* power; (*родительская*) authority; *см также* **вла́сти**.

вле́во *нареч* (to the) left.
влез|ть (**-у, -ешь**; *pt* **-, -ла**, *impf* **влеза́ть**) *сов*: **~ на** *+acc* (*на дерево*) to climb (up); (*на крышу*) to climb onto.
вле|те́ть (**-чу́, -ти́шь**; *impf* **влета́ть**) *сов*: **~ в** *+acc* to fly into.
влече́ни|е (**-я**) *ср*: **~ (к** *+dat*) attraction (to).
вле|чь (**-ку́, -чёшь** *umn*, **-ку́т**; *pt* **влёк, -кла́**, *pf* **повле́чь**) *несов перех*: **~ за собо́й** to lead to; **его́ ~чёт нау́ка** he is drawn to science.
вли|ть (**волью, вольёшь**; *pt* **-л, -ла́, -ло**, *imper* **вле́й(те)**, *impf* **влива́ть**) *сов перех* to pour in.
влия́ни|е (**-я**) *ср* influence.
влия́тельный *прил* influential.
влия́|ть (**-ю**) *несов*: **~ на** *+acc* to influence; (*на организм*) to affect.
влож|и́ть (**-у́, -ишь**; *impf* **вкла́дывать**) *сов перех* (*средства*) to invest; (*положить внутрь*) to insert.
влюб|и́ться (**-лю́сь, -ишься**; *impf* **влюбля́ться**) *сов возв*: **~ в** *+acc* to fall in love with.
влюблённ|ый *прил* in love; (*взгляд, глаза*) loving ◆ **(-ого)** *м*: **~ые** lovers.
вме́сте *нареч* together; **~ с тем** at the same time.
вмести́тельный *прил* spacious.
вме|сти́ть (**-щу́, -сти́шь**; *impf* **вмеща́ть**) *сов перех* (*подлеж: зал*) to hold; (*: гостиница*) to accommodate; **~ся** (*impf* **вмеща́ться**) *несов возв* to fit in.
вме́сто *предл*: **~** *+gen* (*взамен*) instead of ◆ *союз*: **~ того́ что́бы** instead of, rather than.
вмеша́тельств|о (**-а**) *ср* interference; (*ЭКОН*) intervention.
вмеша́|ть (**-ю**; *impf* **вме́шивать**) *сов перех* (*добавить*) to mix in; (*перен*): **~ кого́-н в** *+acc* to get sb mixed up in; **~ся** (*impf* **вме́шиваться**) *сов возв* (*вторгнуться*) to interfere; (*в переговоры итп*) to intervene.
вмеща́|ть(ся) (**-ю(сь)**) *несов от* **вмести́ть(ся)**.
вмиг *нареч* instantly.
вмя́тин|а (**-ы**) *ж* dent.
внаём *нареч*: **отдава́ть ~** to let, rent out.
внача́ле *нареч* at first.
вне *предл*: **~** *+gen* outside; **~ о́череди** out of turn; **он был ~ себя́** he was beside himself.
внебра́чный *прил* extramarital; (*ребёнок*) illegitimate.
внедре́ни|е (**-я**) *ср* introduction.
внеза́пный *прил* sudden.
внеочередно́й *прил* unscheduled.
внес|ти́ (**-у́, -ёшь**; *pt* **внёс, -ла́**, *impf* **вноси́ть**) *сов перех* (*вещи*) to carry *или* bring in; (*взнос, сумму*) to pay; (*законопроект*) to bring in; (*поправку*) to insert.
внешко́льный *прил* extracurricular.
вне́шн|ий *прил* (*стена*) exterior; (*спокойствие*) outward; (*связи*) external; **~ мир** outside world; **~ вид** appearance; **~яя поли́тика/торго́вля** foreign policy/trade.
вне́шност|ь (**-и**) *ж* appearance.
внешта́тный *прил* freelance.
вниз *нареч*: **~ (по** *+dat*) down; **~ по тече́нию** downstream.
внизу́ *нареч* below; (*в здании*) downstairs ◆ *предл*: **~ страни́цы** at the foot *или* bottom of the page.
вни́к|нуть (**-ну**; *pt* **-, -ла**, *impf* **вника́ть**) *сов*: **~ во что-н** to understand sth well.

внима́ни|е (-я) *ср* attention.
внима́тельный *прил* attentive; (*работа*) careful; (*сын*) caring.
вничью́ *нареч* (*СПОРТ*): **сыгра́ть ~** to draw.
вновь *нареч* again.
вно|си́ть (-шу́, -сишь) *несов от* **внести́**.
вну|к (-ка; *nom pl* -ки *или* -ча́та) *м* grandson; *см также* **вну́ки**.
вну́к|и (-ов) *мн* grandchildren *мн*.
вну́тренн|ий *прил* interior; (*побуждение, голос*) inner; (*политика, рынок*) domestic; (*рана*) internal; **Министе́рство ~их дел** ≈ the Home Office (*BRIT*), ≈ the Department of the Interior (*US*).
внутри́ *нареч* inside ♦ *предл*: ~ *+gen* (*дома*) inside; (*организации*) within.
внутрь *нареч* inside ♦ *предл*: ~ *+gen* inside.
вну́ч|ка (-ки; *gen pl* -ек) *ж* granddaughter.
внуша́|ть (-ю) *несов от* **внуши́ть**.
внуши́тельный *прил* (*внешность*) imposing; (*сумма, успех*) impressive.
внуш|и́ть (-у́, -и́шь; *impf* **внуша́ть**) *сов перех*: **~ что-н кому́-н** (*чувство*) to inspire sb with sth; (*идею*) to instil (*BRIT*) *или* instill (*US*) sth in sb.
вня́тный *прил* articulate, audible.
во *предл см* **в**.
вовл|е́чь (-еку́, -ечёшь *итп* -еку́т; *pt* -ёк, -екла́, *impf* **вовлека́ть**) *сов перех*: **~ кого́-н в** *+acc* to draw sb into.
во́время *нареч* on time.
во́все *нареч* (*разг*) completely; **~ нет** not at all.
во-вторы́х *вводн сл* secondly, in the second place.
вод|а́ (*acc sg* -у, *gen sg* -ы́, *nom p* -ы) *ж* water; *см также* **во́ды**.
води́тел|ь (-я) *м* driver.
води́тельск|ий *прил*: **~ие прав** driving licence (*BRIT*), driver's license (*US*).
во|ди́ть (-жу́, -дишь) *несов перех* (*ребёнка*) to take; (*машину, поезд*) to drive; (*самолёт*) to fly; (*корабль*) to sail; **~ся** *несов возв* (*рыба итп*) to be (found).
во́дк|а (-и) *ж* vodka.
во́дный *прил* water.
водоём (-а) *м* reservoir.
водола́з (-а) *м* diver.
Водоле́|й (-я) *м* (*созвездие*) Aquarius.
водонепроница́емый *прил* waterproof.
водоочистно́й *прил* waterpurifying.
водопа́д (-а) *м* waterfall.
водопрово́д (-а) *м* water supply system; **у них в до́ме есть ~** their house has running water.
водопрово́дный *прил* (*труба, кран*) water; (*система*) plumbing.
водопрово́дчик (-а) *м* plumber.
водоро́д (-а) *м* hydrogen.
во́доросл|ь (-и) *ж* algae; (*разг: в реке*) waterweed; (*в море*) seaweed.
водосто́чн|ый *прил*: **~ая труба́** drainpipe; **~ая кана́ва** gutter.
водохрани́лищ|е (-а) *ср* reservoir.
во́д|ы (-) *мн* (*государственные*) waters *мн*; (*минеральные*) spa *ед*.
водяни́стый *прил* watery.
водяно́й *прил* water; **~ знак** watermark.
во|ева́ть (-ю́ю) *несов* (*страна*) to be at war; (*человек*) to fight.
военача́льник (-а) *м* (military)

commander.
военкомат (-а) *м сокр* (= *военный комиссариат*) *office for military registration and enlistment.*
военно-воздушн|ый *прил*: **~ые силы** (the) air force.
военно-морской *прил*: **~ флот** (the) navy.
военнообязанн|ый (-ого) *м person eligible for compulsory military service.*
военнопленн|ый (-ого) *м* prisoner of war.
военно-промышленный *прил*: **~ комплекс** military-industrial complex.
военнослужащ|ий (-его) *м* serviceman.
военн|ый *прил* military; (*врач*) army ♦ (-ого) *м* serviceman; **~ое положение** martial law.
вождени|е (-я) *ср* (*машины*) driving; (*судна*) steering.
вожд|ь (-я) *м* (*племени*) chief, chieftain; (*движения, партии*) leader.
вожж|а (-и; *nom pl* -и, *gen pl* -ей) *ж* rein.
возб|удить (-ужу, -удишь; *impf* **возбуждать**) *сов перех* (*вызвать*) to arouse; (*взволновать*) to excite; **возбуждать (~ *pf*) дело** *или* **процесс против** *+gen* to bring a case *или* institute proceedings against; **~ся** *сов возв* (*взволноваться*) to become excited.
возбуждени|е (-я) *ср* (*волнение*) agitation; (: *радостное*) excitement.
возбуждённый *прил* (*см сущ*) agitated; excited.
возве|сти (-ду, -дёшь; *pt* **возвёл, -ла**, *impf* **возводить**) *сов перех* to erect.
возврат (-а) *м* return; (*долга, займа*) repayment; **без ~а** irrevocably.
возвра|тить (-щу, -тишь; *impf* **возвращать**) *сов перех* to return; (*долг, ссуду*) to repay; (*здоровье, счастье*) to restore; **~ся** (*impf* **возвращаться**) *сов возв*: **~ся (к** *+dat*) to return *или* come back (to).
возвращени|е (-я) *ср* return.
возвышенный *прил* (*идея, цель*) lofty; (*натура, музыка*) sublime.
возглав|ить (-лю, -ишь; *impf* **возглавлять**) *сов перех* to head.
возглас (-а) *м* exclamation.
воздать (*как* **дать**; *см* **Table 16**; *impf* **воздавать**) *сов перех*: **~ кому-н по заслугам** (*в награду*) to reward sb for their services; (*в наказание*) to give sb what they deserve; **воздавать (~ *pf*) должное кому-н** to give sb their due.
воздвиг|нуть (-ну; *pt* -, -ла, *impf* **воздвигать**) *сов перех* to erect.
воздействи|е (-я) *ср* effect; (*идеологическое, педагогическое*) influence.
воздейств|овать (-ую) (*не*)*сов*: **~ на** *+acc* to have an effect on.
возделa|ть (-ю; *impf* **возделывать**) *сов перех* (*поле*) to cultivate.
воздержавш|ийся (-егося) *м* (*ПОЛИТ*) abstainer.
возд|ержаться (-ержусь, -ержишься; *impf* **воздерживаться**) *сов возв*: **~ от** *+gen* to refrain from; (*от голосования*) to abstain from.
воздух (-а) *м* air; **на (открытом) ~е** outside, outdoors.
воздушный *прил* air; (*десант*)

airborne; ~ **флот** civil aviation; (*ВОЕН*) air force.
воззва́ни|е (**-я**) *ср* appeal.
во|зи́ть (**-жу́, -зишь**) *несов перех* to take; **~ся** *несов возв* to potter about; **~ся** *(impf)* **с** *+instr* (*разг*: *с работой итп*) to make heavy weather of; (*с детьми итп*) to spend a lot of time with.
во́зле *нареч* nearby ◆ *предл*: ~ *+gen* near.
возлож|и́ть (**-у́, -ишь**; *impf* **возлага́ть**) *сов перех* (*венок*) to lay; (*задачу*) to entrust.
возлю́бленн|ый (**-ого**) *м* beloved.
возме́зди|е (**-я**) *ср* retribution.
возме|сти́ть (**-щу́, -сти́шь**; *impf* **возмеща́ть**) *сов перех* (*убытки*) to compensate for; (*затраты*) to refund, reimburse.
возмо́жно *как сказ* it is possible ◆ *вводн сл* (*может быть*) possibly.
возмо́жност|и (**-ей**) *мн* (*творческие*) potential *ед*; **фина́нсовые** *или* **материа́льные** ~ financial resources.
возмо́жност|ь (**-и**) *ж* opportunity; (*допустимость*) possibility; **по** (**ме́ре**) **~и** as far as possible; *см также* **возмо́жности**.
возмо́жный *прил* possible.
возмужа́|ть (**-ю**) *сов от* **мужа́ть**.
возмути́тельный *прил* appalling.
возму|ти́ть (**-щу́, -ти́шь**; *impf* **возмуща́ть**) *сов перех* to appal (*BRIT*), appall (*US*); **~ся** (*impf* **возмуща́ться**) *сов возв* to be appalled.
возмуще́ни|е (**-я**) *ср* indignation.
вознагра|ди́ть (**-жу́, -ди́шь**; *impf* **вознагражда́ть**) *сов перех* to reward.
возникнове́ни|е (**-я**) *ср* emergence.
возни́к|нуть (**-ну**; *pt* **-, -ла**, *impf* **возника́ть**) *сов* to arise.
возн|я́ (**-и́**) *ж* (*при игре*) frolicking; ~ **с** *+instr* (*хлопоты*) bother with.
возобнов|и́ть (**-лю́, -и́шь**; *impf* **возобновля́ть**) *сов перех* (*работу*) to resume; (*контракт*) renew; **~ся** (*impf* **возобновля́ться**) *сов возв* to resume.
возраже́ни|е (**-я**) *ср* objection.
возра|зи́ть (**-жу́, -зи́шь**; *impf* **возража́ть**) *сов*: ~ (*+dat*) to object (to).
во́зраст (**-а**) *м* age; **он был уже́ ~е** he was getting on in years.
возр|асти́ (*3sg* **-астёт**, *pt* **-о́с, -осла́**, *impf* **возраста́ть**) *сов* to grow.
возро|ди́ть (**-жу́, -ди́шь**; *impf* **возрожда́ть**) *сов перех* to revive; **~ся** (*impf* **возрожда́ться**) *сов возв* to revive.
возрожде́ни|е (**-я**) *ср* revival; (*нации, веры*) rebirth; (*демократии*) regeneration; **В~** Renaissance.
возьму́(сь) *итп сов см* **взя́ть(ся)**.
во́ин (**-а**) *м* warrior.
во́инск|ий *прил* military; **~ая обя́занность** conscription.
вои́нственный *прил* belligerent; (*депутат*) militant.
во|й (**-я**) *м* howl.
во́йлок (**-а**) *м* felt.
войн|а́ (**-ы́**; *nom pl* **-ы**) *ж* war.
во́йск|о (**-а**; *nom pl* **-а́**) *ср* (the) forces *мн*.
войти́ (*как* **идти́**; *см* **Table 18**; *impf* **входи́ть**) *сов*: ~ (**в** *+acc*) to

enter, go in(to); (*в комитет*) to become a member (of); (*уместиться*) to fit in(to).
вокáльный *прил* vocal.
вокзáл (-а) *м* station.
вокрýг *нареч* around, round ◆ *предл*: ~ *+gen* (*кругом*) around, round; (*по поводу*) about, over; **ходи́ть** *(impf)* **~ да óколо** (*разг*) to beat about the bush.
вол (-á) *м* ox, bullock.
волáн (-а) *м* (*на одежде*) flounce; (*СПОРТ*) shuttlecock.
волды́р|ь (-я́) *м* blister.
волевóй *прил* strong-willed.
волейбóл (-а) *м* volleyball.
волк (-а; *gen pl* **-óв**) *м* wolf.
волн|á (-ы́; *nom pl* **вóлны**) *ж* wave.
волнéни|е (-я) *ср* (*радостное*) excitement; (*нервное*) agitation; (*обычно мн*: *в массах*) unrest *ед*.
волни́стый *прил* (*волосы*) wavy.
волн|овáть (-ýю; *pf* **вз~**) *несов перех* to be concerned about; (*подлеж: музыка*) to excite; **~ся** (*pf* **взволновáться**) *несов возв* (*море*) to be rough; (*человек*) to worry.
вол|окнó (**-окнá**; *nom pl* **-óкна**, *gen pl* **-óкон**) *ср* fibre (*BRIT*), fiber (*US*).
вóлос (-а; *gen pl* **волóс**, *dat pl* **-áм**) *м* hair *только ед*.
волос|óк (**-кá**) *м* hair; **быть** *(impf)* *или* **находи́ться** *(impf)* **на ~** *или* **на ~кé от** *+gen* to be within a hair's-breadth of.
волоч|и́ть (-ý, -и́шь) *несов перех* to drag.
вóлчий *прил* wolf.
волшéбник (-а) *м* wizard.
волшéбниц|а (-ы) *ж* (good *или* white) witch.
волшéбный *прил* magic; (*перен*: *чарующий*) magical.
вóльно *нареч* freely; **~!** (*ВОЕН*) at ease!
вóл|ьный *прил* (*свободный*) free ◆ *как сказ*: **~ен** *+infin* he is free to do.
вольт (-а; *gen pl* -) *м* volt.
вóл|я (-и) *ж* will; (*стремление*): **~ к побéде** the will to win.
вон *нареч* (*разг*: *прочь*) out; (: *там*) (over) there; **~ отсю́да!** get out of here!; **вы́йди ~!** get out!; **~ (онó) что** so that's it!
вон|ь (-и) *ж* (*разг*) pong.
воня́|ть (-ю) *несов* (*разг*) to pong.
вообра|зи́ть (**-жý, -зи́шь**; *impf* **воображáть**) *сов перех* to imagine.
вообщé *нареч* (*в общем*) on the whole; (*совсем*) absolutely; (*+noun*; *без частностей*) in general; **~ говоря́** generally speaking.
воодушев|и́ть (**-лю́, -и́шь**; *impf* **воодушевля́ть**) *сов перех* to inspire; **~ся** *сов возв*: **~ся** *+instr* to be inspired by.
воодушевлéни|е (-я) *ср* inspiration.
вооружá|ть(ся) (-ю(сь)) *несов* *см* **вооружи́ть(ся)**.
вооружéни|е (-я) *ср* (*процесс*) arming; (*оружие*) arms *мн*.
вооружённ|ый *прил* armed; **~ые си́лы** (the) armed forces.
вооруж|и́ть (**-ý, -и́шь**; *impf* **вооружáть**) *сов перех* to arm; (*перен*) to equip; **~ся** (*impf* **вооружáться**) *сов возв* to arm o.s.
во-пéрвых *нареч* firstly, first of all.
вопло|ти́ть (**-щý, -ти́шь**; *impf* **воплощáть**) *сов перех* to embody;

воплоща́ть (~ *pf*) **в жизнь** to realize; **~ся** (*impf* **воплоща́ться**) *сов возв*: **~ся в** *+prp* to be embodied in; **воплоща́ться** (**~ся** *pf*) **в жизнь** to be realized.
воплоще́ни|е (**-я**) *ср* embodiment.
вопл|ь (**-я**) *м* scream.
вопреки́ *предл*: ~ *+dat* contrary to.
вопро́с (**-а**) *м* question; (*проблема*) issue; **задава́ть** (**зада́ть** *pf*) ~ to ask a question.
вопроси́тельный *прил* (*взгляд*) questioning; (*ЛИНГ*) interrogative; ~ **знак** question mark.
вор (**-а**; *gen pl* **-о́в**) *м* thief.
ворв|а́ться (**-у́сь, -ёшься**; *impf* **врыва́ться**) *сов возв* to burst in.
вороб|е́й (**-ья́**) *м* sparrow.
вор|ова́ть (**-у́ю**) *несов перех* to steal.
воровств|о́ (**-а́**) *ср* theft.
во́рон (**-а**) *м* raven.
воро́н|а (**-ы**) *ж* crow.
воро́н|ка (**-ки**; *gen pl* **-ок**) *ж* (*для переливания*) funnel; (*после взрыва*) crater.
во́рот (**-а**) *м* neck (*of clothes*).
воро́т|а (-) *мн* gates *мн*; (*СПОРТ*) goal *ед*.
воротни́к (**-а́**) *м* collar.
воро́ча|ть (**-ю**) *несов перех* to shift ♦ *неперех*: ~ *+instr* (*разг*: *деньгами*) to have control of; **~ся** *несов возв* to toss and turn.
ворс (**-а**) *м* (*на ткани*) nap.
ворч|а́ть (**-у́, -и́шь**) *несов* (*зверь*) to growl; (*человек*) to grumble.
ворчли́вый *прил* querulous.
восемна́дцатый *чис* eighteenth.
восемна́дцат|ь (**-и**; *как* **пять**; *см* **Table 26**) *чис* eighteen.
во́с|емь (**-ьми́**; *как* **пять**; *см* **Table 26**) *чис* eight.
во́с|емьдесят (**-ьми́десяти**; *как* **пятьдеся́т**; *см* **Table 26**) *чис* eighty.
вос|емьсо́т (**-ьмисо́т**; *как* **пятьсо́т**; *см* **Table 28**) *чис* eight hundred.
воск (**-а**) *м* wax.
воскли́кн|уть (**-у**; *impf* **восклица́ть**) *сов* to exclaim.
восклица́ни|е (**-я**) *ср* exclamation.
восклица́тельный *прил* (*интонация*) exclamatory; ~ **знак** exclamation mark (*BRIT*) *или* point (*US*).
восково́й *прил* wax.
воскреса́|ть (**-ю**) *несов от* **воскре́снуть**.
воскресе́ни|е (**-я**) *ср* resurrection
воскресе́нь|е (**-я**) *ср* Sunday.
воскре|си́ть (**-шу́, -си́шь**; *impf* **воскреша́ть**) *сов перех* to resurrect; (*перен*) to revive.
воскре́с|нуть (**-ну**; *pt* **-, -ла**, *impf* **воскреса́ть**) *сов* to be resurrected (*перен*) to be revived.
воскре́сный *прил* Sunday.
воспале́ни|е (**-я**) *ср* inflammation ~ **лёгких** pneumonia.
воспал|и́ться (*3sg* **-и́тся**, *impf* **воспаля́ться**) *сов возв* to become inflamed.
воспита́ни|е (**-я**) *ср* upbringing; (*граждан*) education.
воспи́танный *прил* well-brought-up.
воспита́тел|ь (**-я**) *м* teacher; (*в лагере*) instructor.
воспита́|ть (**-ю**; *impf* **воспи́тывать**) *сов перех* (*ребёнка*) to bring up; (*трудолюбие*) to foster.
воспо́льз|оваться (**-уюсь**) *сов от* **по́льзоваться**.
воспомина́ни|е (**-я**) *ср*

recollection; *см также* **воспоминания**.

воспоминáни|я (**-й**) *мн* memoirs *мн*, reminiscences *мн*.

воспрепя́тств|овать (**-ую**) *сов от* **препя́тствовать**.

воспрещá|ться (*3sg* **-ется**) *несов возв* to be forbidden.

восприи́мчивый *прил* receptive.

воспр|иня́ть (**-иму́, -и́мешь**; *impf* **воспринимáть**) *сов перех* (*смысл*) to comprehend.

воспроизв|ести́ (**-еду́, -едёшь**; *pt* **-ёл, -елá, -ело́**, *impf* **воспроизводи́ть**) *сов перех* to reproduce.

воспроти́в|иться (**-люсь, -ишься**) *сов от* **проти́виться**.

восста|вáть (**-ю́, -ёшь**) *несов от* **восстáть**.

восстáни|е (**-я**) *ср* uprising.

восстан|ови́ть (**-овлю́, -о́вишь**; *impf* **восстанáвливать**) *сов перех* to restore.

восстá|ть (**-ну, -нешь**; *impf* **восставáть**) *сов*: **~ (про́тив** *+gen***)** to rise up (against).

восто́к (**-а**) *м* east; **В~** the East, the Orient.

восто́рг (**-а**) *м* rapture.

восто́рженный *прил* (*поклонник*) ecstatic; (*похвала*) rapturous.

восторжеств|овáть (**-ую**) *сов от* **торжествовáть**.

восто́чный *прил* eastern; **~ вéтер** east wind.

востре́бовани|е (**-я**) *ср* (*багажа*) claim; **письмо́ до ~я** a letter sent poste restante (*BRIT*) *или* general delivery (*US*).

восхити́тельный *прил* delightful.

восхи|ти́ть (**-щу́, -ти́шь**; *impf* **восхищáть**) *сов перех*: **меня́ ~щáет он/его́ хрáбость** I admire him/his courage; **~ся** (*impf* **восхищáться**) *сов возв*: **~ся** *+instr* to admire.

восхищéни|е (**-я**) *ср* admiration.

восхо́д (**-а**) *м*: **~ со́лнца** sunrise; **~ луны́** moonrise.

восх|оди́ть (**-ожу́, -о́дишь**) *несов от* **взойти́**.

восьм|áя (**-о́й**) *ж*: **однá ~** one eighth.

восьмёр|ка (**-ки**; *gen pl* **-ок**) *ж* (*разг*: *цифра*) eight.

восьмидеся́тый *чис* eightieth.

восьмиуго́льник (**-а**) *м* octagon.

восьмичасово́й *прил* eight-hour; (*поезд*) eight-o'clock.

восьмо́й *чис* eighth.

KEYWORD

вот *част* **1** (*при указании*): **вот моя́ мáма** there is my mother; **вот мой дéти** here are my children
2 (*выражает указание*) this; **вот в чём дéло** this is what it's about; **вот где ну́жно искáть** this is where we need to look
3 (*при эмфатике*): **вот ты и сдéлай э́то** YOU do this; **вот негодя́й!** what a rascal!
4 (*во фразах*): **вот-во́т** (*разг*: *вот именно*) that's it; **он вот-во́т ля́жет спать** he is just about to go to bed; **вот ещё!** (*разг*) not likely!; **вот (оно́) как** *или* **что!** is that so *или* right?; **вот тебé и на** *или* **те раз!** (*разг*) well I never!

воткн|у́ть (**-у́, -ёшь**; *impf* **втыкáть**) *сов перех* to stick in.

во́тум (**-а**) *м*: **~ довéрия/недовéрия** vote of confidence/no confidence.

вошёл *итп сов см* **войти́**.

вошь (**вши**; *instr sg* **вóшью**, *nom pl* **вши**) *ж* louse.
впадá|ть (**-ю**) *несов от* **впасть** ♦ *неперех*: ~ **в** *+acc* to flow into.
впáдин|а (**-ы**) *ж* (*в земле*) gully.
впа|сть (**-дý, -дёшь**; *impf* **впадáть**) *сов* (*щёки, глаза*) to become sunken; **впадáть** (~ *pf*) **в** *+prp* (*в истерику, в отчаяние*) to go into.
впервы́е *нареч* for the first time.
вперёд *нареч* (*идти*) ahead, forward; (*заплатить*) in advance.
впереди́ *нареч* in front; (*в будущем*) ahead ♦ *предл*: ~ *+gen* in front of.
впечатлéни|е (**-я**) *ср* impression.
впечатли́тельный *прил* impressionable.
впечатля́|ть (**-ю**) *несов* to be impressive.
впи|сáть (**-шý, -шешь**; *impf* **впи́сывать**) *сов перех* to insert.
впитá|ть (**-ю**; *impf* **впи́тывать**) *сов перех* to absorb; **~ся** *сов возв* to be absorbed.
вплавь *нареч* by swimming.
вплотнýю *нареч* (*близко*) close (by) ♦ *предл*: ~ **к** *+dat* (*к городу*) right up close to; (*к стене*) right up against.
вплоть *предл*: ~ **до** *+gen* (*зимы*) right up till; (*включая*) right up to.
вполгóлоса *нареч* softly.
впóру *как сказ*: **плáтье/шля́па мне** ~ the dress/hat fits me nicely.
впослéдствии *нареч* subsequently.
впрáве *как сказ*: ~ *+infin* (*знать, требовать*) to have a right to do.
впрáво *нареч* to the right.
впредь *нареч* in future ♦ *предл*: ~ **до** *+gen* pending.
впрóголодь *нареч*: **жить** ~ to live from hand to mouth.
впрóчем *союз* however, though ♦ *вводн сл* but then again.
впу|сти́ть (**-щý, -стишь**; *impf* **впускáть**) *сов перех* to let in.
враг (**-á**) *м* enemy.
вражд|á (**-ы́**) *ж* enmity, hostility.
враждéбный *прил* hostile.
вражд|овáть (**-ýю**) *несов*: ~ (**с** *+instr*) to be on hostile terms (with)
вразрéз *нареч*: ~ **с** *+instr* in contravention of.
вразуми́тельный *прил* comprehensible.
вран|ё (**-я́**) *ср* (*разг*) lies *мн*.
врасплóх *нареч* unawares.
вратáр|ь (**-я́**) *м* goalkeeper.
вр|ать (**-ý, -ёшь**; *pf* **наврáть** *или* **соврáть**) *несов* (*разг*: *человек*) to fib.
врач (**-á**) *м* doctor.
врачéбный *прил* medical.
вращá|ть (**-ю**) *несов перех* (*колесо*) to turn; **~ся** *несов возв* to revolve, rotate.
вращéни|е (**-я**) *ср* rotation.
вред (**-á**) *м* (*делу, здоровью*) damage; (*человеку*) harm ♦ *предл*: **во** ~ *+dat* to the detriment of.
вреди́тел|ь (**-я**) *м* (*насекомое*) pest.
вре|ди́ть (**-жý, -ди́шь**; *pf* **на~**) *несов*: ~ *+dat* to harm; (*здоровью*) to damage; (*врагу*) to inflict damage on.
врéдно *нареч*: ~ **влия́ть на** *+acc* to have a harmful effect on ♦ *как сказ*: **кури́ть** ~ smoking is bad for you.
врéдный *прил* harmful; (*разг*: *человек*) nasty.
врé|заться (**-жусь, -жешься**; *impf* **врезáться**) *сов возв*: ~ **в** *+acc* (*верёвка*) to cut into; (*машина*) to

plough (*BRIT*) *или* plow (*US*) into; (*в память*) to engrave itself on.
временáми *нареч* at times.
врéменный *прил* temporary.
врéм|я (**-ени**; *см* **Table 4**) *ср* time; (*ЛИНГ*) tense ◆ *предл*: **во ~** *+gen* during ◆ *союз*: **в то ~ как** *или* **когдá** while; **(а) в то же ~** (but) at the same time; **~ от врéмени** from time to time; **в послéднее ~** recently; **в своё ~** (*когда необходимо*) in due course; **в своё ~ онá былá красáвицей** she was a real beauty in her day; **на ~** for a while; **со ~енем** with *или* in time; **тем ~енем** meanwhile; **скóлько ~ени?** what time is it?; **в 8 часóв по москóвскому ~ени** at 8 o'clock (by) Moscow time; **хорошó проводи́ть (провести́** *pf***) ~** to have a good time; **~ гóда** season.
врóвень *нареч*: **~ с** *+instr* level with.
врóде *предл*: **~** *+gen* like ◆ *част* sort of.
врождённый *прил* (*способности*) innate; (*болезнь*) congenital.
врóзь *нареч* (*жить*) apart.
вруч|и́ть (**-ý, -и́шь**; *impf* **вручáть**) *сов перех*: **~ что-н комý-н** to hand sth (over) to sb.
вручнýю *нареч* (*разг*) by hand.
врывá|ться (**-юсь**) *несов от* **ворвáться**.
вряд *част*: **~ ли** hardly; **~ ли онá придёт** she's unlikely to come.
всáдник (**-а**) *м* rider, horseman.
все *мест см* **весь**.

KEYWORD

всё (**всегó**) *мест см* **весь** ◆ *ср* (*как сущ*: *без исключения*) everything; **вот и всё, э́то всё** that's all; **чáще всегó** most often; **лýчше всегó написáть ей письмó** it would be best to write to her; **меня́ э́то волнýет мéньше всегó** that is the least of my worries; **мне всё равнó** it's all the same to me; **Вы хоти́те чай или кóфе? – всё равнó** do you want tea or coffee? – I don't mind; **я всё равнó пойдý тудá** I'll go there all the same

◆ *нареч* **1** (*разг*: *всё время*) all the time

2 (*только*) all; **э́то всё он виновáт** it's all his fault

3 (*о нарастании признака*): **шум всё уси́ливается** the noise is getting louder and louder

4 (*о постоянстве признака*): **всё так же** still the same; **всё там же** still there; **всё же** all the same; **всё ещё** still.

всевозмóжный *прил* all sorts of.
всегдá *нареч* always.
всегó *мест см* **весь, всё** ◆ *нареч* in all ◆ *част* only; **~ лишь** (*разг*) only; **~-нáвсего** (*разг*) only, mere.
вселéнн|ая (**-ой**) *ж* the whole world; **В~** universe.
всел|и́ть (**-ю́, -и́шь**; *impf* **вселя́ть**) *сов перех* (*жильцов*) to install; **~ся** (*impf* **вселя́ться**) *сов возв* (*жильцы*) to move in.
всем *мест см* **весь, всё, все**.
всемéрный *прил* all possible.
всеми́рный *прил* worldwide; (*конгресс*) world.
всемогýщий *прил* omnipotent.

всенаро́дный *прил* national.
все́нощн|ая (**-ой**) *ж* vespers.
всео́бщ|ий *прил* universal; **~ая забасто́вка/пе́репись** general strike/census.
всеобъе́млющий *прил* comprehensive.
всеросси́йский *прил* all-Russia.
всерьёз *нареч* in earnest; **ты э́то говори́шь ~?** are you serious?
всесторо́нний *прил* comprehensive.
всё-таки *част* still, all the same ♦ *союз*: **а ~** all the same, nevertheless.
всеуслы́шание *ср*: **во ~** publicly.
всех *мест см* **все**.
вска́кива|ть (**-ю**) *несов от* **вскочи́ть**.
вскачь *нареч* at a gallop.
вски́н|уть (**-у**; *impf* **вски́дывать**) *сов перех* (*мешок*) to shoulder; (*голову*) to jerk up.
вскип|е́ть (**-лю́, -и́шь**; *impf* **кипе́ть**) *сов* to boil; (*перен*) to flare up.
вскользь *нареч* in passing.
вско́ре *нареч* soon ♦ *предл*: **~ по́сле** *+gen* soon *или* shortly after.
вскоч|и́ть (**-у́, -ишь**; *impf* **вска́кивать**) *сов*: **~ в/на** *+acc* to leap up onto.
вскри́кн|уть (**-у**; *impf* **вскри́кивать**) *сов* to cry out.
вскр|ыть (**-о́ю, -о́ешь**; *impf* **вскрыва́ть**) *сов перех* (*сейф*) to open; (*недостатки*) to reveal; (*нарыв*) to lance; (*труп*) to carry out a postmortem on; **~ы́ться** *сов возв* (*недостатки*) to come to light, be revealed.
вслед *нареч* (*бежать*) behind ♦ *предл*: **~ (за** *+instr*) after; **~** *+dat* (*другу, поезду*) after.
всле́дствие *предл*: **~** *+gen* as a result of, because of ♦ *союз*: **~ того́ что** because; **~ чего́** as a result of which.
вслух *нареч* aloud.
всмя́тку *нареч*: **яйцо́ ~** soft-boiled egg.
всплеск (**-а**) *м* (*волны*) splash.
всплесн|у́ть (**-у́, ёшь**; *impf* **всплёскивать**) *сов* (*рыба*) to splash; **~** (*pf*) **рука́ми** to throw up one's hands.
всплы|ть (**-ву́, -вёшь**; *impf* **всплыва́ть**) *сов* to surface.
вспо́мн|ить (**-ю, -ишь**; *impf* **вспомина́ть**) *сов перех* to remember ♦ *неперех*: **~ о** *+prp* to remember about.
вспомога́тельный *прил* supplementary; (*судно, отряд*) auxiliary; **~ глаго́л** auxiliary verb.
вспорхн|у́ть (**-у́, -ёшь**) *сов* to fly off.
вспоте́|ть (**-ю**) *сов от* **поте́ть**.
вспугн|у́ть (**-у́, ёшь**; *impf* **вспу́гивать**) *сов перех* to scare away *или* off.
вспу́хн|уть (**-у**) *сов от* **пу́хнуть**.
вспы́льчивый *прил* short-tempered.
вспы́хн|уть (**-у**; *impf* **вспы́хивать**) *сов* (*зажечься*) to burst into flames; (*конфликт*) to flare up; (*покраснеть*) to blush.
вспы́ш|ка (**-ки**; *gen pl* **-ек**) *ж* flash; (*гнева*) outburst; (*болезни*) outbreak.
вста|ва́ть (**-ю́**; *imper* **-ва́й(те)**) *несов от* **встать**.
вста́в|ить (**-лю, -ишь**; *impf* **вставля́ть**) *сов перех* to insert, put in.
вста́в|ка (**-ки**; *gen pl* **-ок**) *ж* insertion.

вставн|о́й *прил* (*рамы*) removable; **~ы́е зу́бы** dentures, false teeth.
вста|ть (**-ну, -нешь**; *impf* **встава́ть**) *сов* (*на ноги*) to stand up; (*с постели*) to get up; (*солнце*) to rise; (*трудности, вопрос*) to arise.
встрево́ж|ить(ся) (**-у(сь), -ишь(ся)**) *несов от* **трево́жить(ся)**.
встре́|тить (**-чу, -тишь**; *impf* **встреча́ть**) *сов перех* to meet; (*обнаружить*) to come across; (*оппозицию*) to encounter; (*праздник итп*) to celebrate; **~ся** (*impf* **встреча́ться**) *сов возв*: **~ся с** *+instr* to meet; **мне ~тились интере́сные фа́кты** I came across some interesting facts.
встре́ч|а (**-и**) *ж* meeting.
встреча́|ть(ся) (**-ю(сь)**) *несов от* **встре́тить(ся)**.
встре́чный *прил* (*машина*) oncoming; (*мера*) counter; **~ ве́тер** head wind.
встряхн|у́ть (**-у́, -ёшь**; *impf* **встря́хивать**) *сов перех* to shake (out); (*перен*: *общество*) to shake (up).
вступи́тельный *прил* (*речь, статья*) introductory; **~ экза́мен** entrance exam.
вступ|и́ть (**-лю́, -ишь**; *impf* **вступа́ть**) *сов*: **~ в** *+acc* to enter; (*в партию*) to join; (*в переговоры*) to enter into; **~ся** (*impf* **вступа́ться**) *сов возв*: **~ся за** *+acc* to stand up for.
вступле́ни|е (**-я**) *ср* entry; (*в партию*) joining; (*в книге*) introduction.
всхли́пыва|ть (**-ю**) *несов* to sob.
всхо|ди́ть (**-жу́, -дишь**) *несов от* **взойти́**.
всхо́д|ы (**-ов**) *мн* shoots *мн*.
всю́ду *нареч* everywhere.
вс|я (**-ей**) *мест см* **весь**.
вся́к|ий *мест* (*каждый*) every; (*разнообразный*) all kinds of; (*любой*) any ◆ (**-ого**) *м* (*любой*) anyone; (*каждый*) everyone.
вся́ческий *мест* all possible; (*товары*) all kinds of.
вся́чин|а (**-ы**) *ж* (*разг*): **вся́кая ~** all sorts of things.
Вт *сокр* (= *ватт*) W.
втащ|и́ть (**-у́, -ишь**; *impf* **вта́скивать**) *сов перех*: **~ (в** *+acc***)** to drag in(to).
втере́ть (**вотру́, вотрёшь**; *pt* **втёр, втёрла**, *impf* **втира́ть**) *сов перех*: **~ (в** *+acc***)** to rub in(to).
вти́сн|уть (**-у**; *impf* **вти́скивать**) *сов перех*: **~ (в** *+acc***)** to cram in(to).
вто́ргн|уться (**-усь**; *impf* **вторга́ться**) *сов возв*: **~ в** *+acc* to invade.
втори́чный *прил* (*повторный*) second; (*фактор*) secondary.
вто́рник (**-а**) *м* Tuesday.
втор|о́е (**-о́го**) *ср* main course.
втор|о́й *прил* second; **сейча́с ~ час** it's after one; **сейча́с полови́на ~о́го** it's half past one.
второпя́х *нареч* in a hurry.
второстепе́нный *прил* secondary.
в-тре́тьих *вводн сл* thirdly, in the third place.
втро́е *нареч* (*больше*) three times; (*увеличить*) threefold.
втроём *нареч* in a group of three.
втройне́ *нареч* three times as much.
втыка́|ть (**-ю**) *несов от* **воткну́ть**.
втян|у́ть (**-у́**; *impf* **втя́гивать**) *сов перех* (*втащить*) to pull in; **втя́гивать (~** *pf***) кого́-н в** *+acc* (*в*

дело) to involve sb in.

вуáл|ь (**-и**) *ж* veil.

вуз (**-а**) *м сокр* (= *вы́сшее учéбное заведéние*) higher education establishment.

вулкáн (**-а**) *м* volcano.

вульгáрный *прил* vulgar.

вход (**-а**) *м* (*движение*) entry; (*место*) entrance; (*ТЕХ*) inlet; (*КОМП*) input.

вхо|ди́ть (**-жý, -дишь**) *несов от* **войти́**.

входнóй *прил* (*дверь*) entrance; (*КОМП*) input.

вцеп|и́ться (**-лю́сь, -ишься**) *сов возв*: **~ в** *+acc* to seize.

вчерá *нареч, м нескл* yesterday.

вчерáшний *прил* yesterday's.

вчéтверо *нареч* (*больше, меньше*) four times.

вчетверóм *нареч* in a group of four.

вши *итп сущ см* **вошь**.

вширь *нареч* in breadth.

въезд (**-а**) *м* (*движение*) entry; (*место*) entrance.

въезднóй *прил* entry.

въé|хать (*как* **éхать**; *см* **Table 19**; *impf* **въезжáть**) *сов* to enter; (*в новый дом*) to move in; (*наверх: на машине*) to drive up; (: *на коне, велосипеде*) to ride up.

Вы (**Вас**; *см* **Table 6b**) *мест* you (*formal*).

вы (**вас**; *см* **Table 6b**) *мест* you (*plural*).

вы́бе|жать (*как* **бежáть**; *см* **Table 20**; *impf* **выбегáть**) *сов* to run out.

выбивá|ть(ся) (**-ю(сь)**) *несов от* **вы́бить(ся)**.

выбирá|ть (**-ю**) *несов от* **вы́брать**.

вы́б|ить (**-ью, -ьешь**; *impf* **выбивáть**) *сов перех* to knock out; (*противника*) to oust; (*ковёр*) to beat; (*надпись*) to carve;

выбивáть (**~** *pf*) **чек** (*кассир*) to ring up the total; **~ся** (*impf* **выбивáться**) *сов возв*: **~ся из** *+gen* (*освободиться*) to get out of.

вы́бор (**-а**) *м* choice.

вы́борный *прил* (*кампания*) election; (*должность, орган*) elective.

вы́борочн|ый *прил* selective; **~ая провéрка** spot check.

вы́бор|ы (**-ов**) *мн* election *ед*.

выбрáсыва|ть(ся) (**-ю(сь)**) *несов от* **вы́бросить(ся)**.

вы́б|рать (**-еру, -ерешь**; *impf* **выбирáть**) *сов перех* to choose; (*голосованием*) to elect.

вы́брос (**-а**) *м* (*газа, радиации*) emission; (*отходов*) discharge; (*нефти*) spillage.

вы́бро|сить (**-шу, -сишь**; *impf* **выбрáсывать**) *сов перех* to throw out; (*отходы*) to discharge; (*газы*) to emit; **~ся** (*impf* **выбрáсываться**) *сов возв* to throw oneself out; **выбрáсываться** (**~ся** *pf*) **с парашю́том** to bale out.

вы́б|ыть (*как* **быть**; *см* **Table 21**; *impf* **выбывáть**) *сов*: **~ из** *+gen* to leave.

выведéни|е (**-я**) *ср* (*формулы*) deduction; (*породы*) breeding; (*вредителей*) extermination.

вы́вез|ти (**-у, -ешь**; *impf* **вывози́ть**) *сов перех* to take; (*товар: из страны*) to take out.

вы́верн|уть (**-у**; *impf* **вывёртывать** *или* **выворáчивать**) *сов перех* (*винт*) to unscrew; (*карманы, рукава*) to turn inside out; **~ся** (*impf* **выворáчиваться**) *сов возв* (*винт*) to come unscrewed.

выве|сить (**-шу, -сишь**; *impf* **вывешивать**) *сов перех* (*флаг*) to put up; (*бельё*) to hang out.

вывес|ка (**-ки**; *gen pl* **-ок**) *ж* sign.

выве|сти (**-ду, -дешь**; *impf* **выводить**) *сов перех* to take out; (*войска*: *из города*) to pull out, withdraw; (*формулу*) to deduce; (*птенцов*) to hatch; (*породу*) to breed; (*уничтожить*) to exterminate; (*исключить*): **~ кого-н из** *+gen* (*из партии*) to expel sb from; **выводить** (**~** *pf*) **кого-н из терпения** to exasperate sb; **выводить** (**~** *pf*) **кого-н из себя** to drive sb mad; **~сь** (*impf* **выводиться**) *сов возв* (*цыплята*) to hatch (out); (*исчезнуть*) to be eradicated.

вывешива|ть (**-ю**) *несов от* **вывесить**.

вывих (**-а**) *м* dislocation.

вывихн|уть (**-у**) *сов перех* to dislocate.

вывод (**-а**) *м* (*войск*) withdrawal; (*умозаключение*) conclusion.

вы|водить(ся) (**-вожу(сь), -водишь(ся)**) *несов от* **вывести(сь)**.

вывоз (**-а**) *м* removal; (*товаров*) export.

вы|возить (**-вожу, -возишь**) *несов от* **вывезти**.

выворачива|ть(ся) (**-ю(сь)**) *несов от* **вывернуть(ся)**.

выгиба|ть (**-ю**) *несов от* **выгнуть**.

выгля|деть (**-жу, -дишь**) *несов* to look.

выглян|уть (**-у**; *impf* **выглядывать**) *сов* to look out.

выг|нать (**-оню, -онишь**; *impf* **выгонять**) *сов перех* to throw out; (*стадо*) to drive out.

выгн|уть (**-у**; *impf* **выгибать**) *сов перех* to bend; (*спину*) to arch.

выговор (**-а**) *м* (*произношение*) accent; (*наказание*) reprimand.

выговор|ить (**-ю, -ишь**; *impf* **выговаривать**) *сов перех* (*произнести*) to pronounce.

выгод|а (**-ы**) *ж* advantage, benefit; (*прибыль*) profit.

выгодно *нареч* (*продать*) at a profit ♦ *как сказ* it is profitable; **мне это ~** this is to my advantage; (*прибыльно*) this is profitable for me.

выгодный *прил* (*сделка*) profitable; (*условия*) advantageous.

выгоня|ть (**-ю**) *несов от* **выгнать**.

выгор|еть (*3sg* **-ит**, *impf* **выгорать**) *сов* (*сгореть*) to burn down; (*выцвести*) to fade.

выгре|сти (**-бу, -бешь**; *pt* **-б, -бла, -бло**, *impf* **выгребать**) *сов перех* to rake out.

выгру|зить (**-жу, -зишь**; *impf* **выгружать**) *сов перех* to unload; **~ся** (*impf* **выгружаться**) *сов возв* to unload.

выда|вать(ся) (**-ю(сь)**) *несов от* **выдать(ся)**.

выдав|ить (**-лю, -ишь**; *impf* **выдавливать**) *сов перех* (*лимон*) to squeeze.

выда|ть (*как* **дать**; *см* **Table 16**; *impf* **выдавать**) *сов перех* to give out; (*патент*) to issue; (*продукцию*) to produce; (*тайну, сообщников*) to give away; **выдавать** (**~** *pf*) **кого-н/что-н за** *+acc* to pass sb/sth off as; **выдавать** (**~** *pf*) **девушку замуж** to marry a girl off; **~ся** (*impf* **выдаваться**) *сов возв* (*берег*) to jut out.

вы́дач|а (**-и**) *ж* (*справки*) issue; (*продукции*) output; (*заложников*) release.

выдаю́щийся *прил* outstanding.

выдвига́|ть(ся) (**-ю(сь)**) *несов от* **вы́двинуть(ся)**.

выдвиже́ни|е (**-я**) *ср* (*кандидата*) nomination.

вы́двин|уть (**-у**; *impf* **выдвига́ть**) *сов перех* to put forward; (*ящик*) to pull out; (*обвинение*) to level; **~ся** (*impf* **выдвига́ться**) *сов возв* to slide out; (*работник*) to advance.

выделе́ни|е (**-я**) *ср* (*средств*) allocation; (*ФИЗИОЛОГИЯ*) secretion.

вы́дел|ить (**-ю, -ишь**; *impf* **выделя́ть**) *сов перех* to assign, allocate; (*отличить*) to pick out; (*газы*) to emit; **~ся** (*impf* **выделя́ться**) *сов возв* (*пот*) to be secreted; (*газ*) to be emitted; **выделя́ться** (**~ся** *pf*) **чем-н** to stand out by virtue of sth.

выдёргива|ть (**-ю**) *несов от* **вы́дернуть**.

вы́держанный *прил* (*человек*) self-possessed; (*вино, сыр*) mature.

вы́держ|ать (**-у, -ишь**; *impf* **выде́рживать**) *сов перех* (*давление, тяжесть*) to withstand; (*боль*) to bear; (*экзамен, испытание*) to get through ♦ *неперех* (*человек*) to hold out; (*мост*) to hold; **не ~** *(pf)* (*человек*) to give in.

вы́держ|ка (**-ки**; *gen pl* **-ек**) *ж* (*самообладание*) self-control; (*отрывок*) excerpt; (*ФОТО*) exposure.

вы́дерн|уть (**-у**; *impf* **выдёргивать**) *сов перех* to pull out.

вы́дох (**-а**) *м* exhalation; **де́лать** (**сде́лать** *pf*) **~** to breathe out.

вы́дохн|уть (**-у**; *impf* **выдыха́ть**) *сов перех* to exhale, breathe out.

вы́дума|ть (**-ю**; *impf* **выду́мывать**) *сов перех* (*историю*) to make up, invent; (*игру*) to invent.

вы́дум|ка (**-ки**; *gen pl* **-ок**) *ж* invention.

выдыха́ни|е (**-я**) *ср* exhalation.

выдыха́|ть (**-ю**) *несов от* **вы́дохнуть**.

вы́езд (**-а**) *м* (*отъезд*) departure; (*место*) way out.

выездно́й *прил* (*документ*) exit; **~ спекта́кль** guest performance; **~ матч** away match.

вы́е|хать (*как* **е́хать**; *см* **Table 19**; *impf* **выезжа́ть**) *сов* (*уехать*) to leave; (*машина*) to drive out.

вы́ж|ать (**-му, -мешь**; *impf* **выжима́ть**) *сов перех* (*лимон*) to squeeze; (*бельё*) to wring (out).

вы́ж|ечь (**-гу, -жешь** *итп* **-гут**; *pt* **-ег, -гла**, *impf* **выжига́ть**) *сов перех* to burn; (*подлеж: солнце*) to scorch.

выжива́ни|е (**-я**) *ср* survival.

выжива́|ть (**-ю**) *несов от* **вы́жить**.

выжига́|ть (**-ю**) *несов от* **вы́жечь**.

выжима́|ть (**-ю**) *несов от* **вы́жать**.

вы́жи|ть (**-ву, -вешь**; *impf* **выжива́ть**) *сов* to survive ♦ *перех* (*разг*) to drive out.

вы́з|вать (**-ову, -овешь**; *impf* **вызыва́ть**) *сов перех* to call; (*гнев, критику*) to provoke; (*восторг*) to arouse; (*пожар*) to cause; **вызыва́ть** (**~** *pf*) **кого́-н на что-н** to challenge sb to sth; **~ся**

(*impf* **вызыва́ться**) *сов возв*: **~ся** *+infin* to volunteer to do.
вы́здорове|ть (-ю, -ешь; *impf* **выздора́вливать**) *сов* to recover.
вы́зов (-а) *м* call; (*к директору, в суд*) summons; **~** *+dat* (*обществу, родителям итп*) challenge to; **броса́ть (бро́сить** *pf*) **~ кому́-н/чему́-н** to challenge sb/sth.
вы́зубр|ить (-ю, -ишь) *сов от* **зубри́ть**.
вызыва́|ть(ся) (-ю(сь)) *несов от* **вы́звать(ся)**.
вызыва́ющий *прил* challenging.
вы́игра|ть (-ю; *impf* **выи́грывать**) *сов перех* to win.
вы́игрыш (-а) *м* (*матча*) winning; (*денежный*) winnings *мн*; (*выгода*) advantage.
вы́игрышный *прил* (*выгодный*) advantageous; **~ вклад** ≈ premium bonds.
вы́|йти (*как* **идти́**; *см* **Table 18**; *impf* **выходи́ть**) *сов* to leave; (*из игры*) to drop out; (*из автобуса*) to get off; (*книга*) to come out; (*случиться*) to ensue; (*оказаться*): **~** *+instr* to come out; **выходи́ть (~** *pf*) **за́муж (за)** *+acc* to marry (*of woman*); **выходи́ть (~** *pf*) **из больни́цы** to leave hospital.
выка́лыва|ть (-ю) *несов от* **вы́колоть**.
выка́пыва|ть (-ю) *несов от* **вы́копать**.
выка́рмлива|ть (-ю) *несов от* **вы́кормить**.
вы́кача|ть (-ю; *impf* **выка́чивать**) *сов перех* to pump out.
вы́кидыш (-а) *м* miscarriage.
вы́кин|уть (-у; *impf* **выки́дывать**) *сов перех* to throw out; (*пропустить*) to omit.
вы́кип|еть (*3sg* **-ит**, *impf* **выкипа́ть**) *сов* to boil away.
выкла́дыва|ть (-ю) *несов от* **вы́ложить**.
выключа́тел|ь (-я) *м* switch.
вы́ключ|ить (-у, -ишь; *impf* **выключа́ть**) *сов перех* to turn off; **~ся** (*impf* **выключа́ться**) *сов возв* (*мотор*) to go off; (*свет*) to go out.
вы́к|овать (-ую; *impf* **выко́вывать**) *сов перех* (*металл*) to forge.
вы́кол|оть (-ю, -ешь; *impf* **выка́лывать**) *сов перех* to poke out.
вы́копа|ть (-ю) *сов от* **копа́ть** ♦ (*impf* **выка́пывать**) *перех* (*яму*) to dig; (*овощи*) to dig up.
вы́корм|ить (-лю, -ишь; *impf* **выка́рмливать**) *сов перех* to rear.
вы́крик (-а) *м* shout.
вы́крикн|уть (-у; *impf* **выкри́кивать**) *сов перех* to shout *или* cry out.
вы́кро|йка (-йки; *gen pl* **-ек)** *ж* pattern.
вы́кру|тить (-чу, -тишь; *impf* **выкру́чивать**) *сов перех* to unscrew; **~ся** *сов возв* to come unscrewed.
вы́куп (-а) *м* (*заложника*) ransoming; (*вещей*) redemption; (*плата*) ransom.
вы́купа|ть(ся) (-ю(сь)) *сов от* **купа́ть(ся)**.
вы́куп|ить (-лю, -ишь; *impf* **выкупа́ть**) *сов перех* (*заложника*) to ransom; (*вещи*) to redeem.
выла́влива|ть (-ю) *несов от* **вы́ловить**.
выла́мыва|ть (-ю) *несов от* **вы́ломать**.
вы́лез|ти (-у, -ешь; *pt* **-, -ла**, *impf* **вылеза́ть**) *сов* (*волосы*) to fall out;

вылеза́ть (~ *pf*) из *+gen* to climb out of.
вы́леп|ить (-лю, -ишь) *сов от* **лепи́ть.**
вы́лет (-а) *м* departure.
вы́ле|теть (-чу, -тишь; *impf* **вылета́ть)** *сов* to fly out; **его́ и́мя ~тело у меня́ из головы́** his name has slipped my mind.
вы́леч|ить (-у, -ишь; *impf* **вылечивать)** *сов перех* to cure; **~ся** *несов возв* to be cured.
вы́л|ить (-ью, -ьешь; *impf* **вылива́ть)** *сов перех* to pour out; (*impf* **лить;** *деталь, статую*) to cast; **~ся** (*impf* **вылива́ться**) *сов возв* to pour out; **вылива́ться (~ся** *pf*) **в** *+acc* to turn into.
вы́лов|ить (-лю, -ишь; *impf* **выла́вливать)** *сов перех* to catch.
вы́лож|ить (-у, -ишь; *impf* **выкла́дывать)** *сов перех* to lay out; **выкла́дывать (~** *pf*) **что-н чем-н** (*плиткой*) to face sth with sth.
вы́лома|ть (-ю; *impf* **вылáмывать)** *сов перех* to break open.
вы́луп|иться (*3sg* **-ится,** *impf* **вылу́пливаться)** *сов возв* (*птенцы*) to hatch (out).
выма́чива|ть (-ю) *несов от* **вы́мочить.**
вы́м|ереть (*3sg* **-рет,** *impf* **вымира́ть)** *сов* (*динозавры*) to become extinct; (*город*) to be dead.
вы́ме|сти (-ту, -тешь; *pt* **-л, -ла,** *impf* **вымета́ть)** *сов перех* to sweep out.
вы́ме|стить (-щу, -стишь; *impf* **вымеща́ть)** *сов перех*: **~ что-н на ком-н** to take sth out on sb.
вымета́|ть (-ю) *несов от* **вы́мести.**

вымира́|ть (*3sg* **-ет**) *несов от* **вы́мереть.**
вымога́тельств|о (-а) *ср* extortion.
вымога́|ть (-ю) *несов перех* to extort.
вы́мок|нуть (-ну, -нешь; *pt* **-, -ла)** *сов* to get soaked through.
вы́моч|ить (-у, -ишь; *impf* **выма́чивать)** *сов перех* to soak.
вы́мпел (-а) *м* (*на корабле*) pennant; (*награда*) trophy (*in the form of a pennant*).
вы́мыс|ел (-ла) *м* fantasy; (*ложь*) fabrication.
вы́м|ыть (-ою, -оешь) *сов от* **мыть.**
вы́мышленный *прил* fictitious.
вы́м|я (-ени; *как* **вре́мя;** *см* **Table 4**) *ср* udder.
вына́шива|ть (-ю) *несов перех* to nurture.
вы́нес|ти (-у, -ешь; *pt* **-, -ла,** *impf* **выноси́ть)** *сов перех* to carry *или* take out; (*приговор*) to pass, pronounce; (*впечатления, знания*) to gain; (*боль, оскорбление*) to bear.
вынима́|ть (-ю) *несов от* **вы́нуть.**
вын|оси́ть (-ошу́, -о́сишь) *несов от* **вы́нести ♦** *перех*: **я его́ не ~ошу́** I can't bear *или* stand him.
выно́сливый *прил* resilient.
вы́ну|дить (-жу, -дишь; *impf* **вынужда́ть)** *сов перех*: **~ кого́-н/что-н к чему́-н** to force sb/sth into sth.
вы́нужденн|ый *прил* (*согласие*) forced; **~ая поса́дка** emergency landing.
вы́н|уть (-у; *impf* **вынима́ть)** *сов перех* to take out.
вы́нырн|уть (-у) *сов* (*из воды*) to

surface; (*разг: из-за угла*) to pop up.
выпада́|ть (**-ю**) *несов от* **вы́пасть**.
выпаде́ни|е (**-я**) *ср* (*осадков*) fall; (*зубов, волос*) falling out.
вы́па|сть (**-ду, -дешь**; *impf* **выпада́ть**) *сов* to fall out; (*осадки*) to fall; (*задача итп*): ~ *+dat* to fall to; **мне ~л слу́чай/вы́пало сча́стье встре́тить его́** I chanced to/had the luck to meet him.
вы́пивк|а (**-и**) *ж* (*спиртное*) booze.
вы́пи|сать (**-шу, -шешь**; *impf* **выпи́сывать**) *сов перех* to copy *или* write out; (*пропуск, счёт, рецепт*) to make out; (*газету*) to subscribe to; (*пациента*) to discharge; **~ся** (*impf* **выпи́сываться**) *несов возв* (*из больницы*) to be discharged; (*с местопроживания*) to change one's residence permit.
вы́писк|а (**-ки**; *gen pl* **-ок**) *ж* (*цитата*) extract.
вы́п|ить (**-ью, -ьешь**; *imper* **-ей(те)**) *сов от* **пить**.
вы́плав|ить (**-лю, -ишь**; *impf* **выплавля́ть**) *сов перех* to smelt.
вы́плат|а (**-ы**) *ж* payment.
вы́пла|тить (**-чу, -тишь**; *impf* **выпла́чивать**) *сов перех* to pay; (*долг*) to pay off.
вы́плесн|уть (**-у**; *impf* **выплёскивать**) *сов перех* to pour out.
вы́плы|ть (**-ву, -вешь**; *impf* **выплыва́ть**) *сов* to swim out.
вы́полз|ти (**-у**; *pt* **-, -ла, -ло**, *impf* **выполза́ть**) *сов* to crawl out.
выполни́мый *прил* practicable, feasible.
вы́полн|ить (**-ю, -ишь**; *impf* **выполня́ть**) *сов перех* (*задание, заказ*) to carry out; (*план, условие*) to fulfil (*BRIT*), fulfill (*US*).
вы́потрош|ить (**-у, -ишь**) *сов от* **потроши́ть**.
выпра́шива|ть (**-ю**) *несов перех* to beg for.
вы́про|сить (**-шу, -сишь**) *сов перех*: **он ~сил у отца́ маши́ну** he persuaded his father to give him the car.
вы́прыгн|уть (**-у**; *impf* **выпры́гивать**) *сов* to jump out.
вы́прям|ить (**-лю, -ишь**; *impf* **выпрямля́ть**) *сов перех* to straighten (out); **~ся** (*impf* **выпрямля́ться**) *несов возв* to straighten (up).
вы́пуклый *прил* (*лоб итп*) bulging; (*линза*) convex.
вы́пуск (**-а**) *м* (*продукции*) output; (*газа*) emission, release; (*книги*) publication; (*денег, акций*) issue; (*учащиеся*) school leavers *мн* (*BRIT*), graduates *мн* (*US*).
выпуска́|ть (**-ю**) *несов от* **вы́пустить**.
выпускни́к (**-а́**) *м* (*вуза*) graduate; ~ **шко́лы** school-leaver.
выпускно́й *прил* (*класс*) final-year; (*ТЕХ*): ~ **кла́пан** exhaust valve; ~ **ве́чер** graduation; ~ **экза́мен** final exam, finals *мн*.
вы́пу|стить (**-щу, -стишь**; *impf* **выпуска́ть**) *сов перех* to let out; (*дым*) to exhale; (*заключённого*) to release; (*специалистов*) to turn out; (*продукцию*) to produce; (*книгу, газету итп*) to publish; (*заём, марки*) to issue; (*деньги*) to put into circulation; (*исключить: параграф*) to omit.
вы́пью *итп сов см* **вы́пить**.
вы́работа|ть (**-ю**; *impf*

выраба́тывать) *сов перех* to produce; (*план*) to work out; (*привычку*) to develop.
выра́внива|ть (-ю) *несов от* **вы́ровнять**.
выража́|ть(ся) (-ю(сь)) *несов от* **вы́разить(ся)**.
выраже́ни|е (-я) *ср* expression.
вырази́тельный *прил* expressive.
вы́ра|зить (-жу, -зишь; *impf* **выража́ть**) *сов перех* to express; **~ся** (*impf* **выража́ться**) *сов возв* (*чувство, состояние*) to manifest *или* express itself; (*человек*) to express o.s.
вы́р|асти (-асту, -астешь; *pt* **-ос, -осла, -осли**) *сов от* **расти́** ♦ (*impf* **вырастáть**) *неперех* (*горы, башня*) to rise up; **вырастáть (~** *pf*) **в** *+acc* to become.
вы́ра|стить (-щу, -стишь) *сов от* **расти́ть**.
выра́щивани|е (-я) *ср* (*растений*) cultivation; (*животных*) rearing.
выра́щива|ть (-ю; *pf* **вы́растить**) *несов перех* = **расти́ть**.
вы́рв|ать (-у, -ешь; *impf* **вырыва́ть**) *сов перех* to pull out; (*отнять*): **~ что-н у кого́-н** to snatch sth from sb ♦ (*impf* **рвать**) *безл* (*разг*): **её ~ало** she threw up; **ему́ ~али зуб** he had his tooth taken out; **~ся** (*impf* **вырыва́ться**) *сов возв* (*из объятий*) to free o.s.; (*из тюрьмы*) to escape; (*перен*: *в театр*) to manage to get away; (*пламя*) to shoot out.
вы́рез (-а) *м*: **пла́тье с больши́м ~ом** a low-cut dress.
вы́ре|зать (-жу, -жешь; *impf* **выреза́ть**) *сов перех* to cut out; (*опухоль, гнойник*) to remove; (*из дерева, из кости итп*) to carve; (*на камне, на металле итп*) to engrave; (*население, животных*) to slaughter.
вы́рез|ка (-ки; *gen pl* **-ок**) *ж* (*газетная*) cutting, clipping; (*мясная*) fillet.
вы́ровня|ть (-ю) *сов от* **ровня́ть** ♦ (*impf* **выра́внивать**) *перех* to level.
вы́род|иться (*3sg* **-ится**, *impf* **вырожда́ться**) *сов возв* to degenerate.
вырожде́ни|е (-я) *ср* degeneration.
вы́рон|ить (-ю, -ишь) *сов перех* to drop.
вы́рос *итп сов см* **вы́расти**.
вы́руб|ить (-лю, -ишь; *impf* **выруба́ть**) *сов перех* (*деревья*) to cut down; (*свет*) to cut off.
вы́руга|ть(ся) (-ю(сь)) *сов от* **руга́ть(ся)**.
вы́руч|ить (-у, -ишь; *impf* **выруча́ть**) *сов перех* to help out; (*деньги*) to make.
вы́ручк|а (-и) *ж* rescue; (*деньги*) takings *мн*.
вырыва́|ть(ся) (-ю(сь)) *несов от* **вы́рвать(ся)**.
вы́р|ыть (-ою, -оешь) *сов от* **рыть** ♦ (*impf* **вырыва́ть**) *перех* (*картофель, камень итп*) to dig up.
вы́са|дить (-жу, -дишь; *impf* **выса́живать**) *сов перех* (*растение*) to plant out; (*пассажира*: *дать выйти*) to drop off; (: *силой*) to throw out; (*войска*) to land; **~ся** (*impf* **выса́живаться**) *сов возв*: **~ся (из** *+gen*) to get off.
выса́сыва|ть (-ю) *несов от*

вы́сосать.

вы́свобо|дить (**-жу, -дишь**; *impf* **высвобожда́ть**) *сов перех* (*ногу, руку*) to free; (*время*) to set aside.

вы́сел|ить (**-ю, -ишь**; *impf* **выселя́ть**) *сов перех* to evict.

вы́си|деть (**-жу, -дишь**; *impf* **выси́живать**) *сов перех* to hatch; (*перен*: *лекцию*) to sit out.

вы́с|иться (*3sg* **-ится**) *несов возв* to tower.

вы́ска|зать (**-жу, -жешь**; *impf* **выска́зывать**) *сов перех* to express; **~ся** (*impf* **выска́зываться**) *сов возв* to speak one's mind; **выска́зываться** (**~ся** *pf*) **про́тив** *+gen*/**за** *+acc* to speak out against/in favour of.

выска́зывани|е (**-я**) *ср* statement.

выска́кива|ть (**-ю**) *несов от* **вы́скочить**.

вы́скользн|уть (**-у**; *impf* **выска́льзывать**) *сов* to slip out.

вы́скоч|ить (**-у, -ишь**; *impf* **выска́кивать**) *сов* to jump out; **его́ и́мя ~ило у меня́ из головы́** (*разг*) his name has slipped my mind.

вы́|слать (**-шлю, -шлешь**; *impf* **высыла́ть**) *сов перех* to send off; (*изгнать*) to deport.

вы́сле|дить (**-жу, -дишь**; *impf* **высле́живать**) *сов перех* to track down.

вы́слуг|а (**-и**) *ж*: **за ~у лет** for long service.

вы́слуша|ть (**-ю**; *impf* **выслу́шивать**) *сов перех* to hear out.

вы́сме|ять (**-ю**; *impf* **высме́ивать**) *сов перех* to ridicule.

вы́сморка|ть(ся) (**-ю(сь)**) *сов от* **сморка́ть(ся)**.

высо́выва|ть(ся) (**-ю(сь)**) *несов от* **вы́сунуть(ся)**.

высо́кий *прил* high; (*человек*) tall; (*честь*) great; (*гость*) distinguished.

высоко́ *нареч* high (up) ◆ *как сказ* it's high (up).

высокого́рный *прил* alpine.

высокоме́рный *прил* haughty.

высокопа́рный *прил* (*речь*) high-flown, pompous.

высокопоста́вленный *прил* high-ranking.

вы́сос|ать (**-у, -ешь**; *impf* **выса́сывать**) *сов перех* to suck out; (*насосом*) to pump out.

выс|ота́ (**-оты́**; *nom pl* **-о́ты**) *ж* height; (*ГЕО*) altitude; (*звука*) pitch.

высо́тный *прил* (*здание*) high-rise.

вы́сох|нуть (**-ну**; *pt* **-, -ла, -ло**) *сов от* **со́хнуть**.

высо́честв|о (**-а**) *ср*: **Ва́ше** *umn* **В~** Your *umn* Highness.

вы́сп|аться (**-люсь, -ишься**; *impf* **высыпа́ться**) *сов возв* to sleep well.

вы́став|ить (**-лю, -ишь**; *impf* **выставля́ть**) *сов перех* (*поставить наружу*) to put out; (*грудь*) to stick out; (*кандидатуру*) to put forward; (*товар*) to display; (*охрану*) to post; (*разг*: *выгнать*) to chuck out.

вы́став|ка (**-ки**; *gen pl* **-ок**) *ж* exhibition.

выставля́|ть (**-ю**) *несов от* **вы́ставить**.

вы́стира|ть (**-ю**) *сов от* **стира́ть**.

вы́стрел (**-а**) *м* shot.

вы́стрел|ить (**-ю, -ишь**) *сов* to fire.

вы́стро|ить(ся) (**-ю(сь)**,

-ишь(ся)) *сов от* **стро́ить(ся)**.
вы́ступ (**-а**) *м* ledge.
выступа́|ть (**-ю**) *несов от* **вы́ступить** ♦ *неперех* (*берег*) to jut out; (*скулы*) to protrude.
вы́ступ|ить (**-лю, -ишь**; *impf* **выступа́ть**) *сов* (*против закона, в защиту друга*) to come out; (*из толпы*) to step out; (*актёр*) to perform; (*пот, сыпь*) to break out; (*в поход, на поиски*) to set off *или* out.
выступле́ни|е (**-я**) *ср* performance; (*в печати*) article; (*речь*) speech.
вы́сун|уть (**-у**; *impf* **высо́вывать**) *сов перех* to stick out; **~ся** (*impf* **высо́вываться**) *сов возв* (*из окна*) to lean out; (*рука, нога*) to stick out.
вы́суш|ить(ся) (**-у(сь), -ишь(ся)**) *сов от* **суши́ть(ся)**.
вы́счита|ть (**-ю**; *impf* **высчи́тывать**) *сов перех* to calculate.
вы́сш|ий *прил* (*орган власти*) highest, supreme; **в ~ей сте́пени** extremely; **~ая ме́ра наказа́ния** capital punishment; **~ее образова́ние** higher education; **~ее учёбное заведе́ние = вуз**.
высыла́|ть (**-ю**) *несов от* **вы́слать**.
вы́сып|ать (**-лю, -лешь**; *impf* **высыпа́ть**) *сов перех* to pour out; **~ся** (*impf* **высыпа́ться**) *сов возв* to pour out.
выта́лкива|ть (**-ю**) *несов от* **вы́толкнуть**.
вы́тащ|ить (**-у, -ишь**) *сов от* **тащи́ть** ♦ (*impf* **выта́скивать**) *перех* (*мебель*) to drag out.
вытека́|ть (*3sg* **-ет**) *несов от* **вы́течь** ♦ *неперех* (*вывод*) to follow; (*река*) to flow out.
вы́т|ереть (**-ру, -решь**; *impf* **вытира́ть**) *сов перех* to wipe up; (*посуду*) to dry (up); (*руки, глаза*) to wipe; **~ся** (*impf* **вытира́ться**) *сов возв* (*человек*) to dry o.s.
вы́тесн|ить (**-ю, -ишь**; *impf* **вытесня́ть**) *сов перех* (*удалить*) to oust; (*заменить собой*) to supplant.
вы́те|чь (*3sg* **-чет**, *3pl* **-кут**, *pt* **-к, -кла**, *impf* **вытека́ть**) *сов* to flow out.
вытира́|ть(ся) (**-ю(сь)**) *несов от* **вы́тереть(ся)**.
вы́толкн|уть (**-у**; *impf* **выта́лкивать**) *сов перех* to push out.
вы́трав|ить (**-лю, -ишь**; *impf* **вытра́вливать**) *сов перех* (*пятно*) to remove; (*крыс*) to exterminate; (*рисунок*) to etch.
вытрезви́тел|ь (**-я**) *м overnight police cell for drunks.*
вы́тряхн|уть (**-у**; *impf* **вытря́хивать**) *сов перех* to shake out.
выть (**во́ю, во́ешь**) *несов* (*зверь, ветер*) to howl; (*сирена*) to wail.
вы́тян|уть (**-у**; *impf* **вытя́гивать**) *сов перех* to pull out; (*дым*) to extract; (*руки, ткань*) to stretch; **~ся** (*impf* **вытя́гиваться**) *сов возв* (*на диване, вдоль берега*) to stretch out; (*встать смирно*) to stand at attention.
вы́у|дить (**-жу, -дишь**; *impf* **выу́живать**) *сов перех* (*рыбу*) to catch; (*разг: сведения*) to wheedle out.
вы́уч|ить(ся) (**-у(сь), -ишь(ся)**) *сов от* **учи́ть(ся)**.
выха́жива|ть (**-ю**) *несов от* **выходи́ть**.

выхва|тить (-**чу, -тишь**; *impf* **выхва́тывать**) *сов перех* to snatch.

выхлопн|о́й *прил* exhaust; **~ы́е га́зы** exhaust fumes.

вы́ход (-**а**) *м* (*войск*) withdrawal; (*из кризиса*) way out; (*на сцену*) appearance; (*в море*) sailing; (*книги*) publication; (*на экран*) showing; (*место*) exit.

вы́хо|дить (-**жу, -дишь**; *impf* **выха́живать**) *сов перех* (*больного*) to nurse (back to health).

вых|оди́ть (-**ожу́, -о́дишь**) *несов от* **вы́йти** ♦ *неперех*: **~ на** *+acc* (*юг, север*) to face; **окно́ ~о́дит в парк** the window looks out onto the park; **дверь ~о́дит в коридо́р** the door opens onto the corridor.

вы́ход|ка (-**ки**) *ж* prank.

выходн|о́й *прил* exit; (*платье*) best ♦ (-**о́го**) *м* (*также*: **~ день**) day off (work); **сего́дня ~** (*разг*) today is a holiday; **~ы́е** weekend *ед*.

вы́цве|сти (*3sg* **-тет**, *impf* **выцвета́ть**) *сов* to fade.

вы́черкн|уть (-**у**; *impf* **вычёркивать**) *сов перех* to cross *или* score out.

вы́черпа|ть (-**ю**; *impf* **вычёрпывать**) *сов перех* (*извлечь*) to scoop out.

вы́ч|есть (-**ту, -тешь**; *impf* **вычита́ть**) *сов перех* (*МАТ*) to subtract; (*долг, налог*) to deduct.

вы́чет (-**а**) *м* deduction ♦ *предл*: **за ~ом** *+gen* minus.

вычисле́ни|е (-**я**) *ср* calculation.

вычисли́тельн|ый *прил* (*операция*) computing; **~ая маши́на** computer; **~ая те́хника** computers *мн*; **~ центр** computer centre (*BRIT*) *или* center (*US*).

вы́числ|ить (-**ю, -ишь**; *impf* **вычисля́ть**) *сов перех* to calculate.

вычита́ни|е (-**я**) *ср* subtraction.

вычита́|ть (-**ю**) *несов от* **вы́честь**.

вы́ше *сравн прил от* **высо́кий** ♦ *сравн наречь от* **высоко́** ♦ *нареч* higher; (*в тексте*) above ♦ *предл*: **~** *+gen* above.

вы́шел *сов см* **вы́йти**.

вышестоя́щ|ий *прил* higher; **~ее лицо́** superior.

вышива́|ть (-**ю**) *несов от* **вы́шить**.

вы́шив|ка (-**ки**; *gen pl* **-ок**) *ж* embroidery.

вы́ш|ить (-**ью, -ьешь**; *impf* **вышива́ть**) *сов перех* to embroider.

вы́ш|ка (-**ки**; *gen pl* **-ек**) *ж* (*строение*) tower; (*СПОРТ*) diving board; **бурова́я** *или* **нефтяна́я ~** derrick.

вы́шла *итп сов см* **вы́йти**.

вы́яв|ить (-**лю, -ишь**; *impf* **выявля́ть**) *сов перех* (*талант*) to discover; (*недостатки*) to expose; **~ся** (*impf* **выявля́ться**) *сов возв* to come to light, be revealed.

вы́ясн|ить (-**ю, -ишь**; *impf* **выясня́ть**) *сов перех* to find out; **~ся** (*impf* **выясня́ться**) *сов возв* to become clear.

Вьетна́м (-**а**) *м* Vietnam.

вьюг|а (-**и**) *ж* snowstorm, blizzard.

вя́жущий *прил* (*вкус*) acerbic; (*материал*) binding.

вяз (-**а**) *м* elm.

вяза́ни|е (-**я**) *ср* (*рукоделие*) knitting.

вя́заный *прил* knitted.

вя|за́ть (-**жу́, -жешь**; *pf* **с~**) *несов перех* to tie up, bind; (*кофту,*

носки) to knit.
вязкий *прил* (*тягучий*) viscous; (*топкий*) boggy.
вяз|нуть (**-ну**; *pt* **-**, **-ла**, **-ло**, *pf* **за~** *или* **у~**) *несов*: **~ (в** *+prp***)** to get stuck (in).
вялый *прил* (*листья, цветы*) wilted, withered; (*человек, речь*) sluggish.
вян|уть (**-у**; *pf* **за~** *или* **у~**) *несов* (*цветы*) to wilt, wither; (*красота*) to fade.

Г, г

г *сокр* (= **грамм**) g, gm.
г. *сокр* = **год, го́род**.
Гааг|а (**-и**) *ж* The Hague.
габари́т (**-а**) *м* (*ТЕХ*) dimension.
Гава́йи *м нескл* Hawaii.
га́ван|ь (**-и**) *ж* harbour (*BRIT*), harbor (*US*).
гада́|ть (**-ю**) *несов* (*предполагать*) to guess; **~ (погада́ть** *pf***) кому́-н** to tell sb's fortune.
га́дост|ь (**-и**) *ж* filth.
гадю́к|а (**-и**) *ж* viper, adder.
га́ечный *прил*: **~ ключ** spanner.
газ (**-а**; *part gen* **-у**) *м* gas; *см также* **га́зы**.
газе́т|а (**-ы**) *ж* newspaper.
газиро́ванн|ый *прил*: **~ая вода́** carbonated water.
га́зов|ый *прил* gas; **~ая плита́** gas cooker.
газо́н (**-а**) *м* lawn.
газопрово́д (**-а**) *м* gas pipeline.
га́з|ы (**-ов**) *мн* (*МЕД*) wind *ед*.
ГАИ *ж сокр* (= *Госуда́рственная автомоби́льная инспе́кция*) *state motor vehicle inspectorate*.
га́|йка (**-йки**; *gen pl* **-ек**) *ж* nut.
галантере́|я (**-и**) *ж* haberdashery (*BRIT*), notions store (*US*).
галере́|я (**-и**) *ж* gallery.
галло́н (**-а**) *м* gallon.
галлюцина́ци|я (**-и**) *ж* hallucination.
га́лоч|ка (**-ки**; *gen pl* **-ек**) *ж* (*в тексте*) tick, check (*US*).
га́лстук (**-а**) *м* tie, necktie (*US*).
га́мбургер (**-а**) *м* hamburger.
га́мм|а (**-ы**) *ж* (*МУЗ*) scale.
гангре́н|а (**-ы**) *ж* gangrene.
га́нгстер (**-а**) *м* gangster.
гандбо́л (**-а**) *м* handball.
ганте́л|ь (**-и**) *ж* dumbbell.
гара́ж (**-а́**) *м* garage.
гара́нт (**-а**) *м* guarantor.
гаранти́йный *прил* guarantee.
гаранти́р|овать (**-ую**) *(не)сов перех* to guarantee.
гара́нти|я (**-и**) *ж* guarantee.
гардеро́б (**-а**) *м* wardrobe; (*в общественном здании*) cloakroom.
гармони́р|овать (**-ую**) *несов*: **~ с** *+instr* (*со средой*) to be in harmony with; (*одежда*) to go with.
гармони́ст (**-а**) *м* concertina player.
гармо́ни|я (**-и**) *ж* harmony.
гармо́ш|ка (**-ки**; *gen pl* **-ек**) *ж* (*разг*) ≈ squeeze-box.
гарнизо́н (**-а**) *м* garrison.
гарни́р (**-а**) *м* side dish.
гарниту́р (**-а**) *м* (*мебель*) suite.
гар|ь (**-и**) *ж* (*угля*) cinders *мн*.
га|си́ть (**-шу́**, **-сишь**; *pf* **по~**) *несов перех* (*свет*) to put out; (*пожар*) to extinguish, put out.
га́с|нуть (**-ну**; *pt* **-** *или* **-нул**, **-ла**, *pf* **по~** *или* **у~**) *несов* (*огни*) to go out.
гастри́т (**-а**) *м* gastritis.
гастро́л|и (**-ей**) *мн performances of touring company*; **е́здить/е́хать (пое́хать** *pf***) на ~** to go on tour.
гастроли́р|овать (**-ую**) *несов* to

be on tour.
астроно́м (-а) *м* food store.
астроно́ми|я (-и) *ж* delicatessen.
аши́ш (-а) *м* cannabis.
ва́рди|я (-и) *ж* (*ВОЕН*) Guards *мн*.
возди́к|а (-и) *ж* (*цветок*) carnation; (*пряность*) cloves *мн*.
возд|ь (-я́) *м* nail.
г *сокр* = **го́ды, господа́**.
де *нареч* where; (*разг*: *где-нибудь*) somewhere, anywhere ◆ *союз* where; ~ **Вы живёте?** where do you live?
де́-либо *нареч* = **где́-нибудь**.
де́-нибудь *нареч* somewhere; (*в вопросе*) anywhere.
де́-то *нареч* somewhere.
екта́р (-а) *м* hectare.
еморро́|й (-я) *м* piles *мн*.
ен (-а) *м* gene.
енера́л (-а) *м* (*ВОЕН*) general.
енера́льн|ый *прил* general; (*главный*) main; **~ая убо́рка** springclean; **~ая репети́ция** dress rehearsal.
енера́тор (-а) *м* generator.
ениа́льный *прил* great.
е́ни|й (-я) *м* genius.
еноци́д (-а) *м* genocide.
еогра́фи|я (-и) *ж* geography.
ео́лог (-а) *м* geologist.
еоме́три|я (-и) *ж* geometry.
ера́н|ь (-и) *ж* geranium.
ерб (-а́) *м* coat of arms; **госуда́рственный ~** national emblem.
е́рбов|ый *прил*: **~ая бума́га** stamped paper.
еркуле́с (-а) *м* (*КУЛИН*) porridge oats *мн*.
ерма́ни|я (-и) *ж* Germany.
ерма́нский *прил* German.
ермети́чный *прил* hermetic.
еро́изм (-а) *м* heroism.
герои́н|я (-и) *ж* heroine.
герои́ческий *прил* heroic.
геро́|й (-я) *м* hero.
г-жа *м сокр* = **госпожа́**.
ги́бел|ь (-и) *ж* (*человека*) death; (*армии*) destruction; (*самолёта, надежды*) loss; (*карьеры*) ruin.
ги́бкий *прил* flexible.
ги́б|нуть (-ну; *pt* -, **ла**, *pf* **по~**) *несов* to perish; (*перен*) to come to nothing.
гибри́д (-а) *м* hybrid.
гига́нт (-а) *м* giant.
гига́нтский *прил* gigantic.
гигие́н|а (-ы) *ж* hygiene.
гигиени́чный *прил* hygienic.
гид (-а) *м* guide.
гидравли́ческий *прил* hydraulic.
гидрометце́нтр (-а) *м сокр* (= *Гидрометеорологи́ческий центр*) meteorological office.
гидроэлектроста́нци|я (-и) *ж* hydroelectric power station.
гимн (-а) *м*: **госуда́рственный ~** national anthem.
гимна́зи|я (-и) *ж* ≈ grammar school.
гимна́ст (-а) *м* gymnast.
гимна́стик|а (-и) *ж* exercises *мн*; **(спорти́вная) ~** gymnastics; **худо́жественная ~** modern rhythmic gymnastics.
гинеко́лог (-а) *м* gynaecologist (*BRIT*), gynecologist (*US*).
гипертони́|я (-и) *ж* high blood pressure.
гипно́з (-а) *м* hypnosis.
гипнотизи́р|овать (-ую; *pf* **за~**) *несов перех* to hypnotize.
гипо́тез|а (-ы) *ж* hypothesis.
гипотони́|я (-и) *ж* low blood pressure.
гиппопота́м (-а) *м* hippopotamus, hippo (*inf*).

гипс (-а) *м* (*ИСКУССТВО*) plaster of Paris; (*МЕД*) plaster.
гирлянд|а (-ы) *ж* garland.
гир|я (-и) *ж* (*весов*) weight; (*СПОРТ*) dumbbell.
гитар|а (-ы) *ж* guitar.
глав|а (-ы; *nom pl* -ы) *ж* (*книги*) chapter; (*здания*) dome ♦ *м* (*делегации*) head; **во ~е с** *+instr* headed by; **во ~е** *+gen* at the head of.
главар|ь (-я) *м* (*банды*) leader.
главнокомандующ|ий (-его) *м* commander in chief.
главн|ый *прил* main; (*старший по положению*) senior, head; **~ым образом** chiefly, mainly.
глагол (-а) *м* verb.
гладильн|ый *прил*: **~ая доска** ironing board.
гла|дить (-жу, -дишь; *pf* по~) *несов перех* to iron; (*волосы*) to stroke.
гладкий *прил* (*ровный*) smooth.
глаз (-а; *loc sg* -у, *nom pl* -а, *gen pl* -) *м* eye; **с глазу на ~** tête à tête; **на ~** roughly.
глазной *прил* eye.
глазунь|я (-и) *ж* fried egg.
гланд|а (-ы) *ж* (*обычно мн*) tonsil.
гласн|ый (-ого) *м* vowel.
глин|а (-ы) *ж* clay.
глиняный *прил* clay.
глобальный *прил* universal.
глобус (-а) *м* globe.
глота|ть (-ю; *pf* **проглотить**) *несов перех* to swallow.
глот|ок (-ка) *м* gulp, swallow; (*воды, чая*) drop.
глох|нуть (-ну; *pt* -, -ла, *pf* о~) *несов* to grow deaf; (*мотор*) to stall.
глубже *сравн прил от* **глубокий** ♦ *сравн нареч от* **глубоко**.
глуб|ина (-ины; *nom pl* -ины) *ж* depth; (*леса*) heart; (*перен*): **в ~ине души** in one's heart of hearts.
глубокий *прил* deep; (*провинция*) remote; (*мысль, интерес*) profound.
глубоко *нареч* deeply ♦ *как сказ*: **здесь ~** it's deep here.
глубокоуважаемый *прил* dear.
глупе|ть (-ю; *pf* по~) *несов* to grow stupid.
глупо *как сказ* it's stupid *или* silly.
глупост|ь (-и) *ж* stupidity, silliness; (*поступок*) stupid *или* silly thing; (*слова*) nonsense.
глупый *прил* stupid, silly.
глухой *прил* deaf; (*звук*) muffled.
глухонем|ой *прил* deaf-and-dumb ♦ (-ого) *м* deaf-mute.
глушител|ь (-я) *м* (*ТЕХ*) silencer; (*АВТ*) silencer (*BRIT*), muffler (*US*).
глуш|ить (-у, -ишь; *pf* за~) *несов перех* (*звуки*) to muffle; (*мотор*) to turn off.
глуш|ь (-и; *instr sg* -ью, *loc sg* -и) *ж* wilderness.
глыб|а (-ы) *ж* (*ледяная*) block; **каменная ~** boulder.
глюкоз|а (-ы) *ж* glucose.
гля|деть (-жу, -дишь; *pf* по~) *несов* to look.
гна|ть (гоню, гонишь; *pt* -л, -ла) *несов перех* (*стадо*) to drive; (*человека*) to throw out; (*машину*) to drive fast; **гнаться** *несов возв*: **гнаться за** *+instr* (*преследовать*) to pursue.
гнев (-а) *м* wrath.
гнезд|о (-а; *nom pl* **гнёзда**, *gen pl* **гнёзд**) *ср* (*птиц*) nest.
гне|сти (-ту, -тёшь) *несов перех* to gnaw.
гнёт (-а) *м* (*бедности итп*) yoke.
гнетущий *прил* depressing.

гнилóй *прил* rotten.
гнил|ь (**-и**) *ж* rotten stuff.
гни|ть (**-ю́, -ёшь**; *pf* **с~**) *несов* to rot.
гно|и́ть (**-ю́, -и́шь**; *pf* **с~**) *несов перех* to let rot; **~ся** *несов возв* (*рана*) to fester.
гно|й (**-я**) *м* pus.
гн|уть (**-у, -ёшь**; *pf* **согну́ть**) *несов перех* to bend; **~у́ться** *несов возв* (*ветка*) to bend.
говор|и́ть (**-ю́, -и́шь**; *pf* **сказа́ть**) *несов перех* to say; (*правду*) to tell ◆ *неперех* (*no pf*) to speak, talk; (*обсуждать*): **~ о** *+prp* to talk about; (*общаться*): **~ с** *+instr* to talk to *или* with.
говя́дин|а (**-ы**) *ж* beef.
год (**-а**; *loc sg* **-у́**, *nom pl* **-ы**, *gen pl* **-о́в/лет**) *м* year; **прошло́ 3 го́да/5 лет** 3/5 years passed; **из го́да в ~** year in year out; **кру́глый ~** all year round.
го|ди́ться (**-жу́сь, -ди́шься**) *несов возв*: **~** *+dat* to suit; **~** *(impf)* **для** *+gen* to be suitable for.
го́д|ный *прил*: **~ к** *+dat или* **для** *+gen* fit *или* suitable for; **биле́т ~ен до** ... the ticket is valid until ...
годовщи́н|а (**-ы**) *ж* anniversary.
гол (**-а**; *nom pl* **-ы́**) *м* goal.
Голла́нди|я (**-и**) *ж* Holland.
голла́ндский *прил* Dutch; **~ язы́к** Dutch.
гол|ова́ (**-овы́**; *acc sg* **-ову**, *dat sg* **-ове́**, *nom pl* **-овы**, *gen pl* **-о́в**, *dat pl* **-ова́м**) *ж* head.
головно́й *прил* (*предприятие*) main.
головокруже́ни|е (**-я**) *ср* giddiness.
го́лод (**-а**) *м* hunger; (*длительное недоедание*) starvation; (*массовое бедствие*) famine.
голода́ни|е (**-я**) *ср* (*воздержание*) fasting; **кислоро́дное ~** oxygen deficiency.
голода́|ть (**-ю**) *несов* to starve; (*воздерживаться от пищи*) to fast.
голо́дный *прил* hungry; (*год, время*) hunger-stricken.
голодо́в|ка (**-ки**; *gen pl* **-ок**) *ж* hunger strike.
гололёд (**-а**) *м* (*на дорогах*) black ice.
го́лос (**-а**; *part gen* **-у**, *nom pl* **-а́**) *м* voice; (*ПОЛИТ*) vote; **во весь ~** at the top of one's voice.
голосова́ни|е (**-я**) *ср* ballot.
голос|ова́ть (**-у́ю**; *pf* **про~**) *несов* to vote; (*разг*: *на дороге*) to hitch (a lift).
голубо́й *прил* light blue.
го́луб|ь (**-я**; *gen pl* **-е́й**) *м* pigeon; dove.
го́лый *прил* (*человек*) naked.
гольф (**-а**) *м* golf; (*обычно мн*: *чулки*) knee sock.
гомеопа́т (**-а**) *м* homoeopath (*BRIT*), homeopath (*US*).
гомосексуали́ст (**-а**) *м* homosexual.
гоне́ни|е (**-я**) *ср* persecution.
го́н|ка (**-ки**; *gen pl* **-ок**) *ж* (*разг*: *спешка*) rush; (*соревнования*) race; **~ вооруже́ний** arms race.
гонора́р (**-а**) *м* fee; **а́вторский ~** royalty.
го́ночный *прил* racing; **~ велосипе́д** racer.
го́нщик (**-а**) *м* racing (*BRIT*) *или* race car (*US*) driver; (*велосипедист*) racing cyclist.
гоня́|ть (**-ю, -ешь**) *несов перех* (*ученика*) to grill ◆ *неперех* to race; **~ся** *несов возв*: **~ся за** *+instr* (*преследовать*) to chase (after); (*перен*) to pursue.

гор. *сокр* = **го́род.**
гор|а́ (*acc sg* **-у**, *gen sg* **-ы́**, *nom pl* **-ы**, *dat pl* **-а́м**) *ж* mountain; (*небольшая*) hill; (*перен*: *разг*) heap.
гора́здо *нареч* much.
горб (**-а́**; *loc sg* **-у́**) *м* hump.
горба́тый *прил* hunchbacked.
го́рб|ить (**-лю, -ишь**; *pf* **с~**) *несов перех*: **~ спи́ну** to stoop; **~ся** (*pf* **сго́рбиться**) *несов возв* to stoop.
горбу́ш|ка (**-ки**; *gen pl* **-ек**) *ж* crust.
гор|ди́ться (**-жу́сь, -ди́шься**) *несов возв*: **~** *+instr* to be proud of.
го́рдост|ь (**-и**) *ж* pride.
го́рдый *прил* proud.
го́р|е (**-я**) *ср* (*скорбь*) grief; (*несчастье*) misfortune.
гор|ева́ть (**-ю́ю**) *несов* to grieve.
горе́лый *прил* burnt.
гор|е́ть (**-ю́, -и́шь**; *pf* **с~**) *несов* to burn; (*no pf*; *дом*) to be on fire; (*больной*) to be burning hot; (*глаза*) to shine.
го́реч|ь (**-и**) *ж* bitter taste; (*потери*) bitterness.
горизо́нт (**-а**) *м* horizon.
горизонта́л|ь (**-и**) *ж* horizontal; (*на карте*) contour.
горизонта́льный *прил* horizontal.
гори́лл|а (**-ы**) *ж* gorilla.
гори́стый *прил* mountainous.
го́р|ка (**-ки**; *gen pl* **-ок**) *ж* hill; (*кучка*) small pile.
го́рл|о (**-а**) *ср* throat.
го́рлыш|ко (**-ка**; *nom pl* **-ки**, *gen pl* **-ек**) *ср* (*бутылки*) neck.
гормо́н (**-а**) *м* hormone.
гормона́льный *прил* hormonal.
го́рный *прил* mountain; (*лыжи*) downhill; (*промышленность*) mining.
го́род (**-а**; *nom pl* **-а́**) *м* (*большой*) city; (*небольшой*) town.
горожа́н|ин (**-ина**; *nom pl* **-е**, *gen pl* **-**) *м* city dweller.
гороско́п (**-а**) *м* horoscope.
горо́х (**-а**) *м собир* peas *мн*.
горо́ш|ек (**-ка**) *м собир* peas *мн*; (*на платье итп*) polka dots *мн*; **ткань в ~** spotted material.
горо́шин|а (**-ы**) *ж* pea.
горст|ь (**-и**; *gen pl* **-е́й**) *ж* handful.
горч|и́ть (*3sg* **-и́т**) *несов* to taste bitter.
горчи́ц|а (**-ы**) *ж* mustard.
горчи́чник (**-а**) *м* mustard plaster.
горш|о́к (**-ка́**) *м* pot.
го́рький *прил* bitter.
го́рько *нареч* (*плакать*) bitterly ♦ *как сказ*: **во рту ~** I have a bitter taste in my mouth.
горю́ч|ее (**-его**) *ср* fuel.
горю́чий *прил* flammable.
горя́чий *прил* hot; (*перен*: *любовь*) passionate; (: *спор*) heated; (: *желание*) burning; (: *человек*) hot-tempered.
горячо́ *нареч* (*спорить, любить*) passionately ♦ *как сказ* it's hot.
гос. *сокр* = **госуда́рственный.**
Госба́нк (**-а**) *м сокр* (= *госуда́рственный банк*) state bank.
госбезопа́сност|ь (**-и**) *ж сокр* (= *госуда́рственная безопа́сность*) national security.
госбюдже́т (**-а**) *м сокр* (= *госуда́рственный бюдже́т*) state budget.
госпитализи́р|овать (**-ую**) (*не*)*сов перех* to hospitalize.
го́спитал|ь (**-я**) *м* army hospital.
господа́ *итп сущ см* **господи́н** ♦ *мн* (*при фамилии, при звании*) Messrs.
го́споди *межд*: **Г~!** good Lord!
госп|оди́н (**-оди́на**; *nom pl* **-ода́**,

gen pl **-о́д**) *м* gentleman; (*хозяин*) master; (*при обращении*) sir; (*при фамилии, при звании*) Mr.

госпо́дств|о (**-а**) *ср* supremacy.

госпо́дств|овать (**-ую**) *несов* to rule; (*мнение*) to prevail.

Госпо́дь (**Го́спода**; *voc* **Го́споди**) *м* (*также:* ~ **Бог**) the Lord; **не дай Го́споди!** God forbid!; **сла́ва тебе́ Го́споди!** Glory be to God!; (*разг*) thank God!

госпож|а́ (**-и́**) *ж* lady; (*хозяйка*) mistress; (*при обращении, при звании*) Madam; (*при фамилии: замужняя*) Mrs; (*: незамужняя*) Miss; (*: замужняя или незамужняя*) Ms.

госстра́х (**-а**) *м сокр* (= *госуда́рственное страхова́ние*) ≈ national insurance.

гостеприи́мный *прил* hospitable.

гости́н|ая (**-ой**) *ж* living *или* sitting room, lounge (*BRIT*).

гости́ниц|а (**-ы**) *ж* hotel.

го|сти́ть (**-щу́, -сти́шь**) *несов* to stay.

гост|ь (**-я**; *gen pl* **-е́й**) *м* guest; **идти́ (пойти́** *pf*) **в го́сти к кому́-н** to go to see sb; **быть** (*impf*) **в ~я́х у кого́-н** to be at sb's house.

госуда́рственный *прил* state.

госуда́рств|о (**-а**) *ср* state.

гото́в|ить (**-лю, -ишь**; *pf* **при~**) *несов перех* to get ready; (*уроки*) to prepare; (*обед*) to prepare, make; (*pf* **под~**; *специалиста*) to train; (*ученика*) to coach ♦ *неперех* to cook; **~ся** (*pf* **пригото́виться**) *несов возв*: **~ся к** *+dat* (*к отъезду*) to get ready for; **~ся (подгото́виться** *pf*) **к** *+dat* (*к экзамену*) to prepare for.

гото́вност|ь (**-и**) *ж*: ~ *+infin* readiness *или* willingness to do.

гото́во *как сказ* that's it.

гото́вый *прил* (*изделие*) ready-made; **я/обе́д гото́в** I am/dinner is ready; **~ к** *+dat/ +infin* prepared for/to do.

гр. *сокр* (= **граждани́н**) Mr; (= *гражда́нка*) Mrs.

граб|ёж (**-ежа́**) *м* robbery; (*дома*) burglary.

граби́тел|ь (**-я**) *м* robber.

граби́тельск|ий *прил* (*война*) predatory; **~ое нападе́ние** (*на дом*) burglary; (*на банк*) robbery.

гра́б|ить (**-лю, -ишь**; *pf* **о~**) *несов перех* (*человека*) to rob; (*дом*) to burgle; (*город*) to pillage.

гра́б|ли (**-ель** *или* **-лей**) *мн* rake *ед*.

гра́ви|й (**-я**) *м* gravel.

гравир|ова́ть (**-у́ю**; *pf* **вы́гравировать**) *несов перех* to engrave.

гравю́р|а (**-ы**) *ж* (*оттиск*) engraving; (*офорт*) etching.

град (**-а**) *м* (*также перен*) hail.

гра́дус (**-а**) *м* degree.

гра́дусник (**-а**) *м* thermometer.

граждани́н (**-а**; *nom pl* **гра́ждане**, *gen pl* **гра́ждан**) *м* citizen.

гражда́нский *прил* civil; (*долг*) civic; (*платье*) civilian.

гражда́нств|о (**-а**) *ср* citizenship.

грамм (**-а**) *м* gram(me).

грамма́тик|а (**-и**) *ж* grammar.

граммати́ческий *прил* grammatical; (*упражнение*) grammar.

гра́мот|а (**-ы**) *ж* (*документ*) certificate.

гра́мотный *прил* (*человек*) literate; (*текст*) correctly written; (*специалист, план*) competent.

грампласти́нк|а (**-и**) *ж* record.

грана́т|а (**-ы**) *ж* grenade.

грандио́зный *прил* grand.
гранёный *прил* (*стакан*) cut-glass.
грани́ц|а (**-ы**) *ж* (*государства*) border; (*участка*) boundary; (*обычно мн*: *перен*) limit; **е́хать (пое́хать** *pf*) **за ~у** to go abroad; **жить** (*impf*) **за ~ей** to live abroad; **из-за ~ы** from abroad.
грани́ч|ить (**-у, -ишь**) *несов*: **~ с** *+instr* to border on; (*перен*) to verge on.
гран|ь (**-и**) *ж* (*ГЕОМ*) face; (*алмаза*) facet; **на гра́ни** *+gen* on the brink *или* verge of.
граф|а́ (**-ы́**) *ж* column.
гра́фик (**-а**) *м* (*МАТ*) graph; (*план*) schedule, timetable.
графи́н (**-а**) *м* (*для вина*) decanter; (: *открытый*) carafe.
графи́ческий *прил* graphic.
гра́ци|я (**-и**) *ж* grace.
гребён|ка (**-ки**; *gen pl* **-ок**) *ж* comb.
гребеш|о́к (**-ка́**) *м* comb.
гре́бл|я (**-и**) *ж* rowing.
гре́йпфрут (**-а**) *м* grapefruit.
грек (**-а**) *м* Greek (man).
гре́л|ка (**-ки**; *gen pl* **-ок**) *ж* hot-water bottle.
грем|е́ть (**-лю́, -и́шь**; *pf* **про~**) *несов* (*поезд*) to thunder by; (*гром*) to rumble; **~ (прогреме́ть** *pf*) *+instr* (*ведром*) to clatter.
гре|сти́ (**-бу́, -бёшь**; *pt* **грёб, -бла́**) *несов* to row; (*веслом, руками*) to paddle ◆ *перех* (*листья*) to rake.
гре|ть (**-ю**) *несов перех* (*подлеж*: *солнце*) to heat, warm; (: *шуба*) to keep warm; (*воду*) to heat (up); (*руки*) to warm; **гре́ться** *несов возв* (*человек*) to warm o.s.; (*вода*) to warm *или* heat up.
грех (**-а́**) *м* sin.
Гре́ци|я (**-и**) *ж* Greece.
гре́цкий *прил*: **~ оре́х** walnut.
гре́ческий *прил* Greek; **~ язы́к** Greek.
гре́чк|а (**-и**) *ж* buckwheat.
гре́чневый *прил* buckwheat.
греш|и́ть (**-у́, -и́шь**; *pf* **со~**) *несов* to sin.
гриб (**-а́**) *м* (*съедобный*) (edible) mushroom; **несъедо́бный ~** toadstool.
грибно́й *прил* (*суп*) mushroom.
гриб|о́к (**-ка́**) *м* (*на коже*) fungal infection; (*на дереве*) fungus.
грим (**-а**) *м* stage make-up, greasepaint.
грима́с|а (**-ы**) *ж* grimace.
гримир|ова́ть (**-у́ю**; *pf* **за~**) *несов перех*: **~ кого́-н** to make sb up.
грипп (**-а**) *м* flu.
гриф (**-а**) *м* (*МУЗ*) fingerboard.
гри́фел|ь (**-я**) *м* (pencil)lead.
гроб (**-а**; *loc sg* **-у́**, *nom pl* **-ы́**) *м* coffin.
гр|оза́ (**-озы́**; *nom pl* **-о́зы**) *ж* thunderstorm.
грозд|ь (**-и**; *gen pl* **-е́й**) *ж* (*винограда*) bunch; (*сирени*) cluster.
гро|зи́ть (**-жу́, -зи́шь**) *несов* (*опасность*) to loom; **~** (*impf*) *+instr* (*катастрофой*) to threaten to become; **~ (погрози́ть** *pf*) **кому́-н чем-н** to threaten sb with sth; **~ (пригрози́ть** *pf*) **кому́-н разво́дом** to threaten sb with divorce.
гро́зный *прил* threatening; (*противник, оружие*) formidable.
грозов|о́й *прил*: **~а́я ту́ча** storm cloud.
гром (**-а**; *gen pl* **-о́в**) *м* thunder.
грома́дный *прил* enormous, huge.
гром|и́ть (**-лю́, -и́шь**) *несов перех* to destroy.

гро́мкий *прил* (*голос*) loud; (*скандал*) big.
гро́мко *нареч* loudly.
громо́здкий *прил* cumbersome.
гро́мче *сравн прил от* **гро́мкий** ♦ *сравн нареч от* **гро́мко**.
гро́хот (**-а**) *м* racket.
грох|ота́ть (**-очу́, -о́чешь**; *pf* **про~**) *несов* to rumble.
грубе́|ть (**-ю**; *pf* **о~**) *несов* (*человек*) to become rude; (*pf* **за~**; *кожа*) to become rough.
груб|и́ть (**-лю́, -и́шь**; *pf* **на~**) *несов*: **~** *+dat* to be rude to.
грубия́н (**-а**) *м* rude person.
гру́бо *нареч* (*отвечать*) rudely; (*разговаривать*) crudely; (*обточить, подсчитать*) roughly; **~ говоря́** roughly speaking.
гру́бост|ь (**-и**) *ж* rudeness.
гру́бый *прил* (*человек*) rude; (*ткань, пища*) coarse; (*кожа, подсчёт*) rough; (*ошибка, шутка*) crude; (*нарушение правил*) gross.
гру́д|а (**-ы**) *ж* pile, heap.
груди́нк|а (**-и**) *ж* (*говядина*) brisket; (*копчёная свинина*) bacon.
грудно́й *прил* (*молоко*) breast; (*кашель*) chest; **~ ребёнок** baby.
гр|удь (**-уди́**; *instr sg* **-у́дью**, *nom pl* **-у́ди**) *ж* (*АНАТ*) chest; (*: женщины*) breasts *мн*; **корми́ть** *(impf)* **~у́дью** to breast-feed.
гружёный *прил* loaded.
груз (**-а**) *м* (*тяжесть*) weight; (*товар*) cargo.
гр|узи́ть (**-ужу́, -у́зишь**; *pf* **за~** *или* **на~**) *несов перех* (*корабль итп*) to load (up); **~** **(погрузи́ть** *pf*) **(в/на** *+acc*) (*товар*) to load (onto).
Гру́зи|я (**-и**) *ж* Georgia.
грузови́к (**-а́**) *м* lorry (*BRIT*), truck (*US*).
грузов|о́й *прил* (*судно, самолёт*) cargo; **~а́я маши́на** goods vehicle; **~о́е такси́** removal (*BRIT*) *или* moving (*US*) van.
грузоподъёмност|ь (**-и**) *ж* freight *или* cargo capacity.
гру́зчик (**-а**) *м* (*на складе*) warehouse porter; (*в магазине*) stockroom worker.
грунт (**-а**) *м* soil; (*краска*) primer.
гру́пп|а (**-ы**) *ж* group; **~ кро́ви** blood group.
группир|ова́ть (**-у́ю**; *pf* **с~**) *несов перех* (*отдел*) to set up; (*данные, цифры*) to group, classify.
гру|сти́ть (**-щу́, -сти́шь**) *несов* to feel melancholy *или* very sad; **~** *(impf)* **по** *+dat или* **о** *+prp* to pine for, miss.
гру́стно *нареч* sadly ♦ *как сказ*: **мне ~** I feel sad.
гру́стный *прил* sad.
груст|ь (**-и**) *ж* sadness.
гру́ш|а (**-и**) *ж* pear.
грыз|ть (**-у́, -ёшь**; *pt* **-, -ла**) *несов перех* (*яблоки*) to nibble (at); (*pf* **разгры́зть**; *кость*) to gnaw (on).
гря́д|ка (**-ки**; *gen pl* **-ок**) *ж* row.
гря́зно *как сказ безл*: **до́ма/на у́лице ~** the street/house is filthy.
гря́зный *прил* dirty.
гряз|ь (**-и**; *loc sg* **-и́**) *ж* dirt; (*на дороге*) mud; (*перен*) filth.
губ|а́ (**-ы́**; *nom pl* **-ы**, *dat pl* **-а́м**) *ж* lip.
губе́рни|я (**-и**) *ж* gubernia (*administrative region*).
губерна́тор (**-а**) *м* governor.
губ|и́ть (**-лю́, -ишь**; *pf* **по~**) *несов перех* to kill; (*урожай, здоровье*) to ruin.
гу́б|ка (**-ки**; *gen pl* **-ок**) *ж* sponge.
губн|о́й *прил*: **~а́я пома́да** lipstick; **~а́я гармо́шка** harmonica.
гу|де́ть (**-жу́, -ди́шь**) *несов*

(*шмель, провода*) to hum; (*ветер*) to moan.
гуд|о́к (**-ка́**) *м* (*автомобиля*) horn; (*парохода, завода*) siren; (*звук*) hoot.
гул (**-а**) *м* (*голосов*) drone.
гу́лкий *прил* (*шаги*) resounding; (*свод*) echoing.
гуля́|ть (**-ю**; *pf* **по~**) *несов* (*прогуливаться*) to stroll; (*быть на улице*) to be out; (*на свадьбе*) to have a good time, enjoy o.s.; **идти́ (пойти́** *pf***)** ~ to go for a walk.
гуманита́рный *прил* (*помощь*) humanitarian; (*образование*) arts.
гума́нный *прил* humane.
гу́сениц|а (**-ы**) *ж* caterpillar; (*трактора*) caterpillar track.
гуси́н|ый *прил* (*яйцо*) goose; **~ая ко́жа** goose flesh, goose pimples (*BRIT*) *или* bumps (*US*).
густе́|ть (*3sg* **-ет**, *pf* **по~**) *несов* (*туман*) to become denser; (*pf* **за~**; *каша*) to thicken.
густо́й *прил* (*лес*) dense; (*брови*) bushy; (*облака, суп, волосы*) thick; (*цвет, бас*) rich.
густонаселённый *прил* denselypopulated.
гус|ь (**-я**; *gen pl* **-е́й**) *м* goose, gander.
гуся́тниц|а (**-ы**) *ж* casserole (dish).
гу́щ|а (**-и**) *ж* (*ко́фейная*) grounds *мн*.
ГЭС *ж сокр* = **гидроэлектроста́нция**.

Д, д

KEYWORD

да *част* **1** (*выражает согласие*) yes
2 (*не так ли*): **ты придёшь, да?** you're coming, aren't you?; **ты меня́ лю́бишь, да?** you love me, don't you?
3 (*пусть: в лозунгах, в призывах*); **да здра́вствует демокра́тия!** long live democracy!
4 (*во фразах*): **вот э́то да!** (*разг*) cool!; **ну да!** (*разг*) sure!; (*выражает недоверие*) I'll bet!; **да ну́!** (*разг*) no way!
◆ *союз* (*и*) and; **у неё то́лько одно́ пла́тье, да и то ста́рое** she only has one dress and even that's old.

дава́й(те) *несов см* **дава́ть**
◆ *част* let's; ~ **пить чай** let's have some tea; **дава́й-дава́й!** (*разг*) come on!, get on with it!
да|ва́ть (**-ю́**; *imper* **дава́й(те)**) *несов от* **дать**.
дав|и́ть (**-лю́, -ишь**) *несов перех* (*подлеж: обувь*) to pinch; (*pf* **за~**; *калечить*) to crush, trample; (*подлеж: машина*) to run over; (*pf* **раз~**; *насекомых*) to squash; ~ (*impf*) **на** *+acc* (*налегать тяжестью*) to press *или* weigh down on; **~ся** *несов возв*; **~ся (подави́ться** *pf***)** *+instr* (*костью*) to choke on.
да́в|ка (**-ки**; *gen pl* **-ок**) *ж* crush.
давле́ни|е (**-я**) *ср* pressure.
да́вн|ий *прил*: **с ~их пор** for a long time.
давно́ *нареч* (*случиться*) a long time ago; (*долго*) for a long time; ~

бы так! about time too!
давны́м-давно́ *нареч* (*разг*) ages ago.
дади́м *итп сов см* **дать.**
да́же *част* even.
да́й(те) *сов см* **дать.**
дал *итп сов см* **дать.**
да́лее *нареч* further; **и так ~** and so on.
далёкий *прил* distant, far-off.
далеко́ *нареч* (*о расстоянии*) far away ◆ *как сказ* (*располагаться*) it's a long way away; **~ за** *+acc* long after; **~ не** by no means.
дало́ *итп сов см* **дать.**
дальне́йш|ий *прил* further; **в ~ем** in the future.
да́льний *прил* distant; **Д~ Восто́к** the Far East.
дальнови́дный *прил* far-sighted.
дальнозо́ркий *прил* long-sighted (*BRIT*), far-sighted (*US*).
да́льше *сравн прил от* **далёкий** ◆ *сравн нареч от* **далеко́.**
дам *сов см* **дать.**
да́м|а (**-ы**) *ж* lady; (*КАРТЫ*) queen.
да́мский *прил* (*одежда*) ladies'.
Да́ни|я (**-и**) *ж* Denmark.
да́нн|ые (**-ых**) *мн* (*сведения*) data *ед*; (*способности*) talent *ед*.
да́нный *прил* this, the given.
дан|ь (**-и**) *ж* tribute.
дар (**-а**; *nom pl* **-ы́**) *м* gift.
дар|и́ть (**-ю́, -ишь**; *pf* **по~**) *несов перех* to give.
да́ром *нареч* (*бесплатно*) free, for nothing; (*бесполезно*) in vain.
даст *сов см* **дать.**
да́т|а (**-ы**) *ж* date.
да́тельный *прил*: **~ паде́ж** the dative (case).
дати́р|овать (**-ую**) *(не)сов перех* to date.
дать (*см* **Table 16**; *impf* **дава́ть**) *сов* to give; (*позволить*): **~ кому́-н** *+infin* to allow sb to do, let sb do; **я тебе́ дам!** (*угроза*) I'll show you!
да́ч|а (**-и**) *ж* (*дом*) dacha (*holiday cottage in the country*); (*показаний, консультаций*) provision.
дашь *сов см* **дать.**
дв|а (**-ух**; *см* **Table 23**; *f* **две**, *nt* **~**) *м чис* two ◆ *м нескл* (*ПРОСВЕЩ*) ≈ poor (*school mark*).
двадцатиле́тний *прил* (*период*) twenty-year; (*человек*) twenty-year-old.
двадца́тый *чис* twentieth.
два́дцат|ь (**-и́**; *как* **пять**; *см* **Table 26**) *чис* twenty.
два́жды *нареч* twice; **~ три – шесть** two times three is six.
две *ж чис см* **два.**
двена́дцатый *чис* twelfth.
двена́дцат|ь (**-и**; *как* **пять**; *см* **Table 26**) *чис* twelve.
двер|ь (**-и**; *loc sg* **-и́**, *gen pl* **-е́й**) *ж* door.
дв|е́сти (**-ухсо́т**; *см* **Table 28**) *чис* two hundred.
дви́гател|ь (**-я**) *м* engine, motor.
дви́га|ть (**-ю**; *pf* **дви́нуть**) *несов перех* to move; (*по pf*, *механизм*) to drive; **~ся** (*pf* **дви́нуться**) *несов возв* to move; (*отправляться*): **~ся в/на** *+acc* to set off *или* start out for.
движе́ни|е (**-я**) *ср* movement; (*дорожное*) traffic; (*души́*) impulse; **пра́вила доро́жного** *или* **у́личного ~я** ≈ the Highway Code.
дви́н|уть(ся) (**-у(сь)**) *сов от* **дви́гать(ся).**
дво́|е (**-и́х**; *см* **Table 30a**) *м чис* two.
двоебо́рь|е (**-я**) *ср* biathlon.
двоето́чи|е (**-я**) *ср* (*ЛИНГ*) colon.
дво́|йка (**-йки**; *gen pl* **-ек**) *ж*

(*цифра, карта*) two; (*ПРОСВЕЩ*) ≈ fail, ≈ E (*school mark*).
двойно́й *прил* double.
дво́|йня (**-йни**; *gen pl* **-ен**) *ж* twins *мн*.
двор (**-а́**) *м* yard; (*королевский*) court.
двор|е́ц (**-ца́**) *м* palace.
дво́рник (**-а**) *м* (*работник*) road sweeper; (*АВТ*) windscreen (*BRIT*) *или* windshield (*US*) wiper.
дворня́ж|ка (**-ки**; *gen pl* **-ек**) *ж* mongrel.
дворя́нств|о (**-а**) *ср* nobility.
двою́родн|ый *прил*: **~ брат** (first) cousin (*male*); **~ая сестра́** (first) cousin (*female*).
двузна́чный *прил* (*число*) two-digit; (*слово*) with two senses.
двукра́тн|ый *прил*: **~ чемпио́н** two-times champion; **в ~ом разме́ре** twofold.
двум *итп чис см* **два**.
двумста́м *итп чис см* **две́сти**.
двусмы́сленный *прил* ambiguous.
двуспа́льн|ый *прил*: **~ая крова́ть** double bed.
двусторо́нний *прил* (*движение*) two-way; (*соглашение*) bilateral.
двух *чис см* **два**.
двухле́тний *прил* (*период*) two-year; (*ребёнок*) two-year-old.
двухме́стный *прил* (*номер*) double; (*купе, каюта*) two-berth.
двухсо́т *чис см* **две́сти**.
двухсо́тый *чис* two hundredth.
двухста́х *чис см* **две́сти**.
двуязы́чный *прил* bilingual.
дебати́р|овать (**-ую**) *несов перех* to debate.
деба́т|ы (**-ов**) *мн* debate *ед*.
де́бет (**-а**) *м* debit.
дебю́т (**-а**) *м* debut; (*в шахматах*) opening.
де́в|а (**-ы**) *ж*: **ста́рая ~** spinster; (*созвездие*): **Д~** Virgo.
девальва́ци|я (**-и**) *ж* devaluation.
дева́|ть(ся) (**-ю(сь)**) *несов от* **деть(ся)**.
деви́з (**-а**) *м* motto.
де́вич|ий *прил*: **~ья фами́лия** maiden name.
де́воч|ка (**-ки**; *gen pl* **-ек**) *ж* (*ребёнок*) little girl.
де́вуш|ка (**-ки**; *gen pl* **-ек**) *ж* girl.
девяно́ст|о (**-а**; *как* **сто**; *см* **Table 27**) *чис* ninety.
девяно́стый *чис* ninetieth.
девятисо́тый *чис* nine-hundredth.
девя́т|ка (**-ки**; *gen pl* **-ок**) *ж* (*цифра, карта*) nine.
девятна́дцатый *чис* nineteenth.
девятна́дцат|ь (**-и**; *как* **пять**; *см* **Table 26**) *чис* nineteen.
девя́тый *чис* ninth.
де́вят|ь (**-и́**; *как* **пять**; *см* **Table 26**) *чис* nine.
девят|ьсо́т (**-исот**; *как* **пятьсо́т**; *см* **Table 28**) *чис* nine hundred.
дёг|оть (**-тя**) *м* tar.
деградир|овать (**-ую**) *(не)сов* to degenerate.
дед (**-а**) *м* grandfather; **Д~ Моро́з** ≈ Father Christmas, ≈ Santa (Claus).
дееприча́сти|е (**-я**) *ср* gerund.
дежу́р|ить (**-ю, -ишь**) *несов* to be on duty.
дежу́рн|ый *прил*; **~ врач** doctor on duty ♦ (**-ого**) *м* person on duty.
дезинфици́р|овать (**-ую**) *(не)сов перех* to disinfect.
дезинформи́р|овать (**-ую**) *(не)сов перех* to misinform.
дезодора́нт (**-а**) *м* antiperspirant, deodorant.
де́йственный *прил* effective.

де́йстви|е (**-я**) *ср* (*механизма, закона*) functioning; (*романа итп*) action; (*часть пьесы*) act; (*лекарства, предупреждения*) effect; *см также* **де́йствия**.

действи́тельно *нареч, вводн сл* really.

действи́тельност|ь (**-и**) *ж* reality.

действи́тельный *прил* (*факт, польза*) real, actual; (*пропуск, удостоверение*) valid.

де́йстви|я (**-й**) *мн* (*поступки*) actions *мн*.

де́йств|овать (**-ую**) *несов* (*человек*) to act; (*механизмы, закон*) to operate; (*pf* **по~**; *влиять*): **~ на** *+acc* (*лекарство, уговоры*) to have an effect on.

де́йствующ|ий *прил*: **~ие ли́ца** (*персонажи*) characters *мн*; **~ая а́рмия** standing army; **~ вулка́н** active volcano.

дека́бр|ь (**-я́**) *м* December.

дека́н (**-а**) *м* dean.

декана́т (**-а**) *м* faculty office.

деклара́ци|я (**-и**) *ж* declaration; **тамо́женная ~** customs declaration.

декольте́ *ср нескл, прил неизм* décolleté.

декорати́вный *прил* (*растения*) ornamental; (*искусство*) decorative.

декора́ци|я (**-и**) *ж* (*ТЕАТР*) set.

декре́т (**-а**) *м* (*приказ*) decree; (*разг: отпуск*) maternity leave.

декре́тный *прил*: **~ о́тпуск** maternity leave.

де́ла|ть (**-ю**; *pf* **с~**) *сов перех* to make; (*упражнения, опыты итп*) to do; **~ не́чего** there is nothing to be done; **~ся** (*pf* **сде́латься**) *несов возв*: **~ся** *+instr* to become.

делега́т (**-а**) *м* delegate.

делега́ци|я (**-и**) *ж* delegation.

делени|е (**-я**) *ср* division; (*на линейке, в термометре*) point.

дел|е́ц (**-ьца́**) *м* dealer.

деликате́с (**-а**) *м* delicacy.

дел|и́ть (**-ю́, -ишь**; *pf* **по~** *или* **раз~**) *несов перех* (*также МАТ*) to divide; **~ (раздели́ть** *pf***) что-н на** *+acc* to divide sth by; **~ (раздели́ть** *pf***) что-н с** *+instr* to share sth with; **~ся** (*pf* **раздели́ться**) *несов возв*: **~ся (на** *+acc***)** (*отряд*) to divide *или* split up (into); **~ся (подели́ться** *pf***) чем-н с кем-н** to share sth with sb.

де́л|о (**-а**; *nom pl* **-а́**) *ср* matter; (*надобность, также КОММ*) business; (*положение*) situation; (*поступок*) act; (*ЮР*) case; (*АДМИН*) file; **э́то моё ~** that's my business; **э́то не твоё ~** it's none of your business; **как дела́?** how are things?; **в чём ~?** what's wrong?; **~ в том, что ...** the thing is that ...; **на (са́мом) ~е** in (actual) fact; **на ~е** in practise; **то и ~** every now and then.

делово́й *прил* (*встреча, круги*) business; (*дельный*) efficient; (*вид, тон*) businesslike.

де́льный *прил* (*человек*) efficient; (*предложение*) sensible.

дельфи́н (**-а**) *м* dolphin.

демаго́ги|я (**-и**) *ж* demagogy.

демисезо́нн|ый *прил*: **~ое пальто́** *coat for spring and autumn wear*.

демобилиз|ова́ться (**-у́юсь**) (*не*)*сов возв* to be demobilized.

демокра́т (**-а**) *м* democrat.

демократи́ческий *прил* democratic.

демокра́ти|я (**-и**) *ж* democracy.

де́мон (-а) *м* demon.
демонстра́нт (-а) *м* demonstrator.
демонстра́ци|я (-и) *ж* demonstration; (*фильма*) showing.
демонстри́р|овать (-ую) (*не*)*сов* (*ПОЛИТ*) to demonstrate ♦ *несов перех* to show.
де́нежный *прил* monetary; (*рынок*) money; ~ **знак** banknote.
день (**дня**) *м* day; **на днях** (*скоро*) in the next few days; (*недавно*) the other day; ~ **рожде́ния** birthday.
де́н|ьги (-**ег**; *dat pl* -**ьга́м**) *мн* money *ед*.
депо́ *ср нескл* depot.
депорти́р|овать (-ую) (*не*)*сов перех* to deport.
депре́сси|я (-и) *ж* depression.
депута́т (-а) *м* deputy (*POL*).
дёрга|ть (-ю) *несов перех* to tug *или* pull (at) ♦ *неперех*: ~ *+instr* (*плечом, головой*) to jerk; ~**ся** *несов возв* (*машина, лошадь*) to jerk; (*лицо, губы*) to twitch.
дереве́нский *прил* country, village; (*пейзаж*) rural.
дере́в|ня (-**ни**; *gen pl* -**е́нь**, *dat* -**ня́м**) *ж* (*селение*) village; (*местность*) the country.
де́р|ево (-**ева**; *nom pl* -**е́вья**, *gen pl* -**е́вьев**) *ср* tree; (*древесина*) wood.
деревя́нный *прил* wooden.
держа́в|а (-ы) *ж* power.
держа́тел|ь (-я) *м* holder.
держ|а́ть (-**у́**, -**ишь**) *сов перех* to keep; (*в руках, во рту, в зубах*) to hold; ~ (*impf*) **себя́ в рука́х** to keep one's head; ~**ся** *несов возв* to stay; (*на колоннах, на сваях*) to be supported; (*иметь осанку*) to stand; (*вести себя*) to behave; ~**ся** (*impf*) *+gen* (*берега, стены итп*) to keep to.
де́рзкий *прил* (*грубый*) impertinent; (*смелый*) audacious.
дёрн (-а) *м* turf.
дёрн|уть (-у) *несов перех* to tug (at) ♦ *неперех*: ~ *+instr* (*плечом, головой*) to jerk; ~**ся** *несов возв* (*машина*) to start with a jerk; (*губы*) to twitch.
деса́нт (-а) *м* landing troops *мн*.
деса́нтник (-а) *м* paratrooper.
десе́рт (-а) *м* dessert.
десн|а́ (-**ы́**; *nom pl* **дёсны**, *gen pl* **дёсен**) *ж* (*АНАТ*) gum.
десятибо́рь|е (-я) *ср* decathlon.
десятиле́ти|е (-я) *ср* (*срок*) decade.
десяти́чный *прил* decimal.
деся́тк|и (-**ов**) *мн*: ~ **люде́й/книг** scores *мн* of people/books.
деся́т|ок (-**ка**) *м* ten.
деся́тый *прил* tenth.
де́сят|ь (-**и́**; *как* **пять**; *см* **Table 26**) *чис* ten.
дета́л|ь (-и) *ж* detail; (*механизма*) component, part.
дета́льный *прил* detailed.
детдо́м (-**а**; *nom pl* -**а́**) *м сокр* = **де́тский дом**.
детекти́в (-а) *м* (*фильм*) detective film; (*книга*) detective novel.
детёныш (-а) *м* cub.
де́т|и (-**е́й**; *dat pl* -**ям**, *instr pl* -**ьми́**, *prp pl* -**ях**, *nom sg* **ребёнок**) *мн* children *мн*.
де́тск|ий *прил* (*годы, болезнь*) childhood; (*книга, игра*) children's; (*рассуждение*) childish; ~**ая площа́дка** playground; ~ **дом** children's home; ~ **сад** kindergarten.
де́тств|о (-а) *ср* childhood.
де|ть (-**ну**, -**нешь**; *impf* **дева́ть**) *сов перех* (*разг*) to put; (*время, деньги*) to do with; **де́ться** (*impf*

дева́ться) *сов возв* (*разг*) to get to.
дефе́кт (**-а**) *м* defect.
дефи́с (**-а**) *м* hyphen.
дефици́т (**-а**) *м* (*ЭКОН*) deficit; (*нехватка*): ~ *+gen или* **в** *+prp* shortage of.
дефици́тный *прил* in short supply.
деформи́р|овать (**-ую**) *(не)сов перех* to deform.
децимéтр (**-а**) *м* decimetre (*BRIT*), decimeter (*US*).
дешеве́|ть (*3sg* **-ет**, *pf* **по~**) *несов* to go down in price.
дешёвый *прил* cheap.
де́ятел|ь (**-я**) *м*: **госуда́рственный ~** statesman; **полити́ческий ~** politician.
де́ятельност|ь (**-и**) *ж* work; (*сердца, мозга*) activity.
де́ятельный *прил* active.
джаз (**-а**) *м* jazz.
джем (**-а**) *м* jam.
джи́нс|ы (**-ов**) *мн* jeans *мн*.
джу́нгл|и (**-ей**) *мн* jungle *ед*.
дзюдо́ *ср нескл* judo.
диа́гноз (**-а**) *м* diagnosis.
диагности́р|овать (**-ую**) *(не)сов перех* to diagnose.
диагона́л|ь (**-и**) *ж* diagonal.
диагра́мм|а (**-ы**) *ж* diagram.
диале́кт (**-а**) *м* dialect.
диало́г (**-а**) *м* dialogue.
диа́метр (**-а**) *м* diameter.
диапазо́н (**-а**) *м* range; (*частот*) waveband.
диапозити́в (**-а**) *м* (*ФОТО*) slide.
диафра́гм|а (**-ы**) *ж* diaphragm.
дива́н (**-а**) *м* sofa.
дива́н-крова́т|ь (**-и**) *ж* sofa bed.
диверса́нт (**-а**) *м* saboteur.
диве́рси|я (**-и**) *ж* sabotage.
дивиде́нд (**-а**) *м* dividend.
диви́зи|я (**-и**) *ж* division.
дие́з (**-а**) *м* (*МУЗ*) sharp.
дие́т|а (**-ы**) *ж* diet.
диза́йн (**-а**) *м* design.
диза́йнер (**-а**) *м* designer.
дизентери́|я (**-и**) *ж* dysentery.
дика́р|ь (**-я́**) *м* savage.
ди́кий *прил* wild.
дикта́нт (**-а**) *м* dictation.
дикта́тор (**-а**) *м* dictator.
диктату́р|а (**-ы**) *ж* dictatorship.
дикт|ова́ть (**-у́ю**; *pf* **про~**) *несов перех* to dictate.
ди́ктор (**-а**) *м* newsreader, newscaster; (*на вокзале*) announcer.
ди́лер (**-а**) *м*: **~ (по** *+prp*) dealer (in).
дина́мик (**-а**) *м* (loud)speaker.
дина́мик|а (**-и**) *ж* dynamics *мн*.
динами́чный *прил* dynamic.
дина́сти|я (**-и**) *ж* dynasty.
диноза́вр (**-а**) *м* dinosaur.
дипло́м (**-а**) *м* (*ПРОСВЕЩ*) degree certificate; (*о среднем образовании*) diploma; (*работа*) dissertation (*for undergraduate degree*).
диплома́т (**-а**) *м* diplomat; (*разг: портфель*) briefcase.
дир. *сокр* (**= дире́ктор**) dir.
директи́в|а (**-ы**) *ж* directive.
дире́ктор (**-а**; *nom pl* **-а́**) *м* director; **~ шко́лы** headmaster.
дире́кци|я (**-и**) *ж* (*завода*) management; (*школы*) ≈ board (of governors).
дирижёр (**-а**) *м* (*МУЗ*) conductor.
дирижи́р|овать (**-ую**) *несов*: **~** *+instr* to conduct.
диск (**-а**) *м* (*также КОМП*) disc, disk (*esp US*); (*СПОРТ*) discus; (*МУЗ*) record; **ги́бкий/жёсткий ~** floppy/ hard disk.
дисквалифици́р|овать (**-ую**)

(не)сов перех (*врача, юриста*) to strike off; (*спортсмена*) to disqualify.

дискéт (**-а**) *м* diskette.

дискотéк|а (**-и**) *ж* discotheque; (*пластинки*) record collection.

дискриминáци|я (**-и**) *ж* discrimination.

дискýсси|я (**-и**) *ж* discussion.

диспансéр (**-а**) *м specialized health centre.*

диспéтчер (**-а**) *м* controller.

диссертáци|я (**-и**) *ж* ≈ PhD thesis.

диссидéнт (**-а**) *м* dissident.

дистанциóнн|ый *прил*: **~ое управлéние** remote control.

дистáнци|я (**-и**) *ж* distance.

дистрибьютор (**-а**) *м* distributor.

дисциплúн|а (**-ы**) *ж* discipline.

дисциплинúрованный *прил* disciplined.

дифтерúт (**-а**) *м* diphtheria.

дич|ь (**-и**) *ж собир* game.

длин|á (**-ы́**) *ж* length; **в ~ý** lengthways.

длúнный *прил* long; (*разг*: *человек*) tall.

длúтельный *прил* lengthy.

дл|úться (*3sg* **-úтся**, *pf* **про~**) *несов возв* (*урок, беседа*) to last.

для *предл* (*+gen*) for; (*в отношении кого-н/чего-н*): **~ меня́ э́то имéет большóе значéние** this is very important to me; **~ тогó чтóбы** in order to; **~ óбщего блáга** for the general good; **крем ~ лицá** face cream; **альбóм ~ рисовáния** sketch pad.

дневнúк (**-á**) *м* diary; (*ПРОСВЕЩ*) register.

дневн|óй *прил* daily; **~óе врéмя** daytime.

днём *сущ см* **день** ♦ *нареч*: **~** in the daytime; (*после обеда*) in the afternoon.

дни *итп сущ см* **день**.

дн|о (**-а**) *ср* (*ямы*) bottom; (*моря, реки*) bottom, bed.

KEYWORD

до *предл* (*+gen*) **1** (*о пределе движения*) as far as, to; **мы доéхали до рекú** we went as far as *или* to the river; **я проводúл егó до стáнции** I saw him off at the station

2 (*о расстоянии*) to; **до гóрода 3 киломéтра** it is 3 kilometres (*BRIT*) *или* kilometers (*US*) to the town

3 (*о временном пределе*) till, until; **я отложúл заседáние до утрá** I postponed the meeting till *или* until morning; **до свидáния!** goodbye!

4 (*перед*) before; **мы закóнчили до переры́ва** we finished before the break

5 (*о пределе состояния*): **мне бы́ло обúдно до слёз** I was so hurt I cried

6 (*полностью*): **я отдáл ей всё до копéйки** I gave her everything down to my last kopeck; **он вы́пил буты́лку до днá** he drank the bottle dry

7 (*направление действия*): **ребёнок дотрóнулся до игрýшки** the child touched the toy.

добáв|ить (**-лю, -ишь**; *impf* **добавля́ть**) *сов перех* to add.

добавлéни|е (**-я**) *ср* addition.

добежáть (*как* **бежáть**; *см* **Table 20**; *impf* **добегáть**) *сов*: **~ до** *+gen* to run to *или* as far as.

доб|úться (**-ью́сь, -ьёшься**; *impf* **добивáться**) *сов возв*: **~** *+gen* to achieve.

доб|рáться (**-ерýсь, -ерёшься**;

impf **добира́ться**) *сов возв*: **~ до** *+gen* to get to, reach.
добре́|ть (**-ю**; *pf* **по~**) *несов* to become kinder.
добр|о́ (**-а́**) *ср* good; (*разг*: *имущество*) belongings *мн*, property; **~ пожа́ловать (в Москву́)!** welcome (to Moscow)!
доброво́л|ец (**-ьца**) *м* volunteer.
доброво́льный *прил* voluntary.
доброду́шный *прил* good-natured.
доброжела́тельный *прил* benevolent.
доброка́чественный *прил* (*продукт, изделие*) quality; (*опухоль*) benign.
добросо́вестный *прил* conscientious.
доброт|а́ (**-ы́**) *ж* kindness.
до́бр|ый *прил* kind; (*совет, имя*) good; **бу́дьте добры́!** excuse me!; **бу́дьте добры́, позвони́те нам за́втра!** would you be so good as to phone us tomorrow?; **всего́ ~ого!** all the best!; **~ого здоро́вья!** take care!; **~ день/ве́чер!** good afternoon/evening!; **~ое у́тро!** good morning!
добы́ть (*как* **быть**; *см* **Table 21**; *impf* **добыва́ть**) *сов перех* to get; (*нефть*) to extract; (*руду, золото*) to mine.
добы́ч|а (**-и**) *ж* (*нефти*) extraction; (*руды*) mining, extraction; (*то, что добыто*) output; (*на охоте*) catch.
довез|ти́ (**-у́**; *pt* **довёз, -ла́**, *impf* **довози́ть**) *сов перех*: **~ кого́-н до** *+gen* to take sb to *или* as far as.
дове́ренност|ь (**-и**) *ж* power of attorney.
дове́ренн|ый (**-ого**) *м* (*также*: **~ое лицо́**) proxy.
дове́ри|е (**-я**) *ср* confidence, trust.
дове́р|ить (**-ю, -ишь**; *impf* **доверя́ть**) *сов перех*: **~ что-н кому́-н** to entrust sb with sth.
дове́рчивый *прил* trusting.
дове|сти́ (**-ду́, -дёшь**; *pt* **довёл, -ла́**, *impf* **доводи́ть**) *сов перех*: **~ кого́-н/что-н до** *+gen* to take sb/sth to *или* as far as; **доводи́ть (~ *pf*) что-н до конца́** to see sth through to the end; **доводи́ть (~ *pf*) что-н до све́дения кого́-н** to inform sb of sth.
довое́нный *прил* prewar.
дов|ози́ть (**-ожу́, -о́зишь**) *несов от* **довезти́**.
дово́льно *нареч* (*сильный*) quite.
дово́льный *прил* satisfied, contented.
догада́|ться (**-юсь**; *impf* **дога́дываться**) *сов возв* to guess.
дога́д|ка (**-ки**; *gen pl* **-ок**) *ж* guess.
до́гм|а (**-ы**) *ж* dogma.
дог|на́ть (**-оню́, -о́нишь**; *impf* **догоня́ть**) *сов перех* to catch up with.
догово́р (**-а**) *м* (*ПОЛИТ*) treaty; (*КОММ*) agreement.
договорённост|ь (**-и**) *ж* agreement.
договор|и́ться (**-ю́сь, -и́шься**; *impf* **догова́риваться**) *сов возв*: **~ с кем-н о чём-н** (*о встрече*) to arrange sth with sb; (*о цене*) to agree sth with sb.
догово́рный *прил* (*цена*) agreed; (*обязательство*) contractual.
догола́ *нареч*: **разде́ться ~** to strip bare *или* naked.
догоня́|ть (**-ю**) *несов от* **догна́ть**.
догор|е́ть (**-ю́, -и́шь**; *impf* **догора́ть**) *сов* to burn out.
доде́ла|ть (**-ю**; *impf* **доде́лывать**) *сов перех* to finish.
доду́ма|ться (**-юсь**; *impf*

доду́мываться) *сов возв*: **~ до** *+gen* to hit on; **как ты мог до тако́го ~?** what on earth gave you that idea?

доеда́|ть (-ю) *несов от* **дое́сть.**

дое́ду *итп сов см* **дое́хать.**

доезжа́|ть (-ю) *несов от* **дое́хать.**

дое́сть (*как* **есть**; *см* **Table 15**; *impf* **доеда́ть**) *сов перех* to eat up.

дое́хать (*как* **е́хать**; *см* **Table 19**; *impf* **доезжа́ть**) *сов*: **~ до** *+gen* to reach.

дожд|а́ться (-у́сь, -ёшься; *imper* **-и́(те)сь**) *сов возв*: **~ кого́-н/ чего́-н** to wait until sb/sth comes.

дождли́вый *прил* rainy.

дожд|ь (-я́) *м* rain; **~ идёт** it's raining; **~ пошёл** it has started to rain.

дожида́|ться (-юсь) *несов возв*: **~** *+gen* to wait for.

до́з|а (-ы) *ж* dose.

дозвон|и́ться (-ю́сь, -и́шься; *impf* **дозва́ниваться**) *сов возв* to get through.

доигра́|ть (-ю; *impf* **доигрывать**) *сов перех* to finish playing.

доистори́ческий *прил* prehistoric.

до|и́ть (-ю́, -ишь; *pf* **по~**) *несов перех* to milk.

дойти́ (*как* **идти́**; *см* **Table 18**; *impf* **доходи́ть**) *сов*: **~ до** *+gen* to reach.

док (-а) *м* dock.

доказа́тельств|о (-а) *ср* proof, evidence.

док|аза́ть (-ажу́, -а́жешь; *impf* **дока́зывать**) *сов перех* (*правду, виновность*) to prove.

докла́д (-а) *м* (*на съезде итп*) paper; (*начальнику*) report.

докла́дчик (-а) *м* speaker.

докла́дыва|ть (-ю) *несов от* **доложи́ть.**

до́ктор (-а; *nom pl* **-а́)** *м* doctor; **~ нау́к** Doctor of Sciences (*postdoctoral research degree in Russia*).

до́кторский *прил* (*МЕД*) doctor's; (*ПРОСВЕЩ*) postdoctoral.

доктри́н|а (-ы) *ж* doctrine.

докуме́нт (-а) *м* document.

документа́льный *прил* documentary; **~ фильм** documentary.

документа́ци|я (-и) *ж собир* documentation.

долг (-а; *loc sg* **-у́**, *nom pl* **-и́)** *м* debt; **дава́ть (дать** *pf***)/брать (взять** *pf***) что-н в ~** to lend/borrow sth; **быть** *(impf)* **в ~у́ пе́ред кем-н** *или* **у кого́-н** to be indebted to sb.

до́лгий *прил* long.

до́лго *нареч* for a long time; **как ~ ...?** how long ...?

долгов|о́й *прил*: **~а́я распи́ска** IOU.

долгожда́нный *прил* long-awaited.

долгоигра́ющ|ий *прил*: **~ая пласти́нка** LP.

долгосро́чный *прил* long-term.

долгот|а́ (-ы́) *ж* length; (*ГЕО*) longitude.

KEYWORD

до́лж|ен (-на́, -но́, -ны́) *часть сказуемого* (*+infin*) **1** (*обязан*): **я до́лжен уйти́** I must go; **я до́лжен бу́ду уйти́** I will have to go; **она́ должна́ была́ уйти́** she had to go **2** (*выражает предположение*): **он до́лжен ско́ро прийти́** he should arrive soon

3: (*о долге*): **ты до́лжен мне 5 рубле́й** you owe

me 5 roubles
4: **должно́ быть** (*вероятно*) probably; **должно́ быть, она́ о́чень уста́ла** she must have been very tired.

должни́к (-á) *м* debtor.
должностн|о́й *прил* official; **~óе лицó** official.
до́лжност|ь (-и; *gen pl* -е́й) *ж* post.
до́лжный *прил* required.
доли́н|а (-ы) *ж* valley.
до́ллар (-а) *м* dollar.
дол|ожи́ть (-ожу́, -о́жишь; *impf* **докла́дывать**) *сов перех* to report; ~ (*pf*) **о прихо́де кого́-н** to announce sb.
дол|ото́ (-ота́; *nom pl* -о́та) *ср* chisel.
до́льше *сравн прил от* **до́лгий** ♦ *сравн нареч от* **до́лго**.
до́л|ька (-ьки; *gen pl* -ек) *ж* segment.
до́л|я (-и; *gen pl* -е́й) *ж* share; (*пирога*) portion; (*судьба*) fate; **~ секу́нды/сантиме́тра** a fraction of a second/centimetre (*BRIT*) *или* centimeter (*US*).
дом (-а; *nom pl* -а́) *м* house; (*своё жильё*) home; (*семья*) household; **~ моделе́й** fashion house; **~ о́тдыха** ≈ holiday centre (*BRIT*) *или* center (*US*).
до́ма *нареч* at home.
дома́шн|ий *прил* (*адрес*) home; (*еда*) home-made; (*животное*) domestic; **~яя хозя́йка** housewife; **~ее зада́ние** homework.
домини́р|овать (-ую) *несов* to predominate.
домино́ *ср нескл* (*игра*) dominoes; (*фишка, костюм*) domino.
домкра́т (-а) *м* (*TEX*) jack.
домовладе́л|ец (-ьца) *м* home owner.
домовладе́ни|е (-я) *ср* (*дом*) *house with grounds attached.*
домово́дств|о (-а) *ср* home economics.
домо́й *нареч* home.
домоуправле́ни|е (-я) *ср* ≈ housing department.
домохозя́|йка (-йки; *gen pl* -ек) *ж* = **дома́шняя хозя́йка**.
домрабо́тниц|а (-ы) *ж* (= *дома́шняя рабо́тница*) domestic help (*BRIT*), maid (*US*).
до́мыс|ел (-ла) *м* conjecture.
донесе́ни|е (-я) *ср* report.
донес|ти́ (-у́, -ёшь; *pt* **донёс, -ла́**, *impf* **доноси́ть**) *сов перех* to carry ♦ *неперех*: **~ на** *+acc* to inform on; ~ (*pf*) **о** *+prp* to report on; **~сь** (*impf* **доноси́ться**) *сов возв*: **~сь до** *+gen* to reach.
до́низу *нареч* to the bottom; **све́рху ~** from top to bottom.
до́нор (-а) *м* (*МЕД*) donor.
доно́с (-а) *м*: **~ (на** *+acc*) denunciation (of).
дон|оси́ть (-ошу́, -о́сишь) *несов от* **донести́**.
доно́счик (-а) *м* informer.
допива́|ть (-ю) *несов от* **допи́ть**.
до́пинг (-а) *м* drugs *мн*.
допи|са́ть (-шу́, -шешь; *impf* **допи́сывать**) *сов перех* to finish (writing); (*написать дополнительно*) to add.
допи́ть (**допью́, допьёшь**; *imper* **допе́й(те)**, *impf* **допива́ть**) *сов перех* to drink up.
допла́т|а (-ы) *ж* surcharge; **~ за бага́ж** excess baggage (charge).
доплы́|ть (-ву́, -вёшь; *impf* **доплыва́ть**) *сов*: **~ до** *+gen* (*на корабле*) to sail to; (*вплавь*) to

swim to.
дополне́ни|е (**-я**) *ср* supplement; (*ЛИНГ*) object; **в ~ (к** *+dat***)** in addition (to).
дополни́тельный *прил* additional.
допо́лн|ить (**-ю, -ишь**; *impf* **дополня́ть**) *сов перех* to supplement.
допра́шива|ть (**-ю**) *несов от* **допроси́ть**.
допро́с (**-а**) *м* interrogation.
допро|си́ть (**-шу́, -сишь**; *impf* **допра́шивать**) *сов перех* to interrogate, question.
до́пуск (**-а**) *м* (*к зданию*) admittance; (*к документам*) access.
допуска́|ть (**-ю**; *pf* **допусти́ть**) *несов перех* to admit, allow in; (*предположить*) to assume.
допу́стим *вводн сл* let us assume.
дораст|и́ (**-у́, -ёшь**; *pt* **доро́с, доросла́, доросло́**, *impf* **дораста́ть**) *сов*: **~ до** *+gen* (*до потолка*) to grow to.
доро́г|а (**-и**) *ж* way; (*путь сообщения*) road; **по ~е** on the way.
до́рого *нареч* (*купить, продать*) at a high price ◆ *как сказ* it's expensive.
дорог|о́й *прил* expensive; (*цена*) high; (*друг, мать*) dear; (*воспоминания, подарок*) cherished ◆ (**-о́го**) *м* dear, darling.
дорожа́|ть (*3sg* **-ет**, *pf* **по~**) *несов* to go up *или* rise in price.
доро́же *сравн прил от* **дорого́й** ◆ *сравн нареч от* **до́рого**.
дорож|и́ть (**-у́, -и́шь**) *несов*: **~** *+instr* to value.
доро́ж|ка (**-ки**; *gen pl* **-ек**) *ж* pathway; (*для плавания*) lane; (*для бега, на магнитофоне*) track; (*ковёр*) runner.
доро́жный *прил* (*строительство, знак*) road; (*костюм, расходы*) travelling (*BRIT*), traveling (*US*); (*сумка*) travel.
доса́д|а (**-ы**) *ж* annoyance.
доса́дный *прил* annoying.
дос|ка́ (**-ки́**; *nom pl* **-ки**, *gen pl* **-ок**) *ж* board; (*деревянная*) plank; (*мраморная*) slab; (*чугунная*) plate; **~ объявле́ний** notice (*BRIT*) *или* bulletin (*US*) board.
доскона́льный *прил* thorough.
досло́вно *нареч* word for word.
досло́вный *прил* literal, word-for-word.
дослу́ша|ть (**-ю**; *impf* **дослу́шивать**) *сов перех* to listen to.
досмо́тр (**-а**) *м*: **тамо́женный ~** customs examination.
досм|отре́ть (**-отрю́, -о́тришь**; *impf* **досма́тривать**) *сов перех* to watch the end of; (*багаж*) to check.
досро́чно *нареч* ahead of time.
досро́чный *прил* early.
доста|ва́ть(ся) (**-ю́(сь)**) *несов от* **доста́ть(ся)**.
доста́в|ить (**-лю, -ишь**; *impf* **доставля́ть**) *сов перех* (*груз*) to deliver; (*пассажиров*) to carry, transport; (*удовольствие, возможность*) to give.
доста́в|ка (**-ки**; *gen pl* **-ок**) *ж* delivery.
доста́точно *нареч*: **~ хорошо́/подро́бно** good/detailed enough ◆ *как сказ* that's enough.
доста́|ть (**-ну, -нешь**; *imper* **доста́нь(те)**, *impf* **достава́ть**) *сов перех* to take; (*раздобыть*) to get ◆ *неперех*: **~ до** *+gen* to reach; **~ся** (*impf* **достава́ться**) *сов возв* (*при*

разделе): **мне ~лся дом** I got the house.
достигá|ть (**-ю**) *несов от* **дости́чь**.
достижéни|е (**-я**) *ср* achievement; (*предела, возраста*) reaching.
дости́|чь (**-гну, -гнешь**; *pt* **-г, -гла**, *impf* **достигáть**) *сов*: **~** *+gen* to reach; (*результата, цели*) to achieve; (*положения*) to attain.
достовéрный *прил* reliable.
достóинств|о (**-а**) *ср* (*книги, плана*) merit; (*уважение к себе*) dignity; (*КОММ*) value.
достóйный *прил* (*награда, кара*) fitting; (*человек*) worthy.
достопримечáтельност|ь (**-и**) *ж* sight; (*музея*) showpiece; **осмáтривать (осмотрéть** *pf*) **~и** to go sightseeing.
достоя́ни|е (**-я**) *ср* property; **станови́ться (стать** *pf*) **~м общéственности** to become public knowledge.
дóступ (**-а**) *м* access.
достýпный *прил* (*место*) accessible; (*цены*) affordable; (*объяснение, изложение*) comprehensible.
досýг (**-а**) *м* leisure (time); **на ~е** in one's spare *или* free time.
досьé *ср нескл* dossier, file.
дотáци|я (**-и**) *ж* subsidy.
дотлá *нареч*: **сгорéть ~** to burn down (to the ground).
дотрóн|уться (**-усь**; *impf* **дотрáгиваться**) *сов возв*: **~ до** *+gen* to touch.
дот|янýть (**-янý, -я́нешь**; *impf* **дотя́гивать**) *сов перех*: **~ что-н до** *+gen* to extend sth as far as; **~ся** (*impf* **дотя́гиваться**) *сов возв*: **~ся до** *+gen* to reach.
дóхлый *прил* dead.
дóх|нуть (**-ну**; *pt* **-, -ла**, *pf* **по~**) *несов* (*животное*) to die.
дохóд (**-а**) *м* income, revenue; (*человека*) income.
доходи́ть *несов от* **дойти́**.
дохóдный *прил* profitable.
дохóдчивый *прил* clear, easy to understand.
доцéнт (**-а**) *м* ≈ reader (*BRIT*), ≈ associate professor (*US*).
дóч|ка (**-ки**; *gen pl* **-ек**) *ж* daughter.
доч|ь (**-ери**; *см* **Table 2**) *ж* daughter.
дошёл *сов см* **дойти́**.
дошкóльник (**-а**) *м* preschool child.
дошлá *итп сов см* **дойти́**.
доя́р|ка (**-ки**; *gen pl* **-ок**) *ж* milkmaid.
драгоцéнност|ь (**-и**) *ж* jewel.
драгоцéнный *прил* precious.
дразн|и́ть (**-ю́, -ишь**) *несов перех* to tease.
дрáк|а (**-и**) *ж* fight.
дракóн (**-а**) *м* dragon.
дрáм|а (**-ы**) *ж* drama.
драматизи́р|овать (**-ую**) *(не)сов перех* to dramatize.
драмати́ческий *прил* dramatic; (*актёр*) stage.
драматýрг (**-а**) *м* playwright.
драматурги́|я (**-и**) *ж* drama ♦ *собир* plays *мн*.
драпир|овáть (**-ýю**; *pf* **за~**) *несов перех*: **~ что-н (чем-н)** to drape sth (with sth).
драть (**дерý, дерёшь**; *pf* **разодрáть**) *несов перех* (*бумагу, одежду*) to tear *или* rip up; (*pf* **задрáть**; *подлеж*: *волк*) to tear to pieces; (*pf* **содрáть**; *кору, обои*) to strip; **дрáться** (*pf* **подрáться**) *несов возв*: **подрáться (с** *+instr*) to fight (with).

дребезж|а́ть (*3sg* **-и́т**) *несов* to jingle; (*стёкла*) to rattle.
древеси́н|а (**-ы**) *ж собир* timber.
древе́сный *прил* wood; **~ у́голь** charcoal.
дре́вний *прил* ancient.
дрейф|ова́ть (**-у́ю**) *несов* to drift.
дрел|ь (**-и**) *ж* drill.
дрем|а́ть (**-лю́, -лешь**) *несов* to doze.
дрессир|ова́ть (**-у́ю**; *pf* **вы́дрессировать**) *несов перех* to train.
дроб|и́ть (**-лю́, -и́шь**; *pf* **раз~**) *несов перех* to crush; (*силы*) to split.
дроб|ь (**-и**; *gen pl* **-е́й**) *ж* fraction; (*барабана*) beat.
дров|а́ (-; *dat pl* **-а́м**) *мн* firewood *ед*.
дро́гн|уть (**-у**) *сов* (*стёкла, руки*) to shake; (*голос, лицо*) to quiver.
дрож|а́ть (**-у́, -и́шь**) *несов* to shake, tremble; (*лицо*) to quiver; **~** *(impf)* **за** *+acc* *или* **над** *+instr* (*разг*) to fuss over.
дро́жж|и (**-е́й**) *мн* yeast *ед*.
дрозд (**-а́**) *м* thrush; **чёрный ~** blackbird.
дру|г (**-га**; *nom pl* **-зья́**, *gen pl* **-зе́й**) *м* friend; **~ друга́** each other, one another; **~ дру́гу** (*говорить*) to each other *или* one another; **~ за дру́гом** one after another; **~ о дру́ге** (*говорить*) about each other *или* one another.
друг|о́й *прил* (*иной*) another; (*второй*) the other; (*не такой, как этот*) different ♦ (**-о́го**) *м* (*кто-то иной*) another (person); (*второй*) the other (one); **в ~ раз** another time; **и тот и ~** both.
дру́жб|а (**-ы**) *ж* friendship.
дружелю́бный *прил* friendly, amicable.
дру́жеский *прил* friendly.
дру́жественный *прил* friendly.
друж|и́ть (**-у́, -ишь**) *несов*: **~ с** *+instr* to be friends with.
дру́жный *прил* (*семья, коллектив*) close-knit; (*смех*) general; (*усилия*) concerted.
друж|о́к (**-ка́**) *м* (*друг*) friend.
друзья́ *итп сущ см* **друг**.
дря́блый *прил* sagging; (*тело*) flabby.
дрян|ь (**-и**) *ж* (*разг*) rubbish (*BRIT*), trash (*US*).
дуб (**-а**; *nom pl* **-ы́**) *м* (*БОТ*) oak (tree); (*древесина*) oak.
дуби́н|ка (**-ки**; *gen pl* **-ок**) *ж* cudgel; **рези́новая ~** truncheon.
дублён|ка (**-ки**; *gen pl* **-ок**) *ж* sheepskin coat.
дублёр (**-а**) *м* backup; (*КИНО*) double.
дублика́т (**-а**) *м* duplicate.
дубли́р|овать (**-ую**) *несов перех* to duplicate; (*КИНО*) to dub; (*КОМП*) to back up.
дуг|а́ (**-и́**; *nom pl* **-и**) *ж* (*ГЕОМ*) arc.
ду́л|о (**-а**) *ср* muzzle; (*ствол*) barrel.
ду́м|а (**-ы**) *ж* (*размышле́ние*) thought; **Д~** (*ПОЛИТ*) the Duma (*lower house of Russian parliament*).
ду́ма|ть (**-ю**) *несов*: **~ (о чём-н)** to think (about sth); **~** *(impf)* **над чем-н** to think sth over; **я ~ю, что да/нет** I think/don't think so.
думск|о́й *прил*: **~о́е заседа́ние** meeting of the Duma.
ду́н|уть (**-у**) *сов* to blow.
дуп|ло́ (**-ла́**; *nom pl* **-ла**, *gen pl* **-ел**) *ср* (*дерева*) hollow.
ду́р|а (**-ы**) *ж* (*разг*) fool.
дура́к (**-а́**) *м* (*разг*) fool.

дура́цкий *прил* (*разг*) foolish.
дура́ч|ить (**-у, -ишь**; *pf* **о~**) *несов перех* (*разг*) to con; **~ся** *несов возв* (*разг*) to play the fool.
ду́роч|ка (**-ки**; *gen pl* **-ек**) *ж* (*разг*) silly girl.
дуршла́г (**-а**) *м* colander.
ду|ть (**-ю, -ешь**) *несов* to blow ◆ (*pf* **вы~**) *перех* (*ТЕХ*) to blow; **здесь ду́ет** it's draughty (*BRIT*) *или* drafty (*US*) in here.
дух (**-а**; *part gen* **-у**) *м* spirit; **быть** *(impf)* **в ду́хе/не в ду́хе** to be in high/low spirits.
дух|и́ (**-о́в**) *мн* perfume *ед*, scent *ед*.
духове́нств|о (**-а**) *ср собир* clergy; (*православное*) priesthood.
духо́вк|а (**-и**) *ж* oven.
духо́вный *прил* spiritual; (*мир, жизнь*) inner; (*религиозная*) sacred, church.
духов|о́й *прил* (*МУЗ*) wind; **~ы́е инструме́нты** brass section (*in orchestra*); **~ орке́стр** brass band.
духот|а́ (**-ы́**) *ж* stuffiness; (*жара*) closeness.
душ (**-а**) *м* shower.
душ|а́ (*acc sg* **-у**, *gen sg* **-и́**, *nom pl* **-и**) *ж* soul; **на ду́шу (населе́ния)** per head (of the population); **он в ней ~и́ не ча́ет** she's the apple of his eye; **говори́ть** *(impf)***/ бесе́довать** *(impf)* **по ~м** to have a heart-to-heart talk/chat; **в глубине́ ~и́** in one's heart of hearts.
душевнобольн|о́й (**-о́го**) *м* mentally-ill person.
душе́вн|ый *прил* (*силы, подъём*) inner; (*разговор*) sincere; (*человек*) kindly; **~ое потрясе́ние** shock.
душераздира́ющий *прил* (*крик*) bloodcurdling; (*плач*) heart-rending.
души́стый *прил* (*цветок*) fragrant; (*мыло*) perfumed, scented.
душ|и́ть (**-у́, -ишь**; *pf* **за~** *или* **у~**) *несов перех* to strangle; (*свободу, прогресс*) to stifle; (*pf* **на~**; *платок*) to perfume, scent.
ду́шно *как сказ* it's stuffy *или* close.
дуэ́т (**-а**) *м* (*произведение*) duet; (*исполнители*) duo.
ды́бом *нареч*: **встава́ть ~** (*волосы, шерсть*) to stand on end.
дыбы́ *мн*: **станови́ться на ~** (*лошадь*) to rear up.
дым (**-а**; *loc sg* **-у́**) *м* smoke.
дым|и́ть (**-лю́, -и́шь**; *pf* **на~**) *несов* (*печь, дрова*) to smoulder (*BRIT*), smolder (*US*); **~ся** *несов возв* (*труба*) to be smoking.
ды́мк|а (**-и**) *ж* haze.
дымохо́д (**-а**) *м* flue.
ды́мчатый *прил* (*стёкла*) tinted.
ды́н|я (**-и**) *ж* melon.
дыр|а́ (**-ы́**; *nom pl* **-ы**) *ж* hole.
ды́р|ка (**-ки**; *gen pl* **-ок**) *ж* hole.
дыроко́л (**-а**) *м* punch.
дыха́ни|е (**-я**) *ср* breathing, respiration.
дыш|а́ть (**-у́, -ишь**) *несов* to breathe; **~** *(impf)* *+instr* (*ненавистью*) to exude; (*любовью*) to radiate.
дья́вол (**-а**) *м* devil.
дья́кон (**-а**) *м* deacon.
дю́жин|а (**-ы**) *ж* dozen.
дю́н|а (**-ы**) *ж* (*обычно мн*) dune.
дя́д|я (**-и**) *м* uncle; (*разг*) bloke.
дя́т|ел (**-ла**) *м* woodpecker.

Е, е

ева́нгели|е (**-я**) *ср* the Gospels *мн*; (*одна из книг*) gospel.
евре́|й (**-я**) *м* Jew.

евре́йский *прил (народ, обычаи)* Jewish; **~ язы́к** Hebrew.
Евро́п|а (**-ы**) *ж* Europe.
европе́|ец (**-йца**) *м* European.
европе́йск|ий *прил* European; **Е~ сове́т** Council of Europe; **Е~ое соо́бщество** European Community.
его́ *мест см* **он, оно́** ♦ *притяж мест* (*о мужчине*) his; (*о предмете*) its.
ед|а́ (**-ы́**) *ж* (*пища*) food; (*процесс*): **за ~о́й, во вре́мя ~ы́** at mealtimes.
едва́ *нареч* (*с трудом: нашёл, достал, доехал итп*) only just; (*только, немного*) barely, hardly; (*только что*) just ♦ *союз* (*как только*) as soon as; **~ ли** hardly.
е́дем *итп сов см* **е́хать**.
еди́м *несов см* **есть**.
едини́ц|а (**-ы**) *ж* (*цифра*) one; (*измерения, часть целого*) unit; **де́нежная ~** monetary unit.
единобо́рств|о (**-а**) *ср* single combat.
единогла́сный *прил* unanimous.
единоду́шный *прил* unanimous.
еди́нственн|ый *прил* (the) only; **~ое число́** (*ЛИНГ*) singular.
еди́н|ый *прил* (*цельный*) united; (*общий*) common; **все до ~ого** to a man; **~ (проездно́й) биле́т** travel pass (*for use on all forms of transport*).
еди́те *несов см* **есть**.
е́ду *итп несов см* **е́хать**.
едя́т *несов см* **есть**.
её *мест см* **она́** ♦ *притяж мест* (*о женщине итп*) her; (*о предмете итп*) its.
ёж (**-а́**) *м* hedgehog.
ежего́дный *прил* annual.
ежедне́вник (**-а**) *м* diary.
ежедне́вный *прил* daily.
ежеме́сячный *прил* monthly.
еженеде́льный *прил* weekly.
е́з|дить (**-жу, -дишь**) *несов* to go; **~** *(impf)* **на** *+prp* (*на лошади, на велосипеде*) to ride; (*на поезде, на автобусе итп*) to travel *или* go by.
ей *мест см* **она́**.
ел *итп несов см* **есть**.
е́ле *нареч* (*с трудом*) only just; (*едва*) barely, hardly.
ёл|ка (**-ки**; *gen pl* **-ок**) *ж* fir (tree); (*праздник*) *New Year party for children*; **(рожде́ственская** *или* **нового́дняя) ~** ≈ Christmas tree.
ело́вый *прил* fir.
ёлочн|ый *прил*: **~ые игру́шки** Christmas-tree decorations *мн*.
ел|ь (**-и**) *ж* fir (tree).
ем *несов см* **есть**.
ёмкост|ь (**-и**) *ж* (*вместимость*) capacity; (*вместилище*) container.
ему́ *мест см* **он, оно́**.
ерунд|а́ (**-ы́**) *ж* rubbish, nonsense.

KEYWORD

е́сли *союз* **1** (*в том случае когда*) if; **е́сли она́ придёт, дай ей э́то письмо́** if she comes, give her this letter; **е́сли ..., то ...** (*если*) if ..., then ...; **е́сли он опозда́ет, то иди́ оди́н** if he is late, (then) go alone
2 (*об условном действии*): **е́сли бы (, то** *или* **тогда́)** if; **е́сли бы я мог, (то) помо́г бы тебе́** if I could, I would help you
3 (*выражает сильное желание*): **(ах** *или* **о) е́сли бы** if only; **ах е́сли бы он пришёл!** oh, if only he would come!; **е́сли уж на то пошло́** if it comes to it; **что е́сли...?** (*а вдруг*) what if...?

ест *несов см* **есть**.

естественно *нареч* naturally ♦ *вводн сл* (*конечно*) of course.
естественный *прил* natural.
есть *несов* (*один предмет*) there is; (*много предметов*) there are; **у меня ~ друг** I have a friend.
есть (*см* **Table 15**; *pf* **поесть** *или* **съ~**) *несов перех* (*питаться*) to eat; (*pf* **съ~**; *металл*) to corrode; **мне хочется ~** I'm hungry.
ехать (*см* **Table 19**) *несов* to go; (*поезд, автомобиль*: *приближаться*) to come; (: *двигаться*) to go; (*разг*: *скользить*) to slide; **~** *(impf)* **на** *+prp* (*на лошади, на велосипеде*) to ride; **~** *(impf) +instr или* **на** *+prp* (*на поезде, на автобусе*) to travel *или* go by.
ехидный *прил* spiteful.
ешь *несов см* **есть**.
ещё *нареч* (*дополнительно*) more; **хочу ~ кофе** I want more coffee.
ЕЭС *ср сокр* (= *Европейское экономическое сообщество*) EEC.
ею *мест см* **она**.

Ж, ж

ж *союз, част см* **же**.
жаб|а (**-ы**) *ж* (*ЗООЛ*) toad.
жабр|а (**-ы**) *ж* (*ЗООЛ*) gill.
жаворон|ок (**-ка**) *м* (*ЗООЛ*) lark.
жаднича|ть (**-ю**; *pf* **по~**) *несов* (*разг*) to be mingy.
жадност|ь (**-и**) *ж*: **~ (к** *+dat*) (*к вещам, к деньгам*) greed (for).
жадный *прил* greedy.
жажд|а (**-ы**) *ж* thirst.
жакет (**-а**) *м* (woman's) jacket.
жале|ть (**-ю**; *pf* **по~**) *несов перех* to feel sorry for; (*скупиться*) to grudge ♦ *неперех*: **~ о** *+prp* to regret; **не ~я сил** sparing no effort.
жал|ить (**-ю, -ишь**; *pf* **у~**) *несов перех* (*подлеж*: *оса*) to sting; (: *змея*) to bite.
жалкий *прил* (*вид*) pitiful, pathetic.
жалко *как сказ* = **жаль**.
жал|о (**-а**) *ср* (*пчелы*) sting; (*змеи*) bite.
жалоб|а (**-ы**) *ж* complaint.
жалобный *прил* plaintive.
жалованы|е (**-я**) *ср* salary.
жал|оваться (**-уюсь**; *pf* **по~**) *несов возв*: **~ на** *+acc* to complain about; (*ябедничать*) to tell on.
жалост|ь (**-и**) *ж*: **~ к** *+dat* sympathy for; **какая ~!** what a shame!

KEYWORD

жаль *как сказ* **1** (*+acc*; *о сострадании*): **(мне) жаль друга** I am sorry for my friend
2 (*+acc или +gen*; *о сожалении, о досаде*): **(мне) жаль времени/денег** I grudge the time/money
3 (*+infin*): **жаль уезжать** it's a pity *или* shame to leave.

жанр (**-а**) *м* (*лирический*) genre.
жар (**-а**) *м* heat; (*МЕД*) fever.
жар|а (**-ы**) *ж* heat.
жаргон (**-а**) *м* slang; (*профессиональный*) jargon.
жареный *прил* (*на сковороде*) fried; (*в духовке*) roast.
жар|ить (**-ю, -ишь**; *pf* **за~**) *несов перех* (*на сковороде*) to fry; (*в духовке*) to roast; **~ся** (*pf* **зажариться**) *несов возв* to fry.
жаркий *прил* hot; (*спор*) heated.
жарко *нареч* (*спорить*) heatedly ♦ *как сказ* it's hot; **мне ~** I'm hot.
жасмин (**-а**) *м* jasmine.
жатв|а (**-ы**) *ж* harvest.
жать (**жму, жмёшь**) *несов перех*

(*руку*) to shake; (*лимон, сок*) to squeeze; **сапоги мне жмут** my boots are pinching (my feet).
жать (**жну, жнёшь**; *pf* **с~**) *несов перех* to harvest.
жва́ч|ка (**-ки**; *gen pl* **-ек**) *ж* (*разг*: *жевательная резинка*) chewing gum.
ж.д. *сокр* (= **желе́зная доро́га**) R., r., RR (*US*).
жд|ать (**-у, -ёшь**; *pt* **-ал, -ала́, -а́ло**) *несов* (*не*)*перех*: **~** *+acc или +gen* (*письмо, гостей*) to expect; (*друга, поезда*) to wait for.

KEYWORD

же *союз* **1** (*при противопоставлении*) but; **я не люблю матема́тику, литерату́ру же обожа́ю** I don't like mathematics, but I love literature
2 (*вводит дополнительные сведения*) and; **успе́х зави́сит от нали́чия ресу́рсов, ресу́рсов же ма́ло** success depends on the presence of resources, and the resources are insufficient
◆ *част* **1** (*ведь*): **вы́пей ещё ча́ю, хо́чешь же!** have more tea, you want some, don't you?
2 (*именно*): **приду́ сейча́с же** I'll come right now
3 (*выражает сходство*): **тако́й же** the same; **в э́том же году́** this very year.

ж|ева́ть (**-ую́**) *несов перех* to chew.
жела́ни|е (**-я**) *ср* (*просьба*) request; **~** *+gen/+infin* desire for/to do.
жела́тельный *прил* desirable.
жела́|ть (**-ю**; *pf* **по~**) *несов*: **~** *+gen* to desire; **~** (**пожела́ть** *pf*) *+infin* to wish *или* want to do; **~** (**пожела́ть** *pf*) **кому́-н сча́стья/всего́ хоро́шего** to wish sb happiness/all the best.
жела́ющ|ий (**-его**) *м*: **~ие пое́хать/порабо́тать** those interested in going/working.
желе́ *ср нескл* jelly (*BRIT*), jello (*US*).
жел|еза́ (**-езы́**; *nom pl* **-езы**, *gen pl* **-ёз**, *dat pl* **-еза́м**) *ж* gland.
железнодоро́жный *прил* (*вокзал*) railway (*BRIT*), railroad (*US*); (*транспорт*) rail.
желе́зн|ый *прил* iron; **~ая доро́га** railway (*BRIT*), railroad (*US*).
желе́з|о (**-а**) *ср* iron.
железобето́н (**-а**) *м* reinforced concrete.
жёлоб (**-а**; *nom pl* **-а́**) *м* (*водосточный*) gutter.
желте́|ть (**-ю**; *pf* **по~**) *несов* to turn yellow.
желт|о́к (**-ка́**) *м* yolk.
желту́х|а (**-и**) *ж* jaundice.
жёлтый *прил* yellow.
желу́д|ок (**-ка**) *м* (*АНАТ*) stomach.
желу́дочный *прил* (*боль*) stomach; (*сок*) gastric.
жёлуд|ь (**-я**) *м* acorn.
жёлчный *прил*: **~ пузы́рь** gall bladder.
жёлч|ь (**-и**) *ж* (*также перен*) bile.
же́мчуг (**-а**; *nom pl* **-а́**) *м* pearls *мн*.
жемчу́жин|а (**-ы**) *ж* pearl.
жен|а́ (**-ы́**; *nom pl* **жёны**, *gen pl* **жён**) *ж* wife.
жена́т|ый *прил* married (*of man*); **он жена́т на** *+prp* he is married to; **они́ ~ы** they are married.
Жене́в|а (**-ы**) *ж* Geneva.
жен|и́ть (**-ю́, -ишь**) (*не*)*сов перех* (*сына, внука*): **~ кого́-н** (**на** *+prp*) to marry sb (off) (to); **~ся** (*не*)*сов возв*: **~ся на** *+prp* to marry (*of man*); (*pf* **пожени́ться**; *разг*) to get

hitched.

жени́х (**-á**) *м* (*до свадьбы*) fiancé; (*на свадьбе*) (bride)groom.

же́нский *прил* women's; (*логика, органы*) female; **~ пол** the female sex; **~ род** feminine gender.

же́нственный *прил* feminine.

же́нщин|а (**-ы**) *ж* woman.

жерд|ь (**-и**; *gen pl* **-е́й**) *ж* pole.

жереб|ёнок (**-ёнка**; *nom pl* **-я́та**, *gen pl* **-я́т**) *м* foal.

жеребьёв|ка (**-ки**; *gen pl* **-ок**) *ж* casting *или* drawing of lots.

же́ртв|а (**-ы**) *ж* victim; (*РЕЛ*) sacrifice; **челове́ческие ~ы** casualties.

же́ртв|овать (**-ую**; *pf* **по~**) *несов*: **~** *+instr* (*жизнью*) to sacrifice ♦ *перех* (*деньги*) to donate.

жест (**-а**) *м* gesture.

жестикули́р|овать (**-ую**) *несов* to gesticulate.

жёсткий *прил* (*кровать, человек*) hard; (*мясо*) tough; (*волосы*) coarse; (*условия*) strict; **~ ваго́н** *railway carriage with hard seats*; **~ диск** hard disk.

жесто́кий *прил* cruel; (*мороз*) severe.

жесто́кост|ь (**-и**) *ж* cruelty.

жест|ь (**-и**) *ж tin-plated sheet metal.*

жето́н (**-а**) *м* tag; (*в метро*) token.

жечь (**жгу, жжёшь** *итп*, **жгут**; *pt* **жёг, жгла**, *pf* **с~**) *несов перех* to burn.

жже́ни|е (**-я**) *ср* burning sensation.

живо́й *прил* alive; (*организм*) living; (*животное*) live; (*человек: энергичный*) lively.

живопи́сный *прил* picturesque.

жи́вопис|ь (**-и**) *ж* painting.

живо́т (**-á**) *м* stomach; (*разг*) tummy.

животново́дств|о (**-а**) *ср* animal husbandry.

живо́тн|ое (**-ого**) *ср* animal.

живо́тный *прил* animal.

живу́ *итп несов см* **жить**.

жи́дкий *прил* liquid.

жи́дкост|ь (**-и**) *ж* liquid.

жи́ж|а (**-и**) *ж* slurry.

жи́зненный *прил* (*вопрос, интересы*) vital; (*необходимость*) basic; **~ у́ровень** standard of living; **~ о́пыт** experience.

жизнера́достный *прил* cheerful.

жизнеспосо́бный *прил* viable.

жизн|ь (**-и**) *ж* life.

жиле́т (**-а**) *м* waistcoat (*BRIT*), vest (*US*).

жил|е́ц (**-ьцá**) *м* (*дома*) tenant.

жили́щный *прил* housing.

жил|о́й *прил* (*дом, здание*) residential; **~áя пло́щадь** accommodation.

жиль|ё (**-я́**) *ср* accommodation.

жир (**-а**; *nom pl* **-ы́**) *м* fat; (*растительный*) oil.

жира́ф (**-а**) *м* giraffe.

жи́рный *прил* (*пища*) fatty; (*человек*) fat; (*волосы*) greasy.

жи́тел|ь (**-я**) *м* resident.

жи́тельств|о (**-а**) *ср* residence.

жи|ть (**-ву́, -вёшь**; *pt* **-л, -лá, -ло**) *несов* to live; **~л-был** there once was, once upon a time there was.

жму́р|ить (**-ю, -ишь**; *pf* **за~**) *несов*: **~ глазá** to screw up one's eyes; **~ся** (*pf* **зажму́риться**) *несов возв* to squint.

жоке́|й (**-я**) *м* jockey.

жонглёр (**-а**) *м* juggler.

жонгли́р|овать (**-ую**) *несов*: **~** *+instr* to juggle (with).

жре́би|й (**-я**) *м*: **бросáть ~** to cast lots.

ЖСК *м сокр* (= *жили́щно-строи́тельный кооперати́в*)

≈ housing cooperative.
жужж|áть (-ý, -и́шь) *несов* to buzz.
жук (-á) *м* beetle.
жýлик (-а) *м* swindler; (*в игре*) cheat.
жýльничеств|о (-а) *ср* underhandedness; (*в игре*) cheating.
журнáл (-а) *м* magazine; (*классный*) register.
журнали́ст (-а) *м* journalist.
журнали́стик|а (-и) *ж* journalism.
журч|áть (-ý, -и́шь) *несов* (*ручей итп*) to babble, murmur.
жýткий *прил* terrible.
ЖЭК (-а) *м сокр* (= *жи́лищно-эксплуатацио́нная контóра*) ≈ housing office.
жюри́ *ср нескл* panel of judges.

З, з

з. *сокр* (= **зáпад**) W; (= **зáпадный**) W.

KEYWORD

за *предл* (*+acc*) **1** out (of); **выходи́ть (вы́йти** *pf***) за дверь** to go out (of) the door
2 (*позади*) behind; **пря́таться (спря́таться** *pf***) за дéрево** to hide behind a tree
3 (*около*: *сесть, встать*) at; **сади́ться (сесть** *pf***) за стол** to sit down at the table
4 (*свыше какого-н предела*) over; **емý за сóрок** he is over forty; **морóз за двáдцать грáдусов** over twenty degrees of frost
5 (*при указании на расстояние, на время*): **за пять киломéтров отсю́да** five kilometres (*BRIT*) *или* kilometers (*US*) from here; **за три часá до начáла спектáкля** three hours before the beginning of the show
6 (*при указании объекта действия*): **держáться за** *+acc* to hold onto; **ухвати́ться** (*pf*) **за** *+acc* to take hold of; **брать (взять** *pf***) когó-н зá рýку** to take sb by the hand; **брáться (взя́ться** *pf***) за рабóту** to start work
7 (*об объекте чувств*) for; **рáдоваться** (*impf*) **за сы́на** to be happy for one's son; **беспокóиться** (*impf*) **за мýжа** to worry about one's husband
8 (*о цели*) for; **сражáться** (*impf*) **за побéду** to fight for victory
9 (*в пользу*) for, in favour (*BRIT*) *или* favor (*US*) of; **голосовáть (проголосовáть** *pf***) за предложéние** to vote for *или* in favour of a proposal
10 (*по причине, в обмен*) for; **благодарю́ Вас за пóмощь** thank you for your help; **плати́ть** (*impf*) **за чтó-н** to pay for sth
11 (*вместо кого-н*) for; **рабóтать** (*impf*) **за дрýга** to fill in for a friend
♦ *предл* (*+instr*) **1** (*по другую сторону*) on the other side of; **жить** (*impf*) **за рекóй** to live on the other side of the river
2 (*вне*) outside; **жить** (*impf*) **зá гóродом** to live outside the town; **за грани́цей** abroad
3 (*позади*) behind; **стоя́ть** (*impf*) **за двéрью** to stand behind the door; **я шёл за ним** I walked behind him
4 (*около*: *стоять, сидеть*) at; **сидéть** (*impf*) **за столóм** to sit at the table
5 (*о смене событий*) after; **год за гóдом** year after year; **за зимóй идёт веснá** spring comes after

winter
6 (*во время чего-н*) over; **за зáвтраком** over breakfast
7 (*о объекте внимания*): **смотрéть** *или* **ухáживать за** *+instr* to look after
8 (*с целью получить, достать что-н*) for; **я послáл егó за газéтой** I sent him out for a paper
9 (*по причине*) owing to
◆ *как сказ* (*согласен*) in favour; **кто за?** who is in favour?
◆ *ср нескл* pro; **взвéсить** (*pf*) **все за и прóтив** to weigh up all the pros and cons.

забáвный *прил* amusing.
забастóв|ка (**-ки**; *gen pl* **-ок**) *ж* strike.
забастóвщик (**-а**) *м* striker.
забéг (**-а**) *м* (*СПОРТ*) race (*in running*); (: *отборочный*) heat.
забежáть (*как* **бежáть**; *см* **Table 20**; *impf* **забегáть**) *сов*: ~ (**в** *+acc*) (*в дом, в деревню*) to run in(to); (*разг*: *в музей*) to drop in(to); **забегáть** (~ *pf*) **вперёд** to run ahead.
забирá|ть(ся) (**-ю(сь)**) *несов от* **забрáть(ся)**.
заб|и́ть (**-ью, -ьёшь**) *сов* (*часы*) to begin to strike; (*вода*) to begin to flow ◆ (*impf* **забивáть**) *перех* (*гвоздь, сваю*) to drive in; (*СПОРТ*: *гол*) to score; (*наполнить*: *склад*) to overfill; (*засорить*: *трубу*) to clog (up); (*скот, зверя*) to slaughter; **~ся** *сов возв* (*сердце, пульс*) to start beating; (*impf* **забивáться**; *спрятаться*) to hide (away).
забле|стéть (**-щý, -сти́шь**) *сов* (*слёзы*) to glisten; (*глаза*) to light up; (*металл*) to gleam.
забл|уди́ться (**-ужýсь, -ýдишься**) *сов возв* to get lost.
заблуждá|ться (**-юсь**) *несов возв* to be mistaken.
заблуждéни|е (**-я**) *ср* misconception.
заболевáни|е (**-я**) *ср* illness.
заболé|ть (**-ю**; *impf* **заболевáть**) *сов* (*нога, горло*) to begin to hurt; **заболевáть** (~ *pf*) *+instr* (*гриппом*) to fall ill with.
забóр (**-а**) *м* fence.
забóт|а (**-ы**) *ж* (*беспокойство*) worry; (*уход*) care; (*обычно мн*: *хлопоты*) trouble *ед*.
забó|титься (**-чусь, -тишься**; *pf* **по~**) *несов возв*: ~ **о** *+prp* to take care of.
забóтливый *прил* (*человек*) caring.
забрáсыва|ть (**-ю**) *несов от* **забросáть, забрóсить**.
заб|рáть (**-ерý, -ерёшь**; *impf* **забирáть**) *сов перех* to take; **~ся** (*impf* **забирáться**) *сов возв* (*влезть*): **~ся на** *+acc* to climb up; (*проникнуть*): **~ся в** *+acc* to get into.
забросá|ть (**-ю**; *impf* **забрáсывать**) *сов перех*: ~ *+instr* (*канаву, яму*) to fill with; (*цветами*) to shower with.
забрó|сить (**-шу, -сишь**; *impf* **забрáсывать**) *сов перех* (*мяч, камень*) to fling; (*десант*) to drop; (*учёбу*) to neglect.
забрóшенный *прил* (*дом*) derelict; (*вид, сад, ребёнок*) neglected.
забры́зга|ть (**-ю**; *impf* **забры́згивать**) *сов перех* to splash.
забы́ть (*как* **быть**; *см* **Table 21**; *impf* **забывáть**) *сов перех* to

forget.
зав. *сокр* = **заве́дующий**.
зава́л (-а) *м* obstruction.
зав|али́ть (-алю́, -а́лишь; *impf* **зава́ливать**) *сов перех* (*вход, дверь*) to block off; (*разг: мероприятие, экзамен*) to mess up; **зава́ливать** (~ *pf*) *+instr* (*дорогу: снегом*) to cover with; (*яму: землёй*) to fill with; **~ся** (*impf* **зава́ливаться**) *сов возв* (*стена, забор*) to collapse; (*разг: на экзамене*) to come a cropper.
зав|ари́ть (-арю́, -а́ришь; *impf* **зава́ривать**) *сов перех* (*чай, кофе*) to brew; (*ТЕХ*) to weld.
зава́рк|а (-и) *ж* (*действие: чая, кофе*) brewing; (*заваренный чай*) brew.
заварно́й *прил*: **~ крем** custard.
заведе́ни|е (-я) *ср* establishment.
заве́д|овать (-ую) *несов*: **~** *+instr* to be in charge of.
заве́дующ|ий (-его) *м* manager; (*лабораторией, кафедрой*) head; **~ хозя́йством** (*в школе, в институте*) bursar; (*на заводе*) *person in charge of supplies.*
заве́р|ить (-ю, -ишь; *impf* **заверя́ть**) *сов перех* (*копию, подпись*) to witness; **заверя́ть** (~ *pf*) **кого́-н в чём-н** to assure sb of sth.
заверн|у́ть (-у́, -ёшь; *impf* **завора́чивать**) *сов перех* (*рукав*) to roll up; (*гайку*) to tighten up; (*налево, направо, за угол*) to turn; **завора́чивать** (~ *pf*) (**в** *+acc*) (*посылку, книгу, ребёнка*) to wrap (in); **~ся** (*impf* **завора́чиваться**) *сов возв*: **~ся в** *+acc* (*в полотенце, в плед*) to wrap o.s. up in.
заверша́|ть (-ю) *несов от* **заверши́ть**.
заверша́ющий *прил* final.
заверше́ни|е (-я) *ср* completion; (*разговора, лекции*) conclusion.
заверш|и́ть (-у́, -и́шь; *impf* **заверша́ть**) *сов перех* to complete; (*разговор*) to end.
заверя́|ть (-ю) *несов от* **заве́рить**.
зав|ести́ (-еду́, -едёшь; *pt* **-ёл, -ела́, -ело́**, *impf* **заводи́ть**) *сов перех* to take; (*приобрести*) to get; (*установить*) to introduce; (*переписку, разговор*) to initiate; (*часы*) to wind up; (*машину*) to start; **~сь** (*impf* **заводи́ться**) *сов возв* (*появиться*) to appear; (*мотор, часы*) to start working.
заве́т (-а) *м* (*наставление*) precept; (*РЕЛ*): **Ве́тхий/Но́вый З~** the Old/New Testament.
завеща́ни|е (-я) *ср* (*документ*) will.
завеща́|ть (-ю) (*не*)*сов перех*: **~ что-н кому́-н** (*наследство*) to bequeath sth to sb.
завива́|ть(ся) (-ю(сь)) *несов от* **зави́ть(ся)**.
зави́вк|а (-и) *ж* (*волос*) curling; (*причёска*) curly hair.
зави́дно *как сказ*: **ему́ ~** he feels envious.
зави́д|овать (-ую; *pf* **по~**) *несов*: **~** *+dat* to envy, be jealous of.
завин|ти́ть (-чу́, -ти́шь; *impf* **зави́нчивать**) *сов перех* to tighten (up).
зави́|сеть (-шу, -сишь) *несов*: **~ от** *+gen* to depend on.
зави́симост|ь (-и) *ж* (*отношение*) correlation; **~** (**от** *+gen*) dependence (on); **в ~и от** *+gen* depending on.
зави́стливый *прил* envious, jealous.

за́вист|ь (**-и**) *ж* envy, jealousy.
завит|о́к (**-ка́**) *м* (*локон*) curl.
зав|и́ть (**-ью, -ьёшь**; *impf* **завива́ть**) *сов перех* (*волосы*) to curl; **~ся** (*impf* **завива́ться**) *сов возв* (*волосы*) to curl; (*сделать завивку*) to curl one's hair.
заво́д (**-а**) *м* factory; (*в часах, у игрушки*) clockwork.
зав|оди́ть(ся) (**-ожу́(сь), -о́дишь(ся)**) *несов от* **завести́(сь)**.
заводно́й *прил* (*механизм, игрушка*) clockwork; (*ключ, ручка*) winding.
завоева́ни|е (**-я**) *ср* (*страны*) conquest; (*достижения*) achievement.
завоева́тел|ь (**-я**) *м* conqueror.
завоева́тельный *прил* aggressive.
заво|ева́ть (**-ю́ю**; *impf* **завоёвывать**) *сов перех* to conquer.
завора́чива|ть(ся) (**-ю(сь)**) *несов от* **заверну́ть(ся)**.
за́втра *нареч, ср нескл* tomorrow; **до ~!** see you tomorrow!
за́втрак (**-а**) *м* breakfast.
за́втрака|ть (**-ю**; *impf* **по~**) *несов* to have breakfast.
за́втрашний *прил* tomorrow's; **~ день** tomorrow.
за́вуч (**-а**) *м сокр* ≈ deputy head.
завхо́з (**-а**) *м сокр* = **заве́дующий хозя́йством**.
зав|яза́ть (**-яжу́, -я́жешь**; *impf* **завя́зывать**) *сов перех* (*верёвку*) to tie; (*руку, посылку*) to bind; (*разговор*) to start (up); (*дружбу*) to form; **~ся** (*impf* **завя́зываться**) *сов возв* (*шнурки*) to be tied; (*разговор*) to start (up); (*дружба*) to form.
загада́|ть (**-ю**; *impf* **зага́дывать**) *сов перех* (*загадку*) to set; (*желание*) to make.
зага́д|ка (**-ки**; *gen pl* **-ок**) *ж* riddle; (*перен*) puzzle.
зага́дочный *прил* puzzling.
зага́р (**-а**) *м* (sun)tan.
загиба́|ть(ся) (**-ю(сь)**) *несов от* **загну́ть(ся)**.
загла́ви|е (**-я**) *ср* title.
загла́вн|ый *прил*: **~ая бу́ква** capital letter; **~ая роль** title role.
загла́|дить (**-жу, -дишь**; *impf* **загла́живать**) *сов перех* (*складки*) to iron.
загло́хн|уть (**-у**) *сов от* **гло́хнуть**.
заглуш|и́ть (**-у́, -и́шь**) *сов от* **глуши́ть**.
загл|яну́ть (**-яну́, -я́нешь**; *impf* **загля́дывать**) *сов* (*в окно, в комнату*) to peep; (*в книгу, в словарь*) to glance; (*разг: посетить*) to pop in.
заг|на́ть (**-оню́, -о́нишь**; *pt* **-на́л, -нала́, -на́ло**, *impf* **загоня́ть**) *сов перех* (*коров, детей*) to drive.
загн|и́ть (**-ию́, -иёшь**; *impf* **загнива́ть**) *сов* to begin to rot.
загно|и́ться (**-ю́сь, -и́шься**) *сов возв* (*рана*) to fester; (*глаз*) to become inflamed.
загн|у́ть (**-у́, -ёшь**; *impf* **загиба́ть**) *сов перех* to bend; (*край*) to fold; **~ся** (*impf* **загиба́ться**) *сов возв* (*гвоздь*) to bend; (*край*) to fold.
за́говор (**-а**) *м* conspiracy.
заговор|и́ть (**-ю́, -и́шь**) *сов* (*начать говорить*) to begin to speak.
заголо́в|ок (**-ка**) *м* headline.
заго́н (**-а**) *м* (*для скота*) enclosure; (*для овец*) pen.
загоня́|ть (**-ю**) *несов от* **загна́ть**.

загора́жива|ть (-ю) *несов от* **загороди́ть**.
загора́|ть(ся) (-ю(сь)) *несов от* **загоре́ть(ся)**.
загоре́лый *прил* tanned.
загор|е́ть (-ю́, -и́шь; *impf* **загора́ть**) *сов* to go brown, get a tan; **~ся** (*impf* **загора́ться**) *сов возв* (*дрова, костёр*) to light; (*здание итп*) to catch fire; (*лампочка, глаза*) to light up.
за́город (-а) *м* (*разг*) the country.
загор|оди́ть (-ожу́, -о́дишь; *impf* **загора́живать**) *сов перех* to block off; (*свет*) to block out.
за́городный *прил* (*экскурсия*) out-of-town; (*дом*) country.
загото́в|ить (-лю, -ишь; *impf* **загота́вливать**) *сов перех* (*корм итп*) to lay in; (*билеты, документы итп*) to prepare.
загражде́ни|е (-я) *ср* barrier.
грани́ц|а (-ы) *ж* (*разг*) foreign countries *мн*.
заграни́чный *прил* foreign, overseas; **~ па́спорт** passport (*for travel abroad*).
загрем|е́ть (-лю́, -и́шь) *сов* (*гром*) to crash.
загро́бн|ый *прил*; **~ мир** the next world; **~ая жизнь** the afterlife.
загр|узи́ть (-ужу́, -у́зишь) *сов от* **грузи́ть** ♦ (*impf* **загружа́ть**) *перех* (*машину, судно*) to load up; (*КОМП*) to boot.
загрязне́ни|е (-я) *ср* pollution; **~ окружа́ющей среды́** (environmental) pollution.
загрязн|и́ть (-ю́, -и́шь; *impf* **загрязня́ть**) *сов перех* to pollute; **~ся** (*impf* **загрязня́ться**) *сов возв* to become polluted.
ЗАГС (-а) *м сокр* (= *за́пись а́ктов гражда́нского состоя́ния*) ≈ registry office.
зад (-а; *nom pl* -ы́, *gen pl* -о́в) *м* (*человека*) behind; (*животного*) rump; (*машины*) rear.
зада|ва́ть(ся) (-ю́(сь), -ёшь(ся)) *несов от* **зада́ть(ся)**.
зад|ави́ть (-авлю́, -а́вишь) *сов от* **дави́ть** ♦ *перех* to crush; **его́ ~ави́ла маши́на** he was run over by a car.
зада́ни|е (-я) *ср* task; (*упражнение*) exercise; (*ВОЕН*) mission; **дома́шнее ~** homework.
зада́т|ок (-ка) *м* deposit.
зада́ть (*как* **дать**; *см* **Table 16**; *impf* **задава́ть**) *сов перех* to set; **задава́ть (~ *pf*) кому́-н вопро́с** to ask sb a question; **~ся** (*impf* **задава́ться**) *сов возв*: **~ся це́лью** *+infin* to set o.s. the task of doing.
зада́ч|а (-и) *ж* task; (*МАТ*) problem.
задвига|ть (-ю) *сов*: **~** *+instr* to begin to move; **~ся** *сов возв* to begin to move.
задви́жк|а (-и) *ж* bolt.
задви́н|уть (-у) *сов перех* to push; (*ящик, занавески*) to close.
задева́|ть (-ю) *несов от* **заде́ть**.
заде́ла|ть (-ю; *impf* **заде́лывать**) *сов перех* to seal up.
задёргива|ть (-ю) *несов от* **задёрнуть**.
зад|ержа́ть (-ержу́, -е́ржишь; *impf* **заде́рживать**) *сов перех* to delay, hold up; (*преступника*) to detain; **я не хочу́ Вас заде́рживать** I don't want to hold you back; **~ся** (*impf* **заде́рживаться**) *сов возв* to be delayed *или* held up; (*у двери итп*) to pause.
заде́рж|ка (-ки; *gen pl* -ек) *ж* delay, hold-up.
задёрн|уть (-у; *impf*

задёргивать) *сов перех* (*шторы*) to pull shut.

заде́|ть (**-ну, -нешь**; *impf* **задева́ть**) *сов перех* (*перен*: *самолюбие, человека*) to wound; **задева́ть** (**~** *pf*) **за** *+acc* (*за стол*) to brush against; (*кость, лёгкое*) to graze against.

задира́|ть(ся) (**-ю**) *несов от* **задра́ть(ся)**.

за́дн|ий *прил* back; **помеча́ть (поме́тить** *pf*) **~им число́м** to backdate; **опла́чивать (оплати́ть** *pf*) **~им число́м** to make a back payment; **~ие но́ги** hind legs.

задо́лго *нареч*: **~ до** *+gen* long before.

задо́лженност|ь (**-и**) *ж* debts *мн*; (*по работе*) work outstanding.

за́дом *нареч* backwards (*BRIT*), backward (*US*); **~ наперёд** back to front.

задохн|у́ться (**-у́сь, -ёшься**; *impf* **задыха́ться**) *сов возв* (*в дыму*) to suffocate; (*от бега*) to be out of breath; (*от злости*) to choke.

зад|ра́ть (**-еру́, -ерёшь**; *impf* **задира́ть**) *сов перех* (*платье*) to hitch *или* hike up; **~ся** (*impf* **задира́ться**) *сов возв* (*платье итп*) to ruck up.

задр|ема́ть (**-емлю́, -е́млешь**) *сов* to doze off.

задрож|а́ть (**-у́, -и́шь**) *сов* (*человек, голос*) to begin to tremble; (*здание, стекло*) to begin to shake.

заду́ма|ть (**-ю**; *impf* **заду́мывать**) *сов перех* (*повесть, план*) to think up; (*карту, число*) to think of; **заду́мывать** (**~** *pf*) *+infin* (*уехать итп*) to think of doing; **~ся** (*impf* **заду́мываться**) *сов возв* to be deep in thought.

заду́мчивый *прил* pensive, thoughtful.

заду́мыва|ть(ся) (**-ю(сь)**) *несов от* **заду́мать(ся)**.

зад|уши́ть (**-ушу́, -у́шишь**) *сов от* **души́ть**.

задыха́|ться (**-юсь**) *несов от* **задохну́ться**.

заеда́|ть (**-ю**) *несов от* **зае́сть**.

зае́зд (**-а**) *м* (*СПОРТ*) race (*in horse-racing, motor-racing*); (*: отборочный*) heat.

заезжа́|ть (**-ю**) *несов от* **зае́хать**.

заём (**за́йма**) *м* loan.

заёмщик (**-а**) *м* borrower.

зае́|сть (*как* **есть**; *см* **Table 15**; *impf* **заеда́ть**) *сов перех* (*подлеж*: *комары*) to eat ◆ *безл* (*разг*: *ружьё*) to jam; **пласти́нку ~ло** (*разг*) the record is stuck.

зае́хать (*как* **е́хать**; *см* **Table 19**; *impf* **заезжа́ть**) *сов*: **~ за кем-н** to go to fetch sb; **заезжа́ть** (**~** *pf*) **в** *+acc* (*в канаву, во двор*) to drive into; (*в Москву, в магазин итп*) to stop off at.

заж|а́ть (**-му́, -мёшь**; *impf* **зажима́ть**) *сов перех* to squeeze; (*рот, уши*) to cover.

заж|е́чь (**-гу́, -жёшь** *итп*, **-гу́т**; *pt* **-ёг, -гла**, *impf* **зажига́ть**) *сов перех* (*спичку итп*) to light; (*свет*) to turn on; **~ся** (*impf* **зажига́ться**) *сов возв* (*спичка итп*) to light; (*свет*) to go on.

зажива́|ть (**-ю**) *несов от* **зажи́ть**.

зажига́л|ка (**-ки**; *gen pl* **-ок**) *ж* (cigarette) lighter.

зажига́ни|е (**-я**) *ср* (*АВТ*) ignition.

зажига́|ть(ся) (**-ю(сь)**) *несов от* **заже́чь(ся)**.

зажима́|ть (**-ю**) *несов от* **зажа́ть**.

заж|и́ть (**-иву́, -ивёшь**; *impf*

зажива́ть) *сов* (*рана*) to heal (up).

заземле́ни|е (-я) *ср* (*ЭЛЕК*: *устройство*) earth (*BRIT*), ground (*US*).

заземл|и́ть (-ю́, -и́шь; *impf* **заземля́ть**) *сов перех* to earth (*BRIT*), ground (*US*).

зазу́брин|а (-ы) *ж* serration.

заигра́|ть (-ю) *сов* (*не*)*перех* to begin to play ◆ *неперех* (*музыка*) to begin.

заи́грыва|ть (-ю) *несов*: ~ **с** *+instr* (*разг*: *любезничать*) to flirt with; (: *заискивать*) to woo.

заика́|ться (-юсь) *несов возв* to have a stutter; ~ (**заикну́ться** *pf*) **о** *+prp* (*упомянуть*) to mention.

заи́мств|овать (-ую; *impf* **по~**) (*не*)*сов перех* to borrow; (*опыт*) to benefit from.

заинтересо́ванный *прил* interested; **я заинтересо́ван в э́том де́ле** I have an interest in the matter.

заинтерес|ова́ть (-у́ю) *сов перех* to interest; **~ся** *сов возв*: **~ся** *+instr* to become interested in.

заи́скива|ть (-ю) *несов*: ~ **пе́ред** *+instr* to ingratiate o.s. with.

зайти́ (*как* **идти́**; *см* **Table 18**; *impf* **заходи́ть**) *сов* (*солнце, луна*) to go down; (*спор, разговор*) to start up; (*посетить*): ~ (**в/на** *+acc*/**к** *+dat*) to call in (at); (*попасть*): ~ **в/на** *+acc* to stray into; **заходи́ть** (~ *pf*) **за кем-н** to go to fetch sb; **заходи́ть** (~ *pf*) **спра́ва/сле́ва** to come in from the right/left.

закавка́зский *прил* Transcaucasian.

зака́з (-а) *м* (*см глаг*) ordering; booking; commissioning; (*заказанный предмет*) order; **по ~у** to order.

зак|аза́ть (-ажу́, -а́жешь; *impf* **зака́зывать**) *сов перех* to order; (*телефонный разговор*) to book; (*портрет*) to commission.

заказн|о́й *прил*: **~о́е письмо́** registered letter.

зака́зчик (-а) *м* customer.

закалённый *прил* resistant.

закал|и́ть (-ю́, -и́шь; *impf* **закаля́ть**) *сов перех* (*сталь*) to temper; (*ребёнка, организм*) to toughen up; **~ся** (*impf* **закаля́ться**) *сов возв* to toughen.

зака́лк|а (-и) *ж* (*см глаг*) tempering; toughening up.

зака́лыва|ть (-ю) *несов от* **заколо́ть**.

зака́нчива|ть(ся) (-ю) *несов от* **зако́нчить(ся)**.

зака́па|ть (-ю; *impf* **зака́пывать**) *сов перех* (*запачкать*) to splatter; (*лекарство*) to apply.

зака́пыва|ть (-ю) *несов от* **зака́пать, закопа́ть**.

зака́т (-а) *м* (*перен*: *жизни, карьеры*) twilight; ~ (**со́лнца**) sunset.

заката́|ть (-ю; *impf* **зака́тывать**) *сов перех* to roll up.

зак|ати́ть (-ачу́, -а́тишь; *impf* **зака́тывать**) *сов перех* (*что-н круглое*) to roll; (*что-н на колёсах*) to wheel; **~ся** (*impf* **зака́тываться**) *сов возв* to roll.

закида́|ть (-ю; *impf* **заки́дывать**) *сов* = **заброса́ть**.

заки́н|уть (-у; *impf* **заки́дывать**) *сов перех* to throw.

закип|е́ть (*3sg* **-и́т**, *impf* **закипа́ть**) *сов* to start to boil; (*перен*: *работа*) to intensify.

заки́с|нуть (-ну; *pt* **-**, **-ла**, *impf* **закиса́ть**) *сов* to turn sour.

за́кис|ь (-и) *ж* oxide.
закла́дк|а (-и) *ж (в книге)* bookmark.
закладн|а́я (-ой) *ж* mortgage deed.
закла́дыва|ть (-ю) *несов от* **заложи́ть.**
закле́|ить (-ю, -ишь; *impf* **закле́ивать)** *сов перех* to seal (up).
заклина́ни|е (-я) *ср (магические слова)* incantation; *(перен: мольба)* plea.
заклина́|ть (-ю) *несов перех (духов, змея)* to charm; *(перен: умолять)* to plead with.
закли́н|ить (-ю, -ишь; *impf* **закли́нивать)** *сов перех (дверь umn)* to jam.
заключа́|ть (-ю) *несов от* **заключи́ть; ~ся** *несов возв:* **~ся в** *+prp (состоять в)* to lie in; *(содержаться в)* to be contained in; **пробле́ма ~ется в том, что ...** the problem is that ...
заключе́ни|е (-я) *ср* conclusion; *(в тюрьме)* imprisonment, confinement.
заключённ|ый (-ого) *м* prisoner.
заключи́тельный *прил* concluding, final.
заключ|и́ть (-у́, -и́шь; *impf* **заключа́ть)** *сов перех (договор, сделку)* to conclude.
заколдо́ванный *прил* enchanted; **~ круг** vicious circle.
зако́лк|а (-и) *ж (для волос)* hairpin.
зак|оло́ть (-олю́, -о́лешь) *сов от* **коло́ть ♦** *(impf* **зака́лывать)** *перех (волосы)* to pin up.
зако́н (-а) *м* law; **объявля́ть (объяви́ть** *pf)* **кого́-н вне ~а** to outlaw sb.
зако́нност|ь (-и) *ж (документа)* legality; *(в стране)* law and order.
зако́нный *прил* legitimate, lawful; *(право)* legal.
законода́тельный *прил* legislative.
законода́тельств|о (-а) *ср* legislation.
закономе́рный *прил* predictable; *(понятный)* legitimate.
законопрое́кт (-а) *м (ПОЛИТ)* bill.
зако́нченный *прил* complete.
зако́нч|ить (-у, -ишь; *impf* **зака́нчивать)** *сов перех* to finish; **~ся** *(impf* **зака́нчиваться)** *сов возв* to finish, end.
закопа́|ть (-ю; *impf* **зака́пывать)** *сов перех* to bury; *(яму)* to fill in.
закоп|ти́ть (-чу́, -ти́шь) *сов от* **копти́ть; ~ся** *сов возв* to be covered in smoke.
закреп|и́ть (-лю́, -и́шь; *impf* **закрепля́ть)** *сов перех* to fasten; *(победу, позицию)* to consolidate; *(ФОТО)* to fix.
закрич|а́ть (-у́, -и́шь) *сов* to start shouting.
закро́йщик (-а) *м* cutter (*in dressmaking*).
закругл|и́ть (-ю, -и́шь; *impf* **закругля́ть)** *сов перех (край)* to round off.
закр|ути́ть (-учу́, -у́тишь; *impf* **закру́чивать)** *сов перех (волосы)* to twist; *(гайку)* to screw in.
закрыва́|ть(ся) (-ю(сь)) *несов от* **закры́ть(ся).**
закры́ти|е (-я) *ср* closing (time).
закры́т|ый *прил* closed, shut; *(терраса, машина)* enclosed; *(стадион, бассейн)* indoor; *(собрание, заседание)* closed, private; *(перелом, рана)* internal; **в ~ом помеще́нии** indoors.
закр|ы́ть (-о́ю, -о́ешь; *impf* **закрыва́ть)** *сов перех* to close,

shut; (*заслонить, накрыть*) to cover (up); (*проход, границу*) to close (off); (*воду, газ итп*) to shut off; **~ся** (*impf* **закрыва́ться**) *сов возв* to close, shut; (*магазин*) to close *или* shut down; (*запереться: в доме итп*) to shut o.s. up.
зак|ури́ть (**-урю́, -у́ришь**; *impf* **заку́ривать**) *сов перех* to light (up).
зак|уси́ть (**-ушу́, -у́сишь**; *impf* **заку́сывать**) *сов* (*поесть*) to have a bite to eat.
заку́ск|а (**-и**) *ж* snack; (*обычно мн: для водки*) zakuska, nibbles *мн*; (*в начале обеда*) hors d'oeuvre.
заку́сочн|ая (**-ой**) *ж* snack bar.
заку́та|ть(ся) (**-ю(сь)**) *сов от* **ку́тать(ся)**.
зал (**-а**) *м* hall; (*в библиотеке*) room; **~ ожида́ния** waiting room.
заледене́лый *прил* covered in ice; (*пальцы, руки*) icy.
заледене́|ть (**-ю**) *сов* (*дорога*) to ice over; (*перен: пальцы, руки*) to freeze.
зале́з|ть (**-у, -ешь**; *impf* **залеза́ть**) *сов*: **~ на** *+acc* (*на крышу*) to climb onto; (*на дерево*) to climb (up); (*разг*): **~ в** *+acc* (*в квартиру*) to break into.
зале|те́ть (**-чу́, -ти́шь**; *impf* **залета́ть**) *сов*: **~** (**в** *+acc*) to fly in(to).
зал|ечи́ть (**-ечу́, -е́чишь**; *impf* **зале́чивать**) *сов перех* to heal.
зали́в (**-а**) *м* bay; (*длинный*) gulf.
зал|и́ть (**-ью́, -ьёшь**; *impf* **залива́ть**) *сов перех* to flood; (*костёр*) to extinguish; **залива́ть** (**~** *pf*) **бензи́н в маши́ну** to fill a car with petrol; **~ся** (*impf* **залива́ться**) *сов возв* (*вода*) to seep; **залива́ться** (**~ся** *pf*) **слеза́ми/сме́хом** to burst into tears/out laughing.
зало́г (**-а**) *м* (*действие: вещей*) pawning; (*: квартиры*) mortgaging; (*заложенная вещь*) security; (*ЛИНГ*) voice.
зал|ожи́ть (**-ожу́, -о́жишь**; *impf* **закла́дывать**) *сов перех* (*покрыть*) to clutter up; (*отметить*) to mark; (*отдать в залог: кольцо, шубу*) to pawn; (*: дом*) to mortgage; (*заполнить*) to block up; **у меня́ ~ожи́ло нос/го́рло** (*разг*) my nose/throat is all bunged up.
зало́жник (**-а**) *м* hostage.
залп (**-а**) *м* salvo, volley.
за́лпом *нареч* all in one go.
зам. *м сокр* (**= замести́тель**) dep.
зама́|зать (**-жу, -жешь**; *impf* **зама́зывать**) *сов перех* (*щели*) to fill with putty; (*запачкать*) to smear.
зама́зк|а (**-и**) *ж* putty.
зам|ани́ть (**-аню́, -а́нишь**; *impf* **зама́нивать**) *сов перех* to lure, entice.
зама́нчивый *прил* tempting.
замахн|у́ться (**-у́сь, -ёшься**; *impf* **зама́хиваться**) *сов возв*: **~ на** *+acc* (*на ребёнка*) to raise one's hand to.
зама́чива|ть (**-ю**) *несов от* **замочи́ть**.
заме́дл|ить (**-ю, -ишь**; *impf* **замедля́ть**) *сов перех* to slow down; **~ся** (*impf* **замедля́ться**) *сов возв* to slow down.
заме́н|а (**-ы**) *ж* replacement; (*СПОРТ*) substitution.
зам|ени́ть (**-еню́, -е́нишь**; *impf* **заменя́ть**) *сов перех* to replace.
зам|ере́ть (**-ру́, -рёшь**; *pt* **-ер, -ерла́**, *impf* **замира́ть**) *сов*

(*человек, животное*) to stop dead; (*перен*: *душа, сердце*) to stand still; (: *работа, страна*) to come to a standstill; (*звук*) to die away.

замёрз|нуть (**-ну**; *pt* **-, -ла**, *impf* **замерза́ть**) *сов* to freeze; (*окно*) to ice up; **я замёрз** I'm freezing.

зам|еси́ть (**-ешу́, -е́сишь**; *impf* **заме́шивать**) *сов перех* (*тесто*) to knead.

замести́тел|ь (**-я**) *м* replacement; (*должность*) deputy.

заме|сти́ть (**-щу́, -сти́шь**) *сов от* **замеща́ть**.

заме́|тить (**-чу, -тишь**; *impf* **замеча́ть**) *сов перех* to notice; (*сказать*) to remark.

заме́т|ка (**-ки**; *gen pl* **-ок**) *ж* note; (*в газете*) short piece *или* article.

заме́тно *нареч* noticeably ◆ *как сказ* (*видно*) it's obvious.

заме́тный *прил* noticeable; (*личность*) prominent.

замеча́ни|е (**-я**) *ср* comment, remark; (*выговор*) reprimand.

замеча́тельно *нареч* (*красив, умён*) extremely; (*делать что-н*) wonderfully, brilliantly ◆ *как сказ*: **~!** that's wonderful *или* brilliant!

замеча́тельный *прил* (*очень хороший*) wonderful, brilliant.

замеча́|ть (**-ю**) *несов от* **заме́тить**.

замеша́тельств|о (**-а**) *ср* confusion.

заме́шива|ть (**-ю**) *несов от* **замеси́ть**.

замеща́|ть (**-ю**) *несов перех* (*временно*) to stand in for; (*pf* **замести́ть**; *заменять*: *работника итп*) to replace; (: *игрока*) to substitute; (*вакансию*) to fill.

замеще́ни|е (**-я**) *ср* (*работника, директора*) replacement; (*игрока*) substitution.

замира́|ть (**-ю**) *несов от* **замере́ть**.

за́мкнутый *прил* (*жизнь*) cloistered; (*человек*) reclusive.

замкн|у́ть (**-у́, -ёшь**; *impf* **замыка́ть**) *сов перех* to close; **~ся** (*impf* **замыка́ться**) *сов возв* to close; (*перен*: *обособиться*) to shut o.s. off.

за́м|ок (**-ка**) *м* castle.

зам|о́к (**-ка́**) *м* lock; (*также*: **вися́чий ~**) padlock.

замо́лк|нуть (**-ну**; *pt* **-, -ла**, *impf* **замолка́ть**) *сов* to fall silent.

замолч|а́ть (**-у́, -и́шь**) *сов* (*человек*) to go quiet; **~и́!** be quiet!, shut up!

замора́живани|е (**-я**) *ср* (*продуктов*) refrigeration; **~ цен/зарпла́ты** price/wage freeze.

заморо́|зить (**-жу, -зишь**; *impf* **замора́живать**) *сов перех* to freeze.

за́морозк|и (**-ов**) *мн* frosts *мн*.

зам|очи́ть (**-очу́, -о́чишь**; *impf* **зама́чивать**) *сов перех* to soak.

за́муж *нареч*: **выходи́ть ~** (**за** *+acc*) to get married (to), marry.

за́мужем *нареч* married.

заму́жеств|о (**-а**) *ср* marriage.

заму́жний *прил* married.

заму́ч|ить (**-у, -ишь**) *сов от* **му́чить** ◆ *перех*; **~** (*pf*) **кого́-н до сме́рти** to torture sb to death; **~ся** *сов от* **му́читься**.

за́мш|а (**-и**) *ж* suede.

замыка́ни|е (**-я**) *ср* (*также*: **коро́ткое ~**) short circuit.

замыка́|ть(ся) (**-ю(сь)**) *несов от* **замкну́ть(ся)**.

за́мыс|ел (**-ла**) *м* scheme; (*произведения*) idea.

замы́сл|ить (**-ю, -ишь**; *impf*

замышля́ть) *сов перех* to think up.
за́навес (**-а**) *м* (*ТЕАТР*) curtain.
занаве́|сить (**-шу, -сишь**; *impf* **занаве́шивать**) *сов перех* to hang a curtain over.
занаве́с|ка (**-ки**; *gen pl* **-ок**) *ж* curtain.
зан|ести́ (**-есу́, -есёшь**; *pt* **-ёс, -есла́**, *impf* **заноси́ть**) *сов перех* (*принести*) to bring; (*записать*) to take down; (*доставить*): **доро́гу ~есло́ сне́гом** the road is covered (over) with snow.
занима́тельный *прил* engaging.
занима́|ть (**-ю**) *несов от* **заня́ть**; **~ся** *несов возв* (*на рояле итп*) to practise (*BRIT*), practice (*US*); **~ся** *(impf)* **(+*instr*)** (*учиться*) to study; (*работать*: *уборкой*) to do; **~ся** *(impf)* **спо́ртом/му́зыкой** to play sports/music; **чем ты сейча́с ~ешься?** what are you doing at the moment?
за́ново *нареч* again.
зано́з|а (**-ы**) *ж* splinter.
зано́с (**-а**) *м* (*обычно мн*) drift.
зан|оси́ть (**-ошу́, -о́сишь**) *несов от* **занести́**.
за́нят *прил* busy; **он был о́чень ~** he was very busy; **телефо́н ~** the phone *или* line is engaged.
заня́ти|е (**-я**) *ср* occupation; (*в школе*) lesson, class; (*времяпрепровождение*) pastime.
заня́ть (**займу́, займёшь**; *impf* **занима́ть**) *сов перех* to occupy; (*должность, позицию*) to take up; (*деньги*) to borrow; (*время*) to take; **~** *(pf)* **пе́рвое/второ́е ме́сто** to take first/second place; **~ся** *сов возв*: **~ся** *+instr* (*языком, спортом*) to take up; (*бизнесом*) to go into; **~ся** *(pf)* **собо́й/детьми́** to devote time to o.s./one's children.

заодно́ *нареч* (*вместе*) as one.
зао́чный *прил* part-time.
за́пад (**-а**) *м* west; **З~** (*ПОЛИТ*) the West.
западноевропе́йский *прил* West European.
за́падный *прил* western; (*ветер*) westerly.
западн|я́ (**-и́**) *ж* trap.
запа́с (**-а**) *м* store; (*руды*) deposit; (*ВОЕН*) the reserves *мн*.
запаса́|ть(ся) (**-ю(сь)**) *несов от* **запасти́(сь)**.
запасн|о́й *прил* spare ♦ (**-о́го**) *м* (*СПОРТ*: *также*: **~ игро́к**) substitute; **~а́я часть** spare part.
зап|асти́ (**-асу́, -асёшь**; *impf* **запаса́ть**) *сов перех* (*дрова, топливо*) to lay in; **~сь** (*impf* **запаса́ться**) *сов возв*: **~сь (+*instr*)** (*продуктами*) to stock up (on).
за́пах (**-а**) *м* smell.
запая́|ть (**-ю**) *сов перех* to solder.
зап|ере́ть (**-ру́, -рёшь**; *impf* **запира́ть**) *сов перех* (*дверь, шкаф*) to lock; (*дом, человека*) to lock up; **~ся** (*impf* **запира́ться**) *сов возв* (*дверь, шкаф*) to lock; (*человек*) to lock o.s. up.
зап|е́ть (**-ою́, -оёшь**) *сов (не)перех* to start singing.
запеча́та|ть (**-ю**; *impf* **запеча́тывать**) *сов перех* to seal up.
запира́|ть(ся) (**-ю(сь)**) *несов от* **запере́ть(ся)**.
зап|иса́ть (**-ишу́, -и́шешь**; *impf* **запи́сывать**) *сов перех* to write down; (*концерт, пластинку*) to record; (*в кружок, на курсы*) to enrol; **~ся** (*impf* **запи́сываться**) *сов возв* (*в кружок, на курсы*) to enrol (o.s.); (*на плёнку*) to make a recording; **~ся** *(pf)* **(на приём) к**

врачу́ to make a doctor's appointment.
запи́ск|а (**-и**) *ж* note; (*служебная*) memo.
записн|о́й *прил*: **~а́я кни́жка** notebook.
запи́сыва|ть(ся) (**-ю(сь)**) *несов от* **записа́ть(ся)**.
за́пис|ь (**-и**) *ж* record; (*в дневнике*) entry; (*МУЗ*) recording; (*в кружок, на курсы*) enrolment (*BRIT*), enrollment (*US*); (*на приём к врачу*) registration.
запла́|кать (**-чу, -чешь**) *сов* to start crying *или* to cry.
запла́т|а (**-ы**) *ж* patch.
запл|ати́ть (**-ачу́, -а́тишь**) *сов от* **плати́ть**.
запл|ести́ (**-ету́, -етёшь**; *pt* **-ёл, -ела́, -ело́**, *impf* **заплета́ть**) *сов перех* (*волосы, косу*) to plait.
заплы́в (**-а**) *м* (*СПОРТ*) race (*in swimming*); (: *отборочный*) heat.
запл|ы́ть (**-ыву́, -ывёшь**; *impf* **заплыва́ть**) *сов* (*человек*) to swim off; (*глаза*) to become swollen.
запове́дник (**-а**) *м* (*природный*) nature reserve.
за́поведь (**-и**) *ж* commandment.
заподо́зр|ить (**-ю, -ишь**) *сов перех* to suspect.
запо́лн|ить (**-ю, -ишь**; *impf* **заполня́ть**) *сов перех* to fill; (*анкету, бланк*) to fill in *или* out; **~ся** (*impf* **заполня́ться**) *сов возв* to fill up.
заполя́рный *прил* polar.
запо́мн|ить (**-ю, -ишь**; *impf* **запомина́ть**) *сов перех* to remember.
за́понк|а (**-и**) *ж* cuff link.
запо́р (**-а**) *м* (*МЕД*) constipation; (*замок*) lock.
запоте́|ть (**-ю**) *сов* to steam up.
запра́в|ить (**-лю, -ишь**; *impf* **заправля́ть**) *сов перех* (*рубашку*) to tuck in; (*салат*) to dress; **заправля́ть** (**~** *pf*) **маши́ну** to fill up the car; **~ся** (*impf* **заправля́ться**) *сов возв* (*разг*: *горючим*) to tank up.
запра́в|ка (**-ки**; *gen pl* **-ок**) *ж* (*машины, самолёта итп*) refuelling; (*КУЛИН*) dressing; (*разг*: *станция*) filling station.
запра́вочн|ый *прил*: **~ая ста́нция** filling station.
запре́т (**-а**) *м*: **~** (**на что-н**/*+infin*) ban (on sth/on doing).
запре|ти́ть (**-щу́, -ти́шь**; *impf* **запреща́ть**) *сов перех* (*оружие, демонстрации*) to ban; **запреща́ть** (**~** *pf*) **кому́-н** *+infin* to forbid sb to do.
запре́тный *прил* forbidden.
запреще́ни|е (**-я**) *ср* banning.
запрещённый *прил* banned.
запро́с (**-а**) *м* inquiry; (*обычно мн*: *требования*) requirement.
запр|я́чь (**-ягу́, -яжёшь** *итп*, **-ягу́т**; *pt* **-я́г, -ягла́**, *impf* **запряга́ть**) *сов перех* (*лошадь*) to harness.
запуга́|ть (**-ю**; *impf* **запу́гивать**) *сов перех* to intimidate.
за́пуск (**-а**) *м* (*станка*) starting; (*ракеты*) launch.
зап|усти́ть (**-ущу́, -у́стишь**; *impf* **запуска́ть**) *сов перех* (*бросить*) to hurl; (*станок*) to start (up); (*ракету*) to launch; (*хозяйство, болезнь*) to neglect ♦ *неперех*: **~ чем-н в кого́-н** to hurl sth at sb; **запуска́ть** (**~** *pf*) **что-н в произво́дство** to launch (production of) sth.
запу́танный *прил* (*нитки, волосы*) tangled; (*дело, вопрос*)

confused.
запу́та|ть (-ю) *сов от* **пу́тать**; **~ся** *сов от* **пу́таться** ◆ (*impf* **запу́тываться**) *возв* (*человек*: *в долгах*) to get caught up; (*дело, вопрос*) to become confused.
запу́щенный *прил* neglected.
запча́ст|ь (-и) *ж сокр* = **запасна́я часть**.
запя́ст|ье (-ья; *gen pl* **-ий)** *ср* wrist.
запят|а́я (-о́й; *decl like adj*) *ж* comma.
зарабо́та|ть (-ю; *impf* **зараба́тывать**) *сов перех* to earn ◆ *неперех* (*no impf*, *начать работать*) to start up.
за́работн|ый *прил*: **~ая пла́та** pay, wages *мн*.
за́работ|ок (-ка) *м* earnings *мн*.
заража́|ть(ся) (-ю(сь)) *несов от* **зарази́ть(ся)**.
зараже́ни|е (-я) *ср* infection; (*местности*) contamination.
зара́з|а (-ы) *ж* infection.
зара|зи́ть (-жу́, -зи́шь; *impf* **заража́ть**) *сов перех* to infect; (*местность*) to contaminate; **~ся** (*impf* **заража́ться**) *сов возв*: **~ся** +*instr* (*гриппом итп*) to catch.
зара́зный *прил* infectious.
зара́нее *нареч* in advance.
зар|асти́ (-асту́, -астёшь; *pt* **-о́с, -осла́**, *impf* **зараста́ть**) *сов* (*зажить*: *рана*) to close up; **зараста́ть (~** *pf*) +*instr* (*травой*) to be overgrown with.
заре́|зать (-жу, -жешь) *сов от* **ре́зать** ◆ *перех* (*человека*) to stab to death.
зарод|и́ться (*3sg* **-и́тся**, *impf* **зарожда́ться**) *сов возв* (*явление*) to emerge; (*перен*: *чувство*) to arise.
заро́дыш (-а) *м* (*БИО*) embryo; (*растения, также перен*) germ.
зарожде́ни|е (-я) *ср* emergence; (*идеи, чувства*) conception.
за́росл|ь (-и) *ж* (*обычно мн*) thicket.
зарпла́т|а (-ы) *ж сокр* (= *за́работная пла́та*) pay.
зарубе́жный *прил* foreign.
зарубе́жь|е (-я) *ср* overseas; **страны бли́жнего ~я** "near abroad" (*the former USSR republics*).
зар|ы́ть (-о́ю, -о́ешь; *impf* **зарыва́ть**) *сов перех* to bury; **~ся** (*impf* **зарыва́ться**) *сов возв*: **~ся в** +*acc* (*в землю, в песок*) to bury o.s. in.
зар|я́ (-и́; *nom pl* **зо́ри**, *gen pl* **зорь**, *dat pl* **зо́рям)** *ж* dawn; (*вечерняя*) sundown; **ни свет ни ~** at the crack of dawn.
заря́д (-а) *м* (*ВОЕН, ЭЛЕК*) charge; (*перен*: *бодрости*) boost.
заря|ди́ть (-жу́, -ди́шь; *impf* **заряжа́ть**) *сов перех* (*фотоаппарат, оружие*) to load; (*батарейку*) to charge; **~ся** (*impf* **заряжа́ться**) *сов возв* to recharge.
заря́дк|а (-и) *ж* (*утренняя*) exercises *мн*.
заса́д|а (-ы) *ж* ambush; (*отряд*) ambush party.
заса́сыва|ть (*3sg* **-ет**) *несов от* **засоса́ть**.
засверка́|ть (-ю) *сов* to flash.
засв|ети́ть (-ечу́, -е́тишь; *impf* **засве́чивать**) *сов перех* (*ФОТО*) to expose.
засева́|ть (-ю) *несов от* **засе́ять**.
заседа́ни|е (-я) *ср* (*собрание*) meeting; (*парламента, суда*) session.
заседа́тел|ь (-я) *м*: **прися́жный**

~ member of the jury.
заседа́|ть (**-ю**) *несов* (*на совещании*) to meet; (*в парламенте, в суде*) to sit; (*парламент, суд*) to be in session.
засека́|ть (**-ю**) *несов от* **засе́чь**.
засел|и́ть (**-ю́, -и́шь**; *impf* **заселя́ть**) *сов перех* (*земли*) to settle; (*дом*) to take up occupancy of.
зас|е́чь (**-еку́, -ечёшь** *итп*, **-еку́т**; *pt* **-ёк, -екла́, -екло́**, *impf* **засека́ть**) *сов перех* (*место*) to locate; **засека́ть** (**~** *pf*) **вре́мя** to record the time.
засе́|ять (**-ю**; *impf* **засева́ть**) *сов перех* to sow.
засло́н (**-а**) *м* shield.
заслон|и́ть (**-ю́, -и́шь**; *impf* **заслоня́ть**) *сов перех* (*от ветра, от пули*) to shield.
заслу́г|а (**-и**) *ж* (*обычно мн*) service; **награди́ть** *(pf)* **кого́-н по ~м** to fully reward sb; **его́ наказа́ли по ~м** he got what he deserved.
заслу́женный *прил* well-deserved; (*врач, учёный итп*) renowned.
заслу́жива|ть (**-ю**) *несов от* **заслужи́ть** ♦ *перех* (*доверия, внимания*) to deserve.
засл|ужи́ть (**-ужу́, -у́жишь**; *impf* **заслу́живать**) *сов перех* to earn.
заслу́ша|ть (**-ю**; *impf* **заслу́шивать**) *сов перех* to listen to.
засме|я́ться (**-ю́сь, -ёшься**) *сов возв* to start laughing.
засн|у́ть (**-у́, -ёшь**; *impf* **засыпа́ть**) *сов* to go to sleep, fall asleep.
засо́в (**-а**) *м* bolt.
засо́выва|ть (**-ю**) *несов от* **засу́нуть**.
засоре́ни|е (**-я**) *ср* (*рек*) pollution; (*туалета*) blockage.
засор|и́ть (**-ю́, -и́шь**; *impf* **засоря́ть**) *сов перех* (*туалет*) to clog up, block; **~ся** (*impf* **засоря́ться**) *сов возв* (*туалет*) to become clogged up *или* blocked.
засос|а́ть (**-у́, -ёшь**; *impf* **заса́сывать**) *сов перех* to suck in.
засо́хн|уть (**-у**; *impf* **засыха́ть**) *сов* (*грязь*) to dry up; (*растение*) to wither.
заста́в|а (**-ы**) *ж* (*также:* **пограни́чная ~**) frontier post.
заста|ва́ть (**-ю́, -ёшь**) *несов от* **заста́ть**.
заста́в|ить (**-лю, -ишь**; *impf* **заставля́ть**) *сов перех* (*занять*) to clutter up; **заставля́ть** (**~** *pf*) **кого́-н** *+infin* to force sb to do, make sb do.
заста́|ть (**-ну, -нешь**; *impf* **застава́ть**) *сов перех* to catch, find.
застегн|у́ть (**-у́, -ёшь**; *impf* **застёгивать**) *сов перех* to do up; **~ся** (*impf* **застёгиваться**) *сов возв* (*человек: на пуговицы*) to button o.s. up; (*: на молнию*) to zip o.s. up.
застёж|ка (**-ки**; *gen pl* **-ек**) *ж* fastener.
застекл|и́ть (**-ю́, -и́шь**; *impf* **застекля́ть**) *сов перех* to glaze.
застел|и́ть (**-ю́, -ишь**; *impf* **застила́ть**) *сов перех* (*кровать*) to make up.
засте́нчивый *прил* shy.
застига́|ть (**-ю**) *несов от* **засти́чь**.
застила́|ть (**-ю**) *несов от* **застели́ть**.
засти́|чь (**-гну, -гнешь**; *pt* **-г, -гла,**

-гло, *impf* **застигáть**) *сов перех* to catch.
застó|й (**-я**) *м* (*в делах*) standstill; (*в жизни*) stagnation.
застóйный *прил* stagnant.
застрáива|ть (**-ю**) *несов от* **застрóить**.
застрах|овáть (**-ýю**) *сов от* **страховáть** ◆ (*impf* **застрахóвывать**) *перех*: **~** (**от** *+gen*) to insure (against); **~ся** *сов от* **страховáться** ◆ (*impf* **застрахóвываться**) *возв*: **~ся** (**от** *+gen*) to insure o.s. (against).
застревá|ть (**-ю**) *несов от* **застря́ть**.
застр|ели́ть (**-елю́, -éлишь**) *сов перех* to gun down; **~ся** *сов возв* to shoot o.s.
застрó|ить (**-ю, -ишь**; *impf* **застрáивать**) *сов перех* to develop.
застря́|ть (**-ну, -нешь**; *impf* **застревáть**) *сов* to get stuck.
заст|упи́ться (**-уплю́сь, -ýпишься**; *impf* **заступáться**) *сов возв*: **~ за** *+acc* to stand up for.
засты́|ть (**-ну, -нешь**; *impf* **застывáть**) *сов* to freeze; (*цемент*) to set.
засýн|уть (**-у**; *impf* **засóвывать**) *сов перех*: **~ что-н в** *+acc* to thrust sth into.
зáсух|а (**-и**) *ж* drought.
зас|уши́ть (**-ушý, -ýшишь**; *impf* **засýшивать**) *сов перех* to dry up.
засýшливый *прил* dry.
засчитá|ть (**-ю**; *impf* **засчи́тывать**) *сов перех* (*гол*) to allow (to stand).
засы́п|ать (**-лю, -лешь**; *impf* **засыпáть**) *сов перех* (*яму*) to fill (up); (*покрыть*) to cover; **засыпáть** (**~** *pf*) **когó-н вопрóсами/подáрками** to bombard sb with questions/gifts.
засыпá|ть (**-ю**) *несов от* **заснýть**.
засыхá|ть (**-ю**) *несов от* **засóхнуть**.
затa|и́ть (**-ю́, -и́шь**; *impf* **затáивать**) *сов перех* (*неприязнь*) to harbour (*BRIT*), harbor (*US*); **~** (*pf*) **дыхáние** to hold one's breath; **~ся** *сов возв* to hide.
затáплива|ть (**-ю**) *несов от* **затопи́ть**.
зат|ащи́ть (**-ащý, -áщишь**; *impf* **затáскивать**) *сов перех* to drag.
затвердé|ть (*3sg* **-ет**, *impf* **затвердевáть**) *сов* to harden; (*жидкость*) to solidify.
затвóр (**-а**) *м* shutter.
затевá|ть (**-ю**) *несов от* **затéять**.
затекá|ть (**-ю**) *несов от* **затéчь**.
затéм *нареч* (*потом*) then; (*для того*) for that reason; **~ чтóбы** in order to.
затемн|и́ть (**-ю́, -и́шь**; *impf* **затемня́ть**) *сов перех* to darken.
зат|éчь (*3sg* **-ечёт**, *pt* **-ёк, -еклá, -еклó**, *impf* **затекáть**) *сов* (*опухнуть*) to swell up; (*онеметь*) to go numb; **затекáть** (**~** *pf*) **за** *+acc***/в** *+acc* (*вода*) to seep behind/ into.
затé|я (**-и**) *ж* (*замысел*) idea, scheme.
затé|ять (**-ю**; *impf* **затевáть**) *сов перех* (*разговор, игру*) to start (up).
зати́х|нуть (**-ну**; *pt* **-, -ла**, *impf* **затихáть**) *сов* to quieten (*BRIT*) *или* quiet (*US*) down; (*буря*) to die down.
зати́шь|е (**-я**) *ср* lull.
заткн|ýть (**-ý, -ёшь**; *impf* **затыкáть**) *сов перех* to plug; **~** (*pf*) **что-н за** *+acc***/в** *+acc* to stuff sth behind/into; **затыкáть** (**~** *pf*)

кого́-н *или* **рот кому́-н** (*разг*) to shut sb up; **~ся** (*impf* **затыка́ться**) *сов возв* (*разг*: *замолчать*) to shut up; **~и́сь!** (*разг*: *пренебр*) shut it!
затмéни|е (**-я**) *ср* eclipse.
зато́ *союз* (*также*: **но ~**) but then (again).
зат|ону́ть (**-ону́, -о́нешь**) *сов* to sink.
зат|опи́ть (**-оплю́, -о́пишь**; *impf* **зата́пливать**) *сов перех* (*печь*) to light; (*impf* **затопля́ть**; *деревню*) to flood; (*судно*) to sink.
зато́р (**-а**) *м* congestion; (*на улице*) traffic jam.
затра́гива|ть (**-ю**) *несов от* **затро́нуть**.
затра́т|а (**-ы**) *ж* expenditure.
затра́|тить (**-чу, -тишь**; *impf* **затра́чивать**) *сов перех* to expend.
затро́н|уть (**-у**; *impf* **затра́гивать**) *сов перех* (*перен*: *тему*) to touch on; (: *человека*) to affect.
затруднéни|е (**-я**) *ср* difficulty.
затрудни́тельный *прил* difficult, awkward.
затрудн|и́ть (**-ю́, -и́шь**; *impf* **затрудня́ть**) *сов перех*: **~ что-н** to make sth difficult; **éсли Вас не ~и́т** if it isn't too much trouble; **~ся** (*impf* **затрудня́ться**) *сов возв*: **~ся** *+infin*/**с чем-н** to have difficulty doing/with sth.
зат|упи́ть(ся) (**-уплю́, -у́пишь**) *сов от* **тупи́ть(ся)**.
зат|уши́ть (**-ушу́, -у́шишь**) *сов от* **туши́ть**.
затыка́|ть(ся) (**-ю(сь)**) *несов от* **заткну́ть(ся)**.
заты́л|ок (**-ка**) *м* the back of the head.
зат|яну́ть (**-яну́, -я́нешь**; *impf* **затя́гивать**) *сов перех* (*шнурки, гайку*) to tighten; (*дело*) to drag out; (*вовлечь*): **~ кого́-н в** *+acc* to drag sb into; **~ся** (*impf* **затя́гиваться**) *сов возв* (*петля, узел*) to tighten; (*рана*) to close up; (*дело, переговоры итп*) to overrun; (*при курении*) to inhale.
зауря́дный *прил* mediocre.
зау́трен|я (**-и**) *ж* (*РЕЛ*) dawn mass.
за|учи́ть (**-учу́, -у́чишь**; *impf* **зау́чивать**) *сов перех* to learn, memorize.
захва́т (**-а**) *м* seizure, capture; (*СПОРТ*) hold; (*ТЕХ*) clamp.
захв|ати́ть (**-ачу́, -а́тишь**; *impf* **захва́тывать**) *сов перех* to seize, capture; (*взять с собой*) to take; (*подлеж*: *музыка, работа*) to captivate; (*болезнь, пожар*) to catch (in time); **дух захва́тывает** it takes your breath away; **у меня́ дух ~ати́ло от волнéния** I was breathless with excitement.
захва́тнический *прил* aggressive.
захва́тчик (**-а**) *м* invader.
захва́тывающий *прил* gripping; (*вид*) breathtaking.
захлебн|у́ться (**-у́сь, -ёшься**; *impf* **захлёбываться**) *сов возв* to choke.
захло́па|ть (**-ю**) *сов*: **~ (в ладо́ши)** (*зрители*) to start clapping.
захло́пн|уть (**-у**; *impf* **захло́пывать**) *сов перех* to slam (shut); **~ся** (*impf* **захло́пываться**) *сов возв* to slam (shut).
захо́д (**-а**) *м* (*также*: **~ со́лнца**) sundown; (*в порт*) call; (*попытка*) go; **с пéрвого/второ́го ~а** at the first/second go.
зах|оди́ть (**-ожу́, -о́дишь**) *несов от* **зайти́**.

захор|онить (**-оню, -онишь**) *сов перех* to bury.
зах|отеть (*как* **хотеть**; *см* **Table 14**) *сов перех* to want; **~ся** *сов безл*: **мне ~отелось есть/пить** I started to feel hungry/thirsty.
зац|епить (**-еплю, -епишь**; *impf* **зацеплять**) *сов перех* (*поддеть*) to hook up; (*разг*: *случайно задеть*) to catch against; **~ся** *сов возв*: **~ся за** *+acc* (*задеть за*) to catch *или* get caught on; (*ухватиться за*) to grab hold of.
зачати|е (**-я**) *ср* conception.
зачат|ок (**-ка**; *nom pl* **-ки**) *м* (*обычно мн*: *идеи итп*) beginning, germ *ед*.
зачем *нареч* why.
зачем-то *нареч* for some reason.
зачеркн|уть (**-у, -ёшь**; *impf* **зачёркивать**) *сов перех* to cross out.
зачерпн|уть (**-у, -ёшь**; *impf* **зачерпывать**) *сов перех* to scoop up.
зач|есать (**-ешу, -ешешь**; *impf* **зачёсывать**) *сов перех* to comb.
зачёт (**-а**) *м* (*ПРОСВЕЩ*) test; **сдавать** *(impf)*/**сдать** *(pf)* **~ по физике** to sit (*BRIT*) *или* take/pass a physics test.
зачётн|ый *прил*: **~ая работа** assessed essay (*BRIT*), term paper (*US*).
зачинщик (**-а**) *м* instigator.
зачисл|ить (**-ю, -ишь**; *impf* **зачислять**) *сов перех* (*в институт*) to enrol; (*на работу*) to take on; (*на счёт*) to enter.
зачита|ть (**-ю**; *impf* **зачитывать**) *сов перех* to read out.
зашёл *сов см* **зайти**.
заш|ить (**-ью, -ьёшь**; *impf* **зашивать**) *сов перех* (*дырку, носки*) to mend; (*шов, рану*) to stitch.
зашла *итп сов см* **зайти**.
заштопа|ть (**-ю**) *сов от* **штопать**.
защёлк|а (**-и**) *ж* (*на двери*) latch.
защёлкн|уть (**-у**; *impf* **защёлкивать**) *сов перех* to shut; **~ся** (*impf* **защёлкиваться**) *сов возв* to click shut.
защит|а (**-ы**) *ж* (*также ЮР, СПОРТ*) defence (*BRIT*), defense (*US*); (*от комаров, от пыли*) protection; (*диплома, диссертации*) (public) viva.
защи|тить (**-щу, -тишь**; *impf* **защищать**) *сов перех* to defend; (*от солнца, от комаров итп*) to protect; **защищать (~ *pf*) диссертацию** to defend one's thesis (*at public viva*); **~ся** (*impf* **защищаться**) *сов возв* to defend o.s.; (*диссертант, студент*) to defend one's thesis.
защитник (**-а**) *м* (*также СПОРТ*) defender; (*ЮР*) defence counsel (*BRIT*), defense attorney (*US*); **левый/правый ~** (*футбол*) left/right back.
защитный *прил* protective; **~ цвет** khaki.
защища|ть (**-ю**) *несов от* **защитить** ♦ *перех* (*подсудимого*) to defend; **~ся** *несов от* **защититься**.
за|явить (**-явлю, -явишь**; *impf* **заявлять**) *сов перех* (*протест*) to make ♦ *неперех*: **~ о** *+prp* to announce; **заявлять (~ *pf*) на кого-н в милицию** to report sb to the police.
заяв|ка (**-ки**; *gen pl* **-ок**) *ж*: **~ (на** *+acc*) application (for); (*на билеты*) order (for).
заявлени|е (**-я**) *ср*

(*правительства*) statement; (*просьба*): **~ (о** *+prp***)** application (for).
заявля́|ть (-ю) *несов от* **заяви́ть**.
за́|яц (-йца) *м* (*зоол*) hare.
зва́ни|е (-я) *ср* (*воинское*) rank; (*учёное, почётное*) title.
звать (зову́, зовёшь; *pf* **позва́ть)** *несов перех* to call; (*приглашать*) to ask; (*по pf; называть*): **~ кого́-н кем-н** to call sb sth; **как Вас зову́т?** what is your name?; **меня́/его́ зову́т Алекса́ндр** my/his name is Alexander; **~ (позва́ть** *pf***) кого́-н в го́сти/в кино́** to ask sb over/to the cinema.
звезд|а́ (-ы́; *nom pl* **звёзды)** *ж* star.
звен|е́ть (-ю́, -и́шь) *несов* (*звонок*) to ring; (*голос*) to ring out; (*стаканы*) to clink.
звен|о́ (-а́; *nom pl* **-ья,** *gen pl* **-ьев)** *ср* link; (*конструкции*) section.
звери́ный *прил* (wild) animal.
зве́рский *прил* (*поступок*) brutal.
зве́рств|о (-а) *ср* (*жестокость*) brutality; (*поступок*) atrocity.
зве́рств|овать (-ую) *несов* to commit atrocities.
звер|ь (-я; *gen pl* **-е́й)** *м* (wild) animal, beast.
звон (-а) *м* clinking; (*колокола*) chime.
звон|и́ть (-ю́, -и́шь; *pf* **по~)** *несов* to ring; (*ТЕЛ*): **~ кому́** to ring *или* phone *или* call (*US*) sb.
зво́нкий *прил* sonorous.
звон|о́к (-ка́; *nom pl* **-ки́)** *м* bell; (*звук*) ring; (*по телефону*) (telephone) call.
звук (-а) *м* sound.
звуков|о́й *прил* sound, audio; **~а́я доро́жка** track (*on audio tape*); **~а́я аппарату́ра** hi-fi equipment.
звукоза́пис|ь (-и) *ж* sound recording.
звуч|а́ть (*3sg* **-и́т)** *несов* (*гитара*) to sound; (*гнев*) to be heard.
зда́ни|е (-я) *ср* building.
здесь *нареч* here.
здоро́ва|ться (-юсь; *pf* **по~)** *несов возв*: **~ с** *+instr* to say hello to.
здо́рово *нареч* (*разг*: *отлично*) really well ♦ *как сказ* (*разг*) it's great.
здоро́в|ый *прил* healthy; (*перен*: *идея*) sound; (*разг*: *большой*) hefty; **бу́дьте ~ы!** (*при прощании*) take care!; (*при чихании*) bless you!
здоро́вь|е (-я) *ср* health; **как Ва́ше ~?** how are you keeping?; **за Ва́ше ~!** (to) your good health!; **на ~!** enjoy it!
здравомы́слящий *прил* sensible.
здравоохране́ни|е (-я) *ср* health care; **министе́рство ~я** ≈ Department of Health.
здра́вств|овать (-ую) *несов* to thrive; **~уйте** hello; **да ~ует...!** long live ...!
здра́вый *прил* sound.
зе́бр|а (-ы) *ж* zebra; (*переход*) zebra crossing (*BRIT*), crosswalk (*US*).
зева́|ть (-ю) *несов* to yawn ♦ (*pf* **про~)** *перех* (*разг*) to miss out.
зевн|у́ть (-у́, -ёшь) *сов* to yawn.
зелене́|ть (-ю; *pf* **по~)** *несов* to go *или* turn green.
зелён|ый *прил* green; **"З~ые"** (*ПОЛИТ*) the Greens.
зе́лен|ь (-и) *ж* (*цвет*) green ♦ *собир* (*растительность*) greenery; (*овощи и травы*) greens *мн*.
земе́льный *прил* land; **~ наде́л**

или **уча́сток** plot of land.
землевладе́л|ец (**-ьца**) *м* landowner.
землевладе́ни|е (**-я**) *ср* landownership.
земледе́ли|е (**-я**) *ср* arable farming.
земледе́льческий *прил* (*район*) agricultural; (*машины*) farming.
землетрясе́ни|е (**-я**) *ср* earthquake.
зем|ля́ (**-ли́**; *acc sg* **-лю**, *nom pl* **-ли**, *gen pl* **-е́ль**) *ж* land; (*поверхность*) ground; (*почва*) earth, soil; (*планета*): **З~** Earth.
земля́к (**-а́**) *м* compatriot.
земляни́к|а (**-и**) *ж* (*растение*) wild strawberry (plant) ◆ *собир* (*ягоды*) wild stawberries *мн*.
земно́й *прил* (*поверхность, кора*) earth's; (*перен*: *блага, желания*) earthly; **~ шар** the globe.
зени́т (**-а**) *м* zenith.
зе́рк|ало (**-ала**; *nom pl* **-ала́**, *gen pl* **-а́л**, *dat pl* **-ала́м**) *ср* mirror.
зерка́льный *прил* glassy.
зерн|о́ (**-а́**; *nom pl* **зёрна**, *gen pl* **зёрен**) *ср* (*пшеницы*) grain; (*кофе*) bean; (*мака*) seed; (*пороха*) granule ◆ *собир* (*семенное, на хлеб*) grain.
зернохрани́лищ|е (**-а**) *ср* granary.
зигза́г (**-а**) *м* zigzag.
зим|а́ (**-ы́**; *acc sg* **-у**, *dat sg* **-е́**, *nom pl* **-ы**) *ж* winter.
зи́мний *прил* (*день*) winter's; (*погода*) wintry; (*лес, одежда*) winter.
зим|ова́ть (**-у́ю**; *pf* **про~**) *несов* (*человек*) to spend the winter; (*птицы*) to winter.
зимо́в|ка (**-ки**; *gen pl* **-ок**) *ж* wintering place; (*для птиц*) wintering ground.
зимо́й *нареч* in the winter.
зл|ить (**-ю, -ишь**; *pf* **разозли́ть**) *несов перех* to annoy; **~и́ться** (*pf* **разозли́ться**) *несов возв* to get angry.
зл|о (**-а**; *gen pl* **зол**) *ср* evil; (*неприятность*) harm ◆ *нареч* (*посмотреть, сказать*) spitefully; **со ~а** out of spite; **меня́ ~ берёт** (*разг*) it makes me angry; **у меня́ на неё ~а не хвата́ет** (*разг*) she annoys me no end.
зло́б|а (**-ы**) *ж* malice; **на ~у дня** on a topical issue.
зло́бный *прил* mean; (*улыбка*) evil; (*тон, голос*) nasty.
злободне́вный *прил* topical.
злове́щий *прил* sinister.
злоде́|й (**-я**) *м* villain.
злоде́йский *прил* wicked.
злой *прил* evil; (*собака*) vicious; (*глаза, лицо*) mean; (*карикатура*) scathing; **я зол на тебя́** I'm angry with you.
злока́чественный *прил* malignant.
злора́дный *прил* gloating.
зло́стный *прил* malicious.
злост|ь (**-и**) *ж* malice.
злоупотреб|и́ть (**-лю́, -и́шь**; *impf* **злоупотребля́ть**) *сов*: **~** *+instr* to abuse; (*доверием*) to breach.
злоупотребле́ни|е (**-я**) *ср* (*обычно мн*: *незаконные действия*) malpractice *ед*; **~ нарко́тиками** drug abuse; **~ дове́рием** breach of confidence.
змеи́ный *прил* (*кожа*) snake; **~ яд** venom.
зме|й (**-я**; *gen pl* **-ев**) *м* serpent; (*также*: **возду́шный ~**) kite.
зм|ея́ (**-е́й**; *nom pl* **-е́и**, *gen pl* **-е́й**) *ж* snake.

знак (-**а**) *м* sign, symbol; (*КОМП*) character; **в ~** *+gen* as a token of; **под знáком** *+gen* in an atmosphere of; **~ рáвенства** equals sign; **знáки зодиáка** signs of the Zodiac.
знакóм|ить (-**лю, -ишь**; *pf* **по~**) *несов перех*: **~ когó-н с** *+instr* to introduce sb to; **~ся** (*pf* **познакóмиться**) *несов возв*: **~ся с** *+instr* (*с человеком*) to meet.
знакóмств|о (-**а**) *ср* acquaintance.
знакóм|ый *прил*: **~** (**с** *+instr*) familiar (with) ◆ (**-ого**) *м* acquaintance.
знаменáтел|ь (-**я**) *м* denominator.
знаменáтельный *прил* momentous.
знаменúтый *прил* famous.
знáм|я (-**ени**; *как* **врéмя**; *см* **Table 4**) *ср* banner.
знáни|е (-**я**) *ср* knowledge *ед*; **со ~м дéла** expertly.
знáтный *прил* (*род, человек*) noble.
знатóк (-**á**) *м* (*литературы*) expert; (*вин*) connoisseur.
зна|ть (-**ю**) *несов перех* to know.
значéни|е (-**я**) *ср* (*слова, взгляда*) meaning; (*победы*) importance.
знáчит *вводн сл* (*разг*) so ◆ *союз* (*следовательно*) that means.
значúтельный *прил* significant; (*вид, взгляд*) meaningful.
знáч|ить (-**у, -ишь**) *несов* (*не*)*перех* to mean; **~ся** *несов возв* (*состоять*) to appear.
знач|óк (-**кá**) *м* badge; (*пометка*) mark.
знáющий *прил* knowledgeable.
зноб|úть (*3sg* **-úт**) *несов безл*: **егó ~úт** he's shivery.
зно|й (-**я**) *м* intense heat.
знóйный *прил* scorching.
зов (-**а**) *м* call.
зовý *итп несов см* **звать**.
зодиáк (-**а**) *м* zodiac.
зол|á (-**ы́**) *ж* cinders *мн*.
золóв|ка (-**ки**; *gen pl* **-ок**) *ж* sister-inlaw, husband's sister.
золотúстый *прил* golden.
золо|тúть (-**чý, -тúшь**; *pf* **по~**) *несов перех* to gild.
зóлот|о (-**а**) *ср* gold.
золотóй *прил* golden; (*перен*: *человек, время*) wonderful.
Зóлушк|а (-**и**) *ж* Cinderella.
зóн|а (-**ы**) *ж* zone; (*лесная*) area; (*для заключённых*) prison.
зонáльный *прил* (*граница, деление*) zone; (*особенности, соревнование*) regional.
зонд (-**а**) *м* probe.
зонт (-**á**) *м* (*от дождя*) umbrella; (*от солнца*) parasol.
зóнтик (-**а**) *м* = **зонт**.
зоолóги|я (-**и**) *ж* zoology.
зоомагазúн (-**а**) *м* pet shop.
зоопáрк (-**а**) *м* zoo.
зрач|óк (-**кá**) *м* (*АНАТ*) pupil.
зрéлищ|е (-**а**) *ср* sight; (*представление*) show.
зрéлый *прил* mature; (*плод*) ripe.
зрéни|е (-**я**) *ср* (eye)sight.
зре|ть (-**ю**; *pf* **созрéть**) *несов* to mature; (*плод*) to ripen.
зрúтел|ь (-**я**) *м* (*в театре, в кино*) member of the audience; (*на стадионе*) spectator; (*наблюдатель*) onlooker.
зрúтельный *прил* (*память*) visual; **~ зал** auditorium.
зря *нареч* (*разг*: *без пользы*) for nothing, in vain; **~ трáтить** (*impf*) **дéньги/врéмя** to waste money/ time; **~ ты емý э́то сказáл** you shouldn't have told him about it.
зуб (-**а**; *nom pl* **-ы**, *gen pl* **-óв**) *м* tooth; (*nom pl* **-ья**, *gen pl* **-ьев**;

пилы) tooth; (*грабель, вилки*) prong.
зубн|о́й *прил* dental; **~а́я щётка** toothbrush; **~ врач** dentist.
зубр|и́ть (-ю́, -и́шь; *impf* **вы́зубрить**) *несов перех* (*разг*) to swot.
зуд (-а) *м* itch.
зыб|ь (-и) *ж* ripple.
зят|ь (-я) *м* (*муж дочери*) son-in-law; (*муж сестры*) brother-in-law.

И, и

KEYWORD

и *союз* **1** and; **я и мой друг** my friend and I; **и вот показа́лся лес** and then a forest came into sight
2 (*тоже*): **и он пошёл в теа́тр** he went to the theatre too; **и он не пришёл** he didn't come either
3 (*даже*) even; **и сам не рад** even he himself is not pleased
4 (*именно*): **о том и речь!** that's just it!
5 (*во фразах*): **ну и нагле́ц же ты!** what a cheek you have!; **туда́ и сюда́** here and there; **и ... и ...** both ... and ...

и́в|а (-ы) *ж* willow.
игл|а́ (-ы́; *nom pl* **-ы)** *ж* needle; (*у ежа*) spine; (*проигрывателя*) needle, stylus.
иго́л|ка (-ки; *gen pl* **-ок)** *ж* = **игла́**.
иго́рный *прил*: **~ дом** gaming club.
игр|а́ (-ы́; *nom pl* **-ы)** *ж* game; (*на скрипке итп*) playing; (*актёра*) performance; **~ слов** play on words.
игра́льн|ый *прил*: **~ые ка́рты** playing cards *мн*.
игра́|ть (-ю) *несов* to play ♦ (*pf* **сыгра́ть**) *перех* to play; (*пьесу*) to perform; **~ (сыгра́ть** *pf*) **в** *+acc* (*СПОРТ*) to play.
игри́стый *прил* sparkling.
игров|о́й *прил*: **~а́я ко́мната** playroom; **~ автома́т** fruit machine.
игро́к (-а́) *м* player.
игру́шечный *прил* toy.
игру́ш|ка (-ки; *gen pl* **-ек)** *ж* toy; **ёлочные ~ки** Christmas tree decorations.
идеализи́р|овать (-ую) *(не)сов перех* to idealize.
идеа́льный *прил* ideal.
иде́йный *прил* ideological.
идём *несов см* **идти́**.
идеологи́ческий *прил* ideological.
идеоло́ги|я (-и) *ж* ideology.
идёшь *итп несов см* **идти́**.
иде́|я (-и) *ж* idea; **по ~е** (*разг*) supposedly.
идио́м|а (-ы) *ж* idiom.
идио́т (-а) *м* idiot.
идио́тский *прил* idiotic.
идти́ (*см* **Table 18**) *несов* to go; (*пешком*) to walk; (*годы*) to go by; (*фильм*) to be on; (*часы*) to work; (*подходить: одежда*): **~ к** *+dat* to go with; **иди́ сюда́!** come here!; **иду́!** (I'm) coming!; **идёт по́езд/авто́бус** the train/bus is coming; **идёт дождь/снег** it's raining/snowing; **дела́ иду́т хорошо́/пло́хо** things are going well/badly; **Вам идёт э́та шля́па** the hat suits you; **~ (пойти́** *pf*) **пешко́м** to walk go on foot.
ие́н|а (-ы) *ж* yen.

KEYWORD

из *предл (+gen)* **1** *(о направлении действия откуда-нибудь)* out of; **он вышел из комнаты** he went out of the room
2 *(при обозначении происхождения, источника)* from; **сведения из книги** information from a book; **я из Москвы́** I am from Moscow
3 *(при выделении части из целого)* of; **вот оди́н из приме́ров** here is one of the examples
4 *(при обозначении материала)* made of; **э́тот стол сде́лан из сосны́** this table is made of pine; **ва́за из стекла́** a glass vase; **варе́нье из я́блок** apple jam
5 *(при указании причины)* out of; **из осторо́жности/за́висти** out of wariness/envy; **из эконо́мии** in order to save money
6 *(во фразах)*: **из го́да в год** year in, year out; **я бежа́л изо всех сил** I ran at top speed.

изб|а́ (-ы́; *nom pl* **-ы)** *ж* hut.
изба́в|ить (-лю, -ишь; *impf* **избавля́ть)** *сов перех*: **~ кого́-н от** *+gen (от проблем)* to free sb from; *(от врагов)* to deliver sb from; **~ся** *(impf* **избавля́ться)** *сов возв*: **~ся от** *+gen* to get rid of; *(от страха)* to get over.
избало́ванный *прил* spoilt.
избега́|ть (-ю) *несов от* **избежа́ть** ♦ *неперех*: **~ чего́-н/***+infin* to avoid sth/doing.
избежа́ть (*как* **бежа́ть**; *см* **Table 20**; *impf* **избега́ть)** *сов*: **~** *+gen* to avoid.
избива́|ть (-ю) *несов от* **изби́ть**.
избира́тел|ь (-я) *м* voter.
избира́тельн|ый *прил (система)* electoral; **~ая кампа́ния** election campaign; **~ уча́сток** polling station; **~ бюллете́нь** ballot paper.
избира́|ть (-ю) *несов от* **избра́ть**.
из|би́ть (-обью́, -обьёшь; *impf* **избива́ть)** *сов перех* to beat.
и́збранный *прил (рассказы, стихи)* selected; *(люди, круг)* select.
изб|ра́ть (-еру́, -ерёшь; *pt* **-ра́л, -рала́, -ра́ло**, *impf* **избира́ть)** *сов перех (профессию)* to choose; *(президента)* to elect.
избы́т|ок (-ка) *м (излишек)* surplus; *(обилие)* excess.
избы́точный *прил (вес)* excess.
изверже́ни|е (-я) *ср* eruption.
изве́сти|е (-я) *ср* news; *см также* **изве́стия**.
изве|сти́ть (-щу́, -сти́шь; *impf* **извеща́ть)** *сов перех*: **~ кого́-н о** *+prp* to inform sb of.
изве́сти|я (-й) *мн (издание)* bulletin *ед.*
извёстк|а (-и) *ж* slaked lime.
изве́стно *как сказ*: **~, что** ... it is well known that ...; **мне э́то ~** I know about it; **наско́лько мне ~** as far as I know; **как ~** as is well known.
изве́стност|ь (-и) *ж* fame; **ста́вить (поста́вить** *pf)* **кого́-н в ~** to inform sb.
изве́стный *прил* famous, well-known; *(разг: лентяй)* notorious; *(условия)* certain.
и́звест|ь (-и) *ж* lime.
извеща́|ть (-ю) *несов от* **извести́ть**.
извеще́ни|е (-я) *ср* notification.
извива́|ться (-юсь) *несов возв (змея)* to slither; *(человек)* to writhe.

извилистый *прил* winding.
извинени|е (**-я**) *ср* apology; (*оправдание*) excuse.
извинительный *прил* (*тон, улыбка*) apologetic.
извин|ить (**-ю, -ишь**; *impf* **извинять**) *сов перех* (*простить*): **~ что-н** (**кому-н**) to excuse (sb for) sth; **~ите!** excuse me!; **~ите, Вы не скажете где вокзал?** excuse me, could you tell me where the station is?; **~ся** (*impf* **извиняться**) *сов возв*: **~ся** (**за** *+acc*) to apologize (for).
извл|ечь (**-еку, -ечёшь** *итп*, **-екут**; *pt* **-ёк, -екла, -екло**, *impf* **извлекать**) *сов перех* (*осколок*) to remove, take out; (*перен*: *пользу*) to derive.
извращени|е (**-я**) *ср* distortion; **половое ~** sexual perversion.
изгиб (**-а**) *м* bend.
изгиба|ть(ся) (**-ю(сь)**) *несов от* **изогнуть(ся)**.
изгнани|е (**-я**) *ср* (*ссылка*) exile.
изг|нать (**-оню, -онишь**; *pt* **-нал, -нала, -нало**, *impf* **изгонять**) *сов перех* to drive out; (*сослать*) to exile.
изгород|ь (**-и**) *ж* fence; **живая ~** hedge.
изготов|ить (**-лю, -ишь**; *impf* **изготовлять**) *сов перех* to manufacture.
изда|вать (**-ю, -ёшь**) *несов от* **издать**.
издалека *нареч* from a long way off.
издали *нареч* = **издалека**.
издани|е (**-я**) *ср* (*действие*) publication; (*изданная вещь*) edition.
издател|ь (**-я**) *м* publisher.
издательств|о (**-а**) *ср* publisher, publishing house.
издать (*как* **дать**; *см* **Table 16**; *impf* **издавать**) *сов перех* (*книгу*) to publish; (*закон*) to issue; (*стон*) to let out.
издевательств|о (**-а**) *ср* mockery; (*жестокое*) abuse.
издева|ться (**-юсь**) *несов возв*: **~ над** *+instr* (*над подчинёнными*) to make a mockery of; (*над чьей-н одеждой*) to mock, ridicule.
издели|е (**-я**) *ср* (*товар*) product, article.
издерж|ки (**-ек**) *мн* expenses *мн*; **судебные ~** legal costs.
изжог|а (**-и**) *ж* heartburn.
из-за *предл*: **~** *+gen* (*занавески*) from behind; (*угла*) from around; (*по вине*) because of; **~ того что** because.
излага|ть (**-ю**) *несов от* **изложить**.
излечени|е (**-я**) *ср* (*выздоровление*) recovery.
изл|ечиться (**-ечусь, -ечишься**; *impf* **излечиваться**) *сов возв*: **~ от** *+gen* (*от болезни*) to recover from; (*от наркомании*) to be cured of.
излиш|ек (**-ка**) *м* (*остаток*) remainder; **~** *+gen* (*веса*) excess of.
излишний *прил* unnecessary.
изложени|е (**-я**) *ср* presentation.
изл|ожить (**-ожу, -ожишь**; *impf* **излагать**) *сов перех* (*события*) to recount; (*просьбу*) to state.
излуча|ть (**-ю**) *несов перех* to radiate.
излучени|е (**-я**) *ср* radiation.
измен|а (**-ы**) *ж* (*родине*) treason; (*другу*) betrayal; **супружеская ~** adultery.
изменени|е (**-я**) *ср* change; (*поправка*) alteration.

изм|ени́ть (**-еню́, -е́нишь**; *impf* **изменя́ть**) *сов перех* to change ◆ *неперех*: ~ *+dat* (*родине, другу*) to betray; (*супругу*) to be unfaithful to; (*память*) to fail; **~ся** (*impf* **изменя́ться**) *сов возв* to change.
изме́нник (**-а**) *м* traitor.
измере́ни|е (**-я**) *ср* (*действие*: *площади*) measurement; (*величина*) dimension.
измери́тельный *прил* measuring.
изме́р|ить (**-ю, -ишь**) *сов от* **ме́рить** ◆ (*impf* **измеря́ть**) *перех* to measure.
изму́ченный *прил* (*человек*) wornout; (*лицо*) haggard.
изму́ч|ить (**-у, -ишь**) *сов от* **му́чить**.
из|мя́ть (**-омну́, -омнёшь**) *сов от* **мять**.
изна́нк|а (**-и**) *ж* (*одежды*) inside; (*ткани*) wrong side.
изнаси́л|овать (**-ую**) *сов от* **наси́ловать**.
изна́шива|ть(ся) (**-ю(сь)**) *несов от* **износи́ть(ся)**.
изнемога́|ть (**-ю**) *несов от* **изнемо́чь**.
изнеможе́ни|е (**-я**) *ср* exhaustion.
изнем|о́чь (**-огу́, -о́жешь** *итп*, **-о́гут**; *pt* **-о́г, -огла́, -огло́**, *impf* **изнемога́ть**) *сов* to be exhausted.
изно́с (**-а**) *м* (*механизмов*) wear.
изн|оси́ть (**-ошу́, -о́сишь**; *impf* **изна́шивать**) *сов перех* to wear out; **~ся** (*impf* **изна́шиваться**) *сов возв* to wear out.
изнури́тельный *прил* exhausting.
изнур|и́ть (**-ю́, -и́шь**; *impf* **изнуря́ть**) *сов перех* to exhaust.
изнутри́ *нареч* from inside.
изо *предл* = **из**.
изоби́ли|е (**-я**) *ср* abundance.
изобража́|ть (**-ю**) *несов от* **изобрази́ть**.
изображе́ни|е (**-я**) *ср* image; (*действие*: *событий*) depiction, portrayal.
изобрази́тельн|ый *прил* descriptive; **~ое иску́сство** fine art.
изобра|зи́ть (**-жу́, -зи́шь**; *impf* **изобража́ть**) *сов перех* (*на картине, в романе итп*) to depict, portray.
изобр|ести́ (**-ету́, -етёшь**; *pt* **-ёл, -ела́**, *impf* **изобрета́ть**) *сов перех* to invent.
изобрета́тел|ь (**-я**) *м* inventor.
изобрета́тельный *прил* inventive.
изобрете́ни|е (**-я**) *ср* invention.
изогн|у́ть (**-у́, -ёшь**; *impf* **изгиба́ть**) *сов перех* to bend; **~ся** (*impf* **изгиба́ться**) *сов возв* to bend.
изоли́рованный *прил* (*провод*) insulated; (*комната*) separate.
изоли́р|овать (**-ую**) *(не)сов перех* to isolate; (*вход*) to cut off; (*ТЕХ, ЭЛЕК*) to insulate.
изоля́тор (**-а**) *м* (*ТЕХ, ЭЛЕК*) insulator; (*в больнице*) isolation unit.
изоля́ци|я (**-и**) *ж* (*см глаг*) isolation; cutting off; insulation.
изощрённый *прил* sophisticated.
из-под *предл*: ~ *+gen* from under(neath); (*около*) from outside; **ба́нка ~ варе́нья** jam jar.
Изра́ил|ь (**-я**) *м* Israel.
изра́ильский *прил* Israeli.
и́зредка *нареч* now and then.
изрече́ни|е (**-я**) *ср* saying.
изуве́ч|ить (**-у, -ишь**; *impf* **изуве́чивать**) *сов перех* to maim.

изуми́тельный *прил* marvellous (*BRIT*), marvelous (*US*), wonderful.
изум|и́ть (-лю́, -и́шь; *impf* **изумля́ть**) *сов перех* to amaze, astound; **~ся** (*impf* **изумля́ться**) *сов возв* to be amazed *или* astounded.
изумле́ни|е (-я) *ср* amazement.
изумру́д (-а) *м* emerald.
изуча́|ть (-ю) *несов от* **изучи́ть** ♦ *перех* (*о процессе*) to study.
изуче́ни|е (-я) *ср* study.
из|учи́ть (-учу́, -у́чишь; *impf* **изуча́ть**) *сов перех* (*язык, предмет*) to learn; (*понять*) to get to know; (*исследовать*) to study.
изъ|яви́ть (-явлю́, -я́вишь; *impf* **изъявля́ть**) *сов перех* to indicate.
изъя́ть (изыму́, изы́мешь; *impf* **изыма́ть**) *сов перех* to withdraw.
изю́м (-а) *м собир* raisins *мн.*
изя́щный *прил* elegant.
ика́|ть (-ю) *несов* to hiccup.
ико́н|а (-ы) *ж* (*РЕЛ*) icon.
икр|а́ (-ы́) *ж* (*чёрная, красная*) caviar(e); (*nom pl* **-ы**; *АНАТ*) calf.
ИЛ (-а) *м сокр* = *самолёт конструкции С.В. Ильюшина.*
ил (-а) *м* silt.
и́ли *союз* or; **~ ... ~ ...** either ... or ...
иллюмина́тор (-а) *м* (*корабля*) porthole; (*самолёта*) window.
иллюмина́ци|я (-и) *ж* illuminations *мн.*
иллюстра́ци|я (-и) *ж* illustration.
иллюстри́р|овать (-ую; *pf* ~ *или* **проиллюстри́ровать**) *несов перех* to illustrate.
им *мест см* **он, оно́, они́**.
им. *сокр* = *и́мени.*
и́мени *umn сущ см* **и́мя**.
име́ни|е (-я) *ср* estate.
имени́нник (-а) *м person celebrating his name day or birthday.*
имени́тельный *прил* (*ЛИНГ*): **~ паде́ж** the nominative (case).
и́менно *част* exactly, precisely ♦ *союз* (*перед перечислением*): **а ~** namely; **вот ~!** exactly!, precisely!
име́|ть (-ю) *несов перех* to have; **~** (*impf*) **ме́сто** (*событие*) to take place; **~** (*impf*) **де́ло с** *+instr* to deal with; **~** (*impf*) **в виду́** to bear in mind; (*подразумевать*) to mean; **~ся** *несов возв* (*сведения*) to be available.
и́ми *мест см* **они́**.
иммигра́нт (-а) *м* immigrant.
иммиграцио́нный *прил* immigration.
иммигра́ци|я (-и) *ж* immigration.
иммигри́р|овать (-ую) *(не)сов* to immigrate.
иммуните́т (-а) *м* (*МЕД, перен*): **~ (к** *+dat*) immunity (to).
импера́тор (-а) *м* emperor.
импе́ри|я (-и) *ж* empire.
и́мпорт (-а) *м* (*ввоз*) importation.
импорти́р|овать (-ую) *(не)сов перех* to import.
и́мпортный *прил* imported.
импровизи́р|овать (-ую; *pf* ~ *или* **сымпровизи́ровать**) *(не)сов перех* to improvise.
и́мпульс (-а) *м* (*ФИЗ, БИО*) impulse.
иму́ществ|о (-а) *ср* property; (*принадлежности*) belongings *мн.*
и́м|я (-ени; *как* **вре́мя**; *см* **Table 4**) *ср* (*также перен*) name; (*также*: **ли́чное ~**) first *или* Christian name; **во ~** *+gen* (*ради*) in the name of; **на ~** *+gen* (*письмо*) addressed to; **от ~ени** *+gen* on behalf of.
ина́че *нареч* (*по-другому*) differently ♦ *союз* otherwise, or else.

инвали́д (-а) *м* disabled person.
инвали́дн|ый *прил*: **~ая коля́ска** wheelchair; **~ дом** home for the disabled.
инвали́дност|ь (-и) *ж* disability; **получа́ть (получи́ть** *pf***) ~** to be registered as disabled.
инвалю́т|а (-ы) *ж сокр* (= *иностра́нная валю́та*) foreign currency.
инвести́р|овать (-ую) *(не)сов (не)перех* (*ЭКОН*) to invest.
инвести́ци|я (-и) *ж* investment.
инде́|ец (-йца) *м* Native American, North American Indian.
инде́|йка (-йки; *gen pl* -ек) *ж* turkey.
и́ндекс (-а) *м* (*цен, книг*) index; (*также:* **почто́вый ~**) post (*BRIT*) *или* zip (*US*) code.
индивидуа́льный *прил* individual.
инди́|ец (-йца) *м* Indian.
инди́йский *прил* Indian; **И~ океа́н** the Indian Ocean.
И́нди|я (-и) *ж* India.
индустриа́льный *прил* industrial.
индустри́|я (-и) *ж* industry.
и́не|й (-я) *м* hoarfrost.
ине́рци|я (-и) *ж* (*ФИЗ, перен*) inertia.
инжене́р (-а) *м* engineer.
инициа́л|ы (-ов) *мн* initials *мн.*
инициати́в|а (-ы) *ж* initiative.
инициати́вн|ый *прил* enterprising; **~ая гру́ппа** ≈ pressure group.
инициа́тор (-а) *м* initiator.
инкасса́тор (-а) *м* security guard (*employed to collect and deliver money*).
инкуба́тор (-а) *м* incubator.
иногда́ *нареч* sometimes.
иногоро́дн|ий *прил* from another town ♦ (-его) *м person from another town.*
ин|о́й *прил* different ♦ *мест* (*некоторый*) some (people); **~ы́ми слова́ми** in other words; **не что ~о́е, как ...**, **не кто ~, как ...** none other than ...
инoро́дн|ый *прил* alien; **~ое те́ло** (*МЕД*) foreign body.
иностра́н|ец (-ца) *м* foreigner.
иностра́нн|ый *прил* foreign; **Министе́рство ~ых дел** Ministry of Foreign Affairs, ≈ Foreign Office (*BRIT*), ≈ State Department (*US*).
инспекти́р|овать (-ую; *pf* **про~**) *несов перех* to inspect.
инспе́ктор (-а) *м* inspector.
инспе́кци|я (-и) *ж* inspection.
инста́нци|я (-и) *ж* authority.
инсти́нкт (-а) *м* instinct.
институ́т (-а) *м* institute.
инструкти́р|овать (-ую; *pf* **про~**) *(не)сов перех* to instruct.
инстру́кци|я (-и) *ж* instructions *мн*; (*также:* **~ по эксплуата́ции**) instructions (for use).
инструме́нт (-а) *м* instrument.
инсули́н (-а) *м* insulin.
инсу́льт (-а) *м* (*МЕД*) stroke.
инсцени́р|овать (-ую) *(не)сов перех* (*роман*) to adapt.
интегра́ци|я (-и) *ж* integration.
интелле́кт (-а) *м* intellect.
интеллектуа́л (-а) *м* intellectual.
интеллектуа́льный *прил* intellectual.
интеллиге́нт (-а) *м* member of the intelligentsia.
интеллиге́нтный *прил* cultured and educated.
интеллиге́нци|я (-и) *ж собир* the intelligentsia.
интенси́вный *прил* intensive;

(*окраска*) intense.
интерва́л (-а) *м* interval.
интервью́ *ср нескл* interview.
интервьюи́р|овать (-ую; *pf* **про~**) *(не)сов перех* to interview.
интере́с (-а) *м*: ~ **(к** *+dat***)** interest (in).
интере́сно *нареч*: **он о́чень ~ расска́зывает** he is very interesting to listen to ♦ *как сказ*: ~ **(, что ...)** it's interesting (that ...); **мне э́то о́чень ~** I find it very interesting; **~, где он э́то нашёл** I wonder where he found that.
интере́сный *прил* interesting; (*внешность, женщина*) attractive.
интерес|ова́ть (-у́ю) *несов перех* to interest; **~ся** *несов возв*: **~ся** *+instr* to be interested in; (*осведомляться*) to inquire after; **он ~ова́лся, когда́ ты приезжа́ешь/где ты бу́дешь жить** he was asking when you would be arriving/where you would be living.
интерна́т (-а) *м* boarding school.
интернациона́льный *прил* international.
интерпрета́ци|я (-и) *ж* interpretation.
интерье́р (-а) *м* (*здания*) interior.
инти́мный *прил* intimate.
интона́ци|я (-и) *ж* intonation; (*недовольная итп*) note.
интри́г|а (-и) *ж* (*политическая*) intrigue; (*любовная*) affair.
интриг|ова́ть (-у́ю; *pf* **за~**) *несов перех* to intrigue.
интуити́вный *прил* intuitive.
интуи́ци|я (-и) *ж* intuition.
Интури́ст (-а) *м сокр* (= *Гла́вное управле́ние по иностра́нному тури́зму*) *Russian tourist agency dealing with foreign tourism.*
инфа́ркт (-а) *м* (*также*: **~ миока́рда**) heart attack.
инфекцио́нный *прил* infectious.
инфе́кци|я (-и) *ж* infection.
инфинити́в (-а) *м* infinitive.
инфля́ци|я (-и) *ж* (*ЭКОН*) inflation.
информацио́нн|ый *прил* information; **~ая програ́мма** news programme (*BRIT*) *или* program (*US*).
информа́ци|я (-и) *ж* information.
информи́р|овать (-ую; *pf* ~ *или* **проинформи́ровать**) *несов перех* to inform.
инфраструкту́р|а (-ы) *ж* infrastructure.
инциде́нт (-а) *м* incident.
инъе́кци|я (-и) *ж* injection.
и.о. *сокр* (= *исполня́ющий обя́занности*) acting.
Иорда́ни|я (-и) *ж* Jordan.
ипоте́к|а (-и) *ж* (*КОММ*) mortgage.
ипоте́чн|ый *прил* mortgage; **~ая ссу́да** mortgage; **~ банк** ≈ building society.
ипподро́м (-а) *м* racecourse (*BRIT*), racetrack (*US*).
Ира́к (-а) *м* Iraq.
Ира́н (-а) *м* Iran.
и́рис (-а) *м* (*БОТ*) iris.
Ирла́нди|я (-и) *ж* Ireland.
иронизи́р|овать (-ую) *несов*: ~ **(над** *+instr***)** to be ironic (about).
иро́ни|я (-и) *ж* irony.
иск (-а) *м* lawsuit; **предъявля́ть (предъяви́ть** *pf***) кому́-н ~** to take legal action against sb.
искажа́|ть(ся) (-ю(сь)) *несов от* **искази́ть(ся)**.
искаже́ни|е (-я) *ср* (*фактов*) distortion.
иска|зи́ть (-жу́, -зи́шь; *impf* **искажа́ть**) *сов перех* (*факты*) to distort; (*лицо*) to contort; **~ся** (*impf*

искажа́ться) *сов возв* to be distorted; (*голос*) to contort.
иска́ть (**ищу́, и́щешь**) *несов перех* to look *или* search for.
исключе́ни|е (**-я**) *ср* (*из списка, из очереди*) exclusion; (*из института*) expulsion; (*отклонение от нормы*) exception; **за ~м** *+gen* with the exception of; **де́лать** (**сде́лать** *pf*) **что-н в ви́де ~я** to make an exception of sth.
исключи́тельно *нареч* (*особенно*) exceptionally; (*только*) exclusively.
исключи́тельный *прил* exceptional.
исключ|и́ть (**-у́, -и́шь**; *impf* **исключа́ть**) *сов перех* (*из списка*) to exclude; (*из института*) to expel; (*ошибку*) to exclude the possibility of; **э́то ~ено́** that is out of the question.
иско́нный *прил* (*население, язык*) native, original; (*право*) intrinsic.
ископа́ем|ое (**-ого**) *ср* (*также:* **поле́зное ~**) mineral.
искорен|и́ть (**-ю́, -и́шь**; *impf* **искореня́ть**) *сов перех* to eradicate.
и́скр|а (**-ы**) *ж* spark.
и́скренне *нареч* sincerely; **~ Ваш** Yours sincerely.
и́скренний *прил* sincere.
и́скренност|ь (**-и**) *ж* sincerity.
искрив|и́ть (**-лю́, -и́шь**; *impf* **искривля́ть**) *сов перех* to bend.
искупа́|ть(ся) (**-ю(сь)**) *сов от* **купа́ть(ся)**.
иск|упи́ть (**-уплю́, -у́пишь**; *impf* **искупа́ть**) *сов перех* (*вину*) to atone for.
иску́сный *прил* (*работник*) skilful (*BRIT*), skillful (*US*); (*работа*) fine.
иску́сственный *прил* artificial; (*ткань*) synthetic; (*мех*) fake.
иску́сств|о (**-а**) *ср* art.
искуша́|ть (**-ю**) *несов перех* to tempt.
искуше́ни|е (**-я**) *ср* temptation.
исла́м (**-а**) *м* Islam.
исла́мский *прил* Islamic.
Исла́нди|я (**-и**) *ж* Iceland.
испа́н|ец (**-ца**) *м* Spaniard.
Испа́ни|я (**-и**) *ж* Spain.
испаре́ни|е (**-я**) *ср* (*действие: воды*) evaporation; (*обычно мн: продукт*) vapour *ед* (*BRIT*), vapor *ед* (*US*).
испар|и́ться (*3sg* **-и́тся**, *impf* **испаря́ться**) *сов возв* to evaporate.
испа́чка|ть(ся) (**-ю(сь)**) *сов от* **па́чкать(ся)**.
испове́дани|е (**-я**) *ср* denomination.
испове́дник (**-а**) *м* (*РЕЛ*) confessor.
испове́д|овать (**-ую**) *несов перех* (*религию, идею*) to profess ♦ (*не*)*сов перех* (*РЕЛ*): **~ кого́-н** to hear sb's confession; **~ся** (*не*)*сов возв*: **~ся кому́-н** *или* **у кого́-н** to confess to sb.
и́споведь (**-и**) *ж* confession.
исполне́ни|е (**-я**) *ср* (*приказа*) execution; (*обещания*) fulfilment (*BRIT*), fulfillment (*US*); (*роли*) performance.
исполни́тел|ь (**-я**) *м* (*роли*) performer; **суде́бный ~** bailiff.
исполни́тельный *прил* (*власть*) executive; (*старательный*) efficient.
испо́лн|ить (**-ю, -ишь**; *impf* **исполня́ть**) *сов перех* (*приказ*) to carry out; (*обещание*) to fulfil (*BRIT*), fulfill (*US*); (*роль*) to

perform; **~ся** (*impf* **исполня́ться**) *сов возв* (*желание*) to be fulfilled; **ему́ ~илось 10 лет** he is 10.
испо́льзовани|е (**-я**) *ср* use.
испо́льз|овать (**-ую**) *(не)сов перех* to use.
испра́в|ить (**-лю, -ишь**; *impf* **исправля́ть**) *сов перех* (*повреждение*) to repair; (*ошибку*) to correct; (*характер*) to improve; **~ся** (*impf* **исправля́ться**) *сов возв* (*человек*) to change (for the better).
исправле́ни|е (**-я**) *ср* (*повреждения*) repairing; (*преступника*) reforming; (*текста*) correction.
испра́вный *прил* (*механизм*) in good working order.
испу́г (**-а**) *м* fright; **в ~е, с ~у** in *или* with fright.
испу́ганный *прил* frightened.
испуга́|ть(ся) (**-ю(сь)**) *сов от* **пуга́ть(ся)**.
испыта́ни|е (**-я**) *ср* (*машины*) testing.
испыта́тельный *прил*: **~ срок** trial period, probation.
испыта́|ть (**-ю**; *impf* **испы́тывать**) *сов перех* (*механизм*) to test; (*нужду, радость*) to experience.
иссле́довани|е (**-я**) *ср* (*см глаг*) research; examination; (*научный труд*) study.
иссле́довател|ь (**-я**) *м* researcher.
иссле́довательск|ий *прил*: **~ая рабо́та** research; **~ институ́т** research institute.
иссле́д|овать (**-ую**) *(не)сов перех* to research; (*больного*) to examine.
исся́к|нуть (*3sg* **-нет**, *pt* **-, -ла**, *impf* **иссяка́ть**) *сов* (*запасы*) to run dry; (*перен*: *терпение*) to run out.
истека́|ть (**-ю**) *несов от* **исте́чь**.
исте́рик|а (**-и**) *ж* hysterics *мн*.
истери́чный *прил* hysterical.
ист|е́ц (**-ца́**) *м* plaintiff.
ист|е́чь (*3sg* **-ечёт**, *pt* **-ёк, -екла́, -екло́**, *impf* **истека́ть**) *сов* (*срок*) to expire; (*время*) to run out.
и́стинный *прил* true.
исто́к (**-а**) *м* (*реки*) source.
исто́рик (**-а**) *м* historian.
истори́ческий *прил* historical; (*важный*: *событие, решение итп*) historic.
исто́ри|я (**-и**) *ж* (*наука*) history; (*рассказ*) story.
исто́чник (**-а**) *м* (*водный*) spring; (*сил*) source.
истоще́ни|е (**-я**) *ср* exhaustion.
истощённый *прил* (*человек*) malnourished; (*вид*) drained.
истреби́тел|ь (**-я**) *м* (*ВОЕН*: *самолёт*) fighter (plane); (: *лётчик*) fighter pilot.
истреб|и́ть (**-лю́, -и́шь**; *impf* **истребля́ть**) *сов перех* (*посевы итп*) to destroy; (*крыс*) to exterminate.
исхо́д (**-а**) *м* outcome.
исх|оди́ть (**-ожу́, -о́дишь**) *несов*: **~ из** *+gen* (*сведения*) to emanate from; (*основываться*: *из данных*) to be based on; **~одя́ из** *+gen или* **от** *+gen* on the basis of.
исхо́дный *прил* primary.
исходя́щий *прил* (*корреспонденция*) outgoing; **~ но́мер** (*АДМИН*) reference number.
исче́з|нуть (**-ну, -нешь**; *pt* **-, -ла**, *impf* **исчеза́ть**) *сов* to disappear.
исче́рпа|ть (**-ю**; *impf* **исче́рпывать**) *сов перех* to exhaust.

исчéрпывающий *прил* exhaustive.
исчисля́|ться (*3pl* **-ются**) *несов возв*: ~ *+instr* to amount to.
итáк *союз* thus, hence.
Итáли|я (**-и**) *ж* Italy.
италья́нский *прил* Italian; **~ язы́к** Italian.
и т.д. *сокр* (= **и так дáлее**) etc.
итóг (**-а**) *м* (*работы итп*) result; (*общая сумма*) total; **в ~е** (*при подсчёте*) in total; **в (конéчном) ~е** in the end; **подводи́ть (подвести́** *pf*) **~и** to sum up.
итогó *нареч* in total, altogether.
итóговый *прил* (*сумма, цифры*) total.
и т.п. *сокр* (= **и томý подóбное**) etc.
их *мест см* **они́** ♦ *притяж мест* their.
ищý *итп несов см* **искáть**.
ию́л|ь (**-я**) *м* July.
ию́н|ь (**-я**) *м* June.

Й, й

йóг|а (**-и**) *ж* yoga.
йóгурт (**-а**) *м* yoghurt.
йод (**-а**) *м* iodine.

К, к

KEYWORD

к *предл* (*+dat*) **1** (*обозначает направление*) towards; **я пошёл к дóму** I went towards the house; **звать (позвáть** *pf*) **когó-н к телефóну** to call sb to the phone; **мы поéхали к друзья́м** we went to see friends; **постáвь лéстницу к стенé** put the ladder against the wall
2 (*обозначает добавление, включение*) to; **э́та бáбочка отнóсится к óчень рéдкому ви́ду** this butterfly belongs to a very rare species
3 (*обозначает отношение*) of; **любóвь к мýзыке** love of music; **он привы́к к хорóшей едé** he is used to good food; **к моемý удивлéнию** to my surprise
4 (*обозначает назначение*) with; **припрáвы к мя́су** seasonings for meat.

кабáн (**-á**) *м* (*дикий*) wild boar.
кабач|óк (**-кá**) *м* marrow (*BRIT*), squash (*US*).
кáбел|ь (**-я**) *м* cable.
каби́н|а (**-ы**) *ж* (*телефонная*) booth; (*грузовика*) cab; (*самолёта*) cockpit; (*лифта*) cage.
кабинéт (**-а**) *м* (*в доме*) study; (*на работе*) office; (*школьный*) classroom; (*врача*) surgery (*BRIT*), office (*US*); (*ПОЛИТ*: *также:* **~ мини́стров**) cabinet.
каблýк (**-á**) *м* heel.
Кавкáз (**-а**) *м* Caucasus.
кавы́ч|ки (**-ек**; *dat pl* **-кáм**) *мн* inverted commas *мн*, quotation marks *мн*.
кадр (**-а**) *м* (*ФОТО, КИНО*) shot.
кáдр|ы (**-ов**) *мн* (*работники*) personnel *ед*, staff *ед*.
кáждый *прил* each, every.
каз|áк (**-акá**; *nom pl* **-áки**) *м* Cossack.
казáрм|а (**-ы**) *ж* barracks *мн*.
ка|зáться (**-жýсь, -жешься**; *pf* **по~**) *несов возв*: **~** *+instr* to look; **(мне) кáжется, что ...** it seems (to me) that ...

казн|а́ (**-ы́**) *ж* treasury.
казн|и́ть (**-ю́, -и́шь**) *несов перех* to execute.
казн|ь (**-и**) *ж* execution.
ка|йма́ (**-ймы́**; *nom pl* **-ймы́**, *gen pl* **-ём**) *ж* hem.

KEYWORD

как *местоимённое нареч* **1** (*вопросительное*) how; **как Вы себя́ чу́вствуете?** how do you feel?; **как дела́?** how are things?; **как тебя́ зову́т?** what's your name?
2 (*относительное*): **я сде́лал, как ты проси́л** I did as you asked; **я не зна́ю, как э́то могло́ случи́ться** I don't know how that could have happened
3 (*насколько*): **как бы́стро/то́чно/давно́** how quickly/accurately/long ago
4 (*до какой степени*): **как краси́во!** how beautiful!; **как жаль!** what a pity *или* shame!
5 (*выражает возмущение*) what
♦ *союз* **1** (*подобно*) as; **мя́гкий, как ва́та** as soft as cotton wool; **как мо́жно скоре́е/гро́мче** as soon/loud as possible; **он оде́т, как бродя́га** he is dressed like a tramp
2 (*в качестве*) as
3 (*о временных отношениях*: *о будущем, об одновременности*) when; (*: о прошлом*) since; **как зако́нчишь, позвони́ мне** phone (*BRIT*) *или* call (*US*) me when you finish; **прошло́ два го́да, как она́ исче́зла** two years have passed since she disappeared
4: **как бу́дто, как бы** as if; **он согласи́лся как бы не́хотя** he agreed as if unwillingly; **как же** of course; **как говоря́т** *или* **говори́тся** as it were; **как ни** however; **как ника́к** after all; **как раз во́время/то, что на́до** just in time/what we need; **э́то пла́тье/пальто́ мне как раз** this dress/coat is just my size; **как ..., так и ...** both ... and ...; **как то́лько** as soon as.

кака́о *ср нескл* cocoa.
ка́к-либо *нареч* = **ка́к-нибудь**.
ка́к-нибудь *нареч* (*так или иначе*) somehow; (*когда-нибудь*) sometime.

KEYWORD

как|о́й (**-а́я, -о́е, -и́е**) *мест* **1** (*вопросительное*) what; **како́й тебе́ нра́вится цвет?** what colour do you like?
2 (*относительное*) which; **скажи́, кака́я кни́га интере́снее** tell me which book is more interesting
3 (*выражает оценку*) what; **како́й подле́ц!** what a rascal!
4 (*разг*: *неопределённое*) any; **нет ли каки́х вопро́сов?** are there any questions?
5 (*во фразах*): **ни в каку́ю** not for anything; **каки́м о́бразом** in what way.

како́й-либо *мест* = **како́й-нибудь**.
как|о́й-нибудь *мест* (*тот или иной*) any; (*приблизительно*) some; **он и́щет ~ рабо́ты** he's looking for any kind of work.
как|о́й-то *мест*: **Вам ~о́е-то письмо́** there's a letter for you; (*напоминающий*): **она́ ~а́я-то стра́нная сего́дня** she's acting a bit oddly today.
ка́к-то *мест* (*каким-то образом*) somehow; (*в некоторой степени*)

somewhat; (*разг*): ~ **(раз)** once.
ка́ктус (-а) *м* cactus.
календа́р|ь (-я́) *м* calendar.
кале́ч|ить (-у, -ишь; *pf* **по~** *или* **ис~**) *несов перех* to cripple; (*мина*) to maim.
кали́бр (-а) *м* calibre (*BRIT*), caliber (*US*).
кали́т|ка (-ки; *gen pl* -ок) *ж* gate.
кало́ри|я (-и) *ж* calorie.
калькуля́тор (-а) *м* calculator.
ка́льци|й (-я) *м* calcium.
ка́мбал|а (-ы) *ж* flatfish.
камене́|ть (-ю) *несов от* **окамене́ть**.
ка́менный *прил* stone.
ка́м|ень (-ня; *gen pl* -не́й) *м* stone.
ка́мер|а (-ы) *ж* (*тюремная*) cell; (*также*: **теле~, кино~**) camera; **~ хране́ния** (*на вокзале*) left-luggage office (*BRIT*), checkroom (*US*); (*в музее*) cloakroom.
ка́мерн|ый *прил*: **~ая му́зыка** chamber music.
ками́н (-а) *м* fireplace.
кампа́ни|я (-и) *ж* campaign.
кана́в|а (-ы) *ж* ditch.
Кана́д|а (-ы) *ж* Canada.
кана́л (-а) *м* (*также АНАТ*) canal; (*СВЯЗЬ, ТЕЛ, перен*) channel.
канализацио́нн|ый *прил*: **~ая труба́** sewer pipe.
канализа́ци|я (-и) *ж* sewerage.
кана́т (-а) *м* cable.
кана́тн|ый *прил*: **~ая доро́га** cable car.
кандида́т (-а) *м* candidate; (*ПРОСВЕЩ*): **~ нау́к** ≈ Doctor.
кандидату́р|а (-ы) *ж* candidacy; **выставля́ть (вы́ставить** *pf*) **чью-н ~у** to nominate sb.
кани́кул|ы (-) *мн* holidays *мн* (*BRIT*), vacation *ед* (*US*).
кани́стр|а (-ы) *ж* jerry can.
кано́э *ср нескл* canoe.
кану́н (-а) *м* eve; **в ~** *+gen* on the eve of.
канцеля́ри|я (-и) *ж* office.
канцеля́рский *прил* office.
ка́па|ть (-ю) *несов* (*вода*) to drip ♦ (*pf* **на~**) *перех*: **~ что-н** (*микстуру*) to pour sth out drop by drop.
капе́лл|а (-ы) *ж* (*МУЗ*) choir.
капита́л (-а) *м* (*КОММ*) capital.
капитали́зм (-а) *м* capitalism.
капиталисти́ческий *прил* capitalist.
капиталовложе́ни|я (-й) *мн* capital investment *ед*.
капита́льный *прил* (*ЭКОН, КОММ*) capital; (*сооружение, труд*) main; (*ремонт, покупка*) major.
капита́н (-а) *м* captain.
капитули́р|овать (-ую) *(не)сов* to capitulate.
капка́н (-а) *м* trap.
ка́п|ля (-ли; *gen pl* -ель) *ж* (*также перен*) drop.
капо́т (-а) *м* (*АВТ*) bonnet (*BRIT*), hood (*US*).
капри́з (-а) *ж* caprice, whim.
капри́знича|ть (-ю) *несов* to behave capriciously.
капри́зный *прил* (*человек*) capricious.
капро́н (-а) *м* synthetic thread.
капу́ст|а (-ы) *ж* cabbage; **цветна́я ~** cauliflower.
капюшо́н (-а) *м* hood.
кара́бка|ться (-юсь; *pf* **вс~**) *несов возв*: **~ на** *+acc* (*человек*) to clamber up.
кара́кулевый *прил* astrakhan.
караме́л|ь (-и) *ж собир* (*леденцы*) caramels *мн*.
каранда́ш (-а́; *gen pl* -е́й) *м* pencil.

карантин (-а) *м* quarantine.
кара|ть (-ю; *pf* **по~**) *несов перех* to punish.
карау́л (-а) *м* guard.
карбюра́тор (-а) *м* carburettor (*BRIT*), carburetor (*US*).
кардина́льный *прил* cardinal, of cardinal importance.
кардио́лог (-а) *м* cardiologist, heart specialist.
ка́рий *прил* (*глаза*) hazel.
карикату́р|а (-ы) *ж* caricature.
карка́с (-а) *м* shell (*of building*).
ка́рка|ть (-ю) *несов* (*ворона*) to caw.
ка́рлик (-а) *м* dwarf.
карма́н (-а) *м* pocket.
карма́нн|ый *прил* (*деньги, часы*) pocket; **~ нож** pocketknife; **~ые расхо́ды** petty expenses.
карнава́л (-а) *м* carnival.
карни́з (-а) *м* (*для штор*) curtain rail.
карп (-а) *м* carp.
ка́рт|а (-ы) *ж* (*ГЕО*) map; (*также:* **игра́льная ~**) (playing) card.
карти́н|а (-ы) *ж* (*также КИНО, перен*) picture.
карти́н|ка (-ки; *gen pl* **-ок**) *ж* (*иллюстрация*) picture (*in book etc*).
карто́н (-а) *м* cardboard.
картоте́к|а (-и) *ж* card index.
карто́фелин|а (-ы) *ж* potato.
карто́фел|ь (-я) *м* (*плод*) potatoes *мн*.
карто́фельный *прил* potato.
ка́рточ|ка (-ки; *gen pl* **-ек**) *ж* card; (*также:* **фото~**) photo.
карто́ш|ка (-ки; *gen pl* **-ек**) *ж* (*разг*) = **карто́фелина, карто́фель**.
карусе́л|ь (-и) *ж* merry-go-round (*BRIT*), carousel (*US*).
карье́р|а (-ы) *ж* career.
каса́|ться (-юсь; *pf* **косну́ться**) *несов возв*: **~ +gen** (*дотрагиваться*) to touch; (*затрагивать*) to touch on; (*иметь отношение*) to concern; **э́то тебя́ не ~ется** it doesn't concern you; **что ~ется Вас, то ...** as far as you are concerned ...
ка́с|ка (-ки; *gen pl* **-ок**) *ж* helmet.
каспи́йск|ий *прил*: **К~ое мо́ре** Caspian Sea.
ка́сс|а (-ы) *ж* (*ТЕАТР, КИНО*) box office; (*железнодорожная*) ticket office; (*в магазине*) cash desk.
кассе́т|а (-ы) *ж* (*магнитофонная*) cassette; (*ФОТО*) cartridge.
касси́р (-а) *м* cashier.
кастрю́л|я (-и) *ж* saucepan.
катало́г (-а) *м* catalogue (*BRIT*), catalog (*US*).
ката́р (-а) *м* catarrh.
катастро́ф|а (-ы) *ж* (*авиационная, железнодорожная*) disaster; (*перен*) catastrophe.
катастрофи́ческий *прил* catastrophic, disastrous.
ката́|ть (-ю) *несов перех* (*что-н круглое*) to roll; (*что-н на колёсах*) to wheel; **~** *(impf)* **кого́-н на маши́не** to take sb for a drive; **~ся** *несов возв*: **~ся на маши́не/велосипе́де** to go for a drive/cycle; **~ся** *(impf)* **на конька́х/ло́шади** to go skating/horse (*BRIT*) *или* horseback (*US*) riding.
категори́чный *прил* categorical.
катего́ри|я (-и) *ж* category.
ка́тер (-а) *м* boat.
ка|ти́ть (-чу́, -тишь) *несов перех* (*что-н круглое*) to roll; (*что-н на колёсах*) to wheel; **~ся** *несов возв* to roll; (*капли*) to run.
кат|о́к (-ка́) *м* ice *или* skating rink;

(*ТЕХ*: *также:* **асфа́льтовый ~**) steamroller.
като́лик (**-а**) *м* Catholic.
католи́ческий *прил* Catholic.
кату́ш|ка (**-ки**; *gen pl* **-ек**) *ж* spool.
кафе́ *ср нескл* café.
ка́федр|а (**-ы**) *ж* (*ПРОСВЕЩ*) department; (*РЕЛ*) pulpit; **заве́дующий ~ой** chair.
ка́фел|ь (**-я**) *м собир* tiles *мн*.
кафете́ри|й (**-я**) *м* cafeteria.
кача́|ть (**-ю**) *несов перех* (*колыбель*) to rock; (*нефть*) to pump; **~** (*impf*) **голово́й** to shake one's head; **~ся** *несов возв* to swing; (*на волнах*) to rock, roll.
каче́л|и (**-ей**) *мн* swing *ед*.
ка́чественный *прил* qualitative; (*товар, изделие*) high-quality.
ка́честв|о (**-а**) *ср* quality ♦ *предл*: **в ~е** *+gen* as; **в ~е приме́ра** by way of example.
ка́ш|а (**-и**) *ж* ≈ porridge.
ка́ш|ель (**-ля**) *м* cough.
ка́шля|ть (**-ю**) *несов* to cough.
кашта́н (**-а**) *м* chestnut.
каю́т|а (**-ы**) *ж* (*МОР*) cabin.
ка́|яться (**-юсь, -ешься**; *pf* **по~**) *несов возв*: **~ (в чём-н пе́ред кем-н)** to confess (sth to sb); (*pf* **рас~**; *грешник*) to repent.
кв. *сокр* (= **квадра́тный**) sq.; (= **кварти́ра**) Apt.
квадра́т (**-а**) *м* square.
квадра́тный *прил* square.
ква́ка|ть (*3sg* **-ет**) *несов* to croak.
квалифика́ци|я (**-и**) *ж* qualification; (*специальность*) profession.
квалифици́рованный *прил* (*работник*) qualified; (*труд*) skilled.
кварта́л (**-а**) *м* quarter.
кварте́т (**-а**) *м* quartet.
кварти́р|а (**-ы**) *ж* flat (*BRIT*), apartment (*US*); (*снимаемое жильё*) lodgings *мн*.
квартира́нт (**-а**) *м* lodger.
квартпла́т|а (**-ы**) *ж сокр* (= *кварти́рная пла́та*) rent (*for a flat*).
квас (**-а**) *м* kvass (*mildly alcoholic drink*).
ква́шен|ый *прил*: **~ая капу́ста** sauerkraut, pickled cabbage.
квита́нци|я (**-и**) *ж* receipt.
кг *сокр* (= **килогра́мм**) kg.
КГБ *м сокр* (*ИСТ*: = *Комите́т госуда́рственной безопа́сности*) KGB.
ке́д|ы (-) *мн* pumps *мн*.
кекс (**-а**) *м* (fruit)cake.
кем *мест см* **кто**.
ке́мпинг (**-а**) *м* camping site, campsite.
ке́п|ка (**-ки**; *gen pl* **-ок**) *ж* cap.
кера́мик|а (**-и**) *ж собир* ceramics *мн*.
керами́ческий *прил* ceramic.
кефи́р (**-а**) *м* kefir (*yoghurt drink*).
кива́|ть (**-ю**) *несов*: **~** *+dat* to nod to.
кивн|у́ть (**-у́, -ёшь**) *сов*: **~** (*+dat*) to nod (to).
кида́|ть (**-ю**) *несов от* **ки́нуть**; **~ся** *несов от* **ки́нуться** ♦ *возв*: **~ся камня́ми** to throw stones at each other.
килогра́мм (**-а**) *м* kilogram(me).
киломе́тр (**-а**) *м* kilometre (*BRIT*), kilometer (*US*).
кинематогра́фи|я (**-и**) *ж* cinematography.
кино́ *ср нескл* cinema; (*разг*: *фильм*) film, movie (*US*); **идти́ (пойти́** *pf*) **в ~** (*разг*) to go to the pictures (*BRIT*) *или* movies (*US*).
киноактёр (**-а**) *м* (film) actor.
киноактри́с|а (**-ы**) *ж* (film)

actress.
кинокарти́н|а (-ы) *ж* film.
кинотеа́тр (-а) *м* cinema.
кинофи́льм (-а) *м* film.
ки́н|уть (-у; *impf* **кида́ть**) *сов перех* (*камень*) to throw; (*взгляд*) to cast; (*друзей*) to desert; **~ся** (*impf* **кида́ться**) *сов возв*: **~ся на** *+acc* (*на врага*) to attack; (*на еду*) to fall upon.
кио́ск (-а) *м* kiosk.
ки́п|а (-ы) *ж* bundle.
кипе́ни|е (-я) *ср* boiling.
кип|е́ть (-лю́, -и́шь; *pf* **вс~**) *несов* (*вода, чайник*) to boil.
кипя|ти́ть (-чу́, -ти́шь; *pf* **вс~**) *несов перех* to boil; **~ся** *несов возв* (*овощи*) to boil.
кипят|о́к (-ка́) *м* boiling water.
кипячёный *прил* boiled.
кирпи́ч (-а́) *м* brick.
кислоро́д (-а) *м* oxygen.
кисл|ота́ (-оты́; *nom pl* **-о́ты**) *ж* acid.
ки́сл|ый *прил* sour; **~ая капу́ста** sauerkraut.
ки́с|нуть (-ну; *pt* **-, -ла**, *pf* **про~** *или* **с~**) *несов* to go off.
кист|ь (-и) *ж* (*АНАТ*) hand; (*гроздь: рябины*) cluster; (*: винограда*) bunch; (*на скатерти итп*) tassel; (*художника, маляра*) (paint)brush.
кит (-а́) *м* whale.
кита́|ец (-йца) *м* Chinese.
Кита́|й (-я) *м* China.
кита́йский *прил* Chinese; **~ язы́к** Chinese.
кише́чник (-а) *м* intestines *мн*.
киш|ка́ (-ки́; *gen pl* **-о́к**, *dat pl* **-ка́м**) *ж* gut, intestine.
клавиату́р|а (-ы) *ж* keyboard.
кла́виш|а (-и) *ж* key.
клад (-а) *м* treasure.
кла́дбищ|е (-а) *ср* cemetery.
кладо́в|ка (-ки; *gen pl* **-ок**) *ж* (*разг*) cubby-hole.
кладу́ *итп несов см* **класть**.
клад|ь (-и) *ж*: **ручна́я ~** hand luggage.
клал *итп несов см* **класть**.
кла́ня|ться (-юсь; *pf* **поклони́ться**) *несов возв*: **~** *+dat* to bow to.
кла́пан (-а) *м* valve.
класс (-а) *м* class; (*комната*) classroom.
кла́ссик|а (-и) *ж* classics *мн*.
классифици́р|овать (-ую) (*не*)*сов перех* to classify.
класси́ческий *прил* (*пример, работа*) classic; (*музыка, литература*) classical.
кла́ссный *прил* (*сочинение, собрание*) class.
кла|сть (-ду́, -дёшь; *pt* **-л, -ла**, *pf* **положи́ть**) *несов перех* to put; (*pf* **сложи́ть**; *фундамент*) to lay.
кл|ева́ть (-юю́) *несов перех* (*подлеж: птица*) to peck ◆ *неперех* (*рыба*) to bite.
клевет|а́ (-ы́) *ж* (*устная*) slander; (*письменная*) libel.
клев|ета́ть (-ещу́, -е́щешь; *pf* **на~**) *несов*: **~ на** *+acc* (*см сущ*) to slander; to libel.
клеён|ка (-ки; *gen pl* **-ок**) *ж* oilcloth.
кле́|ить (-ю, -ишь; *pf* **с~**) *несов перех* to glue; **~ся** *несов возв* to stick.
кле|й (-я) *м* glue.
кле́йк|ий *прил* sticky; **~ая ле́нта** sticky tape.
клейм|о́ (-а́; *nom pl* **-а**) *ср* stamp; (*на скоте, на осуждённом*) brand; **~ позо́ра** stigma.
клён (-а) *м* maple (tree).
клёт|ка (-ки; *gen pl* **-ок**) *ж* (*для*

птиц, животных) cage; (*на ткани*) check; (*на бумаге*) square; (*БИО*) cell; **ткань в ~ку** checked material.
клéтчатый *прил* (*ткань итп*) chequered (*BRIT*), checked.
клёш *прил неизм*: **брюки ~** flares; **юбка ~** flared skirt.
клешн|я́ (-**и́**; *gen pl* -**éй**) *ж* claw, pincer.
клéщ|и (-**éй**) *мн* tongs *мн*.
клиéнт (-**а**) *м* client.
клиентýр|а (-**ы**) *ж собир* clientèle.
клизм|а (-**ы**) *ж* enema.
кли́макс (-**а**) *м* (*БИО*) menopause.
кли́мат (-**а**) *м* (*также перен*) climate.
кли́ник|а (-**и**) *ж* clinic.
кли́пс|ы (-**ов**) *мн* clip-on earrings *мн*.
кли́ч|ка (-**ки**; *gen pl* -**ек**) *ж* (*кошки итп*) name; (*человека*) nickname.
клишé *ср нескл* (*перен*) cliché.
кло|к (-**кá**; *nom pl* -**чья**, *gen pl* -**чьев**) *м* (*волос*) tuft; (*ваты*) wad.
клон|и́ть (-**ю́**, -**ишь**) *несов*: **егó ~и́ло ко сну** he was drifting off (to sleep); **к чему́ ты клóнишь?** what are you getting *или* driving at?
клóун (-**а**) *м* clown.
клоч|óк (-**кá**) *м уменьш от* **клок**; (*земли*) plot; (*бумаги*) scrap.
клуб (-**а**) *м* (*общество, здание*) club; (*nom pl* -**ы́**; *обычно мн*: *дыма, пыли*) cloud.
клуб|и́ться (*3sg* -**и́тся**) *несов возв* to swirl.
клубни́к|а (-**и**) *ж собир* (*ягоды*) strawberries *мн*.
клуб|óк (-**кá**) *м* (*шерсти*) ball.
клу́мб|а (-**ы**) *ж* flowerbed.
клык (-**á**) *м* (*животного*) fang.
клюв (-**а**) *м* beak.
клю́кв|а (-**ы**) *ж собир* (*ягоды*) cranberries *мн*.
клю́н|уть (-**у**) *сов перех* to peck.
ключ (-**á**) *м* (*также перен*) key; (*родник*) spring; (*МУЗ*): **басóвый/скрипи́чный ~** bass/treble clef; **гáечный ~** spanner.
ключевóй *прил* (*главный*) key.
клю́ш|ка (-**ки**; *gen pl* -**ек**) *ж* (*ХОККЕЙ*) hockey stick; (*ГОЛЬФ*) club.
кля́|сться (-**ну́сь**, -**нёшься**; *pt* -**лся**, -**лáсь**, *pf* **по~**) *несов возв* to swear; **~ (покля́сться** *pf*) **в чём-н** to swear sth.
кля́тв|а (-**ы**) *ж* oath.
км. *сокр* (= **киломéтр**) km.
кни́г|а (-**и**) *ж* book.
кни́ж|ка (-**ки**; *gen pl* -**ек**) *ж уменьш от* **кни́га**; (*разг*) book; **трудовáя ~** employment record book; **чéковая ~** chequebook (*BRIT*), checkbook (*US*).
кни́жный *прил*: **~ магази́н** bookshop.
кни́зу *нареч* downwards.
кнóп|ка (-**ки**; *gen pl* -**ок**) *ж* (*звонка, лифта*) button; (*канцелярская*) drawing pin (*BRIT*), thumbtack (*US*); (*застёжка*) press stud, popper (*BRIT*).
КНР *ж сокр* (= *Китáйская Нарóдная Респу́блика*) PRC.
княз|ь (-**я**; *nom pl* -**ья́**, *gen pl* -**éй**) *м* prince (*in Russia*).
ко *предл см* **к**.
кобы́л|а (-**ы**) *ж* mare.
ковáрный *прил* devious.
ков|ёр (-**рá**) *м* carpet.
кóврик (-**а**) *м* rug; (*дверной*) mat.
ковш (-**á**) *м* ladle.
ковыря́|ть (-**ю**) *несов перех* to dig up; **~** (*impf*) **в зубáх/носу́** to pick one's teeth/nose.
когдá *нареч* when; **~ как** it depends.
когдá-либо *нареч* =

когда́-нибудь.
когда́-нибудь *нареч* (*в вопросе*) ever; (*в утверждении*) some *или* one day; **Вы ~ там бы́ли?** have you ever been there?; **я ~ туда́ поéду** I'll go there some *или* one day.
когда́-то *нареч* once.
кого́ *мест от* **кто.**
ко́г|оть (**-тя**; *gen pl* **-тéй**) *м* claw.
код (**-а**) *м* code.
ко́декс (**-а**) *м* code.
коди́р|овать (**-ую**; *pf* **за~**) *несов перех* to encode, code.
ко́е-где *нареч* here and there.
ко́е-как *нареч* (*небрежно*) any old how; (*с трудом*) somehow.
ко́е-како́й (**ко́е-како́го**) *мест* some.
ко́е-кто (**ко́е-кого́**) *мест* (*некоторые*) some (people).
ко́е-что (**ко́е-чего́**) *мест* (*нечто*) something; (*немногое*) a little.
ко́ж|а (**-и**) *ж* skin; (*материал*) leather.
ко́жаный *прил* leather.
ко́жн|ый *прил*: **~ые болéзни** skin diseases.
кожур|а́ (**-ы́**) *ж* (*апельсина итп*) peel.
коз|а́ (**-ы́**; *nom pl* **-ы**) *ж* (nanny) goat.
коз|ёл (**-ла́**) *м* (billy) goat.
Козеро́г (**-а**) *м* (*созвездие*) Capricorn.
ко́|йка (**-йки**; *gen pl* **-ек**) *ж* (*в казарме*) bunk; (*в больнице*) bed.
кокéтливый *прил* flirtatious.
кокéтнича|ть (**-ю**) *несов* to flirt.
коклю́ш (**-а**) *м* whooping cough.
коктéйл|ь (**-я**) *м* cocktail.
кол (**-а́**; *nom pl* **-ья**) *м* stake.
колбас|а́ (**-ы́**) *ж* sausage.
колго́т|ки (**-ок**) *мн* tights *мн* (*BRIT*), pantihose *мн* (*US*).
колд|ова́ть (**-у́ю**) *несов* to practise (*BRIT*) *или* practice (*US*) witchcraft.
колду́н (**-а́**) *м* sorcerer, wizard.
колеба́ни|е (**-я**) *ср* (*маятника*) swing; (*почвы, здания*) vibration; (*перен*: *цен, температуры*) fluctuation.
кол|еба́ть (**-éблю, -éблешь**) *несов перех* to rock, swing; (*pf* **по~**; *авторитет*) to shake; **~ся** *несов возв* (*ФИЗ*) to oscillate; (*пламя итп*) to flicker; (*цены*) to fluctuate; (*сомневаться*) to waver.
колéн|о (**-а**; *nom pl* **-и**, *gen pl* **-ей**) *ср* knee.
кол|есо́ (**-еса́**; *nom pl* **-ёса**) *ср* wheel.
коле|я́ (**-и́**) *ж* (*на дороге*) rut; (*железнодорожная*) track.
коли́честв|о (**-а**) *ср* quantity.
ко́лкост|ь (**-и**) *ж* (*насмешка*) biting remark.
коллéг|а (**-и**) *м/ж* colleague.
коллéги|я (**-и**) *ж* (*ПОЛИТ*) collegium (*executive body in charge of government ministry*).
коллéдж (**-а**) *м* college.
коллекти́в (**-а**) *м* collective.
коллекти́вный *прил* collective.
коллекциони́р|овать (**-ую**) *несов перех* to collect.
коллéкци|я (**-и**) *ж* collection.
коло́д|а (**-ы**) *ж* (*бревно*) block; (*карт*) pack, deck.
коло́д|ец (**-ца**) *м* well; (*в шахте*) shaft.
ко́локол (**-а**; *nom pl* **-а́**) *м* bell.
колоко́льчик (**-а**) *м* bell; (*БОТ*) bluebell.
колониа́льный *прил* colonial.
коло́ни|я (**-и**) *ж* colony; **исправи́тельно-трудова́я ~** penal colony.

коло́н|ка (**-ки**; *gen pl* **-ок**) *ж* column; (*газовая*) water heater; (*для воды, для бензина*) pump.
коло́нн|а (**-ы**) *ж* (*АРХИТ*) column.
колори́т (**-а**) *м* (*перен*: *эпохи, страны итп*) colour (*BRIT*), color (*US*).
колори́тный *прил* colourful (*BRIT*), colorful (*US*).
ко́л|ос (**-оса**; *nom pl* **-о́сья**, *gen pl* **-о́сьев**) *м* ear (*of corn, wheat*).
колосса́льный *прил* colossal.
кол|оти́ть (**-очу́, -о́тишь**) *несов*: **~ по столу́/в дверь** to thump the table/on the door; **~ся** *несов возв* (*сердце*) to thump.
кол|о́ть (**-ю́, -ешь**; *pf* **рас~**) *несов перех* (*дрова*) to chop (up); (*орехи*) to crack; (*pf* **за~**; *штыком итп*) to spear; (*pf* **у~**; *иголкой*) to prick; (*разг*: *делать укол*): **~ кого́-н** to give sb an injection; **~** (*impf*) **кому́-н что-н** (*разг*) to inject sb with sth; **у меня́ ко́лет в боку́** I've got a stitch; **~ся** *несов возв* (*ёж, шиповник*) to be prickly; (*наркоман*) to be on drugs.
колыбе́льн|ая (**-ой**) *ж* (*также*: **~ пе́сня**) lullaby.
кольцев|о́й *прил* round, circular; **~а́я доро́га** ring road; **~а́я ли́ния** (*в метро*) circle line.
кол|ьцо́ (**-ьца́**; *nom pl* **-ьца**, *gen pl* **-е́ц**) *ср* ring; (*в маршруте автобуса итп*) circle.
колю́ч|ий *прил* (*куст*) prickly; **~ая про́волока** barbed wire.
колю́ч|ка (**-ки**; *gen pl* **-ек**) *ж* thorn.
коля́с|ка (**-ки**; *gen pl* **-ок**) *ж*: (**де́тская**) **~** pram (*BRIT*), baby carriage (*US*); **инвали́дная ~** wheelchair.
ком *мест см* **кто** ♦ (**-а**; *nom pl* **-ья**, *gen pl* **-ьев**) *м* lump.
кома́нд|а (**-ы**) *ж* command; (*судна*) crew; (*СПОРТ*) team.
команди́р (**-а**) *м* commander, commanding officer.
командиро́в|ка (**-ки**; *gen pl* **-ок**) *ж* (*короткая*) business trip; (*длительная*) secondment (*BRIT*), posting.
кома́ндовани|е (**-я**) *ср*: **~** (*+instr*) (*судном, войском*) command (of) ♦ *собир* command.
кома́нд|овать (**-ую**; *pf* **с~**) *несов* to give orders; **~** (*impf*) *+instr* (*армией*) to command; (*мужем*) to order around.
кома́ндующ|ий (**-его**) *м* commanding officer, commander.
кома́р (**-а́**) *м* mosquito.
комба́йн (**-а**) *м* (*С.-Х.*) combine (harvester); **ку́хонный ~** food processor.
комбина́т (**-а**) *м* plant.
комбина́ци|я (**-и**) *ж* combination; (*женское бельё*) slip.
комбинезо́н (**-а**) *м* overalls *мн*; (*детский*) dungarees *мн*.
комбини́р|овать (**-ую**; *pf* **с~**) *несов перех* to combine.
комеди́йный *прил* comic; (*актёр*) comedy.
коме́ди|я (**-и**) *ж* comedy.
коме́т|а (**-ы**) *ж* comet.
ко́мик (**-а**) *м* (*актёр*) comedian, comic.
комиссио́нный *прил*: **~ магази́н** *second-hand shop which sells goods on a commission basis*.
коми́сси|я (**-и**) *ж* commission.
комите́т (**-а**) *м* committee.
ко́мка|ть (**-ю**; *pf* **с~**) *несов перех* to crumple.
коммента́ри|й (**-я**) *м* commentary.
коммента́тор (**-а**) *м*

commentator.
комментир|овать (-ую) *(не)сов перех (текст)* to comment on; *(события, матч)* to commentate on.
коммерсант (-а) *м* businessman.
коммерческий *прил* commercial; **~ магазин** privately-run shop.
коммунальн|ый *прил* communal; **~ые платежи** bills; **~ые услуги** utilities.
коммунизм (-а) *м* communism.
коммуникаци|я (-и) *ж* communication.
коммунист (-а) *м* communist.
комнат|а (-ы) *ж* room.
комнатн|ый *прил* indoor; **~ая температура** room temperature; **~ое растение** house plant.
компакт-диск (-а) *м* compact disc.
компактный *прил* compact.
компани|я (-и) *ж (КОММ)* company; *(друзья)* group of friends.
компаньон (-а) *м (КОММ)* partner.
компарти|я (-и) *ж* Communist Party.
компас (-а) *м* compass.
компенсаци|я (-и) *ж* compensation.
компенсир|овать (-ую) *(не)сов перех*: **~ (кому-н)** to compensate (sb) for.
компетентный *прил (специалист)* competent; *(органы)* appropriate.
комплекс (-а) *м (упражнений, мер, знаний итп)* range; **спортивный ~** sports complex.
комплексный *прил* integrated.
комплект (-а) *м* set.
комплект|овать (-ую; *pf* у~) *несов перех* to build up.
комплимент (-а) *м* compliment.
композитор (-а) *м* composer.
компонент (-а) *м* component.
компостир|овать (-ую; *pf* за~) *сов перех* to punch *или* clip (*ticket*).
компот (-а) *м* compote.
компресс (-а) *м (МЕД)* compress.
компрометир|овать (-ую; *pf* с~) *несов перех* to compromise.
компромисс (-а) *м* compromise.
компьютер (-а) *м* computer.
кому *мест см* **кто**.
комфорт (-а) *м* comfort.
комфортабельный *прил* comfortable.
конвейер (-а) *м* conveyor (belt).
конверт (-а) *м (почтовый)* envelope.
конвертируемый *прил* convertible.
конво|й (-я) *м* escort.
конгресс (-а) *м (съезд)* congress.
кондитерск|ая (-ой) *ж* confectioner's.
кондитерский *прил* confectionery; **~ магазин** confectioner's.
кондиционер (-а) *м* air conditioner.
кон|ёк (-ька) *м (обычно мн: СПОРТ)* skate; **кататься** *(impf)* **на ~ьках** to skate; *см также* **коньки**.
кон|ец (-ца) *м* end; **без ~ца** endlessly; **в ~це концов** in the end; **билет в один ~** single *(BRIT) или* one-way ticket; **под ~** towards the end.
конечно *вводн сл* of course, certainly.
конечност|ь (-и) *ж (ANAT)* limb.
конечный *прил (цель, итог)* final; *(станция)* last.
конкретно *нареч (говорить)* specifically.
конкретный *прил (реальный)*

concrete; (*факт*) actual.
конкуре́нт (-а) *м* competitor.
конкуре́нци|я (-и) *ж* competition.
конкури́р|овать (-ую) *несов*: ~ **с** *+instr* to compete with.
ко́нкурс (-а) *м* competition.
консервати́вный *прил* conservative.
консерва́тор (-а) *м* conservative.
консервато́ри|я (-и) *ж* (*МУЗ*) conservatoire (*BRIT*), conservatory (*US*).
консерви́р|овать (-ую) *(не)сов перех* to preserve; (*в жестяных банках*) to can; (*в стеклянных банках*) to bottle.
консе́рвн|ый *прил*: **~ая ба́нка** can.
консе́рв|ы (-ов) *мн* canned food *ед*.
конспе́кт (-а) *м* notes *мн*.
конспекти́р|овать (-ую; *pf* **за~**) *несов перех* to take notes on.
конспира́ци|я (-и) *ж* conspiracy.
конститу́ци|я (-и) *ж* constitution.
конструи́р|овать (-ую; *pf* **с~**) *несов перех* to construct.
констру́ктор (-а) *м* designer; (*детская игра*) construction set.
констру́кторск|ий *прил*: **~ое бюро́** design studio.
констру́кци|я (-и) *ж* construction.
ко́нсул (-а) *м* consul.
ко́нсульств|о (-а) *ср* consulate.
консульта́нт (-а) *м* consultant.
консульта́ци|я (-и) *ж* (*у врача, у юриста*) consultation; (*учреждение*) consultancy; **же́нская** ~ ≈ gynaecological and antenatal (*BRIT*) *или* gynecological and prenatal (*US*) clinic.
консульти́р|овать (-ую; *pf* **про~**) *несов перех* to give professional advice to; **~ся** (*impf* **проконсульти́роваться**) *несов возв*: **~ся с кем-н** to consult sb.
конта́кт (-а) *м* contact.
конте́йнер (-а) *м* container.
конте́кст (-а) *м* context.
континге́нт (-а) *м* contingent.
контине́нт (-а) *м* continent.
конто́р|а (-ы) *ж* office.
конто́рский *прил* office.
контраба́нд|а (-ы) *ж* smuggling; (*товары*) contraband.
контрабанди́ст (-а) *м* smuggler.
контраба́с (-а) *м* double bass.
контра́кт (-а) *м* contract.
контра́ст (-а) *м* contrast.
контрацепти́в (-а) *м* contraceptive.
контролёр (-а) *м* (*железнодорожный*) (ticket) inspector; (*театральный*) ≈ usher; (*сберкассы*) cashier.
контроли́р|овать (-ую) *несов перех* to control.
контро́л|ь (-я) *м* (*наблюдение*) monitoring; (*проверка*) testing, checking; (*в транспорте*) ticket inspection; (*в магазине*) checkout.
контро́льн|ая (-ой) *ж* (*также*: ~ **рабо́та**) class test.
контро́льн|ый *прил*: **~ая коми́ссия** inspection team; **~ые ци́фры** control figures.
контрразве́дк|а (-и) *ж* counterespionage.
ко́нтур (-а) *м* contour.
конур|а́ (-ы́) *ж* (*собачья*) kennel.
ко́нус (-а) *м* cone.
конферансье́ *ср нескл* compère.
конфере́нц-за́л (-а) *м* conference room.
конфере́нци|я (-и) *ж* conference.
конфе́т|а (-ы) *ж* sweet.
конфиденциа́льный *прил* confidential.

конфиск|овáть (**-ýю**) *(не)сов перех* to confiscate.
конфлúкт (**-а**) *м* (*военный*) conflict; (*в семье, на работе*) tension.
конфликт|овáть (**-ýю**) *несов*: **~ с** *+instr* (*разг*) to be at loggerheads with.
конфóр|ка (**-ки**; *gen pl* **-ок**) *ж* ring (*on cooker*).
конфронтáци|я (**-и**) *ж* confrontation.
концентрáци|я (**-и**) *ж* concentration.
концентрúр|овать (**-ую**; *pf* **с~**) *несов перех* to concentrate; **~ся** (*pf* **сконцентрúроваться**) *несов возв* (*капитал*) to be concentrated; (*ученик*) to concentrate.
концéпци|я (**-и**) *ж* concept.
концéрн (**-а**) *м* (*ЭКОН*) concern.
концéрт (**-а**) *м* concert.
концлáгер|ь (**-я**; *nom pl* **-я́**) *м* concentration camp.
кончá|ть(ся) (**-ю(сь)**) *несов от* **кóнчить(ся)**.
кóнчик (**-а**) *м* tip (*of finger etc*).
кóнч|ить (**-у, -ишь**; *impf* **кончáть**) *сов перех* to end; (*университет, книгу, работу*) to finish; **~ся** (*impf* **кончáться**) *сов возв* (*разговор, книга*) to end, finish; (*запасы*) to run out; (*лес итп*) to end.
кон|ь (**-я́**; *nom pl* **-и**, *gen pl* **-éй**) *м* (*лошадь*) horse; (*ШАХМАТЫ*) knight.
коньк|ú (**-óв**) *мн* skates *мн*.
конья́к (**-á**) *м* brandy, cognac.
кооперати́в (**-а**) *м* cooperative; (*разг*: *квартира*) *flat in housing cooperative*; **жилúщный ~** cooperative (*form of house or flat ownership*).
кооперати́вный *прил* cooperative; **~ магазúн** *или* **ларёк** co-op.
кооперáтор (**-а**) *м member of private enterprise*.
кооперáци|я (**-и**) *ж* cooperative enterprise.
координáт|а (**-ы**) *ж* (*ГЕОМ*: *обычно мн*) coordinate; (*разг*: *местонахождение*) number (and address).
координúр|овать (**-ую**) *(не)сов перех* to coordinate.
копá|ть (**-ю**) *несов перех* (*землю*) to dig; (*pf* **вы́копать**; *колодец*) to sink; (*овощи*) to dig up; **~ся** *несов возв* (*в чужих вещах*) to snoop about; (*разг*: *возиться*) to dawdle.
копé|йка (**-йки**; *gen pl* **-ек**) *ж* kopeck.
копировáльн|ый *прил*: **~ая машúна** photocopying machine, photocopier; **~ая бумáга** carbon paper.
копúр|овать (**-ую**; *pf* **с~**) *несов перех* to copy.
коп|úть (**-лю́, -ишь**; *pf* **на~** *или* **с~**) *несов перех* to save; **~ся** (*pf* **накопúться** *или* **скопúться**) *несов возв* to accumulate.
кóпи|я (**-и**) *ж* copy; (*перен*) spitting image.
кóпот|ь (**-и**) *ж* layer of soot.
коп|тúть (**-чý, -тúшь**) *несов* (*лампа*) to give off soot ♦ (*pf* **за~**) *перех* (*мясо, рыбу*) to smoke.
копчёный *прил* smoked.
копы́т|о (**-а**) *ср* hoof.
коп|ьё (**-ья́**; *nom pl* **-ья**, *gen pl* **-ий**) *ср* spear; (*СПОРТ*) javelin.
кор|á (**-ы́**) *ж* (*дерева*) bark; **земнáя ~** the earth's crust.
кораблекрушéни|е (**-я**) *ср* shipwreck.
кораблестроéни|е (**-я**) *ср* shipbuilding.

кора́бл|ь (**-я́**) *м* ship.
кора́лл (**-а**) *м* coral.
кордебале́т (**-а**) *м* corps de ballet.
коренн|о́й *прил* (*население, традиции*) indigenous; (*вопрос, преобразования*) fundamental; **~ы́м о́бразом** fundamentally; **~ зуб** molar.
ко́р|ень (**-ня**; *nom pl* **-ни**, *gen pl* **-не́й**) *м* root; **в ~не** fundamentally.
кореш|о́к (**-ка́**) *м* (*переплёта*) spine.
Коре́|я (**-и**) *ж* Korea.
корзи́н|а (**-ы**) *ж* basket.
коридо́р (**-а**) *м* corridor.
кори́ц|а (**-ы**) *ж* cinnamon.
кори́чневый *прил* brown.
ко́р|ка (**-ки**; *gen pl* **-ок**) *ж* (*апельсинная*) peel.
корм (**-а**; *nom pl* **-а́**) *м* (*для скота*) fodder, feed; (*диких животных*) food.
корм|а́ (**-ы́**) *ж* stern.
корми́л|ец (**-ьца**) *м* breadwinner.
корм|и́ть (**-лю́, -ишь**; *pf* **на~**) *несов перех*: **~ кого́-н чем-н** to feed sb sth; (*pf* **про~**; *содержать*) to feed, keep; **~** *(impf)* **гру́дью** to breast-feed; **~ся** (*pf* **прокорми́ться**) *несов возв* (*животное*) to feed; (*человек*): **~ся** *+instr* to survive.
коро́б|ка (**-ки**; *gen pl* **-ок**) *ж* box; **~ скоросте́й** gearbox.
коро́в|а (**-ы**) *ж* cow.
короле́в|а (**-ы**) *ж* queen.
короле́вский *прил* royal.
короле́вств|о (**-а**) *ср* kingdom.
коро́л|ь (**-я́**) *м* king.
коро́н|а (**-ы**) *ж* crown.
корона́ци|я (**-и**) *ж* coronation.
коро́н|ка (**-ки**; *gen pl* **-ок**) *ж* (*на зубе*) crown.
корон|ова́ть (**-у́ю**) *(не)сов перех* to crown.
коро́тк|ий *прил* short; **~ие во́лны** short wave; **~ое замыка́ние** short circuit.
ко́ротко *нареч* briefly; (*стричься*) short ◆ *как сказ*: **э́то пла́тье мне ~** this dress is too short for me.
коро́че *сравн нареч*: **~ говоря́** to put it briefly.
корпора́ци|я (**-и**) *ж* corporation.
ко́рпус (**-а**; *nom pl* **-ы**) *м* body; (*самолёта*) fuselage; (*nom pl* **-а́**; *остов: судна, здания*) frame; (*здание*) block.
корректи́в (**-а**) *м* amendment.
корректи́р|овать (**-ую**; *pf* **с~**) *несов перех* (*ошибку*) to correct.
корреспонде́нт (**-а**) *м* correspondent.
корреспонде́нци|я (**-и**) *ж* correspondence.
корро́зи|я (**-и**) *ж* corrosion.
коррумпи́рованный *прил* corrupt.
корру́пци|я (**-и**) *ж* corruption.
корт (**-а**) *м* (tennis) court.
ко́рточ|ки (**-ек**) *мн*: **присе́сть на ~** to squat down; **сиде́ть** *(impf)* **на ~ках** to squat.
корч|ева́ть (**-у́ю**) *несов перех* to uproot; (*перен*) to root out.
ко́рч|иться (**-усь, -ишься**; *pf* **с~**) *несов возв* (*от боли, от смеха*) to double up.
кор|ь (**-и**) *ж* measles *мн*.
коря́вый *прил* (*дерево*) gnarled.
кос|а́ (**-ы́**; *acc sg* **-у**, *dat sg* **-е́**, *nom pl* **-ы**) *ж* (*волосы*) plait; (*орудие*) scythe.
ко́свенный *прил* indirect; (*дополнение, падеж*) oblique.
коси́л|ка (**-ки**; *gen pl* **-ок**) *ж* mower (*machine*).
ко|си́ть (**-шу́, -сишь**; *pf* **с~**) *несов*

перех (*газон, сено*) to mow; (*глаза*) to slant.
космéтик|а (**-и**) *ж* make-up ◆ *собир* cosmetics *мн*.
косметúческий *прил* cosmetic; **~ кабинéт** beauty salon.
косметúч|ка (**-ки**; *gen pl* **-ек**) *ж* (*специалистка*) beautician; (*сумочка*) make-up bag.
космúческ|ий *прил* space; **~ое прострáнство** (outer) space.
космонáвт (**-а**) *м* cosmonaut; (*в США итп*) astronaut.
кóсмос (**-а**) *м* the cosmos.
косн|ýться (**-ýсь, -ёшься**) *сов от* **касáться**.
косоглáзый *прил* cross-eyed.
косóй *прил* (*глаза*) squinty; (*дождь, лучи*) slanting.
кост|ёр (**-рá**) *м* campfire.
костля́вый *прил* bony.
кóстный *прил* (*АНАТ*): **~ мозг** (bone) marrow.
кóсточ|ка (**-ки**; *gen pl* **-ек**) *ж* (*абрикосовая, вишнёвая*) stone; (*винограда*) seed; (*лимона*) pip.
косты́л|ь (**-я́**) *м* (*инвалида*) crutch.
кост|ь (**-и**; *gen pl* **-éй**) *ж* bone.
костю́м (**-а**) *м* outfit; (*маскарадный, на сцене*) costume; (*пиджак и брюки/юбка*) suit.
костя́ш|ка (**-ки**; *gen pl* **-ек**) *ж* (*пальцев*) knuckle.
косы́н|ка (**-ки**; *gen pl* **-ок**) *ж* (triangular) scarf.
костя́к (**-á**) *м* (*двери*) jamb; (*рыб*) school, shoal.
кот (**-á**) *м* tomcat.
кот|ёл (**-лá**) *м* (*паровой*) boiler.
котел|óк (**-кá**) *м* (*кастрюля*) billy(can); (*шляпа*) bowler (hat) (*BRIT*), derby (*US*).
котéльн|ая (**-ой**) *ж* boilerhouse.
кот|ёнок (**-ёнка**; *nom pl* **-я́та**, *gen pl* **-я́т**) *м* kitten.
кóтик (**-а**) *м* (*тюлень*) fur seal.
котúр|оваться (**-уюсь**) *несов возв* (*КОММ*): **~ (в +acc)** to be quoted (at); (*также перен*) to be highly valued.
котлéт|а (**-ы**) *ж* rissole; (*также:* **отбивнáя ~**) chop.

KEYWORD

котóр|ый (**-ая, -ое, -ые**) *мест* **1** (*вопросительное*) which; **котóрый час?** what time is it?
2 (*относительное: о предмете*) which; (*: о человеке*) who; **жéнщина, котóрую я люблю́** the woman I love
3 (*не первый*): **котóрый день/год мы не вúделись** we haven't seen each other for many days/years.

кóфе *м нескл* coffee; **~ в зёрнах** coffee beans.
кофевáр|ка (**-ки**; *gen pl* **-ок**) *ж* percolator.
кофéйник (**-а**) *м* coffeepot.
кофéйный *прил* coffee.
кофемóл|ка (**-ки**; *gen pl* **-ок**) *ж* coffee grinder.
кóфт|а (**-ы**) *ж* blouse; (*шерстяная*) cardigan.
кочáн (**-á**) *м*: **~ капýсты** cabbage.
коченé|ть (**-ю**; *pf* **о~**) *несов* (*руки, труп*) to go stiff; (*человек*) to get stiff.
кошáчий *прил* (*мех, лапа*) cat's.
кошел|ёк (**-ькá**) *м* purse.
кóш|ка (**-ки**; *gen pl* **-ек**) *ж* cat.
кошмáр (**-а**) *м* nightmare.
кошмáрный *прил* nightmarish.
коэффициéнт (**-а**) *м* coefficient.
краб (**-а**) *м* crab.
краевóй *прил* regional.
крáж|а (**-и**) *ж* theft; **~ со взлóмом**

burglary.
кра|й (**-я**; *loc sg* **-ю**, *nom pl* **-я́**, *gen pl* **-ёв**) *м* edge; (*чашки, коробки*) rim; (*местность*) land; (*ПОЛИТ*) krai (*regional administrative unit*).
кра́йне *нареч* extremely.
кра́йн|ий *прил* extreme; (*дом*) end; (*пункт маршрута*) last, final; **в ~ем слу́чае** as a last resort; **по ~ей ме́ре** at least; **К~ Се́вер** the Arctic; **~ срок** (final) deadline.
кран (**-а**) *м* tap, faucet (*US*); (*СТРОИТ*) crane.
крапи́в|а (**-ы**) *ж* nettle.
краси́вый *прил* beautiful; (*мужчина*) handsome; (*решение, фраза, слова*) fine.
краси́тел|ь (**-я**) *м* dye.
кра́|сить (**-шу, -сишь**; *pf* **по~**) *несов перех* to paint; (*волосы*) to dye; (*pf* **на~**; *губы итп*) to make up; **~ся** (*pf* **накра́ситься**) *несов возв* to wear make-up.
кра́с|ка (**-ки**; *gen pl* **-ок**) *ж* paint; (*обычно мн: нежные, весенние итп*) colour (*BRIT*), color (*US*).
красне́|ть (**-ю**; *pf* **по~**) *несов* to turn red; (*от стыда*) to blush, flush; (*от гнева*) to go red.
красноречи́вый *прил* (*оратор, письмо*) eloquent; (*взгляд, жест*) expressive; (*цифры, факты*) revealing.
кра́сн|ый *прил* red; **~ая ры́ба** salmon; **~ая строка́** new paragraph.
крас|ота́ (**-оты́**; *nom pl* **-о́ты**) *ж* beauty.
кра́сочный *прил* (*язык, расцветка*) colourful (*BRIT*), colorful (*US*).
кра|сть (**-ду́, -дёшь**; *pf* **укра́сть**) *несов перех* to steal; **кра́сться** *несов возв* (*человек*) to creep, steal.
кра́тер (**-а**) *м* crater.
кра́тк|ий *прил* short; (*беседа*) brief, short; **~ое прилага́тельное** shortform adjective.
кратковре́менный *прил* short; **~ дождь** shower.
краткосро́чный *прил* (*отпуск, командировка*) short; (*заём, ссуда*) short-term.
кра́тный *прил* divisible.
крах (**-а**) *м* collapse.
крахма́л (**-а**) *м* starch.
крахма́л|ить (**-ю, -ишь**; *pf* **на~**) *несов перех* to starch.
кра́шеный *прил* (*мех, ткань*) dyed; (*стол, дверь*) painted.
креве́т|ка (**-ки**; *gen pl* **-ок**) *ж* shrimp.
креди́т (**-а**) *м* credit.
креди́тн|ый *прил* credit; **~ая ка́рточка** credit card; **~ счёт** credit account.
кредито́р (**-а**) *м* creditor.
кредитоспосо́бный *прил* solvent.
кре́до *ср нескл* credo.
кре́йсер (**-а**) *м* (*ВОЕН*) battleship.
крем (**-а**) *м* cream; **сапо́жный ~** shoe polish.
кремато́ри|й (**-я**) *м* crematorium.
креми́р|овать (**-ую**) *(не)сов перех* to cremate.
кремл|ь (**-я́**) *м* citadel; **К~** the Kremlin.
кре́мовый *прил* cream.
креп|и́ть (**-лю́, -и́шь**) *несов перех* to fix.
кре́пкий *прил* strong.
кре́пко *нареч* strongly; (*спать, любить*) deeply; (*завязать*) tightly.
крепле́ни|е (**-я**) *ср* reinforcement; (*обычно мн: лыжные*) binding.
кре́п|нуть (**-ну**; *pt* **-, -ла**, *pf* **о~**)

несов to get stronger; (*уверенность*) to grow.
кре́пост|ь (**-и**) *ж* (*ВОЕН*) fortress.
кре́с|ло (**-ла**; *gen pl* **-ел**) *ср* armchair; (*в театре*) seat.
крест (**-а́**) *м* cross.
кре|сти́ть (**-щу́, -стишь**; *pf* **о~**) *несов перех* to christen, baptize; **~** (**перекрести́ть** *pf*) **кого́-н** to make the sign of the cross over sb; **~ся** (*не*)*сов возв* to be christened *или* baptized; (*pf* **перекрести́ться**; *крестить себя*) to cross o.s.
крёстн|ый *прил*: **~ая мать** godmother; **~ отéц** godfather.
крестья́н|ин (**-ина**; *ном pl* **-е**, *gen pl* **-**) *м* peasant.
крестья́нский *прил* peasant.
крещéни|е (**-я**) *ср* christening, baptism; (*праздник*) ≈ the Epiphany.
крив|и́ть (**-лю́, -и́шь**; *pf* **с~** *или* **по~**) *несов перех* to curve; (*лицо, губы*) to twist.
кривля́|ться (**-юсь**) *несов возв* (*гримасничать*) to squirm.
криво́й *прил* (*линия, палка, улыбка*) crooked; (*ноги*) bandy.
кри́зис (**-а**) *м* crisis.
крик (**-а**; *part gen* **-у**) *м* cry.
крикли́вый *прил* loud; (*голос*) yapping.
кри́кн|уть (**-у**) *сов* to shout.
криминали́ст (**-а**) *м* specialist in crime detection.
кримина́льный *прил* (*случай*) criminal; (*история, хроника*) crime.
криминогéнный *прил* (*район*) crime-ridden.
криста́лл (**-а**) *м* crystal.
критéри|й (**-я**) *м* criterion.
кри́тик (**-а**) *м* critic.
кри́тик|а (**-и**) *ж* criticism.
критик|ова́ть (**-у́ю**) *несов перех* to criticize.
крити́ческий *прил* critical.
крич|а́ть (**-у́, -и́шь**) *несов* (*человек: от боли, от гнева*) to cry (out); (*: говорить громко*) to shout; **~** (*impf*) **на** *+acc* (*бранить*) to shout at.
крова́вый *прил* bloodied; (*рана, битва*) bloody; (*диктатура*) ruthless.
крова́т|ь (**-и**) *ж* bed.
кро́в|ля (**-ли**; *gen pl* **-ель**) *ж* roof.
кро́вн|ый *прил* (*родство*) blood; **~ые интерéсы** vested interest *ед*; **~ враг** deadly enemy.
кровожа́дный *прил* bloodthirsty.
кровообращéни|е (**-я**) *ср* (*МЕД*) circulation.
кровопроли́тный *прил* bloody.
кровотечéни|е (**-я**) *ср* bleeding.
кровоточ|и́ть (*3sg* **-и́т**) *несов* to bleed.
кров|ь (**-и**; *loc sg* **-и́**) *ж* blood.
кро|и́ть (**-ю́, -и́шь**) *несов перех* to cut out.
крокоди́л (**-а**) *м* crocodile.
кро́лик (**-а**) *м* rabbit; (*мех*) rabbit fur.
кро́личий *прил* rabbit.
кро́ме *предл*: **~** *+gen* (*за исключением*) except; (*сверх чего-н*) as well as; **~ того́** besides.
кро́н|а (**-ы**) *ж* (*дерева*) crown.
кронштéйн (**-а**) *м* (*балкона*) support; (*полки*) bracket.
кропотли́вый *прил* painstaking.
кросс (**-а**) *м* (*бег*) cross-country; (*гонки*) cross-country race.
кроссво́рд (**-а**) *м* crossword.
кроссо́в|ка (**-ки**; *gen pl* **-ок**) *ж* (*обычно мн*) trainer.
кро́хотный *прил* tiny.
кро́шечный *прил* (*разг*) teenyweeny, tiny.

крош|и́ть (**-у́, -ишь**) *несов перех* (*хлеб*) to crumble; **~ся** *несов возв* (*хлеб, мел*) to crumble.
кро́ш|ка (**-ки**; *gen pl* **-ек**) *ж* (*кусочек*) crumb; (*малютка*) little one.
круг (**-а**; *nom pl* **-и́**) *м* circle; (*СПОРТ*) lap; (*loc sg* **-у́**; *перен*: *знакомых*) circle; (: *обязанностей, интересов*) range.
круг|и́ (**-о́в**) *мн* (*литературные, политические*) circles *мн*.
круглосу́точный *прил* (*работа*) round-the-clock; (*детский сад*) twenty-four-hour.
кру́гл|ый *прил* round; (*дурак*) total; **~ год** all year (round); **~ые су́тки** twenty-four hours.
круговоро́т (**-а**) *м* cycle.
кругозо́р (**-а**) *м*: **он челове́к широ́кого ~а** he is knowledgeable.
круго́м *нареч* around.
кругосве́тный *прил* round-the-world.
кружевно́й *прил* lace.
кру́жев|о (**-а**; *nom pl* **-а́**) *ср* lace.
круж|и́ть (**-у́, -ишь**) *несов перех* to spin ♦ *неперех* (*птица*) to circle; **~ся** *несов возв* (*в танце*) to spin (around); **у меня́ голова́ кру́жится** my head's spinning.
кру́ж|ка (**-ки**; *gen pl* **-ек**) *ж* mug.
круж|о́к (**-ка́**) *м* circle; (*организация*) club.
круи́з (**-а**) *м* cruise.
круп|а́ (**-ы́**; *nom pl* **-ы**) *ж* grain.
кру́пно *нареч* (*нарезать*) coarsely; **писа́ть (написа́ть** *pf***) ~** to write in big letters.
кру́пный *прил* (*размеры, фирма*) large; (*песок, соль*) coarse; (*учёный, дело*) prominent; (*событие, успех*) major; **~ план** close-up.
кру|ти́ть (**-чу́, -тишь**) *несов перех* (*руль*) to turn; (*pf* **с~**; *руки*) to twist; **~ся** *несов возв* (*вертеться*) to turn around; (: *колесо*) to spin; (: *дети*) to fidget.
круто́й *прил* steep; (*перемены*) sharp.
круше́ни|е (**-я**) *ср* (*поезда*) crash; (*перен*: *надежд, планов*) shattering.
крыжо́вник (**-а**) *м собир* (*ягоды*) gooseberries *мн*.
крыл|о́ (**-а́**; *nom pl* **-ья**, *gen pl* **-ьев**) *ср* wing.
крыльц|о́ (**-а́**) *ср* porch.
Крым (**-а**; *loc sg* **-у́**) *м* Crimea.
кры́с|а (**-ы**) *ж* rat.
кры́тый *прил* covered.
кр|ыть (**-о́ю, -о́ешь**; *pf* **покры́ть**) *несов перех* to cover.
кры́ш|а (**-и**) *ж* roof.
кры́ш|ка (**-ки**; *gen pl* **-ек**) *ж* (*ящика, чайника*) lid.
крю|к (**-ка́**; *nom pl* **-чья**, *gen pl* **-чьев**) *м* hook.
крюч|о́к (**-ка́**) *м* hook; **~ для вяза́ния** crochet hook.
кря́ка|ть (**-ю**) *несов* (*утка*) to quack.
крях|те́ть (**-чу́, -ти́шь**) *несов* to groan.
ксероко́пи|я (**-и**) *ж* photocopy, Xerox ®.
ксе́рокс (**-а**) *м* (*автомат*) photocopier; (*копия*) photocopy, Xerox ®.
кста́ти *вводн сл* (*между прочим*) incidentally, by the way; (*случайно*) by any chance ♦ *нареч* (*сказать, прийти*) at the right time.

KEYWORD

кто (**кого́**; *см* **Table 7**) *мест* **1** (*вопросительное, относительное*) who; **кто там?**

who is there?
2 (*разг*: *кто-нибудь*) anyone; **е́сли кто позвони́т, позови́ меня́** if anyone phones, please call me
3: **ма́ло ли кто** many (people); **ма́ло кто** few (people); **ма́ло кто пошёл в кино́** only a few of us went to the cinema; **кто из вас ...** which of you ...; **кто (его́) зна́ет!** who knows!

кто́-либо (**кого́-либо**; *как* **кто**; *см* **Table 7**) *мест* = **кто́-нибудь**.
кто́-нибудь (**кого́-нибудь**; *как* **кто**; *см* **Table 7**) *мест* (*в вопросе*) anybody, anyone; (*в утверждении*) somebody, someone.
кто́-то (**кого́-то**; *как* **кто**; *см* **Table 7**) *мест* somebody, someone.
куб (**-а**) *м* (*ГЕОМ, МАТ*) cube.
ку́бик (**-а**) *м* (*игрушка*) building brick *или* block.
ку́б|ок (**-ка**) *м* (*СПОРТ*) cup.
кубоме́тр (**-а**) *м* cubic metre (*BRIT*) *или* meter (*US*).
кувши́н (**-а**) *м* jug (*BRIT*), pitcher (*US*).
кувырка́|ться (**-юсь**) *несов возв* to somersault.
куда́ *нареч* (*вопросительное, относительное*) where; **~ ты положи́л мою́ ру́чку?** where did you put my pen?; **скажи́, ~ ты идёшь** tell me where you are going.
куда́-либо *нареч* = **куда́-нибудь**.
куда́-нибудь *нареч* (*в вопросе*) anywhere; (*в утверждении*) somewhere.
куда́-то *нареч* somewhere.
ку́др|и (**-е́й**) *мн* curls *мн*.
кудря́вый *прил* (*волосы*) curly; (*человек*) curly-haired.
кузне́чик (**-а**) *м* grasshopper.
ку́зов (**-а**; *nom pl* **-а́**) *м* (*АВТ*) back (*of van, lorry etc*).
кукаре́ка|ть (**-ю**) *несов* to crow.
кукареку́ *межд* cock-a-doodle-doo.
ку́к|ла (**-лы**; *gen pl* **-ол**) *ж* (*также перен*) doll; (*в театре*) puppet.
кук|ова́ть (**-у́ю**) *несов* to cuckoo.
ку́кольный *прил*: **~ теа́тр** puppet theatre (*BRIT*) *или* theater (*US*).
кукуру́з|а (**-ы**) *ж* (*БОТ*) maize; (*КУЛИН*) (sweet)corn.
куку́ш|ка (**-ки**; *gen pl* **-ек**) *ж* cuckoo.
кула́к (**-а́**) *м* fist.
кул|ёк (**-ька́**) *м* paper bag.
кулина́р (**-а**) *м* master chef.
кулинари́|я (**-и**) *ж* (*приготовление пищи*) cookery; (*магазин*) ≈ delicatessen.
кули́с|а (**-ы**) *ж* (*ТЕАТР*) wing.
куло́н (**-а**) *м* (*украшение*) pendant.
кулуа́р|ы (**-ов**) *мн* (*ПОЛИТ*) lobby *ед*.
кульмина́ци|я (**-и**) *ж* (*перен*) high point, climax.
культ (**-а**) *м* cult.
культу́р|а (**-ы**) *ж* culture.
культу́рный *прил* cultural; (*растение*) cultivated.
куми́р (**-а**) *м* (*также перен*) idol.
купа́льник (**-а**) *м* swimming *или* bathing costume (*BRIT*), bathing suit (*US*).
купа́льный *прил*: **~ костю́м** swimming *или* bathing costume (*BRIT*), bathing suit (*US*).
купа́|ть (**-ю**; *pf* **вы́купать** *или* **ис~**) *несов перех* to bath; **~ся** (*pf* **вы́купаться** *или* **искупа́ться**) *несов возв* to bathe; (*плавать*) to swim; (*в ванне*) to have a bath.
купе́ *ср нескл* compartment (*in railway carriage*).
купе́йный *прил*: **~ ваго́н** Pullman (car).

купи́рованный *прил* = **купе́йный**.
куп|и́ть (**-лю́, -ишь**; *impf* **покупа́ть**) *сов перех* to buy.
купле́т (**-а**) *м* couplet.
куплю́ *сов см* **купи́ть**.
ку́пол (**-а**; *nom pl* **-а́**) *м* cupola.
купо́н (**-а**) *м* (*ценных бумаг*) ticket; **пода́рочный ~** gift voucher.
купю́р|а (**-ы**) *ж* (*ЭКОН*) denomination; (*сокращение*) cut.
куре́ни|е (**-я**) *ср* smoking.
кури́льщик (**-а**) *м* smoker.
кури́ный *прил* (*бульон, перья*) chicken.
кур|и́ть (**-ю́, -ишь**) *несов* (*не*)*перех* to smoke.
ку́р|ица (**-ицы**; *nom pl* **ку́ры**) *ж* hen, chicken; (*мясо*) chicken.
кур|о́к (**-ка́**) *м* hammer (*on gun*).
куро́рт (**-а**) *м* (holiday) resort.
курс (**-а**) *м* course; (*ПОЛИТ*) policy; (*КОММ*) exchange rate; (*ПРОСВЕЩ*) year (*of university studies*); **быть** *(impf)* **в ку́рсе (де́ла)** to be up on what's going on; **входи́ть (войти́** *pf)* **в ~ чего́-н** to bring o.s. up to date on sth; **вводи́ть (ввести́** *pf)* **кого́-н в ~ (чего́-н)** to put sb in the picture (about sth).
курса́нт (**-а**) *м* (*ВОЕН*) cadet.
курси́в (**-а**) *м* italics *мн*.
курси́р|овать (**-ую**) *несов*: **~ ме́жду** *+instr* **...** **и** *+instr* **...** (*самолёт, автобус*) to shuttle between ... and ...; (*судно*) to sail between ... and ...
курсов|о́й *прил*: **~а́я рабо́та** project; **~а́я ра́зница** (*КОММ*) difference in exchange rates.
курсо́р (**-а**) *м* cursor.
ку́рт|ка (**-ки**; *gen pl* **-ок**) *ж* jacket.
курча́вый *прил* (*волосы*) curly; (*человек*) curly-haired.
ку́р|ы (**-**) *мн от* **ку́рица**.
курье́р (**-а**) *м* messenger.
куса́|ть (**-ю**) *несов перех* to bite; **~ся** *несов возв* (*животное*) to bite.
кус|о́к (**-ка́**) *м* piece; **~ са́хара** sugar lump; **~ мы́ла** bar of soap.
куст (**-а́**) *м* (*БОТ*) bush.
куста́рник (**-а**) *м* shrubbery.
ку́та|ть (**-ю**; *pf* **за~**) *несов перех* (*плечи*) to cover up; (*ребёнка*) to bundle up; **~ся** (*pf* **заку́таться**) *несов возв*: **~ся в** *+acc* to wrap o.s. up in.
ку́х|ня (**-ни**; *gen pl* **-онь**) *ж* (*помещение*) kitchen; **ру́сская/ францу́зская ~** Russian/French cuisine.
ку́хонный *прил* kitchen.
ку́ч|а (**-и**) *ж* (*песка, листьев*) pile, heap; (*разг*): **~** *+gen* (*денег, проблем*) heaps *или* loads of.
ку́ша|ть (**-ю**; *pf* **по~** *или* **с~**) *несов перех* to eat.
куше́т|ка (**-ки**; *gen pl* **-ок**) *ж* couch.
кюве́т (**-а**) *м* ditch.

Л, л

лабири́нт (**-а**) *м* maze; (*перен*) labyrinth.
лабора́нт (**-а**) *м* (*в лаборатории*) lab(oratory) technician.
лаборато́ри|я (**-и**) *ж* laboratory.
ла́в|ка (**-ки**; *gen pl* **-ок**) *ж* (*скамья*) bench; (*магазин*) shop.
лавро́вый *прил*: **~ лист** bay leaf.
ла́гер|ь (**-я**) *м* camp.
ла́дно *част* (*разг*) O.K., all right.
ладо́н|ь (**-и**) *ж* palm.
ла́зер (**-а**) *м* laser.
ла́|зить (**-жу, -зишь**) *несов* to climb; (*под стол, под кровать итп*) to crawl.

ла|й (**-я**) *м* barking.
ла́йнер (**-а**) *м* liner.
лак (**-а**) *м* (*для ногтей, для пола*) varnish; **~ для воло́с** hairspray.
лакир|ова́ть (**-у́ю**; *pf* **от~**) *несов перех* (*изделие*) to lacquer.
лакони́чный *прил* (*речь*) laconic.
ла́мп|а (**-ы**) *ж* lamp; (*TEX*) tube; **~ дневно́го све́та** fluorescent light.
ла́мпоч|ка (**-ки**; *gen pl* **-ек**) *ж* lamp; (*для освещения*) light bulb.
ла́ндыш (**-а**) *м* lily of the valley.
ла́п|а (**-ы**) *ж* (*зверя*) paw; (*птицы*) foot.
лар|ёк (**-ька́**) *м* stall.
ласка́|ть (**-ю**) *несов перех* (*ребёнка, девушку*) to caress; (*собаку*) to pet.
ла́сковый *прил* affectionate.
ла́стик (**-а**) *м* (*разг*) rubber (*BRIT*), eraser.
ла́сточ|ка (**-ки**; *gen pl* **-ек**) *ж* swallow.
Ла́тви|я (**-и**) *ж* Latvia.
лату́н|ь (**-и**) *ж* brass.
латы́н|ь (**-и**) *ж* Latin.
лауреа́т (**-а**) *м* winner (*of award*).
ла́цкан (**-а**) *м* lapel.
ла́|ять (**-ю**; *pf* **про~**) *несов* to bark.
лгать (**лгу, лжёшь** *umn*, **лгут**; *pf* **солга́ть**) *несов* to lie.
лгун (**-а́**) *м* liar.
ле́бед|ь (**-я**; *gen pl* **-е́й**) *м* swan.
лев (**льва**) *м* lion; (*созвездие*): **Л~** Leo.
левосторо́нний *прил* on the left.
левш|а́ (**-и́**; *gen pl* **-е́й**) *м/ж* left-handed person.
ле́вый *прил* left; (*ПОЛИТ*) left-wing.
лёг *umn сов см* **лечь**.
леге́нд|а (**-ы**) *ж* legend.
лёгк|ий *прил* (*груз*) light; (*задача*) easy; (*боль, насморк*) slight; (*характер, человек*) easy-going; **~ая атле́тика** athletics (*BRIT*), track (*US*).
легко́ *нареч* easily ♦ *как сказ*: **э́то ~** it's easy.
легкоатле́т (**-а**) *м* athlete (*in track and field events*).
легков|о́й *прил*: **~а́я маши́на, ~ автомоби́ль** car, automobile (*US*).
лёгк|ое (**-ого**) *ср* (*обычно мн*) lung.
легкомы́сленный *прил* frivolous, flippant; (*поступок*) thoughtless.
легкомы́сли|е (**-я**) *ср* frivolity.
лёгкост|ь (**-и**) *ж* (*задания*) simplicity, easiness.
ле́гче *сравн прил от* **лёгкий** ♦ *сравн нареч от* **легко́** ♦ *как сказ*: **больно́му сего́дня ~** the patient is feeling better today.
лёд (**льда**; *loc sg* **льду**) *м* ice.
леден|е́ц (**-ца́**) *м* fruit drop.
ледяно́й *прил* (*покров*) ice; (*вода, взгляд*) icy.
леж|а́ть (**-у́, -и́шь**) *несов* (*человек, животное*) to lie; (*предмет, вещи*) to be; **~** *(impf)* **в больни́це** to be in hospital.
лез *umn несов см* **лезть**.
ле́зви|е (**-я**) *ср* blade.
лез|ть (**-у, -ешь**; *pt* **-, -ла**) *несов* (*выпадать: волосы*) to fall out; (*проникать*): **~ в** *+acc* to climb in; **~** *(impf)* **на** *+acc* to climb (up).
ле́|йка (**-йки**; *gen pl* **-ек**) *ж* watering can.
лейкопла́стыр|ь (**-я**) *м* sticking plaster (*BRIT*), adhesive tape (*US*).
лейтена́нт (**-а**) *м* lieutenant.
лека́рств|о (**-а**) *ср* medicine; **~ от** *+gen* medicine for; **~ от ка́шля** cough medicine.
ле́ктор (**-а**) *м* lecturer.
ле́кци|я (**-и**) *ж* lecture.

лён (**льна**) *м* (*БОТ*) flax; (*ткань*) linen.
лени́вый *прил* lazy.
лен|и́ться (**-ю́сь, -и́шься**; *pf* **по~**) *несов возв* to be lazy.
ле́нт|а (**-ы**) *ж* ribbon; (*изоляционная, магнитная*) tape.
лентя́|й (**-я**) *м* lazybones.
лен|ь (**-и**) *ж* laziness ♦ *как сказ*: **ему́ ~ учи́ться/рабо́тать** he can't be bothered studying/working.
лепест|о́к (**-ка́**) *м* petal.
леп|и́ть (**-лю́, -ишь**; *pf* **вы́лепить**) *несов перех* to model; (*pf* **с~**; *соты, гнёзда*) to build.
лес (**-а**; *loc sg* **-у́**, *nom pl* **-а́**) *м* (*большой*) forest; (*небольшой*) wood ♦ *собир* (*материал*) timber (*BRIT*), lumber (*US*).
лесбия́н|ка (**-ки**; *gen pl* **-ок**) *ж* lesbian.
ле́ск|а (**-и**) *ж* fishing line.
лесно́й *прил* forest.
ле́стниц|а (**-ы**) *ж* staircase; (*ступени*) stairs *мн*; (*переносная*) ladder; (*стремянка*) stepladder.
ле́стничн|ый *прил*: **~ая клéтка** stairwell.
ле́стный *прил* flattering.
лест|ь (**-и**) *ж* flattery.
лета́ (**лет**) *мн см* **год**; (*возраст*): **ско́лько Вам лет?** how old are you?; **ему́ 16 лет** he is 16 (years old).
лета́|ть (**-ю**) *несов* to fly.
ле|те́ть (**-чу́, -ти́шь**) *несов* to fly.
ле́тний *прил* summer.
лётн|ый *прил*: **~ое по́ле** airfield.
ле́т|о (**-а**) *ср* summer.
ле́том *нареч* in summer.
лету́ч|ий *прил*: **~ая мышь** bat.
лётчик (**-а**) *м* pilot.
ле́чащий *прил*: **~ врач** ≈ consultant-in-charge (*BRIT*), ≈ attending physician (*US*).
лече́бниц|а (**-ы**) *ж* clinic.
лече́бный *прил* (*учреждение*) medical; (*трава*) medicinal.
лече́ни|е (**-я**) *ср* (*раненных*) treatment; (*от простуды*) cure.
леч|и́ть (**-у́, -ишь**) *несов перех* to treat; (*больного*): **~ кого́-н от** *+gen* to treat sb for; **~ся** *несов возв* to undergo treatment.
лечу́ *несов см* **лете́ть**.
ле|чь (**ля́гу, ля́жешь** *итп*, **ля́гут**; *pt* **лёг, -гла́**, *imper* **ля́г(те)**, *impf* **ложи́ться**) *сов* to lie down; (*перен*): **~ на** *+acc* (*ответственность, заботы*) to fall on; **ложи́ться** (**~** *pf*) **в больни́цу** to go into hospital.
лжец (**-а́**) *м* liar.
лжи́вый *прил* (*человек*) deceitful.
ли *част* (*в вопросе*): **зна́ешь ~ ты, что ...** do you know that ...; (*в косвенном вопросе*): **спроси́, смо́жет ~ он нам помо́чь** ask if he can help us; (*в разделительном вопросе*): **она́ краси́ва, не так ~?** she's beautiful, isn't she?
либера́льный *прил* liberal.
ли́бо *союз* (*или*) or.
ли́в|ень (**-ня**) *м* downpour.
ли́г|а (**-и**) *ж* (*ПОЛИТ, СПОРТ*) league.
ли́дер (**-а**) *м* leader.
лиди́р|овать (**-ую**) *несов* to lead, be in the lead.
ли|за́ть (**-жу́, -жешь**) *несов перех* (*тарелку, мороженое*) to lick.
лизн|у́ть (**-у́, -ёшь**) *сов перех* to lick.
ликвиди́р|овать (**-ую**) *(не)сов перех* (*фирму*) to liquidate; (*оружие*) to destroy.
ликёр (**-а**) *м* liqueur.
ли́ли|я (**-и**) *ж* lily.
лило́вый *прил* purple.

лими́т (-а) *м* (*на бензин*) quota; (*цен*) limit.
лимити́р|овать (-ую) *(не)сов перех* to limit; (*цены*) to cap.
лимо́н (-а) *м* lemon.
лимона́д (-а) *м* lemonade.
лимо́нн|ый *прил* lemon; **~ая кислота́** citric acid.
лине́|йка (-йки; *gen pl* -ек) *ж* (*линия*) line; (*инструмент*) ruler; **тетра́дь в ~йку** lined notebook.
ли́нз|а (-ы) *ж* lens.
ли́ни|я (-и) *ж* line; **по ~и** *+gen* in the line of; **железнодоро́жная ~** railway (*BRIT*) *или* railroad (*US*) track.
лино́леум (-а) *м* linoleum.
линя́|ть (*3sg* -ет, *pf* по~) *несов* to run (*colour*); (*pf* об~; *животные*) to moult (*BRIT*), molt (*US*).
ли́пкий *прил* sticky.
ли́п|нуть (-ну; *pt* -, ла, *pf* при~) *несов* (*грязь, тесто*) to stick.
липу́ч|ка (-ки; *gen pl* -ек) *ж* (*разг*: *застёжка*) Velcro ® fastening.
ли́рик|а (-и) *ж* lyric poetry.
лири́ческий *прил* lyrical.
лис|а́ (-ы́; *nom pl* -ы) *ж* fox.
лист (-а́; *nom pl* -ья) *м* (*растения*) leaf; (*nom pl* -ы́; *бумаги, железа*) sheet.
листа́|ть (-ю) *несов перех* (*страницы*) to turn.
листв|а́ (-ы́) *ж собир* foliage, leaves *мн*.
листо́в|ка (-ки; *gen pl* -ок) *ж* leaflet.
лист|о́к (-ка́) *м* (*бумаги*) sheet.
ли́стья *итп сущ см* **лист**.
Литв|а́ (-ы́) *ж* Lithuania.
литерату́р|а (-ы) *ж* literature; (*также*: **худо́жественная ~**) fiction.
литерату́рный *прил* literary.
литр (-а) *м* litre (*BRIT*), liter (*US*).
литро́вый *прил* (*бутылка итп*) (one-)litre (*BRIT*), (one-)liter (*US*).
литурги́|я (-и) *ж* liturgy.
ли|ть (**лью, льёшь**; *pt* -л, -ла́) *несов перех* (*воду*) to pour; (*слёзы*) to shed; (*TEX*: *детали, изделия*) to cast, mould (*BRIT*), mold (*US*) ♦ *неперех* (*вода, дождь*) to pour; **ли́ться** *несов возв* (*вода*) to pour out.
лифт (-а) *м* lift.
ли́фчик (-а) *м* bra.
лихора́дк|а (-и) *ж* fever; (*на губах*) cold sore.
лицев|о́й *прил*: **~а́я сторона́ мате́рии** the right side of the material.
лице́|й (-я) *м* lycée, ≈ grammar school.
лицеме́р (-а) *м* hypocrite.
лицеме́рный *прил* hypocritical.
лице́нзи|я (-и) *ж* licence (*BRIT*), license (*US*).
ли|цо́ (-ца́; *nom pl* -ца) *ср* face; (*перен*: *индивидуальность*) image; (*ткани итп*) right side; (*ЛИНГ*) person; **от ~ца́** *+gen* in the name of, on behalf of.
ли́чно *нареч* (*знать*) personally; (*встретить*) in person.
ли́чност|ь (-и) *ж* individual.
ли́чный *прил* personal; (*частный*) private.
лиша́|ть (-ю) *несов от* **лиши́ть**.
лише́ни|е (-я) *ср* (*прав*) deprivation; **~ свобо́ды** imprisonment.
лиш|и́ть (-у́, -и́шь; *impf* **лиша́ть**) *сов перех*: **~ кого́-н/что-н** *+gen* (*отнять*: *прав, привилегий*) to deprive sb/sth of; (*покоя, счастья*) to rob sb/sth of.
ли́шний *прил* (*вес*) extra; (*деньги*,

билет) spare; ~ **раз** once again *или* more.
лишь *част* (*только*) only ◆ *союз* (*как только*) as soon as; ~ **бы она́ согласи́лась!** if only she would agree!
лоб (**лба**; *loc sg* **лбу**) *м* forehead.
ло́бби *ср нескл* lobby.
лобов|о́й *прил* frontal; **~о́е стекло́** windscreen (*BRIT*), windshield (*US*).
лов|и́ть (**-лю́, -ишь**; *pf* **пойма́ть**) *несов перех* to catch; (*случай, момент*) to seize; ~ (*impf*) **ры́бу** to fish.
ло́вкий *прил* (*человек*) agile; (*движение*) nimble; (*удар*) swift.
ло́вл|я (**-и**) *ж* (*действие*) catching; **ры́бная** ~ fishing.
лову́ш|ка (**-ки**; *gen pl* **-ек**) *ж* trap.
ло́гик|а (**-и**) *ж* logic.
логи́чный *прил* logical.
ло́д|ка (**-ки**; *gen pl* **-ок**) *ж* boat.
лоды́ж|ка (**-ки**; *gen pl* **-ек**) *ж* ankle.
ло́дыр|ь (**-я**) *м* (*разг*) idler.
ло́ж|а (**-и**) *ж* (*в театре, в зале*) box.
лож|и́ться (**-у́сь, -и́шься**) *несов от* **лечь**.
ло́ж|ка (**-ки**; *gen pl* **-ек**) *ж* spoon.
ло́жный *прил* false; (*вывод*) wrong.
ложь (**лжи**; *instr sg* **ло́жью**) *ж* lie.
лоз|а́ (**-ы́**; *nom pl* **-ы**) *ж* (*винограда*) vine.
ло́зунг (**-а**) *м* (*призыв*) slogan; (*плакат*) banner.
ло́кон (**-а**) *м* singlet.
ло́к|оть (**-тя**; *gen pl* **-те́й**, *dat pl* **-тя́м**) *м* elbow.
лом (**-а**) *м* crowbar ◆ *собир* (*для переработки*) scraps *мн*.
лома́|ть (**-ю**; *pf* **с~**) *несов перех* to break; (*pf* **с~** *или* **по~**; *механизм*) to break; (*pf* **по~**; *традиции*) to challenge; (*планы*) to frustrate; ~ (*impf*) **го́лову над чем-то** to rack one's brains over sth; **~ся** (*pf* **слома́ться**) *несов возв* to break.
ло́мтик (**-а**) *м* slice.
Ло́ндон (**-а**) *м* London.
ло́паст|ь (**-и**; *gen pl* **-е́й**) *ж* blade.
лопа́т|а (**-ы**) *ж* spade.
лопа́т|ка (**-ки**; *gen pl* **-ок**) *ж* *уменьш от* **лопа́та**.
ло́пн|уть (**-у**; *pf* **ло́паться**) *сов* (*шар*) to burst; (*стекло*) to shatter; (*разг*: *банк, предприятие*) to go bust.
лоску́т (**-а́**) *м* (*материи, кожи*) scrap.
лосо́с|ь (**-я**) *м* salmon.
лос|ь (**-я**; *gen pl* **-е́й**) *м* elk, moose.
лосьо́н (**-а**) *м* lotion.
лотере́|я (**-и**) *ж* lottery.
лото́ *ср нескл* lotto.
лот|о́к (**-ка́**) *м* (*прилавок*) stall.
лохма́тый *прил* (*животное*) shaggy; (*человек*) dishevelled.
лохмо́ть|я (**-ев**) *мн* rags *мн*.
ло́шад|ь (**-и**; *gen pl* **-е́й**) *ж* horse.
луг (**-а**; *loc sg* **-у́**, *nom pl* **-а́**) *м* meadow.
лу́ж|а (**-и**) *ж* (*на дороге*) puddle; (*на полу, на столе*) pool.
лук (**-а**) *м собир* (*плоды*) onions *мн* ◆ *м* (*оружие*) bow; **зелёный ~** spring onion (*BRIT*), scallion.
лу́ковиц|а (**-ы**) *ж* bulb.
лун|а́ (**-ы́**) *ж* moon.
лу́н|ка (**-ки**; *gen pl* **-ок**) *ж* hole.
лу́нный *прил*: **~ свет** moonlight.
лу́п|а (**-ы**) *ж* magnifying glass.
луч (**-а́**) *м* ray; (*фонаря*) beam.
лучев|о́й *прил*: **~а́я боле́знь** radiation sickness.
лу́чше *сравн прил от* **хоро́ший** ◆ *сравн нареч от* **хорошо́** ◆ *как*

сказ: **так** ~ that's better ◆ *част*: ~ **не опра́вдывайся** don't try and justify yourself ◆ *вводн сл*: ~ **(всего́) е́сли ты позвони́шь ве́чером** it would be better if you phone in the evening; **больно́му** ~ the patient is feeling better; **нам** ~ **чем им** we're better off than them; **как нельзя́** ~ couldn't be better.

лу́чш|ий *прил* (*самый хороший*) best; **в ~ем слу́чае мы зако́нчим за́втра** the best-case scenario is that we'll finish tomorrow; **э́то (всё) к ~ему** it's (all) for the best.

лы́ж|а (**-и**) *ж* (*обычно мн*) ski; *см также* **лы́жи**.

лы́ж|и (-) *мн* (*вид спорта*) skiing *ед*; **во́дные** ~ water-skis; (*вид спорта*) water-skiing; **го́рные** ~ downhill skis; (*вид спорта*) downhill skiing.

лы́жник (**-а**) *м* skier.

лы́жный *прил* (*крепления, мазь итп*) ski; (*соревнования*) skiing.

лыжн|я́ (**-и́**) *ж* ski track.

лысе́|ть (**-ю**; *pf* **об~** *или* **по~**) *несов* to go bald.

лы́син|а (**-ы**) *ж* bald patch.

лы́сый *прил* (*голова, человек*) bald.

ль *част* = **ли**.

льго́т|а (**-ы**) *ж* (*инвалидам, беременным итп*) benefit; (*предприятиям итп*) special term; **нало́говые ~ы** tax relief.

льго́тный *прил* (*тариф*) concessionary; (*условия*) privileged; (*заём*) special-rate; ~ **биле́т** concessionary ticket.

льди́н|а (**-ы**) *ж* ice floe.

льняно́й *прил* (*полотенце*) linen.

ль|стить (**-щу, -стишь**; *pf* **польсти́ть**) *несов*: ~ *+dat* (*хвалить*) to flatter; (*самолюбию*) to gratify.

любе́зност|ь (**-и**) *ж* (*одолжение*) favour (*BRIT*), favor (*US*).

любе́зн|ый *прил* polite; **бу́дьте ~ы!** excuse me, please!; **бу́дьте ~ы, принеси́те нам ко́фе!** could you be so kind as to bring us some coffee?

люби́м|ец (**-ца**) *м* (*о человеке, о животном*) favourite (*BRIT*), favorite (*US*).

люби́мый *прил* (*женщина, брат*) beloved; (*писатель, занятие итп*) favourite (*BRIT*), favorite (*US*).

люби́тел|ь (**-я**) *м* (*непрофессионал*) amateur; ~ **му́зыки/спо́рта** music-/sports-lover.

люби́тельский *прил* amateur.

люб|и́ть (**-лю́, -ишь**) *несов перех* (*родину, мать, мужа итп*) to love; (*музыку, спорт итп*) to like.

люб|ова́ться (**-у́юсь**; *pf* **по~**) *несов возв*: ~ *+instr* to admire.

любо́вник (**-а**) *м* lover.

любо́вный *прил* (*дела, похождения*) lover's; (*песня, письмо*) love; (*отношение, подход*) loving.

люб|о́вь (**-ви́**; *instr sg* **-о́вью**) *ж* love; (*привязанность*): ~ **к** *+dat* (*к родине, к матери итп*) love for; (*к чтению, к искусству итп*) love of.

любозна́тельный *прил* inquisitive.

люб|о́й *мест* (*всякий*) any ◆ (**-о́го**) *м* (*любой человек*) anyone.

любопы́тный *прил* (*пример, книга итп*) interesting; (*человек*) curious.

любопы́тств|о (**-а**) *ср* curiosity.

лю́бящий *прил* loving.

лю́д|и (**-е́й**; *dat pl* **-ям**, *instr pl* **-ьми́**, *prp pl* **-ях**) *мн* people *мн*;

(*кадры*) staff *ед*; **молоды́е ~** young men; (*молодёжь*) young people; *см также* **челове́к**.
лю́дный *прил* (*улица итп*) busy.
людое́д (-а) *м* (*человек*) cannibal.
людско́й *прил* human.
люк (-а) *м* (*танка*) hatch; (*на дороге*) manhole.
люкс (-а) *м* (*о вагоне*) first-class carriage; (*о каюте*) first-class cabin ♦ *прил неизм* (*высшего класса*) first-class.
лю́стр|а (-ы) *ж* chandelier.
ляга́|ть (-ю) *несов перех* (*подлеж: лошадь, корова*) to kick; **~ся** *несов возв* (*лошадь, корова*) to kick.
ля́гу *итп сов см* **лечь**.
лягу́ш|ка (-ки; *gen pl* -ек) *ж* frog.
ля́жешь *итп сов см* **лечь**.
ля́ж|ка (-ки; *gen pl* -ек) *ж* thigh.
ля́м|ка (-ки; *gen pl* -ок) *ж* strap.

М, м

М *сокр* = **метро́**.
м *сокр* (= **метр**) m.
мавзоле́|й (-я) *м* mausoleum.
магази́н (-а) *м* shop.
маги́стр (-а) *м* master's degree.
магистра́л|ь (-и) *ж* main line.
маги́ческий *прил* magic.
магни́т (-а) *м* magnet.
магнитофо́н (-а) *м* tape recorder.
ма́|зать (-жу, -жешь; *pf* **на~** *или* **по~**) *несов перех* to spread; (*pf* **из~**; *разг*: *пачкать*) to get dirty; **~ся** (*pf* **вы́мазаться** *или* **изма́заться**) *несов возв* (*разг*: *пачкаться*) to get dirty; **~ся** (**нама́заться** *pf*) **кре́мом/ма́зью** to apply cream/ointment.
маз|о́к (-ка́) *м* (*МЕД*) smear.
маз|ь (-и) *ж* (*МЕД*) ointment; (*колёсная*) grease.
ма|й (-я) *м* May.
ма́|йка (-йки; *gen pl* -ек) *ж* vest (*BRIT*), sleeveless undershirt (*US*).
майоне́з (-а) *м* mayonnaise.
майо́р (-а) *м* (*ВОЕН*) major.
мак (-а) *м* poppy.
макаро́н|ы (-) *мн* pasta *ед*.
мака́|ть (-ю) *несов перех* to dip.
маке́т (-а) *м* model.
ма́клер (-а) *м* (*КОММ*) broker.
макн|у́ть (-у́, -ёшь) *сов перех* to dip.
максима́льный *прил* maximum.
ма́ксимум (-а) *м* maximum.
макулату́р|а (-ы) *ж собир* wastepaper (*for recycling*).
малахи́т (-а) *м* malachite.
мале́йший *прил* (*ошибка, промах*) the slightest.
ма́ленький *прил* small, little.
мали́н|а (-ы) *ж* (*кустарник*) raspberry cane *или* bush; (*ягоды*) raspberries *мн*.

KEYWORD

ма́ло *чис*: **ма́ло** *+gen* (*друзей, книг*) only a few; (*работы, денег*) not much, little; **нам да́ли ма́ло книг** they only gave us a few books; **у меня́ ма́ло де́нег** I don't have much money; **ма́ло ра́дости** little joy
♦ *нареч* not much; **она́ ма́ло измени́лась** she hasn't changed much
♦ *как сказ*: **мне э́того ма́ло** this is not enough for me; **ма́ло ли что** so what?; **ма́ло ли кто/где/когда́** it doesn't matter who/where/when; **ма́ло того́** (and) what's more; **ма́ло того́ что** not only.

маловероя́тный *прил*

improbable.
малоду́шный *прил* cowardly.
малокро́ви|е (**-я**) *ср* (sickle-cell) anaemia (*BRIT*) *или* anemia (*US*).
малоле́тний *прил* young.
малообеспе́ченный *прил* disadvantaged.
малора́звитый *прил* underdeveloped.
малочи́сленный *прил* small.
ма́л|ый *прил* small, little; (*доход, скорость*) low ◆ *как сказ*: **пла́тье/пальто́ мне мало́** the dress/coat is too small for me; **са́мое ~ое** at the very least.
малы́ш (**-а́**) *м* little boy.
ма́льчик (**-а**) *м* boy.
малю́т|ка (**-ки**; *gen pl* **-ок**) *м/ж* baby.
маля́р (**-а́**) *м* painter (and decorator).
ма́м|а (**-ы**) *ж* mummy (*BRIT*), mommy (*US*).
мандари́н (**-а**) *м* tangerine.
манда́т (**-а**) *м* mandate.
манёвр (**-а**) *м* manoeuvre (*BRIT*), maneuver (*US*).
мане́ж (**-а**) *м* (*для верховой езды*) manège; (*цирка*) ring; (*для младенцев*) playpen; (*также*: **легкоатлети́ческий ~**) indoor stadium.
манеке́н (**-а**) *м* (*портного*) dummy; (*в витрине*) dummy, mannequin.
манеке́нщиц|а (**-ы**) *ж* model.
мане́р|а (**-ы**) *ж* manner; (*художника*) style.
манже́т|а (**-ы**) *ж* cuff.
маникю́р (**-а**) *м* manicure.
манипули́р|овать (**-ую**) *несов*: **~** *+instr* to manipulate.
ман|и́ть (**-ю́, -ишь**; *pf* **по~**) *несов перех* to beckon; (*no pf*, *привлекать*) to attract.
мани́фе́ст (**-а**) *м* manifesto.
манифеста́ци|я (**-и**) *ж* rally.
ма́ни|я (**-и**) *ж* mania.
ма́нн|ый *прил*: **~ая ка́ша, ~ая крупа́** semolina.
манья́к (**-а**) *м* maniac.
мара́зм (**-а**) *м* (*МЕД*) dementia; (*перен*: *разг*) idiocy; **ста́рческий ~** senile dementia.
марафо́н (**-а**) *м* marathon.
марафо́н|ец (**-ца**) *м* marathon runner.
ма́рган|ец (**-ца**) *м* manganese.
маргари́н (**-а**) *м* margarine.
маргари́т|ка (**-ки**; *gen pl* **-ок**) *ж* daisy.
марин|ова́ть (**-у́ю**; *pf* **за~**) *несов перех* (*овощи*) to pickle; (*мясо, рыбу*) to marinate, marinade.
марионе́т|ка (**-ки**; *gen pl* **-ок**) *ж* puppet.
ма́р|ка (**-ки**; *gen pl* **-ок**) *ж* (*почтовая*) stamp; (*сорт*) brand; (*качество*) grade; (*модель*) make; (*деньги*) mark; **торго́вая ~** trademark.
ма́ркетинг (**-а**) *м* marketing.
маркси́зм (**-а**) *м* Marxism.
ма́рл|я (**-и**) *ж* gauze.
мармела́д (**-а**) *м* fruit jellies *мн*.
мародёр (**-а**) *м* looter.
ма́рочный *прил* (*изделие*) branded; (*вино*) vintage.
Марс (**-а**) *м* Mars.
март (**-а**) *м* March.
марш (**-а**) *м* march.
ма́ршал (**-а**) *м* marshal.
марши́р|ова́ть (**-у́ю**; *pf* **про~**) *несов* to march.
маршру́т (**-а**) *м* route.
маршру́тн|ый *прил*: **~ое такси́** fixed-route taxi.
ма́с|ка (**-ки**; *gen pl* **-ок**) *ж* mask;

(*косметическая*) face pack.
маскара́д (**-а**) *м* masked ball.
маскир|ова́ть (**-у́ю**; *pf* **за~**) *несов перех* to camouflage; **~ся** (*pf* **замаскирова́ться**) *несов возв* to camouflage o.s.
ма́слениц|а (**-ы**) *ж* ≈ Shrovetide.
маслён|ка (**-ки**; *gen pl* **-ок**) *ж* butter dish; (*ТЕХ*) oilcan.
ма́сленый *прил* (*в масле*) buttery.
масли́н|а (**-ы**) *ж* (*дерево*) olive (tree); (*плод*) olive.
ма́с|ло (**-ла**; *nom pl* **-ла́**, *gen pl* **-ел**) *ср* oil; (*сливочное*) butter.
ма́сляный *прил* oil; (*пятно*) oily.
ма́сс|а (**-ы**) *ж* (*также ФИЗ*) mass; (*древесная*) pulp; (*много*) loads *мн*.
масса́ж (**-а**) *м* massage.
массажи́ст (**-а**) *м* masseur.
масси́в (**-а**) *м* (*водный*) expanse; (*земельный*) tract; **го́рный ~** massif; **жило́й** *или* **жили́щный ~** housing estate (*BRIT*) *или* project (*US*).
масси́вный *прил* massive.
ма́ссов|ый *прил* mass; **това́ры ~ого спро́са** consumer goods.
ма́стер (**-а**; *nom pl* **-а́**) *м* master; (*в цеху*) foreman.
мастерск|а́я (**-о́й**) *ж* workshop; (*художника*) studio.
мастерств|о́ (**-а́**) *ср* skill.
масти́к|а (**-и**) *ж* floor polish.
масти́т (**-а**) *м* mastitis.
маст|ь (**-и**; *gen pl* **-е́й**) *ж* (*лошади*) colour (*BRIT*), color (*US*); (*КАРТЫ*) suit.
масшта́б (**-а**) *м* scale.
масшта́бный *прил* scale; (*большой*) large-scale.
мат (**-а**) *м* (*ШАХМАТЫ*) checkmate; (*половик, также СПОРТ*) mat; (*ругательства*) bad language.
матема́тик (**-а**) *м* mathematician.
матема́тик|а (**-и**) *ж* mathematics.
ма́тери *итп сущ см* **мать**.
материа́л (**-а**) *м* material; (*обычно мн: следствия*) document.
материа́льный *прил* material; (*финансовый*) financial.
матери́к (**-а́**) *м* continent; (*суша*) mainland.
матери́нский *прил* maternal.
матери́нств|о (**-а**) *ср* motherhood.
мате́ри|я (**-и**) *ж* matter; (*разг: ткань*) cloth.
матёрый *прил* (*зверь*) full-grown; (*преступник*) hardened.
ма́тер|ь (**-и**) *ж*: **М~ Бо́жья** Mother of God.
ма́терью *итп сущ см* **мать**.
ма́т|ка (**-ки**; *gen pl* **-ок**) *ж* uterus, womb; (*ЗООЛ: также:* **пчели́ная ~**) queen bee.
ма́тов|ый *прил* (*без блеска*) mat(t); **~ое стекло́** frosted glass.
матра́с (**-а**) *м* mattress.
матрёш|ка (**-ки**; *gen pl* **-ек**) *ж* Russian doll (*containing range of smaller dolls*).
ма́тричный *прил*: **~ при́нтер** (*КОМП*) dot-matrix printer.
матро́с (**-а**) *м* sailor.
ма́туш|ка (**-ки**; *gen pl* **-ек**) *ж* (*мать*) mother.
матч (**-а**) *м* match.
мат|ь (**-ери**; *см* **Table 1**) *ж* mother; **~-одино́чка** single mother.
мафио́зный *прил* mafia.
ма́фи|я (**-и**) *ж* the Mafia.
ма|ха́ть (**-шу́**, **-шешь**) *несов*: **~** *+instr* to wave; (*крыльями*) to flap; **~** *(impf)* **кому́-н руко́й** to wave to sb.
махина́тор (**-а**) *м* machinator.
махина́ци|я (**-и**) *ж* machination.
махн|у́ть (**-у́**, **-ёшь**) *сов* to wave.
махо́рк|а (**-и**) *ж* coarse tobacco.

махро́в|ый *прил* (*халат*) towelling; (*перен*: *отъявленный*) out-and-out; **~ая ткань** terry towelling.
ма́чех|а (**-и**) *ж* stepmother.
ма́чт|а (**-ы**) *ж* mast.
маши́н|а (**-ы**) *ж* machine; (*автомобиль*) car.
машина́льный *прил* mechanical.
машини́ст (**-а**) *м* (*комбайна*) driver, operator.
машини́ст|ка (**-ки**; *gen pl* **-ок**) *ж* typist.
маши́н|ка (**-ки**; *gen pl* **-ок**) *ж* machine; **пи́шущая ~** typewriter.
маши́нн|ый *прил* machine; **~ое отделе́ние** engine room.
машинопи́сн|ый *прил* (*текст*) typewritten; **~ое бюро́** typing pool.
машинострое́ни|е (**-я**) *ср* mechanical engineering.
мая́к (**-а́**) *м* lighthouse.
ма́ятник (**-а**) *м* (*часов*) pendulum.
МВД *ср сокр* (= *Министе́рство вну́тренних дел*) ≈ the Home Office (*BRIT*), ≈ the Department of the Interior (*US*).
МВФ *м сокр* (= *Междунаро́дный валю́тный фонд*) IMF.
мгл|а (**-ы**) *ж* haze; (*вечерняя*) gloom.
мгнове́ни|е (**-я**) *ср* moment.
мгнове́нный *прил* instant; (*злость*) momentary.
МГУ *м сокр* (= *Моско́вский госуда́рственный университе́т*) Moscow State University.
ме́бел|ь (**-и**) *ж собир* furniture.
мёд (**-а**) *м* honey.
меда́л|ь (**-и**) *ж* medal.
медальо́н (**-а**) *м* medallion.
медве́диц|а (**-ы**) *ж* she-bear; **Больша́я М~** the Great Bear.
медве́д|ь (**-я**) *м* bear.
медвеж|о́нок (**-о́нка**; *nom pl* **-а́та**, *gen pl* **-а́т**) *м* bear cub.
ме́дик (**-а**) *м* medic.
медикаме́нт (**-а**) *м* medicine.
медици́н|а (**-ы**) *ж* medicine.
ме́дленный *прил* slow.
медли́тельный *прил* slow.
ме́дл|ить (**-ю, -ишь**) *несов* to delay; **~** *(impf)* **с реше́нием/отве́том** to be slow in deciding/answering.
ме́дный *прил* copper; (*муз*) brass.
медо́вый *прил* honey; **~ ме́сяц** honeymoon.
медпу́нкт (**-а**) *м сокр* (= *медици́нский пункт*) ≈ medical centre.
медсестр|а́ (**-ы́**) *ж сокр* (= *медици́нская сестра́*) nurse.
меду́з|а (**-ы**) *ж* jellyfish.
мед|ь (**-и**) *ж* copper.
междоме́ти|е (**-я**) *ср* interjection.
ме́жду *предл*: **~** *+instr* between; **~** *+gen* (*в окружении*) amongst; **~ про́чим** (*попутно*) in passing; (*кстати*) by the way; **~ тем** meanwhile; **~ тем как** while; **они́ договори́лись ~ собо́й** they agreed between them.
междугоро́дный *прил* intercity.
междунаро́дный *прил* international.
мел (**-а**) *м* chalk.
меле́|ть (*3sg* **-ет**, *pf* **об~**) *несов* to become shallower.
ме́лкий *прил* (*почерк*) small; (*песок, дождь*) fine; (*интересы*) petty; (*собственник*) small-time.
мело́ди|я (**-и**) *ж* tune, melody.
ме́лочный *прил* petty.
ме́лоч|ь (**-и**; *gen pl* **-е́й**) *ж* (*пустяк*) triviality; (*подробность*) detail ◆ *ж собир* little things *мн*; (*деньги*) small change.

мел|ь (**-и**; *loc sg* **-и́**) *ж* shallows *мн*; **сади́ться (сесть** *pf*) **на ~** (*МОР*) to run aground.
мелька́|ть (**-ю**) *несов* to flash past.
мелькн|у́ть (**-у́, -ёшь**) *сов* to flash.
ме́льком *нареч* in passing.
ме́льниц|а (**-ы**) *ж* mill.
мельхио́р (**-а**) *м* nickel silver.
ме́льче *сравн прил от* **ме́лкий**.
мельч|и́ть (**-у́, -и́шь**; *pf* **из~** *или* **раз~**) *несов перех* (*ножом*) to cut up into small pieces; (*в ступке*) to crush.
мемора́ндум (**-а**) *м* memorandum.
мемориа́л (**-а**) *м* memorial.
мемуа́р|ы (**-ов**) *мн* memoirs *мн*.
ме́неджер (**-а**) *м* manager.
менеджме́нт (**-а**) *м* management.
ме́нее *сравн нареч от* **ма́ло** ♦ *нареч* (*опасный*) less; (*года*) less than; **тем не ~** nevertheless.
менинги́т (**-а**) *м* meningitis.
менструа́ци|я (**-и**) *ж* menstruation.
ме́ньше *сравн прил от* **ма́лый, ма́ленький** ♦ *сравн нареч от* **ма́ло** ♦ *нареч* less than; **~ всего́** least of all.
ме́ньш|ий *сравн прил от* **ма́лый, ма́ленький** ♦ *прил*: **по ~ей ме́ре** at least; **са́мое ~ее** no less than.
меньшинств|о́ (**-а́**) *ср собир* minority.
меню́ *ср нескл* menu.
меня́ *мест см* **я**.
меня́|ть (**-ю**; *pf* **по~**) *несов перех* to change; **~ (поменя́ть** *pf*) **что-н на** *+acc* to exchange sth for; **~ся** (*pf* **поменя́ться**) *несов возв* to change.
ме́р|а (**-ы**) *ж* measure; (*предел*) limit; **в по́лной ~е** fully; **по ~е** *+gen* with; **по ~е того́ как** as.
мерза́в|ец (**-ца**) *м* scoundrel.
ме́рзкий *прил* disgusting; (*погода, настроение*) foul.
мерзлот|а́ (**-ы́**) *ж*: **ве́чная ~** permafrost.
мёрзлый *прил* (*земля*) frozen.
мёрз|нуть (**-ну**; *pt* **-, -ла**, *pf* **за~**) *несов* to freeze.
ме́р|ить (**-ю, -ишь**; *pf* **с~** *или* **из~**) *несов перех* to measure; (*pf* **по~**; *примерять*) to try on.
ме́р|ка (**-ки**; *gen pl* **-ок**) *ж* measurements *мн*; (*перен*: *критерий*) standard.
ме́рк|нуть (*3sg* **-нет**, *pf* **по~**) *несов* (*также перен*) to fade.
ме́рный *прил* (*речь, стук*) measured.
мероприя́ти|е (**-я**) *ср* measure; (*событие*) event.
мертве́|ть (**-ю**; *pf* **о~**) *несов* (*от холода*) to go numb; (*pf* **по~**; *от страха, от горя*) to be numb.
мертве́ц (**-а́**) *м* dead person.
мёртвый *прил* dead.
мерца́|ть (*3sg* **-ет**) *несов* to glimmer, flicker; (*звёзды*) to twinkle.
ме|си́ть (**-шу́, -сишь**; *pf* **с~**) *несов перех* (*тесто*) to knead.
ме́сс|а (**-ы**) *ж* (*РЕЛ*) Mass.
ме|сти́ (**-ту́, -тёшь**; *pt* **мёл, -ла́**, *pf* **под~**) *несов перех* (*пол*) to sweep; (*мусор*) to sweep up.
ме́стност|ь (**-и**) *ж* area.
ме́стный *прил* local.
ме́ст|о (**-а**; *nom pl* **-а́**) *ср* place; (*действия*) scene; (*в театре, в поезде итп*) seat; (*багажа, груза*) item.
местожи́тельств|о (**-а**) *ср* place of residence.
местоиме́ни|е (**-я**) *ср* pronoun.
местонахожде́ни|е (**-я**) *ср*

location.
месторожде́ни|е (-я) *ср* (*угля, нефти*) field.
мест|ь (-и) *ж* revenge, vengeance.
ме́сяц (-а; *nom pl* -ы) *м* month; (*часть луны*) crescent moon; (*диск луны*) moon.
ме́сячный *прил* monthly.
мета́лл (-а) *м* metal.
металлоло́м (-а) *м* scrap metal.
металлу́рги|я (-и) *ж* metallurgy.
ме|та́ть (-чу́, -чешь) *несов перех* (*гранату, диск итп*) to throw; (*pf* на~; *шов*) to tack (*BRIT*), baste; ~ся *несов возв* (*в постели*) to toss and turn; (*по комнате*) to rush about.
мете́л|ь (-и) *ж* snowstorm, blizzard.
метеоро́лог (-а) *м* meteorologist.
метеосво́д|ка (-ки; *gen pl* -ок) *ж сокр* (= *метеорологи́ческая сво́дка*) weather forecast *или* report.
метеоста́нци|я (-и) *ж сокр* (= *метеорологи́ческая ста́нция*) weather station.
ме́|тить (-чу, -тишь; *pf* по~) *несов перех* to mark ♦ *неперех*: ~ в +*acc* (*в цель*) to aim at; ~ся (*pf* наме́титься) *несов возв*: ~ся в +*acc* to aim at.
ме́т|ка (-ки; *gen pl* -ок) *ж* mark.
ме́ткий *прил* (*точный*) accurate; (*замечание*) apt.
метл|а́ (-ы́) *ж* broom.
метн|у́ть (-у́, -ёшь) *сов перех* to throw; ~ся *сов возв* to rush.
ме́тод (-а) *м* method.
метр (-а) *м* metre (*BRIT*), meter (*US*); (*линейка*) measure.
метрдоте́л|ь (-я) *м* head waiter.
ме́трик|а (-и) *ж* birth certificate.
метри́ческий *прил* metric.
метро́ *ср нескл* metro, tube (*BRIT*), subway (*US*).
мех (-а; *nom pl* -а́) *м* fur.
мех|а́ (-о́в) *мн* (*кузнечный*) bellows *мн*.
механи́зм (-а) *м* mechanism.
меха́ник (-а) *м* mechanic.
механи́ческий *прил* mechanical; (*цех*) machine.
мехово́й *прил* fur.
меч (-а́) *м* sword.
мече́т|ь (-и) *ж* mosque.
мечт|а́ (-ы́; *gen pl* -а́ний) *ж* dream.
мечта́ни|е (-я) *ср* daydream.
мечта́|ть (-ю) *несов*: ~ (о +*prp*) to dream (of).
меша́|ть (-ю; *pf* по~) *несов перех* (*суп, чай*) to stir; (*pf* с~; *напитки, краски*) to mix ♦ (*pf* по~) *неперех*: ~ +*dat* (*быть помехой*) to disturb, bother; (*реформам*) to hinder; ~ (помеша́ть *pf*) кому́-н +*infin* (*препятствовать*) to make it difficult for sb to do; ~ся (*pf* смеша́ться) *несов возв* (*путаться*) to get mixed up.
меш|о́к (-ка́) *м* sack.
мещ|ани́н (-ани́на; *nom pl* -а́не, *gen pl* -а́н) *м* petty bourgeois.
меща́нский *прил* (*взгляды*) pettybourgeois; (*вкусы*) philistine.
миг (-а) *м* moment.
мига́|ть (-ю) *несов* to wink; (*огни*) to twinkle.
мигн|у́ть (-у́, -ёшь) *сов* to wink.
ми́гом *нареч* (*разг*) in a jiffy.
мигра́ци|я (-и) *ж* migration.
МИД (-а) *м сокр* (= *Министе́рство иностра́нных дел*) ≈ the Foreign Office (*BRIT*), ≈ the State Department (*US*).
ми́зерный *прил* meagre (*BRIT*), meager (*US*).
мизи́н|ец (-ца) *м* (*кисти*) little finger; (*стопы*) little toe.
микроавто́бус (-а) *м* minibus.
микро́б (-а) *м* microbe.

микрорайо́н (-а) *м* ≈ catchment area (*administrative subdivision of urban region in Russia*).
микроско́п (-а) *м* microscope.
микрофи́льм (-а) *м* microfilm.
микрофо́н (-а) *м* microphone.
ми́ксер (-а) *м* mixer.
миксту́р|а (-ы) *ж* mixture.
милитари́ст (-а) *м* militarist.
милиционе́р (-а) *м* policeman (*in Russia*).
мили́ци|я (-и) *ж*, *собир* police (*in Russia*).
миллиа́рд (-а) *м* billion.
миллигра́мм (-а) *м* milligram (me).
миллиме́тр (-а) *м* millimetre (*BRIT*), millimeter (*US*).
миллио́н (-а) *м* million.
миллионе́р (-а) *м* millionaire.
ми́л|овать (-ую; *pf* **по~**) *несов перех* to have mercy on; (*преступника*) to pardon.
милови́дный *прил* pleasing.
милосе́рди|е (-я) *ср* compassion.
милосе́рдный *прил* compassionate.
ми́лостын|я (-и) *ж* alms *мн*.
ми́лост|ь (-и) *ж* (*доброта*) kind-heartedness; **~и про́сим!** welcome!
ми́лый *прил* (*симпатичный*) pleasant, nice; (*дорогой*) dear.
ми́л|я (-и) *ж* mile.
ми́мик|а (-и) *ж* expression.
ми́мо *нареч* past ♦ *предл*: ~ *+gen* past.
мимолётный *прил* fleeting.
мимохо́дом *нареч* on the way; (*упомянуть*) in passing.
ми́н|а (-ы) *ж* (*ВОЕН*) mine.
минда́лин|а (-ы) *ж* (*МЕД*) tonsil.
минда́л|ь (-я́) *м* almond.
минера́л (-а) *м* mineral.
минздра́в (-а) *м сокр* (= *министе́рство здравоохране́ния*) Ministry of Health.
миниатю́р|а (-ы) *ж* miniature; (*ТЕАТР*) short play.
миниатю́рный *прил* miniature.
минима́льный *прил* minimum.
ми́нимум (-а) *м* minimum ♦ *нареч* at least, minimum; **прожи́точный** ~ minimum living wage.
мини́р|овать (-ую; *pf* **за~**) (*не*)*сов перех* (*ВОЕН*) to mine.
министе́рств|о (-а) *ср* ministry.
мини́стр (-а) *м* (*ПОЛИТ*) minister.
мин|ова́ть (-у́ю) (*не*)*сов перех* to pass.
мину́вший *прил* past.
ми́нус (-а) *м* minus.
мину́т|а (-ы) *ж* minute.
мину́тный *прил* (*стрелка*) minute; (*дело*) brief.
ми́н|уть (*3sg* **-ет**) *сов* (*исполниться*): **ей/ему́ ~уло 16 лет** she/he has turned 16.
мир (-а; *nom pl* **-ы́**) *м* world; (*Вселенная*) universe; (*loc sg* **-у́**; *РЕЛ*) (secular) world; (*состояние без войны*) peace.
мир|и́ть (**-ю́, -и́шь**; *pf* **по~** *или* **при~**) *несов перех* to reconcile; **~ся** (*pf* **помири́ться**) *несов возв*: **~ся с** *+instr* to make up *или* be reconciled with; (*pf* **примири́ться**; *с недостатками*) to reconcile o.s to, come to terms with.
ми́рн|ый *прил* peaceful; **~ое вре́мя** peacetime; **~ое населе́ние** civilian population; **~ые перегово́ры** peace talks *или* negotiations.
мировоззре́ни|е (-я) *ср* philosophy of life.
мирово́й *прил* world.
миролюби́вый *прил* peaceable.
миротво́р|ец (-ца) *м* peacemaker,

peacekeeper.
миротво́рческ|ий *прил* peacemaking; **~ие войска́** peacekeeping force.
ми́сси|я (**-и**) *ж* mission.
ми́стер (**-а**) *м* Mr.
ми́стик|а (**-и**) *ж* mysticism.
ми́тинг (**-а**) *м* rally.
митрополи́т (**-а**) *м* metropolitan.
миф (**-а**) *м* myth.
мише́н|ь (**-и**) *ж* target.
младе́н|ец (**-ца**) *м* infant, baby.
мла́дше *сравн прил от* **молодо́й**.
мла́дший *прил* younger; (*сотрудник, класс*) junior.
млекопита́ющ|ее (**-его**) *ср* mammal.
мле́чный *прил*: **М~ Путь** the Milky Way.
мм *сокр* (= *миллиме́тр*) mm.
мне *мест см* **я**.
мне́ни|е (**-я**) *ср* opinion.
мни́мый *прил* imaginary; (*ложный*) fake.
мни́тельный *прил* suspicious.
мно́г|ие *прил* many ◆ (**-их**) *мн* (*много людей*) many (people).
мно́го *чис*: **~** *+gen* (*книг, друзей*) many, a lot of; (*работы*) much, a lot of ◆ *нареч* (*разговаривать, пить итп*) a lot; (*+comparative*; *гораздо*) much; **~ книг тебе́ да́ли?** did they give you many *или* a lot of books?; **~ рабо́ты тебе́ да́ли?** did they give you much *или* a lot of work?
многоде́тный *прил* super.
мно́г|ое (**-ого**) *ср* a great deal.
многозначи́тельный *прил* significant.
многозна́чный *прил* (*число*) multi-digit; (*слово*) polysemous.
многокра́тный *прил* repeated.
многоле́тний *прил* (*планы*) long-term; (*труд*) of many years; (*растения*) perennial.
многолю́дный *прил* crowded.
многонациона́льный *прил* multinational.
многообеща́ющий *прил* promising.
многообра́зи|е (**-я**) *ср* variety.
многообра́зный *прил* varied.
многосло́вный *прил* verbose.
многосторо́нний *прил* (*переговоры*) multilateral; (*личность*) many-sided; (*интересы*) diverse.
многото́чи|е (**-я**) *ср* (*линг*) ellipsis.
многоуважа́емый *прил* (*в обращении*) Dear.
многочи́сленный *прил* numerous.
многоэта́жный *прил* multistorey (*BRIT*), multistory (*US*).
мно́жественн|ый *прил*: **~ое число́** (*линг*) the plural (number).
мно́жеств|о (**-а**) *ср*; **~** *+gen* a great number of.
мно́жительн|ый *прил*: **~ая те́хника** photocopying equipment.
мно́ж|ить (**-у, -ишь**; *pf* **у~**) *несов перех* to multiply.
мной *мест см* **я**.
мобилиз|ова́ть (**-у́ю**) *(не)сов перех* to mobilize.
моби́льный *прил* mobile.
мог *итп несов см* **мочь**.
моги́л|а (**-ы**) *ж* grave.
могу́ *итп несов см* **мочь**.
могу́чий *прил* mighty.
могу́ществ|о (**-а**) *ср* power, might.
мо́д|а (**-ы**) *ж* fashion; *см также* **мо́ды**.
моде́ли́р|овать (**-ую**) *(не)сов перех* (*одежду*) to design; (*pf* **с~**; *процесс, поведение*) to simulate.

моде́л|ь (-и) *ж* model.
моделье́р (-а) *м* fashion designer.
модернизи́р|овать (-ую) *(не)сов перех* to modernize.
мо́дный *прил* fashionable.
мо́д|ы (-) *мн* fashions *мн*; **журна́л мод** fashion magazine.
мо́жет *несов см* **мочь** ◆ *вводн сл* (*также:* **~ быть**) maybe.
мо́жно *как сказ* (*возможно*): **~** *+infin* it is possible to do; **~ (войти́)?** may I (come in)?; **как ~ лу́чше** as well as possible.
моза́ик|а (-и) *ж* (*узор*) mosaic.
мозг (-а; *loc sg* **-у́**, *nom sg* **-и́**) *м* brain; **спинно́й ~** spinal cord.
мозгово́й *прил* cerebral; **~ центр** (*перен*) nerve centre (*BRIT*) *или* center (*US*).
мозо́л|ь (-и) *ж* callus.
мой (**моего́**; *см* **Table 8**; *f* **моя́**, *nt* **моё**, *pl* **мои́**) *притяж мест* my; **по-мо́ему** my way; (*по моему мнению*) in my opinion.
МОК (-а) *м сокр* (= *Междунаро́дный олимпи́йский комите́т*) IOC.
мо́к|нуть (-ну; *pt* **-, -ла**) *несов* to get wet; (*лежать в воде*) to be soaking.
мо́крый *прил* wet.
мол (-а; *loc sg* **-у́**) *м* breakwater, mole ◆ *част* (*разг*): **он, ~, ничего́ не зна́ет** he says he knows nothing.
молв|а́ (-ы́) *ж* rumour (*BRIT*), rumor (*US*).
моле́кул|а (-ы) *ж* molecule.
моли́тв|а (-ы) *ж* prayer.
моли́твенник (-а) *м* prayer book.
мол|и́ться (**-ю́сь, -ишься**; *pf* **по~**) *несов возв*: **~** *+dat* to pray to.
мо́лни|я (-и) *ж* lightning; (*застёжка*) zip (fastener) (*BRIT*), zipper (*US*).
молодёжный *прил* youth; (*мода, газета*) for young people.
молодёж|ь (-и) *ж собир* young people *мн*.
молоде́|ть (-ю; *pf* **по~**) *несов* to become younger.
молод|е́ц (**-ца́**) *м* strong fellow; **~!** (*разг*) well done!; **она́/он ~!** (*разг*) she/he has done well!
молодожён (-а) *м* newlywed.
молодо́й *прил* young; (*картофель, листва*) new.
мо́лодост|ь (-и) *ж* youth.
моложа́вый *прил* (*человек*) younglooking; (*вид, лицо*) youthful.
моло́же *сравн прил от* **молодо́й**.
молок|о́ (-а́) *ср* milk.
мо́лот (-а) *м* hammer.
молот|о́к (-ка́) *м* hammer.
мо́лотый *прил* (*кофе, перец*) ground.
моло́ть (**мелю́, ме́лешь**; *pf* **с~** *или* **по~**) *несов перех* to grind.
моло́чник (-а) *м* (*посуда*) milk jug.
моло́чный *прил* (*продукты, скот*) dairy; (*каша, коктейль*) milk.
мо́лча *нареч* silently; (*согласиться*) tacitly.
молчали́вый *прил* silent; (*согласие*) tacit.
молча́ни|е (-я) *ср* silence.
молч|а́ть (**-у́, -и́шь**) *несов* to be silent; **~** *(impf)* **о** *+prp* to keep silent *или* quiet about.
мол|ь (-и) *ж* moth.
мольбе́рт (-а) *м* easel.
моме́нт (-а) *м* moment; (*доклада*) point; **теку́щий ~** the current situation.
момента́льный *прил* instant.
монасты́р|ь (**-я́**) *м* (*мужской*) monastery; (*женский*) convent.
мона́х (-а) *м* monk.

монáхин|я (-и; *gen pl* -ь) *ж* nun.
монéт|а (-ы) *ж* coin.
монéтный *прил*: **~ двор** mint.
монитóр (-а) *м* monitor.
монográфи|я (-и) *ж* monograph.
монопóли|я (-и) *ж* monopoly.
монотóнный *прил* monotonous.
монтáж (-á) *ж* (*сооружения*) erection; (*оборудования*) assembly; (*кадров*) editing.
монтёр (-а) *м* fitter; (*электромонтёр*) electrician.
монти́р|овать (-ую; *pf* с~) *несов перех* (*оборудование*) to assemble; (*фильм*) to edit.
монумéнт (-а) *м* monument.
морáл|ь (-и) *ж* morals *мн*, ethics *мн*; (*басни, сказки*) moral.
морáльный *прил* moral.
моратóри|й (-я) *м* moratorium.
морг (-а) *м* morgue.
моргá|ть (-ю) *несов* to blink; (*подмигивать*): **~** (+*dat*) to wink (at).
моргн|ýть (-ý, -ёшь) *сов* to blink; (*подмигнуть*): **~** (+*dat*) to wink (at).
мóрд|а (-ы) *ж* (*животного*) muzzle.
мóр|е (-я; *nom pl* -я́, *gen pl* -éй) *ср* sea.
морехóдный *прил* naval.
морж (-á) *м* walrus.
мор|и́ть (-ю́, -и́шь; *pf* по~) *несов перех* (*насекомых*) to exterminate.
моркóв|ь (-и) *ж* carrots *мн*.
морóжен|ое (-ого) *ср* ice cream.
морóженый *прил* frozen.
морóз (-а) *м* frost.
морози́льник (-а) *м* freezer.
морози́льн|ый *прил*: **~ая кáмера** deepfreeze.
морó|зить (-жу, -зишь) *несов перех* to freeze.
морóзный *прил* frosty.
морос|и́ть (*3sg* -и́т) *несов* to drizzle.
морóч|ить (-у, -ишь; *pf* за~) *несов перех*: **~ гóлову комý-н** (*разг*) to pull sb's leg.
морск|óй *прил* sea; (*БИО*) marine; (*курорт*) seaside; **~óе прáво** maritime law; **~áя болéзнь** seasickness; **~áя сви́нка** guinea pig.
морщи́н|а (-ы) *ж* (*на лице*) wrinkle.
морщи́нистый *прил* wrinkled.
мóрщ|ить (-у, -ишь; *pf* на~) *несов перех* (*брови*) to knit; (*pf* с~; *нос, лоб*) to wrinkle; (*лицо*) to screw up; **~ся** (*pf* **смóрщиться**) *несов возв*: **~ся от** +*gen* (*от старости*) to become wrinkled from; (*от боли*) to wince in.
моря́к (-á) *м* sailor.
Москв|á (-ы́) *ж* Moscow.
москви́ч (-á) *м* Muscovite.
мост (-á; *loc sg* -ý) *м* bridge.
мóстик (-а) *м* bridge; **капитáнский ~** bridge (*NAUT*).
мо|сти́ть (-щý, -сти́шь; *pf* **вы́мостить**) *несов перех* to pave.
мостов|áя (-óй) *ж* road.
мотá|ть (-ю; *pf* на~) *несов перех* (*нитки*) to wind ♦ (*pf* по~) *неперех*: **~** +*instr* (*головой*) to shake; **~ся** *несов возв* to swing.
мотéл|ь (-я) *м* motel.
моти́в (-а) *м* (*преступления*) motive; (*мелодия*) motif.
мотиви́р|овать (-ую) *(не)сов перех* to justify.
мот|óк (-кá) *м* skein.
мотóр (-а) *м* motor; (*автомобиля, лодки*) engine.
моторóллер (-а) *м* (motor) scooter.
мотоци́кл (-а) *м* motorcycle.

мотыл|ёк (-ька́) *м* moth.
мох (**мха**; *loc sg* **мху**, *nom pl* **мхи**) *м* moss.
мохе́р (-а) *м* mohair.
мохна́тый *прил* (*животное*) shaggy.
моч|а́ (-и́) *ж* urine.
моча́л|ка (-ки; *gen pl* -ок) *ж* sponge.
мочево́й *прил*: ~ **пузы́рь** bladder.
моч|и́ть (-у́, -ишь; *pf* **на~**) *несов перех* to wet; (*pf* **за~**; *бельё*) to soak.
мо|чь (-гу́, -жешь *итп*, -гут; *pt* -г, -гла́, -гло́, *pf* **с~**) *несов*: ~ *+infin* can do, to be able to do; **я ~гу́ игра́ть на гита́ре/говори́ть по-англи́йски** I can play the guitar/speak English; **он мо́жет прийти́** he can *или* is able to come; **я сде́лаю всё, что ~гу́** I will do all I can; **за́втра мо́жешь не приходи́ть** you don't have to come tomorrow; **он мо́жет оби́деться** he may well be offended; **не ~гу́ поня́ть э́того** I can't understand this; **мо́жет быть** maybe; **не мо́жет быть!** it's impossible!
моше́нник (-а) *м* swindler.
моше́ннича|ть (-ю; *pf* **с~**) *несов* to swindle.
мо́ш|ка (-ки; *gen pl* -ек) *ж* midge.
мо́щност|ь (-и) *ж* power.
мо́щный *прил* powerful.
мощ|ь (-и) *ж* might, power.
мо|я́ (-е́й) *притяж мест см* **мой**.
мрак (-а) *м* darkness.
мра́мор (-а) *м* marble.
мрачне́|ть (-ю; *pf* **по~**) *несов* to grow dark; (*взгляд, лицо*) to darken.
мра́чный *прил* gloomy.
мсти́тел|ь (-я) *м* avenger.
мсти́тельный *прил* vindictive.
мстить (**мщу, мстишь**; *pf* **отомсти́ть**) *несов*: ~ **кому́-н** to take revenge on sb.
МТС *ж сокр* (= *междугоро́дная телефо́нная ста́нция*) ≈ intercity telephone exchange.
му́дрост|ь (-и) *ж* wisdom.
му́дрый *прил* wise.
муж (-а; *nom pl* -ья́, *gen pl* -е́й) *м* husband.
мужа́|ть (-ю; *pf* **воз~**) *несов* to mature; **~ся** *несов возв* to take heart, have courage.
му́жественный *прил* (*поступок*) courageous.
му́жеств|о (-а) *ср* courage.
мужи́к (-а́) *м* (*разг*: *мужчина*) geezer.
мужско́й *прил* men's; (*характер*) masculine; (*органы, клетка*) male; ~ **род** masculine gender.
мужчи́н|а (-ы) *м* man.
музе́|й (-я) *м* museum.
му́зык|а (-и) *ж* music.
музыка́льн|ый *прил* musical; **~ая шко́ла** music school.
музыка́нт (-а) *м* musician.
му́к|а (-и) *ж* torment.
мук|а́ (-и́) *ж* flour.
му́льтик (-а) *м* (*разг*) cartoon.
мультиплика́тор (-а) *м* animator.
мультипликацио́нный *прил*: ~ **фильм** cartoon, animation film.
мунди́р (-а) *м* uniform; **карто́фель в ~е** jacket potatoes.
муниципалите́т (-а) *м* municipality, city council.
мурав|е́й (-ья́) *м* ant.
мура́ш|ки (-ек) *мн*: **у меня́ ~ по спине́ бе́гают** shivers are running down my spine.
мурлы́|кать (-чу, -чешь) *несов* to purr.

муска́т (-а) *м* (*орех*) nutmeg.
му́скул (-а) *м* muscle.
мускули́стый *прил* muscular.
му́сор (-а) *м* rubbish (*BRIT*), garbage (*US*).
му́сорн|ый *прил* rubbish (*BRIT*), garbage (*US*); **~ое ведро́** dustbin (*BRIT*), trash can (*US*).
мусоропрово́д (-а) *м* refuse *или* garbage (*US*) chute.
мусульма́нин (-а) *м* Muslim.
му|ти́ть (**-чу́, -ти́шь**; *pf* **вз~** *или* **за~**) *несов перех* (*жидкость*) to cloud; **~ся** (*pf* **замути́ться**) *несов возв* (*вода, раствор*) to become cloudy; (*pf* **помути́ться**; *перен*: *рассудок*) to become clouded.
мутне́|ть (*3sg* **-ет**, *pf* **по~**) *несов* (*жидкость*) to become cloudy; (*взор*) to grow dull.
му́тный *прил* (*жидкость*) cloudy; (*стекло*) dull; (*перен*: *голова*) confused.
му́х|а (-и) *ж* fly.
мухомо́р (-а) *м* (*БОТ*) fly agaric.
муче́ни|е (-я) *ср* torment, torture.
му́ченик (-а) *м* martyr.
мучи́тел|ь (-я) *м* tormentor.
мучи́тельный *прил* agonizing.
му́ч|ить (**-у, -ишь**; *pf* **за~** *или* **из~**) *несов перех* to torment; **~ся** (*pf* **заму́читься**) *несов возв*: **~ся** *+instr* (*сомнениями*) to be tormented by; **~ся** *(impf)* **над** *+instr* to agonize over.
мч|ать (**-у, -ишь**) *несов* (*машину*) to speed along; (*лошадь*) to race along; **~а́ться** *несов возв* (*поезд*) to speed along; (*лошадь*) to race along.
мще́ни|е (-я) *ср* vengeance, revenge.
мы (**нас**; *см* **Table 6b**) *мест* we; **~ с тобо́й/жено́й** you/my wife and I.
мы́л|ить (**-ю, -ишь**; *pf* **на~**) *несов перех* to soap; **~ся** (*pf* **намы́литься**) *несов возв* to soap o.s.
мы́л|о (-а) *ср* soap.
мы́льниц|а (-ы) *ж* soap dish.
мыс (**-а**; *loc sg* **-у́**, *nom pl* **-ы**) *м* point.
мы́сленный *прил* mental.
мысли́тел|ь (-я) *м* thinker.
мы́сл|ить (**-ю, -ишь**) *несов* to think ♦ *перех* to imagine.
мысл|ь (-и) *ж* thought; (*идея*) idea; **за́дняя ~** ulterior motive; **о́браз мы́слей** way of thinking.
мыть (**мо́ю, мо́ешь**; *pf* **вы́~** *или* **помы́ть**) *несов перех* to wash; **мы́ться** (*pf* **вы́мыться** *или* **помы́ться**) *несов возв* to wash o.s.
мыч|а́ть (**-у́, -и́шь**; *pf* **про~**) *несов* (*корова*) to moo.
мышело́в|ка (**-ки**; *gen pl* **-ок**) *ж* mousetrap.
мы́шечный *прил* muscular.
мы́ш|ка (**-ки**; *gen pl* **-ек**) *ж* mouse; **под ~кой** under one's arm.
мышле́ни|е (-я) *ср* (*способность*) reason; (*процесс*) thinking.
мы́шц|а (-ы) *ж* muscle.
мыш|ь (-и) *ж* (*ЗООЛ, КОМП*) mouse.
мэр (-а) *м* mayor.
мэ́ри|я (-и) *ж* city hall.
мя́гкий *прил* soft; (*движения*) smooth; (*характер, климат*) mild; (*наказание*) lenient; **~ ваго́н** *railway carriage with soft seats*; **~ знак** soft sign (*Russian letter*).
мя́гко *нареч* gently; (*отругать*) mildly; **~ говоря́** to put it mildly.
мя́кот|ь (-и) *ж* flesh; (*мясо*) fillet.
мясни́к (-а́) *м* butcher.
мясно́й *прил* (*котлета*) meat; **~ магазин** the butcher's.
мя́с|о (-а) *ср* meat.

мясору́б|ка (**-ки**; *gen pl* **-ок**) *ж* mincer (*BRIT*), grinder (*US*).
мя́т|а (**-ы**) *ж* mint.
мяте́ж (**-а́**) *м* revolt.
мя́тный *прил* mint.
мя́тый *прил* (*одежда*) creased.
мять (**мну, мнёшь**; *pf* **измя́ть** *или* **с~**) *несов перех* (*одежду*) to crease; (*бумагу*) to crumple; **мя́ться** *несов возв* (*разг*: *человек*) to shilly-shally; (*pf* **помя́ться** *или* **смя́ться**; *одежда*) to get creased.
мяу́ка|ть (**-ю**; *pf* **про~**) *несов* to miaow, mew.
мяч (**-а́**) *м* ball; **футбо́льный ~** football.

Н, н

KEYWORD

на *предл* (*+acc*) **1** (*направление на поверхность*) on; **положи́ таре́лку на стол** put the plate on the table
2 (*направление в какое-нибудь место*) to; **сесть** *(pf)* **на по́езд** to get on(to) the train
3 (*об объекте воздействия*): **обрати́ внима́ние на э́того челове́ка** pay attention to this man; **нажми́ на педа́ль/кно́пку** press the pedal/button; **я люблю́ смотре́ть на дете́й/на звёзды** I love watching the children/the stars
4 (*о времени, сроке*) for; **он уе́хал на ме́сяц** he has gone away for a month
5 (*о цели, о назначении*) for; **де́ньги на кни́ги** money for books
6 (*о мере*) into; **дели́ть** *(impf)* **что-н на ча́сти** to divide sth into parts
7 (*при сравнении*): **я получа́ю на сто рубле́й ме́ньше** I get one hundred roubles less
8 (*об изменении состояния*) into; **на́до перевести́ текст на англи́йский** the text must be translated into English
◆ *предл* (*+prp*) **1** (*нахождение на поверхности*) on; **кни́га на по́лке** the book is on the shelf; **на де́вочке ша́пка/шу́ба** the girl has a hat/fur coat on
2 (*о пребывании где-нибудь*) in; **на Украи́не/Кавка́зе** in the Ukraine/ Caucasus; **на у́лице** in the street; **быть** *(impf)* **на рабо́те/ заседа́нии** to be at work/at a meeting
3 (*о времени осуществления чего-н*): **встре́тимся на сле́дующей неде́ле** let's meet next week
4 (*об объекте воздействия*) on; **сосредото́читься** *(pf)***/ останови́ться** *(pf)* **на чём-н** to concentrate/dwell on sth
5 (*о средстве осуществления чего-н*): **е́здить на по́езде/ велосипе́де** to travel by train/ bicycle; **игра́ть** *(impf)* **на роя́ле/ скри́пке** to play the piano/violin; **ката́ться** *(impf)* **на лы́жах/ конька́х** to go skiing/skating; **говори́ть** *(impf)* **на ру́сском/ англи́йском языке́** to speak (in) English/Russian
6 (*о составной части предмета*): **ка́ша на воде́** porridge made with water.

на (**на́те**) *част* (*разг*) here (you are).
набежа́ть (*как* **бежа́ть**; *см* **Table 20**; *impf* **набега́ть**) *сов* (*разг*:

тучи) to gather; (*наскочить*): **~ на** *+acc* to run into; (*волны*: *на берег*) to lap against.

на́бело *нареч*: **переписа́ть что-н ~** to write sth out neatly.

на́бережн|ая (**-ой**) *ж* embankment.

набива́|ть(ся) (**-ю(сь)**) *несов от* **наби́ть(ся)**.

наби́вк|а (**-и**) *ж* stuffing.

набира́|ть (**-ю**) *несов от* **набра́ть**.

наб|и́ть (**-ью́, -ьёшь**; *impf* **набива́ть**) *сов перех*: **~** (*+instr*) to stuff (with); **набива́ть** (**~** *pf*) **це́ну** (*разг*) to talk up the price; **~ся** (*impf* **набива́ться**) *сов возв* (*разг*): **~ся в** *+acc* to be crammed into.

наблюда́тел|ь (**-я**) *м* observer.

наблюда́тельный *прил* (*человек*) observant; **~ пункт** observation point.

наблюда́|ть (**-ю**) *несов перех* to observe ◆ *неперех*: **~ за** *+instr* to monitor.

на́бок *нареч* to one side.

набо́р (**-а**) *м* (*совокупность*) set; (*типог*) typesetting.

набо́рщик (**-а**) *м* (*типог*) typesetter.

набра́сыва|ть (**-ю**) *несов от* **наброса́ть, набро́сить**; **~ся** *несов от* **набро́ситься**.

наб|ра́ть (**-еру́, -ерёшь**; *pt* **-ра́л, -рала́, -ра́ло**, *impf* **набира́ть**) *сов перех*: **~** *+gen* (*цветы*) to pick; (*воду*) to fetch; (*студентов*) to take on; (*скорость, высоту, баллы*) to gain; (*код*) to dial; (*текст*) to typeset.

наброса́|ть (**-ю**; *impf* **набра́сывать**) *сов перех* (*план, текст*) to sketch out ◆ (*не*)*перех*: **~** *+acc или +gen* (*вещей, окурков*) to throw about.

набро́|сить (**-шу, -сишь**; *impf* **набра́сывать**) *сов перех* (*пальто, платок*) to throw on; **~ся** (*impf* **набра́сываться**) *сов возв*: **~ся на** *+acc* (*на жертву*) to fall upon.

набро́с|ок (**-ка**) *м* (*плана*) sketch; (*статьи*) draft.

набу́х|нуть (*3sg* **-нет**, *pt* **-, -ла**, *impf* **набуха́ть**) *сов* to swell up.

нав|али́ть (**-алю́, -а́лишь**; *impf* **нава́ливать**) *сов* (*не*)*перех*: **~** *+acc или +gen* (*мусору, кирпичей итп*) to pile up; **~ся** (*impf* **нава́ливаться**) *сов возв*: **~ся на** *+acc* (*на дверь итп*) to lean into.

наведе́ни|е (**-я**) *ср* (*порядка*) establishment; (*справок*) making.

наве́к(и) *нареч* (*навсегда*) forever.

наве́рно(е) *вводн сл* probably.

наверняка́ *вводн сл* (*конечно*) certainly ◆ *нареч* (*несомненно*) definitely, for sure.

наверста́|ть (**-ю**; *impf* **навёрстывать**) *сов перех* (*типог*) to typeset; **навёрстывать** (**~** *pf*) **упу́щенное** *или* **потёрянное вре́мя** to make up for lost time.

наве́рх *нареч* up; (*на верхний этаж*) upstairs; (*на поверхность*) to the top.

наверху́ *нареч* at the top; (*на верхнем этаже*) upstairs.

наве́с (**-а**) *м* canopy.

нав|ести́ (**-еду́, -едёшь**; *pt* **-ёл, -ела́, -ело́**, *impf* **наводи́ть**) *сов перех* (*ужас, грусть итп*) to cause; (*бинокль*) to focus; (*орудие*) to aim; (*порядок*) to establish; **наводи́ть** (**~** *pf*) **кого́-н на** *+acc* (*на место, на след*) to lead sb to; **наводи́ть** (**~** *pf*) **спра́вки** to make inquiries.

наве|сти́ть (**-щу́, -сти́шь**; *impf*

навеща́ть) *сов перех* to visit.
на́взничь *нареч* on one's back.
навига́ци|я (**-и**) *ж* navigation.
нави́с|нуть (**-ну**; *pt* **-**, **-ла**, *impf* **нависа́ть**) *сов*: **~ на** *+acc* (*волосы: на лоб*) to hang down over.
нав|оди́ть (**-ожу́**, **-о́дишь**) *несов от* **навести́**.
наводне́ни|е (**-я**) *ср* flood.
наво́з (**-а**) *м* manure.
на́волоч|ка (**-ки**; *gen pl* **-ек**) *ж* pillowcase.
навре|ди́ть (**-жу́**, **-ди́шь**) *сов от* **вреди́ть**.
навсегда́ *нареч* forever; **раз и ~** once and for all.
навстре́чу *предл*: **~** *+dat* towards ♦ *нареч*: **идти́ ~ кому́-н** (*перен*) to give sb a hand.
на́вык (**-а**) *м* skill.
навы́нос *нареч* to take away (*BRIT*), to go (*US*).
навы́пуск *нареч* outside, over.
нав|яза́ть (**-яжу́**, **-я́жешь**; *impf* **навя́зывать**) *сов перех*: **~ что-н кому́-н** to impose sth on sb; **~ся** (*impf* **навя́зываться**) *сов возв* to impose o.s.
навя́зчивый *прил* persistent.
нагиба́|ть(ся) (**-ю(сь)**) *несов от* **нагну́ть(ся)**.
нагле́|ть (**-ю**; *pf* **об~**) *несов* to get cheeky.
нагле́ц (**-а́**) *м* impudent upstart.
на́глухо *нареч* tight, securely.
на́глый *прил* cheeky, impertinent.
нагля́дный *прил* (*пример, случай*) clear; (*метод обучения*) visual.
наг|на́ть (**-оню́**, **-о́нишь**; *impf* **нагоня́ть**) *сов перех* (*беглеца*) to catch up with; (*упущенное*) to make up for; **нагоня́ть (~** *pf***) страх на кого́-н** to strike fear into sb.
нагнета́|ть (**-ю**) *несов перех* (*воздух*) to pump; (*перен: напряжение*) to heighten.
нагн|у́ть (**-у́**, **-ёшь**; *impf* **нагиба́ть**) *сов перех* (*ветку*) to pull down; (*голову*) to bend; **~ся** (*impf* **нагиба́ться**) *сов возв* to bend down.
наговор|и́ть (**-ю́**, **-и́шь**) *сов* (*разг: наклеветать*): **~ на** *+acc* to slander; **~** (*pf*) **чепухи́** to talk a lot of nonsense; **~ся** *сов возв* to talk one's fill.
наго́й *прил* (*человек*) naked, nude.
на́голо *нареч*: **остри́чься ~** to shave one's head.
нагоня́|ть (**-ю**) *несов от* **нагна́ть**.
наготове *нареч* at the ready.
награ́д|а (**-ы**) *ж* reward, prize; (*ВОЕН*) decoration.
награ|ди́ть (**-жу́**, **-ди́шь**; *impf* **награжда́ть**) *сов перех*: **~ кого́-н чем-н** (*орденом*) to award sb sth, award sth to sb; (*перен: способностями*) to endow sb with sth.
нагрева́тельный *прил*: **~ прибо́р** heating appliance.
нагре́|ть (**-ю**; *impf* **нагрева́ть**) *сов перех* to heat, warm; **~ся** (*impf* **нагрева́ться**) *сов возв* to warm up.
нагромозжде́ни|е (**-я**) *ср* pile.
нагруб|и́ть (**-лю́**, **-и́шь**) *сов от* **груби́ть**.
нагру́дник (**-а**) *м* bib.
нагру́дный *прил*: **~ карма́н** breast pocket.
нагр|узи́ть (**-ужу́**, **-у́зишь**) *сов от* **грузи́ть** ♦ (*impf* **нагружа́ть**) *перех* to load up.
нагру́зк|а (**-и**) *ж* load.
над *предл*: **~** *+instr* above; **рабо́тать** (*impf*) **~** *+instr* to work on; **ду́мать** (*impf*) **~** *+instr* to think about; **смея́ться** (*impf*) **~** *+instr* to

laugh at; **сидеть** *(impf)* **~ книгой** to sit over a book.

над|авить (**-авлю, -авишь**; *impf* **надавливать**) *сов*: **~ на** *+acc* (*на дверь итп*) to lean against; (*на кнопку*) to press.

надбавк|а (**-и**) *ж* (*к зарплате*) rise.

надвин|уть (**-у**; *impf* **надвигать**) *сов перех*: **~ что-н (на** *+acc***)** to pull sth down (over); **~ся** (*impf* **надвигаться**) *сов возв* (*опасность, старость*) to approach.

надгроби|е (**-я**) *ср* gravestone.

надева|ть (**-ю**) *несов от* **надеть**.

надежд|а (**-ы**) *ж* hope.

надёжный *прил* reliable; (*механизм*) secure.

надела|ть (**-ю**) *сов (не)перех*: **~** *+acc или +gen* (*ошибок*) to make lots of; **что ты ~л?** what have you done?

надел|ить (**-ю, -ишь**; *impf* **наделять**) *сов перех*: **~ кого-н чем-н** (*землёй*) to grant sb sth.

наде|ть (**-ну, -нешь**; *impf* **надевать**) *сов перех* to put on.

наде|яться (**-юсь**) *несов возв*: **~** *+infin* to hope to do; **~ (понадеяться** *pf***) на** *+acc* (*на друга, на семью*) to rely on; (*на улучшение*) to hope for.

надземный *прил* overground.

надзирател|ь (**-я**) *м* guard.

надзор (**-а**) *м* control.

надл|омить (**-омлю, -омишь**; *impf* **надламывать**) *сов перех* to break; (*здоровье, психику*) to damage.

надменный *прил* haughty.

KEYWORD

надо *как сказ* **1** (*о долженствовании*): **надо ему помочь** it is necessary to help him; **надо, чтобы он пришёл вовремя** he must come on time; **надо всегда говорить правду** one must always speak the truth; **мне/ему надо закончить работу** I/he must finish the job; **помочь тебе? – не надо!** can I help you? – there's no need!; **не надо!** (*не делай этого*) don't!

2 (*о потребности*): **надо много лет** it takes many years; **им надо 5 рублей** they need 5 roubles; **что тебе надо?** what do you want?; **так ему/ей и надо** (*разг*) it serves him/her right; **надо же!** (*разг*) of all things!

надо *предл см* **над**.

надоедливый *прил* tiresome.

надое|сть (*как* **есть**; *см* **Table 15**; *impf* **надоедать**) *сов*: **~ кому-н (**+instr**)** (*разговорами, упрёками*) to bore sb (with); **мне ~ло ждать** I'm tired of waiting; **он мне ~л** I've had enough of him.

надолго *нареч* for a long time.

надорв|ать (**-у, -ёшь**; *impf* **надрывать**) *сов перех* (*перен*: *силы*) to tax; (: *здоровье*) to put a strain on; **~ся** (*impf* **надрываться**) *сов возв* to do o.s. an injury; (*перен*) to overexhaust o.s.

надп|исать (**-ишу, -ишешь**; *impf* **надписывать**) *сов перех* to inscribe; (*конверт*) to address.

надруга|ться (**-юсь**) (*не*)*сов возв*: **~ над** *+instr* to abuse.

надсмотрщик (**-а**) *м* (*тюремный*) warden.

надý|ть (**-ю, -ешь**; *impf* **надувáть**) *сов перех* (*мяч, колесо*) to inflate, blow up; (*разг*: *обмануть*) to con; **~ся** (*impf* **надувáться**) *сов возв* (*матрас, мяч*) to inflate; (*парус*) to billow; (*вены*) to swell; (*перен*: *от важности*) to swell up; (: *разг*: *обидеться*) to sulk.

наедá|ться (**-юсь**) *несов от* **наéсться**.

наединé *нареч*: **~** (**с** *+instr*) alone (with); **они остáлись ~** they were left on their own.

наéздник (**-а**) *м* rider.

наезжá|ть (**-ю**) *несов от* **наéхать**.

на|ём (**-йма**) *м* hiring; (*квартиры*) renting.

наёмник (**-а**) *м* mercenary; (*работник*) casual worker.

наёмный *прил* (*труд, работник*) hired; **~ убийца** hitman.

наé|сться (*как* **есть**; *см* **Table 15**; *impf* **наедáться**) *сов возв*: **~** *+gen* (*сладкого, овощей*) to eat a lot of; **я ~лся** I'm full.

наéхать (*как* **éхать**; *см* **Table 19**; *impf* **наезжáть**) *сов* (*разг*: *туристы, гости*) to arrive in droves; **наезжáть** (**~** *pf*) **на** *+acc* to drive into.

нажá|ть (**-мý, -мёшь**; *impf* **нажимáть**) *сов* (*перен*): **~ на** *+acc* (*на кнопку*) to press.

наждáчн|ый *прил*: **~ая бумáга** emery paper.

нажи́м (**-а**) *м* (*также перен*) pressure.

нажимá|ть (**-ю**) *несов от* **нажáть**.

нажи́|ть (**-вý, -вёшь**; *impf* **наживáть**) *сов перех* (*состояние*) to acquire; **~ся** (*impf* **наживáться**) *сов возв*: **~ся** (**на** *+prp*) to profiteer (from).

назáд *нареч* back; (*нагнуться, катиться итп*) backwards; (**томý**) **~** ago; **дéсять лет/недéлю** (**томý**) **~** ten years/one week ago.

назвáни|е (**-я**) *ср* name; **торгóвое ~** trade name.

наз|вáть (**-овý, -овёшь**; *impf* **называ́ть**) *сов перех* (*дать имя*) to call; (*назначить*: *кандидатов, цену*) to name.

назéмн|ый *прил* surface; **~ые войскá** ground troops.

нáземь *нареч* to the ground.

назлó *нареч* out of spite; **~ комý-н** to spite sb; **как ~** to make things worse.

назначéни|е (**-я**) *ср* (*цены итп*) setting; (*на работу*) appointment; (*функция*) function; **пункт** *или* **мéсто ~я** destination.

назнáч|ить (**-у, -ишь**; *impf* **назначáть**) *сов перех* (*на работу*) to appoint; (*цену*) to set; (*встречу*) to arrange; (*лекарство*) to prescribe.

назóйливый *прил* persistent.

назрé|ть (*3sg* **-ет**, *impf* **назревáть**) *сов* (*вопрос*) to become unavoidable.

называ́емый *прил*: **так ~** so-called.

называ́|ть (**-ю**) *несов от* **назвáть**; **~ся** *несов возв* (*носить название*) to be called.

наибóлее *нареч*: **~ интерéсный/краси́вый** the most interesting/beautiful.

наибóльший *прил* the greatest.

наи́вный *прил* naive.

наизнáнку *нареч* inside out.

наизýсть *нареч*: **знать/вы́учить ~** to know/learn by heart.

наимéнее *нареч*: **~ удáчный/**

спосо́бный the least successful/capable.

наименова́ни|е (**-я**) *ср* name; (*проекта, книги*) title, name.

наиме́ньший *прил* (*длина*) the smallest; (*усилие*) the least.

на|йти́ (**-йду́, -йдёшь**; *pt* **-шёл, -шла́, -шло́**, *impf* **находи́ть**) *сов перех* to find; **на меня́ ~шёл смех** I couldn't help laughing; **~сь** (*impf* **находи́ться**) *сов возв* (*потерянное*) to turn up; (*добровольцы*) to come forward; (*не растеряться*) to come up with an answer.

наказа́ни|е (**-я**) *ср* punishment.

нак|аза́ть (**-ажу́, -а́жешь**; *impf* **нака́зывать**) *сов перех* to punish.

нака́л (**-а**) *м* (*борьбы*) heat.

накал|и́ть (**-ю́, -и́шь**; *impf* **накаля́ть** *или* **нака́ливать**) *сов перех* to heat up; (*перен*: *обстановку*) to hot up; **~ся** (*impf* **накаля́ться** *или* **нака́ливаться**) *сов возв* to heat; (*перен*: *обстановка*) to hot up.

накану́не *нареч* the day before, the previous day ◆ *предл*: **~** *+gen* on the eve of.

нака́плива|ть(ся) (**-ю(сь)**) *несов от* **накопи́ть(ся)**.

нак|ати́ть (**-ачу́, -а́тишь**; *impf* **нака́тывать**) *сов*: **~** (**на** *+acc*) (*волна*) to roll up (onto); **~ся** (*impf* **нака́тываться**) *сов возв*: **~ся** (**на** *+acc*) (*волна*) to roll up (onto).

накача́|ть (**-ю**; *impf* **нака́чивать**) *сов перех* (*камеру, шину*) to pump up.

наки́д|ка (**-ки**; *gen pl* **-ок**) *ж* (*одежда*) wrap; (*покрывало*) bedspread, throw.

наки́н|уть (**-у**; *impf* **наки́дывать**) *сов перех* (*платок*) to throw on; **~ся** (*impf* **наки́дываться**) *сов возв*: **~ся на** *+acc* (*на человека*) to hurl o.s. at; (*разг*: *на еду, на книгу*) to get stuck into.

на́кип|ь (**-и**) *ж* (*на бульоне*) scum; (*в чайнике*) fur (*BRIT*), scale (*US*).

накладн|а́я (**-о́й**) *ж* (*КОММ*) bill of lading (*BRIT*), waybill (*US*); **грузова́я ~** consignment note.

накладн|о́й *прил*: **~ы́е расхо́ды** overheads *мн* (*BRIT*), overhead (*US*).

накла́дыва|ть (**-ю**) *несов от* **наложи́ть**.

накле́|ить (**-ю, -ишь**; *impf* **накле́ивать**) *сов перех* to stick on.

накле́|йка (**-йка**; *gen pl* **-ек**) *ж* label.

накло́н (**-а**) *м* incline, slope.

накл|они́ть (**-оню́, -о́нишь**; *impf* **наклоня́ть**) *сов перех* to tilt; **~ся** (*impf* **наклоня́ться**) *сов возв* to bend down.

накло́ннос|ть (**-и**) *ж*: **~ к** *+dat* (*к музыке итп*) aptitude for; **дурны́е/хоро́шие ~и** bad/good habits.

накова́л|ьня (**-ьни**; *gen pl* **-ен**) *ж* anvil.

нак|оло́ть (**-олю́, -о́лешь**; *impf* **нака́лывать**) *сов перех* (*руку, палец*) to prick; (*прикрепить*): **~** (**на** *+acc*) (*на шляпу, на дверь*) to pin on(to).

наконе́ц *нареч* at last, finally ◆ *вводн сл* after all; **~-то!** at long last!

наконе́чник (**-а**) *м* tip, end.

накоп|и́ть (**-лю́, -ишь**) *сов от* **копи́ть** ◆ (*impf* **нака́пливать**) *перех* (*силы, информацию*) to store up; (*средства*) to accumulate; **~ся** *сов от* **копи́ться** ◆ (*impf* **нака́пливаться**) *возв* (*силы*) to build up; (*средства*) to accumulate.

нак|орми́ть (**-ормлю́, -о́рмишь**)

сов от **корми́ть**.
на́крест *нареч* (*также*: **крест-~**) crosswise.
накрич|а́ть (-у́, -и́шь) *сов*: **~ на** *+acc* to shout at.
накр|ути́ть (-учу́, -у́тишь; *impf* **накру́чивать**) *сов перех*: **~ (на** *+acc*) (*гайку*: *на болт*) to screw on(to); (*канат*: *на столб*) to wind (round).
накр|ы́ть (-о́ю, -о́ешь; *impf* **накрыва́ть**) *сов перех* to cover; **накрыва́ть (~** *pf*) **(на) стол** to lay the table; **~ся** (*impf* **накрыва́ться**) *сов возв*: **~ся** (*+instr*) (*одеялом*) to cover o.s. up (with).
налага́|ть (-ю) *несов от* **наложи́ть**.
нала́|дить (-жу, -дишь; *impf* **нала́живать**) *сов перех* (*мотор, станок*) to repair, fix; (*сотрудничество*) to initiate; (*хозяйство*) to sort out; **~ся** (*impf* **нала́живаться**) *сов возв* (*работа*) to go well; (*отношения, здоровье*) to improve.
нале́во *нареч* (to the) left; (*разг*: *продать*) on the side.
налегке́ *нареч* (*ехать*) without luggage.
налёт (-а) *м* raid; (*пыли, плесени*) thin coating *или* layer.
нале|те́ть (-чу́, -ти́шь; *impf* **налета́ть**) *сов* (*буря*) to spring up; **налета́ть (~** *pf*) **на** *+acc* (*натолкнуться*) to fly against; (*напасть*) to swoop down on.
нал|и́ть (-ью́, -ьёшь; *impf* **налива́ть**) *сов перех* to pour (out).
налицо́ *как сказ*: **фа́кты ~** the facts are obvious; **доказа́тельство ~** there is proof.
нали́чи|е (-я) *ср* presence.
нали́чн|ые (-ых) *мн* cash *ед*.
нали́чн|ый *прил*: **~ые де́ньги** cash; **~ расчёт** cash payment; **~ счёт** cash account.
нало́г (-а) *м* tax; **~ на ввоз** *+gen* import duty on.
нало́говый *прил* tax.
налогоплате́льщик (-а) *м* taxpayer.
нало́женн|ый *прил*: **~ым платежо́м** cash on delivery.
нал|ожи́ть (-ожу́, -о́жишь; *impf* **накла́дывать**) *сов перех* to put *или* place on; (*компресс, бинт, лак*) to apply; (*impf* **налага́ть**; *штраф*) to impose.
нам *мест см* **мы**.
нама́|зать (-жу, -жешь) *сов от* **ма́зать**.
нама́тыва|ть (-ю) *несов от* **намота́ть**.
намёк (-а) *м* hint.
намека́|ть (-ю; *pf* **намекну́ть**) *несов*: **~ на** *+acc* to hint at.
намерева́|ться (-юсь) *несов возв*: **~** *+infin* to intend to do.
наме́рен *как сказ*: **он ~ уе́хать** he intends to leave.
наме́рени|е (-я) *ср* intention.
наме́ренный *прил* deliberate.
намета́|ть (-ю) *сов от* **мета́ть**.
наме́|тить (-чу, -тишь; *impf* **намеча́ть**) *сов перех* to plan; (*план*) to project; **~ся** *сов от* **ме́титься** ♦ (*impf* **намеча́ться**) *возв* to begin to show.
на́ми *мест см* **мы**.
намно́го *нареч* much, far; **~ ху́же/ интере́снее** much worse/more interesting.
намо́кн|уть (-у; *impf* **намока́ть**) *сов* to get wet.
намо́рдник (-а) *м* muzzle.
намо́рщ|ить (-у, -ишь) *сов от* **мо́рщить**.

намота́|ть (**-ю**) *сов от* **мота́ть**.
нам|очи́ть (**-очу́, -о́чишь**) *сов от* **мочи́ть**.
нан|ести́ (**-есу́, -есёшь**; *pt* **-ёс, -есла́, -есло́**, *impf* **наноси́ть**) *сов перех* (*мазь, краску*) to apply; (*рисунок, резьбу*) to draw; (*на карту, на схему*) to plot; (*удар*) to deliver; (*урон*) to inflict; ~ (*pf*) **кому́-н визи́т** to pay sb a visit.
нани́зыва|ть (**-ю**) *несов перех* to string.
на|ня́ть (**-йму, -ймёшь**; *impf* **нанима́ть**) *сов перех* (*работника*) to hire; (*лодку, машину*) to hire, rent; **~ся** (*impf* **нанима́ться**) *сов возв* to get a job.
наоборо́т *нареч* (*делать*) the wrong way (round) ♦ *вводн сл, част* on the contrary.
наобу́м *нареч* without thinking.
наотре́з *нареч* flatly, point-blank.
напада́|ть (**-ю**) *несов от* **напа́сть**.
напада́ющ|ий (**-его**) *м* (*СПОРТ*) forward.
нападе́ни|е (**-я**) *ср* attack; (*СПОРТ*) forwards *мн*.
напа́д|ки (**-ок**) *мн* attacks *мн*.
нап|а́сть (**-аду́, -адёшь**; *impf* **напада́ть**) *сов*: ~ **на** *+acc* to attack; (*на золотую жилу*) to strike; (*тоска, грусть, страх*) to grip, seize.
напе́в (**-а**) *м* tune, melody.
напева́|ть (**-ю**) *несов от* **напе́ть** ♦ *перех* (*песенку*) to hum.
наперебо́й *нареч* vying with each other.
наперегонки́ *нареч* (*разг*) racing each other.
напере́д *нареч* (*знать, угадать*) beforehand; **за́дом** ~ back to front.
наперекóр *предл*: ~ *+dat* in defiance of.
напёрст|ок (**-ка**) *м* thimble.
нап|е́ть (**-ою́, -оёшь**; *impf* **напева́ть**) *сов перех* (*мотив, песню*) to sing.
напива́|ться (**-юсь**) *несов от* **напи́ться**.
напи́льник (**-а**) *м* file.
напира́|ть (**-ю**) *несов*: ~ **на** *+acc* (*теснить*) to push against.
написа́ни|е (**-я**) *ср* writing; (*буквы*) spelling.
нап|иса́ть (**-ишу́, -и́шешь**) *сов от* **писа́ть**.
напи́т|ок (**-ка**) *м* drink.
нап|и́ться (**-ью́сь, -ьёшься**; *impf* **напива́ться**) *сов возв*: ~ (*+gen*) to have a good drink (of); (*разг: опьянеть*) to get drunk.
напл|ева́ть (**-юю́**) *сов от* **плева́ть**.
напль́ів (**-а**) *м* (*туристов*) influx; (*: заявлений, чувств*) flood.
наплы́|ть (**-ву́, -вёшь**; *impf* **наплыва́ть**) *сов* (*перен: воспоминания*) to come flooding back; **наплыва́ть** (~ *pf*) **на** *+acc* (*на мель, на камень*) to run against.
напова́л *нареч* (*убить*) outright.
наподо́бие *предл*: ~ *+gen* resembling.
нап|ои́ть (**-ою́, -о́ишь**) *сов от* **пои́ть**.
напока́з *нареч* for show.
напо́лн|ить (**-ю, -ишь**; *impf* **наполня́ть**) *сов перех*: ~ *+instr* to fill with; **~ся** (*impf* **наполня́ться**) *сов возв*: **~ся** *+instr* to fill with.
наполови́ну *нареч* by half; (*наполнить*) half.
напомина́|ть (**-ю**) *несов от* **напо́мнить** ♦ *перех* (*иметь сходство*) to resemble.
напо́мн|ить (**-ю, -ишь**; *impf* **напомина́ть**) *сов* (*не*)*перех*: ~

кому́-н *+acc или* **о** *+prp* to remind sb of.
напо́р (**-а**) *м* (*воды, воздуха*) pressure.
напосле́док *нареч* finally.
напра́в|ить (**-лю, -ишь**; *impf* **направля́ть**) *сов перех* to direct; (*к врачу*) to refer; (*послание*) to send; **~ся** (*impf* **направля́ться**) *сов возв*: **~ся в** *+acc*/**к** *+dat umn* to make for.
направле́ни|е (**-я**) *ср* direction; (*деятельности, также ВОЕН*) line; (*политики*) orientation; (*документ: в больницу*) referral; (: *на работу, на учёбу*) directive; **по ~ю к** *+dat* towards.
напра́во *нареч* (*идти, повернуть*) (to the) right.
напра́сно *нареч* in vain.
напра́сный *прил* (*труд*) vain; (*тревога*) unfounded.
напра́шива|ться (**-юсь**) *несов от* **напроси́ться**.
наприме́р *вводн сл* for example *или* instance.
напрока́т *нареч*: **взять ~** to hire; **отдава́ть (отда́ть** *pf*) **~** to hire out.
напролёт *нареч* without a break.
напроло́м *нареч* stopping at nothing.
напр|оси́ться (**-ошу́сь, -о́сишься**; *impf* **напра́шиваться**) *сов возв* (*разг: в гости, на должность*) to force o.s.; **напра́шиваться** (**~** *pf*) **на** *+acc* (*на комплимент*) to invite.
напро́тив *нареч* opposite ◆ *вводн сл* on the contrary ◆ *предл*: **~** *+gen* opposite.
напряга́|ть(ся) (**-ю(сь)**) *несов от* **напря́чь(ся)**.
напряже́ни|е (**-я**) *ср* tension; (*ФИЗ: механическое*) strain, stress; (: *электрическое*) voltage.
напряжённый *прил* tense; (*отношения, встреча*) strained.
напрями́к *нареч* (*идти*) straight.
напр|я́чь (**-ягу́, -яжёшь** *umn*, **-ягу́т**; *pt* **-я́г, -ягла́**, *impf* **напряга́ть**) *сов перех* to strain; **~ся** (*impf* **напряга́ться**) *сов возв* (*мускулы*) to become tense; (*человек*) to strain o.s.
напыл|и́ть (**-ю́, -и́шь**) *сов от* **пыли́ть**.
напы́щенный *прил* pompous.
наравне́ *нареч*: **~ с** *+instr* (*по одной линии*) on a level with; (*на равных правах*) on an equal footing with.
нарас|ти́ (*3sg* **-тёт**, *impf* **нараста́ть**) *сов* (*долги, проценты*) to accumulate; (*волнение, сопротивление*) to grow.
нарасхва́т *нареч* like hot cakes.
нара́щива|ть (**-ю**) *несов перех* (*темпы, объём umn*) to increase.
нарв|а́ть (**-у́, -ёшь**) *сов* (*не*)*перех*: **~** *+acc или +gen* (*цветов, ягод*) to pick; **~ся** (*impf* **нарыва́ться**) *сов возв* (*разг*): **~ся на** *+acc* (*на хулигана*) to run up against; (*на неприятность*) to run into.
наре́|зать (**-жу, -жешь**; *impf* **нареза́ть**) *сов перех* to cut.
наре́чи|е (**-я**) *ср* (*ЛИНГ: часть речи*) adverb; (: *говоры*) dialect.
нарис|ова́ть (**-у́ю**) *сов от* **рисова́ть**.
нарко́з (**-а**) *м* (*МЕД*) narcosis, anaesthesia (*BRIT*), anesthesia (*US*).
наркологи́ческий *прил*: **~ диспансе́р** drug-abuse clinic.
наркома́н (**-а**) *м* drug addict *или* abuser.
наркома́ни|я (**-и**) *ж* (*МЕД*) drug addiction *или* abuse.

нарко́тик (**-а**) *м* drug.
наро́д (**-а**; *part gen* **-у**) *м* people *мн*.
наро́дност|ь (**-и**) *ж* nation.
наро́дный *прил* national; (*фронт*) popular; (*искусство*) folk.
нарочи́тый *прил* deliberate.
наро́чно *нареч* purposely, on purpose; **как ~** (*разг*) to make things worse.
нар|уби́ть (**-ублю́, -у́бишь**; *impf* **наруба́ть**) *сов* (*не*)*перех*: **~** *+acc* *или* *+gen* to chop.
нару́жност|ь (**-и**) *ж* appearance.
нару́жный *прил* (*дверь, стена*) exterior; (*спокойствие*) outward.
нару́жу *нареч* out.
нару́чник (**-а**) *м* handcuff.
нару́чн|ый *прил*: **~ые часы́** (wrist)watch *ед*.
наруша́|ть(ся) (**-ю(сь)**) *несов от* **нару́шить(ся)**.
наруши́тел|ь (**-я**) *м* (*закона*) infringer, transgressor; (*ЮР*: *порядка*) offender; **~ грани́цы** *person who illegally crosses a border*; **~ дисципли́ны** troublemaker.
нару́ш|ить (**-у, -ишь**; *impf* **наруша́ть**) *сов перех* (*покой*) to disturb; (*связь*) to break; (*правила, договор*) to violate; (*дисциплину*) to breach; **наруша́ть** (**~** *pf*) **грани́цу** to illegally cross a border; **~ся** (*impf* **наруша́ться**) *сов возв* to be broken *или* disturbed.
нарци́сс (**-а**) *м* daffodil, narcissus.
нары́в (**-а**) *м* (*МЕД*) abscess, boil.
нарыва́|ть (*3sg* **-ет**) *несов* (*рана*) to fester.
наря́д (**-а**) *м* (*одежда*) attire; (*красивый*) outfit; (*распоряжение*) directive; (*КОММ*) order.
нар|яди́ть (**-яжу́, -я́дишь**; *impf* **наряжа́ть**) *сов перех* (*одеть*) to dress; **наряжа́ть** (**~** *pf*) **ёлку** ≈ to decorate (*BRIT*) *или* trim (*US*) the Christmas tree; **~ся** (*impf* **наряжа́ться**) *сов возв*: **~ся** (**в** *+acc*) to dress o.s. (in).
наря́дный *прил* (*человек*) welldressed; (*комната, улица*) nicelydecorated; (*шляпа, платье*) fancy.
наряду́ *нареч*: **~ с** *+instr* along with; (*наравне*) on an equal footing with.
наряжа́|ть(ся) (**-ю(сь)**) *несов от* **наряди́ть(ся)**.
нас *мест см* **мы**.
насеко́м|ое (**-ого**) *ср* insect.
населе́ни|е (**-я**) *ср* population.
населённый *прил* (*район*) populated; **~ пункт** locality.
насел|и́ть (**-ю́, -и́шь**; *impf* **населя́ть**) *сов перех* (*регион*) to settle.
населя́|ть (**-ю**) *несов от* **насели́ть** ◆ *перех* (*проживать*) to inhabit.
насе́ч|ка (**-ки**; *gen pl* **-ек**) *ж* notch.
наси́ли|е (**-я**) *ср* violence.
наси́л|овать (**-ую**; *pf* **изна**) *несов перех* (*женщину*) to rape.
наси́льно *нареч* forcibly.
наси́льственный *прил* violent.
наска́кива|ть (**-ю**) *несов от* **наскочи́ть**.
наскво́зь *нареч* through.
наско́лько *нареч* so much.
наск|очи́ть (**-очу́, -о́чишь**; *impf* **наска́кивать**) *сов*: **~ на** *+acc* to run into.
наску́ч|ить (**-у, -ишь**) *сов*: **~ кому́-н** to bore sb.
насла|ди́ться (**-жу́сь, -ди́шься**; *impf* **наслажда́ться**) *сов возв*: **~** *+instr* to relish.
наслажде́ни|е (**-я**) *ср* enjoyment,

relish.
наслéди|е (**-я**) *ср* (*культурное*) heritage; (*идеологическое*) legacy.
наслéдник (**-а**) *м* heir; (*перен*: *преемник*) inheritor.
наслéд|овать (**-ую**) *(не)сов перех* to inherit; (*престол*) to succeed.
наслéдственный *прил* inherited; (*черты, болезнь*) hereditary.
наслéдств|о (**-а**) *ср* (*имущество*) inheritance; (*культурное*) heritage; (*идеологическое*) legacy.
наслы́шан *как сказ*: **я ~ об э́том/о нём** I have heard a lot about it/him.
насмáрку *нареч* (*разг*): **идти́ ~** to be wasted.
нáсмерть *нареч* (*сражаться*) to the death; (*разбиться, ранить*) fatally.
насмехá|ться (**-юсь**) *несов возв*: **~ над** *+instr* to taunt.
насмеш|и́ть (**-ý, -и́шь**) *сов от* **смеши́ть**.
насмéш|ка (**-ки**; *gen pl* **-ек**) *ж* jibe.
насмéшливый *прил* mocking.
насмея́|ться (**-юсь**) *сов возв*: **~ над** *+instr* to offend.
нáсморк (**-а**) *м* runny nose.
насовсéм *нареч* (*разг*) for good.
насор|и́ть (**-ю́, -и́шь**) *сов от* **сори́ть**.
насóс (**-а**) *м* pump.
нáспех *нареч* hurriedly.
наста|вáть (*3sg* **-ёт**) *несов от* **настáть**.
настáвник (**-а**) *м* mentor.
настáива|ть (**-ю**) *несов от* **настоя́ть**.
настá|ть (*3sg* **-нет**, *impf* **наставáть**) *сов* to come; (*ночь*) to fall.
нáстежь *нареч* (*открыть*) wide.
насти́|чь (**-гну, -гнешь**; *pt* **-г, -гла**, *impf* **настигáть**) *сов перех* to catch up with.
настó|йка (**-йки**; *gen pl* **-ек**) *ж* (*экстракт*) tincture; (*алкоголь*) liqueur.
настóйчивый *прил* persistent; (*просьба*) insistent.
настóлько *нареч* so.
настóльный *прил* (*лампа, часы*) table; (*календарь*) desk.
насторожé *как сказ*: **он всегдá ~** he is always on the alert.
насторож|и́ть (**-ý, -и́шь**; *impf* **настoráживать**) *сов перех* to alert; **~ся** (*impf* **настораживаться**) *сов возв* to become more alert.
настоя́ни|е (**-я**) *ср*: **по ~ю когó-н** on sb's insistence.
настоя́тельный *прил* (*просьба*) persistent; (*задача*) urgent.
насто|я́ть (**-ю́, -и́шь**; *impf* **настáивать**) *сов*: **~ на** *+prp* to insist on ◆ *перех* (*ромашку*) to infuse.
настоя́щ|ий *прил* real; (*момент, время*) present; **по-~ему** (*как надо*) properly; (*преданный*) really; **~ее врéмя** (*лИНГ*) the present tense.
настрáива|ть(ся) (**-ю(сь)**) *несов от* **настрóить(ся)**.
настроéни|е (**-я**) *ср* mood; (*антивоенное*) feeling; **не в ~и** in a bad mood.
настрó|ить (**-ю, -ишь**; *impf* **настрáивать**) *сов перех* (*пианино итп*) to tune; (*механизм*) to adjust; **настрáивать** (**~** *pf*) **когó-н на** *+acc* to put sb in the right frame of mind for; **настрáивать** (**~** *pf*) **когó-н прóтив** *+gen* to incite sb against; **~ся** (*impf* **настрáиваться**) *сов возв*; **~ся** (*pf*) *+infin* to be disposed

to do.
настрó|й (-я) *м* mood.
настрóйщик (-а) *м*: ~ **рояля** piano tuner.
наступá|ть (-ю) *несов от* **наступи́ть** ♦ *неперех* (*ВОЕН*) to go on the offensive.
наст|упи́ть (-уплю́, -у́пишь; *impf* **наступáть**) *сов* to come; (*ночь*) to fall; **наступáть** (~ *pf*) **на** *+acc* (*на камень итп*) to step on.
наступлéни|е (-я) *ср* (*ВОЕН*) offensive; (*весны, старости*) beginning; (*темноты*) fall.
нáсухо *нареч*: **вы́тереть что-н** ~ to dry sth thoroughly.
насу́щный *прил* vital.
насчёт *предл*: ~ *+gen* regarding.
насчитá|ть (-ю; *impf* **насчи́тывать**) *сов перех* to count.
насчи́тыва|ть (-ю) *несов от* **насчитáть** ♦ *неперех* to have.
насы́п|ать (-лю, -лешь; *impf* **насыпáть**) *сов перех* to pour.
нáсып|ь (-и) *ж* embankment.
насы́|тить (-щу, -тишь; *impf* **насыщáть**) *сов перех* (*накормить*) to satiate; (*водой, радостью*) to fill; (*рынок*) to saturate; ~**ся** (*impf* **насыщáться**) *сов возв* (*наесться*) to eat one's fill; (*рынок*) to be saturated.
натáлкива|ть(ся) (-ю(сь)) *несов от* **натолкну́ть(ся)**.
натвор|и́ть (-ю́, -и́шь) *сов* (*не*)*перех*: ~ *+acc или +gen* (*разг*) to get up to.
нат|ерéть (-ру́, -рёшь; *pt* -ёр, -ёрла, *impf* **натирáть**) *сов перех* (*ботинки, полы*) to polish; (*ногу*) to chafe; (*морковь, сыр итп*) to grate.
нáтиск (-а) *м* pressure.
наткн|у́ться (-у́сь, -ёшься; *impf* **натыкáться**) *сов возв*: ~ **на** *+acc* to bump into.
НАТО *ср сокр* NATO.
натолкн|у́ть (-у́, -ёшь; *impf* **натáлкивать**) *сов перех*: ~ **когó-н на** *+acc* (*на идею*) to lead sb to; ~**ся** (*impf* **натáлкиваться**) *сов возв*: ~**ся на** *+acc* to bump into.
натощáк *нареч* on an empty stomach.
нáтри|й (-я) *м* sodium.
нату́р|а (-ы) *ж* (*характер*) nature; (*натурщик*) model (*ART*); ~**ой, в** ~**е** (*ЭКОН*) in kind.
натурáльный *прил* natural; (*мех, кожа*) real.
нату́рщик (-а) *м* model (*ART*).
натыкá|ться (-юсь) *несов от* **наткну́ться**.
натюрмóрт (-а) *м* still life.
натя́гива|ть(ся) (-ю) *несов от* **натяну́ть(ся)**.
натя́нутый *прил* strained.
нат|яну́ть (-яну́, -я́нешь; *impf* **натя́гивать**) *сов перех* to pull tight; (*перчатки*) to pull on; ~**ся** (*impf* **натя́гиваться**) *сов возв* to tighten.
наугáд *нареч* at random.
нау́к|а (-и) *ж* science; **естéственные** ~**и** science; **гуманитáрные** ~**и** arts.
нау́тро *нареч* next morning.
на|учи́ть(ся) (-учу́(сь), -у́чишь(ся)) *сов от* **учи́ть(ся)**.
нау́чно-популя́рный *прил* (*программа*) science; (*литература*) scientific.
нау́чно-техни́ческий *прил* scientific.
нау́чный *прил* scientific.
нау́шник (-а) *м* (*также*: **магнитофóнные** ~**и**) headphones.
нахáл (-а) *м* (*разг*) cheeky beggar.
нахáльный *прил* cheeky.

нахлы́н|уть (*3sg* **-ет**) *сов* (*поток*) to surge.
нахму́р|ить(ся) (**-ю(сь), -ишь(ся)**) *несов от* **хму́рить(ся)**.
нах|оди́ть (**-ожу́, -о́дишь**) *несов от* **найти́**; **~ся** *несов от* **найти́сь** ♦ *возв* (*дом, город*) to be situated; (*человек*) to be.
нахо́д|ка (**-ки**; *gen pl* **-ок**) *ж* (*потерянного*) discovery; **он – ~ для нас** he is a real find for us; **Бюро́ ~ок** lost property office (*BRIT*), lost and found (*US*).
нахо́дчивый *прил* resourceful.
наце́л|ить (**-ю, -ишь**; *impf* **наце́ливать**) *сов перех*: **~ кого́-н на** *+acc* to push sb towards; **~ся** *сов от* **це́литься**.
наце́н|ка (**-ки**; *gen pl* **-ок**) *ж* (*на товар*) surcharge.
нацизм (**-а**) *м* Nazism.
национализи́р|овать (**-ую**) (*не*)*сов перех* to nationalize.
национали́зм (**-а**) *м* nationalism.
национали́ст (**-а**) *м* nationalist.
национа́льност|ь (**-и**) *ж* (*нация*) nation; (*принадлежность к нации*) nationality.
национа́льный *прил* national.
наци́ст (**-а**) *м* Nazi.
на́ци|я (**-и**) *ж* nation; **Организа́ция Объединённых Н~й** United Nations Organization.
нача|ди́ть (**-жу́, -ди́шь**) *сов от* **чади́ть**.
нача́л|о (**-а**) *ср* beginning, start; **быть** *(impf)* **под ~м кого́-н** *или* **у кого́-н** to be under sb.
нача́льник (**-а**) *м* (*цеха*) floor manager; (*управления*) head.
нача́льн|ый *прил* (*период*) initial; (*глава книги*) first; **~ая шко́ла** (*ПРОСВЕЩ*) primary (*BRIT*) *или* elementary (*US*) school; **~ые кла́ссы** (*ПРОСВЕЩ*) *the first three classes of primary school.*
нача́льств|о (**-а**) *ср* (*власть*) authority ♦ *собир* (*руководители*) management.
нач|а́ть (**-ну́, -нёшь**; *impf* **начина́ть**) *сов перех* to begin, start.
начеку́ *нареч*: **быть ~** to be on one's guard.
на́черно *нареч* roughly.
нач|ерти́ть (**-ерчу́, -е́ртишь**) *сов от* **черти́ть**.
начёс (**-а**) *м* (*на шерсти, на ткани*) nap; (*вид причёски*) bouffant.
начина́ни|е (**-я**) *ср* initiative.
начина́|ть (**-ю**) *несов от* **нача́ть**.
начина́ющ|ий *прил* (*писатель*) novice ♦ (**-его**) *м* beginner.
начина́я *предл*: **~** *+instr* including; **~ с** *+gen* from; **~ от** *+gen или* **с** *+gen* (*включая*) including.
начин|и́ть (**-ю́, -и́шь**; *impf* **начиня́ть**) *сов перех* (*пирог*) to fill.
начи́н|ка (**-ки**; *gen pl* **-ок**) *ж* filling.
начи́танный *прил* well-read.
начну́ *итп сов см* **нача́ть**.
наш (**-его**; *см* **Table 9**; *f* **-а**, *nt* **-е**, *pl* **-и**) *притяж мест* our; **чей э́то дом? – ~** whose is this house? – ours; **чьи э́то кни́ги? – на́ши** whose are these books? – ours; **по-на́шему** our way; (*по нашему мнению*) in our opinion.
нашаты́рный *прил*: **~ спирт** (*МЕД*) liquid ammonia.
наше́стви|е (**-я**) *ср* invasion.
нащу́па|ть (**-ю**; *impf* **нащу́пывать**) *сов перех* to find.
наяву́ *нареч* in reality; **как ~** distinctly.
НДС *м сокр* (= *нало́г на*

доба́вленную сто́имость) VAT.
не *част* not; **~ я написа́л э́то письмо́** I didn't write this letter; **я ~ рабо́таю** I don't work; **~ пла́чьте/опозда́йте** don't cry/be late; **~ могу́ ~ согласи́ться/~ возрази́ть** I can't help agreeing/objecting; **~ мне на́до помо́чь, а ему́** I am not the one who needs help, he is; **~ до** *+gen* no time for; **мне ~ до тебя́** I have no time for you; **~ без того́** (*разг: в положительных ответах*) that's about it; **~ то** (*разг: в противном случае*) or else.
небе́сный *прил* (*тела́*) celestial; (*перен*) heavenly; **~ цвет** sky blue.
неблагода́рный *прил* ungrateful; (*работа*) thankless.
не́б|о (**-а**; *nom pl* **небеса́**, *gen pl* **небе́с**) *ср* sky; (*РЕЛ*) Heaven.
нёб|о (**-а**) *ср* (*АНАТ*) palate.
небольшо́й *прил* small.
небоскло́н (**-а**) *м* sky above the horizon.
небоскрёб (**-а**) *м* skyscraper.
небре́жный *прил* careless; (*отношение*) offhand.
небыва́лый *прил* unprecedented.
нева́жно *нареч* (*делать что-н*) not very well ♦ *как сказ* it's not important.
нева́жный *прил* unimportant; (*не очень хороший*) poor.
неве́дени|е (**-я**) *ср* ignorance; **он пребыва́ет в по́лном ~и** he doesn't know anything (about it).
неве́ж|а (**-и**) *м/ж* boor.
неве́жд|а (**-ы**) *м/ж* ignoramus.
неве́жественный *прил* ignorant.
неве́жеств|о (**-а**) *ср* ignorance.
невезе́ни|е (**-я**) *ср* (*разг*) bad luck.
неве́рный *прил* (*ошибочный*) incorrect; (*муж*) unfaithful.
невероя́тный *прил* improbable; (*чрезвычайный*) incredible.
неве́рующ|ий *прил* (*РЕЛ*) faithless ♦ (**-его**) *м* unbeliever.
неве́ст|а (**-ы**) *ж* (*после помолвки*) fiancée; (*на свадьбе*) bride.
неве́ст|ка (**-ки**; *gen pl* **-ок**) *ж* (*жена сына*) daughter-in-law; (*жена брата*) sister-in-law.
невзго́д|а (**-ы**) *ж* adversity *ед*.
невзира́я *предл*: **~ на** *+acc* in spite of.
невзл|юби́ть (**-юблю́, -ю́бишь**) *сов перех* to take a dislike to.
невзнача́й *нареч* (*разг*) by accident.
невзра́чный *прил* dowdy.
неви́данный *прил* unprecedented.
невиди́м|ка (**-ки**; *gen pl* **-ок**) *ж* (*шпилька*) hairpin.
неви́димый *прил* invisible.
неви́нный *прил* innocent.
невино́вный *прил* innocent.
невменя́емый *прил* deranged.
невмеша́тельств|о (**-а**) *ср* nonintervention; (*ЭКОН*) laissez faire.
невнима́тельный *прил* (*ученик*) inattentive; (*незаботливый*) inconsiderate.
невня́тный *прил* muffled.
не́вод (**-а**) *м* fishing net.
невозмо́жно *нареч* (*большой, трудный*) impossibly ♦ *как сказ*: **~** *+infin* (*сделать, найти итп*) it is impossible to do; **(э́то) ~** that's impossible.
невозмо́жный *прил* impossible.
невозмути́мый *прил* (*человек*) unflappable; (*тон*) unruffled.
нево́льный *прил* (*ложь*) unintentional; (*улыбка, свидетель*) involuntary.
нево́л|я (**-и**) *ж* captivity.

невооружённ|ый *прил* unarmed; **~ым гла́зом** (*без приборов*) with the naked eye; **э́то ви́дно ~ым гла́зом** (*перен*) it's plain for all to see.
невоспи́танный *прил* ill-bred.
невпопа́д *нареч* (*разг*) out of turn.
неврасте́ник (-а) *м* neurotic.
неврастени́|я (-и) *ж* (*МЕД*) nervous tension.
невреди́мый *прил* (*человек*) unharmed.
невро́з (-а) *м* neurosis.
невропато́лог (-а) *м* neurologist.
невыноси́мый *прил* unbearable, intolerable.
негати́в (-а) *м* (*ФОТО*) negative.
негати́вный *прил* negative.
не́где *как сказ*: **~ отдохну́ть** *итп* there is nowhere to rest *итп*; **мне ~ жить** I have nowhere to live.
негла́сный *прил* secret.
его́ *мест от* **он, оно́**.
него́дност|ь (-и) *ж*: **прийти́ в ~** (*оборудование*) to become defunct.
него́дный *прил* (*непригодный*) unusable; (*скверный*) good-for-nothing.
негодова́ни|е (-я) *ср* indignation.
негод|ова́ть (-у́ю) *несов* to be indignant.
негодя́|й (-я) *м* scoundrel.
негра́мотный *прил* illiterate; (*работа*) incompetent.
негритя́нский *прил* black.
неда́вн|ий *прил* recent; **до ~его вре́мени** until recently.
неда́вно *нареч* recently.
недалёк|ий *прил* (*перен*: *человек, ум*) limited; **в ~ом бу́дущем** in the near future.
недалеко́ *нареч* (*жить, находиться*) nearby; (*идти, ехать*) not far ◆ *как сказ*: **~ (до** *+gen***)** it isn't far (to); **~ от** *+gen* not far from.
неда́ром *нареч* (*не напрасно*) not in vain; (*не без цели*) for a reason.
недви́жимост|ь (-и) *ж* property.
недви́жим|ый *прил*: **~ое иму́щество = недви́жимость**.
неде́льный *прил* (*срок, отпуск*) one-week; (*запас, заработок итп*) a *или* one week's.
неде́л|я (-и) *ж* week; **че́рез ~ю** in a week('s time); **на про́шлой/э́той/сле́дующей ~е** last/this/next week.
недове́ри|е (-я) *ср* mistrust, distrust.
недове́рчивый *прил* mistrustful, distrustful.
недово́льный *прил* discontented, dissatisfied.
недово́льств|о (-а) *ср*: **~ (***+instr***)** dissatisfaction (with).
недоговор|и́ть (-ю́, -и́шь; *impf* **недогова́ривать**) *сов перех* to leave unsaid; **он что́-то недогова́ривает** there is something that he's not saying.
недоеда́|ть (-ю) *несов* to eat badly.
недолю́блива|ть (-ю) *несов перех* to dislike.
недомога́ни|е (-я) *ср* queasiness; **чу́вствовать** *(impf)* **~** to feel queasy.
недомога́|ть (-ю) *несов* to feel unwell.
недоно́шенный *прил*: **~ ребёнок** premature baby.
недооц|ени́ть (-еню́, -е́нишь; *impf* **недооце́нивать**) *сов перех* to underestimate.
недопусти́мый *прил* unacceptable.
недора́звитый *прил* underdeveloped.

недоразуме́ни|е (-я) *ср* misunderstanding.
недосмо́тр (-а) *м* oversight.
недоста|ва́ть (*3sg* **-ёт**) *несов безл*: **мне ~ёт сме́лости** I lack courage; **мне ~ёт де́нег** I need money.
недоста́т|ок (-ка; *nom pl* **-ки**) *м*: ~ *+gen* shortage *или* lack of; (*в характере, в работе*) shortcoming.
недоста́точно *нареч* insufficiently ♦ *как сказ*: **у нас ~ еды́/де́нег** we don't have enough food/money; **я ~ зна́ю об э́том** I don't know enough about it.
недоста́точный *прил* insufficient.
недоста́ч|а (-и) *ж* (*материалов, оборудования*) lack.
недостаю́щий *прил* missing.
недосто́йный *прил*: **~ (+gen)** unworthy (of).
недоумева́|ть (-ю) *несов* to be perplexed *или* bewildered.
недоуме́ни|е (-я) *ср* perplexity, bewilderment.
недоу́ч|ка (-ки; *gen pl* **-ек**) *м/ж* (*разг*) drop-out.
недочёт (-а) *м* (*в подсчётах*) shortfall; (*в работе*) deficiency.
не́др|а (-) *мн* depths *мн*; **в ~х земли́** in the bowels of the earth.
неё *мест см* **она́**.
нежда́нный *прил* unexpected.
не́ж|иться (**-усь, -ишься**) *несов возв* to laze about.
не́жност|ь (-и) *ж* tenderness.
не́жный *прил* tender, gentle; (*кожа, пух*) soft; (*запах*) subtle.
незабу́д|ка (-ки; *gen pl* **-ок**) *ж* forget-me-not.
незабыва́емый *прил* unforgettable.
незави́симо *нареч* independently; **~ от** *+gen* regardless of.
незави́симост|ь (-и) *ж* independence.
незави́симый *прил* independent.
незадо́лго *нареч*: **~ до** *+gen или* **пе́ред** *+instr* shortly before.
незаме́тно *нареч* (*изменяться*) imperceptibly ♦ *как сказ* it isn't noticeable; **он ~ подошёл/ушёл** he approached/left unnoticed.
незаме́тный *прил* barely noticeable; (*перен*: *человек*) unremarkable.
неза́нят|ый *прил* free; (*дом, помещение*) unoccupied; **~ая часть населе́ния** the non-working population.
незауря́дный *прил* exceptional.
не́зачем *как сказ* (*разг*): **~ ходи́ть/э́то де́лать** there's no reason to go/do it.
нездоро́в|иться (*3sg* **-ится**) *несов безл*: **мне ~ится** I feel unwell, I don't feel well.
незнако́м|ец (-ца) *м* stranger.
незначи́тельный *прил* (*сумма*) insignificant; (*факт*) trivial.
неизбе́жный *прил* inevitable.
неизве́стн|ый *прил* unknown ♦ (**-ого**) *м* stranger.
неизглади́мый *прил* indelible.
неизлечи́мый *прил* (*болезнь*) incurable; (*больной*) terminally ill.
неизме́нный *прил* unchanging.
неиме́ни|е (-я) *ср*: **за ~м** *+gen* for want of.
неимове́рный *прил* extreme.
неиму́щий *прил* deprived.
неиссяка́емый *прил* inexhaustible.
не́истовый *прил* intense.
неистощи́мый *прил* inexhaustible.

ней *мест см* **она́**.
нейло́н (**-а**) *м* nylon.
нейрохиру́рг (**-а**) *м* neurosurgeon.
нейтралите́т (**-а**) *м* neutrality.
нейтра́льный *прил* neutral.
не́кем *мест см* **не́кого**.
не́к|ий (**-ого**; *f* **-ая**, *nt* **-ое**, *pl* **-ие**) *мест* a certain.
не́когда *как сказ* (*читать, гулять*) there is no time; **ей ~** she is busy; **ей ~** *+infin* ... she has no time to ...
не́к|ого (*как* **кто**; *см* **Table 7**) *мест*: **~ спроси́ть/позва́ть** there is nobody to ask/call.
не́кому *мест см* **не́кого**.
не́котор|ый (**-ого**; *f* **-ая**, *nt* **-ое**, *pl* **-ые**) *мест* some.
некроло́г (**-а**) *м* obituary.
некста́ти *нареч* at the wrong time ♦ *как сказ*: **э́то ~** this is untimely.
не́кто *мест* a certain person.
не́куда *как сказ* (*идти, поехать*) there is nowhere; **да́льше** *или* **ху́же/лу́чше ~** (*разг*) it can't get any worse/better.
нелегити́мный *прил* illegitimate.
неле́пый *прил* stupid.
нелётн|ый *прил*: **~ая пого́да** poor weather for flying.
нельзя́ *как сказ* (*невозможно*) it is impossible; (*не разрешается*) it is forbidden; **~ ли?** would it be possible?; **как ~ лу́чше** as well as could be expected.
нём *мест см* **он, оно́**.
неме́дленно *нареч* immediately.
неме́дленный *прил* immediate.
неме́|ть (**-ю**; *pf* **о~**) *несов* (*от ужаса, от восторга*) to be struck dumb; (*нога, руки*) to go numb.
не́м|ец (**-ца**) *м* German.
неме́цкий *прил* German; **~ язы́к** German.
немину́емый *прил* unavoidable.
не́м|ка (**-ки**; *gen pl* **-ок**) *ж см* **не́мец**.
немно́г|ие (**-их**) *мн* few.
немно́го *нареч* (*отдохнуть, старше*) a little, a bit; **~** *+gen* a few.
немно́жко *нареч* (*разг*) = **немно́го**.
нем|о́й *прил* (*человек*) dumb; (*перен*: *вопрос, упрёк*) implied ♦ (**-о́го**) *м* mute; **~ фильм** silent film.
не́мощный *прил* sick, ailing.
нему́ *мест от* **он, оно́**.
немы́слимый *прил* unthinkable.
ненави́|деть (**-жу, -дишь**) *несов перех* to hate.
ненави́стный *прил* (*человек, работа*) hated.
не́навист|ь (**-и**) *ж* hatred.
нена́стный *прил* wet and dismal.
нена́сть|е (**-я**) *ср* awful weather.
ненасы́тный *прил* insatiable.
ненорма́льн|ый *прил* abnormal; (*разг*: *сумасшедший*) mad ♦ (**-ого**) *м* (*разг*) crackpot.
необита́емый *прил* (*место*) uninhabited; **~ о́стров** desert island.
необозри́мый *прил* vast.
необосно́ванный *прил* unfounded.
необходи́мо *как сказ* it is necessary; **мне ~ с Ва́ми поговори́ть** I really need to talk to you.
необходи́мост|ь (**-и**) *ж* necessity.
необходи́мый *прил* necessary.
необъя́тный *прил* vast.
необыкнове́нный *прил* exceptional.
необыча́йный *прил* =

необыкнове́нный.
необы́чный *прил* (*человек, явление*) unusual.
неожи́данност|ь (**-и**) *ж* surprise.
неожи́данный *прил* unexpected.
неопределённый *прил* indefinite; (*ответ, выражение, жест*) vague.
неоспори́мый *прил* (*преимущество*) unquestionable; (*доказательство*) incontrovertible.
неотврати́мый *прил* inevitable.
неотдели́мый *прил*: **~ (от** *+gen***)** inseparable (from).
не́откуда *как сказ*: **мне ~ де́нег взять** I can't get money from anywhere.
неотло́жн|ый *прил* urgent; **~ая медици́нская по́мощь** emergency medical service.
неотрази́мый *прил* irresistible; (*впечатление*) powerful.
неотъе́млемый *прил* (*право*) inalienable; (*часть*) integral.
неофаши́зм (**-а**) *м* Neo-fascism.
неофаши́ст (**-а**) *м* Neo-fascist.
неохо́т|а (**-ы**) *ж* (*разг*: *нежелание*) reluctance ♦ *как сказ*: **мне ~ спо́рить** I don't feel like arguing.
неоцени́мый *прил* invaluable.
неперехо́дный *прил*: **~ глаго́л** (*ЛИНГ*) intransitive verb.
неповтори́мый *прил* unique.
непого́д|а (**-ы**) *ж* bad weather.
неподви́жный *прил* motionless; (*взгляд*) fixed.
неподде́льный *прил* genuine.
неподку́пный *прил* (*человек*) incorruptible.
непоколеби́мый *прил* unshakable.
непола́д|ки (**-ок**) *мн* fault *ед*.
неполноце́нност|ь (**-и**) *ж* inadequacy; **ко́мплекс ~и** inferiority complex.
неполноце́нный *прил* inadequate, insufficient.
непоня́тно *нареч* incomprehensibly ♦ *как сказ* it is incomprehensible; **мне ~, что происхо́дит** I cannot understand what is going on.
непоня́тный *прил* incomprehensible.
непоправи́мый *прил* (*ошибка*) irreparable.
непосре́дственный *прил* (*начальник*) immediate; (*результат, участник*) direct.
непостижи́мый *прил* (*загадка, сила*) incomprehensible.
непоча́тый *прил*: **~ край** no end, a great deal.
непра́вд|а (**-ы**) *ж* lie, untruth ♦ *как сказ* it's not true; **э́то ~!** this is a lie!
непра́вильно *нареч* (*решить*) incorrectly, wrongly ♦ *как сказ*: **э́то ~** it's wrong.
непра́вильный *прил* wrong; (*форма*) irregular.
непредви́денный *прил* unforeseen.
непредсказу́емый *прил* unpredictable.
непреклóнный *прил* (*характер, решение*) firm.
непреме́нный *прил* necessary.
непреры́вный *прил* continuous.
непривы́чно *как сказ*: **мне ~** *+infin* I'm not used to doing.
неприе́млемый *прил* unacceptable.
неприкоснове́нност|ь (**-и**) *ж* inviolability; **дипломати́ческая ~** diplomatic immunity.
неприли́чный *прил* indecent.
неприме́тный *прил* (*человек,*

жизнь) unremarkable.
непримири́мый *прил* irreconcilable.
непринуждённый *прил* informal.
непристо́йный *прил* obscene.
непристу́пный *прил* (*крепость*) impregnable.
неприя́знь|ь (**-и**) *ж* hostility.
неприя́тно *как сказ*: ~ *+infin* it's unpleasant to do; **мне ~ говори́ть об э́том** I don't enjoy talking about it.
неприя́тност|ь (**-и**) *ж* (*обычно мн*: *на работе, в семье*) trouble *ед*.
неприя́тный *прил* unpleasant.
непроизво́льный *прил* involuntary.
непромока́емый *прил* waterproof.
нера́венств|о (**-а**) *ср* inequality.
неравнопра́ви|е (**-я**) *ср* inequality (of rights).
нера́вный *прил* unequal.
неразбери́х|а (**-и**) *ж* (*разг*) muddle.
неразреши́мый *прил* insoluble.
неразры́вный *прил* indissoluble.
неразу́мный *прил* (*поведение, поступок*) unreasonable.
нерв (**-а**) *м* (*АНАТ*) nerve; **не́рвы** (*вся система*) nervous system.
не́рвнича|ть (**-ю**) *несов* to fret.
не́рвный *прил* nervous.
нерво́зный *прил* (*человек*) nervous, highly (*BRIT*) *или* high (*US*) strung.
нереши́тельный *прил* indecisive.
нержаве́ющ|ий *прил* rustproof; **~ая ста́ль** stainless steel.
неро́вный *прил* (*поверхность*) uneven; (*характер*) unbalanced.
неря́шливый *прил* (*человек, одежда*) scruffy; (*работа*) careless.
нёс *несов см* **нести́**.
несбы́точный *прил* unrealizable.
несваре́ни|е (**-я**) *ср*: **~ желу́дка** indigestion.
несгиба́емый *прил* staunch.
несгора́емый *прил* fireproof.
несклоня́емый *прил* (*ЛИНГ*) indeclinable.
не́скольк|о (**-их**) *чис*: ~ *+gen* a few ♦ *нареч* (*немного*: *обидеться*) somewhat.
нескро́мный *прил* (*человек, поведение*) immodest; (*вопрос*) indelicate; (*жест, предложение*) brazen.
несль́ıханный *прил* unheard of.
несль́ıшно *нареч* (*сказать, проехать*) quietly ♦ *как сказ*: **мне ~** I can't hear.
несль́ıшный *прил* inaudible.
несмотря́ *предл*: **~ на** *+acc* (*на трудности, на усталость*) in spite of, despite; **~ на то что ...** in spite of *или* despite the fact that ...; **~ ни на что** no matter what.
несовершеннoле́тн|ий (**-его**) *м* minor ♦ *прил*: **~ ребёнок** minor.
несоверше́нный *прил* flawed; **~ вид** (*ЛИНГ*) imperfective (aspect).
несовмести́мый *прил* incompatible.
несогласо́ванный *прил* (*действия*) uncoordinated.
несомне́нно *нареч* (*правильный, хороший итп*) indisputably ♦ *вводн сл* without a doubt ♦ *как сказ*: **э́то ~** this is indisputable; **~, что он придёт** there is no doubt that he will come.
несомне́нный *прил* (*факт, успех*) indisputable.
несостоя́тельный *прил* (*КОММ*) insolvent; (*руководитель*)

incompetent.
несправедли́вост|ь (-и) *ж* injustice.
несправедли́вый *прил* (*человек, суд, упрёк*) unfair, unjust.
неспроста́ *нареч* (*разг*) for a reason.
нес|ти́ (-у́, -ёшь; *pt* **нёс, -ла́**) *несов от* **носи́ть** ◆ *перех* to carry; (*влечь: неприятности*) to bring; (*pf* **по~**; *службу*) to carry out; (*pf* **с~**; *яйцо*) to lay; **~сь** *несов возв* (*человек, машина*) to race; (*pf* **снести́сь**; *курица*) to lay eggs.
несча́стный *прил* (*человек*) unhappy; (*разг: жалкий*) wretched; **~ слу́чай** accident.
несча́сть|е (-я) *ср* misfortune; **к ~ю** unfortunately.
несъедо́бный *прил* inedible.

KEYWORD

нет *част* **1** (*при отрицании, несогласии*) no; **ты согла́сен? – нет** do you agree? – no; **тебе́ не нра́вится мой суп? – нет, нра́вится** don't you like my soup? – yes, I do
2 (*для привлечения внимания*): **нет, ты то́лько посмотри́ на него́!** would you just look at him!
3 (*выражает недоверие*): **нет, ты действи́тельно не се́рдишься?** so you are really not angry?
◆ *как сказ*: **нет** *+gen* (*не имеется: об одном предмете*) there is no; (: *о нескольких предметах*) there are no; **нет вре́мени** there is no time; **нет биле́тов** *или* **биле́тов нет** there are no tickets; **у меня́ нет де́нег** I have no money; **его́ нет в го́роде** he is not in town
◆ *союз* (*во фразах*): **нет – так нет** it can't be helped; **чего́ то́лько нет?** what don't they have?; **нет что́бы извини́ться/сказа́ть пра́вду** (*разг*) instead of saying sorry/telling the truth.

нетерпе́ни|е (-я) *ср* impatience; **с ~м ждать** (*impf*)/**слу́шать** (*impf*) to wait/listen impatiently; **с ~м жду Ва́шего отве́та** I look forward to hearing from you.
нетерпи́мый *прил* (*недопустимый*) intolerant; (*непримиримый*): **~ к** *+dat* (*ко лжи*) intolerant of.
нетре́зв|ый *прил* drunk; **в ~ом состоя́нии** drunk.
нетрудово́й *прил*: **~ дохо́д** unearned income.
нетрудоспосо́бност|ь (-и) *ж* disability; **посо́бие по ~и** disability living allowance.
нетрудоспосо́бный *прил* *unable to work through disability.*
не́тто *прил неизм* (*о весе*) net.
неуда́ч|а (-и) *ж* (*в делах*) failure.
неуда́чный *прил* (*попытка*) unsuccessful; (*фильм, стихи*) bad.
неудо́бно *нареч* (*расположенный, сидеть*) uncomfortably ◆ *как сказ* it's uncomfortable; (*неприлично*) it's awkward; **мне ~** I am uncomfortable; **~ задава́ть лю́дям таки́е вопро́сы** it's awkward to ask people such questions; **(мне) ~ сказа́ть ему́ об э́том** I feel uncomfortable telling him that.
неудо́бный *прил* uncomfortable.
неудовлетвори́тельный *прил* unsatisfactory.
неудово́льстви|е (-я) *ср* dissatisfaction.
неуже́ли *част* really.
неузнава́емост|ь (-и) *ж*: **до ~и**

beyond (all) recognition.
неузнава́емый *прил* unrecognizable.
неукло́нный *прил* steady.
неуклю́жий *прил* clumsy.
неулови́мый *прил* imperceptible; (*человек*) elusive.
неуме́стный *прил* inappropriate.
неумоли́мый *прил* relentless; (*закон*) stringent.
неурожа́йный *прил*: **~ год** year with a poor harvest.
неуро́чный *прил* (*время, час*) unearthly.
неуря́диц|а (-ы) *ж* (*разг*: *обычно мн*: *ссоры*) squabble.
неуста́нный *прил* indefatigable.
неутоли́мый *прил* insatiable; (*жажда*) unquenchable.
неутоми́мый *прил* untiring.
нефри́т (-а) *м* (*МЕД*) nephritis; (*ГЕО*) jade.
нефтедобыва́ющий *прил* (*промышленность*) oil.
нефтедобы́ч|а (-и) *ж* drilling for oil.
нефтеперерабо́тк|а (-и) *ж* oil processing.
нефтепрово́д (-а) *м* oil pipeline.
нефт|ь (-и) *ж* oil, petroleum.
нефтя́ник (-а) *м* *worker in the oil industry*.
нефтяно́й *прил* oil.
нехва́тк|а (-и) *ж*: **~** *+gen* (*разг*) shortage of.
нехорошо́ *нареч* badly ◆ *как сказ* it's bad; **мне ~** I'm not well.
не́хотя *нареч* unwillingly.
неча́янный *прил* (*неумышленный*) unintentional; (*неожиданный*) chance.
не́чего *как сказ*: **~ рассказа́ть** there is nothing to tell; (*разг*: *не следует*) there's no need to do; **не́ за что!** (*в ответ на благодарность*) not at all!, you're welcome! (*US*); **де́лать ~** there's nothing else to be done.
нечётный *прил* (*число*) odd.
не́что *мест* something.
нея́сно *нареч*: **он ~ объясни́л положе́ние** he didn't explain the situation clearly ◆ *как сказ* it's not clear; **мне ~, почему́ он отказа́лся** I'm not clear *или* it's not clear to me why he refused.
нея́сный *прил* (*очертания, звук*) indistinct; (*мысль, вопрос*) vague.

KEYWORD

ни *част* **1** (*усиливает отрицание*) not a; **ни оди́н** not one, not a single; **она́ не произнесла́ ни сло́ва** she didn't say a word; **она́ ни ра́зу не пришла́** she didn't come once; **у меня́ не оста́лось ни рубля́** I don't have a single rouble left
2: **кто/что/как ни** who-/what-/however; **ско́лько ни** however much; **что ни говори́** whatever you say; **как ни стара́йся** however hard you try
◆ *союз* (*при перечислении*): **ни ..., ни ...** neither ... nor ...; **ни за что** no way.

нигде́ *нареч* nowhere; **его́ ~ не́ было** he was nowhere to be found; **~ нет моéй кни́ги** I can't find my book anywhere, my book is nowhere to be found; **~ не мог поéсть** I couldn't find anywhere to get something to eat.
ни́же *сравн прил от* **ни́зкий** ◆ *сравн нареч от* **ни́зко** ◆ *нареч* (*далее*) later on ◆ *предл*: **~** *+gen* below.
ни́жн|ий *прил* (*ступенька, ящик*)

bottom; **~ этáж** ground (*BRIT*) *или* first (*US*) floor; **~ее бельё** underwear; **~яя юбка** underskirt.
низ (**-а**) *м* (*стола, ящика итп*) bottom.
нúзкий *прил* low.
нúзко *нареч* low.
низкопрóбный *прил* (*золото, серебро*) low-grade; (*книга, газета*) trashy.
низовóй *прил* (*организация*) grassroots.
нúзший *сравн прил от* **нúзкий**; (*звание*) junior.
НИИ *м сокр* (= *наýчно-исслéдовательский инститýт*) scientific research institute.
никáк *нареч* (*никаким образом*) no way; **~ не могý запóмнить э́то слóво** I can't remember this word at all; **дверь ~ не открывáлась** the door just wouldn't open.
никак|óй *мест*: **~úе дéньги не помоглú** no amount of money would have helped.
нúкел|ь (**-я**) *м* (*ХИМ*) nickel.
никогдá *нареч* never; **как ~** as never before.
никогó *мест см* **никтó**.
ник|óй *нареч*: **~óим óбразом** not at all; **ни в кóем слýчае** under no circumstances.
ни|ктó (**-когó**; *как* **кто**; *см* **Table 7**) *мест* nobody.
никудá *нареч*: **я ~ не поéду** I'm not going anywhere; **~ я не поéду** I'm going nowhere; **э́то ~ не годúтся** that just won't do.
ниоткýда *нареч* from nowhere; **~ нет пóмощи** I get no help from anywhere.
нискóлько *нареч* not at all; (*не лучше, не полезнее*) no; (*не рад, не удивлён*) at all.
нúт|ка (**-ки**; *gen pl* **-ок**) *ж* (*обычно мн*: *для шитья*) thread *ед*; (: *для вязания*) yarn *ед*.
нит|ь (**-и**) *ж* = **нúтка**.
них *мест см* **онú**.
ничегó *мест см* **ничтó** ◆ *нареч* fairly well; **(э́то) ~, что ...** it's all right that ...; **извинúте, я Вас побеспокóю – ~!** sorry to disturb you – it's all right!; **как живёшь? – ~** how are you? – all right; **~ себé** (*сносно*) fairly well; **~ себé!** (*выражает удивление*) well, I never!
нич|éй (**-ьегó**; *f* **-ья́**, *nt* **-ьё**, *pl* **-ьú**; *как* **чей**; *см* **Table 5**) *мест* nobody's.
ничéйн|ый *прил*: **~ результáт/~ая партúя** draw.
ничкóм *нареч* face down.
нич|тó (**-егó**; *как* **что**; *см* **Table 7**) *мест, ср* nothing; **~егó подóбного не вúдел** I've never seen anything like it; **~егó подóбного!** (*разг*: *совсем не так*) nothing like it!; **ни за что!** (*ни в коем случае*) no way!; **ни за что не соглашáйся** whatever you do, don't agree; **я здесь ни при чём** it has nothing to do with me; **~егó не подéлаешь** there's nothing to be done.
ничтóжный *прил* paltry.
ничýть *нареч* (*нисколько*) not at all; (*не лучше, не больше*) no; (*не испугался, не огорчился*) at all.
нич|ья́ (**-éй**) *ж* (*СПОРТ*) draw; **сыгрáть** *(pf)* **в ~ю́** to draw (*BRIT*), tie (*US*).
нúщенск|ий *прил* (*ничтожный*) meagre; **~ая жизнь** life of begging.
нищет|á (**-ы́**) *ж* poverty.
нúщ|ий *прил* poverty-stricken ◆ (**-его**) *м* beggar.
но *союз* but ◆ *межд* gee up.

нова́тор (**-а**) *м* innovator.
нове́лл|а (**-ы**) *ж* novella.
но́венький *прил* (*разг*) new.
новизн|а́ (**-ы́**) *ж* (*идей, подхода*) novelty.
нови́н|ка (**-ки**; *gen pl* **-ок**) *ж* new product.
новичо́к (**-ка́**) *м* newcomer; (*в классе*) new pupil.
новобра́н|ец (**-ца**) *м* new recruit.
новобра́чн|ый (**-ого**) *м* newlywed.
нового́дн|ий *прил* New Year; **~яя ёлка** ≈ Christmas tree.
новорождённ|ый *прил* newborn ◆ (**-ого**) *м* newborn boy.
новосёл (**-а**) *м* (*дома*) new owner.
новосе́л|ье (**-ья**; *gen pl* **-ий**) *ср* house-warming.
но́вост|ь (**-и**; *gen pl* **-е́й**) *ж* news.
но́вшеств|о (**-а**) *ср* (*явление*) novelty; (*метод*) innovation.
но́в|ый *прил* new; **~ая исто́рия** modern history; **Н~ Заве́т** the New Testament; **Н~ая Зела́ндия** New Zealand.
ног|а́ (**-и́**; *acc sg* **-у**, *nom pl* **-и**, *gen pl* **-**, *dat pl* **-а́м**) *ж* (*ступня*) foot; (*выше ступни*) leg; **вверх ~ми** upside down.
но́г|оть (**-тя**; *gen pl* **-те́й**) *м* nail.
нож (**-а́**) *м* knife.
но́ж|ка (**-ки**; *gen pl* **-ек**) *ж уменьш от* **нога́**; (*стула, стола итп*) leg; (*циркуля*) arm.
но́жниц|ы (**-**) *мн* scissors *мн*.
ножно́й *прил* foot.
ножо́в|ка (**-ки**; *gen pl* **-ок**) *ж* hacksaw.
ноздр|я́ (**-и́**; *nom pl* **-и**, *gen pl* **-е́й**) *ж* (*обычно мн*) nostril.
нол|ь (**-я́**) *м* (*МАТ*) zero, nought; (*о температуре*) zero; (*перен: человек*) nothing; **~ це́лых пять десятых, 0.5** zero *или* nought point five, 0.5; **в де́сять ~-~** at exactly ten o'clock.
номенклату́р|а (**-ы**) *ж* (*товаров*) list ◆ *собир* (*работники*) nomenklatura.
но́мер (**-а**; *nom pl* **-а́**) *м* number; (*журнала*) issue; (*в гостинице*) room; **~ маши́ны** registration (number).
номерно́й *прил* (*завод*) *identified only by a number*; **~ знак (автомоби́ля)** (car) number (*BRIT*) *или* license (*US*) plate.
номер|о́к (**-ка́**) *ж* (*для пальто*) ≈ ticket.
нор|а́ (**-ы́**; *nom pl* **-ы**) *ж* (*зайца*) burrow; (*лисы*) den; (*барсука*) set; (*перен*) hole.
Норве́ги|я (**-и**) *ж* Norway.
но́р|ка (**-ки**; *gen pl* **-ок**) *ж* mink.
но́рм|а (**-ы**) *ж* standard; (*выработки*) rate.
нормализ|ова́ть (**-у́ю**) *(не)сов перех* to normalize; **~ся** *(не)сов возв* to stabilize.
норма́льно *нареч* normally ◆ *как сказ*: **э́то вполне ~** this is quite normal; **как дела́? – ~** how are things? – not bad; **у нас всё ~** everything's fine with us.
норма́льный *прил* normal.
нос (**-а**; *loc sg* **-у́**, *nom pl* **-ы́**) *м* nose; (*корабля*) bow; (*птицы*) beak, bill; (*ботинка*) toe.
носи́л|ки (**-ок**) *мн* stretcher *ед*.
носи́льщик (**-а**) *м* porter.
носи́тел|ь (**-я**) *м* (*инфекции*) carrier; **~ языка́** native speaker.
но|си́ть (**-шу́, -сишь**) *несов перех* to carry; (*платье, очки*) to wear; (*усы, бороду, причёску*) to sport; (*фамилию мужа*) to use; **~ся** *несов возв* (*человек*) to rush; (*слухи*) to

spread; (*одежда*) to wear; (*разг*: *увлекаться*): **~ся с** *+instr* (*с идеей*) to be preoccupied with; (*с человеком*) to make a fuss of.
носов|о́й *прил* (*звук*) nasal; **~а́я часть** bow; **~ плато́к** handkerchief.
нос|о́к (**-ка́**; *gen pl* **-о́к**) *м* (*обычно мн*: *чулок*) sock; (*gen pl* **-ко́в**; *ботинка, чулка, ноги*) toe.
носоро́г (**-а**) *м* rhinoceros, rhino.
ностальги́|я (**-и**) *ж* nostalgia.
но́т|а (**-ы**) *ж* note; *см также* **но́ты.**
нотариа́льн|ый *прил* (*услуги*) notarial; **~ая конто́ра** notarial office.
нота́риус (**-а**) *м* notary (public).
но́т|ы (-) *мн* (*МУЗ*) sheet music.
ноч|ева́ть (**-у́ю**; *pf* **пере~**) *несов* to spend the night.
ночёв|ка (**-ки**; *gen pl* **-ок**) *ж*: **останови́ться на ~ку** to spend the night.
ночле́г (**-а**) *м* (*место*) somewhere to spend the night; **останови́ться** (*pf*) **на ~** to spend the night.
ночн|о́й *прил* (*час, холод*) night; **~а́я руба́шка** nightshirt.
ноч|ь (**-и**; *loc sg* **-и́**, *nom pl* **-и**, *gen pl* **-е́й**) *ж* night; **на́ ~** before bed; **споко́йной но́чи!** good night!
но́чью *нареч* at night.
но́шеный *прил* second-hand.
ношу́(сь) *несов см* **носи́ть(ся).**
ноя́бр|ь (**-я́**) *м* November.
нрав (**-а**) *м* (*человека*) temperament.
нра́в|иться (**-люсь, -ишься**; *pf* **по~**) *несов возв*: **мне/им ~ится э́тот фильм** I/they like this film; **мне ~ится чита́ть/гуля́ть** I like to read *или* reading/to go for a walk.
нра́вственный *прил* moral.
н.с. *сокр* (*= но́вого сти́ля*) NS, New Style.

НТР *ж сокр* = *нау́чно-техни́ческая револю́ция.*

KEYWORD

ну *межд* **1** (*выражает побуждение*) come on; **ну, начина́й!** come on, get started!
2 (*выражает восхищение*) what; **ну и си́ла!** what strength!
3 (*выражает иронию*) well (well)
◆ *част* **1** (*неужели*): **(да) ну?!** not really?!
2 (*усиливает выразительность*): **ну коне́чно!** why of course!; **ну, я тебе́ покажу́!** why, I'll show you!
3 (*допустим*): **ты говори́шь по-англи́йски?- ну, говорю́** do you speak English – what if I do
4 (*во фразах*); **ну и ну!** (*разг*) well well!; **ну-ка!** (*разг*) come on!; **ну тебя́/его́!** (*разг*) to hell with you/him!

ну́дный *прил* tedious.
нужд|а́ (**-ы́**; *nom pl* **-ы**) *ж* (*no pl*; *бедность*) poverty; (*потребность*): **~ (в** *+prp***)** need (for).
нужда́|ться (**-юсь**) *несов возв* (*бедствовать*) to be needy; **~** (*impf*) **в** *+prp* to need, be in need of.
ну́жно *как сказ* (*необходимо*): **~, что́бы им помогли́, ~ им помо́чь** it is necessary to help them; **мне ~ идти́** I have to go, I must go; **мне ~ 10 рубле́й** I need 10 roubles; **о́чень ~!** (*разг*) my foot!
ну́жный *прил* necessary.
нулев|о́й *прил*: **~а́я температу́ра** temperature of zero; **~а́я отме́тка** (mark of) zero.
нул|ь (**-я́**) *м* (*МАТ*) zero, nought; (*о температуре*) zero; (*перен*: *человек*) nothing; **начина́ть**

(начать *pf***) с ~я** to start from scratch.
нумер|овать (-ую; *pf* **про~)** *несов перех* to number.
нутри|я (-и) *ж (зоол)* coypu.
ныне *нареч* today.
нынешний *прил* the present.
нырн|уть (-у, -ёшь) *сов* to dive.
ныря|ть (-ю) *несов* to dive.
ныть (ною, ноешь) *несов (рана, зуб)* to ache; *(жаловаться)* to moan.
Нью-Йорк (-а) *м* New York.
н.э. *сокр (= нашей эры)* AD.
нюх (-а) *м (собаки)* nose.
нюха|ть (-ю; *pf* **по~)** *несов перех (цветы, воздух)* to smell.
нянеч|ка (-ки; *gen pl* **-ек)** *ж (разг)* **= няня**.
нянч|ить (-у, -ишь) *несов перех* to mind; **~ся** *несов возв*: **~ся с** *+instr (с младенцем)* to mind.
нян|ька (-ьки; *gen pl* **-ек)** *ж (разг: ребёнка)* nanny.
нян|я (-и; *gen pl* **-ь)** *ж* nanny; *(работающая на дому)* child minder; *(в больнице)* auxiliary nurse; *(в детском саду)* cleaner; **приходящая ~** babysitter.

О, о

о *межд* oh ◆ *предл*: **~** *+prp* about; **~** *+acc (опереться, удариться)* against; *(споткнуться)* over.
об *предл* **= о**.
об|а (-оих: *см* **Table 25**; *f* **обе**, *nt* **~)** *м чис* both.
обанкро|титься (-чусь, -тишься) *сов возв* to go bankrupt.
обаяни|е (-я) *ср* charm.
обаятельный *прил* charming.
обвал (-а) *м (снежный)* avalanche; *(здания)* collapse.
обвал|иться *(3sg* **-ится**, *impf* **обваливаться)** *сов возв* to collapse.
обв|ести (-еду, -едёшь; *pt* **-ёл, -ела**, *impf* **обводить)** *сов перех (букву, чертёж)* to go over; **обводить (~** *pf***) вокруг** *+gen* to lead *или* take round.
обвинени|е (-я) *ср*: **~ (в** *+prp***)** accusation (of); *(ЮР)* charge (of) ◆ *собир (обвиняющая сторона)* the prosecution.
обвинител|ь (-я) *м* accuser; *(ЮР)* prosecutor.
обвинительный *прил (речь)* accusatory; **~ приговор** *(ЮР)* verdict of guilty; **~ акт** *(ЮР)* indictment.
обвин|ить (-ю, -ишь; *impf* **обвинять)** *сов перех*: **~ кого-н (в** *+prp***)** to accuse sb (of); *(ЮР)* to charge sb (with).
обвиняем|ый (-ого) *м* the accused, the defendant.
обвиня|ть (-ю) *несов от* **обвинить** ◆ *перех (ЮР)* to prosecute.
об|вить (-овью, -овьёшь; *impf* **обвивать)** *сов перех (подлеж: плющ)* to twine around; **обвивать (~** *pf***) кого-н/что-н чем-н** to wind sth round sb/sth.
обв|одить (-ожу, -одишь) *несов от* **обвести**.
обв|язать (-яжу, -яжешь; *impf* **обвязывать)** *сов перех*: **~ кого-н/что-н чем-н** to tie sth round sb/sth; **~ся** *(impf* **обвязываться)** *сов возв*: **~ся чем-н** to tie sth round o.s.
обгоня|ть (-ю) *несов от* **обогнать**.
обгор|еть (-ю, -ишь; *impf* **обгорать)** *сов (дом)* to be burnt;

(*на солнце*) to get sunburnt.

обгры́з|ть (**-у́, -ёшь**; *impf* **обгрыза́ть**) *сов перех* to gnaw.

обдира́|ть (**-ю**) *несов от* **ободра́ть**.

обду́манный *прил* considered.

обду́ма|ть (**-ю**; *impf* **обду́мывать**) *сов перех* to consider, think over.

о́б|е (**-е́их**) *ж чис см* **о́ба**.

обега́|ть (**-ю**) *несов от* **обежа́ть**.

обе́д (**-а**) *м* lunch, dinner; (*время*) lunch *или* dinner time; **по́сле ~а** after lunch *или* dinner; (*после 12 часов дня*) in the afternoon.

обе́да|ть (**-ю**; *pf* **по~**) *несов* to have lunch *или* dinner.

обе́денный *прил* (*стол, сервиз*) dinner; (*часы, время*) lunch, dinner.

обедне́|ть (**-ю**) *сов от* **бедне́ть**.

обе́д|ня (**-ни**; *gen pl* **-ен**) *ж* (*РЕЛ*) Mass.

обежа́ть (*как* **бежа́ть**; *см* **Table 20**; *impf* **обега́ть**) *сов*: **~ вокру́г** *+gen* to run round.

обезбо́ливающ|ее (**-его**) *ср* painkiller.

обезбо́л|ить (**-ю, -ишь**; *impf* **обезбо́ливать**) *сов перех* to anaesthetize (*BRIT*), anesthetize (*US*).

обезвре́|дить (**-жу, -дишь**; *impf* **обезвре́живать**) *сов перех* (*бомбу*) to defuse; (*преступника*) to disarm.

обездо́ленный *прил* deprived.

обезору́ж|ить (**-у, -ишь**; *impf* **обезору́живать**) *сов перех* to disarm.

обезу́ме|ть (**-ю**) *сов*: **~ от** *+gen* to go out of one's mind with.

обезья́н|а (**-ы**) *ж* (*с хвостом*) monkey; (*без хвоста*) ape; (*перен: разг*) copycat.

обе́их *чис см* **о́бе**.

оберега́|ть (**-ю**) *несов перех* (*человека*) to protect.

оберн|у́ть (**-у́, -ёшь**; *impf* **обёртывать** *или* **обора́чивать**) *сов перех* to wrap (up); **~ся** (*impf* **обора́чиваться**) *сов возв* (*повернуться назад*) to turn (round); **обора́чиваться (~ся** *pf***)** *+instr* (*неприятностями*) to turn out to be.

обёрт|ка (**-ки**; *gen pl* **-ок**) *ж* (*конфетная*) wrapper.

обёрточн|ый *прил*: **~ая бума́га** wrapping paper.

обёртыва|ть (**-ю**) *несов от* **оберну́ть**.

обеспе́чени|е (**-я**) *ср* (*мира, договора*) guarantee; **~** *+instr* (*сырьём*) provision of; **материа́льное ~** financial security.

обеспе́ченност|ь (**-и**) *ж* (material) comfort; **фина́нсовая ~** financial security.

обеспе́ченный *прил* well-off, well-to-do.

обеспе́ч|ить (**-у, -ишь**; *impf* **обеспе́чивать**) *сов перех* (*семью*) to provide for; (*мир, успех*) to guarantee; **обеспе́чивать (~** *pf***) кого́-н/что-н чем-н** to provide *или* supply sb/sth with sth.

обесси́ле|ть (**-ю**; *impf* **обесси́левать**) *сов* to become *или* grow weak.

обесцве́|тить (**-чу, -тишь**; *impf* **обесцве́чивать**) *несов перех* to bleach.

обесце́н|ить (**-ю, -ишь**; *impf* **обесце́нивать**) *сов перех* to devalue; **~ся** (*impf* **обесце́ниваться**) *сов возв* to be devalued; (*вещь*) to depreciate.

обеща́ни|е (**-я**) *ср* promise.
обеща́|ть (**-ю**; *pf* ~ *или* **по** ~) *несов (не)перех* to promise.
обжа́ловани|е (**-я**) *ср* appeal.
обжа́л|овать (**-ую**) *сов перех* to appeal against.
об|же́чь (**-ожгу́, -ожжёшь** *итп*, **-ожгу́т**; *pt* **-жёг, -ожгла́, -ожгло́**, *impf* **обжига́ть**) *сов перех* to burn; (*кирпич итп*) to fire; (*подлеж*: *крапива*) to sting; **~ся** (*impf* **обжига́ться**) *сов возв* to burn o.s.
обзо́р (**-а**) *м* view; (*новостей*) review.
обзо́рный *прил* general.
обива́|ть (**-ю**) *несов от* **оби́ть**.
оби́вк|а (**-и**) *ж* upholstery.
оби́д|а (**-ы**) *ж* insult; (*горечь*) grievance; **кака́я ~!** what a pity!; **быть** *(impf)* **в ~е на кого́-н** to be in a huff with sb.
оби́|деть (**-жу, -дишь**; *impf* **обижа́ть**) *сов перех* to hurt, offend; **~ся** (*impf* **обижа́ться**) *сов возв*: **~ся** (**на** *+acc*) to be hurt *или* offended (by).
оби́дно *как сказ* (*см прил*) it's offensive; it's annoying; **мне ~ слы́шать э́то** it hurts me to hear this.
оби́дный *прил* offensive; (*разг*: *досадный*) annoying.
оби́дчивый *прил* touchy.
обижа́|ть(ся) (**-ю(сь)**) *несов от* **оби́деть(ся)**.
оби́женный *прил* aggrieved.
оби́ли|е (**-я**) *ср* abundance.
оби́льный *прил* abundant.
обита́|ть (**-ю**) *несов* to live.
об|и́ть (**-обью́, -обьёшь**; *imper* **обе́й(те)**, *impf* **обива́ть**) *сов перех*: ~ (*+instr*) to cover (with).
обихо́д (**-а**) *м*: **быть в ~е** to be in use.
обкле́|ить (**-ю, -ишь**; *impf* **обкле́ивать**) *сов перех* (*плакатами*) to cover; (*обоями*) to (wall)paper.
обкра́дыва|ть (**-ю**) *несов от* **обокра́сть**.
обл. *сокр* = **о́бласть**.
обла́в|а (**-ы**) *ж* (*на преступников*) roundup.
облага́|ть (**-ю**) *несов от* **обложи́ть**.
облада́|ть (**-ю**) *несов*: ~ *+instr* to possess.
о́блак|о (**-а**; *nom pl* **-а́**, *gen pl* **-о́в**) *ср* cloud.
областно́й *прил* (*центр, театр*) ≈ regional.
о́бласт|ь (**-и**; *gen pl* **-е́й**) *ж* region; (*АДМИН*) ≈ region, oblast; (*науки, искусства*) field.
о́блачный *прил* cloudy.
облега́|ть (**-ю**) *несов от* **обле́чь** ♦ *перех* to fit.
облега́ющий *прил* close-fitting.
облегче́ни|е (**-я**) *ср* (*жизни*) improvement; (*успокоение*) relief.
облегч|и́ть (**-у́, -и́шь**; *impf* **облегча́ть**) *сов перех* (*вес*) to lighten; (*жизнь*) to make easier; (*боль*) to ease.
обле́з|ть (**-у, -ешь**; *impf* **облеза́ть**) *сов* (*разг*) to grow mangy; (*краска, обои*) to peel (off).
облека́|ть (**-ю**) *несов от* **обле́чь**.
обле|те́ть (**-чу́, -ти́шь**; *impf* **облета́ть**) *сов перех* to fly round ♦ *неперех* (*листья*) to fall off.
обл|е́чь (**-еку́, -ечёшь** *итп*, **-еку́т**; *pt* **-ёк, -екла́**, *impf* **облека́ть**) *сов перех*: **~ кого́-н/что-н чем-н** (*властью, доверием*) to vest sb/sth with sth; (*impf* **облега́ть**, *3sg* **-я́жет**, *pt* **-ёг, -егла́, -егло́**; *платье*) to envelop.

обливá|ть (**-ю**) *несов от* **облúть**; **~ся** *несов от* **облúться** ♦ *возв*: **~ся слезáми** to be in floods of tears.
облигáци|я (**-и**) *ж* (*КОММ*) bond.
обл|изáть (**-ижý, -úжешь**; *impf* **облúзывать**) *сов перех* to lick.
óблик (**-а**) *м* appearance.
об|лúть (**-олью, -ольёшь**; *impf* **обливáть**) *сов перех*: **~ когó-н/ что-н чем-н** (*намеренно*) to pour sth over sb/sth; (*случайно*) to spill sth over sb/sth; **~ся** (*impf* **обливáться**) *сов возв*: **~ся чем-н** (*водой*) to sluice o.s. with sth.
обл|ожúть (**-ожý, óжишь**; *impf* **облагáть**) *сов перех*: **~ налóгом** to tax.
облóж|ка (**-ки**; *gen pl* **-ек**) *ж* (*книги, тетради*) cover.
облок|отúться (**-очýсь, -óтишься**) *сов возв*: **~ на** *+acc* to lean one's elbows on.
облóм|ок (**-ка**) *м* fragment.
облучéни|е (**-я**) *ср* irradiation.
облуч|úть (**-ý, -úшь**; *impf* **облучáть**) *сов перех* to irradiate; **~ся** (*impf* **облучáться**) *сов возв* to be irradiated.
облысé|ть (**-ю**) *сов от* **лысéть**.
обмакн|ýть (**-ý, -ёшь**; *impf* **обмáкивать**) *сов перех*: **~ что-н в** *+acc* to dip sth into.
обмáн (**-а**) *м* deception.
обмáнн|ый *прил*: **~ым путём** fraudulently.
обм|анýть (**-анý, -áнешь**; *impf* **обмáнывать**) *сов перех* to deceive; (*поступить нечестно*) to cheat; (*не выполнить обещание*) to fail.
обмáнчивый *прил* deceptive.
обмáныва|ть (**-ю**) *несов от* **обманýть**.
обмáтыва|ть (**-ю**) *несов от* **обмотáть**.
обмéн (**-а**) *м* exchange; (*документов*) renewal; (*также*: **~ веществ**: *БИО*) metabolism; (*также*: **~ жилплóщадью**) exchange (*of flats etc*).
обменя́|ть (**-ю**; *impf* **обмéнивать**) *сов перех* (*вещи, билеты*) to change; **~ся** (*impf* **обмéниваться**) *сов возв*: **~ся** *+instr* to exchange.
обморó|зить (**-жу, -зишь**; *impf* **обморáживать**) *сов перех*: **~ нóгу/рýку** to get frostbite in one's foot/hand.
óбморок (**-а**) *м* faint; **пáдать** (**упáсть** *pf*) **в ~** to faint.
обмотá|ть (**-ю**; *impf* **обмáтывать**) *сов перех*: **~ когó-н/что-н чем-н** to wrap sth round sb/sth.
обм|ы́ть (**-óю, -óешь**; *impf* **обмывáть**) *сов перех* (*рану*) to bathe; (*разг*: *событие*) to celebrate (*by drinking*).
обнаглé|ть (**-ю**) *сов от* **наглéть**.
обнадёж|ить (**-у, -ишь**; *impf* **обнадёживать**) *сов перех* to reassure.
обнажённый *прил* bare.
обнаж|úть (**-ý, -úшь**; *impf* **обнажáть**) *сов перех* to expose; (*руки, ноги*) to bare; (*ветки*) to strip bare; **~ся** (*impf* **обнажáться**) *сов возв* to be exposed; (*человек*) to strip.
обнарóд|овать (**-ую**) *сов перех* (*факты, статью*) to make public; (*закон, указ*) to promulgate.
обнарýж|ить (**-у, -ишь**; *impf* **обнарýживать**) *сов перех* (*найти*) to find; (*проявить*) to show; **~ся** (*impf*

обнару́живаться) *сов возв* (*найтись*) to be found; (*стать явным*) to become evident.
обн|ести́ (**-есу́, -есёшь**; *pt* **-ёс, -есла́, -есло́**, *impf* **обноси́ть**) *сов перех*: **~ что-н/кого-н вокру́г** *+gen* to carry sth/sb round; (*огородить*): **~ что-н чем-н** to surround sth with sth.
обнима́|ть(ся) (**-ю(сь)**) *несов от* **обня́ть(ся)**.
обни́мк|а *ж*: **в ~у** (*разг*) with their arms around each other.
обнов|и́ть (**-лю́, -и́шь**; *impf* **обновля́ть**) *сов перех* (*оборудование, гардероб*) to replenish; (*репертуар*) to refresh; **~ся** (*impf* **обновля́ться**) *сов возв* (*репертуар*) to be refreshed; (*организм*) to be regenerated.
обн|я́ть (**-иму́, -и́мешь**; *pt* **-ял, -яла́**, *impf* **обнима́ть**) *сов перех* to embrace; **~ся** (*impf* **обнима́ться**) *сов возв* to embrace (each other).
обо *предл см* **о**.
обобщ|и́ть (**-у́, -и́шь**; *impf* **обобща́ть**) *сов перех* (*факты*) to generalize from; (*статью*) to summarize.
обога|ти́ть (**-щу́, -ти́шь**; *impf* **обогаща́ть**) *сов перех* to enrich; **~ся** (*impf* **обогаща́ться**) *сов возв* (*человек, страна*) to be enriched.
об|огна́ть (**-гоню́, -го́нишь**; *impf* **обгоня́ть**) *сов перех* to overtake; (*перен*) to outstrip.
обогре́|ть (**-ю**; *impf* **обогрева́ть**) *сов перех* (*помещение*) to heat; (*замёрзших*) to warm.
о́бод (**-ода**; *nom pl* **-о́дья**, *gen pl* **-о́дьев**) *м* rim; (*ракетки*) frame.
обо́дранный *прил* (*одежда*) shabby; (*руки*) scratched.
об|одра́ть (**-деру́, -дерёшь**; *impf* **обдира́ть**) *сов перех* (*кору, шкуру*) to strip; (*руки*) to scratch.
ободр|и́ть (**-ю́, -и́шь**; *impf* **ободря́ть**) *сов перех* to encourage.
обо́з (**-а**) *м* convoy.
обознача́|ть (**-ю**) *несов от* **обозна́чить** ♦ *перех* to signify.
обозна́ч|ить (**-у, -ишь**; *impf* **обознача́ть**) *сов перех* (*границу, направление*) to mark.
обозрева́тел|ь (**-я**) *м* (*событий*) observer; (*на радио и телевидении*) editor.
обозре́ни|е (**-я**) *ср* review.
обо́|и (**-ев**) *мн* wallpaper *ед*.
обо́их *чис см* **о́ба**.
обойти́ (*как* **идти́**; *см* **Table 18**; *impf* **обходи́ть**) *сов перех* to go round; (*лужу, канаву*) to skirt; (*закон, указ*) to get round; (*обогнать*) to pass; **~сь** (*impf* **обходи́ться**) *сов возв* (*уладиться*) to turn out; (*стоить*): **~сь в** *+acc* to cost; **обходи́ться** (**~сь** *pf*) **с кем-н/чем-н** to treat sb/sth; **обходи́ться** (**~сь** *pf*) **без** *+gen* (*разг*) to get by without.
об|окра́сть (**-краду́, -крадёшь**; *impf* **обкра́дывать**) *сов перех* to rob.
оболо́ч|ка (**-ки**; *gen pl* **-ек**) *ж* (*плода*) pericarp; (*Земли*) crust.
обоня́ни|е (**-я**) *ср* sense of smell.
обора́чива|ть(ся) (**-ю(сь)**) *несов от* **оберну́ть(ся)**.
оборв|а́ть (**-у́, -ёшь**; *pt* **-а́л, -ала́, -а́ло**, *impf* **обрыва́ть**) *сов перех* (*верёвку, нитку*) to break; (*ягоды, цветы*) to pick; (*перен*: *разговор, дружбу*) to break off; (: *разг*: *говорящего*) to cut short; **~ся** (*impf* **обрыва́ться**) *сов возв* (*верёвка*) to break; (*перен*: *жизнь, разговор, дружба*) to be cut short.

обóр|ка (**-ки**; *gen pl* **-ок**) *ж* frill.
оборóн|а (**-ы**) *ж* defence (*BRIT*), defense (*US*).
оборóнный *прил* (*промышленность*) defence (*BRIT*), defense (*US*).
обороня́|ть (**-ю**) *несов перех* to defend; **~ся** *несов возв* (*защищаться*) to defend o.s.
оборóт (**-а**) *м* (*полный круг*) revolution; (*КОММ*) turnover; (*обратная сторона*) back; (*перен*: *поворот событий*) turn; (*словесное выражение*) turn of phrase; (*употребление*) circulation.
оборýдовани|е (**-я**) *ср* equipment.
оборýд|овать (**-ую**) *(не)сов перех* to equip.
обосн|овáть (**-ýю**; *impf* **обоснóвывать**) *сов перех* (*теорию, вывод*) to substantiate; **~ся** (*impf* **обоснóвываться**) *сов возв* (*расположиться*) to settle.
обосóбленный *прил* (*дом*) detached; (*жизнь*) solitary.
обостр|и́ть (**-ю́, -и́шь**; *impf* **обостря́ть**) *сов перех* to sharpen; (*желания, конфликт*) to intensify; **~ся** (*impf* **обостря́ться**) *сов возв* (*см перех*) to sharpen; to intensify.
обошёл(ся) *итп сов см* **обойти́(сь)**.
обою́дный *прил* mutual.
обрабóта|ть (**-ю**; *impf* **обрабáтывать**) *сов перех* (*камень*) to cut; (*кожу*) to cure; (*деталь*: *на станке*) to turn; (*текст*) to polish up; (*землю*) to till; (*перен*: *разг*: *человека*) to work on.
обрáд|овать(ся) (**-ую(сь)**) *сов от* **рáдовать(ся)**.
óбраз (**-а**) *м* image; (*ЛИТЕРАТУРА*) figure; (*жизни, мыслей*) way; (*икона*) icon; **каки́м ~ом?** in what way?; **таки́м ~ом** in this way; (*следовательно*) consequently; **глáвным ~ом** mainly; **нéкоторым ~ом** to some extent.
образ|éц (**-цá**) *м* sample; (*скромности, мужества*) model.
образовáни|е (**-я**) *ср* formation; (*получение знаний*) education.
образóванный *прил* educated.
образ|овáть (**-ýю**; *impf* **~**) *сов перех* to form; **~ся** (*impf* **~ся**) *сов возв* to form; (*группа, комиссия*) to be formed.
образцóвый *прил* exemplary.
обрати́мый *прил* reversible.
обра|ти́ть (**-щý, -ти́шь**; *impf* **обращáть**) *сов перех* (*взгляд, мысли*) to turn; **обращáть (~ *pf*) когó-н/что-н в** *+acc* to turn sb/sth into; **обращáть (~ *pf*) внимáние на** *+acc* to pay attention to; **~ся** (*impf* **обращáться**) *сов возв* (*взгляд*) to turn; (*превратиться*): **~ся в** *+acc* to turn into; **обращáться (~ся *pf*) к** *+dat* (*к врачу итп*) to consult; (*к проблеме*) to address; **обращáться (~ся *pf*) в суд** to go to court.
обрáтно *нареч* back; **тудá и ~** there and back; **билéт тудá и ~** return (*BRIT*) *или* round-trip (*US*) ticket.
обрáтн|ый *прил* (*порядок, движение*) reverse; (*дорога, путь*) return; **на ~ом пути́** on the way back; **в ~ую стóрону** in the opposite direction; **~ая сторонá** reverse (side); **~ áдрес** return address.
обращá|ть (**-ю**) *несов от* **обрати́ть**; **~ся** *несов от*

обрати́ться ◆ *возв* (*деньги, товар*) to circulate; **~ся** *(impf)* **с** *+instr* (*применять*) to use; (*уметь справляться*) to handle; (*с человеком*) to treat.
обраще́ни|е (**-я**) *ср* address; (*ЭКОН*) circulation; **~ к** *+dat* (*к народу итп*) address to; **~ с** *+instr* (*с прибором*) handling of.
обремен|и́ть (**-ю́, -и́шь**; *impf* **обременя́ть**) *сов перех*: **~ кого́-н чем-н** to load sb down with sth.
о́бруч (**-а**) *м* hoop.
обруча́льн|ый *прил*: **~ое кольцо́** wedding ring.
обру́ш|ить (**-у, -ишь**; *impf* **обру́шивать**) *сов перех* (*стену, крышу*) to bring down; **~ся** (*impf* **обру́шиваться**) *сов возв* (*крыша, здание*) to collapse; **обру́шиваться** (**~ся** *pf*) **на** *+acc* (*на голову*) to crash down onto; (*на врага*) to fall upon.
обры́в (**-а**) *м* (*ГЕО*) precipice.
обрыва́|ть(ся) (**-ю(сь)**) *несов от* **оборва́ть(ся)**.
обры́в|ок (**-ка**) *м* (*бумаги*) scrap; (*воспоминаний*) fragment.
обры́вочный *прил* fragmentary.
обры́зга|ть (**-ю**; *impf* **обры́згивать**) *сов перех*: **~ кого́-н/что-н** *+instr* (*водой*) to splash sb/sth with; (*грязью*) to splatter sb/sth with; **~ся** (*impf* **обры́згиваться**) *сов возв*: **~ся** *+instr* (*см перех*) to get splashed with; to get splattered with.
обря́д (**-а**) *м* ritual.
обсле́д|овать (**-ую**) *(не)сов перех* to inspect; (*больного*) to examine.
обслу́живани|е (**-я**) *ср* service.
обсл|ужи́ть (**-ужу́, -у́жишь**; *impf* **обслу́живать**) *сов перех* (*клиентов*) to attend to; (*покупателей*) to serve; (*подлеж: поликлиника*) to see to.
обста́в|ить (**-лю, -ишь**; *impf* **обставля́ть**) *сов перех* (*квартиру*) to furnish.
обстано́в|ка (**-ки**; *gen pl* **-ок**) *ж* situation; (*квартиры*) furnishings *мн*.
обстоя́тельств|о (**-а**) *ср* circumstance; **смотря́ по ~ам** depending on the circumstances; (*как ответ на вопрос*) it depends.
обс|уди́ть (**-ужу́, -у́дишь**; *impf* **обсужда́ть**) *сов перех* to discuss.
обсужде́ни|е (**-я**) *ср* discussion.
обува́|ть(ся) (**-ю(сь)**) *несов от* **обу́ть(ся)**.
обувно́й *прил* shoe.
о́був|ь (**-и**) *ж* footwear.
обусло́в|ить (**-лю, -ишь**; *impf* **обусла́вливать**) *сов перех* (*явиться причиной*) to lead to.
обу́|ть (**-ю**; *impf* **обува́ть**) *сов перех* (*ребёнка*) to put shoes on; **~ся** (*impf* **обува́ться**) *сов возв to put on one's shoes or boots.*
обуче́ни|е (**-я**) *ср*: **~** *+dat* (*преподавание*) teaching of.
обхв|ати́ть (**-ачу́, -а́тишь**; *impf* **обхва́тывать**) *сов перех*: **~ что-н** (**рука́ми**) to put one's arms round sth.
обхо́д (**-а**) *м* (*путь*) way round; (*в больнице*) round; **в ~** *+gen* (*озера, закона*) bypassing.
обх|оди́ть(ся) (**-ожу́(сь), -о́дишь(ся)**) *несов от* **обойти́(сь)**.
обходно́й *прил* (*путь*) detour.
обши́рный *прил* extensive.
обща́|ться (**-юсь**) *несов возв*: **~ с** *+instr* (*с друзьями*) to see; (*с политиками итп*) to associate with.

общегосуда́рственный *прил* state.
общедосту́пный *прил* (*способ*) available to everyone; (*цены*) affordable; (*лекция*) accessible.
о́бщ|ее (**-его**) *ср* similarity; **в ~ем** (*разг*) on the whole; **у них мно́го/нет ничего́ ~его** they have a lot/nothing in common.
общежи́ти|е (**-я**) *ср* (*рабочее*) hostel; (*студенческое*) hall of residence (*BRIT*), dormitory *или* hall (*US*).
общеизве́стный *прил* well-known.
обще́ни|е (**-я**) *ср* communication.
общеобразова́тельный *прил* comprehensive.
общепри́знанный *прил* universally recognized.
общепри́нятый *прил* generally accepted.
обще́ственност|ь (**-и**) *ж собир* community.
обще́ственн|ый *прил* social; (*не частный*) public; (*организация*) civic; **~ое мне́ние** public opinion.
о́бществ|о (**-а**) *ср* society.
о́бщ|ий *прил* general; (*труд*) communal; (*дом, книги*) shared; (*друзья*) mutual; (*интересы*) common; (*стоимость, количество*) total; (*картина, описание*) general; **в ~ей сло́жности** altogether.
общи́тельный *прил* sociable.
о́бщност|ь (**-и**) *ж* (*взглядов, целей*) similarity; (*социальная*) community.
объедине́ни|е (**-я**) *ср* (*сил*) concentration; (*производственное*) association.
объединённый *прил* joint.
объедин|и́ть (**-ю́, -и́шь**; *impf* **объединя́ть**) *сов перех* to join, unite; (*ресурсы*) to pool; (*компании*) to amalgamate; **~ся** (*impf* **объединя́ться**) *сов возв* to unite.
объе́зд (**-а**) *м* detour; (*с целью осмотра*) tour.
объезжа́|ть (**-ю**) *несов от* **объе́хать**.
объе́кт (**-а**) *м* subject; (*СТРОИТ, ВОЕН*) site.
объекти́в (**-а**) *м* lens.
объекти́вный *прил* objective.
объём (**-а**) *м* volume.
объёмный *прил* (*ГЕОМ*) volumetric.
объе́хать (*как* **е́хать**; *см* **Table 19**; *impf* **объезжа́ть**) *сов перех* (*яму*) to go *или* drive round; (*друзей, страны*) to visit.
объ|яви́ть (**-явлю́, -я́вишь**; *impf* **объявля́ть**) *сов перех* to announce; (*войну*) to declare ♦ *неперех*: **~ о** *+prp* to announce.
объявле́ни|е (**-я**) *ср* announcement; (*войны*) declaration; (*реклама*) advertisement; (*извещение*) notice.
объясне́ни|е (**-я**) *ср* explanation.
объясн|и́ть (**-ю́, -и́шь**; *impf* **объясня́ть**) *сов перех* to explain; **~ся** (*impf* **объясня́ться**) *сов возв*: **~ся** (**с** *+instr*) to clear things up (with).
объясня́|ться (**-юсь**) *несов от* **объясни́ться** ♦ *возв* (*на английском языке*) to communicate; ~ (*impf*) *+instr* (*трудностями*) to be explained by.
обы́денный *прил* mundane.
обыкнове́нный *прил* ordinary.
о́быск (**-а**) *м* search.
об|ыска́ть (**-ыщу́, -ы́щешь**; *impf* **обы́скивать**) *сов перех* to search.

обы́ча|й (**-я**) *м* custom.
обы́чно *нареч* usually.
обы́чный *прил* usual; (*заурядный*) ordinary.
обя́занност|и (**-ей**) *мн* (*директора итп*) duties *мн*, responsibilities *мн*; **исполня́ть** (*impf*) ~ *+gen* to act as.
обя́занност|ь (**-и**) *ж* duty; *см также* **обя́занности**.
обя́занный *прил*: ~ *+infin* (*сделать итп*) obliged to do.
обяза́тельно *нареч* definitely; **не** ~ not necessarily.
обяза́тельный *прил* (*правило, условие*) binding; (*исполнение, обучение*) compulsory, obligatory; (*работник*) reliable.
обяза́тельств|о (**-а**) *ср* commitment; (*обычно мн*: *КОММ*) liability.
ова́л (**-а**) *м* oval.
овдове́|ть (**-ю**) *сов* (*женщина*) to become a widow, be widowed; (*мужчина*) to become a widower, be widowed.
Ов|е́н (**-на́**) *м* (*созвездие*) Aries.
ов|ёс (**-са́**) *м собир* oats *мн*.
ове́чий *прил* (*шерсть, сыр*) sheep's.
овладе́|ть (**-ю, -ешь**; *impf* **овладева́ть**) *сов*: ~ *+instr* (*городом, вниманием*) to capture; (*языком, профессией*) to master.
о́вощ (**-а**) *м* vegetable.
овощно́й *прил* (*суп, блюдо*) vegetable; ~ **магази́н** greengrocer's (*BRIT*), fruit and vegetable shop.
овра́г (**-а**) *м* ravine.
овся́нк|а (**-и**) *ж собир* (*каша*) porridge (*BRIT*), oatmeal (*US*).
овся́ный *прил* oat.
ов|ца́ (**-цы́**; *nom pl* **-цы**, *gen pl* **-е́ц**) *ж* sheep; (*самка*) ewe.
овча́р|ка (**-ки**; *gen pl* **-ок**) *ж* sheepdog.
овчи́н|а (**-ы**) *ж* sheepskin.
оглавле́ни|е (**-я**) *ср* (table of) contents.
огло́хн|уть (**-у**) *сов от* **гло́хнуть**.
огл|уши́ть (**-ушу́, -уши́шь**; *impf* **оглуша́ть**) *сов перех*: ~ **кого́-н чем-н** (*криками*) to deafen sb with sth.
огля|де́ть (**-жу́, -ди́шь**; *impf* **огля́дывать**) *сов перех* to look round; **~ся** (*impf* **огля́дываться**) *сов возв* to look around.
огл|яну́ться (**-яну́сь, -я́нешься**; *impf* **огля́дываться**) *сов возв* to look back; **(я) не успе́л ~, как ...** before I knew it ...
о́гненный *прил* fiery.
огнеопа́сный *прил* (in)flammable.
огнестре́льн|ый *прил*: **~ое ору́жие** firearms *мн*; **~ая ра́на** bullet wound.
огнетуши́тел|ь (**-я**) *м* fire-extinguisher.
ог|о́нь (**-ня́**) *м* fire; (*фонарей, в окне*) light.
огоро́д (**-а**) *м* vegetable *или* kitchen garden.
огорче́ни|е (**-я**) *ср* distress; **к моему́ ~ю** to my dismay.
огорч|и́ть (**-у́, -и́шь**; *impf* **огорча́ть**) *сов перех* to distress; **~ся** (*impf* **огорча́ться**) *сов возв* to be distressed *или* upset.
огра́б|ить (**-лю, -ишь**) *сов от* **гра́бить**.
ограбле́ни|е (**-я**) *ср* robbery.
огра́д|а (**-ы**) *ж* (*забор*) fence; (*решётка*) railings *мн*.
огра|ди́ть (**-жу́, -ди́шь**; *impf* **огражда́ть**) *сов перех* (*сберечь*) to shelter, protect.

ограждéни|е (-я) *ср* = **огрáда**.
ограничéни|е (-я) *ср* limitation; (*правило*) restriction.
ограни́ченный *прил* limited; (*человек*) narrow-minded.
ограни́ч|ить (-у, -ишь; *impf* **ограни́чивать**) *сов перех* to limit, restrict; **~ся** (*impf* **ограни́чиваться**) *сов возв*: **~ся** *+instr* (*удовлетвориться*) to content o.s with; (*свестись*) to become limited to.
огрóмный *прил* enormous.
огры́з|ок (-ка) *м* (*яблока*) half-eaten bit; (*карандаша*) stub.
огур|éц (-цá) *м* cucumber.
одáлжива|ть (-ю) *несов от* **одолжи́ть**.
одарённый *прил* gifted.
одевá|ть(ся) (-ю(сь)) *несов от* **одéть(ся)**.
одéжд|а (-ы) *ж* clothes *мн*.
одеколóн (-а) *м* eau de Cologne.
одéну(сь) *итп сов см* **одéть(ся)**.
од|ержáть (-ержý, -éржишь; *impf* **одéрживать**) *сов перех*: **~ побéду** to be victorious.
одéтый *прил* dressed.
одé|ть (-ну, -нешь; *impf* **одевáть**) *сов перех* to dress; **~ся** (*impf* **одевáться**) *сов возв* to get dressed; (*тепло, красиво*) to dress.
одея́л|о (-а) *ср* (*шерстяное*) blanket; (*стёганое*) quilt.

KEYWORD

од|и́н (-ногó; *см* **Table 22**; *f* **однá**, *nt* **однó**, *pl* **одни́**) *м чис* one; **однá кни́га** one book; **одни́ брю́ки** one pair of trousers
◆ *прил* alone; (*единственный, единый*) one; (*одинаковый, тот же самый*) the same; **он идёт в кинó оди́н** he goes to the cinema alone; **есть тóлько оди́н вы́ход** there is only one way out; **у них одни́ взгля́ды** they hold similar views
◆ *мест* **1** (*какой-то*): **оди́н мой знакóмый** a friend of mine; **одни́ неприя́тности** nothing but problems
2 (*во фразах*): **оди́н из** *+gen pl* one of; **оди́н и тóт же** the same; **однó и тó же** the same thing; **оди́н раз** once; **оди́н на оди́н** one to one; **все до одногó** all to a man; **ни оди́н** not one; **оди́н за други́м** one after the other; **по одномý** one by one; **оди́н-еди́нственный** only one.

одинáковый *прил* similar.
оди́ннадцатый *чис* eleventh.
оди́ннадцат|ь (-и; *как* **пять**; *см* **Table 26**) *чис* eleven.
одинóкий *прил* (*жизнь, человек*) lonely; (*не семейный*) single.
одинóчеств|о (-а) *ср* loneliness.
одинóчный *прил* (*выстрел*) single.
одн|á (-óй) *ж чис см* **оди́н**.
однáжды *нареч* once.
однáко *союз, вводн сл* however.
одни́ (-х) *мн чис см* **оди́н**.
одн|ó (-огó) *ср чис см* **оди́н**.
одноврéменно *нареч*: **~ (с** *+instr*) at the same time (as).
одногó *итп чис см* **оди́н, однó**.
однознáчн|ый *прил* (*тождественный*) synonymous; (*с одним значением: слово*) monosemous; (*: выражение, ответ*) unambiguous; (*МАТ*) single-figure; **~ое числó** single-digit number.
одномéстный *прил* (*купе, номер*) single; (*каюта*) single-berth.
однообрáзный *прил*

monotonous.
однора́зовый *прил* disposable.
одноро́дный *прил* (*явления*) similar; (*масса*) homogeneous.
односторо́нний *прил* (*разоружение*) unilateral; (*связь*) one-way.
одноцве́тный *прил* plain.
одноэта́жный *прил* single-storey (*BRIT*), single-story (*US*), one-storey (*BRIT*), one-story (*US*).
одобре́ни|е (**-я**) *ср* approval.
одобри́тельный *прил* (*отзыв*) favourable (*BRIT*), favorable (*US*); (*восклицание*) approving.
одо́бр|ить (**-ю, -ишь**; *impf* **одобря́ть**) *сов перех* to approve.
одолже́ни|е (**-я**) *ср* favour (*BRIT*), favor (*US*).
одолж|и́ть (**-у́, -и́шь**; *impf* **ода́лживать**) *сов перех*: **~ что-н кому́-н** to lend sth to sb; **ода́лживать** (**~** *pf*) **что-н у кого́-н** (*разг*) to borrow sth from sb.
одува́нчик (**-а**) *м* dandelion.
ожере́л|ье (**-ья**; *gen pl* **-ий**) *ср* necklace.
ожесточе́ни|е (**-я**) *ср* resentment.
ожесточённый *прил* (*человек*) resentful, embittered; (*спор, сражение*) fierce.
ожива́|ть (**-ю**) *несов от* **ожи́ть**.
ожив|и́ть (**-лю́, -и́шь**; *impf* **оживля́ть**) *сов перех* to revive; (*глаза, лицо*) to light up; **~ся** (*impf* **оживля́ться**) *сов возв* to liven up; (*лицо*) to brighten.
оживлённый *прил* lively; (*беседа, спор*) animated.
ожида́ни|е (**-я**) *ср* anticipation; (*обычно мн*: *надежды*) expectation.
ожида́|ть (**-ю**) *несов перех* (*ждать*) to expect; (*надеяться*): **~** *+gen* to expect; **э́того мо́жно бы́ло ~** that was to be expected; **~ся** *несов возв* to be expected.
ож|и́ть (**-иву́, -ивёшь**; *impf* **ожива́ть**) *сов* to come to life.
ожо́г (**-а**) *м* burn.
озабо́ченный *прил* worried.
озагла́в|ить (**-лю, -ишь**) *сов перех* to entitle.
озада́ч|ить (**-у, -ишь**; *impf* **озада́чивать**) *сов перех* to puzzle, perplex.
оздорови́тельн|ый *прил*: **~ые мероприя́тия** health-improving measures.
о́з|еро (**-ера**; *nom pl* **-ёра**) *ср* lake.
озира́|ться (**-юсь**) *несов возв*: **~ (по сторона́м)** to glance about *или* around.
означа́|ть (**-ю**) *несов перех* to mean.
озно́б (**-а**) *м* shivering.
озо́н (**-а**) *м* ozone.
озо́нов|ый *прил*: **~ слой** ozone layer; **~ая дыра́** hole in the ozone layer.
ой *межд*: **~!** (*выражает испуг*) argh!; (*выражает боль*) ouch!, ow!
ок|аза́ть (**-ажу́, -а́жешь**; *impf* **ока́зывать**) *сов перех*: **~ по́мощь кому́-н** to provide help for sb; **ока́зывать** (**~** *pf*) **влия́ние/давле́ние на** *+acc* to exert influence/pressure on; **ока́зывать** (**~** *pf*) **внима́ние кому́-н** to pay attention to sb; **ока́зывать** (**~** *pf*) **сопротивле́ние** (**кому́-н**) to offer resistance (to sb); **ока́зывать** (**~** *pf*) **услу́гу кому́-н** to do sb a service; **~ся** (*impf* **ока́зываться**) *сов возв* (*найтись*: *на столе итп*) to appear; (*очутиться*: *на острове итп*) to end up; **ока́зываться** (**~ся** *pf*) *+instr* (*вором, шпионом*) to turn out to be; **ока́зывается, она́ была́**

правá it turns out that she was right.
окаменé|ть (*impf* **окаменевáть** *или* **каменéть**) *сов* (*перен*: *лицо, взгляд*) to freeze; (: *душа, сердце*) to turn to stone.
окáнчива|ть (**-ю**) *несов от* **окóнчить**; **~ся** *несов от* **окóнчиться** ♦ *возв*: **~ся на глáсную/соглáсную** to end in a vowel/consonant.
океáн (**-а**) *м* ocean.
окúн|уть (**-у**; *impf* **окúдывать**) *сов перех*: **~ когó-н/что-н взглядом** to glance over at sb/sth.
óкис|ь (**-и**) *ж* oxide.
оккупúр|овать (**-ую**) *(не)сов перех* to occupy.
оклáд (**-а**) *м* (*зарплата*) salary.
оклев|етáть (**-ещý, -éщешь**) *сов перех* to slander.
оклé|ить (**-ю, -ишь**; *impf* **оклéивать**) *сов перех*: **~ что-н чем-н** to cover sth with sth.
ок|нó (**-нá**; *nom pl* **-на**, *gen pl* **-он**) *ср* window; (*разг*: *между уроками*) gap.
óколо *нареч* nearby ♦ *предл*: **~** *+gen* (*рядом с*) near; (*приблизительно*) about.
околозéмный *прил* around the earth.
окóнн|ый *прил*: **~ая рáма** window frame; **~ое стеклó** windowpane.
окончáни|е (**-я**) *ср* end; (*ЛИНГ*) ending.
окончáтельно *нареч* (*ответить*) definitely; (*победить*) completely; (*отредактировать*) finally.
окончáтельный *прил* final; (*победа, свержение*) complete.
окóнч|ить (**-у, -ишь**; *impf* **окáнчивать**) *сов перех* to finish; (*вуз*) to graduate from; **~ся** (*impf* **окáнчиваться**) *сов возв* to finish; **~ся** *(pf) +instr* (*скандалом*) to result in.
окóп (**-а**) *м* trench.
óкорок (**-а**; *nom pl* **-á**) *м* gammon.
окоченé|ть (**-ю**) *сов от* **коченéть**.
окрáин|а (**-ы**) *ж* (*города*) outskirts *мн*; (*страны*) remote parts *мн*.
окрáс|ка (**-ки**; *gen pl* **-ок**) *ж* (*животного*) colouring (*BRIT*), coloring (*US*).
окрéпн|уть (**-у**) *сов от* **крéпнуть**.
окрéстност|ь (**-и**) *ж* environs *мн*.
окрéстный *прил* (*деревни*) neighbouring (*BRIT*), neighboring (*US*).
óкрик (**-а**) *м* shout.
окрúкн|уть (**-у**; *impf* **окрúкивать**) *сов перех*: **~ когó-н** to shout to sb.
óкруг (**-а**) *м* (*административный, военный*) district; (*избирательный*) ward; (*национальный*) territory; (*города*) borough.
округл|úть (**-ю́, -úшь**; *impf* **округлять**) *сов перех* (*форму*) to round off; (*цифру*) to round up *или* down.
окружá|ть (**-ю**) *несов от* **окружúть** ♦ *перех* to surround.
окружáющ|ее (**-его**) *ср* environment.
окружáющ|ие (**-их**) *мн* (*также*: **~ люди**) *the people around one*.
окружáющий *прил* surrounding.
окружéни|е (**-я**) *ср* (*среда*) environment; (*компания*) circles *мн*; (*ВОЕН*) encirclement; **в ~и** *+gen* (*среди*) surrounded by.
окруж|úть (**-ý, -úшь**; *impf* **окружáть**) *сов перех* to surround.
окружн|óй *прил* regional; **~áя дорóга** bypass.

окру́жност|ь (**-и**) *ж* circle.
октя́бр|ь (**-я́**) *м* October.
окули́ст (**-а**) *м* ophthalmologist.
окун|у́ть (**-у́, -ёшь**; *impf* **окуна́ть**) *сов перех* to dip.
окупа́емост|ь (**-и**) *ж* viability.
ок|упи́ть (**-уплю́, -у́пишь**; *impf* **окупа́ть**) *сов перех* (*расходы*) to cover; (*поездку, проект*) to cover the cost of.
оку́р|ок (**-ка**; *nom pl* **-ки**) *м* stub, butt.
ола́д|ья (**-ьи**; *gen pl* **-ий**) *ж* ≈ drop scone, ≈ (Scotch) pancake.
оле́н|ий *прил* deer's; **~ьи рога́** antlers.
оле́н|ь (**-я**) *м* deer.
оли́вк|а (**-и**) *ж* olive.
олимпиа́д|а (**-ы**) *ж* (*СПОРТ*) the Olympics *мн*; (*по физике итп*) Olympiad.
олимпи́йск|ий *прил* Olympic; **~ие и́гры** the Olympic Games.
о́лов|о (**-а**) *ср* (*ХИМ*) tin.
омерзи́тельный *прил* disgusting.
омле́т (**-а**) *м* omelette.
ОМОН *м сокр* (= *отря́д мили́ции осо́бого назначе́ния*) *special police force*.
омо́ним (**-а**) *м* homonym.
омо́нов|ец (**-ца**) *м member of ОМОН*.
омрач|и́ть (**-у́, -и́шь**; *impf* **омрача́ть**) *сов перех* (*настроение, лицо*) to cloud; **~ся** (*impf* **омрача́ться**) *сов возв* to darken.
он (**его́**; *см* **Table 6a**) *мест* (*человек*) he; (*животное, предмет*) it.
она́ (**её**; *см* **Table 6a**) *мест* (*человек*) she; (*животное, предмет*) it.
они́ (**их**; *см* **Table 6b**) *мест* they.
онкологи́ческ|ий *прил* oncological; **~ая кли́ника** cancer clinic.
оно́ (**его́**; *см* **Table 6a**) *мест* it; **~ и ви́дно**! (*разг*) sure! (*used ironically*); **вот ~ что** *или* **как!** (*разг*) so that's what it is!
ООН *ж сокр* (= *Организа́ция Объединённых На́ций*) UNO.
опа́здыва|ть (**-ю**) *несов от* **опозда́ть**.
опаса́|ться (**-юсь**) *несов возв*: **~** *+gen* to be afraid of; **~** (*impf*) **за** *+acc* to be worried about.
опасе́ни|е (**-я**) *ср* apprehension.
опа́сност|ь (**-и**) *ж* danger.
опа́сный *прил* dangerous.
опе́к|а (**-и**) *ж* (*государства*) guardianship; (*матери, отца*) custody; (*забота*) care.
опека́|ть (**-ю**) *несов перех* to take care of; (*сироту*) to be guardian to.
о́пер|а (**-ы**) *ж* opera.
операти́вн|ый *прил*: **~ая гру́ппа** (*ПОЛИЦИЯ*) ≈ task force; (*меры, действия*) efficient; (*хирургический*) surgical.
опера́тор (**-а**) *м* operator.
операцио́нный *прил* surgical; **~ стол** operating table.
опера́ци|я (**-и**) *ж* operation.
опере|ди́ть (**-жу́, -ди́шь**; *impf* **опережа́ть**) *сов перех* to outstrip.
опере́тт|а (**-ы**) *ж* operetta.
опер|е́ться (**обопру́сь, обопрёшься**; *pt* **опёрся, -ла́сь**, *impf* **опира́ться**) *сов*: **~ на** *+acc* to lean on.
опери́р|овать (**-ую**; *pf* **~** *или* **прооопери́ровать**) *несов перех* (*больного*) to operate on ♦ *неперех* (*по pf*, *ВОЕН*) to operate; **~** (*impf*) *+instr* (*акциями*) to deal in; (*перен*: *цифрами, фактами*) to use.

о́перный *прил* operatic; (*певец*) opera.
опеча́та|ть (-ю; *impf* **опеча́тывать**) *сов перех* to seal.
опеча́т|ка (-ки; *gen pl* -ок) *ж* misprint.
опи́л|ки (-ок) *мн* (*древесные*) sawdust *ед*; (*металлические*) filings *мн*.
опира́|ться (-юсь) *несов от* **опере́ться**.
описа́ни|е (-я) *ср* description.
оп|иса́ть (-ишу́, -и́шешь; *impf* **опи́сывать**) *сов перех* to describe.
опла́т|а (-ы) *ж* payment.
опл|ати́ть (-ачу́, -а́тишь; *impf* **опла́чивать**) *сов перех* (*работу, труд*) to pay for; (*счёт*) to pay.
оплодотвор|и́ть (-ю́, -и́шь; *impf* **оплодотворя́ть**) *сов перех* to fertilize.
опло́т (-а) *м* stronghold, bastion.
опове|сти́ть (-щу́, -сти́шь; *impf* **оповеща́ть**) *сов перех* to notify.
опозда́ни|е (-я) *ср* lateness; (*поезда, самолёта*) late arrival.
опозда́|ть (-ю; *impf* **опа́здывать**) *сов*: ~ (в/на +*acc*) (*в школу, на работу итп*) to be late (for).
опознава́тельный *прил* (*знак*) identifying.
опозна́|ть (-ю; *impf* **опознава́ть**) *сов перех* to identify.
опозо́р|ить(ся) (-ю(сь)) *сов от* **позо́рить(ся)**.
опо́мн|иться (-юсь, -ишься) *сов возв* (*прийти в сознание*) to come round; (*одуматься*) to come to one's senses.
опо́р|а (-ы) *ж* support.
опо́рный *прил* supporting; ~ **прыжо́к** vault; ~ **пункт** base.
оппозицио́нный *прил* opposition.
оппози́ци|я (-и) *ж* opposition.
оппоне́нт (-а) *м* (*в споре*) opponent; (*диссертации*) external examiner.
опра́в|а (-ы) *ж* frame.
оправда́ни|е (-я) *ср* justification; (*ЮР*) acquittal; (*извинение*) excuse.
опра́вданный *прил* justified.
оправда́|ть (-ю; *impf* **опра́вдывать**) *сов перех* to justify; (*надежды*) to live up to; (*ЮР*) to acquit; **~ся** (*impf* **опра́вдываться**) *сов возв* to justify o.s.; (*расходы*) to be justified.
опра́в|ить (-лю, -ишь; *impf* **оправля́ть**) *сов перех* (*платье, постель*) to straighten; (*линзы*) to frame; **~ся** (*impf* **оправля́ться**) *сов возв*: **~ся от** +*gen* to recover from.
опра́шива|ть (-ю) *несов от* **опроси́ть**.
определе́ни|е (-я) *ср* determination; (*ЛИНГ*) attribute.
определённый *прил* (*установленный*) definite; (*некоторый*) certain.
определ|и́ть (-ю́, -и́шь; *impf* **определя́ть**) *сов перех* to determine; (*явление, понятие*) to define.
оприхо́д|овать (-ую) *сов от* **прихо́довать**.
опрове́ргн|уть (-у; *impf* **опроверга́ть**) *сов перех* to refute.
опроки́н|уть (-у; *impf* **опроки́дывать**) *сов перех* (*стакан*) to knock over; **~ся** (*impf* **опроки́дываться**) *сов возв* (*стакан, стул, человек*) to fall over; (*лодка*) to capsize.
опроме́тчивый *прил* precipitate.
опро́с (-а) *м* (*свидетелей*)

questioning; (*населения*) survey; **~ общественного мнения** opinion poll.
опр|осить (**-ошу, -осишь**; *impf* **опрашивать**) *сов перех* (*свидетелей*) to question; (*население*) to survey.
опросный *прил*: **~ лист** questionnaire.
опротест|овать (**-ую**) *сов перех* (*ЮР*) to appeal against.
опрятный *прил* neat, tidy.
оптимизм (**-а**) *м* optimism.
оптимистичный *прил* optimistic.
оптический *прил* optical.
оптов|ый *прил* wholesale; **~ые закупки** (*КОММ*) bulk buying.
оптом *нареч*: **купить/продать ~** to buy/sell wholesale.
опуска|ть(ся) (**-ю(сь)**) *несов от* **опустить(ся)**.
опусте|ть (*3sg* **-ет**) *сов от* **пустеть**.
оп|устить (**-ущу, -устишь**; *impf* **опускать**) *сов перех* to lower; (*воротник*) to turn down; (*пропустить*) to miss out; **опускать** (**~** *pf*) **в** *+acc* (*в стакан, в ящик*) to drop *или* put in(to); **~ся** (*impf* **опускаться**) *сов возв* (*человек*: *на диван, на землю*) to sit (down); (*солнце*) to sink; (*мост, шлагбаум*) to be lowered; (*перен*: *человек*) to let o.s. go.
опухн|уть (**-у**) *сов от* **пухнуть** ♦ (*impf* **опухать**) *неперех* to swell (up).
опухол|ь (**-и**) *ж* (*на руке*) swelling; (*внутренняя*) tumour (*BRIT*), tumor (*US*).
опухший *прил* swollen.
опыт (**-а**) *м* experience; (*эксперимент*) experiment.
опытный *прил* (*рабочий*) experienced; (*лаборатория*) experimental.
опьяне|ть (**-ю**) *сов от* **пьянеть**.
опять *нареч* again; **~ же** (*разг*) yet again.
оранжевый *прил* orange.
оратор (**-а**) *м* orator; (*выступающий*) speaker.
ор|ать (**-у, -ёшь**) *несов* (*разг*) to yell; (: *ребёнок*) to bawl, howl.
орбит|а (**-ы**) *ж* orbit.
орган (**-а**) *м* (*также АНАТ*) organ; (*здравоохранения*) body; (*орудие*): **~** *+gen* (*пропаганды*) vehicle for; **местные ~ы власти** local authorities (*BRIT*) *или* government (*US*); **половые ~ы** genitals.
орган (**-а**) *м* (*МУЗ*) organ.
организатор (**-а**) *м* organizer.
организаци|я (**-и**) *ж* organization; (*устройство*) system.
организм (**-а**) *м* organism.
организованный *прил* organized.
организ|овать (**-ую**) *(не)сов перех* (*создать*) to organize.
органический *прил* organic.
оргкомитет (**-а**) *м сокр* (= *организационный комитет*) organizational committee.
оргтехник|а (**-и**) *ж* office automation equipment.
орден (**-а**; *nom pl* **-а**) *м* order.
ордер (**-а**) *м* (*ЮР*) warrant; (*на квартиру*) authorization.
орёл (**орла**; *nom pl* **орлы**) *м* eagle.
орех (**-а**) *м* nut.
оригинал (**-а**) *м* original.
оригинальный *прил* original.
ориентир (**-а**) *м* landmark.
оркестр (**-а**) *м* orchestra.
орнамент (**-а**) *м* (decorative) pattern.
оробе|ть (**-ю**) *сов от* **робеть**.

оросительный *прил* irrigation.
орошени|е (**-я**) *ср* irrigation.
ортодоксальный *прил* orthodox.
ортопед (**-а**) *м* orthopaedic (*BRIT*) *или* orthopedic (*US*) surgeon.
ортопедический *прил* orthopaedic (*BRIT*), orthopedic (*US*).
оруди|е (**-я**) *ср* tool; (*ВОЕН*) gun (*used of artillery*).
оружи|е (**-я**) *ж* weapon.
орфографи|я (**-и**) *ж* spelling.
ос|а (**-ы**; *nom pl* **осы**) *ж* wasp.
осад|а (**-ы**) *ж* siege.
осад|ок (**-ка**) *м* sediment.
осваива|ть(ся) (**-ю(сь)**) *несов от* **освоить(ся)**.
осведом|ить (**-лю, -ишь**; *impf* **осведомлять**) *сов перех* to inform; **~ся** (*impf* **осведомляться**) *сов возв*: **~ся о** *+prp* to inquire about.
освеж|ить (**-у, -ишь**; *impf* **освежать**) *сов перех* (*знания*) to refresh; **~ся** (*impf* **освежаться**) *сов возв* (*воздух*) to freshen; (*человек*: *под душем итп*) to freshen up.
осветительный *прил*: **~ прибор** light.
осве|тить (**-щу, -тишь**; *impf* **освещать**) *сов перех* to light up; (*проблему*) to cover; **~ся** (*impf* **освещаться**) *сов возв* to be lit up.
освещени|е (**-я**) *ср* lighting; (*проблемы, дела*) coverage.
освобо|дить (**-жу, -дишь**; *impf* **освобождать**) *сов перех* (*из тюрьмы*) to release; (*город*) to liberate; (*дом*) to vacate; (*время*) to leave free; **~** (*pf*) **кого-н от должности** to dismiss sb; **~ся** (*impf* **освобождаться**) *сов возв* (*из тюрьмы*) to be released; (*дом*) to be vacated.
освобождени|е (**-я**) *ср* release; (*города*) liberation; **~ от должности** dismissal.
осво|ить (**-ю, -ишь**; *impf* **осваивать**) *сов перех* (*технику, язык*) to master; (*земли*) to cultivate; **~ся** (*impf* **осваиваться**) *сов возв* (*на новой работе*) to find one's feet.
освя|тить (**-щу, -тишь**; *impf* **освящать**) *сов перех* (*РЕЛ*) to bless.
оседа|ть (**-ю**) *несов от* **осесть**.
ос|ёл (**-ла**) *м* donkey.
осенний *прил* autumn, fall (*US*).
осен|ь (**-и**) *ж* autumn, fall (*US*).
осенью *нареч* in autumn *или* the fall (*US*).
ос|есть (**-яду, -ядешь**; *impf* **оседать**) *сов* (*пыль, осадок*) to settle.
ос|ётр (**-етра**) *м* sturgeon (*ZOOL*).
осетрин|а (**-ы**) *ж* sturgeon (*CULIN*).
осин|а (**-ы**) *ж* aspen.
осин|ый *прил*: **~ое гнездо** (*перен*) hornet's nest.
оскверн|ить (**-ю, -ишь**; *impf* **осквернять**) *сов перех* to defile.
оскол|ок (**-ка**) *м* (*стекла*) piece; (*снаряда*) shrapnel *ед*.
оскорбительный *прил* offensive.
оскорб|ить (**-лю, -ишь**; *impf* **оскорблять**) *сов перех* to insult; **~ся** (*impf* **оскорбляться**) *сов возв* to be offended, take offence *или* offense (*US*).
оскорблени|е (**-я**) *ср* insult.
ослаб|ить (**-лю, -ишь**; *impf* **ослаблять**) *сов перех* to weaken; (*дисциплину*) to relax.
ослепительный *прил* dazzling.
ослеп|ить (**-лю, -ишь**; *impf*

ослеплять) *сов перех* to blind; (*подлеж*: *красота*) to dazzle.
ослеп|нуть (**-ну**; *pt* **-**, **-ла**) *сов от* **слепнуть**.
осложнени|е (**-я**) *ср* complication.
осложн|ить (**-ю**, **-ишь**; *impf* **осложнять**) *сов перех* to complicate; **~ся** (*impf* **осложняться**) *сов возв* to become complicated.
осматрива|ть(ся) (**-ю(сь)**) *несов от* **осмотреть(ся)**.
осмеле|ть (**-ю**) *несов от* **смелеть**.
осмел|иться (**-юсь**, **-ишься**) *сов возв* to dare.
осмотр (**-а**) *м* inspection; (*больного*) examination; (*музея*) visit.
осм|отреть (**-отрю**, **-отришь**; *impf* **осматривать**) *сов перех* (*см сущ*) to inspect; to examine; to visit; **~ся** (*impf* **осматриваться**) *сов возв* (*по сторонам*) to look around; (*перен*: *на новом месте*) to settle in.
осмотрительный *прил* cautious.
осна|стить (**-щу**, **-стишь**; *impf* **оснащать**) *сов перех* to equip.
оснащени|е (**-я**) *ср* equipment.
основ|а (**-ы**) *ж* basis; (*сооружения*) foundations *мн*; **на ~е** *+gen* on the basis of; *см также* **основы**.
основани|е (**-я**) *ср* base; (*теории*) basis; (*поступка*) grounds *мн*; **без всяких ~й** without any reason; **до ~я** completely; **на ~и** *+gen* on the grounds of; **на каком ~и?** on what grounds?
основател|ь (**-я**) *м* founder.
основательный *прил* (*анализ*) thorough.
основа|ть (*pt* **-л**, **-ла**, **-ло**, *impf* **основывать**) *сов перех* to found; **основывать** (**~** *pf*) **что-н на** *+prp* to base sth on *или* upon; **~ся** (*impf* **основываться**) *сов возв* (*компания*) to be founded.
основн|ой *прил* main; (*закон*) fundamental; **в ~ом** on the whole.
основыва|ть(ся) (**-ю(сь)**) *несов от* **основать(ся)**.
основ|ы (**-**) *мн* (*физики*) basics *мн*.
особенно *нареч* particularly; (*хорошо*) especially, particularly.
особенный *прил* special, particular.
особый *прил* (*вид*, *случай*) special, particular; (*помещение*) separate.
осозна|ть (**-ю**; *impf* **осознавать**) *сов перех* to realize.
осп|а (**-ы**) *ж* smallpox.
оспарива|ть (**-ю**) *несов от* **оспорить** ♦ *перех* (*первенство*) to contend *или* compete for.
оспор|ить (**-ю**, **-ишь**; *impf* **оспаривать**) *сов перех* to question.
оста|ваться (**-юсь**, **-ёшься**) *несов от* **остаться**.
остав|ить (**-лю**, **-ишь**; *impf* **оставлять**) *сов перех* to leave; (*сохранить*) to keep; (*прекратить*) to stop; (*перен*: *надежды*) to give up; **~ь!** stop it!
остальн|ое (**-ого**) *ср* the rest *мн*; **в ~ом** in other respects.
остальной *прил* (*часть*) the remaining.
остальн|ые (**-ых**) *мн* the others *мн*.
остан|овить (**-овлю**, **-овишь**; *impf* **останавливать**) *сов перех* to stop; **~ся** (*impf* **останавливаться**) *сов возв* to stop; (*в гостинице*, *у друзей*) to stay; **~ся** (*pf*) **на** *+prp* (*на вопросе*) to dwell on; (*на решении*) to come

to; (*взгляд*) to rest on.
останóвк|а (**-и**) *ж* (*автобусная, в пути*) stop; (*мотора*) stopping; (*в работе*) pause.
остáт|ок (**-ка**) *м* (*пищи, дня*) the remainder, the rest; **~ки** (*дома*) remains; (*еды*) leftovers.
остá|ться (**-нусь**; *impf* **оставáться**) *сов возв* to stay; (*сохраниться*: *дом, чувство*) to remain; (*оказаться*) to be left.
остекл|и́ть (**-ю́, -и́шь**) *сов от* **стекли́ть**.
осторóжно *нареч* (*взять*) carefully; (*ходить, говорить*) cautiously; ~! look out!
осторóжност|ь (**-и**) *ж* (*обращения, ухода*) care; (*поступка, поведения*) caution.
осторóжный *прил* careful.
остри|ё (**-я́**) *ср* point; (*ножа, бритвы*) edge.
остр|и́ть (**-ю́, -и́шь**; *pf* **с~**) *несов* to make witty remarks.
óстров (**-а**; *nom pl* **-á**) *м* island.
остросюжéтный *прил* (*пьеса*) gripping; **~ фильм, ~ ромáн** thriller.
острóт|а (**-ы**) *ж* witticism.
остроýмный *прил* witty.
óстрый *прил* (*нож, память, вкус*) sharp; (*борода, нос*) pointed; (*зрение, слух*) keen; (*шутка, слово*) witty; (*еда*) spicy; (*желание*) burning; (*боль, болезнь*) acute; (*ситуация*) critical.
ост|уди́ть (**-ужý, -ýдишь**; *impf* **остужáть**) *сов перех* to cool.
осты́|ть (**-ну, -нешь**) *сов от* **стыть** ♦ (*impf* **остывáть**) *неперех* to cool down.
ос|уди́ть (**-ужý, -ýдишь**; *impf* **осуждáть**) *сов перех* to condemn; (*приговорить*) to convict.
осуждéни|е (**-я**) *ср* (*см глаг*) condemnation; conviction.
осуждённ|ый (**-ого**) *м* convict.
ос|уши́ть (**-ушý, -ýшишь**; *impf* **осушáть**) *сов перех* to drain.
осуществ|и́ть (**-лю́, -и́шь**; *impf* **осуществля́ть**) *сов перех* (*мечту, идею*) to realize; (*план*) to implement; **~ся** (*impf* **осуществля́ться**) *сов возв* (*мечты, идея*) to be realized.
осчастли́в|ить (**-лю, -ишь**) *сов перех* to make happy.
осы́п|ать (**-лю, -лешь**; *impf* **осыпáть**) *сов перех*; **осыпáть** (~ *pf*) **когó-н/что-н чем-н** to scatter sth over sb/sth; (*перен*: *подарками, поцелуями*) to shower sb/sth with sth; **~ся** (*impf* **осыпáться**) *сов возв* (*насыпь*) to subside; (*штукатурка*) to crumble; (*листья*) to fall.
ос|ь (**-и**; *loc sg* **-и́**) *ж* (*механизма*) axle; (*ГЕОМ*) axis.
осьминóг (**-а**) *м* octopus.

KEYWORD

от *предл* (*+gen*) **1** from; **он отошёл от столá** he moved away from the table; **он узнáл об э́том от дрýга** he found out about it from a friend
2 (*указывает на причину*): **бумáга размóкла от дождя́** the paper got wet with rain; **от злóсти** with anger; **от рáдости** for joy; **от удивлéния** in surprise; **от разочаровáния/стрáха** out of disappointment/fear
3 (*указывает на что-н, против чего направлено действие*) for; **лекáрство от кáшля** medicine for a cough, cough medicine
4 (*о части целого*): **рýчка/ключ от двéри** door handle/key; **я**

потеря́л пу́говицу от пальто́ I lost the button off my coat
5 (*в датах*): **письмо́ от пе́рвого февраля́** a letter of *или* dated the first of February
6 (*о временной последовательности*): **год от го́да** from year to year; **вре́мя от вре́мени** from time to time.

ота́плива|ть (**-ю**) *несов перех* to heat; **~ся** *несов возв* to be heated.
отбежа́ть (*как* **бежа́ть**; *см* **Table 20**; *impf* **отбега́ть**) *сов* to run off.
отб|ели́ть (**-елю́, -е́лишь**; *impf* **отбе́ливать**) *сов перех* to bleach.
отбивн|а́я (**-о́й**) *ж* tenderized steak; (*также:* **~ котле́та**) chop.
отбира́|ть (**-ю**) *несов от* **отобра́ть**.
от|би́ть (**-обью́, -обьёшь**; *impf* **отбива́ть**) *сов перех* (*отколоть*) to break off; (*мяч, удар*) to fend off; (*атаку*) to repulse; (*мясо*) to tenderize; **~ся** (*impf* **отбива́ться**) *сов возв*; **~ся** *(pf)* **(от** *+gen***)** (*от нападающих*) to defend o.s. (against); (*отстать*) to fall behind.
отблагодар|и́ть (**-ю́, -и́шь**) *сов перех* to show one's gratitude to.
отбо́р (**-а**) *м* selection.
отбо́рный *прил* selected.
отбро́|сить (**-шу, -сишь**; *impf* **отбра́сывать**) *сов перех* to throw aside; (*сомнения*) to cast aside; (*тень*) to cast.
отбро́с|ы (**-ов**) *мн* (*производства*) waste *ед*; (*пищевые*) scraps *мн*.
отб|ы́ть (*как* **быть**; *см* **Table 21**; *impf* **отбыва́ть**) *сов*: **~ (из** *+gen***/в** *+acc***)** to depart (from/for) ◆ (*pt* **-ы́л, -ыла́, -ы́ло**) *перех*: **~ наказа́ние** to serve a sentence.
отва́жный *прил* brave.
отва́р (**-а**) *м* (*мясной*) broth.
отв|ари́ть (**-арю́, -а́ришь**; *impf* **отва́ривать**) *сов перех* to boil.
отв|езти́ (**-езу́, -езёшь**; *pt* **-ёз, -езла́**, *impf* **отвози́ть**) *сов перех* (*увезти*) to take away; **отвози́ть (~** *pf***) кого́-н/что-н в го́род/на да́чу** to take sb/sth off to town/the dacha.
отве́ргн|уть (**-у**; *impf* **отверга́ть**) *сов перех* (*решение, помощь*) to reject.
отверн|у́ть (**-у́, -ёшь**; *impf* **отвёртывать**) *сов перех* (*гайку*) to unscrew; (*рукав*) to turn back; (*impf* **отвора́чивать**; *лицо, голову*) to turn away; **~ся** (*impf* **отвора́чиваться**) *сов возв* (*человек*) to turn away.
отве́рсти|е (**-я**) *ср* opening.
отвёрт|ка (**-ки**; *gen pl* **-ок**) *ж* screwdriver.
отв|ести́ (**-еду́, -едёшь**; *pt* **-ёл, -ела́**, *impf* **отводи́ть**) *сов перех* (*человека*: *домой, к врачу*) to take (off); (: *от окна*) to lead away; (*глаза, взгляд*) to avert; (*кандидатуру*) to reject; (*участок*) to allot; (*средства*) to allocate.
отве́т (**-а**) *м* (*на вопрос*) answer; (*реакция*) response; (*на письмо, на приглашение*) reply; **в ~ (на** *+acc***)** in response (to); **быть** *(impf)* **в ~е за** *+acc* to be answerable for.
ответвле́ни|е (**-я**) *ср* branch.
отве́|тить (**-чу, -тишь**; *impf* **отвеча́ть**) *сов*: **~ (на** *+acc***)** to answer, reply (to); **~** *(pf)* **за** *+acc* (*за преступление*) to answer for.
отве́тственност|ь (**-и**) *ж* (*за поступки*) responsibility; (*задания*) importance; **нести́ (понести́** *pf***) ~ за** *+acc* to be responsible for;

привлека́ть (привле́чь *pf*) **кого́-н к ~и** to call sb to account.

отве́тственный *прил*: **~ (за** *+acc*) responsible (for); (*важный*) important; **~ рабо́тник** executive.

отвеча́|ть (**-ю**) *несов от* **отве́тить** ♦ *неперех*: **~** *+dat* (*требованиям*) to meet; (*описанию*) to answer; **~** (*impf*) **за кого́-н/что-н** to be responsible for sb/sth.

отвл|е́чь (**-еку́, -ечёшь** *итп*, **-еку́т**; *pt* **-ёк, -екла́**, *impf* **отвлека́ть**) *сов перех*: **~ (от** *+gen*) (*от дел*) to distract (from); (*противника*) to divert (from); **~ся** (*impf* **отвлека́ться**) *сов возв*: **~ся (от** *+gen*) to be distracted (from); (*от темы*) to digress (from).

отв|оди́ть (**-ожу́, -о́дишь**) *несов от* **отвести́**.

отво|ева́ть (**-ю́ю**; *impf* **отвоёвывать**) *сов перех* to win back.

отв|ози́ть (**-ожу́, -о́зишь**) *несов от* **отвезти́**.

отвора́чива|ть(ся) (**-ю(сь)**) *несов от* **отверну́ть(ся)**.

отврати́тельный *прил* disgusting.

отвраще́ни|е (**-я**) *ср* disgust.

отвы́к|нуть (**-ну**; *pt* **-, -ла**, *impf* **отвыка́ть**) *сов*: **~ от** *+gen* (*от людей, от работы*) to become unaccustomed to; (*от наркотиков*) to give up.

отв|яза́ть (**-яжу́, -я́жешь**; *impf* **отвя́зывать**) *сов перех* (*верёвку*) to untie; **~ся** (*impf* **отвя́зываться**) *сов возв* (*разг*): **~ся от** *+gen* (*отделаться*) to get rid of.

отгада́|ть (**-ю**; *impf* **отга́дывать**) *сов перех* to guess.

отговор|и́ть (**-ю́, -и́шь**; *impf* **отгова́ривать**) *сов перех*: **~ кого́-н от чего́-н/** *+infin* to dissuade sb from sth/from doing.

отгово́р|ка (**-ки**; *gen pl* **-ок**) *ж* excuse.

отгоня́|ть (**-ю**) *несов от* **отогна́ть**.

отгу́л (**-а**) *м* day off.

отда|ва́ть (**-ю́, -ёшь**) *несов от* **отда́ть**.

отдалённый *прил* distant; (*место, сходство*) remote.

отда́ть (*как* **дать**; *см* **Table 16**; *impf* **отдава́ть**) *сов перех* (*возвратить*) to return; (*дать*) to give; (*ребёнка*: *в школу*) to send; **отдава́ть (~** *pf*) **кого́-н под суд** to prosecute sb; **отдава́ть (~** *pf*) **кому́-н честь** to salute sb; **отдава́ть (~** *pf*) **себе́ отчёт** to realize.

отде́л (**-а**) *м* (*учреждения*) department; (*газеты*) section; (*истории, науки*) branch; **~ ка́дров** personnel department.

отде́ла|ть (**-ю**; *impf* **отде́лывать**) *сов перех* (*квартиру*) to do up; **отде́лывать (~** *pf*) **что-н чем-н** (*пальто*: *мехом*) to trim sth with sth; **~ся** (*impf* **отде́лываться**) *сов возв*: **~ся от** *+gen* (*разг*) to get rid of; **~ся** (*pf*) *+instr* (*разг*: *лёгким ушибом*) to get away with.

отделе́ни|е (**-я**) *ср* section; (*учреждения*) department; (*филиал*) branch; (*концерта*) part; **~ свя́зи** post office; **~ мили́ции** police station.

отд|ели́ть (**-елю́, -е́лишь**; *impf* **отделя́ть**) *сов перех* to separate; **~ся** (*impf* **отделя́ться**) *сов возв*: **~ся (от** *+gen*) to separate (from).

отде́л|ка (**-ки**; *gen pl* **-ок**) *ж* decoration; (*на платье*) trimmings *мн.*

отде́лыва|ть(ся) (**-ю(сь)**) *несов от* **отде́лать(ся)**.

отде́льный *прил* separate.

отдохн|у́ть (**-у́, -ёшь**; *impf* **отдыха́ть**) *сов* to (have a) rest; (*на море*) to have a holiday, take a vacation (*US*).

о́тдых (**-а**) *м* rest; (*отпуск*) holiday, vacation (*US*); **на ~е** (*в отпуске*) on holiday; **дом ~а** holiday centre (*BRIT*) *или* center (*US*).

отдыха́|ть (**-ю**) *несов от* **отдохну́ть**.

отдыха́ющ|ий (**-его**) *м* holidaymaker (*BRIT*), vacationer (*US*).

отёк (**-а**) *м* swelling.

отека́|ть (**-ю**) *несов от* **отёчь**.

оте́л|ь (**-я**) *м* hotel.

от|е́ц (**-ца́**) *м* father.

оте́чественн|ый *прил* (*промышленность*) domestic; **О~ая Война́** patriotic war (*fought in defence of one's country*).

оте́честв|о (**-а**) *ср* fatherland.

от|е́чь (**-еку́, -ечёшь** *итп*, **-еку́т**; *pt* **отёк, -екла́, -екло́**, *impf* **отека́ть**) *сов* to swell up.

о́тзвук (**-а**) *м* echo.

о́тзыв (**-а**) *м* (*рецензия*) review.

отзыва́|ть(ся) (**-ю(сь)**) *несов от* **отозва́ть(ся)**.

отзы́вчивый *прил* ready to help.

отка́з (**-а**) *м* refusal; (*от решения*) rejection; (*механизма*) failure; **закру́чивать (закрути́ть** *pf***) что-н до ~а** to turn sth full on; **набива́ть (наби́ть** *pf***) до ~а** to cram.

отк|аза́ть (**-ажу́, -а́жешь**; *impf* **отка́зывать**) *сов* (*мотор, нервы*) to fail; **отка́зывать (~** *pf***) кому́-н в чём-н** to refuse sb sth; (*в помощи*) to deny sb sth; **~ся** (*impf* **отка́зываться**) *сов возв*: **~ся (от** *+gen***)** to refuse; (*от отдыха, от мысли*) to give up; **отка́зываться (~ся** *pf***) от свои́х слов** to retract one's words.

отка́лыва|ть(ся) (**-ю(сь)**) *несов от* **отколо́ть(ся)**.

откача́|ть (**-ю**; *impf* **отка́чивать**) *сов перех* (*жидкость, газ*) to pump (out).

отки́н|уть (**-у**; *impf* **отки́дывать**) *сов перех* to throw; (*верх, сидение*) to open; (*волосы, голову*) to toss back; **~ся** (*impf* **отки́дываться**) *сов возв*: **~ся на** *+acc* to lean back against.

откла́дыва|ть (**-ю**) *несов от* **отложи́ть**.

откл|они́ть (**-оню́, -о́нишь**; *impf* **отклоня́ть**) *сов перех* (*перен*: *просьбу, предложение*) to reject; **~ся** (*impf* **отклоня́ться**) *сов возв* (*стрелка*) to deflect; (*перен*: *в сторону, от удара*) to dodge; (*от курса, на север*) to be deflected; **отклоня́ться (~ся** *pf***) от те́мы** to digress.

отключ|и́ть (**-у́, -и́шь**; *impf* **отключа́ть**) *сов перех* to switch off; (*телефон*) to cut off; **~ся** (*impf* **отключа́ться**) *сов возв* to switch off.

отк|оло́ть (**-олю́, -о́лешь**; *impf* **отка́лывать**) *сов перех* (*кусок*) to break off; (*бант, булавку*) to unpin; **~ся** (*impf* **отка́лываться**) *сов возв* to break off.

открове́нно *нареч* frankly.

открове́нный *прил* frank; (*обман*) blatant.

откро́ю(сь) *итп сов см* **откры́ть(ся)**.

откр|ути́ть (**-учу́, -у́тишь**; *impf* **откру́чивать**) *сов перех* to unscrew.

открыва́л|ка (**-ки**; *gen pl* **-ок**) *ж* (*разг: для консервов*) tin-opener; (*для бутылок*) bottle-opener.

открыва́|ть(ся) (**-ю(сь)**) *несов от* **откры́ть(ся)**.

откры́ти|е (**-я**) *ср* discovery; (*сезона, выставки*) opening.

откры́т|ка (**-ки**; *gen pl* **-ок**) *ж* postcard.

откры́тый *прил* open; (*голова, шея*) bare; (*взгляд, человек*) frank.

откр|ы́ть (**-о́ю, -о́ешь**; *impf* **открыва́ть**) *сов перех* to open; (*намерения, правду итп*) to reveal; (*воду, кран*) to turn on; (*возможность, путь*) to open up; (*закон*) to discover; **~ся** (*impf* **открыва́ться**) *сов возв* to open; (*возможность, путь*) to open up.

отку́да *нареч* where from ◆ *союз* from where, whence; **Вы ~ ?** where are you from?; **~ Вы прие́хали?** where have you come from?; **~ ты э́то зна́ешь?** how do you know about that?

отку́да-нибудь *нареч* from somewhere (or other).

отку́да-то *нареч* from somewhere.

отк|уси́ть (**-ушу́, -у́сишь**; *impf* **отку́сывать**) *сов перех* to bite off.

отлага́тельств|о (**-а**) *ср* delay.

отла́мыва|ть(ся) (**-ю**) *несов от* **отломи́ть(ся)**.

отле|те́ть (**-чу́, -ти́шь**; *impf* **отлета́ть**) *сов* to fly off; (*мяч*) to fly back.

отли́в (**-а**) *м* (*в море*) ebb; (*оттенок*) sheen.

отлича́|ть (**-ю**) *несов от* **отличи́ть**; **~ся** *возв* (*не походить*): **~ся (от** *+gen*) to be different (from).

отли́чи|е (**-я**) *ср* distinction; **в ~ от** *+gen* unlike.

отличи́тельный *прил* (*черта*) distinguishing.

отлич|и́ть (**-у́, -и́шь**; *impf* **отлича́ть**) *сов перех* (*наградить*) to honour (*BRIT*), honor (*US*); **отлича́ть (~** *pf*) **кого́-н/что-н от** *+gen* to tell sb/sth from.

отли́чник (**-а**) *м* 'A' grade pupil.

отли́чно *нареч* extremely well ◆ *как сказ* it's excellent *или* great ◆ *ср нескл* (*ПРОСВЕЩ*) excellent *или* outstanding (*school mark*); **он ~ зна́ет, что он винова́т** he knows perfectly well that he's wrong; **учи́ться** (*impf*) **на ~** to get top marks.

отли́чный *прил* excellent; (*иной*): **~ от** *+gen* distinct from.

отл|ожи́ть (**-ожу́, -о́жишь**; *impf* **откла́дывать**) *сов перех* (*деньги*) to put aside; (*собрание*) to postpone.

отл|оми́ть (**-омлю́, -о́мишь**; *impf* **отла́мывать**) *сов перех* to break off; **~ся** (*impf* **отла́мываться**) *сов возв* to break off.

отмахн|у́ться (**-у́сь, -ёшься**; *impf* **отма́хиваться**) *сов возв*: **~ от** *+gen* (*от мухи*) to brush away; (*от предложения*) to brush *или* wave aside.

отме́н|а (**-ы**) *ж* (*см глаг*) repeal; reversal; abolition; cancellation.

отм|ени́ть (**-еню́, -е́нишь**; *impf* **отменя́ть**) *сов перех* (*закон*) to repeal; (*решение, приговор*) to reverse; (*налог*) to abolish; (*лекцию*) to cancel.

отме́|тить (**-чу, -тишь**; *impf* **отмеча́ть**) *сов перех* (*на карте, в книге*) to mark; (*указать*) to note;

(*юбилей*) to celebrate; **~ся** (*impf* **отмеча́ться**) *сов возв* to register.
отме́т|ка (**-ки**; *gen pl* **-ок**) *ж* mark; (*в документе*) note.
отмеча́|ть(ся) (**-ю(сь)**) *несов от* **отме́тить(ся)**.
отморо́|зить (**-жу, -зишь**; *impf* **отмора́живать**) *сов перех*: **~ ру́ки/но́ги** to get frostbite in one's hands/feet.
отм|ы́ть (**-о́ю, -о́ешь**; *impf* **отмыва́ть**) *сов перех*: **~ что-н** to get sth clean; (*грязь*) to wash sth out.
отн|ести́ (**-есу́, -есёшь**; *pt* **-ёс, -есла́**, *impf* **относи́ть**) *сов перех* to take (off); (*подлеж: течение*) to carry off; (*причислить к*): **~ что-н к** *+dat* (*к периоду, к году*) to date sth back to; (*к категории*) to put sth into; **относи́ть (~** *pf***) что-н за** *или* **на счёт** *+gen* to put sth down to; **~сь** (*impf* **относи́ться**) *сов возв*: **~сь к** *+dat* (*к человеку*) to treat; (*к предложению, к событию*) to take.
отнима́|ть (**-ю**) *несов от* **отня́ть**.
относи́тельно *нареч* relatively ◆ *предл*: **~** *+gen* (*в отношении*) regarding, with regard to.
относи́тельный *прил* relative.
отн|оси́ть (**-ошу́, -о́сишь**) *несов от* **отнести́**; **~ся** *несов от* **отнести́сь** ◆ *возв*: **~ся к** *+dat* to relate to; (*к классу*) to belong to; (*к году*) to date from; **он к ней хорошо́ ~о́сится** he likes her; **как ты ~о́сишься к нему́?** what do you think about him?; **э́то к нам не ~о́сится** it has nothing to do with us.
отноше́ни|е (**-я**) *ср* (*MAT*) ratio; **~ к** *+dat* attitude (to); (*связь*) relation (to); **в ~и** *+gen* with regard to; **по ~ю к** *+dat* towards; **в э́том ~и** in this respect *или* regard; **в не́котором ~и** in certain respects; **име́ть** (*impf*) **~ к** *+dat* to be connected with; **не име́ть** (*impf*) **~я к** *+dat* to have nothing to do with.
отню́дь *нареч*: **~ не** by no means, far from; **~ нет** absolutely not.
отн|я́ть (**-иму́, -и́мешь**; *impf* **отнима́ть**) *сов перех* to take away; (*силы, время*) to take up.
ото *предл см* **от**.
от|обра́ть (**-беру́, -берёшь**; *pt* **-обра́л, -обрала́**, *impf* **отбира́ть**) *сов перех* (*отнять*) to take away; (*выбрать*) to select.
отовсю́ду *нареч* from all around.
от|огна́ть (**-гоню́, -го́нишь**; *impf* **отгоня́ть**) *сов перех* to chase away.
отодви́н|уть (**-у**; *impf* **отодвига́ть**) *сов перех* (*шкаф*) to move; (*засов*) to slide back; (*срок, экзамен*) to put back; **~ся** (*impf* **отодвига́ться**) *сов возв* (*человек*) to move.
от|озва́ть (**-зову́, -зовёшь**; *impf* **отзыва́ть**) *сов перех* to call back; (*посла, документы*) to recall; **отзыва́ть (~** *pf***) кого́-н в сто́рону** to take sb aside; **~ся** (*impf* **отзыва́ться**) *сов возв*: **~ся (на** *+acc*) to respond (to); **хорошо́/пло́хо ~ся** (*pf*) **о** *+prp* to speak well/badly of.
отойти́ (*как* **идти́**; *см* **Table 18**; *impf* **отходи́ть**) *сов* (*поезд, автобус*) to leave; (*пятно*) to come out; (*отлучиться*) to go off; **отходи́ть (~** *pf***) от** *+gen* to move away from; (*перен: от друзей, от взглядов*) to distance o.s. from; (*от темы, от оригинала*) to depart from.

отом|сти́ть (**-щу́, -сти́шь**) *сов от* **мстить**.
отопи́тельный *прил* (*прибор*) heating; **~ сезо́н** the cold season.
отопле́ни|е (**-я**) *ср* heating.
оторв|а́ть (**-у́, -ёшь**; *impf* **отрыва́ть**) *сов перех* to tear off; **отрыва́ть** (**~** *pf*) (**от** *+gen*) to tear away (from); **~ся** (*impf* **отрыва́ться**) *сов возв* (*пуговица*) to come off; **отрыва́ться** (**~ся** *pf*) (**от** *+gen*) (*от работы*) to tear o.s. away (from); (*от преследователей*) to break away (from); (*от семьи*) to lose touch (with); **отрыва́ться** (**~ся** *pf*) **от земли́** (*самолёт*) to take off.
отпева́ни|е (**-я**) *ср* funeral service.
отпева́|ть (**-ю**) *несов от* **отпе́ть**.
от|пере́ть (**-опру́, -опрёшь**; *pt* **-пер, -перла́, -перло**, *impf* **отпира́ть**) *сов перех* to unlock.
отп|е́ть (**-ою́, -оёшь**; *impf* **отпева́ть**) *сов перех* (*РЕЛ*) to read a service for.
отпеча́та|ть (**-ю**; *impf* **отпеча́тывать**) *сов перех* to print; **~ся** (*impf* **отпеча́тываться**) *сов возв* (*на земле*) to leave a print; (*перен*: *в памяти*) to imprint itself.
отпеча́т|ок (**-ка**) *м* imprint; **~ки па́льцев** fingerprints.
отпира́|ть (**-ю**) *несов от* **отпере́ть**.
отпл|ати́ть (**-ачу́, -а́тишь**; *impf* **отпла́чивать**) *сов*: **~** *+dat* (*наградить*) to repay; (*отомстить*) to pay back.
отплы́|ть (**-ву́, -вёшь**; *impf* **отплыва́ть**) *сов* (*человек*) to swim off; (*корабль*) to set sail.
отполз|ти́ (**-у́, -ёшь**; *impf* **отполза́ть**) *сов* to crawl away.
отпо́р (**-а**) *м*: **дать ~** *+dat* (*врагу*) to repel, repulse.
отправи́тел|ь (**-я**) *м* sender.
отпра́в|ить (**-лю, -ишь**; *impf* **отправля́ть**) *сов перех* to send; **~ся** (*impf* **отправля́ться**) *сов возв* (*человек*) to set off.
отпра́в|ка (**-ки**; *gen pl* **-ок**) *ж* (*письма, посылки*) posting; (*груза*) dispatch.
отправле́ни|е (**-я**) *ср* (*письма, посылки*) dispatch; (*почтовое*) item.
отправн|о́й *прил*: **~ пункт** point of departure; **~а́я то́чка** (*перен*) starting point.
о́тпуск (**-а**) *м* holiday (*BRIT*), vacation (*US*); **быть** *(impf)* **в ~е** to be on holiday.
отп|усти́ть (**-ущу́, -у́стишь**; *impf* **отпуска́ть**) *сов перех* to let out; (*из рук*) to let go of; (*товар*) to sell; (*деньги*) to release; (*бороду*) to grow.
отрабо́та|ть (**-ю**; *impf* **отраба́тывать**) *сов перех* (*какое-то время*) to work; (*освоить*) to work on, polish ♦ *неперех* (*кончить работать*) to finish work.
отр|ави́ть (**-авлю́, -а́вишь**; *impf* **отравля́ть**) *сов перех* to poison; (*перен*: *праздник*) to spoil; **~ся** *сов от* **трави́ться** ♦ (*impf* **отравля́ться**) *возв* to poison o.s.; (*едой*) to get food-poisoning.
отраже́ни|е (**-я**) *ср* (*см глаг*) reflection; deflection.
отра|зи́ть (**-жу́, -зи́шь**; *impf* **отража́ть**) *сов перех* to reflect; (*удар*) to deflect; **~ся** (*impf* **отража́ться**) *сов возв* to be reflected; **отража́ться** (**~ся** *pf*) **на** *+prp* (*на здоровье*) to have an effect on.

о́трасл|ь (**-и**) *ж* branch (*of industry*).
отр|асти́ (*3sg* **-астёт**, *pt* **-о́с, -осла́**, *impf* **отраста́ть**) *сов* to grow.
отра|сти́ть (**-щу́, -сти́шь**; *impf* **отра́щивать**) *сов перех* to grow.
отре́з (**-а**) *м* piece of fabric.
отре́|зать (**-жу, -жешь**; *impf* **отреза́ть**) *сов перех* to cut off.
отре́з|ок (**-ка**) *м* (*ткани*) piece; (*пути*) section; (*времени*) period.
отр|е́чься (**-еку́сь, -ечёшься** *итп*, **-еку́тся**; *pt* **-ёкся, -екла́сь**, *impf* **отрека́ться**) *сов возв*: **~ от** *+gen* to renounce; **отрека́ться** (**~** *pf*) **от престо́ла** to abdicate.
отрица́ни|е (**-я**) *ср* denial; (*линг*) negation.
отрица́тельный *прил* negative.
отрица́|ть (**-ю**) *несов перех* to deny; (*моду итп*) to reject.
отро́ст|ок (**-ка**) *м* (*побег*) shoot.
отр|уби́ть (**-ублю́, -у́бишь**; *impf* **отруба́ть**) *сов перех* to chop off.
отруга́|ть (**-ю**) *сов от* **руга́ть**.
отры́в (**-а**) *м*: **~ от** *+gen* (*от семьи*) separation from; **ли́ния ~а** perforated line; **быть** (*impf*) **в ~е от** *+gen* to be cut off from.
отрыва́|ть(ся) (**-ю(сь)**) *несов от* **оторва́ть(ся)**.
отры́в|ок (**-ка**) *м* excerpt.
отры́вочный *прил* fragmented.
отря́д (**-а**) *м* party, group; (*ВОЕН*) detachment.
отряхн|у́ть (**-у́, -ёшь**; *impf* **отря́хивать**) *сов перех* (*снег, пыль*) to shake off; (*пальто, сапоги*) to shake down.
отсе́к (**-а**) *м* compartment.
отс|е́чь (**-еку́, -ечёшь** *итп*, **-ку́т**; *pt* **-ёк, -екла́**, *impf* **отсека́ть**) *сов перех* to cut off.
отск|очи́ть (**-очу́, -о́чишь**; *impf* **отска́кивать**) *сов* (*в сторону, назад*) to jump; (*разг*: *пуговица, кнопка*) to come off; **отска́кивать** (**~** *pf*) **от** *+gen* (*мяч*) to bounce off; (*человек*) to jump off.
отсоедин|и́ть (**-ю́, -и́шь**; *impf* **отсоединя́ть**) *сов перех* to disconnect.
отсро́ч|ить (**-у, -ишь**; *impf* **отсро́чивать**) *сов перех* to defer.
отста|ва́ть (**-ю́, -ёшь**) *несов от* **отста́ть**.
отста́в|ка (**-ки**; *gen pl* **-ок**) *ж* retirement; **подава́ть** (**пода́ть** *pf*) **в ~ку** to offer one's resignation.
отста́ива|ть(ся) (**-ю**) *несов от* **отстоя́ть(ся)**.
отста́лый *прил* backward.
отста́|ть (**-ну, -нешь**; *impf* **отстава́ть**) *сов* (*перен*: *в учёбе, в работе*) to fall behind; (*часы*) to be slow; **отстава́ть** (**~** *pf*) (**от** *+gen*) (*от группы*) to fall behind; (*от поезда, от автобуса*) to be left behind; **~нь от меня́!** stop pestering me!
отстегн|у́ть (**-у́, -ёшь**; *impf* **отстёгивать**) *сов перех* to unfasten.
отсто|я́ть (**-ю́, -и́шь**; *impf* **отста́ивать**) *сов перех* (*город, своё мнение*) to defend; (*раствор*) to allow to stand; (*два часа итп*) to wait; **~ся** (*impf* **отста́иваться**) *сов возв* to settle.
отстран|и́ть (**-ю́, -и́шь**; *impf* **отстраня́ть**) *сов перех* (*отодвинуть*) to push away; (*уволить*): **~ от** *+gen* to relieve of; **~ся** (*impf* **отстраня́ться**) *сов возв*: **~ся от** *+gen* (*от должности*) to relinquish; (*отодвинуться*) to draw back.

отст|упи́ть (**-уплю́, -у́пишь**; *impf* **отступа́ть**) *сов* to step back; (*ВОЕН*) to retreat; (*перен*: *перед трудностями*) to give up.
отступле́ни|е (**-я**) *ср* (*также ВОЕН*) retreat; (*от темы*) digression.
отсу́тстви|е (**-я**) *ср* (*человека*) absence; (*денег, вкуса*) lack.
отсу́тств|овать (**-ую**) *несов* (*в классе итп*) to be absent; (*желание*) to be lacking.
отсу́тствующ|ий *прил* (*взгляд, вид*) absent ♦ (**-его**) *м* absentee.
отсчёт (**-а**) *м* (*минут*) calculation.
отсчита́|ть (**-ю**; *impf* **отсчи́тывать**) *сов перех* (*деньги*) to count out.
отсю́да *нареч* from here.
отта́ива|ть (**-ю**) *несов от* **отта́ять**.
отта́лкива|ть(ся) (**-ю(сь)**) *несов от* **оттолкну́ть(ся)**.
отт|ащи́ть (**-ащу́, -а́щишь**; *impf* **отта́скивать**) *сов перех* to drag.
отта́|ять (**-ю**; *impf* **отта́ивать**) *сов* (*земля*) to thaw; (*мясо, рыба*) to thaw out.
отте́н|ок (**-ка**) *м* shade.
о́ттепел|ь (**-и**) *ж* thaw.
о́ттиск (**-а**) *м* (*ступни*) impression; (*рисунка*) print.
оттого́ *нареч* that is why; **~ что** because.
оттолкн|у́ть (**-у́, -ёшь**; *impf* **отта́лкивать**) *сов перех* to push away; **~ся** (*impf* **отта́лкиваться**) *сов возв*: **~ся от чего́-н** (*от берега*) to push o.s. away *или* back from sth; (*перен*: *от данных*) to take sth as one's starting point.
отту́да *нареч* from there.
отт|яну́ть (**-яну́, -я́нешь**; *impf* **оття́гивать**) *сов перех* to pull back; (*карман*) to stretch; (*разг*: *выполнение*) to delay; **оття́гивать** (**~** *impf*) **вре́мя** to play for time.
от|учи́ть (**-учу́, -у́чишь**; *impf* **отуча́ть**) *сов перех*: **~ кого́-н от** *+gen* (*от курения*) to wean sb off; **отуча́ть** (**~** *pf*) **кого́-н** *+infin* (*врать*) to teach sb not to do; **~ся** (*impf* **отуча́ться**) *сов возв*: **~ся** *+infin* to get out of the habit of doing.
отхлы́н|уть (*3sg* **-ет**) *сов* (*волны*) to roll back.
отхо́д (**-а**) *м* departure; (*ВОЕН*) withdrawal; *см также* **отхо́ды**.
отх|оди́ть (**-ожу́, -о́дишь**) *несов от* **отойти́**.
отхо́д|ы (**-ов**) *мн* (*промышленности итп*) waste *ед*.
отца́ *итп сущ см* **оте́ц**.
отцо́вский *прил* father's; (*чувства*) paternal.
отча́ива|ться (**-юсь**) *несов от* **отча́яться**.
отча́л|ить (**-ю, -ишь**; *impf* **отча́ливать**) *сов* to set sail.
отча́сти *нареч* partially.
отча́яни|е (**-я**) *ср* despair.
отча́янно *нареч* (*пытаться*) desperately; (*спорить*) fiercely.
отча́янный *прил* desperate; (*смелый*) daring.
отча́|яться (**-юсь**; *impf* **отча́иваться**) *сов возв*: **~** (*+infin*) to despair (of doing).
отчего́ *нареч* (*почему*) why ♦ *союз* (*вследствие чего*) which is why.
отчего́-нибудь *нареч* for any reason.
отчего́-то *нареч* for some reason.
о́тчеств|о (**-а**) *ср* patronymic.
отчёт (**-а**) *м* account; **фина́нсовый ~** financial report; **отдава́ть** (**отда́ть** *pf*) **себе́ ~ в**

чём-н to realize sth.
отчётливый *прил* distinct; (*объяснение*) clear.
отчётност|ь (**-и**) *ж* accountability.
отчётный *прил* (*собрание*) review; (*год*) current; **~ докла́д** report; **~ пери́од** accounting period.
отчи́зн|а (**-ы**) *ж* mother country.
о́тчим (**-а**) *м* stepfather.
отчисле́ни|е (**-я**) *ср* (*работника*) dismissal; (*студента*) expulsion; (*обычно мн*: *на строительство*) allocation *ед*; (: *денежные*: *удержание*) deduction; (: *выделение*) assignment.
отчи́сл|ить (**-ю, -ишь**; *impf* **отчисля́ть**) *сов перех* (*работника*) to dismiss; (*студента*) to expel; (*деньги*: *удержать*) to deduct; (: *выделить*) to assign.
отчита́|ть (**-ю**; *impf* **отчи́тывать**) *сов перех* (*ребёнка*) to tell off; **~ся** (*impf* **отчи́тываться**) *сов возв* to report.
отчужде́ни|е (**-я**) *ср* estrangement.
отше́льник (**-а**) *м* hermit.
отъе́зд (**-а**) *м* departure; **быть** (*impf*) **в ~е** to be away.
отъе́хать (*как* **е́хать**; *см* **Table 19**; *impf* **отъезжа́ть**) *сов* to travel; **отъезжа́ть** (**~** *pf*) **от** *+gen* to move away from.
отъя́вленный *прил* (*мошенник итп*) utter.
отыгра́|ть (**-ю**; *impf* **оты́грывать**) *сов перех* to win back; **~ся** (*impf* **оты́грываться**) *сов возв* (*в карты, в шахматы*) to win again; (*перен*) to get one's own back.
от|ыска́ть (**-ыщу́, -ы́щешь**; *impf* **оты́скивать**) *сов перех* to hunt out; (*комп*) to retrieve.
о́фис (**-а**) *м* office.
офице́р (**-а**) *м* (*ВОЕН*) officer; (*разг*: *ШАХМАТЫ*) bishop.
официа́льн|ый *прил* official; **~ое лицо́** official.
официа́нт (**-а**) *м* waiter.
оформи́тел|ь (**-я**) *м*: **~ интерье́ра/спекта́кля** interior/set designer.
офо́рм|ить (**-лю, -ишь**; *impf* **оформля́ть**) *сов перех* (*документы, договор*) to draw up; (*книгу*) to design the layout of; (*витрину*) to dress; (*спектакль*) to design the sets for; **оформля́ть** (**~** *pf*) **кого́-н на рабо́ту** (*+instr*) to take sb on (as); **~ся** (*impf* **оформля́ться**) *сов возв* (*взгляды*) to form; **оформля́ться** (**~ся** *pf*) **на рабо́ту** (*+instr*) to be taken on (as).
оформле́ни|е (**-я**) *ср* design; (*документов, договора*) drawing up; **музыка́льное ~** music.
оформля́|ть(ся) (**-ю(сь)**) *несов от* **офо́рмить**.
охв|ати́ть (**-ачу́, -а́тишь**; *impf* **охва́тывать**) *сов перех* (*подлеж*: *пламя, чувства*) to engulf; (*население*) to cover; **охва́тывать** (**~** *pf*) **что-н чем-н** (*руками, лентой*) to put sth round sth.
охладе́|ть (**-ю**; *impf* **охладева́ть**) *сов* (*отношения*) to cool; **охладева́ть** (**~** *pf*) **к** *+dat* (*к мужу*) to grow cool towards.
охла|ди́ть (**-жу́, -ди́шь**; *impf* **охлажда́ть**) *сов перех* (*воду, чувства*) to cool; **~ся** (*impf* **охлажда́ться**) *сов возв* (*печка, вода*) to cool down.
охо́т|а (**-ы**) *ж* hunt.
охо́|титься (**-чусь, -тишься**) *несов возв*: **~ на** *+acc* to hunt (*to*

kill); ~ *(impf)* **за** *+instr* to hunt (*to catch*); (*перен*: *разг*) to hunt for.
охо́тник (**-а**) *м* hunter.
охо́тничий *прил* hunting.
охо́тно *нареч* willingly.
охра́н|а (**-ы**) *ж* (*защита*: *помещения, президента*) security; (*группа людей*: *президента*) bodyguard; (*растений, животных*) protection; (*здоровья*) care; **~ труда́** health and safety regulations.
охра́нник (**-а**) *м* guard.
охраня́|ть (**-ю**) *несов перех* to guard; (*природу*) to protect.
оц|ени́ть (**-еню́, -е́нишь**; *impf* **оце́нивать**) *сов перех* (*вещь*) to value; (*знания*) to assess; (*признать достоинства*) to appreciate.
оце́н|ка (**-ки**; *gen pl* **-ок**) *ж* (*вещи*) valuation; (*работника, поступка*) assessment; (*отметка*) mark.
оц|епи́ть (**-еплю́, -е́пишь**; *impf* **оцепля́ть**) *сов перех* to cordon off.
оча́г (**-а́**) *м* hearth; (*перен*: *заболевания*) source.
очарова́ни|е (**-я**) *ср* charm.
очарова́тельный *прил* charming.
очар|ова́ть (**-у́ю**; *impf* **очаро́вывать**) *сов перех* to charm.
очеви́д|ец (**-ца**) *м* eyewitness.
очеви́дно *нареч, част* obviously ♦ *как сказ*: **~, что он винова́т** it's obvious that he is guilty ♦ *вводн сл*: **~, он не придёт** apparently he's not coming.
очеви́дный *прил* (*факт*) plain; (*желание*) obvious.
о́чень *нареч* (*+adv, +adj*) very; (*+vb*) very much.
очередно́й *прил* next; (*ближайший*: *задача*) immediate; (: *номер газеты*) latest; (*повторяющийся*: *ссора, глупость*) another.
о́черед|ь (**-и**) *ж* (*порядок*) order; (*место в порядке*) turn; (*группа людей*) queue (*BRIT*), line (*US*); (*тоннеля, завода итп*) section; **в пе́рвую ~** in the first instance; **в поря́дке ~и** when one's turn comes; **в свою́ ~** in turn; **по ~и** in turn.
о́черк (**-а**) *м* (*литературный*) essay; (*газетный*) sketch.
очерта́ни|е (**-я**) *ср* outline *ед*.
очёчник (**-а**) *м* spectacle case.
очисти́тельный *прил* purification.
очи́|стить (**-щу, -стишь**; *impf* **очища́ть**) *сов перех* to clean; (*газ, воду*) to purify; (*город, квартиру*) to clear; **~ся** (*impf* **очища́ться**) *сов возв* (*газ, вода*) to be purified.
очи́стк|а (**-и**) *ж* purification.
очистн|о́й *прил*: **~ы́е сооруже́ния** purification plant *ед*.
очища́|ть(ся) (**-ю**) *несов от* **очи́стить(ся)**.
очи́щенный *прил* (*ХИМ*) purified; (*яблоко, картошка*) peeled.
очк|и́ (**-ов**) *мн* (*для чтения*) glasses *мн*, spectacles *мн*; (*для плавания*) goggles *мн*; **защи́тные ~** safety specs.
очк|о́ (**-а**) *ср* (*СПОРТ*) point; (*КАРТЫ*) pip.
очн|у́ться (**-у́сь, -ёшься**) *сов возв* (*после сна*) to wake up; (*после обморока*) to come round.
о́чн|ый *прил* (*обучение, институт итп*) *with direct contact between students and teachers*; **~ая ста́вка** (*ЮР*) confrontation.
оч|ути́ться (*2sg* **-у́тишься**) *сов возв* to end up.

ошéйник (**-а**) *м* collar.
ош|ибúться (**-ибýсь, -ибёшься**; *pt* **-úбся, -úблась**, *impf* **ошибáться**) *сов возв* to make a mistake; **ошибáться** (**~** *pf*) **в ком-н** to misjudge sb.
ошúб|ка (**-ки**; *gen pl* **-ок**) *ж* mistake, error; **по ~ке** by mistake.
ошúбочный *прил* (*мнение*) mistaken, erroneous; (*суждение, вывод*) wrong.
ощýпа|ть (**-ю**; *impf* **ощýпывать**) *сов перех* (*стол*) to feel for; (*лицо*) to feel.
óщуп|ь (**-и**) *ж*: **на ~** by touch; **пробирáться** (*impf*) **на ~** to grope one's way through.
ощу|тúть (**-щý, -тúшь**; *impf* **ощущáть**) *сов перех* (*запах*) to notice; (*радость, желание, боль*) to feel.
ощущéни|е (**-я**) *ср* sense; (*радости, боли*) feeling.

П, п

павильóн (**-а**) *м* pavilion.
павлúн (**-а**) *м* peacock.
пáгубный *прил* (*последствия*) ruinous; (*влияние*) pernicious.
пáда|ть (**-ю**; *pf* **упáсть** *или* **пасть**) *несов* to fall; (*настроение*) to sink; (*дисциплина, нравы*) to decline.
падéж (**-á**) *м* (*ЛИНГ*) case.
падéни|е (**-я**) *ср* fall; (*нравов, дисциплины*) decline.
па|й (**-я**; *nom pl* **-ú**) *м* (*ЭКОН*) share; **на ~ях** jointly.
пáйщик (**-а**) *м* shareholder.
пакéт (**-а**) *м* (*свёрток, КОМП*) package; (*мешок*) (paper *или* plastic) bag.
пак|овáть (**-ýю**; *pf* **за~** *или* **у~**) *несов перех* to pack.
палáт|а (**-ы**) *ж* (*в больнице*) ward; (*ПОЛИТ*) chamber, house.
палáт|ка (**-ки**; *gen pl* **-ок**) *ж* tent.
пáл|ец (**-ьца**) *м* (*руки*) finger; (*ноги*) toe; **большóй ~** (*руки*) thumb; (*ноги*) big toe.
палúтр|а (**-ы**) *ж* palette.
пáл|ка (**-ки**; *gen pl* **-ок**) *ж* stick.
палóмничеств|о (**-а**) *ср* pilgrimage.
пáлоч|ка (**-ки**; *gen pl* **-ек**) *ж* (*МУЗ*): **дирижёрская ~** (conductor's) baton; **волшéбная ~** magic wand.
пáлуб|а (**-ы**) *ж* (*МОР*) deck.
пáльм|а (**-ы**) *ж* palm (tree).
пальтó *ср нескл* overcoat.
пáмятник (**-а**) *м* monument; (*на могиле*) tombstone.
пáмятный *прил* (*день*) memorable; (*подарок*) commemorative.
пáмят|ь (**-и**) *ж* memory; (*воспоминание*) memories *мн*.
панáм|а (**-ы**) *ж* Panama (hat).
панéл|ь (**-и**) *ж* (*СТРОИТ*) panel.
пáник|а (**-и**) *ж* panic.
паник|овáть (**-ýю**) *несов* (*разг*) to panic.
панихúд|а (**-ы**) *ж* (*РЕЛ*) funeral service; **граждáнская ~** civil funeral.
панúческий *прил* panic-stricken.
панорáм|а (**-ы**) *ж* panorama.
пансионáт (**-а**) *м* boarding house.
пáп|а (**-ы**) *м* dad; (*также:* **Рúмский ~**) the Pope.
папирóс|а (**-ы**) *ж* *type of cigarette*.
папирóсн|ый *прил*: **~ая бумáга** (*тонкая бумага*) tissue paper.
пáп|ка (**-ки**; *gen pl* **-ок**) *ж* folder (*BRIT*), file (*US*).
пар (**-а**; *nom pl* **-ы́**) *м* steam; *см также* **пары́**.

пáр|а (**-ы**) *ж* (*туфель итп*) pair; (*супружеская*) couple.
парáграф (**-а**) *м* paragraph.
парáд (**-а**) *м* parade.
парáдн|ое (**-ого**) *ср* entrance.
парáдный *прил* (*вход, лестница*) front, main.
парадóкс (**-а**) *м* paradox.
парадоксáльный *прил* paradoxical.
паразúт (**-а**) *м* parasite.
парализ|овáть (**-ýю**) *(не)сов перех* to paralyze.
паралúч (**-á**) *м* paralysis.
параллéл|ь (**-и**) *ж* parallel.
парáметр (**-а**) *м* parameter.
парашю́т (**-а**) *м* parachute.
парú *ср нескл* bet.
Парúж (**-а**) *м* Paris.
парúк (**-á**) *м* wig.
парикмáхер (**-а**) *м* hairdresser.
парикмáхерск|ая (**-ой**) *ж* hairdresser's (*BRIT*), beauty salon (*US*).
пáр|иться (**-юсь, -ишься**) *несов возв* (*в бане*) to have a sauna.
пар|úть (**-ю́, -úшь**) *несов* to glide.
парк (**-а**) *м* park.
паркéт (**-а**) *м* parquet.
парк|овáть (**-ýю**) *несов перех* to park.
парлáмент (**-а**) *м* parliament.
парлáментский *прил* parliamentary.
парнúк (**-á**) *м* greenhouse.
паровóз (**-а**) *м* steam engine.
паровóй *прил* steam.
парóди|я (**-и**) *ж*: **~ (на** *+acc***)** parody (of).
парóл|ь (**-я**) *м* password.
парóм (**-а**) *м* ferry.
парохóд (**-а**) *м* steamer, steamship.
пáрт|а (**-ы**) *ж* desk.
партéр (**-а**) *м* the stalls *мн*.
партизáн (**-а**; *gen pl* -) *м* partisan, guerrilla.
партúйный *прил* party.
пáрти|я (**-и**) *ж* (*ПОЛИТ*) party; (*МУЗ*) part; (*груза*) consignment; (*изделий: в производстве*) batch; (*СПОРТ*): **~ в шáхматы/волейбóл** a game of chess/volleyball.
партнёр (**-а**) *м* partner.
партнёрств|о (**-а**) *ср* partnership.
пáрус (**-а**; *nom pl* **-á**) *м* sail.
парфюмéри|я (**-и**) *ж собир* *perfume and cosmetic goods.*
пар|ы́ (**-óв**) *мн* vapour *ед* (*BRIT*), vapor *ед* (*US*).
пас (**-а**) *м* (*СПОРТ*) pass.
пáсмурный *прил* overcast, dull.
пáспорт (**-а**; *nom pl* **-á**) *м* passport; (*автомобиля, станка*) registration document.
пассажúр (**-а**) *м* passenger.
пассúвный *прил* (*также ЛИНГ*) passive.
пáст|а (**-ы**) *ж* (*томатная*) purée; **зубнáя ~** toothpaste.
пас|тú (**-ý, -ёшь**; *pt* **-, -лá**) *несов перех* (*скот*) to graze; **~сь** *несов возв* to graze.
паст|илá (**-илы́**; *nom pl* **-úлы**) *ж* ≈ marshmallow.
пастýх (**-á**) *м* (*коров*) herdsman; (*овец*) shepherd.
па|сть (**-дý, -дёшь**; *pt* **-л, -ла, -ло**) *сов от* **пáдать** ♦ (**-сти**) *ж* (*зверя*) mouth.
пáсх|а (**-и**) *ж* (*в иудаизме*) Passover; (*в христианстве*) ≈ Easter.
патéнт (**-а**) *м* patent.
патент|овáть (**-ýю**; *pf* **за~**) *несов перех* to patent.
патолóги|я (**-и**) *ж* pathology.
патриáрх (**-а**) *м* patriarch.
патриóт (**-а**) *м* patriot.

патриоти́зм (-а) *м* patriotism.
патро́н (-а) *м* (*ВОЕН*) cartridge; (*лампы*) socket.
патрули́р|овать (-ую) *несов* (*не*)*перех* to patrol.
патру́л|ь (-я́) *м* patrol.
па́уз|а (-ы) *ж* (*также МУЗ*) pause.
пау́к (-а́) *м* spider.
паути́н|а (-ы) *ж* spider's web, spiderweb (*US*); (*в помещении*) cobweb; (*перен*) web.
пах (-а; *loc sg* -у́) *м* groin.
па|ха́ть (-шу́, -шешь; *pf* **вс~**) *несов перех* to plough (*BRIT*), plow (*US*).
па́х|нуть (-ну; *pt* -, -ла) *несов*: ~ (+*instr*) to smell (of).
пацие́нт (-а) *м* patient.
па́ч|ка (-ки; *gen pl* -ек) *ж* (*бумаг*) bundle; (*чая, сигарет итп*) packet.
па́чка|ть (-ю; *pf* **за~** *или* **ис~**) *несов перех*: ~ **что-н** to get sth dirty; **~ся** (*pf* **запа́чкаться** *или* **испа́чкаться**) *несов возв* to get dirty.
паште́т (-а) *м* pâté.
пая́|ть (-ю) *несов перех* to solder.
пев|е́ц (-ца́) *м* singer.
певи́ц|а (-ы) *ж см* **певе́ц**.
педаго́г (-а) *м* teacher.
педагоги́ческий *прил* (*коллектив*) teaching; ~ **институ́т** teacher-training (*BRIT*) *или* teachers' (*US*) college; ~ **сове́т** staff meeting.
педа́л|ь (-и) *ж* pedal.
педиа́тр (-а) *м* paediatrician (*BRIT*), pediatrician (*US*).
пей *несов см* **пить**.
пейза́ж (-а) *м* landscape.
пе́йте *несов см* **пить**.
пека́р|ня (-ни; *gen pl* -ен) *ж* bakery.
пелена́|ть (-ю; *pf* **за~**) *несов перех* to swaddle.
пелён|ка (-ки; *gen pl* -ок) *ж* swaddling clothes *мн*.
пельме́н|ь (-я; *nom pl* -и) *м* (*обычно мн*) ≈ ravioli *ед*.
пе́н|а (-ы) *ж* (*мыльная*) suds *мн*; (*морская*) foam; (*бульонная*) froth.
пена́л (-а) *м* pencil case.
пе́ни|е (-я) *ср* singing.
пе́н|иться (*3sg* -ится, *pf* **вс~**) *несов возв* to foam, froth.
пеницилли́н (-а) *м* penicillin.
пе́нк|а (-и) *ж* (*на молоке*) skin.
пенсионе́р (-а) *м* pensioner.
пенсио́нный *прил* (*фонд*) pension.
пе́нси|я (-и) *ж* pension; **выходи́ть** (**вы́йти** *pf*) **на ~ю** to retire.
пень (**пня**) *м* (tree) stump.
пе́п|ел (-ла) *м* (*сигареты, бумаги*) ash.
пе́пельниц|а (-ы) *ж* ashtray.
пе́рвенств|о (-а) *ср* (*место*) first place; (*соревнование*) championship.
перви́чный *прил* (*самый ранний*) initial; (*низовой*) grass-root.
первобы́тный *прил* primeval.
пе́рв|ое (-ого) *ср* first course.
первокла́ссник (-а) *м* *pupil in first year at school*.
первонача́льный *прил* (*исходный*) original, initial.
первосо́ртный *прил* top-quality, top-grade.
первостепе́нный *прил* (*задача, значение*) paramount.
пе́рв|ый *чис* first; (*по времени*) first, earliest; ~ **эта́ж** ground (*BRIT*) *или* first (*US*) floor; **~ое вре́мя** at first; **в ~ую о́чередь** in the first place *или* instance; ~ **час дня/но́чи** after midday/midnight; **това́р ~ого со́рта** top grade product (*on a scale of 1-3*); **~ая по́мощь** first aid.

перебежа́ть (*как* **бежа́ть**; *см* **Table 20**; *impf* **перебега́ть**) *сов*: ~ (**че́рез** *+acc*) to run across.
перебива́|ть (**-ю**) *несов от* **переби́ть**.
перебира́|ть(ся) (**-ю(сь)**) *несов от* **перебра́ть(ся)**.
переб|и́ть (**-ью́, -ьёшь**; *impf* **перебива́ть**) *сов перех* to interrupt; (*разбить*) to break.
перебо́|й (**-я**) *м* (*двигателя*) misfire; (*задержка*) interruption.
переболе́|ть (**-ю**) *сов*: ~ *+instr* to recover from.
переб|оро́ть (**-орю́, -о́решь**) *сов перех* to overcome.
перебра́сыва|ть (**-ю**) *несов от* **перебро́сить**.
переб|ра́ть (**-еру́, -ерёшь**; *impf* **перебира́ть**) *сов перех* (*бумаги*) to sort out; (: *крупу, ягоды*) to sort; (*мысленно воспроизвести*) to go over *или* through (in one's mind); **~ся** (*impf* **перебира́ться**) *сов возв* (*через реку*) to manage to get across.
перебро́|сить (**-шу, -сишь**; *impf* **перебра́сывать**) *сов перех* (*мяч, мешок*) to throw; (*войска*) to transfer.
перева́л (**-а**) *м* (*в горах*) pass.
перева́лочный *прил*: ~ **пункт/ла́герь** transit area/camp.
перев|ари́ть (**-арю́, -а́ришь**; *impf* **перева́ривать**) *сов перех* to overcook (*by boiling*); (*пищу, информацию*) to digest; **~ся** (*impf* **перева́риваться**) *сов возв* to be overcooked *или* overdone; (*пища*) to be digested.
перев|езти́ (**-езу́, -езёшь**; *pt* **-ёз, -езла́**, *impf* **перевози́ть**) *сов перех* to take *или* transport across.
переверн|у́ть (**-у́, -ёшь**; *impf* **перевора́чивать**) *сов перех* to turn over; (*изменить*) to change (completely); (*по impf*; *комнату*) to turn upside down; **~ся** (*impf* **перевора́чиваться**) *сов возв* (*человек*) to turn over; (*лодка, машина*) to overturn.
переве́с (**-а**) *м* (*преимущество*) advantage.
перев|ести́ (**-еду́, -едёшь**; *pt* **-ёл, -ела́**, *impf* **переводи́ть**) *сов перех* (*помочь перейти*) to take across; (*часы*) to reset; (*учреждение, сотрудника*) to transfer, move; (*текст*) to translate; (: *устно*) to interpret; (*переслать*: *деньги*) to transfer; (*доллары, метры итп*) to convert; **~сь** (*impf* **переводи́ться**) *сов возв* to move.
перево́д (**-а**) *м* transfer; (*стрелки часов*) resetting; (*текст*) translation; (*деньги*) remittance.
перев|оди́ть(ся) (**-ожу́(сь), -о́дишь(ся)**) *несов от* **перевести́(сь)**.
перево́дчик (**-а**) *м* translator; (*устный*) interpreter.
перев|ози́ть (**-ожу́, -о́зишь**) *несов от* **перевезти́**.
перево́з|ка (**-ки**; *gen pl* **-ок**) *ж* conveyance, transportation (*US*).
перевора́чива|ть(ся) (**-ю(сь)**) *несов от* **переверну́ться(ся)**.
переворо́т (**-а**) *м* (*ПОЛИТ*) coup (d'état); (*в судьбе*) turning point.
перевоспита́|ть (**-ю**; *impf* **перевоспи́тывать**) *сов перех* to re-educate.
перев|яза́ть (**-яжу́, -я́жешь**; *impf* **перевя́зывать**) *сов перех* (*руку, раненого*) to bandage; (*рану*) to dress, bandage; (*коробку*) to tie up.
перевя́з|ка (**-ки**; *gen pl* **-ок**) *ж* bandaging.

перег|нáть (-оню́, -óнишь; *pt* -нáл, -налá, -нáло, *impf* **перегоня́ть**) *сов перех* (*обогнать*) to overtake; (*нефть*) to refine; (*спирт*) to distil (*BRIT*), distill (*US*).
переговáрива|ться (-юсь) *несов возв*: ~ (**с** *+instr*) to exchange remarks (with).
переговóрный *прил*: ~ **пункт** telephone office (*for long-distance calls*).
переговóр|ы (-**ов**) *мн* negotiations *мн*, talks *мн*; (*по телефону*) call *ед*.
перегоня́|ть (-**ю**) *несов от* **перегнáть**.
перегор|éть (*3sg* -**и́т**, *impf* **перегорáть**) *сов* (*лампочка*) to fuse; (*двигатель*) to burn out.
перегоро|ди́ть (-**жу́**, -**ди́шь**; *impf* **перегорáживать**) *сов перех* (*комнату*) to partition (off); (*дорогу*) to block.
перегр|узи́ть (-**ужу́**, -**у́зишь**; *impf* **перегружáть**) *сов перех* to overload.
перегру́з|ка (-**ки**; *gen pl* -**ок**) *ж* overload; (*обычно мн*: *нервные*) strain *ед*.

KEYWORD

пéред *предл* (*+instr*) **1** (*о положении, в присутствии*) in front of
2 (*раньше чего-н*) before
3 (*об объекте воздействия*): **устоя́ть пéред тру́дностями** to stand one's ground in the face of difficulties; **извиня́ться** (**извини́ться** *pf*) **пéред кем-н** to apologize to sb; **я виновáт пéред тобóй** I am guilty in your eyes; **отчи́тываться** (**отчитáться** *pf*) **пéред** *+instr* to report to
4 (*по сравнению*) compared to
5 (*как союз*): **пéред тем как** before; **пéред тем как уйти́/закóнчить** before leaving/finishing.

переда|вáть (-**ю́**; *imper* **передавáй(те)**) *несов от* **передáть**.
передáм *итп сов см* **передáть**.
передáтчик (-**а**) *м* transmitter.
передá|ть (*как* **дать**; *см* **Table 16**; *impf* **передавáть**) *сов перех*: ~ **что-н** (**комý-н**) (*письмо, подарок*) to pass *или* hand sth (over) (to sb); (*известие, интерес*) to pass sth on (to sb); **~йте емý** (**мой**) **привéт** give him my regards; **~йте ей, что я не приду́** tell her I am not coming; **передавáть** (~ *pf*) **что-н по телеви́дению/рáдио** to televise/broadcast sth.
передáч|а (-**и**) *ж* transmission; (*ТЕЛ, РАДИО*) programme (*BRIT*), program (*US*); (*больному, заключённому*) parcel; **прогрáмма** ~ television and radio guide.
передáшь *сов см* **передáть**.
передвигá|ть(ся) (-**ю(сь)**) *несов от* **передви́нуть(ся)**.
передвижéни|е (-**я**) *ср* movement; **срéдства ~я** means of transport.
передви́н|уть (-**у**; *impf* **передвигáть**) *сов перех* to move; **~ся** (*impf* **передвигáться**) *сов возв* to move.
передéла|ть (-**ю**; *impf* **передéлывать**) *сов перех* (*работу*) to redo; (*характер*) to change.
перéдний *прил* front.
перéдн|яя (-**ей**) *ж* (entrance) hall.

пе́редо *предл* = **пе́ред**.
передов|а́я (-**о́й**) *ж* (*также:* ~ **статья́**) editorial; (*также:* ~ **пози́ция**: *ВОЕН*) vanguard.
передово́й *прил* (*технология*) advanced; (*писатель, взгляды*) progressive.
передр|азни́ть (-**азню́**, -**а́знишь**; *impf* **передра́знивать**) *сов перех* to mimic.
переды́ш|ка (-**ки**; *gen pl* -**ек**) *ж* rest.
перее́зд (-**а**) *м* (*в новый дом*) move.
перее́хать (*как* **е́хать**; *см* **Table 19**; *impf* **переезжа́ть**) *сов* (*переселиться*) to move; **переезжа́ть** (~ *pf*) (**че́рез** +*acc*) to cross.
пережива́ни|е (-**я**) *ср* feeling.
пережива́|ть (-**ю**) *несов от* **пережи́ть** ♦ *неперех*: ~ (**за** +*acc*) (*разг*) to worry (about).
пережи́|ть (-**ву́**, -**вёшь**; *impf* **пережива́ть**) *сов перех* (*вытерпеть*) to suffer.
перезвон|и́ть (-**ю́**, -**и́шь**; *impf* **перезва́нивать**) *сов* to phone (*BRIT*) *или* call (*US*) back.
переизб|ра́ть (-**еру́**, -**ерёшь**; *pt* -**ра́л**, -**рала́**, *impf* **переизбира́ть**) *сов перех* to re-elect.
переизда́|ть (*как* **дать**; *см* **Table 16**; *impf* **переиздава́ть**) *сов перех* to republish.
пере|йти́ (*как* **идти́**; *см* **Table 18**; *impf* **переходи́ть**) *сов (не)перех*: ~ (**че́рез** +*acc*) to cross ♦ *неперех*: ~ **в/на** +*acc* (*поменять место*) to go to; (*на другую работу*) to move to; **переходи́ть** (~ *pf*) **к** +*dat* (*к сыну итп*) to pass to; (*к делу, к обсуждению*) to turn to; **переходи́ть** (~ *pf*) **на** +*acc* to switch to.
переки́н|уть (-**у**; *impf* **переки́дывать**) *сов перех* to throw.
перекла́дин|а (-**ы**) *ж* crossbeam; (*СПОРТ*) (horizontal *или* high) bar.
перекла́дыва|ть (-**ю**) *несов от* **переложи́ть**.
переключа́тел|ь (-**я**) *м* switch.
переключ|и́ть (-**у́**, -**и́шь**; *impf* **переключа́ть**) *сов перех* to switch; ~**ся** (*impf* **переключа́ться**) *сов возв*: ~**ся** (**на** +*acc*) (*внимание*) to shift (to).
перекопа́|ть (-**ю**) *сов перех* (*огород*) to dig up; (*разг*: *шкаф*) to rummage through.
перекр|ести́ть (-**ещу́**, -**е́стишь**) *сов от* **крести́ть**; ~**ся** *сов от* **крести́ться** ♦ (*impf* **перекре́щиваться**) *возв* (*дороги, интересы*) to cross.
перекрёст|ок (-**ка**) *м* crossroads.
перекр|ы́ть (-**о́ю**, -**о́ешь**; *impf* **перекрыва́ть**) *сов перех* (*реку*) to dam; (*воду, газ*) to cut off.
перек|упи́ть (-**уплю́**, -**у́пишь**; *impf* **перекупа́ть**) *сов перех* to buy.
переку́пщик (-**а**) *м* dealer.
перек|уси́ть (-**ушу́**, -**у́сишь**) *сов* (*разг*) to have a snack.
переле́з|ть (-**у**, -**ешь**; *pt* -, -**ла**, *impf* **перелеза́ть**) *сов (не)перех*: ~ (**че́рез** +*acc*) (*забор, канаву*) to climb (over).
перелёт (-**а**) *м* flight; (*птиц*) migration.
переле|те́ть (-**чу́**, -**ти́шь**; *impf* **перелета́ть**) *сов (не)перех*: ~ (**че́рез** +*acc*) to fly over.
перелётный *прил* (*птицы*) migratory.
перелива́ни|е (-**я**) *ср*: ~ **кро́ви**

blood transfusion.
перелива́|ть (**-ю**) *несов от* **перели́ть**.
перелиста́|ть (**-ю**; *impf* **перели́стывать**) *сов перех* (*просмотреть*) to leaf through.
перел|и́ть (**-ью́, -ьёшь**; *impf* **перелива́ть**) *сов перех* to pour (*from one container to another*); **перелива́ть (~ *pf*) кровь кому́-н** to give sb a blood transfusion.
перел|ожи́ть (**-ожу́, -о́жишь**; *impf* **перекла́дывать**) *сов перех* to move; **перекла́дывать (~ *pf*) что-н на кого́-н** (*ответственность итп*) to pass sth onto sb.
перело́м (**-а**) *м* (*МЕД*) fracture; (*перен*) turning point.
перело́мный *прил* critical.
перема́тыва|ть (**-ю**) *несов от* **перемота́ть**.
переме́н|а (**-ы**) *ж* change; (*в школе*) break (*BRIT*), recess (*US*).
переме́нный *прил* (*успех, ветер*) variable; **~ ток** alternating current.
переме|сти́ть (**-щу́, -сти́шь**; *impf* **перемеща́ть**) *сов перех* (*предмет*) to move; (*людей*) to transfer; **~ся** (*impf* **перемеща́ться**) *сов возв* to move.
перемеша́|ть (**-ю**; *impf* **переме́шивать**) *сов перех* (*кашу*) to stir; (*угли, дрова*) to poke; (*вещи, бумаги*) to mix up.
перемеща́|ть(ся) (**-ю(сь)**) *несов от* **перемести́ть(ся)**.
перемеще́ни|е (**-я**) *ср* transfer.
переми́ри|е (**-я**) *ср* truce.
перемота́|ть (**-ю**; *impf* **перема́тывать**) *сов перех* (*нитку*) to wind; (*плёнку*) to rewind.
перенапряга́|ть (**-ю**) *несов от* **перенапря́чь**.
перенапряже́ни|е (**-я**) *ср* (*физическое, умственное*) overexertion.
перенапря́|чь (**-гу́, -жёшь** *итп*, **-гу́т**; *pt* **-г, -гла́**, *impf* **перенапряга́ть**) *сов перех* to overstrain.
перенаселённый *прил* overpopulated.
перен|ести́ (**-есу́, -есёшь**; *pt* **-ёс, -есла́, -есло́**, *impf* **переноси́ть**) *сов перех*: **~ что-н че́рез** *+acc* to carry sth over *или* across; (*поменять место*) to move; (*встречу, заседание*) to reschedule; (*болезнь*) to suffer from; (*несчастье, голод, холод итп*) to endure.
перенима́|ть (**-ю**) *несов от* **переня́ть**.
перено́с (**-а**) *м* (*ЛИНГ*) hyphen.
перен|оси́ть (**-ошу́, -о́сишь**) *несов от* **перенести́** ♦ *перех*: **не ~ антибио́тиков/самолёта** to react badly to antibiotics/flying.
перено́сиц|а (**-ы**) *ж* bridge of the nose.
переносно́й *прил* portable.
перено́сный *прил* (*значение*) figurative.
перено́счик (**-а**) *м* (*МЕД*) carrier.
переноч|ева́ть (**-у́ю**) *сов от* **ночева́ть**.
пере|ня́ть (**-йму́, -ймёшь**; *pt* **-ня́л, -няла́**, *impf* **перенима́ть**) *сов перех* (*опыт, идеи*) to assimilate; (*обычаи, привычки*) to adopt.
переоде́|ть (**-ну, -нешь**; *impf* **переодева́ть**) *сов перех* (*одежду*) to change (out of); **переодева́ть (~ *pf*) кого́-н** to change sb *или* sb's clothes; **~ся** (*impf* **переодева́ться**) *сов возв* to

change, get changed.
переоц|енить (**-еню, -енишь**; *impf* **переоценивать**) *сов перех* (*возможности*) to overestimate.
перепад (**-а**) *м*: ~ *+gen* fluctuation in.
перепечата|ть (**-ю**) *сов перех* (*статью*) to reprint; (*рукопись*) to type.
переп|исать (**-ишу, -ишешь**; *impf* **переписывать**) *сов перех* (*написать заново*) to rewrite; (*скопировать*) to copy.
перепис|ка (**-ки**; *gen pl* **-ок**) *ж* (*см глаг*) rewriting; copying; listing; (*деловая, личная*) correspondence.
переписыва|ть (**-ю**) *несов от* **переписать**; **~ся** *несов возв*: **~ся** (**с** *+instr*) to correspond (with).
перепис|ь (**-и**) *ж* (*населения*) census; (*имущества*) inventory.
перепл|атить (**-ачу, -атишь**; *impf* **переплачивать**) *сов* to pay too much.
перепл|ести (**-ету, -етёшь**; *pt* **-ёл, -ела**, *impf* **переплетать**) *сов перех* (*книгу*) to bind.
переплёт (**-а**) *м* (*обложка*) binding; **оконный ~** window sash.
перепл|ыть (**-ву, -вёшь**; *pt* **-л, -ла**, *impf* **переплывать**) *сов* (*не*)*перех*: ~ (**через** *+acc*) (*вплавь*) to swim (across); (*на лодке, на корабле*) to sail (across).
переполз|ти (**-у, -ёшь**; *pt* **-, -ла, -ло**, *impf* **переползать**) *сов* (*не*)*перех*: ~ (**через** *+acc*) to crawl across.
переполн|ить (**-ю, -ишь**; *impf* **переполнять**) *сов перех* (*сосуд, контейнер*) to overfill; (*вагон, автобус итп*) to overcrowd; **~ся** (*impf* **переполняться**) *сов возв* (*сосуд*) to be overfilled.
переполох (**-а**) *м* hullabaloo.
перепон|ка (**-ки**; *gen pl* **-ок**) *ж* membrane.
переправ|а (**-ы**) *ж* crossing.
переправ|ить (**-лю, -ишь**; *impf* **переправлять**) *сов перех*: ~ **кого-н/что-н через** *+acc* to take across; **~ся** (*impf* **переправляться**) *сов возв*: **~ся через** *+acc* to cross.
перепродать (*как* **дать**; *см* **Table 16**; *impf* **перепродавать**) *сов перех* to resell.
перепрыгн|уть (**-у**; *impf* **перепрыгивать**) *сов* (*не*)*перех*: ~ (**через** *+acc*) to jump (over).
перепуга|ть (**-ю**) *сов перех*: ~ **кого-н** to scare the life out of sb.
перепута|ть (**-ю**) *сов от* **путать**.
переработа|ть (**-ю**; *impf* **перерабатывать**) *сов перех* (*сырьё, нефть*) to process; (*идеи, статью, теорию*) to rework.
перер|асти (**-асту, -астёшь**; *pt* **-ос, -осла**, *impf* **перерастать**) *сов перех* to outgrow ♦ *неперех*: ~ **в** *+acc* (*превратиться*) to turn into.
перере|зать (**-жу, -жешь**; *impf* **перерезать**) *сов перех* (*провод*) to cut in two; (*путь*) to cut off.
перерыв (**-а**) *м* break; **делать** (**сделать** *pf*) **~** to take a break.
перес|адить (**-ажу, -адишь**; *impf* **пересаживать**) *сов перех* to move; (*дерево, цветок, сердце*) to transplant; (*кость, кожу*) to graft.
пересад|ка (**-ки**; *gen pl* **-ок**) *ж* (*на поезд итп*) change; (*МЕД*: *сердца*) transplant; (: *кожи*) graft; **делать** (**сделать** *pf*) **~ку в Москве** to change in Moscow.
пересажива|ть (**-ю**) *несов от* **пересадить**; **~ся** *несов от* **пересесть**.

пересека́|ть(ся) (**-ю(сь)**) *несов от* **пересе́чь(ся)**.

пересел|и́ть (**-ю́, -и́шь**; *impf* **переселя́ть**) *сов перех* (*на новые земли*) to settle; (*в новую квартиру*) to move; **~ся** (*impf* **переселя́ться**) *сов возв* (*в новый дом*) to move.

перес|е́сть (**-я́ду, -я́дешь**; *impf* **переса́живаться**) *сов* (*на другое место*) to move; **переса́живаться** (**~** *pf*) **на друго́й по́езд/самолёт** to change trains/planes.

пересече́ни|е (**-я**) *ср* (*действие*) crossing; (*место*) intersection.

перес|е́чь (**-еку́, -ечёшь** *итп*, **-еку́т**; *pt* **-ёк, -екла́**, *impf* **пересека́ть**) *сов перех* to cross; **~ся** (*impf* **пересека́ться**) *сов возв* to intersect; (*интересы*) to cross.

переска́з (**-а**) *м* (*содержания*) retelling.

переск|аза́ть (**-ажу́, -а́жешь**; *impf* **переска́зывать**) *сов перех* to tell.

пере|сла́ть (**-шлю́, -шлёшь**; *impf* **пересыла́ть**) *сов перех* (*отослать*) to send; (*по другому адресу*) to forward.

пересм|отре́ть (**-отрю́, -о́тришь**; *impf* **пересма́тривать**) *сов перех* (*решение, вопрос*) to reconsider.

пересн|я́ть (**-иму́, -и́мешь**; *pt* **-я́л, -яла́**, *impf* **переснима́ть**) *сов перех* (*документ*) to make a copy of.

перес|оли́ть (**-олю́, -о́лишь**; *impf* **переса́ливать**) *сов перех*: **~ что-н** to put too much salt in sth.

пересо́х|нуть (*3sg* **-нет**, *pt* **-, -ла**, *impf* **пересыха́ть**) *сов* (*почва, бельё*) to dry out; (*река*) to dry up.

переспр|оси́ть (**-ошу́, -о́сишь**; *impf* **переспра́шивать**) *сов перех* to ask again.

переста|ва́ть (**-ю́**; *imper* **перестава́й(те)**) *несов от* **переста́ть**.

переста́в|ить (**-лю, -ишь**; *impf* **переставля́ть**) *сов перех* to move; (*изменить порядок*) to rearrange.

перестара́|ться (**-юсь**) *сов возв* to overdo it.

переста́|ть (**-ну, -нешь**; *impf* **перестава́ть**) *сов* to stop; **перестава́ть** (**~** *pf*) *+infin* to stop doing.

перестра́ива|ть (**-ю**) *несов от* **перестро́ить**.

перестре́л|ка (**-ки**; *gen pl* **-ок**) *ж* exchange of fire.

перестро́|ить (**-ю, -ишь**; *impf* **перестра́ивать**) *сов перех* (*дом*) to rebuild; (*экономику*) to reorganize.

перестро́|йка (**-йки**; *gen pl* **-ек**) *ж* (*дома*) rebuilding; (*экономики*) reorganization; (*ист*) perestroika.

перест|упи́ть (**-уплю́, -у́пишь**; *impf* **переступа́ть**) *сов перех* (*перен*) to overstep ♦ (*не*)*перех*: **~ (че́рез** *+acc*) (*порог, предмет*) to step over.

пересчёт (**-а**) *м* count; (*повторный*) re-count.

пересчита́|ть (**-ю**; *impf* **пересчи́тывать**) *сов перех* to count; (*повторно*) to re-count, count again; (*в других единицах*) to convert.

пересыла́|ть (**-ю**) *несов от* **пересла́ть**.

пересы́п|ать (**-лю, -лешь**; *impf* **пересыпа́ть**) *сов перех* (*насыпать*) to pour.

пересыха́|ть (*3sg* **-ет**) *несов от* **пересо́хнуть**.

перет|ащи́ть (**-ащу́, -а́щишь**; *impf* **перета́скивать**) *сов перех* (*мешок*) to drag over.
перетр|уди́ться (**-ужу́сь, -у́дишься**; *impf* **перетружда́ться**) *сов возв* (*разг*) to be burnt out.
перет|яну́ть (**-яну́, -я́нешь**; *impf* **перетя́гивать**) *сов перех* (*передвинуть*) to pull, tow; (*быть тяжелее*) to outweigh.
переубе|ди́ть (**-жу́, -ди́шь**; *impf* **переубежда́ть**) *сов перех*: ~ **кого́-н** to make sb change his *umn* mind.
переу́л|ок (**-ка**) *м* lane, alley.
переутом|и́ться (**-лю́сь, -и́шься**; *impf* **переутомля́ться**) *сов возв* to tire o.s. out.
переутомле́ни|е (**-я**) *ср* exhaustion.
переучёт (**-а**) *м* stocktaking.
пере|учи́ть (**-учу́, -у́чишь**; *impf* **переу́чивать**) *сов перех* to retrain; **~ся** (*impf* **переу́чиваться**) *сов возв* to undergo retraining.
перехитр|и́ть (**-ю́, -и́шь**) *сов перех* to outwit.
перехо́д (**-а**) *м* crossing; (*к другой системе*) transition; (*подземный, в здании*) passage.
перех|оди́ть (**-ожу́, -о́дишь**) *несов от* **перейти́**.
перехо́дный *прил* (*промежуточный*) transitional; ~ **глаго́л** transitive verb.
пе́р|ец (**-ца**) *м* pepper.
пе́реч|ень (**-ня**) *м* list.
перечеркн|у́ть (**-у́, -ёшь**; *impf* **перечёркивать**) *сов перех* to cross out.
перечи́сл|ить (**-ю, -ишь**; *impf* **перечисля́ть**) *сов перех* (*упомянуть*) to list; (*КОММ*) to transfer.
перечита́|ть (**-ю**; *impf* **перечи́тывать**) *сов перех* (*книгу*) to reread, read again.
перешагн|у́ть (**-у́, -ёшь**; *impf* **переша́гивать**) *сов* (*не*)*перех*: ~ (**че́рез** *+acc*) to step over.
перешёл *итп сов см* **перейти́**.
переш|и́ть (**-ью́, -ьёшь**; *impf* **перешива́ть**) *сов перех* (*платье, костюм*) to alter; (*пуговицу, крючок*) to move (*by sewing on somewhere else*).
переэкзамено́в|ка (**-ки**; *gen pl* **-ок**) *ж* resit.
пери́л|а (**-**) *мн* railing *ед*; (*лестницы*) ban(n)isters *мн*.
пери́метр (**-а**) *м* perimeter.
пери́од (**-а**) *м* period; **пе́рвый/второ́й ~ игры́** (*СПОРТ*) first/second half (of the game).
периоди́ческий *прил* periodical.
перифери́|я (**-и**) *ж* the provinces *мн*.
перламу́тр (**-а**) *м* mother-of-pearl.
перло́вый *прил* (*суп, каша*) barley.
перна́т|ый (**-ого**) *м* (*обычно мн*) bird.
пер|о́ (**-а́**; *nom pl* **-ья**, *gen pl* **-ьев**) *ср* (*птицы*) feather; (*для письма*) nib.
перочи́нный *прил*: ~ **нож** penknife.
перпендикуля́рный *прил* perpendicular.
перро́н (**-а**) *м* platform (*RAIL*).
пе́рсик (**-а**) *м* peach.
персона́ж (**-а**) *м* character.
персона́л (**-а**) *м* (*АДМИН*) personnel, staff.
персона́льный *прил* personal; ~ **компью́тер** PC.
перспекти́в|а (**-ы**) *ж* (*ГЕОМ*)

perspective; (*вид*) view; **~ы** (*планы*) prospects; **в ~е** (*в будущем*) in store.

перспекти́вный *прил* (*изображение*) in perspective; (*планирование*) long-term; (*ученик*) promising.

пе́рст|ень (**-ня**) *м* ring.

перча́т|ка (**-ки**; *gen pl* **-ок**) *ж* glove.

пе́рч|ить (**-у, -ишь**; *pf* **наперчи́ть** *или* **поперчи́ть**) *сов перех* to pepper.

пе́рш|ить (*3sg* **-и́т**) *несов безл* (*разг*): **у меня́ перши́т в го́рле** I've got a frog in my throat.

пе́рья *итп сущ см* **перо́**.

пёс (**пса**) *м* dog.

пес|е́ц (**-ца́**) *м* arctic fox.

пе́с|ня (**-ни**; *gen pl* **-ен**) *ж* song.

пес|о́к (**-ка́**; *part gen* **-ку́**) *м* sand.

песо́чный *прил* (*печенье*) short.

пессимисти́чный *прил* pessimistic.

пёстрый *прил* (*ткань, ковёр*) multi-coloured (*BRIT*), multi-colored (*US*).

песча́ный *прил* sandy.

пе́т|ля (**-ли**; *gen pl* **-ель**) *ж* loop; (*в вязании*) stitch; (*двери, крышки*) hinge; (*для пуговицы*) buttonhole.

петру́шк|а (**-и**) *ж* parsley.

пету́х (**-а́**) *м* cock, rooster (*US*).

петь (**пою́, поёшь**; *imper* **по́й(те)**, *pf* **с~**) *несов перех* to sing.

пехо́т|а (**-ы**) *ж* infantry.

печа́л|ь (**-и**) *ж* (*грусть*) sadness, sorrow.

печа́льный *прил* sad; (*ошибка, судьба*) unhappy.

печа́та|ть (**-ю**; *pf* **на~**) *несов перех* (*также ФОТО*) to print; (*публиковать*) to publish; (*на пишущей машинке*) to type.

печа́тн|ый *прил* (*станок*) printing; **~ые бу́квы** block letters.

печа́т|ь (**-и**) *ж* stamp; (*на дверях, на сейфе*) seal; (*издательское дело*) printing; (*след: страданий*) mark ♦ *собир* (*пресса*) press.

печён|ка (**-ки**; *gen pl* **-ок**) *ж* liver.

печёный *прил* baked.

пе́чен|ь (**-и**) *ж* (*АНАТ*) liver.

пече́нь|е (**-я**) *ср* biscuit (*BRIT*), cookie (*US*).

пе́ч|ка (**-ки**; *gen pl* **-ек**) *ж* stove.

пе|чь (**-чи**; *loc sg* **-чи́**, *gen pl* **-е́й**) *ж* stove; (*ТЕХ*) furnace; ♦ (**-ку́, -чёшь** *итп*, **-ку́т**; *pt* **пёк, -кла́**, *pf* **испе́чь**) *несов перех* to bake; **микроволнова́я ~** microwave oven; **пе́чься** (*pf* **испе́чься**) *несов возв* to bake.

пешехо́д (**-а**) *м* pedestrian.

пешехо́дный *прил* pedestrian.

пе́ш|ка (**-ки**; *gen pl* **-ек**) *ж* pawn.

пешко́м *нареч* on foot.

пеще́р|а (**-ы**) *ж* cave.

пиани́но *ср нескл* (upright) piano.

пиани́ст (**-а**) *м* pianist.

пивн|а́я (**-о́й**) *ж* ≈ bar, ≈ pub (*BRIT*).

пивно́й *прил* (*бар, бочка*) beer.

пи́в|о (**-а**) *ср* beer.

пиджа́к (**-а́**) *м* jacket.

пижа́м|а (**-ы**) *ж* pyjamas *мн.*

пик (**-а**) *м* peak ♦ *прил неизм* (*часы, период, время*) peak; **часы́ ~** rush hour.

пи́к|и (**-**) *мн* (*в картах*) spades *мн.*

пи́ковый *прил* (*в картах*) of spades.

пил|а́ (**-ы́**; *nom pl* **-ы**) *ж* saw.

пил|и́ть (**-ю́, -ишь**) *несов перех* to saw; (*перен: разг*) to nag.

пи́л|ка (**-ки**; *gen pl* **-ок**) *ж* nail file.

пило́т (**-а**) *м* pilot.

пина́|ть (**-ю**) *несов перех* to kick.

пингви́н (**-а**) *м* penguin.

пин|о́к (**-ка́**) *м* kick.

пинцéт (-а) *м* (*МЕД*) tweezers *мн*.
пионéр (-а) *м* pioneer; (*в СССР*) *member of Communist Youth organization*.
пипéт|ка (-ки; *gen pl* -ок) *ж* pipette.
пир (-а; *loc sg* -ý, *nom pl* -ы́) *м* feast.
пирами́д|а (-ы) *ж* pyramid.
пирáт (-а) *м* pirate.
пирóг (-á) *м* pie.
пирóжн|ое (-ого) *ср* cake.
пирож|óк (-кá) *м* (*с мясом*) pie; (*с вареньем*) tart.
писáни|е (-я) *ср*: **Свящéнное П~** Holy Scripture.
писáтел|ь (-я) *м* writer.
пи|сáть (-шý, -шешь; *pf* на~) *несов перех* to write; (*картину, пейзаж*) to paint ♦ *неперех* (*no pf*; *ребёнок, ученик*) to be able to write; (*ручка*) to write; **~ся** *несов возв* (*слово*) to be spelt *или* spelled.
писк (-а) *м* squeak; (*птицы*) cheep.
пискля́вый *прил* (*голос*) squeaky.
пистолéт (-а) *м* pistol.
пи́сьменно *нареч* in writing.
пи́сьменн|ый *прил* (*просьба, экзамен*) written; (*стол, прибор*) writing; **в ~ой фóрме** in writing.
пис|ьмó (-ьмá; *nom pl* -ьма, *gen pl* -ем) *ср* letter; (*no pl*; *алфавитное*) script.
питáни|е (-я) *ср* (*ребёнка*) feeding; (*ТЕХ*) supply; (*вегетарианское*) diet; **общéственное ~** public catering.
питáтельный *прил* (*вещества*) nutritious; (*крем, лосьон итп*) nourishing.
питá|ть (-ю) *несов перех* (*перен*: *испытывать*) to feel; **~ся** *несов возв*: **~ся** *+instr* (*человек, растение*) to live on; (*животное*) to feed on.
питóмник (-а) *м* (*БОТ*) nursery.
пи|ть (пью, пьёшь; *pt* -л, -лá, *imper* **пéй(те)**, *pf* **вы́~**) *несов перех* to drink ♦ *неперех*: **~ за когó-н/что-н** to drink to sb/sth.
питьев|óй *прил*: **~áя водá** drinking water.
пи́цц|а (-ы) *ж* pizza.
пиццери́|я (-и) *ж* pizzeria.
пишý *итп несов см* **писáть(ся)**.
пи́щ|а (-и) *ж* food.
пищ|áть (-ý, -и́шь) *несов* (*птицы*) to cheep; (*животные*) to squeak.
пищеварéни|е (-я) *ср* digestion.
пищев|óй *прил* food; (*соль*) edible; **~áя сóда** baking soda.
ПК *м сокр* = **персонáльный компью́тер**.
пл. *сокр* (= *плóщадь*) Sq.
плáвани|е (-я) *ср* swimming; (*на судне*) sailing; (*рейс*) voyage.
плáвательный *прил*: **~ бассéйн** swimming pool.
плáва|ть (-ю) *несов* to swim; (*корабль*) to sail; (*лист, облако*) to float.
плáв|ить (-лю, -ишь; *pf* рас~) *несов перех* to smelt; **~ся** (*pf* **расплáвиться**) *несов возв* to melt.
плáв|ки (-ок) *мн* swimming trunks *мн*.
плáвленый *прил*: **~ сыр** processed cheese.
плавни́к (-á) *м* (*у рыб*) fin.
плáвный *прил* smooth.
плавýчий *прил* floating.
плакáт (-а) *м* poster.
плá|кать (-чу, -чешь) *несов* to cry, weep; **~** *(impf)* **от** *+gen* (*от боли итп*) to cry from; (*от радости*) to cry with; (*от горя*) to cry in.
плáм|я (-ени; *как* **врéмя**; *см* **Table 4**) *ср* flame.
план (-а) *м* plan; (*чертёж*) plan,

map; **пере́дний ~** foreground; **за́дний ~** background.
планёр (-а) *м* glider.
плане́т|а (-ы) *ж* planet.
планета́ри|й (-я) *м* planetarium.
плани́р|овать (-ую) *несов перех* to plan; (*pf* **за~**; *намереваться*) to plan.
планиро́вк|а (-и) *ж* layout.
пла́н|ка (-ки; *gen pl* -ок) *ж* slat.
пла́новый *прил* planned; (*отдел, комиссия*) planning.
планоме́рный *прил* systematic.
пла́стик (-а) *м* = **пластма́сса**.
пластили́н (-а) *м* plasticine.
пласти́н|а (-ы) *ж* plate.
пласти́н|ка (-ки; *gen pl* -ок) *ж уменьш от* **пласти́на**; (*муз*) record.
пласти́ческий *прил* plastic.
пласти́чный *прил* (*жесты, движения*) graceful; (*материалы, вещества*) plastic.
пластма́сс|а (-ы) *ж сокр* (= *пласти́ческая ма́сса*) plastic.
пла́стыр|ь (-я) *м* (*мед*) plaster.
пла́т|а (-ы) *ж* (*за труд, за услуги*) pay; (*за квартиру*) payment; (*за проезд*) fee; (*перен: награда, кара*) reward.
плат|ёж (-ежа́) *м* payment.
платёжеспосо́бный *прил* (*комм*) solvent.
платёжн|ый *прил* (*комм*): **~ бланк** payslip; **~ая ве́домость** payroll.
пла́тин|а (-ы) *ж* platinum.
пла|ти́ть (-чу́, -тишь; *pf* **за~** *или* **у~**) *несов перех* to pay.
пла́тный *прил* (*вход, стоянка*) chargeable; (*школа*) fee-paying; (*больница*) private.
плат|о́к (-ка́) *м* (*головной*) headscarf; (*наплечный*) shawl; (*также:* **носово́й ~**) handkerchief.
платфо́рм|а (-ы) *ж* platform; (*станция*) halt; (*основание*) foundation.
пла́ть|е (-я; *gen pl* -ев) *ср* dress ♦ *собир* (*одежда*) clothing, clothes *мн*.
плафо́н (-а) *м* (*абажур*) shade (*for ceiling light*).
плацка́ртный *прил*: **~ ваго́н** *railway car with open berths instead of compartments*.
плач (-а) *м* crying.
пла́чу *итп несов см* **пла́кать**.
плачу́ *несов см* **плати́ть**.
плащ (-а́) *м* raincoat.
пл|ева́ть (-юю) *несов* to spit; (*pf* **на~**; *перен*): **~ на** *+acc* (*разг: на правила, на мнение других*) to not give a damn about; **~ся** *несов возв* to spit.
плед (-а) *м* (tartan) rug.
пле́йер (-а) *м* Walkman ®.
пле́м|я (-ени; *как* **вре́мя**; *см* **Table 4**) *ср* (*также перен*) tribe.
племя́нник (-а) *м* nephew.
племя́нниц|а (-ы) *ж* niece.
плен (-а; *loc sg* -у́) *м* captivity; **бра́ть (взя́ть** *pf*) **кого́-н в ~** to take sb prisoner; **попада́ть (попа́сть** *pf*) **в ~** to be taken prisoner.
плён|ка (-ки; *gen pl* -ок) *ж* film; (*кожица*) membrane; (*магнитофонная*) tape.
пле́нн|ый (-ого) *м* prisoner, captive.
пле́нум (-а) *м* plenum.
пле́сен|ь (-и) *ж* mould (*BRIT*), mold (*US*).
плеск (-а) *м* splash.
пле́сневе|ть (*3sg* -ет, *pf* **за~**) *несов* to go mouldy (*BRIT*) *или* moldy (*US*).
пл|ести́ (-ету́, -етёшь; *pt* -ёл,

-ела́, *pf* **с~**) *несов перех* (*сети*) to weave; (*венок, волосы*) to plait.
плетёный *прил* wicker.
плёт|ка (**-ки**; *gen pl* **-ок**) *ж* whip.
пле́чик|и (**-ов**) *мн* (*вешалка*) coat hangers *мн*; (*подкладки*) shoulder pads *мн*.
плеч|о́ (**-а́**; *nom pl* **-и**) *ср* shoulder.
пли́нтус (**-а**) *м* skirting board (*BRIT*), baseboard (*US*).
плиссе́ *прил неизм*: **ю́бка/пла́тье ~** pleated skirt/dress.
плит|а́ (**-ы́**; *nom pl* **-ы**) *ж* (*каменная*) slab; (*металлическая*) plate; (*печь*) cooker, stove.
пли́т|ка (**-ки**; *gen pl* **-ок**) *ж* (*керамическая*) tile; (*шоколада*) bar; (*электрическая*) hot plate; (*газовая*) camping stove.
плов|е́ц (**-ца́**) *м* swimmer.
плод (**-а́**) *м* (*БОТ*) fruit; (*БИО*) foetus (*BRIT*), fetus (*US*); **~** *+gen* (*перен: усилий*) fruits of.
плод|и́ться (*3sg* **-и́тся**, *pf* **рас~**) *несов возв* (*также перен*) to multiply.
плодоро́дный *прил* fertile.
плодотво́рный *прил* fruitful.
пло́мб|а (**-ы**) *ж* (*в зубе*) filling; (*на дверях, на сейфе*) seal.
пломби́р (**-а**) *м* *rich creamy ice cream.*
пломбир|ова́ть (**-у́ю**; *pf* **за~**) *несов перех* (*зуб*) to fill; (*pf* **о~**; *дверь, сейф*) to seal.
пло́ский *прил* flat.
плоскогу́бц|ы (**-ев**) *мн* pliers *мн*.
пло́скост|ь (**-и**; *gen pl* **-е́й**) *ж* plane.
плот (**-а́**; *loc sg* **-у́**) *м* raft.
плоти́н|а (**-ы**) *ж* dam.
пло́тник (**-а**) *м* carpenter.
пло́тный *прил* (*дым, туман*) dense, thick; (*население, толпа*) dense; (*бумага, кожа*) thick; (*завтрак, обед*) substantial.
пло́хо *нареч* (*учиться, работать*) badly ◆ *как сказ* it's bad ◆ *ср нескл* (*ПРОСВЕЩ*) ≈ poor (*school mark*); **мне ~** I feel bad; **у меня́ ~ с деньга́ми** I am short of money.
плохо́й *прил* bad.
площа́д|ка (**-ки**; *gen pl* **-ок**) *ж* (*детская*) playground; (*спортивная*) ground; (*строительная*) site; (*часть вагона*) corridor; **ле́стничная ~** landing; **поса́дочная ~** landing pad.
пло́щад|ь (**-и**; *gen pl* **-е́й**) *ж* (*место*) square; (*пространство, также МАТ*) area; (*также:* **жила́я ~**) living space.
плуг (**-а**; *nom pl* **-и́**) *м* plough (*BRIT*), plow (*US*).
плы|ть (**-ву́, -вёшь**; *pt* **-л, -ла́**) *несов* to swim; (*судно*) to sail; (*облако*) to float.
плю́н|уть (**-у**) *сов* to spit; **плюнь!** (*разг*) forget it!
плюс *м нескл, союз* plus.
пляж (**-а**) *м* beach.
пневмони́|я (**-и**) *ж* pneumonia.
ПО *сокр* (= *произво́дственное объедине́ние*) ≈ large industrial company.

KEYWORD

по *предл* (*+dat*) **1** (*о месте действия, вдоль*) along; **ло́дка плывёт по реке́** the boat is sailing on the river; **спуска́ться (спусти́ться** *pf*) **по ле́стнице** to go down the stairs
2 (*при глаголах движения*) round; **ходи́ть** *(impf)* **по ко́мнате/са́ду** to walk round the room/garden; **плыть** *(impf)* **по тече́нию** to go

downstream
3 (*об объекте воздействия*) on; **ударить** *(impf)* **по врагу** to deal a blow to the enemy
4 (*в соответствии с*): **действовать по закону/правилам** to act in accordance with the law/the rules; **по расписанию/плану** according to schedule/plan
5 (*об основании*): **судить по внешности** to judge by appearances; **жениться** *(impf/pf)* **по любви** to marry for love
6 (*вследствие*) due to; **по необходимости** out of necessity
7 (*посредством*): **говорить по телефону** to speak on the phone; **отправлять (отправить** *pf***) что-н по почте** to send sth by post; **передавать (передать** *pf***) что-н по радио/по телевидению** to broadcast/televise sth
8 (*с целью, для*): **органы по борьбе с преступностью** organizations in the fight against crime; **я позвал тебя по делу** I called on you on business
9 (*о какой-н характеристике объекта*) in; **по профессии** by profession; **дед по матери** maternal grandfather; **товарищ по школе** school friend
10 (*о сфере деятельности*) in
11 (*о мере времени*): **по вечерам/утрам** in the evenings/mornings; **по воскресеньям/пятницам** on Sundays/Fridays; **я работаю по целым дням** I work all day long; **работа расчитана по минутам** the work is planned by the minute
12 (*о единичности предметов*): **мама дала всем по яблоку** Mum gave them each an apple; **мы купили по одной книге** we bought a book each
◆ *предл (+асс)* 1 (*вплоть до*) up to; **с первой по пятую главу** from the first to (*BRIT*) *или* through (*US*) the fifth chapter; **я занят по горло** (*разг: перен*) I am up to my eyes in work; **он по уши в неё влюблён** he is head over heels in love with her
2 (*при обозначении цены*): **по два/три рубля за штуку** two/three roubles each
3 (*при обозначении количества*): **по два/три человека** in twos/threes
◆ *предл (+prp; после)* on; **по приезде** on arrival.

п/о *сокр* (*= почтовое отделение*) post office.
по-английски *нареч* in English.
побег (**-а**) *м* (*из тюрьмы*) escape; (*БОТ*) shoot, sprout.
побегу *итп сов см* **побежать**.
побед|а (**-ы**) *ж* victory.
победител|ь (**-я**) *м* (*в войне*) victor; (*в состязании*) winner.
побед|ить (*2sg* **-ишь**, *3sg* **-ит**, *impf* **побеждать**) *сов перех* to defeat ◆ *неперех* to win.
победоносный *прил* victorious.
побежать (*как* **бежать**; *см* **Table 20**) *сов* (*человек, животное*) to start running; (*дни, годы*) to start to fly by; (*ручьи, слёзы*) to begin to flow.
побежда|ть (**-ю**) *несов от* **победить**.
побеле|ть (**-ю**) *сов от* **белеть**.
побел|ить (**-ю, -ишь**) *сов от* **белить**.
побелк|а (**-и**) *ж* whitewash; (*действие*) whitewashing.

побере́ж|ье (-ья; *gen pl* -ий) *ср* coast.
побеспоко́|ить (-ю, -ишь) *сов от* **беспоко́ить**.
поб|и́ть (-ью́, -ьёшь) *сов от* **бить** ♦ *перех* (*повредить*) to destroy; (*разбить*) to break.
побли́зости *нареч* nearby ♦ *предл*: ~ **от** *+gen* near (to), close to.
побо́рник (-а) *м* champion (*of cause*).
поб|оро́ть (-орю́, -о́решь) *сов перех* (*также перен*) to overcome.
побо́чный *прил* (*продукт, реакция*) secondary; ~ **эффе́кт** side effect.
побужде́ни|е (-я) *ср* (*к действию*) motive.
побыва́|ть (-ю) *сов*: ~ **в А́фрике/у роди́телей** to visit Africa/one's parents.
поб|ы́ть (*как* **быть**; *см* **Table 21**) *сов* to stay.
пов|али́ть(ся) (-алю́(сь), -а́лишь(ся)) *сов от* **вали́ть(ся)**.
по́вар (-а; *nom pl* -а́) *м* cook.
пова́ренн|ый *прил*: ~**ая кни́га** cookery (*BRIT*) *или* cook (*US*) book; ~**ая соль** table salt.
поведе́ни|е (-я) *ср* behaviour (*BRIT*), behavior (*US*).
повез|ти́ (-у́, -ёшь; *pt* -ёз, -езла́) *сов от* **везти́** ♦ *перех* to take.
пове́ренн|ый (-ого) *м*: ~ **в дела́х** chargé d'affaires.
пове́р|ить (-ю, -ишь) *сов от* **ве́рить**.
поверн|у́ть (-у́, -ёшь; *impf* **повора́чивать**) *сов (не)перех* to turn; ~**ся** (*impf* **повора́чиваться**) *сов возв* to turn.
пове́рх *предл*: ~ *+gen* over.
пове́рхностный *прил* surface; (*перен*) superficial.
пове́рхност|ь (-и) *ж* surface.
пове́р|ье (-ья; *gen pl* -ий) *ср* (popular) belief.
пове́|сить(ся) (-шу(сь), -сишь(ся)) *сов от* **ве́шать(ся)**.
повествова́ни|е (-я) *ср* narrative.
пов|ести́ (-еду́, -едёшь; *pt* -ёл, -ла́) *сов перех* (*начать вести: ребёнка*) to take; (: *войска*) to lead; (*машину, поезд*) to drive; (*войну, следствие итп*) to begin ♦ (*impf* **поводи́ть**) *неперех*: ~ *+instr* (*бровью*) to raise; (*плечом*) to shrug; ~ *(pf)* **себя́ наха́льно** to start to behave impudently.
пове́ст|ка (-ки; *gen pl* -ок) *ж* summons; (*также:* ~ **дня**) agenda.
по́вест|ь (-и) *ж* story.
по-ви́димому *вводн сл* apparently.
пови́дл|о (-а) *ср* jam (*BRIT*), jelly (*US*).
пови́нност|ь (-и) *ж*: **во́инская** ~ conscription.
повин|ова́ться (-у́юсь) *сов возв*: ~ *+dat* to obey.
повинове́ни|е (-я) *ср* obedience.
пови́с|нуть (-ну; *pt* -, -ла, *impf* **повиса́ть**) *сов* to hang; (*тучи*) to hang motionless.
повл|е́чь (-еку́, -ечёшь *итп*, -еку́т; *pt* -ёк, -екла́, -екло́) *сов от* **влечь**.
по́в|од (-ода; *loc sg* -оду́, *nom pl* -о́дья, *gen pl* -ьев) *м* (*лошади*) rein; (*nom pl* -оды; *причина*) reason ♦ *предл*: **по** ~**у** *+gen* regarding, concerning.
пово|ди́ть (-ожу́, -о́дишь) *несов от* **повести́**.
повод|о́к (-ка́) *м* lead, leash.
повоз|ка (-ки; *gen pl* -ок) *ж* cart.
повора́чива|ть(ся) (-ю(сь))

несов от **поверну́ть(ся)**.

поворо́т (-а) *м* (*действие*) turning; (*место*) bend; (*перен*) turning point.

поворо́тный *прил* (*ТЕХ*) revolving; ~ **пункт** *или* **моме́нт** (*перен*) turning point.

повре|ди́ть (-жу́, -ди́шь; *impf* **поврежда́ть**) *сов перех* (*поранить*) to injure; (*поломать*) to damage.

поврежде́ни|е (-я) *ср* (*см глаг*) injury; damage.

повседне́вный *прил* everyday; (*занятия, встречи*) daily.

повсеме́стный *прил* widespread.

повсю́ду *нареч* everywhere.

по-вся́кому *нареч* in different ways.

повторе́ни|е (-я) *ср* repetition.

повтор|и́ть (-ю́, -и́шь; *impf* **повторя́ть**) *сов перех* to repeat; **~ся** (*impf* **повторя́ться**) *сов возв* (*ситуация*) to repeat itself; (*болезнь*) to recur.

повто́рный *прил* repeated.

повы́|сить (-шу, -сишь; *impf* **повыша́ть**) *сов перех* to increase; (*интерес*) to heighten; (*качество, культуру*) to improve; (*работника*) to promote; **повыша́ть** (~ *pf*) **го́лос** to raise one's voice; **~ся** (*impf* **повыша́ться**) *сов возв* to increase; (*интерес*) to heighten; (*качество, культура*) to improve.

повы́шенн|ый *прил* (*спрос*) increased; (*чувствительность, интерес*) heightened; **~ое давле́ние** high blood pressure.

пов|яза́ть (-яжу́, -я́жешь; *impf* **повя́зывать**) *сов перех* to tie.

повя́з|ка (-ки; *gen pl* -ок) *ж* bandage.

пога́н|ка (-ки; *gen pl* -ок) *ж* toadstool.

пог|аси́ть (-ашу́, -а́сишь) *сов от* **гаси́ть** ♦ (*impf* **погаша́ть**) *перех* (*задолженность, вексель*) to pay (off).

пога́с|нуть (-ну; *pt* -, -ла) *сов от* **га́снуть**.

погаша́|ть (-ю) *несов от* **погаси́ть**.

поги́б|нуть (-ну; *pt* -, -ла) *сов от* **ги́бнуть**.

поги́бш|ий (-его) *м* dead person.

пог|на́ться (-оню́сь, -о́нишься) *сов возв*: ~ **за кем-н/чем-н** (*также перен*) to set off in pursuit of sb/sth.

погово́р|ка (-ки; *gen pl* -ок) *ж* saying.

пого́д|а (-ы) *ж* weather.

пого́дный *прил* weather.

поголо́вь|е (-я) *ср* (*скота*) total number.

пого́н (-а) *м* (*обычно мн*) (shoulder) stripe.

пого́н|я (-и) *ж*: ~ **за** *+instr* pursuit of.

погра́ни́чник (-а) *м* frontier *или* border guard.

погрaни́чный *прил* (*город, район*) frontier, border; (*конфликт, знак*) border.

по́греб (-а; *nom pl* -а́) *м* cellar.

погреба́льный *прил* funeral.

погрему́ш|ка (-ки; *gen pl* -ек) *ж* rattle.

погре́|ть (-ю) *сов перех* to warm up; **~ся** *сов возв* to warm up.

погро́м (-а) *м* pogrom; (*разг*: *беспорядок*) chaos.

погр|узи́ть (-ужу́, -у́зишь) *сов перех от* **грузи́ть** ♦ (-ужу́, -узи́шь; *impf* **погружа́ть**) *перех*: ~ **что-н в** *+acc* to immerse sth in; **~ся** (*impf* **погружа́ться**) *сов возв*: **~ся**

в *+acc* (*человек*) to immerse o.s. in; (*предмет*) to sink into.

погру́з|ка (**-ки**; *gen pl* **-ок**) *ж* loading.

погру́зочный *прил* loading.

погря́зн|уть (**-у**; *impf* **погряза́ть**) *сов*: **~ в** *+prp* (*в долгах, во лжи*) to sink into.

KEYWORD

под *предл* (*+acc*) **1** (*в направлении ниже*) under; **идти́** *(impf)* **по́д гору** to go downhill
2 (*поддерживая снизу*) by
3 (*указывает на положение, состояние*) under; **отдава́ть (отда́ть** *pf***) кого́-н под суд** to prosecute sb; **попада́ть (попа́сть** *pf***) под дождь** to be caught in the rain
4 (*близко к*): **под у́тро/ве́чер** towards morning/evening; **под пра́здники** coming up to the holidays; **под ста́рость** approaching old age
5 (*указывает на функцию*) as; **мы приспосо́били помеще́ние под магази́н** we fitted out the premises as a shop
6 (*в виде чего-н*): **сте́ны под мра́мор** marble-effect walls
7 (*в обмен на*) on; **брать (взять** *pf***) что-н под зало́г/че́стное сло́во** to take sth on security/trust
8 (*в сопровождении*): **под роя́ль/скри́пку** to the piano/violin; **мне э́то не под си́лу** that is beyond my powers
◆ *предл* (*+instr*) **1** (*ниже чего-н*) under
2 (*около*) near; **под но́сом у кого́-н** under sb's nose; **под руко́й** to hand, at hand
3 (*об условиях существования объекта*) under; **быть** *(impf)* **под наблюде́нием/аре́стом** to be under observation/arrest; **под назва́нием, под и́менем** under the name of
4 (*вследствие*) under; **под влия́нием/тя́жестью чего-н** under the influence/weight of sth; **понима́ть** *(impf)***/подразумева́ть** *(impf)* **под чем-н** to understand/imply by sth.

пода|ва́ть (**-ю́**) *несов от* **пода́ть**.

под|ави́ть (**-авлю́, -а́вишь**; *impf* **подавля́ть**) *сов перех* to suppress; **~ся** *сов от* **дави́ться**.

подавле́ни|е (**-я**) *ср* suppression.

пода́вленный *прил* (*настроение, состояние, человек*) depressed.

подавля́|ть (**-ю**) *несов от* **подави́ть**.

подавля́ющий *прил* (*большинство*) overwhelming.

под|ари́ть (**-арю́, -а́ришь**) *сов от* **дари́ть**.

пода́р|ок (**-ка**) *м* present, gift.

пода́рочный *прил* gift.

пода́ть (*как* **дать**; *см* **Table 16**; *impf* **подава́ть**) *сов перех* to give; (*еду*) to serve up; (*поезд, такси итп*) to bring; (*заявление, жалобу итп*) to submit; (*СПОРТ*: *в теннисе*) to serve; (: *в футболе*) to pass; **подава́ть (~** *pf***) го́лос за** *+acc* to cast a vote for; **подава́ть (~** *pf***) в отста́вку** to hand in *или* submit one's resignation; **подава́ть (~** *pf***) на кого́-н в суд** to take sb to court; **подава́ть (~** *pf***) кому́-н ру́ку** (*при встрече*) to give sb one's hand.

пода́ч|а (**-и**) *ж* (*действие*: *заявления, прошения*) submission; (*СПОРТ*: *в теннисе*) serve; (: *в*

футболе) pass.
подбежа́ть (*как* **бежа́ть**; *см* **Table 20**; *impf* **подбега́ть**) *сов* to run up.
подбива́|ть (**-ю**) *несов от* **подби́ть**.
подбира́|ть (**-ю**) *несов от* **подобра́ть**.
под|би́ть (**-обью́, -обьёшь**; *impf* **подбива́ть**) *сов перех* (*птицу, самолёт*) to shoot down; (*глаз, крыло*) to injure; **подбива́ть** (**~** *pf*) **каблуки́ на чём-н** to reheel sth.
подбо́р (**-а**) *м* selection.
подборо́д|ок (**-ка**) *м* chin.
подбро́|сить (**-шу, -сишь**; *impf* **подбра́сывать**) *сов перех* (*мяч, шар, камень итп*) to toss; (*ворованный товар, наркотик*) to plant; (*разг*: *подвезти*) to give a lift.
подва́л (**-а**) *м* cellar; (*для жилья*) basement.
подва́льный *прил* (*помещение*) basement.
подведе́ни|е (**-я**) *ср*: **~ ито́гов** summing-up.
подв|езти́ (**-езу́, -езёшь**; *pt* **-ёз, -езла́**, *impf* **подвози́ть**) *сов перех* (*машину, товар*) to take up; (*человека*) to give a lift.
подве́рг|нуть (**-ну**; *pt* **-, -ла**, *impf* **подверга́ть**) *сов перех*: **~ кого́-н/что-н чему́-н** to subject sb/sth to sth; **подверга́ть** (**~** *pf*) **кого́-н ри́ску/опа́сности** to put sb at risk/in danger; **~ся** (*impf* **подверга́ться**) *сов возв*: **~ся** *+dat* to be subjected to.
подве́рженный *прил*: **~** *+dat* (*дурному влиянию*) subject to; (*простуде*) susceptible to.
подверн|у́ть (**-у́, -ёшь**; *impf* **подвора́чивать**) *сов перех* (*сделать короче*) to turn up; **подвора́чивать** (**~** *pf*) **но́гу** to turn *или* twist one's ankle; **~ся** (*impf* **подвора́чиваться**) *сов возв* (*разг*: *попасться*) to turn up.
подве́|сить (**-шу, -сишь**; *impf* **подве́шивать**) *сов перех* to hang up.
подв|ести́ (**-еду́, -едёшь**; *pt* **-ёл, -ела́**, *impf* **подводи́ть**) *сов перех* (*разочаровать*) to let down; **подводи́ть** (**~** *pf*) **к** *+dat* (*человека*) to bring up to; (*машину*) to drive up to; (*поезд*) to bring into; (*корабль*) to sail up to; (*электричество*) to bring to; **подводи́ть** (**~** *pf*) **глаза́/гу́бы** to put eyeliner/lipstick on; **подводи́ть** (**~** *pf*) **ито́ги** to sum up.
подве́шива|ть (**-ю**) *несов от* **подве́сить**.
по́двиг (**-а**) *м* exploit.
подвига́|ть(ся) (**-ю(сь)**) *несов от* **подви́нуть(ся)**.
подви́жный *прил* agile.
подви́н|уть (**-у**; *impf* **подвига́ть**) *сов перех* (*передвинуть*) to move; **~ся** (*impf* **подвига́ться**) *сов возв* (*человек*) to move.
подвла́стный *прил*: **~** *+dat* (*закону*) subject to; (*президенту*) under the control of.
подв|оди́ть (**-ожу́, -о́дишь**) *несов от* **подвести́**.
подво́дн|ый *прил* (*растение, работы*) underwater; **~ая ло́дка** submarine.
подв|ози́ть (**-ожу́, -о́зишь**) *несов от* **подвезти́**.
подвора́чива|ть (**-ю**) *несов от* **подверну́ть**.
подгиба́|ть(ся) (**-ю(сь)**) *несов от* **подогну́ть(ся)**.
подгля|де́ть (**-жу́, -ди́шь**; *impf*

подгля́дывать) *сов перех* to peep through.
подгор|е́ть (*3sg* **-и́т**, *impf* **подгора́ть**) *сов* (*мясо, пирог*) to burn slightly.
подготови́тельный *прил* (*предварительный*) preparatory.
подгото́в|ить (**-лю, -ишь**; *impf* **подгота́вливать**) *сов перех* to prepare; **~ся** (*impf* **подгота́вливаться**) *сов возв* to prepare (o.s.).
подгото́вк|а (**-и**) *ж* (*к экзамену, к отъезду*) preparation; (*запас знаний, умений*) training.
подгу́зник (**-а**) *м* nappy (*BRIT*), diaper (*US*).
подда|ва́ться (**-ю́сь**) *несов от* **подда́ться** ♦ *возв*: **не ~ сравне́нию/описа́нию** to be beyond comparison/words.
по́дданн|ый (**-ого**) *м* subject.
по́дданств|о (**-а**) *ср* nationality.
подда́ться (*как* **дать**; *см* **Table 16**; *impf* **поддава́ться**) *сов возв* (*дверь итп*) to give way; **поддава́ться** (**~** *pf*) *+dat* (*влиянию, соблазну*) to give in to.
подде́ла|ть (**-ю**; *impf* **подде́лывать**) *сов перех* to forge.
подде́л|ка (**-ки**; *gen pl* **-ок**) *ж* forgery.
подде́льный *прил* forged.
подд|ержа́ть (**-ержу́, -е́ржишь**; *impf* **подде́рживать**) *сов перех* to support; (*падающего*) to hold on to; (*выступление, предложение итп*) to second; (*беседу*) to keep up.
подде́ржива|ть (**-ю**) *несов от* **поддержа́ть** ♦ *перех* to support; (*переписку*) to keep up; (*порядок, отношения*) to maintain.
подде́ржк|а (**-и**) *ж* support.
поде́ла|ть (**-ю**) *сов перех* (*разг*) to do; **что ~ешь** (*разг*) it can't be helped.
под|ели́ть(ся) (**-елю́(сь), -е́лишь(ся)**) *сов от* **дели́ть(ся)**.
поде́ржанный *прил* (*одежда, мебель итп*) second-hand.
под|же́чь (**-ожгу́, -ожжёшь** *итп*, **-ожгу́т**; *impf* **поджига́ть**) *сов перех* to set fire to.
подзаты́льник (**-а**) *м* (*разг*) clip round the ear.
подзе́мный *прил* underground.
подзо́рн|ый *прил*: **~ая труба́** telescope.
подк|ати́ть (**-ачу́, -а́тишь**; *impf* **подка́тывать**) *сов перех* (*что-н круглое*) to roll.
подка́шива|ть(ся) (**-ю(сь)**) *несов от* **подкоси́ть(ся)**.
подки́н|уть (**-у**; *impf* **подки́дывать**) *сов* = **подбро́сить**.
подкла́д|ка (**-ки**; *gen pl* **-ок**) *ж* lining.
подкла́дыва|ть (**-ю**) *несов от* **подложи́ть**.
подключ|и́ть (**-у́, -и́шь**; *impf* **подключа́ть**) *сов перех* (*телефон*) to connect; (*лампу*) to plug in; (*специалистов*) to involve.
подко́в|а (**-ы**) *ж* (*лошади итп*) shoe.
подк|ова́ть (**-ую́**; *impf* **подко́вывать**) *сов перех* to shoe.
подк|оси́ть (**-ошу́, -о́сишь**; *impf* **подка́шивать**) *сов перех* (*подлеж: несчастье*) to devastate; **~ся** (*impf* **подка́шиваться**) *сов возв*: **у него́ но́ги/коле́ни ~оси́лись** his legs/knees gave way.
подкра́|сться (**-ду́сь, -дёшься**; *impf* **подкра́дываться**) *сов возв* to sneak *или* steal up.
подкреп|и́ть (**-лю́, -и́шь**; *impf*

подкрепля́ть) *сов перех* to support, back up.

подкрепле́ни|е (**-я**) *ср* (*ВОЕН*) reinforcement.

по́дкуп (**-а**) *м* bribery.

подк|упи́ть (**-уплю́, -у́пишь**; *impf* **подкупа́ть**) *сов перех* to bribe.

подлеж|а́ть (*3sg* **-и́т**) *несов*: **~** *+dat* (*проверке, обложению налогом*) to be subject to; **э́то не ~и́т сомне́нию** there can be no doubt about that.

подлежа́щ|ее (**-его**) *ср* (*ЛИНГ*) subject.

подле́ц (**-а́**) *м* scoundrel.

подли́в|ка (**-ки**; *gen pl* **-ок**) *ж* (*КУЛИН*) sauce.

по́длинник (**-а**) *м* original.

по́длинный *прил* original; (*документ*) authentic; (*чувство*) genuine; (*друг*) true.

по́дло *нареч* (*поступить*) meanly.

подло́г (**-а**) *м* forgery.

подл|ожи́ть (**-ожу́, -о́жишь**; *impf* **подкла́дывать**) *сов перех* (*анонимку*) to leave ♦ (*не*)*перех* (*добавить*): **~** *+acc или +gen* to put; (*дров, сахара*) to add.

подлоко́тник (**-а**) *м* arm(rest).

по́длост|ь (**-и**) *ж* (*поступка*) baseness; (*о поступке*) base thing.

по́длый *прил* base.

подм|ести́ (**-ету́, -етёшь**; *pt* **-ёл, -ела́**) *сов от* **мести́** ♦ (*impf* **подмета́ть**) *перех* (*пол*) to sweep; (*мусор*) to sweep up.

подмётк|а (**-и**) *ж* (*подошва*) sole.

подмигн|у́ть (**-у́, -ёшь**; *impf* **подми́гивать**) *сов*: **~ кому́-н** to wink at sb.

подмы́ш|ка (**-ки**; *gen pl* **-ек**) *ж* armpit.

поднес|ти́ (**-у́, -ёшь**; *impf* **подноси́ть**) *сов перех*: **~ к** *+dat* to bring up to.

поднима́|ть(ся) (**-ю(сь)**) *несов от* **подня́ть(ся)**.

подно́жи|е (**-я**) *ср* (*горы*) foot.

подно́ж|ка (**-ки**; *gen pl* **-ек**) *ж* (*трамвая, автобуса итп*) step; **поста́вить** (*pf*) **~ку кому́-н** to trip sb up.

подно́с (**-а**) *м* tray.

подн|оси́ть (**-ошу́, -о́сишь**) *несов от* **поднести́**.

подн|я́ть (**-иму́, -и́мешь**; *impf* **поднима́ть**) *сов перех* to raise; (*что-н лёгкое*) to pick up; (*что-н тяжёлое*) to lift (up); (*флаг*) to hoist; (*спящего*) to rouse; (*панику, восстание*) to start; (*экономику, дисциплину*) to improve; (*архивы, документацию итп*) to unearth; **поднима́ть** (**~** *pf*) **крик** *или* **шум** to make a fuss; **~ся** (*impf* **поднима́ться**) *сов возв* to rise; (*на другой этаж, на сцену*) to go up; (*с постели, со стула*) to get up; (*паника, метель, драка*) to break out; **поднима́ться** (**~ся** *pf*) **на́ гору** to climb a hill; **~я́лся крик** there was an uproar.

подо *предл см* **под**.

подоба́ющий *прил* appropriate.

подо́бно *предл*: **~** *+dat* like, similar to.

подо́бн|ый *прил*: **~** *+dat* (*сходный с*) like, similar to; **и тому́ ~ое** et cetera, and so on; **ничего́ ~ого** (*разг*) nothing of the sort.

под|обра́ть (**-беру́, -берёшь**; *impf* **подбира́ть**) *сов перех* to pick up; (*приподнять*) to gather (up); (*выбрать*) to pick, select.

подобре́|ть (**-ю**) *сов от* **добре́ть**.

подогн|у́ть (**-у́, -ёшь**; *impf* **подгиба́ть**) *сов перех* (*рукава, штанину*) to turn up; **~ся** (*impf*

подгиба́ться) *сов возв* to curl under.

подогре́|ть (**-ю**; *impf* **подогрева́ть**) *сов перех* to warm up.

пододви́н|уть (**-у**; *impf* **пододвига́ть**) *сов перех* to move closer.

пододея́льник (**-а**) *м* ≈ duvet cover.

подожд|а́ть (**-у́, -ёшь**; *pt* **-а́л, -ала́**) *сов перех* to wait for; ~ *(pf)* **с чем-н** to put sth off.

подозрева́|ть (**-ю**) *несов перех* to suspect; ~ *(impf)* **кого́-н в чём-н** to suspect sb of sth; ~ *(impf)* **(о чём-н)** to have an idea (about sth).

подозре́ни|е (**-я**) *ср* suspicion.

подозри́тельный *прил* suspicious.

подо|и́ть (**-ю́, -ишь**) *сов от* **дои́ть**.

подойти́ (*как* **идти́**; *см* **Table 18**; *impf* **подходи́ть**) *сов*: ~ **к** *+dat* to approach; (*соответствовать*): ~ **к** *+dat* (*юбка*) to go (well) with; **э́то мне подхо́дит** this suits me.

подоко́нник (**-а**) *м* windowsill.

подо́л (**-а**) *м* hem.

подо́лгу *нареч* for a long time.

подо́пытный *прил*: ~ **кро́лик** (*перен*) guinea pig.

подорв|а́ть (**-у́, -ёшь**; *pt* **-а́л, -ала́**, *impf* **подрыва́ть**) *сов перех* to blow up; (*перен*: *авторитет, доверие*) to undermine; (: *здоровье*) to destroy.

подотчётн|ый *прил* (*организация, работник итп*) accountable; **~ые де́ньги** expenses.

подохо́дный *прил*: ~ **нало́г** income tax.

подо́шв|а (**-ы**) *ж* (*обуви*) sole.

подошёл *итп сов см* **подойти́**.

под|пере́ть (**-опру́, -опрёшь**; *pt* **-пёр, -пёрла**, *impf* **подпира́ть**) *сов перех*: ~ **что-н чем-н** to prop sth up with sth.

подписа́ни|е (**-я**) *ср* signing.

подп|иса́ть (**-ишу́, -и́шешь**; *impf* **подпи́сывать**) *сов перех* to sign; **~ся** (*impf* **подпи́сываться**) *сов возв*: **~ся под** *+instr* to sign; **подпи́сываться (~ся** *pf***) на** *+acc* (*на газету*) to subscribe to.

подпи́с|ка (**-ки**; *gen pl* **-ок**) *ж* subscription; (*о невыезде, о неразглашении*) signed statement.

по́дпис|ь (**-и**) *ж* signature.

подплы́|ть (**-ву́, -вёшь**; *pt* **-л, -ла́**, *impf* **подплыва́ть**) *сов* (*лодка*) to sail (up); (*пловец, рыба*) to swim (up).

подполко́вник (**-а**) *м* lieutenant colonel.

подпо́льный *прил* underground.

подпо́р|ка (**-ки**; *gen pl* **-ок**) *ж* prop, support.

подпры́гн|уть (**-у**; *impf* **подпры́гивать**) *сов* to jump.

подп|усти́ть (**-ущу́, -у́стишь**; *impf* **подпуска́ть**) *сов перех* (*человека, зверя*) to allow to approach.

подрабо́та|ть (**-ю**) *сов (не)перех*: ~ *+acc или +gen* to earn extra.

подра́внива|ть (**-ю**) *несов от* **подровня́ть**.

подража́ни|е (**-я**) *ср* imitation.

подража́|ть (**-ю**) *несов*: ~ *+dat* to imitate.

подразделе́ни|е (**-я**) *ср* (*воинское*) subunit; (*производственное*) subdivision.

подразделя́|ться (*3sg* **-ется**) *несов возв* to be subdivided.

подразумева́|ть (**-ю**) *несов перех* to mean; **~ся** *несов возв* to

be implied.
подр|асти́ (-**асту́, -астёшь**; *pt* **-о́с, -осла́**, *impf* **подраста́ть**) *сов* to grow.
под|ра́ться (-**еру́сь, -ерёшься**) *сов от* **дра́ться**.
подре́|зать (-**жу, -жешь**; *impf* **подреза́ть**) *сов перех* (*волосы*) to cut.
подро́бност|ь (-**и**) *ж* detail.
подро́бный *прил* detailed.
подровня́|ть (-**ю**; *impf* **подра́внивать**) *сов перех* to trim.
подростко́вый *прил* teenage; **~ во́зраст** teens.
подро́ст|ок (-**ка**) *м* teenager, adolescent.
подру́г|а (-**и**) *ж* (girl)friend.
по-друго́му *нареч* (*иначе*) differently.
подр|ужи́ться (-**ужу́сь, -у́жишься**) *сов возв*: **~ с** *+instr* to make friends with.
подру́чный *прил*: **~ материа́л** the material to hand.
подрыва́|ть (-**ю**) *несов от* **подорва́ть**.
подрывно́й *прил* subversive.
подря́д *нареч* in succession ◆ (-**а**) *м* (*рабочий договор*) contract; **все/всё ~** everyone/everything without exception.
подря́дный *прил* contract.
подря́дчик (-**а**) *м* contractor.
подса́жива|ться (-**юсь**) *несов от* **подсе́сть**.
подсве́чник (-**а**) *м* candlestick.
подс|е́сть (-**я́ду, -я́дешь**; *impf* **подса́живаться**) *сов*: **~ к** *+dat* to sit down beside.
подск|аза́ть (-**ажу́, -а́жешь**; *impf* **подска́зывать**) *сов перех* (*перен: идею, решение*) to suggest; (*разг: адрес, телефон*) to give out;
подска́зывать (**~** *pf*) **что-н кому́-н** to prompt sb with sth.
подска́з|ка (-**ки**; *gen pl* **-ок**) *ж* prompt.
подслу́ша|ть (-**ю**; *impf* **подслу́шивать**) *сов перех* to eavesdrop on.
подсм|отре́ть (-**отрю́, -о́тришь**; *impf* **подсма́тривать**) *сов перех* (*увидеть*) to spy on.
подсне́жник (-**а**) *м* snowdrop.
подсо́бный *прил* subsidiary.
подсо́выва|ть (-**ю**) *несов от* **подсу́нуть**.
подсозна́ни|е (-**я**) *ср* the subconscious.
подсозна́тельный *прил* subconscious.
подсо́лнечн|ый *прил*: **~ое ма́сло** sunflower oil.
подсо́лнух (-**а**) *м* (*разг*) sunflower.
подста́в|ить (-**лю, -ишь**; *impf* **подставля́ть**) *сов перех*: **~ под** *+acc* to put under.
подста́в|ка (-**ки**; *gen pl* **-ок**) *ж* stand.
подставля́|ть (-**ю**) *несов от* **подста́вить**.
подста́нци|я (-**и**) *ж* substation.
подстере́|чь (-**гу́, -жёшь** *итп*, **-гу́т**; *impf* **подстерега́ть**) *сов перех* to lie in wait for.
подстра́ива|ть (-**ю**) *несов от* **подстро́ить**.
подстр|ели́ть (-**елю́, -е́лишь**; *impf* **подстре́ливать**) *сов перех* to wound.
подстри́|чь (-**гу́, -жёшь** *итп*, **-гу́т**; *pt* **-г, -ла**, *impf* **подстрига́ть**) *сов перех* to trim; (*для укорачивания*) to cut; **~ся** (*impf* **подстрига́ться**) *сов возв* to have one's hair cut.
подстро́|ить (-**ю, -ишь**; *impf*

подстра́ивать) *сов перех* to fix.
подст|упи́ть (**-уплю́, -у́пишь**; *impf* **подступа́ть**) *сов* (*слёзы*) to well up; (*рыдания*) to rise; **подступа́ть** (~ *pf*) **к** *+dat* (*к городу, к теме*) to approach.
подсуди́м|ый (**-ого**) *м* (*ЮР*) the accused, the defendant.
подсу́дный *прил* (*ЮР*) sub judice.
подсу́н|уть (**-у**; *impf* **подсо́вывать**) *сов перех* to shove.
подсчёт (**-а**) *м* counting; (*итог*) calculation.
подсчита́|ть (**-ю**; *impf* **подсчи́тывать**) *сов перех* to count (up).
подта́лкива|ть (**-ю**) *несов от* **подтолкну́ть**.
подтвер|ди́ть (**-жу́, -ди́шь**; *impf* **подтвержда́ть**) *сов перех* to confirm; (*фактами, цифрами*) to back up; **~ся** (*impf* **подтвержда́ться**) *сов* to be confirmed.
подтвержде́ни|е (**-я**) *ср* confirmation.
подтолкн|у́ть (**-у́, -ёшь**; *impf* **подта́лкивать**) *сов перех* to nudge; (*побудить*) to urge on.
подтя́гива|ть(ся) (**-ю(сь)**) *несов от* **подтяну́ть(ся)**.
подтя́ж|ки (**-ек**) *мн* braces *мн* (*BRIT*), suspenders *мн* (*US*).
подтя́нутый *прил* smart.
подт|яну́ть (**-яну́, -я́нешь**; *impf* **подтя́гивать**) *сов перех* (*тяжёлый предмет*) to haul up; (*гайку, болт*) to tighten; (*войска*) to bring up; **~ся** (*impf* **подтя́гиваться**) *сов возв* (*на брусьях*) to pull o.s. up; (*войска*) to move up.
поду́ма|ть (**-ю**) *сов*: ~ (**о** *+prp*) to think (about); ~ (*pf*) **над** *+instr* *или* **о** *+prp* to think about; ~ (*pf*), **что...** to think that ...; **кто бы мог ~!** who would have thought it!
поду́|ть (**-ю**) *сов* to blow; (*ветер*) to begin to blow.
под|уши́ть (**-ушу́, -у́шишь**) *сов перех* to spray lightly with perfume.
поду́ш|ка (**-ки**; *gen pl* **-ек**) *ж* (*для сидения*) cushion; (*под голову*) pillow.
подхв|ати́ть (**-ачу́, -а́тишь**; *impf* **подхва́тывать**) *сов перех* (*падающее*) to catch; (*подлеж: течение, толпа*) to carry away; (*слова, идею, болезнь*) to pick up.
подхо́д (**-а**) *м* approach.
подх|оди́ть (**-ожу́, -о́дишь**) *несов от* **подойти́**.
подходя́щий *прил* (*дом*) suitable; (*момент, слова*) appropriate.
подчеркн|у́ть (**-у́, -ёшь**; *impf* **подчёркивать**) *сов перех* (*в тексте*) to underline; (*в речи*) to emphasize.
подчине́ни|е (**-я**) *ср* obedience.
подчинённ|ый *прил* subordinate ♦ (**-ого**) *м* subordinate.
подчин|и́ть (**-ю́, -и́шь**; *impf* **подчиня́ть**) *сов перех* (*народ, страну*) to subjugate; **подчиня́ть** (~ *pf*) **что-н кому́-н** to place sth under the control of sb; **~ся** (*impf* **подчиня́ться**) *сов возв*: **~ся** *+dat* to obey.
подше́фный *прил*: ~ **де́тский дом** children's home under patronage.
подшива́|ть (**-ю**) *несов от* **подши́ть**.
подши́в|ка (**-ки**; *gen pl* **-ок**) *ж* (*газет, документов*) file.
подши́пник (**-а**) *м* (*ТЕХ*) bearing.
под|ши́ть (**-ошью́, -ошьёшь**; *imper* **-ше́й(те)**, *impf* **подшива́ть**)

сов перех (*рукав*) to hem; (*подол*) to take up.

подш|утить (**-учу́, -у́тишь**; *impf* **подшу́чивать**) *сов*: **~ над** *+instr* to make fun of.

подъе́ду *итп сов см* **подъе́хать**.

подъе́зд (**-а**) *м* (*к городу, к дому*) approach; (*в здании*) entrance.

подъезжа́|ть (**-ю**) *несов от* **подъе́хать**.

подъём (**-а**) *м* (*груза*) lifting; (*флага*) raising; (*на гору*) ascent; (*промышленный, культурный итп*) revival.

подъёмник (**-а**) *м* lift (*BRIT*), elevator (*US*).

подъёмный *прил* lifting; **~ кран** crane.

подъе́хать (*как* **е́хать**; *см* **Table 19**; *impf* **подъезжа́ть**) *сов* (*на автомобиле*) to drive up; (*на коне*) to ride up.

под|ыша́ть (**-ышу́, -ы́шешь**) *сов* to breathe.

пое́дешь *итп сов см* **пое́хать**.

поеди́м *итп сов см* **пое́сть**.

поеди́те *сов см* **пое́сть**.

пое́ду *итп сов см* **пое́хать**.

поедя́т *сов см* **пое́сть**.

по́езд (**-а**; *nom pl* **-а́**) *м* train.

пое́зд|ка (**-ки**; *gen pl* **-ок**) *ж* trip.

поезжа́й(те) *сов см* **пое́хать**.

пое́сть (*как* **есть**; *см* **Table 15**) *сов от* **есть** ◆ *перех*: **~ чего́-н** to eat a little bit of sth.

пое́хать (*как* **е́хать**; *см* **Table 19**) *сов* (*автомобиль, поезд итп*) to set off.

пое́шь *сов см* **пое́сть**.

пожале́|ть (**-ю**) *сов от* **жале́ть**.

пожа́л|овать (**-ую**) *сов*: **добро́ ~** welcome; **~ся** *сов от* **жа́ловаться**.

пожа́луйста *част* please; (*в ответ на благодарность*) don't mention it (*BRIT*), you're welcome (*US*); **~, помоги́те мне** please help me; **скажи́те, ~, где вокза́л!** could you please tell me where the station is; **мо́жно здесь сесть? – ~!** may I sit here? – please do!

пожа́р (**-а**) *м* fire.

пожа́рник (**-а**) *м* (*разг*) fireman.

пожа́рн|ый (**-ого**) *м* fireman ◆ *прил*: **~ая кома́нда** fire brigade (*BRIT*) *или* department (*US*); **~ая маши́на** fire engine.

пож|а́ть (**-му́, -мёшь**; *impf* **пожима́ть**) *сов перех* to squeeze; **он ~а́л мне ру́ку** he shook my hand; **пожима́ть (~ *pf*) плеча́ми** to shrug one's shoulders.

пожела́ни|е (**-я**) *ср* wish; **приими́те мой наилу́чшие ~я** please accept my best wishes.

пожела́|ть (**-ю**) *сов от* **жела́ть**.

пож|ени́ться (**-еню́сь, -е́нишься**) *сов от* **жени́ться** ◆ *возв* to marry, get married.

поже́ртвовани|е (**-я**) *ср* donation.

пожива́|ть (**-ю**) *несов* (*разг*): **как ты ~ешь?** how are you?

пожи́зненн|ый *прил* lifelong; **~ое заключе́ние** life imprisonment.

пожило́й *прил* elderly.

пожима́|ть (**-ю**) *несов от* **пожа́ть**.

пож|и́ть (**-иву́, -ивёшь**; *pt* **-и́л, -ила́**) *сов* (*пробыть*) to stay for a while.

по́з|а (**-ы**) *ж* posture; (*перен: поведение*) pose.

позавчера́ *нареч* the day before yesterday.

позади́ *нареч* (*сзади*) behind; (*в прошлом*) in the past ◆ *предл*: **~** *+gen* behind.

позаи́мств|овать (**-ую**) *сов от*

заимствовать.
позапро́шлый *прил* before last.
поз|ва́ть (-ову́, -овёшь) *сов от* **звать**.
позво́л|ить (-ю, -ишь; *impf* **позволя́ть**) *сов* (*погода, обстоятельства*) to permit ♦ *перех*: ~ **что-н кому́-н** to allow sb sth; **позволя́ть** *(impf)* **себе́ что-н** (*покупку*) to be able to afford sth.
позвон|и́ть (-ю́, -и́шь) *сов от* **звони́ть**.
позвоно́чник (-а) *м* spine, spinal column.
поздне́е *сравн нареч от* **по́здно** ♦ *нареч* later ♦ *предл*: ~ *+gen* after; **(не)** ~ *+gen* (no) later than.
по́здн|ий *прил* late; **са́мое ~ее** (*разг*) at the latest.
по́здно *нареч* late ♦ *как сказ* it's late.
поздоро́ва|ться (-юсь) *сов от* **здоро́ваться**.
поздрави́тельный *прил* greetings.
поздра́в|ить (-лю, -ишь; *impf* **поздравля́ть**) *сов перех*: ~ **кого́-н с** *+instr* to congratulate sb on; **поздравля́ть (~** *pf***) кого́-н с днём рожде́ния** to wish sb a happy birthday.
поздравле́ни|е (-я) *ср* congratulation; (*с днём рождения*) greetings *мн*.
по́зже *нареч* = **поздне́е**.
позити́вный *прил* positive.
пози́ци|я (-и) *ж* position.
познако́м|ить(ся) (-лю(сь), -ишь(ся)) *сов от* **знако́мить(ся)**.
позна́ни|я (-й) *мн* knowledge *ед*.
позову́ *итп сов см* **позва́ть**.
позо́р (-а) *м* disgrace.
позо́р|ить (-ю, -ишь; *pf* **о~**) *несов перех* to disgrace; **~ся** (*pf* **опозо́риться**) *несов возв* to disgrace o.s.
позо́рный *прил* disgraceful.
пои́м|ка (-ки; *gen pl* **-ок**) *ж* capture.
поинтерес|ова́ться (-у́юсь) *сов возв*: ~ *+instr* to take an interest in.
по́иск (-а) *м* (*научный, творческий итп*) quest; *см также* **по́иски**.
по|иска́ть (-ищу́, -и́щешь) *сов перех* to have a look for.
по́иск|и (-ов) *мн*: ~ **(***+gen***)** search *ед* (for); **в ~ах** *+gen* in search of.
по|и́ть (-ю́, -ишь; *imper* **пои́(те)**, *pf* **на~**) *несов перех*: ~ **кого́-н чем-н** to give sb sth to drink.
пойду́ *итп сов см* **пойти́**.
пойма́|ть (-ю) *сов от* **лови́ть** ♦ *перех* to catch.
пойму́ *итп сов см* **поня́ть**.
пойти́ (*как* **идти́**; *см* **Table 18**) *сов* to set off; (*по пути реформ*) to start off; (*о механизмах, к цели*) to start working; (*дождь, снег*) to begin to fall; (*дым, пар*) to begin to rise; (*кровь*) to start flowing; (*фильм итп*) to start showing; (*подойти*): ~ *+dat или* **к** *+dat* (*шляпа, поведение*) to suit.

KEYWORD

пока́ *нареч* **1** (*некоторое время*) for a while
2 (*тем временем*) in the meantime
♦ *союз* **1** (*в то время как*) while
2 (*до того времени как*): **пока́ не** until; **пока́!** so long!; **пока́ что** for the moment.

покажу́(сь) *итп сов см* **показа́ть(ся)**.
пока́з (-а) *м* (*фильма*) showing; (*опыта*) demonstration.
показа́ни|е (-я) *ср* (*ЮР*: *обычно мн*) evidence *ед*; (*на счётчике*

итп) reading.

показа́тел|ь (**-я**) *м* indicator; (*МАТ, ЭКОН*) index.

показа́тельный *прил* (*явление, пример итп*) revealing.

пока|за́ть (**-жу́, -жешь**; *impf* **пока́зывать**) *сов перех* to show ♦ *неперех* (*на суде*) to testify; **пока́зывать** (**~** *pf*) **приме́р** to set an example; **~ся** *сов от* **каза́ться** ♦ (*impf* **пока́зываться**) *возв* to appear; **~ся** *(pf)* **врачу́** to see a doctor.

праката́|ть (**-ю**) *сов перех*: **~ кого́-н на маши́не** to take sb for a drive; **~ся** *сов возв* to go for a ride.

пок|ати́ть (**-ачу́, -а́тишь**) *сов перех* (*что-н круглое*) to roll; (*что-н на колёсах*) to wheel; **~ся** *сов возв* to start rolling *или* to roll.

покача́|ть (**-ю**) *сов перех* to rock ♦ *неперех*: **~ голово́й** to shake one's head; **~ся** *сов возв* (*на качелях*) to swing.

пока́чива|ться (**-юсь**) *несов возв* to rock.

покая́ни|е (**-я**) *ср* repentance.

поки́н|уть (**-у**; *impf* **покида́ть**) *сов перех* to abandon.

покло́н (**-а**) *м* (*жест*) bow; (*приветствие*) greeting.

покл|они́ться (**-оню́сь, -о́нишься**) *сов от* **кла́няться**.

покло́нник (**-а**) *м* admirer.

покло́ня|ться (**-юсь**) *несов возв*: **~** *+dat* to worship.

поко́|й (**-я**) *м* peace; **оставля́ть** (**оста́вить** *pf*) **кого́-н в ~е** to leave sb in peace.

поко́йн|ый *прил* the late ♦ (**-ого**) *м* the deceased.

поколе́ни|е (**-я**) *ср* generation.

поко́нч|ить (**-у, -ишь**) *сов*: **~ с** *+instr* (*с делами*) to be finished with; (*с бедностью, с проблемой*) to put an end to; **~** (*pf*) **с собо́й** to kill o.s., commit suicide.

покор|и́ть (**-ю́, -и́шь**; *impf* **покоря́ть**) *сов перех* (*страну, народ*) to conquer; **покоря́ть** (**~** *pf*) **кого́-н** (*подлеж: женщина, стихи*) to win sb's heart; **~ся** (*impf* **покоря́ться**) *сов возв*: **~ся** (*+dat*) to submit (to).

поко́рный *прил* submissive.

покрови́тельств|о (**-а**) *ср* protection.

покро́|й (**-я**) *ср* cut (*of clothing*).

покрыва́л|о (**-а**) *ср* bedspread.

покры́ти|е (**-я**) *ср* covering.

покр|ы́ть (**-о́ю, -о́ешь**) *сов от* **крыть** ♦ (*impf* **покрыва́ть**) *перех* (*звуки, шум*) to cover up; (*расходы, убытки, расстояние*) to cover; **~ся** (*impf* **покрыва́ться**) *сов возв*: **~ся** *+instr* (*одеялом*) to cover o.s. with; (*румянцем, снегом итп*) to be covered in.

покры́ш|ка (**-ки**; *gen pl* **-ек**) *ж* (*АВТ*) tyre (*BRIT*), tire (*US*).

покупа́тел|ь (**-я**) *м* (*в магазине*) customer; (*товара, дома итп*) buyer.

покупа́тельский *прил* (*спрос, интересы*) consumer.

покупа́|ть (**-ю**) *несов от* **купи́ть**.

поку́п|ка (**-ки**; *gen pl* **-ок**) *ж* purchase; **де́лать** (**сде́лать** *pf*) **~ки** to go shopping.

покуша́|ться (**-юсь**) *несов возв*: **~ на** *+acc* to attempt to take.

покуше́ни|е (**-я**) *ср*: **~** (**на** *+acc*) (*на свободу, на права*) infringement (of); (*на жизнь*) attempt (on).

пол (**-а**; *loc sg* **-у́**, *nom pl* **-ы́**) *м* floor; (*nom pl* **-ы**, *gen pl* **-о́в**, *dat pl* **-а́м**) sex.

полага́|ть (**-ю**) *несов* (*думать*) to

suppose; **нáдо ~** supposedly.
пол|гóда (**-угóда**) *ср/мн* half a year.
пóлдень (**полýдня** *или* **пóлдня**) *м* midday, noon; **2 часá пóсле полýдня** 2 p.m.
пóл|е (**-я**; *nom pl* **-я́**, *gen pl* **-éй**) *ср* field; **~ дéятельности** sphere of activity; **~ зрéния** field of vision.
полéзн|ый *прил* useful; (*пища*) healthy; **~ые ископáемые** minerals.
полé|з|ть (**-у, -ешь**) *сов*: **~ на** *+acc* (*на гору*) to start climbing *или* to climb; **~** (*pf*) **в** *+acc* (*в драку, в спор*) to get involved in; **~** (*pf*) **в кармáн** to put one's hand in(to) one's pocket.
полéмик|а (**-и**) *ж* polemic.
полéн|о (**-а**; *nom pl* **-ья**, *gen pl* **-ьев**) *ср* log.
полёт (**-а**) *м* flight.
поле|тéть (**-чý, -тúшь**) *сов* (*птица, самолёт*) to fly off; (*годы, дни*) to start to fly by.
пóлза|ть (**-ю**) *несов* to crawl.
полз|тú (**-ý, -ёшь**; *pt* **-, -лá**) *несов* to crawl.
ползунк|ú (**-óв**) *мн* rompers *мн*.
поливá|ть (**-ю**) *несов от* **полúть**.
поливитамúн|ы (**-ов**) *мн* multivitamins *мн*.
полигóн (**-а**) *м* (*для учений*) shooting range; (*для испытания оружия*) test(ing) site.
поликлúник|а (**-и**) *ж* clinic.
полир|овáть (**-ýю**; *pf* **от~**) *несов перех* to polish.
пóлис (**-а**) *м*: **страховóй ~** insurance policy.
политехнúческий *прил*: **~ инститýт** polytechnic.
полúтик (**-а**) *м* politician.
полúтик|а (**-и**) *ж* (*курс*) policy; (*события, наука*) politics.
политúческий *прил* political.
пол|úть (**-ью́, -ьёшь**; *pt* **-úл, -илá**, *impf* **поливáть**) *сов* (*дождь*) to start pouring *или* to pour down ♦ *перех*: **~ что-н чем-н** (*соусом*) to pour sth over sth; **поливáть** (**~** *pf*) **цветы́** to water the flowers.
полицéйск|ий *прил* police ♦ (**-ого**) *м* policeman; **~ учáсток** police station.
полúци|я (**-и**) *ж* the police.
полúчн|ое (**-ого**) *ср*: **поймáть когó-н с ~ым** to catch sb at the scene of a crime; (*перен*) to catch sb red-handed *или* in the act.
полиэтилéн (**-а**) *м* polythene.
полк (**-á**; *loc sg* **-ý**) *м* regiment.
пóл|ка (**-ки**; *gen pl* **-ок**) *ж* shelf; (*в поезде*: *для багажа*) luggage rack; (: *для лежания*) berth.
полкóвник (**-а**) *м* colonel.
полнé|ть (**-ю**; *pf* **по~**) *несов* to put on weight.
полномóчи|е (**-я**) *ср* authority; (*обычно мн*: *право*) power.
полномóчный *прил* fully authorized.
полнопрáвный *прил* (*гражданин*) fully-fledged; (*наследник*) rightful.
пóлностью *нареч* fully, completely.
полноцéнный *прил* proper.
пóл|ночь (**-ýночи**) *ж* midnight.
пóлный *прил* full; (*победа, счастье итп*) complete, total; (*толстый*) stout; **~** *+gen или +instr* full of; (*тревоги, любви итп*) filled with.
половúк (**-á**) *м* mat.
половúн|а (**-ы**) *ж* half; **на ~е дорóги** halfway; **сейчáс ~ пéрвого/вторóго** it's (now) half

past twelve/one.
поло́вник (-а) *м* ladle.
полово́дь|е (-я) *ср* high water.
полово́й *прил* (*тряпка, мастика*) floor; (*БИО*) sexual.
положе́ни|е (-я) *ср* situation; (*географическое*) location, position; (*тела, головы итп*) position; (*социальное, семейное итп*) status; (*правила*) regulations *мн*; (*обычно мн*: *тезис*) point; **она́ в ~и** (*разг*) she's expecting; **~ дел** the state of affairs.
поло́женный *прил* due.
положи́тельный *прил* positive.
пол|ожи́ть (-ожу́, -о́жишь) *сов от* **класть**.
поло́м|ка (-ки; *gen pl* -ок) *ж* breakdown.
полос|а́ (-ы́; *nom pl* **по́лосы**, *gen pl* **поло́с**, *dat pl* **по́лосам**) *ж* (*ткани, металла итп*) strip; (*на ткани, на рисунке итп*) stripe.
полоса́тый *прил* striped, stripy.
поло́с|ка (-ки; *gen pl* -ок) *ж* (*ткани, бумаги, металла*) (thin) strip; (*на ткани*) (thin) stripe; **в ~ку** striped.
пол|оска́ть (-ощу́, -о́щешь; *pf* **про~**) *несов перех* (*бельё, посуду*) to rinse; (*рот*) to rinse out.
по́лост|ь (-и; *gen pl* -е́й) *ж* (*АНАТ*) cavity.
полоте́н|це (-ца; *gen pl* -ец) *ср* towel.
пол|отно́ (-отна́; *nom pl* -о́тна, *gen pl* -о́тен) *ср* (*ткань*) sheet; (*картина*) canvas.
пол|о́ть (-ю́, -ешь; *pf* **про~**) *несов перех* to weed.
полпути́ *м нескл* half (*of journey*); **на ~** halfway.
пол|тора́ (-у́тора; *f* **полторы́**) *м/ср чис* one and a half.
полуботи́н|ок (-ка) *м* ankle boot.
полуго́ди|е (-я) *ср* (*ПРОСВЕЩ*) semester; (*ЭКОН*) half (*of the year*).
полузащи́т|а (-ы) *ж* midfield.
полукру́г (-а) *м* semicircle.
полумра́к (-а) *м* semidarkness.
полуо́стров (-а) *м* peninsular.
полупальто́ *ср нескл* jacket, short coat.
полупроводни́к (-а́) *м* (*ЭЛЕК*) semiconductor.
полуфабрика́т (-а) *м* (*КУЛИН*) *foodstuffs requiring partial preparation.*
полуфина́л (-а) *м* semifinal.
получа́тел|ь (-я) *м* recipient.
получа́|ть(ся) (-ю(сь)) *несов от* **получи́ть(ся)**.
получе́ни|е (-я) *ср* receipt; (*урожая, результата*) obtaining.
пол|учи́ть (-учу́, -у́чишь; *impf* **получа́ть**) *сов перех* to receive, get; (*урожай, насморк, удовольствие*) to get; (*известность, применение итп*) to gain ◆ *неперех* (*разг*: *быть наказанным*) to get it in the neck; **~ся** (*impf* **получа́ться**) *сов возв* to turn out; (*удасться*) to work; (*фотография*) to come out; **из него́ ~у́чится хоро́ший учи́тель** he'll make a good teacher; **у меня́ э́то не получа́ется** I can't do it.
полу́ч|ка (-ки; *gen pl* -ек) *ж* (*разг*) pay.
полуша́ри|е (-я) *ср* hemisphere.
пол|часа́ (-учаса) *м* half an hour.
по́лый *прил* hollow.
по́льз|а (-ы) *ж* benefit; **в ~у** *+gen* in favour (*BRIT*) *или* favor (*US*) of.
по́льзовани|е (-я) *ср*: **~** (*+instr*) use (of).
по́льз|оваться (-уюсь; *pf* **вос~**) *несов возв*: **~** *+instr* to use; (*no pf*;

авторитетом, успехом итп) to enjoy.
По́льш|а (**-и**) *ж* Poland.
пол|юби́ть (**-люблю́, -лю́бишь**) *сов перех* (*человека*) to come to love; ~ (*pf*) **что-н/** *+infin* to develop a love for sth/doing.
по́люс (**-а**; *nom pl* **-а́**) *м* pole.
пол|я́ (**-е́й**) *мн* (*шляпы*) brim *ед*; (*на странице*) margin *ед*.
поля́н|а (**-ы**) *ж* glade.
поля́рный *прил* (*ГЕО*) polar; (*разные*) diametrically opposed.
пома́д|а (**-ы**) *ж* (*также:* **губна́я ~**) lipstick.
пом|аха́ть (**-ашу́, -а́шешь**) *сов:* ~ *+instr* to wave.
поме́дл|ить (**-ю, -ишь**) *сов:* ~ **с** *+instr/ +infin* to linger over sth/ doing.
поменя́|ть(ся) (**-ю(сь)**) *сов от* **меня́ть(ся)**.
поме́р|ить (**-ю, -ишь**) *сов от* **ме́рить**.
поме|сти́ть (**-щу́, -сти́шь**; *impf* **помеща́ть**) *сов перех* to put; **~ся** (*impf* **помеща́ться**) *сов возв* (*уместиться*) to fit.
поме́т|а (**-ы**) *ж* note.
поме́|тить (**-чу, -тишь**) *сов от* **ме́тить** ♦ (*impf* **помеча́ть**) *перех* to note.
поме́т|ка (**-ки**; *gen pl* **-ок**) *ж* note.
поме́х|а (**-и**) *ж* hindrance; (*СВЯЗЬ: обычно мн*) interference *ед*.
помеча́|ть (**-ю**) *несов от* **поме́тить**.
помеша́|ть (**-ю**) *сов от* **меша́ть**.
помеща́|ть(ся) (**-ю(сь)**) *несов от* **помести́ть(ся)**.
помеще́ни|е (**-я**) *ср* room; (*под офис*) premises *мн*; **жило́е ~** living space.
помидо́р (**-а**) *м* tomato.
поми́л|овать (**-ую**) *сов от* **ми́ловать**.
поми́мо *предл:* ~ *+gen* besides; (*без участия*) bypassing; **~ того́/ всего́ про́чего** apart from that/ anything else.
поми́н|ки (**-ок**) *мн* wake *ед*.
помину́тный *прил* at one-minute intervals; (*очень частый*) constant.
помир|и́ть(ся) (**-ю́(сь), -и́шь(ся)**) *сов от* **мири́ть(ся)**.
по́мн|ить (**-ю, -ишь**) *несов* (*не*)*перех:* ~ (**о** *+prp или* **про** *+acc*) to remember.
помо́г *итп сов см* **помо́чь**.
помога́|ть (**-ю**) *несов от* **помо́чь**.
по-мо́ему *нареч* my way ♦ *вводн сл* in my opinion.
помо́|и (**-ев**) *мн* dishwater *ед*; (*отходы*) slops *мн*.
помо́|йка (**-йки**; *gen pl* **-ек**) *ж* (*яма*) cesspit; (*для мусора*) rubbish (*BRIT*) *или* garbage (*US*) heap.
помолч|а́ть (**-у́, -и́шь**) *сов* to pause.
помо́рщ|иться (**-усь, -ишься**) *сов возв* to screw up one's face.
помо́ст (**-а**) *м* (*для обозрения*) platform; (*для выступлений*) rostrum.
пом|о́чь (**-огу́, -о́жешь** *итп*, **-о́гут**; *pt* **-о́г, -огла́**, *impf* **помога́ть**) *сов:* ~ *+dat* to help; (*другой стране*) to aid.
помо́щник (**-а**) *м* helper; (*должностное лицо*) assistant.
по́мощ|ь (**-и**) *ж* help, assistance.
пом|ы́ть(ся) (**-о́ю(сь), -о́ешь(ся)**) *сов от* **мы́ть(ся)**.
помя́тый *прил* (*разг: одежда, внешность*) rumpled; (*бок машины*) dented.
пона́доб|иться (**-люсь, -ишься**) *сов возв* to be needed.

по-настоящему *нареч* properly.
по-нашему *нареч* our way.
понедельник (**-а**) *м* Monday.
понемногу *нареч* a little; (*постепенно*) little by little.
пон|ести (**-есу, -есёшь**; *pt* **-ёс, -есла**) *сов от* **нести**; **~сь** *сов возв* (*человек*) to tear off; (*лошадь*) to charge off; (*машина*) to speed off.
пони *м нескл* pony.
понижа|ть(ся) (**-ю(сь)**) *несов от* **понизить(ся)**.
понижени|е (**-я**) *ср* reduction; (*в должности*) demotion.
пони|зить (**-жу, -зишь**; *impf* **понижать**) *сов перех* to reduce; (*в должности*) to demote; (*голос*) to lower; **~ся** (*impf* **понижаться**) *сов возв* to be reduced.
понима|ть (**-ю**) *несов от* **понять** ♦ *перех* to understand ♦ *неперех*: **~ в** *+prp* to know about; **~ете** you see.
понос (**-а**) *м* diarrhoea (*BRIT*), diarrhea (*US*).
пон|осить (**-ошу, -осишь**) *сов перех* to carry for a while; (*одежду*) to wear.
поношенный *прил* (*одежда*) worn.
понрав|иться (**-люсь, -ишься**) *сов от* **нравиться**.
пончик (**-а**) *м* doughnut (*BRIT*), donut (*US*).
поняти|е (**-я**) *ср* (*времени, пространства итп*) notion; (*о политике, о литературе*) idea; **~я не имею** (*разг*) I've no idea.
понятно *нареч* intelligibly ♦ *как сказ*: **мне ~** I understand; **~!** I see!
понятный *прил* intelligible; (*ясный*) clear; (*оправданный*) understandable.
по|нять (**-йму, -ймёшь**; *pt* **-нял, -няла**, *impf* **понимать**) *сов перех* to understand.
поощрени|е (**-я**) *ср* encouragement.
поощр|ить (**-ю, -ишь**; *impf* **поощрять**) *сов перех* to encourage.
поп (**-а**) *м* (*разг*) priest.
попадани|е (**-я**) *ср* hit.
попада|ть(ся) (**-ю(сь)**) *несов от* **попасть(ся)**.
попарно *нареч* in pairs.
попа|сть (**-ду, -дёшь**; *impf* **попадать**) *сов*: **~ в** *+acc* (*в цель*) to hit; (*в ворота*) to end up in; (*в чужой город*) to find o.s. in; (*в беду*) to land in; **мыло ~ло в глаза** the soap got in my eyes; **попадать (~ *pf*) в аварию** to have an accident; **~ (*pf*) в плен** to be taken prisoner; **попадать (~ *pf*) под дождь** to be caught in the rain; **ему ~ло** (*разг*) he got a hiding; **(Вы) не туда ~ли** you've got the wrong number; **~ся** (*impf* **попадаться**) *сов возв* (*быть пойманным*) to be caught; **мне ~лась интересная книга** I came across an interesting book; **попадаться (~ся *pf*) кому-н на глаза** to catch sb's eye.
попей(те) *сов см* **попить**.
поперёк *нареч* crossways ♦ *предл*: **~** *+gen* across.
поперечный *прил* horizontal.
поперхн|уться (**-усь, -ёшься**) *сов возв* to choke.
поперч|ить (**-у, -ишь**) *сов от* **перчить**.
попечени|е (**-я**) *ср* (*о детях*) care; (*о делах, о доме*) charge.
попечител|ь (**-я**) *м* guardian; (*КОММ*) trustee.
поп|ить (**-ью, -ьёшь**; *pt* **-ил, -ила**, *imper* **-ей(те)**) *сов перех* to have a

drink of.

поплы́|ть (-ву́, -вёшь; *pt* **-л, -лá)** *сов* to start swimming; (*судно*) to set sail.

пополáм *нареч* in half; **~ с** *+instr* mixed with.

пополнéни|е (-я) *ср* (*запасов*) replenishment; (*коллекции*) expansion; (*воинское*) reinforcement.

попóлн|ить (-ю, -ишь; *impf* **пополня́ть**) *сов перех*: **~ что-н** *+instr* (*запасы*) to replenish sth with; (*коллекцию*) to expand sth with; (*коллектив*) to reinforce sth with; **~ся** (*impf* **пополня́ться**) *сов возв* (*запасы*) to be replenished; (*коллекция*) to be expanded.

поправи́мый *прил* rectifiable.

попрáв|ить (-лю, -ишь; *impf* **поправля́ть**) *сов перех* to correct; (*галстук, платье итп*) to straighten; (*причёску*) to tidy; (*здоровье, дела*) to improve; **~ся** (*impf* **поправля́ться**) *сов возв* to improve; (*пополнеть*) to put on weight.

попрáв|ка (-ки; *gen pl* **-ок)** *ж* (*в решение, в закон*) amendment.

по-прéжнему *нареч* as before.

попрóб|овать (-ую) *сов от* **прóбовать**.

попр|оси́ть(ся) (-ошу́(сь), -óсишь(ся)) *сов от* **проси́ть(ся)**.

попрощá|ться (-юсь) *сов возв*: **~ с** *+instr* to say goodbye to.

попугá|й (-я) *м* parrot.

популя́рност|ь (-и) *ж* popularity.

популя́рный *прил* popular; (*изложение*) accessible.

попу́тный *прил* (*замечание, исправление*) accompanying; (*машина*) passing; (*ветер*) favourable (*BRIT*), favorable (*US*).

попу́тчик (-а) *м* travelling (*BRIT*) *или* traveling (*US*) companion.

попы́т|ка (-ки; *gen pl* **-ок)** *ж* attempt.

попью́ *итп сов см* **попи́ть**.

попя́|титься (-чусь, -тишься) *сов возв* to take a few steps backwards (*BRIT*) *или* backward (*US*).

пóр|а (-ы) *ж* pore.

пор|á (-ы́; *acc sg* **-у**, *dat sg* **-é**, *nom pl* **-ы)** *ж* time ♦ *как сказ* it's time; **до каки́х ~?** until when?; **до сих ~** (*раньше*) up till now; (*всё ещё*) still; **до тех ~** until then; **до тех ~, покá** until; **с каки́х ~?** since when?

поравня́|ться (-юсь) *сов возв*: **~ с** *+instr* (*человек*) to draw level with; (*машина*) to come alongside.

поражéни|е (-я) *ср* (*цели*) hitting; (*МЕД*) damage; (*проигрыш*) defeat; **наноси́ть (нанести́** *pf***) кому́-н ~** to defeat sb; **терпéть (потерпéть** *pf***) ~** to be defeated.

порази́тельный *прил* (*красота, талант*) striking; (*жестокость*) astonishing.

порáн|ить (-ю, -ишь) *сов перех* to hurt.

порв|áть(ся) (-у́, -ёшь) *сов от* **рвáть(ся)**.

порéз (-а) *м* cut.

порé|зать (-жу, -жешь) *сов перех* to cut; **~ся** *сов возв* to cut o.s.

порногрáфи|я (-и) *ж* pornography.

пóровну *нареч* equally.

порóг (-а) *м* (*также перен*) threshold.

порóд|а (-ы) *ж* (*животных*) breed.

порóдистый *прил* pedigree.

порóй *нареч* from time to time.

порóк (-а) *м* vice.

поролóн (-а) *м* foam rubber.

порос|ёнок (**-ёнка**; *nom pl* **-я́та**, *gen pl* **-я́т**) *м* piglet.
пóрох (**-а**; *part gen* **-у**) *м* gunpowder.
порош|óк (**-кá**) *м* powder.
порт (**-а**; *loc sg* **-ý**, *nom pl* **-ы**, *gen pl* **-óв**) *м* port.
портати́вный *прил* portable.
портвéйн (**-а**) *м* port (*wine*).
пóр|тить (**-чу, -тишь**; *pf* **ис~**) *несов перех* (*механизм, здоровье, карьеру*) to damage; (*настроение, праздник, ребёнка*) to spoil; **~ся** (*pf* **испóртиться**) *сов возв* (*механизм*) to be damaged; (*здоровье, погода*) to deteriorate; (*настроение*) to be spoiled; (*молоко*) to go off; (*мясо, овощи*) to go bad.
портни́х|а (**-и**) *ж* (*женская*) dressmaker; (*мужская*) tailor.
портн|óй (**-óго**) *м* (*мужской*) tailor; (*женский*) dressmaker.
портрéт (**-а**) *м* portrait.
Португáли|я (**-и**) *ж* Portugal.
португáльский *прил* Portuguese; **~ язы́к** Portuguese.
портфéл|ь (**-я**) *м* briefcase; (*ПОЛИТ, КОММ*) portfolio.
портьéр|а (**-ы**) *ж* curtain.
поругá|ться (**-юсь**) *сов от* **ругáться** ♦ *возв* (*разг*): **~** (**с** *+instr*) to fall out (with).
порýк|а (**-и**) *ж*: **брать когó-н на ~и** to take sb on probation; (*ЮР*) to stand bail for sb.
по-рýсски *нареч* (*разговаривать, написать*) in Russian; **говори́ть** (*impf*)/**понимáть** (*impf*) **~** to speak/understand Russian.
поручá|ть (**-ю**) *несов от* **поручи́ть**.
поручéни|е (**-я**) *ср* (*задание*) errand; (: *важное*) mission.
пóруч|ень (**-ня**) *м* handrail.
поручи́тельств|о (**-а**) *ср* guarantee.
пор|учи́ть (**-учý, -ýчишь**; *impf* **поручáть**) *сов*: **~ комý-н что-н** to entrust sb with sth; **поручáть** (**~** *pf*) **комý-н** *+infin* to instruct sb to do; **поручáть** (**~** *pf*) **комý-н когó-н/что-н** (*отдать на попечение*) to leave sb/sth in sb's care; **~ся** *сов от* **ручáться**.
пóрци|я (**-и**) *ж* portion.
пóрш|ень (**-ня**) *м* (*в двигателе*) piston; (*в насосе*) plunger.
пóры́в (**-а**) *м* (*ветра*) gust.
поры́вистый *прил* (*ветер*) gusty.
поря́дков|ый *прил* (*номер*) ordinal; **~ое числи́тельное** ordinal (number).
поря́д|ок (**-ка**) *м* order; (*правила*) procedure; **в ~ке** *+gen* (*в качестве*) as; **в ~ке** in order; **всё в ~ке** everything's OK; **~ дня** agenda.
поря́дочный *прил* (*честный*) decent; (*значительный*) fair.
пос|ади́ть (**-ажý, -áдишь**) *сов от* **сажáть**.
посáд|ка (**-ки**; *gen pl* **-ок**) *ж* (*овощей, деревьев*) planting; (*пассажиров*) boarding; (*самолёта итп*) landing.
посáдочный *прил* (*талон*) boarding; (*площадка, огни*) landing.
по-своéму *нареч* his *итп* way; **он ~ прав** in his own way, he is right.
посвя|ти́ть (**-щý, -ти́шь**; *impf* **посвящáть**) *сов перех*: **~ что-н** *+dat* to devote sth to; (*книгу, стихи*) to dedicate sth to.
посéв (**-а**) *м* sowing.
посéв|ы (**-ов**) *мн* crops *мн*.
поселéни|е (**-я**) *ср* settlement.

пос|ели́ть(ся) (-елю́(сь), -е́лишь(ся)) *сов от* **сели́ть(ся)**.
посёл|ок (-ка) *м* village; **да́чный** ~ *village made up of dachas*.
посереди́не *нареч* in the middle ♦ *предл*: ~ +*gen* in the middle of.
посети́тел|ь (-я) *м* visitor.
посе|ти́ть (-щу́, -ти́шь; *impf* **посеща́ть**) *сов перех* to visit.
посеще́ни|е (-я) *ср* visit.
поси|де́ть (-жу́, -ди́шь) *сов* to sit for a while.
поскользн|у́ться (-у́сь, -ёшься) *сов возв* to slip.
поско́льку *союз* as.
посла́ни|е (-я) *ср* (*дружеское, любовное*) message.
посла́нник (-а) *м* envoy.
по|сла́ть (-шлю́, -шлёшь; *impf* **посыла́ть**) *сов перех* to send.
по́сле *нареч* (*потом*) afterwards (*BRIT*), afterward (*US*) ♦ *предл*: ~ +*gen* after ♦ *союз*: ~ **того́ как** after.
послевое́нный *прил* postwar.
после́дн|ий *прил* last; (*новости, мода*) latest; **за** *или* **в ~ее вре́мя** recently.
после́довател|ь (-я) *м* follower.
после́довательност|ь (-и) *ж* sequence; (*политики*) consistency.
после́довательный *прил* (*этапы, движения*) consecutive; (*вывод, ход мысли*) consistent.
после́д|овать (-ую) *сов от* **сле́довать**.
после́дстви|е (-я) *ср* consequence.
послеза́втра *нареч* the day after tomorrow.
посло́виц|а (-ы) *ж* proverb, saying.
послу́ша|ть (-ю) *сов от* **слу́шать** ♦ *перех*: ~ **что-н** to listen to sth for a while; **~ся** *сов от* **слу́шаться**.
послу́шный *прил* obedient.
посме́|ть (-ю) *сов от* **сметь**.
посм|отре́ть (-отрю́, -о́тришь) *сов от* **смотре́ть** ♦ *неперех*: **~о́трим** (*разг*) we'll see; **~ся** *сов от* **смотре́ться**.
посо́би|е (-я) *ср* (*помощь*) benefit; (*ПРОСВЕЩ*: *учебник*) textbook; (: *нагля́дное*) visual aids *мн*; ~ **по безрабо́тице** unemployment benefit; ~ **по инвали́дности** disability living allowance.
пос|о́л (-ла́) *м* ambassador.
пос|оли́ть (-олю́, -о́лишь) *сов от* **соли́ть**.
посо́льств|о (-а) *ср* embassy.
посп|е́ть (*3sg* **-е́ет**) *сов от* **спеть**.
поспеш|и́ть (-у́, -и́шь) *сов от* **спеши́ть**.
поспо́р|ить (-ю, -ишь) *сов от* **спо́рить**.
посреди́ *нареч* in the middle ♦ *предл*: ~ +*gen* in the middle of.
посреди́не *нареч* in the middle ♦ *предл*: ~ +*gen* in the middle of.
посре́дник (-а) *м* intermediary; (*при конфликте*) mediator; **торго́вый** ~ middleman.
посре́днический *прил* (*КОММ*) intermediary.
посре́дничеств|о (-а) *ср* mediation.
посре́дственно *нареч* (*учиться, писать*) averagely ♦ *ср нескл* (*ПРОСВЕЩ*) ≈ satisfactory (*school mark*).
посре́дственный *прил* mediocre.
посре́дством *предл*: ~ +*gen* by means of; (*человека*) through.
поссо́р|ить(ся) (-ю(сь), -ишь(ся)) *сов от* **ссо́рить(ся)**.
пост (-а́; *loc sg* -у́) *м* (*люди*) guard; (*место*) lookout post; (*должность*)

post; (*РЕЛ*) fast.
поста́в|ить (**-лю, -ишь**) *сов от* **ста́вить** ♦ (*impf* **поставля́ть**) *перех* (*товар*) to supply.
поста́в|ка (**-ки**; *gen pl* **-ок**) *ж* (*снабжение*) supply.
поставщи́к (**-а́**) *м* supplier.
постаме́нт (**-а**) *м* pedestal.
постан|ови́ть (**-овлю́, -о́вишь**; *impf* **постановля́ть**) *сов*: ~ *+infin* to resolve to do.
постано́в|ка (**-ки**; *gen pl* **-ок**) *ж* (*ТЕАТР*) production; ~ **вопро́са/пробле́мы** the formulation of the question/problem.
постановле́ни|е (**-я**) *ср* (*решение*) resolution; (*распоряжение*) decree.
постано́вщик (**-а**) *м* producer.
постара́|ться (**-юсь**) *сов от* **стара́ться**.
пост|ели́ть (**-елю́, -е́лишь**) *сов от* **стели́ть**.
посте́л|ь (**-и**) *ж* bed.
посте́льн|ый *прил*: **~ое бельё** bedclothes *мн*.
постепе́нно *нареч* gradually.
постепе́нный *прил* gradual.
постира́|ть (**-ю**) *сов от* **стира́ть**.
по|сти́ться (**-щу́сь, -сти́шься**) *несов возв* (*РЕЛ*) to fast.
по́стн|ый *прил* (*суп*) vegetarian; **~ое ма́сло** vegetable oil.
посто́льку *союз*: ~ ... **поско́льку** insofar as ...
посторо́нн|ий *прил* (*чужой*) strange; (*помощь, влияние*) outside; (*вопрос*) irrelevant ♦ (**-его**) *м* stranger, outsider; **~им вход воспрещён** authorized entry only.
постоя́нный *прил* (*работа, адрес*) permanent; (*шум*) constant.
посто|я́ть (**-ю́, -и́шь**) *сов от* **стоя́ть** ♦ *неперех* (*стоять недолго*) to stand for a while.
постри́|чь(ся) (**-гу́(сь), -жёшь(ся)** *umn*, **-гу́т(ся)**; *pt* **-г(ся), -гла(сь)**) *сов от* **стри́чь(ся)**.
постро́|ить (**-ю, -ишь**) *сов от* **стро́ить**.
постро́|йка (**-йки**; *gen pl* **-ек**) *ж* construction.
пост|упи́ть (**-уплю́, -у́пишь**; *impf* **поступа́ть**) *сов* (*человек*) to act; (*товар, известия*) to come in; (*жалоба*) to be received; **поступа́ть** (~ *pf*) **в/на** *+acc* (*в университет, на работу*) to start.
поступле́ни|е (**-я**) *ср* (*действие: в университет, на работу*) starting; (*обычно мн: бюджетное*) revenue *ед*; (*в библиотеке*) acquisition.
посту́п|ок (**-ка**) *м* deed.
постуч|а́ть(ся) (**-у́(сь), -и́шь(ся)**) *сов от* **стуча́ть(ся)**.
посу́д|а (**-ы**) *ж собир* crockery; **ку́хонная ~** kitchenware; **стекля́нная ~** glassware; **мыть** (**помы́ть** *pf*) **~у** to wash *или* do (*BRIT*) the dishes, wash up.
посчита́|ть (**-ю**) *сов от* **счита́ть**.
посыла́|ть (**-ю**) *несов от* **посла́ть**.
посы́л|ка (**-ки**; *gen pl* **-ок**) *ж* (*действие: книг, денег*) sending; (*отправление*) parcel.
посы́п|ать (**-лю, -лешь**) *сов перех* to sprinkle; **~ся** *сов от* **сы́паться**.
пот (**-а**; *loc sg* **-у́**) *м* sweat.
по-тво́ему *нареч* your way.
потенциа́л (**-а**) *м* potential.
потенциа́льный *прил* potential.
потепле́ни|е (**-я**) *ср* warmer spell.
пот|ере́ть (**-ру́, -рёшь**; *pt* **-ёр, -ёрла**) *сов перех* (*ушиб*) to rub; (*морковь*) to grate.

потерпе́вш|ий (**-его**) *м* (*ЮР*) victim.

пот|ерпе́ть (**-ерплю́, -е́рпишь**) *сов от* **терпе́ть**.

поте́р|я (**-и**) *ж* loss.

потеря́|ть(ся) (**-ю(сь)**) *сов от* **теря́ть(ся)**.

поте́|ть (**-ю**; *impf* **вс~**) *несов* to sweat.

по́тный *прил* sweaty.

пото́к (**-а**) *м* stream.

потол|о́к (**-ка́**) *м* ceiling.

пото́м *нареч* (*после*: *пойдём, закончим итп*) later ♦ *союз* (*после*) then.

пото́мк|и (**-ов**) *мн* descendants *мн*.

пото́мственный *прил* inherited.

пото́мств|о (**-а**) *ср собир* descendants *мн*; (*дети*) offspring *мн*.

потому́ *нареч*: **~ (и)** that's why; **~ что** because.

пото́п (**-а**) *м* flood.

потороп|и́ть(ся) (**-лю́(сь), -ишь(ся)**) *сов от* **торопи́ть(ся)**.

пото́чн|ый *прил* (*производство*) mass; **~ая ли́ния** production line.

потра́|тить (**-чу, -тишь**) *сов от* **тра́тить**.

потреби́тел|ь (**-я**) *м* consumer.

потреби́тельский *прил* (*спрос*) consumer.

потреб|и́ть (**-лю́, -и́шь**) *сов от* **потребля́ть**.

потребле́ни|е (**-я**) *ср* (*действие*) consumption; **това́ры широ́кого ~я** consumer goods.

потребля́|ть (**-ю**; *pf* **потреби́ть**) *несов перех* to consume.

потре́бност|ь (**-и**) *ж* need.

потре́б|овать(ся) (**-ую(сь)**) *сов от* **тре́бовать(ся)**.

потрёпанный *прил* (*книга, одежда*) tattered; (*вид, лицо*) worn.

потрох|а́ (**-о́в**) *мн* (*птицы*) giblets *мн*.

потрош|и́ть (**-у́, -и́шь**; *pf* **вы́потрошить**) *несов перех* (*курицу, рыбу*) to gut.

потру|ди́ться (**-жу́сь, -дишься**) *сов возв* to work; **~** (*pf*) *+infin* to take the trouble to do.

потряса́ющий *прил* (*музыка, стихи*) fantastic; (*красота*) stunning.

потрясе́ни|е (**-я**) *ср* breakdown.

потряс|ти́ (**-у́, -ёшь**; *pt* **-, -ла́**) *сов перех* to shake.

поту́хн|уть (*3sg* **-ет**, *impf* **потуха́ть**) *сов* (*лампа, свет*) to go out.

пот|уши́ть (**-ушу́, -у́шишь**) *сов от* **туши́ть**.

пот|яну́ться (**-яну́сь, -я́нешься**; *impf* **потя́гиваться**) *сов возв* (*в постели, в кресле*) to stretch out.

поу́жина|ть (**-ю**) *сов от* **у́жинать**.

поумне́|ть (**-ю**) *сов от* **умне́ть**.

поучи́тельный *прил* (*пример*) instructive; (*тон*) didactic.

похвал|а́ (**-ы́**) *ж* praise.

похва́ста|ться (**-юсь**) *сов от* **хва́статься**.

похити́тел|ь (**-я**) *м* (*см глаг*) thief; abductor; kidnapper.

похи́|тить (**-щу, -тишь**; *impf* **похища́ть**) *сов перех* (*предмет*) to steal; (*человека*) to abduct; (*: для выкупа*) to kidnap.

похище́ни|е (**-я**) *ср* (*см глаг*) theft; abduction; kidnap(ping).

похло́па|ть (**-ю**) *сов перех* to pat.

похме́ль|е (**-я**) *ср* hangover.

похо́д (**-а**) *м* (*военный*) campaign; (*туристический*) hike (*walking and camping expedition*).

пох|оди́ть (**-ожу́, -о́дишь**) *несов*: **~ на кого́-н/что-н** to resemble

sb/sth ◆ *сов* to walk.
поход|ка (-и) *ж* gait.
похож|ий *прил*: ~ (**на** *+acc или* **с** *+instr*) similar (to); **он похож на брата, они с братом ~и** he looks like his brother; **они ~и** they look alike; **~е на то, что** ... it looks as if ...; **это на него не ~е** it's not like him.
похолодани|е (-я) *ср* cold spell.
похолода|ть (*3sg* **-ет**) *сов от* **холодать**.
похор|онить (**-оню, -онишь**) *сов от* **хоронить**.
похоронн|ый *прил* funeral; **~ое бюро** undertaker's.
похор|оны (**-он**; *dat pl* **-онам**) *мн* funeral *ед*.
поцел|овать(ся) (**-ую(сь)**) *сов от* **целовать(ся)**.
поцелу|й (-я) *м* kiss.
почасовой *прил* (*оплата*) hourly.
почат|ок (**-ка**) *м* (*кукурузы*) cob.
почв|а (**-ы**) *ж* soil; (*перен*) basis; **на ~е** *+gen* arising from.
почему *нареч* why.
почему-либо *нареч* for some reason or other.
почему-нибудь *нареч* = **почему-либо**.
почему-то *нареч* for some reason.
почерк (-а) *м* handwriting.
почерне|ть (-ю) *сов от* **чернеть**.
поче|сать(ся) (**-шу(сь), -шешь(ся)**) *сов от* **чесать(ся)**.
почёт (-а) *м* honour (*BRIT*), honor (*US*).
почётный *прил* (*гость*) honoured (*BRIT*), honored (*US*); (*член академии*) honorary; (*обязанность*) honourable (*BRIT*), honorable (*US*); **~ караул** guard of honour (*BRIT*) *или* honor (*US*).
поч|инить (**-иню, -инишь**) *сов от* **чинить**.
почин|ка (**-ки**; *gen pl* **-ок**) *ж* repair.
почи|стить (**-щу, -стишь**) *сов от* **чистить**.
почита|ть (-ю) *сов перех* (*книгу*) to read.
почк|а (**-ки**; *gen pl* **-ек**) *ж* (*БОТ*) bud; (*АНАТ*) kidney; **~ки** (*КУЛИН*) kidneys.
почт|а (**-ы**) *ж* (*учреждение*) post office; (*корреспонденция*) post, mail.
почтальон (-а) *м* postman (*BRIT*), mailman (*US*).
почтамт (-а) *м* main post office.
почтени|е (-я) *ср* respect, veneration.
почти *нареч* almost, nearly; **~ что** (*разг*) almost.
почтительный *прил* respectful.
почтить (*как* **чтить**; *см* **Table 17**) *сов перех* (*память*) to pay homage to.
почтов|ый *прил* postal; (*марка*) postage; **~ая открытка** postcard; **~ индекс** postcode (*BRIT*), zip code (*US*); **~ перевод** (*деньги*) postal order; **~ ящик** postbox.
почувств|овать (**-ую**) *сов от* **чувствовать**.
пошатн|уть (**-у, -ёшь**) *сов перех* (*веру*) to shake; (*здоровье*) to damage; **~ся** *сов возв* to sway; (*авторитет*) to be undermined.
пошёл *сов см* **пойти**.
пошив (-а) *м* (*действие*) sewing; **индивидуальный ~** tailoring.
пошла *итп сов см* **пойти**.
пошлин|а (**-ы**) *ж* duty.
пошло *сов см* **пойти**.
пошлый *прил* (*человек, поступок*) vulgar; (*анекдот*) corny.
пошлю *итп сов см* **послать**.
пош|утить (**-учу, -утишь**) *сов от*

шути́ть.
поща́д|а (**-ы**) *ж* mercy.
поща|ди́ть (**-жу́, -ди́шь**) *сов от* **щади́ть**.
пощёчин|а (**-ы**) *ж* slap across the face.
поэ́зи|я (**-и**) *ж* (*также перен*) poetry.
поэ́м|а (**-ы**) *ж* poem.
поэ́т (**-а**) *м* poet.
поэте́сс|а (**-ы**) *ж см* **поэ́т**.
поэти́ческий *прил* poetic.
поэ́тому *нареч* therefore.
пою́ *итп несов см* **петь**.
по|яви́ться (**-явлю́сь, -я́вишься**; *impf* **появля́ться**) *сов возв* to appear; **у него́ ~яви́лись иде́и/сомне́ния** he has had an idea/begun to have doubts.
появле́ни|е (**-я**) *ср* appearance.
появля́|ться (**-юсь**) *несов от* **появи́ться**.
по́яс (**-а**; *nom pl* **-а́**) *м* (*ремень*) belt; (*талия*) waist; (*ГЕО*) zone.
поясне́ни|е (**-я**) *ср* explanation; (*к схеме*) explanatory note.
поясн|и́ть (**-ю́, -и́шь**; *impf* **поясня́ть**) *сов перех* to explain.
поясни́ц|а (**-ы**) *ж* small of the back.
пр. *сокр* = **прое́зд, проспе́кт**.
праба́буш|ка (**-ки**; *gen pl* **-ек**) *ж* great-grandmother.
прав|а́ (**-**) *мн* (*также:* **води́тельские ~**) driving licence *ед* (*BRIT*), driver's license *ед* (*US*); **~ челове́ка** human rights.
пра́вд|а (**-ы**) *ж* truth ◆ *нареч* really ◆ *вводн сл* true ◆ *как сказ* it's true; **~у** *или* **по ~е говоря́** *или* **сказа́ть** to tell the truth.
правди́вый *прил* truthful.
правдоподо́бный *прил* plausible.
пра́вил|о (**-а**) *ср* rule; **э́то не в мои́х ~ах** that's not my way; **как ~** as a rule; **по всем ~ам** by the rules; **~а доро́жного движе́ния** rules of the road, ≈ Highway Code.
пра́вильно *нареч* correctly ◆ *как сказ* that's correct *или* right.
пра́вильный *прил* correct; (*вывод, ответ*) right.
прави́тел|ь (**-я**) *м* ruler.
прави́тельственный *прил* government.
прави́тельств|о (**-а**) *ср* government.
пра́в|ить (**-лю, -ишь**) *несов перех* (*исправлять*) to correct ◆ *неперех*: **~** *+instr* (*страной*) to rule, govern; (*машиной*) to drive.
правле́ни|е (**-я**) *ср* government; (*орган*) board.
пра́внук (**-а**) *м* great-grandson.
пра́в|о (**-а**; *nom pl* **-а́**) *ср* (*свобода*) right; (*нормы, наука*) law; **име́ть** *(impf)* **~ на что-н/***+infin* to be entitled *или* have the right to sth/to do; **на ра́вных права́х с** *+instr* on equal terms with; *см также* **права́**.
правомо́чный *прил* (*орган*) competent; (*лицо*) authorized.
правонаруше́ни|е (**-я**) *ср* offence.
правонаруши́тел|ь (**-я**) *м* offender.
правописа́ни|е (**-я**) *ср* spelling.
правопоря́д|ок (**-ка**) *м* law and order.
правосла́ви|е (**-я**) *ср* orthodoxy.
правосла́вн|ый *прил* (*церковь, обряд*) orthodox ◆ (**-ого**) *м member of the Orthodox Church.*
правосу́ди|е (**-я**) *ср* justice.
правот|а́ (**-ы́**) *ж* correctness.
пра́вый *прил* right; (*ПОЛИТ*) right-wing; **он прав** he is right.

пра́вящий *прил* ruling.
Пра́г|а (**-и**) *ж* Prague.
праде́душ|ка (**-ки**; *gen pl* **-ек**) *м* great-grandfather.
пра́зднеств|о (**-а**) *ср* festival.
пра́здник (**-а**) *м* (*по случаю какого-н события*) public holiday; (*религиозный*) festival; (*нерабочий день*) holiday; (*радость, торжество*) celebration; **с ~ом!** best wishes!
пра́здничный *прил* (*салют, обед*) celebratory; (*одежда, настроение*) festive; **~ день** holiday.
пра́здн|овать (**-ую**) *несов перех* to celebrate.
пра́ктик|а (**-и**) *ж* practice; (*часть учёбы*) practical experience *или* work; **на ~е** in practice.
практика́нт (**-а**) *м* trainee (*on placement*).
практик|ова́ть (**-у́ю**) *несов перех* to practise (*BRIT*), practice (*US*); **~ся** *несов возв* (*обучаться*): **~ся в чём-н** to practise sth.
практи́чески *нареч* (*на практике*) in practice; (*по сути дела*) practically.
практи́чный *прил* practical.
прах (**-а**) *м* (*умершего*) ashes *мн*.
пра́чечн|ая (**-ой**) *ж* laundry.
пребыва́ни|е (**-я**) *ср* stay.
пребыва́|ть (**-ю**) *несов* to be.
превзойти́ (*как* **идти́**; *см* **Table 18**; *impf* **превосходи́ть**) *сов перех* (*врага, соперника*) to beat; (*результаты, ожидания*) to surpass; (*доходы, скорость*) to exceed.
превосхо|ди́ть (**-жу́, -дишь**) *несов от* **превзойти́**.
превосхо́дно *нареч* superbly ◆ *как сказ* it's superb.
превосхо́дн|ый *прил* superb; **~ая сте́пень** (*ЛИНГ*) superlative degree.
превосхо́дств|о (**-а**) *ср* superiority.
превра|ти́ть (**-щу́, -ти́шь**; *impf* **превраща́ть**) *сов перех*: **~ что-н/кого́-н в** *+acc* to turn *или* transform sth/sb into; **~ся** (*impf* **превраща́ться**) *сов возв*: **~ся (в** *+acc*) to turn (into).
превраще́ни|е (**-я**) *ср* transformation.
превы́|сить (**-шу́, -сишь**; *impf* **превыша́ть**) *сов перех* to exceed.
прегра́д|а (**-ы**) *ж* barrier.
прегра|ди́ть (**-жу́, -ди́шь**; *impf* **прегражда́ть**) *сов перех*: **~ кому́-н доро́гу/вход** to block *или* bar sb's way/entrance.
преда|ва́ть (**-ю́**) *несов от* **преда́ть**.
пре́данный *прил* devoted.
преда́тел|ь (**-я**) *м* traitor.
преда́тельств|о (**-а**) *ср* treachery.
преда́ть (*как* **дать**; *см* **Table 16**; *impf* **предава́ть**) *сов перех* to betray; **предава́ть (~** *pf*) **что-н гла́сности** to make sth public.
предвари́тельный *прил* preliminary; (*продажа*) advance.
предвзя́тый *прил* prejudiced.
предви́|деть (**-жу, -дишь**) *сов перех* to predict.
предводи́тел|ь (**-я**) *м* leader.
предвы́борн|ый *прил* (*собрание*) pre-election; **~ая кампа́ния** election campaign.
преде́л (**-а**) *м* (*обычно мн*: *города, страны*) boundary; (*перен*: *приличия*) bound; (: *терпения*) limit; (*подлости, совершенства*) height; (*мечтаний*) pinnacle; **на ~е** at breaking point; **в ~ах** *+gen* (*закона, года*) within; (*приличия*)

within the bounds of; **за ~ами** *+gen* (*страны, города*) outside.

предéльный *прил* maximum; (*восторг, важность*) utmost; **~ срок** deadline.

предислóви|е (**-я**) *ср* foreword, preface.

предлагá|ть (**-ю**) *несов от* **предложи́ть**.

предлóг (**-а**) *м* pretext; (*ЛИНГ*) preposition; **под ~ом** *+gen* on the pretext of.

предложéни|е (**-я**) *ср* suggestion, proposal; (*замужества*) proposal; (*КОММ*) offer; (*ЛИНГ*) sentence; **дéлать** (**сдéлать** *pf*) **~ комý-н** (*девушке*) to propose to sb; (*КОММ*) to make sb an offer; **вноси́ть** (**внести́** *pf*) **~** (*на собрании, на съезде*) to propose a motion.

предл|ожи́ть (**-ожý, -óжишь**; *impf* **предлагáть**) *сов перех* to offer; (*план, кандидатуру*) to propose ♦ *неперех* to suggest, propose.

предлóжный *прил* (*ЛИНГ*) prepositional.

предмéт (**-а**) *м* object; (*обсуждения, изучения*) subject.

преднамéренный *прил* (*преступление*) premeditated; (*обман итп*) deliberate.

прéд|ок (**-ка**) *м* ancestor.

предостáв|ить (**-лю, -ишь**) *сов перех*: **~ что-н комý-н** to give sb sth ♦ *неперех*: **~ комý-н** *+infin* (*выбирать, решать*) to let sb do.

предостережéни|е (**-я**) *ср* warning.

предостер|éчь (**-егý, -ежёшь** *итп*, **-егýт**; *pt* **-ёг, -еглá**, *impf* **предостерегáть**) *сов перех*: **~ когó-н** (**от** *+gen*) to warn sb (against).

предосторóжност|ь (**-и**) *ж* caution; **мéры ~и** precautionary measures, precautions.

предотвра|ти́ть (**-щý, -ти́шь**; *impf* **предотвращáть**) *сов перех* to prevent; (*войну, кризис*) to avert.

предохрани́тел|ь (**-я**) *м* safety device; (*ЭЛЕК*) fuse (*BRIT*), fuze (*US*).

предохран|и́ть (**-ю, -и́шь**; *impf* **предохраня́ть**) *сов перех* to protect.

предполагá|ть (**-ю**) *несов от* **предположи́ть** ♦ *перех* to presuppose ♦ *неперех*: **~** *+infin* (*намереваться*) to intend to do.

предположéни|е (**-я**) *ср* (*догадка*) supposition.

предпол|ожи́ть (**-ожý, -óжишь**; *impf* **предполагáть**) *сов перех* (*допустить возможность*) to allow for; **~óжим** (*возможно*) suppose.

предпослéдний *прил* (*номер, серия*) penultimate; (*в очереди*) last but one.

предпосы́л|ка (**-ки**; *gen pl* **-ок**) *ж* (*условие*) precondition, prerequisite.

предприи́мчивый *прил* enterprising.

предпринимáтел|ь (**-я**) *м* entrepreneur, businessman.

предпринимáтельств|о (**-а**) *ср* enterprise.

предпр|иня́ть (**-имý, -и́мешь**; *pt* **-и́нял, -инялá**, *impf* **предпринимáть**) *сов перех* to undertake.

предприя́ти|е (**-я**) *ср* plant; (*КОММ*) enterprise, business.

предрассýд|ок (**-ка**) *м* prejudice.

председáтел|ь (**-я**) *м* chairman.

предсказáни|е (**-я**) *ср* prediction.

предск|аза́ть (-ажу́, -а́жешь; *impf* **предска́зывать**) *сов перех* to predict; (*чью-н судьбу*) to foretell.
предсме́ртный *прил* (*агония*) death; (*воля*) last.
представи́тел|ь (-я) *м* representative.
представи́тельный *прил* representative.
представи́тельств|о (-а) *ср* (*ПОЛИТ*) representation; **дипломати́ческое ~** diplomatic corps.
предста́в|ить (-лю, -ишь; *impf* **представля́ть**) *сов перех* to present; **представля́ть (~ *pf*) кого́-н кому́-н** (*познакомить*) to introduce sb to sb; **представля́ть (~ *pf*) (себе́)** to imagine; **~ся** (*impf* **представля́ться**) *несов возв* (*при знакомстве*) to introduce o.s.; (*возможность*) to present itself.
представле́ни|е (-я) *ср* presentation; (*ТЕАТР*) performance; (*знание*) idea; **не име́ть** *(impf)* **(никако́го) ~я о** *+prp* to have no idea about.
представля́|ть (-ю) *несов от* **предста́вить** ♦ *перех* (*организацию, страну*) to represent; **~** *(impf)* **(себе́) что-н** (*понимать*) to understand sth; **~ся** *несов от* **предста́виться**.
предсто|я́ть (*3sg* **-и́т**) *несов* to lie ahead.
предстоя́щий *прил* (*сезон*) coming; (*встреча*) forthcoming.
предубежде́ни|е (-я) *ср* prejudice.
предупре|ди́ть (-жу́, -ди́шь; *impf* **предупрежда́ть**) *сов перех* to warn; (*предотвратить*) to prevent.
предупрежде́ни|е (-я) *ср* warning; (*аварии, заболевания*) prevention.
предусм|отре́ть (-отрю́, -о́тришь; *impf* **предусма́тривать**) *сов перех* (*учесть*) to foresee.
предусмотри́тельный *прил* prudent.
предчу́встви|е (-я) *ср* premonition.
предше́ствующий *прил* previous.
предъяви́тел|ь (-я) *м* bearer.
предъ|яви́ть (-явлю́, -я́вишь; *impf* **предъявля́ть**) *сов перех* (*паспорт, билет итп*) to show; (*доказательства*) to produce; (*требования, претензии*) to make; (*иск*) to bring; **предъявля́ть (~ *pf*) права́ на что-н** to lay claim to sth.
предыду́щий *прил* previous.
предысто́ри|я (-и) *ж* background.
пре́емник (-а) *м* successor.
пре́жде *нареч* (*в прошлом*) formerly; (*сначала*) first ♦ *предл*: **~** *+gen* before; **~ всего́** first of all; **~ чем** before.
преждевре́менный *прил* premature.
пре́жний *прил* former.
презента́ци|я (-и) *ж* presentation.
презервати́в (-а) *м* condom.
президе́нт (-а) *м* president.
прези́диум (-а) *м* presidium.
презира́|ть (-ю) *несов перех* to despise.
презре́ни|е (-я) *ср* contempt.
презри́тельный *прил* contemptuous.
преиму́честв|о (-а) *ср* advantage.
прейскура́нт (-а) *м* price list.
преклоне́ни|е (-я) *ср*: **~ (пе́ред**

+instr) admiration (for).

преклоня́|ться (**-юсь**) *несов возв*: **~ пе́ред** *+instr* to admire.

прекра́сный *прил* beautiful; (*врач, результат*) excellent.

прекра|ти́ть (**-щу́, -ти́шь**; *impf* **прекраща́ть**) *сов перех* to stop ♦ *неперех*: **~** *+infin* to stop doing; **~ся** (*impf* **прекраща́ться**) *сов возв* (*дождь, занятия*) to stop; (*отношения, знакомство*) to end.

преле́стный *прил* charming.

пре́лест|ь (**-и**) *ж* charm.

прелю́ди|я (**-и**) *ж* prelude.

пре́ми|я (**-и**) *ж* (*работнику*) bonus; (*победителю*) prize; (*КОММ*) premium.

премье́р|а (**-ы**) *ж* première.

премье́р-мини́стр (**-а**) *м* prime minister, premier.

пренебрега́|ть (**-ю**) *несов от* **пренебре́чь**.

пренебреже́ни|е (**-я**) *ср* (*законами итп*) disregard; (: *обязанностями*) neglect; (*высокомерие*) contempt.

пренебрежи́тельный *прил* contemptuous.

пренебр|е́чь (**-егу́, -ежёшь** *итп*, **-гу́т**; *pt* **-ёг, -егла́**, *impf* **пренебрега́ть**) *сов*: **~** *+instr* (*опасностью, последствиями*) to disregard; (*богатством, правилами*) to scorn; (*советом, просьбой*) to ignore.

пре́ни|я (**-й**) *мн* debate *ед*.

преоблада́|ть (*3sg* **-ет**) *несов*: **~** (**над** *+instr*) to predominate (over).

преобразова́ни|е (**-я**) *ср* (*общества, жизни*) transformation.

преобраз|ова́ть (**-у́ю**; *impf* **преобразо́вывать**) *сов перех* (*общество*) to reorganize.

преодоле́|ть (**-ю**; *impf* **преодолева́ть**) *сов перех* to overcome; (*барьер*) to clear; (*трудный переход итп*) to get through.

препина́ни|е (**-я**) *ср*: **зна́ки ~я** punctuation marks *мн*.

преподава́тел|ь (**-я**) *м* (*школы, курсов*) teacher; (*вуза*) lecturer.

препода|ва́ть (**-ю́, -ёшь**) *несов перех* to teach.

преподн|ести́ (**-есу́, -есёшь**; *pt* **-ёс, -есла́**, *impf* **преподноси́ть**) *сов перех*: **~ что-н кому́-н** to present sb with sth.

препя́тстви|е (**-я**) *ср* obstacle.

препя́тств|овать (**-ую**; *pf* **вос~**) *несов*: **~** *+dat* to impede.

прерв|а́ть (**-у́, -ёшь**; *impf* **прерыва́ть**) *сов перех* (*разговор, работу итп*) to cut short; (*отношения*) to break off; (*говорящего*) to interrupt; **~ся** (*impf* **прерыва́ться**) *сов возв* (*разговор, игра*) to be cut short; (*отношения*) to be broken off.

преры́вистый *прил* (*звонок*) intermittent; (*линия*) broken.

прес|е́чь (**-еку́, -ечёшь** *итп*, **-еку́т**; *pt* **-ёк, -екла́**, *impf* **пресека́ть**) *сов перех* to suppress.

пресле́довани|е (**-я**) *ср* pursuit; (*инакомыслия*) persecution.

пресле́д|овать (**-ую**) *несов перех* to pursue; (*перен*: *женщину*) to chase; (*инакомыслящих*) to persecute.

пресмыка́ющ|ееся (**-егося**) *ср* reptile.

пресново́дный *прил* freshwater.

пре́сный *прил* (*вода*) fresh; (*пища*) bland.

пресс (**-а**) *м* (*ТЕХ*) press.

пре́сс|а (**-ы**) *ж собир* the press.

пресс-конфере́нци|я (**-и**) *ж*

press conference.
пресс-рели́з (-а) *м* press release.
пресс-секрета́р|ь (-я́) *м* press secretary.
пресс-центр (-а) *м* press office.
престаре́л|ый *прил* aged; **дом (для) ~ых** old people's home.
прести́ж (-а) *м* prestige.
прести́жный *прил* prestigious.
преступле́ни|е (-я) *ср* crime.
престу́пник (-а) *м* criminal.
престу́пност|ь (-и) *ж* (*количество*) crime.
престу́пный *прил* criminal.
претенде́нт (-а) *м* (*на должность*) candidate; (*СПОРТ*) contender.
претенд|ова́ть (-у́ю) *несов*: ~ **на** *+acc* (*стремиться*) to aspire to; (*заявлять права*) to lay claim to.
прете́нзи|я (-и) *ж* (*обычно мн*: *на наследство, на престол*) claim *ед*; (: *на ум, на красоту итп*) pretension; (*жалоба*) complaint.
преткнове́ни|е (-я) *ср*: **ка́мень ~я** stumbling block.
преувели́ч|ить (-у, -ишь; *impf* **преувели́чивать**) *сов перех* to exaggerate.
преуме́ньш|ить (-у, -ишь; *impf* **преуменьша́ть**) *сов перех* (*роль*) to underestimate.
преуспе́|ть (-ю; *impf* **преуспева́ть**) *сов* to be successful.
прецеде́нт (-а) *м* precedent.
при *предл*: ~ *+prp* (*возле*) by, near; (*указывает на прикреплённость*) at; (*в присутствии*) in front of; (*о времени*) under; (*о наличии чего-н у кого-н*) on; **он всегда́ ~ деньга́х** he always has money on him; **я здесь ни ~ чём** it has nothing to do with me.
приба́в|ить (-лю, -ишь; *impf* **прибавля́ть**) *сов перех* to add; (*увеличить*) to increase; **~ся** (*impf* **прибавля́ться**) *сов возв* (*проблемы, работа итп*) to mount up ♦ *безл* (*воды в реке*) to rise.
прибежа́ть (*как* **бежа́ть**; *см* **Table 20**) *сов* to come running.
приб|и́ть (-ью́, -ьёшь; *imper* **-е́й(те)**, *impf* **прибива́ть**) *сов перех* (*гвоздями*) to nail.
приближа́|ть(ся) (-ю(сь)) *несов от* **прибли́зить(ся)**.
приближе́ни|е (-я) *ср* (*дня, события*) approach.
приблизи́тельный *прил* approximate.
прибли́|зить (-жу, -зишь; *impf* **приближа́ть**) *сов перех* (*придвинуть*) to move nearer; (*ускорить*) to bring nearer; **~ся** (*impf* **приближа́ться**) *сов возв* to approach.
прибо́|й (-я) *м* breakers *мн*.
прибо́р (-а) *м* (*измерительный*) device; (*оптический*) instrument; (*нагревательный*) appliance; (*бритвенный, чернильный*) set; **столо́вый ~** setting.
прибре́жный *прил* (*у берега моря*) coastal; (*у берега реки*) riverside.
прибыва́|ть (-ю) *несов от* **прибы́ть**.
при́был|ь (-и) *ж* profit.
при́быльный *прил* profitable.
прибы́ти|е (-я) *ср* arrival.
прибы́ть (*как* **быть**; *см* **Table 21**; *impf* **прибыва́ть**) *сов* to arrive.
приватиза́ци|я (-и) *ж* privatization.
приватизи́р|овать (-ую) *(не)сов перех* to privatize.
прив|езти́ (-езу́, -езёшь; *pt* **-ёз, -езла́**, *impf* **привози́ть**) *сов перех*

to bring.

прив|ести́ (**-еду́, -едёшь**; *pt* **-ёл, -ела́**) *сов от* **вести́** ♦ (*impf* **приводи́ть**) *перех* (*ребёнка*: *домой*) to bring; (*подлеж*: *дорога*: *к дому*) to take; (*пример*) to give; ~ (*pf*) **в у́жас** to horrify; ~ (*pf*) **в восто́рг** to delight; ~ (*pf*) **в изумле́ние** to astonish; ~ (*pf*) **в исполне́ние** to put into effect; ~ (*pf*) **в поря́док** to put in order.

приве́т (**-а**) *м* regards *мн*; (*разг*: *при встрече*) hi; (: *при расставании*) bye; **посыла́ть** (**посла́ть** *pf*) *или* **передава́ть** (**переда́ть** *pf*) **кому́-н** ~ to give sb one's regards.

приве́тливый *прил* friendly.

приве́тстви|е (**-я**) *ср* (*при встрече*) greeting; (*делегации*) welcome.

приве́тств|овать (**-ую**; *pf* **по~**) *несов перех* to welcome.

приви́в|ка (**-ки**; *gen pl* **-ок**) *ж* (*МЕД*) vaccination.

привиде́ни|е (**-я**) *ср* ghost.

привилегиро́ванный *прил* privileged.

привиле́ги|я (**-и**) *ж* privilege.

привин|ти́ть (**-чу́, -ти́шь**; *impf* **приви́нчивать**) *сов перех* to screw on.

при́вкус (**-а**) *м* flavour (*BRIT*), flavor (*US*).

привлека́тельный *прил* attractive.

привлека́|ть (**-ю**) *несов от* **привле́чь**.

привлече́ни|е (**-я**) *ср* (*покупателей, внимания*) attraction; (*ресурсов*) use.

привл|е́чь (**-еку́, -ечёшь** *итп*, **-еку́т**; *pt* **-ёк, -екла́**, *impf* **привлека́ть**) *сов перех* to attract; (*ресурсы*) to use; **привлека́ть** (~ *pf*) **кого́-н к** *+dat* (*к работе, к участию*) to coax sb into; (*к суду*) to take sb to; **привлека́ть** (~ *pf*) **кого́-н к отве́тственности** to call sb to account.

прив|оди́ть (**-ожу́, -о́дишь**) *несов от* **привести́**.

прив|ози́ть (**-ожу́, -о́зишь**) *несов от* **привезти́**.

привы́к|нуть (**-ну**; *pt* **-, -ла**, *impf* **привыка́ть**) *сов*: ~ *+infin* to get into the habit of doing; **привыка́ть** (~ *pf*) **к** *+dat* (*к новым друзьям, к школе*) to get used to.

привы́ч|ка (**-ки**; *gen pl* **-ек**) *ж* habit.

привы́чный *прил* familiar.

привя́занност|ь (**-и**) *ж* attachment.

прив|яза́ть (**-яжу́, -я́жешь**; *impf* **привя́зывать**) *сов перех*: ~ **что-н/кого́-н к** *+dat* to tie sth/sb to; **~ся** (*impf* **привя́зываться**) *сов возв*: **~ся к** *+dat* (*к сиденью*) to fasten o.s. to; (*полюбить*) to become attached to.

пригласи́тельный *прил*: ~ **биле́т** invitation.

пригла|си́ть (**-шу́, -си́шь**; *impf* **приглаша́ть**) *сов перех* to invite.

приглаше́ни|е (**-я**) *ср* invitation.

пригово́р (**-а**) *м* (*ЮР*) sentence; (*перен*) condemnation; **выноси́ть** (**вы́нести** *pf*) ~ to pass sentence.

приговор|и́ть (**-ю́, -и́шь**; *impf* **пригова́ривать**) *сов перех*: ~ **кого́-н к** *+dat* to sentence sb to.

приго|ди́ться (**-жу́сь, -ди́шься**) *сов возв*: ~ *+dat* to be useful to.

приго́дный *прил* suitable.

пригор|е́ть (*3sg* **-и́т**, *impf* **пригора́ть**) *сов* to burn.

при́город (**-а**) *м* suburb.

при́городный *прил* (*посёлок, житель*) suburban; (*поезд*) local.
пригото́в|ить (**-лю, -ишь**) *сов от* **гото́вить** ♦ (*impf* **приготá****вливать**) *перех* to prepare; (*постель*) to make; (*ванну*) to run; **~ся** *сов от* **гото́виться** ♦ *возв*: **~ся (к** *+dat*) (*к путешествию*) to get ready (for); (*к уроку*) to prepare (o.s.) (for).
приготовле́ни|е (**-я**) *ср* preparation.
пригро|зи́ть (**-жу́, -зи́шь**) *сов от* **грози́ть**.
прида|ва́ть (**-ю́, -ёшь**) *несов от* **прида́ть**.
прида́т|ок (**-ка**) *м* appendage.
прида́ть (*как* **дать**; *см* **Table 16**; *impf* **придава́ть**) *сов*: **~ чего́-н кому́-н** (*уверенности*) to instil (*BRIT*) *или* instill (*US*) sth in sb ♦ *перех*: **~ что-н чему́-н** (*вид, форму*) to give sth to sth; (*важность*) to attach sth to sth.
прида́ч|а (**-и**) *ж*: **в ~у** in addition.
придви́н|уть (**-у**; *impf* **придвига́ть**) *сов перех*: **~ (к** *+dat*) to move over *или* up (to).
приде́ла|ть (**-ю**; *impf* **приде́лывать**) *сов перех*: **~ что-н к** *+dat* to attach sth to.
прид|ержа́ть (**-ержу́, -е́ржишь**; *impf* **приде́рживать**) *сов перех* (*дверь*) to hold (steady); (*лошадь*) to restrain.
приде́ржива|ться (**-юсь**) *несов возв*: **~** *+gen* (*взглядов*) to hold.
придира́|ться (**-юсь**) *несов от* **придра́ться**.
приди́рчивый *прил* (*человек*) fussy; (*замечание, взгляд*) critical.
прид|ра́ться (**-еру́сь, -ерёшься**; *impf* **придира́ться**) *сов возв*: **~ к** *+dat* to find fault with.
приду́ *итп сов см* **прийти́**.
приду́ма|ть (**-ю**; *impf* **приду́мывать**) *сов перех* (*отговорку, причину*) to think of *или* up; (*новый прибор*) to devise; (*песню, стихотворение*) to make up.
прие́ду *итп сов см* **прие́хать**.
прие́зд (**-а**) *м* arrival.
приезжа́|ть (**-ю**) *несов от* **прие́хать**.
прие́зжий *прил* visiting.
приём (**-а**) *м* reception; (*у врача*) surgery (*BRIT*), office (*US*); (*СПОРТ*) technique; (*наказания, воздействия*) means; **в два/в три ~а** in two/three attempts; **запи́сываться (записа́ться** *pf*) **на ~ к** *+dat* to make an appointment to see.
приёмн|ая (**-ой**) *ж* (*также*: **~ ко́мната**) reception.
приёмник (**-а**) *м* (*радиоприёмник*) radio.
приёмный *прил* (*часы*) reception; (*день*) visiting; (*экзамены*) entrance; (*комиссия*) selection; (*родители, дети*) adoptive.
прие́хать (*как* **е́хать**; *см* **Table 19**; *impf* **приезжа́ть**) *сов* to arrive *или* come (*by transport*).
приж|а́ть (**-му́, -мёшь**; *impf* **прижима́ть**) *сов перех*: **~ что-н/кого́-н к** *+dat* to press sth/sb to *или* against; **~ся** (*impf* **прижима́ться**) *сов возв*: **~ся к** *+dat* to press o.s. against; (*к груди*) to snuggle up to.
приз (**-а**; *nom pl* **-ы́**) *м* prize.
призва́ни|е (**-я**) *ср* (*к науке итп*) vocation.
приз|ва́ть (**-ову́, -овёшь**; *pt* **-ва́л, -вала́**, *impf* **призыва́ть**) *сов перех* (*на борьбу, к защите*) to call, summon; **призыва́ть (~** *pf*) **к ми́ру**

to call for peace; **призыва́ть (~ *pf*) кого́-н к поря́дку** to call sb to order; **призыва́ть (~ *pf*) в а́рмию** to call up (to join the army).
приземл|и́ть (**-ю́, -и́шь**; *impf* **приземля́ть**) *сов перех* to land; **~ся** (*impf* **приземля́ться**) *сов возв* to land.
призёр (**-а**) *м* prizewinner.
при́зм|а (**-ы**) *ж* prism.
призна|ва́ть(ся) (**-ю́(сь), -ёшь(ся)**) *несов от* **призна́ть(ся)**.
при́знак (**-а**) *м* (*кризиса, успеха*) sign; (*отравления*) symptom.
призна́ни|е (**-я**) *ср* recognition; (*своего бессилия, чьих-н достижений*) acknowledgment; (*в любви*) declaration; (*в преступлении*) confession.
при́знанный *прил* recognized.
призна́тельност|ь (**-и**) *ж* gratitude.
призна́тельный *прил* grateful.
призна́|ть (**-ю**; *impf* **признава́ть**) *сов перех* (*правительство, чьи-н права*) to recognize; (*счесть*): **~ что-н/кого́-н** *+instr* to recognize sth/sb as; **~ся** (*impf* **признава́ться**) *сов возв*: **~ся кому́-н в чём-н** (*в преступлении*) to confess sth to sb; **признава́ться (~ся *pf*) кому́-н в любви́** to make a declaration of love to sb.
при́зрак (**-а**) *м* ghost.
призы́в (**-а**) *м* call; (*в армию*) conscription, draft (*US*); (*лозунг*) slogan.
призыва́|ть (**-ю**) *несов от* **призва́ть**.
призывни́к (**-а́**) *м* conscript.
прийти́ (*как* **идти́**; *см* **Table 18**; *impf* **приходи́ть**) *сов* (*идя, достичь*) to come (*on foot*); (*телеграмма, письмо*) to arrive; (*весна, час свободы*) to come; (*достигнуть*): **~ к** *+dat* (*к власти, к выводу*) to come to; (*к демократии*) to achieve; **приходи́ть (~ *pf*) в у́жас/недоуме́ние** to be horrified/bewildered; **приходи́ть (~ *pf*) в восто́рг** to go into raptures; **приходи́ть (~ *pf*) кому́-н в го́лову** *или* **на ум** to occur to sb; **приходи́ть (~ *pf*) в себя́** (*после обморока*) to come to *или* round; (*успокоиться*) to come to one's senses; **~сь** (*impf* **приходи́ться**) *сов возв*: **~сь на** *+acc* to fall on; **(нам) придётся согласи́ться** we'll have to agree.
прика́з (**-а**) *м* order.
приказа́ни|е (**-я**) *ср* = **прика́з**.
прик|аза́ть (**-ажу́, -а́жешь**; *impf* **прика́зывать**) *сов*: **~ кому́-н** *+infin* to order sb to do.
прика́лыва|ть (**-ю**) *несов от* **приколо́ть**.
прикаса́|ться (**-юсь**) *несов от* **прикосну́ться**.
прикла́д (**-а**) *м* (*ружья*) butt.
прикладно́й *прил* applied.
прикла́дыва|ть (**-ю**) *несов от* **приложи́ть**.
прикле́|ить (**-ю, -ишь**; *impf* **прикле́ивать**) *сов перех* to glue, stick; **~ся** (*impf* **прикле́иваться**) *сов возв* to stick.
приключе́ни|е (**-я**) *ср* adventure.
прик|оло́ть (**-олю́, -о́лешь**; *impf* **прика́лывать**) *сов перех* to fasten.
прикосн|у́ться (**-у́сь, -ёшься**; *impf* **прикаса́ться**) *сов возв*: **~ к** *+dat* to touch lightly.
прикреп|и́ть (**-лю́, -и́шь**; *impf* **прикрепля́ть**) *сов перех*: **~ что-н/кого́-н к** *+dat* to attach sth/sb to.
прикры́ти|е (**-я**) *ср* (*махинаций*)

cover-up; (*ВОЕН*) cover; **под ~м** *+gen* under the guise of.
прикр|ы́ть (**-о́ю, -о́ешь**; *impf* **прикрыва́ть**) *сов перех* to cover; (*закрыть*) to close (over).
прик|ури́ть (**-урю́, -у́ришь**; *impf* **прику́ривать**) *сов* to get a light (*from a lit cigarette*).
прила́в|ок (**-ка**) *м* (*в магазине*) counter; (*на рынке*) stall.
прилага́тельн|ое (**-ого**) *ср* (*ЛИНГ*: *также:* **имя ~**) adjective.
прилага́|ть (**-ю**) *несов от* **приложи́ть**.
прилега́|ть (*3sg* **-ет**) *несов*: **~ к чему́-н** (*одежда*) to fit sth tightly.
приле́жный *прил* diligent.
приле|те́ть (**-чу́, -ти́шь**; *impf* **прилета́ть**) *сов* to arrive (*by air*), fly in.
прил|е́чь (**-я́гу, -я́жешь** *итп*, **-я́гут**; *pt* **-ёг, -егла́**) *сов* to lie down for a while.
прили́в (**-а**) *м* (*в море, в океане*) tide.
прили́п|нуть (**-ну**; *pt* **-, -ла**, *impf* **прилипа́ть** *или* **ли́пнуть**) *сов*: **~ к** *+dat* to stick to.
прили́чный *прил* (*пристойный*: *человек*) decent; (*сумма, результат*) fair, decent.
приложе́ни|е (**-я**) *ср* (*силы, энергии*) application; (*к журналу*) supplement; (*к документации*) addendum.
прил|ожи́ть (**-ожу́, -о́жишь**; *impf* **прилага́ть**) *сов перех* (*присоединить*) to attach; (*силу, знания итп*) to apply; **прикла́дывать (~ *pf*) что-н к** *+dat* (*руку*: *ко лбу*) to put sth to; **ума́ не ~ожу́** (*разг*) I don't have a clue.
примене́ни|е (**-я**) *ср* (*оружия, машин*) use; (*лекарств*) application; (*мер, метода*) adoption.
прим|ени́ть (**-еню́, -е́нишь**; *impf* **применя́ть**) *сов перех* (*меры*) to implement; (*силу*) to use; **применя́ть (~ *pf*) что-н (к** *+dat***)** (*метод, теорию*) to apply sth (to).
применя́|ться (*3sg* **-ется**) *несов* (*использоваться*) to be used.
приме́р (**-а**) *м* example.
приме́р|ка (**-ки**; *gen pl* **-ок**) *ж* trying on.
приме́рно *нареч* (*см прил*) in an exemplary fashion; approximately.
приме́рный *прил* (*образцовый*) exemplary; (*приблизительный*) approximate.
при́мес|ь (**-и**) *ж* dash.
приме́т|а (**-ы**) *ж* (*признак*) sign; (*суеверная*) omen.
примета́|ть (**-ю**; *impf* **примётывать**) *сов перех* to stitch on.
примеча́ни|е (**-я**) *ср* note.
примире́ни|е (**-я**) *ср* reconciliation.
примити́вный *прил* primitive.
примо́рский *прил* seaside.
принадлеж|а́ть (**-у́, -и́шь**) *несов*: **~** *+dat* to belong to; (*заслуга*) to go to.
принадле́жност|ь (**-и**) *ж* characteristic; (*обычно мн*: *охотничьи, рыболовные*) tackle *ед*; (: *письменные*) accessories *мн*.
прин|ести́ (**-есу́, -есёшь**; *pt* **-ёс, -есла́**, *impf* **приноси́ть**) *сов перех* to bring; (*извинения, благодарность*) to express; (*присягу*) to take; **приноси́ть (~ *pf*) по́льзу** *+dat* to be of use to; **приноси́ть (~ *pf*) вред** *+dat* to harm.
принима́|ть(ся) (**-ю(сь)**) *несов*

от **приня́ть(ся)**.
прин|оси́ть (**-ошу́, -о́сишь**) *несов от* **принести́**.
при́нтер (**-а**) *м* (*КОМП*) printer.
принуди́тельный *прил* (*труд, лечение итп*) forced.
принý|дить (**-жу, -дишь**; *impf* **принужда́ть**) *сов перех*: **~ кого́-н/что-н к чему́-н/**+*infin* to force sb/sth into sth/to do.
принц (**-а**) *м* prince.
принце́сс|а (**-ы**) *ж* princess.
при́нцип (**-а**) *м* principle.
принципиа́льный *прил* (*человек, политика*) of principle; (*согласие, договорённость*) in principle.
при́нятый *прил* accepted.
при|ня́ть (**-му́, -мешь**; *pt* **-нял, -няла́**, *impf* **принима́ть**) *сов перех* to take; (*подарок, условия*) to accept; (*пост*) to take up; (*гостей, телеграмму*) to receive; (*закон, резолюцию*) to pass; (*отношение, вид*) to take on; (*христианство итп*) to adopt; **принима́ть** (**~** *pf*) **в/на** +*acc* (*в университет, на работу*) to accept for; **принима́ть** (**~** *pf*) **что-н/кого́-н за** +*acc* to mistake sth/sb for; (*счесть*) to take sth/sb as; **~ся** (*impf* **принима́ться**) *сов возв*: **~ся** +*infin* (*приступить*) to get down to doing; **принима́ться** (**~ся** *pf*) **за** +*acc* (*приступить*) to get down to.
приобр|ести́ (**-ету́, -етёшь**; *pt* **-ёл, -ела́**, *impf* **приобрета́ть**) *сов перех* to acquire; (*друзей, врагов*) to make.
приобрете́ни|е (**-я**) *ср* acquisition; (*КОММ*) procurement.
приорите́т (**-а**) *м* priority.
приостан|ови́ть (**-овлю́, -о́вишь**; *impf* **приостана́вливать**) *сов перех* to suspend.
припа́д|ок (**-ка**) *м* (*сердечный*) attack.
припа́с|ы (**-ов**) *мн* supplies *мн*; (*ВОЕН*: *боевые*) ammunition *ед*.
припе́в (**-а**) *м* (*песни*) chorus, refrain.
прип|иса́ть (**-ишу́, -и́шешь**; *impf* **припи́сывать**) *сов перех* to add.
припра́в|а (**-ы**) *ж* seasoning.
приравня́|ть (**-ю**; *impf* **прира́внивать**) *сов перех*: **~ кого́-н/что-н к** +*dat* to equate sb/sth with.
приро́д|а (**-ы**) *ж* nature; (*места вне города*) countryside.
приро́дный *прил* natural.
приро́ст (**-а**) *м* (*населения*) growth; (*доходов, урожая*) increase.
приручи́|ить (**-у́, -и́шь**; *impf* **приуча́ть**) *сов перех* to tame.
приса́жива|ться (**-юсь**) *несов от* **присе́сть**.
присво́|ить (**-ю, -ишь**; *impf* **присва́ивать**) *сов перех* to appropriate; (*дать*): **~ что-н кому́-н** (*звание*) to confer sth on sb.
приседа́ни|е (**-я**) *ср* squatting (*physical exercise*).
прис|е́сть (**-я́ду, -я́дешь**; *impf* **приседа́ть**) *сов* to squat; (*impf* **приса́живаться**; *на стул*) to sit down (*for a short while*).
приск|ака́ть (**-ачу́, -а́чешь**; *impf* **приска́кивать**) *сов* to gallop *или* come galloping up.
при|сла́ть (**-шлю́, -шлёшь**; *impf* **присыла́ть**) *сов перех* to send.
прислон|и́ть (**-ю́, -и́шь**; *impf* **прислоня́ть**) *сов перех*: **~ что-н к** +*dat* to lean sth against; **~ся** (*impf* **прислоня́ться**) *сов возв*: **~ся к** + *dat* to lean against.

прислу́жива|ть (-ю) *несов*: ~ *+dat* (*официант*) to wait on.
прислу́ша|ться (-юсь; *impf* **прислу́шиваться**) *сов возв*: ~ **к** *+dat* (*к звуку*) to listen to.
присмо́тр (-а) *м* care.
присм|отре́ть (-отрю́, -о́тришь; *impf* **присма́тривать**) *сов*: ~ **за** *+instr* to look after.
присн|и́ться (*3sg* **-и́тся**) *сов от* **сни́ться**.
присоедине́ни|е (-я) *ср* attachment; (*провода*) connection; (*территории*) annexation.
присоедин|и́ть (-ю́, -и́шь; *impf* **присоединя́ть**) *сов перех*: ~ **что-н к** *+dat* to attach sth to; (*провод*) to connect sth to; (*территорию*) to annex sth to; **~ся** (*impf* **присоединя́ться**) *сов возв*: **~ся к** *+dat* to join; (*к чьему-н мнению*) to support.
приспосо́б|ить (-лю, -ишь; *impf* **приспоса́бливать**) *сов перех* to adapt; **~ся** (*impf* **приспоса́бливаться**) *сов возв* (*к условиям, к климату*) to adapt (o.s.); (*делать что-н*) to get used to.
приспособле́ни|е (-я) *ср* (*к условиям итп*) adaptation; (*механизм итп*) appliance.
приста|ва́ть (-ю́, -ёшь) *несов от* **приста́ть**.
приста́в|ить (-лю, -ишь; *impf* **приставля́ть**) *сов перех*: ~ **что-н к** *+dat* to put sth against; (*пистолет: к груди*) to put sth to.
приста́в|ка (-ки; *gen pl* **-ок**) *ж* (*ЛИНГ*) prefix.
приставля́|ть (-ю) *несов от* **приста́вить**.
при́стальный *прил* (*взгляд, внимание*) fixed; (*интерес, наблюдение*) intent.
при́стан|ь (-и) *ж* pier.
приста́|ть (-ну, -нешь; *impf* **пристава́ть**) *сов*: ~ **к** *+dat* (*прилипнуть*) to stick to; (*присоединиться*) to join; (*разг: с вопросами*) to pester; (*причалить*) to put into.
пристегн|у́ть (-у́, -ёшь; *impf* **пристёгивать**) *сов перех* to fasten; **~ся** (*impf* **пристёгиваться**) *сов возв* (*в самолёте итп*) to fasten one's seat belt.
пристра́ива|ть (-ю) *несов от* **пристро́ить**.
пристр|ели́ть (-елю́, -е́лишь; *impf* **пристре́ливать**) *сов перех* (*животное*) to put down.
пристро́|ить (-ю, -ишь; *impf* **пристра́ивать**) *сов перех* (*комнату*) to build on.
пристро́|йка (-йки; *gen pl* **-ек**) *ж* extension.
при́ступ (-а) *м* (*атака*) attack; (*смеха, гнева, кашля*) fit.
прист|упи́ть (-уплю́, -у́пишь; *impf* **приступа́ть**) *сов*: ~ **к** *+dat* (*начать*) to get down to.
прис|уди́ть (-ужу́, -у́дишь; *impf* **присужда́ть**) *сов перех*: ~ **что-н кому́-н** (*приз, алименты итп*) to award sth to sb; (*учёную степень*) to confer sth on sb.
прису́тстви|е (-я) *ср* presence.
прису́тств|овать (-ую) *несов* to be present.
прису́тствующ|ие (-их) *мн* those present *мн*.
присыла́|ть (-ю) *несов от* **присла́ть**.
прися́г|а (-и) *ж* oath.
прися́жн|ый (-ого) *м* (*ЮР: также:* **~ заседа́тель**) juror; **суд ~ых**

jury.

прит|ащи́ть (**-ащу́, -а́щишь**; *impf* **прита́скивать**) *сов перех* to drag.

притвор|и́ться (**-ю́сь, -и́шься**; *impf* **притворя́ться**) *сов возв*: **~** *+instr* to pretend to be.

прити́х|нуть (**-ну, -нешь**; *pt* **-**, **-ла**, *impf* **притиха́ть**) *сов* to grow quiet.

прито́к (**-а**) *м* (*река*) tributary; **~** *+gen* (*энергии, средств*) supply of; (*населения*) influx of.

прито́м *союз* and what's more.

прито́н (**-а**) *м* den.

при́торный *прил* (*вкус, торт итп*) sickly sweet.

прит|упи́ться (*3sg* **-у́пится**, *impf* **притупля́ться**) *сов возв* (*нож итп*) to go blunt; (*перен*: *внимание итп*) to diminish; (: *чувства*) to fade; (: *слух*) to fail.

притяза́ни|е (**-я**) *ср*: **~ на** *+acc* claim to.

при|учи́ть (**-учу́, -у́чишь**; *impf* **приу́чивать**) *сов перех*: **~ кого́-н к** *+dat/+infin* to train sb for/to do; **~ся** (*impf* **приу́чиваться**) *сов возв*: **~ся к** *+dat/+infin* to train for/to do.

прихо́д (**-а**) *м* arrival; (*КОММ*) receipts *мн*; (*РЕЛ*) parish; **~ и расхо́д** (*КОММ*) credit and debit.

прих|оди́ть (**-ожу́, -о́дишь**) *несов от* **прийти́**; **~ся** *несов от* **прийти́сь** ♦ *возв*: **~ся кому́-н ро́дственником** to be sb's relative.

прихо́д|овать (**-ую**; *pf* **о~**) *несов перех* (*КОММ*: *сумму*) to enter (*in receipt book*).

приходя́щ|ий *прил* nonresident; **~ая ня́ня** babysitter.

прихожа́н|ин (**-ина**; *nom pl* **-е**) *м* (*РЕЛ*) parishioner.

прихо́ж|ая (**-ей**) *ж* entrance hall.

прихожу́(сь) *несов см* **приходи́ть(ся)**.

при́хот|ь (**-и**) *ж* whim.

прице́л (**-а**) *м* (*ружья, пушки*) sight.

прице́л|иться (**-юсь, -ишься**; *impf* **прице́ливаться**) *сов возв* to take aim.

прице́п (**-а**) *м* trailer.

приц|епи́ть (**-еплю́, -е́пишь**; *impf* **прицепля́ть**) *сов перех* (*вагон*) to couple.

прича́л (**-а**) *м* mooring; (*пассажирский*) quay; (*грузовой, ремонтный*) dock.

прича́л|ить (**-ю, -ишь**; *impf* **прича́ливать**) *сов (не)перех* to moor.

прича́сти|е (**-я**) *ср* (*ЛИНГ*) participle; (*РЕЛ*) communion.

прича|сти́ть (**-щу́, -сти́шь**; *impf* **причаща́ть**) *сов перех* (*РЕЛ*) to give communion to; **~ся** (*impf* **причаща́ться**) *сов возв* (*РЕЛ*) to receive communion.

прича́стный *прил* (*связанный*): **~ к** *+dat* connected with.

причаща́|ть(ся) (**-ю(сь)**) *несов от* **причасти́ть(ся)**.

причём *союз* moreover.

прич|еса́ть (**-ешу́, -е́шешь**; *impf* **причёсывать**) *сов перех* (*расчёской*) to comb; (*щёткой*) to brush; **причёсывать** (**~** *pf*) **кого́-н** to comb/brush sb's hair; **~ся** (*impf* **причёсываться**) *сов возв* (*см перех*) to comb one's hair; to brush one's hair.

причё́с|ка (**-ки**; *gen pl* **-ок**) *ж* hairstyle.

причи́н|а (**-ы**) *ж* (*то, что вызывает*) cause; (*обоснование*) reason; **по ~е** *+gen* on account of.

причин|и́ть (**-ю́, -и́шь**; *impf*

причиня́ть) *сов перех* to cause.
причу́д|а (**-ы**) *ж* whim.
пришёл(ся) *сов см* **прийти́(сь)**.
приш|и́ть (**-ью́, -ьёшь**; *imper* **-е́й(те)**, *impf* **пришива́ть**) *сов перех* to sew on.
пришла́ *итп сов см* **прийти́**.
прищем|и́ть (**-лю́, -и́шь**; *impf* **прищемля́ть**) *сов перех* to catch.
прищу́р|ить (**-ю, -ишь**; *impf* **прищу́ривать**) *сов перех* (*глаза*) to screw up; **~ся** (*impf* **прищу́риваться**) *сов возв* to screw up one's eyes.
прию́т (**-а**) *м* shelter; (*для сирот*) orphanage.
прию|ти́ть (**-чу́, -ти́шь**) *сов перех* to shelter; **~ся** *сов возв* to take shelter.
прия́тел|ь (**-я**) *м* friend.
прия́тно *нареч* (*удивлён, поражён*) pleasantly ◆ *как сказ* it's nice *или* pleasant; **мне ~ э́то слы́шать** I'm glad to hear that; **о́чень ~** (*при знакомстве*) pleased to meet you.
прия́тный *прил* pleasant.
про *предл*: **~** *+acc* about.
про́б|а (**-ы**) *ж* (*испытание*) test; (*образец*) sample; (*драгоценного металла*) standard; (*клеймо*) hallmark.
пробе́г (**-а**) *м* (*СПОРТ*) race; (: *лыжный*) run; (*АВТ*) mileage.
пробежа́ть (*как* **бежа́ть**; *см* **Table 20**; *impf* **пробега́ть**) *сов перех* (*бегло прочитать*) to skim; (*5 километров*) to cover ◆ *неперех* (*время, годы*) to pass; (*миновать бегом*): **~ ми́мо** *+gen* to run past; (*появиться и исчезнуть*): **~ по** *+dat* (*шум, дрожь*) to run through; **~ся** *сов возв* to run.
пробе́л (**-а**) *м* (*также перен*) gap.
пробива́|ть(ся) (**-ю(сь)**) *несов от* **проби́ть(ся)**.
пробира́|ться (**-юсь**) *несов от* **пробра́ться**.
проби́р|ка (**-ки**; *gen pl* **-ок**) *ж* test tube.
проб|и́ть (**-ью́, -ьёшь**) *сов от* **бить** ◆ (*impf* **пробива́ть**) *перех* (*дыру*) to knock; (*крышу, стену*) to make a hole in; **~ся** (*impf* **пробива́ться**) *сов возв* (*прорваться*) to fight one's way through; (*растения*) to push through *или* up.
про́б|ка (**-ки**; *gen pl* **-ок**) *ж* cork; (*перен*: *на дороге*) jam; (*ЭЛЕК*) fuse (*BRIT*), fuze (*US*).
пробле́м|а (**-ы**) *ж* problem.
проблемати́чный *прил* problematic(al).
про́бный *прил* trial.
про́б|овать (**-ую**; *pf* **по~**) *несов перех* (*пирог, вино*) to taste; (*пытаться*): **~** *+infin* to try to do.
пробо́ин|а (**-ы**) *ж* hole.
пробо́р (**-а**) *м* parting (*of hair*).
проб|ра́ться (**-еру́сь, -ерёшься**; *impf* **пробира́ться**) *сов возв* (*с трудом пройти*) to fight one's way through; (*тихо пройти*) to steal past *или* through.
пробужде́ни|е (**-я**) *ср* (*ото сна*) waking up; (*сознания, чувств*) awakening.
пробы́ть (*как* **быть**; *см* **Table 21**) *сов* (*прожить*) to stay, remain; (*провести*) to go.
прова́л (**-а**) *м* (*в почве, в стене*) hole; (*перен*: *неудача*) flop; (: *памяти*) failure.
пров|али́ть (**-алю́, -а́лишь**; *impf* **прова́ливать**) *сов перех* (*крышу, пол*) to cause to collapse; (*разг*: *перен*: *дело, затею*) to make a

mess of; (: *студента*) to fail; **~ся** (*impf* **прова́ливаться**) *сов возв* (*человек*) to fall; (*крыша*) to collapse; (*разг: перен: студент, попытка*) to fail; **как сквозь зе́млю ~али́лся** he disappeared into thin air.
проведу́ *итп сов см* **провести́**.
пров|езти́ (**-езу́, -езёшь**; *pt* **-ёз, -езла́**, *impf* **провози́ть**) *сов перех* (*контрабанду, наркотики*) to smuggle; (*везя, доставить*): **~ по** *+dat*/**ми́мо** *+gen*/**че́рез** *+acc* to take along/past/across.
прове́р|ить (**-ю, -ишь**; *impf* **проверя́ть**) *сов перех* to check; (*знание, двигатель*) to test; **~ся** (*impf* **проверя́ться**) *сов возв* (*у врача*) to get a check-up.
прове́р|ка (**-ки**; *gen pl* **-ок**) *ж* (*см глаг*) check; test.
пров|ести́ (**-еду́, -едёшь**; *pt* **-ёл, -ела́**, *impf* **проводи́ть**) *сов перех* (*черту, границу*) to draw; (*дорогу*) to build; (*план, реформу*) to implement; (*урок, репетицию*) to hold; (*операцию*) to carry out; (*детство, день*) to spend; **проводи́ть** (**~** *pf*) **ми́мо** *+gen*/ **че́рез** *+acc* (*людей*) to take past/ across.
прове́тр|ить (**-ю, -ишь**; *impf* **прове́тривать**) *сов перех* to air; **~ся** (*impf* **прове́триваться**) *сов возв* (*комната, одежда*) to have an airing.
провин|и́ться (**-ю́сь, -и́шься**) *сов возв*: **~** (**в** *+prp*) to be guilty (of).
провинциа́льный *прил* provincial.
прови́нци|я (**-и**) *ж* province.
про́вод (**-а**; *nom pl* **-а́**) *м* cable.
пров|оди́ть (**-ожу́, -о́дишь**) *несов от* **провести́** ♦ (*impf* **провожа́ть**) *сов перех* to see off; **провожа́ть** (**~** *pf*) **глаза́ми/ взгля́дом кого́-н** to follow sb with one's eyes/gaze.
прово́д|ка (**-ки**; *gen pl* **-ок**) *ж* (*ЭЛЕК*) wiring.
проводни́к (**-а́**) *м* (*в горах*) guide; (*в поезде*) steward (*BRIT*), porter (*US*).
про́вод|ы (**-ов**) *мн* (*прощание*) send-off *ед*.
провожа́|ть (**-ю**) *несов от* **проводи́ть**.
провожу́ (*не*)*сов см* **проводи́ть**.
прово́з (**-а**) *м* (*багажа*) transport; (*незаконный*) smuggling.
провозгла|си́ть (**-шу́, -си́шь**; *impf* **провозглаша́ть**) *сов перех* to proclaim.
пров|ози́ть (**-ожу́, -о́зишь**) *несов от* **провезти́**.
провокацио́нный *прил* provocative.
провока́ци|я (**-и**) *ж* provocation.
про́волок|а (**-и**) *ж* wire.
провоци́р|овать (**-ую**; *pf* **с~**) *несов перех* to provoke.
прогиба́|ть(ся) (**-ю(сь)**) *несов от* **прогну́ть(ся)**.
прогл|оти́ть (**-очу́, -о́тишь**; *impf* **прогла́тывать** *или* **глота́ть**) *сов перех* (*также перен*) to swallow.
прог|на́ть (**-оню́, -о́нишь**; *pt* **-на́л, -нала́**, *impf* **прогоня́ть**) *сов перех* (*заставить уйти*) to turn out.
прогно́з (**-а**) *м* forecast.
прогн|у́ть (**-у́, -ёшь**; *impf* **прогиба́ть**) *сов перех*: **~ что-н** to cause sth to sag; **~ся** (*impf* **прогиба́ться**) *сов возв* to sag.
прогоня́|ть (**-ю**) *несов от* **прогна́ть**.

програ́мм|а (-ы) *ж* programme (*BRIT*), program (*US*); (*ПОЛИТ*) manifesto; (*также:* **веща́тельная ~**) channel; (*ПРОСВЕЩ*) curriculum; (*КОМП*) program.
программи́р|овать (-ую; *pf* **за~**) *несов перех* (*КОМП*) to program.
программи́ст (-а) *м* (*КОМП*) programmer.
програ́ммн|ый *прил* programmed (*BRIT*), programed (*US*); (*экзамен, зачёт*) set; **~ое обеспе́чение** (*КОМП*) software.
прогре́сс (-а) *м* progress.
прогресси́вный *прил* (*писатель, идеи*) progressive.
прогу́л (-а) *м* (*на работе*) absence; (*в школе*) truancy.
прогу́лива|ть (-ю) *несов от* **прогуля́ть**.
прогу́л|ка (-ки; *gen pl* -ок) *ж* walk; (*недалёкая поездка*) trip.
прогу́льщик (-а) *м* (*об ученике*) truant.
прогуля́|ть (-ю; *impf* **прогу́ливать**) *сов перех* (*работу*) to be absent from; (*уроки*) to miss.
прода|ва́ть (-ю́) *несов от* **прода́ть**.
продав|е́ц (-ца́) *м* seller; (*в магазине*) (shop-)assistant.
продавщи́ц|а (-ы) *ж см* **продаве́ц**.
прода́ж|а (-и) *ж* (*дома, товара*) sale; (*торговля*) trade.
прода́ть (*как* **дать**; *см* **Table 16**; *impf* **продава́ть**) *сов перех* to sell; (*перен: друга*) to betray.
продвига́|ть(ся) (-ю(сь)) *несов от* **продви́нуть(ся)**.
продвиже́ни|е (-я) *ср* (*по территории*) advance; (*по службе*) promotion.
продви́н|уть (-у; *impf* **продвига́ть**) *сов перех* to move; (*перен: работника*) to promote; **~ся** (*impf* **продвига́ться**) *сов возв* to move; (*войска*) to advance; (*перен: работник*) to be promoted; (*: работа*) to progress.
продева́|ть (-ю) *несов от* **проде́ть**.
проде́ла|ть (-ю; *impf* **проде́лывать**) *сов перех* (*отверстие*) to make; (*работу*) to do.
проде́|ть (-ну, -нешь; *impf* **продева́ть**) *сов перех* to thread.
продлева́|ть (-ю) *несов от* **продли́ть**.
продле́ни|е (-я) *ср* (*см глаг*) extension; prolongation.
продл|и́ть (-ю́, -и́шь; *impf* **продлева́ть**) *сов перех* to extend; (*жизнь*) to prolong.
продл|и́ться (*3sg* -и́тся) *сов от* **дли́ться**.
продово́льственный *прил* food; **~ магази́н** grocer's (shop) (*BRIT*), grocery (*US*).
продово́льстви|е (-я) *ср* provisions *мн*.
продолгова́тый *прил* elongated.
продолжа́|ть (-ю; *pf* **продо́лжить**) *несов перех* to continue; **~** (**продо́лжить** *pf*) *+impf infin* to continue *или* carry on doing; **~ся** (*pf* **продо́лжиться**) *несов возв* to continue, carry on.
продолже́ни|е (-я) *ср* (*борьбы, лекции*) continuation; (*романа*) sequel; **в ~** *+gen* for the duration of.
продолжи́тельност|ь (-и) *ж* duration.
продолжи́тельный *прил* (*болезнь, разговор*) prolonged.
продо́лж|ить(ся) (-у(сь), -ишь(ся)) *сов от*

продолжа́ть(ся).
продо́льный *прил* longitudinal.
проду́кт (-а) *м* product; *см также* **проду́кты**.
продукти́вност|ь (-и) *ж* productivity.
продукти́вный *прил* productive.
продукто́вый *прил* food.
проду́кт|ы (-ов) *мн* (*также:* ~ **пита́ния**) foodstuffs *мн*.
проду́кци|я (-и) *ж* produce.
проду́манный *прил* well thought-out.
продума|ть (-ю; *impf* **проду́мывать**) *сов перех* (*действия, выступление*) to think out.
прое́зд (-а) *м* (*в транспорте*) journey; (*место*) passage.
проездно́й *прил* (*документ*) travel; ~ **биле́т** travel card.
прое́здом *нареч* en route.
проезжа́|ть (-ю) *несов от* **прое́хать**.
прое́зж|ий *прил*: **~ая часть** (**у́лицы**) road.
прое́кт (-а) *м* (*дома, памятника итп*) design; (*закона, договора*) draft.
проекти́р|овать (-ую; *pf* **с~**) *несов перех* (*дом*) to design; (*дороги*) to plan; (*pf* **за~**; *наметить*) to plan.
прое́ктор (-а) *м* (ОПТИКА) projector.
проём (-а) *м* (*дверной*) aperture.
прое́хать (*как* **е́хать**; *см* **Table 19**) *сов перех* (*миновать*) to pass; (*пропустить*) to miss ♦ (*impf* **проезжа́ть**) *неперех*: ~ **ми́мо** *+gen*/**по** *+dat*/**че́рез** *+acc итп* to drive past/along/across *итп*; **~ся** *сов возв* (*на машине*) to go for a drive.
проже́ктор (-а) *м* floodlight.
прож|е́чь (-**гу́**, -**жёшь** *итп*, -**гу́т**; *pt* -**ёг**, -**гла́**, *impf* **прожига́ть**) *сов перех* (*огнём, кислотой*) to burn a hole in.
прожива́ни|е (-я) *ср* (*в гостинице*) stay.
прожива́|ть (-ю) *несов от* **прожи́ть** ♦ *неперех* to live.
прожига́|ть (-ю) *несов от* **проже́чь**.
прожи́|ть (-**ву́**, -**вёшь**) *сов* (*пробыть живым*) to live; (*жить*) to spend.
про́з|а (-ы) *ж* prose.
про́звищ|е (-а) *ср* nickname.
прозева́|ть (-ю) *сов от* **зева́ть**.
прозра́чный *прил* (*стекло, намерение*) transparent; (*ткань, одежда*) see-through.
проигра́|ть (-ю; *impf* **прои́грывать**) *сов перех* to lose; (*играть*) to play.
прои́грывател|ь (-я) *м* record player.
про́игрыш (-а) *м* loss.
произведе́ни|е (-я) *ср* work.
произв|ести́ (-**еду́**, -**едёшь**; *pt* -**ёл**, -**ела́**, *impf* **производи́ть**) *сов перех* (*обыск, операцию*) to carry out; (*впечатление, суматоху*) to create.
производи́тел|ь (-я) *м* producer.
производи́тельност|ь (-и) *ж* productivity.
производи́тельный *прил* (*продуктивный*) productive.
произв|одить (-**ожу́**, -**о́дишь**) *несов от* **произвести́** ♦ *перех* (*изготовлять*) to produce, manufacture.
произво́дственный *прил* (*процесс, план*) production.
произво́дств|о (-а) *ср* (*товаров*)

production, manufacture; (*отрасль*) industry; (*завод, фабрика*) factory; **промы́шленное ~** industrial output; (*отрасль*) industry.
произво́л (-а) *м* arbitrary rule.
произво́льный *прил* (*свободный*) free; (*СПОРТ*) freestyle; (*вывод*) arbitrary.
произн|ести́ (**-есу́, -есёшь**; *pt* **-ёс, -есла́**, *impf* **произноси́ть**) *сов перех* (*слово*) to pronounce; (*речь*) to make.
произн|оси́ть (**-ошу́, -о́сишь**) *несов от* **произнести́**.
произноше́ни|е (**-я**) *ср* pronunciation.
произойти́ (*как* **идти́**; *см* **Table 18**; *impf* **происходи́ть**) *сов* to occur.
происх|оди́ть (**-ожу́, -о́дишь**) *несов от* **произойти́** ◆ *неперех*: **~ от/из** *+gen* to come from.
происхожде́ни|е (**-я**) *ср* origin.
происше́стви|е (**-я**) *ср* event; **доро́жное ~** road accident.
пройти́ (*как* **идти́**; *см* **Table 18**; *impf* **проходи́ть**) *сов* to pass; (*расстояние*) to cover; (*слух, весть итп*) to spread; (*дорога, канал итп*) to stretch; (*дождь, снег*) to fall; (*операция, переговоры итп*) to go ◆ *перех* (*практику, службу итп*) to complete; (*изучить: тему итп*) to do; **проходи́ть (~ *pf*) в** *+acc* (*в институт итп*) to get into; **~сь** (*impf* **прох́аживаться**) *сов возв* (*по комнате*) to pace; (*по парку*) to stroll.
прока́лыва|ть (**-ю**) *несов от* **проколо́ть**.
прока́т (**-а**) *м* (*телевизора, палатки итп*) hire; (*также*: **кино~**) film distribution; **брать (взять *pf*) что-н на ~** to hire sth.
прок|ати́ть (**-ачу́, -а́тишь**) *сов перех*: **~ кого́-н** (*на машине итп*) to take sb for a ride; **~ся** *сов возв* (*на машине*) to go for a ride.
прокис|нуть (*3sg* **-нет**, *pt* **-, -ла**) *сов от* **ки́снуть**.
прокла́д|ка (**-ки**; *gen pl* **-ок**) *ж* (*действие: труб*) laying out; (*: линий передачи*) laying; (*защитная*) padding.
прокла́дыва|ть (**-ю**) *несов от* **проложи́ть**.
прокля́тый *прил* damned.
проко́л (**-а**) *м* (*см глаг*) puncturing; lancing; piercing; (*отверстие: в шине*) puncture.
прок|оло́ть (**-олю́, -о́лешь**; *impf* **прока́лывать**) *сов перех* (*шину*) to puncture; (*нарыв*) to lance; (*уши*) to pierce.
прокоп|ти́ть (**-чу́, -ти́шь**) *сов перех* (*копотью*) to cover with soot; (*дымом*) to fill with smoke.
прокр|а́сться (**-аду́сь, -адёшься**; *impf* **прокра́дываться**) *сов возв*: **~ в** *+acc*/**ми́мо** *+gen*/**че́рез** *+acc итп* to creep (*BRIT*) *или* sneak (*US*) in(to)/past/through *итп*.
прокрич|а́ть (**-у́, -и́шь**) *сов перех* (*выкрикнуть*) to shout out.
прокр|ути́ть (**-учу́, -у́тишь**; *impf* **прокру́чивать**) *сов перех* (*провернуть*) to turn; (*мясо*) to mince.
прокуро́р (**-а**) *м* (*района, города*) procurator; (*на суде*) counsel for the prosecution.
пролага́|ть (**-ю**) *несов от* **проложи́ть**.
прола́мыва|ть (**-ю**) *несов от* **проломи́ть**.

пролá|ять (**-ю**) *сов от* **лáять**.
пролеж|áть (**-ý, -úшь**) *сов* to lie.
пролéз|ть (**-у, -ешь**; *impf* **пролезáть**) *сов* to get through.
проле|тéть (**-чý, -тúшь**; *impf* **пролетáть**) *сов* to fly; (*человек, поезд*) to fly past; (*лето, отпуск*) to fly by.
пролúв (**-а**) *м* strait(s) *(мн)*.
проливá|ть(ся) (**-ю(сь)**) *несов от* **пролúть(ся)**.
проливнóй *прил*: ~ **дождь** pouring rain.
прол|úть (**-ью, -ьёшь**; *pt* **-úл, -илá**, *impf* **проливáть**) *сов перех* to spill; **~ся** (*impf* **проливáться**) *сов возв* to spill.
прол|ожúть (**-ожý, -óжишь**; *impf* **проклáдывать**) *сов перех* to lay.
прол|омúть (**-омлю́, -óмишь**; *impf* **пролáмывать**) *сов перех* (*лёд*) to break; (*череп*) to fracture.
прóмах (**-а**) *м* miss; (*перен*) blunder.
промахн|ýться (**-ýсь, -ёшься**; *impf* **промáхиватся**) *сов возв* to miss.
промáчива|ть (**-ю**) *несов от* **промочúть**.
промедлéни|е (**-я**) *ср* delay.
промéдл|ить (**-ю, -ишь**) *сов*: ~ **с** *+instr* to delay.
промежýт|ок (**-ка**) *м* (*пространство*) gap; (*перерыв*) break.
промелькн|ýть (**-ý, -ёшь**) *сов* to flash past; ~ *(pf)* **в** *+prp* (*в голове, в памяти*) to flash through.
промокá|ть (**-ю**) *несов от* **промóкнуть, промокнýть** ♦ *неперех* to let water through.
промокáш|ка (**-ки**; *gen pl* **-ек**) *ж* (*разг*) blotting paper.
промóкн|уть (**-у**; *impf* **промокáть**) *сов* (*одежда, ноги*) to get soaked.
промокн|ýть (**-ý, -ёшь**; *impf* **промокáть**) *сов перех* to blot.
промолч|áть (**-ý, -úшь**) *сов* to say nothing.
пром|очúть (**-очý, -óчишь**; *impf* **промáчивать**) *сов перех* to get wet.
промтовáрный *прил*: ~ **магазúн** *shop selling manufactured goods.*
промтовáр|ы (**-ов**) *мн* = **промы́шленные товáры**.
промч|áться (**-ýсь, -úшься**) *сов возв* (*год, лето, жизнь*) to fly by; ~ *(pf)* **мúмо** *+gen*/**чéрез** *+acc* (*поезд, человек*) to fly past/through.
промывáни|е (**-я**) *ср* (*желудка*) pumping; (*глáза, раны*) bathing.
пром|ы́ть (**-óю, -óешь**; *impf* **промывáть**) *сов перех* (*желудок*) to pump; (*рану, глаз*) to bathe.
промы́шленност|ь (**-и**) *ж* industry.
промы́шленн|ый *прил* industrial; **~ые товáры** manufactured goods.
прон|ести́ (**-есý, -есёшь**; *pt* **-ёс, -еслá**, *impf* **проносúть**) *сов перех* to carry; (*секретно*) to sneak in; **~сь** (*impf* **проносúться**) *сов возв* (*машина, пуля, бегун*) to shoot by; (*лето, годы итп*) to fly by; (*буря*) to whirl past.
пронзúтельный *прил* piercing.
пронúк|нуть (**-ну**; *pt* **-, -ла**, *impf* **проникáть**) *сов перех*: ~ **в** *+acc* to penetrate; (*залезть*) to break into; **~ся** (*impf* **проникáться**) *сов возв*: **~ся** *+instr* to be filled with.
проницáтельный *прил* (*человек, ум*) shrewd; (*взгляд*) penetrating.
прон|осúть(ся) (**-ошý(сь), -óсишь(ся)**) *несов от*

пронести́(сь).
пропага́нд|а (**-ы**) *ж* propaganda; (*спорта*) promotion.
пропаганди́р|овать (**-ую**) *несов перех* (*политическое учение*) to spread propaganda about; (*знания, спорт*) to promote.
пропада́|ть (**-ю**) *несов от* **пропа́сть**.
пропа́ж|а (**-и**) *ж* (*денег, документов*) loss; (*то, что пропало*) lost object.
про́паст|ь (**-и**) *ж* precipice.
проп|а́сть (**-аду́, -адёшь**; *impf* **пропада́ть**) *сов* to disappear; (*деньги, письмо*) to go missing; (*аппетит, голос, слух*) to go; (*усилия, билет в театр*) to be wasted; **пропада́ть** (**~** *pf*) **бе́з вести** (*человек*) to go missing.
пропе́ллер (**-а**) *м* (*АВИА*) propeller.
проп|е́ть (**-ою́, -оёшь**) *сов от* **петь**.
проп|иса́ть (**-ишу́, -и́шешь**; *impf* **пропи́сывать**) *сов перех* (*человека*) to register; (*лекарство*) to prescribe; **~ся** *сов возв* to register.
пропи́с|ка (**-ки**) *ж* registration.
прописн|о́й *прил*: **~а́я бу́ква** capital letter.
пропи́сыва|ть (**-ю**) *несов от* **прописа́ть**.
пропита́ни|е (**-я**) *ср* food.
пропл|ы́ть (**-ыву́, -ывёшь**; *impf* **проплыва́ть**) *сов* (*человек*) to swim; (: *миновать*) to swim past; (*судно*) to sail; (: *миновать*) to sail past.
пропове́дник (**-а**) *м* (*РЕЛ*) preacher; (*перен*: *теории*) advocate.
пропове́д|овать (**-ую**) *несов перех* (*РЕЛ*) to preach; (*теорию*) to advocate.
про́поведь|ь (**-и**) *ж* (*РЕЛ*) preaching.
прополз|ти́ (**-у́, -ёшь**; *pt* **-, -ла́**) *сов*: **~ по** *+dat*/**в** *+acc* *umn* (*насекомое, человек*) to crawl along/in(to) *umn*; (*змея*) to slither along/in(to) *umn*.
прополоска́|ть (**-ю**) *сов от* **полоска́ть**.
проп|оло́ть (**-олю́, -о́лешь**) *сов от* **поло́ть**.
пропорциона́льный *прил* (*фигура*) well-proportioned; (*развитие, распределение*) proportional.
пропо́рци|я (**-и**) *ж* proportion.
про́пуск (**-а**) *м* (*действие*: *в зал, через границу umn*) admission; (*в тексте, в изложении*) gap; (*неявка*: *на работу, в школу*) absence; (*nom pl* **-а́**; *документ*) pass.
пропуска́|ть (**-ю**) *несов от* **пропусти́ть** ♦ *перех* (*чернила, свет umn*) to let through; (*воду, холод*) to let in.
проп|усти́ть (**-ущу́, -у́стишь**; *impf* **пропуска́ть**) *сов перех* to miss; (*разрешить*) to allow; **пропуска́ть** (**~** *pf*) **кого́-н вперёд** to let sb by.
прорабо́та|ть (**-ю**; *impf* **прораба́тывать**) *сов* to work.
прор|асти́ (*3sg* **-астёт**, *pt* **-о́с, -осла́, -осло́**, *impf* **прораста́ть**) *сов* (*семена*) to germinate; (*трава*) to sprout.
прорв|а́ть (**-у́, -ёшь**; *pt* **-а́л, -ала́**, *impf* **прорыва́ть**) *сов перех* (*плотину*) to burst; (*оборону, фронт*) to break through; **~ся** (*impf* **прорыва́ться**) *сов возв*

(*плотина, шарик*) to burst; **прорывáться (~ся** *pf***) в** *+acc* to burst in(to).

прорé|зать (-жу, -жешь; *impf* **прорéзывать**) *сов перех* to cut through; **~ся** *сов от* **рéзаться**.

прорéктор (-а) *м* vice-principal.

прорóк (-а) *м* (*РЕЛ, перен*) prophet.

прорóч|ить (-у, -ишь; *pf* **на~**) *несов перех* to predict.

прор|уби́ть (-ублю́, -у́бишь; *impf* **прорубáть**) *сов перех* (*стену, лёд, гору*) to make a hole in.

прóруб|ь (-и) *ж* ice-hole.

проры́в (-а) *м* (*фронта*) breakthrough; (*плотины*) bursting; (*прорванное место*) breach.

прорывá|ть(ся) (-ю(сь)) *несов от* **прорвáть(ся)**.

пpop|ы́ть (-óю, -óешь; *impf* **прорывáть**) *сов перех* to dig.

просáчива|ться (*3sg* **-ется**) *несов от* **просочи́ться**.

просверл|и́ть (-ю́, -и́шь; *impf* **просвéрливать** *или* **сверли́ть**) *сов перех* to bore, drill.

просвéт (-а) *м* (*в тучах, в облаках*) break; (*перен: в тяжёлой ситуации*) light at the end of the tunnel.

просв|ети́ть (-ещу́, -ети́шь; *impf* **просвещáть**) *сов перех* to enlighten.

просветлéни|е (-я) *ср* (*ясность*) lucidity.

просвéчива|ть (-ю) *несов от* **просвети́ть** ♦ *неперех* (*солнце, луна*) to shine through; (*ткань*) to let light through.

просвещá|ть (-ю) *несов от* **просвети́ть**.

просвещéни|е (-я) *ср* education.

просви|стéть (-щу́, -сти́шь) *сов от* **свистéть** ♦ *неперех* (*пуля, снаряд*) to whistle past.

просé|ять (-ю; *impf* **просéивать**) *сов перех* (*муку, песок*) to sift.

проси|дéть (-жу́, -ди́шь; *impf* **проси́живать**) *сов* (*сидеть*) to sit; (*пробыть*) to stay.

проси́тельный *прил* pleading.

про|си́ть (-шу́, -сишь; *pf* **по~**) *несов перех* to ask; **~шу́ Вас!** if you please!; **~ (попроси́ть** *pf***) когó-н о чём-н/**+*infin* to ask sb for sth/to do; **~ (попроси́ть** *pf***) когó-н за когó-н** to ask sb a favour (*BRIT*) *или* favor (*US*) on behalf of sb; **~ся** (*pf* **попроси́ться**) *несов возв* (*просить разрешения*) to ask permission.

проск|акáть (-ачу́, -áчешь) *сов*: **~ чéрез/сквозь** *+acc* (*лошадь*) to gallop across/through.

проскользн|у́ть (-у́, -ёшь; *impf* **проскáльзывать**) *сов* (*монета*) to slide in; (*человек*) to slip in; (*перен: сомнение, страх*) to creep in.

прослáв|ить (-лю, -ишь; *impf* **прославля́ть**) *сов перех* (*сделать известным*) to make famous; (*impf* **прославля́ть** *или* **слáвить**; *восхвалить*) to glorify; **~ся** (*impf* **прославля́ться**) *сов возв* (*актёр, писатель*) to become famous.

прослáвленный *прил* renowned.

просле|ди́ть (-жу́, -ди́шь; *impf* **прослéживать**) *сов перех* (*глазами*) to follow; (*исследовать*) to trace ♦ *неперех*: **~ за** *+instr* to follow; (*за выполнением приказа, за чьим-н поведением*) to monitor.

просмóтр (-а) *м* (*фильма*) viewing; (*документов*) inspection.

просм|отрéть (-отрю́, -óтришь;

impf **просма́тривать**) *сов перех* (*ознакомиться*: *читая*) to look through; (: *смотря*) to view; (*пропустить*) to overlook.

просн|у́ться (**-у́сь, -ёшься**; *impf* **просыпа́ться**) *сов возв* to wake up; (*перен*: *любовь, страх umn*) to be awakened.

просоч|и́ться (*3sg* **-и́тся**, *impf* **проса́чиваться**) *сов возв* (*также перен*) to filter through.

просп|а́ть (**-лю́, -и́шь**; *pt* **-а́л, -ала́**) *сов* (*спать*) to sleep; (*impf* **просыпа́ть**; *встать поздно*) to oversleep, sleep in.

проспе́кт (**-а**) *м* (*в городе*) avenue; (*издание*) brochure.

просро́ч|ить (**-у, -ишь**; *impf* **просро́чивать**) *сов перех* (*платёж*) to be late with; (*паспорт, билет*) to let expire.

проста́ива|ть (**-ю**) *несов от* **простоя́ть**.

простира́|ться (**-юсь**; *pf* **простере́ться**) *несов возв* to extend.

проститу́т|ка (**-ки**; *gen pl* **-ок**) *ж* prostitute.

прости́|ть (**прощу́, прости́шь**; *impf* **проща́ть**) *сов перех* to forgive; **проща́ть** (**~** *pf*) **что-н кому́-н** to excuse *или* forgive sb (for) sth; **~те, как пройти́ на ста́нцию?** excuse me, how do I get to the station?; **~ся** (*impf* **проща́ться**) *сов возв*: **~ся с** *+instr* to say goodbye to.

про́сто *нареч* (*делать*) easily; (*объяснять*) simply ◆ *част* just; **всё э́то ~ недоразуме́ние** all this is simply a misunderstanding; **~ (так)** for no particular reason.

прост|о́й *прил* simple; (*рисунок, одежда*) plain; (*задача*) easy, simple; (*человек, манеры*) unaffected; (*обыкновенный*) ordinary ◆ (**-о́я**) *м* downtime; (*рабочих*) stoppage; **~ каранда́ш** lead pencil.

прост|она́ть (**-ону́, -о́нешь**) *сов* (*не*)*перех* to groan.

просто́р (**-а**) *м* expanse; (*свобода*) scope.

просто́рный *прил* roomy.

простот|а́ (**-ы́**) *ж* (*см прил*) simplicity; plainness; easiness, simplicity; unaffectedness.

просто|я́ть (**-ю́, -и́шь**; *impf* **проста́ивать**) *сов* to stand; (*бездействуя*) to stand idle; (*no impf*; *дом, памятник*) to stand.

простра́нств|о (**-а**) *ср* space; (*территория*) expanse.

простр|ели́ть (**-елю́, -е́лишь**; *impf* **простре́ливать**) *сов перех* to shoot through.

просту́д|а (**-ы**) *ж* (*МЕД*) cold.

прост|уди́ть (**-ужу́, -у́дишь**; *impf* **простужа́ть**) *сов перех*: **~ кого́-н** to give sb a cold; **~ся** (*impf* **простужа́ться**) *сов возв* to catch a cold.

просту́женный *прил*: **ребёнок просту́жен** the child has got a cold.

прост|упи́ть (*3sg* **-у́пит**, *impf* **проступа́ть**) *сов* (*пот, пятна*) to come through; (*очертания*) to appear.

просту́п|ок (**-ка**) *м* misconduct.

простын|я́ (**-и́**; *nom pl* **про́стыни**, *gen pl* **просты́нь**, *dat pl* **-я́м**) *ж* sheet.

просчёт (**-а**) *м* (*счёт*) counting; (*ошибка*: *в подсчёте*) error; (: *в действиях*) miscalculation.

просчита́|ть (**-ю**; *impf* **просчи́тывать**) *сов перех* (*считать*) to count; (*ошибиться*)

to miscount; **~ся** (*impf* **просчитываться**) *сов возв* (*при счёте*) to miscount; (*в планах, в предположениях*) to miscalculate.
просы́п|ать (**-лю, -лешь**; *impf* **просыпа́ть**) *сов перех* to spill; **~ся** (*impf* **просыпа́ться**) *сов возв* to spill.
просыпа́|ть (**-ю**) *несов от* **проспа́ть, просы́пать**; **~ся** *несов от* **просну́ться, просы́паться**.
про́сьб|а (**-ы**) *ж* request.
прота́лкива|ть (**-ю**) *несов от* **протолкну́ть**.
прот|ащи́ть (**-ащу́, -а́щишь**; *impf* **прота́скивать**) *сов перех* to drag.
проте́з (**-а**) *м* artificial *или* prosthetic limb; **зубно́й ~** denture.
протека́|ть (*3sg* **-ет**) *несов от* **проте́чь** ◆ *неперех* (*вода*) to flow; (*болезнь, явление*) to progress.
проте́кци|я (**-и**) *ж* patronage.
прот|ере́ть (**-ру́, -рёшь**; *pt* **-ёр, -ёрла**, *impf* **протира́ть**) *сов перех* (*одежду*) to wear a hole in; (*очистить*) to wipe; **~ся** (*impf* **протира́ться**) *сов возв* (*одежда итп*) to wear through.
проте́ст (**-а**) *м* protest; (*ЮР*) objection.
протеста́нт (**-а**) *м* Protestant.
протеста́нтский *прил* Protestant.
протест|ова́ть (**-у́ю**) *несов*: **~** (**про́тив** *+gen*) to protest (against).
проте́ч|ка (**-ки**; *gen pl* **-ек**) *ж* leak.
прот|е́чь (*3sg* **-ечёт**, *pt* **-ёк, -екла́**, *impf* **протека́ть**) *сов* (*вода*) to seep; (*крыша*) to leak.
про́тив *предл*: **~** *+gen* against; (*прямо перед*) opposite ◆ *как сказ*: **я ~ э́того** I am against this.
про́тив|ень (**-ня**) *м* baking tray.
проти́в|иться (**-люсь, -ишься**; *pf* **вос~**) *несов возв*: **~** *+dat* to oppose.
проти́вник (**-а**) *м* opponent ◆ *собир* (*ВОЕН*) the enemy.
проти́вно *нареч* offensively ◆ *как сказ безл* it's disgusting.
проти́вный *прил* (*мнение*) opposite; (*неприятный*) disgusting.
противовозду́шный *прил* antiaircraft.
противога́з (**-а**) *м* gas mask.
противоде́йств|овать (**-ую**) *несов*: **~** *+dat* to oppose.
противозако́нный *прил* unlawful.
противозача́точн|ый *прил* contraceptive; **~ое сре́дство** contraceptive.
противопожа́рный *прил* (*меры*) fire-prevention; (*техника*) fire-fighting.
противополо́жный *прил* (*берег, сторона итп*) opposite; (*мнение, политика итп*) opposing.
противопоста́в|ить (**-лю, -ишь**; *impf* **противопоставля́ть**) *сов перех*: **~ кого́-н/что-н** *+dat* to contrast sb/sth with.
противоречи́вый *прил* contradictory.
противоре́чи|е (**-я**) *ср* contradiction; (*классовое, политические*) conflict.
противоре́ч|ить (**-у, -ишь**) *несов*: **~** *+dat* (*человеку*) to contradict; (*логике, закону итп*) to defy.
противосто|я́ть (**-ю, -и́шь**) *несов*: **~** *+dat* (*ветру*) to withstand; (*уговорам*) to resist.
противоя́ди|е (**-я**) *ср* antidote.
протира́|ть(ся) (**-ю(сь)**) *несов от* **протере́ть(ся)**.
проткн|у́ть (**-у́, -ёшь**; *impf* **протыка́ть**) *сов перех* to pierce.

прото́к (-а) *м* (*рукав реки*) tributary; (*соединяющая река*) channel.
протоко́л (-а) *м* (*собрания*) minutes *мн*; (*допроса*) transcript; (*соглашение*) protocol.
протолкн|у́ть (-у́, -ёшь; *impf* **прота́лкивать**) *сов перех* to push through.
прото́чный *прил* (*вода*) running.
проту́хн|уть (*3sg* **-ет**, *impf* **протуха́ть** *или* **ту́хнуть**) *сов* to go bad *или* off.
протыка́|ть (-ю) *несов от* **проткну́ть**.
протя́гива|ть(ся) (-ю(сь)) *несов от* **протяну́ть(ся)**.
протяже́ни|е (-я) *ср*: **на ~и двух неде́ль/ме́сяцев** over a period of two weeks/months.
протяжённост|ь (-и) *ж* length.
протяжённый *прил* prolonged.
протян|у́ть (-у́, -ешь) *сов от* **тяну́ть** ♦ (*impf* **протя́гивать**) *перех* (*верёвку*) to stretch; (*линию передачи*) to extend; (*руки, ноги*) to stretch (out); (*предмет*) to hold out; **~ся** (*impf* **протя́гиваться**) *сов возв* (*дорога*) to stretch; (*линия передачи*) to extend; (*рука*) to stretch out.
про|учи́ть (-учу́, -у́чишь; *impf* **проу́чивать**) *сов перех* (*разг*: *наказать*) to teach a lesson; **~ся** *сов возв* to study.
проф. *сокр* (= **профе́ссор**) Prof.
профессиона́л (-а) *м* professional.
профессиона́льный *прил* professional; (*болезнь, привычка, обучение*) occupational; **~ сою́з** trade (*BRIT*) *или* labor (*US*) union.
профе́сси|я (-и) *ж* profession.
профе́ссор (-а; *nom pl* **-а́**) *м* professor.
профила́ктик|а (-и) *ж* prevention.
профилакти́ческий *прил* (*меры*) prevent(at)ive; (*прививка*) prophylactic.
про́фил|ь (-я) *м* profile.
профсою́з (-а) *м сокр* = **профессиона́льный сою́з**.
профсою́зный *прил* trade-union.
проха́жива|ться (-юсь) *несов от* **пройти́сь**.
прохла́д|а (-ы) *ж* cool.
прохлади́тельный *прил*: **~ напи́ток** cool soft drink.
прохла́дно *нареч* (*встретить*) coolly ♦ *как сказ* it's cool.
прохла́дный *прил* cool.
прохо́д (-а) *м* passage.
прох|оди́ть (-ожу́, -о́дишь) *несов от* **пройти́**.
проходн|а́я (-о́й) *ж* checkpoint (*at entrance to factory etc*).
проходно́й *прил*: **~ балл** pass mark.
прохо́ж|ий (-его) *м* passer-by.
процвета́|ть (-ю) *несов* (*фирма, бизнесмен*) to prosper; (*театр, наука*) to flourish; (*человек, семья*) to thrive.
проц|еди́ть (-ежу́, -е́дишь) *сов от* **цеди́ть** ♦ (*impf* **проце́живать**) *перех* (*бульон, сок*) to strain.
процеду́р|а (-ы) *ж* procedure; (*МЕД*: *обычно мн*) course *ед* of treatment.
процеду́рный *прил* procedural; **~ кабине́т** treatment room.
проце́жива|ть (-ю) *несов от* **процеди́ть**.
проце́нт (-а) *м* percentage; **в разме́ре 5 ~ов годовы́х** at a yearly rate of 5 percent; *см также* **проце́нты**.
проце́нтный *прил* percentage.

проце́нт|ы (**-ов**) *мн* (*КОММ*) interest *ед*; (: *вознаграждение*) commission *ед*.

проце́сс (**-а**) *м* process; (*ЮР*: *порядок*) proceedings *мн*; (: *также*: **суде́бный ~**) trial; **воспали́тельный ~** inflammation; **в ~е** *+gen* in the course of.

прочёл *сов см* **проче́сть**.

проч|е́сть (**-ту́, -тёшь**; *pt* **-ёл, -ла́**) *сов от* **чита́ть**.

про́ч|ий *прил* other; **поми́мо всего́ ~его** on top of everything else.

прочита́|ть (**-ю**) *сов от* **чита́ть**.

прочла́ *итп сов см* **проче́сть**.

про́чно *нареч* (*закрепить*) firmly.

про́чный *прил* (*материал итп*) durable; (*постройка*) solid; (*знания*) sound; (*отношение, семья*) stable; (*мир, счастье*) lasting.

прочту́ *итп сов см* **проче́сть**.

прочь *нареч* (*в сторону*) away; **ру́ки ~!** hands off!

проше́дш|ий *прил* (*прошлый*) past; **~ее вре́мя** past tense.

прошёл(ся) *сов см* **пройти́(сь)**.

проше́ни|е (**-я**) *ср* plea; (*ходатайство*) petition.

прош|епта́ть (**-епчу́, -е́пчешь**) *сов перех* to whisper.

прошла́ *итп сов см* **пройти́**.

прошлого́дний *прил* last year's.

про́шл|ое (**-ого**) *ср* the past.

про́шл|ый *прил* last; (*прежний*) past; **в ~ раз** last time; **на ~ой неде́ле** last week; **в ~ом ме́сяце/году́** last month/year.

прошу́(сь) *несов см* **проси́ть(ся)**.

проща́йте *част* goodbye, farewell.

проща́льный *прил* parting; (*вечер, визит*) farewell.

проща́ни|е (**-я**) *ср* (*действие*) parting; **на ~** on parting.

проща́|ть(ся) (**-ю(сь)**) *несов от* **прости́ть(ся)**.

про́ще *сравн нареч от* **про́сто** ♦ *сравн прил от* **просто́й**.

проще́ни|е (**-я**) *ср* (*ребёнка, друга итп*) forgiveness; (*преступника*) pardon; **проси́ть** (**попроси́ть** *pf*) **~я** to say sorry; **прошу́ ~я!** (I'm) sorry!

прояви́тел|ь (**-я**) *м* (*ФОТО*) developer.

про|яви́ть (**-явлю́, -я́вишь**; *impf* **проявля́ть**) *сов перех* to display; (*ФОТО*) to develop; **~ся** (*impf* **проявля́ться**) *сов возв* (*талант, потенциал итп*) to reveal itself; (*ФОТО*) to be developed.

проявле́ни|е (**-я**) *ср* display.

проявля́|ть(ся) (**-ю(сь)**) *несов от* **прояви́ть(ся)**.

проясн|и́ть (**-ю́, -и́шь**; *impf* **проясня́ть**) *сов перех* (*обстановку*) to clarify; **~ся** (*impf* **проясня́ться**) *сов возв* (*погода, небо*) to brighten *или* clear up; (*обстановка*) to be clarified; (*мысли*) to be sorted out.

пруд (**-а́**; *loc sg* **-у́**) *м* pond.

пружи́н|а (**-ы**) *ж* (*ТЕХ*) spring.

прут (**-а́**; *nom pl* **-ья**) *м* twig.

пры́гал|ка (**-ки**; *gen pl* **-ок**) *ж* skipping-rope (*BRIT*), skip rope (*US*).

пры́га|ть (**-ю**) *несов* to jump; (*мяч*) to bounce.

пры́гн|уть (**-у**) *сов* to jump; (*мяч*) to bounce.

прыгу́н (**-а́**) *м* (*СПОРТ*) jumper.

прыж|о́к (**-ка́**) *м* (*через лужу, с парашютом*) jump; (*в воду*) dive; **~ки́ в высоту́/длину́** high/long jump.

прыщ (**-а́**) *м* spot.

пряд|ь (**-и**) *ж* lock (*of hair*).
пря́ж|а (**-и**) *ж* yarn.
пря́ж|ка (**-ки**; *gen pl* **-ек**) *ж* (*на ремне*) buckle; (*на юбке*) clasp.
прям|а́я (**-о́й**) *ж* straight line.
пря́мо *нареч* (*в прямом направлении*) straight ahead; (*ровно*) upright; (*непосредственно*) straight; (*откровенно*) directly ♦ *част* (*действительно*) really.
прям|о́й *прил* straight; (*путь, слова, человек*) direct; (*ответ, политика*) open; (*вызов, обман*) obvious; (*улики*) hard; (*сообщение, обязанность итп*) direct; (*выгода, смысл, польза итп*) real; (*значение слова*) literal; **~а́я трансля́ция** live broadcast; **~о́е дополне́ние** direct object.
прямоуго́льник (**-а**) *м* rectangle.
пря́ник (**-а**) *м* ≈ gingerbread.
пря́ност|ь (**-и**) *ж* spice.
пря́ный *прил* spicy.
пря́|тать (**-чу, -чешь**; *pf* **с~**) *несов перех* to hide; **~ся** (*pf* **спря́таться**) *несов возв* to hide; (*человек: от холода, от ветра*) to shelter; (*солнце*) to hide.
пря́т|ки (**-ок**) *мн* hide-and-seek *ед* (*BRIT*), hide-and-go-seek *ед* (*US*).
псал|о́м (**-ма́**) *м* psalm.
псалты́р|ь (**-и**) *ж* Psalter.
псевдони́м (**-а**) *м* pseudonym.
псих (**-а**) *м* (*разг*) nut.
психиа́тр (**-а**) *м* psychiatrist.
психиатри́ческий *прил* psychiatric.
пси́хик|а (**-и**) *ж* psyche.
психи́ческий *прил* (*заболевание, отклонение итп*) mental.
психо́з (**-а**) *м* (*МЕД*) psychosis.
психо́лог (**-а**) *м* psychologist.
психологи́ческий *прил* psychological.
психоло́гил|я (**-и**) *ж* psychology.
психотерапе́вт (**-а**) *м* psychotherapist.
птен|е́ц (**-ца́**) *м* chick.
пти́ц|а (**-ы**) *ж* bird ♦ *собир*: (**дома́шняя**) **~** poultry.
пти́чий *прил* (*корм, клетка*) bird.
пу́блик|а (**-и**) *ж собир* audience; (*общество*) public.
публика́ци|я (**-и**) *ж* publication.
публик|ова́ть (**-у́ю**; *pf* **о~**) *несов перех* to publish.
публици́ст (**-а**) *м writer of sociopolitical literature*.
публици́стик|а (**-и**) *ж собир* sociopolitical journalism.
публицисти́ческий *прил* sociopolitical.
публи́чный *прил* public; **~ дом** brothel.
пу́гал|о (**-а**) *ср* scarecrow; (*перен: о человеке*) fright.
пуга́|ть (**-ю**; *pf* **ис~** *или* **на~**) *несов перех* to frighten, scare; **~ся** (*pf* **испуга́ться** *или* **напуга́ться**) *несов возв* to be frightened *или* scared.
пу́говиц|а (**-ы**) *ж* button.
пу́дел|ь (**-я**) *м* poodle.
пу́динг (**-а**) *м* ≈ pudding.
пу́др|а (**-ы**) *ж* powder; **са́харная ~** icing sugar.
пу́дрениц|а (**-ы**) *ж* powder compact.
пу́др|ить (**-ю, -ишь**; *pf* **на~**) *несов перех* to powder; **~ся** (*pf* **напу́дриться**) *несов возв* to powder one's face.
пузыр|ёк (**-ька́**) *м уменьш от* **пузы́рь**; (*для лекарства, чернил*) vial.
пузыр|и́ться (*3sg* **-и́тся**) *несов возв* (*жидкость*) to bubble;

(*краска*) to blister.
пузы́р|ь (**-я́**) *м* (*мыльный*) bubble; (*на коже*) blister.
пулемёт (**-а**) *м* machine gun.
пуленепробива́емый *прил* bullet-proof.
пуло́вер (**-а**) *м* pullover.
пульвериза́тор (**-а**) *м* atomizer.
пульс (**-а**) *м* (*МЕД, перен*) pulse.
пульси́р|овать (*3sg* **-ует**) *несов* (*артерии*) to pulsate; (*кровь*) to pulse.
пульт (**-а**) *м* panel.
пу́л|я (**-и**) *ж* bullet.
пункт (**-а**) *м* point; (*документа*) clause; (*медицинский*) centre (*BRIT*), center (*US*); (*наблюдательный, командный*) post; **населённый ~** inhabited area.
пункти́р (**-а**) *м* dotted line.
пунктуа́льный *прил* (*человек*) punctual.
пунктуа́ци|я (**-и**) *ж* punctuation.
пуп|о́к (**-ка́**) *м* (*АНАТ*) navel.
пург|а́ (**-и́**) *ж* snowstorm.
пуск (**-а**) *м* (*завода итп*) starting up.
пуска́|ть(ся) (**-ю(сь)**) *несов от* **пусти́ть(ся)**.
пусте́|ть (*3sg* **-ет**, *pf* **о~**) *несов* to become empty.
пу|сти́ть (**-щу́, -стишь**; *impf* **пуска́ть**) *сов перех* (*руку, человека*) to let go of; (*лошадь, санки итп*) to send off; (*завод, станок*) to start; (*в вагон, в зал*) to let in; (*пар, дым*) to give off; (*камень, снаряд*) to throw; (*корни*) to put out; **пуска́ть** (**~** *pf*) **что-н на** *+acc*/**под** *+acc* (*использовать*) to use sth as/for; **пуска́ть** (**~** *pf*) **кого́-н куда́-нибудь** to let sb go somewhere; **~ся** (*impf* **пуска́ться**) *сов возв*: **~ся в** *+acc* (*в объяснения*) to go into; **пуска́ться** (**~ся** *pf*) **в путь** to set off.
пу́сто *нареч* empty ◆ *как сказ* (*ничего нет*) it's empty; (*никого нет*) there's no-one there.
пусто́й *прил* empty.
пуст|ота́ (**-оты́**; *nom pl* **-о́ты**) *ж* emptiness; (*полое место*) cavity.
пусты́нный *прил* desert; (*безлюдный*) deserted.
пусты́н|я (**-и**; *gen pl* **-ь**) *ж* desert.
пусты́р|ь (**-я́**) *м* wasteland.
пусты́ш|ка (**-ки**; *gen pl* **-ек**) *ж* (*разг*: *соска*) dummy (*BRIT*), pacifier (*US*).

KEYWORD

пусть *част* (*+3sg/pl*) **1** (*выражает приказ, угрозу*): **пусть он придёт у́тром** let him come in the morning; **пусть она́ то́лько попро́бует отказа́ться** let her just try to refuse
2 (*выражает согласие*): **пусть бу́дет так** so be it; **пусть бу́дет по-тво́ему** have it your way
3 (*всё равно*) OK, all right.

пустя́к (**-а́**) *м* trifle; (*неценный предмет*) trinket ◆ *как сказ*: **э́то ~** it's nothing.
пу́таниц|а (**-ы**) *ж* muddle.
пу́таный *прил* muddled.
пу́та|ть (**-ю**; *pf* **за~** *или* **с~**) *несов перех* (*нитки, волосы*) to tangle; (*сбить с толку*) to confuse; (*pf* **с~** *или* **пере~**; *бумаги, факты итп*) to mix up; (*pf* **в~**; *разг*): **~ кого́-н в** *+acc* to get sb mixed up in; **я его́ с кем-то ~ю** I'm confusing him with somebody else; **он всегда́ ~л на́ши имена́** he always got our names mixed up; **~ся** (*pf* **запу́таться** *или* **спу́таться**) *несов возв* to get tangled; (*в рассказе, в

объяснении) to get mixed up.
путёв|ка (**-ки**; *gen pl* **-ок**) *ж* holiday voucher; (*водителя*) manifest (*of cargo drivers*).
путеводи́тел|ь (**-я**) *м* guidebook.
путём *предл*: **~** *+gen* by means of.
путеше́ственник (**-а**) *м* traveller (*BRIT*), traveler (*US*).
путеше́стви|е (**-я**) *ср* journey, trip; (*морской*) voyage.
путеше́ств|овать (**-ую**) *несов* to travel.
пу́тник (**-а**) *м* traveller (*BRIT*), traveler (*US*).
путч (**-а**) *м* (*ПОЛИТ*) putsch.
пут|ь (**-и́**; *см* **Table 3**) *м* (*также перен*) way; (*платформа*) platform; (*рельсы*) track; (*путешествие*) journey; **во́дные ~и́** waterways; **возду́шные ~и́** air lanes; **нам с Ва́ми не по ~и́** we're not going the same way; **счастли́вого ~и́!** have a good trip!; **~и́ сообще́ния** transport network.
пух (**-а**; *loc sg* **-у́**) *м* (*у животных*) fluff; (*у птиц, у человека*) down; **ни пу́ха ни пера́!** good luck!
пу́хлый *прил* (*щёки, человек*) chubby; (*портфель*) bulging.
пу́х|нуть (**-ну**; *pt* **-, -ла**, *pf* **вс~** *или* **о~**) *несов* to swell (up).
пухо́вый *прил* (*подушка*) feather; (*платок*) angora.
пуч|о́к (**-ка́**) *м* bunch; (*света*) beam.
пуши́стый *прил* (*мех, ковёр umn*) fluffy; (*волосы*) fuzzy; (*кот*) furry.
пу́ш|ка (**-ки**; *gen pl* **-ек**) *ж* cannon; (*на танке*) artillery gun.
пчел|а́ (**-ы́**; *nom pl* **пчёлы**) *ж* bee.
пчели́ный *прил* (*мёд*) bee's.
пчелово́д (**-а**) *м* bee-keeper.
пшени́ц|а (**-ы**) *ж* wheat.
пшени́чный *прил* wheat.
пшённ|ый *прил*: **~ая ка́ша** millet porridge.
пшен|о́ (**-а́**) *ср* millet.
пыла́|ть (**-ю**) *несов* (*костёр*) to blaze; (*перен*: *лицо*) to burn.
пылесо́с (**-а**) *м* vacuum cleaner, hoover ®.
пылесо́с|ить (**-ишь**; *pf* **про~**) *сов перех* to vacuum, hoover ®.
пыли́н|ка (**-ки**; *gen pl* **-ок**) *ж* speck of dust.
пыл|и́ть (**-ю́, -и́шь**; *pf* **на~**) *несов* to raise dust; **~ся** (*pf* **запыли́ться**) *несов возв* to get dusty.
пы́лкий *прил* ardent.
пыл|ь (**-и**; *loc sg* **-и́**) *ж* dust; **вытира́ть** (**вы́тереть** *pf*) **~** to dust.
пы́льный *прил* dusty.
пыльц|а́ (**-ы́**) *ж* pollen.
пыта́|ть (**-ю**) *несов перех* to torture; **~ся** (*pf* **попыта́ться**) *несов возв*: **~ся** *+infin* to try to do.
пы́т|ка (**-ки**; *gen pl* **-ок**) *ж* torture.
пы́шный *прил* (*волосы, хвост, усы umn*) bushy; (*обстановка, приём*) splendid.
пьедеста́л (**-а**) *м* (*основание*) pedestal; (*для победителей*) rostrum.
пье́с|а (**-ы**) *ж* (*ЛИТЕРАТУРА*) play; (*МУЗ*) piece.
пью *umn несов см* **пить**.
пьющ|ий (**-его**) *м* heavy drinker.
пьяне́|ть (**-ю**; *pf* **о~**) *несов* to get drunk.
пья́ниц|а (**-ы**) *м/ж* drunkard.
пья́нств|о (**-а**) *ср* heavy drinking.
пья́нств|овать (**-ую**) *несов* to drink heavily.
пья́н|ый *прил* (*человек*) drunk; (*крики, песни umn*) drunken ♦ (**-ого**) *м* drunk.
пюре́ *ср нескл* (*фруктовое*) purée;

картофельное ~ mashed potato.
пят|ая (**-ой**) *ж*: **одна ~** one fifth.
пятёр|ка (**-ки**; *gen pl* **-ок**) *ж* (*цифра, карта*) five; (*ПРОСВЕЩ*) ≈ A (*school mark*); (*группа из пяти*) group of five.
пятер|о (**-ых**; *как* **четверо**; *см* **Table 30b**) *чис* five.
пятиборь|е (**-я**) *ср* pentathlon.
пятидесяти *чис см* **пятьдесят**.
пятидесятилети|е (**-я**) *ср* fifty years *мн*; (*годовщина*) fiftieth anniversary.
пятидесятилетний *прил* (*период*) fifty-year; (*человек*) fifty-year-old.
пятидесятый *чис* fiftieth.
пя|титься (**-чусь, -тишься**; *pf* **по~**) *несов возв* to move backwards.
пятиугольник (**-а**) *м* pentagon.
пятичасовой *прил* (*рабочий день*) five-hour; (*поезд*) five-o'clock.
пятиэтажный *прил* five-storey (*BRIT*), five-story (*US*).
пят|ка (**-ки**; *gen pl* **-ок**) *ж* heel.
пятнадцатый *чис* fifteenth.
пятнадцат|ь (**-и**; *как* **пять**; *см* **Table 26**) *чис* fifteen.
пятнистый *прил* spotted.
пятниц|а (**-ы**) *ж* Friday.
пят|но (**-на**; *nom pl* **пятна**, *gen pl* **-ен**) *ср* (*также перен*) stain; (*выделяющееся по цвету*) spot.
пятый *чис* fifth.
пят|ь (**-и**; *см* **Table 26**) *чис* five; (*ПРОСВЕЩ*) ≈ A (*school mark*).
пят|ьдесят (**-идесяти**; *см* **Table 26**) *чис* fifty.
пят|ьсот (**-исот**; *см* **Table 28**) *чис* five hundred.

Р, р

р. *сокр* (= **река**) R., r.; (= *родился*) b.; (= **рубль**) R., r.
раб (**-а**) *м* slave.
работ|а (**-ы**) *ж* work; (*источник заработка*) job; **сменная ~** shiftwork.
работа|ть (**-ю**) *несов* to work; (*магазин*) to be open; **~ (*impf*) на кого-н/что-н** to work for sb/sth; **кем Вы ~ете?** what do you do for a living?
работник (**-а**) *м* worker; (*учреждения*) employee.
работодател|ь (**-я**) *м* employer.
работоспособный *прил* (*человек*) able to work hard.
рабоч|ий *прил* worker's; (*человек, одежда*) working ◆ (**-его**) *м* worker; **~ая сила** workforce; **~ день** working day (*BRIT*), workday (*US*).
рабский *прил* (*жизнь*) slave-like.
рабств|о (**-а**) *ср* slavery.
рабын|я (**-и**) *ж* slave.
раввин (**-а**) *м* rabbi.
равенств|о (**-а**) *ср* equality; **знак ~а** (*МАТ*) equals sign.
равнин|а (**-ы**) *ж* plain.
равно *нареч* equally ◆ *союз*: **~ (как) и** as well as ◆ *как сказ*: **это всё ~** it doesn't make any difference; **мне всё ~** I don't mind; **я всё ~ приду** I'll come just the same.
равновеси|е (**-я**) *ср* equilibrium; **~ сил** balance of power.
равнодушный *прил*: **~ (к +*dat*)** indifferent (to).
равномерный *прил* even.
равноправи|е (**-я**) *ср* equality.
равносильн|ый *прил*: **~ +*dat***

equal to; **э́то ~о отка́зу** this amounts to a refusal.

равноце́нный *прил* of equal value *или* worth.

ра́вн|ый *прил* equal; **~ым о́бразом** equally.

равня́|ть (**-ю**; *pf* **с~**) *несов перех*: **~ (с** *+instr*) (*делать равным*) to make equal (with); **~ся** *несов возв*: **~ся по** *+dat* to draw level with; (*считать себя равным*): **~ся с** *+instr* to compare o.s. with; (*быть равносильным*): **~ся** *+dat* to be equal to.

рагу́ *ср нескл* ragout.

рад *как сказ*: **~** (*+dat*) glad (of); **~** *+infin* glad *или* pleased to do; **~ познако́миться с Ва́ми** pleased to meet you.

ра́ди *предл*: **~** *+gen* for the sake of; **~ Бо́га!** (*разг*) for God's sake!

радиа́ци|я (**-и**) *ж* radiation.

радика́льный *прил* radical.

радикули́т (**-а**) *м* lower back pain.

ра́дио *ср нескл* radio.

радиоакти́вный *прил* radioactive.

радиовеща́ни|е (**-я**) *ср* (radio) broadcasting.

радиопереда́ч|а (**-и**) *ж* radio programme (*BRIT*) *или* program (*US*).

радиоприёмник (**-а**) *м* radio (set).

радиослу́шател|ь (**-я**) *м* (radio) listener.

радиоста́нци|я (**-и**) *ж* radio station.

ра́диус (**-а**) *м* radius.

ра́д|овать (**-ую**; *pf* **об~**) *несов перех*: **~ кого́-н** to make sb happy, please sb; **~ся** *несов возв* (*перен*: *душа*) to rejoice; **~ся** (**обра́доваться** *pf*) *+dat* (*успехам*) to take pleasure in.

ра́достный *прил* joyful.

ра́дост|ь (**-и**) *ж* joy; **с ~ю** gladly.

ра́дуг|а (**-и**) *ж* rainbow.

ра́дужн|ый *прил* (*перен*: *настроение, надежды*) bright; **~ая оболо́чка** (*АНАТ*) iris.

раду́шный *прил* warm.

раз (**-а**; *nom pl* **-ы́**, *gen pl* **-**) *м* time ♦ *нескл* (*один*) one ♦ *нареч* (*разг*: *однажды*) once ♦ *союз* (*разг*: *если*) if; **в тот/про́шлый ~** that/last time; **на э́тот ~** this time; **ещё ~** (once) again; **~ и навсегда́** once and for all; **ни ра́зу** not once; **(оди́н) ~ в день** once a day; **~... то ...** (*разг*) if ... then ...

разба́в|ить (**-лю, -ишь**; *impf* **разбавля́ть**) *сов перех* to dilute.

разбе́г (**-а**) *м* (*атлета*) run-up.

разбежа́ться (*как* **бежа́ть**; *см* **Table 20**; *impf* **разбега́ться**) *сов возв* to run off, scatter; (*перед прыжком*) to take a run-up; **у меня́ глаза́ разбега́ются** (*разг*) I'm spoilt for choice.

разбива́|ть(ся) (**-ю(сь)**) *несов от* **разби́ть(ся)**.

разбира́|ть (**-ю**) *несов от* **разобра́ть**; **~ся** *несов от* **разобра́ться** ♦ *возв* (*разг*: *понимать*): **~ся в** *+prp* to understand.

раз|би́ть (**-обью́, -обьёшь**; *imper* **-бе́й(те)**, *impf* **разбива́ть**) *сов перех* to break; (*машину*) to smash up; (*армию*) to crush; (*аллею*) to lay; **~ся** (*impf* **разбива́ться**) *сов возв* to break, smash; (*в аварии*) to be badly hurt; (*на группы, на участки*) to break up.

разбогате́|ть (**-ю**) *сов от* **богате́ть**.

разбо́|й (**-я**) *м* robbery.

разбо́йник (-а) *м* robber.
разбо́р (-а) *м* (*статьи, вопроса итп*) analysis; **без ~а** indiscriminately.
разбо́рный *прил* (*мебель*) flat-pack.
разбо́рчивый *прил* (*человек, вкус*) discerning; (*почерк*) legible.
разбра́сыва|ть (-ю) *несов от* **разброса́ть**; **~ся** *несов возв*: **~ся** (*impf*) *+instr* (*деньгами*) to waste; (*друзьями*) to underrate.
разброса́|ть (-ю; *impf* **разбра́сывать**) *сов перех* to scatter.
разб|уди́ть (**-ужу́, -у́дишь**) *сов от* **буди́ть**.
разва́л (-а) *м* (*в квартире, в делах*) chaos.
разва́лин|а (-ы) *ж* ruins *мн*.
разв|али́ть (**-алю́, -а́лишь**; *impf* **разва́ливать**) *сов перех* to ruin; **~ся** (*impf* **разва́ливаться**) *сов возв* to collapse.
разв|ари́ться (*3sg* **-а́рится**, *impf* **разва́риваться**) *сов возв* to be overcooked.
ра́зве *част* really; **~ он согласи́лся/не знал?** did he really agree/not know?; **~ то́лько** *или* **что** except that.
развева́|ться (*3sg* **-ется**) *несов возв* (*флаг*) to flutter.
разведе́ни|е (-я) *ср* (*животных*) breeding; (*растений*) cultivation.
разведённый *прил* (*в разводе*) divorced.
разве́д|ка (**-ки**; *gen pl* **-ок**) *ж* (*ГЕО*) prospecting; (*ПОЛИТ*) intelligence; (*ВОЕН*) reconnaissance.
разве́дчик (-а) *м* (*ГЕО*) prospector; (*шпион*) intelligence agent; (*ВОЕН*) scout.
разверн|у́ть (**-у́, -ёшь**; *impf* **развёртывать** *или* **развора́чивать**) *сов перех* (*бумагу*) to unfold; (*торговлю итп*) to launch; (*корабль, самолёт*) to turn around; (*батальон*) to deploy; **~ся** (*impf* **развёртываться** *или* **развора́чиваться**) *сов возв* (*кампания, работа*) to get under way; (*автомобиль*) to turn around; (*вид*) to open up.
развесел|и́ть (**-ю́, -и́шь**) *сов от* **весели́ть**.
разве́|сить (**-шу, -сишь**; *impf* **разве́шивать**) *сов перех* to hang.
разв|ести́ (**-еду́, -едёшь**; *pt* **-ёл, -ела́**, *impf* **разводи́ть**) *сов перех* (*товар*) to take; (*порошок*) to dissolve; (*сок*) to dilute; (*животных*) to breed; (*цветы, сад*) to grow; (*мост*) to raise; **~сь** (*impf* **разводи́ться**) *сов возв*: **~сь (с** *+instr*) to divorce, get divorced (from).
разветвле́ни|е (-я) *ср* (*дороги*) fork.
разве́|ять (-ю; *impf* **разве́ивать**) *сов перех* (*облака*) to disperse; (*сомнения, грусть*) to dispel; **~ся** (*impf* **разве́иваться**) *сов возв* (*облака*) to disperse; (*человек*) to relax.
развива́|ть(ся) (**-ю(сь)**) *несов от* **разви́ть(ся)**.
развива́ющ|ийся *прил*: **~аяся страна́** developing country.
разви́л|ка (**-ки**; *gen pl* **-ок**) *ж* fork (*in road*).
разви́ти|е (-я) *ср* development.
развито́й *прил* developed.
раз|ви́ть (**-овью́, -овьёшь**; *imper* **-ве́й(те)**, *impf* **развива́ть**) *сов перех* to develop; **~ся** (*impf* **развива́ться**) *сов возв* to develop.

развлека́тельный *прил* entertaining.
развлече́ни|е (-я) *ср* (*гостей, публики*) entertaining.
развл|е́чь (-еку́, -ечёшь *umn*, -еку́т; *pt* -ёк, -екла́, *impf* **развлека́ть**) *сов перех* to entertain; **~ся** (*impf* **развлека́ться**) *сов возв* to have fun.
разво́д (-а) *м* (*расторжение брака*) divorce.
разв|оди́ть(ся) (-ожу́(сь), -о́дишь(ся)) *несов от* **развести́(сь)**.
разводно́й *прил*: ~ **мост** drawbridge.
развора́чива|ть(ся) (-ю(сь)) *несов от* **разверну́ть(ся)**.
разворо́т (-а) *м* (*машины*) U-turn; (*в книге*) double page.
развра́т (-а) *м* promiscuity.
развра|ти́ть (-щу́, -ти́шь; *impf* **развраща́ть**) *сов перех* to pervert; (*деньгами*) to corrupt; **~ся** (*impf* **развраща́ться**) *сов возв* (*см перех*) to become promiscuous; to become corrupted.
разв|яза́ть (-яжу́, -я́жешь; *impf* **развя́зывать**) *сов перех* (*шнурки*) to untie; (: *войну*) to unleash; **~ся** (*impf* **развя́зываться**) *сов возв* (*шнурки*) to come untied.
развя́з|ка (-ки; *gen pl* -ок) *ж* (*конец*) finale; (*АВТ*) junction.
разгада́|ть (-ю; *impf* **разга́дывать**) *сов перех* (*кроссворд, загадку*) to solve; (*замыслы, тайну*) to guess.
разга́р (-а) *м*: **в ~е** *+gen* (*сезона*) at the height of; (*боя*) in the heart of; **кани́кулы в (по́лном) ~е** the holidays are in full swing.
разгиба́|ть(ся) (-ю(сь)) *несов от* **разогну́ть(ся)**.
разгла́|дить (-жу, -дишь; *impf* **разгла́живать**) *сов перех* to smooth out.
разгла|си́ть (-шу́, -си́шь; *impf* **разглаша́ть**) *сов перех* to divulge, disclose.
разгова́рива|ть (-ю) *несов*: ~ (**с** *+instr*) to talk (to).
разгово́р (-а) *м* conversation.
разгово́рник (-а) *м* phrase book.
разгово́рный *прил* colloquial.
разгово́рчивый *прил* talkative.
разго́н (-а) *м* (*демонстрации*) breaking up; (*самолёта, автомобиля*) acceleration.
разгоня́|ть(ся) (-ю(сь)) *несов от* **разогна́ть(ся)**.
разгор|е́ться (*3sg* -и́тся, *impf* **разгора́ться**) *сов возв* to flare up.
разгоряч|и́ться (-у́сь, -и́шься) *сов возв* (*от волнения*) to get het up; (*от бега*) to be hot.
разграни́ч|ить (-у, -ишь; *impf* **разграни́чивать**) *сов перех* to demarcate.
разгро́м (-а) *м* rout; (*разг: беспорядок*) mayhem.
разгром|и́ть (-лю́, -и́шь) *сов перех* (*врага*) to crush.
разгр|узи́ть (-ужу́, -у́зишь; *impf* **разгружа́ть**) *сов перех* to unload.
разгры́з|ть (-у, -ёшь) *сов от* **грызть**.
разгу́л (-а) *м* revelry; ~ *+gen* (*реакции*) outburst of.
разда|ва́ть(ся) (-ю́, -ёшь(ся)) *несов от* **разда́ть(ся)**.
разд|ави́ть (-авлю́, -а́вишь) *сов от* **дави́ть**.
разда́ть (*как* **дать**; *см* **Table 16**; *impf* **раздава́ть**) *сов перех* to give out, distribute; **~ся** (*impf* **раздава́ться**) *сов возв* (*звук*) to be

heard.

раздва́ива|ться (**-юсь**) *несов от* **раздвои́ться**.

раздви́н|уть (**-у**; *impf* **раздвига́ть**) *сов перех* to move apart.

раздво|и́ться (**-ю́сь, -и́шься**; *impf* **раздва́иваться**) *сов возв* (*дорога, река*) to divide into two; (*перен*: *мнение*) to be divided.

раздева́л|ка (**-ки**; *gen pl* **-ок**) *ж* changing room.

раздева́|ть(ся) (**-ю(сь)**) *несов от* **разде́ть(ся)**.

разде́л (**-а**) *м* (*имущества*) division; (*часть, область*) section.

разде́ла|ть (**-ю**; *impf* **разде́лывать**) *сов перех* (*тушу*) to cut up; **~ся** (*impf* **разде́лываться**) *сов возв* (*разг*): **~ся с** *+instr* (*с делами, с долгами*) to settle.

разд|ели́ть (**-елю́, -е́лишь**) *сов от* **дели́ть** ♦ (*impf* **разделя́ть**) *перех* (*мнение*) to share; **~ся** *сов от* **дели́ться** ♦ (*impf* **разделя́ться**) *возв* (*мнения, общество*) to become divided.

разде́|ть (**-ну, -нешь**; *impf* **раздева́ть**) *сов перех* to undress; **~ся** (*impf* **раздева́ться**) *сов возв* to get undressed.

раздира́|ть (**-ю**) *несов перех* (*душу человека, общество*) to tear apart.

раздраже́ни|е (**-я**) *ср* irritation.

раздражённый *прил* irritated.

раздражи́тельный *прил* irritable.

раздраж|и́ть (**-у́, -и́шь**; *impf* **раздража́ть**) *сов перех* to irritate, annoy; (*нервы*) to agitate; **~ся** (*impf* **раздража́ться**) *сов возв* (*кожа, глаза*) to become irritated; (*человек*): **~ся** (*+instr*) to be irritated (by).

раздува́|ть(ся) (**-ю(сь)**) *несов от* **разду́ть(ся)**.

разду́ма|ть (**-ю**; *impf* **разду́мывать**) *сов*: **~** *+infin* to decide not to do.

разду́мыва|ть (**-ю**) *несов от* **разду́мать** ♦ *неперех*: **~ (о** *+prp*) (*долго думать*) to contemplate.

разду́мь|е (**-я**) *ср* contemplation.

разд|у́ть (**-у́ю**; *impf* **раздува́ть**) *сов перех* (*огонь*) to fan; **у неё ~у́ло щёку** her cheek has swollen up; **~ся** (*impf* **раздува́ться**) *сов возв* (*щека*) to swell up.

раз|жа́ть (**-ожму́, -ожмёшь**; *impf* **разжима́ть**) *сов перех* (*пальцы, губы*) to relax; **~ся** (*impf* **разжима́ться**) *сов возв* to relax.

разж|ева́ть (**-ую́**; *impf* **разжёвывать**) *сов перех* to chew.

раз|же́чь (**-ожгу́, -ожжёшь** *итп*, **-ожгу́т**; *pt* **-жёг, -ожгла́**, *impf* **разжига́ть**) *сов перех* to kindle.

разлага́|ть(ся) (**-ю**) *несов от* **разложи́ть(ся)**.

разла́д (**-а**) *м* (*в делах, в работе*) disorder; (*с женой*) discord.

разла́мыва|ть (**-ю**) *несов от* **разлома́ть, разломи́ть**.

разле|те́ться (**-чу́сь, -ти́шься**; *impf* **разлета́ться**) *сов возв* to fly off (*in different directions*).

разли́в (**-а**) *м* flooding.

раз|ли́ть (**-олью́, -ольёшь**; *impf* **разлива́ть**) *сов перех* (*пролить*) to spill; **~ся** (*impf* **разлива́ться**) *сов возв* (*пролиться*) to spill; (*река*) to overflow.

различа́|ть (**-ю**) *несов от* **различи́ть**; **~ся** *несов возв*: **~ся по** *+dat* to differ in.

разли́чи|е (**-я**) *ср* difference.

различ|и́ть (**-у́, -и́шь**; *impf* **различа́ть**) *сов перех* (*увидеть, услышать*) to make out; (*отличить*): **~ (по** *+dat*) to distinguish (by).
разли́чный *прил* different.
разложе́ни|е (**-я**) *ср* decomposition; (*общества umn*) disintegration.
разл|ожи́ть (**-ожу́, -о́жишь**; *impf* **раскла́дывать**) *сов перех* (*карты*) to arrange; (*диван*) to open out; (*impf* **разлага́ть**; *ХИМ, БИО*) to decompose; **~ся** (*impf* **разлага́ться**) *сов возв* (*ХИМ, БИО*) to decompose; (*общество*) to disintegrate.
разл|оми́ть (**-омлю́, -о́мишь**; *impf* **разла́мывать**) *сов перех* (*на части: хлеб umn*) to break up.
разлу́к|а (**-и**) *ж* separation.
разлуч|и́ть (**-у́, -и́шь**; *impf* **разлуча́ть**) *сов перех*: **~ кого́-н с** *+instr* to separate sb from; **~ся** (*impf* **разлуча́ться**) *сов возв*: **~ся (с** *+instr*) to be separated (from).
разл|юби́ть (**-юблю́, -ю́бишь**) *сов перех*: **~** *+infin* (*читать, гулять umn*) to lose one's enthusiasm for doing; **он меня́ ~юби́л** he doesn't love me any more.
разма́|зать (**-жу, -жешь**; *impf* **разма́зывать**) *сов перех* to smear.
разма́тыва|ть (**-ю**) *несов от* **размота́ть**.
разма́х (**-а**) *м* (*рук*) span; (*перен: деятельности*) scope; (*: проекта*) scale; **~ кры́льев** wingspan.
разма́хива|ть (**-ю**) *несов*: **~** *+instr* to wave; (*оружием*) to brandish.
размахн|у́ться (**-у́сь, -ёшься**; *impf* **разма́хиваться**) *сов возв* to bring one's arm back; (*перен: разг: в делах umn*) to go to town.
разме́н (**-а**) *м* (*денег, пленных*) exchange; **~ кварти́ры** flat swap (*of one large flat for two smaller ones*).
разме́нн|ый *прил*: **~ автома́т** change machine; **~ая моне́та** (small) change.
разменя́|ть (**-ю**; *impf* **разме́нивать**) *сов перех* (*деньги*) to change; (*квартиру*) to exchange; **~ся** (*impf* **разме́ниваться**) *сов возв* (*перен: разг: обменять жилплощадь*) to do a flat swap (*of one large flat for two smaller ones*).
разме́р (**-а**) *м* size.
разме́ренный *прил* measured.
разме|сти́ть (**-щу́, -сти́шь**; *impf* **размеща́ть**) *сов перех* (*в отеле*) to place; (*на столе*) to arrange; **~ся** (*impf* **размеща́ться**) *сов возв* (*по комнатам*) to settle o.s.
разме́|тить (**-чу, -тишь**; *impf* **размеча́ть**) *сов перех* to mark out.
размеша́|ть (**-ю**; *impf* **разме́шивать**) *сов перех* to stir.
размеща́|ть(ся) (**-ю(сь)**) *несов от* **размести́ть(ся)**.
размина́|ть(ся) (**-ю(сь)**) *несов от* **размя́ть(ся)**.
размини́р|овать (**-ую**) *(не)сов перех*: **~ по́ле** to clear a field of mines.
размѝн|ка (**-ки**; *gen pl* **-ок**) *ж* (*спортсменов*) warm-up.
размин|у́ться (**-у́сь, -ёшься**) *сов возв* (*не встретиться*) to miss each other; (*дать пройти*) to pass.
размно́ж|ить (**-у, -ишь**; *impf* **размножа́ть**) *сов перех* to make (multiple) copies of; **~ся** (*pf* **размножа́ться**) *сов возв* (*БИО*) to reproduce.
размо́к|нуть (**-ну**; *pt* **-, -ла**, *impf*

размока́ть) *сов* (*хлеб, картон*) to go soggy; (*почва*) to become sodden.
размо́лв|ка (**-ки**) *ж* quarrel.
разморо́|зить (**-жу, -зишь**; *impf* **размора́живать**) *сов перех* to defrost; **~ся** (*impf* **размора́живаться**) *сов возв* to defrost.
размота́|ть (**-ю**; *impf* **разма́тывать**) *сов перех* to unwind.
разм|ы́ть (*3sg* **-о́ет**, *impf* **размыва́ть**) *сов перех* to wash away.
размышля́|ть (**-ю**) *несов*: **~ (о** *+prp*) to think (about), reflect (on).
размягч|и́ть (**у́, -и́шь**; *impf* **размягча́ть**) *сов перех* to soften.
размя́к|нуть (**-ну**; *pt* **-, -ла**, *impf* **размяка́ть**) *сов* to soften.
раз|мя́ть (**-омну́, -омнёшь**; *impf* **размина́ть**) *сов перех* to loosen up; **~ся** (*impf* **размина́ться**) *сов возв* to warm up.
разна́шива|ть(ся) (**-ю**) *несов от* **разноси́ть(ся)**.
разн|ести́ (**-есу́, -есёшь**; *pt* **-ёс, -есла́**, *impf* **разноси́ть**) *сов перех* (*письма, посылки*) to deliver; (*тарелки, чашки*) to put out; (*тучи*) to disperse; (*заразу, слухи*) to spread; (*раскритиковать*) to slam; **~сь** (*impf* **разноси́ться**) *сов возв* (*слух, запах*) to spread; (*звук*) to resound.
разнима́|ть (**-ю**) *несов от* **разня́ть**.
ра́зниц|а (**-ы**) *ж* difference; **кака́я ~?** what difference does it make?
разнови́дност|ь (**-и**) *ж* (*БИО*) variety; (*людей*) type, kind.
разногла́си|е (**-я**) *ср* disagreement.
разнообра́зи|е (**-я**) *ср* variety.
разнообра́зный *прил* various.
разноро́дный *прил* heterogeneous.
разно́с (**-а**) *м* delivery; (*разг*: *выговор*) battering.
разн|оси́ть (**-ошу́, -о́сишь**) *несов от* **разнести́** ♦ (*impf* **разна́шивать**) *сов перех* (*обувь*) to break in; **~ся** *несов от* **разнести́сь** ♦ (*impf* **разна́шиваться**) *сов возв* (*обувь*) to be broken in.
разносторо́нний *прил* (*деятельность*) wide-ranging; (*ум, личность*) multifaceted.
ра́зност|ь (**-и**) *ж* difference.
разноцве́тный *прил* multicoloured (*BRIT*), multicolored (*US*).
ра́зный *прил* different.
разн|я́ть (**-иму́, -и́мешь**; *impf* **разнима́ть**) *сов перех* (*руки*) to unclench; (*дерущихся*) to separate.
разоблач|и́ть (**-у́, -и́шь**; *impf* **разоблача́ть**) *сов перех* to expose.
раз|обра́ть (**-беру́, -берёшь**; *impf* **разбира́ть**) *сов перех* (*бумаги*) to sort out; (*текст*) to analyse (*BRIT*), analyze (*US*); (*вкус, подпись итп*) to make out; **разбира́ть (~** *pf*) **(на ча́сти)** to take apart; **~ся** (*impf* **разбира́ться**) *сов возв*: **~ся в** *+prp* (*в вопросе, в деле*) to be an expert in.
разобщённый *прил* divided.
ра́зовый *прил*: **~ биле́т** single (*BRIT*) *или* one-way ticket.
раз|огна́ть (**-гоню́, -го́нишь**; *impf* **разгоня́ть**) *сов перех* (*толпу*) to break up; (*тучи*) to disperse; (*машину*) to increase the speed of; **~ся** (*impf* **разгоня́ться**) *сов возв*

to build up speed.

разогн|у́ть (**-у́, -ёшь**; *impf* **разгиба́ть**) *сов перех* (*проволоку*) to straighten out; **~ся** (*impf* **разгиба́ться**) *сов возв* to straighten up.

разогре́|ть (**-ю**; *impf* **разогрева́ть**) *сов перех* (*чайник, суп*) to heat; **~ся** (*impf* **разогрева́ться**) *сов возв* (*суп*) to heat up.

разозл|и́ть(ся) (**-ю́(сь), -и́шь(ся)**) *сов от* **зли́ть(ся)**.

разойти́сь (*как* **идти́**; *см* **Table 18**; *impf* **расходи́ться**) *сов возв* (*гости*) to leave; (*толпа*) to disperse; (*тираж*) to sell out; (*не встретиться*) to miss each other; (*супруги*) to split up; (*шов, крепления*) to come apart; (*перен*: *мнения*) to diverge; (*разг*: *дать волю себе*) to get going.

ра́зом *нареч* (*разг*: *все вместе*) all at once; (: *в один приём*) all in one go.

разомкн|у́ть (**-у́, -ёшь**; *impf* **размыка́ть**) *сов перех* (*цепь*) to unfasten; **~ся** (*impf* **размыка́ться**) *сов возв* to come unfastened.

разорв|а́ть (**-у́, -ёшь**) *сов от* **рвать** ♦ (*impf* **разрыва́ть**) *перех* to tear *или* rip up; (*перен*: *связь*) to sever; (: *договор*) to break; **~ся** *сов от* **рва́ться** ♦ (*impf* **разрыва́ться**) *возв* (*одежда*) to tear, rip; (*верёвка, цепь*) to break; (*связь*) to be severed; (*снаряд*) to explode.

разоре́ни|е (**-я**) *ср* (*населения*) impoverishment; (*компании*) (financial) ruin.

разор|и́ть (**-ю́, -и́шь**; *impf* **разоря́ть**) *сов перех* (*деревню, гнездо*) to plunder; (*население*) to impoverish; (: *компанию, страну*) to ruin; **~ся** (*impf* **разоря́ться**) *сов возв* to go bankrupt; (*человек*) to become impoverished; (*компания*) to go bust *или* bankrupt.

разоруже́ни|е (**-я**) *ср* disarming; (*ПОЛИТ*) disarmament.

разоруж|и́ть (**-у́, -и́шь**; *impf* **разоружа́ть**) *сов перех* to disarm; **~ся** (*impf* **разоружа́ться**) *сов возв* to disarm.

разоря́|ть(ся) (**-ю(сь)**) *несов от* **разори́ть(ся)**.

разо|сла́ть (**-шлю́, -шлёшь**; *impf* **рассыла́ть**) *сов перех* to send out.

разостла́ть (**расстелю́, рассте́лешь**) *несов* = **расстели́ть**.

разочарова́ни|е (**-я**) *ср* disappointment; (*потеря веры*): **~ в** *+prp* (*в идее*) disenchantment with.

разочаро́ванный *прил* disappointed: **~ в** *+prp* (*в идее*) disenchanted with.

разочар|ова́ть (**-у́ю**; *impf* **разочаро́вывать**) *сов перех* to disappoint; **~ся** (*impf* **разочаро́вываться**) *сов возв*: **~ся в** *+prp* to become disenchanted with.

разрабо́та|ть (**-ю**; *impf* **разраба́тывать**) *сов перех* to develop.

разрабо́т|ка (**-ки**) *ж* development; **га́зовые ~ки** gas fields *мн*; **нефтяны́е ~ки** oilfields *мн*.

разра|зи́ться (**-жу́сь, -зи́шься**; *impf* **разража́ться**) *сов возв* to break out.

разр|асти́сь (*3sg* **-астётся**, *pt* **-о́сся, -осла́сь, -о́слось**, *impf* **разраста́ться**) *сов возв* (*лес*) to spread.

разре́з (**-а**) *м* (*на юбке*) slit; (*ГЕОМ*) section.
разре́|зать (**-жу, -жешь**) *сов от* **ре́зать**.
разреша́|ть (**-ю**) *несов от* **разреши́ть**; **~ся** *несов от* **разреши́ться** ♦ *неперех* (*допускаться*) to be allowed *или* permitted.
разреше́ни|е (**-я**) *ср* (*действие*) authorization; (*родителей*) permission; (*проблемы*) resolution; (*документ*) permit.
разреш|и́ть (**-у́, -и́шь**; *impf* **разреша́ть**) *сов перех* (*решить*) to resolve; (*позволить*): **~ кому́-н** *+infin* to allow *или* permit sb to do; **~?** may I come in?; **~и́те пройти́** may I pass; **~ся** (*impf* **разреша́ться**) *сов возв* to be resolved.
разровня́|ть (**-ю**) *сов от* **ровня́ть**.
разр|уби́ть (**-ублю́, -у́бишь**; *impf* **разруба́ть**) *сов перех* to chop in two.
разру́х|а (**-и**) *ж* devastation.
разруши́тельный *прил* destructive.
разру́ш|ить (**-у, -ишь**; *impf* **разруша́ть**) *сов перех* to destroy; **~ся** (*impf* **разруша́ться**) *сов возв* to be destroyed.
разры́в (**-а**) *м* (*отношений*) severance; (*снаряда*) explosion; (*несоответствие, промежуток*) gap.
разрыва́|ть(ся) (**-ю(сь)**) *несов от* **разорва́ть(ся)**.
разря́д (**-а**) *м* (*тип*) category; (*спортивный, профессиональный*) grade.
разря|ди́ть (**-жу́, -ди́шь**; *impf* **разряжа́ть**) *сов перех* (*ружьё*) to discharge; **разряжа́ть** (**~** *pf*) **обстано́вку** to diffuse the situation.
разря́д|ка (**-ки**; *gen pl* **-ок**) *ж* escape; (*в тексте*) spacing; **~ (междунаро́дной напряжённости)** détente.
разряжа́|ть (**-ю**) *несов от* **разряди́ть**.
разубе|ди́ть (**-жу́, -ди́шь**; *impf* **разубежда́ть**) *сов перех*: **~ кого́-н** (**в** *+prp*) to dissuade sb (from).
разува́|ть(ся) (**-ю(сь)**) *несов от* **разу́ть(ся)**.
ра́зум (**-а**) *м* reason.
разуме́|ться (*3sg* **-ется**) *сов возв*: **под э́тим ~ется, что** ... by this is meant that ...; **(само́ собо́й) ~ется** that goes without saying ♦ *вводн сл*: **он, ~ется, не знал об э́том** naturally, he knew nothing about it.
разу́мный *прил* (*существо*) intelligent; (*поступок, решение*) reasonable.
разу́тый *прил* (*без обуви*) barefoot.
раз|у́ть (**-у́ю**; *impf* **разува́ть**) *сов перех*: **~ кого́-н** to take sb's shoes off; **~ся** (*impf* **разува́ться**) *сов возв* to take one's shoes off.
раз|учи́ть (**-учу́, -у́чишь**; *impf* **разу́чивать**) *сов перех* to learn; **~ся** (*impf* **разу́чиваться**) *сов возв*: **~ся** *+infin* to forget how to do.
разъеда́|ть (*3sg* **-ет**) *несов от* **разъе́сть**.
разъедин|и́ть (**-ю́, -и́шь**; *impf* **разъединя́ть**) *сов перех* (*провода, телефон*) to disconnect.
разъезжа́|ть (**-ю**) *несов* (*по делам*) to travel; (*кататься*: *на автомобиле*) to ride about; **~ся** *несов от* **разъе́хаться**.
разъе́сть (*как* **есть**; *см* **Table 15**;

impf **разъедáть**) *сов перех* to corrode.
разъéхаться (*как* **éхать**; *см* **Table 19**; *impf* **разъезжáться**) *сов возв* (*гости*) to leave.
разъярённый *прил* furious.
разъяснéни|е (**-я**) *ср* clarification.
разъясн|ить (**-ю, -ишь**; *impf* **разъяснять**) *сов перех* to clarify.
разыгрá|ть (**-ю**; *impf* **разыгрывать**) *сов перех* (*МУЗ, СПОРТ*) to play; (*сцену*) to act out; (*в лотерею*) to raffle; (*разг: подшутить*) to play a joke *или* trick on.
раз|ыскáть (**-ыщý, -ыщешь**; *impf* **разыскивать**) *сов перех* to find.
РАИС *ср сокр* (= *Российское агéнтство интеллектуáльной сóбственности*) copyright protection agency.
ра|й (**-я**; *loc sg* **-ю**) *м* paradise.
райóн (**-а**) *м* (*страны*) region; (*города*) district.
райóнный *прил* district.
рáйский *прил* heavenly.
рак (**-а**) *м* (*ЗООЛ: речной*) crayfish; (: *морской*) crab; (*МЕД*) cancer; (*созвездие*): **Р~** Cancer.
ракéт|а (**-ы**) *ж* rocket; (*ВОЕН*) missile; (*судно*) hydrofoil.
ракéт|ка (**-ки**; *gen pl* **-ок**) *ж* (*СПОРТ*) racket.
рáковин|а (**-ы**) *ж* (*ЗООЛ*) shell; (*для умывания*) sink.
рáковый *прил* (*ЗООЛ, КУЛИН*) crab; (*МЕД*) cancer.
рáм|а (**-ы**) *ж* frame; (*АВТ*) chassis.
рáм|ка (**-ки**; *gen pl* **-ок**) *ж* frame; *см также* **рáмки**.
рáм|ки (**-ок**) *мн*: ~ *+gen* (*рассказа, обязанностей*) framework *ед* of; (*закона*) limits *мн* of; **в ~ках** *+gen* (*закона, приличия*) within the bounds of; (*переговоров*) within the framework of; **за ~ками** *+gen* beyond the bounds of.
РАН *м сокр* (= *Российская акадéмия наýк*) Russian Academy of Sciences.
рáн|а (**-ы**) *ж* wound.
рáненый *прил* injured; (*ВОЕН*) wounded.
рáн|ец (**-ца**) *м* (*школьный*) satchel.
рáн|ить (**-ю, -ишь**) (*не*)*сов перех* to wound.
рáнний *прил* early.
рáно *нареч* early ◆ *как сказ* it's early; **~ или пóздно** sooner or later.
рáньше *сравн нареч от* **рáно** ◆ *нареч* (*прежде*) before ◆ *предл*: ~ *+gen* before; **~ врéмени** (*радоваться итп*) too soon.
рáпорт (**-а**) *м* report.
рапорт|овáть (**-ýю**) (*не*)*сов*: ~ (**комý-н о чём-н**) to report back (to sb on sth).
рáс|а (**-ы**) *ж* race.
расизм (**-а**) *м* racism.
расист (**-а**) *м* racist.
раскáива|ться (**-юсь**) *несов от* **раскáяться**.
раскал|ить (**-ю, -ишь**; *impf* **раскалять**) *сов перех* to bring to a high temperature; **~ся** (*impf* **раскаляться**) *сов возв* to get very hot.
раскáлыва|ть(ся) (**-ю(сь)**) *несов от* **расколóть(ся)**.
раскáпыва|ть (**-ю**) *несов от* **раскопáть**.
раскáт (**-а**) *м* (*грома*) peal.
раскатá|ть (**-ю**; *impf* **раскáтывать**) *сов перех* (*ковёр*) to unroll; (*тесто*) to roll out; (*дорогу*) to flatten (out).
раскáяни|е (**-я**) *ср* repentance.

раска́|яться (**-юсь**; *impf* **раска́иваться**) *сов возв*: **~ (в** *+prp*) to repent (of).
раскида́|ть (**-ю**; *impf* **раски́дывать**) *сов перех* to scatter.
раски́н|уть (**-у**; *impf* **раски́дывать**) *сов перех* (*руки*) to throw open; (*сети*) to spread out; (*лагерь*) to set up; **~ся** (*impf* **раски́дываться**) *сов возв* to stretch out.
раскладно́й *прил* folding.
раскладу́ш|ка (**-ки**; *gen pl* **-ек**) *ж* (*разг*) camp bed (*BRIT*), cot (*US*).
раскла́дыва|ть (**-ю**) *несов от* **разложи́ть**.
раскле́|ить (**-ю, -ишь**; *impf* **раскле́ивать**) *сов перех* (*конверт*) to unstick; (*плакаты*) to paste up.
раско́ванный *прил* relaxed.
раско́л (**-а**) *м* (*организации, движения*) split; (*РЕЛ*) schism.
раск|оло́ть (**-олю́, -о́лешь**; *impf* **раска́лывать**) *сов перех* to split; (*лёд, орех*) to crack; **~ся** (*impf* **раска́лываться**) *сов возв* (*полено, орех*) to split open; (*перен*: *движение, организация*) to be split.
раскопа́|ть (**-ю**; *impf* **раска́пывать**) *сов перех* to dig up.
раско́п|ки (**-ок**) *мн* (*работы*) excavations *мн*; (*место*) (archaeological) dig *ед*.
раскра́|сить (**-шу, -сишь**; *impf* **раскра́шивать**) *сов перех* to colour (*BRIT*) *или* color (*US*) (in).
раскро|и́ть (**-ю́, -и́шь**) *сов перех* to cut.
раскр|ути́ть (**-учу́, -у́тишь**; *impf* **раскру́чивать**) *сов перех* (*винт*) to unscrew.
раскр|ы́ть (**-о́ю, -о́ешь**; *impf* **раскрыва́ть**) *сов перех* to open; (*перен*) to discover; **~ся** (*impf* **раскрыва́ться**) *сов возв* to open.
раск|упи́ть (**-уплю́, -у́пишь**; *impf* **раскупа́ть**) *сов перех* to buy up.
ра́совый *прил* racial.
распа́д (**-а**) *м* break-up; (*ХИМ*) decomposition.
распада́|ться (*3sg* **-ется**) *несов от* **распа́сться** ♦ *возв* (*состоять из частей*): **~ на** *+acc* to be divided into.
распа́|сться (*3sg* **-дётся**, *impf* **распада́ться**) *сов возв* to break up; (*молекула*) to decompose.
распахн|у́ть (**-у́, -ёшь**; *impf* **распа́хивать**) *сов перех* to throw open; **~ся** (*impf* **распа́хиваться**) *сов возв* (*дверь, шуба*) to fly open.
распашо́н|ка (**-ки**; *gen pl* **-ок**) *ж* *cotton baby top without buttons.*
распеча́та|ть (**-ю**; *impf* **распеча́тывать**) *сов перех* (*письмо, пакет*) to open; (*размножить*) to print off.
распеча́т|ка (**-ки**; *gen pl* **-ок**) *ж* (*доклада*) print-out.
расп|или́ть (**-илю́, -и́лишь**; *impf* **распи́ливать**) *сов перех* to saw up.
распина́|ть (**-ю**) *несов от* **распя́ть**.
расписа́ни|е (**-я**) *ср* timetable.
расп|иса́ть (**-ишу́, -и́шешь**; *impf* **распи́сывать**) *сов перех* (*дела*) to arrange; (*стены, шкатулку*) to paint; (*разг*: *жениха и невесту*) to marry (*in registry office*); **~ся** (*impf* **распи́сываться**) *сов возв* (*поставить подпись*) to sign one's name; **распи́сываться** (**~ся** *pf*) **с** *+instr* to get married to (*in registry office*).

распи́с|ка (**-ки**; *gen pl* **-ок**) *ж* (*о получении денег*) receipt; (*о невыезде*) warrant.
распла́т|а (**-ы**) *ж* payment; (*перен*) retribution.
распл|ати́ться (**-ачу́сь, -а́тишься**; *impf* **распла́чиваться**) *сов возв*: **~ (с +instr)** to pay; (*перен*: *с предателем*) to get even (with).
распл|еска́ть (**-ещу́, -е́щешь**; *impf* **расплёскивать**) *сов перех* to spill; **~ся** (*impf* **расплёскиваться**) *сов возв* to spill.
расплы́вчатый *прил* (*рисунок, очертания*) blurred; (*перен*: *ответ, намёк*) vague.
расплы́|ться (**-ву́сь, -вёшься**; *impf* **расплыва́ться**) *сов возв* (*краски*) to run; (*перен*: *фигуры*) to be blurred.
распого́д|иться (*3sg* **-ится**) *сов возв* (*о погоде*) to clear up.
распозна́|ть (**-ю**; *impf* **распознава́ть**) *сов перех* to identify.
располага́|ть (**-ю**) *несов от* **расположи́ть** ◆ *неперех*: **~** *+instr* to have at one's disposal, have available; **~ся** *несов от* **расположи́ться** ◆ *возв* (*находиться*) to be situated *или* located.
расположе́ни|е (**-я**) *ср* (*место*: *лагеря*) location; (*комнат*) layout; (*симпатия*) disposition.
располо́женный *прил*: **~ к** *+dat* (*к человеку*) well-disposed towards; (*к болезни*) susceptible to.
распол|ожи́ть (**-ожу́, -о́жишь**; *impf* **располага́ть**) *сов перех* (*мебель, вещи итп*) to arrange; (*отряд*) to station; **располага́ть** (**~** *pf*) **кого́-н к себе́** to win sb over; **~ся** (*impf* **располага́ться**) *сов возв* (*человек*) to settle down; (*отряд*) to position itself.
распоряди́тел|ь (**-я**) *м* (*КОММ*) manager.
распоряди́тельный *прил*: **~ дире́ктор** managing director.
распоря|ди́ться (**-жу́сь, -ди́шься**; *impf* **распоряжа́ться**) *сов возв* to give out instructions.
распоря́д|ок (**-ка**) *м* routine.
распоряжа́|ться (**-юсь**) *несов от* **распоряди́ться** ◆ *возв*: **~ (+instr)** to be in charge (of).
распоряже́ни|е (**-я**) *ср* (*управление*) management; (*указ*) enactment; **ба́нковское ~** banker's order; **в ~ кого́-н/чего́-н** at sb's/sth's disposal.
распра́в|ить (**-лю, -ишь**; *impf* **расправля́ть**) *сов перех* to straighten out; (*крылья*) to spread; **~ся** (*impf* **расправля́ться**) *сов возв* (*см перех*) to be straightened out; to spread.
распределе́ни|е (**-я**) *ср* distribution; (*после института*) work placement.
распредел|и́ть (**-ю́, -и́шь**; *impf* **распределя́ть**) *сов перех* to distribute; **~ся** (*impf* **распределя́ться**) *сов возв*: **~ся (по +dat)** (*по группам, по бригадам*) to divide up (into).
распрода́ж|а (**-и**) *ж* sale.
распрода́ть (*как* **дать**; *см* **Table 16**; *impf* **распродава́ть**) *сов перех* to sell off; (*билеты*) to sell out of.
распростране́ни|е (**-я**) *ср* spreading; (*ядерного оружия*) proliferation; (*приказа*) application.
распространённый *прил* widespread.

распростран|и́ть (**-ю́, -и́шь**; *impf* **распространя́ть**) *сов перех* to spread; (*правило, приказ*) to apply; (*газеты*) to distribute; (*запах*) to emit; **~ся** (*impf* **распространя́ться**) *сов возв* to spread; **~ся** *(pf)* **на** *+acc* to extend to; (*приказ*) to apply to.

распрям|и́ть (**-лю́, -и́шь**; *impf* **распрямля́ть**) *сов перех* (*проволоку*) to straighten (out); (*плечи*) to straighten.

расп|усти́ть (**-ущу́, -у́стишь**; *impf* **распуска́ть**) *сов перех* (*армию*) to disband; (*волосы*) to let down; (*парламент*) to dissolve; (*слухи*) to spread; (*перен*): **~ кого́-н** (*ребёнка итп*) to let sb run wild; **~ся** (*impf* **распуска́ться**) *сов возв* (*цветы, почки*) to open out; (*дети, люди*) to get out of hand.

распу́та|ть (**-ю**; *impf* **распу́тывать**) *сов перех* (*узел*) to untangle; (*перен*: *преступление, загадку*) to unravel; **~ся** (*impf* **распу́тываться**) *сов возв* (*см перех*) to come untangled; to unravel itself.

распу́хн|уть (**-у**; *impf* **распуха́ть**) *сов* (*лицо, нога итп*) to swell up.

распу́щенный *прил* unruly; (*безнравственный*) dissolute.

распыл|и́ть (**-ю́, -и́шь**; *impf* **распыля́ть**) *сов перех* to spray.

распя́ти|е (**-я**) *ср* crucifixion.

расп|я́ть (**-ну́, -нёшь**; *impf* **распина́ть**) *сов перех* to crucify.

расса́д|а (**-ы**) *ж собир* (*БОТ*) seedlings *мн*.

расс|ади́ть (**-ажу́, -а́дишь**; *impf* **расса́живать**) *сов перех* (*гостей, публику*) to seat; (*цветы*) to thin out.

рассве|сти́ (*3sg* **-тёт**, *pt* **-ло́**, *impf* **рассвета́ть**) *сов безл*: **~ло́** dawn was breaking.

рассве́т (**-а**) *м* daybreak.

рассе́ива|ть(ся) (**-ю(сь)**) *несов от* **рассе́ять(ся)**.

рассека́|ть (**-ю**) *несов от* **рассе́чь**.

расс|ели́ть (**-елю́, -е́лишь**; *impf* **расселя́ть**) *сов перех* (*по комнатам*) to accommodate.

расс|серди́ть(ся) (**-ержу́(сь), -е́рдишь(ся)**) *сов от* **серди́ть(ся)**.

расс|е́сться (**-я́дусь, -я́дешься**; *pt* **-е́лся, -е́лась**) *сов возв* (*по столам, в зале*) to take one's seat.

расс|е́чь (**-еку́, -ечёшь** *итп*, **-еку́т**; *pt* **-ёк, -екла́**, *impf* **рассека́ть**) *сов перех* to cut in two; (*губу, лоб*) to cut.

рассе́янный *прил* absent-minded.

рассе́|ять (**-ю**; *impf* **рассе́ивать**) *сов перех* (*семена, людей*) to scatter; (*перен*: *сомнения*) to dispel; **~ся** (*impf* **рассе́иваться**) *сов возв* (*люди*) to be scattered; (*тучи, дым*) to disperse.

расска́з (**-а**) *м* story; (*свидетеля*) account.

расск|аза́ть (**-ажу́, -а́жешь**; *impf* **расска́зывать**) *сов перех* to tell.

расска́зчик (**-а**) *м* storyteller; (*автор*) narrator.

рассла́б|ить (**-лю, -ишь**; *impf* **расслабля́ть**) *сов перех* to relax; **~ся** (*impf* **расслабля́ться**) *сов возв* to relax.

рассле́д|овать (**-ую**) *(не)сов перех* to investigate.

рассма́трива|ть (**-ю**) *несов от* **рассмотре́ть** ♦ *перех*: **~ что-н как** to regard sth as.

рассмеш|и́ть (**-у́, -и́шь**) *сов от*

смешить.

рассме|яться (**-юсь, -ёшься**) *сов возв* to start laughing.

рассм|отреть (**-отрю, -отришь**; *impf* **рассматривать**) *сов перех* to examine; (*различить*: *в темноте, вдали*) to discern.

рассол (**-а**) *м* brine.

расспр|осить (**-ошу, -осишь**; *impf* **расспрашивать**) *сов перех*: **~ (о** *+prp***)** to question (about).

рассроч|ка (**-ки**; *gen pl* **-ек**) *ж* installment (*BRIT*), instalment (*US*); **в ~ку** on hire purchase (*BRIT*), on the installment plan (*US*).

расставани|е (**-я**) *ср* parting.

расста|ваться (**-юсь, -ёшься**) *сов от* **расстаться**.

расстав|ить (**-лю, -ишь**; *impf* **расставлять**) *сов перех* to arrange.

расстанов|ка (**-ки**; *gen pl* **-ок**) *ж* (*мебели, книг*) arrangement.

расста|ться (**-нусь, -нешься**; *impf* **расставаться**) *сов возв*: **~ с** *+instr* to part with.

расстегн|уть (**-у, -ёшь**; *impf* **расстёгивать**) *сов перех* to undo; **~ся** (*impf* **расстёгиваться**) *сов возв* (*человек*) to unbutton o.s.; (*рубашка, пуговица*) to come undone.

расст|елить (**-елю, -елешь**; *impf* **расстилать**) *сов перех* to spread out.

расстояни|е (**-я**) *ср* distance.

расстраива|ть(ся) (**-ю(сь)**) *несов от* **расстроить(ся)**.

расстрел (**-а**) *м*: **~** *+gen* shooting *или* firing at; (*казнь*) execution (*by firing squad*).

расстреля|ть (**-ю**; *impf* **расстреливать**) *сов перех* (*демонстрацию*) to open fire on; (*казнить*) to shoot.

расстроенный *прил* (*здоровье, нервы*) weak; (*человек, вид*) upset; (*рояль*) out of tune.

расстро|ить (**-ю, -ишь**; *impf* **расстраивать**) *сов перех* (*планы*) to disrupt; (*человека, желудок*) to upset; (*здоровье*) to damage; (*муз*) to put out of tune; **~ся** (*impf* **расстраиваться**) *сов возв* (*планы*) to fall through; (*человек*) to get upset; (*нервы*) to weaken; (*здоровье*) to be damaged; (*муз*) to go out of tune.

расстройств|о (**-а**) *ср* (*огорчение*) upset; (*речи*) dysfunction; **~ желудка** stomach upset.

расст|упиться (*3sg* **-упится**, *impf* **расступаться**) *сов возв* (*толпа*) to make way.

расс|удить (**-ужу, -удишь**) *сов*: **она ~удила правильно** she made the correct decision.

рассуд|ок (**-ка**) *м* reason.

рассужда|ть (**-ю**) *несов* to reason; **~ (impf) о** *+prp* to debate.

рассуждени|е (**-я**) *ср* judg(e) ment.

рассчита|ть (**-ю**; *impf* **рассчитывать**) *сов перех* to calculate; **~ся** (*impf* **рассчитываться**) *сов возв*: **~ся (с** *+instr***)** (*с продавцом*) to settle up (with).

рассчитыва|ть (**-ю**) *несов от* **рассчитать** ♦ *неперех*: **~ на** *+acc* (*надеяться*) to count *или* rely on; **~ся** *несов от* **рассчитаться**.

рассыла|ть (**-ю**) *несов от* **разослать**.

рассып|ать (**-лю, -лешь**; *impf* **рассыпать**) *сов перех* to spill; **~ся** (*impf* **рассыпаться**) *сов возв* (*сахар, бусы*) to spill; (*толпа*) to scatter.

раста́плива|ть (**-ю**) *несов от* **растопи́ть**.

раста́птыва|ть (**-ю**) *несов от* **растопта́ть**.

раста́|ять (**-ю**) *сов от* **та́ять**.

раство́р (**-а**) *м* (*ХИМ*) solution; (*строительный*) mortar.

раствори́мый *прил* soluble; **~ ко́фе** instant coffee.

раствори́тел|ь (**-я**) *м* solvent.

раствор|и́ть (**-ю́, -и́шь**; *impf* **растворя́ть**) *сов перех* (*порошок*) to dissolve; (*окно, дверь*) to open; **~ся** (*impf* **растворя́ться**) *сов возв* (*см перех*) to dissolve; to open.

расте́ни|е (**-я**) *ср* plant.

растениево́дств|о (**-а**) *ср* horticulture.

раст|ере́ть (**разотру́, разотрёшь**; *pt* **-ёр, -ёрла**, *impf* **растира́ть**) *сов перех* (*рану, тело*) to massage.

расте́рянный *прил* confused.

растеря́|ться (**-юсь**) *сов возв* (*человек*) to be at a loss, be confused; (*письма*) to go missing.

раст|е́чься (*3sg* **-ечётся**, *pt* **-ёкся, -екла́сь**, *impf* **растека́ться**) *сов возв* (*вода*) to spill.

раст|и́ (**-у́, -ёшь**; *pt* **рос, росла́, росло́**, *pf* **вы́расти**) *несов* to grow.

растира́|ть (**-ю**) *несов от* **растере́ть**.

расти́тельн|ый *прил* (*БОТ*) plant; **~ое ма́сло** vegetable oil.

ра|сти́ть (**-щу́, -сти́шь**; *pf* **вы́растить**) *несов перех* (*детей*) to raise; (*цветы*) to grow.

раст|опи́ть (**-оплю́, -о́пишь**; *impf* **раста́пливать**) *сов перех* (*печку*) to light; (*воск, жир, лёд*) to melt; **~ся** *сов от* **топи́ться**.

раст|опта́ть (**-опчу́, -о́пчешь**; *impf* **раста́птывать**) *сов перех* to trample on.

расто́рг|нуть (**-ну**; *pt* **-, -ла**, *impf* **расторга́ть**) *сов перех* to annul.

растра́т|а (**-ы**) *ж* (*времени, денег*) waste; (*хищение*) embezzlement.

растра́|тить (**-чу, -тишь**; *impf* **растра́чивать**) *сов перех* to waste; (*расхитить*) to embezzle.

растро́ганный *прил* (*человек*) touched, moved; (*голос*) emotional.

растро́га|ть (**-ю**) *сов перех*: **~ кого́-н** (**+instr**) to touch *или* move sb (by); **~ся** *сов возв* to be touched *или* moved.

раст|яну́ть (**-яну́, -я́нешь**; *impf* **растя́гивать**) *сов перех* to stretch; (*связки*) to strain; **~ся** (*impf* **растя́гиваться**) *сов возв* to stretch; (*человек, обоз*) to stretch out; (*связки*) to be strained.

расха́жива|ть (**-ю**) *несов* to saunter.

расхвата́|ть (**-ю**; *impf* **расхва́тывать**) *сов перех* (*разг*) to snatch up.

расхи́|тить (**-щу, -тишь**; *impf* **расхища́ть**) *сов перех* to embezzle.

расхо́д (**-а**) *м* (*энергии, воды*) consumption; (*обычно мн*: *затраты*) expense; (: *КОММ*: *в бухгалтерской книге*) expenditure *ед*.

расх|оди́ться (**-ожу́сь, -о́дишься**) *несов от* **разойти́сь**.

расхо́дн|ый *прил*: **~ о́рдер** (*КОММ*) expenses form; **~ые материа́лы** consumables.

расхо́д|овать (**-ую**; *pf* **из~**) *несов перех* (*деньги*) to spend;

(*материалы*) to use up.
расхождéни|е (**-я**) *ср* discrepancy; (*во взглядах*) divergence.
расхотéть (*как* **хотéть**; *см* **Table 14**) *сов*: **~** *+infin* (*спать, гулять итп*) to no longer want to do; **~ся** *сов безл*: **(мне) расхотéлось спать** I don't feel sleepy any more.
расцв|ести́ (**-ету́, -етёшь**; *pt* **-ёл, -ела́, -ело́**, *impf* **расцвета́ть**) *сов* to blossom.
расцвéт (**-а**) *м* (*науки, таланта*) blossoming; **он в ~е сил** he is in the prime of life.
расцвéт|ка (**-ки**; *gen pl* **-ок**) *ж* colour (*BRIT*) *или* color (*US*) scheme.
расцéнива|ться (*3sg* **-ется**) *несов*: **~ как** to be regarded as.
расц|ени́ть (**-еню́, -éнишь**; *impf* **расцéнивать**) *сов перех* to judge.
расцéн|ка (**-ки**; *gen pl* **-ок**) *ж* (*работы*) rate; (*цена*) tariff.
расч|еса́ть (**-ешу́, -éшешь**; *impf* **расчёсывать**) *сов перех* (*волосы*) to comb; **расчёсывать** (**~** *pf*) **когó-н** to comb sb's hair.
расчёс|ка (**-ки**; *gen pl* **-ок**) *ж* comb.
расчёт (**-а**) *м* (*стоимости*) calculation; (*выгода*) advantage; (*бережливость*) economy; **из ~а** *+gen* on the basis of; **брать (взять** *pf*) *или* **принимáть (приня́ть** *pf*) **что-н в ~** to take sth into account; **я с Вáми в ~е** we are all even.
расчётливый *прил* (*экономный*) thrifty; (*политик*) calculating.
расчётный *прил*: **~ день** payday; **~ счёт** debit account.
расчи́|стить (**-щу, -стишь**; *impf* **расчищáть**) *сов перех* to clear.
расшатá|ть (**-ю**; *impf* **расшáтывать**) *сов перех* (*стол, стул*) to make wobbly; (*здоровье*) to damage; **~ся** (*impf* **расшáтываться**) *сов возв* (*стол*) to become wobbly; (*здоровье*) to be damaged.
расширéни|е (**-я**) *ср* widening; (*связей, производства*) expansion; (*знаний*) broadening.
расши́р|ить (**-ю, -ишь**; *impf* **расширя́ть**) *сов перех* to widen; (*производство*) to expand; **~ся** (*impf* **расширя́ться**) *сов возв* (*см перех*) to widen; to expand.
расщеп|и́ть (**-лю́, -и́шь**; *impf* **расщепля́ть**) *сов перех* (*также ФИЗ*) to split; (*ХИМ*) to decompose; **~ся** (*impf* **расщепля́ться**) *сов возв* to splinter; (*ФИЗ*) to split; (*ХИМ*) to decompose.
ратификáци|я (**-и**) *ж* ratification.
ратифици́р|овать (**-ую**) *(не)сов перех* to ratify.
рáунд (**-а**) *м* (*СПОРТ, ПОЛИТ*) round.
рафинáд (**-а**) *м* sugar cubes *мн*.
рахи́т (**-а**) *м* (*МЕД*) rickets.
рациóн (**-а**) *м* ration.
рационализи́р|овать (**-ую**) *(не)сов перех* to rationalize.
рационáльн|ый *прил* rational; **~ое питáние** well-balanced diet.
рáци|я (**-и**) *ж* walkie-talkie; (*ВОЕН*) radio set.
рвáный *прил* torn; (*ботинки*) worn.
рв|ать (**-у, -ёшь**; *pf* **порвáть** *или* **разорвáть**) *несов перех* to tear, rip; (*перен*: *дружбу*) to break off; (*pf* **вы́~**; *предмет из рук*) to snatch; (*pf* **сорвáть**; *цветы, траву*) to pick ♦ (*pf* **вы́~**) *безл*: **егó ~ёт** he is vomiting *или* being sick; **~áться** (*pf* **порвáться** *или* **разорвáться**) *несов возв* to tear, rip; (*обувь*) to become worn; (*pf* **разорвáться**;

снаряд) to explode; **~áться** *(impf)* **к влáсти** to be hungry for power.
рвéни|е (**-я**) *ср* enthusiasm.
рвóт|а (**-ы**) *ж* vomiting.
реабилитúр|овать (**-ую**) *(не)сов перех* to rehabilitate.
реагúр|овать (**-ую**) *несов*: **~ (на** *+acc*) (*на свет*) to react (to); (*pf* **от~** *или* **про~**; *на критику, на слова*) to react *или* respond (to).
реактúвный *прил*: **~ двúгатель** jet engine; **~ самолёт** jet (plane).
реáктор (**-а**) *м* reactor.
реакциóнный *прил* reactionary.
реáкци|я (**-и**) *ж* reaction.
реализáци|я (**-и**) *ж* (*см глаг*) implementation; disposal.
реалúзм (**-а**) *м* realism.
реализ|овáть (**-ýю**) *(не)сов перех* to implement; (*товар*) to dispose of.
реалúст (**-а**) *м* realist.
реалистúческий *прил* realistic; (*искусство*) realist.
реáльност|ь (**-и**) *ж* reality; (*плана, задачи*) feasibility.
реáльный *прил* real; (*политика*) realistic; (*план, задача*) feasible.
реанимáци|я (**-и**) *ж* resuscitation; **отделéние ~и** intensive care unit.
ребён|ок (**-ка**; *nom pl* **дéти** *или* **ребя́та**) *м* child; (*грудной*) baby.
ребр|ó (**-á**; *nom pl* **рёбра**) *ср* (*АНАТ*) rib; (*кубика итп*) edge.
ребя́т|а (-) *мн от* **ребёнок**; (*разг*: *парни*) guys *мн*.
рёв (**-а**) *м* roar.
реванш (**-а**) *м* revenge.
ревéн|ь (**-я́**) *м* rhubarb.
рев|éть (**-ý, -ёшь**) *несов* to roar.
ревизиóнн|ый *прил*: **~ая комúссия** audit commission.
ревúзи|я (**-и**) *ж* (*КОММ*) audit; (*учения*) revision.
ревиз|овáть (**-ýю**) *(не)сов перех* (*КОММ*) to audit.
ревизóр (**-а**) *м* (*КОММ*) auditor.
ревматúзм (**-а**) *м* rheumatism.
ревнúвый *прил* jealous.
ревн|овáть (**-ýю**) *несов перех*: **~ (когó-н)** to be jealous (of sb).
рéвностный *прил* ardent, zealous.
рéвност|ь (**-и**) *ж* jealousy.
революционéр (**-а**) *м* revolutionary.
революци|я (**-и**) *ж* revolution.
рéгби *ср нескл* rugby.
регбúст (**-а**) *м* rugby player.
региóн (**-а**) *м* region.
региональный *прил* regional.
регúстр (**-а**) *м* register; (*на пишущей машинке*): **вéрхний/ нúжний ~** upper/lower case.
регистрáтор (**-а**) *м* receptionist.
регистратýр|а (**-ы**) *ж* reception.
регистрúр|овать (**-ую**; *pf* **за~**) *несов перех* to register; **~ся** (*pf* **зарегистрúроваться**) *несов возв* to register; (*оформлять брак*) to get married (*at a registry office*).
реглáмент (**-а**) *м* (*порядок*) order of business; (*время*) speaking time.
регулúр|овать (**-ую**) *несов перех* to regulate; (*pf* **от~**; *мотор, громкость*) to adjust.
регулирóвщик (**-а**) *м*: **~ ýличного движéния** traffic policeman.
регуля́рный *прил* regular.
редактúр|овать (**-ую**; *pf* **от~**) *несов перех* to edit.
редáктор (**-а**) *м* editor.
редакциóнн|ый *прил* editorial; **~ая коллéгия** editorial board; **~ая статья́** editorial.
редáкци|я (**-и**) *ж* (*действие*: *текста*) editing; (*формулировка*: *статьи закона*) wording;

(*учреждение*) editorial offices *мн*; (*на радио*) desk; (*на телевидении*) division; **под ~ей** *+gen* edited by.
редé|ть (*3sg* **-ет**, *pf* **по~**) *несов* to thin out.
реди́с (**-а**) *м* radish.
рéдкий *прил* rare; (*волосы*) thin.
рéдко *нареч* rarely, seldom.
редколлéги|я (**-и**) *ж сокр* = **редакциóнная коллéгия**.
рéдкост|ь (**-и**) *ж* rarity; **на ~** unusually.
режи́м (**-а**) *ж* regime; (*больничный, тюремный итп*) routine; (*КОМП*) mode.
режиссёр (**-а**) *м* director (*of film, play etc*); **~-постанóвщик** (stage) director.
рé|зать (**-жу, -жешь**; *pf* **раз~**) *несов перех* (*металл, кожу*) to cut; (*хлеб*) to slice; (*pf* **за~**; *разг*: *гуся, свинью*) to slaughter; (*по pf*; *фигурки итп*) to carve; **~ся** (*pf* **прорéзаться**) *несов возв* (*зубы, рога*) to come through.
рéзвый *прил* agile.
резéрв (**-а**) *м* reserve.
резéрвный *прил* reserve; (*КОМП*) backup.
рез|éц (**-цá**) *м* (*инструмент*) cutting tool; (*АНАТ*) incisor.
резидéнци|я (**-и**) *ж* residence.
рези́н|а (**-ы**) *ж* rubber.
рези́н|ка (**-ки**; *gen pl* **-ок**) *ж* (*ластик*) rubber (*BRIT*), eraser (*esp US*); (*тесёмка*) elastic.
рези́новый *прил* rubber.
рéзкий *прил* sharp; (*свет, голос*) harsh; (*запах*) pungent.
рéзко *нареч* sharply.
резн|я́ (**-и́**) *ж* slaughter.
резолю́ци|я (**-и**) *ж* (*съезда*) resolution; (*распоряжение*) directive.
резонáнс (**-а**) *м* (*ФИЗ*) resonance; (*перен, реакция*) response.
результáт (**-а**) *м* result.
результати́вный *прил* productive.
резьб|á (**-ы́**) *ж* carving; (*винта*) thread.
резюмé *ср нескл* resumé, summary.
рейд (**-а**) *м* raid; (*МОР*) anchorage.
рейс (**-а**) *м* (*самолёта*) flight; (*автобуса*) run; (*парохода*) sailing.
рéйсовый *прил* regular.
рéйтинг (**-а**) *м* popularity rating.
рейтý́з|ы (**-**) *мн* thermal pants *мн*.
рек|á (**-и́**; *acc sg* **-у**, *dat sg* **-é**, *nom pl* **-и**) *ж* river.
реклáм|а (**-ы**) *ж* (*действие*: *торговая*) advertising; (*средство*) advert (*BRIT*), advertisement.
реклами́р|овать (**-ую**) (*не*)*сов перех* to advertise.
реклáмный *прил* (*отдел, колонка*) advertising; (*статья, фильм*) publicity; **~ рóлик** advertisement; (*фильма*) trailer.
рекомендáтельн|ый *прил*: **~ое письмó** letter of recommendation.
рекоменд|овáть (**-ýю**; *pf* **~**) *несов перех* to recommend.
реконструи́р|овать (**-ую**) (*не*)*сов перех* to rebuild; (*памятник, здание*) to reconstruct.
рекóрд (**-а**) *м* record.
рекóрдный *прил* record (-breaking).
рекордсмéн (**-а**) *м* recordholder.
рéктор (**-а**) *м* ≈ principal.
ректорáт (**-а**) *м* principal's office.
религиóзный *прил* religious.
рели́ги|я (**-и**) *ж* religion.
рельс (**-а**) *м* (*обычно мн*) rail.
рем|éнь (**-ня́**) *м* belt; (*сумки*) strap; **привязны́е ~ни́** seat belt.

ремесл|о́ (-а́; *nom pl* **ремёсла**, *gen pl* **ремёсел**) *ср* trade.
ремеш|о́к (-ка́) *м* strap.
ремо́нт (-а) *м* repair; (*здания*) refurbishment; (*: мелкий*) redecoration; **теку́щий ~** maintenance.
ремонти́р|овать (-ую; *pf* **от~**) *несов перех* to repair; (*квартиру, здание*) to do up.
ремо́нтн|ый *прил*: **~ые рабо́ты** repairs *мн*; **~ая мастерска́я** repair workshop.
рента́бельный *прил* profitable.
рентге́н (-а) *м* (*МЕД*) X-ray.
рентгено́лог (-а) *м* radiologist.
реорганиз|ова́ть (-у́ю) (*не*)*сов перех* to reorganize.
репертуа́р (-а) *м* repertoire.
репети́р|овать (-ую; *pf* **от~** *или* **про~**) *несов* (*не*)*перех* to rehearse.
репети́тор (-а) *м* private tutor.
репети́ци|я (-и) *ж* rehearsal.
ре́плик|а (-и) *ж* remark.
репорта́ж (-а) *м* report.
репортёр (-а) *м* reporter.
репре́сси|я (-и) *ж* repression *ед*.
репроду́ктор (-а) *м* loudspeaker.
репроду́кци|я (-и) *ж* reproduction (*of painting etc*).
репута́ци|я (-и) *ж* reputation.
ресни́ц|а (-ы) *ж* (*обычно мн*) eyelash.
респонде́нт (-а) *м* respondent.
респу́блик|а (-и) *ж* republic.
рессо́р|а (-ы) *ж* spring.
реставра́тор (-а) *м* restorer.
реставра́ци|я (-и) *ж* restoration.
реставри́р|овать (-ую; *pf* **~** *или* **от~**) *несов перех* to restore.
рестора́н (-а) *м* restaurant.
ресу́рс (-а) *м* (*обычно мн*) resource.
рефера́т (-а) *м* synopsis.
рефере́ндум (-а) *м* referendum.
рефле́кс (-а) *м* reflex.
рефо́рм|а (-ы) *ж* reform.
реформа́тор (-а) *м* reformer.
рецензи́р|овать (-ую; *pf* **про~**) *несов перех* to review.
реце́нзи|я (-и) *ж*: **~ (на** *+acc***)** review (of).
реце́пт (-а) *м* (*МЕД*) prescription; (*КУЛИН, перен*) recipe.
речево́й *прил* speech.
речно́й *прил* river.
реч|ь (-и) *ж* speech; (*разговорная итп*) language; **~ идёт о том, как/где/кто ...** the matter in question is how/where/who ...; **об э́том не мо́жет быть и ре́чи** there can be absolutely no question of this; **о чём ~!** (*разг*) sure!, of course!
реша́|ть(ся) (-ю(сь)) *несов от* **реши́ть(ся)**.
реша́ющий *прил* decisive; (*слово, матч*) deciding.
реше́ни|е (-я) *ср* decision; (*задачи, проблемы*) solution.
решёт|ка (-ки; *gen pl* **-ок**) *ж* (*садовая*) trellis; (*оконная*) grille; **за ~кой** (*разг*) behind bars.
реши́мост|ь (-и) *ж* resolve.
реши́тельно *нареч* resolutely; (*действовать*) decisively.
реши́тельный *прил* (*человек, взгляд*) resolute; (*меры*) drastic.
реш|и́ть (-у́, -и́шь; *impf* **реша́ть**) *сов перех* to decide; (*задачу, проблему*) to solve; **~ся** (*impf* **реша́ться**) *сов возв* (*вопрос, судьба*) to be decided; **реша́ться** (**~ся** *pf*) **на** *+acc*/*+infin* to make up one's mind on/to do.
ре́шк|а (-и) *ж* (*на монете*) tails; **орёл или ~?** heads or tails?
ре́|ять (*3sg* **-ет**) *сов* (*флаг*) to fly.
ржа́ве|ть (*3sg* **-ет**, *pf* **за~**) *несов* to

rust.
ржáвчин|а (**-ы**) *ж* rust.
ржáвый *прил* rusty.
ржанóй *прил* rye.
рж|ать (**-у, -ёшь**) *несов* to neigh.
ржи *итп сущ см* **рожь**.
РИА *ср сокр* (= *Российское информациóнное агéнтство*) Russian News Agency.
Рим (**-а**) *м* Rome.
ринг (**-а**) *м* (boxing) ring.
рúн|уться (**-усь**) *сов возв* to charge.
рис (**-а**) *м* rice.
риск (**-а**; *no pl*) *м* risk.
рискóванный *прил* risky.
риск|овáть (**-ýю**; *pf* **рискнýть**) *несов* to take risks; **~** (**рискнýть** *pf*) *+instr* (*жизнью, здоровьем*) to risk.
рисовáни|е (**-я**) *ср* (*карандашом*) drawing; (*красками*) painting.
рис|овáть (**-ýю**; *pf* **на~**) *несов перех* (*карандашом*) to draw; (*красками*) to paint.
рúсовый *прил* rice.
рисýн|ок (**-ка**) *м* drawing; (*на ткани*) pattern.
ритм (**-а**) *м* rhythm.
ритмúческий *прил* rhythmic(al).
ритуáл (**-а**) *м* ritual.
риф (**-а**) *м* reef.
рúфм|а (**-ы**) *ж* rhyme.
р-н *сокр* = **райóн**.
робé|ть (**-ю**; *pf* **о~**) *несов* to go shy.
рóбкий *прил* shy.
рóбот (**-а**) *м* robot.
р|ов (**-ва**; *loc sg* **-ву**) *м* ditch.
ровéсник (**-а**) *м*: **он мой ~** he is the same age as me.
рóвно *нареч* (*писать*) evenly; (*чертить*) straight; (*через год*) exactly; **~ в два часá** at two o'clock sharp.
рóвный *прил* even; (*линия*) straight.
ровня́|ть (**-ю**; *pf* **с~** *или* **вы́ровнять**) *несов перех* (*строй*) to straighten; (*pf* **раз~** *или* **с~**; *дорожку*) to level.
рог (**-а**; *nom pl* **-á**) *м* (*также муз*) horn; **олéний ~** antler; **у чёрта на ~áх** (*разг*) in the middle of nowhere.
рогáтый *прил* horned; **крýпный ~ скот** cattle.
род (**-а**; *loc sg* **-ý**, *nom pl* **-ы́**) *м* clan; (*ряд поколений*) family; (*растений, животных*) genus; (*вид*) type; (*линг*) gender; **своегó рóда** a kind of; **в нéкотором рóде** to some extent; **что-то в э́том** *или* **такóм рóде** something like that.
род. *сокр* (= *родился*) b.
роддóм (**-а**) *м сокр* = **родúльный дом**.
родúльный *прил*: **~ дом** maternity hospital.
родúм|ый *прил*: **~ое пятнó** birthmark.
рóдин|а (**-ы**) *ж* homeland.
рóдин|ка (**-ки**; *gen pl* **-ок**) *ж* birthmark.
родúтел|и (**-ей**) *мн* parents *мн*.
родúтельный *прил*: **~ падéж** the genitive (case).
родúтельск|ий *прил* parental; **~ое собрáние** parents' meeting.
ро|дúть (**-жý, -дúшь**; *impf* **рожáть** *или* **рождáть**) (*не*)*сов перех* to give birth to; **~ся** (*impf* **рождáться**) (*не*)*сов возв* to be born.
родникˊ (**-á**) *м* spring (*water*).
роднóй *прил* (*брат, мать итп*) natural; (*город, страна*) native; (*в обращении*) dear; **~ язы́к** mother tongue; *см также* **родны́е**.
родны́|е (**-х**) *мн* relatives *мн*.

родово́й *прил* (*понятие, признак*) generic; (*ЛИНГ*) gender; (*имение*) family; (*МЕД: судороги, травма*) birth.
родосло́вн|ая (-ой) *ж* (*семьи*) ancestry; (*собаки*) pedigree.
родосло́вн|ый *прил*: **~ое де́рево** family tree.
ро́дственник (-а) *м* relation, relative.
ро́дственный *прил* family; (*языки, науки*) related.
родств|о́ (-а́) *ср* relationship; (*душ, идей итп*) affinity.
ро́д|ы (-ов) *мн* labour *ед* (*BRIT*), labor *ед* (*US*); **принима́ть (приня́ть** *pf*) ~ to deliver a baby.
рожа́|ть (-ю) *несов от* **роди́ть.**
рожда́емост|ь (-и) *ж* birth rate.
рожда́|ть(ся) (-ю(сь)) *несов от* **роди́ть(ся).**
рожде́ни|е (-я) *ср* birth; **день ~я** birthday.
рожде́ственский *прил* Christmas.
Рождеств|о́ (-а́) *ср* (*РЕЛ*) Nativity; (*праздник*) Christmas; **с ~м!** Happy *или* Merry Christmas!
роже́ниц|а (-ы) *ж woman in labour*; (*только что родившая*) *woman who has given birth.*
рож|о́к (-ка́) *м* (*МУЗ*) horn; (*для обуви*) shoehorn.
рожь (**ржи**) *ж* rye.
ро́з|а (-ы) *ж* (*растение*) rose(bush); (*цветок*) rose.
розе́т|ка (-ки; *gen pl* -ок) *ж* power point.
ро́зниц|а (-ы) *ж* retail goods *мн*; **продава́ть** *(impf)* **в ~у** to retail.
ро́зничный *прил* retail.
ро́зовый *прил* rose; (*цвет*) pink; (*мечты*) rosy.
ро́зыгрыш (-а) *м* (*лотереи*) draw; (*шутка*) prank.
ро́зыск (-а) *м* search; **Уголо́вный ~** Criminal Investigation Department (*BRIT*), Federal Bureau of Investigation (*US*).
ро|й (-я; *nom pl* -и́) *м* (*пчёл*) swarm.
рок (-а) *м* (*злая судьба*) fate; (*также:* **~-му́зыка**) rock.
рокова́й *прил* fatal.
ро́лик (-а) *м* (*валик*) roller; (*на ножке*) caster; (*фотоплёнки, бумаги*) roll; (*обычно мн: коньки на колесиках*) roller skate.
рол|ь (-и; *gen pl* -е́й) *ж* role.
ром (-а) *м* rum.
рома́н (-а) *м* novel; (*любовная связь*) affair.
рома́нс (-а) *м* (*МУЗ*) romance.
рома́нтик (-а) *м* (*мечтатель*) romantic; (*писатель*) romanticist.
рома́ш|ка (-ки; *gen pl* -ек) *ж* camomile.
ромб (-а) *м* rhombus.
роня́|ть (-ю; *pf* **урони́ть**) *несов перех* to drop; (*авторитет*) to lose.
рос *итп несов см* **расти́.**
рос|а́ (-ы́; *nom pl* -ы) *ж* dew.
роси́н|ка (-ки; *gen pl* -ок) *ж* dewdrop.
роско́шный *прил* luxurious, glamorous.
ро́скош|ь (-и) *ж* luxury.
ро́спис|ь (-и) *ж* (*узор: на шкатулке*) design; (*: на стенах*) mural; (*подпись*) signature.
ро́спуск (-а) *м* (*армии*) disbandment; (*парламента*) dissolution.
росси́йск|ий *прил* Russian; **Р~ая Федера́ция** the Russian Federation.
Росси́|я (-и) *ж* Russia.
россия́н|ин (-ина; *nom pl* -е, *gen*

pl-) *м* Russian.
рост (**-а**) *м* growth; (*перен*: *увеличение*) increase; (*размер*: *человека*) height; (*nom pl* **-á**; *длина*: *пальто, платья*) length.
ро́стбиф (**-а**) *м* roast beef.
рост|о́к (**-ка́**) *м* (*БОТ*) shoot.
рот (**рта**; *loc sg* **рту́**) *м* mouth.
ро́т|а (**-ы**) *ж* (*ВОЕН*) company.
ротапри́нт (**-а**) *м* offset duplicator.
ро́щ|а (**-и**) *ж* grove.
роя́л|ь (**-я**) *м* grand piano.
р/с *сокр* = **расчётный счёт**.
рта *итп сущ см* **рот**.
рту́т|ь (**-и**) *ж* mercury.
руб. *сокр* (= **рубль**) R., r.
руба́ш|ка (**-ки**; *gen pl* **-ек**) *ж* (*мужская*) shirt; **ни́жняя ~** (*женская*) slip; **ночна́я ~** nightshirt.
рубе́ж (**-а́**) *м* (*государства*) border; (: *водный, лесной*) boundary; **он живёт за рубежо́м** he lives abroad.
руби́н (**-а**) *м* ruby.
руб|и́ть (**-лю́, -ишь**; *pf* **с~**) *сов перех* (*дерево*) to fell; (*ветку*) to chop off.
рубл|ь (**-я́**) *м* rouble.
ру́брик|а (**-и**) *ж* (*раздел*) column; (*заголовок*) heading.
руга́тельн|ый *прил*: **~ое сло́во** swearword.
руга́тельств|о (**-а**) *ср* swearword.
руга́|ть (**-ю**; *pf* **вы́ругать** *или* **от~**) *несов перех* to scold; **~ся** *несов возв* (*бранить*): **~ся с** *+instr* to scold; (*pf* **вы́ругаться**) to swear; **~ся** (**поруга́ться** *pf*) **с** *+instr* (*с мужем, с родными*) to fall out with.
руд|а́ (**-ы́**; *nom pl* **-ы**) *ж* ore.
рудни́к (**-а́**) *м* mine.
руж|ьё (**-ья́**; *nom pl* **-ья**, *gen pl* **-ей**) *ср* rifle.
руи́н|ы (**-**) *мн* ruins.
рук|а́ (*acc sg* **-у**, *gen sg* **-и́**, *nom pl* **-и**, *gen pl* **-**, *dat pl* **-а́м**) *ж* hand; (*верхняя конечность*) arm; **из пе́рвых ~** first hand; **под руко́й, под ~ми** to hand, handy; **отсю́да до го́рода ~о́й пода́ть** it's a stone's throw from here to the town; **э́то ему́ на́ ~у** that's what suits him.
рука́в (**-а́**) *м* (*одежды*) sleeve.
рукави́ц|а (**-ы**) *ж* mitten.
руководи́тел|ь (**-я**) *м* leader; (*кафедры, предприятия*) head.
руково|ди́ть (**-жу́, -ди́шь**) *несов*: **~** *+instr* to lead; (*учреждением*) to be in charge of; (*страной*) to govern; (*аспирантами*) to supervise.
руково́дств|о (**-а**) *м* leadership; (*заводом, институтом*) management; (*пособие*) manual; (*по эксплуатации, по уходу*) instructions *мн*.
руководя́щий *прил* (*работник*) managerial; (*орган*) governing.
рукоде́ли|е (**-я**) *ср* needlework.
рукопи́сный *прил* (*текст*) handwritten.
ру́копис|ь (**-и**) *ж* manuscript.
рукопожа́ти|е (**-я**) *ср* handshake.
рукоя́т|ка (**-ки**; *gen pl* **-ок**) *ж* handle.
рулев|о́й *прил*: **~о́е колесо́** steering wheel.
руле́т (**-а**) *м* (*с джемом*) ≈ swiss roll.
руле́т|ка (**-ки**; *gen pl* **-ок**) *ж* (*для измерения*) tape measure; (*в казино*) roulette.
рул|и́ть (**-ю́, -и́шь**) *несов перех* to steer.
руло́н (**-а**) *м* roll.
рул|ь (**-я́**) *м* steering wheel.
румя́н|а (**-**) *мн* blusher *ед*.

румя́н|ец (**-ца**) *м* glow.
румя́н|ить (**-ю, -ишь**; *pf* **на~**) *несов перех* (*щёки*) to apply blusher to; **~ся** (*pf* **разрумя́ниться**) *несов возв* to flush; (*pf* **нарумя́ниться**; *женщина*) to apply blusher; (*pf* **подрумя́ниться**; *пирог*) to brown.
румя́ный *прил* rosy; (*пирог*) browned.
ру́пор (**-а**) *м* loudspeaker.
руса́л|ка (**-ки**; *gen pl* **-ок**) *ж* mermaid.
ру́с|ло (**-ла**; *gen pl* **-ел**) *ср* bed (*of river, stream etc*); (*перен*: *направление*) course.
ру́сск|ий *прил* Russian ♦ (**-ого**) *м* Russian; **~ язы́к** Russian.
ру́сый *прил* (*волосы*) light brown.
ру́хн|уть (**-у**) *сов* (*дом, мост*) to collapse.
руча́тельств|о (**-а**) *ср* guarantee.
руча́|ться (**-юсь**; *pf* **поручи́ться**) *несов возв*: **~ за** *+acc* to guarantee.
руч|е́й (**-ья́**) *м* stream.
ру́ч|ка (**-ки**; *gen pl* **-ек**) *ж уменьш от* **рука́**; (*двери, чемодана итп*) handle; (*кресла, дивана*) arm; (*для письма*) pen.
ручн|о́й *прил* hand; (*животное*) tame; **~а́я кладь, ~ бага́ж** hand luggage; **~ы́е часы́** (wrist)watch.
РФ *ж сокр* = **Росси́йская Федера́ция**.
ры́б|а (**-ы**) *ж* fish; **ни ~ ни мя́со** neither here nor there.
рыба́к (**-а́**) *м* fisherman.
рыба́л|ка (**-ки**; *gen pl* **-ок**) *ж* fishing.
рыба́цкий *прил* fishing.
ры́бий *прил* (*чешуя, хвост, клей*) fish; **~ жир** cod-liver oil.
ры́бный *прил* (*магазин*) fish; (*промышленность*) fishing.
рыболо́в (**-а**) *м* angler, fisherman.
Ры́б|ы (**-**) *мн* (*созвездие*) Pisces *ед*.
рыв|о́к (**-ка́**) *м* jerk.
рыда́|ть (**-ю**) *несов* to sob.
ры́жий *прил* (*волосы*) ginger; (*человек*) red-haired.
ры́н|ок (**-ка**) *м* market.
ры́ночный *прил* (*КОММ*) market.
ры́|скать (**-щу, -щешь**) *несов* to roam, rove.
рысц|а́ (**-ы́**) *ж* jog trot.
рыс|ь (**-и**) *ж* (*ЗООЛ*) lynx; (*бег лошади*) trot.
рыть (**ро́ю, ро́ешь**; *pf* **вы́~**) *несов перех* to dig; **ры́ться** *несов возв* (*в земле, в песке*) to dig; (*в карманах, в шкафу*) to rummage.
ры́хлый *прил* (*снег, земля*) loose; (*кирпич*) crumbly.
ры́цар|ь (**-я**) *м* knight.
рыча́г (**-а́**) *м* (*управления, скорости*) lever; (*перен*: *реформ*) instrument.
рыч|а́ть (**-у́, -и́шь**) *несов* to growl.
рья́ный *прил* zealous.
рэ́кет (**-а**) *м* racket.
рэкети́р (**-а**) *м* racketeer.
рюкза́к (**-а́**) *м* rucksack.
рю́м|ка (**-ки**; *gen pl* **-ок**) *ж* ≈ liqueur glass.
ряби́н|а (**-ы**) *ж* (*дерево*) rowan, mountain ash ♦ *собир* (*ягоды*) rowan berries *мн*.
ряд (**-а**; *loc sg* **-у́**, *nom pl* **-ы́**) *м* row; (*явлений*) sequence; (*prp sg* **-е**; *несколько*): **~** *+gen* (*вопросов, причин*) a number of; **из ря́да вон выходя́щий** extraordinary; *см также* **ряды́**.
рядов|о́й *прил* (*обычный*) ordinary; (*член партии*) rank-and-file ♦ (**-о́го**) *м* (*ВОЕН*) private.
ря́дом *нареч* side by side; (*близко*) nearby; **~ с** *+instr* next to; **э́то**

совсём ~ it's really near.
ряд|ы (**-ов**) *мн* (*армии*) ranks *мн*.
ряженк|а (**-и**) *ж natural set yoghurt*.

С, с

с *сокр* (= **север**) N; (= **секунда**) s.

KEYWORD

с *предл* (*+instr*) **1** (*указывает на объект, от которого что-н отделяется*) off; **лист упал с дерева** a leaf fell off the tree; **с работы/лекции** from work/a lecture
2 (*следуя чему-н*) from; **перевод с русского** a translation from Russian
3 (*об источнике*) from; **деньги с заказчика** money from a customer
4 (*начиная с*) since; **жду тебя с утра** I've been waiting for you since morning; **с января по май** from January to May
5 (*на основании чего-н*) with; **с одобрения парламента** with the approval of parliament
6 (*по причине*): **с голоду/холода/горя** of hunger/cold/grief; **я устал с дороги** I was tired from the journey
◆ *предл* (*+acc*; *приблизительно*) about; **с километр/тонну** about a kilometre (*BRIT*) *или* kilometer (*US*)/ton(ne)
◆ *предл* (*+instr*) **1** (*совместно*) with; **я иду гулять с другом** I am going for a walk with a friend; **он познакомился с девушкой** he has met a girl; **мы с ним** he and I
2 (*о наличии чего-н в чём-н*): **пирог с мясом** a meat pie; **хлеб с маслом** bread and butter; **человек с юмором** a man with a sense of humour (*BRIT*) *или* humor (*US*)
3 (*при указании на образ действия*) with; **слушать** *(impf)* **с удивлением** to listen with *или* in surprise; **ждём с нетерпением встречи с Вами** we look forward to meeting you
4 (*при посредстве*): **с курьером** by courier
5 (*при наступлении чего-н*): **с возрастом** with age; **мы выехали с рассветом** we left at dawn
6 (*об объекте воздействия*) with; **покончить** *(pf)* **с несправедливостью** to do away with injustice; **поспешить** *(pf)* **с выводами** to draw hasty conclusions; **что с тобой?** what's the matter with you?

с. *сокр* (= **страница**) p.; = **село**.
сабл|я (**-и**; *gen pl* **-ель**) *ж* sabre (*BRIT*), saber (*US*).
сад (**-а**; *loc sg* **-у**, *nom pl* **-ы**) *м* garden; (*фруктовый*) orchard; (*также*: **детский ~**) nursery (school) (*BRIT*), kindergarten.
са|диться (**-жусь, -дишься**) *несов от* **сесть**.
садовник (**-а**) *м* (professional) gardener.
садовод (**-а**) *м* (*специалист*) horticulturalist.
садовый *прил* garden.
саж|а (**-и**) *ж* soot.
сажа|ть (**-ю**; *pf* **посадить**) *несов перех* to seat; (*дерево*) to plant; (*самолёт*) to land; **~ (посадить** *pf*) **кого-н в тюрьму** to put sb in prison.
саксофон (**-а**) *м* saxophone.

салáт (**-а**) *м* (*КУЛИН*) salad.
салáтниц|а (**-ы**) *ж* salad bowl.
сáл|о (**-а**) *ср* (*животного*) fat; (*КУЛИН*) lard.
салóн (**-а**) *м* salon; (*автобуса, самолёта итп*) passenger section.
салфéт|ка (**-ки**; *gen pl* **-ок**) *ж* napkin.
сáльто *ср нескл* somersault.
салю́т (**-а**) *м* salute.
сам (**-огó**; *f* **~á**, *nt* **~ó**, *pl* **сáми**) *мест* (*я*) myself; (*ты*) yourself; (*он*) himself; (*как таковой*) itself; **~ по себé** (*в отдельности*) by itself.
сам|á (**-óй**) *мест* (*я*) myself; (*ты*) yourself; (*она*) herself; *см также* **сам**.
сам|éц (**-цá**) *м* male (*ZOOL*).
сáм|и (**-и́х**) *мест* (*мы*) ourselves; (*они*) themselves; *см также* **сам**.
сáм|ка (**-ки**; *gen pl* **-ок**) *ж* female (*ZOOL*).
сам|ó (**-огó**) *мест* itself; **~ собóй (разумéется)** it goes without saying; *см также* **сам**.
самовáр (**-а**) *м* samovar.
самодéльный *прил* home-made.
самодéятельност|ь (**-и**) *ж* initiative; (*также*: **худóжественная ~**) amateur art and performance.
самодéятельный *прил* (*театр*) amateur.
самолёт (**-а**) *м* (aero)plane (*BRIT*), (air)plane (*US*).
самообладáни|е (**-я**) *ср* selfpossession.
самообслу́живани|е (**-я**) *ср* self-service.
самоокупáемост|ь (**-и**) *ж* (*ЭКОН*) self-sufficiency.
самоотвéрженный *прил* self-sacrificing.
самостоя́тельный *прил* independent.
самоуби́йств|о (**-а**) *ср* suicide; **покóнчить** (*pf*) **жизнь ~м** to commit suicide.
самоуби́йц|а (**-ы**) *м/ж* suicide (victim).
самоувéренный *прил* self-confident, self-assured.
самоучи́тел|ь (**-я**) *м* teach-yourself book.
самочу́встви|е (**-я**) *ср*: **как Вáше ~?** how are you feeling?
сáм|ый *мест* (*+n*) the very; (*+adj*; *вкусный, красивый итп*) the most; **в ~ом начáле/концé** right at the beginning/end; **в ~ом дéле** really; **на ~ом дéле** in actual fact.
санатóри|й (**-я**) *м* sanatorium (*BRIT*), sanitarium (*US*).
сандáли|я (**-и**) *ж* (*обычно мн*) sandal.
сáн|и (**-éй**) *мн* sledge *ед* (*BRIT*), sled *ед* (*US*); (*спортивные*) toboggan *ед*.
санитáр|ка (**-ки**; *gen pl* **-ок**) *ж* auxiliary.
санитáрн|ый *прил* sanitary; **~ая тéхника** *collective term for plumbing equipment and bathroom accessories.*
сáн|ки (**-ок**) *мн* sledge *ед* (*BRIT*), sled *ед* (*US*).
санкциони́р|овать (**-ую**) (*не*)*сов перех* to sanction.
сантéхник (**-а**) *м сокр* (= *санитáрный тéхник*) plumber.
сантéхник|а (**-и**) *ж сокр* = **санитáрная тéхника**.
сантимéтр (**-а**) *м* centimetre (*BRIT*), centimeter (*US*); (*линейка*) tape measure.
сапóг (**-á**; *nom pl* **-и́**, *gen pl* **-**) *м* boot.
сапóжник (**-а**) *м* shoemaker.

сапфи́р (-а) *м* sapphire.
сара́|й (-я) *м* shed; (*для сена*) barn.
сарафа́н (-а) *м* (*платье*) pinafore (dress) (*BRIT*), jumper (*US*).
сати́н (-а) *м* sateen.
сати́р|а (-ы) *ж* satire.
сати́рик (-а) *м* satirist.
сау́довск|ий *прил*: **С~ая Ара́вия** Saudi Arabia.
са́ун|а (-ы) *ж* sauna.
са́хар (-а; *part gen* -у) *м* sugar.
са́харниц|а (-ы) *ж* sugar bowl.
са́харный *прил* sugary; **~ диабе́т** diabetes; **~ песо́к** granulated sugar.
сач|о́к (-ка́) *м* (*для ловли рыб*) landing net; (*для бабочек*) butterfly net.
сба́в|ить (-лю, -ишь; *impf* **сбавля́ть**) *сов перех* to reduce.
сбе́га|ть (-ю) *сов* (*разг*): **~ в магази́н** to run to the shop.
сбежа́ть (*как* **бежа́ть**; *см* **Table 20**; *impf* **сбега́ть**) *сов* (*убежать*) to run away; **сбега́ть (~ *pf*) с** *+gen* (*с горы итп*) to run down; **~ся** (*impf* **сбега́ться**) *сов возв* to come running.
сберега́тельн|ый *прил*: **~ банк** savings bank; **~ая ка́сса** savings bank; **~ая кни́жка** savings book.
сберега́|ть (-ю) *несов от* **сбере́чь**.
сбереже́ни|е (-я) *ср* (*действие*) saving; **~я** savings *мн*.
сбер|е́чь (-егу́, -ежёшь *итп*, -егу́т; *pt* -ёг, -егла́, *impf* **сберега́ть**) *сов перех* (*здоровье, любовь, отношение*) to preserve; (*деньги*) to save (up).
сберка́сс|а (-ы) *ж сокр* = **сберега́тельная ка́сса**.
сберкни́ж|ка (-ки; *gen pl* -ек) *ж сокр* = **сберега́тельная кни́жка**.
сбить (**собью́, собьёшь**; *imper* **сбе́й(те)**, *impf* **сбива́ть**) *сов перех* to knock down; (*птицу, самолёт*) to shoot down; (*сливки, яйца*) to beat; **сби́ться** (*impf* **сбива́ться**) *сов возв* (*шапка, повязка итп*) to slip; **сбива́ться (сби́ться *pf*) с пути́** (*также перен*) to lose one's way.
сбли́|зить (-жу, -зишь; *impf* **сближа́ть**) *сов перех* to bring closer together; **~ся** (*impf* **сближа́ться**) *сов возв* (*люди, государства*) to become closer.
сбо́ку *нареч* at the side.
сбор (-а) *м* (*урожая, данных*) gathering; (*налогов*) collection; (*плата: страховой итп*) fee; (*выручка: от концерта*) takings *мн*, receipts *мн*; (*собрание*) assembly, gathering; **тамо́женный/ге́рбовый ~** customs/stamp duty; **все в сбо́ре** everyone is present.
сбо́р|ка (-ки; *gen pl* -ок) *ж* (*изделия*) assembly.
сбо́рн|ая (-ой) *ж* (*также:* **~ кома́нда**) national team.
сбо́рник (-а) *м* collection (*of stories, articles*).
сбо́рн|ый *прил*: **~ пункт** assembly point; **~ая ме́бель** kit furniture.
сбо́рочный *прил* assembly.
сбра́сыва|ть(ся) (-ю(сь)) *несов от* **сбро́сить(ся)**.
сбр|ить (-е́ю, -е́ешь; *impf* **сбрива́ть**) *сов перех* to shave off.
сбро́|сить (-шу, -сишь; *impf* **сбра́сывать**) *сов перех* (*бросить вниз*) to throw down; (*свергнуть*) to overthrow; (*скорость, давление*) to reduce; **~ся** (*impf* **сбра́сываться**) *сов возв*; **сбра́сываться (~ся *pf*) с** *+gen* to throw o.s. from.

сбру́|я (**-и**) *ж* harness.
СБСЕ *ср сокр* (= *Совеща́ние по безопа́сности и сотру́дничеству в Евро́пе*) CSCE.
сбыт (**-а**) *м* sale.
сбыть (*как* **быть**; *см* **Table 21**; *impf* **сбыва́ть**) *сов перех* (*товар*) to sell; **сбы́ться** (*impf* **сбыва́ться**) *сов возв* (*надежды*) to come true.
СВ *сокр* (= *сре́дние во́лны*) MW.
св. *сокр* (= **свято́й**) St.
сва́д|ьба (**-ьбы**; *gen pl* **-еб**) *ж* wedding.
св|али́ть (**-алю́, -а́лишь**) *сов от* **вали́ть** ◆ (*impf* **сва́ливать**) *перех* to throw down; **~ся** *сов от* **вали́ться**.
сва́л|ка (**-ки**; *gen pl* **-ок**) *ж* (*место*) rubbish dump.
сваля́|ть (**-ю**) *сов от* **валя́ть**.
св|ари́ть(ся) (**-арю́(сь), -а́ришь(ся)**) *сов от* **вари́ть(ся)**.
сва́рк|а (**-и**) *ж* welding.
сва́рщик (**-а**) *м* welder.
сва́та|ть (**-ю**; *pf* **по~** *или* **со~**) *несов перех*: **~ кого́-н (за** *+acc*) (*предлагать в супруги*) to try to marry sb off (to); **~ся** (*pf* **посва́таться**) *несов возв*: **~ся к** *+dat или* **за** *+acc* to court.
сва́|я (**-и**) *ж* (*СТРОИТ*) pile.
све́дени|е (**-я**) *ср* information *ед*; **доводи́ть (довести́** *pf***) что-н до ~я кого́-н** to bring sth to sb's attention.
сведе́ни|е (**-я**) *ср* (*пятна́*) removal; (*в таблицу, в график итп*) arrangement.
све́жий *прил* fresh; (*журнал*) recent.
свёкл|а (**-ы**) *ж* beetroot.
свёк|ор (**-ра**) *м* father-in-law, husband's father.
свекро́в|ь (**-и**) *ж* mother-in-law, husband's mother.
све́ргн|уть (**-у**; *impf* **сверга́ть**) *сов перех* to overthrow.
сверже́ни|е (**-я**) *ср* overthrow.
све́р|ить (**-ю, -ишь**; *impf* **сверя́ть**) *сов перех*: **~ (с** *+instr***)** to check (against).
сверка́|ть (**-ю**) *несов* (*звезда, глаза*) to twinkle; (*огни*) to flicker; **~** (*impf*) **умо́м/красото́й** to sparkle with intelligence/beauty.
сверкн|у́ть (**-у́, -ёшь**) *сов* to flash.
сверл|и́ть (**-ю́, -и́шь**; *pf* **про~**) *несов перех* to drill, bore.
св|ерло́ (**-ерла́**; *nom pl* **свёрла**) *ср* drill.
сверн|у́ть (**-у́, -ёшь**; *impf* **свора́чивать**) *сов перех* (*скатать*: *карту*) to roll up ◆ (*impf* **свора́чивать**) *неперех* (*повернуть*) to turn; **~ся** (*impf* **свора́чиваться**) *сов возв* (*человек, животное*) to curl up; (*молоко*) to curdle; (*кровь*) to clot.
све́рстник (**-а**) *м* peer; **мы с ней ~и** she and I are the same age.
свёрт|ок (**-ка**) *м* package.
сверх *предл*: **~** *+gen* (*нормы*) over and above.
сверхзвуково́й *прил* supersonic.
све́рху *нареч* (*о направлении*) from the top; (*в верхней части*) on the surface.
сверхуро́чн|ые (**-ых**) *мн* (*плата*) overtime pay *ед*.
сверхуро́чн|ый *прил*: **~ая рабо́та** overtime.
сверхъесте́ственный *прил* (*РЕЛ*) supernatural.
сверч|о́к (**-ка́**) *м* (*ЗООЛ*) cricket.
сверя́|ть (**-ю**) *несов от* **све́рить**.
све́с|иться (*3sg* **-ится**, *impf* **све́шиваться**) *сов возв* (*ветви*) to

overhang.

св|ести́ (**-еду́, -едёшь**; *pt* **-ёл, -ела́**, *impf* **своди́ть**) *сов перех*: **~ с** *+gen* to lead down; (*пятно*) to shift; (*собрать*) to arrange; **своди́ть (~** *pf*) **кого́-н с ума́** to drive sb mad; **~сь** (*impf* **своди́ться**) *сов возв*: **~сь к** *+dat* to be reduced to.

свет (**-а**) *м* light; (*Земля*) the world; **ни ~ ни заря́** at the crack of dawn; **выходи́ть (вы́йти** *pf*) **в ~** (*книга*) to be published; **ни за что на све́те не сде́лал бы э́того** (*разг*) I wouldn't do it for the world.

света́|ть (*3sg* **-ет**) *несов безл* to get *или* grow light.

свети́льник (**-а**) *м* lamp.

св|ети́ть (**-ечу́, -е́тишь**) *несов* to shine; **~ (посвети́ть** *pf*) **кому́-н** (*фонарём итп*) to light the way for sb; **~ся** *несов возв* to shine.

светле́|ть (**-ю**; *pf* **по~** *или* **про~**) *несов* to lighten.

све́тлый *прил* bright; (*волосы, глаза, краски*) light; (*ум*) lucid.

светофо́р (**-а**) *м* traffic light.

свеч|а́ (**-и́**; *nom pl* **-и**, *gen pl* **-е́й**) *ж* candle; (*МЕД*) suppository; (*ТЕХ*) spark(ing) plug; (*СПОРТ*) lob.

све́ч|ка (**-ки**; *gen pl* **-ек**) *ж* candle.

све́ша|ть (**-ю**) *сов от* **ве́шать**.

све́шива|ться (**-юсь**) *несов от* **све́ситься**.

свива́|ть (**-ю**; *pf* **свить**) *несов перех* to weave.

свида́ни|е (**-я**) *ср* rendezvous; (*деловое*) appointment; (*с заключённым, с больным*) visit; (*влюблённых*) date; **до ~я** goodbye; **до ско́рого ~я** see you soon.

свиде́тел|ь (**-я**) *м* witness.

свиде́тельств|о (**-а**) *ср* evidence; (*документ*) certificate; **~ о бра́ке/рожде́нии** marriage/birth certificate.

свиде́тельств|овать (**-ую**) *несов*: **~ о** *+prp* to testify to.

свин|е́ц (**-ца́**) *м* lead (*metal*).

свини́н|а (**-ы**) *ж* pork.

сви́нк|а (**-и**) *ж* (*МЕД*) mumps.

свино́й *прил* (*сало, корм*) pig; (*из свинины*) pork.

свин|ья́ (**-ьи́**; *nom pl* **-ьи**, *gen pl* **-е́й**) *ж* pig.

свиса́|ть (*3sg* **-ет**) *несов* to hang.

свист (**-а**) *м* whistle.

сви|сте́ть (**-щу́, -сти́шь**; *pf* **про~**) *несов* to whistle.

сви́стн|уть (**-у**) *сов* to give a whistle.

свист|о́к (**-ка́**) *м* whistle.

сви́тер (**-а**) *м* sweater.

свить (**совью́, совьёшь**) *сов от* **вить, свива́ть**.

свобо́д|а (**-ы**) *ж* freedom; **лише́ние ~ы** imprisonment.

свобо́дный *прил* free; (*незанятый: место*) vacant; (*движение, речь*) fluent; **вход ~** free admission; **~ уда́р** (*в футболе*) free kick.

свод (**-а**) *м* (*правил итп*) set; (*здания*) vaulting.

св|оди́ть(ся) (**-ожу́(сь), -о́дишь(ся)**) *несов от* **свести́(сь)**.

сво́д|ка (**-ки**; *gen pl* **-ок**) *ж*: **~ пого́ды/новосте́й** weather/news summary.

сво́дн|ый *прил* (*таблица, график*) summary; **~ брат** stepbrother; **~ая сестра́** stepsister.

сво|ё (**-его́**) *мест см* **свой**.

своево́льный *прил* self-willed.

своевре́менный *прил* timely.

своеобра́зный *прил* original; (*своего рода*) peculiar.

KEYWORD

сво|й (**-его́**; *f* **своя́**, *nt* **своё**, *pl* **свои́**; *как* **мой**; *см* **Table 8**) *мест* **1** (*я*) my; (*ты*) your; (*он*) his; (*она*) her; (*оно*) its; (*мы*) our; (*вы*) your; (*они*) their; **я люблю́ свою́ рабо́ту** I love my work; **мы собра́ли свои́ ве́щи** we collected our things
2 (*собственный*) one's own; **у неё свой компью́тер** she has her own computer
3 (*своеобразный*) its; **э́тот план име́ет свои́ недоста́тки** this plan has its shortcomings
4 (*близкий*): **свой челове́к** one of us.

сво́йственный *прил*: ~ *+dat* characteristic of.
сво́йств|о (**-а**) *ср* characteristic.
svора́чива|ть(ся) (**-ю(сь)**) *несов от* **сверну́ть(ся)**.
сво|я́ (**-е́й**) *мест см* **свой**.
СВЧ *сокр* (= *сверхвысо́кая частота́*) SHF.
свы́ше *предл*: ~ *+gen* (*выше*) beyond; (*больше*) over, more than.
свя́занный *прил*: ~ (**с** *+instr*) connected (to *или* with); (*имеющий связи*): ~ **с** *+instr* (*с деловыми кругами*) associated with; (*несвободный*) restricted.
свя|за́ть (**-жу́, -жешь**) *сов от* **вяза́ть** ♦ (*impf* **свя́зывать**) *перех* (*верёвку итп*) to tie; (*вещи, человека*) to tie up; (*установить сообщение, зависимость*): ~ **что-н с** *+instr* to connect *или* link sth to; **~ся** (*impf* **свя́зываться**) *сов возв*: **~ся с** *+instr* to contact; (*разг*: *с невыгодным делом*) to get (o.s.) caught up in.
свя́з|ка (**-ки**; *gen pl* **-ок**) *ж* (*ключей*) bunch; (*бумаг, дров*) bundle; (*АНАТ*) ligament; (*ЛИНГ*) copula.
связ|ь (**-и**) *ж* tie; (*причинная*) connection, link; (*почтовая итп*) communications *мн*; **в ~и с** *+instr* (*вследствие*) due to; (*по поводу*) in connection with.
свя|ти́ть (**-щу́, -ти́шь**; *pf* **о~**) *несов перех* (*РЕЛ*) to sanctify.
свят|о́й *прил* holy; (*дело, обязанность, истина*) sacred ♦ (**-о́го**) *м* (*РЕЛ*) saint.
свяще́нник (**-а**) *м* priest.
свяще́нный *прил* holy, sacred; (*долг*) sacred.
с.г. *сокр* = *сего́ го́да*.
сгиб (**-а**) *м* bend.
сгиба́|ть (**-ю**; *pf* **согну́ть**) *несов перех* to bend; **~ся** (*pf* **согну́ться**) *несов возв* to bend down.
сгни|ть (**-ю, -ёшь**) *сов от* **гнить**.
сгно|и́ть (**-ю́, -и́шь**) *сов от* **гнои́ть**.
сгора́|ть (**-ю**) *несов от* **сгоре́ть** ♦ *неперех*: ~ **от любопы́тства** to be burning with curiosity.
сгор|е́ть (**-ю́, -и́шь**; *impf* **сгора́ть** *или* **горе́ть**) *сов* to burn; (*impf* **сгора́ть**; *ЭЛЕК*) to fuse; (*на солнце*) to get burnt.
сгр|ести́ (**-ебу́, -ебёшь**; *pt* **-ёб, -ебла́**, *impf* **сгреба́ть**) *сов перех* (*собрать*) to rake up.
сгр|узи́ть (**-ужу́, -у́зишь**; *impf* **сгружа́ть**) *сов перех*: ~ (**с** *+gen*) to unload (from).
сгусти́ться (*impf* **сгуща́ться**) *сов возв* to thicken.
сгущённ|ый *прил*: **~ое молоко́** condensed milk.
сда|ва́ть (**-ю́, -ёшь**; *imper* **-ва́й(те)**) *несов от* **сдать** ♦ *перех*:

~ **экза́мен** to sit an exam; **~ся** *несов от* **сда́ться** ♦ *возв* (*помещение*) to be leased out; **"~ётся внаём"** "to let".
сд|ави́ть (**-авлю́, -а́вишь**; *impf* **сда́вливать**) *сов перех* to squeeze.
сда́ть (*как* **дать**; *см* **Table 16**; *impf* **сдава́ть**) *сов перех* (*пальто, багаж, работу*) to hand in; (*дом, комнату итп*) to rent out, let; (*город, позицию*) to surrender; (*по impf, экзамен, зачёт итп*) to pass; **~ся** (*impf* **сдава́ться**) *сов возв* to give up; (*солдат, город*) to surrender.
сда́ч|а (**-и**) *ж* (*излишек денег*) change; (*экзамена*) passing; (*города*) surrender.
сдвиг (**-а**) *м* (*в работе*) progress.
сдви́н|уть (**-у**; *impf* **сдвига́ть**) *сов перех* (*переместить*) to move; (*сблизить*) to move together; **~ся** (*impf* **сдвига́ться**) *сов возв*: **~ся** (**с места́**) to move.
сде́ла|ть(ся) (**-ю(сь)**) *сов от* **де́лать(ся)**.
сде́л|ка (**-ки**; *gen pl* **-ок**) *ж* deal.
сде́ржанный *прил* (*человек*) reserved.
сд|ержа́ть (**-ержу́, -е́ржишь**; *impf* **сде́рживать**) *сов перех* to contain, hold back; **сде́рживать** (**~** *pf*) **сло́во/обеща́ние** to keep one's word/promise; **~ся** (*impf* **сде́рживаться**) *сов возв* to restrain o.s.
сдёрн|уть (**-у**; *impf* **сдёргивать**) *сов перех* to pull off.
сдира́|ть (**-ю**) *несов от* **содра́ть**.
сдо́бный *прил* (*тесто*) rich.
сду|ть (**-ю**; *impf* **сдува́ть**) *сов перех* to blow away.
сеа́нс (**-а**) *м* (*кино*) show; (*психотерапии итп*) session.
себе́ *мест см* **себя́** ♦ *част* (*разг*): **так ~** so-so; **ничего́ ~!** wow!
себесто́имост|ь (**-и**) *ж* cost price.

KEYWORD

себя́ *мест* (*я*) myself; (*ты*) yourself; (*он*) himself; (*она*) herself; (*оно*) itself; (*мы*) ourselves; (*вы*) yourselves; (*они*) themselves; **он тре́бователен к себе́** he asks a lot of himself; **она́ вини́т себя́** she blames herself; **к себе́** (*домой*) home; (*в свою комнату*) to one's room; **"к себе́"** (*на двери*) "pull"; **"от себя́"** (*на двери*) "push"; **по себе́** (*по своим вкусам*) to one's taste; **говори́ть** *(impf)***/чита́ть** *(impf)* **про себя́** to talk/read to o.s.; **она́ себе́ на уме́** (*разг*) she is secretive; **он у себя́** (*в своём доме*) he is at home; (*в своём кабинете*) he is in the office.

се́вер (**-а**) *м* north; **С~** (*Арктика*) the Arctic North.
се́верн|ый *прил* north; (*ветер, направление*) northerly; (*климат, полушарие*) northern; **С~ Ледови́тый океа́н** Arctic Ocean; **~ое сия́ние** the northern lights *мн*.
се́веро-восто́к (**-а**) *м* northeast.
се́веро-за́пад (**-а**) *м* northwest.
сего́ *мест см* **сей**.
сего́дня *нареч, сущ нескл* today; **~ у́тром/днём/ве́чером** this morning/afternoon/evening.
сего́дняшний *прил* today's.
седе́|ть (**-ю**; *pf* **по~**) *несов* to go grey (*BRIT*) *или* gray (*US*).
сед|ина́ (**-ины́**; *nom pl* **-и́ны**) *ж* grey (*BRIT*) *или* gray (*US*) hair.
седл|о́ (**-а́**) *ср* saddle.
седо́й *прил* (*волосы*) grey (*BRIT*), gray (*US*).

седьмо́й *чис* seventh; **сейча́с ~ час** it's after six.
сезо́н (-а) *м* season.
сезо́нный *прил* seasonal.
сей (**сего́**; *см* **Table 12**) *мест* this.
сейсми́ческий *прил* seismic; (*прибор*) seismological.
сейф (-а) *м* (*ящик*) safe.
сейча́с *нареч* (*теперь*) now; (*скоро*) just now.
секре́т (-а) *м* secret.
секрета́рш|а (-и) *ж* (*разг*) secretary.
секрета́р|ь (-я́) *м* secretary; **~-машини́стка** secretary.
секре́тный *прил* secret.
секс (-а) *м* sex.
сексуа́льный *прил* sexual; (*жизнь, образование*) sex.
се́кт|а (-ы) *ж* sect.
секта́нт (-а) *м* sect member.
се́ктор (-а) *м* sector.
секу́нд|а (-ы) *ж* second.
секу́ндн|ый *прил* (*пауза*) second's; **~ая стре́лка** second hand (*on clock*).
секундоме́р (-а) *м* stopwatch.
се́кци|я (-и) *ж* section.
сел *итп сов см* **сесть**.
селёд|ка (-ки; *gen pl* -**ок**) *ж* herring.
селезёнк|а (-и) *ж* spleen.
селе́ктор (-а) *м* (*ТЕЛ*) intercom.
селе́кци|я (-и) *ж* (*БИО*) selective breeding.
селе́ни|е (-я) *ср* village.
сел|и́ть (-ю́, -ишь; *pf* **по~**) *несов перех* (*в местности*) to settle; (*в доме*) to house; **~ся** (*pf* **посели́ться**) *несов возв* to settle.
сел|о́ (-а́; *nom pl* **сёла**) *ср* village.
сельдере́|й (-я) *м* celery.
сельд|ь (-и; *gen pl* -**е́й**) *ж* herring.
се́льск|ий *прил* (*см сущ*) village; country, rural; **~ое хозя́йство** agriculture.
сельскохозя́йственный *прил* agricultural.
сёмг|а (-и) *ж* salmon.
семе́йный *прил* family.
семёр|ка (-ки; *gen pl* -**ок**) *ж* (*цифра, карта*) seven.
се́мер|о (-ы́х; *как* **че́тверо**; *см* **Table 30b**) *чис* seven.
семе́стр (-а) *м* term (*BRIT*), semester (*US*).
се́меч|ко (-ка; *gen pl* -**ек**) *ср* seed; **~ки** sunflower seeds.
семидеся́тый *чис* seventieth.
семина́р (-а) *м* seminar.
семина́ри|я (-и) *ж* seminary.
семна́дцатый *чис* seventeenth.
семна́дцат|ь (-и; *как* **пять**; *см* **Table 26**) *чис* seventeen.
сем|ь (-и́; *как* **пять**; *см* **Table 26**) *чис* seven.
се́м|ьдесят (-и́десяти; *как* **пятьдеся́т**; *см* **Table 26**) *чис* seventy.
сем|ьсо́т (-исо́т; *как* **пятьсо́т**; *см* **Table 28**) *чис* seven hundred.
семь|я́ (-и́; *nom pl* -**и**) *ж* family.
се́м|я (-ени; *как* **вре́мя**; *см* **Table 4**) *ср* seed; (*no pl*; *БИО*) semen.
сена́тор (-а) *м* senator.
сенн|о́й *прил*: **~а́я лихора́дка** hay fever.
се́н|о (-а) *м* hay.
сенса́ци|я (-и) *ж* sensation.
сентимента́льный *прил* sentimental.
сентя́бр|ь (-я́) *м* September.
се́р|а (-ы) *ж* sulphur (*BRIT*), sulfur (*US*); (*в ушах*) (ear)wax.
серва́нт (-а) *м* buffet unit.
серви́з (-а) *м*: **столо́вый/ча́йный ~** dinner/tea service.
се́рвис (-а) *м* service (*in shop*,

restaurant etc).

серде́чный *прил* heart, cardiac; (*человек*) warm-hearted; (*приём, разговор*) cordial; **~ при́ступ** heart attack.

серди́тый *прил* angry.

сер|ди́ть (**-жу́, -дишь**; *pf* **рас~**) *несов перех* to anger, make angry; **~ся** (*pf* **рассерди́ться**) *несов возв*: **~ся (на кого́-н/что-н)** to be angry (with sb/about sth).

се́рд|це (**-ца**; *nom pl* **-ца́**) *ср* heart; **в глубине́ ~ца** in one's heart of hearts; **от всего́ ~ца** from the bottom of one's heart.

сердцебие́ни|е (**-я**) *ср* heartbeat.

серебр|о́ (**-а́**) *ср, собир* silver.

сере́бряный *прил* silver.

середи́н|а (**-ы**) *ж* middle.

серёж|ка (**-ки**; *gen pl* **-ек**) *ж уменьш от* **серьга́**.

сержа́нт (**-а**) *м* sergeant.

се́ри|я (**-и**) *ж* series; (*кинофильма*) part.

се́рн|ый *прил*: **~ая кислота́** sulphuric (*BRIT*) *или* sulfuric (*US*) acid.

серп (**-а́**) *м* sickle.

сертифика́т (**-а**) *м* certificate; (*товара*) guarantee (certificate).

се́рый *прил* grey (*BRIT*), gray (*US*); **~ хлеб** brown bread.

сер|ьга́ (**-ьги́**; *nom pl* **-ьги**, *gen pl* **-ёг**, *dat pl* **-ьга́м**) *ж* earring.

серьёзно *нареч, вводн сл* seriously.

серьёзный *прил* serious.

се́сси|я (**-и**) *ж* (*суда, парламента*) session; (*также*: **экзаменацио́нная ~**) examinations *мн*.

сестр|а́ (**-ы́**; *nom pl* **сёстры**, *gen pl* **сестёр**) *ж* sister; (*также*: **медици́нская ~**) nurse.

сесть (**ся́ду, ся́дешь**; *pt* **сел, се́ла**, *impf* **сади́ться**) *сов* to sit down; (*птица, самолёт*) to land; (*солнце, луна*) to go down; (*одежда*) to shrink; (*батарейка, аккумулятор*) to run down; **сади́ться (~ *pf*) в по́езд/на самолёт** to get on a train/plane.

се́т|ка (**-ки**; *gen pl* **-ок**) *ж* net.

сет|ь (**-и**; *prp sg* **-и́**, *gen pl* **-е́й**) *ж* (*для ловли рыб итп*) net; (*дорог*) network; (*магазинов*) chain.

сече́ни|е (**-я**) *ср* section; **ке́сарево ~** Caesarean (*BRIT*) *или* Cesarean (*US*) (section).

сечь (**секу́, сечёшь** *итп*, **секу́т**; *pt* **сёк, секла́**) *несов перех* (*рубить*) to cut up.

се́|ять (**-ю**; *pf* **по~**) *несов перех* to sow.

сжа́л|иться (**-юсь, -ишься**) *сов возв*: **~ (над *+instr*)** to take pity (on).

сжа́т|ый *прил* (*воздух, газ*) compressed; (*краткий*) condensed; **в ~ые сро́ки** in a short space of time.

сжать (**сожму́, сожмёшь**; *impf* **сжима́ть**) *сов перех* to squeeze; (*воздух, газ*) to compress; **сжа́ться** (*impf* **сжима́ться**) *сов возв* (*пружина*) to contract; (*человек*: *от боли, от испуга*) to tense up; (*перен*: *сердце*) to seize up.

сжечь (**сожгу́, сожжёшь** *итп*, **сожгу́т**; *pt* **сжёг, сожгла́**, *impf* **сжига́ть** *или* **жечь**) *сов перех* to burn.

сжима́|ть(ся) (**-ю(сь)**) *несов от* **сжа́ть(ся)**.

сза́ди *нареч* (*подойти*) from behind; (*находиться*) behind ◆ *предл*: **~ *+gen*** behind.

сзыва́|ть (**-ю**) *несов от* **созва́ть**.

сиби́рский *прил* Siberian.
Сиби́р|ь (**-и**) *ж* Siberia.
сигаре́т|а (**-ы**) *ж* cigarette.
сигна́л (**-а**) *м* signal.
сигнализа́ци|я (**-и**) *ж* (*в квартире*) burglar alarm.
сигна́л|ить (**-ю, -ишь**; *pf* **про~**) *несов* to signal; (*АВТ*) to honk.
сиде́нь|е (**-я**) *ср* seat.
си|де́ть (**-жу́, -ди́шь**) *несов* to sit; (*одежда*) to fit.
си́дя *нареч*: **рабо́тать/есть ~** to work/eat sitting down.
сидя́ч|ий *прил* (*положение*) sitting; **~ие места́** (*разг*) seats *мн*.
си́л|а (**-ы**) *ж* strength; (*тока, ветра, закона*) force; (*воли, слова*) power; (*обычно мн*: *душевные, творческие*) energy; **в ~у того́, что ...** owing to the fact that ...; **от ~ы** (*разг*) at (the) most; **вступа́ть** (**вступи́ть** *pf*) *или* **входи́ть** (**войти́** *pf*) **в ~у** to come into *или* take effect; *см также* **си́лы**.
си́лой *нареч* by force.
силуэ́т (**-а**) *м* (*контур*) silhouette.
си́л|ы (**-**) *мн* forces *мн*; **~ами кого́-н** through the efforts of sb; **свои́ми ~ами** by oneself.
си́льно *нареч* strongly; (*ударить*) hard; (*хотеть, понравиться итп*) very much.
си́льный *прил* strong; (*мороз*) hard; (*впечатление*) powerful; (*дождь*) heavy.
си́мвол (**-а**) *м* symbol; (*КОМП*) character.
символизи́р|овать (**-ую**) *несов перех* to symbolize.
симметри́ческий *прил* symmetrical.
симметри́|я (**-и**) *ж* symmetry.
симпатизи́р|овать (**-ую**) *несов*: **~ кому́-н** to like *или* be fond of sb.
симпати́чный *прил* nice, pleasant.
симпа́ти|я (**-и**) *ж* liking, fondness.
симпто́м (**-а**) *м* symptom.
симфони́ческий *прил* symphonic; **~ орке́стр** symphony orchestra.
симфо́ни|я (**-и**) *ж* (*МУЗ*) symphony.
синаго́г|а (**-и**) *ж* synagogue.
синдро́м (**-а**) *м* (*МЕД*) syndrome.
сине́|ть (**-ю**; *pf* **по~**) *несов* to turn blue.
си́ний *прил* blue.
сини́ц|а (**-ы**) *ж* tit (*ZOOL*).
сино́д (**-а**) *м* synod.
сино́ним (**-а**) *м* synonym.
сино́птик (**-а**) *м* weather forecaster.
си́нтаксис (**-а**) *м* syntax.
си́нтез (**-а**) *м* (*также ХИМ*) synthesis.
синтети́ческий *прил* synthetic.
синхро́нный *прил* synchronous; (*перевод*) simultaneous.
синя́к (**-а́**) *м* bruise.
сире́н|а (**-ы**) *ж* (*гудок*) siren.
сире́невый *прил* lilac.
сире́н|ь (**-и**) *ж* (*кустарник*) lilac bush ♦ *собир* (*цветы*) lilac.
сиро́п (**-а**) *м* syrup.
сир|ота́ (**-оты́**; *nom pl* **-о́ты**) *м/ж* orphan.
систе́м|а (**-ы**) *ж* system.
системати́ческий *прил* regular.
си́т|ец (**-ца**) *м* cotton.
си́теч|ко (**-ка**; *gen pl* **-ек**) *ср* (*для чая*) (tea) strainer.
си́т|о (**-а**) *ср* sieve.
ситуа́ци|я (**-и**) *ж* situation.
си́тцевый *прил* (*ткань*) cotton.
СИФ *м сокр* c.i.f.
сия́|ть (**-ю**) *несов* (*солнце, звезда*) to shine; (*огонь*) to glow.

сия́ющий *прил* (*глаза*) shining; (*лицо, улыбка*) beaming.
ск|аза́ть (**-ажу́, -а́жешь**) *сов от* **говори́ть** ♦ *перех*; **~а́жем** (*разг*) let's say; **~ажи́те!** (*разг*) I say!; **так ~** so to speak; **~ся** (*impf* **ска́зываться**) *сов возв* (*способности, опыт итп*) to show; (*отразиться*): **~ся на** *+prp* to take its toll on.
ска́з|ка (**-ки**; *gen pl* **-ок**) *ж* fairy tale.
ска́зочный *прил* fairy-tale.
сказу́ем|ое (**-ого**) *ср* (*ЛИНГ*) predicate.
скака́л|ка (**-ки**; *gen pl* **-ок**) *ж* skipping rope.
ск|ака́ть (**-ачу́, -а́чешь**) *несов* (*человек*) to skip; (*мяч*) to bounce; (*лошадь, всадник*) to gallop.
скаков|о́й *прил*: **~а́я ло́шадь** racehorse.
скаку́н (**-а́**) *м* racehorse.
ск|ала́ (**-алы́**; *nom pl* **-а́лы**) *ж* cliff.
скали́стый *прил* rocky.
скалола́з (**-а**) *м* rock-climber.
скаме́|йка (**-йки**; *gen pl* **-ек**) *ж* bench.
скам|ья́ (**-ьи́**; *gen pl* **-е́й**) *ж* bench; **~ подсуди́мых** (*ЮР*) the dock.
сканда́л (**-а**) *м* scandal; (*ссора*) quarrel.
сканда́л|ить (**-ю, -ишь**; *pf* **по~**) *несов* to quarrel.
сканда́льный *прил* scandalous.
ска́плива|ться (**-юсь**) *несов от* **скопи́ться**.
скарлати́н|а (**-ы**) *ж* scarlet fever.
скат (**-а**) *м* slope; (*АВТ*: *колесо*) wheel.
ската́|ть (**-ю**; *impf* **ска́тывать**) *сов перех* to roll up.
ска́терт|ь (**-и**) *ж* tablecloth.
ск|ати́ть (**-ачу́, -а́тишь**; *impf* **ска́тывать**) *сов перех* to roll down; **~ся** (*impf* **ска́тываться**) *сов возв* (*слеза*) to roll down; (*перен*): **~ся к** *+dat*/**на** *+acc* to slide towards/into.
скафа́ндр (**-а**) *м* (*водолаза*) diving suit; (*космонавта*) spacesuit.
ска́ч|ки (**-ек**) *мн* the races *мн*.
скач|о́к (**-ка́**) *м* leap.
СКВ *ж сокр* (= *свобо́дно конверти́руемая валю́та*) convertible currency.
сква́жин|а (**-ы**) *ж* (*нефтяная, газовая*) well; **замо́чная ~** keyhole.
сквер (**-а**) *м* *small public garden*.
скве́рный *прил* foul.
сквоз|и́ть (*3sg* **-и́т**) *несов безл*: **здесь ~и́т** it's draughty here.
сквозня́к (**-а́**) *м* (*в комнате*) draught (*BRIT*), draft (*US*).
сквозь *предл*: **~** *+acc* through.
сквор|е́ц (**-ца́**) *м* starling.
скворе́чник (**-а**) *м* nesting box.
скеле́т (**-а**) *м* skeleton.
скепти́ческий *прил* sceptical.
ски́д|ка (**-ки**; *gen pl* **-ок**) *ж* (*с цены*) discount, reduction.
ски́н|уть (**-у**; *impf* **ски́дывать**) *сов перех* (*сбросить*) to throw down.
склад (**-а**) *м* (*товарный*) store; (*оружия итп*) cache; (*образ: мыслей*) way.
скла́д|ка (**-ки**; *gen pl* **-ок**) *ж* (*на одежде*) pleat.
складно́й *прил* folding.
скла́дыва|ть(ся) (**-ю(сь)**) *несов от* **сложи́ть(ся)**.
скле́|ить (**-ю, -ишь**) *сов от* **кле́ить** ♦ (*impf* **скле́ивать**) *перех* to glue together.
склеро́з (**-а**) *м* sclerosis.
склон (**-а**) *м* slope.

склоне́ни|е (**-я**) *ср* (*ЛИНГ*) declension.

скл|они́ть (**-оню́, -о́нишь**; *impf* **склоня́ть**) *сов перех* (*опустить*) to lower; **склоня́ть** (**~** *pf*) **кого́-н к побе́гу/на преступле́ние** to talk sb into escaping/committing a crime; **~ся** (*impf* **склоня́ться**) *сов возв* (*нагнуться*) to bend; (*перен*): **~ся к** *+dat* to come round to.

скло́нност|ь (**-и**) *ж*: **~ к** *+dat* (*к музыке*) aptitude for; (*к меланхолии, к полноте*) tendency to.

скло́нный *прил*: **~ к** *+dat* (*к простудам*) prone *или* susceptible to; **~** *+infin* (*помириться*) inclined to do.

склоня́емый *прил* declinable.

склоня́|ть (**-ю**) *несов от* **склони́ть** ♦ (*pf* **про~**) *перех* (*ЛИНГ*) to decline; **~ся** *несов от* **склони́ться** ♦ *возв* (*ЛИНГ*) to decline.

ск|оба́ (**-обы́**; *nom pl* **-о́бы**) *ж* (*для опоры*) clamp; (*для крепления*) staple.

ско́б|ка (**-ки**; *gen pl* **-ок**) *ж уменьш от* **скоба́**; (*обычно мн*: *в тексте*) bracket, parentheses *мн*.

ско́ванный *прил* inhibited.

ск|ова́ть (**-ую́**; *impf* **ско́вывать**) *сов перех* (*человека*) to paralyse.

сковород|а́ (**-ы́**; *nom pl* **ско́вороды**) *ж* frying-pan (*BRIT*), skillet (*US*).

сколь *нареч* (*как*) how; (*возможно*) as much as; **~ ... сто́ль (же) ...** as much ... as ...

сколь|зи́ть (**-жу́, -зи́шь**) *несов* to glide; (*падая*) to slide.

ско́льзкий *прил* slippery; (*ситуация, вопрос*) sensitive.

скользн|у́ть (**-у́, -ёшь**) *сов* to glide; (*быстро пройти*) to slip.

KEYWORD

ско́льк|о (**-их**) *местоимённое нареч* **1** (*+gen*; *книг, часов, дней итп*) how many; (*сахара, сил, работы итп*) how much; **ско́лько люде́й пришло́?** how many people came?; **ско́лько де́нег тебе́ на́до?** how much money do you need?; **ско́лько э́то сто́ит?** how much is it?; **ско́лько тебе́ лет?** how old are you?

2 (*относительное*) as much; **бери́, ско́лько хо́чешь** take as much as you want; **ско́лько уго́дно** as much as you like

♦ *нареч* **1** (*насколько*) as far as; **ско́лько по́мню, он всегда́ был агресси́вный** as far as I remember, he was always aggressive

2 (*много*): **ско́лько люде́й!** what a lot of people!; **не сто́лько ... ско́лько ...** not so much ... as ...

ско́мка|ть (**-ю**) *сов от* **ко́мкать**.

сконча́|ться (**-юсь**) *сов возв* to pass away.

скоп|и́ть (**-лю́, -ишь**) *сов от* **копи́ть**; **~ся** *сов от* **копи́ться** ♦ (*impf* **ска́пливаться**) *возв* (*люди*) to gather; (*работа*) to mount up.

ско́р|ая (**-ой**) *ж* (*разг*: *также*: **~ по́мощь**) ambulance.

скорб|ь (**-и**; *gen pl* **-е́й**) *ж* grief.

скоре́е *сравн прил от* **ско́рый** ♦ *сравн нареч от* **ско́ро** ♦ *част* rather; **~...чем** *или* **нежéли** (*в большей степени*) more likely ... than; (*лучше, охотнее*) rather ... than; **~ всего́ они́ до́ма** it's most likely they'll be (at) home; **~ бы он**

вернýлся I wish he would come back soon.
скорл|упá (**-упы́**; *nom pl* **-ýпы**) *ж* shell.
скóро *нареч* soon ♦ *как сказ* it's soon; ~ **зимá** it will soon be winter.
скоропости́жн|ый *прил*: **~ая смерть** sudden death.
скоростнóй *прил* (*поезд*) high-speed.
скóрост|ь (**-и**; *gen pl* **-éй**) *ж* speed.
скоросшивáтел|ь (**-я**) *м* (loose-leaf) binder.
скорпиóн (**-а**) *м* scorpion; (*созвездие*): **С~** Scorpio.
скóр|ый *прил* (*езда, движение*) fast; (*разлука, визит*) impending; **в ~ом врéмени** shortly; **~ая пóмощь** (*учреждение*) ambulance service; (*автомашина*) ambulance; **~ пóезд** express (train).
скот (**-á**) *м собир* livestock; **молóчный/мяснóй ~** dairy/beef cattle.
скреп|и́ть (**-лю́, -и́шь**; *impf* **скрепля́ть**) *сов перех* (*соединить*) to fasten together.
скрéп|ка (**-ки**; *gen pl* **-ок**) *ж* paperclip.
скре|сти́ть (**-щý, -сти́шь**; *impf* **скрéщивать**) *сов перех* to cross; (*животных*) to cross-breed; **~ся** (*impf* **скрéщиваться**) *сов возв* to cross.
скрип (**-а**) *м* (*двери, пола*) creak; (*металла*) grate.
скрипáч (**-á**) *м* violinist.
скрип|éть (**-лю́, -и́шь**) *несов* to creak.
скри́п|ка (**-ки**; *gen pl* **-ок**) *ж* violin.
скрóмност|ь (**-и**) *ж* modesty.
скрóмный *прил* modest; (*служащий, должность*) humble.
скр|ути́ть (**-учý, -ýтишь**) *сов от* **крути́ть** ♦ (*impf* **скрýчивать**) *перех* (*провода, волосы*) to twist together; **~ся** *сов возв* to twist together.
скрывá|ть (**-ю**) *несов от* **скрыть**; **~ся** *несов от* **скры́ться** ♦ *возв* (*от полиции*) to hide.
скры́тный *прил* secretive; (*возможности*) potent.
скр|ыть (**-óю, -óешь**; *impf* **скрывáть**) *сов перех* (*спрятать*) to hide; (*факты*) to conceal; **~ы́ться** (*impf* **скрывáться**) *сов возв* (*от дождя, от погони*) to take cover; (*стать невидным*) to disappear.
скýдный *прил* (*запасы*) meagre (*BRIT*), meager (*US*).
скýк|а (**-и**) *ж* boredom.
ск|улá (**-улы́**; *nom pl* **-ýлы**) *ж* (*обычно мн*) cheekbone.
скул|и́ть (**-ю́, -и́шь**) *несов* to whine.
скýльптор (**-а**) *м* sculptor.
скульптýр|а (**-ы**) *ж* sculpture.
скýмбри|я (**-и**) *ж* mackerel.
ск|упи́ть (**-уплю́, -ýпишь**; *impf* **скупáть**) *сов перех* to buy up.
скупóй *прил* mean.
скучá|ть (**-ю**) *несов* to be bored; (*тосковать*): **~ по** *+dat или* **о** *+prp* to miss.
скýчно *нареч* (*жить, рассказывать итп*) boringly ♦ *как сказ*: **здесь ~** it's boring here; **мне ~** I'm bored.
скýчный *прил* boring, dreary.
слабé|ть (**-ю**; *pf* **о~**) *несов* to grow weak; (*дисциплина*) to slacken.
слаби́тельн|ое (**-ого**) *ср* laxative.
слáбо *нареч* (*вскрикнуть*) weakly; (*нажать*) lightly; (*знать*) badly.
слáбост|ь (**-и**) *ж* weakness.
слáбый *прил* weak; (*ветер*) light;

(*знания, доказательство итп*) poor; (*дисциплина итп*) slack.
сла́в|а (**-ы**) *ж* (*героя*) glory; (*писателя, актёра итп*) fame; **~ Бо́гу!** thank God!
слав|яни́н (**-яни́на**; *nom pl* **-я́не**, *gen pl* **-я́н**) *м* Slav.
славя́нский *прил* Slavonic.
слага́|ть (**-ю**) *несов от* **сложи́ть**.
сла́дкий *прил* sweet.
сла́дко *нареч* (*пахнуть*) sweet; (*спать*) deeply.
сла́дк|ое (**-ого**) *ср* sweet things *мн*; (*разг: десерт*) afters (*BRIT*), dessert (*US*).
слайд (**-а**) *м* (*ФОТО*) slide.
сла́лом (**-а**) *м* slalom.
слать (**шлю́, шлёшь**) *несов перех* to send.
сла́ще *сравн прил от* **сла́дкий** ♦ *сравн нареч от* **сла́дко**.
сле́ва *нареч* on the left.
слегка́ *нареч* slightly.
след (**-а**; *nom pl* **-ы́**) *м* trace; (*ноги*) footprint.
сле|ди́ть (**-жу́, -ди́шь**) *несов*: **~ за** *+instr* to follow; (*заботиться*) to take care of; (*за шпионом*) to watch.
сле́довани|е (**-я**) *ср* (*моде*) following; **по́езд/авто́бус да́льнего ~я** long-distance train/bus.
сле́довател|ь (**-я**) *м* detective.
сле́довательно *вводн сл* consequently ♦ *союз* therefore.
сле́д|овать (**-ую**; *pf* **по~**) *несов* (*вывод, неприятность*) to follow ♦ *безл*: **Вам ~ует поду́мать об э́том** you should think about it; **как ~ует** properly.
сле́дом *предл*: **~ за** *+instr* following.
сле́дственный *прил* investigative.
сле́дстви|е (**-я**) *ср* (*последствие*) consequence; (*ЮР*) investigation.
сле́дующий *прил* next ♦ *мест* following; **на ~ день** the next day.
сл|еза́ (**-езы́**; *nom pl* **-ёзы**, *dat pl* **-еза́м**) *ж* tear.
слеза́|ть (**-ю**) *несов от* **слезть**.
слез|и́ться (*3sg* **-и́тся**) *несов возв* (*глаза*) to water.
слезоточи́вый *прил*: **~ газ** tear gas.
слез|ть (**-у, -ешь**; *pt* **-, ла**, *impf* **слеза́ть**) *сов* (*кожа, краска*) to peel off; **слеза́ть** (**~** *pf*) (**с** *+gen*) (*с дерева*) to climb down.
слеп|и́ть (*3sg* **-и́т**) *сов перех*: **~ глаза́ кому́-н** to blind sb.
сл|епи́ть (**-еплю́, -е́пишь**) *сов от* **лепи́ть**.
сле́пн|уть (**-у**; *pf* **о~**) *несов* to go blind.
слеп|о́й *прил* blind ♦ (**-о́го**) *м* blind person.
сле́сар|ь (**-я**; *nom pl* **-я́**, *gen pl* **-е́й**) *м* maintenance man.
сле|те́ть (**-чу́, -ти́шь**; *impf* **слета́ть**) *сов*: **~** (**с** *+gen*) (*птица*) to fly down (from); **~ся** (*impf* **слета́ться**) *сов возв* (*птицы*) to flock.
сли́в|а (**-ы**) *ж* (*дерево*) plum (tree); (*плод*) plum.
слива́|ть(ся) (**-ю(сь)**) *несов от* **сли́ть(ся)**.
сли́в|ки (**-ок**) *мн* cream *ед*.
сли́вочн|ый *прил made with cream*; **~ое ма́сло** butter.
слизи́ст|ый *прил*: **~ая оболо́чка** mucous membrane.
сли́з|ь (**-и**) *ж* mucus; (*от грязи*) slime.
сли́п|нуться (*3sg* **-нется**, *pt* **-ся, -лась**, *impf* **слипа́ться**) *сов возв* to stick together.

сли́т|ок (**-ка**) *м* (*металлический*) bar; (*золота, серебра*) ingot.
сли|ть (**солью́, сольёшь**; *pt* **-л, -ла́**, *imper* **сле́й(те)**, *impf* **слива́ть**) *сов перех* to pour; (*перен*: *соединить*) to merge; **сли́ться** (*impf* **слива́ться**) *сов возв* to merge.
сли́шком *нареч* too; **э́то уже́ ~** (*разг*) that's just too much.
слова́рный *прил* (*работа, статья*) dictionary, lexicographic (-al); **~ запа́с** vocabulary.
слова́р|ь (**-я́**) *м* (*книга*) dictionary; (*запас слов*) vocabulary.
слове́сный *прил* oral; (*протест*) verbal.
сло́вно *союз* (*как*) like; (*как будто*) as if.
сло́в|о (**-а**; *nom pl* **-а́**) *ср* word.
сло́вом *вводн сл* in a word.
словосочета́ни|е (**-я**) *ср* word combination.
слог (**-а**; *nom pl* **-и**, *gen pl* **-о́в**) *м* syllable.
слоён|ый *прил*: **~ое те́сто** puff pastry.
сложе́ни|е (**-я**) *ср* (*в математике*) addition; (*телосложение*) build.
сл|ожи́ть (**-ожу́, -о́жишь**; *impf* **скла́дывать**) *сов перех* (*вещи*) to put; (*чемодан итп*) to pack; (*бумагу, рубашку, зонт итп*) to fold (up); (*impf* **скла́дывать** *или* **слага́ть**; *числа*) to add (up); (*песню, стихи*) to make up; **сиде́ть** (*impf*) **~ожа́ ру́ки** to sit back and do nothing; **~ся** (*impf* **скла́дываться**) *сов возв* (*ситуация*) to arise; (*характер*) to form; (*зонт, палатка*) to fold up; (*впечатление*) to be formed.
сло́жно *нареч* (*делать*) in a complicated way ♦ *как сказ* it's difficult.
сло́жност|ь (**-и**) *ж* (*многообразие*) complexity; (*обычно мн*: *трудность*) difficulty; **в о́бщей ~и** all in all.
сло́жный *прил* complex; (*узор*) intricate; (*трудный*) difficult.
сло|й (**-я**; *nom pl* **-и́**) *м* layer.
слома́|ть(ся) (**-ю(сь)**) *сов от* **лома́ть(ся)**.
слом|и́ть (**-лю́, -ишь**) *сов перех* to break; **~я́ го́лову** (*разг*) at breakneck speed; **~ся** *сов возв* (*перен*: *человек*) to crack.
слон (**-а́**) *м* elephant; (*ШАХМАТЫ*) bishop.
слон|ёнок (**-ёнка**; *nom pl* **-я́та**, *gen pl* **-я́т**) *м* elephant calf.
слони́х|а (**-и**) *ж* cow (*elephant*).
слоно́в|ый *прил* elephant; **~ая кость** ivory.
слуг|а́ (**-и́**; *nom pl* **-и**) *м* servant.
служа́н|ка (**-ки**; *gen pl* **-ок**) *ж* maid.
слу́жащ|ий (**-его**) *м* white collar worker; **госуда́рственный ~** civil servant; **конто́рский ~** clerk.
слу́жб|а (**-ы**) *ж* service; (*работа*) work; **срок ~ы** durability; **С~ бы́та** consumer services; **С~ за́нятости** ≈ Employment Agency.
служе́бный *прил* (*дела итп*) official.
служи́тел|ь (**-я**) *м* (*в музее, в зоопарке*) keeper; (*на автозаправке*) attendant; **~ це́ркви** clergyman.
служи́тельниц|а (**-ы**) *ж* keeper.
сл|ужи́ть (**-ужу́, -у́жишь**) *несов* to serve; (*в банке, в конторе итп*) to work ♦ *перех* (*РЕЛ*) to hear; **чем могу́ ~?** what can I do for you?
слух (**-а**) *м* hearing; (*музыкальный*)

ear; (*известие*) rumour (*BRIT*), rumor (*US*).
слуховóй *прил* (*нерв, орган*) auditory; **~ аппарáт** hearing aid.
случа|й (**-я**) *м* occasion; (*случайность*) chance; **в ~е** *+gen* in the event of; **во вся́ком ~е** in any case; **на вся́кий ~** just in case.
случáйно *нареч* by chance ♦ *вводн сл* by any chance.
случáйност|ь (**-и**) *ж* chance.
случáйный *прил* (*встреча*) chance.
случ|и́ться (**-ýсь, -и́шься**; *impf* **случáться**) *сов возв* to happen.
слýшател|ь (**-я**) *м* listener.
слýша|ть (**-ю**) *несов перех* (*музыку, речь*) to listen to; (*ЮР*) to hear; (*pf* **по~**; *совет*) to listen to; **~ся** (*pf* **послýшаться**) *несов возв*: **~ся** *+gen* to obey; (*совета*) to follow.
слы́ш|ать (**-у, -ишь**) *несов* to hear ♦ (*pf* **у~**) *перех* to hear; **~** (*impf*) **о** *+prp* to hear about; **он плóхо ~ит** he's hard of hearing; **~ся** *несов возв* to be heard.
слы́шно *как сказ* it can be heard; **мне ничегó не ~** I can't hear a thing; **о ней ничегó не ~** there's no news of her.
слы́шный *прил* audible.
слюн|á (**-ы́**) *ж* saliva.
слю́н|ки (**-ок**) *мн*: **у меня́ ~ текýт** my mouth's watering.
сля́кот|ь (**-и**) *ж* slush.
см *сокр* (= **сантимéтр**) cm.
см. *сокр* (= *смотри́*) v., qv.
смá|зать (**-жу, -жешь**; *impf* **смáзывать**) *сов перех* (*маслом*) to lubricate.
смáзк|а (**-и**) *ж* lubrication; (*вещество*) lubricant.
смáтыва|ть (**-ю**) *несов от* **смотáть.**
смахн|ýть (**-ý, -ёшь**; *impf* **смáхивать**) *сов перех* to brush off.
смéжный *прил* (*район*) adjoining, adjacent; (*предприятие*) affiliated.
смелé|ть (**-ю**; *pf* **о~**) *несов* to grow bolder.
смéлост|ь (**-и**) *ж* (*храбрость*) courage, bravery.
смéлый *прил* courageous, brave; (*идея, проект*) ambitious.
смéн|а (**-ы**) *ж* (*руководства*) change; (*на производстве*) shift.
см|ени́ть (**-еню́, -éнишь**; *impf* **сменя́ть**) *сов перех* to change; (*коллегу*) to relieve; **~ся** (*impf* **сменя́ться**) *сов возв* (*руководство*) to change.
смертéльный *прил* mortal; (*скука*) deadly; **~ слýчай** fatality.
смéртност|ь (**-и**) *ж* death *или* mortality (*US*) rate, mortality.
смéртн|ый *прил* mortal; (*разг*: *скука*) deadly; **~ приговóр** death sentence; **~ая казнь** the death penalty, capital punishment.
смерт|ь (**-и**) *ж* death.
смеси́тел|ь (**-я**) *м* mixer.
сме|си́ть (**-шý, -сишь**) *сов от* **меси́ть.**
см|ести́ (**-етý, -етёшь**; *pt* **-ёл, -елá, -елó**, *impf* **сметáть**) *сов перех* to sweep.
сме|сти́ть (**-щý, -сти́шь**; *impf* **смещáть**) *сов перех* (*уволить*) to remove; **~ся** (*impf* **смещáться**) *сов возв* to shift.
смес|ь (**-и**) *ж* mixture; **молóчная ~** powdered baby milk.
смéт|а (**-ы**) *ж* (*ЭКОН*) estimate.
сметáн|а (**-ы**) *ж* sour cream.
сметá|ть (**-ю**) *несов от* **смести́.**
сме|ть (**-ю**; *pf* **посмéть**) *несов*: **~** *+infin* to dare to do.

смех (-а) *м* laughter.
смехотво́рный *прил* ludicrous.
смеша́|ть (-ю) *сов от* **меша́ть** ◆ (*impf* **сме́шивать**) *перех* (*спутать*) to mix up; **~ся** *сов от* **меша́ться** ◆ (*impf* **сме́шиваться**) *возв* (*слиться*) to mingle; (*краски, цвета*) to blend.
смеш|и́ть (-у́, -и́шь; *pf* **на~** *или* **рас~**) *несов перех*: **~ кого́-н** to make sb laugh.
смешно́ *нареч* (*смотреться*) funny ◆ *как сказ* it's funny; (*глупо*) it's ludicrous.
смешно́й *прил* funny.
смеща́|ть(ся) (-ю(сь)) *несов от* **смести́ть(ся)**.
смеще́ни|е (-я) *ср* (*руководства*) removal; (*понятий, критериев*) shift.
сме|я́ться (-ю́сь) *несов возв* to laugh.
СМИ *сокр* (= *сре́дства ма́ссовой информа́ции*) mass media.
смир|и́ть (-ю́, -и́шь; *impf* **смиря́ть**) *сов перех* to suppress; **~ся** (*impf* **смиря́ться**) *сов возв* (*покориться*) to submit; (*примириться*): **~ся с** *+instr* to resign o.s. to.
сми́рно *нареч* (*сидеть, вести себя*) quietly; (*ВОЕН*): **~!** attention!
сми́рный *прил* docile.
смог *итп сов см* **смочь**.
смо́жешь *итп сов см* **смочь**.
смол|а́ (-ы́; *nom pl* -ы) *ж* (*дерево*) resin; (*дёготь*) tar.
смо́лк|нуть (-ну; *pt* -, -ла, *impf* **смолка́ть**) *сов* (*звуки*) to fade away.
сморка́|ть (-ю; *pf* **вы́сморкать**) *несов перех*: **~ нос** to blow one's nose; **~ся** (*pf* **вы́сморкаться**) *несов возв* to blow one's nose.
сморо́дин|а (-ы) *ж*: **кра́сная ~** (*ягоды*) redcurrants *мн*; **чёрная ~** (*ягоды*) blackcurrants *мн*.
смо́рщ|ить(ся) (-у(сь), -ишь(ся)) *сов от* **мо́рщить(ся)**.
смота́|ть (-ю; *impf* **сма́тывать**) *сов перех* to wind.
смотр (-а) *м* presentation.
см|отре́ть (-отрю́, -о́тришь; *pf* **по~**) *несов* to look ◆ *перех* (*фильм, игру*) to watch; (*картину*) to look at; (*музей, выставку*) to look round; (*следить*): **~ за** *+instr* to look after; **~** *(impf)* **в/на** *+acc* to look onto; **~отря́ по** *+dat* depending on; **~ся** (*pf* **посмотре́ться**) *несов возв*: **~ся в** *+acc* (*в зеркало*) to look at o.s. in.
смотри́тел|ь (-я) *м* attendant.
смо|чь (-гу́, -жешь *итп*, -гут; *pt* -г, -гла́, -гло́) *сов от* **мочь**.
сму́глый *прил* swarthy.
сму|ти́ть (-щу́, -ти́шь; *impf* **смуща́ть**) *сов перех* to embarrass; **~ся** (*impf* **смуща́ться**) *сов возв* to get embarrassed.
сму́тный *прил* vague.
смуще́ни|е (-я) *ср* embarrassment.
смущённый *прил* embarrassed.
смысл (-а) *м* sense; (*книги, статьи*) point.
см|ыть (-о́ю, -о́ешь; *impf* **смыва́ть**) *сов перех* to wash off; (*подлеж: волна*) to wash away; **~ы́ться** (*impf* **смыва́ться**) *сов возв* to wash off.
смычо́|к (-ка́) *м* (*МУЗ*) bow.
смягч|и́ть (-у́, -и́шь; *impf* **смягча́ть**) *сов перех* (*кожу, удар*) to soften; (*боль*) to ease; (*наказание, приговор*) to mitigate; (*человека*) to appease; **~ся** (*impf* **смягча́ться**) *сов возв* to soften.
смя́ть(ся) (**сомну́(сь),**

сомнёшь(ся)) *сов от* **мя́ть(ся)**.
сна *итп сущ см* **сон**.
снаб|ди́ть (**-жу́, -ди́шь**; *impf* **снабжа́ть**) *сов перех*: **~ кого́-н/что-н чем-н** to supply sb/sth with sth.
снабже́ни|е (**-я**) *ср* supply.
сна́йпер (**-а**) *м* sniper.
снару́жи *нареч* (*покрасить, расположиться*) on the outside; (*закрыть*) from the outside.
снаря́д (**-а**) *м* (*ВОЕН*) shell; (*СПОРТ*) apparatus.
снаря|ди́ть (**-жу́, -ди́шь**; *impf* **снаряжа́ть**) *сов перех* to equip.
снаряже́ни|е (**-я**) *ср* equipment.
снача́ла *нареч* at first; (*ещё раз*) all over again.
СНГ *м сокр* (= *Содру́жество Незави́симых Госуда́рств*) CIS.
снег (**-а**; *loc sg* **-у́**, *nom pl* **-а́**) *м* snow; **идёт ~** it's snowing.
снеги́р|ь (**-я́**) *м* bullfinch.
снегови́к (**-а́**) *м* snowman.
снегопа́д (**-а**) *м* snowfall.
снегу́роч|ка (**-ки**; *gen pl* **-ек**) *ж* Snow Maiden.
снежи́н|ка (**-ки**; *gen pl* **-ок**) *ж* snowflake.
сне́жный *прил* snow; (*зима*) snowy.
снеж|о́к (**-ка́**) *м* snowball.
сн|ести́ (**-есу́, -есёшь**; *pt* **-ёс, -есла́, -есло́**, *impf* **сноси́ть**) *сов перех* (*подлеж*: *буря*) to carry away; (*перен*: *вытерпеть*) to take; (*дом*) to demolish.
снижа́|ть(ся) (**-ю(сь)**) *несов от* **сни́зить(ся)**.
сниже́ни|е (**-я**) *ср* (*цен итп*) lowering; (*самолёта*) descent; (*производительности итп*) reduction.
сни́|зить (**-жу, -зишь**; *impf* **снижа́ть**) *сов перех* (*цены, давление итп*) to lower; (*скорость*) to reduce; **~ся** (*impf* **снижа́ться**) *сов возв* to fall; (*самолёт*) to descend.
сни́зу *нареч* (*внизу*) at the bottom; (*по направлению вверх*) from the bottom.
снима́|ть(ся) (**-ю(сь)**) *несов от* **сня́ть(ся)**.
сни́м|ок (**-ка**) *м* (*ФОТО*) snap(shot).
снисходи́тельный *прил* (*не строгий*) lenient; (*высокомерный*) condescending.
сн|и́ться (**-юсь, -и́шься**; *pf* **при~**) *несов безл*: **мне ~и́лся стра́шный сон** I was having a terrible dream; **мне ~и́лось, что я в гора́х** I dreamt I was in the mountains; **ты ча́сто ~и́шься мне** I often dream of you.
сно́ва *нареч* again.
снос (**-а**) *м* demolition.
сно́с|ка (**-ки**; *gen pl* **-ок**) *ж* footnote.
снотво́рн|ое (**-ого**) *ср* sleeping pill.
снох|а́ (**-и́**) *ж* daughter-in-law (*of husband's father*).
сн|ять (**-иму́, -и́мешь**; *impf* **снима́ть**) *сов перех* to take down; (*плод*) to pick; (*одежду*) to take off; (*запрет, ответственность*) to remove; (*фотографировать*) to photograph; (*копию*) to make; (*нанять*) to rent; (*уволить*) to dismiss; **снима́ть (~ *pf*) фотогра́фию** to take a picture; **снима́ть (~ *pf*) фильм** to shoot a film; **~я́ться** (*impf* **снима́ться**) *сов возв* (*сфотографироваться*) to have one's photograph taken; (*актёр*) to appear.
со *предл* = **с**.
соа́втор (**-а**) *м* coauthor.

собáк|а (**-и**) *ж* dog.
собаковóд (**-а**) *м* dog-breeder.
собáчий *прил* dog's.
собесéдник (**-а**) *м*: **мой ~ замолчáл** the person I was talking to fell silent.
собесéдовани|е (**-я**) *ср* interview.
собирáтел|ь (**-я**) *м* collector.
собирá|ть (**-ю**) *несов от* **собрáть**; **~ся** *несов от* **собрáться** ♦ *возв*: **я ~юсь пойти тудá** I'm going to go there.
соблазн|и́ть (**-ю́**, **-и́шь**; *impf* **соблазня́ть**) *сов перех* to seduce; (*прельстить*): **~ когó-н чем-н** to tempt sb with sth; **~ся** (*impf* **соблазня́ться**) *сов возв*: **~ся** *+instr*/*+infin* to be tempted by/to do.
соблюдá|ть (**-ю**) *несов от* **соблюсти́** ♦ *перех* (*дисциплину, порядок*) to maintain.
соблю|сти́ (**-дý**, **-дёшь**) *сов от* **блюсти́** ♦ (*impf* **соблюдáть**) *перех* (*закон, правила*) to observe.
соболéзновани|е (**-я**) *ср* condolences *мн*.
сóб|оль (**-оля**; *nom pl* **-оля́**) *м* sable.
собóр (**-а**) *м* cathedral.
собрáни|е (**-я**) *ср* meeting; (*ПОЛИТ*) assembly; (*картин итп*) collection; **~ сочинéний** collected works.
соб|рáть (**-ерý**, **-ерёшь**; *pt* **-рáл**, **-ралá**, **-рáло**, *impf* **собирáть**) *сов перех* to gather (together); (*ягоды, грибы*) to pick; (*станок, приёмник итп*) to assemble; (*налоги, подписи*) to collect; **~ся** (*impf* **собирáться**) *сов возв* (*гости, делегаты*) to assemble, gather; (*приготовиться*): **~ся** *+infin* to get ready to do; **собирáться** (**~ся** *pf*) **с** *+instr* (*с силами, с мыслями*) to gather.
сóбственник (**-а**) *м* owner.
сóбственно *част* actually ♦ *вводн сл*: **~ (говоря́)** as a matter of fact.
сóбственност|ь (**-и**) *ж* property.
сóбственный *прил* (one's) own.
собы́ти|е (**-я**) *ср* event.
сов|á (**-ы́**; *nom pl* **-ы**) *ж* owl.
совершá|ть(ся) (**-ю**) *несов от* **соверши́ть(ся)**.
совершéни|е (**-я**) *ср* (*сделки*) conclusion; (*преступления*) committing.
совершéнно *нареч* (*безукоризненно*) perfectly; (*совсем*) absolutely, completely.
совершеннолéтн|ий *прил*: **стать ~им** to come of age.
совершéнный *прил* (*безукоризненный*) perfect; (*абсолютный*) absolute, complete; **~ вид** (*ЛИНГ*) perfective (aspect).
совершéнств|о (**-а**) *ср* perfection.
совершéнств|овать (**-ую**; *pf* **у~**) *несов перех* to perfect; **~ся** (*pf* **усовершéнствоваться**) *несов возв*: **~ся в** *+prp* to improve.
соверш|и́ть (**-ý**, **-и́шь**; *impf* **совершáть**) *сов перех* to make; (*сделку*) to conclude; (*преступление*) to commit; (*обряд, подвиг*) to perform; **~ся** (*impf* **совершáться**) *сов возв* (*событие*) to take place.
сóвест|ь (**-и**) *ж* conscience; **на ~** (*сделанный*) very well.
совéт (**-а**) *м* advice *только ед*; (*военный*) council.
совéтник (**-а**) *м* (*юстиции итп*) councillor; (*президента*) adviser.
совéт|овать (**-ую**; *pf* **по~**) *несов*: **~ комý-н** *+infin* to advise sb to do;

~ся (*pf* **посоветоваться**) *несов возв*: **~ся с кем-н** (*с другом*) to ask sb's advice; (*с юристом*) to consult sb.
советский *прил* Soviet.
совещани|е (**-я**) *ср* (*собрание*) meeting; (*конгресс*) conference.
совещательный *прил* (*орган, голос*) consultative.
совеща|ться (**-юсь**) *несов возв* to deliberate.
совместимый *прил* compatible.
совме|стить (**-щу, -стишь**; *impf* **совмещать**) *сов перех* to combine.
совместн|ый *прил* (*общий*) joint; **~ое предприятие** joint venture.
сов|ок (**-ка**) *м* (*для мусора*) dustpan; (*для муки*) scoop.
совокупност|ь (**-и**) *ж* combination; **в ~и** in total.
совпадени|е (**-я**) *ср* coincidence; (*данных, цифр*) tallying.
совпа|сть (*3sg* **-дёт**, *impf* **совпадать**) *сов* (*события*) to coincide; (*данные, цифры итп*) to tally; (*интересы, мнения*) to meet.
совр|ать (**-у, -ёшь**) *сов от* **врать**.
современник (**-а**) *м* contemporary.
современност|ь (**-и**) *ж* the present day.
современный *прил* contemporary; (*техника*) up-to-date; (*человек, идеи*) modern.
совсем *нареч* (*новый, негодный итп*) completely; (*молодой*) very; (*нисколько: не пригодный, не нужный*) totally; **не ~** not quite.
согласи|е (**-я**) *ср* consent; (*в семье*) harmony, accord.
согла|ситься (**-шусь, -сишься**; *impf* **соглашаться**) *сов возв* to agree.
согласно *предл*: **~** *+dat или* **с** *+instr* in accordance with.
согласн|ый (**-ого**) *м* (*также*: **~ звук**) consonant ◆ *прил*: **~ на** *+acc* (*на условия*) agreeable to; **Вы ~ы (со мной)?** do you agree (with me)?
соглас|овать (**-ую**; *impf* **согласовывать**) *сов перех* (*действия*) to coordinate; (*обговорить*): **~ что-н с** *+instr* (*план, цену*) to agree sth with; **~ся** (*не*)*сов возв*: **~ся с** *+instr* to correspond with.
соглаша|ться (**-юсь**) *несов от* **согласиться**.
соглашени|е (**-я**) *ср* agreement.
согн|уть (**-у, -ёшь**) *сов от* **гнуть, сгибать**.
согре|ть (**-ю**; *impf* **согревать**) *сов перех* (*воду*) to heat up; (*ноги, руки*) to warm up; **~ся** (*impf* **согреваться**) *сов возв* (*вода*) to heat up; (*человек, печка*) to warm up.
сод|а (**-ы**) *ж* soda.
содействи|е (**-я**) *ср* assistance.
содейств|овать (**-ую**) (*не*)*сов*: **~** *+dat* to assist.
содержани|е (**-я**) *ср* (*семьи, детей*) upkeep; (*магазина, фермы*) keeping; (*книги*) contents *мн*; (*сахара, витаминов*) content; (*оглавление*) contents *мн*.
содержательный *прил* (*статья, доклад*) informative.
сод|ержать (**-ержу, -ержишь**) *несов перех* (*детей, родителей, магазин*) to keep; (*ресторан*) to own; (*сахар, ошибки, информацию итп*) to contain; **~ся** *несов возв* (*под арестом*) to be held.
содр|ать (**сдеру, сдерёшь**; *pt* **-ал, -ала**, *impf* **сдирать**) *сов перех* (*слой, одежду*) to tear off.

содру́жеств|о (-а) *ср* (*дружба*) cooperation; (*союз*) commonwealth; **С~ Незави́симых Госуда́рств** the Commonwealth of Independent States.
со́евый *прил* soya.
соедин|и́ть (-ю́, -и́шь; *impf* **соединя́ть**) *сов перех* (*силы, детали*) to join; (*людей*) to unite; (*провода, трубы, по телефону*) to connect; (*установить сообщение*) to link; **~ся** (*impf* **соединя́ться**) *сов возв* (*люди, отряды*) to join together.
сожале́ни|е (-я) *ср* (*сострадание*) pity; **~ (о** +*prp*) (*о прошлом, о потере*) regret (about); **к ~ю** unfortunately.
сожале́|ть (-ю) *несов*: **~ о чём-н/, что** to regret sth/that.
соз|ва́ть (-ову́, -овёшь; *pt* -**ва́л, -вала́**, *impf* **созыва́ть**) *сов перех* (*пригласить*) to summon; (*impf* **созыва́ть**; *съезд*) to convene.
созве́зди|е (-я) *ср* constellation.
созвон|и́ться (-ю́сь, -и́шься; *impf* **созва́ниваться**) *сов возв*: **~ с** +*instr* to phone (*BRIT*) *или* call (*US*).
созда|ва́ть(ся) (-ю́, -ёшь) *несов от* **созда́ть(ся)**.
созда́ни|е (-я) *ср* creation; (*существо*) creature.
созда́тел|ь (-я) *м* creator.
созда́ть (*как* **дать**; *см* **Table 16**; *impf* **создава́ть**) *сов перех* to create; **~ся** (*impf* **создава́ться**) *сов возв* (*обстановка*) to emerge; (*впечатление*) to be created.
созна|ва́ть (-ю́, -ёшь) *несов от* **созна́ть** ♦ *перех* to be aware of; **~ся** *несов от* **созна́ться**.
созна́ни|е (-я) *ср* consciousness; (*вины, долга*) awareness; **приходи́ть (прийти́** *pf*) **в ~** to come round.
созна́тельност|ь (-и) *ж* awareness.
созна́тельный *прил* (*человек, возраст*) mature; (*жизнь*) adult; (*обман, поступок*) intentional.
созна́|ть (-ю; *impf* **сознава́ть**) *сов перех* (*вину, долг*) to realize; **~ся** (*impf* **сознава́ться**) *сов возв*: **~ся (в** +*prp*) (*в ошибке*) to admit (to); (*преступник*) to confess (to).
созре́|ть (-ю) *сов от* **зреть**.
созыва́|ть (-ю) *несов от* **созва́ть**.
сойти́ (*как* **идти́**; *см* **Table 18**; *impf* **сходи́ть**) *сов* (*с горы, с лестницы*) to go down; (*с дороги*) to leave; (*разг*): **~ с** +*instr* (*с поезда, с автобуса*) to get off; **сходи́ть (~** *pf*) **с ума́** to go mad; **~сь** (*impf* **сходи́ться**) *сов возв* (*собраться*) to gather; (*цифры, показания*) to tally.
сок (-а) *м* juice.
со́кол (-а) *м* falcon.
сокра|ти́ть (-щу́, -ти́шь; *impf* **сокраща́ть**) *сов перех* to shorten; (*расходы*) to reduce; **~ся** (*impf* **сокраща́ться**) *сов возв* (*расстояние, сроки*) to be shortened; (*расходы, снабжение*) to be reduced.
сокраще́ни|е (-я) *ср* (*см глаг*) shortening; reduction; (*сокращённое название*) abbreviation; (*также*: **~ шта́тов**) staff reduction.
сокро́вищ|е (-а) *ср* treasure.
соку́рсник (-а) *м*: **он мой ~** he is in my year.
сол|га́ть (-гу́, -жёшь *итп*, -**гу́т**) *сов от* **лгать**.
солда́т (-а; *gen pl* -) *м* soldier.

солда́тик (**-а**) *м* (*игрушка*) toy soldier.
солёный *прил* (*пища*) salty; (*овощи*) pickled in brine; (*вода*) salt.
солида́рност|ь (**-и**) *ж* solidarity.
соли́дный *прил* (*постройка*) solid; (*фирма*) established.
соли́ст (**-а**) *м* soloist.
сол|и́ть (**-ю́, -ишь**; *pf* **по~**) *несов перех* to salt; (*засаливать*) to preserve in brine.
со́лнечн|ый *прил* solar; (*день, погода*) sunny; **~ уда́р** sunstroke; **~ые очки́** sunglasses.
со́лнц|е (**-а**) *ср* sun.
со́ло *ср нескл, нареч* solo.
солов|е́й (**-ья́**) *м* nightingale.
соло́м|а (**-ы**) *ж* straw.
соло́менный *прил* (*шляпа*) straw.
соло́н|ка (**-ки**; *gen pl* **-ок**) *ж* saltcellar.
сол|ь (**-и**) *ж* salt.
со́льный *прил* solo.
сомнева́|ться (**-юсь**) *несов возв*: **~ в чём-н/, что** to doubt sth/that.
сомне́ни|е (**-я**) *ср* doubt.
сомни́тельный *прил* (*дело, личность*) shady; (*предложение, знакомство*) dubious.
сон (**сна**) *м* sleep; (*сновидение*) dream.
сона́т|а (**-ы**) *ж* sonata.
со́нный *прил* (*заспанный*) sleepy.
соobража́|ть (**-ю**) *несов от* **сообрази́ть**.
соображе́ни|е (**-я**) *ср* (*суждение*) reasoning.
сообрази́тельный *прил* smart.
сообра|зи́ть (**-жу́, -зи́шь**; *impf* **сообража́ть**) *сов* to work out.
сообща́ *нареч* together.
сообща́|ть (**-ю**) *несов от* **сообщи́ть**.
сообще́ни|е (**-я**) *ср* (*по радио*) report; (*правительственное*) announcement; (*автобусное, почтовое*) communications *мн*.
соо́бществ|о (**-а**) *ср* association; **мирово́е** *или* **междунаро́дное ~** international community.
сообщ|и́ть (**-у́, -и́шь**; *impf* **сообща́ть**) *сов*: **~ кому́-н о** *+prp* to inform sb of ♦ *перех* (*новости, тайну*) to tell.
соо́бщник (**-а**) *м* accomplice.
соотве́тственно *предл*: **~** *+dat* (*обстановке*) according to.
соотве́тственный *прил* (*оплата*) appropriate; (*результаты*) fitting.
соотве́тстви|е (**-я**) *ср* (*интересов, стилей итп*) conformity; **в ~и с** *+instr* in accordance with.
соотве́тств|овать (**-ую**) *несов*: **~** *+dat* to correspond with; (*требованиям*) to meet.
соотве́тствующий *прил* appropriate.
сооте́чественник (**-а**) *м* compatriot.
соотноше́ни|е (**-я**) *ср* correlation.
сопе́рник (**-а**) *м* rival; (*в спорте*) competitor.
сопе́рнича|ть (**-ю**) *несов*: **~ с кем-н в чём-н** to rival sb in sth.
сопра́но *ср нескл* soprano.
сопровожда́|ть (**-ю**; *pf* **сопроводи́ть**) *несов перех* (*рассказ, пение*) to accompany.
сопровожде́ни|е (**-я**) *ср*: **в ~и** *+gen* accompanied by.
сопротивле́ни|е (**-я**) *ср* resistance.
сопротивля́|ться (**-юсь**) *несов возв*: **~** *+dat* to resist.
сор (**-а**) *м* rubbish.

сорв|áть (**-ý, -ёшь**; *impf* **срывáть**) *сов перех* (*цветок, яблоко*) to pick; (*дверь, крышу, одежду итп*) to tear off; (*лекцию, переговоры*) to sabotage; (*планы*) to frustrate; **~ся** (*impf* **срывáться**) *сов возв* (*человек*) to lose one's temper; (*планы*) to be frustrated; **срывáться (~ся** *pf*) **с** *+gen* (*с петель*) to come away from.
соревновáни|е (**-я**) *ср* competition.
соревн|овáться (**-ýюсь**) *несов возв* to compete.
сор|и́ть (**-ю́, -и́шь**; *pf* **на~**) *несов* to make a mess.
сорня́к (**-á**) *м* weed.
сóрок (**-á**; *см* **Table 27**) *чис* forty.
сорóк|а (**-и**) *ж* magpie.
сороковóй *чис* fortieth.
сорóч|ка (**-ки**; *gen pl* **-ек**) *ж* (*мужская*) shirt; **ночнáя ~** nightgown.
сорт (**-а**; *nom pl* **-á**) *м* sort; (*пшеницы*) grade.
сортир|овáть (**-ýю**) *несов перех* to sort; (*по качеству*) to grade.
сос|áть (**-ý, -ёшь**) *несов перех* to suck; (*младенец, детёныш*) to suckle.
сосéд (**-а**; *nom pl* **-и**, *gen pl* **-ей**) *м* neighbour (*BRIT*), neighbor (*US*).
сосéдний *прил* neighbouring (*BRIT*), neighboring (*US*).
сосéдств|о (**-а**) *ср*: **жить по ~у** to live nearby; **в ~е с** *+instr* near.
соси́с|ка (**-ки**; *gen pl* **-ок**) *ж* sausage.
сóс|ка (**-ки**; *gen pl* **-ок**) *ж* (*на бутылке*) teat; (*пустышка*) dummy (*BRIT*), pacifier (*US*).
соск|очи́ть (**-очý, -óчишь**; *impf* **соскáкивать**) *сов* to jump off.
соскýч|иться (**-усь, -ишься**) *сов возв* to be bored; **~** (*pf*) **по** *+dat* (*по детям*) to miss.
сослагáтельн|ый *прил*: **~ое наклонéние** subjunctive mood.
со|слáть (**-шлю́, -шлёшь**; *impf* **ссылáть**) *сов перех* to exile; **~ся** (*impf* **ссылáться**) *сов возв*: **~ся на** *+acc* to refer to.
сослужи́в|ец (**-ца**) *м* colleague.
сос|нá (**-ны́**; *nom pl* **-ны**, *gen pl* **-ен**) *ж* pine (tree).
соснóвый *прил* pine.
сос|óк (**-кá**) *м* nipple.
сосредотóч|ить (**-у, -ишь**; *impf* **сосредотáчивать**) *сов перех* to concentrate; **~ся** (*impf* **сосредотáчиваться**) *сов возв* (*войска*) to be concentrated; (*внимание*): **~ся на** *+acc* to focus on.
состáв (**-а**) *м* (*классовый*) structure; **~** *+gen* (*комитета*) members *мн* of; (*вещества*) composition of.
состáв|ить (**-лю, -ишь**; *impf* **составля́ть**) *сов перех* (*словарь, список*) to compile; (*план*) to draw up; **~ся** (*impf* **составля́ться**) *сов возв* to be formed.
составн|óй *прил*: **~áя часть** component.
состáр|ить (**-ю, -ишь**) *сов от* **стáрить**; **~ся** *сов возв* (*человек*) to grow old.
состоя́ни|е (**-я**) *ср* state; (*больного*) condition; (*собственность*) fortune; **быть** (*impf*) **в ~и** *+infin* to be able to do.
состоя́тельный *прил* (*богатый*) well-off.
состо|я́ть (**-ю́, -и́шь**) *несов*: **~ из** *+gen* (*книга*) to consist of; (*заключаться*): **~ в** *+prp* to be; (*в партии*) to be a member of; **~**

(impf) +instr (директором итп) to be; **~ся** *несов возв (собрание)* to take place.
сострада́ни|е (**-я**) *ср* compassion.
состяза́ни|е (**-я**) *ср* contest.
состяза́|ться (**-юсь**) *несов возв* to compete.
сосу́д (**-а**) *м* vessel.
сосу́л|ька (**-ьки**; *gen pl* **-ек**) *ж* icicle.
сосуществова́ни|е (**-я**) *ср* coexistence.
сот *чис см* **сто**.
сотворе́ни|е (**-я**) *ср*: **~ ми́ра** Creation.
со́т|ня (**-ни**; *gen pl* **-ен**) *ж (сто)* a hundred.
сотру́дник (**-а**) *м (служащий)* employee; **нау́чный ~** research worker.
сотру́днича|ть (**-ю**) *несов* to cooperate; *(работать)* to work.
сотру́дничеств|о (**-а**) *ср (см глаг)* cooperation; work.
сотрясе́ни|е (**-я**) *ср (от взрыва)* shaking; *(также:* **~ мо́зга**) concussion.
сотряс|ти́ (**-у́, -ёшь**; *impf* **сотряса́ть**) *сов перех* to shake; **~сь** (*impf* **сотряса́ться**) *сов возв* to shake.
со́т|ы (**-ов**) *мн*: **(пчели́ные) ~** honeycomb *ед*.
со́тый *чис* hundredth.
со́ус (**-а**) *м* sauce.
соуча́стник (**-а**) *м* accomplice.
соф|а́ (**-ы́**; *nom pl* **-ы**) *ж* sofa.
со́х|нуть (**-ну**; *pt* **-**, **-ла**, *pf* **вы́сохнуть**) *несов* to dry; *(растения)* to wither.
сохран|и́ть (**-ю́, -и́шь**; *impf* **сохраня́ть**) *сов перех* to preserve; *(КОМП)* to save; **~ся** (*impf* **сохраня́ться**) *сов возв* to be preserved.
сохра́нност|ь (**-и**) *ж (вкладов, документов)* security; **в (по́лной) ~и** (fully) intact.
социа́л-демокра́т (**-а**) *м* social democrat.
социали́зм (**-а**) *м* socialism.
социалисти́ческий *прил* socialist.
социа́льн|ый *прил* social; **~ая защищённость** social security.
социо́лог (**-а**) *м* sociologist.
социоло́ги|я (**-и**) *ж* sociology.
сочета́ни|е (**-я**) *ср* combination.
сочета́|ть (**-ю**) *(не)сов перех* to combine; **~ся** *(не)сов возв (соединиться)* to combine; *(гармонировать)* to match.
сочине́ни|е (**-я**) *ср (литературное)* work; *(музыкальное)* composition; *(ПРОСВЕЩ)* essay.
сочин|и́ть (**-ю́, -и́шь**; *impf* **сочиня́ть**) *сов перех (музыку)* to compose; *(стихи, песню)* to write.
со́чный *прил (плод)* juicy; *(трава)* lush; *(краски)* vibrant.
сочу́встви|е (**-я**) *ср* sympathy.
сочу́вств|овать (**-ую**) *несов*: **~** *+dat* to sympathize with.
сошёл(ся) *итп сов см* **сойти́(сь)**.
сошью́ *итп сов см* **сшить**.
сою́з (**-а**) *м* union; *(военный)* alliance; *(ЛИНГ)* conjunction.
сою́зник (**-а**) *м* ally.
сою́зный *прил (армия)* allied; *(слово)* conjunctive.
со́|я (**-и**) *ж собир* soya beans *мн*.
спад (**-а**) *м* drop; **экономи́ческий ~** recession.
спада́|ть (*3sg* **-ет**) *несов от* **спасть**.
спазм (**-а**) *м* spasm.
спа́льный *прил (место)* sleeping;

~ **ваго́н** sleeping car; ~ **мешо́к** sleeping bag.
спа́л|ьня (**-ьни**; *gen pl* **-ен**) *ж* (*комната*) bedroom; (*мебель*) bedroom suite.
Спас (**-а**) *м* (*РЕЛ*) the Day of the Saviour (*in Orthodox Church*).
спаса́тел|ь (**-я**) *м* rescuer.
спаса́тельн|ый *прил* (*станция*) rescue; **~ая ло́дка** lifeboat; **~ жиле́т** lifejacket; **~ по́яс** lifebelt.
спаса́|ть(ся) (**-ю(сь)**) *несов от* **спасти́(сь)**.
спасе́ни|е (**-я**) *ср* rescue; (*РЕЛ*) Salvation.
спаси́бо *част*: **~ (Вам)** thank you; **большо́е ~!** thank you very much!; **~ за по́мощь** thanks for the help.
спаси́тел|ь (**-я**) *м* saviour; (*РЕЛ*) the Saviour.
спас|ти́ (**-у́, -ёшь**; *impf* **спаса́ть**) *сов перех* to save; **~сь** (*impf* **спаса́ться**) *сов возв*: **~сь (от** *+gen*) to escape.
спа|сть (*3sg* **-дёт**, *impf* **спада́ть**) *сов* (*вода*) to drop.
сп|ать (**-лю, -ишь**) *несов* to sleep; **ложи́ться (лечь** *pf*) **~** to go to bed; **~а́ться** *несов возв*: **мне не ~и́тся** I can't (get to) sleep.
СПБ *сокр* (= *Санкт-Петербу́рг*) St Petersburg.
спекта́кл|ь (**-я**) *м* performance.
спектр (**-а**) *м* spectrum.
спекули́р|овать (**-ую**) *несов* (*дефицитом*) to profiteer; (*КОММ*): **~** *+instr* (*на бирже*) to speculate in.
спекуля́нт (**-а**) *м* (*КОММ*: *биржевой*) speculator; (*дефицитом*) profiteer.
спекуля́ци|я (**-и**) *ж* (*дефицитом*) profiteering; (*КОММ*) speculation.
спе́лый *прил* ripe.
спе́реди *нареч* in front.
сп|еть (*3sg* **-е́ет**, *pf* **поспе́ть**) *несов* (*фрукты, овощи*) to ripen; ♦ (**-ою́, -оёшь**) *сов от* **петь**.
спех (**-а**) *м*: **мне не к спе́ху** (*разг*) I'm in no hurry.
специализи́р|оваться (**-уюсь**) (*не*)*сов возв*: **~ в** *+prp* *или* **по** *+dat* to specialize in.
специали́ст (**-а**) *м* specialist.
специа́льност|ь (**-и**) *ж* (*профессия*) profession.
специа́льный *прил* special.
специ́фик|а (**-и**) *ж* specific nature.
специфи́ческий *прил* specific.
спе́ци|я (**-и**) *ж* spice.
спецко́р (**-а**) *м сокр* (= *специа́льный корреспонде́нт*) special correspondent.
спецку́рс (**-а**) *м сокр* (*в вузе*: = *специа́льный курс*) *course of lectures in a specialist field.*
спецна́ц (**-а**) *м* special task force.
спецоде́жд|а (**-ы**) *ж сокр* (= *специа́льная оде́жда*) work clothes *мн*.
спеш|и́ть (**-у́, -и́шь**) *несов* (*часы*) to be fast; **~ (поспеши́ть** *pf*) *+infin*/**с** *+instr* to be in a hurry to do/with; **~** (*impf*) **на по́езд** to rush for the train.
спе́шк|а (**-и**) *ж* (*разг*) hurry, rush.
спе́шно *нареч* hurriedly.
спе́шный *прил* urgent.
СПИД (**-а**) *м сокр* (= *синдро́м приобретённого иммунодефици́та*) AIDS.
спидо́метр (**-а**) *м* speedometer.
спи́кер (**-а**) *м* speaker.
спин|а́ (**-ы́**; *acc sg* **-у**, *dat sg* **-е́**, *nom pl* **-ы**) *ж* (*человека, животного*) back.
спи́н|ка (**-ки**; *gen pl* **-ок**) *ж уменьш от* **спина́**; (*дивана, стула итп*) back; (*кровати*: *верхняя*)

headboard; (: *нижняя*) foot.
спинно́й *прил* (*позвонок*) spinal.
спира́л|ь (**-и**) *ж* (*линия*) spiral; (*также:* **внутрима́точная ~**) coil (*contraceptive*).
спирт (**-а**) *м* (*ХИМ*) spirit.
спиртн|о́е (**-о́го**) *ср* alcohol.
спиртно́й *прил*: **~ напи́ток** alcoholic drink.
сп|иса́ть (**-ишу́, -и́шешь**; *impf* **спи́сывать**) *сов перех* to copy; (*КОММ*) to write off.
спи́с|ок (**-ка**) *м* list.
спи́ц|а (**-ы**) *ж* (*для вязания*) knitting needle; (*колеса*) spoke.
спи́чечн|ый *прил*: **~ая коро́бка** matchbox; **~ая голо́вка** matchhead.
спи́ч|ка (**-ки**; *gen pl* **-ек**) *ж* match.
сплав (**-а**) *м* alloy.
спла́в|ить (**-лю, -ишь**; *impf* **сплавля́ть**) *сов перех* (*металлы*) to alloy.
спла́чива|ть(ся) (**-ю**) *несов от* **сплоти́ть(ся)**.
спл|ести́ (**-ету́, -етёшь**; *pt* **-ёл, -ела́**) *сов от* **плести́** ♦ (*impf* **сплета́ть**) *перех* to plait; (*пальцы*) to intertwine.
сплéтнича|ть (**-ю**) *несов* to gossip.
сплéт|ня (**-ни**; *gen pl* **-ен**) *ж* gossip.
спло|ти́ть (**-чу́, -ти́шь**; *impf* **спла́чивать**) *сов перех* to unite; **~ся** (*impf* **спла́чиваться**) *сов возв* to unite.
сплошно́й *прил* (*степь*) continuous; (*перепись*) universal; (*разг: неудачи*) utter.
сплошь *нареч* (*по всей поверхности*) all over; (*без исключения*) completely; **~ и ря́дом** (*разг*) everywhere.
сплю *несов см* **спать**.
споко́йный *прил* (*улица, жизнь*) quiet; (*море*) calm.
споко́йстви|е (**-я**) *ср* calm, tranquillity.
сполз|ти́ (**-у́, -ёшь**; *pt* **-, -ла́**, *impf* **сполза́ть**) *сов* to climb down.
спо́нсор (**-а**) *м* sponsor.
спор (**-а**) *м* debate; (*имущественный*) dispute; **на́ ~** (*разг*) as a bet.
спо́р|ить (**-ю, -ишь**; *pf* **по~**) *несов* (*вести спор*) to argue; (*держать пари*) to bet; **~** (*impf*) **с кем-н о чём-н** *или* **за что-н** (*о наслэдстве*) to dispute sth with sb.
спо́рный *прил* (*дело*) disputed; (*победа*) doubtful; **~ вопро́с** moot point.
спорт (**-а**) *м* sport.
спортза́л (**-а**) *м* sports hall.
спорти́вный *прил* (*площадка, комментатор*) sports; (*фигура, человек*) sporty; **~ костю́м** tracksuit.
спортсмéн (**-а**) *м* sportsman.
спо́соб (**-а**) *м* way.
спосо́бност|ь (**-и**) *ж* ability.
спосо́бный *прил* capable; (*талантливый*) able.
спосо́бств|овать (**-ую**) *сов*: **~** *+dat* (*успеху, развитию*) to encourage.
споткн|у́ться (**-у́сь, -ёшься**; *impf* **спотыка́ться**) *сов возв* to trip.
спою́ *итп несов см* **спеть**.
спра́ва *нареч* to the right; **~ от** *+gen* to the right of.
справедли́вост|ь (**-и**) *ж* justice.
справедли́вый *прил* fair, just; (*вывод*) correct.
спра́виться (*impf* **справля́ться**) *сов возв*: **~ с** *+instr* (*с работой*) to cope with, manage; (*с*

противником) to deal with; (*узнавать*): ~ **о** *+prp* to enquire *или* ask about.
спра́в|ка (**-ки**; *gen pl* **-ок**) *ж* (*сведения*) information; (*документ*) certificate.
спра́вочник (**-а**) *м* directory; (*грамматический*) reference book.
спра́вочн|ый *прил* (*литература*) reference; **~ое бюро́** information office *или* bureau.
спра́шива|ть(ся) (**-ю(сь)**) *несов от* **спроси́ть(ся)**.
спрос (**-а**) *м*: ~ **на** *+acc* (*на товары*) demand for; (*требование*): ~ **с** *+gen* (*с родителей*) demands *мн* on; **без спро́са** *или* **спро́су** without permission.
спр|оси́ть (**-ошу́, -о́сишь**; *impf* **спра́шивать**) *сов перех* (*дорогу, время*) to ask; (*совета, денег*) to ask for; (*взыскать*): ~ **что-н с** *+gen* to call sb to account for sth; (*осведомиться*): ~ **кого́-н о чём-н** to ask sb about sth; **спра́шивать** (~ *pf*) **ученика́** to question *или* test a pupil; **~ся** (*impf* **спра́шиваться**) *сов возв*: **~ся** *+gen или* **у** *+gen* (*у учителя итп*) to ask permission of.
спры́г|нуть (**-ну**; *impf* **спры́гивать**) *сов*: ~ **с** *+gen* to jump off.
спряга́|ть (**-ю**; *pf* **про~**) *несов перех* (*ЛИНГ*) to conjugate.
спряже́ни|е (**-я**) *ср* (*ЛИНГ*) conjugation.
спря́|тать(ся) (**-чу(сь), -чешь(ся)**) *сов от* **пря́тать(ся)**.
спуск (**-а**) *м* (*действие*: *флага*) lowering; (: *корабля*) launch; (: *воды, газа*) draining; (*место*: *к реке, с горы*) descent.
спуска́|ть (**-ю**) *несов от* **спусти́ть**
◆ *перех*: **я не ~л глаз с неё** I didn't take my eyes off her; **~ся** *несов от* **спусти́ться**.
спу|сти́ть (**-щу́, -сти́шь**; *impf* **спуска́ть**) *сов перех* to lower; (*собаку*) to let loose; (*газ, воду*) to drain; **~ся** (*impf* **спуска́ться**) *сов возв* to go down.
спустя́ *нареч*: ~ **три дня/год** three days/a year later.
спу́та|ть(ся) (**-ю(сь)**) *сов от* **пу́тать(ся)**.
спу́тник (**-а**) *м* (*в пути*) travelling (*BRIT*) *или* traveling (*US*) companion; (*АСТРОНОМИЯ*) satellite; (*КОСМОС*: *также*: **иску́сственный ~**) sputnik, satellite.
спя́чк|а (**-и**) *ж* hibernation.
сравне́ни|е (**-я**) *ср* comparison; **в ~и** *или* **по ~ю с** *+instr* compared with.
сра́внива|ть (**-ю**) *несов от* **сравни́ть, сравня́ть**.
сравни́тельный *прил* comparative.
сравн|и́ть (**-ю́, -и́шь**; *impf* **сра́внивать**) *сов перех*: ~ **что-н/кого́-н** (**с** *+instr*) to compare sth/sb (with); **~ся** *сов возв*: **~ся с** *+instr* to compare with.
сравня́|ть (**-ю**) *сов от* **равня́ть** ◆ (*impf* **сра́внивать**) *перех*: ~ **счёт** to equalize.
сраже́ни|е (**-я**) *ср* battle.
сра|зи́ть (**-жу́, -зи́шь**; *impf* **сража́ть**) *сов перех* (*пулей, ударом*) to slay; **~ся** (*impf* **сража́ться**) *сов возв* to join battle.
сра́зу *нареч* (*немедленно*) straight away; (*в один приём*) (all) at once.
сраст|и́сь (*3sg* **-ётся**, *impf* **сраста́ться**) *сов возв* (*кости*) to knit (together).

сред|а́ (-ы́; *nom pl* -ы) *ж* medium; (*по pl; природная, социальная*) environment; (*acc sg* -у; *день недели*) Wednesday; **окружа́ющая** ~ environment; **охра́на окружа́ющей** ~ы́ conservation.
среди́ *предл*: ~ +*gen* in the middle of; (*в числе*) among.
средизе́мн|ый *прил*: **С~ое мо́ре** the Mediterranean (Sea).
среднеазиа́тский *прил* Central Asian.
средневеко́вый *прил* medieval.
среднегодово́й *прил* average annual.
сре́дний *прил* medium; (*комната, окно итп*) middle; (*посредственный*) average; (*школа*) secondary.
сре́дств|о (-а) *ср* means *мн*; (*лекарство*) remedy.
срез (-а) *м* (*место*) cut; (*тонкий слой*) section.
сре́|зать (-жу, -жешь; *impf* **среза́ть**) *сов перех* to cut.
срок (-а) *м* (*длительность*) time, period; (*дата*) date; **в** ~ (*во время*) in time; **после́дний** *или* **преде́льный** ~ deadline; ~ **го́дности** (*товара*) sell-by date; ~ **де́йствия** period of validity.
сро́чный *прил* urgent.
срыв (-а) *м* disruption; (*на экзамене итп*) failure.
срыва́|ть(ся) (-ю(сь)) *несов от* **сорва́ть(ся)**.
сса́дин|а (-ы) *ж* scratch.
ссо́р|а (-ы) *ж* quarrel.
ссо́р|ить (-ю, -ишь; *pf* **по**~) *несов перех* (*друзей*) to cause to quarrel; **~ся** (*pf* **поссо́риться**) *несов возв* to quarrel.
СССР *м сокр* (*ИСТ*: = *Сою́з Сове́тских Социалисти́ческих Респу́блик*) USSR.
ссу́д|а (-ы) *ж* loan.
ссу|ди́ть (-жу́, -дишь; *impf* **ссужа́ть**) *сов перех* (*деньги*) to lend.
ссыла́|ть (-ю) *несов от* **сосла́ть**; **~ся** *несов от* **сосла́ться** ♦ *возв*: **~ясь на** +*acc* with reference to.
ссы́л|ка (-ки; *gen pl* -ок) *ж* exile; (*цитата*) quotation.
ст. *сокр* (= **ста́нция**) sta.
ста *чис см* **сто**.
стабилизи́р|овать (-ую) (*не*)*сов перех* to stabilize.
стаби́льный *прил* stable.
ста́в|ить (-лю, -ишь; *pf* **по**~) *несов перех* to put; (*назначать: министром*) to appoint; (*оперу*) to stage; ~ (**поста́вить** *pf*) **часы́** to set a clock.
ста́в|ка (-ки; *gen pl* -ок) *ж* (*также КОММ*) rate; (*ВОЕН*) headquarters *мн*; (*в картах*) stake; (*перен*): ~ **на** +*acc* (*расчёт*) reliance on.
ставри́д|а (-ы) *ж* (*ЗООЛ*) horse mackerel, scad.
стадио́н (-а) *м* stadium.
ста́ди|я (-и) *ж* stage.
ста́д|о (-а; *nom pl* -а́) *ср* (*коров*) herd; (*овец*) flock.
стаж (-а) *м* (*рабочий*) experience.
стажёр (-а) *м* probationer.
стажир|ова́ться (-у́юсь) *несов возв* to work on probation.
стажиро́в|ка (-ки; *gen pl* -ок) *ж* probationary period.
стака́н (-а) *м* glass; **бума́жный** ~ paper cup.
сталева́р (-а) *м* steel founder.
ста́лкива|ть(ся) (-ю(сь)) *несов от* **столкну́ть(ся)**.
стал|ь (-и) *ж* steel.
стам *итп чис см* **сто**.
станда́рт (-а) *м* standard.

стан|ови́ться (**-овлю́сь, -о́вишься**) *несов от* **стать**.
становле́ни|е (**-я**) *ср* formation.
стан|о́к (**-ка́**) *м* machine (tool).
ста́ну *итп сов см* **стать**.
ста́нци|я (**-и**) *ж* station; **телефо́нная ~** telephone exchange.
стара́ни|е (**-я**) *ср* effort.
стара́тельный *прил* diligent; (*работа*) painstaking.
стара́|ться (**-юсь**; *pf* **по~**) *несов возв*: **~** *+infin* to try to do.
старе́|ть (**-ю**; *pf* **по~**) *несов* (*человек*) to grow old(er), age; (*pf* **у~**; *оборудование*) to become out of date.
стари́к (**-а́**) *м* old man.
стари́нный *прил* ancient.
ста́р|ить (**-ю, -ишь**; *pf* **со~**) *несов перех* to age.
старомо́дный *прил* old-fashioned.
ста́рост|а (**-ы**) *м* (*курса*) senior student; (*класса*: *мальчик*) head boy; (: *девочка*) head girl; (*клуба*) head, president.
ста́рост|ь (**-и**) *ж* (*человека*) old age.
старт (**-а**) *м* (*СПОРТ*) start; (*ракеты*) takeoff point.
старт|ова́ть (**-у́ю**) (*не*)*сов* (*СПОРТ*) to start; (*ракета*) to take off.
стару́х|а (**-и**) *ж* old woman.
стару́ш|ка (**-ки**; *gen pl* **-ек**) *ж* = **стару́ха**.
ста́рше *сравн прил от* **ста́рый** ◆ *как сказ*: **я ~ сестры́ на́ год** I am a year older than my sister.
старшекла́ссник (**-а**) *м* senior pupil.
старшеку́рсник (**-а**) *м* senior student.
ста́рший *прил* senior; (*сестра, брат*) elder.
ста́рый *прил* old.
стати́стик|а (**-и**) *ж* statistics.
статисти́ческ|ий *прил* statistical; **Центра́льное ~ое управле́ние** *central statistics office*.
ста́тус (**-а**) *м* status.
статуэ́т|ка (**-ки**) *ж* statuette.
ста́ту|я (**-и**) *ж* statue.
ста|ть (**-ти**) *ж*: **под ~ кому́-н/чему́-н** like sb/sth; ◆ (**-ну, -нешь**; *impf* **станови́ться**) *сов* to stand; (*no impf*; *остановиться*) to stop; (*начать*): **~** *+infin* to begin *или* start doing ◆ *безл* (*наличествовать*): **нас ста́ло бо́льше/тро́е** there are more/three of us; **с како́й ста́ти?** (*разг*) why?; **станови́ться** (**~** *pf*) *+instr* (*учителем*) to become; **не ста́ло де́нег/сил** I have no more money/energy; **ста́ло быть** (*значит*) so; **во что бы то ни ста́ло** no matter what.
стат|ья́ (**-ьи́**; *gen pl* **-е́й**) *ж* (*в газете*) article; (*в законе, в договоре*) paragraph, clause.
ста́|я (**-и**) *ж* (*птиц*) flock; (*волков*) pack; (*рыб*) shoal.
ствол (**-а́**) *м* (*дерева*) trunk; (*ружья, пушки*) barrel.
сте́б|ель (**-ля**) *м* (*цветка*) stem.
стёган|ый *прил* quilted; **~ое одея́ло** quilt.
стега́|ть (**-ю**; *pf* **про~**) *несов перех* (*одеяло*) to quilt; (*no pf*; *хлыстом*) to lash.
стеж|о́к (**-ка́**) *м* stitch.
стека́|ть(ся) (*3sg* **-ет(ся)**) *несов от* **сте́чь(ся)**.
стекл|и́ть (**-ю́, -и́шь**; *pf* **о~**) *несов перех* (*окно*) to glaze.
стекл|о́ (**-а́**; *nom pl* **стёкла**, *gen pl* **стёкол**) *ср* glass; (*также*:

око́нное ~) (window) pane; (*для очков*) lenses *мн* ♦ *собир* (*изделия*) glassware.
стёклыш|ко (**-ка**; *gen pl* **-ек**) *ср* (*осколок*) piece of glass.
стекля́нный *прил* glass.
стел|и́ть (**-ю́, -ишь**; *pf* **по~**) *несов перех* (*скатерть, подстилку*) to spread out; (*pf* **на~**; *паркет*) to lay; **~ (постели́ть** *pf***) посте́ль** to make up a bed.
стемне́|ть (*3sg* **-ет**) *сов от* **темне́ть**.
стен|а́ (**-ы́**; *acc sg* **-у**, *dat sg* **-е́**, *nom pl* **-ы**, *dat pl* **-а́м**) *ж* wall.
стенд (**-а**) *м* (*выставочный*) display stand; (*испытательный*) test-bed; (*для стрельбы*) rifle range.
сте́н|ка (**-ки**; *gen pl* **-ок**) *ж уменьш от* **стена́**; (*желудка, также ФУТБОЛ*) wall; (*разг: мебель*) wall unit.
стенн|о́й *прил* wall; **~а́я ро́спись** mural.
стенографи́р|овать (**-ую**; *pf* **за~**) *несов перех*: **~ что-н** to take sth down in shorthand (*BRIT*) *или* stenography (*US*).
стенографи́ст (**-а**) *м* shorthand typist (*BRIT*), stenographer (*US*).
сте́пен|ь (**-и**; *gen pl* **-е́й**) *ж* (*также ПРОСВЕЩ*) degree; (*МАТ*) power.
степ|ь (**-и**; *gen pl* **-е́й**) *ж* the steppe.
стереомагнитофо́н (**-а**) *м* stereo tape recorder.
стереопро́игрывател|ь (**-я**) *м* stereo record player.
стереосисте́м|а (**-ы**) *ж* stereo.
стереоти́п (**-а**) *м* stereotype.
стере́ть (**сотру́, сотрёшь**; *pt* **стёр, стёрла**, *impf* **стира́ть**) *сов перех* to wipe off; **~ся** (*impf* **стира́ться**) *сов возв* (*надпись, краска*) to be worn away; (*подошвы*) to wear down.
стер|е́чь (**-егу́, -ежёшь** *итп*, **-егу́т**; *pt* **-ёг, -егла́**) *несов перех* to watch over.
сте́рж|ень (**-ня**) *м* rod; (*винта*) stem; (*шариковой ручки*) (ink) cartridge.
стерилиз|ова́ть (**-у́ю**) *(не)сов перех* to sterilize.
стери́льный *прил* sterile, sterilized.
сте́рлинг (**-а**) *м* (*ЭКОН*) sterling; **10 фу́нтов ~ов** 10 pounds sterling.
стесне́ни|е (**-я**) *ср* constraints *мн*; (*смущение*) shyness.
стесни́тельный *прил* shy.
стесн|и́ть (**-ю́, -и́шь**; *impf* **стесня́ть**) *сов перех* (*хозяев*) to inconvenience; (*дыхание*) to constrict.
стесня́|ться (**-юсь**; *pf* **по~**) *несов возв*: **~ (+*gen*)** to be shy (of).
стетоско́п (**-а**) *м* stethoscope.
стече́ни|е (**-я**) *ср* (*народа*) gathering; (*случайностей*) combination.
ст|ечь (*3sg* **-ечёт**, *pt* **-ёк, -екла́**, *impf* **стека́ть**) *сов*: **~ (с +*gen*)** to run down (from); **~е́чься** (*impf* **стека́ться**) *сов возв* (*реки*) to flow; (*люди*) to congregate.
стилисти́ческий *прил* stylistic.
стил|ь (**-я**) *м* style.
сти́мул (**-а**) *м* incentive, stimulus.
стимули́р|овать (**-ую**) *(не)сов перех* to stimulate; (*работу, прогресс*) to encourage.
стипе́нди|я (**-и**) *ж* grant.
стира́льный *прил* washing.
стира́|ть (**-ю**) *несов от* **стере́ть** ♦ (*pf* **вы́стирать** *или* **по~**) *перех* to wash; **~ся** *несов от* **стере́ться**.
сти́р|ка (**-ки**) *ж* washing.

сти́сн|уть (**-у**; *impf* **сти́скивать**) *сов перех* (*в руке*) to clench.
стиха́|ть (**-ю**) *несов от* **сти́хнуть**.
стих|и́ (**-ов**) *мн* (*поэзия*) poetry *ед*.
стихи́йн|ый *прил* (*развитие*) unrestrained; (*протест*) spontaneous; **~ое бе́дствие** natural disaster.
стихи́|я (**-и**) *ж* (*вода, огонь итп*) element; (*рынка*) natural force.
сти́х|нуть (**-ну**; *pt* **-, -ла**, *impf* **стиха́ть**) *сов* to die down.
стихотворе́ни|е (**-я**) *ср* poem.
сто (**ста**; *см* **Table 27**) *чис* one hundred.
стог (**-а**; *nom pl* **-а́**) *м*: **~ се́на** haystack.
сто́имост|ь (**-и**) *ж* (*затраты*) cost; (*ценность*) value.
сто́|ить (**-ю, -ишь**) *несов* (*не*)*перех* (*+acc или +gen*; *денег*) to cost ♦ *неперех*: **~** *+gen* (*внимания, любви*) to be worth ♦ *безл*: **~** *+infin* to be worth doing; **мне ничего́ не ~ит сде́лать э́то** it's no trouble for me to do it; **спаси́бо! – не ~ит** thank you! – don't mention it; **~ит** (**то́лько**) **захоте́ть** you only have to wish.
сто́|йка (**-йки**; *gen pl* **-ек**) *ж* (*положение тела*) stance; (*прилавок*) counter.
сто́йкий *прил* (*человек*) steadfast, resilient; (*краска*) durable, hardwearing; (*запах*) stubborn.
стол (**-а́**) *м* table; (*письменный*) desk.
столб (**-а́**) *м* (*пограничный*) post; (*телеграфный*) pole; (*перен*: *пыли, дыма*) cloud.
сто́лбик (**-а**) *м уменьш от* **столб**; (*цифр*) column.
столбня́к (**-а́**) *м* tetanus.
столе́ти|е (**-я**) *ср* (*срок*) century; (*годовщина*): **~** *+gen* centenary of.
сто́лик (**-а**) *м уменьш от* **стол**.
столи́ц|а (**-ы**) *ж* capital (city).
столи́чн|ый *прил*: **~ые теа́тры** the capital's theatres.
столкнове́ни|е (**-я**) *ср* clash; (*машин, судов*) collision.
столкн|у́ть (**-у́, -ёшь**; *impf* **ста́лкивать**) *сов перех*: **~** (**с** *+gen*) to push off; (*подлеж*: *случай*) to bring together; **~ся** (*impf* **ста́лкиваться**) *сов возв* (*машины*) to collide; (*интересы, характеры*) to clash; (*встретиться*): **~ся с** *+instr* to come into contact with; (*случайно*) to bump *или* run into; (*с трудностями*) to encounter.
столо́в|ая (**-ой**) *ж* (*заведение*) canteen; (*комната*) dining room.
столо́в|ый *прил* (*мебель, часы*) dining-room; **~ая ло́жка** tablespoon; **~ая соль** table salt; **~ серви́з** dinner service.
столп|и́ться (*3sg* **-и́тся**) *сов возв* to crowd.
столь *нареч* so; **~ же ... ско́лько ...** as ... as ...
сто́льк|о *нареч* (*книг*) so many; (*сахара*) so much ♦ (**-их**) *мест* (*см нареч*) this many; this much.
сто́лько-то *нареч* (*книг*) X number of; (*сахара*) X amount of.
столя́р (**-а́**) *м* joiner.
стомато́лог (**-а**) *м* dental surgeon.
стоматологи́ческий *прил* dental.
стометро́в|ый *прил*: **~ая диста́нция** one hundred metres (*BRIT*) *или* meters (*US*).
стон (**-а**) *м* groan.
стон|а́ть (**-у́, -ешь**) *несов* to groan.
стоп *межд* stop.
стоп|а́ (**-ы́**; *nom pl* **-ы́**) *ж* (*АНАТ*) sole.

сто́п|ка (**-ки**; *gen pl* **-ок**) *ж* (*бумаг*) pile.
стоп-кра́н (**-а**) *м* emergency handle (*on train*).
сто́пор (**-а**) *м* (*TEX*) lock.
стоп|та́ть (**-чу́, -чешь**; *impf* **ста́птывать**) *сов перех* to wear out; **~ся** (*impf* **ста́птываться**) *сов возв* to wear out.
сто́рож (**-а**; *nom pl* **-а́**) *м* watchman.
сторожев|о́й *прил*: **~а́я вы́шка** watchtower.
сторож|и́ть (**-у́, -и́шь**) *несов перех* = **стере́чь**.
стор|она́ (**-оны́**; *acc sg* **-ону**, *dat sg* **-оне́**, *nom pl* **-оны**, *gen pl* **-о́н**, *dat pl* **-она́м**) *ж* side; (*направление*): **ле́вая/пра́вая ~** the left/right; **в ~оне́** a little way off; **в сто́рону** *+gen* towards; **э́то о́чень любе́зно с Ва́шей ~оны́** that is very kind of you; **с одно́й ~оны́ ... с друго́й ~оны́** ... on the one hand ... on the other hand ...
сторо́нник (**-а**) *м* supporter.
сто́чн|ый *прил*: **~ая кана́ва** gutter (*in street*); **~ая труба́** drainpipe.
сто́я *нареч* standing up.
стоя́н|ка (**-ки**; *gen pl* **-ок**) *ж* (*поезда, судна*) stop; (*автомобилей*) car park (*BRIT*), parking lot (*US*); (*геологов*) camp; **~ такси́** taxi rank.
сто|я́ть (**-ю́, -и́шь**; *imper* **сто́й(те)**) *несов* to stand; (*бездействовать*) to stand idle; (*pf* **по~**; *защищать*): **~ за** *+acc* (*за друга, за идею*) to stand up for.
сто́ящий *прил* (*дело, предложение*) worthwhile; (*человек*) worthy.
стр. *сокр* (= **страни́ца**) pg.
страда́ни|е (**-я**) *ср* suffering.
страда́тельный *прил* (*ЛИНГ*): **~ зало́г** passive voice.
страда́|ть (**-ю**) *несов* to suffer.
стра́ж|а (**-и**) *ж собир* guard; **под ~ей** in custody.
стран|а́ (**-ы́**; *nom pl* **-ы**) *ж* country.
страни́ц|а (**-ы**) *ж* page.
стра́нно *нареч* strangely ♦ *как сказ* that is strange *или* odd; **мне ~, что** ... I find it strange that ...
стра́нный *прил* strange.
стра́стный *прил* passionate.
страст|ь (**-и**) *ж* passion.
страте́ги|я (**-и**) *ж* strategy.
страх (**-а**) *м* fear.
страхова́ни|е (**-я**) *ср* insurance; **госуда́рственное ~** national insurance (*BRIT*); **~ жи́зни** life insurance.
страхова́тел|ь (**-я**) *м person taking out insurance*.
страх|ова́ть (**-у́ю**; *pf* **за~**) *несов перех*: **~ от** *+gen* (*имущество*) to insure (against); (*от неожиданностей*) to protect (against); **~ся** (*pf* **застрахова́ться**) *несов возв*: **~ся** (**от** *+gen*) to insure o.s. (against); (*от неожиданностей*) to protect o.s (from).
страхо́в|ка (**-ки**; *gen pl* **-ок**) *ж* insurance.
страхов|о́й *прил* (*фирма, агент*) insurance; **~ взнос** *или* **страхова́я пре́мия** insurance premium.
страхо́вщик (**-а**) *м* insurer.
стра́шно *нареч* (*кричать*) in a frightening way; (*разг*: *усталый, довольный*) terribly ♦ *как сказ* it's frightening; **мне ~** I'm frightened *или* scared.
стра́шн|ый *прил* (*фильм, сон*) terrifying; (*холод итп*) terrible, awful; **ничего́ ~ого** it doesn't

matter.
стрек|озá (**-озы́**; *nom pl* **-óзы**) *ж* dragonfly.
стрел|á (**-ы́**; *nom pl* **-ы**) *ж* (*для стрельбы*) arrow; (*поезд*) express (train).
стрел|éц (**-ьцá**) *м* (*созвездие*): **С~** Sagittarius.
стрéл|ка (**-ки**; *gen pl* **-ок**) *ж уменьш от* **стрелá**; (*часов*) hand; (*компаса*) needle; (*знак*) arrow.
стрéлочник (**-а**) *м* signalman.
стрельб|á (**-ы́**) *ж* shooting, firing.
стреля́|ть (**-ю**) *несов*: **~ (в** *+acc*) to shoot (at) ◆ *перех* (*убивать*: *птиц*) to shoot; **~ся** *несов возв* (*самоубийца*) to shoot o.s.
стреми́тельный *прил* (*движение, атака*) swift; (*изменения*) rapid.
стрем|и́ться (**-лю́сь, -и́шься**) *несов возв*: **~ в/на** *+acc* (*на родину, в университет*) to want to go to; (*добиваться*): **~ к** *+dat* (*к славе*) to strive for.
стремлéни|е (**-я**) *ср*: **~ (к** *+dat*) striving (for).
стрéм|я (**-ени**; *как* **врéмя**; *см* **Table 4**) *ср* stirrup.
стремя́н|ка (**-ки**; *gen pl* **-ок**) *ж* stepladder.
стресс (**-а**) *м* stress.
стриж (**-á**) *м* swift.
стри́ж|ка (**-ки**; *gen pl* **-ек**) *ж* (*см глаг*) cutting; mowing; pruning; (*причёска*) haircut.
стри|чь (**-гу́, -жёшь** *итп*, **-гу́т**; *pt* **-г, -гла**, *pf* **постри́чь**) *несов перех* (*волосы, траву*) to cut; (*газон*) to mow; (*кусты*) to prune; **~** (**постри́чь** *pf*) **когó-н** to cut sb's hair; **стри́чься** (*pf* **постри́чься**) *несов возв* (*в парикмахерской*) to have one's hair cut.
стрóгий *прил* strict; (*причёска, наказание*) severe.
стрóго *нареч* (*воспитывать*) strictly; (*наказать, сказать*) severely.
строéни|е (**-я**) *ср* (*здание*) building; (*организации, вещества*) structure.
стрóже *сравн прил от* **стрóгий** ◆ *сравн нареч от* **стрóго**.
строи́тел|ь (**-я**) *м* builder.
строи́тельный *прил* building, construction.
строи́тельств|о (**-а**) *ср* (*зданий*) building, construction.
стрó|ить (**-ю, -ишь**; *pf* **вы́строить** *или* **по~**) *несов перех* to build, construct; (*pf* **по~**; *общество, семью*) to create; (*план*) to make; (*полк, отряд*) to draw up; **~ся** (*pf* **вы́строиться**) *несов возв* (*солдаты*) to form up.
стро|й (**-я**) *м* (*социальный*) system; (*языка*) structure; (*loc sg* **-ю́**; *ВОЕН*: *шеренга*) line.
стрó|йка (**-йки**; *gen pl* **-ек**) *ж* (*место*) building *или* construction site.
стрóйный *прил* (*фигура*) shapely; (*человек*) well-built.
строк|á (**-и́**; *nom pl* **-и**, *dat pl* **-áм**) *ж* (*в тексте*) line.
стропти́вый *прил* headstrong.
стрóч|ка (**-ки**; *gen pl* **-ек**) *ж уменьш от* **строкá**; (*шов*) stitch.
строчн|óй *прил*: **~áя бу́ква** lower case *или* small letter.
структу́р|а (**-ы**) *ж* structure.
струн|á (**-ы́**; *nom pl* **-ы**) *ж* string.
стру́нный *прил* (*инструмент*) stringed; **~ квартéт** string quartet.
стручкóв|ый *прил*: **~ пéрец** chilli; **~ая фасóль** runner beans *мн*.
стру|я́ (**-и́**; *nom pl* **-и**) *ж* stream.

стряхн|у́ть (**-у́, -ёшь**; *impf* **стря́хивать**) *сов перех* to shake off.
студе́нт (**-а**) *м* student.
студе́нческий *прил* student; **~ биле́т** student card.
сту́д|ень (**-ня**) *м* jellied meat.
сту́ди|я (**-и**) *ж* studio; (*школа*) school (*for actors, dancers, artists etc*); (*мастерская*) workshop.
сту́ж|а (**-и**) *ж* severe cold.
стук (**-а**) *м* (*в дверь*) knock; (*сердца*) thump; (*падающего предмета*) thud.
сту́кн|уть (**-у**) *сов* (*в дверь, в окно*) to knock; (*по столу*) to bang; **~ся** (*impf* **сту́каться**) *сов возв* to bang o.s.
стул (**-а**; *nom pl* **-ья**, *gen pl* **-ьев**) *м* chair.
ступе́н|ь (**-и**) *ж* step; (*gen pl* **-е́й**; *процесса*) stage.
ступе́н|ька (**-ьки**; *gen pl* **-ек**) *ж* step.
сту́п|ка (**-ки**; *gen pl* **-ок**) *ж* mortar.
ступн|я́ (**-и́**) *ж* (*стопа*) foot.
стуч|а́ть (**-у́, -и́шь**; *pf* **по~**) *несов* (*в дверь, в окно*) to knock; (*по столу*) to bang; (*сердце*) to thump; (*зубы*) to chatter; **~ся** (*pf* **постуча́ться**) *несов возв*: **~ся** (**в** *+acc*) to knock (at); **~ся** (**постуча́ться** *pf*) **к кому́-н** to knock at sb's door.
стыд (**-а́**) *м* shame.
стыд|и́ть (**-жу́, -ди́шь**; *pf* **при~**) *несов перех* to (put to) shame; **~ся** (*pf* **постыди́ться**) *несов возв*: **~ся** *+gen*/*+infin* to be ashamed of/to do.
сты́дно *как сказ* it's a shame; **мне ~** I am ashamed; **как тебе́ не ~!** you ought to be ashamed of yourself!
сты|ть (**-ну, -нешь**; *pf* **осты́ть**) *несов* to go cold; (*pf* **простыть**; *мёрзнуть*) to freeze.
стюарде́сс|а (**-ы**) *ж* air hostess.
стян|у́ть (**-у́, -ешь**; *impf* **стя́гивать**) *сов перех* (*пояс, шнуровку*) to tighten; (*войска*) to round up.
суббо́т|а (**-ы**) *ж* Saturday.
субподря́д (**-а**) *м* subcontract.
субподря́дчик (**-а**) *м* subcontractor.
субсиди́р|овать (**-ую**) *(не)сов перех* to subsidize.
субси́ди|я (**-и**) *ж* subsidy.
субти́тр (**-а**) *м* subtitle.
субъекти́вный *прил* subjective.
сувени́р (**-а**) *м* souvenir.
суверените́т (**-а**) *м* sovereignty.
сувере́нный *прил* sovereign.
сугро́б (**-а**) *м* snowdrift.
суд (**-а́**) *м* court session; (*орган*) court; (*процесс*) trial; (*мнение*) judgement, verdict; **отдава́ть** (**отда́ть** *pf*) **кого́-н под ~** to prosecute sb; **подава́ть** (**пода́ть** *pf*) **на кого́-н в ~** to take sb to court.
суде́бно-медици́нск|ий *прил*: **~ая эксперти́за** forensics.
суде́бн|ый *прил* (*заседание, органы*) court; (*издержки, практика*) legal; **~ое реше́ние** adjudication; **~ое де́ло** court case.
суде́йск|ий *прил* (*ЮР*) judge's; **~ая колле́гия** (*ЮР*) the bench; (*СПОРТ*) panel of judges.
су|ди́ть (**-жу́, -дишь**) *несов перех* (*преступника*) to try; (*матч*) to referee; (*укорять*) to judge; **су́дя по** *+dat* judging by; **~ся** *несов возв*: **~ся с кем-н** to take sb to court.
су́д|но (**-на**; *nom pl* **-а́**, *gen pl* **-о́в**) *ср* vessel.
судове́рф|ь (**-и**) *ж сокр* (= *судострои́тельная верфь*)

shipyard.
судовладе́л|ец (**-ьца**) *м* shipowner.
судов|о́й *прил*: **~а́я кома́нда** ship's crew; **~ журна́л** ship's log.
судопроизво́дств|о (**-а**) *ср* legal proceedings *мн*.
су́дорог|а (**-и**) *ж* (*от боли*) spasm.
су́дорожный *прил* convulsive; (*перен*: *приготовления*) feverish.
судостроéни|е (**-я**) *ср* ship building.
судохо́дный *прил* navigable; **~ кана́л** shipping canal.
судохо́дств|о (**-а**) *ср* navigation.
суд|ьба́ (**-ьбы́**; *nom pl* **-ьбы**, *gen pl* **-еб**) *ж* fate; (*будущее*) destiny; **каки́ми ~ми!** fancy seeing you here!
суд|ья́ (**-ьи́**; *nom pl* **-ьи**, *gen pl* **-е́й**) *ж* judge; (*СПОРТ*) referee.
суеве́ри|е (**-я**) *ср* superstition.
суеве́рный *прил* superstitious.
сует|а́ (**-ы́**) *ж* vanity; (*хлопоты*) commotion.
суе|ти́ться (**-чу́сь, -ти́шься**) *несов возв* to fuss (about).
суетли́вый *прил* fussy; (*жизнь, работа*) busy.
су́етный *прил* futile; (*хлопотный*) busy; (*человек*) vain.
сужа́|ть (**-ю**) *несов от* **су́зить**.
сужде́ни|е (**-я**) *ср* (*мнение*) opinion.
суждено́ *как сказ*: **(нам) не ~ бы́ло встре́титься** we weren't fated to meet.
су́|зить (**-жу, -зишь**; *impf* **сужа́ть**) *сов перех* to narrow.
су|к (**-ка́**; *loc sg* **-ку́**, *nom pl* **-чья**, *gen pl* **-чьев**) *м* (*дерева*) bough.
су́к|а (**-и**) *ж* bitch; **~ин сын** (*разг*) son of a bitch (*!*).
сук|но́ (**-на́**; *nom pl* **-на**, *gen pl* **-он**) *ср* (*шерстяное*) felt.
сумасше́дш|ий *прил* mad; (*разг*: *успех*) amazing ♦ (**-его**) *м* madman.
сумасше́стви|е (**-я**) *ср* madness, lunacy.
сумато́х|а (**-и**) *ж* chaos.
су́мер|ки (**-ек**) *мн* twilight *ед*, dusk *ед*.
суме́|ть (**-ю**) *сов*: **~** *+infin* to manage to do.
су́м|ка (**-ки**; *gen pl* **-ок**) *ж* bag.
су́мм|а (**-ы**) *ж* sum.
сумми́р|овать (**-ую**) *(не)сов перех* (*затраты итп*) to add up; (*информацию*) to summarize.
су́моч|ка (**-ки**; *gen pl* **-ек**) *ж уменьш от* **су́мка**; (*дамская, вечерняя*) handbag.
су́мрак (**-а**) *м* gloom.
су́мрачный *прил* gloomy.
сунду́к (**-а́**) *м* trunk, chest.
суп (**-а**; *nom pl* **-ы́**) *м* soup.
суперма́ркет (**-а**) *м* supermarket.
супероблож|ка (**-ки**; *gen pl* **-ек**) *ж* (dust) jacket.
супру́г (**-а**; *nom pl* **-и**) *м* spouse; **~и** husband and wife.
супру́г|а (**-и**) *ж* spouse.
супру́жеский *прил* marital.
сургу́ч (**-а́**) *м* sealing wax.
суро́вый *прил* harsh.
су́слик (**-а**) *м* ground squirrel (*BRIT*), gopher (*US*).
суста́в (**-а**) *м* (*АНАТ*) joint.
су́т|ки (**-ок**) *мн* twenty four hours *мн*; **кру́глые ~** round the clock.
су́точный *прил* twenty-four-hour.
суту́л|ить (**-ю, -ишь**; *pf* **с~**) *несов перех* to hunch; **~ся** (*pf* **ссуту́литься**) *несов возв* to stoop.
сут|ь (**-и**) *ж* essence; **~ де́ла** the crux of the matter; **по су́ти (де́ла)** as a matter of fact.
суфле́ *ср нескл* soufflé.

су́ффикс (**-а**) *м* suffix.
суха́р|ь (**-я́**) *м* cracker.
сухожи́ли|е (**-я**) *ср* tendon.
сухо́й *прил* dry; (*засушенный*) dried; **~ зако́н** prohibition.
сухопу́тн|ый *прил* land; **~ые войска́** ground forces *мн*.
сухофру́кт|ы (**-ов**) *мн* dried fruit *ед*.
су́ш|а (**-и**) *ж* (dry) land.
су́ше *сравн прил от* **сухо́й**.
сушёный *прил* dried.
суш|и́ть (**-у́, -ишь**; *pf* **вы́сушить**) *несов перех* to dry; **~ся** (*pf* **вы́сушиться**) *несов возв* to dry.
суще́ственный *прил* essential; (*изменения*) substantial.
существи́тельн|ое (**-ого**) *ср* (*также*: **и́мя ~**) noun.
существ|о́ (**-а́**) *ср* (*вопроса, дела итп*) essence; (*nom pl* **-а́**; *животное*) creature; **по ~у́** (*говорить*) to the point; (*вводн сл*) essentially.
существова́ни|е (**-я**) *ср* existence; **сре́дства к ~ю** livelihood.
существ|ова́ть (**-у́ю**) *несов* to exist.
су́щност|ь (**-и**) *ж* essence.
СФ *м сокр* (= *Сове́т Федера́ций*) *upper chamber of Russian parliament*.
сфе́р|а (**-ы**) *ж* sphere; (*производства, науки*) area; **в ~е** *+gen* in the field of; **~ обслу́живания** *или* **услу́г** service industry.
схва|ти́ть (**-чу́, -тишь**) *сов от* **хвата́ть** ♦ (*impf* **схва́тывать**) *перех* (*мысль, смысл*) to grasp; **~ся** *сов от* **хвата́ться**.
схва́т|ка (**-ки**; *gen pl* **-ок**) *ж* fight; *см также* **схва́тки**.
схва́т|ки (**-ок**) *мн* (*МЕД*) contractions *мн*.
схе́м|а (**-ы**) *ж* (*метро, улиц*) plan; (*ЭЛЕК*: *радио итп*) circuit board.
схо|ди́ть (**-жу́, -дишь**) *сов* (*разг*: *в театр, на прогулку*) to go ♦ *несов от* **сойти́**; **~ся** *несов от* **сойти́сь**.
схо́дный *прил* similar.
схо́дств|о (**-а**) *ср* similarity.
сце́н|а (**-ы**) *ж* (*подмостки*) stage; (*в пьесе, на улице*) scene.
сцена́ри|й (**-я**) *м* (*фильма*) script.
сценари́ст (**-а**) *м* scriptwriter.
сцеп|и́ть (**-лю́, -ишь**; *impf* **сцепля́ть**) *сов перех* to couple; (*пальцы*) to clasp.
сча́стливо *нареч* (*жить, рассмеяться*) happily; **~ отде́латься** (*pf*) to have a lucky escape.
счастли́во *нареч*: **~!** all the best!; **~ остава́ться!** good luck!
счастли́в|ый *прил* (*человек, жизнь, лицо*) happy; (*делец, случай*) lucky; **~ого пути́!** have a good journey!
сча́сть|е (**-я**) *ср* happiness; (*удача*) luck; **к ~ю** luckily, fortunately; **на на́ше ~** luckily for us.
счесть (**сочту́, сочтёшь**; *pt* **счёл, сочла́**) *сов от* **счита́ть**.
счёт (**-а**; *loc sg* **-у́**, *nom pl* **-а́**) *м* (*действие*) counting; (*КОММ*: *в банке*) account; (: *накладная*) invoice; (*ресторанный, телефонный*) bill; (*по pl*; *СПОРТ*) score; **в ~** *+gen* in lieu of; **за ~** *+gen* (*фирмы*) at the expense of; (*внедрений итп*) due to; **на ~ кого́-н** at sb's expense; **на э́тот ~** in this respect; **э́то не в ~** that doesn't count; **лицево́й ~** (*КОММ*) personal account; **теку́щий ~** (*КОММ*) current (*BRIT*) *или* checking (*US*) account.

счётн|ый *прил*: **~ая машина** calculator.
счётчик (**-а**) *м* meter.
счёт|ы (**-ов**) *мн* (*приспособление*) abacus *ед*; (*деловые*) dealings *мн*.
считанн|ый *прил*: **~ые дни/минуты** only a few days/minutes; **~ое количество** very few.
счита|ть (**-ю**) *несов* to count ♦ (*pf* **по~** *или* **со~**) *перех* (*деньги итп*) to count; (*pf* **по~** *или* **счесть**): **~ кого-н/что-н** *+instr* to regard sb/sth as; **я ~ю, что ...** I believe *или* think that ...; **~ся** *несов возв*: **~ся** *+instr* to be considered to be; (*уважать*): **~ся с** *+instr* to respect.
США *мн сокр* (= *Соединённые Штаты Америки*) USA.
сшить (**сошью, сошьёшь**; *imper* **сшей(те)**) *сов от* **шить** ♦ (*impf* **сшивать**) *перех* (*соединить шитьём*) to sew together.
съеда|ть (**-ю**) *несов от* **съесть**.
съедобный *прил* edible.
съезд (**-а**) *м* (*партийный*) congress.
съез|дить (**-жу, -дишь**) *сов* (*за покупками, к родителям*) to go.
съезжа|ть(ся) (**-ю(сь)**) *несов от* **съехать(ся)**.
съем *сов см* **съесть**.
съём|ка (**-ки**; *gen pl* **-ок**) *ж* (*обычно мн*: *фильма*) shooting *ед*.
съёмочн|ый *прил*: **~ая площадка** film set; **~ая группа** film crew.
съёмщик (**-а**) *м* tennant.
съесть (*как* **есть**; *см* **Table 15**; *impf* **есть** *или* **съедать**) *сов перех* (*хлеб, кашу*) to eat; (*подлеж*: *моль, тоска*) to eat away at.
съехать (*как* **ехать**; *см* **Table 19**; *impf* **съезжать**) *сов*: **~ (с** *+gen*) (*спуститься*) to go down; **съезжать (~** *pf*) (**с квартиры**) to move out (of one's flat); **~ся** (*impf* **съезжаться**) *сов возв* (*делегаты*) to gather.
съешь *сов см* **съесть**.
сыворот|ка (**-ки**; *gen pl* **-ок**) *ж* (*молочная*) whey; (*МЕД*) serum.
сыгра|ть (**-ю**) *сов от* **играть**.
сын (**-а**; *nom pl* **-овья**, *gen pl* **-овей**, *dat pl* **-овьям**) *м* son.
сып|ать (**-лю, -лешь**; *imper* **сыпь(те)**) *несов перех* to pour; **~ся** (*pf* **посыпаться**) *несов возв* to pour.
сыпучий *прил* crumbly.
сып|ь (**-и**) *ж* rash.
сыр (**-а**; *nom pl* **-ы**) *м* cheese.
сыре|ть (*3sg* **-ет**) *несов* to get damp.
сыроеж|ка (**-ки**; *gen pl* **-ек**) *ж* russula.
сырой *прил* damp; (*мясо, овощи*) raw.
сыр|ок (**-ка**) *м*: **творожный ~** sweet curd cheese; **плавленный ~** processed cheese.
сырост|ь (**-и**) *ж* dampness.
сырь|ё (**-я**) *ср собир* raw materials *мн*.
сыск (**-а**) *м* criminal detection.
сытный *прил* filling.
сытый *прил* (*не голодный*) full.
сыщик (**-а**) *м* detective.
сюда *нареч* here.
сюжет (**-а**) *м* plot.
сюрприз (**-а**) *м* surprise.
сяду *итп сов см* **сесть**.

Т, т

т *сокр* (= **тонна**) t.
т. *сокр* (= **том**) v., vol.; = **тысяча**.
та (**той**) *мест см* **тот**.

таба́к (**-а́**) *м* tobacco.
та́бел|ь (**-я**) *м* (*ПРОСВЕЩ*) school report (*BRIT*), report card (*US, SCOTTISH*); (*график*) chart.
табле́т|ка (**-ки**; *gen pl* **-ок**) *ж* tablet.
табли́ц|а (**-ы**) *ж* table; (*СПОРТ*) (league) table; **~ умноже́ния** multiplication table.
табло́ *ср нескл* (information) board; (*на стадионе*) scoreboard.
табу́н (**-а́**) *м* herd.
таёжный *прил* taiga.
таз (**-а**; *nom pl* **-ы́**) *м* (*сосуд*) basin; (*АНАТ*) pelvis.
таинственный *прил* mysterious.
та́инств|о (**-а**) *ср* (*РЕЛ*) sacrament.
та|и́ть (**-ю́, -и́шь**) *несов перех* to conceal; **~ся** *несов возв* (*скрываться*) to hide; (*опасность*) to lurk.
тайг|а́ (**-и́**) *ж* the taiga.
тайко́м *нареч* in secret, secretly.
тайм (**-а**) *м* (*СПОРТ*) period; **пе́рвый/второ́й ~** (*ФУТБОЛ*) the first/second half.
та́йн|а (**-ы**) *ж* (*личная*) secret; (*события*) mystery.
тайни́к (**-а́**) *м* hiding place.
та́йный *прил* secret.

KEYWORD

так *нареч* **1** (*указательное*: *таким образом*) like this, this way; **пусть бу́дет так** so be it
2 (*настолько*) so
3 (*разг*: *без какого-н намерения*) for no (special) reason; **почему́ ты пла́чешь? – да так** why are you crying? – for no reason
◆ *част* **1** (*разг*: *ничего*) nothing; **что с тобо́й? – так** what's wrong? – nothing
2 (*разг*: *приблизительно*) about; **дня так че́рез два** in about two days
3 (*например*) for example
4 (*да*) OK; **так, всё хорошо́/пра́вильно** OK, that's fine/correct
◆ *союз* **1** (*в таком случае*) then; **е́хать, так е́хать** if we are going, (then) let's go
2 (*таким образом*) so; **так ты поéдешь?** so, you are going?
3 (*в разделительных вопросах*): **э́то поле́зная кни́га, не так ли?** it's a useful book, isn't it?; **он хоро́ший челове́к, не так ли?** he's a good person, isn't he?
4 (*во фразах*): **и так** (*и без того уже*) anyway; **е́сли** *или* **раз так** in that case; **так и быть!** so be it!; **так и есть** (*разг*) sure enough; **так ему́!** serves him right!; **та́к себе** (*разг*) so-so; **так как** since; **так что** so; **так что́бы** so that.

та́кже *союз, нареч* also; **с Но́вым Го́дом! – и Вас ~** Happy New Year! – the same to you.
тако́в (**-а́, -о́, -ы́**) *как сказ* such.
таково́й *мест*: **как ~** as such.
так|о́е (**-о́го**) *ср* (*о чём-н интересном, важном итп*) something; **что тут ~о́го?** what is so special about that?
так|о́й *мест* such; **что ~о́е?** what is it?
та́кс|а (**-ы**) *ж* (*КОММ*) (fixed) rate.
такси́ *ср нескл* taxi.
такси́ст (**-а**) *м* taxi driver.
таксопа́рк (**-а**) *м сокр* (= *таксомото́рный парк*) taxi depot.
такт (**-а**) *м* (*тактичность*) tact; (*МУЗ*) bar (*BRIT*), measure (*US*).
та́ктик|а (**-и**) *ж* tactic; (*ВОЕН*) tactics *мн*.
такти́чный *прил* tactful.
тала́нт (**-а**) *м* talent.

тала́нтливый *прил* talented.
та́ли|я (**-и**) *ж* waist.
тало́н (**-а**) *м* ticket; (*на продукты итп*) coupon.
там *нареч* there; **~ посмо́трим** (*разг*) we'll see.
тамо́женник (**-а**) *м* customs officer.
тамо́женн|ый *прил* (*досмотр*) customs; **~ая по́шлина** customs (duty).
тамо́ж|ня (**-ни**; *gen pl* **-ен**) *ж* customs.
тампо́н (**-а**) *м* tampon.
та́н|ец (**-ца**) *м* dance.
танк (**-а**) *м* tank.
та́нкер (**-а**) *м* tanker (*ship*).
танц|ева́ть (**-у́ю**) *несов* (*не*)*перех* to dance.
танцо́вщик (**-а**) *м* dancer.
танцо́р (**-а**) *м* dancer.
та́поч|ка (**-ки**; *gen pl* **-ек**) *ж* (*обычно мн*: *домашняя*) slipper; (: *спортивная*) plimsoll (*BRIT*), sneaker (*US*).
та́р|а (**-ы**) *ж собир* containers *мн*.
тарака́н (**-а**) *м* cockroach.
таре́л|ка (**-ки**; *gen pl* **-ок**) *ж* plate; **я здесь не в своей ~ке** (*разг*) I feel out of place here.
тари́ф (**-а**) *м* tariff.
таска́|ть (**-ю**) *несов перех* to lug; **~ся** *несов возв* (*по магазинам итп*) to traipse around; **~ся** *(impf)* **за кем-н** to trail around after sb.
тас|ова́ть (**-у́ю**; *pf* **с~**) *несов перех* to shuffle.
ТАСС *м сокр* (= *Телегра́фное аге́нтство Сове́тского Сою́за*) Tass (*news agency*).
татуиро́в|ка (**-ки**; *gen pl* **-ок**) *ж* tattoo.
та́ч|ка (**-ки**; *gen pl* **-ек**) *ж* wheelbarrow.
тащ|и́ть (**-у́**, **-ишь**) *несов перех* to drag; (*тянуть*) to pull; (*нести*) to haul; (*pf* **вы́тащить**; *перен*: *в театр, на прогулку*) to drag out; **~ся** *несов возв* (*медленно ехать*) to trundle along.
та́|ять (**-ю**; *pf* **рас~**) *несов* to melt.
ТВ *м сокр* (= **телеви́дение**) TV.
тверде́|ть (*3sg* **-ет**, *pf* **за~**) *несов* to harden.
твёрдо *нареч* (*верить, сказать*) firmly; (*запомнить*) properly; **я ~ зна́ю, что ...** I know for sure that ...
твёрдый *прил* (*физ*) solid; (*земля, предмет*) hard; (*решение, сторонник, тон итп*) firm; (*цены, ставки*) stable; (*знания*) solid; (*характер*) tough; **~ знак** (*линг*) hard sign.
твёрже *сравн прил от* **твёрдый** ♦ *сравн нареч от* **твёрдо**.
тво|й (**-его́**; *f* **-я́**, *nt* **-ё**, *pl* **-и́**; *как* **мой**; *см* **Table 8**) *притяж мест* your; **как по-тво́ему?** what is your opinion?; **дава́й сде́лаем по-тво́ему** let's do it your way.
творе́ни|е (**-я**) *ср* creation.
твори́тельный *прил*: **~ паде́ж** (*линг*) the instrumental (case).
твор|и́ть (**-ю́**, **-и́шь**) *несов* to create ♦ (*pf* **со~**) *перех* to create; (*pf* **на~**; *разг*) to get up to; **~ся** *несов возв*: **что тут ~и́тся?** what's going on here?
творо́г (**-а́**) *м* ≈ curd cheese.
творо́жный *прил* curd-cheese.
тво́рческий *прил* creative.
тво́рчеств|о (**-а**) *ср* creative work; (*писателя*) work.
тво|я́ (**-е́й**) *притяж мест см* **твой**.
те (**тех**) *мест см* **тот**.
т.е. *сокр* (= **то есть**) i.e.
теа́тр (**-а**) *м* theatre (*BRIT*), theater (*US*).

театра́льный *прил* (*афиша, сезон*) theatre (*BRIT*), theater (*US*); (*деятельность, жест*) theatrical; **~ институ́т** drama school.
тебя́ *итп мест см* **ты.**
тёз|ка (**-ки**; *gen pl* **-ок**) *м/ж* namesake.
текст (**-а**) *м* text; (*песни*) words *мн*, lyrics *мн*.
тексти́льн|ый *прил* textile; **~ые изде́лия** textiles *мн*.
теку́чий *прил* fluid.
теку́щий *прил* (*год*) current; **~ счёт** (*КОММ*) current (*BRIT*) *или* checking (*US*) account.
тел. *сокр* (= **телефо́н**) tel.
телеви́дени|е (**-я**) *ср* television.
телевизио́нный *прил* television.
телеви́зор (**-а**) *м* television (set).
телегра́мм|а (**-ы**) *ж* telegram.
телегра́ф (**-а**) *м* (*способ связи*) telegraph; (*учреждение*) telegraph office.
телеграфи́р|овать (**-ую**) (*не*)*сов перех* to wire.
телегра́фн|ый *прил* telegraphic; **~ое аге́нтство** news agency.
теле́ж|ка (**-ки**; *gen pl* **-ек**) *ж* (*для багажа, в супермаркете*) trolley.
телезри́тел|ь (**-я**) *м* viewer.
телека́мер|а (**-ы**) *ж* television camera.
те́лекс (**-а**) *м* telex.
тел|ёнок (**-ёнка**; *nom pl* **-я́та**) *м* calf.
телепереда́ч|а (**-и**) *ж* TV programme (*BRIT*) *или* program (*US*).
телеско́п (**-а**) *м* telescope.
телесту́ди|я (**-и**) *ж* television studio.
телета́йп (**-а**) *м* teleprinter (*BRIT*), teletypewriter (*US*), Teletype ®.
телефо́н (**-а**) *м* telephone.
телефо́нн|ый *прил* telephone; **~ая кни́га** telephone book *или* directory.
Тел|е́ц (**-ьца́**) *м* (*созвездие*) Taurus.
телеце́нтр (**-а**) *м* television centre (*BRIT*) *или* center (*US*).
те́л|о (**-а**; *nom pl* **-а́**) *ср* body.
телогре́|йка (**-йки**; *gen pl* **-ек**) *ж* body warmer.
телохрани́тел|ь (**-я**) *м* bodyguard.
тем *мест см* **тот, то** ♦ *союз* (*+comparative*): **чем бо́льше, ~ лу́чше** the more the better; **~ бо́лее!** all the more so!; **~ бо́лее что** ... especially as ...; **~ не ме́нее** nevertheless; **~ са́мым** thus.
те́м|а (**-ы**) *ж* topic; (*МУЗ, ЛИТЕРАТУРА*) theme.
те́ми *мест см* **тот, то.**
темне́|ть (*3sg* **-ет**, *pf* **по~**) *несов* to darken ♦ (*pf* **с~**) *безл* to get dark.
темно́ *как сказ*: **на у́лице ~** it's dark outside.
темнот|а́ (**-ы́**) *ж* darkness.
тёмный *прил* dark.
темп (**-а**) *м* speed; **в те́мпе** (*разг*) quickly.
темпера́мент (**-а**) *м* temperament.
темпера́ментный *прил* spirited.
температу́р|а (**-ы**) *ж* temperature.
тенде́нци|я (**-и**) *ж* tendency; (*предвзятость*) bias.
тенев|о́й *прил* shady; (*перен*: *стороны жизни*) shadowy; **~а́я эконо́мика** shadow economy; **~ кабине́т** (*ПОЛИТ*) shadow cabinet.
те́н|и (**-е́й**) *мн* (*также*: **~ для век**) eye shadow *ед*.
те́ннис (**-а**) *м* tennis.
теннис́ист (**-а**) *м* tennis player.
тен|ь (**-и**; *prp sg* **-и́**, *gen pl* **-е́й**) *ж* (*место*) shade; (*предмета,*

человека) shadow; (*перен*): ~ *+gen* (*волнения, печали итп*) flicker of; *см также* **тéни**.
теоретúческий *прил* theoretical.
теóри|я (**-и**) *ж* theory.
тепéрь *нареч* (*сейчас*) now.
теплé|ть (*3sg* **-ет**, *pf* **по~**) *несов* to get warmer.
теплúц|а (**-ы**) *ж* hothouse.
теплúчный *прил* (*растение*) hothouse.
тепл|ó *нареч* warmly ◆ (**-á**) *ср* (*также перен*) warmth ◆ *как сказ* it's warm; **мне** ~ I'm warm.
тепловóй *прил* thermal.
теплохóд (**-а**) *м* motor ship *или* vessel.
теплоцентрáл|ь (**-и**) *ж* generator plant (*supplying central heating systems*).
тёплый *прил* warm.
терапéвт (**-а**) *м* ≈ general practitioner.
терапú|я (**-и**) *ж* (*МЕД: наука*) (internal) medicine; (*лечение*) therapy.
терéть (**тру, трёшь**; *pt* **тёр, тёрла, тёрло**) *несов перех* to rub; (*овощи*) to grate.
терзá|ть (**-ю**; *pf* **рас~**) *несов перех* (*добычу*) to savage; (*pf* **ис~**; *перен: упрёками, ревностью*) to torment; **~ся** *несов возв*: **~ся** *+instr* (*сомнениями*) to be racked by.
тёр|ка (**-ки**; *gen pl* **-ок**) *ж* grater.
тéрмин (**-а**) *м* term.
терминáл (**-а**) *м* terminal.
термóметр (**-а**) *м* thermometer.
тéрмос (**-а**) *м* Thermos ®.
термоя́дерный *прил* thermonuclear.
терпелúвый *прил* patient.
терпéни|е (**-я**) *ср* patience.
терп|éть (**-лю, -ишь**) *несов перех* (*боль, холод итп*) to suffer, endure; (*pf* **по~**; *неудачу*) to suffer; (*грубость, наглеца итп*) to tolerate; ~ (**потерпéть** *pf*) **крушéние** (*корабль*) to be wrecked; (*поезд*) to crash; ~ **не могý такúх людéй** (*разг*) I can't stand people like that; ~ **не могý спóрить** (*разг*) I hate arguing; **~ся** *несов безл*: **мне не тéрпится** *+infin* I can't wait to do.
терпúмост|ь (**-и**) *ж*: ~ (**к** *+dat*) tolerance (of).
терпúмый *прил* (*человек, отношение*) tolerant.
террáс|а (**-ы**) *ж* terrace.
территóри|я (**-и**) *ж* (*страны*) territory.
терроризúр|овать (**-ую**) *(не)сов перех* to terrorize.
террорúзм (**-а**) *м* terrorism.
террорúст (**-а**) *м* terrorist.
теря́|ть (**-ю**; *pf* **по~**) *несов перех* to lose; **~ся** (*pf* **потеря́ться**) *несов возв* to get lost; (*робеть*) to lose one's nerve.
тесн|úть (**-ю, -úшь**; *pf* **по~**) *несов перех* (*в толпе*) to squeeze; (*к стене*) to press.
тéсно *нареч* (*стоять, расположить итп*) close together; (*сотрудничать*) closely ◆ *как сказ*: **в квартúре óчень** ~ the flat is very cramped; **мы с ним ~ знакóмы** he and I know each other very well.
тéсный *прил* (*проход*) narrow; (*помещение*) cramped; (*одежда*) tight; (*дружба*) close; **мир тéсен** it's a small world.
тéст|о (**-а**) *ср* (*дрожжевое*) dough; (*слоёное, песочное*) pastry (*BRIT*), paste (*US*).
тест|ь (**-я**) *м* father-in-law, wife's father.

тесьм|á (-ы́) *ж* tape.
тёт|ка (-ки; *gen pl* -ок) *ж* auntie.
тетрáд|ь (-и) *ж* exercise book.
тёт|я (-и; *gen pl* -ь) *ж* aunt; (*разг*: *женщина*) lady.
тéфтел|и (-ей) *мн* meatballs *мн*.
тех *мест см* **те**.
тéхник|а (-и) *ж* technology; (*приёмы*: *музыкальная, плавания итп*) technique ♦ *собир* (*машины*) machinery; (*разг*: *МУЗ*) hi-fi; ~ **безопáсности** industrial health and safety.
тéхникум (-а) *м* technical college.
техни́ческ|ий *прил* technical; ~ **осмóтр** (*АВТ*) ≈ MOT (*BRIT*) (*annual roadworthiness check*); ~**ое обслýживание** maintenance, servicing.
технологи́ческий *прил* technological.
технолóги|я (-и) *ж* technology.
течéни|е (-я) *ср* (*поток*) current; (*в политике, в искусстве*) trend; **в** ~ +*gen* during.
те|чь (*3sg* -чёт, *pt* **тёк, теклá**) *несов* to flow; (*крыша, лодка итп*) to leak ♦ (-чи) *ж* leak.
тёщ|а (-и) *ж* mother-in-law, wife's mother.
тигр (-а) *м* tiger.
ти́ка|ть (*3sg* -ет) *несов* to tick.
ти́н|а (-ы) *ж* slime.
тип (-а) *м* type; **ти́па** +*gen* (*разг*) sort of.
типи́чный *прил*: ~ (**для** +*gen*) typical (of).
типовóй *прил* standard-type.
типогрáфи|я (-и) *ж* press, printing house.
типогрáфский *прил* typographical; ~ **станóк** printing press.
тир (-а) *м* shooting gallery.
тирáж (-á) *м* (*газеты*) circulation; (*книги*) printing; (*лотереи, облигаций*) drawing.
тирé *ср нескл* dash.
тиск|и́ (-óв) *мн*; **в** ~**áх** +*gen* (*перен*) in the grip of.
титáн (-а) *м* (*ХИМ*) titanium; (*для нагрева воды*) urn.
титр (-а) *м* (*обычно мн*) credit (*of film*).
ти́тул (-а) *м* title.
ти́тульный *прил*: ~ **лист** title page.
тиф (-а) *м* typhus.
ти́хий *прил* quiet; **Т~ океáн** the Pacific (Ocean).
ти́хо *нареч* (*говорить, жить итп*) quietly ♦ *как сказ*: **в дóме** ~ the house is quiet; ~! (be) quiet!
ти́ше *сравн прил от* **ти́хий** ♦ *сравн нареч от* **ти́хо** ♦ *как сказ*: ~! quiet!, hush!
тишин|á (-ы́) *ж* quiet.
т.к. *сокр* = **так как**.
ткан|ь (-и) *ж* fabric, material; (*АНАТ*) tissue.
тк|ать (-у, -ёшь; *pf* **соткáть**) *несов перех* to weave.
ткáцк|ий *прил*: ~**ая фáбрика** mill (*for fabric production*); ~ **станóк** loom.
тле|ть (*3sg* -ет) *несов* (*дрова, угли*) to smoulder (*BRIT*), smolder (*US*).
тмин (-а) *м* (*КУЛИН*) caraway seeds *мн*.
т.н. *сокр* = **так назывáемый**.
то *союз* (*условный*): **éсли** ... ~ ... if ... then ...; (*разделительный*): ~ ... ~ ... sometimes ... sometimes ...; **и** ~ even; ~ **есть** that is.
то (**тогó**) *мест см* **тот**.
т.о. *сокр* = **таки́м óбразом**.
-то *част* (*для выделения*): **письмó-то ты получи́л?** did you

(at least) receive the letter?
тобо́й *мест см* **ты**.
това́р (**-а**) *м* product; (*ЭКОН*) commodity.
това́рищ (**-а**) *м* (*приятель*) friend; (*по партии*) comrade.
това́рищеский *прил* comradely; **~ матч** (*СПОРТ*) friendly (match).
това́риществ|о (**-а**) *ср* (*КОММ*) partnership.
това́рн|ый *прил* (*производство*) goods; (*рынок*) commodity; **~ая биржа** commodity exchange; **~ знак** trademark.
товарообме́н (**-а**) *м* barter.
товарооборо́т (**-а**) *м* turnover.
тогда́ *нареч* then; **~ как** (*хотя*) while; (*при противопоставлении*) whereas.
того́ *мест см* **тот, то**.
то́же *нареч* (*также*) too, as well, also.
той *мест см* **та**.
ток (**-а**) *м* (*ЭЛЕК*) current.
тока́рный *прил*: **~ стано́к** lathe.
то́кар|ь (**-я**; *nom pl* **-я́**) *м* turner.
толк (**-а**) *м* (*в рассуждениях*) sense; (*разг: польза*) use; **сбива́ть** (**сбить** *pf*) **кого́-н с то́лку** to confuse sb.
толка́|ть (**-ю**; *pf* **толкну́ть**) *несов перех* to push; (*перен*): **~ кого́-н на** *+acc* to force sb into; **~ся** *несов возв* (*в толпе*) to push (one's way).
толк|ова́ть (**-у́ю**) *несов перех* (*явления, события итп*) to interpret.
толко́вый *прил* intelligent.
толп|а́ (**-ы́**; *nom pl* **-ы**) *ж* crowd.
толп|и́ться (*3sg* **-и́тся**) *несов возв* to crowd around.
толсте́|ть (**-ю**; *pf* **по~**) *несов* to get fatter.
то́лстый *прил* thick; (*человек, ноги итп*) fat.
толч|о́к (**-ка́**) *м* (*в спину, в грудь*) shove; (*при торможении*) jolt; (*при землетрясении*) tremor; (*перен: к работе*) push.
то́лще *сравн прил от* **то́лстый**.
толщин|а́ (**-ы́**) *ж* (*слоя, бревна*) thickness.

KEYWORD

то́лько *част* **1** only
2 (*+pron/+adv; усиливает выразительность*): **попро́буй то́лько отказа́ться!** just try to refuse!; **поду́мать то́лько!** imagine that!
◆ *союз* **1** (*сразу после*) as soon as
2 (*однако, но*) only; **позвони́, то́лько разгова́ривай недо́лго** phone (*BRIT*) *или* call (*US*), only don't talk for long
◆ *нареч* **1** (*недавно*) (only) just; **ты давно́ здесь?- нет, то́лько вошла́** have you been here long? – no, I've (only) just come in
2 (*во фразах*): **то́лько лишь** (*разг*) only; **то́лько и всего́** (*разг*) that's all; **как** *или* **лишь** *или* **едва́ то́лько** as soon as; **не то́лько ..., но и ...** not only ... but also ...; **то́лько бы** if only; **то́лько что** only just.

том *мест см* **тот, то** ◆ (**-а**; *nom pl* **-а́**) *м* volume.
тома́тный *прил*: **~ сок** tomato juice.
тому́ *мест см* **тот, то**.
тон (**-а**) *м* tone.
тонзилли́т (**-а**) *м* tonsillitis.
тонизи́рующ|ий *прил* (*напиток*) refreshing; **~ее сре́дство** tonic.
то́нкий *прил* thin; (*фигура*) slender; (*черты лица, работа, ум*)

fine; (*различия, намёк*) subtle.
то́нн|а (**-ы**) *ж* tonne.
тонне́л|ь (**-я**) *м* tunnel.
тон|у́ть (**-у́, -ешь**; *pf* **у~**) *несов* (*человек*) to drown; (*pf* **за~**; *корабль*) to sink.
то́ньше *сравн прил от* **то́нкий**.
то́па|ть (**-ю**) *несов*: **~ нога́ми** to stamp one's feet.
топ|и́ть (**-лю́, -ишь**) *несов перех* (*печь*) to stoke (up); (*плавить: масло, воск*) to melt; (*pf* **у~** *или* **по~**; *корабль*) to sink; (*человека*) to drown; **~ся** *несов возв* (*печь*) to burn; (*pf* **растопи́ться**; *воск*) to melt; (*pf* **утопи́ться**; *человек*) to drown o.s.
топлёный *прил* (*масло*) melted.
то́плив|о (**-а**) *ср* fuel.
то́пол|ь (**-я**) *м* poplar.
топо́р (**-а́**) *м* axe (*BRIT*), ax (*US*).
то́пот (**-а**) *м* clatter.
топ|та́ть (**-чу́, -чешь**; *pf* **по~**) *несов перех* (*траву*) to trample; **~ся** *несов возв* to shift from one foot to the other.
торг (**-а**) *м* trading.
торг|и́ (**-о́в**) *мн* (*аукцион*) auction *ед*; (*состязание*) tender *ед*.
торг|ова́ть (**-у́ю**) *несов* (*магазин*) to trade; **~** *(impf)* *+instr* (*мясом, мебелью*) to trade in; **~ся** (*pf* **сторгова́ться**) *несов возв* to haggle.
торго́в|ец (**-ца**) *м* merchant; (*мелкий, уличный*) trader.
торго́вл|я (**-и**) *ж* trade.
торго́в|ый *прил* trade; (*судно, флот*) merchant; **~ая сеть** retail network; **~ая то́чка** retail outlet; **~ое представи́тельство** trade mission; **~ центр** shopping centre (*BRIT*), mall (*US*).
торгпре́д (**-а**) *м сокр* (= *торго́вый представи́тель*) head of the trade mission.
торгпре́дств|о (**-а**) *ср сокр* = **торго́вое представи́тельство**.
торже́ственный *прил* (*день, случай*) special; (*собрание*) celebratory; (*вид, обстановка*) festive; (*обещание, клятва*) solemn.
торжеств|о́ (**-а́**) *ср* celebration; (*в голосе, в словах*) triumph.
торжеств|ова́ть (**-у́ю**; *pf* **вос~**) *несов*: **~ (над** *+instr*) to triumph (over).
то́рмоз (**-а**; *nom pl* **-а́**) *м* brake.
тормо|зи́ть (**-жу́, -зи́шь**; *pf* **за~**) *несов перех* (*машину*) to slow down ♦ *неперех* (*машина, поезд*) to brake; **~ся** (*pf* **затормози́ться**) *несов возв* (*работа итп*) to be hindered.
тор|опи́ть (**-оплю́, -о́пишь**; *pf* **по~**) *несов перех* to hurry; **~ся** (*pf* **поторопи́ться**) *несов возв* to hurry.
торопли́вый *прил* (*человек*) hasty.
торпе́д|а (**-ы**) *ж* torpedo.
торт (**-а**) *м* cake.
торф (**-а**) *м* peat.
торч|а́ть (**-у́, -и́шь**) *несов* (*вверх*) to stick up; (*в стороны*) to stick out; (*разг*: *на улице, в ресторане*) to hang around.
торше́р (**-а**) *м* standard lamp.
тоск|а́ (**-и́**) *ж* (*на сердце*) anguish; (*скука*) boredom; **~ по ро́дине** homesickness.
тоскли́вый *прил* (*настроение, музыка итп*) gloomy.
тоск|ова́ть (**-у́ю**) *несов* to pine away; **~** *(impf)* **по** *+dat или +prp* to miss.
тост (**-а**) *м* toast.

KEYWORD

то|т (**-гó**; *f* **та**, *nt* **то**, *pl* **те**; *см* **Table 11**) *мест* **1** that; **тот дом** that house **2** (*указывает на ранее упомянутое*) that; **в тот раз/день** that time/day **3** (*в главных предложениях*): **э́то тот челове́к, кото́рый приходи́л вчера́** it's the man who came yesterday **4** (*о последнем из названных лиц*): **я посмотре́л на дру́га, тот стоя́л мо́лча** I looked at my friend, who stood silently **5** (*обычно с отрицанием*): **зашёл не в тот дом** I called at the wrong house **6** (*об одном из перечисляемых предметов*): **ни тот ни друго́й** neither one nor the other; **тем или ины́м спо́собом** by some means or other; **тот же** the same **7** (*во фразах*): **до того́** so; **мне не до того́** I have no time for that; **к тому́ же** moreover; **ни с того́ ни с сего́** (*разг*) out of the blue; **тому́ наза́д** ago; **и тому́ подо́бное** et cetera, and so on.

тоталита́рный *прил* totalitarian.
тота́льный *прил* total; (*война*) all-out.
то-то *част* (*разг*: *вот именно*) exactly, that's just it; (*вот почему*) that's why; (*выражает удовлетворение*): **~ же** pleased to hear it; **~ он удиви́тся!** he WILL be surprised!
то́тчас *нареч* immediately.
точи́л|ка (**-ки**; *gen pl* **-ок**) *ж* pencil sharpener.
точ|и́ть (**-у́, -ишь**; *pf* **на~**) *несов перех* to sharpen; (*no pf*, *подлеж*: *червь, ржавчина*) to eat away at.
то́ч|ка (**-ки**; *gen pl* **-ек**) *ж* point; (*пятнышко*) dot; (*линг*) full stop (*BRIT*), period (*esp US*); **~ зре́ния** point of view; **~ с запято́й** semicolon.
точне́е *вводн сл* to be exact *или* precise.
то́чно *нареч* exactly; (*объяснить*) exactly, precisely; (*подсчитать, перевести*) accurately ◆ *част* (*разг*: *действительно*) precisely.
то́чност|ь (**-и**) *ж* (*часов, попадания*) accuracy.
то́чный *прил* exact; (*часы, перевод, попадание*) accurate.
точь-в-точь *нареч* (*разг*) just like.
тошн|и́ть (*3sg* **-и́т**, *pf* **с~**) *несов безл*: **меня́ ~и́т** I feel sick.
тошнот|а́ (**-ы́**) *ж* (*чувство*) nausea.
то́щий *прил* (*человек*) skinny.
т.п. *сокр* (= *тому́ подо́бное*) etc.
трав|а́ (**-ы́**; *nom pl* **-ы**) *ж* grass; (*лекарственная*) herb.
трав|и́ть (**-лю́, -ишь**) *несов перех* (*также перен*) to poison; (*pf* **за~**; *дичь*) to hunt; (*перен*: *разг*: *притеснять*) to harass, hound; **~ся** (*pf* **отрави́ться**) *несов возв* to poison o.s.
тра́вл|я (**-и**) *ж* hunting; (*демократов, радикалов*) hounding.
тра́вм|а (**-ы**) *ж* (*физическая*) injury; (*психическая*) trauma.
травмато́лог (**-а**) *м* *doctor working in a casualty department.*
травматологи́ческий *прил*: **~ отде́л** casualty; **~ пункт** first-aid room.
травми́р|овать (**-ую**) *(не)сов перех* to injure; (*перен*: *грубостью*) to traumatize.
травяно́й *прил* (*настойка*) herbal.

траге́ди|я (**-и**) *ж* tragedy.
траги́ческий *прил* tragic.
традицио́нный *прил* traditional.
тради́ци|я (**-и**) *ж* tradition.
тра́ктор (**-а**) *м* tractor.
трактори́ст (**-а**) *м* tractor driver.
трамва́|й (**-я**) *м* tram (*BRIT*), streetcar (*US*).
трампли́н (**-а**) *м* springboard; **лы́жный ~** ski jump.
транзи́т (**-а**) *м* transit.
транс (**-а**) *м* (*КОММ*: *документ*) transport document.
трансли́р|овать (**-ую**) *(не)сов перех* to broadcast.
трансля́ци|я (**-и**) *ж* (*передача*) broadcast.
транспара́нт (**-а**) *м* banner.
транспланта́ци|я (**-и**) *ж* transplant.
тра́нспорт (**-а**) *м* transport.
транспортёр (**-а**) *м* (*конвейер*) conveyor belt; (*ВОЕН*) army personnel carrier.
транспорти́р|овать (**-ую**) *(не)сов перех* to transport.
тра́нспортный *прил* transport.
транше́|я (**-и**) *ж* trench.
трап (**-а**) *м* gangway.
тра́сс|а (**-ы**) *ж* (*лыжная*) run; (*трубопровода*) line; **автомоби́льная ~** motorway (*BRIT*), expressway (*US*).
тра́т|а (**-ы**) *ж* spending; **пуста́я ~ вре́мени/де́нег** a waste of time/ money.
тра́|тить (**-чу, -тишь**; *pf* **ис~** *или* **по~**) *несов перех* to spend.
тра́ур (**-а**) *м* mourning.
трафаре́т (**-а**) *м* stencil.
тре́бовани|е (**-я**) *ср* (*решительное, категорическое*) demand; (*устава, экзаменационные*) requirement.
тре́бовательный *прил* demanding.
тре́б|овать (**-ую**; *pf* **по~**) *несов перех*: **~ что-н/** *+infin* to demand sth/to do; **~ся** (*pf* **потре́боваться**) *несов возв* to be needed *или* required.
трево́г|а (**-и**) *ж* (*волнение*) anxiety; **возду́шная ~** air-raid warning.
трево́ж|ить (**-у, -ишь**; *pf* **вс~**) *несов перех* to alarm; (*pf* **по~**; *подлеж*: *шум, посетители*) to disturb; **~ся** (*pf* **встрево́житься**) *несов возв* (*за детей*) to be concerned.
трево́жный *прил* (*голос, взгляд*) anxious; (*сведения*) alarming.
трезве́|ть (**-ю**; *pf* **о~**) *несов* to sober up.
тре́звый *прил* (*состояние, человек*) sober; (*перен*: *рассуждение*) sensible.
трём *итп чис см* **три**.
трёмста́м *итп чис см* **три́ста**.
тренажёр (**-а**) *м equipment used for physical training*.
тре́нер (**-а**) *м* coach.
тре́ни|е (**-я**) *ср* friction.
трени́р|ова́ть (**-у́ю**; *pf* **на~**) *несов перех* to train; (*спортсменов*) to coach; **~ся** (*pf* **натренирова́ться**) *несов возв* (*спортсмен*) to train.
трениро́в|ка (**-ки**; *gen pl* **-ок**) *ж* training; (*отдельное занятие*) training (session).
трениро́вочный *прил* training; **~ костю́м** tracksuit.
треп|а́ть (**-лю́, -лешь**; *pf* **по~**) *несов перех* (*подлеж*: *ветер*) to blow about; (*человека*: *по плечу*) to pat; (*pf* **ис~** *или* **по~**; *разг*: *обувь, книги*) to wear out; **~ся** (*pf* **истрепа́ться** *или* **потрепа́ться**) *несов возв* (*одежда*) to wear out.

тре́пет (**-а**) *м* (*волнение*) tremor; (*страх*) trepidation.
треп|ета́ть (**-ещу́, -е́щешь**) *несов* (*флаги*) to quiver; (*от ужаса*) to quake, tremble.
треск (**-а**) *м* (*сучьев*) snapping; (*выстрелов*) crackling.
треск|а́ (**-и́**) *ж* cod.
тре́ска|ться (*3sg* **-ется**, *pf* **по~**) *несов возв* to crack.
тре́сн|уть (*3sg* **-ет**) *сов* (*ветка*) to snap; (*стакан, кожа*) to crack.
трест (**-а**) *м* (*ЭКОН*) trust.
тре́т|ий *чис* third; **~ье лицо́** (*ЛИНГ*) the third person.
трет|ь (**-и**; *nom pl* **-и**, *gen pl* **-е́й**) *ж* third.
тре́ть|е (**-его**) *ср* (*КУЛИН*) sweet (*BRIT*), dessert.
треуго́льник (**-а**) *м* triangle.
треуго́льный *прил* triangular.
тре́ф|ы (**-**) *мн* (*КАРТЫ*) clubs *мн*.
трёх *чис см* **три**.
трёхкра́тн|ый *прил*: **~ чемпио́н** three-times champion; **в ~ом разме́ре** threefold.
трёхме́рный *прил* 3-D, threedimensional.
трёхсо́т *чис см* **три́ста**.
трёхсо́тый *чис* three hundredth.
трещ|а́ть (**-у́, -и́шь**) *несов* (*лёд, доски итп*) to crack; (*кузнечики*) to chip.
тре́щин|а (**-ы**) *ж* crack.
тр|и (**-ёх**; *см* **Table 24**) *чис* three ◆ *нескл* (*ПРОСВЕЩ*) ≈ C (*school mark*).
трибу́н|а (**-ы**) *ж* platform; (*стадиона*) stand.
трибуна́л (**-а**) *м* tribunal; **вое́нный ~** military court.
тридца́тый *чис* thirtieth.
три́дцат|ь (**-и́**; *как* **пять**; *см* **Table 26**) *чис* thirty.
три́жды *нареч* three times.
трико́ *ср нескл* leotard.
трикота́ж (**-а**) *м* (*ткань*) knitted fabric ◆ *собир* (*одежда*) knitwear.
трикота́жный *прил* knitted.
трило́ги|я (**-и**) *ж* trilogy.
трина́дцатый *чис* thirteenth.
трина́дцат|ь (**-и**; *как* **пять**; *см* **Table 26**) *чис* thirteen.
три́о *ср нескл* trio.
три́ста (**трёхсо́т**; *как* **сто**; *см* **Table 28**) *чис* three hundred.
триу́мф (**-а**) *м* triumph.
тро́гательный *прил* touching.
тро́га|ть (**-ю**; *pf* **тро́нуть**) *несов перех* to touch; (*подлеж*: *рассказ, событие*) to move; **~ся** (*pf* **тро́нуться**) *несов возв* (*поезд*) to move off.
тр|о́е (**-ои́х**; *см* **Table 30a**) *чис* three.
троебо́рь|е (**-я**) *ср* triathlon.
тро́иц|а (**-ы**) *ж* (*также*: **Свята́я ~**) the Holy Trinity; (*праздник*) ≈ Trinity Sunday.
Тро́ицын *прил*: **~ день** ≈ Trinity Sunday.
тро́|йка (**-йки**; *gen pl* **-ек**) *ж* (*цифра, карта*) three; (*ПРОСВЕЩ*) ≈ C (*school mark*); (*лошадей*) troika; (*костюм*) three-piece suit.
тройни́к (**-а́**) *м* (*ЭЛЕК*) (three-way) adaptor.
тройно́й *прил* triple.
тролле́йбус (**-а**) *м* trolleybus.
тромбо́н (**-а**) *м* trombone.
трон (**-а**) *м* throne.
тро́н|уть(ся) (**-у(сь)**) *сов от* **тро́гать(ся)**.
троп|а́ (**-ы́**; *nom pl* **-ы**) *ж* pathway.
тро́пик (**-а**) *м*: **се́верный/ю́жный ~** the tropic of Cancer/Capricorn.
тропи́н|ка (**-ки**; *gen pl* **-ок**) *ж* footpath.

тропи́ческий *прил* tropical.
трос (**-а**) *м* cable.
тростни́к (**-а́**) *м* reed; **са́харный ~** sugar cane.
трост|ь (**-и**) *ж* walking stick.
тротуа́р (**-а**) *м* pavement (*BRIT*), sidewalk (*US*).
трофе́|й (**-я**) *м* trophy.
троюродн|ый *прил*: **~ брат** second cousin (*male*); **~ая сестра́** second cousin (*female*).
троя́кий *прил* triple.
труб|а́ (**-ы́**; *nom pl* **-ы**) *ж* pipe; (*дымовая*) chimney; (*муз*) trumpet.
труба́ч (**-а́**) *м* trumpeter.
труб|и́ть (**-лю́, -и́шь**; *pf* **про~**) *несов* (*труба*) to sound; (*муз*): **~ в** *+acc* to blow.
тру́б|ка (**-ки**; *gen pl* **-ок**) *ж* tube; (*курительная*) pipe; (*телефона*) receiver.
трубопрово́д (**-а**) *м* pipeline.
труд (**-а́**) *м* work; (*экон*) labour (*BRIT*), labor (*US*); **без ~а́** without any difficulty; **с (больши́м) ~о́м** with (great) difficulty.
тру|ди́ться (**-жу́сь, -ди́шься**) *несов возв* to work hard.
тру́дно *как сказ* it's hard *или* difficult; **у меня́ ~ с деньга́ми** I've got money problems; **мне ~ поня́ть э́то** I find it hard to understand; **(мне) ~ бе́гать/стоя́ть** I have trouble running/standing up; **~ сказа́ть** it's hard to say.
тру́дност|ь (**-и**) *ж* difficulty.
тру́дный *прил* difficult.
трудово́й *прил* working.
трудоёмкий *прил* labour-intensive (*BRIT*), labor-intensive (*US*).
трудолюби́вый *прил* hard-working, industrious.
трудя́щ|ийся *прил* working ◆ (**-егося**) *м* worker.
труп (**-а**) *м* corpse.
тру́пп|а (**-ы**) *ж* (*театр*) company.
трус (**-а**) *м* coward.
тру́сик|и (**-ов**) *мн* (*детские*) knickers *мн* (*BRIT*), panties *мн* (*US*).
тру́|сить (**-шу, -сишь**; *pf* **с~**) *несов* to get scared.
трусли́вый *прил* cowardly.
трус|ы́ (**-о́в**) *мн* (*бельё: обычно мужские*) (under)pants *мн*; (*спортивные*) shorts *мн*.
трущо́б|а (**-ы**) *ж* slum.
трюк (**-а**) *м* trick; (*акробатический*) stunt.
трюка́ч (**-а́**) *м* (*в цирке*) acrobat.
трюм (**-а**) *м* hold (*of ship*).
трюмо́ *ср нескл* (*мебель*) dresser.
трю́фел|ь (**-я**; *nom pl* **-я́**) *м* truffle.
тря́п|ка (**-ки**; *gen pl* **-ок**) *ж* (*половая, для пыли*) cloth; (*лоскут*) rag.
тряс|ти́ (**-у́, -ёшь**) *несов перех* to shake; **~сь** *несов возв*: **~сь пе́ред** *+instr* (*перед начальством*) to tremble before; **~сь** *(impf)* **над** *+instr* (*разг: над ребёнком*) to fret over *или* about.
тряхн|у́ть (**-у́, -ёшь**) *сов перех* to shake.
т/с *сокр* (= **теку́щий счёт**) C/A.
ТУ *м сокр* = *самолёт констру́кции А.Н.Ту́полева*.
туале́т (**-а**) *м* toilet; (*одежда*) outfit.
туале́тн|ый *прил*: **~ая бума́га** toilet paper; **~ое мы́ло** toilet soap; **~ые принадле́жности** toiletries; **~ сто́лик** dressing table.
туберкулёз (**-а**) *м* TB, tubercolosis.
туго́й *прил* (*струна, пружина*) taut; (*узел, одежда*) tight; **он туг на́ ухо** (*разг*) he's a bit hard of hearing.

туда́ *нареч* there; **~ и обра́тно** there and back; **биле́т ~ и обра́тно** return (*BRIT*) *или* round-trip (*US*) ticket.

туда́-сюда́ *нареч* all over the place; (*раскачиваться*) backwards and forwards.

ту́же *сравн прил от* **туго́й.**

туз (**-а́**) *м* (*КАРТЫ*) ace.

тузе́м|ец (**-ца**) *м* native.

ту́ловищ|е (**-а**) *ср* torso.

тума́н (**-а**) *м* mist.

тума́нный *прил* (*воздух, утро*) misty; (*перен*: *смысл, объяснение*) nebulous.

ту́мб|а (**-ы**) *ж* (*причальная, уличная*) bollard; (*для скульптуры*) pedestal.

ту́мбоч|ка (**-ки**; *gen pl* **-ек**) *ж* *уменьш от* **ту́мба**; (*мебель*) bedside cabinet.

ту́ндр|а (**-ы**) *ж* tundra.

тун|е́ц (**-ца́**) *м* tuna (fish).

тунея́д|ец (**-ца**) *м* parasite (*fig*).

тунне́л|ь (**-я**) *м* = **тонне́ль.**

тупи́к (**-а́**) *м* (*улица*) dead end, cul-de-sac; (*для поездов*) siding; (*перен*: *в переговорах итп*) deadlock.

туп|и́ть (**-лю́, -ишь**; *pf* **за~**) *несов перех* to blunt; **~ся** (*pf* **затупи́ться**) *несов возв* to become blunt.

тупо́й *прил* (*нож, карандаш*) blunt; (*человек*) stupid; (*боль, ум*) dull; (*покорность, страх*) blind.

тур (**-а**) *м* (*этап*) round; (*в танце*) turn.

турби́н|а (**-ы**) *ж* turbine.

тури́зм (**-а**) *м* tourism.

тури́ст (**-а**) *м* tourist; (*в походе*) hiker.

туристи́ческий *прил* tourist.

турне́ *ср нескл* (*ТЕАТР, СПОРТ*) tour.

турни́р (**-а**) *м* tournament.

Ту́рци|я (**-и**) *ж* Turkey.

ту́склый *прил* (*стекло*) opaque; (*краска*) mat(t); (*свет, взгляд*) dull.

тускне́|ть (*3sg* **-ет**, *pf* **по~**) *несов* (*краска, талант*) to fade; (*серебро, позолота*) to tarnish.

тусо́вк|а (**-и**) *ж* (*разг*: *на улице*) hanging about; (*вечеринка*) party.

тут *нареч* here; **и всё ~** (*разг*) and that's that; **не ~-то бы́ло** (*разг*) it wasn't to be.

ту́ф|ля (**-ли**; *gen pl* **-ель**) *ж* shoe.

ту́хлый *прил* (*еда*) rotten; (*запах*) putrid.

ту́х|нуть (*3sg* **-нет**, *pt* **-, -ла,**, *pf* **по~**) *несов* (*костёр, свет*) to go out; (*pf* **про~**; *мясо*) to go off.

ту́ч|а (**-и**) *ж* rain cloud.

ту́ш|а (**-и**) *ж* carcass.

тушён|ка (**-ки**; *gen pl* **-ок**) *ж* (*разг*) tinned (*BRIT*) *или* canned meat.

тушёный *прил* (*КУЛИН*) braised.

туш|и́ть (**-у́, -ишь**; *pf* **за~** *или* **по~**) *несов перех* (*костёр, пожар*) to put out, extinguish; (*КУЛИН*) to braise.

туш|ь (**-и**) *ж* (*для рисования*) Indian ink; (*для ресниц*) mascara.

тща́тельный *прил* thorough.

тщесла́ви|е (**-я**) *ср* vanity.

тщесла́вный *прил* vain.

тще́тный *прил* futile.

ты (**тебя́**; *см* **Table 6a**) *мест* you; **быть** (*impf*) **с кем-н на ~** to be on familiar terms with sb.

ты́|кать (**-чу, -чешь**; *pf* **ткнуть**) *несов перех* (*разг*: *ударять*): **~ что-н/кого́-н чем-н** to poke sth/sb with sth.

тыкв|а (**-ы**) *ж* pumpkin.

тыл (**-а**; *loc sg* **-у́**, *nom pl* **-ы́**) *м* (*ВОЕН*: *территория*) the rear.

ты́льный *прил* back.

тыс. *сокр* = **ты́сяча.**

тысяч|а (-и; *см* **Table 29**) *ж чис* thousand.
тысячный *чис* thousandth; (*толпа, армия*) of thousands.
тьм|а (-ы) *ж* (*мрак*) darkness, gloom.
ТЭС *ж сокр* = *теплоэлектростанция*.
ТЭЦ *ж сокр* = *теплоэлектроцентраль*.
тюбик (-а) *м* tube.
ТЮЗ (-а) *м сокр* (= *театр юного зрителя*) youth theatre (*BRIT*) *или* theater (*US*).
тюлен|ь (-я) *м* (*ЗООЛ*) seal.
тюльпан (-а) *м* tulip.
тюремн|ый *прил* prison; **~ое заключение** imprisonment.
тюрьм|а (-ы) *ж* prison.
тяг|а (-и) *ж* (*в печи*) draught (*BRIT*), draft (*US*); (*насоса, пылесоса*) suction; **~ к** *+dat* (*перен*) attraction to.
тягостный *прил* burdensome; (*впечатления*) depressing.
тяготени|е (-я) *ср* (*ФИЗ*) gravity.
тягот|ы (-) *мн* hardships *мн*.
тяжб|а (-ы) *ж* dispute.
тяжеле|ть (-ю; *pf* **о~** *или* **по~**) *несов* to get heavier.
тяжело *нареч* heavily; (*больной, раненый*) seriously ◆ *как сказ* (*нести*) it's heavy; (*понять, согласиться*) it's hard; **мне ~ здесь** I find it hard here; **больному ~** the patient is suffering.
тяжелоатлет (-а) *м* weightlifter.
тяжёл|ый *прил* heavy; (*труд, день*) hard; (*сон*) restless; (*запах*) strong; (*воздух*) stale; (*преступление, болезнь, рана*) serious; (*зрелище*) grim; (*мысли, настроение*) grim; (*трудный: человек, характер*) difficult; **~ая атлетика** weightlifting; **~ая промышленность** heavy industry.
тяжест|ь (-и) *ж* weight, heaviness; (*работы, задачи*) difficulty; (*болезни, раны, преступления*) seriousness, severity; (*обычно мн: тяжёлый предмет*) weight.
тяжкий *прил* (*труд*) arduous; (*преступление*) grave.
тян|уть (-у, -ешь) *несов перех* (*канат, сеть итп*) to pull; (*вытягивать: шею, руку*) to stretch out; (*дело, разговор, заседание*) to drag out; (*pf* **про~**; *трубопровод, кабель*) to lay; (*pf* **вытянуть**; *жребий, номер*) to draw ◆ *неперех*: **~ с** *+instr* (*с ответом, с решением*) to delay; **меня тянет в Петербург** I want to go to Petersburg; **~ся** *несов возв* to stretch; (*заседание, дни, зима итп*) to drag on; (*дым, запах*) to waft; **~ся** *(impf)* **к** *+dat* to be attracted *или* drawn to.
тяп|ка (-ки; *gen pl* **-ок**) *ж* hoe.

У, у

KEYWORD

у *предл* (*+gen*) **1** (*около*) by; **у окна** by the window
2 (*обозначает обладателя чего-н*): **у меня есть дом/дети** I have a house/children
3 (*обозначает объект, с которым соотносится действие*): **я живу у друзей** I live with friends; **я учился у него** I was taught by him
4 (*указывает на источник получения чего-н*) from; **я попросил у друга денег** I asked

for money from a friend
◆ *межд (выражает испуг, восторг)* oh.

убегá|ть (-ю) *несов от* **убежáть**.
убеди́тельный *прил (пример)* convincing; *(просьба)* urgent.
убед|и́ть (*2sg* **-и́шь**, *3sg* **-и́т**, *impf* **убеждáть**) *сов перех*: ~ **когó-н** *+infin* to persuade sb to do; **убеждáть** (~ *pf*) **когó-н в чём-н** to convince sb of sth; **~ся** (*impf* **убеждáться**) *сов возв*: **~ся в чём-н** to be convinced of sth.
убежá|ть (*как* **бежáть**; *см* **Table 20**; *impf* **убегáть**) *сов* to run away.
убеждéни|е (-я) *ср (взгляд)* conviction.
убéжищ|е (-а) *ср (от дождя, от бомб)* shelter; **полити́ческое ~** political asylum.
убер|éчь (**-егу́, -ежёшь** *итп*, **-егу́т**; *pt* **-ёг, -еглá**, *impf* **уберегáть**) *сов перех* to protect; **~ся** (*impf* **уберегáться**) *сов возв* (*от опасности итп*) to protect o.s.
убивá|ть (-ю) *несов от* **уби́ть**.
уби́йств|о (-а) *ср* murder.
уби́йц|а (-ы) *м/ж* murderer.
убирá|ть (-ю) *несов от* **убрáть**.
уби́т|ый (-ого) *м* dead man.
уб|и́ть (**-ью́, -ьёшь**; *impf* **убивáть**) *сов перех* to kill; *(о преступлении)* to murder.
убóгий *прил (дом, человек)* wretched.
убó|й (-я) *м* slaughter.
убóр (-а) *м*: **головнóй ~** hat.
убóрк|а (-и) *ж (помещения)* cleaning; **~ урожáя** harvest.
убóрн|ая (-ой) *ж (артистическая)* dressing room; *(туалет)* lavatory.
убóрщиц|а (-ы) *ж* cleaner.
убр|áть (**уберу́, уберёшь**; *impf* **убирáть**) *сов перех (унести: вещи)* to take away; *(комнату)* to tidy; *(урожай)* to gather (in); **убирáть** (~ *pf*) **со столá** to clear the table.
убы́т|ок (-ка) *м* loss.
убы́точный *прил* loss-making.
убью́ *итп сов см* **уби́ть**.
уважáем|ый *прил* respected, esteemed; **~ господи́н** Dear Sir; **~ая госпожá** Dear Madam.
уважá|ть (-ю) *несов перех* to respect.
уважéни|е (-я) *ср* respect.
УВД *ср сокр (= Управлéние вну́тренних дел) administration of internal affairs within a town or region.*
увéдом|ить (**-лю, -ишь**; *impf* **уведомля́ть**) *сов перех* to notify.
уведомлéни|е (-я) *ср (документ)* notification.
увез|ти́ (**-у́, -ёшь**; *pt* **увёз, -лá**, *impf* **увози́ть**) *сов перех* to take away.
увели́ч|ить (**-у, -ишь**; *impf* **увели́чивать**) *сов перех* to increase; *(фотографию)* to enlarge; **~ся** (*impf* **увели́чиваться**) *сов возв* to increase.
увéренност|ь (-и) *ж* confidence.
увéренный *прил* confident.
увертю́р|а (-ы) *ж* overture.
уверя́|ть (-ю) *несов перех*: **~ когó-н/что-н (в чём-н)** to assure sb/sth (of sth).
ув|ести́ (**-еду́, -едёшь**; *pt* **-ёл, -елá**, *impf* **уводи́ть**) *сов перех* to lead off.
уви́|деть(ся) (**-жу(сь), -дишь(ся)**) *сов от* **ви́деть(ся)**.
увлекáтельный *прил (рассказ)*

absorbing; (*поездка*) entertaining.
увл|е́чь (**-еку́, -ечёшь** *итп*, **-еку́т**; *pt* **-ёк, -екла́**, *impf* **увлека́ть**) *сов перех* to lead away; (*перен*) to captivate; **~ся** (*impf* **увлека́ться**) *сов возв*: **~ся** *+instr* to get carried away with; (*влюбиться*) to fall for; (*шахматами итп*) to become keen on.
ув|оди́ть (**-ожу́, -о́дишь**) *несов от* **увести́**.
ув|ози́ть (**-ожу́, -о́зишь**) *несов от* **увезти́**.
уво́л|ить (**-ю, -ишь**; *impf* **увольня́ть**) *сов перех* (*с работы*) to dismiss, sack; **~ся** (*impf* **увольня́ться**) *сов возв*: **~ся (с рабо́ты)** to leave one's job.
увольне́ни|е (**-я**) *ср* (*со службы*) dismissal; (*ВОЕН*) leave.
увы́ *межд* alas.
увя́н|уть (**-у**) *сов от* **вя́нуть**.
угада́|ть (**-ю**; *impf* **уга́дывать**) *сов перех* to guess.
уга́рный *прил*: **~ газ** carbon monoxide.
угаса́|ть (**-ю**; *pf* **уга́снуть**) *несов* (*костёр, закат*) to die down.
угла́ *итп сущ см* **у́гол**.
углево́д (**-а**) *м* carbohydrate.
углеки́слый *прил*: **~ газ** carbon dioxide.
углеро́д (**-а**) *м* (*ХИМ*) carbon.
углово́й *прил* corner; (*также*: **~ уда́р**: *СПОРТ*) corner.
углуб|и́ть (**-лю́, -и́шь**; *impf* **углубля́ть**) *сов перех* to deepen; **~ся** (*impf* **углубля́ться**) *сов возв* to deepen.
угля́ *итп сущ см* **у́голь**.
угн|а́ть (**угоню́, уго́нишь**; *impf* **угоня́ть**) *сов перех* to drive off; (*самолёт*) to hijack.
угнета́|ть (**-ю**) *несов перех* to oppress; (*тяготить*) to depress.
уговор|и́ть (**-ю, -и́шь**; *impf* **угова́ривать**) *сов перех* to persuade.
уго|ди́ть (**-жу́, -ди́шь**; *impf* **угожда́ть**) *сов* (*попасть*) to end up; **угожда́ть** (**~** *pf*) *+dat* to please.
уго́дно *част*: **что ~** whatever you like ♦ *как сказ*: **что Вам ~?** what can I do for you?; **кто ~** anyone; **когда́/како́й ~** whenever/ whichever you like; **от них мо́жно ожида́ть чего́ ~** they might do anything.
уго́дный *прил*: **~** *+dat* pleasing to.
угожда́|ть (**-ю**) *несов от* **угоди́ть**.
у́г|ол (**-ла́**; *loc sg* **-лу́**) *м* corner; (*ГЕОМ*) angle; **~ зре́ния** perspective.
уголо́вник (**-а**) *м* criminal.
уголо́вный *прил* criminal; **~ престу́пник** criminal; **~ ро́зыск** Criminal Investigation Department.
у́г|оль (**-ля́**) *м* coal.
уго́н (**-а**) *м* (*самолёта*) hijacking; (*машины, коня*) theft.
уго́нщик (**-а**) *м* (*самолёта*) hijacker.
угоня́|ть (**-ю**) *несов от* **угна́ть**.
у́г|орь (**-ря́**; *nom pl* **-ри́**) *м* (*ЗООЛ*) eel; (*на лице*) blackhead.
уго|сти́ть (**-щу́, -сти́шь**; *impf* **угоща́ть**) *сов перех*: **~ кого́-н чем-н** (*пирогом, вином*) to offer sb sth.
угоща́|ться (**-юсь**) *несов возв*: **~йтесь!** help yourself!
угрожа́|ть (**-ю**) *несов*: **~ кому́-н (чем-н)** to threaten sb (with sth).
угро́з|а (**-ы**) *ж* (*обычно мн*) threat.
угрызе́ни|е (**-я**) *ср*: **~я со́вести** pangs *мн* of conscience.
угрю́мый *прил* gloomy.
уда|ва́ться (*3sg* **-ётся**) *несов от*

уда́ться.
удал|и́ть (**-ю́, -и́шь**; *impf* **удаля́ть**) *сов перех* (*отослать*) to send away; (*игрока*: *с поля*) to send off; (*пятно, занозу, орган*) to remove.
уда́р (**-а**) *м* blow; (*ногой*) kick; (*инсульт*) stroke; (*сердца*) beat.
ударе́ни|е (**-я**) *ср* stress.
уда́р|ить (**-ю, -ишь**; *impf* **ударя́ть**) *сов перех* to hit; (*подлеж*: *часы*) to strike; **~ся** (*impf* **ударя́ться**) *сов возв*: **~ся о** *+acc* (*о дверь, о стену итп*) to bang (o.s.) against.
уда́рный *прил* (*инструмент*) percussion; (*слог*) stressed.
уда́ться (*как* **дать**; *см* **Table 16**; *impf* **удава́ться**) *сов возв* (*опыт, испытание*) to be successful, work; (*пирог*) to turn out well; **нам удало́сь поговори́ть/зако́нчить рабо́ту** we managed to talk to each other/finish the work.
уда́ч|а (**-и**) *ж* (good) luck; **жела́ю ~и!** good luck!
уда́чный *прил* successful; (*выражение*) apt.
удво́|ить (**-ю, -ишь**; *impf* **удва́ивать**) *сов перех* to double.
удел|и́ть (**-ю́, -и́шь**; *impf* **уделя́ть**) *сов перех*: **~ что-н кому́-н/чему́-н** to devote sth to sb/sth.
уд|ержа́ть (**-ержу́, -е́ржишь**; *impf* **уде́рживать**) *сов перех* to restrain; (*часть зарплаты*) to deduct; **уде́рживать** (**~** *pf*) **(за собо́й)** (*первенство, позиции*) to retain; **уде́рживать** (**~** *pf*) **кого́-н от пое́здки** to keep sb from going on a journey; **~ся** (*impf* **уде́рживаться**) *сов возв* to stop *или* restrain o.s.
удиви́тельный *прил* amazing.
удив|и́ть (**-лю́, -и́шь**; *impf* **удивля́ть**) *сов перех* to surprise; **~ся** (*impf* **удивля́ться**) *сов возв*: **~ся** *+dat* (*известию, приезду итп*) to be surprised at *или* by.
удивле́ни|е (**-я**) *ср* surprise.
уди́ть (**ужу́, у́дишь**) *несов* to angle.
удлин|и́ть (**-ю́, -и́шь**; *impf* **удлиня́ть**) *сов перех* (*рукав, пальто*) to lengthen; (*рабочий день, срок*) to extend.
удо́бно *нареч* (*сесть, лечь*) comfortably ♦ *как сказ*: **мне здесь ~** I'm comfortable here; **мне ~ прийти́ ве́чером** it's convenient for me to come in the evening.
удо́бный *прил* comfortable; (*время, место*) convenient.
удобре́ни|е (**-я**) *ср* fertilizer.
удо́бств|о (**-а**) *ср* comfort; **кварти́ра со все́ми ~ами** a flat with all (modern) conveniences.
удовлетворе́ни|е (**-я**) *ср* satisfaction; (*требований*) fulfilment.
удовлетвори́тельный *прил* satisfactory.
удовлетвор|и́ть (**-ю́, -и́шь**; *impf* **удовлетворя́ть**) *сов перех* to satisfy; (*потребности, просьбу*) to meet; (*жалобу*) to respond to; **~ся** (*impf* **удовлетворя́ться**) *сов возв*: **~ся** *+instr* to be satisfied with.
удово́льстви|е (**-я**) *ср* pleasure.
удостовере́ни|е (**-я**) *ср* (*документ*: *служебное*) identification (card); **~ ли́чности** identity card.
удочер|и́ть (**-ю́, -и́шь**; *impf* **удочеря́ть**) *сов перех* to adopt (*daughter*).
у́доч|ка (**-ки**; *gen pl* **-ек**) *ж*

(fishing-) rod.

уду́шь|е (**-я**) *ср* suffocation.

уе́хать (*как* **е́хать**; *см* **Table 19**; *impf* **уезжа́ть**) *сов* to leave, go away.

уж (**-а́**) *м* (*зоол*) grass snake ♦ *част* (*выражает усиление*): **здесь не так ~ пло́хо** it's not as bad as all that here.

ужа́л|ить (**-ю, -ишь**) *сов от* **жа́лить**.

у́жас (**-а**) *м* horror; (*страх*) terror ♦ *как сказ* (*разг*): **(э́то) ~!** it's awful *или* terrible!; **ти́хий ~!** (*разг*) horror of horrors!; **до ~а** (*разг*) terribly.

ужасн|у́ть (**-у́, -ёшь**; *impf* **ужаса́ть**) *сов перех* to horrify; **~ся** (*impf* **ужаса́ться**) *сов возв* to be horrified.

ужа́сно *нареч* (*разг*: *умный, красивый итп*) awfully, terribly ♦ *как сказ*: **здесь сейча́с ~** it's awful *или* terrible here now.

ужа́сный *прил* terrible, horrible, awful.

у́же *сравн прил от* **у́зкий**.

уже́ *нареч, част* already; **ты же ~ не ма́ленький** you're not a child any more.

ужива́|ться (**-юсь**) *несов от* **ужи́ться**.

у́жин (**-а**) *м* supper.

у́жина|ть (**-ю**; *pf* **по~**) *несов* to have supper.

ужи́|ться (**-ву́сь, -вёшься**; *impf* **ужива́ться**) *сов возв*: **~ с кем-н** to get on with sb.

узако́н|ить (**-ю, -ишь**; *impf* **узако́нивать**) *сов перех* to legalize.

у́з|ел (**-ла́**) *м* knot; (*мешок*) bundle; **телефо́нный ~** telephone exchange; **железнодоро́жный ~** railway junction; **санита́рный ~** bathroom and toilet.

у́зкий *прил* narrow; (*тесный*) tight; (*перен*: *человек*) narrow-minded.

узна́|ть (**-ю**; *impf* **узнава́ть**) *сов перех* to recognize; (*новости*) to learn.

у́зок *прил см* **у́зкий**.

узо́р (**-а**) *м* pattern.

узо́рный *прил* patterned.

уйти́ (*как* **идти́**; *см* **Table 18**; *impf* **уходи́ть**) *сов* (*человек*) to go away, leave; (*пароход, поезд*) to go, leave; (*избежать*): **~ от** *+gen* (*от опасности итп*) to get away from; (*потребоваться*): **~ на** *+acc* (*деньги, время*) to be spent on.

ука́з (**-а**) *м* (*президента*) decree.

указа́ни|е (**-я**) *ср* indication; (*разъяснение*) instruction; (: *начальства*) directive.

указа́тел|ь (**-я**) *м* (*дорожный*) sign; (*книга*) guide; (*список в книге*) index; (*прибор*) indicator.

указа́тельн|ый *прил*; **~ое местоиме́ние** demonstrative pronoun; **~ па́лец** index finger.

ук|аза́ть (**-ажу́, -а́жешь**; *impf* **ука́зывать**) *сов перех* to point out; (*сообщить*) to indicate.

ука́з|ка (**-ки**; *gen pl* **-ок**) *ж* pointer.

укача́|ть (**-ю**; *impf* **ука́чивать**) *сов перех* (*усыпить*) to rock to sleep; **его́ ~ло (в маши́не/на парохо́де)** he got (car-/sea-)sick.

укла́дыва|ть (**-ю**) *несов от* **уложи́ть**; **~ся** *несов от* **уложи́ться** ♦ *возв*: **э́то не ~ется в обы́чные ра́мки** this is out of the ordinary; **э́то не ~ется в голове́** *или* **в созна́нии** it's beyond me.

укло́н (**-а**) *м* slant; **под ~** downhill.

укл|они́ться (**-оню́сь, -о́нишься**; *impf* **уклоня́ться**) *сов*

возв (*от удара*) to swerve; **~ от** *+gen* to dodge; (*от темы, от предмета*) to digress from.
уклóнчивый *прил* (*ответ*) evasive.
укóл (**-а**) *м* prick; (*МЕД*) injection.
ук|олóть (**-олю́, -óлешь**) *сов от* **колóть**.
укóр (**-а**) *м* (*упрёк*) reproach; **~ы сóвести** pangs of conscience.
укоро|ти́ть (**-чý, -ти́шь**; *impf* **укорáчивать**) *сов перех* to shorten; **~ся** (*impf* **укорáчиваться**) *сов возв* to be shortened.
укрáдкой *нареч* furtively.
укрá|сить (**-шу, -сишь**; *impf* **украшáть**) *сов перех* (*комнату*) to decorate; (*жизнь итп*) to brighten (up).
укрá|сть (**-дý, -дёшь**) *сов от* **красть**.
украшá|ть (**-ю**) *несов от* **укрáсить**.
украшéни|е (**-я**) *ср* decoration; (*коллекции*) jewel; (*также:* **ювели́рное ~**) jewellery (*BRIT*), jewelry (*US*).
укреп|и́ть (**-лю́, -и́шь**; *impf* **укрепля́ть**) *сов перех* to strengthen; (*стену, строение*) to reinforce; **~ся** (*impf* **укрепля́ться**) *сов возв* to become stronger.
укреплéни|е (**-я**) *ср* strengthening.
укрóп (**-а**) *м, собир* dill.
укро|ти́ть (**-щý, -ти́шь**; *impf* **укрощáть**) *сов перех* to tame.
укры́ти|е (**-я**) *ср* shelter.
укр|ы́ть (**-óю, -óешь**; *impf* **укрывáть**) *сов перех* (*закрыть*) to cover; (*беженца*) to shelter; **~ся** (*impf* **укрывáться**) *сов возв* to cover o.s.; (*от дождя*) to take cover.
ýксус (**-а**) *м* vinegar.
укýс (**-а**) *м* bite.
ук|уси́ть (**-ушý, -ýсишь**) *сов перех* to bite.
укýта|ть (**-ю**; *impf* **укýтывать**) *сов перех* to wrap up; **~ся** (*impf* **укýтываться**) *сов возв* to wrap o.s. up.
ул. *сокр* (= *ýлица*) St.
улáвлива|ть (**-ю**) *несов от* **улови́ть**.
улá|дить (**-жу, -дишь**; *impf* **улáживать**) *сов перех* to settle.
ýл|ей (**-ья**) *м* (bee-)hive.
уле|тéть (**-чý, -ти́шь**; *impf* **улетáть**) *сов* (*птица*) to fly away; (*самолёт*) to leave.
улетýч|иться (**-усь, -ишься**; *impf* **улетýчиваться**) *сов возв* to evaporate.
ули́к|а (**-и**) *ж* (piece of) evidence.
ули́т|ка (**-ки**; *gen pl* **-ок**) *ж* snail.
ýлиц|а (**-ы**) *ж* street; **на ~е** outside.
ýличн|ый *прил* street; **~ое движéние** traffic.
улóв (**-а**) *м* catch (*of fish*).
улови́мый *прил*: **едвá** *или* **чуть** *или* **éле ~** barely perceptible.
ул|ови́ть (**-овлю́, -óвишь**; *impf* **улáвливать**) *сов перех* to detect; (*мысль, связь*) to grasp.
ул|ожи́ть (**-ожý, -óжишь**; *impf* **уклáдывать**) *сов перех* (*ребёнка*) to put to bed; (*вещи, чемодан*) to pack; **~ся** (*impf* **уклáдываться**) *сов возв* (*сложить вещи*) to pack; **уклáдываться (~ся** *pf*) **в срóки** to keep to the deadline.
улýчш|ить (**-у, -ишь**; *impf* **улучшáть**) *сов перех* to improve.
улыбá|ться (**-юсь**; *pf* **улыбнýться**) *несов возв*: **~** (*+dat*) to smile (at).
улы́б|ка (**-ки**; *gen pl* **-ок**) *ж* smile.
ультразвýк (**-а**) *м* ultrasound.

ультрафиолéтов|ый *прил*: **~ые лучи́** ultraviolet rays *мн*.
ум (**-á**) *м* mind; **быть** *(impf)* **без ~á от когó-н/чегó-н** to be wild about sb/sth; **в ~é** (*считать*) in one's head; **брáться (взя́ться** *pf***) за ~** to see sense; **сходи́ть (сойти́** *pf***) с ~á** to go mad; **своди́ть (свести́** *pf***) когó-н с ~á** to drive sb mad; (*перен*: *увлечь*) to drive sb wild; **~á не приложу́, кудá/скóлько/кто** ... I can't think where/how much/ who ...
умáлчива|ть (**-ю**) *несов от* **умолчáть**.
умéлый *прил* skilful (*BRIT*), skillful (*US*).
умéни|е (**-я**) *ср* ability, skill.
умéньш|ить (**-у, -ишь**; *impf* **уменьшáть**) *сов перех* to reduce; **~ся** (*impf* **уменьшáться**) *сов возв* to diminish.
умéренный *прил* moderate; (*климат, характер*) temperate.
ум|ерéть (**-ру́, -рёшь**; *impf* **умирáть**) *сов* to die.
умéр|ить (**-ю, -ишь**; *impf* **умеря́ть**) *сов перех* to moderate.
уме|сти́ть (**-щу́, -сти́шь**; *impf* **умещáть**) *сов перех* to fit; **~ся** (*impf* **умещáться**) *сов возв* to fit.
умé|ть (**-ю**) *несов* can, to be able to; (*иметь способность*) to know how to; **он ~ет плáвать/читáть** he can swim/read.
умещá|ть(ся) (**-ю(сь)**) *несов от* **умести́ть(ся)**.
умирá|ть (**-ю**) *несов от* **умерéть** ♦ *неперех* (*перен*): **~ю, как хочу́ есть/спать** I'm dying for something to eat/to go to sleep; **я ~ю от ску́ки** I'm bored to death.
умиротвор|и́ть (**-ю́, -и́шь**; *impf* **умиротворя́ть**) *сов перех* (*враждующих*) to pacify; (*агрессора*) to appease.
умнé|ть (**-ю**; *pf* **по~**) *несов* (*человек*) to grow wiser.
у́мниц|а (**-ы**) *м/ж*: **он/онá ~** he's/ she's a clever one; (*разг*): **вот ~!** good for you!, well done!
у́мно *нареч* (*вести себя*) sensibly; (*говорить*) intelligently.
умножá|ть (**-ю**) *несов от* **умнóжить**.
умножéни|е (**-я**) *ср* (*см глаг*) multiplication; increase.
умнóж|ить (**-у, -ишь**; *impf* **мнóжить** *или* **умножáть**) *сов перех* (*МАТ*) to multiply.
у́мный *прил* clever, intelligent.
умозаключéни|е (**-я**) *ср* (*вывод*) deduction.
умол|и́ть (**-ю́, -и́шь**; *impf* **умоля́ть**) *сов перех*: **~ когó-н** (**+infin**) to prevail upon sb (to do).
у́молк *м*: **без ~у** incessantly.
умóлкн|уть (**-у**; *impf* **умолкáть**) *сов* to fall silent.
умолч|áть (**-у́, -и́шь**; *impf* **умáлчивать**) *сов*: **~ о чём-н** to keep quiet about sth.
умоля́|ть (**-ю**) *несов от* **умоли́ть** ♦ *перех* to implore.
умру́ *итп сов см* **умерéть**.
умóю(сь) *сов см* **умы́ть(ся)**.
у́мственно *нареч*: **~ отстáлый** mentally retarded.
у́мственный *прил* (*способности*) mental; **~ труд** brainwork.
умч|áть (**-у́, -и́шь**) *сов перех* to whisk off *или* away; **~ся** *сов возв* to dash off.
умывáльник (**-а**) *м* washstand.
умы́ть (**умóю, умóешь**; *impf* **умывáть**) *сов перех* to wash; **~ся** (*impf* **умывáться**) *сов возв* to wash.

умы́шленный *прил* deliberate, intentional; (*преступление*) premeditated.
ун|ести́ (**-есу́, -есёшь**; *pt* **-ёс, -есла́**, *impf* **уноси́ть**) *сов перех* to take away; **~сь** (*impf* **уноси́ться**) *сов возв* to speed off.
универма́г (**-а**) *м* = **универса́льный магази́н**.
универса́льный *прил* universal; (*образование*) all-round; (*человек, машина, инструмент*) versatile; **~ магази́н** department store.
универса́м (**-а**) *м* supermarket.
университе́т (**-а**) *м* university.
унижа́|ть(ся) (**-ю(сь)**) *несов от* **уни́зить(ся)**.
униже́ни|е (**-я**) *ср* humiliation.
уни́женный *прил* (*человек*) humbled; (*взгляд, просьба*) humble.
унизи́тельный *прил* humiliating.
уни́|зить (**-жу, -зишь**; *impf* **унижа́ть**) *сов перех* to humiliate; **унижа́ть** (**~** *pf*) **себя́** to abase o.s.; **~ся** (*impf* **унижа́ться**) *сов возв*: **~ся** (**пе́ред** *+instr*) to abase o.s. (before).
уника́льный *прил* unique.
унита́з (**-а**) *м* toilet.
уничто́ж|ить (**-у, -ишь**; *impf* **уничтожа́ть**) *сов перех* to destroy.
ун|оси́ть(ся) (**-ошу́(сь), -о́сишь(ся)**) *несов от* **унести́(сь)**.
унывá|ть (**-ю**) *несов* (*человек*) to be downcast *или* despondent.
уны́лый *прил* (*человек*) despondent.
упа́д|ок (**-ка**) *м* decline.
упак|ова́ть (**-у́ю**) *сов от* **пакова́ть**.
упако́вк|а (**-и**) *ж* packing; (*материал*) packaging.
упасти́ *сов перех*: **упаси́ Бог** *или* **Бо́же** *или* **Го́споди!** God forbid!
упа́|сть (**-ду́, -дёшь**) *сов от* **па́дать**.
упере́ть (**упру́, упрёшь**; *pt* **упёр, упёрла, упёрло**, *impf* **упира́ть**) *сов перех*: **~ что-н в** *+acc* (*в стену итп*) to prop sth against; **~ся** (*impf* **упира́ться**) *сов возв*: **~ся чем-н в** *+acc* (*в землю*) to dig sth into; (*натолкнуться*): **~ся в** *+acc* (*в ограду, в забор итп*) to come up against.
упива́|ться (**-юсь**) *несов возв* (*перен*): **~** *+instr* (*счастьем, свободой итп*) to be intoxicated by.
упира́|ть (**-ю**) *несов от* **упере́ть**; **~ся** *несов от* **упере́ться** ♦ *возв* (*иметь причиной*): **~ся в** *+prp* to be down to.
упла́т|а (**-ы**) *ж* payment.
упл|ати́ть (**-ачу́, -а́тишь**) *сов от* **плати́ть**.
уплы́|ть (**-ву́, -вёшь**; *impf* **уплыва́ть**) *сов* (*человек, рыба итп*) to swim away *или* off; (*корабль*) to sail away *или* off.
уподо́б|ить (**-лю, -ишь**; *impf* **уподобля́ть**) *сов перех*: **~ что-н/кого́-н** *+dat* to compare sth/sb to; **~ся** (*impf* **уподобля́ться**) *сов возв*: **~ся** *+dat* to become like.
уполз|ти́ (**-у́, -ёшь**; *pt* **-, -ла́**) *сов* (*змея*) to slither away.
уполномо́ч|ить (**-у, -ишь**; *impf* **уполномо́чивать**) *сов перех*: **~ кого́-н** *+infin* to authorize sb to do.
упом|яну́ть (**-яну́, -я́нешь**; *impf* **упомина́ть**) *сов (не)перех* (*назвать*): **~** *+acc* *или* (**о** *+prp*) to mention.
упо́р (**-а**) *м* (*для ног, для рук*) rest; **в ~** (*стрелять*) point-blank; (*смотреть*) intently; **де́лать** (**сде́лать** *pf*) **~ на** *+prp* to put

emphasis on.
упо́рный *прил* persistent.
упо́рств|о (-а) *ср* persistence.
употреби́тельный *прил* frequently used.
употреб|и́ть (-лю́, -и́шь; *impf* **употребля́ть**) *сов перех* to use.
употребле́ни|е (-я) *ср* (*слова*) usage; (*лекарства, наркотиков*) taking; (*алкоголя, пищи*) consumption.
упр. *сокр* (= **управле́ние**) admin.
управле́ни|е (-я) *ср* (*делами, финансами*) administration; (*учреждение*) office; (*система приборов*) controls *мн*.
управля́|ть (-ю) *несов*: ~ *+instr* (*автомобилем*) to drive; (*судном*) to navigate; (*государством*) to govern; (*учреждением, фирмой итп*) to manage; (*оркестром*) to conduct.
управля́ющ|ий (-его) *м* (*хозяйством*) manager; (*имением*) bailiff.
упражне́ни|е (-я) *ср* exercise.
упражня́|ть (-ю) *несов перех* to exercise; **~ся** *несов возв* to practise.
упраздн|и́ть (-ю́, -и́шь; *impf* **упраздня́ть**) *сов перех* to abolish.
упра́шива|ть (-ю) *несов от* **упроси́ть**.
упрёк (-а) *м* reproach.
упрека́|ть (-ю; *pf* **упрекну́ть**) *несов перех*: ~ **кого́-н** (**в** *+prp*) to reproach sb (for).
упр|оси́ть (-ошу́, -о́сишь; *impf* **упра́шивать**) *сов перех*: ~ **кого́-н** *+infin* to persuade sb to do.
упро|сти́ть (-щу́, -сти́шь; *impf* **упроща́ть**) *сов перех* to simplify.
упро́ч|ить (-у, -ишь; *impf* **упро́чивать**) *сов перех* to consolidate; **~ся** (*impf* **упро́чиваться**) *сов возв* (*положение, позиции*) to be consolidated.
упроща́|ть (-ю) *несов от* **упрости́ть**.
упроще́ни|е (-я) *ср* simplification.
упру́гий *прил* (*пружина, тело*) elastic; (*походка, движения*) springy.
упря́ж|ка (-ки; *gen pl* -ек) *ж* team (*of horses, dogs etc*); (*упряжь*) harness.
у́пряж|ь (-и) *ж* (*no pl*) harness.
упря́мый *прил* obstinate, stubborn.
упуска́|ть (-ю; *pf* **упусти́ть**) *несов перех* (*мяч*) to let go of; (*момент, случай*) to miss; ~ (**упусти́ть** *pf*) **из ви́ду** to overlook.
упуще́ни|е (-я) *ср* error, mistake.
ура́ *межд* hooray, hurrah.
уравне́ни|е (-я) *ср* (*МАТ*) equation.
ура́внива|ть (-ю) *несов от* **уравня́ть**.
уравнове́|сить (-шу, -сишь; *impf* **уравнове́шивать**) *сов перех* to balance; **~ся** (*impf* **уравнове́шиваться**) *сов возв* (*силы*) to be counterbalanced.
уравнове́шенный *прил* balanced.
уравня́|ть (-ю; *impf* **ура́внивать**) *сов перех* to make equal.
урага́н (-а) *м* hurricane.
урага́нный *прил*: ~ **ве́тер** gale.
ура́н (-а) *м* uranium.
урегули́р|овать (-ую) *сов перех* (*конфликт*) to settle.
у́рн|а (-ы) *ж* (*погребальная*) urn; (*для мусора*) bin; **избира́тельная** ~ ballot box.
у́ров|ень (-ня) *м* level; (*техники*) standard; (*зарплаты, доходов*) rate; **встре́ча на вы́сшем ~не** summit meeting; ~ **жи́зни** standard of

living.

уро́д (**-а**) *м person with a deformity.*

уро́дливый *прил* (*с уродством*) deformed; (*некрасивый*) ugly.

урожа́|й (**-я**) *м* harvest.

уро́к (**-а**) *м* lesson; (*задание*) task; (*обычно мн: домашняя работа*) homework *ед*; **де́лать** (**сде́лать** *pf*) **~и** to do one's homework.

ур|они́ть (**-оню́, -о́нишь**) *сов от* **роня́ть**.

ус (**-а**) *м* whisker; *см также* **усы́**.

ус|ади́ть (**-ажу́, -а́дишь**; *impf* **уса́живать**) *сов перех* (*заставить делать*): **~ кого́-н за что-н/**+*infin* to sit sb down to sth/to do.

уса́дьб|а (**-ы**) *ж* (*помещичья*) country estate; (*крестьянская*) farmstead.

уса́жива|ть (**-ю**) *несов от* **усади́ть**; **~ся** *несов от* **усе́сться**.

уса́тый *прил*: **~ мужчи́на** man with a moustache (*BRIT*) *или* mustache (*US*).

усво́|ить (**-ю, -ишь**; *impf* **усва́ивать**) *сов перех* (*пищу, лекарство*) to assimilate; (*привычку*) to acquire; (*урок*) to master.

усе́рдный *прил* diligent.

ус|е́сться (**-я́дусь, -я́дешься**; *pt* **-е́лся, -е́лась**, *impf* **уса́живаться**) *сов возв* to settle down; (*заняться чем-н*): **~ за** +*acc* (*за работу*) to sit down to.

уси́ленный *прил* (*охрана*) heightened; (*внимание*) increased.

уси́лива|ть (**-ю**) *несов от* **уси́лить**.

уси́ли|е (**-я**) *ср* effort.

уси́л|ить (**-ю, -ишь**; *impf* **уси́ливать**) *сов перех* to intensify; (*охрану*) to heighten; (*внимание*) to increase; **~ся** (*impf* **уси́ливаться**) *сов возв* (*ветер*) to get stronger; (*волнение*) to increase.

ускользн|у́ть (**-у́, -ёшь**; *impf* **ускольза́ть**) *сов* to slip away.

уско́р|ить (**-ю, -ишь**; *impf* **ускоря́ть**) *сов перех* (*шаги*) to quicken; (*отъезд*) to speed up; **~ся** (*impf* **ускоря́ться**) *сов возв* (*шаги*) to quicken; (*решение вопроса*) to be speeded up.

усло́ви|е (**-я**) *ср* condition; (*договора*) term; (*обычно мн: приёма на работу*) requirement; *см также* **усло́вия**.

усло́в|иться (**-люсь, -ишься**; *impf* **усла́вливаться**) *сов возв*: **~ о** +*prp* (*договориться*) to agree on.

усло́ви|я (**-й**) *мн* (*природные*) conditions *мн*; (*задачи*) factors *мн*; **жили́щные ~** housing; **~ труда́** working conditions; **в ~х** +*gen* in an atmosphere of; **по ~м догово́ра** on the terms of the agreement; **на льго́тных ~х** on special terms.

усло́вный *прил* conditional; (*знак, сигнал*) code.

усложн|и́ть (**-ю́, -и́шь**; *impf* **усложня́ть**) *сов перех* to complicate; **~ся** (*impf* **усложня́ться**) *сов возв* to get more complicated.

услу́г|а (**-и**) *ж* (*одолжение*) favour (*BRIT*), favor (*US*); (*обычно мн: облуживание*) service; **к Ва́шим ~м!** at your service!

услы́ш|ать (**-у, -ишь**) *сов от* **слы́шать**.

усма́трива|ть (**-ю**) *несов от* **усмотре́ть**.

усмехн|у́ться (**-у́сь, -ёшься**; *impf* **усмеха́ться**) *сов возв* to smile slightly.

усме́шк|а (**-и**) *ж* slight smile; **зла́я ~** sneer.

усмир|и́ть (**-ю́, -и́шь**; *impf* **усмиря́ть**) *сов перех* (*зверя*) to tame.
усмотре́ни|е (**-я**) *ср* discretion.
усм|отре́ть (**-отрю́, -о́тришь**; *impf* **усма́тривать**) *сов перех* (*счесть*): **~ что-н в** *+prp* to see sth in.
усн|у́ть (**-у́, -ёшь**) *сов* (*заснуть*) to fall asleep, go to sleep.
усоверше́нствовани|е (**-я**) *ср* improvement.
усомн|и́ться (**-ю́сь, -и́шься**) *сов возв*: **~ в** *+prp* to doubt.
успева́емост|ь (**-и**) *ж* performance (*in studies*).
успе́|ть (**-ю**; *impf* **успева́ть**) *сов* (*сделать что-н в срок*) to manage; (*прийти вовремя*) to be *или* make it in time.
успе́х (**-а**) *м* success; (*обычно мн*: *в спорте, в учёбе*) achievement; **как Ва́ши ~и?** how are you getting on?
успе́шный *прил* successful.
успоко́|ить (**-ю, -ишь**; *impf* **успока́ивать**) *сов перех* to calm (down); **~ся** (*impf* **успока́иваться**) *сов возв* (*человек*) to calm down.
уста́в (**-а**) *м* (*партийный*) rules *мн*; (*воинский*) regulations *мн*; (*фирмы*) statute.
уста|ва́ть (**-ю́, -ёшь**) *несов от* **уста́ть**.
уста́в|ить (**-лю, -ишь**; *impf* **уставля́ть**) *сов перех* (*занять*): **~ что-н чем-н** (*стол*) to cover sth with sth; (*разг*: *устремить*): **~ что-н в** *+acc* to fix sth on; **~ся** (*impf* **уставля́ться**) *сов возв* (*разг*): **~ся на/в** *+acc* to gaze at.
уста́лост|ь (**-и**) *ж* tiredness, fatigue.
уста́лый *прил* tired.
у́стал|ь (**-и**) *ж*: **без** *или* **не зна́я ~и** tirelessly.
устан|ови́ть (**-овлю́, -о́вишь**; *impf* **устана́вливать**) *сов перех* to establish; (*сроки*) to set; (*прибор*) to install; **~ся** (*impf* **устана́вливаться**) *сов возв* to be established.
устано́вк|а (**-и**) *ж* installation.
устаре́|ть (**-ю**) *сов от* **старе́ть** ♦ (*impf* **устарева́ть**) *неперех* (*оборудование*) to become obsolete.
уста́|ть (**-ну, -нешь**; *impf* **устава́ть**) *сов* to get tired.
у́стн|ый *прил* (*экзамен*) oral; (*обещание, приказ*) verbal; **~ая речь** spoken language.
усто́йчив|ый *прил* stable; **~ое (слово)сочета́ние** set phrase.
усто|я́ть (**-ю́, -и́шь**) *сов* (*не упасть*) to remain standing; (*в борьбе итп*) to stand one's ground; (*перед соблазном*) to resist.
устра́ива|ть(ся) (**-ю(сь)**) *несов от* **устро́ить(ся)**.
устран|и́ть (**-ю́, -и́шь**; *impf* **устраня́ть**) *сов перех* to remove.
устрем|и́ть (**-лю́, -и́шь**; *impf* **устремля́ть**) *сов перех* to direct; **~ся** (*impf* **устремля́ться**) *сов возв*: **~ся на** *+acc* (*толпа*) to charge at.
устремле́ни|е (**-я**) *ср* aspiration.
у́стриц|а (**-ы**) *ж* oyster.
устрои́тел|ь (**-я**) *м* organizer.
устро́|ить (**-ю, -ишь**; *impf* **устра́ивать**) *сов перех* to organize; (*подлеж*: *предложение, цена*) to suit; **э́то меня́ ~ит** that suits me; **~ся** (*impf* **устра́иваться**) *сов возв* (*расположиться*) to settle down; (*прийти в порядок*) to work out;

устра́иваться (~ся *pf*) **на рабо́ту** to get a job.
устро́йств|о (**-а**) *ср* (*прибора*) construction; (*техническое*) device, mechanism.
усту́п (**-а**) *м* foothold.
уст|упи́ть (**-уплю́, -у́пишь**; *impf* **уступа́ть**) *сов перех*; **~ что-н кому́-н** to give sth up for sb ♦ *неперех*: **~ кому́-н/чему́-н** (*силе, желанию итп*) to give in to sb/sth; **уступа́ть (~** *pf*) **в** *+prp* (*в силе, в уме*) to be inferior in.
усту́п|ка (**-ки**; *gen pl* **-ок**) *ж* conciliation; (*скидка*) discount; **пойти́** (*pf*) **на ~ку** to compromise.
у́сть|е (**-я**) *ср* (*реки*) mouth.
усугуб|и́ть (**-лю́, -и́шь**; *impf* **усугубля́ть**) *сов перех* (*болезнь, положение*) to aggravate.
ус|ы́ (**-о́в**) *мн* (*у человека*) moustache *ед* (*BRIT*), mustache *ед* (*US*); (*у животных*) whiskers *мн.*
усынов|и́ть (**-лю́, -и́шь**; *impf* **усыновля́ть**) *сов перех* to adopt (*son*).
усып|и́ть (**-лю́, -и́шь**; *impf* **усыпля́ть**) *сов перех* (*больного*) to anaesthetize (*BRIT*), anesthetize (*US*); (*ребёнка*) to lull to sleep.
ут|ащи́ть (**-ащу́, -а́щишь**; *impf* **ута́скивать**) *сов перех* (*унести*) to drag away *или* off.
утверди́тельный *прил* (*также лингв*) affirmative.
утвер|ди́ть (**-жу́, -ди́шь**; *impf* **утвержда́ть**) *сов перех* (*закон*) to approve; (*демократию итп*) to establish; **~ся** (*impf* **утвержда́ться**) *сов возв* to be established.
утвержда́|ть (**-ю**) *несов от* **утверди́ть** ♦ *перех* (*настаивать*) to maintain; **~ся** *несов от* **утверди́ться**.
утвержде́ни|е (**-я**) *ср* (*см глаг*) approval; establishment; (*правильное, интересное*) statement.
ут|ёнок (**-ёнка**; *nom pl* **-я́та**, *gen pl* **-я́т**) *м* duckling.
утепл|и́ть (**-ю́, -и́шь**; *impf* **утепля́ть**) *сов перех* to insulate.
утёс (**-а**) *м* cliff.
утéчк|а (**-и**) *ж* (*также перен*) leak; (*кадров*) turnover; **~ мозго́в** brain drain.
ут|éчь (*3sg* **-ечёт**, *pt* **-ёк, -екла́, -екло́**, *impf* **утека́ть**) *сов* (*вода*) to leak out.
утéш|ить (**-у, -ишь**; *impf* **утеша́ть**) *сов перех* (*плачущего, несчастного*) to comfort, console.
ути́хн|уть (**-у**; *impf* **утиха́ть**) *сов* (*спор*) to calm down; (*гром, звон*) to die away; (*вьюга*) to die down.
у́т|ка (**-ки**; *gen pl* **-ок**) *ж* duck.
уткн|у́ть (**-у́, -ёшь**) *сов перех* (*разг*: *лицо*) to bury; **~ся** *сов возв* (*разг*): **~ся в** *+acc* (*в книгу, в газету*) to bury one's nose in.
утол|и́ть (**-ю́, -и́шь**; *impf* **утоля́ть**) *сов перех* (*жажду*) to quench; (*голод, любопытство*) to satisfy.
утоми́тельный *прил* tiring.
утом|и́ть (**-лю́, -и́шь**; *impf* **утомля́ть**) *сов перех* to tire; **~ся** (*impf* **утомля́ться**) *сов возв* to get tired.
утомле́ни|е (**-я**) *ср* tiredness.
ут|ону́ть (**-ону́, -о́нешь**) *сов от* **тону́ть**.
утопа́|ть (**-ю**) *несов* (*тонуть*) to drown.
ут|опи́ть(ся) (**-оплю́(сь), -о́пишь(ся)**) *сов от* **топи́ть(ся)**.
уточн|и́ть (**-ю́, -и́шь**; *impf*

уточня́ть) *сов перех* to clarify.
утра́т|а (**-ы**) *ж* loss.
утра́|тить (**-чу, -тишь**; *impf* **утра́чивать**) *сов перех* (*потерять*) to lose; **утра́чивать** (*impf*) **си́лу** (*документ итп*) to become invalid.
у́тренний *прил* morning; (*событие, известие*) this morning's.
у́тренник (**-а**) *м* matinée; (*с участием детей*) children's party.
у́тр|о (**-а́**; *nom pl* **-а**, *gen pl* **-**, *dat pl* **-ам**) *ср* morning; **до́брое ~!, с до́брым ~м!** good morning!; **на ~** next morning; **под ~, к утру́** in the early hours of the morning.
утро́б|а (**-ы**) *ж* (*материнская*) womb.
утро́|ить (**-ю, -ишь**) *сов перех* to treble, triple; **~ся** *сов возв* to treble, triple.
у́тром *нареч* in the morning.
утружда́|ть (**-ю**) *несов перех*: **~ кого́-н чем-н** to trouble sb with sth; **~ся** *несов возв* to trouble o.s.
утю́г (**-а́**) *м* iron (*appliance*).
утю́ж|ить (**-у, -ишь**; *pf* **вы́утюжить** *или* **от~**) *несов перех* to iron.
уф *межд*: **~!** phew!
ух *межд*: **~!** ooh!
ух|а́ (**-и́**) *ж* fish broth.
уха́жива|ть (**-ю**) *несов*: **~ за** *+instr* (*за больным*) to nurse; (*за садом*) to tend; (*за женщиной*) to court.
ухв|ати́ть (**-ачу́, -а́тишь**; *impf* **ухва́тывать**) *сов перех* (*человека*: *за руку*) to get hold of; (*перен*: *идею, смысл*) to grasp; **~ся** (*impf* **ухва́тываться**) *сов возв*: **~ся за** *+acc* to grab hold of; (*за предложение*) to jump at.
у́х|о (**-а**; *nom pl* **у́ши**, *gen pl* **уше́й**) *ср* ear; (*у шапки*) flap.
ухо́д (**-а**) *м* (*со службы*) departure; (*из семьи*) desertion; (*со сцены*) exit; (*за больным, за ребёнком*) care; **~ в отста́вку** resignation; **~ на пе́нсию** retirement.
ух|оди́ть (**-ожу́, -о́дишь**) *несов от* **уйти́**.
ухо́женный *прил* (*ребёнок*) welllooked-after; (*сад*) well-kept.
уху́дш|ить (**-у, -ишь**; *impf* **ухудша́ть**) *сов перех* to make worse; **~ся** (*impf* **ухудша́ться**) *сов возв* to deteriorate.
уцеле́|ть (**-ю**) *сов* to survive.
уценённый *прил* reduced.
уцен|и́ть (**-ю́, -ишь**; *impf* **уце́нивать**) *сов перех* to reduce (the price of).
уце́н|ка (**-ки**; *gen pl* **-ок**) *ж* reduction.
уцеп|и́ться (**-лю́сь, -ишься**) *сов возв* (*ухватиться*): **~ за** *+acc* (*за руку*) to get hold of.
уча́ств|овать (**-ую**) *сов*: **~ в** *+prp* to take part in.
уча́сти|е (**-я**) *ср* participation; (*сочувствие*) concern.
уча|сти́ть (**-щу́, -сти́шь**; *impf* **учаща́ть**) *сов перех* to quicken; (*контакты*) to make more frequent; **~ся** (*impf* **учаща́ться**) *сов возв* to quicken; (*контакты*) to become more frequent.
участко́в|ый *прил* local ♦ (**-ого**) *м* (*разг*: *также*: **~ инспе́ктор**) local policeman; (: *также*: **~ врач**) local GP *или* doctor.
уча́стник (**-а**) *м* participant; (*экспедиции*) member.
уча́ст|ок (**-ка**) *м* (*земли, кожи итп*) area; (*реки, фронта*) stretch; (*врачебный*) catchment area; (*земельный*) plot;

(*строительный*) site; (*работы*) field; **садо́вый ~** allotment.
у́част|ь (**-и**) *ж* lot.
учаща́|ть(ся) (**-ю**) *несов от* **участи́ть(ся)**.
уча́щ|ийся (**-егося**) *м* (*школы*) pupil; (*училища*) student.
учёб|а (**-ы**) *ж* studies *мн*.
уче́бник (**-а**) *м* textbook.
уче́бн|ый *прил* (*работа*) academic; (*фильм*) educational; (*бой*) mock; (*мастерская, судно*) training; (*методы*) teaching; **~ая програ́мма** curriculum; **~ое заведе́ние** educational establishment; **~ год** academic year.
уче́ни|е (**-я**) *ср* (*теория*) teachings *мн*; *см также* **уче́ния**.
учени́к (**-а́**) *м* (*школы*) pupil; (*училища*) student; (*мастера*) apprentice.
учени́ческий *прил* (*дневник, тетради*) school.
уче́ни|я (**-й**) *мн* exercises *мн*.
учён|ый *прил* (*спор, круги, звание*) academic; (*труды*) scholarly; (*человек*) learned, scholarly ◆ (**-ого**) *м* (*научный работник*) academic, scholar; (*: в области точных и естественных наук*) scientist.
уч|е́сть (**-ту́, -тёшь**; *pt* **-ёл, -ла́**, *impf* **учи́тывать**) *сов перех* to take into account; **~ти́те, что** ... bear in mind that ...
учёт (**-а**) *м* (*потребностей, обстоятельств*) consideration; (*военный, медицинский*) registration; (*затрат*) record; **брать** (**взять** *pf*) **на ~** to register; **вести́** (*impf*) **~** to keep a record.
учётн|ый *прил*: **~ая ка́рточка** registration form.
учи́лищ|е (**-а**) *ср* college.
учи́тел|ь (**-я**; *nom pl* **-я́**) *м* (*школьный*) teacher.
учи́тельск|ая (**-ой**) *ж* staffroom.
учи́тыва|ть (**-ю**) *несов от* **уче́сть**.
уч|и́ть (**-у́, -ишь**; *pf* **вы́учить**) *несов перех* (*урок, роль*) to learn; (*pf* **вы́учить** *или* **на~** *или* **об~**): **~ кого́-н чему́-н/**+*infin* to teach sb sth/to do; **~ся** *несов возв* (*в школе, в училище*) to study; (*pf* **вы́учиться** *или* **научи́ться**): **~ся чему́-н/**+*infin* to learn sth/to do.
учреди́тел|ь (**-я**) *м* founder.
учреди́тельн|ый *прил*: **~ое собра́ние** inaugural meeting.
учре|ди́ть (**-жу́, -ди́шь**; *impf* **учрежда́ть**) *сов перех* (*фонд, банк*) to set up; (*контроль*) to introduce.
учрежде́ни|е (**-я**) *ср* (*фонда, организации итп*) setting up; (*научное, исследовательское*) establishment; (*финансовое, общественное*) institution.
учти́вый *прил* courteous.
уша́н|ка (**-ки**; *gen pl* **-ок**) *ж cap with ear-flaps*.
ушёл *сов см* **уйти́**.
у́ши *итп сущ см* **у́хо**.
ушиб (**-а**) *м* bruise.
ушиб|и́ть (**-у́, -ёшь**; *pt* **-, -ла**, *impf* **ушиба́ть**) *сов перех* to bang; **~ся** *сов возв* to bruise.
уш|и́ть (**-ью́, -ьёшь**; *impf* **ушива́ть**) *сов перех* (*сделать у́же*) to take in.
у́ш|ко (**-ка**; *nom pl* **-ки**, *gen pl* **-ек**) *ср уменьш от* **у́хо**; (*иголки*) eye.
ушла́ *итп сов см* **уйти́**.
ушн|о́й *прил* ear; **~а́я боль** earache.
уще́л|ье (**-ья**; *gen pl* **-ий**) *ср* gorge, ravine.

ущем|и́ть (**-лю́, -и́шь**; *impf* **ущемля́ть**) *сов перех* (*палец*) to trap; (*права*) to limit.
ущемле́ни|е (**-я**) *ср* (*прав*) limitation.
уще́рб (**-а**) *м* (*материальный*) damage; (*здоровью*) detriment.
ущипн|у́ть (**-у́, -ёшь**) *сов перех* to nip, pinch.
ую́т (**-а**) *м* comfort, cosiness.
ую́тно *нареч* (*расположиться*) comfortably ♦ *как сказ*: **здесь ~** it's cosy here; **мне здесь ~** I feel comfortable here.
ую́тный *прил* cosy.
уязви́мый *прил* vulnerable.
уязв|и́ть (**-лю́, -и́шь**) *сов перех* to wound, hurt.
уясн|и́ть (**-ю́, -и́шь**; *impf* **уясня́ть**) *сов перех* (*значение*) to comprehend.

Ф, ф

фа́брик|а (**-и**) *ж* factory; (*ткацкая, бумажная*) mill.
фабри́чный *прил* factory.
фа́з|а (**-ы**) *ж* phase.
фаза́н (**-а**) *м* pheasant.
файл (**-а**) *м* (*КОМП*) file.
фа́кел (**-а**) *м* torch.
факс (**-а**) *м* fax.
факт (**-а**) *м* fact.
факти́чески *нареч* actually, in fact.
факти́ческий *прил* factual.
фа́ктор (**-а**) *м* factor.
факту́р|а (**-ы**) *ж* texture; (*КОММ*) invoice.
факультати́вный *прил* optional.
факульте́т (**-а**) *м* faculty.
фальши́вый *прил* false; (*деньги*) counterfeit; (*пение*) out of tune.
фами́ли|я (**-и**) *ж* surname; **де́вичья ~** maiden name.
фамилья́рный *прил* over(ly) familiar.
фана́тик (**-а**) *м* fanatic.
фанати́чный *прил* fanatical.
фане́р|а (**-ы**) *ж* plywood; (*для облицовки*) veneer.
фантази́р|овать (**-ую**) *несов* (*мечтать*) to dream; (*выдумывать*) to make up stories.
фанта́зи|я (**-и**) *ж* fantasy; (*выдумка*) fib.
фанта́ст (**-а**) *м* writer of fantasy; (*научный*) science-fiction writer.
фанта́стик|а (**-и**) *ж,собир* (*ЛИТЕРАТУРА*) fantasy; **нау́чная ~** science fiction.
фантасти́ческий *прил* fantastic.
фа́р|а (**-ы**) *ж* (*АВТ, АВИА*) light.
фармаце́вт (**-а**) *м* chemist, pharmacist.
фа́ртук (**-а**) *м* apron.
фарфо́р (**-а**) *м, собир* porcelain, bone china.
фарш (**-а**) *м* stuffing, forcemeat; (*мясной*) mince.
фарши́р|ова́ть (**-у́ю**; *pf* **за~**) *несов перех* to stuff.
фаса́д (**-а**) *м* (*лицевая сторона*) facade, front; **за́дний ~** back.
фас|ова́ть (**-у́ю**; *pf* **рас~**) *несов перех* to prepack.
фасо́л|ь (**-и**) *ж* (*растение*) bean plant ♦ *собир* (*семена*) beans *мн.*
фасо́н (**-а**) *м* style.
фат|а́ (**-ы́**) *ж* veil.
фаши́зм (**-а**) *м* fascism.
фаши́ст (**-а**) *м* fascist.
ФБР *ср сокр* (= *Федера́льное бюро́ рассле́дований (США)*) FBI.
февра́л|ь (**-я́**) *м* February.
федера́льный *прил* federal.
федерати́вный *прил* federal.

федера́ци|я (-и) *ж* federation.
фейерве́рк (-а) *м* firework.
фе́льдшер (-а) *м* (*в поликлинике*) ≈ practice nurse; ~ **ско́рой по́мощи** ≈ paramedic.
фельето́н (-а) *м* satirical article.
фемини́ст|ка (-ки; *gen pl* -ок) *ж* feminist.
фен (-а) *м* hairdryer.
феода́льный *прил* feudal.
ферз|ь (-я́) *м* (*ШАХМАТЫ*) queen.
фе́рм|а (-ы) *ж* farm.
фе́рмер (-а) *м* farmer.
фе́рмерск|ий *прил*: **~ое хозя́йство** farm.
фестива́л|ь (-я) *м* festival.
фетр (-а) *м* felt.
фехтова́ни|е (-я) *ср* (*СПОРТ*) fencing.
фе́|я (-и) *ж* fairy.
фиа́л|ка (-ки; *gen pl* -ок) *ж* violet.
фиа́ско *ср нескл* fiasco.
фи́г|а (-и) *ж* (*БОТ*) fig; (*разг*) fig (*gesture of refusal*).
фигу́р|а (-ы) *ж* figure; (*ШАХМАТЫ*) (chess)piece.
фигури́р|овать (-ую) *несов* to be present; (*имя, тема*) to figure.
фигури́ст (-а) *м* figure skater.
фигу́рн|ый *прил* (*резьба*) figured; **~ое ката́ние** figure skating; **~ые ско́бки** curly *или* brace brackets.
фи́зик (-а) *м* physicist.
фи́зик|а (-и) *ж* physics.
физиологи́ческий *прил* physiological.
физиотерапи́|я (-и) *ж* physiotherapy.
физи́ческ|ий *прил* physical; (*труд*) manual; **~ая культу́ра** physical education.
физкульту́р|а (-ы) *ж сокр* (= *физи́ческая культу́ра*) PE.
фикс *м*: **иде́я** ~ idée fixe.
фикси́р|овать (-ую; *pf* **за~**) *несов перех* to fix; (*отмечать*) to record, chronicle.
фикти́вный *прил* fictitious; ~ **брак** (*ЮР*) marriage of convenience.
фи́кус (-а) *м* ficus; (*каучуконосный*) rubber plant.
филармо́ни|я (-и) *ж* (*зал*) concert hall; (*организация*) philharmonic society.
филатели́ст (-а) *м* philatelist.
филе́ *ср нескл* fillet.
фи́лин (-а) *м* eagle owl.
фило́соф (-а) *м* philosopher.
филосо́фи|я (-и) *ж* philosophy.
фильм (-а) *м* film.
фильтр (-а) *м* filter.
фильтр|ова́ть (-у́ю; *pf* **про~**) *несов перех* to filter.
фина́л (-а) *м* finale; (*СПОРТ*) final.
фина́льный *прил* final.
финанси́р|овать (-ую) *несов перех* to finance.
финанси́ст (-а) *м* financier; (*специалист*) *specialist in financial matters*.
фина́нсовый *прил* financial; (*год*) fiscal; (*отдел, инспектор*) finance.
фина́нс|ы (-ов) *мн* finances *мн*; **Министе́рство ~ов** ≈ the Treasury (*BRIT*), ≈ the Treasury Department *или* Department of the Treasury (*US*).
фи́ник (-а) *м* (*плод*) date.
фи́ниш (-а) *м* (*СПОРТ*) finish.
финиши́р|овать (-ую) (*не*)*сов* to finish.
Финля́нди|я (-и) *ж* Finland.
Ф.И.О. *сокр* (= *фами́лия, и́мя, о́тчество*) *surname, first name, patronymic*.
фиоле́товый *прил* purple.

фи́рм|а (**-ы**) *ж* firm.
фи́рменный *прил* (*марка, ресторан*) company; (*магазин*) chain; (*разг: товар*) quality (*usually of imported brand names*); **~ знак** brand name.
фити́л|ь (**-я́**) *м* wick; (*взрывных устройств*) fuse.
ФИФА́ *ж сокр* (= *Междунаро́дная федера́ция футбо́ла*) FIFA.
фи́ш|ка (**-ки**; *gen pl* **-ек**) *ж* counter, chip.
флаг (**-а**) *м* flag.
флако́н (**-а**) *м* bottle.
фланг (**-а**) *м* flank.
флане́л|ь (**-и**) *ж* flannel.
фле́йт|а (**-ы**) *ж* flute.
флейти́ст (**-а**) *м* flautist.
фли́гел|ь (**-я**) *м* (*АРХИТ*) wing.
флома́стер (**-а**) *м* felt-tip (pen).
флот (**-а**) *м* (*ВОЕН*) navy; (*МОР*) fleet.
флюс (**-а**) *м* (dental) abscess, gumboil.
фля́г|а (**-и**) *ж* (*бутылка*) flask; (*канистра*) churn.
фойе́ *ср нескл* foyer.
фокстерье́р (**-а**) *м* fox terrier.
фо́кус (**-а**) *м* trick; (*ТЕХ, перен*) focus.
фо́кусник (**-а**) *м* conjurer.
фольг|а́ (**-и́**) *ж* foil.
фолькло́р (**-а**) *м* folklore.
фон (**-а**) *м* background.
фона́р|ь (**-я́**) *м* (*уличный*) lamp; (*карманный*) torch.
фонд (**-а**) *м* (*организация*) foundation; (*деньги*) fund; (*жилищный, земельный*) resources *мн*; **фо́нды** (*ценные бумаги*) stocks.
фо́ндов|ый *прил*: **~ая би́ржа** stock exchange.
фоне́тик|а (**-и**) *ж* phonetics.
фоноте́к|а (**-и**) *ж* record and tape collection.
фонта́н (**-а**) *м* fountain.
форе́л|ь (**-и**) *ж* trout.
фо́рм|а (**-ы**) *ж* form; (*одежда*) uniform; (*ТЕХ*) mould (*BRIT*), mold (*US*); (*КУЛИН*) (cake) tin (*BRIT*) *или* pan (*US*).
форма́льност|ь (**-и**) *ж* formality.
форма́льный *прил* formal; (*отношение, подход*) bureaucratic.
форма́т (**-а**) *м* format.
форма́ци|я (**-и**) *ж* (*общественная*) system.
фо́рменн|ый *прил*: **~ бланк** official form; **~ая оде́жда** uniform.
формирова́ни|е (**-я**) *ср* formation; **вое́нное ~** military unit.
формир|ова́ть (**-у́ю**; *pf* **с~**) *несов перех* to form; **~ся** (*pf* **сформирова́ться**) *несов возв* to form.
фо́рмул|а (**-ы**) *ж* formula.
формули́р|овать (**-ую**; *pf* **с~**) *несов перех* to formulate.
формулиро́в|ка (**-ки**; *gen pl* **-ок**) *ж* (*определение*) definition.
фортепья́но *ср нескл* (grand) piano.
фо́рточ|ка (**-ки**; *gen pl* **-ек**) *ж* *hinged, upper pane in window for ventilation.*
фо́рум (**-а**) *м* forum.
фо́сфор (**-а**) *м* phosphorous.
фотоаппара́т (**-а**) *м* camera.
фото́граф (**-а**) *м* photographer.
фотографи́р|овать (**-ую**; *pf* **с~**) *несов перех* to photograph; **~ся** (*pf* **сфотографи́роваться**) *несов возв* to have one's photo(graph) taken.
фотогра́фи|я (**-и**) *ж* photography; (*снимок*) photograph.
фотока́рточ|ка (**-ки**; *gen pl* **-ек**) *ж*

photo.
фрагме́нт (**-а**) *м* (*отрывок*) excerpt; (*обломок*) fragment.
фра́з|а (**-ы**) *ж* phrase.
фрак (**-а**) *м* tail coat, tails *мн*.
фра́кци|я (**-и**) *ж* faction.
франк (**-а**) *м* franc.
Фра́нци|я (**-и**) *ж* France.
францу́зский *прил* French; **~ язы́к** French.
фрахт (**-а**) *м* freight.
фрахт|ова́ть (**-у́ю**; *pf* **за~**) *несов перех* to charter.
фре́с|ка (**-ки**; *gen pl* **-ок**) *ж* fresco.
фрикаде́л|ька (**-ьки**; *gen pl* **-ек**) *ж* meatball.
фронт (**-а**; *nom pl* **-ы́**) *м* front.
фронтови́к (**-а́**) *м* front line soldier; (*ветеран*) war veteran.
фрукт (**-а**) *м* (*БОТ*) fruit.
фрукто́вый *прил* fruit.
ФСК *ж сокр* (= *Федера́льная слу́жба контрразве́дки*) *Russian counterespionage intelligence service*.
фтор (**-а**) *м* fluorin(e).
фу *межд*: **~!** ugh!
фуже́р (**-а**) *м* wineglass; (*для шампанского*) flute.
фунда́мент (**-а**) *м* (*СТРОИТ*) foundations *мн*, base; (*перен*: *семьи, науки*) foundation, basis.
фундамента́льный *прил* (*здание, мост*) sound, solid; (*перен*: *знания, труд*) profound.
фунду́к (**-а́**) *м* (*плод*) hazelnut.
функционе́р (**-а**) *м* official.
функциони́р|овать (**-ую**) *несов* to function.
фу́нкци|я (**-и**) *ж* function.
фунт (**-а**) *м* pound.
фура́ж (**-а́**) *м* fodder.
фура́ж|ка (**-ки**; *gen pl* **-ек**) *ж* cap; (*ВОЕН*) forage cap.
фурго́н (**-а**) *м* (*АВТ*) van; (*конная повозка*) (covered) wagon.
фуро́р (**-а**) *м* furore.
фуру́нкул (**-а**) *м* boil.
футбо́л (**-а**) *м* football (*BRIT*), soccer.
футболи́ст (**-а**) *м* football (*BRIT*) *или* soccer player.
футбо́л|ка (**-ки**; *gen pl* **-ок**) *ж* T-shirt, tee shirt.
футбо́льный *прил* football (*BRIT*), soccer; **~ мяч** football.
футля́р (**-а**) *м* case.
фы́рка|ть (**-ю**) *несов* (*животное*) to snort.
фы́ркн|уть (**-у**) *сов* (*животное*) to give a snort.

Х, х

хала́т (**-а**) *м* (*домашний*) dressing gown; (*врача*) gown.
хала́тный *прил* negligent.
хам (**-а**) *м* (*разг*) lout.
ха́мств|о (**-а**) *ср* rudeness.
ха́нжеств|о (**-а**) *ср* prudishness.
ха́ос (**-а**) *м* chaos.
хаоти́чный *прил* chaotic.
хара́ктер (**-а**) *м* character, nature; (*человека*) personality.
характериз|ова́ть (**-у́ю**) *несов перех* to be typical of; (*pf* **о~**; *дать характеристику*) to characterize.
характери́стик|а (**-и**) *ж* (*документ*) (character) reference; (*описание*) description.
характе́рный *прил* (*свойственный*): **~ (для +gen)** characteristic (of); (*случай*) typical.
х/б *сокр* = **хлопчатобума́жный**.
хвале́бный *прил* complimentary.
хвал|и́ть (**-ю́, -ишь**; *pf* **по~**) *несов перех* to praise.

хва́ста|ться (-юсь; *pf* **по~**) *несов возв*: ~ (*+instr*) to boast (about).
хвастли́вый *прил* boastful.
хвасту́н (-а́) *м* (*разг*) show-off.
хвата́|ть (-ю; *pf* **схвати́ть**) *несов перех* to grab (hold of), snatch; (*преступника*) to arrest ♦ (*pf* **хвати́ть**) *безл*: ~ *+gen* (*денег, времени итп*) to have enough; **мне ~ет де́нег на еду́** I've got enough to buy food; **э́того ещё не ~ло!** (*разг*) as if that wasn't enough!; **не ~ет то́лько, что́бы он отказа́лся** (*разг*) now all we need is for him to refuse; **~ся** (*pf* **схвати́ться**) *несов возв*: **~ся за** *+acc* (*за сердце*) to clutch at; (*за дверь, за оружие*) to grab.
хва|ти́ть (-чу́, -тишь) *сов от* **хвата́ть** ♦ *безл* (*разг*): **хва́тит!** that's enough!; **с меня́ хва́тит!** I've had enough!
хва́т|ка (-ки; *gen pl* -ок) *ж* grip; **делова́я ~** business acumen.
хво́йн|ый *прил* coniferous; **~ое де́рево** conifer.
хво́рост (-а) *м собир* firewood.
хвост (-а́) *м* tail; (*поезда*) tail end; (*причёска*) ponytail.
хво́стик (-а) *м* (*мыши, редиски*) tail; (*причёска*) pigtail.
хво́|я (-и) *ж собир* needles *мн* (*of conifer*).
хек (-а) *м* whiting.
хе́рес (-а; *part gen* -у) *м* sherry.
хи́жин|а (-ы) *ж* hut.
хи́лый *прил* sickly.
хи́мик (-а) *м* chemist.
химика́т (-а) *м* chemical.
химиотерапи́|я (-и) *ж* chemotherapy.
хими́ческ|ий *прил* chemical; (*факультет, кабинет*) chemistry; **~ая чи́стка** (*процесс*) dry-cleaning; (*пункт приёма*) dry-cleaner's.
хи́ми|я (-и) *ж* chemistry.
химчи́ст|ка (-ки; *gen pl* -ок) *ж сокр* = **хими́ческая чи́стка**.
хи́ппи *м нескл* hippie.
хиру́рг (-а) *м* surgeon.
хирурги́ческий *прил* surgical; (*клиника*) surgery.
хирурги́|я (-и) *ж* surgery.
хитре́ц (-а́) *м* cunning devil.
хитр|и́ть (-ю́, -и́шь; *pf* **с~**) *несов* to act slyly.
хи́трост|ь (-и) *ж* cunning.
хи́трый *прил* cunning.
хихи́ка|ть (-ю) *несов* (*разг*) to giggle.
хище́ни|е (-я) *ср* misappropriation.
хи́щник (-а) *м* predator.
хи́щн|ый *прил* predatory; **~ая пти́ца** bird of prey.
хладнокро́вный *прил* composed.
хлам (-а) *м собир* junk.
хлеб (-а) *м* bread; (*зерно*) grain.
хле́бниц|а (-ы) *ж* bread basket; (*для хранения*) breadbin (*BRIT*), breadbox (*US*).
хлебн|у́ть (-у́, -ёшь) *сов перех* (*разг: чай итп*) to take a gulp of.
хлебозаво́д (-а) *м* bakery.
хлев (-а; *nom pl* -а́) *м* cowshed.
хл|еста́ть (-ещу́, -е́щешь) *несов перех* (*ремнём*) to whip; (*по щекам*) to slap ♦ *неперех* (*вода, кровь*) to gush.
хлестн|у́ть (-у́, -ёшь) *сов перех* to whip; (*по щеке*) to slap.
хло́па|ть (-ю) *несов перех* (*ладонью*) to slap ♦ *неперех*: ~ *+instr* (*дверью, крышкой*) to slam; ~ (*impf*) *+dat* (*артисту*) to clap.
хло́пковый *прил* cotton.
хло́пн|уть (-у) *сов перех* (*по спине*) to slap ♦ *неперех* (*в ладони*)

to clap; (*дверь*) to slam shut.
хло́п|ок (**-ка**) *м* cotton.
хлоп|о́к (**-ка́**) *м* (*удар в ладоши*) clap.
хлоп|ота́ть (**-очу́, -о́чешь**) *несов* (*по дому, по хозяйству*) to busy o.s.; (*добиваться*): **~ о** *+prp* (*о разрешении*) to be busy trying to get.
хлопотли́вый *прил* (*человек*) busy; (*работа*) troublesome.
хло́п|оты (**-о́т**; *dat pl* **-отам**) *мн* (*по дому итп*) chores *мн*.
хлопу́ш|ка (**-ки**; *gen pl* **-ек**) *ж* (*игрушка*) (Christmas) cracker.
хлопчатобума́жный *прил* cotton.
хло́пь|я (**-ев**) *мн* (*снега, мыла*) flakes *мн*; **кукуру́зные ~** cornflakes.
хлор (**-а**) *м* chlorine.
хло́рк|а (**-и**) *ж* (*разг*) bleaching powder.
хло́рн|ый *прил*: **~ая и́звесть** bleaching powder.
хлы́н|уть (*3sg* **-ет**) *сов* to flood.
хмеле́|ть (**-ю**) *несов* to be drunk.
хму́р|ить (**-ю, -ишь**; *pf* **на~**) *несов перех* (*лоб, брови*) to furrow; **~ся** (*pf* **нахму́риться**) *несов возв* to frown.
хму́рый *прил* gloomy.
хны́ка|ть (**-ю**) *несов* (*разг*: *плакать*) to whimper.
хо́бби *ср нескл* hobby.
хо́бот (**-а**) *м* (*слона*) trunk.
ход (**-а**; *part gen* **-у**, *loc sg* **-у́**) *м* (*машины, поршня*) movement; (*событий, дела итп*) course; (*часов, двигателя*) working; (*КАРТЫ*) go; (*маневр, также ШАХМАТЫ*) move; (*возможность*) chance; (*вход*) entrance; **в хо́де** *+gen* in the course of; **~ мы́слей** train of thought; **идти́ (пойти́** *pf*) **в ~** to come into use; **быть** (*impf*) **в (большо́м) ~у́** to be (very) popular; **на ~у́** (*есть, разговаривать*) on the move; (*шутить*) in passing; **с хо́ду** straight off; **дава́ть (дать** *pf*) **~ де́лу** to set things in motion.
хода́тайств|о (**-а**) *ср* petition.
хода́тайств|овать (**-ую**; *pf* **по~**) *несов*: **~ о чём-н/за кого́-н** to petition for sth/on sb's behalf.
хо|ди́ть (**-жу́, -дишь**) *несов* to walk; (*по магазинам, в гости, в кино итп*) to go (*on foot*); (*поезд, автобус итп*) to go; (*слухи*) to go round; (*часы*) to work; (*носить*): **~ в** *+prp* (*в пальто, в сапогах итп*) to wear; **~** (*impf*) *+instr* (*тузом итп*) to play; (*конём, пешкой итп*) to move.
ходьб|а́ (**-ы́**) *ж* walking.
хожу́ *несов см* **ходи́ть**.
хозрасчёт (**-а**) *м* (= *хозяйственный расчёт*) *system of management based on self-financing and selfgoverning principles*.
хозрасчётн|ый *прил*: **~ое предприя́тие** self-financing, self-governing enterprise.
хозя́|ин (**-ина**; *nom pl* **-ева**, *gen pl* **-ев**) *м* (*владелец*) owner; (*сдающий жильё*) landlord; (*принимающий гостей*) host; (*перен*: *положения, своей судьбы*) master.
хозя́|йка (**-йки**; *gen pl* **-ек**) *ж* (*владелица*) owner; (*сдающая жильё*) landlady; (*принимающая гостей*) hostess.
хозя́йнича|ть (**-ю**) *несов* (*в доме, на кухне*) to be in charge; (*командовать*) to be bossy.
хозя́йственн|ый *прил*

(*деятельность*) economic; (*постройка, инвентарь*) domestic; (*человек*) thrifty; **~ые това́ры** hardware; **~ магази́н** hardware shop.

хозя́йств|о (-а) *ср* (*ЭКОН*) economy; (*производственная единица*) enterprise; (*предметы быта*) household goods *мн*; **дома́шнее ~** housekeeping.

хозя́йств|овать (-ую) *несов*: **~ на предприя́тии** to manage an enterprise.

хокке́ист (-а) *м* hockey player.

хокке́|й (-я) *м* hockey.

холе́р|а (-ы) *ж* cholera.

холл (-а) *м* (*театра, гостиницы*) lobby; (*в квартире, в доме*) hall.

холм (-а́) *м* hill.

холми́стый *прил* hilly.

хо́лод (-а; *nom pl* -а́) *м* cold; (*зимний*) cold weather *ед*.

холода́|ть (*3sg* -ет, *pf* **по~**) *несов безл* to turn cold.

холоде́|ть (-ю; *pf* **по~**) *несов* to get cold; (*от страха*) to go cold.

холоди́льник (-а) *м* (*домашний*) fridge; (*промышленный*) refrigerator.

хо́лодно *нареч* coldly ♦ *как сказ* it's cold; **мне/ей ~** I'm/she's cold.

холо́дный *прил* cold.

холосто́й *прил* (*мужчина*) single, unmarried; (*выстрел, патрон*) blank.

холостя́к (-а́) *м* bachelor.

холст (-а́) *м* canvas.

хомя́к (-а́) *м* hamster.

хор (-а) *м* choir; (*насмешек*) chorus.

Хорва́ти|я (-и) *ж* Croatia.

хорео́граф (-а) *м* choreographer.

хореогра́фи|я (-и) *ж* choreography.

хо́ром *нареч* in unison.

хор|они́ть (-оню́, -о́нишь; *pf* **по~**) *несов перех* to bury.

хороше́|ть (-ю; *pf* **по~**) *несов* to become more attractive.

хоро́ш|ий *прил* good; **он ~ (собо́ю)** he's good-looking; **всего́ ~его!** all the best!

хорошо́ *нареч* well ♦ *как сказ* it's good; **мне ~** I feel good ♦ *част, вводн сл* okay, all right ♦ *ср нескл* (*ПРОСВЕЩ*) ≈ good (*school mark*); **мне здесь ~** I like it here; **ну, ~!** (*разг*: *выражение угрозы*) right then!; **~ бы пое́сть/поспа́ть** (*разг*) I wouldn't mind a bite to eat/getting some sleep.

хо|те́ть (*см* **Table 14**) *несов перех*: **~** *+infin* to want to do; **как ~ти́те** (*как вам угодно*) as you wish; (*а всё-таки*) no matter what you say; **хо́чешь не хо́чешь** whether you like it or not; **~** (*impf*) **есть/пить** to be hungry/thirsty; **~ся** *несов безл*: **мне хо́чется пла́кать/есть** I feel like crying/something to eat.

KEYWORD

хоть *союз* **1** (*несмотря на то, что*) (al)though; **хоть я и оби́жен, я помогу́ тебе́** although I am hurt, I will help you

2 (*до такой степени, что*) even if; **не соглаша́ется, хоть до утра́ проси́** he won't agree, even if you ask all night; **хоть убе́й, не могу́ пойти́ на э́то** I couldn't do that to save my life; **хоть..., хоть...** either..., or...; **езжа́й хоть сего́дня, хоть че́рез ме́сяц** go either today, or in a month's time ♦ *част* **1** (*служит для усиления*) at least; **подвези́ его́ хоть до ста́нции** take him to the station at

least; **пойми́ хоть ты** you of all people should understand
2 (*во фразах*): **хоть бы** at least; **хоть бы ты ему́ позвони́л** you could at least phone him!; **хоть бы зако́нчить сего́дня!** if only we could get finished today!; **хоть кто** anyone; **хоть како́й** any; **ему́ хоть бы что** it doesn't bother him; **хоть куда́!** (*разг*) excellent!; **хоть бы и так!** so what!

хотя́ *союз* although; **~ и** even though; **~ бы** at least.
хо́хот (**-а**) *м* guffaw.
хох|ота́ть (**-очу́, -о́чешь**) *несов* to guffaw; **~** *(impf)* **над** *+instr* to laugh at.
хочу́ *итп несов см* **хоте́ть**.
хра́брост|ь (**-и**) *ж* courage, bravery.
хра́брый *прил* courageous, brave.
храм (**-а**) *м* (*РЕЛ*) temple.
хране́ни|е (**-я**) *ср* (*денег*) keeping; **~ ору́жия** possession of firearms; **ка́мера ~я** (*на вокзале*) left-luggage office (*BRIT*) *или* checkroom (*US*).
храни́лищ|е (**-а**) *ср* store.
хран|и́ть (**-ю́, -и́шь**) *несов перех* to keep; (*достоинство*) to protect; (*традиции*) to preserve; **~ся** *несов возв* to be kept.
храп (**-а**) *м* (*во сне*) snoring.
храп|е́ть (**-лю́, -и́шь**) *несов* to snore.
хреб|е́т (**-та́**) *м* (*АНАТ*) spine; (*ГЕО*) ridge; **го́рный ~** mountain range.
хрен (**-а**) *м* horseradish.
хризанте́м|а (**-ы**) *ж* chrysanthemum.
хрип (**-а**) *м* wheezing.
хрип|е́ть (**-лю́, -и́шь**) *несов* to wheeze.
хри́плый *прил* (*голос*) hoarse.
хри́пн|уть (**-у**; *pf* **о~**) *несов* to become *или* grow hoarse.
христи|ани́н (**-ани́на**; *nom pl* **-а́не**, *gen pl* **-а́н**) *м* Christian.
христиа́нский *прил* Christian.
христиа́нств|о (**-а**) *ср* Christianity.
Христ|о́с (**-а́**) *м* Christ.
хрома́|ть (**-ю**) *несов* to limp.
хромо́й *прил* lame.
хромосо́м|а (**-ы**) *ж* chromosome.
хрони́ческий *прил* chronic.
хронологи́ческий *прил* chronological.
хру́пкий *прил* fragile; (*печенье, кости*) brittle; (*перен*: *фигура*) delicate; (: *здоровье, организм*) frail.
хруст (**-а**) *м* crunch.
хруста́лик (**-а**) *м* (*АНАТ*) lens.
хруста́л|ь (**-я́**) *м, собир* crystal.
хру|сте́ть (**-щу́, -сти́шь**) *несов* to crunch.
хрустя́щий *прил* crunchy, crisp.
хрю́ка|ть (**-ю**) *несов* to grunt.
худе́|ть (**-ю**) *несов* to grow thin; (*быть на диете*) to slim.
худо́жественн|ый *прил* artistic; (*школа, выставка*) art; **~ая литерату́ра** fiction; **~ая самоде́ятельность** *amateur art and performance*; **~ сало́н** (*выставка*) art exhibition; (*магазин*) ≈ craft shop; **~ фильм** feature film.
худо́жник (**-а**) *м* artist.
худо́й *прил* thin.
ху́дший *превос прил* the worst.
ху́же *сравн прил, нареч* worse.
хулига́н (**-а**) *м* hooligan.
хулига́н|ить (**-ю, -ишь**; *pf* **на~**) *несов* to act like a hooligan.
хулига́нств|о (**-а**) *ср* hooliganism.

Ц, ц

ца́п|ля (**-ли**; *gen pl* **-ель**) *ж* heron.
цара́па|ть (**-ю**; *pf* **о~**) *несов перех* (*раздирать*) to scratch; **~ся** (*pf* **оцара́паться**) *несов возв* to scratch.
цара́пин|а (**-ы**) *ж* scratch.
цари́ц|а (**-ы**) *ж* tsarina (*wife of tsar*), empress.
ца́рский *прил* tsar's, royal; (*режим, правительство*) tsarist.
ца́рств|о (**-а**) *ср* reign.
ца́рств|овать (**-ую**) *несов* to reign.
цар|ь (**-я́**) *м* tsar.
цве|сти́ (**-ту́, -тёшь**) *несов* (*БОТ*) to blossom, flower.
цвет (**-а**; *nom pl* **-а́**) *м* (*окраска*) colour (*BRIT*), color (*US*); (*prep sg* **-у́**; *БОТ*) blossom.
цветно́й *прил* (*карандаш*) coloured (*BRIT*), colored (*US*); (*фотография, фильм*) colour (*BRIT*), color (*US*).
цвет|о́к (**-ка́**; *nom pl* **-ы́**) *м* flower (*bloom*); (*комнатный*) plant.
цвето́чный *прил* flower.
цвету́щий *прил* blooming.
це|ди́ть (**-жу́, -дишь**; *pf* **про~**) *несов перех* (*молоко, отвар*) to strain; (*перен*: *слова*) to force out.
це́др|а (**-ы**) *ж* (dried) peel *ед*.
целе́бный *прил* medicinal; (*воздух*) healthy.
целенапра́вленный *прил* singleminded.
целесообра́зный *прил* expedient.
целеустремлённый *прил* purposeful.
целико́м *нареч* (*без ограничений*) wholly, entirely.
целин|а́ (**-ы́**) *ж* virgin territory.
це́л|иться (**-юсь, -ишься**; *pf* **на~**) *несов возв*: **~ в** *+acc* to (take) aim at.
целлофа́н (**-а**) *м* cellophane ®.
цел|ова́ть (**-у́ю**; *pf* **по~**) *несов перех* to kiss; **~ся** (*pf* **поцелова́ться**) *несов возв* to kiss (each other).
це́л|ое (**-ого**) *ср* whole.
це́л|ый *прил* whole, entire; (*неповреждённый*) intact; **в ~ом** (*полностью*) as a whole; (*в общем*) on the whole.
цел|ь (**-и**) *ж* (*при стрельбе*) target; (*перен*) aim, goal; **с це́лью** *+infin* with the object *или* aim of doing; **с це́лью** *+gen* for; **в це́лях** *+gen* for the purpose of.
це́льный *прил* (*кусок, камень*) solid; (*характер, произведение*) complete; (*теория*) integrated.
цеме́нт (**-а**) *м* cement.
цементи́р|овать (**-ую**; *pf* **за~**) *несов перех* to cement.
цен|а́ (**-ы́**; *acc sg* **-у**, *dat sg* **-е́**, *nom pl* **-ы**) *ж* price; (*перен*: *человека*) value; **~о́ю** *+gen* at the expense of.
цензу́р|а (**-ы**) *ж* censorship.
цен|и́ть (**-ю́, -ишь**) *несов перех* (*дорожить*) to value; (*помощь, совет*) to appreciate.
це́нник (**-а**) *м* (*бирка*) price tag.
це́нност|ь (**-и**) *ж* value; **~и** valuables; **материа́льные ~и** commodities.
це́нный *прил* valuable; (*посылка, письмо*) registered.
це́нтнер (**-а**) *м* centner (*100kg*).
центр (**-а**) *м* centre (*BRIT*), center (*US*); **в це́нтре внима́ния** in the limelight; **торго́вый ~** shopping centre (*BRIT*) *или* mall (*US*).

центра́льный *прил* central.
центров|о́й *прил*: **~ напада́ющий** centre (*BRIT*) *или* center (*US*) forward ◆ **(-о́го)** *м* (*в баскетболе*) centre (*BRIT*), center (*US*); (*в футболе*) midfielder.
цепля́|ться **(-юсь)** *несов возв*: **~ за** *+acc* to cling *или* hang on to.
цепно́й *прил* chain.
цепо́ч|ка **(-ки**; *gen pl* **-ек)** *ж* (*тонкая цепь*) chain; (*машин, людей*) line.
цеп|ь **(-и**; *loc sg* **-и́)** *ж* chain; (*ЭЛЕК*) circuit; **го́рная ~** mountain range.
церемо́ни|я **(-и)** *ж* ceremony.
церко́вный *прил* church.
це́рк|овь **(-ви**; *instr sg* **-овью**, *nom pl* **-ви**, *gen pl* **-ве́й)** *ж* church.
цех **(-а**; *loc sg* **-у́**, *nom pl* **-а́)** *м* (work-)shop (*in factory*).
цивилиза́ци|я **(-и)** *ж* civilization.
цивилизо́ванный *прил* civilized.
цикл **(-а)** *м* cycle; (*лекций, концертов итп*) series.
цикло́н **(-а)** *м* cyclone.
цили́ндр **(-а)** *м* cylinder.
цини́чный *прил* cynical.
цинк **(-а)** *м* zinc.
цирк **(-а)** *м* circus.
циркули́р|овать (*3sg* **-ует)** *несов* to circulate.
ци́ркул|ь **(-я)** *м* (a pair of) compasses *мн*.
цисте́рн|а **(-ы)** *ж* cistern.
цита́т|а **(-ы)** *ж* quote, quotation.
цити́р|овать **(-ую**; *pf* **про~)** *несов перех* to quote.
ци́трусовый *прил* citrus.
циферблá́т **(-а)** *м* dial; (*на часах*) face.
ци́фр|а **(-ы)** *ж* number; (*арабские, римские*) numeral; (*обычно мн: расчёт*) figure.
ЦРУ *ср сокр* (= *Центра́льное разве́дывательное управле́ние (США)*) CIA.
ЦТ *ср сокр* = *Центра́льное телеви́дение*.
цыга́н **(-а**; *nom pl* **-е)** *м* gypsy.
цыпл|ёнок **(-ёнка**; *nom pl* **-я́та**, *gen pl* **-я́т)** *м* chick.
цы́поч|ки **(-ек)** *мн*: **на ~ках** on tiptoe.

Ч, ч

ча|ди́ть **(-жу́, -ди́шь**; *pf* **на~)** *несов* to give off fumes.
чаев|ы́е **(-ы́х)** *мн* tip *ед*.
ча|й **(-я**; *part gen* **-ю**, *nom pl* **-и́)** *м* tea; **зава́ривать (завари́ть** *pf***) ~** to make tea; **дава́ть (дать** *pf***) кому́-н на ~** to give sb a tip.
ча́|йка **(-йки**; *gen pl* **-ек)** *ж* (sea) gull.
ча́йн|ая **(-ой)** *ж* tearoom.
ча́йник **(-а)** *м* kettle; (*для заварки*) teapot.
ча́йн|ый *прил*: **~ая ло́жка** teaspoon.
ча́ртер **(-а)** *м* (*КОММ*) charter.
час **(-а́**; *nom pl* **-ы́)** *м* hour; **академи́ческий ~** (*ПРОСВЕЩ*) ≈ period; **кото́рый ~?** what time is it?; **сейча́с 3 ~а́ но́чи/дня** it's 3 o'clock in the morning/afternoon; *см также* **часы́**.
часо́в|ня **(-ни**; *gen pl* **-ен)** *ж* chapel.
часов|о́й *прил* (*лекция*) one-hour; (*механизм: ручных часов*) watch; (: *стенных часов*) clock ◆ **(-о́го)** *м* sentry; **~а́я стре́лка** the small hand; **~ по́яс** time zone.
части́ц|а **(-ы)** *ж* (*маленькая часть*) fragment; (*ФИЗ, ЛИНГ*)

particle.
части́чный *прил* partial.
ча́стник (-а) *м* (*собственник*) (private) owner.
ча́стност|ь (-и) *ж* (*деталь*) detail.
ча́стн|ый *прил* private; (*нехарактерный*) isolated; **~ая со́бственность** private property.
ча́сто *нареч* (*много раз*) often; (*тесно*) close together.
част|ота́ (-оты́; *nom pl* **-о́ты)** *ж* (*ТЕХ*) frequency.
ча́стый *прил* frequent.
част|ь (-и; *gen pl* **-е́й)** *ж* part; (*симфонии*) movement; (*отдел*) department; (*ВОЕН*) unit; **~ ре́чи** part of speech; **~ све́та** continent.
час|ы́ (-о́в) *мн* (*карманные*) watch *ед*; (*стенные*) clock *ед*.
ча́ш|ка (-ки; *gen pl* **-ек)** *ж* cup.
ча́щ|а (-и) *ж* (*лес*) thick forest.
ча́ще *сравн прил от* **ча́стый** ♦ *сравн нареч от* **ча́сто**.
чего́ *мест см* **что**.
чей (чьего́; *см* **Table 5**; *f* **чья**, *nt* **чьё**, *pl* **чьи)** *мест* whose; **~ бы то ни́ был** no matter whose it is.
че́й-либо (чьего́-либо; *как* **чей**; *см* **Table 5**; *f* **чья́-либо**, *nt* **чьё-либо**, *pl* **чьи́-либо)** *мест* = **че́й-нибудь**.
че́й-нибудь (чьего́-нибудь; *как* **чей**; *см* **Table 5**; *f* **чья́-нибудь**, *nt* **чьё-нибудь**, *pl* **чьи́-нибудь)** *мест* anyone's.
че́й-то (чьего́-то; *как* **чей**; *см* **Table 5**; *f* **чья́-то**, *nt* **чьё-то**, *pl* **чьи́-то)** *мест* someone's, somebody's.
чек (-а) *м* (*банковский*) cheque (*BRIT*), check (*US*); (*товарный, кассовый*) receipt.
че́ковый *прил* cheque (*BRIT*), check (*US*).
чёл|ка (-ки; *gen pl* **-ок)** *ж* (*человека*) fringe (*BRIT*), bangs *мн* (*US*).
челове́к (-а; *nom pl* **лю́ди**, *gen pl* **люде́й)** *м* human (being); (*некто, личность*) person.
челове́ческий *прил* human; (*человечный*) humane.
челове́честв|о (-а) *ср* humanity, mankind.
челове́чный *прил* humane.
че́люст|ь (-и) *ж* (*АНАТ*) jaw.
чем *мест см* **что** ♦ *союз* than; (*разг*: *вместо того чтобы*) instead of; **~ бо́льше/ра́ньше, тем лу́чше** the bigger/earlier, the better.
чемода́н (-а) *м* suitcase.
чемпио́н (-а) *м* champion.
чемпиона́т (-а) *м* championship.
чему́ *мест см* **что**.
чепух|а́ (-и́) *ж* nonsense.
че́рв|и (-е́й) *мн* (*КАРТЫ*) hearts *мн*.
черви́вый *прил* maggoty.
черв|ь (-я́; *nom pl* **-и**, *gen pl* **-е́й)** *м* worm; (*личинка*) maggot.
червя́к (-а́) *м* worm.
черда́к (-а́) *м* attic, loft.

KEYWORD

че́рез *предл* (+*асс*) **1** (*поперёк*) across, over; **переходи́ть (перейти́** *pf*) **че́рез доро́гу** to cross the road
2 (*сквозь*) through; **че́рез окно́** through the window
3 (*поверх*) over; **че́рез забо́р** over the fence
4 (*спустя*) in; **че́рез час** in an hour('s time)
5 (*минуя какое-н пространство*): **че́рез три кварта́ла – ста́нция** the station is three blocks away
6 (*при помощи*) via; **он переда́л**

письмо́ че́рез знако́мого he sent the letter via a friend
7 *(при повторении действия)* every; **принима́йте табле́тки че́рез ка́ждый час** take the tablets every hour.

че́реп (**-а**) *м* skull.
черепа́х|а (**-и**) *ж* tortoise; *(морская)* turtle.
черепи́ц|а (**-ы**) *ж собир* tiles *мн.*
чере́ш|ня (**-ни**; *gen pl* **-ен**) *ж* cherry.
черне́|ть (**-ю**; *pf* **по~**) *несов* *(становиться чёрным)* to turn black.
черни́л|а (-) *мн* ink *ед.*
чёрно-бе́лый *прил* black-and-white.
чернови́к (**-а́**) *м* draft.
чёрный (**-ен, -на́, -но́**) *прил* black; *(ход)* back.
че́рпа|ть (**-ю**) *несов перех* *(жидкость)* to ladle.
черстве́|ть (**-ю**; *pf* **за~**) *несов* *(хлеб)* to go stale.
чёрствый *прил* *(хлеб)* stale.
чёрт (**-а**; *nom pl* **че́рти**, *gen pl* **черте́й**) *м* *(дьявол)* devil; **иди́ к ~у!** *(разг)* go to hell!
черт|а́ (**-ы́**) *ж* *(линия)* line; *(признак)* trait; **в о́бщих ~х** in general terms; *см также* **черты́**.
чертёж (**-а́**) *м* draft.
чер|ти́ть (**-чу́, -тишь**; *pf* **на~**) *несов перех* *(линию)* to draw; *(план, график)* to draw up.
чёрточ|ка (**-ки**; *gen pl* **-ек**) *ж* *(дефис)* hyphen.
черт|ы (-) *мн* *(также: ~* **лица́**) features *мн.*
че|са́ть (**-шу́, -шешь**; *pf* **по~**) *несов перех* *(спину)* to scratch; **~ся** (*pf* **почеса́ться**) *несов возв* to scratch o.s.; *(no pf; зудеть)* to itch.
чесно́к (**-а́**) *м* garlic.
че́стно *нареч* *(сказать)* honestly; *(решить)* fairly ♦ *как сказ:* **так бу́дет ~** that'll be fair.
че́стност|ь (**-и**) *ж* honesty.
че́стн|ый *прил* honest; **~ое сло́во** honest to God.
честолюби́вый *прил* ambitious.
чест|ь (**-и**) *ж* honour (*BRIT*), honor (*US*); (*loc sg* **-и́**; *почёт*) glory; **к че́сти кого́-н** to sb's credit; **отдава́ть (отда́ть** *pf*) **кому́-н ~** to salute sb.
четве́рг (**-а́**) *м* Thursday.
четвёр|ка (**-ки**; *gen pl* **-ок**) *ж* *(цифра, карта)* four; *(ПРОСВЕЩ)* ≈ B (*school mark*).
че́твер|о (*см* **Table 30a**; **-ых**) *чис* four.
четвёртый *чис* fourth; **сейча́с ~ час** it's after three.
че́тверт|ь (**-и**) *ж* quarter; *(ПРОСВЕЩ)* term.
четвертьфина́л (**-а**) *м* *(СПОРТ)* quarter final.
чёткий *прил* clear; *(движения)* precise.
чётный *прил* *(число)* even.
четы́р|е (**-ёх**; *instr sg* **-ьмя́**; *см* **Table 24**) *чис* *(цифра, число)* four; *(ПРОСВЕЩ)* ≈ B (*school mark*).
четы́р|еста (**-ёхсо́т**; *см* **Table 28**) *чис* four hundred.
четырёхуго́льник (**-а**) *м* quadrangle.
четы́рнадцатый *чис* fourteenth.
четы́рнадцат|ь (**-и**; *как* **пять**; *см* **Table 26**) *чис* fourteen.
Че́хи|я (**-и**) *ж* the Czech Republic.
чех|о́л (**-ла́**) *м* *(для мебели)* cover; *(для гитары, для оружия)* case.
чешу|я́ (**-и́**) *ж собир* scales *мн.*
чин (**-а**; *nom pl* **-ы́**) *м* rank.

чин|и́ть (**-ю́, -ишь**; *pf* **по~**) *несов перех* to mend, repair; (*pf* **о~**; *карандаш*) to sharpen.
чино́вник (**-а**) *м* (*служащий*) official.
чири́ка|ть (**-ю**) *несов* to twitter.
чи́сленност|ь (**-и**) *ж* (*армии*) numbers *мн*; (*учащихся*) number; **~ населе́ния** population.
числи́тельн|ое (**-ого**) *ср* numeral.
чис|ло́ (**-ла́**; *nom pl* **-ла**, *gen pl* **-ел**) *ср* number; (*день месяца*) date; **быть** (*impf*) **в ~ле́** *+gen* to be among(st).
чи́|стить (**-щу, -стишь**; *pf* **вы́чистить** *или* **по~**) *несов перех* to clean; (*зубы*) to brush, clean; (*pf* **по~**; *яблоко, картошку*) to peel; (*рыбу*) to scale.
чи́сто *нареч* (*только*) purely; (*убранный, сделанный*) neatly ♦ *как сказ*: **в до́ме ~** the house is clean.
чистови́к (**-а́**) *м* fair copy.
чистосерде́чный *прил* sincere.
чистот|а́ (**-ы́**) *ж* purity; **у него́ в до́ме всегда́ ~** his house is always extremely clean.
чи́стый *прил* (*одежда, комната*) clean; (*совесть, небо, произношение*) clear; (*золото, спирт*) pure; (*прибыль, вес*) net; (*совпадение, случайность*) pure.
чита́тел|ь (**-я**) *м* reader.
чита́|ть (**-ю**; *pf* **прочéсть** *или* **про~**) *несов перех* to read; (*лекцию*) to give.
чиха́|ть (**-ю**; *pf* **чихну́ть**) *несов* to sneeze.
член (**-а**) *м* member; (*обычно мн: конечности*) limb; **полово́й ~** penis; **~ предложе́ния** part of a sentence.
чо́ка|ться (**-юсь**; *pf* **чо́кнуться**) *несов возв* to clink glasses (*during toast*).
чрезвыча́йно *нареч* extremely.
чрезвыча́йный *прил* (*исключительный*) extraordinary; (*экстренный*) emergency.
чрезме́рный *прил* excessive.
чте́ни|е (**-я**) *ср* reading.

KEYWORD

что (**чего́**; *см* **Table 7**) *мест* **1** (*вопросительное*) what; **что ты сказа́л?** what did you say?; **что Вы говори́те!** you don't say!
2 (*относительное*) which; **она́ не поздоро́валась, что бы́ло мне неприя́тно** she did not say hello, which was unpleasant for me; **что ни говори́** ... whatever you say ...
3 (*столько сколько*): **она́ закрича́ла что бы́ло сил** she shouted with her all might
4 (*разг*: *что-нибудь*) anything; **е́сли что случи́тся** if anything happens, should anything happen; **в слу́чае чего́** if anything happens; **чуть что – сра́зу скажи́ мне** get in touch at the slightest thing
♦ *нареч* (*почему*) why; **что ты грусти́шь?** why are you sad?
♦ *союз* **1** (*при сообщении, высказывании*): **я зна́ю, что на́до де́лать** I know what must be done; **я зна́ю, что он прие́дет** I know that he will come
2 (*во фразах*): **а что?** (*разг*) why (do you ask)?; **к чему́** (*зачем*) why; **не́ за что!** not at all! (*BRIT*), you're welcome! (*US*); **ни за что!** (*разг*) no way!; **ни за что ни про что** (*разг*) for no (good) reason; **что ты!** (*при возражении*) what!; **я здесь ни при чём** it has nothing to do with me; **что к чему́** (*разг*)

what's what.

чтоб *союз* = **что́бы**.

KEYWORD

что́бы *союз*: **что́бы** *+infin* (*выражает цель*) in order *или* so as to do
◆ *союз* (*+pt*) **1** (*выражает цель*) so that
2 (*выражает желательность*): **я хочу́, что́бы она́ пришла́** I want her to come
3 (*выражает возможность*): **не мо́жет быть, что́бы он так поступи́л** it can't be possible that he could have acted like that
◆ *част* **1** (*выражает пожелание*): **что́бы она́ заболе́ла!** I hope she gets ill!
2 (*выражает требование*): **что́бы я его́ здесь бо́льше не ви́дел!** I hope (that) I never see him here again!

что́-либо (**чего́-либо**; *как* **что**; *см* **Table 7**) *мест* = **что́-нибудь**.
что́-нибудь (**чего́-нибудь**; *как* **что**; *см* **Table 7**) *мест* (*в утверждении*) something; (*в вопросе*) anything.
что́-то (**чего́-то**; *как* **что**; *см* **Table 7**) *мест* something; (*приблизительно*) something like ◆ *нареч* (*разг*: *почему-то*) somehow.
чувстви́тельный *прил* sensitive.
чу́вств|о (**-а**) *ср* feeling; **~** *+gen* (*юмора, долга*) sense of.
чу́вств|овать (**-ую**; *pf* **по~**) *несов перех* to feel; (*присутствие, опасность*) to sense; **~** *(impf)* **себя́ хорошо́/нело́вко** to feel good/ awkward; **~ся** *несов возв* (*жара, усталость*) to be felt.
чугу́н (**-а́**) *м* cast iron.
чудеса́ *итп сущ см* **чу́до**.
чуде́сный *прил* (*очень хороший*) marvellous (*BRIT*), marvelous (*US*), wonderful.
чу́д|о (**-а**; *nom pl* **-еса́**, *gen pl* **-е́с**, *dat pl* **-еса́м**) *ср* miracle.
чудо́вищ|е (**-а**) *ср* monster.
чудо́вищный *прил* monstrous.
чу́дом *нареч* by a miracle.
чу́ждый *прил* alien.
чужо́й *прил* (*вещь*) someone *или* somebody else's; (*речь, обычай*) foreign; (*человек*) strange.
чул|о́к (**-ка́**; *gen pl* **-о́к**, *dat pl* **-ка́м**) *м* (*обычно мн*) stocking.
чу́ткий *прил* sensitive; (*добрый*) sympathetic.
чуть *нареч* (*разг*: *едва*) hardly; (*немного*) a little ◆ *союз* (*как только*) as soon as; **~ (бы́ло) не** almost, nearly; **~ что** (*разг*) at the slightest thing.
чу́чел|о (**-а**) *ср* scarecrow.
чуш|ь (**-и**) *ж* (*разг*) rubbish (*BRIT*), garbage (*US*), nonsense.
чьё (**чьего́**) *мест см* **чей**.
чьи (**чьих**) *мест см* **чей**.
чья (**чьей**) *мест см* **чей**.

Ш, ш

шаг (**-а**; *nom pl* **-и́**) *м* step.
шага́|ть (**-ю**) *несов* to march.
шагн|у́ть (**-у́, -ёшь**) *сов* to step, take a step.
ша́йб|а (**-ы**) *ж* (*СПОРТ*) puck.
шал|ь (**-и**) *ж* shawl.
шампа́нск|ое (**-ого**) *ср* champagne.
шампиньо́н (**-а**) *м* (*БОТ*) (field) mushroom.

шампу́н|ь (**-я**) *м* shampoo.
шанс (**-а**) *м* chance.
шанта́ж (**-а́**) *м* blackmail.
шантажи́р|овать (**-ую**) *несов перех* to blackmail.
ша́п|ка (**-ки**; *gen pl* **-ок**) *ж* hat.
шар (**-а**; *nom pl* **-ы́**) *м* (*ГЕОМ*) sphere; (*gen sg* **-а́**; *бильярдный итп*) ball; **возду́шный ~** balloon.
ша́риков|ый *прил*: **~ая ру́чка** ballpoint pen.
ша́р|ить (**-ю, -ишь**) *несов* (*разг*): **~ (рука́ми)** to grope.
ша́рка|ть (**-ю**) *несов*: **~** *+instr* to shuffle.
шарф (**-а**) *м* scarf.
шасси́ *ср нескл* (*самолёта*) landing gear; (*автомобиля*) chassis.
шата́|ть (**-ю**) *несов перех* (*раскачивать*) to rock; **~ся** *несов возв* (*зуб*) to be loose *или* wobbly; (*столб*) to shake; (*от усталости*) to reel.
шах (**-а**) *м* (*монарх*) shah; (*в шахматах*) check.
ша́хматный *прил* chess; (*порядок*) staggered.
ша́хмат|ы (-) *мн* (*игра*) chess *ед*; (*фигуры*) chessmen *мн*.
ша́хт|а (**-ы**) *ж* mine; (*лифта*) shaft.
шахтёр (**-а**) *м* miner.
ша́ш|ки (**-ек**) *мн* (*игра*) draughts *ед* (*BRIT*), checkers *ед* (*US*).
шашлы́к (**-а́**) *м* shashlik, kebab.
шва́бр|а (**-ы**) *ж* mop.
шве́дский *прил* Swedish.
шве́йный *прил* sewing.
швейца́р (**-а**) *м* doorman.
Швейца́ри|я (**-и**) *ж* Switzerland.
швейца́рский *прил* Swiss.
Шве́ци|я (**-и**) *ж* Sweden.
шевел|и́ть (**-ю́, -и́шь**; *pf* **по~**) *несов перех* (*сено*) to turn over; (*подлеж*: *ветер*) to stir ◆ *неперех*: **~** *+instr* (*пальцами, губами*) to move; **~ся** (*pf* **пошевели́ться**) *несов возв* to stir.
шеде́вр (**-а**) *м* masterpiece.
шёл *несов см* **идти́**.
шелест|е́ть (**-и́шь**) *несов* to rustle.
шёлк (**-а**; *nom pl* **-а́**) *м* silk.
шёлковый *прил* (*нить, одежда*) silk.
шелуш|и́ться (**-у́сь, -и́шься**) *несов возв* to peel.
шепн|у́ть (**-у́, -ёшь**) *сов перех* to whisper.
шёпот (**-а**) *м* whisper.
шёпотом *нареч* in a whisper.
шеп|та́ть (**-чу́, -чешь**) *несов перех* to whisper; **~ся** *несов возв* to whisper to each other.
шере́нг|а (**-и**) *ж* (*солдат*) rank.
шерст|ь (**-и**) *ж* (*животного*) hair; (*пряжа, ткань*) wool.
шерстяно́й *прил* (*пряжа, ткань*) woollen (*BRIT*), woolen (*US*).
шерша́вый *прил* rough.
ше́стер|о (**-ы́х**; *см* **Table 30b**) *чис* six.
шестидеся́тый *чис* sixtieth.
шестна́дцатый *чис* sixteenth.
шестна́дцат|ь (**-и**; *как* **пять**; *см* **Table 26**) *чис* sixteen.
шесто́й *чис* sixth.
шест|ь (**-и́**; *как* **пять**; *см* **Table 26**) *чис* six.
шест|ьдеся́т (**-и́десяти**; *как* **пятьдеся́т**; *см* **Table 26**) *чис* sixty.
шест|ьсо́т (**-исо́т**; *как* **пятьсо́т**; *см* **Table 28**) *чис* six hundred.
шеф (**-а**) *м* (*полиции*) chief; (*разг*: *начальник*) boss; (*лицо*) patron; (*организация*) sponsor.
ше́фств|о (**-а**) *ср*: **~ над** *+instr* (*лица*) patronage of; (*организация*) sponsorship of.

шéфств|овать (-ую) *несов*: **~ над** *+instr* (*лицо*) to be patron of; (*организация*) to sponsor.
шé|я (-и) *ж* (*АНАТ*) neck.
ши́ворот (-а) *м* (*разг*): **за ~** by the collar.
шизофрени́|я (-и) *ж* schizophrenia.
шика́рный *прил* (*разг*) glamorous, chic.
шимпанзé *м нескл* chimpanzee.
ши́н|а (-ы) *ж* (*АВТ*) tyre (*BRIT*), tire (*US*).
шинéл|ь (-и) *ж* greatcoat.
шинк|ова́ть (-у́ю; *pf* на~) *несов перех* (*овощи*) to shred.
шиньóн (-а) *м* chignon.
шип (-á) *м* (*растения*) thorn; (*на колесе*) stud; (*на ботинке*) spike.
шип|éть (-лю́, -и́шь) *несов* to hiss; (*шампанское*) to fizz.
шипу́чий *прил* fizzy.
ши́ре *сравн прил от* **широ́кий** ◆ *сравн нареч от* **широкó**.
ширин|á (-ы́) *ж* width; **дорóжка метр ~óй** *или* **в ~у́** a path a metre (*BRIT*) *или* meter (*US*) wide.
ши́рм|а (-ы) *ж* screen.
широ́к|ий *прил* wide; (*степи, фронт, планы*) extensive; (*перен: общественность*) general; (: *смысл*) broad; (: *натура, жест*) generous; **това́ры ~ого потреблéния** (*ЭКОН*) consumer goods.
широкó *нареч* (*раскинуться*) widely; (*улыбаться*) broadly.
широкоэкра́нный *прил* (*фильм*) wide-screen.
шир|отá (-оты́) *ж* breadth; (*nom pl* **-óты**; *ГЕО*) latitude.
ширпотрéб (-а) *м сокр* = **широ́кое потреблéние**; (*разг: о товарах*) consumer goods *мн*; (: *о плохом товаре*) shoddy goods *мн*.
шить (шью, шьёшь; *pf* с~) *несов перех* (*платье итп*) to sew.
ши́фер (-а) *м* slate.
шифр (-а) *м* code, cipher.
ши́ш|ка (-ки; *gen pl* -ек) *ж* (*БОТ*) cone; (*на лбу*) bump, lump.
шкал|á (-ы́; *nom pl* -ы) *ж* scale.
шкату́л|ка (-ки; *gen pl* -ок) *ж* casket.
шкаф (-а; *loc sg* -у́, *nom pl* -ы́) *м* (*для одежды*) wardrobe; (*для посуды*) cupboard; **кни́жный ~** bookcase.
шки́пер (-а) *м* (*МОР*) skipper.
шкóл|а (-ы) *ж* school; (*милиции*) academy; **срéдняя ~** secondary (*BRIT*) *или* high (*US*) school.
шкóл|а-интерна́т (-ы, -а) *м* boarding school.
шкóльник (-а) *м* schoolboy.
шкóльниц|а (-ы) *ж* schoolgirl.
шкóльный *прил* (*здание*) school.
шку́р|а (-ы) *ж* (*животного*) fur; (*убитого животного*) skin; (: *обработанная*) hide.
шла *несов см* **идти́**.
шлагба́ум (-а) *м* barrier.
шланг (-а) *м* hose.
шлем (-а) *м* helmet.
шли *несов см* **идти́**.
шлиф|ова́ть (-у́ю; *pf* от~) *несов перех* (*ТЕХ*) to grind.
шло *несов см* **идти́**.
шлю́п|ка (-ки; *gen pl* -ок) *ж* (*МОР*) dinghy; **спаса́тельная ~** lifeboat.
шля́п|а (-ы) *ж* hat.
шля́п|ка (-ки; *gen pl* -ок) *ж* hat; (*гвоздя*) head; (*гриба*) cap.
шмел|ь (-я́) *м* bumblebee.
шмы́га|ть (-ю) *несов*: **~ нóсом** to sniff.
шнур (-á) *м* (*верёвка*) cord; (*телефонный, лампы*) flex.

шнур|овáть (**-ýю**; *pf* **за~**) *несов перех* (*ботинки*) to lace up.
шнур|óк (**-кá**) *м* (*ботинка*) lace.
шов (**шва**) *м* (*швейный*) seam; (*хирургический*) stitch, suture; (*намёточный итп*) stitch.
шовини́зм (**-а**) *м* chauvinism.
шок (**-а**) *м* (*МЕД, перен*) shock.
шоки́р|овать (**-ую**) *(не)сов перех* to shock.
шоколáд (**-а**) *м* chocolate.
шоколáдный *прил* chocolate.
шóрох (**-а**) *м* rustle.
шóрт|ы (**-**) *мн* shorts *мн*.
шоссé *ср нескл* highway.
Шотлáнди|я (**-и**) *ж* Scotland.
шотлáндский *прил* Scottish, Scots.
шóу *ср нескл* (*также перен*) show.
шофёр (**-а**) *м* driver.
шпáг|а (**-и**) *ж* sword.
шпагáт (**-а**) *м* (*бечёвка*) string, twine.
шпакл|евáть (**-юю**; *pf* **за~**) *несов перех* to fill.
шпаклёвк|а (**-и**) *ж* (*замазка*) filler.
шпáл|а (**-ы**) *ж* sleeper (*RAIL*).
шпил|ь (**-я**) *м* spire.
шпи́л|ька (**-ьки**; *gen pl* **-ек**) *ж* (*для волос*) hairpin; (*каблук*) stiletto (heel).
шпинáт (**-а**) *м* spinach.
шпингалéт (**-а**) *м* (*на окне*) catch.
шпиóн (**-а**) *м* spy.
шпионáж (**-а**) *м* espionage.
шпиóн|ить (**-ю, -ишь**) *несов* (*разг*) to spy.
шприц (**-а**) *м* syringe.
шпрóт|ы (**-ов**) *мн* sprats *мн*.
шрам (**-а**) *м* (*на теле*) scar.
шрифт (**-а**; *nom pl* **-ы́**) *м* type.
штаб (**-а**) *м* headquarters *мн*.
штамп (**-а**) *м* (*печать*) stamp.
штамп|овáть (**-ýю**; *pf* **про~**) *несов перех* (*справки, документы*) to stamp; (*pf* **от~**; *детали*) to punch, press.
штáнг|а (**-и**) *ж* (*СПОРТ*: *в тяжёлой атлетике*) weight; (: *ворот*) post.
штан|ы́ (**-óв**) *мн* trousers *мн*.
штат (**-а**) *м* (*государства*) state; (*работники*) staff.
штáтный *прил* (*сотрудник*) permanent.
штáтск|ий *прил* (*одежда*) civilian ♦ (**-ого**) *м* civilian.
штéмпел|ь (**-я**) *м*: **почтóвый ~** postmark.
штéпсел|ь (**-я**) *м* (*ЭЛЕК*) plug.
штóпа|ть (**-ю**; *pf* **за~**) *несов перех* to darn.
штóпор (**-а**) *м* corkscrew.
штóр|а (**-ы**) *ж* drape.
шторм (**-а**) *м* gale.
штормовóй *прил* (*погода*) stormy.
штраф (**-а**) *м* (*денежный*) fine; (*СПОРТ*) punishment.
штрафн|óй *прил* penal ♦ (**-óго**) *м* (*СПОРТ*: *также*: **~ удáр**) penalty (kick).
штраф|овáть (**-ýю**; *pf* **о~**) *несов перех* to fine; (*СПОРТ*) to penalize.
штрих (**-á**) *м* (*черта*) stroke.
штýк|а (**-и**) *ж* (*предмет*) item.
штукатýр|ить (**-ю, -ишь**; *pf* **от~** *или* **о~**) *несов перех* to plaster.
штукатýрк|а (**-и**) *ж* plaster.
штурм (**-а**) *м* (*ВОЕН*) storm.
штýрман (**-а**) *м* navigator.
штурм|овáть (**-ýю**) *несов перех* (*ВОЕН*) to storm.
штык (**-á**) *м* (*ВОЕН*) bayonet.
шýб|а (**-ы**) *ж* (*меховая*) fur coat.
шум (**-а**; *part gen* **-у**) *м* (*звук*) noise.
шум|éть (**-лю́, -и́шь**) *несов* to make a noise.
шýмный *прил* noisy; (*разговор*,

компания) loud; (*оживлённый*: *улица, залы итп*) bustling.

шуру́п (**-а**) *м* (*TEX*) screw.

шурш|а́ть (**-у́, -и́шь**) *несов* to rustle.

шу|ти́ть (**-чу́, -тишь**; *pf* **по~**) *несов* to joke; (*смеяться*): **~ над** *+instr* to make fun of; (*no pf*, *пренебрегать*): **~** *+instr* (*здоровьем*) to disregard.

шу́т|ка (**-ки**; *gen pl* **-ок**) *ж* joke; **без ~ок** joking apart, seriously.

шутли́вый *прил* humourous (*BRIT*), humorous (*US*).

шу́точный *прил* (*рассказ*) comic, funny.

шучу́ *несов см* **шути́ть**.

шью *итп несов см* **шить**.

Щ, щ

щаве́л|ь (**-я́**) *м* sorrel.

ща|ди́ть (**-жу́, -ди́шь**; *pf* **по~**) *несов перех* to spare.

щеб|ета́ть (**-ечу́, -е́чешь**) *несов* to twitter.

ще́дрост|ь (**-и**) *ж* generosity.

ще́дрый *прил* generous; (*природа*) lush.

щека́ (**щеки́**; *nom pl* **щёки**, *gen pl* **щёк**, *dat pl* **-м**) *ж* cheek.

щек|ота́ть (**-очу́, -о́чешь**; *pf* **по~**) *несов перех* to tickle.

щекотли́вый *прил* (*вопрос итп*) delicate.

щёлк|а (**-и**) *ж* small hole.

щёлка|ть (**-ю**) *несов*: **~** *+instr* (*языком*) to click; (*кнутом*) to crack.

щёлкн|уть (**-у**) *сов* to click; **~** (*pf*) *+instr* (*хлыстом*) to crack.

щёлоч|ь (**-и**) *ж* alkali.

щелч|о́к (**-ка́**) *м* flick; (*звук*) click.

щел|ь (**-и**; *loc sg* **-и́**, *gen pl* **-е́й**) *ж* (*отверстие*) crack.

щен|о́к (**-ка́**; *nom pl* **-я́та**, *gen pl* **-я́т**) *м* (*собаки*) pup; (*лисы, волчицы*) cub.

щепети́льный *прил* scrupulous.

ще́п|ка (**-ки**; *gen pl* **-ок**) *ж* splinter; (*для растопки*): **~ки** chippings.

щепо́т|ка (**-ки**; *gen pl* **-ок**) *ж* pinch.

щети́н|а (**-ы**) *ж* (*животных, щётки*) bristle; (*у мужчины*) stubble.

щети́н|иться (*3sg* **-ится**, *pf* **о~**) *несов возв* to bristle.

щёт|ка (**-ки**; *gen pl* **-ок**) *ж* brush; **~ для воло́с** hairbrush.

щи (**щей**; *dat pl* **щам**) *мн* cabbage soup *ед*.

щи́колот|ка (**-ки**; *gen pl* **-ок**) *ж* ankle.

щип|а́ть (**-лю́, -лешь**) *несов перех* (*до боли*) to nip, pinch; (*no pf*, *подлеж*: *мороз*) to bite; (*pf* **о~**; *волосы, курицу*) to pluck; **~ся** *несов возв* (*разг*) to nip, pinch.

щипц|ы́ (**-о́в**) *мн*: **хирурги́ческие ~** forceps; **~ для са́хара** sugar-tongs.

щи́пчик|и (**-ов**) *мн* (*для ногтей*) tweezers *мн*.

щит (**-а́**) *м* shield; (*рекламный, баскетбольный*) board; (*TEX*) panel.

щитови́дн|ый *прил*: **~ая железа́** thyroid gland.

щу́к|а (**-и**) *ж* pike.

щу́пал|ьце (**-ьца**; *nom pl* **-ьца**, *gen pl* **-ец**) *ср* (*осьминога*) tentacle; (*насекомых*) feeler.

щу́па|ть (**-ю**; *pf* **по~**) *несов перех* to feel for.

щу́р|ить (**-ю, -ишь**; *pf* **со~**) *несов перех*: **~ глаза́** to screw up one's eyes; **~ся** (*pf* **сощу́риться**) *несов* *возв* (*от солнца*) to squint.

Э, э

эвакуа́ци|я (**-и**) *ж* evacuation.
эвакуи́р|овать (**-ую**) *(не)сов перех* to evacuate.
ЭВМ *ж сокр* (= *электро́нная вычисли́тельная маши́на*) computer.
эволю́ци|я (**-и**) *ж* evolution.
эгои́ст (**-а**) *м* egoist.
эгоисти́чный *прил* egotistic(al).
эква́тор (**-а**) *м* equator.
эквивале́нт (**-а**) *м* equivalent.
экза́мен (**-а**) *м*: ~ **(по** *+dat*) (*по истории*) exam(ination) (in); **выпускны́е ~ы** Finals; **сдава́ть** *(impf)* ~ to sit (*BRIT*) *или* take an exam(ination); **сдать** *(pf)* ~ to pass an exam(ination).
экзамена́тор (**-а**) *м* examiner.
экзаменацио́нный *прил* (*комиссия, сессия*) examination.
экземпля́р (**-а**) *м* (*документа*) copy.
экзоти́ческий *прил* exotic.
экипа́ж (**-а**) *м* crew.
экологи́ческий *прил* ecological.
эколо́ги|я (**-и**) *ж* ecology.
эконо́мик|а (**-и**) *ж* economy; (*наука*) economics.
экономи́ст (**-а**) *м* economist.
эконо́м|ить (**-лю, -ишь**; *pf* **с~**) *несов перех* (*энергию, деньги*) to save; (*выгадывать*): **~ на** *+prp* to economize *или* save on.
эконо́ми|я (**-и**) *ж* economy.
эконо́мный *прил* (*хозяин*) thrifty; (*метод*) economical.
экра́н (**-а**) *м* screen.
экскава́тор (**-а**) *м* excavator, digger.
экску́рси|я (**-и**) *ж* excursion.
экскурсово́д (**-а**) *м* guide.
экспеди́ци|я (**-и**) *ж* (*научная*) field work; (*группа людей*) expedition.
экспериме́нт (**-а**) *м* experiment.
эксперименти́р|овать (**-ую**) *несов*: **~ (над** *или* **с** *+instr*) to experiment (on *или* with).
экспе́рт (**-а**) *м* expert.
эксплуата́ци|я (**-и**) *ж* exploitation; (*машин*) utilization.
эксплуати́р|овать (**-ую**) *несов перех* to exploit; (*машины, дороги*) to use.
экспона́т (**-а**) *м* exhibit.
э́кспорт (**-а**) *м* export.
экспортёр (**-а**) *м* exporter.
экспорти́р|овать (**-ую**) *несов перех* to export.
экстрема́льный *прил* extreme.
э́кстренный *прил* urgent; (*заседание*) emergency.
ЭКЮ́ *сокр* ECU.
эласти́чный *прил* stretchy.
элева́тор (**-а**) *м* (*С.-Х.*) grain store *или* elevator (*US*).
элега́нтный *прил* elegant.
эле́ктрик (**-а**) *м* electrician.
электри́ческий *прил* electric.
электри́честв|о (**-а**) *ср* (*энергия*) electricity.
электри́ч|ка (**-ки**; *gen pl* **-ек**) *ж* (*разг*) electric train.
электробытов|о́й *прил*: **~ы́е прибо́ры** electrical appliances *мн*.
эле́ктрогита́р|а (**-ы**) *ж* electric guitar.
электромонтёр (**-а**) *м* electrician.
электро́н (**-а**) *м* electron.
электро́ник|а (**-и**) *ж* electronics.
электро́нн|ый *прил*: **~ микроско́п** electron microscope; **~ая по́чта** (*КОМП*) electronic mail,

E-mail.

электропередáч|а (-**и**) *ж* power transmission; **лúния ~и** power line.

электропóезд (-**а**) *м* electric train.

электроприбóр (-**а**) *м* electrical device.

электропровóдк|а (-**и**) *ж* (electrical) wiring.

электростáнци|я (-**и**) *ж* (electric) power station.

электротéхник (-**а**) *м* electrical engineer.

электроэнéрги|я (-**и**) *ж* electric power.

элемéнт (-**а**) *м* element.

элементáрный *прил* elementary; (*правила, условия*) basic.

элúт|а (-**ы**) *ж собир* élite.

эмáлевый *прил* enamel.

эмалирóванный *прил* enamelled.

эмáл|ь (-**и**) *ж* enamel.

эмбáрго *ср нескл* embargo.

эмблéм|а (-**ы**) *ж* emblem.

эмбриóн (-**а**) *м* embryo.

эмигрáнт (-**а**) *м* emigrant.

эмиграциóнный *прил* emigration.

эмигрáци|я (-**и**) *ж* emigration.

эмигрúр|овать (-**ую**) *(не)сов* to emigrate.

эмоционáльный *прил* emotional.

эмóци|я (-**и**) *ж* emotion.

эмýльси|я (-**и**) *ж* emulsion.

энергéтик|а (-**и**) *ж* power industry.

энергетúческий *прил* energy.

энергúчный *прил* energetic.

энéрги|я (-**и**) *ж* energy.

э́нн|ый *прил*: **~ое числó/колúчество** X number/amount; **в ~ раз** yet again.

энтузиáзм (-**а**) *м* enthusiasm.

энциклопéди|я (-**и**) *ж* encyclopaedia (*BRIT*), encyclopedia (*US*).

эпúграф (-**а**) *м* epigraph.

эпидéми|я (-**и**) *ж* epidemic.

эпизóд (-**а**) *м* episode.

эпилéпси|я (-**и**) *ж* epilepsy.

эпилóг (-**а**) *м* epilogue (*BRIT*), epilog (*US*).

эпицéнтр (-**а**) *м* epicentre (*BRIT*), epicenter (*US*).

эпóх|а (-**и**) *ж* epoch.

э́р|а (-**ы**) *ж* era; **пéрвый век нáшей ~ы/до нáшей ~ы** the first century AD/BC.

эрóзи|я (-**и**) *ж* erosion.

эротúческий *прил* erotic.

эскалáтор (-**а**) *м* escalator.

эскалáци|я (-**и**) *ж* escalation.

эскúз (-**а**) *м* (*к картине*) sketch; (*к проекту*) draft.

эскимó *ср нескл* choc-ice, Eskimo (*US*).

эскóрт (-**а**) *м* escort.

эстакáд|а (-**ы**) *ж* (*на дороге*) flyover (*BRIT*), overpass.

эстафéт|а (-**ы**) *ж* (*СПОРТ*) relay (race).

эстéтик|а (-**и**) *ж* aesthetics (*BRIT*), esthetics (*US*).

эстетúческий *прил* aesthetic (*BRIT*), esthetic (*US*).

Эстóни|я (-**и**) *ж* Estonia.

эстрáд|а (-**ы**) *ж* (*для оркестра*) platform; (*вид искусства*) variety.

эстрáдный *прил*: **~ концéрт** variety show.

э́т|а (-**ой**) *мест см* **э́тот**.

этáж (-**á**) *м* floor, storey (*BRIT*), story (*US*); **пéрвый/вторóй/трéтий ~** ground/first/second floor (*BRIT*), first/second/third floor (*US*).

этажéр|ка (-**ки**; *gen pl* -**ок**) *ж* stack of shelves.

эталóн (-а) *м* (*меры*) standard; (*перен*: *красоты*) model.
этáп (-а) *м* (*работы*) stage; (*гонки*) lap.
э́т|и (-их) *мест см* **э́тот**.
э́тик|а (-и) *ж* ethics.
этикéт (-а) *м* etiquette.
этикéт|ка (-ки; *gen pl* -ок) *ж* label.
э́тим *мест см* **э́тот**.
э́тими *мест см* **э́ти**.
эти́чный *прил* ethical.

KEYWORD

э́т|о (-ого; *см* **Table 10**) *мест* **1** (*указательное*) this; **э́то бу́дет тру́дно** this will be difficult; **он на всё соглашáется – э́то óчень стрáнно** he is agreeing to everything, this is most strange
2 (*связка в сказуемом*): **любóвь – э́то прощéние** love is forgiveness
3 (*как подлежащее*): **с кем ты разговáривал? – э́то былá моя́ сестрá** who were you talking to? – that was my sister; **как э́то произошлó?** how did it happen?4 (*для усиления*): **э́то он во всём виновáт** he is the one who is to blame for everything
♦ *част* **1** (*служит для усиления*): **кто э́то звони́л?** who was it who phoned (*BRIT*) *или* called (*US*)?

KEYWORD

э́т|от (-ого; *f* **э́та**, *nt* **э́то**, *pl* **э́ти**; *см* **Table 10**) *мест* **1** (*указательное*: *о близком предмете*) this; (: *о близких предметах*) these; **э́тот дом** this house; **э́ти кни́ги** these books
2 (*о данном времени*) this; **э́тот год осóбенно тру́дный** this year is particularly hard; **в э́ти дни я при́нял решéние** in the last few days I have come to a decision; **э́тот сáмый** that very
3 (*о чём-то только что упомянутом*) this; **он ложи́лся в 10 часóв вéчера – э́та привы́чка меня́ всегдá удивля́ла** he used to go to bed at 10 p.m., this habit always amazed me
♦ *ср* (*как сущ*: *об одном предмете*) this one; (: *о многих предметах*) these ones; **дай мне вот э́ти** give me these ones; **э́тот на всё спосóбен** this one is capable of anything; **при э́том** at that.

этю́д (-а) *м* sketch.
эфи́р (-а) *м* (*хим*) ether; (*воздушное пространство*) air; **прямóй ~** live broadcast.
эффéкт (-а) *м* effect.
эффекти́вный *прил* effective.
эффéктный *прил* (*одежда*) striking; (*речь*) impressive.
э́х|о (-а) *ср* echo.
эшелóн (-а) *м* echelon; (*поезд*) special train.

Ю, ю

ю. *сокр* (= **юг**) S; (= **ю́жный**) S.
юбилé|й (-я) *м* (*годовщина*) anniversary; (*празднование*) jubilee.
ю́б|ка (-ки; *gen pl* -ок) *ж* skirt.
ювели́р (-а) *м* jeweller (*BRIT*), jeweler (*US*).
ювели́рный *прил* jewellery (*BRIT*), jewelery (*US*).
юг (-а) *м* south.
ю́жный *прил* southern.
ю́мор (-а) *м* humour (*BRIT*), humor (*US*).

юмористи́ческий *прил* humorous.
ЮНЕСКО *ср сокр* UNESCO.
ю́ност|ь (**-и**) *ж* youth.
ю́нош|а (**-и**; *nom pl* **-и**, *gen pl* **-ей**) *м* young man.
ю́ношеский *прил* youthful; (*организация*) youth.
ю́ный *прил* (*молодой*) young.
юриди́ческ|ий *прил* (*сила*) juridical; (*образование*) legal; ~ **факульте́т** law faculty; **~ая консульта́ция** ≈ legal advice office.
юри́ст (**-а**) *м* lawyer.

Я, я

я (**меня́**; *см* **Table 6a**) *мест* I ♦ *сущ нескл* (*личность*) the self, the ego.
я́бед|а (**-ы**) *м/ж* sneak.
я́беднича|ть (**-ю**; *pf* **на~**) *несов*: ~ **на** *+acc* (*разг*) to tell tales about.
я́блок|о (**-а**; *nom pl* **-и**) *ср* apple.
я́блон|я (**-и**) *ж* apple tree.
я́блочный *прил* apple.
яв|и́ться (**-лю́сь, -ишься**; *impf* **явля́ться**) *сов возв* to appear; (*домой, в гости*) to arrive; **явля́ться** (~ *pf*) *+instr* (*причиной, следствием*) to be.
я́в|ка (**-ки**; *gen pl* **-ок**) *ж* appearance.
явле́ни|е (**-я**) *ср* phenomenon; (*РЕЛ*) manifestation.
явля́|ться (**-юсь**) *несов от* **яви́ться** ♦ *возв*: ~ *+instr* to be.
я́вно *нареч* (*очевидно*) obviously.
я́вный *прил* (*вражда*) overt; (*ложь*) obvious.
яв|ь (**-и**) *ж* reality.
ягн|ёнок (**-ёнка**; *nom pl* **-я́та**, *gen pl* **-я́т**) *м* lamb.
я́год|а (**-ы**) *ж* berry.
яд (**-а**) *м* poison.
я́дерный *прил* nuclear.
ядови́тый *прил* poisonous.
яд|ро́ (**-ра́**; *nom pl* **-ра**, *gen pl* **-ер**) *ср* nucleus; (*Земли, древесины*) core; (*СПОРТ*) shot.
я́зв|а (**-ы**) *ж* (*МЕД*) ulcer.
язви́тельный *прил* scathing.
язв|и́ть (**-лю́, -и́шь**; *pf* **съ~**) *несов*: ~ *+dat* to speak sharply to.
язы́к (**-а́**) *м* tongue; (*русский, разговорный итп*) language; **владе́ть** *(impf)* **языко́м** to speak a language.
языково́й *прил* language.
язы́ческий *прил* pagan.
языч|о́к (**-ка́**) *м* (*ботинка*) tongue.
яи́чниц|а (**-ы**) *ж* fried eggs *мн*.
яи́чн|ый *прил*: ~ **бело́к** egg white; **~ая скорлупа́** eggshell.
яйц|о́ (**яйца́**; *nom pl* **я́йца**, *gen pl* **яи́ц**, *dat pl* **я́йцам**) *ср* egg; ~ **всмя́тку/вкруту́ю** soft-boiled/ hard-boiled egg.
ЯК (**-а**) *м сокр* = *самолёт констру́кции А.С. Я́ковлева.*
я́кобы *союз* (*будто бы*) that ♦ *част* supposedly.
я́кор|ь (**-я**; *nom pl* **-я́**) *м* (*МОР*) anchor.
я́м|а (**-ы**) *ж* (*в земле*) pit.
я́моч|ка (**-ки**; *gen pl* **-ек**) *ж* dimple.
янва́р|ь (**-я́**) *м* January.
янта́р|ь (**-я́**) *м* amber.
Япо́ни|я (**-и**) *ж* Japan.
я́ркий *прил* bright; (*перен: человек, речь*) brilliant.
ярлы́к (**-а́**) *м* label.
я́рмар|ка (**-ки**; *gen pl* **-ок**) *ж* fair; **междунаро́дная** ~ international trade fair.
я́ростный *прил* (*взгляд, слова*) furious; (*атака, критика*) fierce.
я́рост|ь (**-и**) *ж* fury.

я́рус (**-а**) *м* (*в зрительном зале*) circle.
я́сл|и (**-ей**) *мн* (*также:* **де́тские ~**) crèche *ед*, day nursery *ед* (*BRIT*).
я́сно *нареч* clearly ◆ *как сказ* (*о погоде*) it's fine; (*понятно*) it's clear.
я́сност|ь (**-и**) *ж* clarity.
я́сный *прил* clear.
я́хт|а (**-ы**) *ж* yacht.
яхтсме́н (**-а**) *м* yachtsman.
яче́|йка (**-йки**; *gen pl* **-ек**) *ж* (*сотовая*) cell; (*профсоюзная*) branch; (*для почты*) pigeonhole.
ячме́нный *прил* barley.
ячме́н|ь (**-я́**) *м* barley.
я́щериц|а (**-ы**) *ж* lizard.
я́щик (**-а**) *м* (*вместилище*: *большой*) chest; (: *маленький*) box; (*в письменном столе итп*) drawer; **му́сорный ~** dustbin (*BRIT*), garbage can (*US*).

А, а
Б, б
В, в
Г, г
Д, д
Е, е
Ж, ж
З, з
И, и
Й, й
К, к
Л, л
М, м
Н, н
О, о
П, п
Р, р
С, с
Т, т
У, у
Ф, ф
Х, х
Ц, ц
Ч, ч
Ш, ш
Щ, щ
Ъ, ъ
Ы, ы
Ь, ь
Э, э
Ю, ю
Я, я

A, a
B, b
C, c
D, d
E, e
F, f
G, g
H, h
I, i
J, j
K, k
L, l
M, m
N, n
O, o
P, p
Q, q
R, r
S, s
T, t
U, u
V, v
W, w
X, x
Y, y
Z, z

ENGLISH – RUSSIAN
АНГЛО – РУССКИЙ

A, a

A [eɪ] *n* (*MUS*) ля *nt ind.*

KEYWORD

a [eɪ] (*before vowel or silent h:* **an**) *indef art* **1**: **a book** книга; **an apple** яблоко; **she's a student** она́ студе́нтка
2 (*instead of the number "one"*): **a week ago** неде́лю наза́д; **a hundred pounds** сто фу́нтов
3 (*in expressing time*) в *+acc*; **3 a day** 3 в день; **10 km an hour** 10 км в час
4 (*in expressing prices*): **30p a kilo** 30 пе́нсов килогра́мм; **£5 a person** с ка́ждого £5.

AA *n abbr* (*BRIT*: = *Automobile Association*) автомоби́льная ассоциа́ция.
AAA *n abbr* (= *American Automobile Association*) америка́нская автомоби́льная ассоциа́ция.
aback [əˈbæk] *adv*: **I was taken ~** я был поражён.
abandon [əˈbændən] *vt* (*person*) покида́ть (поки́нуть *pf*); (*search*) прекраща́ть (прекрати́ть *pf*); (*idea, hope*) отка́зываться (отказа́ться *pf*) от *+gen.*
abbey [ˈæbɪ] *n* абба́тство.
abbreviation [əbriːvɪˈeɪʃən] *n* сокраще́ние, аббревиату́ра.
abdomen [ˈæbdəmɛn] *n* брюшна́я по́лость *f*, живо́т.
abide [əˈbaɪd] *vt*: **I can't ~ it/him** я э́того/его́ не выношу́; **~ by** *vt fus* соблюда́ть (соблюсти́ *pf*).
ability [əˈbɪlɪtɪ] *n* (*capacity*) спосо́бность *f*; (*talent, skill*) спосо́бности *fpl.*
ablaze [əˈbleɪz] *adj*: **to be ~** (*on fire*) быть (*impf*) в огне́.
able [ˈeɪbl] *adj* (*capable*) спосо́бный; (*skilled*) уме́лый; **he is ~ to ...** он спосо́бен *+infin* ....
abnormal [æbˈnɔːml] *adj* ненорма́льный.
aboard [əˈbɔːd] *prep* (*position*: *NAUT, AVIAT*) на борту́ *+gen*; (*: train, bus*) в *+prp*; (*motion*: *NAUT, AVIAT*) на борт *+gen*; (*: train, bus*) в *+acc* ♦ *adv*: **to climb ~** (*train*) сади́ться (сесть *pf*) в по́езд.
abolish [əˈbɔlɪʃ] *vt* отменя́ть (отмени́ть *pf*).
abolition [æbəˈlɪʃən] *n* отме́на.
abortion [əˈbɔːʃən] *n* або́рт; **to have an ~** де́лать (сде́лать *pf*) або́рт.
abound [əˈbaund] *vi*: **to ~ in** *or* **with** изоби́ловать (*impf*) *+instr.*

KEYWORD

about [əˈbaut] *adv* **1** (*approximately*: *referring to time, price etc*) о́коло *+gen*, приме́рно *+acc*; **at about two (o'clock)** приме́рно в два (часа́), о́коло двух (часо́в); **I've just about finished** я почти́ зако́нчил

2 (*approximately: referring to height, size etc*) приме́рно *+nom*; **the room is about 10 metres wide** ко́мната приме́рно 10 ме́тров в ширину́; **she is about your age** она́ приме́рно Ва́шего во́зраста
3 (*referring to place*) повсю́ду; **to leave things lying about** разбра́сывать (разброса́ть *pf*) ве́щи повсю́ду; **to run/walk about** бе́гать (*impf*)/ходи́ть (*impf*) вокру́г
4: **to be about to do** собира́ться (собра́ться *pf*) *+infin*; **he was about to go to bed** он собра́лся лечь спать
◆ *prep* **1** (*relating to*) о(б) *+prp*; **a book about London** кни́га о Ло́ндоне; **what is it about?** о чём э́то?; **what** *or* **how about doing ...?** как насчёт того́, что́бы *+infin* ...?
2 (*referring to place*) по *+dat*; **to walk about the town** ходи́ть (*impf*) по го́роду; **her clothes were scattered about the room** её оде́жда была́ разбро́сана по ко́мнате.

above [ə'bʌv] *adv* (*higher up*) наверху́ ◆ *prep* (*higher than*) над *+instr*; (: *in rank etc*) вы́ше *+gen*; **from ~** све́рху; **mentioned ~** вышеупомя́нутый; **~ all** пре́жде всего́.
abrasive [ə'breɪzɪv] *adj* (*manner*) жёсткий.
abroad [ə'brɔ:d] *adv* (*to be*) за грани́цей *or* рубежо́м; (*to go*) за грани́цу *or* рубе́ж; (*to come from*) из-за грани́цы *or* рубежа́.
abrupt [ə'brʌpt] *adj* (*action, ending*) внеза́пный; (*person, manner*) ре́зкий; **~ly** *adv* (*leave, end*) внеза́пно; (*speak*) ре́зко.
absence ['æbsəns] *n* отсу́тствие.
absent ['æbsənt] *adj* отсу́тствующий.
absolute ['æbsəlu:t] *adj* абсолю́тный; **~ly** [æbsə'lu:tlɪ] *adv* абсолю́тно, соверше́нно; (*certainly*) безусло́вно.
absorb [əb'zɔ:b] *vt* (*liquid, information*) впи́тывать (впита́ть *pf*); (*light, firm*) поглоща́ть (поглоти́ть *pf*); **he is ~ed in a book** он поглощён кни́гой; **~ent cotton** *n* (*US*) гигроскопи́ческая ва́та; **~ing** *adj* увлека́тельный.
absorption [əb'sɔ:pʃən] *n* (*see vt*) впи́тывание; поглоще́ние; (*interest*) увлечённость *f*.
abstract ['æbstrækt] *adj* абстра́ктный.
absurd [əb'sə:d] *adj* абсу́рдный, неле́пый.
abundant [ə'bʌndənt] *adj* изоби́льный, оби́льный.
abuse [*n* ə'bju:s, *vb* ə'bju:z] *n* (*insults*) брань *f*; (*ill-treatment*) жесто́кое обраще́ние; (*misuse*) злоупотребле́ние ◆ *vt* (*see n*) оскорбля́ть (оскорби́ть *pf*); жесто́ко обраща́ться (*impf*) с *+instr*; злоупотребля́ть (злоупотреби́ть *pf*) *+instr*.
abusive [ə'bju:sɪv] *adj* (*person*) гру́бый.
AC *abbr* (= *alternating current*) переме́нный ток.
academic [ækə'dɛmɪk] *adj* (*system, standards*) академи́ческий; (*qualifications*) учёный; (*work, books*) нау́чный; (*person*) интеллектуа́льный ◆ *n* учёный(-ая) *m(f) adj*.
academy [ə'kædəmɪ] *n* (*learned body*) акаде́мия; (*college*) учи́лище; (*in Scotland*) сре́дняя

шко́ла; ~ **of music** консервато́рия.

accelerate [æk'sɛləreɪt] *vi* (*AUT*) разгоня́ться (разогна́ться *pf*).

acceleration [æksɛlə'reɪʃən] *n* (*AUT*) разго́н.

accelerator [æk'sɛləreɪtə^r] *n* акселера́тор.

accent ['æksɛnt] *n* акце́нт; (*stress mark*) знак ударе́ния.

accept [ək'sɛpt] *vt* принима́ть (приня́ть *pf*); (*fact, situation*) мири́ться (примири́ться *pf*) с +*instr*; (*responsibility, blame*) принима́ть (приня́ть *pf*) на себя́; **~able** *adj* прие́млемый; **~ance** *n* приня́тие; (*of fact, situation*) прия́тие.

access ['æksɛs] *n* до́ступ; **~ible** [æk'sɛsəbl] *adj* досту́пный.

accessory [æk'sɛsərɪ] *n* принадле́жность *f*; **accessories** *npl* (*DRESS*) аксессуа́ры *mpl*.

accident ['æksɪdənt] *n* (*mishap, disaster*) несча́стный слу́чай, ава́рия; **by ~** случа́йно; **~al** [æksɪ'dɛntl] *adj* случа́йный; **~ally** [æksɪ'dɛntəlɪ] *adv* случа́йно.

acclaim [ə'kleɪm] *n* призна́ние.

accommodate [ə'kɔmədeɪt] *vt* (*subj*: *person*) предоставля́ть (предоста́вить *pf*) жильё +*dat*; (: *car, hotel etc*) вмеща́ть (вмести́ть *pf*).

accommodation [əkɔmə'deɪʃən] *n* (*to live in*) жильё; (*to work in*) помеще́ние; **~s** *npl* (*US*: *lodgings*) жильё *ntsg*.

accompaniment [ə'kʌmpənɪmənt] *n* сопровожде́ние; (*MUS*) аккомпанеме́нт.

accompany [ə'kʌmpənɪ] *vt* сопровожда́ть (сопроводи́ть *pf*); (*MUS*) аккомпани́ровать *(impf)* +*dat*.

accomplice [ə'kʌmplɪs] *n* сообщник(-ица).

accomplish [ə'kʌmplɪʃ] *vt* (*task*) заверша́ть (заверши́ть *pf*); (*goal*) достига́ть (дости́гнуть *or* дости́чь *pf*) +*gen*; **~ed** *adj* (*person*) тала́нтливый.

accord [ə'kɔːd] *n*: **of his own ~** по со́бственному жела́нию; **of its own ~** сам по себе́; **~ance** *n*: **in ~ance with** в согла́сии *or* соотве́тствии с +*instr*; **~ing** *prep*: **~ing to** согла́сно +*dat*; **~ingly** *adv* (*appropriately*) соотве́тствующим о́бразом; (*as a result*) соотве́тственно.

account [ə'kaunt] *n* (*bill*) счёт; (*in bank*) (расчётный) счёт; (*report*) отчёт; **~s** *npl* (*COMM*) счета́ *mpl*; (*books*) бухга́лтерские кни́ги *fpl*; **to keep an ~ of** вести́ *(impf)* счёт +*gen or* +*dat*; **to bring sb to ~ for sth** призыва́ть (призва́ть *pf*) кого́-н к отве́ту за что-н; **by all ~s** по всем све́дениям; **it is of no ~** не ва́жно; **on ~** в креди́т; **on no ~** ни в ко́ем слу́чае; **on ~ of** по причи́не +*gen*; **to take into ~, take ~ of** принима́ть (приня́ть *pf*) в расчёт; **~ for** *vt fus* (*expenses*) отчи́тываться (отчита́ться *pf*) за +*acc*; (*absence, failure*) объясня́ть (объясни́ть *pf*); **~able** *adj* отчётный; **to be ~able to sb for sth** отвеча́ть *(impf)* за что-н пе́ред кем-н; **~ancy** *n* бухгалте́рия, бухга́лтерское де́ло; **~ant** *n* бухга́лтер.

accumulate [ə'kjuːmjuleɪt] *vt* нака́пливать (накопи́ть *pf*) ♦ *vi* нака́пливаться (накопи́ться *pf*).

accuracy ['ækjurəsɪ] *n* то́чность *f*.

accurate ['ækjurɪt] *adj* то́чный;

(*person, device*) аккура́тный; **~ly** *adv* то́чно.
accusation [ækju'zeɪʃən] *n* обвине́ние.
accuse [ə'kju:z] *vt*: **to ~ sb (of sth)** обвиня́ть (обвини́ть *pf*) кого́-н (в чём-н); **~d** *n* (*LAW*): **the ~d** обвиня́емый(-ая) *m(f) adj*.
accustomed [ə'kʌstəmd] *adj*: **I'm ~ to working late/to the heat** я привы́к рабо́тать по́здно/к жаре́.
ace [eɪs] *n* (*CARDS*) туз; (*TENNIS*) вы́игрыш с пода́чи.
ache [eɪk] *n* боль *f* ♦ *vi* боле́ть *(impf)*; **my head ~s** у меня́ боли́т голова́.
achieve [ə'tʃi:v] *vt* (*result*) достига́ть (дости́гнуть *or* дости́чь *pf*) *+gen*; (*success, victory*) добива́ться (доби́ться *pf*) *+gen*; **~ment** *n* достиже́ние.
acid ['æsɪd] *adj* (*CHEM*) кисло́тный; (*taste*) ки́слый ♦ *n* (*CHEM*) кислота́; **~ rain** *n* кисло́тный дождь *m*.
acknowledge [ək'nɔlɪdʒ] *vt* (*letter etc*: *also:* **~ receipt of**) подтвержда́ть (подтверди́ть *pf*) получе́ние *+gen*; (*fact, situation*) признава́ть (призна́ть *pf*); **~ment** *n* (*of letter etc*) подтвержде́ние получе́ния.
acne ['æknɪ] *n* угри́ *mpl*, прыщи́ *mpl*.
acorn ['eɪkɔ:n] *n* жёлудь *m*.
acquaintance *n* знако́мый(-ая) *m(f) adj*.
acquire [ə'kwaɪə'] *vt* приобрета́ть (приобрести́ *pf*).
acquisition [ækwɪ'zɪʃən] *n* приобрете́ние.
acre ['eɪkə'] *n* акр.
across [ə'krɔs] *prep* (*over*) че́рез *+acc*; (*on the other side of*) на друго́й стороне́ *+gen*; (*crosswise over*) че́рез *+acc*, поперёк *+gen* ♦ *adv* на ту́ *or* другу́ю сто́рону; (*measurement*: *width*) ширино́й; **to walk ~ the road** переходи́ть (перейти́ *pf*) доро́гу; **to take sb ~ the road** переводи́ть (перевести́ *pf*) кого́-н че́рез доро́гу; **the lake is 12 km ~** ширина́ о́зера – 12 км; **~ from** напро́тив *+gen*.
act [ækt] *n* (*also LAW*) акт; (*deed*) посту́пок; (*of play*) де́йствие, акт ♦ *vi* (*do sth*) поступа́ть (поступи́ть *pf*), де́йствовать *(impf)*; (*behave*) вести́ *(impf)* себя́; (*have effect*) де́йствовать (поде́йствовать *pf*); (*THEAT*) игра́ть (сыгра́ть *pf*); **in the ~ of** в проце́ссе *+gen*; **to ~ as** де́йствовать *(impf)* в ка́честве *+gen*; **~ing** *adj*: **~ing director** исполня́ющий обя́занности дире́ктора ♦ *n* (*profession*) актёрская профе́ссия.
action ['ækʃən] *n* (*deed*) посту́пок, де́йствие; (*motion*) движе́ние; (*MIL*) вое́нные де́йствия *ntpl*; (*LAW*) иск; **she/the machine was out of ~** она́/маши́на вы́шла из стро́я; **to take ~** принима́ть (приня́ть *pf*) ме́ры.
active ['æktɪv] *adj* акти́вный; (*volcano*) де́йствующий; **~ly** *adv* (*participate*) акти́вно; (*discourage, dislike*) си́льно.
activist ['æktɪvɪst] *n* активи́ст(ка).
activity [æk'tɪvɪtɪ] *n* (*being active*) акти́вность *f*; (*action*) де́ятельность *f*; (*pastime*) заня́тие.
actor ['æktə'] *n* актёр.
actress ['æktrɪs] *n* актри́са.
actual ['æktjuəl] *adj* (*real*)

действи́тельный; **the ~ work hasn't begun yet** сама́ рабо́та ещё не начала́сь; **~ly** *adv* (*really*) действи́тельно; (*in fact*) на са́мом де́ле, факти́чески; (*even*) да́же.
acupuncture ['ækjupʌŋktʃəʳ] *n* иглоука́лывание, акупункту́ра.
acute [ə'kju:t] *adj* о́стрый; (*anxiety*) си́льный; **~ accent** аку́т.
AD *adv abbr* (= *Anno Domini*) н.э.
ad [æd] *n abbr* (*inf*) = **advertisement**.
adamant ['ædəmənt] *adj* непреклóнный.
adapt [ə'dæpt] *vt* (*alter*) приспоса́бливать (приспосо́бить *pf*) ◆ *vi*: **to ~ (to)** приспоса́бливаться (приспосо́биться *pf*) (к *+dat*), адапти́роваться *(impf/pf)* (к *+dat*).
add [æd] *vt* (*to collection etc*) прибавля́ть (приба́вить *pf*); (*comment*) добавля́ть (доба́вить *pf*); (*figures*: *also*: **~ up**) скла́дывать (сложи́ть *pf*), сумми́ровать *(impf/pf)* ◆ *vi*: **to ~ to** (*workload*) увели́чивать (увели́чить *pf*); (*problems*) усугубля́ть (усугуби́ть *pf*).
adder ['ædəʳ] *n* гадю́ка.
addict ['ædɪkt] *n* (*also*: **drug ~**) наркома́н; **~ed** [ə'dɪktɪd] *adj*: **to be ~ed to** (*drugs etc*) пристрасти́ться *(pf)* к *+dat*; (*fig*): **he's ~ed to football** он зая́длый люби́тель футбо́ла; **~ion** [ə'dɪkʃən] *n* пристра́стие; **drug ~ion** наркома́ния; **~ive** [ə'dɪktɪv] *adj* (*drug*) вызыва́ющий привыка́ние.
addition [ə'dɪʃən] *n* (*sum*) сложе́ние; (*thing added*) добавле́ние; (*to collection*) пополне́ние; **in ~** вдоба́вок; **in ~ to** в дополне́ние к *+dat*; **~al** *adj* дополни́тельный.
address [ə'drɛs] *n* а́дрес; (*speech*) речь *f* ◆ *vt* адресова́ть *(impf/pf)*; (*person, problem*) обраща́ться (обрати́ться *pf*) к *+dat*; **~ book** *n* записна́я кни́жка.
adept ['ædɛpt] *adj*: **~ at** иску́сный в *+prp*.
adequate ['ædɪkwɪt] *adj* (*sufficient*) доста́точный; (*satisfactory*) удовлетвори́тельный, адеква́тный.
adhere [əd'hɪəʳ] *vi*: **to ~ to** (*fig*) приде́рживаться *(impf) +gen*.
adhesive [əd'hi:zɪv] *adj* кле́йкий ◆ *n* клей.
ad hoc [æd'hɔk] *adj* (*committee*) со́зданный на ме́сте.
adjacent [ə'dʒeɪsənt] *adj*: **~ (to)** сме́жный (с *+instr*).
adjective ['ædʒɛktɪv] *n* прилага́тельное *nt adj*.
adjust [ə'dʒʌst] *vt* (*plans, views*) приспоса́бливать (приспосо́бить *pf*); (*clothing*) поправля́ть (попра́вить *pf*); (*mechanism*) регули́ровать (отрегули́ровать *pf*) ◆ *vi*: **to ~ (to)** приспоса́бливаться (приспосо́биться *pf*) (к *+dat*); **~able** *adj* регули́руемый; **~ment** *n* (*to surroundings*) адапта́ция; (*of prices, wages*) регули́рование; **to make ~ments to** вноси́ть (внести́ *pf*) измене́ния в *+acc*.
administer [əd'mɪnɪstəʳ] *vt* (*country, department*) управля́ть *(impf) +instr*, руководи́ть *(impf) +instr*; (*justice*) отправля́ть *(impf)*; (*test*) проводи́ть (провести́ *pf*).

administration [ədmɪnɪs'treɪʃən] *n* (*management*) администрáция.
administrative [əd'mɪnɪstrətɪv] *adj* администрати́вный.
admiration [ædmə'reɪʃən] *n* восхищéние.
admire [əd'maɪə'] *vt* восхищáться (восхити́ться *pf*) +*instr*; (*gaze at*) любовáться (*impf*) +*instr*; **~r** *n* поклóнник(-ица).
admission [əd'mɪʃən] *n* (*admittance*) дóпуск; (*entry fee*) входнáя плáта; **"~ free"**, **"free ~"** "вход свобóдный".
admit [əd'mɪt] *vt* (*confess, accept*) признавáть (признáть *pf*); (*permit to enter*) впускáть (впусти́ть *pf*); (*to hospital*) госпитализи́ровать (*impf/pf*); **~ to** *vt fus* (*crime*) сознавáться (сознáться *pf*) в +*prp*; **~tedly** [əd'mɪtɪdlɪ] *adv*: **~tedly it is not easy** признáться, э́то не легкó.
adolescence [ædəu'lɛsns] *n* подрóстковый вóзраст.
adolescent [ædəu'lɛsnt] *adj* подрóстковый ◆ *n* подрóсток.
adopt [ə'dɔpt] *vt* (*son*) усыновля́ть (усынови́ть *pf*); (*daughter*) удочеря́ть (удочери́ть *pf*); (*policy*) придéрживаться (*impf*) +*gen*; **~ed** *adj* (*child*) приёмный; **~ion** [ə'dɔpʃən] *n* (*see vt*) усыновлéние; удочерéние; приня́тие.
adore [ə'dɔ:'] *vt* обожáть (*impf*).
adrenalin [ə'drɛnəlɪn] *n* адренали́н.
Adriatic [eɪdrɪ'ætɪk] *n*: **the ~** Адриáтика.
adult ['ædʌlt] *n* взрóслый(-ая) *m(f) adj* ◆ *adj* (*grown-up*) взрóслый; **~ film** фильм для взрóслых.
adultery [ə'dʌltərɪ] *n* супрýжеская невéрность *f*.
advance [əd'vɑ:ns] *n* (*progress*) успéх; (*MIL*) наступлéние; (*money*) авáнс ◆ *adj* (*booking*) предвари́тельный ◆ *vt* (*theory, idea*) выдвигáть (вы́двинуть *pf*) ◆ *vi* продвигáться (продви́нуться *pf*) вперёд; (*MIL*) наступáть (*impf*); **in ~** зарáнее, предвари́тельно; **to ~ sb money** плати́ть (заплати́ть *pf*) комý-н авáнсом; **~d** *adj* (*studies, course*) для продви́нутого ýровня; (*child, country*) развитóй; **~d maths** вы́сшая математи́ка; **~ment** *n* (*of science*) прогрéсс; (*in job, rank*) продвижéние (по слýжбе).
advantage [əd'vɑ:ntɪdʒ] *n* преимýщество; **to take ~ of** (*person*) испóльзовать (*pf*); **to our ~** в нáших интерéсах; **~ous** [ædvən'teɪdʒəs] *adj* (*situation*) вы́годный; **it's ~ous to us** нам э́то вы́годно.
adventure [əd'vɛntʃə'] *n* приключéние.
adventurous [əd'vɛntʃərəs] *adj* (*person*) смéлый.
adverb ['ædvə:b] *n* нарéчие.
adversary ['ædvəsərɪ] *n* проти́вник(-ница).
adverse ['ædvə:s] *adj* неблагоприя́тный.
adversity [əd'və:sɪtɪ] *n* бéдствие, несчáстие.
advert ['ædvə:t] *n abbr* (*BRIT*) = **advertisement**.
advertise ['ædvətaɪz] *vti* реклами́ровать (*impf*); **to ~ on television/in a newspaper** давáть (дать *pf*) объявлéние по телеви́дению/в газéту; **to ~ a job** объявля́ть (объяви́ть *pf*)

ко́нкурс на ме́сто; **to ~ for staff** дава́ть (дать *pf*) объявле́ние, что тре́буются рабо́тники; **~ment** [əd'vəːtɪsmənt] *n* рекла́ма; (*classified*) объявле́ние.
advice [əd'vaɪs] *n* сове́т; **a piece of ~** сове́т; **to take legal ~** обраща́ться (обрати́ться *pf*) (за сове́том) к юри́сту.
advisable [əd'vaɪzəbl] *adj* целесообра́зный.
advise [əd'vaɪz] *vt* сове́товать (посове́товать *pf*) *+dat*; (*professionally*) консульти́ровать (проконсульти́ровать *pf*) *+gen*; **to ~ sb of sth** извеща́ть (извести́ть *pf*) кого́-н о чём-н; **to ~ (sb) against doing** отсове́товать *(pf)* (кому́-н) *+impf infin*; **~r** *n* сове́тник, консульта́нт; **legal ~r** юриско́нсульт.
advisor [əd'vaɪzəʳ] *n* = **adviser**; **~y** [əd'vaɪzərɪ] *adj* консультати́вный.
advocate [*vb* 'ædvəkeɪt, *n* 'ædvəkɪt] *vt* выступа́ть *(impf)* за *+acc* ◆ *n* (*LAW*) защи́тник, адвока́т; (*supporter*): **~ of** сторо́нник(-ица) *+gen*.
Aegean [iː'dʒiːən] *n*: **the ~** Эге́йское мо́ре.
aerial ['ɛərɪəl] *n* анте́нна ◆ *adj* возду́шный; **~ photography** аэрофотосъёмка.
aerobics [ɛə'rəubɪks] *n* аэро́бика.
aeroplane ['ɛərəpleɪn] *n* (*BRIT*) самолёт.
aerosol ['ɛərəsɔl] *n* аэрозо́ль *m*.
aesthetic [iːs'θɛtɪk] *adj* эстети́ческий.
affable ['æfəbl] *adj* доброду́шный.
affair [ə'fɛəʳ] *n* (*matter*) де́ло; (*also:* **love ~**) рома́н.
affect [ə'fɛkt] *vt* (*influence*) де́йствовать (поде́йствовать *pf*) *or* влия́ть (повлия́ть *pf*) на *+acc*; (*afflict*) поража́ть (порази́ть *pf*); (*move deeply*) тро́гать (тро́нуть *pf*).
affection [ə'fɛkʃən] *n* привя́занность *f*; **~ate** *adj* не́жный.
affluent ['æfluənt] *adj* благополу́чный.
afford [ə'fɔːd] *vt* позволя́ть (позво́лить *pf*) себе́; **I can't ~ it** мне э́то не по карма́ну; **I can't ~ the time** мне вре́мя не позволя́ет; **~able** *adj* досту́пный.
Afghanistan [æf'gænɪstæn] *n* Афганиста́н.
afloat [ə'fləut] *adv* (*floating*) на плаву́.
afraid [ə'freɪd] *adj* испу́ганный; **to be ~ of sth/sb/of doing** боя́ться *(impf)* чего́-н/кого́-н/*+infin*; **to be ~ to** боя́ться (побоя́ться *pf*) *+infin*; **I am ~ that** (*apology*) бою́сь, что; **I am ~ so/not** бою́сь, что да/нет.
Africa ['æfrɪkə] *n* А́фрика; **~n** *adj* африка́нский.
after ['ɑːftəʳ] *prep* (*time*) по́сле *+gen*, спустя́ *+acc*; (*place, order*) за *+instr* ◆ *adv* пото́м, по́сле ◆ *conj* по́сле того́ как; **~ three years they divorced** спустя́ три го́да они́ развели́сь; **who are you ~?** кто Вам ну́жен?; **to name sb ~ sb** называ́ть (назва́ть *pf*) кого́-н в честь кого́-н; **it's twenty ~ eight** (*US*) сейча́с два́дцать мину́т девя́того; **to ask ~ sb** справля́ться (спра́виться *pf*) о ком-н; **~ all** в конце́ концо́в; **~ he left** по́сле того́ как он ушёл; **~ having done this** сде́лав э́то; **~math** *n* после́дствия *ntpl*; **~noon**

n вторáя половѝна дня; **in the ~noon** днём; **~-shave (lotion)** *n* одеколóн пóсле бритья́; **~wards** (*US* **afterward**) *adv* впослéдствии, потóм.

again [ə'gɛn] *adv* (*once more*) ещё раз, снóва; (*repeatedly*) опя́ть; **I won't go there ~** я бóльше не пойдý тудá; **~ and ~** снóва и снóва.

against [ə'gɛnst] *prep* (*lean*) к *+dat*; (*hit, rub*) о *+acc*; (*stand*) у *+gen*; (*in opposition to*) прóтив *+gen*; (*at odds with*) вопрекѝ *+dat*; (*compared to*) по сравнéнию с *+instr*.

age [eɪdʒ] *n* вóзраст; (*period in history*) век; **~d¹** ['eɪdʒd] *adj*: **a boy ~d ten** мáльчик десятѝ лет; **~d²** ['eɪdʒɪd] *npl*: **the ~d** престарéлые *pl adj*.

agency ['eɪdʒənsɪ] *n* (*COMM*) бюрó *nt ind*, агéнтство; (*POL*) управлéние.

agenda [ə'dʒɛndə] *n* (*of meeting*) повéстка (дня).

agent ['eɪdʒənt] *n* агéнт; (*COMM*) посрéдник; (*CHEM*) реактѝв.

aggression [ə'grɛʃən] *n* агрéссия.

aggressive [ə'grɛsɪv] *adj* (*belligerent*) агрессѝвный.

agility [ə'dʒɪlɪtɪ] *n* провóрство; **mental ~** жѝвость *f* умá.

AGM *n abbr* = *annual general meeting*.

ago [ə'gəu] *adv*: **two days ~** два дня назáд; **not long ~** недáвно; **how long ~?** как давнó?

agony ['ægənɪ] *n* мучѝтельная боль *f*; **to be in ~** мýчиться *(impf)* от бóли.

agree [ə'gri:] *vt* соглacóвывать (согласовáть *pf*) ◆ *vi*: **to ~ with** (*have same opinion*) соглашáться (согласѝться *pf*) с *+instr*; (*correspond*) согласовáться (*impf/pf*) с *+instr*; **to ~ that** согласѝться *(pf)*, что; **garlic doesn't ~ with me** я не переношý чеснокá; **to ~ to sth/to do** соглашáться (согласѝться *pf*) на что-н/*+infin*; **~able** *adj* (*pleasant*) прия́тный; (*willing*): **I am ~able** я соглáсен; **~ment** *n* (*consent*) соглáсие; (*arrangement*) соглашéние, договóр; **in ~ment with** в соглáсии с *+instr*; **we are in complete ~ment** мéжду нáми пóлное соглáсие.

agricultural [ægrɪ'kʌltʃərəl] *adj* сельскохозя́йственный; **~ land** земéльные угóдья.

agriculture ['ægrɪkʌltʃə'] *n* сéльское хозя́йство.

ahead [ə'hɛd] *adv* впередѝ; (*direction*) вперёд; **~ of** впередѝ *+gen*; (*earlier than*) рáньше *+gen*; **~ of time** *or* **schedule** досрóчно; **go right** *or* **straight ~** идѝте вперёд *or* пря́мо; **go ~!** (*giving permission*) давáйте!

aid [eɪd] *n* (*assistance*) пóмощь *f*; (*device*) приспособлéние ◆ *vt* помогáть (помóчь *pf*) *+dat*; **in ~ of** в пóмощь *+dat*; *see also* **hearing**.

aide [eɪd] *n* помóщник.

AIDS [eɪdz] *n abbr* (= *acquired immune deficiency syndrome*) СПИД.

aim [eɪm] *n* (*objective*) цель *f* ◆ *vi* (*also:* **take ~**) цéлиться (нацéлиться *pf*) ◆ *vt*: **to ~ (at)** (*gun, camera*) наводѝть (навестѝ *pf*) (на *+acc*); (*missile, blow*) цéлить *(impf)* *or* нацéливать (нацéлить *pf*) (на *+acc*); (*remark*) направля́ть (напрáвить *pf*) (на

+acc); **to ~ at** це́литься *(impf)* в *+acc*; **to ~ to do** ста́вить (поста́вить *pf*) свое́й це́лью *+infin*; **he has a good ~** он ме́ткий стрело́к.

ain't [eɪnt] *(inf)* = **am not, are not, is not**.

air [ɛə'] *n* во́здух; *(appearance)* вид ◆ *vt (room, bedclothes)* прове́тривать (прове́трить *pf*); *(views)* обнаро́довать *(pf)* ◆ *cpd* возду́шный; **by ~** по во́здуху, самолётом; **on the ~** *(be)* в эфи́ре; *(go)* в эфи́р; **~borne** *adj (attack)* возду́шный; **~ conditioning** *n* кондициони́рование; **~craft** *n inv* самолёт; **A~ Force** *n* Вое́нно-Возду́шные Си́лы *fpl*; **~ hostess** *n (BRIT)* бортпроводни́ца, стюарде́сса; **~line** *n* авиакомпа́ния; **~ mail** *n*: **by ~ mail** авиапо́чтой; **~plane** *n (US)* самолёт; **~port** *n* аэропо́рт; **~ raid** *n* возду́шный налёт.

airy ['ɛərɪ] *adj (room)* просто́рный.

aisle [aɪl] *n* прохо́д.

alarm [ə'lɑ:m] *n (anxiety)* трево́га; *(device)* сигнализа́ция ◆ *vt* трево́жить (встрево́жить *pf*); **~ clock** *n* буди́льник.

Albania [æl'beɪnɪə] *n* Алба́ния.

album ['ælbəm] *n* альбо́м.

alcohol ['ælkəhɔl] *n* алкого́ль *m*; **~ic** [ælkə'hɔlɪk] *adj* алкого́льный ◆ *n* алкого́лик(-и́чка).

alcove ['ælkəuv] *n* альков.

alert [ə'lə:t] *adj* внима́тельный; *(to danger)* бди́тельный ◆ *vt (police etc)* предупрежда́ть (предупреди́ть *pf*); **to be on the ~** *(also MIL)* быть *(impf)* начеку́.

Algeria [æl'dʒɪərɪə] *n* Алжи́р.

alias ['eɪlɪəs] *n* вы́мышленное и́мя *nt* ◆ *adv*: **~ John** он же Джон.

alibi ['ælɪbaɪ] *n* а́либи *nt ind*.

alien ['eɪlɪən] *n (extraterrestrial)* инопланетя́нин(-я́нка) ◆ *adj*: **~ (to)** чу́ждый *(+dat)*; **~ate** ['eɪlɪəneɪt] *vt* отчужда́ть *(impf)*, отта́лкивать (оттолкну́ть *pf*).

alight [ə'laɪt] *adj*: **to be ~** горе́ть *(impf)*; *(eyes, face)* сия́ть *(impf)*.

alike [ə'laɪk] *adj* одина́ковый ◆ *adv* одина́ково; **they look ~** они́ похо́жи друг на дру́га.

alive [ə'laɪv] *adj (place)* оживлённый; **he is ~** он жив.

KEYWORD

all [ɔ:l] *adj* весь *(f* вся, *nt* всё, *pl* все); **all day** весь день; **all night** всю ночь; **all five stayed** все пя́теро оста́лись; **all the books** все кни́ги; **all the time** всё вре́мя ◆ *pron* **1** всё; **I ate it all, I ate all of it** я всё съел; **all of us stayed** мы все оста́лись; **we all sat down** мы все се́ли; **is that all?** э́то всё? **2** *(in phrases)*: **above all** пре́жде всего́; **after all** в конце́ концо́в; **all in all** в це́лом *or* о́бщем; **not at all** *(in answer to question)* совсе́м *or* во́все нет; *(in answer to thanks)* не́ за что; **I'm not at all tired** я совсе́м не уста́л ◆ *adv* совсе́м; **I am all alone** я совсе́м оди́н; **I did it all by myself** я всё сде́лал сам; **it's not as hard as all that** э́то во́все не так уж тру́дно; **all the more/better** тем бо́лее/лу́чше; **I have all but finished** я почти́ что зако́нчил; **the score is two all** счёт-два два.

all clear *n* отбо́й.

allegation [ælɪ'geɪʃən] *n* обвине́ние.

allege [ə'lɛdʒ] *vt* (*claim*) утверждать (*impf*); **~dly** [ə'lɛdʒɪdlɪ] *adv* якобы.
allegiance [ə'li:dʒəns] *n* ве́рность *f*; (*to idea*) приве́рженность *f*.
allergic [ə'lə:dʒɪk] *adj*: **he is ~ to ...** у него́ аллерги́я на *+acc* ....
allergy ['ælədʒɪ] *n* (*MED*) аллерги́я.
alleviate [ə'li:vɪeɪt] *vt* облегча́ть (облегчи́ть *pf*).
alley ['ælɪ] *n* переу́лок.
alliance [ə'laɪəns] *n* сою́з; (*POL*) алья́нс.
allied ['ælaɪd] *adj* сою́зный.
alligator ['ælɪgeɪtə'] *n* аллига́тор.
all-in ['ɔ:lɪn] *adj* (*BRIT*): **it cost me £100 ~-~** в о́бщей сло́жности мне э́то сто́ило £100.
all-night ['ɔ:l'naɪt] *adj* ночно́й.
allocate ['æləkeɪt] *vt* выделя́ть (вы́делить *pf*); (*tasks*) поруча́ть (поручи́ть *pf*).
all-out ['ɔ:laut] *adj* (*effort*) максима́льный; (*attack*) масси́рованный.
allow [ə'lau] *vt* (*permit*) разреша́ть (разреши́ть *pf*); (: *claim, goal*) признава́ть (призна́ть *pf*) действи́тельным; (*set aside*: *sum*) выделя́ть (вы́делить *pf*); (*concede*): **to ~ that** допуска́ть (допусти́ть *pf*), что; **to ~ sb to do** разреша́ть (разреши́ть *pf*) *or* позволя́ть (позво́лить *pf*) кому́-н *+infin*; **~ for** *vt fus* учи́тывать (уче́сть *pf*), принима́ть (приня́ть *pf*) в расчёт; **~ance** *n* (*COMM*) де́ньги *pl* на расхо́ды; (*pocket money*) карма́нные де́ньги; (*welfare payment*) посо́бие; **to make ~ances for sb/sth** де́лать (сде́лать *pf*) ски́дку для кого́-н/на что-н.
all right *adv* хорошо́, норма́льно; (*positive response*) хорошо́, ла́дно ♦ *adj* неплохо́й, норма́льный; **is everything ~?** всё норма́льно *or* в поря́дке?; **are you ~?** как ты?, ты в поря́дке? (*разг*); **do you like him? – he's ~** он Вам нра́вится? – ничего́.
all-time ['ɔ:l'taɪm] *adj* (*record*) непревзойдённый; **inflation is at an ~-~ low** инфля́ция на небыва́ло ни́зком у́ровне.
ally [*n* 'ælaɪ] *n* сою́зник.
almighty [ɔ:l'maɪtɪ] *adj* (*tremendous*) колосса́льный.
almond ['ɑ:mənd] *n* минда́ль *m*.
almost ['ɔ:lməust] *adv* почти́; (*all but*) чуть *or* едва́ не.
alone [ə'ləun] *adj, adv* оди́н; **to leave sb/sth ~** оставля́ть (оста́вить *pf*) кого́-н/что-н в поко́е; **let ~ ...** не говоря́ уже́ о *+prp* ....
along [ə'lɔŋ] *prep* (*motion*) по *+dat*, вдоль *+gen*; (*position*) вдоль *+gen* ♦ *adv*: **is he coming ~ (with us)?** он идёт с на́ми?; **he was limping ~** он шёл хрома́я; **~ with** вме́сте с *+instr*; **all ~** с са́мого нача́ла; **~side** *prep* (*position*) ря́дом с *+instr*, вдоль *+gen*; (*motion*) к *+dat* ♦ *adv* ря́дом.
aloud [ə'laud] *adv* (*read, speak*) вслух.
alphabet ['ælfəbɛt] *n* алфави́т.
alpine ['ælpaɪn] *adj* высокого́рный, альпи́йский.
Alps [ælps] *npl*: **the ~** А́льпы *pl*.
already [ɔ:l'rɛdɪ] *adv* уже́.
alright ['ɔ:l'raɪt] *adv* (*BRIT*) = **all right**.
also ['ɔ:lsəu] *adv* (*about subject*) та́кже, то́же; (*about object*)

та́кже; (*moreover*) кро́ме того́, к тому́ же; **he ~ likes apples** он та́кже *or* то́же лю́бит я́блоки; **he likes apples ~** он лю́бит та́кже я́блоки.

altar ['ɔltə'] *n* алта́рь *m*.

alter ['ɔltə'] *vt* изменя́ть (измени́ть *pf*) ♦ *vi* изменя́ться (измени́ться *pf*); **~ation** [ɔltə'reɪʃən] *n* измене́ние.

alternate [*adj* ɔl'tə:nɪt, *vb* 'ɔltə:neɪt] *adj* чреду́ющийся; (*US*: *alternative*) альтернати́вный ♦ *vi*: **to ~ (with)** чередова́ться (*impf*) (с *+instr*); **on ~ days** че́рез день.

alternative [ɔl'tə:nətɪv] *adj* альтернати́вный ♦ *n* альтернати́ва; **~ly** *adv*: **~ly one could ...** кро́ме того́ мо́жно ...

although [ɔ:l'ðəu] *conj* хотя́.

altitude ['æltɪtju:d] *n* (*of plane*) высота́; (*of place*) высота́ над у́ровнем мо́ря.

altogether [ɔ:ltə'gɛðə'] *adv* (*completely*) соверше́нно; (*in all*) в о́бщем, в о́бщей сло́жности.

aluminium [ælju'mɪnɪəm] *n* (*BRIT*) алюми́ний.

aluminum [ə'lu:mɪnəm] *n* (*US*) = **aluminium**.

always ['ɔ:lweɪz] *adv* всегда́.

am [æm] *vb see* **be**.

a.m. *adv abbr* (= *ante meridiem*) до полу́дня.

AMA *n abbr* = *American Medical Association*.

amateur ['æmətə'] *n* люби́тель *m*; **~ dramatics** люби́тельский теа́тр; **~ photographer** фото́граф-люби́тель *m*.

amazement [ə'meɪzmənt] *n* изумле́ние.

amazing [ə'meɪzɪŋ] *adj* (*surprising*) порази́тельный; (*fantastic*) изуми́тельный, замеча́тельный.

ambassador [æm'bæsədə'] *n* посо́л.

ambiguity [æmbɪ'gjuɪtɪ] *n* нея́сность *f*, двусмы́сленность *f*.

ambiguous [æm'bɪgjuəs] *adj* нея́сный, двусмы́сленный.

ambition [æm'bɪʃən] *n* (*see adj*) честолю́бие; амби́ция; (*aim*) цель *f*.

ambitious [æm'bɪʃəs] *adj* (*positive*) честолюби́вый; (*negative*) амбицио́зный.

ambivalent [æm'bɪvələnt] *adj* (*attitude*) дво́йственный; (*person*) противоречи́вый.

ambulance ['æmbjuləns] *n* ско́рая по́мощь *f*.

ambush ['æmbuʃ] *n* заса́да ♦ *vt* устра́ивать (устро́ить *pf*) заса́ду *+dat*.

amend [ə'mɛnd] *vt* (*law, text*) пересма́тривать (пересмотре́ть *pf*) ♦ *n*: **to make ~s** загла́живать (загла́дить *pf*) вину́; **~ment** *n* попра́вка.

amenities [ə'mi:nɪtɪz] *npl* удо́бства *ntpl*.

America [ə'mɛrɪkə] *n* Аме́рика; **~n** *adj* америка́нский ♦ *n* америка́нец(-нка).

amicable ['æmɪkəbl] *adj* (*relationship*) дру́жеский.

amid(st) [ə'mɪd(st)] *prep* посреди́ *+gen*.

amiss [ə'mɪs] *adj, adv*: **there's something ~** здесь что́-то нела́дно.

ammunition [æmju'nɪʃən] *n* (*for gun*) патро́ны *mpl*.

amnesty ['æmnɪstɪ] *n* амни́стия.

among(st) [ə'mʌŋ(st)] *prep* среди́ *+gen*.

amount [ə'maunt] *n* коли́чество

♦ *vi*: **to ~ to** (*total*) составля́ть (соста́вить *pf*).
amp(ère) ['æmp(ɛə')] *n* ампе́р.
ample ['æmpl] *adj* (*large*) соли́дный; (*abundant*) оби́льный; (*enough*) доста́точный; **to have ~ time/room** име́ть (*impf*) доста́точно вре́мени/ме́ста.
amuse [ə'mju:z] *vt* развлека́ть (развле́чь *pf*); **~ment** *n* (*mirth*) удово́льствие; (*pastime*) развлече́ние; **~ment arcade** *n* павильо́н с игра́льными аппара́тами.
an [æn] *indef art see* **a**.
anaemia [ə'ni:mɪə] (*US* **anemia**) *n* анеми́я, малокро́вие.
anaesthetic [ænɪs'θɛtɪk] (*US* **anesthetic**) *n* нарко́з.
analyse ['ænəlaɪz] (*US* **analyze**) *vt* анализи́ровать (проанализи́ровать *pf*).
analysis [ə'næləsɪs] (*pl* **analyses**) *n* ана́лиз.
analyst ['ænəlɪst] *n* (*political*) анали́тик, коммента́тор; (*financial, economic*) экспе́рт; (*US: psychiatrist*) психиа́тр.
analytic(al) [ænə'lɪtɪk(l)] *adj* аналити́ческий.
analyze ['ænəlaɪz] *vt* (*US*) = **analyse**.
anarchy ['ænəkɪ] *n* ана́рхия.
anatomy [ə'nætəmɪ] *n* анато́мия; (*body*) органи́зм.
ancestor ['ænsɪstə'] *n* пре́док.
anchor ['æŋkə'] *n* я́корь *m*.
anchovy ['æntʃəvɪ] *n* анчо́ус.
ancient ['eɪnʃənt] *adj* (*civilization, person*) дре́вний; (*monument*) стари́нный.
and [ænd] *conj* и; **my father ~ I** я и мой оте́ц, мы с отцо́м; **bread ~ butter** хлеб с ма́слом; **~ so on** и так да́лее; **try ~ come** постара́йтесь прийти́; **he talked ~ talked** он всё говори́л и говори́л.
Andes ['ændi:z] *npl*: **the ~** А́нды *pl*.
anecdote ['ænɪkdəut] *n* заба́вная исто́рия.
anemia [ə'ni:mɪə] *n* (*US*) = **anaemia**.
anesthetic [ænɪs'θɛtɪk] *n* (*US*) = **anaesthetic**.
angel ['eɪndʒəl] *n* а́нгел.
anger ['æŋgə'] *n* гнев, возмуще́ние.
angle ['æŋgl] *n* (*corner*) у́гол.
angler ['æŋglə'] *n* рыболо́в.
Anglican ['æŋglɪkən] *adj* англика́нский ♦ *n* англика́нец(-а́нка).
angling ['æŋglɪŋ] *n* ры́бная ло́вля.
angrily ['æŋgrɪlɪ] *adv* серди́то, гне́вно.
angry ['æŋgrɪ] *adj* серди́тый, гне́вный; (*wound*) воспалённый; **to be ~ with sb/at sth** серди́ться (*impf*) *or* зли́ться (*impf*) на кого́-н/что-н; **to get ~** серди́ться (рассерди́ться *pf*), зли́ться (разозли́ться *pf*).
anguish ['æŋgwɪʃ] *n* му́ка.
animal ['ænɪməl] *n* живо́тное *nt adj*; (*wild animal*) зверь *m*; (*pej: person*) зверь, живо́тное ♦ *adj* живо́тный.
animated *adj* оживлённый, живо́й; (*film*) мультипликацио́нный.
animation [ænɪ'meɪʃən] *n* (*enthusiasm*) оживле́ние.
animosity [ænɪ'mɔsɪtɪ] *n* вражде́бность *f*.
ankle ['æŋkl] *n* лоды́жка.
anniversary [ænɪ'və:sərɪ] *n*

годовщи́на.
announce [ə'nauns] *vt* (*engagement, decision*) объявля́ть (объяви́ть *pf*) (о *+prp*); (*birth, death*) извеща́ть (извести́ть *pf*) о *+prp*; **~ment** *n* объявле́ние; (*in newspaper etc*) сообще́ние.
annoy [ə'nɔı] *vt* раздража́ть (раздражи́ть *pf*); **~ed** *adj* раздражённый; **~ing** *adj* (*noise*) раздража́ющий; (*mistake, event*) доса́дный; **he is ~ing** он меня́ раздража́ет.
annual ['ænjuəl] *adj* (*meeting*) ежего́дный; (*income*) годово́й; **~ly** *adv* ежего́дно.
annum ['ænəm] *n see* **per**.
anonymity [ænə'nımıtı] *n* анони́мность *f*.
anonymous [ə'nɔnıməs] *adj* анони́мный.
anorak ['ænəræk] *n* ку́ртка с капюшо́ном.
anorexia [ænə'rɛksıə] *n* анорéксия.
another [ə'nʌðə'] *pron* друго́й ◆ *adj*: **~ book** (*additional*) ещё одна́ кни́га; (*different*) друга́я кни́га; *see also* **one**.
answer ['ɑ:nsə'] *n* отве́т; (*to problem*) реше́ние ◆ *vi* отвеча́ть (отве́тить *pf*) ◆ *vt* (*letter, question*) отвеча́ть (отве́тить *pf*) на *+acc*; (*person*) отвеча́ть (отве́тить *pf*) *+dat*; **in ~ to your letter** в отве́т на Ва́ше письмо́; **to ~ the phone** подходи́ть (подойти́ *pf*) к телефо́ну; **to ~ the bell** *or* **the door** открыва́ть (откры́ть *pf*) дверь; **~ to** *vt fus* (*description*) соотве́тствовать *(impf)* *+dat*; **~ing machine** *n* автоотве́тчик.
ant [ænt] *n* мураве́й.
antagonism [æn'tægənızəm] *n* антагони́зм.
Antarctic [ænt'ɑ:ktık] *n*: **the ~** Анта́рктика.
antelope ['æntıləup] *n* антило́па.
anthem ['ænθəm] *n*: **national ~** госуда́рственный гимн.
antibiotic ['æntıbaı'ɔtık] *n* антибио́тик.
antibody ['æntıbɔdı] *n* антите́ло.
anticipate [æn'tısıpeıt] *vt* (*expect*) ожида́ть *(impf)* *+gen*; (*foresee*) предви́деть *(impf/pf)*; (*forestall*) предвосхища́ть (предвосхи́тить *pf*).
anticipation [æntısı'peıʃən] *n* (*expectation*) ожида́ние; (*eagerness*) предвкуше́ние.
antics ['æntıks] *npl* (*of child*) ша́лости *fpl*.
antidote ['æntıdəut] *n* противоя́дие.
antifreeze ['æntıfri:z] *n* антифри́з.
antique [æn'ti:k] *n* антиква́рная вещь *f*, предме́т старины́ ◆ *adj* антиква́рный.
antiquity [æn'tıkwıtı] *n* анти́чность *f*.
anti-Semitism ['æntı'sɛmıtızəm] *n* антисемити́зм.
antiseptic [æntı'sɛptık] *n* антисе́птик.
anxiety [æŋ'zaıətı] *n* трево́га.
anxious ['æŋkʃəs] *adj* (*person*) беспоко́йный; (*look*) озабо́ченный; (*time*) трево́жный; **she is ~ to do** она́ о́чень хо́чет *+infin*; **to be ~ about** беспоко́иться *(impf)* о *+prp*.

KEYWORD

any ['ɛnı] *adj* **1** (*in questions etc*): **have you any butter/children?** у Вас есть ма́сло/де́ти?; **do you have any questions?** у Вас есть

какие-нибудь вопросы?; **if there are any tickets left** если ещё остались билеты
2 (*with negative*): **I haven't any bread/books** у меня нет хлеба/книг; **I didn't buy any newspapers** я не купил газет
3 (*no matter which*) любой; **any colour will do** любой цвет пойдёт
4 (*in phrases*): **in any case** в любом случае; **any day now** в любой день; **at any moment** в любой момент; **at any rate** во всяком случае; (*anyhow*) так или иначе; **any time** (*at any moment*) в любой момент; (*whenever*) в любое время; (*as response*) не за что
◆ *pron* **1** (*in questions etc*): **I need some money, have you got any?** мне нужны деньги, у Вас есть?; **I need some boots – have you any?** мне нужны сапоги – у Вас такие есть?; **can any of you sing?** кто-нибудь из Вас умеет петь?
2 (*with negative*) ни один (*f* одна, *nt* одно, *pl* одни); **I haven't any (of those)** у меня таких нет
3 (*no matter which one(s)*) любой; **take any you like** возьмите то, что Вам нравится
◆ *adv* **1** (*in questions etc*): **do you want any more soup?** хотите ещё супу?; **are you feeling any better?** Вам лучше?
2 (*with negative*): **I can't hear him any more** я больше его не слышу; **don't wait any longer** не ждите больше; **he isn't any better** ему нелучше.

anybody ['ɛnɪbɔdɪ] *pron* = **anyone**.
anyhow ['ɛnɪhau] *adv* (*at any rate*) так или иначе; **the work is done ~** (*haphazardly*) работа сделана кое-как *or* как попало; **I shall go ~** я так или иначе пойду.
anyone ['ɛnɪwʌn] *pron* (*in questions etc*) кто-нибудь; (*with negative*) никто; (*no matter who*) любой, всякий; **can you see ~?** Вы видите когонибудь?; **I can't see ~** я никого не вижу; **~ could do it** любой *or* всякий может это сделать; **you can invite ~** Вы можете пригласить кого угодно.
anything ['ɛnɪθɪŋ] *pron* (*in questions etc*) что-нибудь; (*with negative*) ничего; (*no matter what*) (всё,) что угодно; **can you see ~?** Вы видете что-нибудь?; **I can't see ~** я ничего не вижу; **~ (at all) will do** всё, что угодно подойдёт.
anyway ['ɛnɪweɪ] *adv* всё равно; (*in brief*): **~, I didn't want to go** в общем, я не хотел идти; **I will be there ~** я всё равно там буду; **~, I couldn't stay even if I wanted to** всё равно, я не мог бы остаться, даже если бы я захотел; **why are you phoning, ~?** а всё-таки, почему Вы звоните?

KEYWORD

anywhere ['ɛnɪwɛə^r] *adv* **1** (*in questions etc: position*) где-нибудь; (*: motion*) куда-нибудь; **can you see him anywhere?** Вы его где-нибудь видите?; **did you go anywhere yesterday?** Вы вчера куда-нибудь ходили?
2 (*with negative: position*) нигде; (*: motion*) никуда; **I can't see him anywhere** я нигде его не вижу;

I'm not going anywhere today сего́дня я никуда́ не иду́ *3* (*no matter where*: *position*) где уго́дно; (: *motion*) куда́ уго́дно; **anywhere in the world** где уго́днов ми́ре; **put the books down anywhere** положи́те кни́ги куда́ уго́дно.

apart [ə'pɑ:t] *adv* (*position*) в стороне́; (*motion*) в сто́рону; (*separately*) разде́льно, врозь; **they are ten miles ~** они́ нахо́дятся на расстоя́нии десяти́ миль друг от дру́га; **to take ~** разбира́ть (разобра́ть *pf*) (на ча́сти); **~ from** кро́ме *+gen*.
apartheid [ə'pɑ:teɪt] *n* апартеи́д.
apartment [ə'pɑ:tmənt] *n* (*US*) кварти́ра; (*room*) ко́мната.
apathy ['æpəθɪ] *n* апа́тия.
ape [eɪp] *n* человекообра́зная обезья́на ◆ *vt* копи́ровать (скопи́ровать *pf*).
aperitif [ə'pɛrɪti:f] *n* аперити́в.
apex ['eɪpɛks] *n* (*also fig*) верши́на.
apiece [ə'pi:s] *adv* (*each person*) на ка́ждого; (*each thing*) за шту́ку.
apologize [ə'pɔlədʒaɪz] *vi*: **to ~ (for sth to sb)** извиня́ться (извини́ться *pf*) (за что-н пе́ред кем-н).
apology [ə'pɔlədʒɪ] *n* извине́ние.
appalling [ə'pɔ:lɪŋ] *adj* (*awful*) ужа́сный; (*shocking*) ужаса́ющий, возмути́тельный.
apparatus [æpə'reɪtəs] *n* аппарату́ра; (*in gym*) (гимнасти́ческий) снаря́д; (*of organization*) аппара́т.
apparent [ə'pærənt] *adj* (*seeming*) ви́димый; (*obvious*) очеви́дный; **~ly** *adv* по всей ви́димости.
appeal [ə'pi:l] *vi* (*LAW*) апелли́ровать (*impf/pf*), подава́ть (пода́ть *pf*) апелля́цию ◆ *n* (*attraction*) привлека́тельность *f*; (*plea*) призы́в; (*LAW*) апелля́ция, обжа́лование; **to ~ (to sb) for** (*help, funds*) обраща́ться (обрати́ться *pf*) (к кому́-н) за *+instr*; (*calm, order*) призыва́ть (призва́ть *pf*) (кого́-н) к *+dat*; **to ~ to** (*attract*) привлека́ть (привле́чь *pf*), нра́виться (понра́виться *pf*) *+dat*; **~ing** *adj* привлека́тельный; (*pleading*) умоля́ющий.
appear [ə'pɪə'] *vi* появля́ться (появи́ться *pf*); (*seem*) каза́ться (показа́ться *pf*); **to ~ in court** представа́ть (предста́ть *pf*) пе́ред судо́м; **to ~ on TV** выступа́ть (вы́ступить *pf*) по телеви́дению; **it would ~ that ...** похо́же (на то), что ...; **~ance** *n* (*arrival*) появле́ние; (*look, aspect*) вне́шность *f*; (*in public, on TV*) выступле́ние.
appendices [ə'pɛndɪsi:z] *npl of* **appendix**.
appendicitis [əpɛndɪ'saɪtɪs] *n* аппендици́т.
appendix [ə'pɛndɪks] (*pl* **appendices**) *n* приложе́ние; (*ANAT*) аппе́ндикс.
appetite ['æpɪtaɪt] *n* аппети́т; (*fig*) страсть *f*.
applaud [ə'plɔ:d] *vi* аплоди́ровать (*impf*), рукоплеска́ть (*impf*) ◆ *vt* аплоди́ровать (*impf*) *+dat*, рукоплеска́ть (*impf*) *+dat*; (*praise*) одобря́ть (одо́брить *pf*).
applause [ə'plɔ:z] *n* аплодисме́нты *pl*.
apple ['æpl] *n* я́блоко.
applicable [ə'plɪkəbl] *adj*: **~ (to)**

применимый (к *+dat*).
applicant ['æplɪkənt] *n* (*for job, scholarship*) кандидат; (*for college*) абитуриент.
application [æplɪ'keɪʃən] *n* (*for job, grant etc*) заявление; **~ form** *n* заявление-анкета.
applied [ə'plaɪd] *adj* прикладной.
apply [ə'plaɪ] *vt* (*paint, make-up*) наносить (нанести *pf*) ♦ *vi*: **to ~ to** применяться *(impf)* к *+dat*; (*ask*) обращаться (обратиться *pf*) (с просьбой) к *+dat*; **to ~ o.s. to** сосредотачиваться (сосредоточиться *pf*) на *+prp*; **to ~ for a grant/job** подавать (подать *pf*) заявление на стипендию/о приёме на работу.
appoint [ə'pɔɪnt] *vt* назначать (назначить *pf*); **~ed** *adj*: **at the ~ed time** в назначенное время; **~ment** *n* (*of person*) назначение; (*post*) должность *f*; (*arranged meeting*) приём; **to make an ~ment (with sb)** назначать (назначить *pf*) (кому-н) встречу *or* свидание; **I have an ~ment with the doctor** я записан на приём к врачу; **to make an ~ment with the hairdresser** записываться (записаться *pf*) в парикмахерскую.
appraisal [ə'preɪzl] *n* оценка.
appreciate [ə'priːʃɪeɪt] *vt* (*value*) ценить *(impf)*; (*understand*) понимать (понять *pf*) ♦ *vi* (*COMM*) повышаться (повыситься *pf*) в цене.
appreciation [əpriːʃɪ'eɪʃən] *n* (*understanding*) понимание; (*gratitude*) признательность *f*.
apprehensive [æprɪ'hɛnsɪv] *adj* (*glance etc*) опасливый.
apprentice [ə'prɛntɪs] *n* ученик, подмастерье; **~ship** *n* ученичество.
approach [ə'prəutʃ] *vi* приближаться (приблизиться *pf*) ♦ *vt* (*ask, apply to*) обращаться (обратиться *pf*) к *+dat*; (*come to*) приближаться (приблизиться *pf*) к *+dat*; (*consider*) подходить (подойти *pf*) к *+dat* ♦ *n* подход; (*advance: also fig*) приближение; (*by transport*) подъезд.
appropriate [ə'prəuprɪeɪt] *adj* (*behaviour*) подобающий; (*remarks*) уместный; (*tools*) подходящий.
approval [ə'pruːvəl] *n* одобрение; (*permission*) согласие; **on ~** (*COMM*) на пробу.
approve [ə'pruːv] *vt* (*motion, decision*) одобрять (одобрить *pf*); (*product, publication*) утверждать (утвердить *pf*); **~ of** *vt fus* одобрять (одобрить *pf*).
approximate [ə'prɔksɪmɪt] *adj* приблизительный; **~ly** *adv* приблизительно.
apricot ['eɪprɪkɔt] *n* абрикос.
April ['eɪprəl] *n* апрель *m*.
apron ['eɪprən] *n* передник, фартук.
apt [æpt] *adj* удачный, уместный; **~ to do** склонный *+infin*.
aquarium [ə'kwɛərɪəm] *n* аквариум.
Aquarius [ə'kwɛərɪəs] *n* Водолей.
Arab ['ærəb] *adj* арабский ♦ *n* араб(ка); **~ian** [ə'reɪbɪən] *adj* арабский; **~ic** *adj* арабский.
arbitrary ['ɑːbɪtrərɪ] *adj* произвольный.
arbitration [ɑːbɪ'treɪʃən] *n* третейский суд; (*INDUSTRY*) арбитраж; **the dispute went to ~** спор передан в арбитраж.

arc [ɑ:k] *n* (*also MATH*) дуга́.
arch [ɑ:tʃ] *n* а́рка, свод; (*of foot*) свод ♦ *vt* (*back*) выгиба́ть (вы́гнуть *pf*).
archaeology [ɑ:kɪ'ɔlədʒɪ] (*US* **archeology**) *n* археоло́гия.
archaic [ɑ:'keɪɪk] *adj* архаи́ческий.
archbishop [ɑ:tʃ'bɪʃəp] *n* архиепи́скоп.
archeology [ɑ:kɪ'ɔlədʒɪ] *n* (*US*) = **archaeology**.
architect ['ɑ:kɪtɛkt] *n* (*of building*) архите́ктор; **~ure** *n* архитекту́ра.
archive ['ɑ:kaɪvz] *n* архи́в; **~s** *npl* (*documents*) архи́в *msg*.
Arctic ['ɑ:ktɪk] *adj* аркти́ческий ♦ *n*: **the ~** А́рктика.
ardent ['ɑ:dənt] *adj* пы́лкий.
arduous ['ɑ:djuəs] *adj* тяжёлый, тя́жкий.
are [ɑ:ʳ] *vb see* **be**.
area ['ɛərɪə] *n* о́бласть *f*; (*part: of place*) уча́сток; (*: of room*) часть *f*.
arena [ə'ri:nə] *n* (*also fig*) аре́на.
aren't [ɑ:nt] = **are not**; *see* **be**.
Argentina [ɑ:dʒən'ti:nə] *n* Аргенти́на.
arguably ['ɑ:gjuəblɪ] *adv* возмо́жно.
argue ['ɑ:gju:] *vi* (*quarrel*) ссо́риться (поссо́риться *pf*); (*reason*) дока́зывать (доказа́ть *pf*).
argument ['ɑ:gjumənt] *n* (*quarrel*) ссо́ра; (*reasons*) аргуме́нт, до́вод.
arid ['ærɪd] *adj* безво́дный.
Aries ['ɛərɪz] *n* Ове́н.
arise [ə'raɪz] (*pt* **arose**, *pp* **arisen**) *vi* (*occur*) возника́ть (возни́кнуть *pf*); **~n** [ə'rɪzn] *pp of* **arise**.
aristocracy [ærɪs'tɔkrəsɪ] *n* аристокра́тия.
arithmetic [ə'rɪθmətɪk] *n* (*MATH*) арифме́тика; (*calculation*) подсчёт.
arm [ɑ:m] *n* рука́; (*of chair*) ру́чка; (*of clothing*) рука́в ♦ *vt* вооружа́ть (вооружи́ть *pf*); **~s** *npl* (*MIL*) вооруже́ние *ntsg*; (*HERALDRY*) герб; **~ in ~** по́д руку; **~chair** *n* кре́сло; **~ed** *adj* вооружённый.
armour ['ɑ:məʳ] (*US* **armor**) *n* (*also:* **suit of ~**) доспе́хи *mpl*.
army ['ɑ:mɪ] *n* (*also fig*) а́рмия.
aroma [ə'rəumə] *n* арома́т; **~therapy** [ərəumə'θɛrəpɪ] *n* аромотерапи́я.
arose [ə'rəuz] *pt of* **arise**.
around [ə'raund] *adv* вокру́г ♦ *prep* (*encircling*) вокру́г *+gen*; (*near, about*) о́коло *+gen*.
arouse [ə'rauz] *vt* (*interest, passions*) возбужда́ть (возбуди́ть *pf*).
arrange [ə'reɪndʒ] *vt* (*organize*) устра́ивать (устро́ить *pf*); (*put in order*) расставля́ть (расста́вить *pf*) ♦ *vi*: **we have ~d for a car to pick you up** мы договори́лись, что́бы маши́на заéхала за Ва́ми; **to ~ to do** усла́вливаться (усло́виться *pf*) *+infin*, догова́риваться (договори́ться *pf*) *+infin*; **~ment** *n* (*agreement*) договорённость *f*; (*order, layout*) расположе́ние; **~ments** *npl* (*plans*) приготовле́ния *ntpl*.
array [ə'reɪ] *n*: **~ of** ма́сса *+gen*, мно́жество *+gen*.
arrears [ə'rɪəz] *npl* задо́лженность *fsg*; **to be in ~ with one's rent** име́ть *(impf)* задо́лженность по квартпла́те.
arrest [ə'rɛst] *vt* (*LAW*) аресто́вывать (арестова́ть *pf*)

♦ *n* арéст, задержáние; **under ~** под арéстом.
arrival [ə'raɪvl] *n* (*of person, vehicle*) прибы́тие; **new ~** новичóк; (*baby*) новорождённый(-ая) *m(f) adj*.
arrive [ə'raɪv] *vi* (*traveller*) прибывáть (прибы́ть *pf*); (*letter, news*) приходи́ть (прийти́ *pf*); (*baby*) рождáться (роди́ться *pf*).
arrogance ['ærəgəns] *n* высокомéрие.
arrogant ['ærəgənt] *adj* высокомéрный.
arrow ['ærəu] *n* (*weapon*) стрелá; (*sign*) стрéлка.
arse [ɑ:s] *n* (*BRIT: inf!*) жóпа (*!*)
arsenal ['ɑ:sɪnl] *n* арсенáл.
arson ['ɑ:sn] *n* поджóг.
art [ɑ:t] *n* искýсство; **A~s** *npl* (*SCOL*) гуманитáрные нáуки *fpl*.
artery ['ɑ:tərɪ] *n* (*also fig*) артéрия.
art gallery *n* (*national*) карти́нная галерéя; (*private*) галерéя.
arthritis [ɑ:'θraɪtɪs] *n* артри́т.
artichoke ['ɑ:tɪtʃəuk] *n* (*also:* **globe ~**) артишóк; (*also:* **Jerusalem ~**) землянáя грýша.
article ['ɑ:tɪkl] *n* (*object*) предмéт; (*LING*) арти́кль *m*; (*in newspaper, document*) статья́.
articulate [*vb* ɑ:'tɪkjuleɪt, *adj* ɑ:'tɪkjulɪt] *vt* (*ideas*) выражáть (вы́разить *pf*) ♦ *adj*: **she is very ~** онá чётко *or* я́сно выражáет свои́ мы́сли.
artificial [ɑ:tɪ'fɪʃəl] *adj* искýсственный; (*affected*) неестéственный.
artillery [ɑ:'tɪlərɪ] *n* (*corps*) артиллéрия.
artist ['ɑ:tɪst] *n* худóжник(-ица); (*performer*) арти́ст(ка); **~ic** [ɑ:'tɪstɪk] *adj* худóжественный.

KEYWORD

as [æz] *conj* **1** (*referring to time*) когдá; **he came in as I was leaving** он вошёл, когдá я уходи́л; **as the years went by** с годáми; **as from tomorrow** с зáвтрашнего дня
2 (*in comparisons*): **as big as** такóй же большóй, как; **twice as big as** в два рáза бóльше, чем; **as white as snow** бéлый как снег; **as much money/many books as** стóлько же дéнег/книг, скóлько; **as soon as** как тóлько; **as soon as possible** как мóжно скорée
3 (*since, because*) поскóльку, так как
4 (*referring to manner, way*) как; **do as you wish** дéлайте, как хоти́те; **as she said** как онá сказáла
5 (*concerning*): **as for** *or* **to** что касáется *+gen*
6: **as if** *or* **though** как бýдто; **he looked as if he had been ill** он вы́глядел так, как бýдто он был бóлен
♦ *prep* (*in the capacity of*): **he works as a waiter** он рабóтает официáнтом; **as chairman of the company, he ...** как глáва компáнии он ...; *see also* **long, same, such, well**.

a.s.a.p. *adv abbr* = **as soon as possible**.
ascent [ə'sɛnt] *n* (*slope*) подъём; (*climb*) восхождéние.
ash [æʃ] *n* (*of fire*) золá, пéпел; (*of cigarette*) пéпел; (*wood, tree*) я́сень *m*.
ashamed [ə'ʃeɪmd] *adj*: **to be ~ (of)** стыди́ться (*impf*) (*+gen*); **I'm ~ of**

... мне сты́дно за *+acc* ....
ashore [ə'ʃɔ:'] *adv* (*be*) на берегу́; (*swim, go*) на бе́рег.
ashtray ['æʃtreɪ] *n* пе́пельница.
Asia ['eɪʃə] *n* А́зия; **~n** *adj* азиа́тский ◆ *n* азиа́т(ка).
aside [ə'saɪd] *adv* в сто́рону ◆ *n* ре́плика.
ask [ɑ:sk] *vt* (*inquire*) спра́шивать (спроси́ть *pf*); (*invite*) звать (позва́ть *pf*); **to ~ sb for sth/sb to do** проси́ть (попроси́ть *pf*) что-н у кого́-н/кого́-н *+infin*; **to ~ sb about** спра́шивать (спроси́ть *pf*) кого́-н о *+prp*; **to ~ (sb) a question** задава́ть (зада́ть *pf*) (кому́-н) вопро́с; **to ~ sb out to dinner** приглаша́ть (пригласи́ть *pf*) кого́-н в рестора́н; **~ for** *vt fus* проси́ть (попроси́ть *pf*); (*trouble*) напра́шиваться (напроси́ться *pf*) на *+acc*.
asleep [ə'sli:p] *adj*: **to be ~** спать (*impf*); **to fall ~** засыпа́ть (засну́ть *pf*).
asparagus [əs'pærəgəs] *n* спа́ржа.
aspect ['æspɛkt] *n* (*element*) аспе́кт, сторона́; (*quality, air*) вид.
aspirations [æspə'reɪʃənz] *npl* устремле́ния *ntpl*, ча́яния *ntpl*.
aspirin ['æsprɪn] *n* аспири́н.
ass [æs] *n* (*also fig*) осёл; (*US*: *inf!*) жо́па (*!*)
assassin [ə'sæsɪn] *n* (полити́ческий) уби́йца *m/f*; **~ation** [əsæsɪ'neɪʃən] *n* (полити́ческое) уби́йство.
assault [ə'sɔ:lt] *n* нападе́ние; (*MIL, fig*) ата́ка ◆ *vt* напада́ть (напа́сть *pf*) на *+acc*; (*sexually*) наси́ловать (изнаси́ловать *pf*).
assemble [ə'sɛmbl] *vt* собира́ть (собра́ть *pf*) ◆ *vi* собира́ться (собра́ться *pf*).
assembly [ə'sɛmblɪ] *n* (*meeting*) собра́ние; (*institution*) ассамбле́я, законода́тельное собра́ние; (*construction*) сбо́рка.
assert [ə'sə:t] *vt* (*opinion, authority*) утвержда́ть (утверди́ть *pf*); (*rights, innocence*) отста́ивать (отстоя́ть *pf*); **~ion** [ə'sə:ʃən] *n* (*claim*) утвержде́ние.
assess [ə'sɛs] *vt* оце́нивать (оцени́ть *pf*); **~ment** *n*: **~ment (of)** оце́нка (*+gen*).
asset ['æsɛt] *n* (*quality*) досто́инство; **~s** *npl* (*property, funds*) акти́вы *mpl*; (*COMM*) акти́в *msg* бала́нса.
assignment [ə'saɪnmənt] *n* (*task*) предписа́ние; (*SCOL*) зада́ние.
assist [ə'sɪst] *vt* помога́ть (помо́чь *pf*) *+dat*; (*financially*) соде́йствовать (*impf/pf*) *+dat*; **~ance** *n* (*see vt*) по́мощь *f*; соде́йствие; **~ant** *n* помо́щник (-ица); (*in office etc*) ассисте́нт(ка); (*BRIT*: *also*: **shop ~ant**) продаве́ц(-вщи́ца).
associate [*n* ə'səuʃɪɪt, *vb* ə'səuʃɪeɪt] *n* (*colleague*) колле́га *m/f* ◆ *adj* (*member, professor*) ассоции́рованный ◆ *vt* (*mentally*) ассоции́ровать (*impf/pf*); **to ~ with sb** обща́ться (*impf*) с кем-н.
association [əsəusɪ'eɪʃən] *n* ассоциа́ция; (*involvement*) связь *f*.
assorted [ə'sɔ:tɪd] *adj* разнообра́зный.
assortment [ə'sɔ:tmənt] *n* (*of clothes, colours*) ассортиме́нт; (*of books, people*) подбо́р.
assume [ə'sju:m] *vt* (*suppose*) предполага́ть (предположи́ть *pf*), допуска́ть (допусти́ть *pf*);

(*responsibility*) брать (взять *pf*) на себя́; (*air*) напуска́ть (напусти́ть *pf*); (*power*) брать (взять *pf*).
assumption [ə'sʌmpʃən] *n* предположе́ние; (*of responsibility*) приня́тие на себя́; **~ of power** прихо́д к вла́сти.
assurance [ə'ʃuərəns] *n* (*promise*) завере́ние; (*confidence*) уве́ренность *f*; (*insurance*) страхова́ние.
assure [ə'ʃuə'] *vt* (*reassure*) уверя́ть (уве́рить *pf*), заверя́ть (заве́рить *pf*); (*guarantee*) обеспе́чивать (обеспе́чить *pf*).
asthma ['æsmə] *n* а́стма.
astonishment [ə'stɔnɪʃmənt] *n* изумле́ние.
astrology [əs'trɔlədʒɪ] *n* астроло́гия.
astronomical [æstrə'nɔmɪkl] *adj* (*also fig*) астрономи́ческий.
astronomy [əs'trɔnəmɪ] *n* астроно́мия.
astute [əs'tju:t] *adj* (*person*) проница́тельный.
asylum [ə'saɪləm] *n* (*mental hospital*) сумасше́дший дом.

KEYWORD

at [æt] *prep* **1** (*referring to position*) в/на *+prp*; **at school** в шко́ле; **at the theatre** в теа́тре; **at a concert** на конце́рте; **at the station** на ста́нции; **at the top** наверху́; **at home** до́ма; **they are sitting at the table** они́ сидя́т за столо́м; **at my friend's (house)** у моего́ дру́га; **at the doctor's** у врача́
2 (*referring to direction*) в/на *+acc*; **to look at** смотре́ть (посмотре́ть *pf*) на *+acc*; **to throw sth at sb** (*stone*) броса́ть (бро́сить *pf*) что-н *or* чем-н в кого́-н
3 (*referring to time*): **at four o'clock** в четы́ре часа́; **at half past two** в полови́не тре́тьего; **at a quarter to two** без че́тверти два; **at a quarter past two** в че́тверть тре́тьего; **at dawn** на заре́; **at night** но́чью; **at Christmas** на Рождество́; **at lunch** за обе́дом; **at times** времена́ми
4 (*referring to rates*): **at one pound a kilo** по фу́нту за килогра́мм; **two at a time** по́ двое; **at fifty km/h** со ско́ростью пятьдеся́т км/ч; **at full speed** на по́лной ско́рости
5 (*referring to manner*): **at a stroke** одни́м ма́хом; **at peace** в ми́ре
6 (*referring to activity*): **to be at home/work** быть *(impf)* до́ма/на рабо́те; **to play at cowboys** игра́ть *(impf)* в ковбо́и; **to be good at doing** хорошо́ уме́ть *(impf) +infin*
7 (*referring to cause*): **surprised/ annoyed at sth** удивлён/ раздражён чем-н; **I am surprised at you** Вы меня́ удивля́ете; **I stayed at his suggestion** я оста́лся по его́ предложе́нию.

ate [eɪt] *pt of* **eat**.
atheist ['eɪθɪɪst] *n* атеи́ст(ка).
Athens ['æθɪnz] *n* Афи́ны *pl*.
athlete ['æθli:t] *n* спортсме́н(ка).
athletic [æθ'lɛtɪk] *adj* спорти́вный; (*body*) атлети́ческий; **~s** [æθ'lɛtɪks] *n* лёгкая атле́тика.
Atlantic [ət'læntɪk] *n*: **the ~ (Ocean)** Атланти́ческий океа́н.
atlas ['ætləs] *n* а́тлас.
atmosphere ['ætməsfɪə'] *n* атмосфе́ра.

atom [ˈætəm] *n* áтом; **~ic** [əˈtɔmɪk] *adj* áтомный.
attach [əˈtætʃ] *vt* прикреплять (прикрепи́ть *pf*); (*document, letter*) прилагáть (приложи́ть *pf*); **he is ~ed to** (*fond of*) он привя́зан к *+dat*; **to ~ importance to** придавáть (придáть *pf*) значéние *+dat*; **~ment** *n* (*device*) приспособлéние, насáдка; **~ment (to sb)** (*love*) привя́занность *f* (к комý-н).
attack [əˈtæk] *vt* (*MIL, fig*) атаковáть *(impf/pf)*; (*assault*) нападáть (напáсть *pf*) на *+acc* ♦ *n* (*MIL, fig*) атáка; (*assault*) нападéние; (*of illness*) при́ступ; **~er** *n*: **his/her ~er** напáвший(-ая) *m(f) adj* на негó/неё.
attain [əˈteɪn] *vt* (*happiness, success*) достигáть (дости́гнуть *or* дости́чь *pf*) *+gen*, добивáться (доби́ться *pf*) *+gen*.
attempt [əˈtɛmpt] *n* попы́тка ♦ *vt*: **to ~ to do** пытáться (попытáться *pf*) *+infin*; **to make an ~ on sb's life** совершáть (соверши́ть *pf*) покушéние на чью-н жизнь; **~ed** *adj*: **~ed murder** покушéние на жизнь; **~ed suicide/burglary** попы́тка самоуби́йства/ограблéния.
attend [əˈtɛnd] *vt* (*school, church*) посещáть *(impf)*; **~ to** *vt fus* (*needs, patient*) занимáться (заня́ться *pf*) *+instr*; (*customer*) обслýживать (обслужи́ть *pf*); **~ance** *n* присýтствие; (*SCOL*) посещáемость *f*; **~ant** *n* сопровождáющий(-ая) *m(f) adj*; (*in garage*) служи́тель(ница) *m(f)*.
attention [əˈtɛnʃən] *n* внимáние; (*care*) ухóд; **for the ~ of ...** (*ADMIN*) к свéдению *+gen* ....
attentive [əˈtɛntɪv] *adj* (*audience*) внимáтельный; (*polite*) предупреди́тельный.
attic [ˈætɪk] *n* (*living space*) мансáрда; (*storage space*) чердáк.
attitude [ˈætɪtjuːd] *n*: **~ (to** *or* **towards)** отношéние (к *+dat*).
attorney [əˈtəːnɪ] *n* (*US: lawyer*) юри́ст; **A~ General** *n* (*BRIT*) мини́стр юсти́ции; (*US*) Генерáльный прокурóр.
attract [əˈtrækt] *vt* привлекáть (привлéчь *pf*); **~ion** [əˈtrækʃən] *n* (*charm, appeal*) привлекáтельность *f*; **~ive** *adj* привлекáтельный.
attribute [*n* ˈætrɪbjuːt, *vb* əˈtrɪbjuːt] *n* при́знак, атрибýт ♦ *vt*: **to ~ sth to** (*cause*) относи́ть (отнести́ *pf*) что-н за счёт *+gen*; (*painting, quality*) припи́сывать (приписáть *pf*) что-н *+dat*.
aubergine [ˈəubəʒiːn] *n* баклажáн.
auction [ˈɔːkʃən] *n* (*also:* **sale by ~**) аукциóн ♦ *vt* продавáть (продáть *pf*) с молоткá *or* на аукциóне.
audible [ˈɔːdɪbl] *adj* слы́шный.
audience [ˈɔːdɪəns] *n* аудитóрия, пýблика.
audit [ˈɔːdɪt] *vt* (*COMM*) проводи́ть (провести́ *pf*) реви́зию *+gen*.
audition [ɔːˈdɪʃən] *n* прослýшивание.
auditor [ˈɔːdɪtəʳ] *n* реви́зия, ауди́тор.
auditorium [ɔːdɪˈtɔːrɪəm] *n* зал.
August [ˈɔːgəst] *n* áвгуст.
aunt [ɑːnt] *n* тётя; **~ie** [ˈɑːntɪ] *n dimin of* **aunt**.
au pair [ˈəuˈpɛəʳ] *n* (*also:* **~ girl**) *молодáя ня́ня-инострáнка, живýщая в семьé.*

aura ['ɔ:rə] *n* (*fig: air*) ореóл.
austere [ɔs'tɪə'] *adj* стрóгий; (*person, manner*) сурóвый.
Australia [ɔs'treɪlɪə] *n* Австрáлия.
Austria ['ɔstrɪə] *n* Áвстрия.
authentic [ɔ:'θɛntɪk] *adj* пóдлинный.
author ['ɔ:θə'] *n* (*of text, plan*) áвтор; (*profession*) писáтель(ница) *m(f)*.
authoritarian [ɔ:θɔrɪ'tɛərɪən] *adj* (*attitudes, conduct*) авторитáрный.
authoritative [ɔ:'θɔrɪtətɪv] *adj* авторитéтный.
authority [ɔ:'θɔrɪtɪ] *n* (*power*) власть *f*; (*POL*) управлéние; (*expert*) авторитéт; (*official permission*) полномóчие; **the authorities** *npl* (*ruling body*) влáсти *fpl*.
autobiography [ɔ:təbaɪ'ɔgrəfɪ] *n* автобиогрáфия.
autograph ['ɔ:təgrɑ:f] *n* автóграф ◆ *vt* надпи́сывать (надписáть *pf*).
automatic [ɔ:tə'mætɪk] *adj* автомати́ческий ◆ *n* (*US: gun*) (самозаря́дный) пистолéт; (*car*) автомоби́ль *m* с автомати́ческим переключéнием скоростéй; **~ally** *adv* автомати́чески.
automobile ['ɔ:təməbi:l] *n* (*US*) автомоби́ль *m*.
autonomous [ɔ:'tɔnəməs] *adj* (*region*) автонóмный; (*person, organization*) самостоя́тельный.
autonomy [ɔ:'tɔnəmɪ] *n* автонóмия, самостоя́тельность *f*.
autumn ['ɔ:təm] *n* óсень *f*; **in ~** óсенью.
auxiliary [ɔ:g'zɪlɪərɪ] *adj* вспомогáтельный ◆ *n* помóщник.
avail [ə'veɪl] *n*: **to no ~** напрáсно.
availability [əveɪlə'bɪlɪtɪ] *n* нали́чие.
available [ə'veɪləbl] *adj* имéющийся в нали́чии, достýпный; (*person*) свобóдный.
avalanche ['ævəlɑ:nʃ] *n* лави́на.
avenue ['ævənju:] *n* (*street*) ýлица, авеню́ *f ind*; (*drive*) аллéя.
average ['ævərɪdʒ] *n* срéднее *nt adj* ◆ *adj* срéдний ◆ *vt* достигáть (дости́чь *pf*) в срéднем *+gen*, составля́ть (состáвить *pf*) в срéднем; **on ~** в срéднем.
avert [ə'və:t] *vt* предотвращáть (предотврати́ть *pf*); (*blow, eyes*) отводи́ть (отвести́ *pf*).
aviary ['eɪvɪərɪ] *n* пти́чий вольéр.
aviation [eɪvɪ'eɪʃən] *n* авиáция.
avid ['ævɪd] *adj* (*keen*) стрáстный.
avocado [ævə'kɑ:dəu] *n* (*also:* **~ pear**: *BRIT*) авокáдо *nt ind*.
avoid [ə'vɔɪd] *vt* избегáть (избежáть *pf*).
await [ə'weɪt] *vt* ожидáть *(impf) +gen*.
awake [ə'weɪk] (*pt* **awoke**, *pp* **awoken** *or* **awaked**) *adj*: **he is ~** он проснýлся; **he was still ~** он ещё не спал.
award [ə'wɔ:d] *n* нагрáда ◆ *vt* награждáть (награди́ть *pf*); (*LAW*) присуждáть (присуди́ть *pf*).
aware [ə'wɛə'] *adj*: **to be ~ (of)** (*realize*) сознавáть *(impf)* (*+acc*); **to become ~ of sth/that** осознавáть (осознáть *pf*) что-н/, что; **~ness** *n* осознáние.
away [ə'weɪ] *adv* (*movement*) в стóрону; (*position*) в сторонé, пóодаль; (*far away*) далекó; **the holidays are two weeks ~** до

кани́кул (оста́лось) две неде́ли; **~ from** (*movement*) от *+gen*; (*position*) по́одаль от *+gen*; **two kilometres ~ from the town** в двух киломе́трах от го́рода; **two hours ~ by car** в двух часа́х езды́ на маши́не; **he's ~ for a week** он в отъе́зде на неде́лю; **to take ~ (from)** (*remove*) забира́ть (забра́ть *pf*) (у *+gen*); (*subtract*) отнима́ть (отня́ть *pf*) (от *+gen*); **he is working ~** (*continuously*) он продолжа́ет рабо́тать.
awe [ɔ:] *n* благогове́ние.
awful ['ɔ:fəl] *adj* ужа́сный; **an ~ lot (of)** ужа́сно мно́го (*+gen*); **~ly** *adv* ужа́сно.
awkward ['ɔ:kwəd] *adj* (*clumsy*) неуклю́жий; (*inconvenient*) неудо́бный; (*embarrassing*) нело́вкий.
awoke [ə'wəuk] *pt of* **awake**; **~n** *pp of* **awake**.
axe [æks] (*US* **ax**) *n* топо́р ◆ *vt* (*project*) уре́зывать (уре́зать *pf*); (*jobs*) сокраща́ть (сократи́ть *pf*).
axis ['æksɪs] (*pl* **axes**) *n* ось *f*.

B, b

B [bi:] *n* (*MUS*) си *nt ind*.
BA *n abbr* = **Bachelor of Arts**.
babble ['bæbl] *vi* лепета́ть (залепета́ть *pf*).
baby ['beɪbɪ] *n* ребёнок; **~ carriage** *n* (*US*) коля́ска; **~-sit** *vi* смотре́ть *(impf)* за детьми́; **~-sitter** *n* приходя́щая ня́ня.
bachelor ['bætʃələ'] *n* холостя́к; **B~ of Arts/Science** ≈ бакала́вр гуманита́рных/есте́ственных нау́к.

KEYWORD

back [bæk] *n* **1** (*of person, animal*) спина́; **the back of the hand** ты́льная сторона́ ладо́ни
2 (*of house, car etc*) за́дняя часть *f*; (*of chair*) спи́нка; (*of page, book*) оборо́т
3 (*FOOTBALL*) защи́тник
◆ *vt* **1** (*candidate*: *also*: **back up**) подде́рживать (поддержа́ть *pf*)
2 (*financially*: *horse*) ста́вить (поста́вить *pf*) на *+acc*; (: *person*) финанси́ровать *(impf)*
3: **he backed the car into the garage** он дал за́дний ход и поста́вил маши́ну в гара́ж
◆ *vi* (*car etc*: *also*: **back up**) дава́ть (дать *pf*) за́дний ход
◆ *adv* **1** (*not forward*) обра́тно, наза́д; **he ran back** он побежа́л обра́тно *or* наза́д
2 (*returned*): **he's back** он верну́лся
3 (*restitution*): **to throw the ball back** кида́ть (ки́нуть *pf*) мяч обра́тно
4 (*again*): **to call back** (*visit again*) заходи́ть (зайти́ *pf*) ещё раз; (*TEL*) перезва́нивать (перезвони́ть *pf*)
◆ *cpd* **1** (*payment*) за́дним число́м
2 (*AUT*: *seat, wheels*) за́дний
back down *vi* отступа́ть (отступи́ть *pf*)
back out *vi* (*of promise*) отступа́ться (отступи́ться *pf*)
back up *vt* (*person, theory etc*) подде́рживать (поддержа́ть *pf*).

back: **~ache** *n* простре́л, боль *f* в поясни́це; **~bencher** *n* (*BRIT*) "заднескаме́ечник"; **~bone** *n* позвонóчник; **he's the ~bone of the organization** на нём дéржится вся организáция; **~ground** *n* (*of picture*) зáдний план; (*of events*) предыстóрия; (*experience*) óпыт; **he's from a working class ~ground** он из рабóчей семьи́; **against a ~ground of** ... на фóне *+gen* ...; **~hand** *n* (*TENNIS*) удáр слéва; **~ing** *n* (*support*) поддéржка; (: *financial*) финанси́рование; **~lash** *n* (*fig*) обрáтная реáкция; **~log** *n*: **~log of work** невы́полненная рабóта; **~pack** *n* рюкзáк; **~side** *n* (*inf*) зад; **~stage** *adv* за кули́сами; **~ward** *adj* (*movement*) обрáтный; (*person, country*) отстáлый; **~wards** *adv* назáд; (*list*) наоборóт; (*fall*) нáвзничь; **to walk ~wards** пя́титься (попя́титься *pf*); **~water** *n* (*fig*) болóто; **~yard** *n* (*of house*) зáдний двор.

bacon ['beɪkən] *n* бекóн.

bacteria [bæk'tɪərɪə] *npl* бактéрии *fpl*.

bad [bæd] *adj* плохóй; (*mistake*) серьёзный; (*injury, crash*) тяжёлый; (*food*) тýхлый; **his ~ leg** егó больнáя ногá; **to go ~** (*food*) тýхнуть (протýхнуть *pf*), пóртиться (испóртиться *pf*).

badge [bædʒ] *n* значóк.

badger ['bædʒəʳ] *n* барсýк.

badly ['bædlɪ] *adv* плóхо; **~ wounded** тяжелó рáненый; **he needs it ~** он си́льно в э́том нуждáется; **to be ~ off (for money)** нуждáться *(impf)* (в деньгáх).

badminton ['bædmɪntən] *n* бадминтóн.

bad-tempered ['bæd'tɛmpəd] *adj* вспы́льчивый, раздражи́тельный; (*now*) раздражённый.

bag [bæg] *n* сýмка; (*paper, plastic*) пакéт; (*handbag*) сýмочка; (*satchel*) рáнец; (*case*) портфéль *m*; **~s of** (*inf*) ýйма *+gen*.

baggage ['bægɪdʒ] *n* (*US*) багáж.

baggy ['bægɪ] *adj* мешковáтый.

Bahamas [bə'hɑːməz] *npl*: **the ~** Багáмские островá *mpl*.

bail [beɪl] *n* (*money*) залóг ♦ *vt* (*also*: **to grant ~ to**) выпускáть (вы́пустить *pf*) под залóг; **he was released on ~** он был вы́пущен под залóг; **~ out** *vt* (*LAW*) плати́ть (заплати́ть *pf*) залóговую сýмму за *+acc*; (*boat*) вычéрпывать (вы́черпать *pf*) вóду из *+gen*.

bailiff ['beɪlɪf] *n* (*LAW*: *BRIT*) судéбный исполни́тель *m*; (: *US*) помóщник шери́фа.

bait [beɪt] *n* (*for fish*) наживка; (*for animal, criminal*) примáнка ♦ *vt* (*hook, trap*) наживля́ть (наживи́ть *pf*).

bake [beɪk] *vt* печь (испéчь *pf*) ♦ *vi* (*bread etc*) пéчься (испéчься *pf*); (*make cakes etc*) печь *(impf)*; **~d beans** *npl* консерви́рованная фасóль *fsg* (*в томáте*); **~r** *n* пéкарь *m*; (*also*: **the ~r's**) бýлочная *f adj*; **~ry** *n* пекáрня; (*shop*) бýлочная *f adj*.

baking ['beɪkɪŋ] *n* вы́печка; **she does her ~ once a week** онá печёт раз в недéлю; **~ powder** *n* разрыхли́тель *m*.

balance ['bæləns] *n* (*equilibrium*) равновéсие; (*COMM*: *in account*) балáнс; (: *remainder*) остáток; (*scales*) весы́ *pl* ♦ *vt* (*budget, account*) баланси́ровать

(сбаланси́ровать *pf*); (*make equal*) уравнове́шивать (уравнове́сить *pf*); **~ of payments/trade** платёжный/торго́вый бала́нс; **~d** *adj* (*diet*) сбаланси́рованный.
balcony [ˈbælkənɪ] *n* балко́н.
bald [bɔ:ld] *adj* (*head*) лы́сый; (*tyre*) стёртый.
bale [beɪl] *n* (*of hay etc*) тюк.
ball [bɔ:l] *n* (*for football*) мяч; (*for tennis, golf*) мя́чик; (*of wool, string*) клубо́к; (*dance*) бал.
ballad [ˈbæləd] *n* балла́да.
ballerina [bæləˈri:nə] *n* балери́на.
ballet [ˈbæleɪ] *n* бале́т.
balloon [bəˈlu:n] *n* возду́шный шар; (*also:* **hot air ~**) аэроста́т.
ballot [ˈbælət] *n* голосова́ние, баллотиро́вка.
ballroom [ˈbɔ:lrum] *n* ба́льный зал.
Baltic [ˈbɔ:ltɪk] *n*: **the ~** Балти́йское мо́ре ◆ *adj*: **the ~ States** стра́ны *fpl* Ба́лтии, прибалти́йские госуда́рства *ntpl*.
bamboo [bæmˈbu:] *n* бамбу́к.
ban [bæn] *vt* (*prohibit*) запреща́ть (запрети́ть *pf*); (*suspend, exclude*) отстраня́ть (отстрани́ть *pf*) ◆ *n* (*prohibition*) запре́т.
banal [bəˈnɑ:l] *adj* бана́льный.
banana [bəˈnɑ:nə] *n* бана́н.
band [bænd] *n* (*group*: *of people, rock musicians*) гру́ппа; (: *of jazz, military musicians*) орке́стр.
bandage [ˈbændɪdʒ] *n* повя́зка ◆ *vt* бинтова́ть (забинтова́ть *pf*).
bandwagon [ˈbændwægən] *n*: **to jump on the ~** примкну́ть *(pf)* к си́льной стороне́ *or* мо́дному тече́нию.
bang [bæŋ] *n* стук; (*explosion*) вы́стрел; (*blow*) уда́р ◆ *excl* бах ◆ *vt* (*door*) хло́пать (хло́пнуть *pf*) *+instr*; (*head etc*) ударя́ть (уда́рить *pf*) ◆ *vi* (*door*) захло́пываться (захло́пнуться *pf*).
bangs [bæŋz] *npl* (*US*) чёлка *fsg*.
banish [ˈbænɪʃ] *vt* высыла́ть (вы́слать *pf*).
bank [bæŋk] *n* банк; (*of river, lake*) бе́рег; (*of earth*) на́сыпь *f*; **~ on** *vt fus* полага́ться (положи́ться *pf*) на *+acc*; **~ account** *n* ба́нковский счёт; **~ holiday** *n* (*BRIT*) нерабо́чий день *m* (*обы́чно понеде́льник*).
bankrupt [ˈbæŋkrʌpt] *adj* обанкро́тившийся; **to go ~** обанкро́титься *(pf)*; **I am ~** я – банкро́т; **~cy** *n* банкро́тство, несостоя́тельность *f*.
bank statement *n* вы́писка с ба́нковского счёта.
banner [ˈbænəʳ] *n* транспара́нт.
bannister [ˈbænɪstəʳ] *n* (*usu pl*) пери́ла *pl*.
banquet [ˈbæŋkwɪt] *n* банке́т.
baptism [ˈbæptɪzəm] *n* креще́ние.
bar [bɑ:ʳ] *n* (*pub*) бар; (*counter*) сто́йка; (*rod*) прут; (*of soap*) брусо́к; (*of chocolate*) пли́тка; (*MUS*) такт ◆ *vt* (*door, way*) загора́живать (загороди́ть *pf*); (*person*) не допуска́ть (допусти́ть *pf*); **~s** *npl* (*on window*) решётка *fsg*; **behind ~s** за решёткой; **the B~** адвокату́ра; **~ none** без исключе́ния.
barbaric [bɑ:ˈbærɪk] *adj* ва́рварский.
barbecue [ˈbɑ:bɪkju:] *n* барбекю́ *nt ind*.
barbed wire [ˈbɑ:bd-] *n* колю́чая

про́волока.
barber ['bɑːbəʳ] *n* парикма́хер.
bare [bɛəʳ] *adj* (*body*) го́лый, обнажённый; (*trees*) оголённый ◆ *vt* (*one's body*) обнажа́ть (обнажи́ть *pf*); (*teeth*) ска́лить (оска́лить *pf*); **in** *or* **with ~ feet** босико́м; **~foot** *adj* босо́й ◆ *adv* босико́м; **~ly** *adv* едва́.
bargain ['bɑːgɪn] *n* сде́лка; (*good buy*) вы́годная поку́пка.
barge [bɑːdʒ] *n* ба́ржа.
bark [bɑːk] *n* (*of tree*) кора́ ◆ *vi* (*dog*) ла́ять *(impf)*.
barley ['bɑːlɪ] *n* ячме́нь *m*.
barman ['bɑːmən] *irreg n* ба́рмен.
barn [bɑːn] *n* амба́р.
barometer [bə'rɔmɪtəʳ] *n* баро́метр.
baron ['bærən] *n* баро́н; (*of press, industry*) магна́т.
barracks ['bærəks] *npl* каза́рма *fsg*.
barrage ['bærɑːʒ] *n* (*fig*) лави́на.
barrel ['bærəl] *n* (*of wine, beer*) бо́чка; (*of oil*) барре́ль *m*; (*of gun*) ствол.
barren ['bærən] *adj* (*land*) беспло́дный.
barricade [bærɪ'keɪd] *n* баррика́да ◆ *vt* баррикади́ровать (забаррикади́ровать *pf*); **to ~ o.s. in** баррикади́роваться (забаррикади́роваться *pf*).
barrier ['bærɪəʳ] *n* (*at entrance*) барье́р; (*at frontier*) шлагба́ум; (*fig*: *to progress*) препя́тствие.
barring ['bɑːrɪŋ] *prep* за исключе́нием *+gen*.
barrister ['bærɪstəʳ] *n* (*BRIT*) адвока́т.
barrow ['bærəu] *n* (*also:* **wheel~**) та́чка.
barter ['bɑːtəʳ] *vi* производи́ть (произвести́ *pf*) ба́ртерный обме́н.
base [beɪs] *n* основа́ние; (*of monument etc*) постаме́нт; (*MIL*) ба́за; (*for organization*) местонахожде́ние ◆ *adj* ни́зкий ◆ *vt*: **to ~ sth on** (*opinion*) осно́вывать *(impf)* что-н на *+prp*; **~ball** *n* бейсбо́л; **~ment** *n* подва́л; **~s¹** *npl of* **base**; **~s²** ['beɪsɪz] *npl of* **basis**.
basic ['beɪsɪk] *adj* (*fundamental*) фундамента́льный; (*elementary*) нача́льный; (*primitive*) элемента́рный; **~ally** *adv* по существу́; (*on the whole*) в основно́м; **~s** *npl*: **the ~s** осно́вы *fpl*.
basil ['bæzl] *n* базили́к.
basin ['beɪsn] *n* (*also:* **wash~**) ра́ковина; (*GEO*) бассе́йн.
basis ['beɪsɪs] (*pl* **bases**) *n* основа́ние; **on a part-time ~** на непо́лной ста́вке; **on a trial ~** на испыта́тельный срок.
basket ['bɑːskɪt] *n* корзи́на; **~ball** *n* баскетбо́л.
bass [beɪs] *n* бас ◆ *adj* бассо́вый.
bastard ['bɑːstəd] *n* внебра́чный ребёнок; (*inf!*) ублю́док (*!*)
bat [bæt] *n* (*ZOOL*) летў́чая мышь *f*; (*SPORT*) бита́; (*BRIT*: *TABLE TENNIS*) раке́тка.
batch [bætʃ] *n* (*of bread*) вы́печка; (*of papers*) па́чка.
bath [bɑːθ] *n* ва́нна ◆ *vt* купа́ть (вы́купать *pf*); **to have a ~** принима́ть (приня́ть *pf*) ва́нну; *see also* **baths**.
bathe [beɪð] *vi* (*swim*) купа́ться *(impf)*; (*US*: *have a bath*) принима́ть (приня́ть *pf*) ва́нну ◆ *vt* (*wound*) промыва́ть (промы́ть *pf*).

bathroom ['bɑ:θrum] *n* ва́нная *f adj.*
baths [bɑ:ðz] *npl* (*also:* **swimming ~**) пла́вательный бассе́йн *msg.*
bath towel *n* ба́нное полоте́нце.
baton ['bætən] *n* (*MUS*) дирижёрская па́лочка; (*POLICE*) дуби́нка; (*SPORT*) эстафе́тная па́лочка.
battalion [bə'tæliən] *n* батальо́н.
batter ['bætə'] *vt* (*person*) бить (изби́ть *pf*); (*subj*: *wind, rain*) бить (поби́ть *pf*) ◆ *n* (*CULIN*) жи́дкое те́сто.
battery ['bætərɪ] *n* (*of torch etc*) батаре́йка; (*AUT*) аккумуля́тор.
battle ['bætl] *n* би́тва, бой; **~field** *n* по́ле би́твы *or* бо́я.
bay [beɪ] *n* зали́в; (*smaller*) бу́хта; **loading ~** погру́зочная площа́дка; **to hold sb at ~** держа́ть *(impf)* кого́-н на расстоя́нии.
bazaar [bə'zɑ:'] *n* база́р, ры́нок; (*fete*) благотвори́тельный база́р.
B & B *n abbr* = **bed and breakfast**.
BBC *n abbr* (= *British Broadcasting Corporation*) Би-Би-Си *nt ind.*
BC *adv abbr* (= *before Christ*) до рождества́ Христо́ва.

KEYWORD

be [bi:] (*pt* **was, were**, *pp* **been**) *aux vb* **1** (*with present participle*: *forming continuous tenses*): **what are you doing?** что Вы де́лаете?; **it is raining** идёт дождь; **they're working tomorrow** они́ рабо́тают за́втра; **the house is being built** дом стро́ится; **I've been waiting for you for ages** я жду Вас уже́ це́лую ве́чность
2 (*with pp*: *forming passives*): **he was killed** он был уби́т; **the box had been opened** я́щик открыва́ли; **the thief was nowhere to be seen** во́ра нигде́ не́ было ви́дно
3 (*in tag questions*) не так *or* пра́вда ли, да; **she's back again, is she?** она́ верну́лась, да *or* не так *or* пра́вда ли?; **she is pretty, isn't she?** она́ хоро́шенькая, да?
4 (*to +infin*): **the house is to be sold** дом должны́ прода́ть; **you're to be congratulated for all your work** Вас сле́дует поздра́вить за всю Ва́шу рабо́ту; **he's not to open it** он не до́лжен открыва́ть э́то
◆ *vb* **1** (*+ complement*: *in present tense*): **he is English** он англича́нин; (*in past/future tense*) быть *(impf)* +*instr*; **he was a doctor** он был врачо́м; **she is going to be very tall** она́ бу́дет о́чень высо́кой; **I'm tired** я уста́л; **I was hot/cold** мне бы́ло жа́рко/хо́лодно; **two and two are four** два́жды два – четы́ре; **she's tall** она́ высо́кая; **be careful!** бу́дьте осторо́жны!; **be quiet!** ти́ше!
2 (*of health*): **how are you feeling?** как Вы себя́ чу́вствуете?; **he's very ill** он о́чень бо́лен; **I'm better now** мне сейча́с лу́чше
3 (*of age*): **how old are you?** ско́лько Вам лет?; **I'm sixteen (years old)** мне шестна́дцать (лет)
4 (*cost*): **how much is the wine?** ско́лько сто́ит вино́?; **that'll be £5.75, please** с Вас £5.75, пожа́луйста
◆ *vi* **1** (*exist*) быть *(impf)*; **there are people who ...** есть лю́ди, кото́рые ...; **there is one drug that ...** есть одно́ лека́рство,

которое ...; **is there a God?** Бог есть?
2 (*occur*) бывать *(impf)*; **there are frequent accidents on this road** на этой дороге часто бывают аварии; **be that as it may** как бы то ни было; **so be it** так и быть, быть по сему
3 (*referring to place*): **I won't be here tomorrow** меня здесь завтра не будет; **the book is on the table** книга на столе; **there are pictures on the wall** на стене картины; **Edinburgh is in Scotland** Эдинбург находится в Шотландии; **there is someone in the house** в доме кто-то есть; **we've been here for ages** мы здесь уже целую вечность
4 (*referring to movement*) быть *(impf)*; **where have you been?** где Вы были?; **I've been to the post office** я был на почте
♦ *impers vb* **1** (*referring to time*): **it's five o'clock (now)** сейчас пять часов; **it's the 28th of April (today)** сегодня 28-ое апреля
2 (*referring to distance, weather: in present tense*): **it's 10 km to the village** до деревни 10 км; (: *in past/future tense*) быть *(impf)*; **it's hot/cold (today)** сегодня жарко/холодно; **it was very windy yesterday** вчера было очень ветрено; **it will be sunny tomorrow** завтра будет солнечно
3 (*emphatic*): **it's (only) me/the postman** это я/почтальон; **it was Maria who paid the bill** именно Мария оплатила счёт.

beach [bi:tʃ] *n* пляж.
beacon ['bi:kən] *n* (*marker*) сигнальный огонь *m*.
bead [bi:d] *n* бусина; (*of sweat*) капля.
beak [bi:k] *n* клюв.
beam [bi:m] *n* (*ARCHIT*) балка, стропило; (*of light*) луч.
bean [bi:n] *n* боб; **French ~** фасоль *f no pl*; **runner ~** фасоль огненная; **coffee ~** кофейное зерно.
bear [bɛə'] (*pt* **bore**, *pp* **borne**) *n* медведь(-едица) *m(f)* ♦ *vt* (*cost, responsibility*) нести (понести *pf*); (*weight*) нести *(impf)* ♦ *vi*: **to ~ right/left** (*AUT*) держаться *(impf)* правого/левого поворота; **~ out** *vt* поддерживать (поддержать *pf*).
beard [bɪəd] *n* борода; **~ed** *adj* бородатый.
bearing ['bɛərɪŋ] *n* (*connection*) отношение; **~s** *npl* (*also:* **ball ~s**) шарики *mpl* подшипника; **to take a ~** ориентироваться *(impf/pf)*.
beast [bi:st] *n* (*also inf*) зверь *m*.
beat [bi:t] (*pt* **beat**, *pp* **beaten**) *n* (*of heart*) биение; (*MUS: rhythm*) ритм; (*POLICE*) участок ♦ *vt* (*wife, child*) бить (побить *pf*); (*eggs etc*) взбивать (взбить *pf*); (*opponent, record*) побивать (побить *pf*); (*drum*) бить *(impf)* в *+acc* ♦ *vi* (*heart*) биться *(impf)*; (*rain, wind*) стучать *(impf)*; **~ it!** (*inf*) катись!; **off the ~en track** по непроторённому пути; **~ up** *vt* (*person*) избивать (избить *pf*); **~ing** *n* (*thrashing*) порка.
beautiful ['bju:tɪful] *adj* красивый; (*day, experience*) прекрасный; **~ly** ['bju:tɪflɪ] *adv* (*play, sing etc*) красиво, прекрасно.
beauty ['bju:tɪ] *n* красота;

(*woman*) краса́вица.
beaver ['bi:və'] *n* (ZOOL) бобр.
became [bɪ'keɪm] *pt of* **become**.
because [bɪ'kɔz] *conj* потому́ что; (*since*) так как; **~ of** из-за *+gen*.
beck [bɛk] *n*: **to be at sb's ~ and call** быть (*impf*) у кого́-н на побегу́шках.
become [bɪ'kʌm] (*irreg*: *like* **come**) *vi* станови́ться (стать *pf*) *+instr*; **to ~ fat** толсте́ть (потолсте́ть *pf*); **to ~ thin** худе́ть (похуде́ть *pf*).
bed [bɛd] *n* крова́ть *f*; (*of river, sea*) дно; (*of flowers*) клу́мба; **to go to ~** ложи́ться (лечь *pf*) спать; **~ and breakfast** *n* *ма́ленькая ча́стная гости́ница с за́втраком*; (*terms*) ночле́г и за́втрак; **~clothes** *npl* посте́льное бельё *ntsg*; **~ding** *n* посте́льные принадле́жности *fpl*; **~room** *n* спа́льня; **~side** *n*: **at sb's ~side** у посте́ли кого́-н; **~spread** *n* покрыва́ло; **~time** *n* вре́мя *nt* ложи́ться спать.
bee [bi:] *n* пчела́.
beech [bi:tʃ] *n* бук.
beef [bi:f] *n* говя́дина; **roast ~** ро́стбиф.
been [bi:n] *pp of* **be**.
beer [bɪə'] *n* пи́во.
beet [bi:t] *n* (*vegetable*) кормова́я свёкла; (*US*: *also*: **red ~**) свёкла.
beetle ['bi:tl] *n* жук.
beetroot ['bi:tru:t] *n* (BRIT) свёкла.
before [bɪ'fɔ:'] *prep* пе́ред *+instr*, до *+gen* ◆ *conj* до того́ *or* пе́ред тем, как ◆ *adv* (*time*) ра́ньше, пре́жде; **the day ~ yesterday** позавчера́; **do this ~ you forget** сде́лайте э́то, пока́ Вы не забы́ли; **~ going** пе́ред ухо́дом; **~ she goes** до того́ *or* пе́ред тем, как она́ уйдёт; **the week ~** неде́лю наза́д, на про́шлой неде́ле; **I've never seen it ~** я никогда́ э́того ра́ньше не ви́дел; **~hand** *adv* зара́нее.
beg [bɛg] *vi* попроша́йничать (*impf*), ни́щенствовать (*impf*) ◆ *vt* (*also*: **~ for**: *food, money*) проси́ть (*impf*); (: *mercy, forgiveness*) умоля́ть (умоли́ть *pf*) о *+prp*; **to ~ sb to do** умоля́ть (умоли́ть *pf*) кого́-н *+infin*.
began [bɪ'gæn] *pt of* **begin**.
beggar ['bɛgə'] *n* попроша́йка, ни́щий(-ая) *m(f) adj*.
begin [bɪ'gɪn] (*pt* **began**, *pp* **begun**) *vt* начина́ть (нача́ть *pf*) ◆ *vi* начина́ться (нача́ться *pf*); **to ~ doing** *or* **to do** начина́ть (нача́ть *pf*) *+impf infin*; **~ner** *n* начина́ющий(-ая) *m(f) adj*; **~ning** *n* нача́ло.
begun [bɪ'gʌn] *pp of* **begin**.
behalf [bɪ'hɑ:f] *n*: **on** *or* (*US*) **in ~ of** от и́мени *+gen*; (*for benefit of*) в по́льзу *+gen*, в интере́сах *+gen*; **on my/his ~** от моего́/его́ и́мени.
behave [bɪ'heɪv] *vi* вести́ (*impf*) себя́; (*also*: **~ o.s.**) вести́ (*impf*) себя́ хорошо́.
behaviour [bɪ'heɪvjə'] (*US* **behavior**) *n* поведе́ние.
behind [bɪ'haɪnd] *prep* (*at the back of*) за *+instr*, позади́ *+gen*; (*supporting*) за *+instr*; (*lower in rank etc*) ни́же *+gen* ◆ *adv* сза́ди, позади́ ◆ *n* (*buttocks*) зад; **to be ~ schedule** отстава́ть (отста́ть *pf*) от гра́фика.
beige [beɪʒ] *adj* бе́жевый.
Beijing ['beɪ'dʒɪŋ] *n* Пеки́н.
Beirut [beɪ'ru:t] *n* Бейру́т.
Belarus [bɛlə'rus] *n* Белору́сь *f*.
belated [bɪ'leɪtɪd] *adj* запозда́лый.

belfry [ˈbɛlfrɪ] *n* колокóльня.
Belgian [ˈbɛldʒən] *n* бельги́ец (-и́йка).
Belgium [ˈbɛldʒəm] *n* Бéльгия.
belief [bɪˈli:f] *n* (*conviction*) убеждéние; (*trust, faith*) вéра; **it's beyond ~** э́то невероя́тно; **in the ~ that** полагáя, что.
believe [bɪˈli:v] *vt* вéрить (повéрить *pf*) *+dat or* в *+acc* ♦ *vi* вéрить *(impf)*; **to ~ in** вéрить (повéрить *pf*) в *+acc.*
bell [bɛl] *n* кóлокол; (*small*) колокóльчик; (*on door*) звонóк.
belligerent [bɪˈlɪdʒərənt] *adj* вои́нственный.
belly [ˈbɛlɪ] *n* брю́хо.
belong [bɪˈlɔŋ] *vi*: **to ~ to** принадлежáть *(impf) +dat*; (*club*) состоя́ть *(impf)* в *+prp*; **this book ~s here** мéсто э́той кни́ги здесь; **~ings** *npl* вéщи *fpl.*
beloved [bɪˈlʌvɪd] *adj* люби́мый.
below [bɪˈləu] *prep* (*position*) под *+instr*; (*motion*) под *+acc*; (*less than*) ни́же *+gen* ♦ *adv* (*position*) внизу́; (*motion*) вниз; **see ~** смотри́ ни́же.
belt [bɛlt] *n* (*leather*) ремéнь *m*; (*cloth*) пóяс; (*of land*) пóяс, зóна; (*TECH*) приводнóй ремéнь.
bemused [bɪˈmju:zd] *adj* озадáченный.
bench [bɛntʃ] *n* скамья́; (*BRIT: POL*) местá *ntpl* пáртий в парлáменте; (*in workshop*) верстáк; (*in laboratory*) лаборатóрный стол; **the B~** (*LAW*) судéйская коллéгия.
bend [bɛnd] (*pt, pp* **bent**) *vt* гнуть (согну́ть *pf*), сгибáть *(impf)* ♦ *vi* (*person*) гну́ться (согну́ться *pf*) ♦ *n* (*BRIT: in road*) повoрóт; (*in pipe*) изги́б; (*in river*) излу́чина; **~ down** *vi* наклоня́ться (наклони́ться *pf*), нагибáться (нагну́ться *pf*).
beneath [bɪˈni:θ] *prep* (*position*) под *+instr*; (*motion*) под *+acc*; (*unworthy of*) ни́же *+gen* ♦ *adv* внизу́.
beneficial [bɛnɪˈfɪʃəl] *adj*: **~ (to)** благотвóрный (для *+gen*).
benefit [ˈbɛnɪfɪt] *n* (*advantage*) вы́года; (*money*) пособие ♦ *vt* приноси́ть (принести́ *pf*) пóльзу *+dat* ♦ *vi*: **he'll ~ from it** он полу́чит от э́того вы́году.
benevolent [bɪˈnɛvələnt] *adj* (*person*) доброжелáтельный.
benign [bɪˈnaɪn] *adj* добросердéчный; (*MED*) доброкáчественный.
bent [bɛnt] *pt, pp of* **bend** ♦ *adj* (*wire, pipe*) пóгнутый; **he is ~ on doing** он реши́тельно настрóен *+infin.*
bereaved [bɪˈri:vd] *adj* понёсший тяжёлую утрáту ♦ *n*: **the ~** друзья́ *mpl* и рóдственники *mpl* покóйного.
Berlin [bə:ˈlɪn] *n* Берли́н.
Bermuda [bə:ˈmju:də] *n* Берму́дские островá *mpl.*
berry [ˈbɛrɪ] *n* я́года.
berserk [bəˈsə:k] *adj*: **to go ~** разъяря́ться (разъяри́ться *pf*).
berth [bə:θ] *n* (*in caravan, on ship*) кóйка; (*on train*) пóлка; (*mooring*) причáл.
beset [bɪˈsɛt] (*pt, pp* **beset**) *vt*: **we have been ~ by problems** нас одолевáли проблéмы.
beside [bɪˈsaɪd] *prep* ря́дом с *+instr*, óколо *+gen*, у *+gen*; **to be ~ o.s. (with)** быть *(impf)* вне себя́ (от *+gen*); **that's ~ the point** э́то к дéлу не отнóсится.

besides [bɪ'saɪdz] *adv* кро́ме того́ ◆ *prep* кро́ме *+gen*, поми́мо *+gen*.
best [bɛst] *adj* лу́чший ◆ *adv* лу́чше всего́; **the ~ part of** (*quantity*) бо́льшая часть *+gen*; **at ~** в лу́чшем слу́чае; **to make the ~ of sth** испо́льзовать *(impf)* что-н наилу́чшим о́бразом; **to do one's ~** де́лать (сде́лать *pf*) всё возмо́жное; **to the ~ of my knowledge** наско́лько мне изве́стно; **to the ~ of my ability** в ме́ру мои́х спосо́бностей; **~ man** *n* ша́фер; **~seller** *n* бестсе́ллер.
bet [bɛt] (*pt, pp* **bet** *or* **betted**) *n* (*wager*) пари́ *nt ind*; (*in gambling*) ста́вка ◆ *vi* (*wager*) держа́ть *(impf)* пари́; (*expect, guess*) би́ться *(impf)* об закла́д ◆ *vt*: **to ~ sb sth** спо́рить (поспо́рить *pf*) с кем-н на что-н; **to ~ money on sth** ста́вить (поста́вить *pf*) де́ньги на что-н.
betray [bɪ'treɪ] *vt* (*friends*) предава́ть (преда́ть *pf*); (*trust*) обма́нывать (обману́ть *pf*); **~al** *n* преда́тельство.
better ['bɛtə'] *adj* лу́чший ◆ *adv* лу́чше ◆ *vt* (*score*) улучша́ть (улу́чшить *pf*) ◆ *n*: **to get the ~ of** бра́ть (взя́ть *pf*) верх над *+instr*; **I feel ~** я чу́вствую себя́ лу́чше; **to get ~** (*MED*) поправля́ться (попра́виться *pf*); **I had ~ go** мне лу́чше уйти́; **he thought ~ of it** он переду́мал; **~ off** *adj* (*wealthier*) бо́лее состоя́тельный.
betting ['bɛtɪŋ] *n* пари́ *nt ind*.
between [bɪ'twi:n] *prep* ме́жду *+instr* ◆ *adv*: **in ~** ме́жду тем.
beware [bɪ'wɛə'] *vi*: **to ~ (of)** остерега́ться (остере́чься *pf*) (*+gen*).
bewildered [bɪ'wɪldəd] *adj* изумлённый.
beyond [bɪ'jɔnd] *prep* (*position*) за *+instr*; (*motion*) за *+acc*; (*understanding*) вы́ше *+gen*; (*expectations*) сверх *+gen*; (*doubt*) вне *+gen*; (*age*) бо́льше *+gen*; (*date*) по́сле *+gen* ◆ *adv* (*position*) вдали́; (*motion*) вдаль; **it's ~ repair** э́то невозмо́жно почини́ть.
bias ['baɪəs] *n* (*against*) предубежде́ние; (*towards*) пристра́стие.
bib [bɪb] *n* (*child's*) нагру́дник.
Bible ['baɪbl] *n* Би́блия.
biblical ['bɪblɪkl] *adj* библе́йский.
bicycle ['baɪsɪkl] *n* велосипе́д.
bid [bɪd] (*pt* **bade** *or* **bid**, *pp* **bid (-den)**) *n* (*at auction*) предложе́ние цены́; (*attempt*) попы́тка ◆ *vt* (*offer*) предлага́ть (предложи́ть *pf*) ◆ *vi*: **to ~ for** (*at auction*) предлага́ть (предложи́ть *pf*) це́ну за *+acc*; **~der** *n*: **the highest ~der** лицо́, предлага́ющее наивы́сшую це́ну.
big [bɪg] *adj* большо́й; (*important*) ва́жный; (*bulky*) кру́пный; (*older*: *brother, sister*) ста́рший.
bigotry ['bɪgətrɪ] *n* фанати́зм.
bike [baɪk] *n* (*inf*: *bicycle*) ве́лик.
bikini [bɪ'ki:nɪ] *n* бики́ни *nt ind*.
bilateral [baɪ'lætərl] *adj* двусторо́нний.
bilingual [baɪ'lɪŋgwəl] *adj* двуязы́чный.
bill [bɪl] *n* (*invoice*) счёт; (*POL*) законопрое́кт; (*US*: *banknote*) банкно́т; (*beak*) клюв; **~board** *n* доска́ объявле́ний.
billion ['bɪljən] *n* (*BRIT*) биллио́н; (*US*) миллиа́рд.
bin [bɪn] *n* (*BRIT*: *also*: **rubbish ~**) му́сорное ведро́; (*container*)

я́щик.

bind [baɪnd] *(pt, pp* **bound***) vt (tie)* привя́зывать (привяза́ть *pf*); *(hands, feet)* свя́зывать (связа́ть *pf*); *(oblige)* обя́зывать (обяза́ть *pf*); *(book)* переплета́ть (переплести́ *pf*); **~ing** *adj* обя́зывающий.

bingo ['bɪŋgəu] *n* лото́ *nt ind.*

binoculars [bɪ'nɔkjuləz] *npl* бино́кль *msg.*

biography [baɪ'ɔgrəfɪ] *n* биогра́фия.

biological [baɪə'lɔdʒɪkl] *adj (science)* биологи́ческий; *(warfare)* бактериологи́ческий; *(washing powder)* содержа́щий биопрепара́ты.

biology [baɪ'ɔlədʒɪ] *n* биоло́гия.

birch [bə:tʃ] *n* берёза.

bird [bə:d] *n* пти́ца.

Biro® ['baɪərəu] *n* ша́риковая ру́чка.

birth [bə:θ] *n* рожде́ние; **to give ~ to** рожа́ть (роди́ть *pf*); **~ certificate** *n* свиде́тельство о рожде́нии; **~ control** *n (policy)* контро́ль *m* рожда́емости; *(methods)* противозача́точные ме́ры *fpl*; **~day** *n* день *m* рожде́ния ◆ *cpd*: **~day card** откры́тка ко дню рожде́ния; *see also* **happy**; **~place** *n* ро́дина.

biscuit ['bɪskɪt] *n (BRIT)* пече́нье; *(US)* ≈ кекс.

bisexual ['baɪ'sɛksjuəl] *adj* бисексуа́льный.

bishop ['bɪʃəp] *n (REL)* епи́скоп; *(CHESS)* слон.

bit [bɪt] *pt of* **bite** ◆ *n (piece)* кусо́к, кусо́чек; *(COMPUT)* бит; **a ~ of** немно́го *+gen*; **a ~ dangerous** слегка́ опа́сный; **~ by ~** ма́ло-пома́лу.

bitch [bɪtʃ] *n (also infl)* су́ка *(also l)*.

bite [baɪt] *(pt* **bit***, pp* **bitten***) vt* куса́ть (укуси́ть *pf*) ◆ *vi* куса́ться *(impf)* ◆ *n (insect bite)* уку́с; **to ~ one's nails** куса́ть *(impf)* но́гти; **let's have a ~ (to eat)** *(inf)* дава́йте переку́сим; **he had a ~ of cake** он откуси́л кусо́к пирога́.

bitten ['bɪtn] *pp of* **bite**.

bitter ['bɪtə'] *adj* го́рький; *(wind)* прони́зывающий; *(struggle)* ожесточённый; **~ness** *n (anger)* го́речь *f*, ожесточённость *f*; *(taste)* го́речь.

bizarre [bɪ'zɑ:'] *adj* стра́нный, причу́дливый.

black [blæk] *adj* чёрный; *(tea)* без молока́; *(person)* чернoко́жий ◆ *n (colour)* чёрный цвет, чёрное *nt adj*; *(person)*: **B~** негр(итя́нка); **~ and blue** в синяка́х; **to be in the ~** име́ть *(impf)* де́ньги в ба́нке; **~berry** *n* ежеви́ка *f no pl*; **~bird** *n* (чёрный) дрозд; **~board** *n* кла́ссная доска́; **~ coffee** *n* чёрный ко́фе *m ind*; **~currant** *n* чёрная сморо́дина; **~ eye** *n* синя́к под гла́зом; **to give sb a ~ eye** подбива́ть (подби́ть *pf*) кому́-н глаз; **~mail** *n* шанта́ж ◆ *vt* шантажи́ровать *(impf)*; **~ market** *n* чёрный ры́нок; **~out** *n (ELEC)* обесто́чка; *(TV, RADIO)* приостановле́ние переда́ч; *(MED)* о́бморок; **~ pepper** *n* чёрный пе́рец; **B~ Sea** *n*: **the B~ Sea** Чёрное мо́ре; **~smith** *n* кузне́ц.

bladder ['blædə'] *n* мочево́й пузы́рь *m*.

blade [bleɪd] *n* ле́звие; *(of propeller, oar)* ло́пасть *f*; **a ~ of grass** трави́нка.

blame [bleɪm] *n* вина́ ◆ *vt*: **to ~ sb**

for sth винить *(impf)* кого-н в чём-н; **he is to ~ (for sth)** он виноват (в чём-н).
bland [blænd] *adj* (*food*) пресный.
blank [blæŋk] *adj* (*paper*) чистый; (*look*) безучастный ◆ *n* (*of memory*) пробел; (*on form*) пропуск; (*for gun*) холостой патрон.
blanket ['blæŋkɪt] *n* одеяло; (*of snow*) покров; (*of fog*) пелена.
blasé ['blɑ:zeɪ] *adj* пресыщенный.
blasphemy ['blæsfɪmɪ] *n* богохульство, святотатство.
blast [blɑ:st] *n* (*explosion*) взрыв ◆ *vt* (*blow up*) взрывать (взорвать *pf*).
blatant ['bleɪtənt] *adj* явный, неприкрытый.
blaze [bleɪz] *n* (*fire*) пламя *nt*; (*of colour*) полыхание.
blazer ['bleɪzə'] *n* форменная куртка.
bleach [bli:tʃ] *n* (*also:* **household ~**) отбеливатель *m* ◆ *vt* (*fabric*) отбеливать (отбелить *pf*).
bleak [bli:k] *adj* (*day, face*) унылый; (*prospect*) безрадостный.
bled [blɛd] *pt, pp of* **bleed**.
bleed [bli:d] (*pt, pp* **bled**) *vi* кровоточить *(impf)*; **my nose is ~ing** у меня из носа идёт кровь.
blend [blɛnd] *n* (*of tea, whisky*) букет ◆ *vt* (*CULIN*) смешивать (смешать *pf*) ◆ *vi* (*also:* **~ in**) сочетаться *(impf)*, сливаться (слиться *pf*).
bless [blɛs] (*pt, pp* **blessed** *or* **blest**) *vt* благословлять (благословить *pf*); **~ you!** будьте здоровы!; **~ing** *n* благословение; (*godsend*) Божий дар.
blest [blɛst] *pt, pp of* **bless**.
blew [blu:] *pt of* **blow**.
blind [blaɪnd] *adj* слепой ◆ *n* штора; (*also:* **Venetian ~**) жалюзи *pl ind* ◆ *vt* ослеплять (ослепить *pf*); **the ~** *npl* (*blind people*) слепые *pl adj*; **to be ~ (to)** (*fig*) не видеть *(impf)* (*+acc*); **~ly** *adv* (*without thinking*) слепо; **~ness** *n* (*physical*) слепота.
blink [blɪŋk] *vi* моргать *(impf)*; (*light*) мигать *(impf)*.
bliss [blɪs] *n* блаженство.
blithely ['blaɪðlɪ] *adv* беспечно.
blizzard ['blɪzəd] *n* вьюга.
bloated ['bləutɪd] *adj* (*face, stomach*) вздутый; **I feel ~** я весь раздулся.
blob [blɔb] *n* (*of glue, paint*) сгусток; (*shape*) смутное очертание.
bloc [blɔk] *n* блок.
block [blɔk] *n* (*of buildings*) квартал; (*of stone etc*) плита ◆ *vt* (*barricade*) блокировать (заблокировать *pf*), загораживать (загородить *pf*); (*progress*) препятствовать *(impf)*; **~ of flats** (*BRIT*) многоквартирный дом; **mental ~** провал памяти; **~ade** [blɔ'keɪd] *n* блокада; **~age** ['blɔkɪdʒ] *n* блокирование.
bloke [bləuk] *n* (*BRIT: inf*) парень *m*.
blond(e) [blɔnd] *adj* белокурый ◆ *n*: **~** (*woman*) блондинка.
blood [blʌd] *n* кровь *f*; **~ donor** *n* донор; **~ pressure** *n* кровяное давление; **~shed** *n* кровопролитие; **~stream** *n* кровообращение; **~ test** *n* анализ крови; **~y** *adj* (*battle*) кровавый; (*BRIT: inf!*): **this ~y weather** эта проклятая погода; **~y good** (*inf!*) ужасно хороший.

blossom ['blɔsəm] *n* цвет, цветéние.
blot [blɔt] *n* (*on text*) кля́кса.
blow [bləu] (*pt* **blew**, *pp* **blown**) *n* удáр ◆ *vi* (*wind, person*) дуть (подýть *pf*); (*fuse*) перегорáть (перегорéть *pf*) ◆ *vt* (*subj: wind*) гнать (*impf*); (*instrument*) дуть (*impf*) в *+acc*; **to ~ one's nose** сморкáться (вы́сморкаться *pf*); **~ away** *vt* сдувáть (сдуть *pf*); **~ up** *vi* (*storm, crisis*) разражáться (разрази́ться *pf*) ◆ *vt* (*bridge*) взрывáть (взорвáть *pf*); (*tyre*) надувáть (надýть *pf*).
blue [blu:] *adj* (*colour: light*) голубóй; (*: dark*) си́ний; (*unhappy*) грýстный, подáвленный; **the ~s** *npl* (*MUS*) блюз *msg*; **out of the ~** (*fig*) как гром среди́ я́сного нéба; **~bell** *n* колокóльчик; **~print** *n* (*fig*): **a ~print (for)** проéкт (*+gen*).
bluff [blʌf] *n*: **to call sb's ~** заставля́ть (застáвить *pf*) когó-н раскры́ть кáрты.
blunder ['blʌndəʳ] *n* прóмах, грýбая оши́бка.
blunt [blʌnt] *adj* тупóй; (*person*) прямолинéйный.
blur [bləːʳ] *n* (*shape*) смýтное очертáние ◆ *vt* (*vision*) затумáнивать (затумáнить *pf*); (*distinction*) стирáть (стерéть *pf*).
blush [blʌʃ] *vi* краснéть (покраснéть *pf*).
BNP *n abbr* = *British National Party*.
boar [bɔːʳ] *n* бóров; (*wild pig*) кабáн.
board [bɔːd] *n* доскá; (*card*) картóн; (*committee*) комитéт; (*in firm*) правлéние ◆ *vt* (*ship*) сади́ться (сесть *pf*) на *+acc*; (*train*) сади́ться (сесть *pf*) в/на *+acc*; **on ~** (*NAUT, AVIAT*) на бортý; **full ~** (*BRIT*) пóлный пансиóн; **half ~** (*BRIT*) пансиóн с зáвтраком и ýжином; **~ and lodging** проживáние и питáние; **~ing card** *n* (*AVIAT, NAUT*) посáдочный талóн; **~ing school** *n* шкóла-интернáт.
boast [bəust] *vi*: **to ~ (about** *or* **of)** хвáстаться (похвáстаться *pf*) (*+instr*).
boat [bəut] *n* (*small*) лóдка; (*large*) корáбль *m*.
bob [bɔb] *vi* (*boat: also:* **~ up and down**) покáчиваться (*impf*).
bodily ['bɔdɪlɪ] *adj* физи́ческий ◆ *adv* целикóм.
body ['bɔdɪ] *n* тéло; (*of car*) кóрпус; (*torso*) тýловище; (*fig: group*) грýппа; (*: organization*) óрган; **~guard** *n* телохрани́тель *m*; **~ language** *n* язы́к жéстов; **~work** *n* кóрпус.
bog [bɔg] *n* (*GEO*) болóто, тряси́на.
bogus ['bəugəs] *adj* (*claim*) фикти́вный.
boil [bɔɪl] *vt* (*water*) кипяти́ть (вскипяти́ть *pf*); (*eggs, potatoes*) вари́ть (свари́ть *pf*), отвáривать (отвари́ть *pf*) ◆ *vi* кипéть (вскипéть *pf*) ◆ *n* фурýнкул; **to come to the** (*BRIT*) *or* **a** (*US*) **~** вскипéть (*pf*); **~ed egg** *n* варёное яйцó; **~er** *n* (*device*) паровóй котёл, бóйлер.
boisterous ['bɔɪstərəs] *adj* разбитнóй.
bold [bəuld] *adj* (*brave*) смéлый; (*pej: cheeky*) нáглый; (*pattern, colours*) брóский.
bolt [bəult] *n* (*lock*) засóв; (*with nut*) болт ◆ *adv*: **~ upright** вы́тянувшись в стрýнку.

bomb [bɔm] *n* бо́мба ♦ *vt* бомби́ть *(impf)*.
bombardment [bɔm'bɑ:dmənt] *n* бомбардиро́вка.
bomber ['bɔmə'] *n* (*AVIAT*) бомбардиро́вщик.
bombshell ['bɔmʃɛl] *n* (*fig*): **the news was a real** ~ э́то изве́стие произвело́ эффе́кт разорва́вшейся бо́мбы.
bond [bɔnd] *n* у́зы *pl*; (*FINANCE*) облига́ция.
bone [bəun] *n* кость *f* ♦ *vt* отделя́ть (отдели́ть *pf*) от косте́й; ~ **marrow** *n* ко́стный мозг.
bonfire ['bɔnfaɪə'] *n* костёр.
bonnet ['bɔnɪt] *n* (*hat*) ка́пор; (*BRIT*: *of car*) капо́т.
bonus ['bəunəs] *n* (*payment*) пре́мия; (*fig*) дополни́тельное преиму́щество.
bony ['bəunɪ] *adj* (*person, fingers*) костля́вый; (*meat, fish*) кости́стый.
boo [bu:] *excl* фу ♦ *vt* осви́стывать (освиста́ть *pf*).
book [buk] *n* кни́га; (*of stamps, tickets*) кни́жечка ♦ *vt* (*ticket, table*) зака́зывать (заказа́ть *pf*); (*seat, room*) брони́ровать (заброни́ровать *pf*); (*subj*: *policeman, referee*) штрафова́ть (оштрафова́ть *pf*); **~s** *npl* (*accounts*) бухга́лтерские кни́ги *fpl*; **~case** *n* кни́жный шкаф; **~let** *n* брошю́ра; **~shop** *n* кни́жный магази́н.
boom [bu:m] *n* (*noise*) ро́кот; (*growth*) бы́стрый рост.
boon [bu:n] *n* бла́го.
boost [bu:st] *n* (*to confidence*) толчо́к, сти́мул ♦ *vt* стимули́ровать *(impf)*, дава́ть (дать *pf*) толчо́к *+dat*.
boot [bu:t] *n* (*for winter*) сапо́г; (*for football*) бу́тса; (*for walking*) боти́нок; (*BRIT*: *of car*) бага́жник.
booth [bu:ð] *n* (*at fair*) ларёк; (*TEL, for voting*) бу́дка.
booze [bu:z] (*inf*) *n* вы́пивка.
border ['bɔ:də'] *n* (*of country*) грани́ца; (*for flowers*) бордю́р; (*on cloth etc*) кайма́ ♦ *vt* (*road, river etc*) окаймля́ть (окайми́ть *pf*); (*country*: *also*: ~ **on**) грани́чить *(impf)* с *+instr*; **~line** *n*: **on the ~line** на гра́ни.
bore [bɔ:'] *pt of* **bear** ♦ *vt* (*hole*) сверли́ть (просверли́ть *pf*); (*person*) наску́чить *(pf) +dat* ♦ *n* (*person*) зану́да *m/f*; **to be ~d** скуча́ть *(impf)*; **~dom** *n* (*condition*) ску́ка; (*boring quality*) зану́дство.
boring ['bɔ:rɪŋ] *adj* ску́чный.
born [bɔ:n] *adj* рождённый; **to be** ~ рожда́ться (роди́ться *pf*).
borne [bɔ:n] *pp of* **bear**.
borough ['bʌrə] *n* администрати́вный о́круг.
borrow ['bɔrəu] *vt*: **to ~ sth from sb** занима́ть (заня́ть *pf*) что-н у кого́-н.
Bosnia ['bɔznɪə] *n* Бо́сния; **~-Herzegovina** *n* Бо́сния-Герцегови́на.
bosom ['buzəm] *n* (*ANAT*) грудь *f*.
boss [bɔs] *n* (*employer*) хозя́ин (-я́йка), босс ♦ *vt* (*also*: ~ **around,** ~ **about**) распоряжа́ться *(impf)*, кома́ндовать *(impf) +instr*; **~y** *adj* вла́стный.
both [bəuθ] *adj, pron* о́ба (f о́бе) ♦ *adv*: ~ **A and B** и А, и Б; ~ **of us went, we ~ went** мы о́ба пошли́.
bother ['bɔðə'] *vt* (*worry*) беспоко́ить (обеспоко́ить *pf*);

(*disturb*) беспоко́ить (побеспоко́ить *pf*) ◆ *vi* (*also:* ~ **o.s.**) беспоко́иться (*impf*) ◆ *n* (*trouble*) беспоко́йство; (*nuisance*) хло́поты *pl*; **to ~ doing** брать (взять *pf*) на себя́ труд *+infin*.

bottle ['bɔtl] *n* буты́лка; **~-opener** *n* што́пор.

bottom ['bɔtəm] *n* (*of container, sea*) дно; (*ANAT*) зад; (*of page, list*) низ; (*of class*) отстаю́щий(-ая) *m(f) adj* ◆ *adj* (*lowest*) ни́жний; (*last*) после́дний.

bough [bau] *n* сук.

bought [bɔ:t] *pt, pp of* **buy**.

boulder ['bəuldəʳ] *n* валу́н.

bounce [bauns] *vi* (*ball*) отска́кивать (отскочи́ть *pf*); (*cheque*) верну́ться (*pf*) (*ввиду́ отсу́тствия де́нег на счету́*) ◆ *vt* (*ball*) ударя́ть (уда́рить *pf*); **~r** *n* (*inf*) вышиба́ла *m*.

bound [baund] *pt, pp of* **bind** ◆ *vi* (*leap*) пры́гать (пры́гнуть *pf*) ◆ *adj*: **he is ~ by law to ...** его́ обя́зывает зако́н *+infin* ... ◆ *npl*: **~s** (*limits*) преде́лы *mpl*.

boundary ['baundrɪ] *n* грани́ца.

boundless ['baundlɪs] *adj* безграни́чный.

bouquet ['bukeɪ] *n* буке́т.

bourgeois ['buəʒwɑ:] *adj* буржуа́зный.

bout [baut] *n* (*of illness*) при́ступ; (*of activity*) вспле́ск.

boutique [bu:'ti:k] *n* ла́вка.

bow¹ [bəu] *n* (*knot*) бант; (*weapon*) лук; (*MUS*) смычо́к.

bow² [bau] *n* (*of head, body*) покло́н; (*NAUT*: *also:* **~s**) нос ◆ *vi* (*with head, body*) кла́няться (поклони́ться *pf*); (*yield*): **to ~ to** *or* **before** поддава́ться (подда́ться *pf*) *+dat or* на *+acc*.

bowels ['bauəlz] *npl* кише́чник *msg*.

bowl [bəul] *n* (*plate, food*) ми́ска, ча́ша; (*ball*) шар.

bowling ['bəulɪŋ] *n* (*game*) кегельба́н.

bowls [bəulz] *n* (*game*) игра́ в шары́.

bow tie [bəu-] *n* ба́бочка.

box [bɔks] *n* я́щик, коро́бка; (*also:* **cardboard ~**) карто́нная коро́бка; (*THEAT*) ло́жа; (*inf*: *TV*) я́щик; **~er** *n* боксёр; **~ing** *n* бокс; **B~ing Day** *n* (*BRIT*) *день по́сле Рождества́*; **~ office** *n* театра́льная ка́сса.

boy [bɔɪ] *n* ма́льчик; (*son*) сыно́к.

boycott ['bɔɪkɔt] *n* бойко́т ◆ *vt* бойкоти́ровать (*impf/pf*).

boyfriend ['bɔɪfrɛnd] *n* друг.

BR *abbr* = **British Rail**.

bra [brɑ:] *n* ли́фчик.

brace [breɪs] *n* (*on leg*) ши́на; (*on teeth*) пласти́нка ◆ *vt* (*knees, shoulders*) напряга́ть (напря́чь *pf*); **~s** *npl* (*BRIT*: *for trousers*) подтя́жки *pl*; **to ~ o.s.** (*for shock*) собира́ться (собра́ться *pf*) с ду́хом.

bracelet ['breɪslɪt] *n* брасле́т.

bracing ['breɪsɪŋ] *adj* бодря́щий.

bracken ['brækən] *n* (*BOT*) орля́к.

bracket ['brækɪt] *n* (*TECH*) кронште́йн; (*group, range*) катего́рия; (*also:* **brace ~**) ско́бка; (*also:* **round ~**) кру́глая ско́бка; (*also:* **square ~**) квадра́тная ско́бка ◆ *vt* (*word, phrase*) заключа́ть (заключи́ть *pf*) в ско́бки.

brain [breɪn] *n* мозг; **~s** *npl* (*CULIN*) мозги́ *mpl*; (*intelligence*) мозги́,

сообрази́тельность *f*; **~wave** *n*: **he had a ~wave** на него́ нашло́ озаре́ние; **~y** *adj* мозгови́тый.
brake [breɪk] *n* то́рмоз ◆ *vi* тормози́ть (затормози́ть *pf*).
bramble ['bræmbl] *n* ежеви́ка.
bran [bræn] *n* о́труби *pl*.
branch [brɑ:ntʃ] *n* (*of tree*) ве́тка, ветвь *f*; (*of bank, firm etc*) филиа́л.
brand [brænd] *n* (*also:* **~ name**) фи́рменная ма́рка ◆ *vt* (*cattle*) клейми́ть (заклейми́ть *pf*).
brand-new ['brænd'nju:] *adj* соверше́нно но́вый.
brandy ['brændɪ] *n* бре́нди *nt ind*, конья́к.
brash [bræʃ] *adj* наха́льный.
brass [brɑ:s] *n* (*metal*) лату́нь *f*; **the ~** (*MUS*) духовы́е инструме́нты *mpl*.
brat [bræt] *n* (*pej*) отро́дье.
brave [breɪv] *adj* сме́лый, хра́брый ◆ *vt* сме́ло *or* хра́бро встреча́ть (встре́тить *pf*); **~ry** ['breɪvərɪ] *n* сме́лость *f*, хра́брость *f*.
brawl [brɔ:l] *n* дра́ка.
brazen ['breɪzn] *adj* (*woman*) бессты́жий ◆ *vt*: **to ~ it out** выкру́чиваться (вы́крутиться *pf*).
Brazil [brə'zɪl] *n* Брази́лия.
breach [bri:tʃ] *vt* (*defence, wall*) пробива́ть (проби́ть *pf*) ◆ *n* (*gap*) брешь *f*; **~ of contract/of the peace** наруше́ние догово́ра/обще́ственного поря́дка.
bread [brɛd] *n* (*food*) хлеб; **~ and butter** *n* хлеб с ма́слом; **~bin** *n* (*BRIT*) хле́бница; **~box** *n* (*US*) = **breadbin**; **~crumbs** *npl* (*CULIN*) панциро́вочные сухари́ *mpl*.
breadth [brɛtθ] *n* ширина́; (*fig: of knowledge, subject*) широта́.
break [breɪk] (*pt* **broke**, *pp* **broken**) *vt* (*crockery*) разбива́ть (разби́ть *pf*); (*leg, arm*) лома́ть (слома́ть *pf*); (*law, promise*) наруша́ть (нару́шить *pf*); (*record*) побива́ть (поби́ть *pf*) ◆ *vi* (*crockery*) разбива́ться (разби́ться *pf*); (*storm*) разрази́ться (*pf*); (*weather*) по́ртиться (испо́ртиться *pf*); (*dawn*) бре́зжить (забре́зжить *pf*); (*story, news*) сообща́ть (сообщи́ть *pf*) ◆ *n* (*gap*) пробе́л; (*chance*) шанс; (*fracture*) перело́м; (*playtime*) переме́на; **to ~ the news to sb** сообща́ть (сообщи́ть *pf*) кому́-н но́вость; **to ~ even** (*COMM*) зако́нчить (*pf*) без убы́тка; **to ~ free** *or* **loose** вырыва́ться (вы́рваться *pf*) на свобо́ду; **~ down** *vt* (*figures etc*) разбива́ть (разби́ть *pf*) по статья́м ◆ *vi* (*machine, car*) лома́ться (слома́ться *pf*); (*person*) сломи́ться (*pf*); (*talks*) срыва́ться (сорва́ться *pf*); **~ in** *vi* (*burglar*) вла́мываться (вломи́ться *pf*); (*interrupt*) вме́шиваться (вмеша́ться *pf*); **~ into** *vt fus* (*house*) вла́мываться (вломи́ться *pf*) в *+acc*; **~ off** *vi* (*branch*) отла́мываться (отломи́ться *pf*); (*speaker*) прерыва́ть (прерва́ть *pf*) речь ◆ *vt* (*engagement*) расторга́ть (расто́ргнуть *pf*); **~ out** *vi* (*begin*) разража́ться (разрази́ться *pf*); (*escape*) сбега́ть (сбежа́ть *pf*); **to ~ out in spots/a rash** покрыва́ться (покры́ться *pf*) прыща́ми/сы́пью; **~ up** *vi* (*ship*) разбива́ться (разби́ться *pf*); (*crowd, meeting*) расходи́ться (разойти́сь *pf*); (*marriage,

partnership) распада́ться (распа́сться *pf*); (*SCOL*) закрыва́ться (закры́ться *pf*) на кани́кулы ♦ *vt* разла́мывать (разломи́ть *pf*); (*journey*) прерыва́ть (прерва́ть *pf*); (*fight*) прекраща́ть (прекрати́ть *pf*); **~down** *n* (*in communications*) наруше́ние, срыв; (*of marriage*) распа́д; (*also:* **nervous ~down**) не́рвный срыв.

breaker ['breɪkə^r] *n* вал.

breakfast ['brɛkfəst] *n* за́втрак.

break-in ['breɪkɪn] *n* взлом.

breakthrough ['breɪkθru:] *n* (*in technology*) перело́мное откры́тие.

breakwater ['breɪkwɔ:tə^r] *n* мол, волноре́з.

breast [brɛst] *n* грудь *f*; (*of meat*) груди́нка; (*of poultry*) бе́лое мя́со; **~-feed** (*irreg: like* **feed**) *vt* корми́ть (покорми́ть *pf*) гру́дью ♦ *vi* корми́ть (*impf*) (гру́дью).

breath [brɛθ] *n* вдох; (*breathing*) дыха́ние; **to be out of ~** запы́хиваться (запыха́ться *pf*).

breathe [bri:ð] *vi* дыша́ть (*impf*); **~ in** *vt* вдыха́ть (вдохну́ть *pf*) ♦ *vi* де́лать (сде́лать *pf*) вдох ; **~ out** *vi* де́лать (сде́лать *pf*) вы́дох.

breathing ['bri:ðɪŋ] *n* дыха́ние; **~ space** *n* (*fig*) переды́шка.

breathless ['brɛθlɪs] *adj* (*from exertion*) запыха́вшийся.

breathtaking ['brɛθteɪkɪŋ] *adj* захва́тывающий дух.

bred [brɛd] *pt, pp of* **breed**.

breed [bri:d] (*pt, pp* **bred**) *vt* (*animals, plants*) разводи́ть (развести́ *pf*) ♦ *vi* размножа́ться (*impf*) ♦ *n* (*ZOOL*) поро́да; **~ing** *n* воспита́ние.

breeze [bri:z] *n* бриз.

breezy ['bri:zɪ] *adj* (*manner, tone*) оживлённый; (*weather*) прохла́дный.

brew [bru:] *vt* (*tea*) зава́ривать (завари́ть *pf*); (*beer*) вари́ть (свари́ть *pf*) ♦ *vi* (*storm*) надвига́ться (надви́нуться *pf*); (*fig: trouble*) назрева́ть (назре́ть *pf*); **~ery** *n* пивова́ренный заво́д.

bribe [braɪb] *n* взя́тка, по́дкуп ♦ *vt* (*person*) подкупа́ть (подкупи́ть *pf*), дава́ть (дать *pf*) взя́тку; **~ry** ['braɪbərɪ] *n* по́дкуп.

brick [brɪk] *n* (*for building*) кирпи́ч.

bridal ['braɪdl] *adj* подвене́чный, сва́дебный.

bride [braɪd] *n* неве́ста; **~groom** *n* жени́х; **~smaid** *n* подру́жка неве́сты.

bridge [brɪdʒ] *n* мост; (*NAUT*) капита́нский мо́стик; (*CARDS*) бридж; (*of nose*) перено́сица ♦ *vt* (*fig: gap*) преодолева́ть (преодоле́ть *pf*).

bridle ['braɪdl] *n* узде́чка, узда́.

brief [bri:f] *adj* (*period of time*) коро́ткий; (*description*) кра́ткий ♦ *n* (*task*) зада́ние ♦ *vt* знако́мить (ознако́мить *pf*) с *+instr*; **~s** *npl* (*for men*) трусы́ *pl*; (*for women*) тру́сики *pl*; **~case** *n* портфе́ль *m*; **~ing** *n* инструкта́ж; (*PRESS*) бри́финг; **~ly** *adv* (*glance, smile*) бе́гло; (*explain*) вкра́тце.

bright [braɪt] *adj* (*light, colour*) я́ркий; (*room, future*) све́тлый; (*clever: person, idea*) блестя́щий; (*lively: person*) живо́й, весёлый; **~en** *vt* (*also:* **~en up**: *room, event*) оживля́ть (оживи́ть *pf*) ♦ *vi* (*weather*) проясня́ться (проясни́ться *pf*); (*person*) оживля́ться (оживи́ться *pf*); (*face*) светле́ть (просветле́ть *pf*).

brilliance ['brɪljəns] *n* я́ркость *f*, блеск; (*of person*) гениа́льность *f*.

brilliant ['brɪljənt] *adj* блестя́щий; (*sunshine*) я́ркий; (*inf: holiday etc*) великоле́пный.

brim [brɪm] *n* (*of cup*) край; (*of hat*) поля́ *pl*.

bring [brɪŋ] (*pt, pp* **brought**) *vt* (*thing*) приноси́ть (принести́ *pf*); (*person: on foot*) приводи́ть (привести́ *pf*); (: *by transport*) привози́ть (привезти́ *pf*); (*satisfaction, trouble*) доставля́ть (доста́вить *pf*); **~ about** *vt* (*cause: unintentionally*) вызыва́ть (вы́звать *pf*); (: *intentionally*) осуществля́ть (осуществи́ть *pf*); **~ back** *vt* (*restore*) возрожда́ть (возроди́ть *pf*); (*return*) возвраща́ть (возврати́ть *pf*), верну́ть (*pf*); **~ down** *vt* (*government*) сверга́ть (све́ргнуть *pf*); (*plane*) сбива́ть (сбить *pf*); (*price*) снижа́ть (сни́зить *pf*); **~ forward** *vt* (*meeting*) переноси́ть (перенести́ *pf*) на бо́лее ра́нний срок; **~ out** *vt* вынима́ть (вы́нуть *pf*); (*publish*) выпуска́ть (вы́пустить *pf*); **~ up** *vt* (*carry up*) приноси́ть (принести́ *pf*) наве́рх; (*child*) воспи́тывать (воспита́ть *pf*); (*subject*) поднима́ть (подня́ть *pf*); **he brought up his food** его́ стошни́ло.

brink [brɪŋk] *n*: **on the ~ of** (*fig*) на гра́ни *+gen*.

brisk [brɪsk] *adj* (*tone*) отры́вистый; (*person, trade*) оживлённый; **business is ~** дела́ иду́т по́лным хо́дом.

Britain ['brɪtən] *n* (*also:* **Great ~**) Брита́ния.

British ['brɪtɪʃ] *adj* брита́нский; **the ~** *npl* брита́нцы *mpl*; **~ Isles** *npl*: **the ~ Isles** Брита́нские острова́ *mpl*; **~ Rail** *n* Брита́нская желе́зная доро́га.

Briton ['brɪtən] *n* брита́нец(-нка).

brittle ['brɪtl] *adj* хру́пкий, ло́мкий.

broad [brɔːd] *adj* (*wide*) широ́кий; (*general*) о́бщий; (*strong*) си́льный; **in ~ daylight** средь бе́ла дня; **~cast** (*pt, pp* **broadcast**) *n* (радио)переда́ча; (*TV*) (теле)переда́ча ◆ *vt* трансли́ровать (*impf*) ◆ *vi* трансли́роваться (*impf*); **~en** *vt* расширя́ть (расши́рить *pf*) ◆ *vi* расширя́ться (расши́риться *pf*); **~ly** *adv* вообще́.

broccoli ['brɔkəlɪ] *n* бро́кколи *nt ind*.

brochure ['brəuʃjuə^r] *n* брошю́ра.

broke [brəuk] *pt of* **break** ◆ *adj*: **I am ~** (*inf*) я на мели́; **~n** *pp of* **break** ◆ *adj* (*window, cup etc*) разби́тый; (*machine, leg*) сло́манный; **in ~n Russian** на ло́маном ру́сском.

broker ['brəukə^r] *n* (*in shares*) бро́кер; (*in insurance*) страхово́й аге́нт.

brolly ['brɔlɪ] *n* (*BRIT: inf*) зонт.

bronchitis [brɔŋ'kaɪtɪs] *n* бронхи́т.

bronze [brɔnz] *n* (*metal*) бро́нза; (*sculpture*) бро́нзовая скульпту́ра.

brooch [brəutʃ] *n* брошь *f*.

brook [bruk] *n* руче́й.

Bros. *abbr* (*COMM*: = *brothers*) бра́тья *mpl*.

broth [brɔθ] *n* похлёбка.

brothel ['brɔθl] *n* публи́чный дом, борде́ль *m*.

brother ['brʌðə^r] *n* брат; **~-in-law** *n* (*sister's husband*) зять *m*; (*wife's*

brother) шу́рин; (*husband's brother)* де́верь *m.*
brought [brɔ:t] *pt, pp of* **bring**.
brow [brau] *n* лоб, чело́; (*also:* **eye~**) бровь *f;* (*of hill)* гре́бень *m.*
brown [braun] *adj* кори́чневый; (*hair)* кашта́новый; (*eyes)* ка́рий; (*tanned)* загоре́лый ♦ *n* (*colour)* кори́чневый цвет ♦ *vt* (*CULIN)* подрумя́нивать (подрумя́нить *pf);* ~ **bread** *n* чёрный хлеб; ~ **sugar** *n* неочи́щенный са́хар.
browse [brauz] *vi* осма́триваться *(impf);* **to ~ through a book** пролистывать (пролиста́ть *pf)* кни́гу.
bruise [bru:z] *n* (*on face etc)* синя́к ♦ *vt* ушиба́ть (ушиби́ть *pf).*
brunette [bru:'nɛt] *n* брюне́тка.
brunt [brʌnt] *n*: **to bear the ~ of** принима́ть (приня́ть *pf)* на себя́ основно́й уда́р *+gen.*
brush [brʌʃ] *n* (*for cleaning)* щётка; (*for painting)* кисть *f;* (*for shaving)* помазо́к ♦ *vt* (*sweep)* подмета́ть (подмести́ *pf);* (*groom)* чи́стить (почи́стить *pf)* щёткой; (*also:* **~ against**) задева́ть (заде́ть *pf).*
Brussels ['brʌslz] *n* Брюссе́ль *m;* ~ **sprout** *n* брюссе́льская капу́ста.
brutal ['bru:tl] *adj* (*see n)* жесто́кий; зве́рский; (*honesty)* жёсткий; **~ity** [bru:'tælɪtɪ] *n* (*of person)* жесто́кость *f;* (*of action)* зве́рство.
brute [bru:t] *n* зверь *m* ♦ *adj:* **by ~ force** гру́бой си́лой.
bubble ['bʌbl] *n* пузы́рь *m;* ~ **bath** *n* пе́нистая ва́нна.
buck [bʌk] *n* (*US: inf)* бакс.
bucket ['bʌkɪt] *n* ведро́.
buckle ['bʌkl] *n* пря́жка.
bud [bʌd] *n* (*of tree)* по́чка; (*of flower)* буто́н.
Buddhism ['budɪzəm] *n* будди́зм.
buddy ['bʌdɪ] *n* (*US)* прия́тель *m,* дружо́к.
budge [bʌdʒ] *vt* (*fig: person)* заставля́ть (заста́вить *pf)* уступи́ть ♦ *vi* сдви́нуться *(pf)* (с ме́ста).
budgerigar ['bʌdʒərɪgɑ:'] *n* волни́стый попуга́йчик.
budget ['bʌdʒɪt] *n* бюдже́т.
budgie ['bʌdʒɪ] *n* = **budgerigar**.
buff [bʌf] *adj* кори́чневый ♦ *n* (*inf: enthusiast)* спец, знато́к.
buffalo ['bʌfələu] (*pl* ~ *or* **~es**) *n* (*BRIT)* бу́йвол; (*US: bison)* бизо́н.
buffer ['bʌfə'] *n* бу́фер.
buffet ['bufeɪ] *n* (*BRIT: in station)* буфе́т; (*food)* шве́дский стол.
bug [bʌg] *n* (*insect)* насеко́мое *nt adj;* (*COMPUT)* оши́бка; (*fig: germ)* ви́рус; (*hidden microphone)* микрофо́н, подслу́шивающее устро́йство ♦ *vt* (*inf: annoy)* раздража́ть (раздражи́ть *pf);* (*room etc)* прослу́шивать *(impf).*
buggy ['bʌgɪ] *n* (*also:* **baby ~**) складна́я де́тская katя́ска.
build [bɪld] (*pt, pp* **built**) *n* (*of person)* (тело)сложе́ние ♦ *vt* стро́ить (постро́ить *pf);* ~ **up** *vt* (*forces, production)* нара́щивать *(impf);* (*stocks)* нака́пливать (накопи́ть *pf);* **~er** *n* строи́тель *m;* **~ing** *n* строе́ние; **~ing society** *n* (*BRIT)* ≈ "строи́тельное о́бщество".
built [bɪlt] *pt, pp of* **build** ♦ *adj:* **~-in** встро́енный.
bulb [bʌlb] *n* (*BOT)* лу́ковица; (*ELEC)* ла́мпа, ла́мпочка.
Bulgaria [bʌl'gɛərɪə] *n* Болга́рия.
bulimia [bə'lɪmɪə] *n* булими́я.
bulk [bʌlk] *n* грома́да; **in ~** о́птом;

the ~ of бóльшая часть *+gen*; **~y** *adj* громóздкий.
bull [bul] *n* (*ZOOL*) бык.
bulldozer ['buldəuzə'] *n* бульдóзер.
bullet ['bulɪt] *n* пýля.
bulletin ['bulɪtɪn] *n* (*journal*) бюллетéнь *m*; **news ~** свóдка новостéй.
bullock ['bulək] *n* вол.
bully ['bulɪ] *n* задира *m/f* ◆ *vt* травить (затравить *pf*).
bum [bʌm] *n* (*inf*: *backside*) зáдница; (*esp US*: *tramp*) бродяга *m/f*; (: *good-for-nothing*) бездéльник.
bumblebee ['bʌmblbi:] *n* шмель *m*.
bump [bʌmp] *n* (*minor accident*) столкновéние; (*jolt*) толчóк; (*swelling*) шишка ◆ *vt* (*strike*) ударять (ударить *pf*); **~ into** *vt fus* натáлкиваться (натолкнýться *pf*) на *+acc*; **~er** *n* (*AUT*) бáмпер ◆ *adj*: **~er crop** *or* **harvest** небывáлый урожáй; **~y** *adj* (*road*) ухáбистый.
bun [bʌn] *n* (*CULIN*) сдóбная бýлка; (*of hair*) ýзел.
bunch [bʌntʃ] *n* (*of flowers*) букéт; (*of keys*) связка; (*of bananas*) гроздь *f*; (*of people*) компáния; **~es** *npl* (*in hair*) хвóстики *mpl*.
bundle ['bʌndl] *n* (*of clothes*) ýзел; (*of sticks*) вязáнка; (*of papers*) пáчка ◆ *vt* (*also*: **~ up**) связывать (связáть *pf*) в ýзел; **to ~ sth/sb into** затáлкивать (затолкнýть *pf*) что-н/когó-н в *+acc*.
bungalow ['bʌŋgələu] *n* бунгáло *nt ind*.
bunk [bʌŋk] *n* (*bed*) кóйка; **~ beds** *npl* двухъярусная кровáть *fsg*.
bunker ['bʌŋkə'] *n* бýнкер.
bunny ['bʌnɪ] *n* (*also*: **~ rabbit**) зáйчик.
buoy [bɔɪ] *n* буй, бáкен.
buoyant ['bɔɪənt] *adj* (*fig*: *economy, market*) оживлённый; (: *person*) жизнерáдостный.
burden ['bə:dn] *n* (*responsibility*) брéмя *nt*; (*load*) нóша ◆ *vt*: **to ~ sb with** обременять (обременить *pf*) когó-н *+instr*.
bureau ['bjuərəu] (*pl* **~x**) *n* (*BRIT*) бюрó *nt ind*; (*US*) комóд.
bureaucracy [bjuə'rɔkrəsɪ] *n* (*POL, COMM*) бюрокрáтия; (*system*) бюрократизм.
bureaucrat ['bjuərəkræt] *n* бюрокрáт.
bureaux ['bjuərəuz] *npl of* **bureau**.
burger ['bə:gə'] *n* бýргер.
burglar ['bə:glə'] *n* взлóмщик; **~ alarm** *n* сигнализáция; **~y** *n* (*crime*) крáжа со взлóмом.
burial ['bɛrɪəl] *n* погребéние, пóхороны *pl*.
burly ['bə:lɪ] *adj* дюжий.
burn [bə:n] (*pt, pp* **burned** *or* **burnt**) *vt* жечь (сжечь *pf*), сжигáть (сжечь *pf*); (*intentionally*) поджигáть (поджéчь *pf*) ◆ *vi* (*house, wood*) горéть (сгорéть *pf*), сгорáть (сгорéть *pf*); (*cakes*) подгорáть (подгорéть *pf*) ◆ *n* ожóг; **~er** *n* горéлка; **~ing** *adj* (*building, forest*) горящий; (*issue, ambition*) жгýчий.
burst [bə:st] (*pt, pp* **burst**) *vt* (*bag etc*) разрывáть (разорвáть *pf*) ◆ *vi* (*pipe*) прорывáться (прорвáться *pf*); (*tyre, balloon*) лóпаться (лóпнуть *pf*) ◆ *n* (*of gunfire*) залп; (*of energy*) прилив; (*also*: **~ pipe**) прорыв; **to ~ into flames** вспыхивать (вспыхнуть *pf*); **to ~ into tears** расплáкаться

(pf); **to ~ out laughing** расхохота́ться *(pf)*; **to be ~ing with** (*pride, anger*) раздува́ться (разду́ться *pf*) от *+gen*; **~ into** *vt fus* (*room*) врыва́ться (ворва́ться *pf*).

bury [ˈbɛrɪ] *vt* (*object*) зарыва́ть (зары́ть *pf*), зака́пывать (закопа́ть *pf*); (*person*) хорони́ть (похорони́ть *pf*); **many people were buried in the rubble** мно́го люде́й бы́ло зары́то под обло́мками.

bus [bʌs] *n* авто́бус; (*double decker*) (двухэта́жный) авто́бус.

bush [buʃ] *n* куст; **to beat about the ~** ходи́ть *(impf)* вокру́г да о́коло.

bushy [ˈbuʃɪ] *adj* пуши́стый.

busily [ˈbɪzɪlɪ] *adv* делови́то, энерги́чно.

business [ˈbɪznɪs] *n* (*matter*) де́ло; (*trading*) би́знес, де́ло; (*firm*) фи́рма, предприя́тие; (*occupation*) заня́тие; **to be away on ~** быть *(impf)* в командиро́вке; **it's none of my ~** э́то не моё де́ло; **he means ~** он настро́ен серьёзно; **~like** *adj* делови́тый; **~man** *irreg n* бизнесме́н; **~woman** *irreg n* делова́я же́нщина, же́нщина-бизнесме́н.

bus-stop [ˈbʌsstɔp] *n* авто́бусная остано́вка.

bust [bʌst] *n* бюст, грудь *f*; (*measurement*) объём груди́; (*sculpture*) бюст ♦ *adj*: **to go ~** (*firm*) прогора́ть (прогоре́ть *pf*), вылета́ть (вы́лететь *pf*) в трубу́.

bustle [ˈbʌsl] *n* сумато́ха, суета́.

bustling [ˈbʌslɪŋ] *adj* оживлённый, шу́мный.

busy [ˈbɪzɪ] *adj* (*person*) занято́й; (*street*) оживлённый, шу́мный; (*TEL*): **the line is ~** ли́ния занята́ ♦ *vt*: **to ~ o.s. with** занима́ть (заня́ть *pf*) себя́ *+instr*, занима́ться (заня́ться *pf*) *+instr*.

KEYWORD

but [bʌt] *conj* **1** (*yet*) но; (*: in contrast*) а; **he's not very bright, but he's hard-working** он не о́чень умён, но усе́рден; **I'm tired but Paul isn't** я уста́л, а Па́вел нет

2 (*however*) но; **I'd love to come, but I'm busy** я бы с удово́льствием пришёл, но я за́нят

3 (*showing disagreement, surprise etc*) но; **but that's fantastic!** но э́то же потряса́юще!

♦ *prep* (*apart from, except*): **no-one but him can do it** никто́, кро́ме него́, не мо́жет э́то сде́лать; **nothing but trouble** сплошны́е неприя́тности; **but for you/your help** е́сли бы не Вы/Ва́ша по́мощь; **I'll do anything but that** я сде́лаю всё, что уго́дно, но то́лько не э́то

♦ *adv* (*just, only*): **she's but a child** она́ всего́ лишь ребёнок; **had I but known** е́сли бы то́лько я знал; **I can but try** коне́чно, я могу́ попро́бовать; **the work is all but finished** рабо́та почти́ зако́нчена.

butcher [ˈbutʃəʳ] *n* мясни́к; (*also:* **~'s (shop)**) мясно́й магази́н.

butt [bʌt] *n* (*large barrel*) бо́чка; (*of rifle*) прикла́д; (*of pistol*) рукоя́тка; (*of cigarette*) оку́рок; (*BRIT: of teasing*) предме́т.

butter [ˈbʌtəʳ] *n* (сли́вочное)

ма́сло ♦ *vt* нама́зывать (нама́зать *pf*) (сли́вочным) ма́слом; **~cup** *n* лю́тик.

butterfly ['bʌtəflaɪ] *n* ба́бочка; (*also:* **~ stroke**) баттерфля́й.

buttocks ['bʌtəks] *npl* я́годицы *fpl*.

button ['bʌtn] *n* (*on clothes*) пу́говица; (*on machine*) кно́пка; (*US*: *badge*) значо́к ♦ *vt* (*also:* **~ up**) застёгивать (застегну́ть *pf*).

buy [baɪ] (*pt, pp* **bought**) *vt* покупа́ть (купи́ть *pf*) ♦ *n* поку́пка; **to ~ sb sth/sth from sb** покупа́ть (купи́ть *pf*) кому́-н что-н/что-н у кого́-н; **to ~ sb a drink** покупа́ть (купи́ть *pf*) кому́-н вы́пить.

buzz [bʌz] *n* жужжа́ние; **~er** *n* зу́ммер, звоно́к.

KEYWORD

by [baɪ] *prep* **1** (*referring to cause, agent*): **he was killed by lightning** он был уби́т мо́лнией; **a painting by Van Gogh** карти́на Ван Го́га; **it's by Shakespeare** э́то Шекспи́р
2 (*referring to manner, means*): **by bus/train** авто́бусом/по́ездом; **by car** на маши́не; **by phone** по телефо́ну; **to pay by cheque** плати́ть (заплати́ть *pf*) че́ком; **by moonlight** при све́те луны́; **by candlelight** при свеча́х; **by working constantly, he ...** благодаря́ тому́, что он рабо́тал без остано́вки, он ...
3 (*via, through*) че́рез *+acc*; **by the back door** че́рез за́днюю дверь; **by land/sea** по су́ше/мо́рю
4 (*close to*) у *+gen*, о́коло *+gen*; **the house is by the river** дом нахо́дится у *or* о́коло реки́; **a holiday by the sea** о́тпуск на мо́ре
5 (*past*) ми́мо *+gen*; **she rushed by me** она́ пронесла́сь ми́мо меня́
6 (*not later than*) к *+dat*; **by four o'clock** к четырём часа́м; **by the time I got here ...** к тому́ вре́мени, когда́ я добра́лся сюда́ ...
7 (*during*): **by day** днём; **by night** но́чью
8 (*amount*): **to sell by the metre/kilo** продава́ть *(impf)* в ме́трами/килогра́ммами; **she is paid by the hour** у неё почасова́я опла́та
9 (*MATH, measure*) на *+acc*; **to multiply/divide by three** умножа́ть (умно́жить *pf*)/дели́ть (раздели́ть *pf*) на три; **a room three metres by four** ко́мната разме́ром три ме́тра на четы́ре
10 (*according to*) по *+dat*; **to play by the rules** игра́ть *(impf)* по пра́вилам; **it's all right by me** я не возража́ю; **by law** по зако́ну
11: **(all) by oneself** (*alone*) (соверше́нно) оди́н (*f* одна́, *pl* одни́); (*unaided*) сам (*f* сама́, *pl* сами́); **I did it all by myself** я сде́лал всё сам; **he was standing by himself** он стоя́л оди́н
12: **by the way** кста́ти, ме́жду про́чим
♦ *adv* **1** *see* **pass** *etc*
2: **by and by** вско́ре; **by and large** в це́лом.

bye(-bye) ['baɪ('baɪ)] *excl* пока́, всего́.

by-election ['baɪlɛkʃən] *n* (*BRIT*) дополни́тельные вы́боры *mpl*.

bygone ['baɪgɔn] *n*: **let ~s be ~s** что бы́ло, то прошло́.

bypass ['baɪpɑ:s] *n* (*AUT*) объе́зд,

окружна́я доро́га; (*MED*) обхо́дное шунти́рование (*кардиохирурги́и*) ◆ *vt* (*town*) объезжа́ть (объе́хать *pf*).
by-product ['baɪprɔdʌkt] *n* (*INDUSTRY*) побо́чный проду́кт.
bystander ['baɪstændəʳ] *n* свиде́тель(ница) *m(f)*, прохо́жий(-ая) *m(f) adj*.
byte [baɪt] *n* (*COMPUT*) байт.

C, c

C [si:] *n* (*MUS*) до *nt ind*.
C. *abbr* = **Celsius, centigrade**.
CA *n abbr* (*BRIT*) = **chartered accountant**.
cab [kæb] *n* такси́ *nt ind*; (*of truck etc*) каби́на.
cabaret ['kæbəreɪ] *n* кабаре́ *nt ind*.
cabbage ['kæbɪdʒ] *n* капу́ста.
cabin ['kæbɪn] *n* (*on ship*) каю́та; (*on plane*) каби́на.
cabinet ['kæbɪnɪt] *n* шкаф; (*also: display* ~) го́рка; (*POL*) кабине́т (мини́стров).
cable ['keɪbl] *n* ка́бель *m*; (*rope*) кана́т; (*metal*) трос ◆ *vt* (*message*) телеграфи́ровать (*impf/pf*); **~ television** *n* ка́бельное телеви́дение.
cacti ['kæktaɪ] *npl of* **cactus**.
cactus ['kæktəs] (*pl* **cacti**) *n* ка́ктус.
cadet [kə'dɛt] *n* курса́нт.
Caesarean [sɪ'zɛərɪən] *n* (*also:* **~ section**) ке́сарево сече́ние.
café ['kæfeɪ] *n* кафе́ *nt ind*.
caffein(e) ['kæfi:n] *n* кофеи́н.
cage [keɪdʒ] *n* (*for animal*) кле́тка.
cagoule [kə'gu:l] *n* дождеви́к.
Cairo ['kaɪərəu] *n* Каи́р.
cake [keɪk] *n* (*large*) торт; (*small*) пиро́жное *nt adj*.
calcium ['kælsɪəm] *n* ка́льций.
calculate ['kælkjuleɪt] *vt* (*figures, cost*) подсчи́тывать (подсчита́ть *pf*); (*distance*) вычисля́ть (вы́числить *pf*); (*estimate*) рассчи́тывать (рассчита́ть *pf*).
calculating ['kælkjuleɪtɪŋ] *adj* расчётливый.
calculation [kælkju'leɪʃən] *n* (*see vb*) подсчёт; вычисле́ние; расчёт.
calculator ['kælkjuleɪtəʳ] *n* калькуля́тор.
calendar ['kæləndəʳ] *n* календа́рь *m*.
calf [kɑ:f] (*pl* **calves**) *n* (*of cow*) телёнок; (*ANAT*) икра́.
calibre ['kælɪbəʳ] (*US* **caliber**) *n* кали́бр.
call [kɔ:l] *vt* называ́ть (назва́ть *pf*); (*TEL*) звони́ть (позвони́ть *pf*) *+dat*; (*summon*) вызыва́ть (вы́звать *pf*); (*arrange*) созыва́ть (созва́ть *pf*) ◆ *vi* (*shout*) крича́ть (кри́кнуть *pf*); (*TEL*) звони́ть (позвони́ть *pf*); (*visit: also:* **~ in, ~ round**) заходи́ть (зайти́ *pf*) ◆ *n* (*shout*) крик; (*TEL*) звоно́к; **she is ~ed Suzanne** её зову́т Сюза́нна; **the mountain is ~ed Ben Nevis** гора́ называ́ется Бен Не́вис; **to be on ~** дежу́рить (*impf*); **~ back** *vi* (*return*) заходи́ть (зайти́ *pf*) опя́ть; (*TEL*) перезва́нивать (перезвони́ть *pf*) ◆ *vt* (*TEL*) перезва́нивать (перезвони́ть *pf*) *+dat*; **~ for** *vt fus* (*demand*) призыва́ть (призва́ть *pf*) к *+dat*; (*fetch*) заходи́ть (зайти́ *pf*) за *+instr*; **~ off** *vt* отменя́ть (отмени́ть *pf*); **~ on** *vt fus* (*visit*) заходи́ть (зайти́ *pf*) к *+dat*; (*appeal to*) призыва́ть (призва́ть *pf*) к *+dat*; **~ out** *vi* крича́ть (кри́кнуть *pf*).

callous ['kæləs] *adj* бездушный.
calm [kɑ:m] *adj* спокойный; (*place*) тихий; (*weather*) безветренный ♦ *n* тишина, покой ♦ *vt* успокаивать (успокоить *pf*); **~ down** *vt* успокаивать (успокоить *pf*) ♦ *vi* успокаиваться (успокоиться *pf*).
calorie ['kælərı] *n* калория.
calves [kɑ:vz] *npl of* **calf**.
Cambodia [kæm'bəudıə] *n* Камбоджа.
camcorder ['kæmkɔ:də'] *n* видеокамера.
came [keım] *pt of* **come**.
camel ['kæməl] *n* верблюд.
camera ['kæmərə] *n* фотоаппарат; (*also:* **cine ~, movie ~**) кинокамера; (*TV*) телекамера; **~man** *irreg n* (*CINEMA*) (кино)оператор; (*TV*) (теле)оператор.
camouflage ['kæməflɑ:ʒ] *n* (*MIL*) камуфляж, маскировка ♦ *vt* маскировать (замаскировать *pf*).
camp [kæmp] *n* лагерь *m*; (*MIL*) военный городок ♦ *vi* разбивать (разбить *pf*) лагерь; (*go camping*) жить (*impf*) в палатках.
campaign [kæm'peın] *n* кампания ♦ *vi*: **to ~ (for/against)** вести (*impf*) кампанию (за +*acc*/против +*gen*).
camping ['kæmpıŋ] *n* кемпинг; **to go ~** отправляться (отправиться *pf*) в поход.
camp site *n* кемпинг.
campus ['kæmpəs] *n* университетский *or* студенческий городок.
can¹ [kæn] *n* (*for food*) консервная банка ♦ *vt* консервировать (законсервировать *pf*).

KEYWORD

can² [kæn] (*negative* **cannot, can't**, *conditional, pt* **could**) *aux vb* **1** (*be able to*) мочь (смочь *pf*); **you can do it** Вы сможете это сделать; **I'll help you all I can** я помогу Вам всем, чем могу; **I can't go on any longer** я больше не могу; **I can't see you** я не вижу Вас; **she couldn't sleep that night** в ту ночь она не могла уснуть
2 (*know how to*) уметь (*impf*); **I can swim** я умею плавать; **can you speak Russian?** Вы умеете говорить по-русски?
3 (*may*) можно; **can I use your phone?** можно от Вас позвонить?; **could I have a word with you?** можно с Вами поговорить?; **you can smoke if you like** Вы можете курить, если хотите; **can I help you with that?** могу я Вам в этом помочь?
4 (*expressing disbelief, puzzlement*): **it can't be true!** (этого) не может быть!; **what CAN he want?** что же ему нужно?
5 (*expressing possibility, suggestion*): **he could be in the library** возможно, он в библиотеке, он, может быть, в библиотеке; **she could have been delayed** возможно, её что-то задержало.

Canada ['kænədə] *n* Канада.
canal [kə'næl] *n* канал.
canary [kə'nɛərı] *n* канарейка.
cancel ['kænsəl] *vt* отменять (отменить *pf*); (*contract, cheque, visa*) аннулировать (*impf/pf*); **~lation** [kænsə'leıʃən] *n* (*see vb*)

отмéна; аннули́рование.

cancer ['kænsəʳ] *n* (*MED*) рак; **C~** Рак.

candid ['kændɪd] *adj* и́скренний, чистосерде́чный.

candidate ['kændɪdeɪt] *n* претенде́нт; (*in exam*) экзамену́емый (-ая) *m(f) adj*; (*POL*) кандида́т.

candle ['kændl] *n* свеча́; **~stick** *n* подсве́чник.

candour ['kændəʳ] (*US* **candor**) *n* и́скренность *f*.

candy ['kændɪ] *n* (*US*) конфе́та.

cane [keɪn] *n* (*BOT*) тростни́к; (*stick*) ро́зга ♦ *vt* (*BRIT*) нака́зывать (наказа́ть *pf*) ро́згами.

cannabis ['kænəbɪs] *n* (*drug*) гаши́ш.

canned [kænd] *adj* (*fruit etc*) консерви́рованный.

cannon ['kænən] (*pl* **~** *or* **~s**) *n* пу́шка.

cannot ['kænɔt] = **can not**; *see* **can²**.

canoe [kə'nu:] *n* челно́к.

canon ['kænən] *n* (*REL*) кано́ник.

can't [kænt] = **can not**; *see* **can²**.

canteen [kæn'ti:n] *n* (*in school etc*) столо́вая *f adj*.

canter ['kæntəʳ] *vi* езди́ть/е́хать (*impf*) лёгким гало́пом.

canvas ['kænvəs] *n* (*also ART*) холст; (*for tents*) брезе́нт; (*NAUT*) паруси́на ♦ *adj* паруси́новый.

canyon ['kænjən] *n* каньо́н.

cap [kæp] *n* ке́пка; (*of uniform*) фура́жка; (*of pen*) колпачо́к; (*of bottle*) кры́шка ♦ *vt* (*outdo*) превосходи́ть (превзойти́ *pf*).

capability [keɪpə'bɪlɪtɪ] *n* спосо́бность *f*.

capable ['keɪpəbl] *adj* (*person*) спосо́бный; **~ of sth/doing** спосо́бный на что-н/+*infin*.

capacity [kə'pæsɪtɪ] *n* ёмкость *f*; (*of ship, theatre etc*) вмести́тельность *f*; (*of person: capability*) спосо́бность *f*; (*: role*) роль *f*.

cape [keɪp] *n* (*GEO*) мыс; (*cloak*) плащ.

capital ['kæpɪtl] *n* (*also:* **~ city**) столи́ца; (*money*) капита́л; (*also:* **~ letter**) загла́вная бу́ква; **~ism** *n* капитали́зм; **~ist** *adj* капиталисти́ческий ♦ *n* капитали́ст; **~ punishment** *n* сме́ртная казнь *f*.

Capricorn ['kæprɪkɔ:n] *n* Козеро́г.

capsule ['kæpsju:l] *n* ка́псула.

captain ['kæptɪn] *n* команди́р; (*of team, in army*) капита́н.

caption ['kæpʃən] *n* по́дпись *f*.

captive ['kæptɪv] *n* у́зник(-ица), пле́нник(-ица).

captivity [kæp'tɪvɪtɪ] *n* плен.

capture ['kæptʃəʳ] *vt* захва́тывать (захвати́ть *pf*); (*animal*) лови́ть (пойма́ть *pf*); (*attention*) прико́вывать (прикова́ть *pf*) ♦ *n* (*of person, town*) захва́т; (*of animal*) по́имка.

car [kɑ:ʳ] *n* автомоби́ль *m*, маши́на; (*RAIL*) ваго́н.

caramel ['kærəməl] *n* (*sweet*) караме́ль *f*.

carat ['kærət] *n* кара́т.

caravan ['kærəvæn] *n* (*BRIT*) жило́й автоприце́п; **~ site** *n* (*BRIT*) *площа́дка для стоя́нки жилы́х автоприце́пов*.

carbohydrate [kɑ:bəu'haɪdreɪt] *n* углево́д.

car bomb *n бо́мба, подло́женная в маши́ну*.

carbon ['kɑ:bən] *n* углеро́д; **~**

dioxide *n* двуо́кись *f* углеро́да.
card [kɑ:d] *n* карто́н; (*also:* **playing ~**) (игра́льная) ка́рта; (*also:* **greetings ~**) откры́тка; (*also:* **visiting ~, business ~**) визи́тная ка́рточка; **~board** *n* карто́н.
cardiac ['kɑ:dıæk] *adj* серде́чный; (*unit*) кардиологи́ческий.
cardigan ['kɑ:dıgən] *n* жаке́т (*вя́заный*).
cardinal ['kɑ:dınl] *adj* (*importance, principle*) кардина́льный; (*number*) коли́чественный ♦ *n* кардина́л.
care [kɛəʳ] *n* (*worry*) забо́та; (*of patient*) ухо́д; (*attention*) внима́ние ♦ *vi*: **to ~ about** люби́ть *(impf)*; **in sb's ~** на чьём-н попече́нии; **to take ~ (to do)** позабо́титься *(pf)* (*+infin*); **to take ~ of** забо́титься (позабо́титься *pf*) о *+prp*; (*problem*) занима́ться (заня́ться *pf*) *+instr*; **~ of** для переда́чи *+dat*; **I don't ~** мне всё равно́; **I couldn't ~ less** мне наплева́ть; **~ for** *vt fus* забо́титься (позабо́титься *pf*) о *+prp*; **he ~s for her** (*like*) он неравноду́шен к ней.
career [kəˈrıəʳ] *n* карье́ра; **~ woman** *irreg n* делова́я же́нщина.
carefree ['kɛəfri:] *adj* беззабо́тный.
careful ['kɛəful] *adj* осторо́жный; (*thorough*) тща́тельный; **(be) ~!** осторо́жно!, береги́сь!; **~ly** ['kɛəfəlı] *adv* (*see adj*) осторо́жно; тща́тельно.
careless ['kɛəlıs] *adj* невнима́тельный; (*casual*) небре́жный; (*untroubled*) беззабо́тный.
caretaker ['kɛəteıkəʳ] *n* завхо́з.
cargo ['kɑ:gəu] (*pl* **~es**) *n* груз.
car hire *n* (*BRIT*) прока́т автомоби́лей.
Caribbean [kærı'bi:ən] *n*: **the ~ (Sea)** Кари́бское мо́ре.
caricature ['kærıkətjuəʳ] *n* карикату́ра.
caring ['kɛərıŋ] *adj* забо́тливый.
carnation [kɑ:'neıʃən] *n* гвозди́ка.
carnival ['kɑ:nıvl] *n* карнава́л; (*US: funfair*) аттракцио́нный городо́к.
carol ['kærəl] *n* (*also:* **Christmas ~**) рожде́ственский гимн.
car park *n* (*BRIT*) автостоя́нка.
carpenter ['kɑ:pıntəʳ] *n* пло́тник.
carpet ['kɑ:pıt] *n* ковёр ♦ *vt* устила́ть (устла́ть *pf*) ковра́ми.
carriage ['kærıdʒ] *n* (*BRIT: RAIL*) (пассажи́рский) ваго́н; (*horse-drawn*) экипа́ж; (*costs*) сто́имость *f* перево́зки; **~way** *n* (*BRIT*) прое́зжая часть *f* доро́ги.
carrier ['kærıəʳ] *n* (*MED*) носи́тель *m*; (*COMM*) транспортиро́вщик; **~ bag** *n* (*BRIT*) паке́т (*для поку́пок*).
carrot ['kærət] *n* (*BOT*) морко́вь *f*.
carry ['kærı] *vt* (*take*) носи́ть/нести́ *(impf)*; (*transport*) вози́ть/везти́ *(impf)*; (*involve*) влечь (повле́чь *pf*); (*MED*) переноси́ть *(impf)* ♦ *vi* (*sound*) передава́ться *(impf)*; **to get carried away (by)** (*fig*) увлека́ться (увле́чься *pf*) (*+instr*); **~ on** *vi* продолжа́ться (продо́лжиться *pf*) ♦ *vt* продолжа́ть (продо́лжить *pf*); **~ out** *vt* (*orders*) выполня́ть (вы́полнить *pf*), исполня́ть (испо́лнить *pf*); (*investigation*) проводи́ть (провести́ *pf*); **~cot** *n* (*BRIT*) переносна́я колыбе́ль *f*; **~-on** *n* (*inf*) сумато́ха.

cart [kɑːt] *n* телéга, повóзка ◆ *vt* (*inf*) таскáть/тащи́ть *(impf)*.
carton ['kɑːtən] *n* картóнная корóбка; (*container*) пакéт.
cartoon [kɑː'tuːn] *n* (*drawing*) карикату́ра; (*BRIT*: *comic strip*) кóмикс; (*TV*) мультфи́льм.
cartridge ['kɑːtrɪdʒ] *n* (*in gun*) ги́льза; (*of pen*) (черни́льный) баллóнчик.
carve [kɑːv] *vt* (*meat*) нарезáть (нарéзать *pf*); (*wood, stone*) рéзать *(impf)* по *+dat*.
carving ['kɑːvɪŋ] *n* резнóе издéлие.
car wash *n* мóйка автомоби́лей.
case [keɪs] *n* слу́чай; (*MED*: *patient*) больнóй(-áя) *m(f) adj*; (*LAW*) (судéбное) дéло; (*investigation*) расслéдование; (*for spectacles*) футля́р; (*BRIT*: *also*: **suit~**) чемодáн; (*of wine*) я́щик (*содержáщий 12 буты́лок*); **in ~ (of)** в слу́чае (*+gen*); **in any ~** во вся́ком слу́чае; **just in ~** на вся́кий слу́чай.
cash [kæʃ] *n* нали́чные *pl adj* (дéньги) ◆ *vt*: **to ~ a cheque** обмéнивать (обменя́ть *pf*) чек на дéньги; **to pay (in) ~** плати́ть (заплати́ть *pf*) нали́чными; **~ on delivery** налóженный платёж; **~ desk** *n* (*BRIT*) кáсса; **~ dispenser** *n* (*BRIT*) *автомáт для вы́дачи нали́чных с бáнковского счёта*; **~ flow** *n* движéние дéнежной нали́чности; **~ier** [kæ'ʃɪə'] *n* касси́р.
cashmere ['kæʃmɪə'] *n* кашеми́р.
casino [kə'siːnəu] *n* казинó *nt ind*.
casserole ['kæsərəul] *n* рагу́ *nt ind*; (*also*: **~ dish**) лáтка.
cassette [kæ'sɛt] *n* кассéта.
cast [kɑːst] (*pt, pp* **cast**) *vt* (*light, shadow, glance*) бросáть (брóсить *pf*); (*FISHING*) забрáсывать (забрóсить *pf*); (*doubts*) сéять (посéять *pf*) ◆ *n* (*THEAT*) состáв (исполни́телей); (*MED*: *also*: **plaster ~**) гипс; **to ~ one's vote** отдавáть (отдáть *pf*) свой гóлос.
caster sugar ['kɑːstə-] *n* (*BRIT*) сáхарная пу́дра.
castle ['kɑːsl] *n* зáмок; (*fortified*) крéпость *f*; (*CHESS*) ладья́, турá.
castor ['kɑːstə'] *n* рóлик.
casual ['kæʒjul] *adj* (*meeting*) случáйный; (*attitude*) небрéжный; (*clothes*) повседнéвный; **~ly** *adv* (*behave*) небрéжно; (*dress*) прóсто.
casualty ['kæʒjultɪ] *n* (*sb injured*) пострадáвший(-ая) *m(f) adj*; (*sb killed*) жéртва; (*department*) травматолóгия.
cat [kæt] *n* (*pet*) кóшка; (*tomcat*) кот; **big ~s** (*ZOOL*) кошáчьи *pl adj*.
catalogue ['kætəlɔg] (*US* **catalog**) *n* каталóг.
catalyst ['kætəlɪst] *n* катализáтор.
catapult ['kætəpʌlt] *n* (*BRIT*) рогáтка.
catarrh [kə'tɑː'] *n* катáр.
catastrophe [kə'tæstrəfɪ] *n* катастрóфа.
catastrophic [kætə'strɔfɪk] *adj* катастрофи́ческий.
catch [kætʃ] (*pt, pp* **caught**) *vt* лови́ть (поймáть *pf*); (*bus etc*) сади́ться (сесть *pf*) на *+acc*; (*breath*) затаи́ть *(pf)*; (*attention*) привлекáть (привлéчь *pf*); (*hear*) улáвливать (улови́ть *pf*); (*illness*) подхвáтывать (подхвати́ть *pf*) ◆ *vi* (*become trapped*) застревáть (застря́ть *pf*) ◆ *n* (*of fish*) улóв; (*of ball*) захвáт;

(*hidden problem*) подвóх; (*of lock*) защёлка; **to ~ sight of** увúдеть *(pf)*; **to ~ fire** загорáться (загорéться *pf*); **~ on** *vi* приживáться (прижúться *pf*); **~ up** *vi* (*fig*) нагонять (нагнáть *pf*) ♦ *vt* (*also:* **~ up with**) догонять (догнáть *pf*); **~ing** *adj* (*MED*) зарáзный.
category ['kætɪgərɪ] *n* категóрия.
cater ['keɪtə'] *vi*: **to ~ (for)** организóвывать (организовáть *pf*) питáние (для *+gen*); **~ for** *vt fus* (*BRIT: needs, tastes*) удовлетворять (удовлетворúть *pf*); (*: readers etc*) обслýживать (обслужúть *pf*).
cathedral [kə'θi:drəl] *n* собóр.
Catholic ['kæθəlɪk] *adj* католúческий ♦ *n* катóлик(-úчка).
cattle ['kætl] *npl* скот *msg*.
catwalk ['kætwɔ:k] *n* помóст (*для демонстрáции моделéй одéжды*).
caught [kɔ:t] *pt, pp of* **catch**.
cauliflower ['kɔlɪflauə'] *n* цветнáя капýста.
cause [kɔ:z] *n* (*reason*) причúна; (*aim*) дéло ♦ *vt* являться (явúться *pf*) причúной *+gen*.
caution ['kɔ:ʃən] *n* осторóжность *f*; (*warning*) предупреждéние, предостережéние ♦ *vt* предупреждáть (предупредúть *pf*).
cautious ['kɔ:ʃəs] *adj* осторóжный; **~ly** *adv* осторóжно.
cavalry ['kævəlrɪ] *n* кавалéрия; (*mechanized*) мотопехóта.
cave [keɪv] *n* пещéра; **~ in** *vi* обвáливаться (обвалúться *pf*).
caviar(e) ['kævɪɑ:'] *n* икрá.
cavity ['kævɪtɪ] *n* (*in tooth*) дуплó.
CBI *n abbr* (= *Confederation of British Industries*) Конфедерáция британской промы́шленности.
cc *abbr* (= *cubic centimetre*) кубúческий сантимéтр.
CD *n abbr* = **compact disc; ~ player** проúгрыватель *m* для компáкт-дúсков.
cease [si:s] *vi* прекращáться (прекратúться *pf*); **~-fire** *n* прекращéние огня.
cedar ['si:də'] *n* кедр.
ceiling ['si:lɪŋ] *n* (*also fig*) потолóк.
celebrate ['sɛlɪbreɪt] *vt* прáздновать (отпрáздновать *pf*) ♦ *vi* веселúться (повеселúться *pf*); **to ~ mass** отправлять *(impf)* церкóвную слýжбу; **~d** *adj* знаменúтый.
celebration [sɛlɪ'breɪʃən] *n* (*event*) прáздник; (*of anniversary etc*) прáзднование.
celebrity [sɪ'lɛbrɪtɪ] *n* знаменúтость *f*.
celery ['sɛlərɪ] *n* сельдерéй.
cell [sɛl] *n* (*in prison*) кáмера; (*BIO*) клéтка.
cellar ['sɛlə'] *n* подвáл; (*also:* **wine ~**) вúнный пóгреб.
cello ['tʃɛləu] *n* виолончéль *f*.
cellulose ['sɛljuləus] *n* клетчáтка, целлюлóза.
Celsius ['sɛlsɪəs] *adj*: **30 degrees ~** 30 грáдусов по Цéльсию.
Celtic ['kɛltɪk] *adj* кéльтский.
cement [sə'mɛnt] *n* цемéнт.
cemetery ['sɛmɪtrɪ] *n* клáдбище.
censor ['sɛnsə'] *n* цéнзор ♦ *vt* подвергáть (подвéргнуть *pf*) цензýре; **~ship** *n* цензýра.
census ['sɛnsəs] *n* пéрепись *f*.
cent [sɛnt] *n* цент; *see also* **per**

cent.
centenary [sɛn'ti:nərɪ] *n* столéтие.
center *etc* (*US*) *see* **centre** *etc*.
centigrade ['sɛntɪgreɪd] *adj*: **30 degrees** ~ 30 грáдусов по Цéльсию.
centimetre ['sɛntɪmi:tə'] (*US* **centimeter**) *n* сантимéтр.
centipede ['sɛntɪpi:d] *n* многонóжка.
central ['sɛntrəl] *adj* центрáльный; **this flat is very** ~ э́та квартúра располóжена блúзко к цéнтру (гóрода); **C~ America** *n* Центрáльная Амéрика; ~ **heating** *n* центрáльное отоплéние.
centre ['sɛntə'] (*US* **center**) *n* центр ♦ *vt* (*PHOT, TYP*) центрúровать (*impf/pf*); ~ **forward** *n* центрáльный нападáющий *m adj*, центр-фóрвард.
century ['sɛntjurɪ] *n* век.
ceramic [sɪ'ræmɪk] *adj* керамúческий; **~s** *npl* керáмика *fsg*.
cereal ['si:rɪəl] *n*: **~s** зерновы́е *pl adj*; (*also:* **breakfast** ~) хлóпья *pl* к зáвтраку.
ceremony ['sɛrɪmənɪ] *n* церемóния; (*behaviour*) церемóнии *fpl*; **with** ~ со всéми формáльностями.
certain ['sə:tən] *adj* определённый; **I'm** ~ **(that)** я увéрен (что); ~ **days** определённые дни; **a** ~ **pleasure** нéкоторое удовóльствие; **it's** ~ **(that)** несомнéнно (что); **in** ~ **circumstances** при определённых обстоя́тельствах; **a** ~ **Mr Smith** нéкий Мúстер Смит; **for** ~ навернякá; **~ly** *adv* (*undoubtedly*) несомнéнно; (*of course*) конéчно; **~ty** *n* (*assurance*) увéренность *f*; (*inevitability*) несомнéнность *f*.
certificate [sə'tɪfɪkɪt] *n* свидéтельство; (*doctor's etc*) спрáвка; (*diploma*) диплóм.
cervix ['sə:vɪks] *n* шéйка мáтки.
cf. *abbr* = **compare**.
CFC *n abbr* (= *chlorofluorocarbon*) хлорфтороуглерóд.
ch. *abbr* (= **chapter**) гл.
chain [tʃeɪn] *n* цепь *f*; (*decorative, on bicycle*) цепóчка; (*of shops, hotels*) сеть *f*; (*of events, ideas*) верени́ца ♦ *vt* (*also:* ~ **up**: *person*) прикóвывать (приковáть *pf*); (: *dog*) сажáть (посадúть *pf*) на цепь; **a** ~ **of mountains** гóрная цепь.
chair [tʃɛə'] *n* стул; (*also:* **arm~**) крéсло; (*of university*) кáфедра; (*also:* **~person**) председáтель *m* ♦ *vt* председáтельствовать (*impf*) на *+prp*; ~ **lift** *n* канáтный подъёмник; **~man** *irreg n* председáтель *m*; (*BRIT: COMM*) президéнт.
chalet ['ʃæleɪ] *n* шалé *m ind*.
chalk [tʃɔ:k] *n* мел.
challenge ['tʃælɪndʒ] *n* вызов; (*task*) испытáние ♦ *vt* (*also SPORT*) бросáть (брóсить *pf*) вы́зов *+dat*; (*authority, right etc*) оспáривать (оспóрить *pf*); **to** ~ **sb to** вызывáть (вы́звать *pf*) когó-н на *+acc*.
challenging ['tʃælɪndʒɪŋ] *adj* (*tone, look*) вызывáющий; (*task*) трýдный.
chamber ['tʃeɪmbə'] *n* кáмера; (*POL*) палáта; ~ **of commerce** Торгóвая Палáта.
champagne [ʃæm'peɪn] *n* шампáнское *nt adj*.

champion ['tʃæmpɪən] *n* чемпио́н; (*of cause*) побо́рник(-ица); (*of person*) защи́тник(-ица); **~ship** *n* (*contest*) чемпиона́т; (*title*) зва́ние чемпио́на.
chance [tʃɑ:ns] *n* шанс; (*opportunity*) возмо́жность *f*; (*risk*) риск ◆ *vt* рискова́ть *(impf)* *+instr* ◆ *adj* случа́йный; **to take a ~** рискну́ть *(pf)*; **by ~** случа́йно; **to leave to ~** оставля́ть (оста́вить *pf*) на во́лю слу́чая.
chancellor ['tʃɑ:nsələ'] *n* (*POL*) ка́нцлер; **C~ of the Exchequer** *n* (*BRIT*) Ка́нцлер казначе́йства.
chandelier [ʃændə'lɪə'] *n* лю́стра.
change [tʃeɪndʒ] *vt* меня́ть (поменя́ть *pf*); (*money*: *to other currency*) обме́нивать (обменя́ть *pf*); (: *for smaller currency*) разме́нивать (разменя́ть *pf*) ◆ *vi* (*alter*) меня́ться *(impf)*, изменя́ться (измени́ться *pf*); (*one's clothes*) переодева́ться (переоде́ться *pf*); (*change trains etc*) де́лать (сде́лать *pf*) переса́дку ◆ *n* (*alteration*) измене́ние; (*difference*) переме́на; (*replacement*) сме́на; (*also*: **small** *or* **loose ~**) ме́лочь *f*; (*money returned*) сда́ча; **to ~ sb into** превраща́ть (преврати́ть *pf*) кого́-н в *+acc*; **to ~ one's mind** переду́мывать (переду́мать *pf*); **to ~ gear** переключа́ть (переключи́ть *pf*) ско́рость; **for a ~** для разнообра́зия.
channel ['tʃænl] *n* кана́л; (*NAUT*) тра́сса ◆ *vt*: **to ~ into** направля́ть (напра́вить *pf*) на *+acc* ◆ *adj*: **the C~ Islands** Норма́ндские острова́ *mpl*; **the (English) C~** Ла-Ма́нш; **the C~ Tunnel** тунне́ль *m* под Ла-Ма́ншем.
chant [tʃɑ:nt] *n* сканди́рование; (*REL*) пе́ние.
chaos ['keɪɔs] *n* ха́ос.
chaotic [keɪ'ɔtɪk] *adj* хаоти́чный.
chap [tʃæp] *n* (*BRIT*: *inf*) па́рень *m*.
chapel ['tʃæpl] *n* (*in church*)ириде́л; (*in prison etc*) це́рковь *f*; (*BRIT*: *also*: **non-conformist ~**) протеста́нтская нон-конформи́стская це́рковь.
chaplain ['tʃæplɪn] *n* капелла́н.
chapter ['tʃæptə'] *n* глава́; (*in life, history*) страни́ца.
character ['kærɪktə'] *n* (*personality*) ли́чность *f*; (*nature*) хара́ктер; (*in novel, film*) персона́ж; (*letter, symbol*) знак; **~istic** ['kærɪktə'rɪstɪk] *n* характе́рная черта́ ◆ *adj*: **~istic (of)** характе́рный (для *+gen*).
charcoal ['tʃɑ:kəul] *n* (*fuel*) древе́сный у́голь *m*.
charge [tʃɑ:dʒ] *n* (*fee*) пла́та; (*LAW*) обвине́ние; (*responsibility*) отве́тственность *f*; (*MIL*) ата́ка ◆ *vi* атакова́ть *(impf/pf)* ◆ *vt* (*battery, gun*) заряжа́ть (заряди́ть *pf*); (*LAW*): **to ~ sb with** обвиня́ть (обвини́ть *pf*) кого́-н в *+prp*; **~s** *npl* (*COMM*) де́нежный сбор *msg*; (*TEL*) телефо́нный тари́ф *msg*; **to reverse the ~s** звони́ть (позвони́ть *pf*) по колле́кту; **to take ~ of** (*child*) брать (взять *pf*) на попече́ние; (*company*) брать (взять *pf*) на себя́ руково́дство *+instr*; **to be in ~ of** отвеча́ть *(impf)* за *+acc*; **who's in ~ here?** кто здесь гла́вный?; **to ~ (sb) (for)** проси́ть (попроси́ть *pf*) (у кого́-н) пла́ту (за *+acc*); **how much do you ~ for?** ско́лько Вы про́сите за *+acc*?.
charisma [kæ'rɪsmə] *n* обая́ние.

charitable ['tʃærɪtəbl] *adj* благотвори́тельный.
charity ['tʃærɪtɪ] *n* благотвори́тельная организа́ция; (*kindness*) милосе́рдие; (*money, gifts*) ми́лостыня.
charm [tʃɑ:m] *n* очарова́ние, обая́ние; (*on bracelet etc*) брело́к ◆ *vt* очаро́вывать (очарова́ть *pf*); **~ing** *adj* очарова́тельный.
chart [tʃɑ:t] *n* гра́фик; (*of sea*) навигацио́нная ка́рта; (*of stars*) ка́рта звёздного не́ба ◆ *vt* наноси́ть (нанести́ *pf*) на ка́рту; (*progress*) фикси́ровать *(impf)*; **~s** *npl* (*MUS*) хит-пара́д *msg*.
charter ['tʃɑ:təʳ] *vt* фрахтова́ть (зафрахтова́ть *pf*) ◆ *n* ха́ртия; (*COMM*) уста́в; **~ed accountant** *n* (*BRIT*) бухга́лтер вы́сшей квалифика́ции; **~ flight** *n* ча́ртерный рейс.
chase [tʃeɪs] *vt* гоня́ться *(impf) or* гна́ться *(impf)* за *+instr* ◆ *n* пого́ня; **to ~ away** *or* **off** прогоня́ть (прогна́ть *pf*).
chasm ['kæzəm] *n* (*GEO*) уще́лье.
chassis ['ʃæsɪ] *n* шасси́ *nt ind*.
chat [tʃæt] *vi* болта́ть (поболта́ть *pf*) ◆ *n* бесе́да; **~ show** *n* (*BRIT*) *шо́у с уча́стием знамени́тостей.*
chatter ['tʃætəʳ] *n* (*gossip*) болтовня́.
chauffeur ['ʃəufəʳ] *n* (персона́льный) шофёр.
cheap [tʃi:p] *adj* дешёвый ◆ *adv* дёшево; **~er** *adj* деше́вле; **~ly** *adv* дёшево.
cheat [tʃi:t] *vi* (*at cards*) жу́льничать *(impf)*; (*in exam*) спи́сывать (списа́ть *pf*) ◆ *n* жу́лик ◆ *vt*: **to ~ sb (out of £10)** наду́ть *(pf)* кого́-н (на £10).
check [tʃɛk] *vt* проверя́ть (прове́рить *pf*); (*halt*) уде́рживать (удержа́ть *pf*); (*curb*) сде́рживать (сдержа́ть *pf*); (*US*) отмеча́ть (отме́тить *pf*) ◆ *n* (*inspection*) прове́рка; (*US*: *bill*) счёт; (: *COMM*) = **cheque**; (*pattern*) кле́тка ◆ *adj* кле́тчатый; **~ in** *vi* регистри́роваться (зарегистри́роваться *pf*) ◆ *vt* (*luggage*) сдава́ть (сдать *pf*); **~ out** *vi* выпи́сываться (вы́писаться *pf*); **~ up** *vi*: **to ~ up on** наводи́ть (навести́ *pf*) спра́вки о *+prp*; **~ing account** *n* (*US*) теку́щий счёт; **~out** *n* контро́ль *m*, ка́сса; **~room** *n* (*US*) ка́мера хране́ния; **~up** *n* осмо́тр.
cheek [tʃi:k] *n* щека́; (*impudence*) на́глость *f*; (*nerve*) де́рзость *f*; **~y** *adj* наха́льный, на́глый.
cheer [tʃɪəʳ] *vt* приве́тствовать (поприве́тствовать *pf*) ◆ *vi* одобри́тельно восклица́ть *(impf)*; **~s** *npl* (*of welcome*) приве́тственные во́згласы *mpl*; (*of approval*) одобри́тельные во́згласы *mpl*; **~s!** (за) Ва́ше здоро́вье!; **~ up** *vi* развесели́ться *(pf)*, повеселе́ть *(pf)* ◆ *vt* развесели́ть *(pf)*; **~ up!** не грусти́те!; **~ful** *adj* весёлый.
cheese [tʃi:z] *n* сыр.
cheetah ['tʃi:tə] *n* гепа́рд.
chef [ʃɛf] *n* шеф-по́вар.
chemical ['kɛmɪkl] *adj* хими́ческий ◆ *n* химика́т; (*in laboratory*) реакти́в.
chemist ['kɛmɪst] *n* (*BRIT*: *pharmacist*) фармаце́вт; (*scientist*) хи́мик; **~ry** *n* хи́мия.
chemotherapy [ki:məu'θɛrəpɪ] *n* химотерапи́я.
cheque [tʃɛk] *n* (*BRIT*) чек; **~book** *n*

(*BRIT*) чéковая кни́жка; ~ **card** *n* (*BRIT*) *кáрточка, подтверждáющая платёжеспосóбность владéльца.*
cherish [ˈtʃɛrɪʃ] *vt* лелéять (взлелéять *pf*).
cherry [ˈtʃɛrɪ] *n* черéшня; (*sour variety*) ви́шня.
chess [tʃɛs] *n* шáхматы *pl*.
chest [tʃɛst] *n* грудь *f*; (*box*) сундýк.
chestnut [ˈtʃɛsnʌt] *n* каштáн.
chest of drawers *n* комóд.
chew [tʃu:] *vt* жевáть (*impf*); **~ing gum** *n* жевáтельная рези́нка.
chic [ʃi:k] *adj* шикáрный, элегáнтный.
chick [tʃɪk] *n* цыплёнок; (*of wild bird*) птенéц.
chicken [ˈtʃɪkɪn] *n* кýрица; (*inf*: *coward*) труси́шка *m/f*; **~pox** *n* ветря́нка.
chief [tʃi:f] *n* (*of organization etc*) начáльник ♦ *adj* глáвный, основнóй; ~ **executive** (*US* ~ **executive officer**) *n* глáвный исполни́тельный дирéктор; **~ly** *adv* глáвным óбразом.
child [tʃaɪld] (*pl* **~ren**) *n* ребёнок; **do you have any ~ren?** у Вас есть дéти?; **~birth** *n* рóды *pl*; **~hood** *n* дéтство; **~ish** *adj* (*games, attitude*) ребя́ческий; (*person*) ребя́чливый; **~like** *adj* дéтский; **~minder** *n* (*BRIT*) ня́ня; **~ren** [ˈtʃɪldrən] *npl of* **child**.
Chile [ˈtʃɪlɪ] *n* Чи́ли *nt ind*.
chili [ˈtʃɪlɪ] *n* (*US*) = **chilli**.
chill [tʃɪl] *n* (*MED*) простýда ♦ *vt* остужáть (остуди́ть *pf*), охлаждáть (охлади́ть *pf*); **to catch a** ~ простужáться (простуди́ться *pf*).
chilli [ˈtʃɪlɪ] (*US* **chili**) *n* крáсный стручкóвый пéрец.
chilly [ˈtʃɪlɪ] *adj* холóдный.
chimney [ˈtʃɪmnɪ] *n* (дымовáя) трубá.
chimpanzee [tʃɪmpænˈzi:] *n* шимпанзé *m ind*.
chin [tʃɪn] *n* подбородóк.
China [ˈtʃaɪnə] *n* Китáй.
china [ˈtʃaɪnə] *n* фарфóр.
Chinese [tʃaɪˈni:z] *adj* китáйский ♦ *n inv* китáец(-ая́нка).
chip [tʃɪp] *n* (*of wood*) щéпка; (*of stone*) оскóлок; (*also*: **micro~**) микросхéма ♦ *vt* обивáть (оби́ть *pf*); **~s** *npl* (*BRIT*) картóфель *msg*-фри; (*US*: *also*: **potato ~s**) чи́псы *mpl*.
chiropodist [kɪˈrɔpədɪst] *n* (*BRIT*) мозóльный оперáтор *m/f*.
chisel [ˈtʃɪzl] *n* (*for wood*) долотó; (*for stone*) зуби́ло.
chives [tʃaɪvz] *npl* лук-рéзанец *msg*.
chlorine [ˈklɔ:ri:n] *n* хлор.
chocolate [ˈtʃɔklɪt] *n* шоколáд; (*sweet*) шоколáдная конфéта.
choice [tʃɔɪs] *n* вы́бор.
choir [ˈkwaɪəʳ] *n* хор; (*area*) хóры *pl*.
choke [tʃəuk] *vi* дави́ться (подави́ться *pf*); (*with smoke, anger*) задыхáться (задохнýться *pf*) ♦ *vt* (*strangle*) души́ть (задуши́ть *or* удуши́ть *pf*).
cholera [ˈkɔlərə] *n* холéра.
cholesterol [kəˈlɛstərɔl] *n* холестери́н; **high** ~ с высóким содержáнием холестери́на.
choose [tʃu:z] (*pt* **chose**, *pp* **chosen**) *vt* выбирáть (вы́брать *pf*); **to ~ to do** решáть (реши́ть *pf*) +*infin*.
chop [tʃɔp] *vt* (*wood*) руби́ть (наруби́ть *pf*); (*also*: ~ **up**:

vegetables, meat) рéзать (нарéзать *or* порéзать *pf)* ◆ *n (CULIN)* ≈ отбивнáя (котлéта).
chord [kɔ:d] *n (MUS)* аккóрд.
chore [tʃɔ:ʳ] *n (burden)* повседнéвная обя́занность *f*; **household ~s** домáшние хлóпоты.
choreographer [kɔrɪ'ɔgrəfəʳ] *n* хореóграф; *(of ballet)* балетмéйстер.
chorus ['kɔ:rəs] *n* хор; *(refrain)* припéв.
chose [tʃəuz] *pt of* **choose**; **~n** ['tʃəuzn] *pp of* **choose**.
Christ [kraɪst] *n* Христóс.
Christian ['krɪstɪən] *adj* христиáнский ◆ *n* христиани́н (-áнка); **~ity** [krɪstɪ'ænɪtɪ] *n* христиáнство; **~ name** *n* и́мя *nt*.
Christmas ['krɪsməs] *n* Рождествó; **Happy** *or* **Merry ~!** Счастли́вого Рождествá!; **~ card** *n* рождéственская откры́тка; **~ Day** *n* день *m* Рождествá; **~ Eve** *n* сочéльник; **~ tree** *n* (рождéственская) ёлка.
chrome [krəum] *n* хром.
chronic ['krɔnɪk] *adj* хрони́ческий.
chronological [krɔnə'lɔdʒɪkl] *adj (order)* хронологи́ческий.
chrysanthemum [krɪ'sænθəməm] *n* хризантéма.
chubby ['tʃʌbɪ] *adj* пу́хлый.
chuck [tʃʌk] *vt (inf)* швыря́ть (швырну́ть *pf*).
chuckle ['tʃʌkl] *vi* посмéиваться *(impf)*.
chunk [tʃʌŋk] *n (of meat)* кусóк.
church [tʃə:tʃ] *n* цéрковь *f*; **~yard** *n* погóст.
CIA *n abbr (US: = Central Intelligence Agency)* ЦРУ.
CID *n abbr (BRIT: = Criminal Investigation Department)* уголóвный рóзыск.
cider ['saɪdəʳ] *n* сидр.
cigar [sɪ'gɑ:ʳ] *n* сигáра.
cigarette [sɪgə'rɛt] *n* сигарéта.
cinema ['sɪnəmə] *n* кинотеáтр.
cinnamon ['sɪnəmən] *n* кори́ца.
circle ['sə:kl] *n* круг; *(THEAT)* балкóн.
circuit ['sə:kɪt] *n (ELEC)* цепь *f*; *(tour)* турнé *nt ind*; *(track)* трек.
circular ['sə:kjuləʳ] *adj (plate, pond etc)* кру́глый ◆ *n* циркуля́р.
circulate ['sə:kjuleɪt] *vi (blood, traffic)* циркули́ровать *(impf)*; *(news, rumour)* передавáться (передáться *pf*) ◆ *vt* передавáть (передáть *pf*).
circulation [sə:kju'leɪʃən] *n (PRESS)* тирáж; *(MED)* кровообращéние; *(COMM)* обращéние; *(of air, traffic)* циркуля́ция.
circumstances ['sə:kəmstənsɪz] *npl* обстоя́тельства *ntpl*.
circus ['sə:kəs] *n (show)* цирк.
cite [saɪt] *vt* цити́ровать (процити́ровать *pf*); *(LAW)* вызывáть (вы́звать *pf*) в суд.
citizen ['sɪtɪzn] *n (of country)* граждани́н(-áнка); *(of town)* жи́тель(ница) *m(f)*; **~ship** *n* граждáнство.
city ['sɪtɪ] *n* гóрод; **the C~** Си́ти *nt ind*.
civic ['sɪvɪk] *adj* муниципáльный; *(duties, pride)* граждáнский.
civil ['sɪvɪl] *adj* граждáнский; *(authorities)* государственный; *(polite)* учти́вый; **~ian** [sɪ'vɪlɪən] *adj (life)* общéственный ◆ *n* ми́рный(-ая) жи́тель(ница) *m(f)*; **~ian casualties** жéртвы среди́ ми́рного населéния.
civilization [sɪvɪlaɪ'zeɪʃən] *n*

цивилиза́ция.
civilized ['sɪvɪlaɪzd] *adj* культу́рный; (*society*) цивилизо́ванный.
civil: **~ liberties** *npl* гражда́нские свобо́ды *fpl*; **~ servant** *n* госуда́рственный слу́жащий *m adj*; **C~ Service** *n* госуда́рственная слу́жба; **~ war** *n* гражда́нская война́.
clad [klæd] *adj*: **~ (in)** облачённый (в *+acc*).
claim [kleɪm] *vt* (*responsibility, credit*) припи́сывать (приписа́ть *pf*) себе́; (*rights, inheritance*) претендова́ть *(impf) or* притяза́ть *(impf)* на *+acc* ◆ *vi* (*for insurance*) де́лать (сде́лать *pf*) страхову́ю зая́вку ◆ *n* (*assertion*) утвержде́ние; (*for compensation, pension*) зая́вка; (*to inheritance, land*) прете́нзия, притяза́ние; **to ~ (that)** *or* **to be** утвержда́ть *(impf)*, что.
clamour ['klæmə'] (*US* **clamor**) *vi*: **to ~ for** шу́мно тре́бовать *(impf) +gen*.
clamp [klæmp] *n* зажи́м ◆ *vt* зажима́ть (зажа́ть *pf*).
clan [klæn] *n* клан.
clandestine [klæn'dɛstɪn] *adj* подпо́льный.
clap [klæp] *vi* хло́пать *(impf)*.
claret ['klærət] *n* бордо́ *nt ind*.
clarify ['klærɪfaɪ] *vt* (*fig*) разъясня́ть (разъясни́ть *pf*).
clarinet [klærɪ'nɛt] *n* кларне́т.
clarity ['klærɪtɪ] *n* (*fig*) я́сность *f*.
clash [klæʃ] *n* столкнове́ние; (*of events etc*) совпаде́ние; (*of metal objects*) звя́канье ◆ *vi* ста́лкиваться (столкну́ться *pf*); (*colours*) не совмеща́ться *(impf)*; (*events etc*) совпада́ть (совпа́сть *pf*) (по вре́мени); (*metal objects*) звя́кать *(impf)*.
class [klɑːs] *n* класс; (*lesson*) уро́к; (*of goods*: *type*) разря́д; (: *quality*) сорт ◆ *vt* классифици́ровать *(impf/pf)*.
classic ['klæsɪk] *adj* класси́ческий ◆ *n* класси́ческое произведе́ние; **~al** *adj* класси́ческий.
classification [klæsɪfɪ'keɪʃən] *n* классифика́ция; (*category*) разря́д.
classified ['klæsɪfaɪd] *adj* засекре́ченный.
classless ['klɑːslɪs] *adj* бескла́ссовый.
classroom ['klɑːsrum] *n* класс.
clatter ['klætə'] *n* звя́канье; (*of hooves*) цо́канье.
clause [klɔːz] *n* (*LAW*) пункт.
claustrophobic [klɔːstrə'fəubɪk] *adj*: **she is ~** она́ страда́ет клаустрофо́бией.
claw [klɔː] *n* ко́готь *m*; (*of lobster*) клешня́.
clay [kleɪ] *n* гли́на.
clean [kliːn] *adj* чи́стый; (*edge, fracture*) ро́вный ◆ *vt* (*hands, face*) мыть (вы́мыть *pf*); (*car, cooker*) чи́стить (почи́стить *pf*); **~ out** *vt* (*tidy*) вычища́ть (вы́чистить *pf*); **~ up** *vt* (*room*) убира́ть (убра́ть *pf*); (*child*) мыть (помы́ть *pf*); **~er** *n* убо́рщик(-ица); (*substance*) мо́ющее сре́дство; **~liness** ['klɛnlɪnɪs] *n* чистопло́тность *f*.
cleanse [klɛnz] *vt* очища́ть (очи́стить *pf*); (*face*) мыть (вы́мыть *pf*); (*cut*) промыва́ть (промы́ть *pf*); **~r** *n* очища́ющий лосьо́н.
clean-shaven ['kliːn'ʃeɪvn] *adj* чи́сто вы́бритый.
clear [klɪə'] *adj* я́сный; (*footprint*)

чёткий; (*writing*) разбо́рчивый; (*glass, water*) прозра́чный; (*road*) свобо́дный; (*conscience, profit*) чи́стый ♦ *vt* (*space, room*) освобожда́ть (освободи́ть *pf*); (*suspect*) опра́вдывать (оправда́ть *pf*); (*fence etc*) брать (взять *pf*) ♦ *vi* (*sky*) проясня́ться (проясни́ться *pf*); (*fog, smoke*) рассе́иваться (рассе́яться *pf*) ♦ *adv*: ~ **of** пода́льше от *+gen*; **to make it ~ to sb that** ... дава́ть (дать *pf*) кому́-н поня́ть, что ...; **to ~ the table** убира́ть (убра́ть *pf*) со стола́; ~ **up** *vt* убира́ть (убра́ть *pf*); (*mystery, problem*) разреша́ть (разреши́ть *pf*); **~ance** *n* расчи́стка; (*permission*) разреше́ние; **~-cut** *adj* я́сный, чёткий; **~ing** *n* поля́на; **~ly** *adv* я́сно; (*obviously*) я́вно, очеви́дно.

cleft [klɛft] *n* рассе́лина.

clergy ['klə:dʒɪ] *n* духове́нство; **~man** *irreg n* свяще́нник, священнослужи́тель *m*.

clerical ['klɛrɪkl] *adj* канцеля́рский; (*REL*) церко́вный.

clerk [klɑ:k, (*US*) klə:rk] *n* (*BRIT*) клерк, делопроизводи́тель (ница) *m(f)*; (*US*: *sales person*) продаве́ц(-вщи́ца).

clever ['klɛvə'] *adj* (*intelligent*) у́мный.

cliché ['kli:ʃeɪ] *n* клише́ *nt ind*, штамп.

click [klɪk] *vt* (*tongue, heels*) щёлкать (щёлкнуть *pf*) *+instr* ♦ *vi* (*device, switch*) щёлкать (щёлкнуть *pf*).

client ['klaɪənt] *n* клие́нт.

cliff [klɪf] *n* скала́, утёс.

climate ['klaɪmɪt] *n* кли́мат.

climax ['klaɪmæks] *n* кульмина́ция.

climb [klaɪm] *vi* поднима́ться (подня́ться *pf*); (*plant*) ползти́ (*impf*); (*plane*) набира́ть (набра́ть *pf*) высоту́ ♦ *vt* (*stairs*) взбира́ться (взобра́ться *pf*) по *+prp*; (*tree, hill*) взбира́ться (взобра́ться *pf*) *or* поднима́ться (подня́ться *pf*) на *+acc* ♦ *n* подъём; **to ~ over a wall** перелеза́ть (переле́зть *pf*) че́рез стену́; **~er** *n* альпини́ст(ка).

clinch [klɪntʃ] *vt* (*deal*) заключа́ть (заключи́ть *pf*); (*argument*) разреша́ть (разреши́ть *pf*).

cling [klɪŋ] (*pt, pp* **clung**) *vi* (*clothes*) прилега́ть (*impf*); **to ~ to** вцепля́ться (вцепи́ться *pf*) в *+acc*; (*fig*) цепля́ться (*impf*) за *+acc*.

clinic ['klɪnɪk] *n* кли́ника; **~al** *adj* клини́ческий; (*fig*: *attitude*) бесстра́стный.

clip [klɪp] *n* (*also*: **paper ~**) скре́пка; (*for hair*) зако́лка; (*TV, CINEMA*) клип ♦ *vt* (*fasten*) прикрепля́ть (прикрепи́ть *pf*); (*cut*) подстрига́ть (подстри́чь *pf*); **~ping** *n* (*PRESS*) вы́резка.

clique [kli:k] *n* кли́ка.

cloak [kləuk] *n* (*cape*) плащ; **~room** *n* гардеро́б; (*BRIT*: *wc*) убо́рная *f adj*.

clock [klɔk] *n* (*timepiece*) часы́ *pl*; **~wise** *adv* по часово́й стре́лке; **~work** *adj* (*toy*) заводно́й.

clone [kləun] *n* (*BIO*) клон.

close[1] [kləus] *adj* бли́зкий; (*writing*) убо́ристый; (*contact, ties*) те́сный; (*watch, attention*) при́стальный; (*weather, room*) ду́шный ♦ *adv* бли́зко; **~ to** (*near*) бли́зкий к *+dat*; **~ to** *or* **on** (*almost*) бли́зко к *+dat*; **~ by** *or* **at hand** ря́дом.

close² [kləuz] *vt* закрыва́ть (закры́ть *pf*); (*finalize*) заключа́ть (заключи́ть *pf*); (*end*) заверша́ть (заверши́ть *pf*) ♦ *vi* закрыва́ться (закры́ться *pf*); (*end*) заверша́ться (заверши́ться *pf*) ♦ *n* коне́ц; **~ down** *vt* закрыва́ть (закры́ть *pf*) ♦ *vi* закрыва́ться (закры́ться *pf*); **~d** *adj* закры́тый.
closely ['kləuslı] *adv* при́стально; (*connected, related*) те́сно.
closet ['klɔzıt] *n* (*cupboard*) шкаф.
close-up ['kləusʌp] *n* кру́пный план.
closure ['kləuʒə'] *n* (*of factory*) закры́тие; (*of road*) блоки́рование.
clot [klɔt] *n* сгу́сток.
cloth [klɔθ] *n* ткань *f*; (*for cleaning etc*) тря́пка.
clothes [kləuðz] *npl* оде́жда *fsg*; **~ brush** *n* оде́жная щётка; **~ peg** (*US* **clothes pin**) *n* прище́пка.
clothing ['kləuðıŋ] *n* = **clothes**.
cloud [klaud] *n* о́блако; **~y** *adj* (*sky*) о́блачный; (*liquid*) му́тный.
clout [klaut] *vt* (*inf*) долбану́ть (*pf*).
clove [kləuv] *n* гвозди́ка; **~ of garlic** до́лька чеснока́.
clover ['kləuvə'] *n* кле́вер.
clown [klaun] *n* кло́ун.
club [klʌb] *n* клуб; (*weapon*) дуби́нка; (*also:* **golf ~**) клю́шка; **~s** *npl* (*CARDS*) тре́фы *fpl*.
clue [klu:] *n* ключ; (*for police*) ули́ка; **I haven't a ~** (я) поня́тия не име́ю.
clump [klʌmp] *n* за́росли *fpl*.
clumsy ['klʌmzı] *adj* неуклю́жий; (*object*) неудо́бный.
clung [klʌŋ] *pt, pp of* **cling**.
cluster ['klʌstə'] *n* скопле́ние.
clutch [klʌtʃ] *n* хва́тка; (*AUT*) сцепле́ние ♦ *vt* сжима́ть (сжать *pf*).
clutter ['klʌtə'] *vt* (*also:* **~ up**) захламля́ть (захлами́ть *pf*).
cm *abbr* (= **centimetre**) см.
CND *n abbr* = *Campaign for Nuclear Disarmament.*
Co. *abbr* = **company, county**.
coach [kəutʃ] *n* (*bus*) авто́бус; (*horse-drawn*) экипа́ж; (*of train*) ваго́н; (*SPORT*) тре́нер; (*SCOL*) репети́тор ♦ *vt* (*SPORT*) тренирова́ть (натренирова́ть *pf*); (*SCOL*): **to ~ sb for** гото́вить (подгото́вить *pf*) кого́-н к *+dat*.
coal [kəul] *n* у́голь *m*.
coalition [kəuə'lıʃən] *n* коали́ция.
coarse [kɔ:s] *adj* гру́бый.
coast [kəust] *n* бе́рег; (*area*) побере́жье; **~al** *adj* прибре́жный; **~guard** *n* офице́р берегово́й слу́жбы; **~line** *n* берегова́я ли́ния.
coat [kəut] *n* пальто́ *nt ind*; (*on animal: fur*) мех; (*: wool*) шерсть *f*; (*of paint*) слой ♦ *vt* покрыва́ть (покры́ть *pf*); **~ hanger** *n* ве́шалка.
cobweb ['kɔbwɛb] *n* паути́на.
cocaine [kə'keın] *n* кокаи́н.
cock [kɔk] *n* пету́х ♦ *vt* (*gun*) взводи́ть (взвести́ *pf*); **~erel** ['kɔkərl] *n* пету́х.
cockpit ['kɔkpıt] *n* каби́на.
cockroach ['kɔkrəutʃ] *n* тарака́н.
cocktail ['kɔkteıl] *n* кокте́йль *m*; (*with fruit, prawns*) сала́т.
cocoa ['kəukəu] *n* кака́о *nt ind*.
coconut ['kəukənʌt] *n* коко́совый оре́х; (*flesh*) коко́с.
COD *abbr* = **cash on delivery**; (*US*: = *collect on delivery*) нало́женный платёж.
cod [kɔd] *n* треска́ *f no pl*.

code [kəud] *n* код; (*of behaviour*) ко́декс; **post ~** почто́вый и́ндекс.
coffee ['kɔfɪ] *n* ко́фе *m ind*; **~ table** *n* кофе́йный сто́лик.
coffin ['kɔfɪn] *n* гроб.
cognac ['kɔnjæk] *n* коньяк.
coherent [kəu'hɪərənt] *adj* свя́зный, стро́йный; **she was very ~** её речь была́ о́чень свя́зной.
coil [kɔɪl] *n* мото́к ◆ *vt* сма́тывать (смота́ть *pf*).
coin [kɔɪn] *n* моне́та ◆ *vt* приду́мывать (приду́мать *pf*).
coincide [kəuɪn'saɪd] *vi* совпада́ть (совпа́сть *pf*); **~nce** [kəu'ɪnsɪdəns] *n* совпаде́ние.
coke [kəuk] *n* кокс.
colander ['kɔləndə'] *n* дуршла́г.
cold [kəuld] *adj* холо́дный ◆ *n* хо́лод; (*MED*) просту́да; **it's ~** хо́лодно; **I am** *or* **feel ~** мне хо́лодно; **to catch ~** *or* **a ~** простужа́ться (простуди́ться *pf*); **in ~ blood** хладнокро́вно; **~ly** *adv* хо́лодно; **~ sore** *n* лихора́дка (*на губе́ или носу́*).
colic ['kɔlɪk] *n* ко́лики *pl*.
collaboration [kəlæbə'reɪʃən] *n* сотру́дничество.
collage [kɔ'lɑ:ʒ] *n* (*ART*) колла́ж.
collapse [kə'læps] *vi* (*building, system, plans*) ру́шиться (ру́хнуть *pf*); (*table etc*) скла́дываться (сложи́ться *pf*); (*company*) разоря́ться (разори́ться *pf*); (*government*) разва́ливаться (развали́ться *pf*); (*MED: person*) свали́ться (*pf*) ◆ *n* (*of building*) обва́л; (*of system, plans*) круше́ние; (*of company*) разоре́ние; (*of government*) паде́ние; (*MED*) упа́док сил, колла́пс.
collar ['kɔlə'] *n* воротни́к; (*for dog etc*) оше́йник; **~bone** *n* ключи́ца.
colleague ['kɔli:g] *n* колле́га *m/f*.
collect [kə'lɛkt] *vt* собира́ть (собра́ть *pf*); (*stamps etc*) коллекциони́ровать (*impf*); (*BRIT: fetch: on foot*) заходи́ть (зайти́ *pf*) за *+instr*; (: *by vehicle*) заезжа́ть (зае́хать *pf*) за *+instr*; (*debts etc*) взы́скивать (взыска́ть *pf*) ◆ *vi* (*crowd*) собира́ться (собра́ться *pf*); **to call ~** (*US*) звони́ть (*impf*) по колле́кту; **~ion** [kə'lɛkʃən] *n* (*of stamps etc*) колле́кция; (*for charity, also REL*) поже́ртвования *ntpl*; (*of mail*) вы́емка; **~ive** *adj* коллекти́вный; **~or** *n* (*of stamps etc*) коллекционе́р; (*of taxes etc*) сбо́рщик.
college ['kɔlɪdʒ] *n* учи́лище; (*of university*) ко́лледж; (*of technology etc*) институ́т.
colliery ['kɔlɪərɪ] *n* (*BRIT*) у́гольная ша́хта.
collision [kə'lɪʒən] *n* столкнове́ние.
colon ['kəulən] *n* (*LING*) двоето́чие; (*ANAT*) пряма́я кишка́.
colonel ['kə:nl] *n* полко́вник.
colony ['kɔlənɪ] *n* коло́ния.
color *etc* (*US*) = **colour** *etc*.
colossal [kə'lɔsl] *adj* колосса́льный.
colour ['kʌlə'] (*US* **color**) *n* цвет ◆ *vt* раскра́шивать (раскра́сить *pf*); (*dye*) кра́сить (покра́сить *pf*); (*fig: opinion*) окра́шивать (окра́сить *pf*) ◆ *vi* красне́ть (покрасне́ть *pf*); **skin ~** цвет ко́жи; **in ~** в цве́те; **~ in** *vt* раскра́шивать (раскра́сить *pf*); **~ed** *adj* цветно́й; **~ film** *n* цветна́я плёнка; **~ful** *adj* цвети́стый;

(*story*) кра́сочный; (*character*) я́ркий; **~ing** *n* (*of skin*) цвет лица́; (*in food*) краси́тель *m*; **~ scheme** *n* цветова́я га́мма; **~ television** *n* цветно́й телеви́зор.
column ['kɔləm] *n* коло́нна; (*of smoke*) столб; (*PRESS*) ру́брика.
coma ['kəumə] *n*: **to be in a ~** находи́ться (*impf*) в ко́ме.
comb [kəum] *n* расчёска; (*ornamental*) гре́бень *m* ◆ *vt* расчёсывать (расчеса́ть *pf*); (*fig*) прочёсывать (прочеса́ть *pf*).
combat [*n* 'kɔmbæt, *vb* kəm'bæt] *n* бой; (*battle*) би́тва ◆ *vt* боро́ться (*impf*) про́тив *+gen*.
combination [kɔmbɪ'neɪʃən] *n* сочета́ние, комбина́ция; (*code*) код.
combine [kəm'baɪn] *vt* комбини́ровать (скомбини́ровать *pf*) ◆ *vi* (*groups*) объединя́ться (объедини́ться *pf*).

KEYWORD

come [kʌm] (*pt* **came**, *pp* **come**) *vi*
1 (*move towards*: *on foot*) подходи́ть (подойти́ *pf*); (: *by transport*) подъезжа́ть (подъе́хать *pf*); **to come running** подбега́ть (подбежа́ть *pf*)
2 (*arrive*: *on foot*) приходи́ть (прийти́ *pf*); (: *by transport*) приезжа́ть (прие́хать *pf*); **he came running to tell us** он прибежа́л, сказа́ть нам; **are you coming to my party?** Вы придёте ко мне на вечери́нку?; **I've only come for an hour** я зашёл то́лько на час
3 (*reach*) доходи́ть (дойти́ *pf*) до *+gen*; **to come to** (*power*, *decision*) приходи́ть (прийти́ *pf*) к *+dat*
4 (*occur*): **an idea came to me** мне в го́лову пришла́ иде́я
5 (*be*, *become*): **to come into being** возника́ть (возни́кнуть *pf*); **to come loose** отходи́ть (отойти́ *pf*); **I've come to like him** он стал мне нра́виться

come about *vi*: **how did it come about?** каки́м о́бразом э́то произошло́?, как э́то получи́лось?; **it came about through ...** э́то получи́лось из-за *+gen* ...
come across *vt fus* ната́лкиваться (натолкну́ться *pf*) на *+acc*
come away *vi* уходи́ть (уйти́ *pf*); (*come off*) отходи́ть (отойти́ *pf*)
come back *vi* возвраща́ться (возврати́ться *pf*), верну́ться (*pf*)
come by *vt fus* достава́ть (доста́ть *pf*)
come down *vi* (*price*) понижа́ться (пони́зиться *pf*); **the tree came down in the storm** де́рево снесло́ бу́рей; **the building will have to come down soon** зда́ние должны́ ско́ро снести́
come forward *vi* (*volunteer*) вызыва́ться (вы́зваться *pf*)
come from *vt fus*: **she comes from India** она́ из И́ндии
come in *vi* (*person*) входи́ть (войти́ *pf*); **to come in on** (*deal*) вступа́ть (вступи́ть *pf*) в *+acc*; **where does he come in?** в чём его́ роль?
come in for *vt fus* подверга́ться (подве́ргнуться *pf*) *+dat*
come into *vt fus* (*fashion*) входи́ть (войти́ *pf*) в *+acc*; (*money*) насле́довать (унасле́довать *pf*)
come off *vi* (*button*) отрыва́ться (оторва́ться *pf*); (*handle*)

отла́мываться (отлома́ться *pf*); (*can be removed*) снима́ться (*impf*); (*attempt*) удава́ться (уда́ться *pf*)
come on *vi* (*pupil*) де́лать (сде́лать *pf*) успе́хи; (*work*) продвига́ться (продви́нуться *pf*); (*lights etc*) включа́ться (включи́ться *pf*); **come on!** (ну,) дава́йте!
come out *vi* выходи́ть (вы́йти *pf*); (*stain*) сходи́ть (сойти́ *pf*)
come round *vi* очну́ться (*pf*), приходи́ть (прийти́ *pf*) в себя́
come to *vi* = **come round**
come up *vi* (*sun*) всходи́ть (взойти́ *pf*); (*event*) приближа́ться (*impf*); (*questions*) возника́ть (возни́кнуть *pf*); **something important has come up** случи́лось что-то ва́жное
come up against *vt fus* ната́лкиваться (натолкну́ться *pf*) на *+acc*
come up with *vt fus* (*idea, solution*) предлага́ть (предложи́ть *pf*)
come upon *vt fus* ната́лкиваться (натолкну́ться *pf*) на *+acc.*

comeback ['kʌmbæk] *n*: **to make a ~** (*actor etc*) обрета́ть (обрести́ *pf*) но́вую популя́рность.
comedian [kə'mi:dɪən] *n* ко́мик.
comedy ['kɔmɪdɪ] *n* коме́дия.
comet ['kɔmɪt] *n* коме́та.
comfort ['kʌmfət] *n* комфо́рт; (*relief*) утеше́ние ◆ *vt* утеша́ть (уте́шить *pf*); **~s** *npl* (*luxuries*) удо́бства *ntpl*; **~able** *adj* комфорта́бельный, удо́бный; **to be ~able** (*physically*) чу́вствовать (*impf*) себя́ удо́бно; (*financially*) жить (*impf*) в доста́тке; (*patient*) чу́вствовать (*impf*) себя́ норма́льно; **~ably** *adv* удо́бно.
comic ['kɔmɪk] *adj* коми́ческий, смешно́й ◆ *n* (*comedian*) ко́мик; (*BRIT*: *magazine*) ко́микс.
coming ['kʌmɪŋ] *adj* приближа́ющийся.
comma ['kɔmə] *n* запята́я *f adj.*
command [kə'mɑ:nd] *n* кома́нда; (*control*) контро́ль *m*; (*mastery*) владе́ние ◆ *vt* (*MIL*) кома́ндовать (*impf*) *+instr.*
commemorate [kə'mɛməreɪt] *vt* (*with statue etc*) увекове́чивать (увекове́чить *pf*); (*with event etc*) отмеча́ть (отме́тить *pf*).
commence [kə'mɛns] *vt* приступа́ть (приступи́ть *pf*) к *+dat* ◆ *vi* начина́ться (нача́ться *pf*).
commend [kə'mɛnd] *vt* хвали́ть (похвали́ть *pf*); (*recommend*): **to ~ sth to sb** рекомендова́ть (порекомендова́ть *pf*) что-н кому́-н.
comment ['kɔmɛnt] *n* замеча́ние ◆ *vi*: **to ~ (on)** комменти́ровать (прокомменти́ровать *pf*); **"no ~"** "возде́рживаюсь от коммента́риев"; **~ary** ['kɔməntərɪ] *n* (*SPORT*) репорта́ж; **~ator** ['kɔmənteɪtə'] *n* коммента́тор.
commerce ['kɔmə:s] *n* комме́рция.
commercial [kə'mə:ʃəl] *adj* комме́рческий ◆ *n* рекла́ма.
commission [kə'mɪʃən] *n* зака́з; (*COMM*) комиссио́нные *pl adj*, комиссио́нное вознагражде́ние; (*committee*) коми́ссия ◆ *vt* зака́зывать (заказа́ть *pf*); **out of ~** неспра́вный.
commit [kə'mɪt] *vt* (*crime*) соверша́ть (соверши́ть *pf*); (*money*) выделя́ть (вы́делить *pf*); (*entrust*) вверя́ть (вве́рить

pf); **to ~ o.s.** принимáть (принять *pf*) на себя обязáтельства; **to ~ suicide** покóнчить *(pf)* жизнь самоубийством; **~ment** *n* (*belief*) прéданность *f*; (*obligation*) обязáтельство.
committee [kə'mɪtɪ] *n* комитéт.
commodity [kə'mɔdɪtɪ] *n* товáр.
common ['kɔmən] *adj* óбщий; (*usual*) обы́чный; (*vulgar*) вульгáрный ♦ *npl*: **the C~s** (*also:* **the House of C~s**: *BRIT*) палáта *fsg* óбщин; **to have sth in ~ (with sb)** имéть *(impf)* что-н óбщее (с кем-н); **it's ~ knowledge that** общеизвéстно, что; **to** *or* **for the ~ good** для всеóбщего блáга; **~ law** *n* обы́чное прáво; **~ly** *adv* обы́чно; **C~ Market** *n*: **the C~ Market** Óбщий ры́нок; **~place** *adj* обы́чный, обы́денный; **~ sense** *n* здрáвый смысл; **C~wealth** *n* (*BRIT*): **the C~wealth** Содрýжество.
commotion [kə'məuʃən] *n* суматóха.
communal ['kɔmju:nl] *adj* (*shared*) óбщий; (*flat*) коммунáльный.
commune ['kɔmju:n] *n* коммýна.
communicate [kə'mju:nɪkeɪt] *vt* передавáть (передáть *pf*) ♦ *vi*: **to ~ (with)** общáться *(impf)* (с *+instr*).
communication [kəmju:nɪ'keɪʃən] *n* коммуникáция.
communion [kə'mju:nɪən] *n* (*also:* **Holy C~**) Святóе Причáстие.
communism ['kɔmjunɪzəm] *n* коммуни́зм.
communist ['kɔmjunɪst] *adj* коммунисти́ческий ♦ *n* коммуни́ст(ка).
community [kə'mju:nɪtɪ] *n* общéственность *f*; (*within larger group*) óбщина; **the business ~** деловы́е круги́; **~ centre** *n* ≈ общéственный центр.
commuter [kə'mju:tə'] *n человéк, котóрый éздит на рабóту из при́города в гóрод.*
compact [kəm'pækt] *adj* компáктный; **~ disc** *n* компáкт-диск.
companion [kəm'pænjən] *n* спýтник(-ица).
company ['kʌmpənɪ] *n* компáния; (*THEAT*) трýппа; (*companionship*) компáния, óбщество; **to keep sb ~** составля́ть (состáвить *pf*) комý-н компáнию.
comparable ['kɔmpərəbl] *adj* (*size*) сравни́мый.
comparative [kəm'pærətɪv] *adj* (*also LING*) сравни́тельный; **~ly** *adv* сравни́тельно.
compare [kəm'pɛə'] *vt*: **to ~ sb/sth with** *or* **to** срáвнивать (сравни́ть *pf*) когó-н/что-н с *+instr*; (*set side by side*) сопоставля́ть (сопостáвить *pf*) когó-н/что-н с *+instr* ♦ *vi*: **to ~ (with)** соотноси́ться *(impf)* (с *+instr*).
comparison [kəm'pærɪsn] *n* (*see vt*) сравнéние; сопоставлéние; **in ~ (with)** по сравнéнию *or* в сравнéнии (с *+instr*).
compartment [kəm'pɑ:tmənt] *n* купé *nt ind*; (*section*) отделéние.
compass ['kʌmpəs] *n* кóмпас; **~es** *npl* (*also:* **pair of ~es**) ци́ркуль *msg*.
compassion [kəm'pæʃən] *n* сострадáние; **~ate** *adj* сострадáтельный.
compatible [kəm'pætɪbl] *adj* совмести́мый.
compel [kəm'pɛl] *vt* вынуждáть (вы́нудить *pf*); **~ling** *adj*

(*argument*) убеди́тельный; (*reason*) настоя́тельный.
compensate ['kɔmpənseɪt] *vt*: **to ~ sb for sth** компенси́ровать *(impf/pf)* кому́-н что-н ◆ *vi*: **to ~ for** (*distress, loss*) компенси́ровать *(impf/pf)*.
compensation [kɔmpən'seɪʃən] *n* компенса́ция; (*money*) де́нежная компенса́ция.
compete [kəm'pi:t] *vi* (*in contest etc*) соревнова́ться *(impf)*; **to ~ (with)** (*companies*) конкури́ровать *(impf)* (с *+instr*); (*rivals*) сопе́рничать *(impf)* (с *+instr*).
competence ['kɔmpɪtəns] *n* компете́нция.
competent ['kɔmpɪtənt] *adj* (*person*) компете́нтный.
competing [kəm'pi:tɪŋ] *adj* (*claims, explanations*) разнореч́ивый.
competition [kɔmpɪ'tɪʃən] *n* соревнова́ние; (*between firms*) конкуре́нция; (*between rivals*) сопе́рничество.
competitive [kəm'pɛtɪtɪv] *adj* (*person*) честолюби́вый; (*price*) конкурентоспосо́бный.
competitor [kəm'pɛtɪtə'] *n* (*rival*) сопе́рник, конкуре́нт; (*participant*) уча́стник(-ица) соревнова́ния.
compile [kəm'paɪl] *vt* составля́ть (соста́вить *pf*).
complacent [kəm'pleɪsnt] *adj* безмяте́жный.
complain [kəm'pleɪn] *vi*: **to ~ (about)** жа́ловаться (пожа́ловаться *pf*) (на *+acc*); **~t** *n* жа́лоба; **to make a ~t against** подава́ть (пода́ть *pf*) жа́лобу на *+acc*.
complement ['kɔmplɪmənt] *vt* дополня́ть (допо́лнить *pf*).
complete [kəm'pli:t] *adj* по́лный; (*finished*) завершённый ◆ *vt* (*building, task*) заверша́ть (заверши́ть *pf*); (*set*) комплектова́ть (укомплектова́ть *pf*); (*form*) заполня́ть (запо́лнить *pf*); **~ly** *adv* по́лностью, соверше́нно.
completion [kəm'pli:ʃən] *n* (*of building, task*) заверше́ние.
complex ['kɔmplɛks] *adj* сло́жный, ко́мплексный ◆ *n* ко́мплекс.
complexion [kəm'plɛkʃən] *n* (*of face*) цвет лица́.
complexity [kəm'plɛksɪtɪ] *n* сло́жность *f*.
compliance [kəm'plaɪəns] *n* (*submission*) послуша́ние; **~ with** сле́дование *+dat*.
complicate ['kɔmplɪkeɪt] *vt* усложня́ть (усложни́ть *pf*); **~d** *adj* сло́жный.
complication [kɔmplɪ'keɪʃən] *n* осложне́ние.
complicity [kəm'plɪsɪtɪ] *n* соуча́стие.
compliment [*n* 'kɔmplɪmənt, *vb* 'kɔmplɪmɛnt] *n* комплиме́нт, хвала́ ◆ *vt* хвали́ть (похвали́ть *pf*); **~s** *npl* (*regards*) наилу́чшие пожела́ния *ntpl*; **to ~ sb, pay sb a ~** де́лать (сде́лать *pf*) кому́-н комплиме́нт; **~ary** [kɔmplɪ'mɛntərɪ] *adj* (*remark*) ле́стный; (*ticket etc*) да́рственный.
comply [kəm'plaɪ] *vi*: **to ~ (with)** подчиня́ться (подчини́ться *pf*) (*+dat*).
component [kəm'pəunənt] *adj* составно́й ◆ *n* компоне́нт.
compose [kəm'pəuz] *vt* сочиня́ть (сочини́ть *pf*); **to be ~d of** состоя́ть *(impf)* из *+gen*; **to ~ o.s.**

успока́иваться (успоко́иться *pf*); **~d** *adj* споко́йный; **~r** *n* компози́тор.
composition [kɔmpə'zɪʃən] *n* (*structure*) соста́в; (*essay*) сочине́ние; (*MUS*) компози́ция.
compost ['kɔmpɔst] *n* компо́ст.
composure [kəm'pəuʒə'] *n* самооблада́ние.
compound ['kɔmpaund] *n* (*CHEM*) соедине́ние; (*LING*) сло́жное сло́во; (*enclosure*) укреплённый ко́мплекс.
comprehend [kɔmprɪ'hɛnd] *vt* постига́ть (пости́гнуть *or* пости́чь *pf*).
comprehension [kɔmprɪ'hɛnʃən] *n* понима́ние.
comprehensive [kɔmprɪ'hɛnsɪv] *adj* исче́рпывающий ♦ *n* (*BRIT: also:* **~ school**) общеобразова́тельная шко́ла.
comprise [kəm'praɪz] *vt* (*also:* **be ~d of**) включа́ть *(impf)* в себя́, состоя́ть *(impf)* из *+gen*; (*constitute*) составля́ть (соста́вить *pf*).
compromise ['kɔmprəmaɪz] *n* компроми́сс ♦ *vt* компромети́ровать (скомпромети́ровать *pf*) ♦ *vi* идти́ (пойти́ *pf*) на компроми́сс.
compulsion [kəm'pʌlʃən] *n* (*desire*) влече́ние; (*force*) принужде́ние.
compulsive [kəm'pʌlsɪv] *adj* безрассу́дный, патологи́ческий; (*reading etc*) захва́тывающий.
compulsory [kəm'pʌlsərɪ] *adj* (*attendance*) обяза́тельный; (*redundancy*) принуди́тельный.
computer [kəm'pju:tə'] *n* компью́тер; **~ game** *n* компью́терная игра́.
computing [kəm'pju:tɪŋ] *n* рабо́та на компью́тере.
comrade ['kɔmrɪd] *n* това́рищ.
con [kɔn] *vt* надува́ть (наду́ть *pf*) ♦ *n* (*trick*) обма́н, надува́тельство.
conceal [kən'si:l] *vt* укрыва́ть (укры́ть *pf*); (*keep back*) скрыва́ть (скрыть *pf*).
concede [kən'si:d] *vt* признава́ть (призна́ть *pf*).
conceited [kən'si:tɪd] *adj* высокоме́рный.
conceivable [kən'si:vəbl] *adj* мы́слимый.
conceive [kən'si:v] *vt* (*idea*) заду́мывать (заду́мать *pf*) ♦ *vi* забере́менеть *(pf)*.
concentrate ['kɔnsəntreɪt] *vi* сосредото́чиваться (сосредото́читься *pf*), концентри́роваться (сконцентри́роваться *pf*) ♦ *vt*: **to ~ (on)** (*energies*) сосредото́чивать (сосредото́чить *pf*) *or* концентри́ровать (сконцентри́ровать *pf*) (на *+prp*).
concentration [kɔnsən'treɪʃən] *n* сосредото́чение, концентра́ция; (*attention*) сосредото́ченность *f*; (*CHEM*) концентра́ция.
concept ['kɔnsɛpt] *n* поня́тие; **~ion** [kən'sɛpʃən] *n* (*idea*) конце́пция; (*BIO*) зача́тие.
concern [kən'sə:n] *n* (*affair*) де́ло; (*worry*) озабо́ченность *f*; (*care*) уча́стие; (*COMM*) предприя́тие ♦ *vt* (*worry*) беспоко́ить *(impf)*; (*involve*) вовлека́ть (вовле́чь *pf*); **to be ~ed (about)** беспоко́иться *(impf)* (о *+prp*); **~ing** *prep* относи́тельно *+gen*.
concert ['kɔnsət] *n* конце́рт.

concerted [kən'sə:tɪd] *adj* совме́стный.
concession [kən'sɛʃən] *n* (*compromise*) усту́пка; (*right*) конце́ссия; (*reduction*) льго́та.
concise [kən'saɪs] *adj* кра́ткий.
conclude [kən'klu:d] *vt* зака́нчивать (зако́нчить *pf*); (*treaty, deal etc*) заключа́ть (заключи́ть *pf*); (*decide*) приходи́ть (прийти́ *pf*) к заключе́нию *or* вы́воду.
concluding [kən'klu:dɪŋ] *adj* заключи́тельный.
conclusion [kən'klu:ʒən] *n* заключе́ние; (*of speech*) оконча́ние; (*of events*) заверше́ние.
conclusive [kən'klu:sɪv] *adj* (*evidence*) неопровержи́мый.
concrete ['kɔŋkri:t] *n* бето́н ◆ *adj* бето́нный; (*fig*) конкре́тный.
concussion [kən'kʌʃən] *n* сотрясе́ние мо́зга.
condemn [kən'dɛm] *vt* осужда́ть (осуди́ть *pf*); (*building*) бракова́ть (забракова́ть *pf*); **~ation** [kɔndɛm'neɪʃən] *n* осужде́ние.
condensation [kɔndɛn'seɪʃən] *n* конденса́ция.
condition [kən'dɪʃən] *n* состоя́ние; (*requirement*) усло́вие ◆ *vt* формирова́ть (сформирова́ть *pf*); (*hair, skin*) обраба́тывать (обрабо́тать *pf*); **~s** *npl* (*circumstances*) обстоя́тельства *ntpl*; **on ~ that** при усло́вии, что; **~al** *adj* усло́вный; **~er** *n* (*for hair*) бальза́м; (*for fabrics*) смягча́ющий раство́р.
condom ['kɔndəm] *n* презервати́в.
condone [kən'dəun] *vt* потво́рствовать *(impf) +dat.*
conduct [*n* 'kɔndʌkt, *vb* kən'dʌkt] *n* (*of person*) поведе́ние ◆ *vt* (*survey etc*) проводи́ть (провести́ *pf*); (*MUS*) дирижи́ровать *(impf)*; (*PHYS*) проводи́ть *(impf)*; **to ~ o.s.** вести́ (повести́ *pf*) себя́; **~or** [kən'dʌktə'] *n* (*MUS*) дирижёр; (*US: RAIL*) контролёр; (*on bus*) конду́ктор.
cone [kəun] *n* ко́нус; (*also:* **traffic ~**) *конусообра́зное доро́жное огражде́ние*; (*BOT*) ши́шка; (*ice-cream*) моро́женое *nt adj.*
confectionery [kən'fɛkʃənrɪ] *n* конди́терские изде́лия *ntpl.*
confederation [kənfɛdə'reɪʃən] *n* конфедера́ция.
confer [kən'fə:'] *vi* совеща́ться *(impf)* ◆ *vt*: **to ~ sth (on sb)** (*honour*) ока́зывать (оказа́ть *pf*) что-н (кому́-н); (*degree*) присужда́ть (присуди́ть *pf*) что-н (кому́-н).
conference ['kɔnfərəns] *n* конфере́нция.
confess [kən'fɛs] *vt* (*guilt, ignorance*) признава́ть (призна́ть *pf*); (*sin*) испове́доваться (испове́даться *pf*) в *+prp* ◆ *vi* (*to crime*) признава́ться (призна́ться *pf*); **~ion** [kən'fɛʃən] *n* призна́ние; (*REL*) и́споведь *f.*
confide [kən'faɪd] *vi*: **to ~ in** доверя́ться (дове́риться *pf*) *+dat.*
confidence ['kɔnfɪdns] *n* уве́ренность *f*; (*in self*) уве́ренность в себе́; **in ~** конфиденциа́льно.
confident ['kɔnfɪdənt] *adj* (*see n*) уве́ренный; уве́ренный в себе́.
confidential [kɔnfɪ'dɛnʃəl] *adj* конфиденциа́льный; (*tone*) довери́тельный.
confine [kən'faɪn] *vt* (*lock up*)

запира́ть (запере́ть *pf*); (*limit*): **to ~ (to)** ограни́чивать (ограни́чить *pf*) (*+instr*); **~d** *adj* закры́тый; **~ment** *n* (*in jail*) (тюре́мное) заключе́ние; **~s** ['kɔnfaɪnz] *npl* преде́лы *mpl*.

confirm [kən'fə:m] *vt* подтвержда́ть (подтверди́ть *pf*); **~ation** [kɔnfə'meɪʃən] *n* подтвержде́ние; **~ed** *adj* убеждённый.

conflict ['kɔnflɪkt] *n* конфли́кт; (*of interests*) столкнове́ние; **~ing** *adj* противоречи́вый; (*interests*) противополо́жный.

conform [kən'fɔ:m] *vi*: **to ~ (to)** подчиня́ться (подчини́ться *pf*) (*+dat*).

confront [kən'frʌnt] *vt* (*problems*) ста́лкиваться (столкну́ться *pf*) с *+instr*; (*enemy*) противостоя́ть (*impf*) *+dat*; **~ation** [kɔnfrən'teɪʃən] *n* конфронта́ция.

confuse [kən'fju:z] *vt* запу́тывать (запу́тать *pf*); (*mix up*) пу́тать (спу́тать *pf*); **~d** *adj* (*person*) озада́ченный.

confusing [kən'fju:zɪŋ] *adj* запу́танный.

confusion [kən'fju:ʒən] *n* (*perplexity*) замеша́тельство; (*mix-up*) пу́таница; (*disorder*) беспоря́док.

congested [kən'dʒɛstɪd] *adj* (*see n*) перегру́женный; перенаселённый.

congestion [kən'dʒɛstʃən] *n* (*on road*) перегру́женность *f*; (*in area*) перенаселённость *f*.

congratulate [kən'grætjuleɪt] *vt*: **to ~ sb (on)** поздравля́ть (поздра́вить *pf*) кого́-н (с *+instr*).

congratulations [kəngrætju'leɪʃənz] *npl* поздравле́ния *ntpl*; **~ (on)** поздравля́ю (с *+instr*); (*from several people*) поздравля́ем (с *+instr*).

congregation [kɔŋgrɪ'geɪʃən] *n* па́ства.

congress ['kɔŋgrɛs] *n* конгре́сс; (*US*): **C~** конгре́сс США; **~man** *irreg n* (*US*) конгрессме́н.

conjunctivitis [kəndʒʌŋktɪ'vaɪtɪs] *n* конъюнктиви́т.

conjunction [kən'dʒʌŋkʃən] *n* (*LING*) сою́з.

conjure ['kʌndʒə^r] *vt* (*fig*) соobража́ть (сообрази́ть *pf*); **~ up** *vt* (*memories*) пробужда́ть (пробуди́ть *pf*).

connect [kə'nɛkt] *vt* (*ELEC*) подсоединя́ть (подсоедини́ть *pf*), подключа́ть (подключи́ть *pf*); (*fig: associate*) свя́зывать (связа́ть *pf*) ♦ *vi*: **to ~ with** согласо́вываться (согласова́ться *pf*) по расписа́нию с *+instr*; **to ~ sb/sth (to)** соединя́ть (соедини́ть *pf*) кого́-н/что-н (с *+instr*); **he is ~ed with ...** он свя́зан с *+instr ...*; **I am trying to ~ you** (*TEL*) я пыта́юсь подключи́ть Вас; **~ion** [kə'nɛkʃən] *n* связь *f*; (*train etc*) переса́дка.

connoisseur [kɔnɪ'sə:^r] *n* знато́к.

conquer ['kɔŋkə^r] *vt* (*MIL*) завоёвывать (завоева́ть *pf*); (*overcome*) поборо́ть (*pf*).

conquest ['kɔŋkwɛst] *n* (*MIL*) завоева́ние.

cons [kɔnz] *npl see* **convenience, pro.**

conscience ['kɔnʃəns] *n* со́весть *f*.

conscientious [kɔnʃɪ'ɛnʃəs] *adj* добросо́вестный.

conscious ['kɔnʃəs] *adj* (*deliberate*) созна́тельный; (*aware*): **to be ~ of**

sth/that сознавать *(impf)* что-н/, что; **the patient was ~** пациент находился в сознании; **~ness** *n* сознание; (*of group*) самосознание.

consecutive [kən'sɛkjutɪv] *adj*: **on three ~ occasions** в трёх случаях подряд; **on three ~ days** три дня подряд.

consensus [kən'sɛnsəs] *n* единое мнение; **~ (of opinion)** консенсус.

consent [kən'sɛnt] *n* согласие.

consequence ['kɔnsɪkwəns] *n* следствие; **of ~** (*significant*) значительный; **it's of little ~** это не имеет большого значения; **in ~** (*consequently*) следовательно, вследствие этого.

consequently ['kɔnsɪkwəntlɪ] *adv* следовательно.

conservation [kɔnsə'veɪʃən] *n* (*also:* **nature ~**) охрана природы, природоохрана.

conservative [kən'sə:vətɪv] *adj* консервативный; (*estimate*) скромный; (*BRIT*: *POL*): **C~** консервативный ◆ *n* (*BRIT*): **C~** консерватор.

conservatory [kən'sə:vətrɪ] *n* застеклённая веранда.

conserve [kən'sə:v] *vt* сохранять (сохранить *pf*); (*energy*) рационально использовать *(impf)* ◆ *n* варенье.

consider [kən'sɪdə'] *vt* (*believe*) считать (посчитать *pf*); (*study*) рассматривать (рассмотреть *pf*); (*take into account*) учитывать (учесть *pf*); (*regard*): **to ~ that ...** полагать *(impf)* *or* считать *(impf)*, что ...; **to ~ sth** (*think about*) подумывать *(impf)* о чём-н; **~able** *adj* значительный; **~ably** *adv* значительно; **~ate** *adj* (*person*) заботливый; (*action*) внимательный; **~ation** [kənsɪdə'reɪʃən] *n* рассмотрение, обдумывание; (*factor*) соображение; (*thoughtfulness*) внимание; **~ing** *prep* учитывая *+acc*.

consignment [kən'saɪnmənt] *n* (*COMM*) партия.

consist [kən'sɪst] *vi*: **to ~ of** состоять *(impf)* из *+gen*.

consistency [kən'sɪstənsɪ] *n* последовательность *f*; (*of yoghurt etc*) консистенция.

consistent [kən'sɪstənt] *adj* последовательный.

consolation [kɔnsə'leɪʃən] *n* утешение.

console [kən'səul] *vt* утешать (утешить *pf*).

consolidate [kən'sɔlɪdeɪt] *vt* (*position, power*) укреплять (укрепить *pf*).

consonant ['kɔnsənənt] *n* согласный *m adj*.

consortium [kən'sɔ:tɪəm] *n* консорциум.

conspicuous [kən'spɪkjuəs] *adj* заметный.

conspiracy [kən'spɪrəsɪ] *n* заговор.

constable ['kʌnstəbl] (*BRIT*: *also:* **police ~**) *n* полицейский *m adj*.

constant ['kɔnstənt] *adj* постоянный; (*fixed*) неизменный; **~ly** *adv* постоянно.

constipation [kɔnstɪ'peɪʃən] *n* запор.

constituency [kən'stɪtjuənsɪ] *n* (*area*) избирательный округ.

constituent [kən'stɪtjuənt] *n* избиратель(ница) *m(f)*; (*component*) составная часть *f*.

constitute ['kɔnstɪtju:t] *vt* (*represent*) являться (явиться *pf*)

+instr; (*make up*) составля́ть (соста́вить *pf*).
constitution [kɔnstɪ'tju:ʃən] *n* (*of country, person*) конститу́ция; (*of organization*) уста́в; **~al** *adj* конституцио́нный.
constraint [kən'streɪnt] *n* (*restriction*) ограниче́ние.
construct [kən'strʌkt] *vt* сооружа́ть (сооруди́ть *pf*); **~ion** [kən'strʌkʃən] *n* (*of building etc*) сооруже́ние; (*structure*) констру́кция; **~ive** *adj* конструкти́вный.
consul ['kɔnsl] *n* ко́нсул; **~ate** ['kɔnsjulɪt] *n* ко́нсульство.
consult [kən'sʌlt] *vt* (*friend*) сове́товаться (посове́товаться *pf*) с *+instr*; (*book, map*) справля́ться (спра́виться *pf*) с *+instr*; **to ~ sb (about)** (*expert*) консульти́роваться (проконсульти́роваться *pf*) с кем-н (о *+prp*); **~ant** *n* консульта́нт; (*MED*) врач-консульта́нт; **~ation** [kɔnsəl'teɪʃən] *n* (*MED*) консульта́ция; (*discussion*) совеща́ние.
consume [kən'sju:m] *vt* потребля́ть (потреби́ть *pf*); **~r** *n* потреби́тель *m*; **~r goods** *npl* потреби́тельские това́ры *mpl*.
consumption [kən'sʌmpʃən] *n* потребле́ние; (*amount*) расхо́д.
cont. *abbr* = *continued*: **~. on** продолже́ние на *+prp*.
contact ['kɔntækt] *n* (*communication*) конта́кт; (*touch*) соприкоснове́ние; (*person*) делово́й(-а́я) знако́мый(-ая) *m(f) adj* ◆ *vt* свя́зываться (связа́ться *pf*) с *+instr*; **~ lenses** *npl* конта́ктные ли́нзы *fpl*.
contagious [kən'teɪdʒəs] *adj* зара́зный; (*fig*) заррази́тельный.
contain [kən'teɪn] *vt* (*hold*) вмеща́ть (вмести́ть *pf*); (*include*) содержа́ть *(impf)*; (*curb*) сде́рживать (сдержа́ть *pf*); **to ~ o.s.** сде́рживаться (сдержа́ться *pf*); **~er** *n* конте́йнер.
contamination [kəntæmɪ'neɪʃən] *n* загрязне́ние.
contemplate ['kɔntəmpleɪt] *vt* (*consider*) размышля́ть *(impf)* о *+prp*; (*look at*) созерца́ть *(impf)*.
contemporary [kən'tɛmpərərɪ] *adj* совреме́нный ◆ *n* совреме́нник (-ица).
contempt [kən'tɛmpt] *n* презре́ние; **~ of court** оскорбле́ние суда́; **~uous** *adj* презри́тельный.
contend [kən'tɛnd] *vt*: **to ~ that** утвержда́ть *(impf)*, что ◆ *vi*: **to ~ with** (*problem etc*) боро́ться *(impf)* с *+instr*; **to ~ for** (*power*) боро́ться *(impf)* за *+acc*; **~er** *n* претенде́нт(ка).
content [*n* 'kɔntɛnt, *adj, vb* kən'tɛnt] *n* содержа́ние ◆ *adj* дово́льный ◆ *vt* (*satisfy*) удовлетворя́ть (удовлетвори́ть *pf*); **~s** *npl* (*of bottle etc*) содержи́мое *ntsg adj*; (*of book*) содержа́ние *ntsg*; **(table of) ~s** оглавле́ние; **~ed** *adj* дово́льный.
contention [kən'tɛnʃən] *n* (*assertion*) утвержде́ние; (*argument*) разногла́сие.
contest [*n* 'kɔntɛst, *vb* kən'tɛst] *n* (*sport*) соревнова́ние; (*beauty*) ко́нкурс; (*for power etc*) борьба́ ◆ *vt* оспа́ривать (оспо́рить *pf*); (*election, competition*) боро́ться *(impf)* на *+prp*; **~ant** [kən'tɛstənt] *n* уча́стник(-ница).

context [ˈkɔntɛkst] *n* конте́кст.
continent [ˈkɔntɪnənt] *n* контине́нт, матери́к; **the C~** (*BRIT*) Евро́па (*кро́ме брита́нских острово́в*); **~al** [kɔntɪˈnɛntl] *adj* (*BRIT*) европе́йский; **~al quilt** *n* (*BRIT*) стёганое одея́ло.
contingency [kənˈtɪndʒənsɪ] *n* возмо́жность *f*.
contingent [kənˈtɪndʒənt] *n* (*also MIL*) континге́нт.
continual [kənˈtɪnjuəl] *adj* непреры́вный, постоя́нный; **~ly** *adv* непреры́вно, постоя́нно.
continuation [kəntɪnjuˈeɪʃən] *n* продолже́ние.
continue [kənˈtɪnju:] *vi* (*carry on*) продолжа́ться (*impf*); (*after interruption*: *talk*) продолжа́ться (продо́лжиться *pf*); (: *person*) продолжа́ть (продо́лжить *pf*) ◆ *vt* продолжа́ть (продо́лжить *pf*).
continuity [kɔntɪˈnju:ɪtɪ] *n* прее́мственность *f*.
continuous [kənˈtɪnjuəs] *adj* непреры́вный; (*line*) сплошно́й.
contraception [kɔntrəˈsɛpʃən] *n* предупрежде́ние бере́менности.
contraceptive [kɔntrəˈsɛptɪv] *n* противозача́точное сре́дство, контрацепти́в.
contract [*n* ˈkɔntrækt, *vb* kənˈtrækt] *n* догово́р, контра́кт ◆ *vi* сжима́ться (сжа́ться *pf*) ◆ *vt* (*MED*) заболева́ть (заболе́ть *pf*) *+instr*; **~ion** [kənˈtrækʃən] *n* (*MED*) родова́я поту́га; **~or** [kənˈtræktəʳ] *n* подря́дчик.
contradict [kɔntrəˈdɪkt] *vt* (*person*) возража́ть (возрази́ть *pf*) *+dat*; (*statement*) возража́ть (возрази́ть *pf*) на *+acc*; **~ion** [kɔntrəˈdɪkʃən] *n* противоре́чие; **~ory** *adj* противоречи́вый.
contrary [ˈkɔntrərɪ] *adj* противополо́жный ◆ *n* противополо́жность *f*; **on the ~** напро́тив, наоборо́т; **unless you hear to the ~** е́сли не бу́дет други́х инстру́кций.
contrast [*n* ˈkɔntrɑ:st, *vb* kənˈtrɑ:st] *n* контра́ст ◆ *vt* сопоставля́ть (сопоста́вить *pf*); **in ~ to** *or* **with** по контра́сту с *+instr*; **~ing** [kənˈtrɑ:stɪŋ] *adj* (*colours*) контрасти́рующий; (*views*) противополо́жный.
contribute [kənˈtrɪbju:t] *vi* (*give*) де́лать (сде́лать *pf*) вклад ◆ *vt* (*money, an article*) вноси́ть (внести́ *pf*); **to ~ to** (*to charity*) же́ртвовать (поже́ртвовать *pf*) на *+acc or* для *+gen*; (*to paper*) писа́ть (написа́ть *pf*) для *+gen*; (*to discussion*) вноси́ть (внести́ *pf*) вклад в *+prp*; (*to problem*) усугубля́ть (усугуби́ть *pf*).
contribution [kɔntrɪˈbju:ʃən] *n* (*donation*) поже́ртвование, вклад; (*to debate, campaign*) вклад; (*to journal*) публика́ция.
contributor [kənˈtrɪbjutəʳ] *n* (*to appeal*) же́ртвователь *m*; (*to newspaper*) а́втор.
control [kənˈtrəul] *vt* контроли́ровать (*impf*) ◆ *n* (*of country, organization*) контро́ль *m*; (*of o.s.*) самооблада́ние; **~s** *npl* (*of vehicle*) рычаги́ *mpl* управле́ния; (*on radio etc*) ру́чки *fpl* настро́йки; **to ~ o.s.** сохраня́ть (сохрани́ть *pf*) самооблада́ние; **to be in ~ of** контроли́ровать (*impf*); **everything is under ~** всё под контро́лем; **out of ~**

неуправля́емый.
controversial [kɔntrəˈvəːʃl] *adj* спо́рный; (*person, writer*) неоднозна́чный.
controversy [ˈkɔntrəvəːsɪ] *n* диску́ссия, спор.
convene [kənˈviːn] *vt* созыва́ть (созва́ть *pf*) ◆ *vi* собира́ться (собра́ться *pf*).
convenience [kənˈviːnɪəns] *n* удо́бство; **at your ~** когда́ Вам бу́дет удо́бно; **a flat with all modern ~s** *or* (*BRIT*) **all mod cons** кварти́ра со все́ми удо́бствами.
convenient [kənˈviːnɪənt] *adj* удо́бный.
convent [ˈkɔnvənt] *n* (*REL*) (же́нский) монасты́рь *m*.
convention [kənˈvɛnʃən] *n* (*custom*) усло́вность *f*; (*conference*) конфере́нция; (*agreement*) конве́нция; **~al** *adj* традицио́нный; (*methods, weapons*) обы́чный.
converge [kənˈvəːdʒ] *vi* (*people*) съезжа́ться (съе́хаться *pf*).
conversation [kɔnvəˈseɪʃən] *n* бесе́да, разгово́р; **to have a ~ with sb** разгова́ривать *(impf) or* бесе́довать (побесе́довать *pf*) с кем-н.
conversely [kɔnˈvəːslɪ] *adv* наоборо́т.
conversion [kənˈvəːʃən] *n* обраще́ние; (*of weights*) перево́д; (*of substances*) превраще́ние.
convert [*vb* kənˈvəːt, *n* ˈkɔnvəːt] *vt* (*person*) обраща́ть (обрати́ть *pf*) ◆ *n* новообращённый(-ая)*m(f) adj*; **to ~ sth into** превраща́ть (преврати́ть *pf*) что-н в *+acc*.
convey [kənˈveɪ] *vt* передава́ть (переда́ть *pf*); (*cargo, person*) перевози́ть (перевезти́ *pf*).
convict [*vb* kənˈvɪkt, *n* ˈkɔnvɪkt] *vt* осужда́ть (осуди́ть *pf*) ◆ *n* ка́торжник; **~ion** [kənˈvɪkʃən] *n* (*belief*) убежде́ние; (*certainty*) убеждённость *f*; (*LAW*) осужде́ние; (: *previous*) суди́мость *f*.
convince [kənˈvɪns] *vt* (*assure*) уверя́ть (уве́рить *pf*); (*persuade*) убежда́ть (убеди́ть *pf*); **~d** *adj*: **~d of/that** убеждённый в *+prp*/, что.
convincing [kənˈvɪnsɪŋ] *adj* убеди́тельный.
convoy [ˈkɔnvɔɪ] *n* (*of trucks*) коло́нна; (*of ships*) конво́й.
cook [kuk] *vt* гото́вить (пригото́вить *pf*) ◆ *vi* (*person*) гото́вить *(impf)*; (*food*) гото́виться *(impf)* ◆ *n* по́вар; **~er** *n* плита́; **~ery** *n* кулинари́я; **~ery book** *n* (*BRIT*) пова́ренная *or* кулина́рная кни́га; **~ie** *n* (*US*) пече́нье; **~ing** *n* гото́вка; (*act*) приготовле́ние пи́щи.
cool [kuːl] *adj* прохла́дный; (*dress, clothes*) лёгкий; (*person*: *calm*) невозмути́мый; (: *hostile*) холо́дный ◆ *vi* (*water, air*) остыва́ть (осты́ть *pf*).
cooperate [kəuˈɔpəreɪt] *vi* (*collaborate*) сотру́дничать *(impf)*; (*assist*) соде́йствовать *(impf)*.
cooperation [kəuɔpəˈreɪʃən] *n* (*see vi*) коопера́ция, сотру́дничество; соде́йствие.
cooperative [kəuˈɔpərətɪv] *n* кооперати́в ◆ *adj*: **he is very ~** он всегда́ гото́в оказа́ть по́мощь.
coordinate [*vb* kəuˈɔːdɪneɪt, *n* kəuˈɔdɪnət] *vt* (*activity, attack*) согласо́вывать (согласова́ть *pf*); (*movements*) координи́ровать *(impf/pf)* ◆ *n* (*MATH*) координа́та.

coordination [kəuɔ:dɪ'neɪʃən] *n* координáция.
cop [kɔp] *n* (*BRIT: inf*) мент.
cope [kəup] *vi*: **to ~ with** справля́ться (спрáвиться *pf*) с *+instr*.
copper ['kɔpə'] *n* (*metal*) медь *f*.
copy ['kɔpɪ] *n* (*duplicate*) кóпия; (*of book etc*) экземпля́р ♦ *vt* копи́ровать (скопи́ровать *pf*); **~right** *n* áвторское прáво, копирáйт.
coral ['kɔrəl] *n* корáлл.
cord [kɔ:d] *n* (*string*) верёвка; (*ELEC*) шнур; (*fabric*) вельвéт.
cordial ['kɔ:dɪəl] *adj* сердéчный.
cordon ['kɔ:dn] *n* кордóн, оцеплéние.
corduroy ['kɔ:dərɔɪ] *n* вельвéт.
core [kɔ:'] *n* сердцеви́на; (*of problem*) суть *f* ♦ *vt* вырезáть (вы́резать *pf*) сердцеви́ну *+gen*.
coriander [kɔrɪ'ændə'] *n* (*spice*) ки́нза, кориáндр.
cork [kɔ:k] *n* прóбка; **~screw** *n* штóпор.
corn [kɔ:n] *n* (*BRIT*) зернó; (*US: maize*) кукурýза; (*on foot*) мозóль *f*; **~ on the cob** почáток кукурýзы.
corner ['kɔ:nə'] *n* ýгол; (*SPORT: also:* **~ kick**) угловóй *m adj* (удáр).
cornflour ['kɔ:nflauə'] *n* (*BRIT*) кукурýзная мукá.
coronary ['kɔrənərɪ] *n* (*also:* **~ thrombosis**) коронáрный тромбóз.
coronation [kɔrə'neɪʃən] *n* коронáция.
coroner ['kɔrənə'] *n* (*LAW*) кóронер (*судья́, расслéдующий причи́ны смéрти, происшéдшей при подозри́тельных обстоя́тельствах*).
corporal ['kɔ:pərl] *adj*: **~ punishment** телéсное наказáние.
corporate ['kɔ:pərɪt] *adj* корпорациóнный; (*ownership*) óбщий; (*identity*) корпорати́вный.
corporation [kɔ:pə'reɪʃən] *n* (*COMM*) корпорáция.
corps [kɔ:'] (*pl* ~) *n* (*also MIL*) кóрпус.
corpse [kɔ:ps] *n* труп.
correct [kə'rɛkt] *adj* прáвильный; (*proper*) соответствующий ♦ *vt* исправля́ть (испрáвить *pf*); (*exam*) проверя́ть (провéрить *pf*); **~ion** [kə'rɛkʃən] *n* исправлéние; (*mistake corrected*) попрáвка.
correspond [kɔrɪs'pɔnd] *vi*: **to ~ (with)** (*write*) переписываться (*impf*) (с *+instr*); (*tally*) согласóвываться (*impf*) (с *+instr*); (*equate*): **to ~ (to)** соотвéтствовать (*impf*) (*+dat*); **~ence** *n* (*letters*) корреспондéнция, перепи́ска; (*relationship*) соотношéние; **~ent** *n* (*PRESS*) корреспондéнт(ка).
corridor ['kɔrɪdɔ:'] *n* коридóр; (*in train*) прохóд.
corrosion [kə'rəuʒən] *n* (*damage*) ржáвчина.
corrugated ['kɔrəgeɪtɪd] *adj* рифлёный.
corrupt [kə'rʌpt] *adj* продáжный, коррумпи́рованный ♦ *vt* развращáть (разврати́ть *pf*); **~ion** [kə'rʌpʃən] *n* коррýпция, продáжность *f*.
cosmetic [kɔz'mɛtɪk] *n* (*usu pl*) космéтика.
cosmopolitan [kɔzmə'pɔlɪtn] *adj* (*place*) космополити́ческий.

cost [kɔst] (*pt, pp* **cost**) *n* (*price*) стóимость *f* ◆ *vt* стóить *(impf)*; (*pt, pp* **costed**; *find out cost of*) оцéнивать (оцени́ть *pf*) стóимость *+gen*; **~s** *npl* (*COMM*) расхóды *mpl*; (*LAW*) судéбные издéржки *fpl*; **how much does it ~?** скóлько э́то стóит?; **to ~ sb sth** (*time, job*) стóить *(impf)* комý-н чегó-н; **at all ~s** любóй ценóй; **~ly** *adj* (*expensive*) дорогостóящий; **~ of living** *n* стóимость *f* жи́зни.
costume ['kɔstju:m] *n* костю́м; (*BRIT*: *also:* **swimming ~**) купáльник, купáльный костю́м.
cosy ['kəuzɪ] (*US* **cozy**) *adj* (*room, atmosphere*) ую́тный.
cot [kɔt] *n* (*BRIT*) дéтская кровáтка; (*US*: *camp bed*) кóйка; **~ death** *n внезáпная смерть здорóвого младéнца во сне.*
cottage ['kɔtɪdʒ] *n* коттéдж.
cotton ['kɔtn] *n* (*fabric*) хлóпок, хлопчатобумáжная ткань *f*; (*thread*) (швéйная) ни́тка; **~ wool** *n* (*BRIT*) вáта.
couch [kautʃ] *n* тахтá, дивáн.
cough [kɔf] *vi* кáшлять *(impf)* ◆ *n* кáшель *m*.
could [kud] *pt of* **can**[2]; **~n't** ['kudnt] **= could not**; *see* **can**[2].
council ['kaunsl] *n* совéт; **city** *or* **town ~** муниципалитéт, городскóй совéт; **~ house** *n* (*BRIT*) *дом, принадлежáщий муниципалитéту*; **~lor** *n* член муниципалитéта; **~ tax** *n* (*BRIT*) муниципáльный налóг.
counsel ['kaunsl] *n* (*advice*) совéт; (*lawyer*) адвокáт ◆ *vt*: **to ~ sth/sb to do** совéтовать (посовéтовать *pf*) чтó-н/комý-н *+infin*; **~lor** *n* (*advisor*) совéтник; (*US*: *lawyer*) адвокáт.
count [kaunt] *vt* считáть (посчитáть *pf*); (*include*) считáть *(impf)* ◆ *vi* пересчи́тывать (пересчитáть *pf*); (*qualify*) считáться *(impf)*; (*matter*) имéть *(impf)* значéние ◆ *n* подсчёт; (*level*) ýровень *m*; **~ on** *vt fus* рассчи́тывать *(impf)* на *+acc*; **~down** *n* обрáтный счёт.
counter ['kauntə[r]] *n* (*in shop, café*) прилáвок; (*in bank, post office*) стóйка; (*in game*) фи́шка ◆ *vt* (*oppose*) опровергáть (опровéргнуть *pf*) ◆ *adv*: **~ to** в противовéс *+dat*.
counterpart ['kauntəpɑ:t] *n* (*of person*) коллéга *m/f*.
countless ['kauntlɪs] *adj* несчётный, бесчи́сленный.
country ['kʌntrɪ] *n* странá; (*native land*) рóдина; (*rural area*) дерéвня; **~side** *n* дерéвня, сéльская мéстность *f*.
county ['kauntɪ] *n* грáфство.
coup [ku:] (*pl* **~s**) *n* (*also:* **~ d'état**) государственный переворóт.
couple ['kʌpl] *n* (*married couple*) (супрýжеская) пáра; (*of people, things*) пáра; **a ~ of** (*some*) пáра *+gen*.
coupon ['ku:pɔn] *n* (*voucher*) купóн; (*form*) талóн.
courage ['kʌrɪdʒ] *n* смéлость *f*, хрáбрость *f*; **~ous** [kə'reɪdʒəs] *adj* смéлый, хрáбрый.
courgette [kuə'ʒɛt] *n* (*BRIT*) молодóй кабачóк.
courier ['kurɪə[r]] *n* курьéр; (*for tourists*) руководи́тель *m* грýппы.
course [kɔ:s] *n* курс; (*of events, time*) ход; (*of action*) направлéние; (*of river*) течéние;

first/last ~ пéрвое/слáдкое блю́до; **of** ~ конéчно.
court [kɔ:t] *n* (*LAW*) суд; (*SPORT*) корт; (*royal*) двор; **to take sb to** ~ подавáть (подáть *pf*) на когó-н в суд.
courteous ['kə:tiəs] *adj* вéжливый.
courtesy ['kə:təsɪ] *n* вéжливость *f*; **(by)** ~ **of** благодаря́ любéзности *+gen*.
courtroom ['kɔ:trum] *n* зал судá.
courtyard ['kɔ:tjɑ:d] *n* вну́тренний двор.
cousin ['kʌzn] *n* (*also:* **first** ~: *male*) двою́родный брат; (*female*) двою́родная сестрá.
cove [kəuv] *n* (*bay*) бу́хта.
cover ['kʌvə'] *vt* закрывáть (закры́ть *pf*), укрывáть (укры́ть *pf*); (*distance*) покрывáть (покры́ть *pf*); (*topic*) рассмáтривать (рассмотрéть *pf*); (*include*) охвáтывать (охвати́ть *pf*); (*PRESS*) освещáть (освети́ть *pf*) ◆ *n* (*for furniture, machinery*) чехóл; (*of book etc*) облóжка; (*shelter*) укры́тие; **~s** *npl* (*for bed*) постéльное бельё *ntsg*; **he was ~ed in** *or* **with** (*mud*) он был весь покры́т *+instr*; **to take** ~ укрывáться (укры́ться *pf*); **under** ~ в укры́тии; **under** ~ **of darkness** под покрóвом темноты́; ~ **up** *vt* закрывáть (закры́ть *pf*) ◆ *vi* (*fig*): **to** ~ **up for sb** покрывáть (покры́ть *pf*) когó-н; **~age** *n* освещéние; **~ing** *n* пласт; (*of snow, dust etc*) слой; (*on floor*) насти́л; **~-up** *n* ши́рма, прикры́тие.
cow [kau] *n* (*also inf!*) корóва (*also !*).
coward ['kauəd] *n* трус(и́ха); **~ice** ['kauədɪs] *n* тру́сость *f*; **~ly** *adj* трусли́вый.
cowboy ['kaubɔɪ] *n* ковбóй.
coy [kɔɪ] *adj* (*shy*) застéнчивый.
cozy ['kəuzɪ] *adj* (*US*) = **cosy**.
crab [kræb] *n* краб.
crack [kræk] *n* (*noise*) треск; (*gap*) щель *f*; (*in dish, wall*) трéщина ◆ *vt* (*whip, twig*) щёлкать (щёлкнуть *pf*) *+instr*; (*dish etc*) раскáлывать (расколóть *pf*); (*nut*) колóть (расколóть *pf*); (*problem*) решáть (реши́ть *pf*); (*code*) разгáдывать (разгадáть *pf*); (*joke*) отпускáть (отпусти́ть *pf*).
crackle ['krækl] *vi* потрéскивать (*impf*).
cradle ['kreɪdl] *n* (*crib*) колыбéль *f*.
craft [krɑ:ft] *n* (*trade*) ремеслó; (*boat*: *pl inv*) корáбль *f*; **~sman** *irreg n* ремéсленник; **~smanship** *n* (*quality*) вы́делка; (*skill*) мастерствó; **~y** *adj* лукáвый.
cram [kræm] *vt*: **to** ~ **sth with** набивáть (наби́ть *pf*) что-н *+instr*; **to** ~ **sth into** вти́скивать (вти́снуть *pf*) что-н в *+acc*.
cramp [kræmp] *n* су́дорога; **~ed** *adj* тéсный.
crane [kreɪn] *n* (*TECH*) (подъёмный) кран.
crank [kræŋk] *n* (*person*) чудáк; (*handle*) заводнáя рукоя́тка.
crash [kræʃ] *n* (*noise*) грóхот; (*of car*) авáрия; (*of plane, train*) крушéние ◆ *vt* разбивáть (разби́ть *pf*) ◆ *vi* разбивáться (разби́ться *pf*); (*two cars*) стáлкиваться (столкну́ться *pf*); ~ **course** *n* интенси́вный курс; ~ **helmet** *n* защи́тный шлем.
crass [kræs] *adj* тупóй.
crate [kreɪt] *n* деревя́нный я́щик; (*for bottles*) упакóвочный я́щик.

crater ['kreɪtə'] *n* (*of volcano*) кра́тер; (*of bomb*) воро́нка.
crave [kreɪv] *vti*: **to ~ sth** *or* **for sth** жа́ждать *(impf)* чего́-н.
crawl [krɔ:l] *vi* (*move*) по́лзать/ползти́ *(impf)* ◆ *n* (*SPORT*) кроль *f*.
craze [kreɪz] *n* пова́льное увлече́ние.
crazy ['kreɪzɪ] *adj* сумасше́дший; **he's ~ about skiing** (*inf*) он поме́шан на лы́жах; **to go ~** помеша́ться *(pf)*.
cream [kri:m] *n* сли́вки *pl*; (*cosmetic*) крем ◆ *adj* (*colour*) кре́мовый; **~y** *adj* (*taste*) сли́вочный.
crease [kri:s] *n* (*fold*) скла́дка; (: *in trousers*) стре́лка; (*in dress, on brow*) морщи́на.
create [kri:'eɪt] *vt* (*impression*) создава́ть (созда́ть *pf*); (*invent*) твори́ть *(impf)*, создава́ть (созда́ть *pf*).
creation [kri:'eɪʃən] *n* созда́ние; (*REL*) сотворе́ние.
creative [kri:'eɪtɪv] *adj* тво́рческий.
creature ['kri:tʃə'] *n* (*animal*) существо́; (*person*) созда́ние.
crèche [krɛʃ] *n* (де́тские) я́сли *pl*.
credentials [krɪ'dɛnʃlz] *npl* (*references*) квалифика́ция *fsg*; (*for identity*) рекоменда́тельное письмо́ *ntsg*, рекоменда́ция *fsg*.
credibility [krɛdɪ'bɪlɪtɪ] *n* (*see adj*) правдоподо́бность *f*; авторите́т.
credible ['krɛdɪbl] *adj* вероя́тный, правдоподо́бный; (*person*) авторите́тный.
credit ['krɛdɪt] *n* (*COMM*) креди́т; (*recognition*) до́лжное *nt adj* ◆ *vt* (*COMM*) кредитова́ть *(impf/pf)*; **to ~ sb with sth** (*sense etc*) наделя́ть (надели́ть *pf*) кого́-н чем-н; **~s** *npl* (*CINEMA, TV*) ти́тры *mpl*; **~ card** *n* креди́тная ка́рточка; **~or** *n* кредито́р.
creed [kri:d] *n* (*REL*) вероуче́ние.
creek [kri:k] *n* у́зкий зали́в; (*US*: *stream*) руче́й.
creep [kri:p] (*pt, pp* **crept**) *vi* (*person, animal*) кра́сться *(impf)* ◆ *n* (*inf*) подхали́м(ка); **~y** *adj* жу́ткий.
crept [krɛpt] *pt, pp of* **creep**.
crescent ['krɛsnt] *n* полуме́сяц.
cress [krɛs] *n* кресс-сала́т.
crest [krɛst] *n* (*of hill*) гре́бень *m*; (*of bird*) хохоло́к, гребешо́к; (*coat of arms*) герб.
crew [kru:] *n* экипа́ж; (*TV, CINEMA*) съёмочная гру́ппа.
cricket ['krɪkɪt] *n* (*game*) кри́кет; (*insect*) сверчо́к.
crime [kraɪm] *n* преступле́ние; (*illegal activity*) престу́пность *f*.
criminal ['krɪmɪnl] *n* престу́пник (-ица) ◆ *adj* уголо́вный, престу́пный.
crimson ['krɪmzn] *adj* мали́новый, тёмно-кра́сный.
cripple ['krɪpl] *n* кале́ка *m/f* ◆ *vt* (*person*) кале́чить (искале́чить *pf*).
crises ['kraɪsi:z] *npl of* **crisis**.
crisis ['kraɪsɪs] (*pl* **crises**) *n* кри́зис.
crisp [krɪsp] *adj* (*food*) хрустя́щий; (*weather*) све́жий; (*reply*) чёткий; **~s** *npl* (*BRIT*) чи́псы *pl*.
criteria [kraɪ'tɪərɪə] *npl of* **criterion**.
criterion [kraɪ'tɪərɪən] (*pl* **criteria**) *n* крите́рий.
critic ['krɪtɪk] *n* кри́тик; **~al** *adj* крити́ческий; (*person, opinion*) крити́чный; **he is ~al** (*MED*) он в крити́ческом состоя́нии; **~ally** *adv* (*speak, look*) крити́чески; **~ism** ['krɪtɪsɪzəm] *n* кри́тика; (*of book, play*) крити́ческий разбо́р;

~ize ['krıtısaız] *vt* критиковать *(impf)*.
Croatia [krəu'eıʃə] *n* Хорватия.
crockery ['krɔkərı] *n* посуда.
crocodile ['krɔkədaıl] *n* крокодил.
crocus ['krəukəs] *n* шафран.
crook [kruk] *n* (*criminal*) жулик; **~ed** ['krukıd] *adj* кривой; (*dishonest*) жуликоватый; (*business*) жульнический.
crop [krɔp] *n* (сельскохозяйственная) культура; (*harvest*) урожай; (*also:* **riding ~**) плеть *f*.
cross [krɔs] *n* крест; (*mark*) крестик; (*BIO*) помесь *f* ♦ *vt* пересекать (пересечь *pf*), переходить (перейти *pf*); (*cheque*) кроссировать *(impf/pf)*; (*arms etc*) скрещивать (скрестить *pf*) ♦ *adj* сердитый; **~ out** *vt* вычёркивать (вычеркнуть *pf*); **~ing** *n* переправа; (*also:* **pedestrian ~ing**) переход; **~roads** *n* перекрёсток; **~ section** *n* (*of population*) профиль *m*; (*of object*) поперечное сечение; **~word** *n* кроссворд.
crotch [krɔtʃ] *n* промежность *f*; **the trousers are tight in the ~** брюки жмут в шагу.
crouch [krautʃ] *vi* приседать (присесть *pf*).
crow [krəu] *n* (*bird*) ворона.
crowd [kraud] *n* толпа; **~ed** *adj* (*area*) перенаселённый; **the room was ~ed** комната была заполнена людьми.
crown [kraun] *n* корона; (*of head*) макушка; (*of hill*) вершина; (*of tooth*) коронка ♦ *vt* короновать *(impf/pf)*; **the C~** (Британская) Корона.
crucial ['kru:ʃl] *adj* решающий; (*work*) важный.
crucifixion [kru:sı'fıkʃən] *n* распятие (на кресте).
crude [kru:d] *adj* (*materials*) сырой; (*fig: basic*) примитивный; (*: vulgar*) грубый.
cruel ['kruəl] *adj* жестокий; **~ty** *n* жестокость *f*.
cruise [kru:z] *n* круиз ♦ *vi* крейсировать *(impf)*.
crumb [krʌm] *n* (*of cake etc*) крошка.
crumble ['krʌmbl] *vt* крошить (раскрошить *pf*) ♦ *vi* осыпаться (осыпаться *pf*); (*fig*) рушиться (рухнуть *pf*).
crunch [krʌntʃ] *vt* (*food etc*) грызть (сгрызть *pf*) ♦ *n* (*fig*): **the ~** критический *or* решающий момент; **~y** *adj* хрустящий.
crusade [kru:'seıd] *n* (*campaign*) крестовый поход.
crush [krʌʃ] *vt* (*squash*) выжимать (выжать *pf*); (*crumple*) мять (смять *pf*); (*defeat*) сокрушать (сокрушить *pf*); (*upset*) уничтожать (уничтожить *pf*) ♦ *n* (*crowd*) давка; **to have a ~ on sb** сходить (сойти *pf*) с ума по кому-н.
crust [krʌst] *n* корка; (*of earth*) кора.
crutch [krʌtʃ] *n* (*MED*) костыль *m*.
crux [krʌks] *n* суть *f*.
cry [kraı] *vi* плакать *(impf)*; (*also:* **~ out**) кричать (крикнуть *pf*) ♦ *n* крик.
crypt [krıpt] *n* склеп.
cryptic ['krıptık] *adj* загадочный.
crystal ['krıstl] *n* (*glass*) хрусталь; (*CHEM*) кристалл; **~ clear** *adj* кристально чистый; (*sound, idea*) совершенно ясный.
cub [kʌb] *n* детёныш.

Cuba ['kju:bə] *n* Ку́ба.
cube [kju:b] *n* (*also MATH*) куб ◆ *vt* возводи́ть (возвести́ *pf*) в куб.
cubic ['kju:bɪk] *adj* куби́ческий.
cubicle ['kju:bɪkl] *n* (*at pool*) каби́нка.
cuckoo ['kuku:] *n* куку́шка.
cucumber ['kju:kʌmbə'] *n* огуре́ц.
cuddle ['kʌdl] *vt* обнима́ть (обня́ть *pf*) ◆ *vi* обнима́ться (обня́ться *pf*) ◆ *n* ла́ска.
cue [kju:] *n* кий; (*THEAT*) ре́плика.
cuff [kʌf] *n* (*of sleeve*) манже́та; (*US*: *of trousers*) отворо́т; (*blow*) шлепо́к; **off the ~** экспро́мтом.
cuisine [kwɪ'zi:n] *n* ку́хня (*ку́шанья*).
cul-de-sac ['kʌldəsæk] *n* тупи́к.
culinary ['kʌlɪnərɪ] *adj* кулина́рный.
culmination [kʌlmɪ'neɪʃən] *n* кульмина́ция.
culprit ['kʌlprɪt] *n* (*person*) вино́вник(-вница).
cult [kʌlt] *n* (*also REL*) культ.
cultivate ['kʌltɪveɪt] *vt* (*crop, feeling*) культиви́ровать *(impf)*; (*land*) возде́лывать *(impf)*.
cultural ['kʌltʃərəl] *adj* культу́рный.
culture ['kʌltʃə'] *n* культу́ра; **~d** *adj* культу́рный.
cumbersome ['kʌmbəsəm] *adj* громо́здкий.
cumulative ['kju:mjulətɪv] *adj* (*effect, result*) сумма́рный; (*process*) нараста́ющий.
cunning ['kʌnɪŋ] *n* хи́трость *f* ◆ *adj* (*crafty*) хи́трый.
cup [kʌp] *n* ча́шка; (*as prize*) ку́бок; (*of bra*) ча́шечка.
cupboard ['kʌbəd] *n* шкаф; (*built-in*) стенно́й шкаф.
curate ['kjuərɪt] *n* вика́рий.
curator [kjuə'reɪtə'] *n* храни́тель *m*.
curb [kə:b] *vt* (*powers etc*) обу́здывать (обузда́ть *pf*) ◆ *n* (*US*: *kerb*) бордю́р.
cure [kjuə'] *vt* выле́чивать (вы́лечить *pf*); (*CULIN*) обраба́тывать (обрабо́тать *pf*) ◆ *n* лека́рство; (*solution*) сре́дство.
curfew ['kə:fju:] *n* коменда́нтский час.
curiosity [kjuərɪ'ɔsɪtɪ] *n* (*see adj*) любопы́тство; любозна́тельность *f*.
curious ['kjuərɪəs] *adj* любопы́тный; (*interested*) любозна́тельный.
curl [kə:l] *n* (*of hair*) ло́кон, завито́к ◆ *vt* (*hair*) завива́ть (зави́ть *pf*); (*: tightly*) закру́чивать (закрути́ть *pf*) ◆ *vi* (*hair*) ви́ться *(impf)*; **~y** *adj* вью́щийся.
currant ['kʌrnt] *n* (*dried grape*) изю́минка; **~s** (*dried grapes*) изю́м.
currency ['kʌrnsɪ] *n* валю́та.
current ['kʌrnt] *n* (*of air, water*) пото́к; (*ELEC*) ток ◆ *adj* (*present*) теку́щий, совреме́нный; (*accepted*) общепри́нятый; **~ account** *n* (*BRIT*) теку́щий счёт; **~ affairs** *npl* теку́щие собы́тия *ntpl*; **~ly** *adv* в да́нный *or* настоя́щий моме́нт.
curricula [kə'rɪkjulə] *npl of* **curriculum**.
curriculum [kə'rɪkjuləm] (*pl* **~s** *or* **curricula**) *n* (*SCOL*) уче́бный план.
curry ['kʌrɪ] *n* *блю́до, с кэ́рри*.
curse [kə:s] *n* прокля́тие; (*swearword*) руга́тельство.
curt [kə:t] *adj* ре́зкий.
curtain ['kə:tn] *n* за́навес; (*light*)

занаве́ска.
curve [kəːv] *n* изги́б.
cushion ['kuʃən] *n* поду́шка ♦ *vt* смягча́ть (смягчи́ть *pf*).
custard ['kʌstəd] *n* заварно́й крем.
custody ['kʌstədɪ] *n* опе́ка; **to take into ~** брать (взять *pf*) под стра́жу, аресто́вывать (арестова́ть *pf*).
custom ['kʌstəm] *n* (*traditional*) тради́ция; (*convention*) обы́чай; (*habit*) привы́чка; **~ary** *adj* обы́чный, традицио́нный.
customer ['kʌstəmə^r] *n* (*of shop*) покупа́тель(ница) *m(f)*; (*of business*) клие́нт, зака́зчик.
customs ['kʌstəmz] *npl* тамо́жня *fsg*.
cut [kʌt] (*pt, pp* **cut**) *vt* (*bread, meat*) ре́зать (разре́зать *pf*); (*hand, knee*) ре́зать (поре́зать *pf*); (*grass, hair*) стричь (постри́чь *pf*); (*text, spending, supply*) уре́зывать (уре́зать *pf*); (*prices*) снижа́ть (сни́зить *pf*) ♦ *vi* ре́зать (*impf*) ♦ *n* (*in skin*) поре́з; (*in salary, spending*) сниже́ние; (*of meat*) кусо́к; **~ down** *vt* (*tree*) сруба́ть (сруби́ть *pf*); (*consumption*) сокраща́ть (сократи́ть *pf*); **~ off** *vt* отреза́ть (отре́зать *pf*); (*electricity, water*) отключа́ть (отключи́ть *pf*); (*TEL*) разъединя́ть (разъедини́ть *pf*); **~ out** *vt* (*remove*) выреза́ть (вы́резать *pf*); (*stop*) прекраща́ть (прекрати́ть *pf*); **~ up** *vt* разреза́ть (разре́зать *pf*).
cute [kjuːt] *adj* (*sweet*) ми́лый, преле́стный.
cutlery ['kʌtlərɪ] *n* столо́вый прибо́р.
cut-price (*US* **cut-rate**) *adj* по сни́женной цене́.
cut-rate ['kʌt'reɪt] *adj* (*US*) = **cut-price**.
cutting ['kʌtɪŋ] *adj* (*edge*) о́стрый; (*remark etc*) язви́тельный ♦ *n* (*BRIT: PRESS*) вы́резка; (*from plant*) черено́к.
CV *n abbr* (= *curriculum vitae*) автобиогра́фия.
cycle ['saɪkl] *n* цикл; (*bicycle*) велосипе́д.
cyclone ['saɪkləun] *n* цикло́н.
cylinder ['sɪlɪndə^r] *n* цили́ндр; (*of gas*) балло́н.
cymbals ['sɪmblz] *npl* таре́лки *fpl*.
cynical ['sɪnɪkl] *adj* цини́чный.
cynicism ['sɪnɪsɪzəm] *n* цини́зм.
Cyprus ['saɪprəs] *n* Кипр.
cystitis [sɪs'taɪtɪs] *n* цисти́т.
Czech [tʃɛk] *adj* че́шский ♦ *n* чех (че́шка); **~ Republic** *n*: **the ~ Republic** Че́шская Респу́блика.

D, d

D [diː] *n* (*MUS*) ре.
dab [dæb] *vt* (*eyes, wound*) промокну́ть (*pf*); (*paint, cream*) наноси́ть (нанести́ *pf*).
dad [dæd] *n* (*inf*) па́па *m*, па́почка *m*; **~dy** *n* (*inf*) = **dad**.
daffodil ['dæfədɪl] *n* нарци́сс.
daft [dɑːft] *adj* (*ideas*) дура́цкий; (*person*) ненорма́льный, чо́кнутый.
dagger ['dægə^r] *n* кинжа́л.
daily ['deɪlɪ] *adj* (*dose*) су́точный; (*routine*) повседне́вный; (*wages*) дневно́й ♦ *n* (*also:* **~ paper**) ежедне́вная газе́та ♦ *adv* ежедне́вно.
dainty ['deɪntɪ] *adj* изя́щный.
dairy ['dɛərɪ] *n* (*BRIT: shop*) моло́чный магази́н; (*for making*

butter) маслоде́льня; *(for making cheese)* сырова́рня; **~ products** *npl* моло́чные проду́кты *mpl*.
daisy ['deɪzɪ] *n* маргари́тка.
dam [dæm] *n* да́мба ◆ *vt* перекрыва́ть (перекры́ть *pf*) да́мбой.
damage ['dæmɪdʒ] *n (harm)* уще́рб; *(dents etc)* поврежде́ние; *(fig)* вред ◆ *vt* поврежда́ть (повреди́ть *pf*); *(fig)* вреди́ть (повреди́ть *pf*) *+dat*; **~s** *npl (LAW)* компенса́ция *fsg*.
damn [dæm] *vt* осужда́ть (осуди́ть *pf*) ◆ *adj (inf: also:* **~ed***)* прокля́тый ◆ *n (inf)*: **I don't give a ~** мне плева́ть; **~ (it)!** чёрт возьми́ *or* побери́!; **~ing** *adj* обличи́тельный.
damp [dæmp] *adj (building, wall)* сыро́й; *(cloth)* вла́жный ◆ *n* сы́рость *f* ◆ *vt (also:* **~en***)* сма́чивать (смочи́ть *pf*); (: *fig)* охлажда́ть (охлади́ть *pf*).
damson ['dæmzən] *n* тернosли́ва.
dance [dɑ:ns] *n* та́нец; *(social event)* та́нцы *mpl* ◆ *vi* танцева́ть *(impf)*; **~r** *n* танцо́вщик(-ица); *(for fun)* танцо́р.
dandelion ['dændɪlaɪən] *n* одува́нчик.
danger ['deɪndʒə^r] *n* опа́сность *f*; **"~!"** "опа́сно!"; **in/out of ~** в/вне опа́сности; **he is in ~ of losing his job** ему́ грози́т поте́ря рабо́ты; **~ous** *adj* опа́сный.
Danish ['deɪnɪʃ] *adj* да́тский ◆ *npl*: **the ~** датча́не.
dare [dɛə^r] *vt*: **to ~ sb to do** вызыва́ть (вы́звать *pf*) кого́-н *+infin* ◆ *vi*: **to ~ (to) do** сметь (посме́ть *pf*) *+infin*; **I ~ say** сме́ю заме́тить.
daring ['dɛərɪŋ] *adj (audacious)* де́рзкий; *(bold)* сме́лый.
dark [dɑ:k] *adj* тёмный; *(complexion)* сму́глый ◆ *n*: **in the ~** в темноте́; **~ blue** *etc* тёмно-си́ний *etc*; **after ~** по́сле наступле́ния темноты́; **~ness** *n* темнота́; **~room** *n* тёмная ко́мната, проя́вительная лаборато́рия.
darling ['dɑ:lɪŋ] *adj* дорого́й(-а́я) *m(f) adj*.
dart [dɑ:t] *n (in game)* дро́тик (*для игры́ в дарт*); *(in sewing)* вы́тачка; **~s** *n* дарт.
dash [dæʃ] *n (drop)* ка́пелька; *(sign)* тире́ *nt ind* ◆ *vt (throw)* швыря́ть (швырну́ть *pf*); *(shatter: hopes)* разруша́ть (разру́шить *pf*), разбива́ть (разби́ть *pf*) ◆ *vi*: **to ~ towards** рвану́ться *(pf)* к *+dat*.
dashboard ['dæʃbɔ:d] *n (AUT)* прибо́рная пане́ль *f*.
data ['deɪtə] *npl* да́нные *pl adj*; **~base** *n* ба́за да́нных.
date [deɪt] *n (day)* число́, да́та; *(with friend)* свида́ние; *(fruit)* фи́ник ◆ *vt* дати́ровать *(impf/pf)*; *(person)* встреча́ться *(impf)* с *+instr*; **~ of birth** да́та рожде́ния; **to ~** на сего́дняшний день; **out of ~** устаре́лый; *(expired)* просро́ченный; **up to ~** совреме́нный; **~d** *adj* устаре́лый.
daughter ['dɔ:tə^r] *n* дочь *f*; **~-in-law** *n* сноха́.
daunting ['dɔ:ntɪŋ] *adj* устраша́ющий.
dawn [dɔ:n] *n (of day)* рассве́т.
day [deɪ] *n (period)* су́тки *pl*, день *m*; *(daylight)* день; *(heyday)* вре́мя *nt*; **the ~ before** накану́не; **the ~ after** на сле́дующий день; **the ~ after tomorrow**

послеза́втра; **the ~ before yesterday** позавчера́; **the following ~** на сле́дующий день; **by ~** днём; **~light** *n* дневно́й свет; **~ return** *n* (*BRIT*) обра́тный биле́т (*действи́тельный в тече́ние одного́ дня*); **~time** *n* день *m*.
daze [deɪz] *vt* (*stun*) ошеломля́ть (ошеломи́ть *pf*) ◆ *n*: **in a ~** в тума́не.
dazzle ['dæzl] *vt* (*blind*) ослепля́ть (ослепи́ть *pf*).
DC *abbr* (= *direct current*) постоя́нный ток.
dead [dɛd] *adj* мёртвый; (*arm, leg*) онеме́лый ◆ *adv* (*inf*: *completely*) абсолю́тно; (*inf*: *directly*) пря́мо ◆ *npl*: **the ~** мёртвые *pl adj*; (*in accident, war*) поги́бшие *pl adj*; **the battery is ~** батаре́йка се́ла; **the telephone is ~** телефо́н отключи́лся; **to shoot sb ~** застрели́ть *(pf)* кого́-н; **~ tired** смерте́льно уста́лый; **~ end** *n* тупи́к; **~line** *n* после́дний *or* преде́льный срок; **~lock** *n* тупи́к; **~ly** *adj* (*lethal*) смертоно́сный; **D~ Sea** *n*: **the D~ Sea** Мёртвое мо́ре.
deaf [dɛf] *adj* (*totally*) глухо́й.
deal [di:l] (*pt, pp* **dealt**) *n* (*agreement*) сде́лка ◆ *vt* (*blow*) наноси́ть (нанести́ *pf*); (*cards*) сдава́ть (сдать *pf*); **a great ~ (of)** о́чень мно́го (*+gen*); **~ in** *vt fus* (*COMM*) торгова́ть *(impf) +instr*; (*drugs*) занима́ться *(impf)* прода́жей *+gen*; **~ with** *vt fus* име́ть *(impf)* де́ло с *+instr*; (*problem*) реша́ть (реши́ть *pf*); (*subject*) занима́ться (заня́ться *pf*) *+instr*; **~t** [dɛlt] *pt, pp of* **deal**.
dean [di:n] *n* (*SCOL*) дека́н.
dear [dɪəʳ] *adj* дорого́й ◆ *n*: **(my) ~** (*to man, boy*) дорого́й (мой); (*to woman, girl*) дорога́я (моя́) ◆ *excl*: **~ me!** о, Го́споди!; **D~ Sir** уважа́емый господи́н; **D~ Mrs Smith** дорога́я *or* уважа́емая ми́ссис Смит; **~ly** *adv* (*love*) о́чень; (*pay*) до́рого.
death [dɛθ] *n* смерть *f*; **~ penalty** *n* сме́ртная казнь *f*; **~ toll** *n* число́ поги́бших.
debatable [dɪ'beɪtəbl] *adj* спо́рный.
debate [dɪ'beɪt] *n* деба́ты *pl* ◆ *vt* (*topic*) обсужда́ть (обсуди́ть *pf*).
debit ['dɛbɪt] *vt*: **to ~ a sum to sb** *or* **to sb's account** дебетова́ть *(impf/pf)* су́мму с кого́-н *or* с чьего́-н счёта; *see also* **direct debit**.
debris ['dɛbri:] *n* обло́мки *mpl*, разва́лины *fpl*.
debt [dɛt] *n* (*sum*) долг; **to be in ~** быть *(impf)* в долгу́; **~or** *n* должни́к.
decade ['dɛkeɪd] *n* десятиле́тие.
decaffeinated [dɪ'kæfɪneɪtɪd] *adj*: **~ coffee** ко́фе без кофе́ина.
decay [dɪ'keɪ] *n* разруше́ние.
deceased [dɪ'si:st] *n*: **the ~** поко́йный(-ая) *m(f) adj*.
deceit [dɪ'si:t] *n* обма́н.
deceive [dɪ'si:v] *vt* обма́нывать (обману́ть *pf*).
December [dɪ'sɛmbəʳ] *n* дека́брь *m*.
decency ['di:sənsɪ] *n* (*propriety*) благопристо́йность *f*.
decent ['di:sənt] *adj* (*wages, meal*) прили́чный; (*behaviour, person*) поря́дочный.
deception [dɪ'sɛpʃən] *n* обма́н.
deceptive [dɪ'sɛptɪv] *adj* обма́нчивый.
decide [dɪ'saɪd] *vt* (*settle*) реша́ть (реши́ть *pf*) ◆ *vi*: **to ~ to do/that** реша́ть (реши́ть *pf*) *+infin*/, что;

to ~ on остана́вливаться (останови́ться *pf*) на *+prp*; **~dly** *adv* (*distinctly*) несомне́нно; (*emphatically*) реши́тельно.
deciduous [dɪ'sɪdjuəs] *adj* листопа́дный.
decision [dɪ'sɪʒən] *n* реше́ние.
decisive [dɪ'saɪsɪv] *adj* реши́тельный.
deck [dɛk] *n* (*NAUT*) па́луба; (*of cards*) коло́да; (*also:* **record ~**) прои́грыватель *m*; **top ~** (*of bus*) ве́рхний эта́ж; **~ chair** *n* шезло́нг.
declaration [dɛklə'reɪʃən] *n* (*statement*) деклара́ция; (*of war*) заявле́ние.
declare [dɪ'klɛə'] *vt* (*state*) объявля́ть (объяви́ть *pf*); (*for tax*) деклари́ровать *(impf/pf)*.
decline [dɪ'klaɪn] *n* (*drop*) паде́ние, упа́док; (*lessening*) уменьше́ние; **to be in** *or* **on the ~** быть *(impf)* в упа́дке.
décor ['deɪkɔː'] *n* отде́лка.
decorate ['dɛkəreɪt] *vt* (*room etc*) отде́лывать (отде́лать *pf*); (*adorn*): **to ~ (with)** украша́ть (укра́сить *pf*) *+instr*.
decoration [dɛkə'reɪʃən] *n* (*on tree, dress*) украше́ние; (*medal*) награ́да.
decorative ['dɛkərətɪv] *adj* декорати́вный.
decorator ['dɛkəreɪtə'] *n* обо́йщик.
decrease ['diːkriːs] *vt* уменьша́ть (уме́ньшить *pf*) ◆ *vi* уменьша́ться (уме́ньшиться *pf*) ◆ *n*: **~ (in)** уменьше́ние (*+gen*).
decree [dɪ'kriː] *n* постановле́ние.
dedicate ['dɛdɪkeɪt] *vt*: **to ~ to** посвяща́ть (посвяти́ть *pf*) *+dat*.
dedication [dɛdɪ'keɪʃən] *n* (*devotion*) пре́данность *f*; (*in book etc*) посвяще́ние.
deduction [dɪ'dʌkʃən] *n* (*conclusion*) умозаключе́ние; (*subtraction*) вычита́ние; (*amount*) вы́чет.
deed [diːd] *n* (*feat*) дея́ние, посту́пок; (*LAW*) акт.
deep [diːp] *adj* глубо́кий; (*voice*) ни́зкий ◆ *adv*: **the spectators stood 20 ~** зри́тели стоя́ли в 20 рядо́в; **the lake is 4 metres ~** глубина́ о́зера – 4 ме́тра; **~ blue** *etc* тёмно-си́ний *etc*; **~en** *vi* (*crisis, mystery*) углубля́ться (углуби́ться *pf*); **~ly** *adv* глубоко́; **~-sea** *cpd* (*fishing*) глубоково́дный; **~-sea diver** водола́з; **~-seated** *adj* укорени́вшийся.
deer [dɪə'] *n inv* оле́нь *m*.
defeat [dɪ'fiːt] *n* пораже́ние ◆ *vt* наноси́ть (нанести́ *pf*) пораже́ние *+dat*.
defect ['diːfɛkt] *n* (*in product*) дефе́кт; (*of plan*) недоста́ток; **~ive** [dɪ'fɛktɪv] *adj* (*goods*) дефе́ктный.
defence [dɪ'fɛns] (*US* **defense**) *n* защи́та; (*MIL*) оборо́на; **~less** *adj* беззащи́тный.
defend [dɪ'fɛnd] *vt* защища́ть (защити́ть *pf*); (*LAW*) защища́ть *(impf)*; **~ant** *n* подсуди́мый(-ая) *m(f) adj*, обвиня́емый(-ая) *m(f) adj*; (*in civil case*) отве́тчик(-ица); **~er** *n* защи́тник.
defense *etc* (*US*) = **defence** *etc*.
defensive [dɪ'fɛnsɪv] *adj* (*weapons, measures*) оборони́тельный; (*behaviour, manner*) вызыва́ющий ◆ *n*: **he was on the ~** он был гото́в к оборо́не.
defer [dɪ'fəː'] *vt* отсро́чивать (отсро́чить *pf*).
deference ['dɛfərəns] *n* почте́ние.

defiance [dɪ'faɪəns] *n* вы́зов; **in ~ of** вопреки́ *+dat.*
defiant [dɪ'faɪənt] *adj* (*person, reply*) де́рзкий; (*tone*) вызыва́ющий.
deficiency [dɪ'fɪʃənsɪ] *n* (*lack*) нехва́тка.
deficient [dɪ'fɪʃənt] *adj*: **to be ~ in** (*lack*) испы́тывать *(impf)* недоста́ток в *+prp.*
deficit ['dɛfɪsɪt] *n* (*COMM*) дефици́т.
define [dɪ'faɪn] *vt* определя́ть (определи́ть *pf*); (*word etc*) дава́ть (дать *pf*) определе́ние *+dat.*
definite ['dɛfɪnɪt] *adj* определённый; **he was ~ about it** его́ мне́ние на э́тот счёт бы́ло определённым; **~ly** *adv* определённо; (*certainly*) несомне́нно.
definition [dɛfɪ'nɪʃən] *n* (*of word*) определе́ние.
definitive [dɪ'fɪnɪtɪv] *adj* оконча́тельный.
deflate [di:'fleɪt] *vt* (*tyre, balloon*) спуска́ть (спусти́ть *pf*).
deflect [dɪ'flɛkt] *vt* (*criticism, shot*) отклоня́ть (отклони́ть *pf*); (*attention*) отвлека́ть (отвле́чь *pf*).
deformed [dɪ'fɔ:md] *adj* деформи́рованный.
deft [dɛft] *adj* ло́вкий.
defuse [di:'fju:z] *vt* разряжа́ть (разряди́ть *pf*).
defy [dɪ'faɪ] *vt* (*resist*) оспа́ривать (оспо́рить *pf*); (*fig*: *description etc*) не поддава́ться *(impf) +dat*; **to ~ sb to do** (*challenge*) призыва́ть (призва́ть *pf*) кого́-н *+infin.*
degenerate [*vb* dɪ'dʒɛnəreɪt, *adj* dɪ'dʒɛnərɪt] *vi* вырожда́ться (вы́родиться *pf*) ♦ *adj* вы́родившийся.
degrading [dɪ'greɪdɪŋ] *adj* унизи́тельный.
degree [dɪ'gri:] *n* (*extent*) сте́пень *f*; (*unit of measurement*) гра́дус; (*SCOL*) (учёная) сте́пень; **by ~s** постепе́нно; **to some ~, to a certain ~** до не́которой сте́пени.
delay [dɪ'leɪ] *vt* (*decision, ceremony etc*) откла́дывать (отложи́ть *pf*); (*person, plane etc*) заде́рживать (задержа́ть *pf*) ♦ *vi* ме́длить *(impf)* ♦ *n* заде́ржка; **to be ~ed** заде́рживаться *(impf)*; **without ~** незамедли́тельно, без отлага́тельств.
delegate [*n* 'dɛlɪgɪt, *vb* 'dɛlɪgeɪt] *n* делега́т ♦ *vt* (*task*) поруча́ть (поручи́ть *pf*).
delegation [dɛlɪ'geɪʃən] *n* (*group*) делега́ция; (*of task*) переда́ча.
deliberate [*adj* dɪ'lɪbərɪt, *vb* dɪ'lɪbəreɪt] *adj* (*intentional*) наме́ренный; (*slow*) неторопли́вый ♦ *vi* обду́мывать (обду́мать *pf*); **~ly** *adv* (*see adj*) наме́ренно, наро́чно; неторопли́во.
delicacy ['dɛlɪkəsɪ] *n* то́нкость *f*; (*food*) деликате́с.
delicate ['dɛlɪkɪt] *adj* то́нкий; (*approach, problem*) делика́тный; (*health*) хру́пкий.
delicatessen [dɛlɪkə'tɛsn] *n* магази́н деликате́сов.
delicious [dɪ'lɪʃəs] *adj* о́чень вку́сный; (*smell*) восхити́тельный.
delight [dɪ'laɪt] *n* (*feeling*) восто́рг ♦ *vt* ра́довать (пора́довать *pf*); **to take (a) ~ in** находи́ть (найти́ *pf*) удово́льствие в *+prp*; **~ed** *adj*: **(to be) ~ed (at** *or* **with)** (быть *(impf)*)

в восто́рге (от *+gen*); **he was ~ed to see her** он был рад ви́деть её; **~ful** *adj* восхити́тельный.

delinquent [dɪ'lɪŋkwənt] *adj* престу́пный.

delirious [dɪ'lɪrɪəs] *adj*: **to be ~** (*with fever*) быть *(impf)* в бреду́; (*with excitement*) быть *(impf)* в забытье́.

deliver [dɪ'lɪvəʳ] *vt* (*goods*) доставля́ть (доста́вить *pf*); (*letter*) вруча́ть (вручи́ть *pf*); (*message*) передава́ть (переда́ть *pf*); (*speech*) произноси́ть (произнести́ *pf*); (*baby*) принима́ть (приня́ть *pf*); **~y** *n* (*of goods*) доста́вка; (*of baby*) ро́ды *pl*; **to take ~y of** получа́ть (получи́ть *pf*).

deluge ['dɛlju:dʒ] *n* (*fig*) лави́на.

delusion [dɪ'lu:ʒən] *n* заблужде́ние.

demand [dɪ'mɑ:nd] *vt* тре́бовать (потре́бовать *pf*) *+gen* ♦ *n* (*request, claim*) тре́бование; (*ECON*): **~ (for)** спрос (на *+acc*); **to be in ~** (*commodity*) по́льзоваться *(impf)* спро́сом; **they are in great ~** на них большо́й спрос; **on ~** по тре́бованию; **~ing** *adj* (*boss*) тре́бовательный; (*child*) тру́дный; (*work: requiring effort*) тяжёлый.

demeanour [dɪ'mi:nəʳ] (*US* **demeanor**) *n* мане́ра поведе́ния.

demented [dɪ'mɛntɪd] *adj* поме́шанный.

demise [dɪ'maɪz] *n* (*fig*) упа́док.

demo ['dɛməu] *n abbr* (*inf*) = **demonstration**.

democracy [dɪ'mɔkrəsɪ] *n* (*system*) демокра́тия; (*country*) демократи́ческая страна́.

democrat ['dɛməkræt] *n* демокра́т; **D~** (*US*) член па́ртии демокра́тов; **~ic** [dɛmə'krætɪk] *adj* демократи́ческий; **D~ic Party** (*US*) па́ртия демокра́тов.

demolish [dɪ'mɔlɪʃ] *vt* сноси́ть (снести́ *pf*); (*argument*) разгроми́ть *(pf)*.

demolition [dɛmə'lɪʃən] *n* (*see vb*) снос; разгро́м.

demon ['di:mən] *n* де́мон.

demonstrate ['dɛmənstreɪt] *vt* демонстри́ровать (продемонстри́ровать *pf*) ♦ *vi*: **to ~ (for/against)** демонстри́ровать *(impf)* (за *+acc*/про́тив *+gen*).

demonstration [dɛmən'streɪʃən] *n* демонстра́ция.

den [dɛn] *n* (*of animal, person*) ло́гово.

denial [dɪ'naɪəl] *n* отрица́ние; (*refusal*) отка́з.

denim ['dɛnɪm] *n* джи́нсовая ткань *f*; **~s** *npl* (*jeans*) джи́нсы *pl*.

Denmark ['dɛnmɑ:k] *n* Да́ния.

denote [dɪ'nəut] *vt* (*indicate*) ука́зывать (указа́ть *pf*) на *+acc*.

denounce [dɪ'nauns] *vt* (*condemn*) осужда́ть (осуди́ть *pf*); (*inform on*) доноси́ть (донести́ *pf*) на *+acc*.

dense [dɛns] *adj* (*smoke, foliage etc*) густо́й; (*inf: person*) тупо́й; **~ly** *adv*: **~ly populated** гу́сто населённый.

density ['dɛnsɪtɪ] *n* пло́тность *f*; **single/double-~ disk** диск с одина́рной/двойно́й пло́тностью.

dent [dɛnt] *n* (*in metal*) вмя́тина ♦ *vt* (*also*: **make a ~ in**: *car etc*) оставля́ть (оста́вить *pf*) вмя́тину на *+acc*.

dental ['dɛntl] *adj* зубно́й.

dentist [ˈdɛntɪst] *n* зубно́й врач, стомато́лог.
dentures [ˈdɛntʃəz] *npl* зубно́й проте́з *msg*.
denunciation [dɪnʌnsɪˈeɪʃən] *n* осужде́ние.
deny [dɪˈnaɪ] *vt* отрица́ть *(impf)*; (*allegation*) отверга́ть (отве́ргнуть *pf*); (*refuse*): **to ~ sb sth** отка́зывать (отказа́ть *pf*) кому́-н в чём-н.
deodorant [diːˈəudərənt] *n* дезодора́нт.
depart [dɪˈpɑːt] *vi* (*person*) отбыва́ть (отбы́ть *pf*); (*bus, train*) отправля́ться (отпра́виться *pf*); (*plane*) улета́ть (улете́ть *pf*); **to ~ from** (*fig*) отклоня́ться (отклони́ться *pf*) от *+gen*.
department [dɪˈpɑːtmənt] *n* (*in shop*) отде́л; (*SCOL*) отделе́ние; (*POL*) ве́домство, департа́мент; **~ store** *n* универса́льный магази́н.
departure [dɪˈpɑːtʃəʳ] *n* (*see vi*) отъе́зд; отправле́ние; вы́лет; **~ lounge** *n* зал вы́лета.
depend [dɪˈpɛnd] *vi*: **to ~ on** зави́сеть *(impf)* от *+gen*; (*trust*) полага́ться (положи́ться *pf*) на *+acc*; **it ~s** смотря́ по обстоя́тельствам, как полу́чится; **~ing on ...** в зави́симости от *+gen ...*; **~able** *adj* надёжный; **~ence** *n* зави́симость *f*; **~ent** *adj*: **~ent (on)** зави́симый (от *+gen*) ◆ *n* иждиве́нец(-нка).
depict [dɪˈpɪkt] *vt* изобража́ть (изобрази́ть *pf*).
deplorable [dɪˈplɔːrəbl] *adj* (*behaviour*) возмути́тельный; (*conditions*) плаче́вный.
deplore [dɪˈplɔːʳ] *vt* негодова́ть *(impf)* по по́воду *+gen*.
deploy [dɪˈplɔɪ] *vt* дислоци́ровать *(impf/pf)*.
deport [dɪˈpɔːt] *vt* депорти́ровать *(impf/pf)*, высыла́ть (вы́слать *pf*).
deposit [dɪˈpɔzɪt] *n* (*in account*) депози́т, вклад; (*down payment*) пе́рвый взнос, зада́ток; (*of ore, oil*) за́лежь *f* ◆ *vt* (*money*) помеща́ть (помести́ть *pf*); (*bag*) сдава́ть (сдать *pf*); **~ account** *n* депози́тный счёт.
depot [ˈdɛpəu] *n* (*storehouse*) склад; (*for buses*) парк; (*for trains*) депо́ *nt ind*; (*US*: *station*) ста́нция.
depreciation [dɪpriːʃɪˈeɪʃən] *n* обесце́нивание.
depress [dɪˈprɛs] *vt* (*PSYCH*) подавля́ть *(impf)*, угнета́ть *(impf)*; **~ed** *adj* (*person*) пода́вленный, угнетённый; (*prices*) сни́женный; **~ed area** райо́н, пережива́ющий экономи́ческий упа́док; **~ing** *adj* (*news, outlook*) удруча́ющий; **~ion** [dɪˈprɛʃən] *n* депре́ссия; (*METEOROLOGY*) о́бласть *f* ни́зкого давле́ния.
deprivation [dɛprɪˈveɪʃən] *n* (*poverty*) нужда́.
deprive [dɪˈpraɪv] *vt*: **to ~ sb of** лиша́ть (лиши́ть *pf*) кого́-н *+gen*; **~d** *adj* бе́дный; (*family, child*) обездо́ленный.
depth [dɛpθ] *n* глубина́; **in the ~s of despair** в глубо́ком отча́янии; **to be out of one's ~** (*in water*) не достава́ть *(impf)* до дна.
deputy [ˈdɛpjutɪ] *n* замести́тель *m*; (*POL*) депута́т; (*US*: *also*: **~ sheriff**) исполня́ющий обя́занности шери́фа ◆ *cpd*: **~ chairman** замести́тель

председа́теля; ~ **head** (*BRIT: SCOL*) замести́тель дире́ктора.
deranged [dɪ'reɪndʒd] *adj* психи́чески расстро́енный.
derelict ['dɛrɪlɪkt] *adj* забро́шенный.
derive [dɪ'raɪv] *vt*: **to ~ (from)** (*pleasure*) получа́ть (получи́ть *pf*) (от *+gen*); (*benefit*) извлека́ть (извле́чь *pf*) (из *+gen*).
descend [dɪ'sɛnd] *vt* (*stairs*) спуска́ться (спусти́ться *pf*) по *+dat*; (*hill*) спуска́ться (спусти́ться *pf*) с *+gen* ◆ *vi* (*go down*) спуска́ться (спусти́ться *pf*); **~ant** *n* пото́мок.
descent [dɪ'sɛnt] *n* спуск; (*AVIAT*) сниже́ние; (*origin*) происхожде́ние.
describe [dɪs'kraɪb] *vt* опи́сывать (описа́ть *pf*).
description [dɪs'krɪpʃən] *n* описа́ние; (*sort*) род.
descriptive [dɪs'krɪptɪv] *adj* (*writing*) описа́тельный.
desert [*n* 'dɛzət, *vb* dɪ'zə:t] *n* пусты́ня ◆ *vt* покида́ть (поки́нуть *pf*) ◆ *vi* (*MIL*) дезерти́ровать *(impf/pf)*; **~ island** *n* необита́емый о́стров.
deserve [dɪ'zə:v] *vt* заслу́живать (заслужи́ть *pf*).
deserving [dɪ'zə:vɪŋ] *adj* досто́йный.
design [dɪ'zaɪn] *n* диза́йн; (*process: of dress*) модели́рование; (*sketch: of building*) прое́кт; (*pattern*) рису́нок ◆ *vt* (*house, kitchen*) проекти́ровать (спроекти́ровать *pf*); (*product, test*) разраба́тывать (разрабо́тать *pf*).
designate ['dɛzɪgneɪt] *vt* (*nominate*) назнача́ть (назна́чить *pf*); (*indicate*) обознача́ть (обозна́чить *pf*).
designer [dɪ'zaɪnə'] *n* (*also:* **fashion ~**) модельéр; (*ART*) диза́йнер; (*of machine*) констру́ктор.
desirable [dɪ'zaɪərəbl] *adj* (*proper*) жела́тельный.
desire [dɪ'zaɪə'] *n* жела́ние ◆ *vt* (*want*) жела́ть *(impf)*.
desk [dɛsk] *n* (*in office, study*) (пи́сьменный) стол; (*for pupil*) па́рта; (*in hotel, at airport*) сто́йка; (*BRIT: also:* **cash-~**) ка́сса; **~top** *adj* насто́льный.
desolate ['dɛsəlɪt] *adj* (*place*) забро́шенный; (*person*) поки́нутый.
despair [dɪs'pɛə'] *n* отча́яние ◆ *vi*: **to ~ of sth/doing** отча́иваться (отча́яться *pf*) в чём-н/*+infin*.
despatch [dɪs'pætʃ] *n, vt* = **dispatch**.
desperate ['dɛspərɪt] *adj* (*action, situation*) отча́янный; (*criminal*) отъя́вленный; **to be ~** (*person*) быть *(impf)* в отча́янии; **to be ~ to do** жа́ждать *(impf) +infin*; **to be ~ for money** стра́шно нужда́ться *(impf)* в деньга́х; **~ly** *adv* отча́янно; (*very*) чрезвыча́йно.
desperation [dɛspə'reɪʃən] *n* отча́яние.
despicable [dɪs'pɪkəbl] *adj* презре́нный.
despise [dɪs'paɪz] *vt* презира́ть *(impf)*.
despite [dɪs'paɪt] *prep* несмотря́ на *+acc*.
dessert [dɪ'zə:t] *n* десе́рт.
destination [dɛstɪ'neɪʃən] *n* (*of person*) цель *f*; (*of mail*) ме́сто назначе́ния.
destined ['dɛstɪnd] *adj*: **he is ~ to do** ему́ суждено́ *+infin*; **to be ~ for**

предназнача́ться *(impf)* для *+gen*.

destiny ['dɛstɪnɪ] *n* судьба́.

destitute ['dɛstɪtju:t] *adj* обездо́ленный.

destroy [dɪs'trɔɪ] *vt* уничтожа́ть (уничто́жить *pf*), разруша́ть (разру́шить *pf*).

destruction [dɪs'trʌkʃən] *n* уничтоже́ние, разруше́ние.

destructive [dɪs'trʌktɪv] *adj* (*capacity, force*) разруши́тельный; (*criticism*) сокруши́тельный; (*emotion*) губи́тельный.

detached [dɪ'tætʃt] *adj* беспристра́стный; **~ house** особня́к.

detachment [dɪ'tætʃmənt] *n* отстранённость *f*; (*MIL*) отря́д.

detail ['di:teɪl] *n* подро́бность *f*, дета́ль *f* ◆ *vt* перечисля́ть (перечи́слить *pf*); **in ~** подро́бно, в дета́лях; **~ed** *adj* дета́льный, подро́бный.

detain [dɪ'teɪn] *vt* заде́рживать (задержа́ть *pf*); (*in hospital*) оставля́ть (оста́вить *pf*).

detect [dɪ'tɛkt] *vt* обнару́живать (обнару́жить *pf*); (*sense*) чу́вствовать (почу́вствовать *pf*); **~ion** [dɪ'tɛkʃən] *n* (*discovery*) обнаруже́ние; **~ive** *n* сы́щик, детекти́в.

detention [dɪ'tɛnʃən] *n* (*imprisonment*) содержа́ние под стра́жей; (*arrest*) задержа́ние; (*SCOL*): **to give sb ~** оставля́ть (оста́вить *pf*) кого́-н по́сле уро́ков.

deter [dɪ'tə:'] *vt* уде́рживать (удержа́ть *pf*).

detergent [dɪ'tə:dʒənt] *n* мо́ющее сре́дство.

deteriorate [dɪ'tɪərɪəreɪt] *vi* ухудша́ться (уху́дшиться *pf*).

deterioration [dɪtɪərɪə'reɪʃən] *n* ухудше́ние.

determination [dɪtə:mɪ'neɪʃən] *n* (*resolve*) реши́мость *f*; (*establishment*) установле́ние.

determine [dɪ'tə:mɪn] *vt* (*find out*) устана́вливать (установи́ть *pf*); (*establish, dictate*) определя́ть (определи́ть *pf*); **~d** *adj* реши́тельный, волево́й; **~d to do** по́лный реши́мости *+infin*.

deterrent [dɪ'tɛrənt] *n* сре́дство сде́рживания, сде́рживающее сре́дство; **nuclear ~** сре́дство я́дерного сде́рживания.

detour ['di:tuə'] *n* (*also US*) объе́зд.

detract [dɪ'trækt] *vi*: **to ~ from** умаля́ть (умали́ть *pf*).

detriment ['dɛtrɪmənt] *n*: **to the ~ of** в уще́рб *+dat*; **~al** [dɛtrɪ'mɛntl] *adj*: **~al to** вре́дный для *+gen*.

devaluation [dɪvælju'eɪʃən] *n* (*ECON*) девальва́ция.

devalue ['di:'vælju:] *vt* (*ECON*) обесце́нивать (обесце́нить *pf*); (*person, work*) недооце́нивать (недооцени́ть *pf*).

devastating ['dɛvəsteɪtɪŋ] *adj* (*weapon, storm*) разруши́тельный; (*news, effect*) ошеломля́ющий.

develop [dɪ'vɛləp] *vt* (*idea, industry*) развива́ть (разви́ть *pf*); (*plan, resource*) разраба́тывать (разрабо́тать *pf*); (*land*) застра́ивать (застро́ить *pf*); (*PHOT*) проявля́ть (прояви́ть *pf*) ◆ *vi* (*evolve, advance*) развива́ться (разви́ться *pf*); (*appear*) проявля́ться (прояви́ться *pf*); **~ment** *n* разви́тие; (*of resources*)

разрабо́тка; (*of land*) застро́йка.
deviation [di:vɪ'eɪʃən] *n*: **~ (from)** отклоне́ние (от *+gen*).
device [dɪ'vaɪs] *n* (*apparatus*) устро́йство, прибо́р.
devil ['dɛvl] *n* дья́вол, чёрт.
devious ['di:vɪəs] *adj* (*person*) лука́вый.
devise [dɪ'vaɪz] *vt* разраба́тывать (разрабо́тать *pf*).
devoid [dɪ'vɔɪd] *adj*: **~ of** лишённый *+gen*.
devolution [di:və'lu:ʃən] *n* переда́ча вла́сти (*ме́стным о́рганам*).
devote [dɪ'vəut] *vt*: **to ~ sth to** посвяща́ть (посвяти́ть *pf*) что-н *+dat*; **~d** *adj* (*admirer, partner*) пре́данный; **his book is ~d to Scotland** его́ кни́га посвящена́ Шотла́ндии.
devotion [dɪ'vəuʃən] *n* пре́данность *f*; (*REL*) поклоне́ние.
devout [dɪ'vaut] *adj* (*REL*) благочести́вый.
dew [dju:] *n* роса́.
diabetes [daɪə'bi:ti:z] *n* диабе́т.
diabetic [daɪə'bɛtɪk] *n* диабе́тик.
diabolical [daɪə'bɔlɪkl] *adj* (*inf*) жу́ткий.
diagnose [daɪəg'nəuz] *vt* (*illness*) диагности́ровать *(impf/pf)*; (*problem*) определя́ть (определи́ть *pf*).
diagnosis [daɪəg'nəusɪs] (*pl* **diagnoses**) *n* диа́гноз.
diagonal [daɪ'ægənl] *adj* диагона́льный.
diagram ['daɪəgræm] *n* схе́ма.
dial ['daɪəl] *n* (*of clock*) цифербла́т; (*of radio*) регуля́тор настро́йки ♦ *vt* (*number*) набира́ть (набра́ть *pf*).
dialect ['daɪəlɛkt] *n* диале́кт.
dialling tone ['daɪəlɪŋ-] (*US* **dial tone**) *n* непреры́вный гудо́к.
dialogue ['daɪəlɔg] (*US* **dialog**) *n* диало́г.
dial tone *n* (*US*) = **dialling tone**.
diameter [daɪ'æmɪtə^r] *n* диа́метр.
diamond ['daɪəmənd] *n* алма́з; (*cut diamond*) бриллиа́нт; (*shape*) ромб; **~s** *npl* (*CARDS*) бу́бны *fpl*.
diaper ['daɪəpə^r] *n* (*US*) подгу́зник.
diaphragm ['daɪəfræm] *n* диафра́гма.
diarrhoea [daɪə'ri:ə] (*US* **diarrhea**) *n* поно́с.
diary ['daɪərɪ] *n* (*journal*) дневни́к; (*engagements book*) ежедне́вник.
dice [daɪs] *npl of* **die** ку́бик ♦ *vt* ре́зать (наре́зать *pf*) ку́биками.
dictate [dɪk'teɪt] *vt* диктова́ть (продиктова́ть *pf*).
dictator [dɪk'teɪtə^r] *n* дикта́тор; **~ship** *n* диктату́ра.
dictionary ['dɪkʃənrɪ] *n* слова́рь *m*.
did [dɪd] *pt of* **do**.
didn't ['dɪdnt] = **did not**.
die [daɪ] *vi* (*person, emotion*) умира́ть (умере́ть *pf*); (*smile, light*) угаса́ть (уга́снуть *pf*); **to be dying for sth/to do** до́ смерти хоте́ть *(impf)* чего́-н/*+infin*.
diesel ['di:zl] *n* ди́зель *m*; (*also:* **~ oil**) ди́зельное то́пливо.
diet ['daɪət] *n* дие́та.
differ ['dɪfə^r] *vi*: **to ~ (from)** отлича́ться *(impf)* (от *+gen*); (*disagree*): **to ~ about** расходи́ться (разойти́сь *pf*) в вопро́се *+gen*; **~ence** *n* разли́чие; (*in size, age*) ра́зница; (*disagreement*) разногла́сие; **~ent** *adj* друго́й, ино́й; (*various*) разли́чный, ра́зный; **to be ~ent from** отлича́ться *(impf)* от *+gen*; **~entiate** [dɪfə'rɛnʃɪeɪt] *vi*: **to**

~entiate (between) проводи́ть (провести́ *pf*) разли́чие (ме́жду *+instr*); **~ently** *adv* (*otherwise*) ина́че, по-друго́му; (*in different ways*) по-ра́зному.

difficult [ˈdɪfɪkəlt] *adj* тру́дный; (*person*) тяжёлый; **~y** *n* тру́дность *f*, затрудне́ние.

diffuse [dɪˈfjuːs] *vt* (*information*) распространя́ть (распространи́ть *pf*).

dig [dɪg] (*pt, pp* **dug**) *vt* (*hole*) копа́ть (вы́копать *pf*), рыть (вы́рыть *pf*); (*garden*) копа́ть (вскопа́ть *pf*) ◆ *n* (*prod*) толчо́к; (*excavation*) раско́пки *fpl*; **to ~ one's nails into** впива́ться (впи́ться *pf*) ногтя́ми в *+acc*; **~ up** *vt* (*plant*) выка́пывать (вы́копать *pf*); (*information*) раска́пывать (раскопа́ть *pf*).

digest [daɪˈdʒɛst] *vt* (*food*) перева́ривать (перевари́ть *pf*); (*facts*) усва́ивать (усво́ить *pf*); **~ion** [dɪˈdʒɛstʃən] *n* пищеваре́ние.

digit [ˈdɪdʒɪt] *n* (*number*) ци́фра; **~al** *adj*: **~al watch** электро́нные часы́ *mpl*.

dignified [ˈdɪgnɪfaɪd] *adj* по́лный досто́инства.

dignity [ˈdɪgnɪtɪ] *n* досто́инство.

dilapidated [dɪˈlæpɪdeɪtɪd] *adj* ве́тхий.

dilemma [daɪˈlɛmə] *n* диле́мма.

diligent [ˈdɪlɪdʒənt] *adj* (*worker*) усе́рдный, приле́жный.

dilute [daɪˈluːt] *vt* (*liquid*) разбавля́ть (разба́вить *pf*).

dim [dɪm] *adj* (*outline, memory*) сму́тный; (*light*) ту́склый; (*room*) пло́хо освещённый ◆ *vt* (*light*) приглуша́ть (приглуши́ть *pf*).

dimension [daɪˈmɛnʃən] *n* (*measurement*) измере́ние; (*also pl*: *scale, size*) разме́ры *mpl*; (*aspect*) аспе́кт.

diminish [dɪˈmɪnɪʃ] *vi* уменьша́ться (уме́ньшиться *pf*).

din [dɪn] *n* гро́хот.

dine [daɪn] *vi* обе́дать (пообе́дать *pf*); **~r** *n* (*person*) обе́дающий(-ая) *m(f) adj*; (*US*) дешёвый рестора́н.

dinghy [ˈdɪŋgɪ] *n* (*also*: **sailing ~**) шлю́пка; (*also*: **rubber ~**) надувна́я ло́дка.

dingy [ˈdɪndʒɪ] *adj* (*streets, room*) мра́чный; (*clothes, curtains etc*) замы́зганный.

dining room [ˈdaɪnɪŋ-] *n* столо́вая *f adj*.

dinner [ˈdɪnəʳ] *n* (*evening meal*) у́жин; (*lunch, banquet*) обе́д; **~ jacket** *n* смо́кинг; **~ party** *n* зва́ный обе́д.

dinosaur [ˈdaɪnəsɔːʳ] *n* диноза́вр.

dip [dɪp] *n* (*depression*) впа́дина; (*CULIN*) со́ус ◆ *vt* (*immerse*) погружа́ть (погрузи́ть *pf*), окуна́ть (окуну́ть *pf*); (: *in liquid*) мака́ть (макну́ть *pf*), обма́кивать (обмакну́ть *pf*); (*BRIT*: *AUT*: *lights*) приглуша́ть (приглуши́ть *pf*) ◆ *vi* (*ground, road*) идти́ (пойти́ *pf*) по́д укло́н; **to go for a ~** окуна́ться (окуну́ться *pf*).

diploma [dɪˈpləumə] *n* дипло́м.

diplomacy [dɪˈpləuməsɪ] *n* диплома́тия.

diplomat [ˈdɪpləmæt] *n* диплома́т; **~ic** [dɪpləˈmætɪk] *adj* (*POL*) дипломати́ческий; (*tactful*) дипломати́чный.

dire [daɪəʳ] *adj* (*consequences*) злове́щий; (*poverty, situation*) жу́ткий.

direct [daɪˈrɛkt] *adj* прямо́й ◆ *adv*

пря́мо ◆ *vt* (*company, project etc*) руководи́ть (*impf*) *+instr*; (*play, film*) ста́вить (поста́вить *pf*); **to ~ (towards** *or* **at)** (*attention, remark*) направля́ть (напра́вить *pf*) (на *+acc*); **to ~ sb to do** (*order*) веле́ть (*impf*) кому́-н *+infin*; **can you ~ me to ...?** Вы не ука́жете, где нахо́дится ...?; **~ debit** *n* (*BRIT*: *COMM*) прямо́е дебетова́ние; **~ion** [dɪ'rɛkʃən] *n* (*way*) направле́ние; **~ions** *npl* (*instructions*) указа́ния *ntpl*; **to have a good sense of ~ion** хорошо́ ориенти́роваться (*pf*); **~ions for use** инстру́кция (по эксплуата́ции); **~ly** [dɪ'rɛktlɪ] *adv* пря́мо; (*at once*) сейча́с же; (*as soon as*) как то́лько; **~or** [dɪ'rɛktə'] *n* (*COMM*) дире́ктор; (*of project*) руководи́тель *m*; (*TV, CINEMA*) режиссёр; **~ory** [dɪ'rɛktərɪ] *n* спра́вочник.

dirt [də:t] *n* грязь *f*; **~y** *adj* гря́зный ◆ *vt* па́чкать (испа́чкать *pf*).

disability [dɪsə'bɪlɪtɪ] *n*: **(physical) ~** инвали́дность *f no pl*; **mental ~** у́мственная неполноце́нность *f*.

disabled [dɪs'eɪbld] *adj* (*mentally*) у́мственно неполноце́нный; (*physically*): **~ person** инвали́д ◆ *npl*: **the ~** инвали́ды *mpl*.

disadvantage [dɪsəd'vɑ:ntɪdʒ] *n* недоста́ток.

disagree [dɪsə'gri:] *vi* (*differ*) расходи́ться (разойти́сь *pf*); **to ~ (with)** (*oppose*) не соглаша́ться (согласи́ться *pf*) (с *+instr*); **I ~ with you** я с Ва́ми не согла́сен; **~ment** *n* разногла́сие; (*opposition*): **~ment with** несогла́сие с *+instr*.

disappear [dɪsə'pɪə'] *vi* исчеза́ть (исче́знуть *pf*); **~ance** *n* исчезнове́ние.

disappoint [dɪsə'pɔɪnt] *vt* разочаро́вывать (разочарова́ть *pf*); **~ed** *adj* разочаро́ванный; **~ing** *adj*: **the film is rather ~ing** э́тот фильм не́сколько разочаро́вывает; **~ment** *n* разочарова́ние.

disapproval [dɪsə'pru:vəl] *n* неодобре́ние.

disapprove [dɪsə'pru:v] *vi*: **to ~ (of)** не одобря́ть (*impf*) (*+acc*).

disarm [dɪs'ɑ:m] *vt* (*MIL*) разоружа́ть (разоружи́ть *pf*); **~ament** *n* разоруже́ние.

disarray [dɪsə'reɪ] *n*: **in ~** в смяте́нии; (*hair, clothes*) в беспоря́дке.

disaster [dɪ'zɑ:stə'] *n* (*natural*) бе́дствие; (*man-made, also fig*) катастро́фа.

disastrous [dɪ'zɑ:strəs] *adj* губи́тельный.

disband [dɪs'bænd] *vt* распуска́ть (распусти́ть *pf*) ◆ *vi* расформиро́вываться (расформирова́ться *pf*).

disbelief ['dɪsbə'li:f] *n* неве́рие.

disc [dɪsk] *n* (*ANAT*) межпозвоно́чный хрящ; (*COMPUT*) = **disk**.

discard [dɪs'kɑ:d] *vt* (*object*) выбра́сывать (вы́бросить *pf*); (*idea, plan*) отбра́сывать (отбро́сить *pf*).

discern [dɪ'sə:n] *vt* (*see*) различа́ть (различи́ть *pf*); (*identify*) определя́ть (определи́ть *pf*); **~ing** *adj* разбо́рчивый.

discharge [*vb* dɪs'tʃɑ:dʒ, *n* 'dɪstʃɑ:dʒ] *vt* (*waste*) выбра́сывать (вы́бросить *pf*); (*patient*) выпи́сывать (вы́писать *pf*); (*employee*) увольня́ть (уво́лить

pf); (*soldier*) демобилизовáть (*impf/pf*) ◆ *n* (*MED*) выделéние; (*of patient*) вы́писка; (*of employee*) увольнéние; (*of soldier*) демобилизáция.
disciple [dɪ'saɪpl] *n* (*REL*) апóстол; (*fig*) учени́к(-и́ца).
discipline ['dɪsɪplɪn] *n* дисципли́на ◆ *vt* дисциплини́ровать (*impf/pf*); (*punish*) налагáть (наложи́ть *pf*) дисциплинáрное взыскáние на *+acc*.
disclose [dɪs'kləuz] *vt* раскрывáть (раскры́ть *pf*).
disclosure [dɪs'kləuʒə'] *n* раскры́тие.
disco ['dɪskəu] *n abbr* (= *discotheque*) дискотéка.
discomfort [dɪs'kʌmfət] *n* (*unease*) нелóвкость *f*; (*pain*) недомогáние.
discontent [dɪskən'tɛnt] *n* недовóльство.
discord ['dɪskɔ:d] *n* разлáд.
discount [*n* 'dɪskaunt, *vb* dɪs'kaunt] *n* ски́дка ◆ *vt* (*COMM*) снижáть (сни́зить *pf*) цéну на *+acc*; (*idea, fact*) не принимáть (приня́ть *pf*) в расчёт.
discourage [dɪs'kʌrɪdʒ] *vt* (*dishearten*) препя́тствовать (воспрепя́тствовать *pf*); **to ~ sb from doing** отговáривать (отговори́ть *pf*) когó-н *+infin*.
discover [dɪs'kʌvə'] *vt* обнару́живать (обнару́жить *pf*); **~y** *n* откры́тие.
discredit [dɪs'krɛdɪt] *vt* дискредити́ровать (*impf/pf*).
discreet [dɪs'kri:t] *adj* (*tactful*) такти́чный; (*careful*) осмотри́тельный; (*barely noticeable*) неприме́тный.
discrepancy [dɪs'krɛpənsɪ] *n* расхождéние.
discretion [dɪs'krɛʃən] *n* (*tact*) такти́чность *f*; **use your (own) ~** поступáйте по своему́ усмотрéнию.
discriminate [dɪs'krɪmɪneɪt] *vi*: **to ~ between** различáть (различи́ть *pf*); **to ~ against** дискримини́ровать (*impf/pf*).
discrimination [dɪskrɪmɪ'neɪʃən] *n* (*bias*) дискриминáция; (*discernment*) разбóрчивость *f*.
discuss [dɪs'kʌs] *vt* обсуждáть (обсуди́ть *pf*); **~ion** [dɪs'kʌʃən] *n* (*talk*) обсуждéние; (*debate*) диску́ссия.
disdain [dɪs'deɪn] *n* презрéние.
disease [dɪ'zi:z] *n* болéзнь *f*.
disenchanted ['dɪsɪn'tʃɑ:ntɪd] *adj*: **~ (with)** разочарóванный (*+instr*).
disgrace [dɪs'greɪs] *n* позóр ◆ *vt* позóрить (опозóрить *pf*); **~ful** *adj* позóрный.
disgruntled [dɪs'grʌntld] *adj* недовóльный.
disguise [dɪs'gaɪz] *n* маскирóвка ◆ *vt* (*object*) маскировáть (замаскировáть *pf*); **to ~ (as)** (*dress up*) переодевáть (переодéть *pf*) (*+instr*); (*make up*) гримировáть (загримировáть *pf*) (под *+acc*); **in ~** (*person*) переодéтый.
disgust [dɪs'gʌst] *n* отвращéние ◆ *vt* внушáть (внуши́ть *pf*) отвращéние *+dat*; **~ing** *adj* отврати́тельный.
dish [dɪʃ] *n* блю́до; **to do** *or* **wash the ~es** мыть (вы́мыть *pf*) посу́ду.
dishevelled [dɪ'ʃɛvəld] (*US* **disheveled**) *adj* растрёпанный.
dishonest [dɪs'ɔnɪst] *adj*

нече́стный; **~y** *n* нече́стность *f*.
dishwasher ['dɪʃwɔʃəʳ] *n* посудомо́ечная маши́на.
disillusion [dɪsɪ'lu:ʒən] *vt* разочаро́вывать (разочарова́ть *pf*).
disinfectant [dɪsɪn'fɛktənt] *n* дезинфици́рующее сре́дство.
disintegrate [dɪs'ɪntɪgreɪt] *vi* (*break up*) распада́ться (распа́сться *pf*).
disinterested [dɪs'ɪntrəstɪd] *adj* (*impartial*) бескоры́стный.
disk [dɪsk] *n* диск.
dislike [dɪs'laɪk] *n* (*feeling*) неприя́знь *f* ◆ *vt* не люби́ть (*impf*); **I ~ the idea** мне не нра́вится э́та иде́я; **he ~s cooking** он не лю́бит гото́вить.
dislodge [dɪs'lɔdʒ] *vt* смеща́ть (смести́ть *pf*).
dismal ['dɪzml] *adj* уны́лый, мра́чный; (*failure, performance*) жа́лкий.
dismantle [dɪs'mæntl] *vt* разбира́ть (разобра́ть *pf*).
dismay [dɪs'meɪ] *n* трево́га, смяте́ние ◆ *vt* приводи́ть (привести́ *pf*) в смяте́ние.
dismiss [dɪs'mɪs] *vt* (*worker*) увольня́ть (уво́лить *pf*); (*pupils, soldiers*) распуска́ть (распусти́ть *pf*); (*LAW*) прекраща́ть (прекрати́ть *pf*); (*possibility, idea*) отбра́сывать (отбро́сить *pf*); **~al** *n* (*sacking*) увольне́ние.
disobedience [dɪsə'bi:dɪəns] *n* непослуша́ние.
disorder [dɪs'ɔ:dəʳ] *n* беспоря́док; (*MED*) расстро́йство; **civil ~** социа́льные беспоря́дки.
disparity [dɪs'pærɪtɪ] *n* нера́венство.
dispatch [dɪs'pætʃ] *vt* (*send*) отправля́ть (отпра́вить *pf*) ◆ *n* (*sending*) отпра́вка; (*PRESS*) сообще́ние; (*MIL*) донесе́ние.
dispel [dɪs'pɛl] *vt* рассе́ивать (рассе́ять *pf*).
dispense [dɪs'pɛns] *vt* (*medicines*) приготовля́ть (пригото́вить *pf*); **~ with** *vt fus* обходи́ться (обойти́сь *pf*) без *+gen*; **~r** *n* торго́вый автома́т.
disperse [dɪs'pə:s] *vt* (*objects*) рассе́ивать (рассе́ять *pf*); (*crowd*) разгоня́ть (разогна́ть *pf*) ◆ *vi* рассе́иваться (рассе́яться *pf*).
display [dɪs'pleɪ] *n* демонстра́ция; (*exhibition*) вы́ставка ◆ *vt* (*emotion, quality*) выка́зывать (вы́казать *pf*); (*goods, exhibits*) выставля́ть (вы́ставить *pf*).
displeasure [dɪs'plɛʒəʳ] *n* неудово́льствие.
disposable [dɪs'pəuzəbl] *adj* однора́зовый.
disposal [dɪs'pəuzl] *n* (*of goods*) реализа́ция; (*of rubbish*) удале́ние; **to have sth at one's ~** распола́гать (*impf*) чем-н.
dispose [dɪs'pəuz] *vi*: **~ of** избавля́ться (изба́виться *pf*) от *+gen*; (*problem, task*) справля́ться (спра́виться *pf*) с *+instr*.
disposed [dɪs'pəuzd] *adj*: **to be well ~ towards sb** хорошо́ относи́ться (*impf*) к кому́-н.
disposition [dɪspə'zɪʃən] *n* (*nature*) нрав.
disproportionate [dɪsprə'pɔ:ʃənət] *adj* (*excessive*) неопра́вданно большо́й; **~ to** несоизмери́мый с *+instr*.
dispute [dɪs'pju:t] *n* спор; (*domestic*) ссо́ра; (*LAW*) тя́жба ◆ *vt* оспа́ривать (оспо́рить *pf*).
disregard [dɪsrɪ'gɑ:d] *vt*

пренебрега́ть (пренебре́чь *pf*).
disrupt [dɪs'rʌpt] *vt* наруша́ть (нару́шить *pf*); **~ion** [dɪs'rʌpʃən] *n* (*interruption*) наруше́ние.
dissatisfaction [dɪssætɪs'fækʃən] *n* недово́льство, неудовлетворённость *f*.
dissatisfied [dɪs'sætɪsfaɪd] *adj* неудовлетворённый; **~ (with)** недово́льный (*+instr*).
dissent [dɪ'sɛnt] *n* инакомы́слие.
dissident ['dɪsɪdnt] *n* диссиде́нт ◆ *adj* диссиде́нтский.
dissolution [dɪsə'lu:ʃən] *n* ро́спуск; (*of marriage*) расторже́ние.
dissolve [dɪ'zɔlv] *vt* (*substance*) растворя́ть (раствори́ть *pf*); (*organization, parliament*) распуска́ть (распусти́ть *pf*); (*marriage*) расторга́ть (расто́ргнуть *pf*) ◆ *vi* растворя́ться (раствори́ться *pf*); **to ~ in(to) tears** залива́ться (зали́ться *pf*) слеза́ми.
dissuade [dɪ'sweɪd] *vt*: **to ~ sb (from sth)** отгова́ривать (отговори́ть *pf*) кого́-н (от чего́-н).
distance ['dɪstns] *n* (*in space*) расстоя́ние; (*in sport*) диста́нция; (*in time*) отдалённость *f*; **in the ~** вдалеке́, вдали́; **from a ~** издалека́, и́здали.
distant ['dɪstnt] *adj* (*place, time*) далёкий; (*relative*) да́льний; (*manner*) отчуждённый.
distaste [dɪs'teɪst] *n* неприя́знь *f*; **~ful** *adj* неприя́тный.
distinct [dɪs'tɪŋkt] *adj* (*clear*) отчётливый; (*unmistakable*) определённый; (*different*): **~ (from)** отли́чный (от *+gen*); **as ~ from** в отли́чие от *+gen*; **~ion** [dɪs'tɪŋkʃən] *n* (*difference*) отли́чие; (*honour*) честь *f*; (*SCOL*) ≈ "отли́чно"; **~ive** *adj* своеобра́зный, характе́рный; (*feature*) отличи́тельный.
distinguish [dɪs'tɪŋgwɪʃ] *vt* различа́ть (различи́ть *pf*); **to ~ o.s.** отлича́ться (отличи́ться *pf*); **~ed** *adj* ви́дный; **~ing** *adj* (*feature*) отличи́тельный.
distort [dɪs'tɔ:t] *vt* искажа́ть (искази́ть *pf*); **~ion** [dɪs'tɔ:ʃən] *n* искаже́ние.
distract [dɪs'trækt] *vt* отвлека́ть (отвле́чь *pf*); **~ed** *adj* (*dreaming*) невнима́тельный; (*anxious*) встрево́женный; **~ion** [dɪs'trækʃən] *n* (*diversion*) отвлече́ние; (*amusement*) развлече́ние.
distraught [dɪs'trɔ:t] *adj*: **~ (with)** обезу́мевший (от *+gen*).
distress [dɪs'trɛs] *n* отча́яние; (*through pain*) страда́ние ◆ *vt* расстра́ивать (расстро́ить *pf*), приводи́ть (привести́ *pf*) в отча́яние.
distribute [dɪs'trɪbju:t] *vt* (*prizes*) раздава́ть (разда́ть *pf*); (*leaflets*) распространя́ть (распространи́ть *pf*); (*profits, weight*) распределя́ть (распредели́ть *pf*).
distribution [dɪstrɪ'bju:ʃən] *n* (*of goods*) распростране́ние; (*of profits, weight*) распределе́ние.
distributor [dɪs'trɪbjutə'] *n* (*COMM*) дистрибью́тер.
district ['dɪstrɪkt] *n* райо́н.
distrust [dɪs'trʌst] *n* недове́рие ◆ *vt* не доверя́ть *(impf)* *+dat*.
disturb [dɪs'tə:b] *vt* (*person*) беспоко́ить (побеспоко́ить *pf*); (*thoughts, peace*) меша́ть (помеша́ть *pf*) *+dat*; (*disorganize*)

наруша́ть (нару́шить *pf*); **~ance** *n* расстро́йство; (*violent event*) беспоря́дки *mpl*; **~ed** *adj* (*person*: *upset*) расстро́енный; **emotionally ~ed** психи́чески неуравнове́шенный; **~ing** *adj* трево́жный.

disused [dɪs'ju:zd] *adj* забро́шенный.

ditch [dɪtʃ] *n* ров, кана́ва; (*for irrigation*) кана́л ◆ *vt* (*inf*: *person, car*) броса́ть (бро́сить *pf*); (: *plan*) забра́сывать (забро́сить *pf*).

dive [daɪv] *n* (*from board*) прыжо́к (*в во́ду*); (*underwater*) ныря́ние ◆ *vi* ныря́ть (*impf*); **to ~ into** (*bag, drawer etc*) запуска́ть (запусти́ть *pf*) ру́ку в *+acc*; (*shop, car etc*) ныря́ть (нырну́ть *pf*) в *+acc*; **~r** *n* водола́з.

diverse [daɪ'vɘ:s] *adj* разнообра́зный.

diversion [daɪ'vɘ:ʃən] *n* (*BRIT*: *AUT*) объе́зд; (*of attention, funds*) отвлече́ние.

diversity [daɪ'vɘ:sɪtɪ] *n* разнообра́зие, многообра́зие.

divert [daɪ'vɘ:t] *vt* (*traffic*) отводи́ть (отвести́ *pf*); (*funds, attention*) отвлека́ть (отвле́чь *pf*).

divide [dɪ'vaɪd] *vt* (*split*) разделя́ть (раздели́ть *pf*); (*MATH*) дели́ть (раздели́ть *pf*); (*share out*) дели́ть (подели́ть *pf*) ◆ *vi* (*cells*) дели́ться (раздели́ться *pf*); (*road*) разделя́ться (раздели́ться *pf*); (*people, groups*) дели́ться (раздели́ться *pf*); **~d highway** *n* (*US*) шоссе́ *nt ind*.

dividend ['dɪvɪdɛnd] *n* (*COMM*) дивиде́нд; (*fig*): **to pay ~s** окупа́ться (окупи́ться *pf*), приноси́ть (принести́ *pf*) дивиде́нды.

divine [dɪ'vaɪn] *adj* боже́ственный.

diving ['daɪvɪŋ] *n* ныря́ние; (*SPORT*) прыжки́ *mpl* в во́ду; **~ board** *n* вы́шка (*для прыжко́в в во́ду*).

divinity [dɪ'vɪnɪtɪ] *n* (*SCOL*) богосло́вие.

division [dɪ'vɪʒən] *n* (*also MATH*) деле́ние; (*sharing out*) разделе́ние; (*disagreement*) разногла́сие; (*COMM*) подразделе́ние, отделе́ние; (*MIL*) диви́зия; (*SPORT*) ли́га.

divorce [dɪ'vɔ:s] *n* разво́д ◆ *vt* (*LAW*) разводи́ться (развести́сь *pf*) с *+instr*; **~d** *adj* разведённый; **~e** [dɪvɔ:'si:] *n* разведённый(-ая) *m(f) adj*.

divulge [daɪ'vʌldʒ] *vt* разглаша́ть (разгласи́ть *pf*).

DIY *n abbr* (*BRIT*: *= do-it-yourself*) сде́лай сам.

dizzy ['dɪzɪ] *adj*: **~ turn** *or* **spell** при́ступ головокруже́ния.

DJ *n abbr* (*= disc jockey*) диск-жоке́й.

KEYWORD

do [du:] (*pt* **did**, *pp* **done**) *aux vb* **1** (*in negative constructions and questions*); **I don't understand** я не понима́ю; **she doesn't want it** она́ не хо́чет э́того; **didn't you know?** ра́зве Вы не зна́ли?; **what do you think?** что Вы ду́маете?

2 (*for emphasis*) действи́тельно; **she does look rather pale** она́ действи́тельно вы́глядит о́чень бле́дной; **oh do shut up!** да, замолчи́ же!

3 (*in polite expressions*) пожа́луйста; **do sit down** пожа́луйста, сади́тесь; **do take care!** пожа́луйста, береги́ себя́!

4 (*used to avoid repeating vb*): **she swims better than I do** она́ пла́вает лу́чше меня́ *or*, чем я; **do you read newspapers? – yes, I do/no, I don't** Вы чита́ете газе́ты? – да(, чита́ю)/нет(, не чита́ю); **she lives in Glasgow – so do I** она́ живёт в Гла́зго – и я то́же; **he didn't like it and neither did we** ему́ э́то не понра́вилось, и нам то́же; **who made this mess? – I did** кто здесь насори́л? – я; **he asked me to help him and I did** он попроси́л меня́ помо́чь ему́, что я и сде́лал
5 (*in tag questions*) не так *or* пра́вда ли; **you like him, don't you?** он Вам нра́вится, не так *or* пра́вда ли?, он ведь Вам нра́вится; **I don't know him, do I?** я его́ не зна́ю, не так *or* пра́вда ли?
◆ *vt* **1** де́лать (сде́лать *pf*); **what are you doing tonight?** что Вы де́лаете сего́дня ве́чером?; **I've got nothing to do** мне не́чего де́лать; **what can I do for you?** чем могу́ быть поле́зен?; **we're doing "Othello" at school** (*studying*) мы прохо́дим "Оте́лло" в шко́ле; (*performing*) мы ста́вим "Оте́лло" в шко́ле; **to do one's teeth** чи́стить (почи́стить *pf*) зу́бы; **to do one's hair** причёсываться (причеса́ться *pf*); **to do the washing-up** мыть (помы́ть *pf*) посу́ду
2 (*AUT etc*): **the car was doing 100 (km/h)** маши́на шла со ско́ростью 100 км/ч; **we've done 200 km already** мы уже́ прое́хали 200 км; **he can do 100 km/h in that car** на э́той маши́не он мо́жет е́хать со ско́ростью 100 км/ч
◆ *vi* **1** (*act, behave*) де́лать (сде́лать *pf*); **do as I do** де́лайте, как я; **you did well to react so quickly** ты молоде́ц, что так бы́стро среаги́ровал
2 (*get on, fare*): **he's doing well/badly at school** он хорошо́/пло́хо у́чится; **the firm is doing well** дела́ в фи́рме иду́т успе́шно; **how do you do?** о́чень прия́тно
3 (*be suitable*) подходи́ть (подойти́ *pf*); **will it do?** э́то подойдёт?
4 (*be sufficient*) хвата́ть (хвати́ть *pf*) *+gen*; **will ten pounds do?** десяти́ фу́нтов хва́тит?; **that'll do** пойдёт; **that'll do!** (*in annoyance*) дово́льно!, хва́тит!; **to make do (with)** обходи́ться (обойти́сь *pf*) (*+instr*)
◆ *n* (*inf*): **we're having a bit of a do on Saturday** у нас бу́дет вечери́нка в суббо́ту; **it was a formal do** э́то был официа́льный приём

do away with *vt fus* (*abolish*) поко́нчить (*pf*) с *+instr*

do up *vt* (*laces*) завя́зывать (завяза́ть *pf*); (*dress, buttons*) застёгивать (застегну́ть *pf*); (*room, house*) ремонти́ровать (отремонти́ровать *pf*)

do with *vt fus*: **I could do with a drink** я бы вы́пил чего́-нибудь; **I could do with some help** по́мощь мне бы не помеша́ла; **what has it got to do with you?** како́е э́то име́ет к Вам отноше́ние?; **I won't have anything to do with it** я не жела́ю име́ть к э́тому никако́го отноше́ния; **it has to**

do with money это относи́тельно де́нег
do without *vt fus* обходи́ться (обойти́сь *pf*) без *+gen*; **if you're late for supper then you'll do without** е́сли Вы опозда́ете, то оста́нетесь без у́жина.

docile ['dəusaɪl] *adj* кро́ткий.
dock [dɔk] *n* (*NAUT*) док; (*LAW*) скамья́ подсуди́мых; **~s** *npl* (*NAUT*) док *msg*, верфь *fsg*; **~yard** *n* док, верфь *f*.
doctor ['dɔktə'] *n* (*MED*) врач; (*SCOL*) до́ктор.
doctrine ['dɔktrɪn] *n* доктри́на.
document ['dɔkjumənt] *n* докуме́нт; **~ary** [dɔkju'mɛntərɪ] *n* документа́льный фильм; **~ation** [dɔkjumən'teɪʃən] *n* документа́ция.
dodge [dɔdʒ] *vt* увёртываться (уверну́ться *pf*) от *+gen*.
dodgy ['dɔdʒɪ] *adj* (*inf*): **~ character** подозри́тельный тип.
does [dʌz] *vb see* **do**; **~n't** ['dʌznt] = **does not**.
dog [dɔg] *n* соба́ка ♦ *vt* пресле́довать *(impf)*.
dogged ['dɔgɪd] *adj* упо́рный.
dogma ['dɔgmə] *n* до́гма; **~tic** [dɔg'mætɪk] *adj* догмати́ческий.
dole [dəul] *n* (*BRIT*) посо́бие по безрабо́тице; **to be on the ~** получа́ть *(impf)* посо́бие по безрабо́тице.
doll [dɔl] *n* (*also US*: *inf*) ку́кла.
dollar ['dɔlə'] *n* до́ллар.
dolphin ['dɔlfɪn] *n* дельфи́н.
dome [dəum] *n* ку́пол.
domestic [də'mɛstɪk] *adj* дома́шний; (*trade, politics*) вну́тренний; (*happiness*) семе́йный.
dominant ['dɔmɪnənt] *adj* (*share, role*) преоблада́ющий, домини́рующий; (*partner*) вла́стный.
dominate ['dɔmɪneɪt] *vt* домини́ровать *(impf)* над *+instr*.
dominoes ['dɔmɪnəuz] *n* (*game*) домино́ *nt ind*.
donate [də'neɪt] *vt*: **to ~ (to)** же́ртвовать (поже́ртвовать *pf*) (*+dat or* на *+acc*).
donation [də'neɪʃən] *n* поже́ртвование.
done [dʌn] *pp of* **do**.
donkey ['dɔŋkɪ] *n* осёл.
donor ['dəunə'] *n* (*MED*) до́нор; (*to charity*) же́ртвователь(ница) *m(f)*.
don't [dəunt] = **do not**.
donut ['dəunʌt] *n* (*US*) = **doughnut**.
doom [du:m] *n* рок ♦ *vt*: **the plan was ~ed to failure** план был обречён на прова́л.
door [dɔ:'] *n* дверь *f*; **~bell** *n* (дверно́й) звоно́к; **~ handle** *n* дверна́я ру́чка; (*of car*) ру́чка две́ри; **~mat** *n* полови́к; **~step** *n* поро́г; **~way** *n* дверно́й проём.
dope [dəup] *n* (*inf*: *drug*) гаши́ш; (: *person*) приду́рок ♦ *vt* вводи́ть (ввести́ *pf*) нарко́тик *+dat*.
dormitory ['dɔ:mɪtrɪ] *n* (*room*) о́бщая спа́льня; (*US*: *building*) общежи́тие.
DOS [dɔs] *n abbr* (*COMPUT*: = *disk operating system*) ДОС.
dosage ['dəusɪdʒ] *n* до́за.
dose [dəus] *n* (*of medicine*) до́за.
dossier ['dɔsɪeɪ] *n* досье́ *nt ind*.
dot [dɔt] *n* то́чка; (*speck*) кра́пинка, пя́тнышко ♦ *vt*: **~ted with** усе́янный *+instr*; **on the ~** мину́та в мину́ту.
double ['dʌbl] *adj* двойно́й ♦ *adv*: **to cost ~** сто́ить *(impf)* вдво́е

доро́же ◆ *n* двойни́к ◆ *vt* удва́ивать (удво́ить *pf*) ◆ *vi* (*increase*) удва́иваться (удво́иться *pf*); **on the ~**, (*BRIT*) **at the ~** бего́м; **~ bass** *n* контраба́с; **~ bed** *n* двуспа́льная крова́ть *f*; **~-decker** *n* (*also:* **~-decker bus**) двухэта́жный авто́бус; **~ glazing** *n* (*BRIT*) двойны́е ра́мы *fpl*; **~ room** *n* (*in hotel*) двухме́стный но́мер; **~s** *n* (*TENNIS*) па́ры *fpl*.

doubly ['dʌblɪ] *adv* вдвойне́.

doubt [daut] *n* сомне́ние ◆ *vt* сомнева́ться (*impf*); (*mistrust*) сомнева́ться (*impf*) в *+prp*, недоверя́ть (*impf*) *+dat*; **I ~ whether** *or* **if she'll come** я сомнева́юсь, что она́ придёт; **~ful** *adj* сомни́тельный; **~less** *adv* несомне́нно.

dough [dəu] *n* (*CULIN*) те́сто; **~nut** (*US* **donut**) *n* по́нчик.

dove [dʌv] *n* го́лубь *m*.

Dover ['dəuvə^r] *n* Дувр.

down [daun] *n* (*feathers*) пух ◆ *adv* (*motion*) вниз; (*position*) внизу́ ◆ *prep* (*towards lower level*) (вниз) с *+gen or* по *+dat*; (*along*) (вдоль) по *+dat* ◆ *vt* (*inf: drink*) прогла́тывать (проглоти́ть *pf*); **~ with the government!** доло́й прави́тельство!; **~fall** *n* паде́ние; (*from drinking etc*) ги́бель *f*; **~hill** *adv* (*face, look*) вниз; **to go ~hill** (*person, business*) идти́ (пойти́ *pf*) по́д гору; (*road*) идти́ (пойти́ *pf*) под укло́н; **~pour** *n* ли́вень *m*; **~right** *adj* я́вный; (*refusal*) по́лный ◆ *adv* соверше́нно; **D~'s syndrome** *n* синдро́м Да́уна; **~stairs** *adv* (*position*) внизу́; (*motion*) вниз; **~stream** *adv* вниз по тече́нию; **~-to-earth** *adj* (*person*) просто́й; (*solution*) практи́чный; **~town** *adv* (*position*) в це́нтре; (*motion*) в центр; **~ward** *adj* напра́вленный вниз ◆ *adv* вниз; **~wards** *adv* = **downward**.

dozen ['dʌzn] *n* дю́жина; **a ~ books** дю́жина книг; **~s of** деся́тки *+gen*.

Dr *abbr* = **doctor**.

drab [dræb] *adj* се́рый, уны́лый.

draft [drɑːft] *n* (*first version*) чернови́к, набро́сок; (*US: MIL*) призы́в ◆ *vt* (*plan*) составля́ть (соста́вить *pf*); (*write*) писа́ть (написа́ть *pf*) на́черно; *see also* **draught**.

drag [dræg] *vt* тащи́ть (*impf*); (*lake, pond*) прочёсывать (прочеса́ть *pf*) ◆ *vi* (*time, event etc*) тяну́ться (*impf*).

dragon ['drægn] *n* драко́н; **~fly** *n* стрекоза́.

drain [dreɪn] *n* водосто́к, водоотво́д; (*on resources*) уте́чка; (*on health, energy*) расхо́д ◆ *vt* (*land, glass*) осуша́ть (осуши́ть *pf*); (*vegetables*) слива́ть (слить *pf*) ◆ *vi* (*liquid*) стека́ть (стечь *pf*); **I feel ~ed** я измота́лся; **~age** ['dreɪnɪdʒ] *n* (*system*) канализа́ция; (*process*) дрена́ж, осуше́ние; **~ing board** (*US* **drainboard**) *n* су́шка.

drama ['drɑːmə] *n* (*also fig*) дра́ма; **~tic** [drə'mætɪk] *adj* драмати́ческий; (*increase etc*) ре́зкий; (*change*) рази́тельный; **~tist** *n* драмату́рг.

drank [dræŋk] *pt of* **drink**.

drastic ['dræstɪk] *adj* (*measure*) реши́тельный; (*change*) коренно́й.

draught [drɑːft] (*US* **draft**) *n* (*of air*) сквозня́к; **on ~** (*beer*) бочко́вое;

~s *n* (*BRIT*) ша́шки *pl*.
draw [drɔ:] (*pt* **drew**, *pp* **drawn**) *vt* (*ART*) рисова́ть *(impf)*; (*TECH*) черти́ть *(impf)*; (*pull*: *cart*) тащи́ть *(impf)*; (: *curtains*) задёргивать (задёрнуть *pf*); (*gun, tooth*) вырыва́ть (вы́рвать *pf*); (*attention*) привлека́ть (привле́чь *pf*); (*crowd*) собира́ть (собра́ть *pf*); (*money*) снима́ть (снять *pf*); (*wages*) получа́ть (получи́ть *pf*) ♦ *vi* (*SPORT*) игра́ть (сыгра́ть *pf*) в ничью́ ♦ *n* (*SPORT*) ничья́; (*lottery*) лотере́я; **to ~ near** приближа́ться (прибли́зиться *pf*); **~ up** *vi* (*train, bus etc*) подъезжа́ть (подъе́хать *pf*) ♦ *vt* (*chair etc*) придвига́ть (придви́нуть *pf*); (*document*) составля́ть (соста́вить *pf*); **~back** *n* недоста́ток; **~er** *n* я́щик; **~ing** *n* (*picture*) рису́нок; **~ing pin** *n* (*BRIT*) (канцеля́рская) кно́пка; **~ing room** *n* гости́ная *f adj*.
drawl [drɔ:l] *n* протя́жное произноше́ние.
drawn [drɔ:n] *pp of* **draw**.
dread [drɛd] *n* у́жас ♦ *vt* боя́ться *(impf)* *+gen*; **~ful** *adj* ужа́сный.
dream [dri:m] (*pt, pp* **dreamed** *or* **dreamt**) *n* сон; (*ambition*) мечта́ ♦ *vt*: **I must have ~t it** мне, наве́рное, э́то присни́лось ♦ *vi* ви́деть *(impf)* сон; (*wish*) мечта́ть *(impf)*; **~t** [drɛmt] *pt, pp of* **dream**; **~y** *adj* (*expression, person*) мечта́тельный.
dreary ['drɪərɪ] *adj* тоскли́вый.
dress [drɛs] *n* (*frock*) пла́тье; (*no pl*: *clothing*) оде́жда ♦ *vt* одева́ть (оде́ть *pf*); (*wound*) перевя́зывать (перевяза́ть *pf*) ♦ *vi* одева́ться (оде́ться *pf*); **to get ~ed** одева́ться (оде́ться *pf*); **~ up** *vi* наряжа́ться (наряди́ться *pf*); **~er** *n* (*BRIT*) ку́хонный шкаф; (*US*: *chest of drawers*) туале́тный сто́лик; **~ing** *n* (*MED*) повя́зка; (*CULIN*) запра́вка; **~ing gown** *n* (*BRIT*) хала́т; **~ing room** *n* (*THEAT*) артисти́ческая убо́рная *f adj*; (*SPORT*) раздева́лка; **~ing table** *n* туале́тный сто́лик.
drew [dru:] *pt of* **draw**.
dried [draɪd] *adj* (*fruit*) сушёный; (*milk*) сухо́й.
drift [drɪft] *n* (*of current*) ско́рость *f*; (*of snow*) зано́с, сугро́б; (*meaning*) смысл ♦ *vi* (*boat*) дрейфова́ть *(impf)*; **snow had ~ed over the road** доро́гу занесло́ сне́гом.
drill [drɪl] *n* (*drill bit*) сверло́; (*machine*) дрель *f*; (: *for mining etc*) бура́в; (*MIL*) уче́ние ♦ *vt* (*hole*) сверли́ть (просверли́ть *pf*) ♦ *vi* (*for oil*) бури́ть *(impf)*.
drink [drɪŋk] (*pt* **drank**, *pp* **drunk**) *n* напи́ток; (*alcohol*) (спиртно́й) напи́ток; (*sip*) глото́к ♦ *vt* пить (вы́пить *pf*) ♦ *vi* пить *(impf)*; **to have a ~** попи́ть *(pf)*; (*alcoholic*) вы́пить *(pf)*; **a ~ of water** глото́к воды́; (*glassful*) стака́н воды́; **~-driving** *n* вожде́ние в нетре́звом состоя́нии; **~er** *n* пью́щий(-ая) *m(f) adj*; **~ing water** *n* питьева́я вода́.
drip [drɪp] *n* ка́панье; (*one drip*) ка́пля; (*MED*) ка́пельница ♦ *vi* (*water, rain*) ка́пать *(impf)*; **the tap is ~ping** кран течёт.
drive [draɪv] (*pt* **drove**, *pp* **driven**) *n* (*journey*) пое́здка; (*also*: **~way**) подъе́зд; (*energy*) напо́ристость *f*; (*campaign*) кампа́ния; (*COMPUT*: *also*: **disk ~**) дисково́д ♦ *vt* (*vehicle*) води́ть/вести́ *(impf)*;

(*motor, wheel*) приводи́ть (привести́ *pf*) в движе́ние ◆ *vi* води́ть (вести́ *pf*) (маши́ну); (*travel*) е́здить/е́хать *(impf)*; **right-/left-hand ~** право-/левосторо́нее управле́ние; **to ~ sb to the airport** отвози́ть (отвезти́ *pf*) кого́-н в аэропо́рт; **to ~ sth into** (*nail, stake*) вбива́ть (вбить *pf*) что-н в *+acc*; **to ~ sb mad** своди́ть (свести́ *pf*) кого́-н с ума́; **~n** ['drɪvn] *pp of* **drive**; **~r** *n* води́тель *m*; (*of train*) машини́ст; **~r's license** *n* (*US*) (води́тельские) права́ *nt pl*; **~way** *n* подъе́зд.

driving ['draɪvɪŋ] *n* вожде́ние; **~ licence** *n* (*BRIT*) (води́тельские) права́ *ntpl*.

drizzle ['drɪzl] *n* и́зморось *f* ◆ *vi* мороси́ть *(impf)*.

drone [drəun] *n* (*noise*) гуде́ние.

drop [drɔp] *n* (*of water*) ка́пля; (*reduction*) паде́ние; (*fall*: *distance*) расстоя́ние (*све́рху вниз*) ◆ *vt* (*object*) роня́ть (урони́ть *pf*); (*eyes*) опуска́ть (опусти́ть *pf*); (*voice, price*) понижа́ть (пони́зить *pf*); (*also:* **~ off**: *passenger*) выса́живать (вы́садить *pf*) ◆ *vi* па́дать (упа́сть *pf*); (*wind*) стиха́ть (сти́хнуть *pf*); **~s** *npl* (*MED*) ка́пли *fpl*; **~ off** *vi* (*go to sleep*) засыпа́ть (засну́ть *pf*); **~ out** *vi* (*of game, deal*) выходи́ть (вы́йти *pf*); **~-out** *n* (*from society*) отщепе́нец(-нка); **~pings** *npl* помёт *msg*.

drought [draut] *n* за́суха.

drove [drəuv] *pt of* **drive**.

drown [draun] *vt* топи́ть (утопи́ть *pf*); (*also:* **~ out**: *sound*) заглуша́ть (заглуши́ть *pf*) ◆ *vi* тону́ть (утону́ть *pf*).

drug [drʌg] *n* (*MED*) лека́рство; (*narcotic*) нарко́тик ◆ *vt* (*person, animal*) вводи́ть (ввести́ *pf*) нарко́тик *+dat*; **to be on ~s** быть *(impf)* на нарко́тиках; **hard/soft ~s** си́льные/сла́бые нарко́тики.

drum [drʌm] *n* бараба́н; (*for oil*) бо́чка; **~s** *npl* (*kit*) уда́рные инструме́нты *mpl*; **~mer** *n* (*in rock group*) уда́рник.

drunk [drʌŋk] *pp of* **drink** ◆ *adj* пья́ный ◆ *n* пья́ный(-ая) *m(f) adj*; (*also:* **~ard**) пья́ница *m/f*; **~en** *adj* пья́ный.

dry [draɪ] *adj* сухо́й; (*lake, riverbed*) вы́сохший; (*humour*) сде́ржанный; (*lecture, subject*) ску́чный ◆ *vt* (*clothes, ground*) суши́ть (вы́сушить *pf*); (*surface*) вытира́ть (вы́тереть *pf*) ◆ *vi* со́хнуть (вы́сохнуть *pf*); **~-cleaner's** *n* химчи́стка.

DSS *n abbr* (*BRIT*: = *Department of Social Security*) Министе́рство социа́льного обеспе́чения.

dual ['djuəl] *adj* двойно́й; (*function*) двойственный; **~ carriageway** *n* (*BRIT*) шоссе́ *nt ind*.

dubious ['dju:bɪəs] *adj* сомни́тельный.

Dublin ['dʌblɪn] *n* Ду́блин.

duchess ['dʌtʃɪs] *n* герцоги́ня.

duck [dʌk] *n* у́тка ◆ *vi* (*also:* **~ down**) пригиба́ться (пригну́ться *pf*).

due [dju:] *adj* (*expected*) предполага́емый; (*attention, consideration*) до́лжный: **I am ~ £20** мне должны́ *or* полага́ется £20 ◆ *n*: **to give sb his** (*or* **her**) **~** отдава́ть (отда́ть *pf*) кому́-н до́лжное ◆ *adv*: **~ north** пря́мо на се́вер; **~s** *npl* (*for club etc*) взно́сы *mpl*; **in ~ course** в своё вре́мя; **~**

to из-за *+gen*; **he is ~ to go** он до́лжен идти́.
duel ['djuəl] *n* дуэ́ль *f*.
duet [dju:'ɛt] *n* дуэ́т.
dug [dʌg] *pt, pp of* **dig**.
duke [dju:k] *n* ге́рцог.
dull [dʌl] *adj* (*light, colour*) ту́склый, мра́чный; (*sound*) глухо́й; (*pain, wit*) тупо́й; (*event*) ску́чный ♦ *vt* притупля́ть (притупи́ть *pf*).
duly ['dju:lɪ] *adv* (*properly*) до́лжным о́бразом; (*on time*) своевре́менно.
dumb [dʌm] *adj* (*mute*) немо́й; (*inf: pej: person*) тупо́й; (*: idea*) дура́цкий.
dummy ['dʌmɪ] *n* (*tailor's model*) манеке́н; (*BRIT: for baby*) со́ска, пусты́шка ♦ *adj* (*bullet*) холосто́й.
dump [dʌmp] *n* (*also:* **rubbish ~**) сва́лка; (*inf: pej: place*) дыра́ ♦ *vt* (*put down*) сва́ливать (свали́ть *pf*), выбра́сывать (вы́бросить *pf*); (*car*) броса́ть (бро́сить *pf*).
dung [dʌŋ] *n* наво́з.
dungarees [dʌŋgə'ri:z] *npl* комбинезо́н *msg*.
duo ['dju:əu] *n* дуэ́т.
duplicate [*n, adj* 'dju:plɪkət, *vb* 'dju:plɪkeɪt] *n* дублика́т, ко́пия ♦ *adj* запасно́й ♦ *vt* копи́ровать (скопи́ровать *pf*); (*repeat*) дубли́ровать (продубли́ровать *pf*); **in ~** в двойно́м экземпля́ре.
durable ['djuərəbl] *adj* про́чный.
duration [djuə'reɪʃən] *n* продолжи́тельность *f*.
during ['djuərɪŋ] *prep* (*in the course of*) во вре́мя *+gen*, в тече́ние *+gen*; (*from beginning to end*) в тече́ние *+gen*.
dusk [dʌsk] *n* су́мерки *pl*.
dust [dʌst] *n* пыль *f* ♦ *vt* вытира́ть (вы́тереть *pf*) пыль с *+gen*; **to ~ with** (*cake etc*) посыпа́ть (посы́пать *pf*) *+instr*; **~bin** *n* (*BRIT*) му́сорное ведро́; **~y** *adj* пы́льный.
Dutch [dʌtʃ] *adj* голла́ндский ♦ *npl*: **the ~** голла́ндцы *mpl*; **they decided to go ~** (*inf*) они́ реши́ли, что ка́ждый пла́тит за себя́.
duty ['dju:tɪ] *n* (*responsibility*) обя́занность *f*; (*obligation*) долг; (*tax*) по́шлина; **on ~** на дежу́рстве; **off ~** вне слу́жбы; **~-free** *adj* (*drink etc*) беспо́шлинный.
duvet ['du:veɪ] *n* (*BRIT*) пухо́вое одея́ло.
dwarf [dwɔ:f] (*pl* **dwarves**) *n* ка́рлик ♦ *vt* де́лать (сде́лать *pf*) кро́хотным.
dwarves [dwɔ:vz] *npl of* **dwarf**.
dwell [dwɛl] (*pt, pp* **dwelt**) *vi* прожива́ть (прожи́ть *pf*); **~ on** *vt fus* заде́рживаться (задержа́ться *pf*) на *+prp*.
dwelt [dwɛlt] *pt, pp of* **dwell**.
dye [daɪ] *n* краси́тель *m*, кра́ска ♦ *vt* кра́сить (покра́сить *pf*).
dying ['daɪɪŋ] *adj* (*person, animal*) умира́ющий.
dyke [daɪk] *n* (*BRIT: wall*) да́мба.
dynamic [daɪ'næmɪk] *adj* (*leader, force*) динами́чный.
dynamite ['daɪnəmaɪt] *n* динами́т.
dynamo ['daɪnəməu] *n* (*ELEC*) дина́мо-маши́на.

E, e

E [i:] *n* (*MUS*) ми *nt ind*.
each [i:tʃ] *adj, pron* ка́ждый; **~ other** друг дру́га; **they hate ~**

other они ненави́дят друг дру́га; **they think about ~ other** они ду́мают друг о дру́ге; **they have two books ~** у ка́ждого из них по две кни́ги.

eager ['i:gəʳ] *adj* (*keen*) увлечённый; (*excited*) возбуждённый; **to be ~ for/to do** жа́ждать *(impf)* *+gen*/*+infin.*

eagle ['i:gl] *n* орёл.

ear [ɪəʳ] *n* (*ANAT*) у́хо; (*of corn*) ко́лос; **~ache** *n* ушна́я боль *f*; **I have ~ache** у меня́ боли́т у́хо.

earl [ə:l] *n* (*BRIT*) граф.

earlier ['ə:lɪəʳ] *adj* бо́лее ра́нний ◆ *adv* ра́ньше, ра́нее.

early ['ə:lɪ] *adv* ра́но ◆ *adj* ра́нний; (*quick*: *reply*) незамедли́тельный; (*settlers*) пе́рвый; **~ in the morning** ра́но у́тром; **to have an ~ night** рано ложи́ться (лечь *pf*) спать; **in the ~ spring, ~ in the spring** ра́нней весно́й; **in the ~ 19th century, ~ in the 19th century** в нача́ле 19-го ве́ка; **~ retirement** *n*: **to take ~ retirement** ра́но уходи́ть (уйти́ *pf*) на пе́нсию.

earn [ə:n] *vt* (*salary*) зараба́тывать (зарабо́тать *pf*); (*interest*) приноси́ть (принести́ *pf*); (*praise*) заслу́живать (заслужи́ть *pf*).

earnest ['ə:nɪst] *adj* (*person, manner*) серьёзный; (*wish, desire*) и́скренний; **in ~** всерьёз.

earnings ['ə:nɪŋz] *npl* за́работок *msg*.

earring ['ɪərɪŋ] *n* серьга́.

earth [ə:θ] *n* земля́; (*BRIT*: *ELEC*) заземле́ние ◆ *vt* (*BRIT*: *ELEC*) заземля́ть (заземли́ть *pf*); **E~** (*planet*) Земля́; **~enware** *n* кера́мика; **~quake** *n* землетрясе́ние.

ease [i:z] *n* лёгкость *f*; (*comfort*) поко́й ◆ *vt* (*pain, problem*) облегча́ть (облегчи́ть *pf*); (*tension*) ослабля́ть (осла́бить *pf*); **to ~ sth into** вставля́ть (вста́вить *pf*) что-н в *+acc*; **to ~ sth out of** вынима́ть (вы́нуть *pf*) что-н из *+gen*; **to ~ o.s. into** опуска́ться (опусти́ться *pf*) в *+acc*; **at ~!** (*MIL*) во́льно!

easily ['i:zɪlɪ] *adv* (*see adj*) легко́; непринуждённо; (*without doubt*) несомне́нно.

east [i:st] *n* восто́к ◆ *adj* восто́чный ◆ *adv* на восто́к; **the E~** Восто́к.

Easter ['i:stəʳ] *n* па́сха; **~ egg** *n* (*chocolate*) шокола́дное пасха́льное яйцо́.

eastern ['i:stən] *adj* восто́чный.

East Germany *n* (*formerly*) Восто́чная Герма́ния.

easy ['i:zɪ] *adj* лёгкий; (*manner*) непринуждённый ◆ *adv*: **to take it** *or* **things ~** не напряга́ться *(impf)*; **~-going** *adj*: **~-going person** челове́к с лёгким хара́ктером.

eat [i:t] (*pt* **ate**, *pp* **eaten**) *vt* есть (съесть *pf*) ◆ *vi* есть *(impf)*.

ebony ['ɛbənɪ] *n* эбе́новое *or* чёрное де́рево.

EC *n abbr* (= *European Community*) ЕС.

eccentric [ɪk'sɛntrɪk] *adj* эксцентри́чный.

ecclesiastic(al) [ɪkli:zɪ'æstɪk(l)] *adj* духо́вный.

echo ['ɛkəu] (*pl* **~es**) *n* э́хо ◆ *vt* (*repeat*) вто́рить *(impf)* *+dat* ◆ *vi* (*sound*) отдава́ться (отда́ться *pf*); **the room ~ed with her laughter** в ко́мнате раздава́лся её смех.

eclipse [ɪ'klɪps] *n* затмéние.
ecological [i:kə'lɔdʒɪkəl] *adj* экологи́ческий.
ecology [ɪ'kɔlədʒɪ] *n* эколóгия.
economic [i:kə'nɔmɪk] *adj* экономи́ческий; (*profitable*) рентáбельный; **~al** *adj* экономи́чный; (*thrifty*) эконóмный; **~s** *n* (*SCOL*) эконóмика.
economist [ɪ'kɔnəmɪst] *n* экономи́ст.
economy [ɪ'kɔnəmɪ] *n* эконóмика, хозя́йство; (*financial prudence*) эконóмия; **~ class** *n* (*AVIAT*) *дешёвые посáдочные местá.*
ecstasy ['ɛkstəsɪ] *n* (*rapture*) экстáз.
ecstatic [ɛks'tætɪk] *adj* востóрженный.
eczema ['ɛksɪmə] *n* экзéма.
edge [ɛdʒ] *n* край; (*of knife etc*) остриё ♦ *vt* (*trim*) окаймля́ть (окайми́ть *pf*); **on ~** (*fig*) = **edgy**; **to ~ away from** отходи́ть (отойти́ *pf*) бочкóм от *+gen.*
edgy ['ɛdʒɪ] *adj* раздражённый.
edible ['ɛdɪbl] *adj* съедóбный.
Edinburgh ['ɛdɪnbərə] *n* Эдинбург.
edit ['ɛdɪt] *vt* редакти́ровать (отредакти́ровать *pf*); (*broadcast, film*) монти́ровать (смонти́ровать *pf*); **~ion** [ɪ'dɪʃən] *n* (*of book*) издáние; (*of newspaper, programme*) вы́пуск; **~or** *n* редáктор; (*PRESS, TV*) обозревáтель *m*; **~orial** [ɛdɪ'tɔ:rɪəl] *adj* редакциóнный ♦ *n* редакциóнная *f adj* (статья́).
educate ['ɛdjukeɪt] *vt* (*teach*) давáть (дать *pf*) образовáние *+dat*; (*instruct*) просвещáть (просвети́ть *pf*).
education [ɛdju'keɪʃən] *n* (*schooling*) просвещéние, образовáние; (*teaching*) обучéние; (*knowledge*) образóванность *f*; **~al** *adj* (*institution*) учéбный; (*staff*) преподавáтельский; **~al policy** поли́тика в óбласти просвещéния; **~al system** систéма образовáния *or* просвещéния.
EEC *n abbr* (= *European Economic Community*) ЕЭС.
eel [i:l] *n* ýгорь *m.*
eerie ['ɪərɪ] *adj* жýткий.
effect [ɪ'fɛkt] *n* (*result*) эффéкт; **to take ~** (*drug*) дéйствовать (подéйствовать *pf*); (*law*) вступáть (вступи́ть *pf*) в си́лу; **in ~** в сýщности; **~ive** *adj* (*successful*) эффекти́вный; (*actual*) действи́тельный; **~ively** *adv* (*successfully*) эффекти́вно; (*in reality*) в сýщности, факти́чески; **~iveness** *n* эффекти́вность *f.*
efficiency [ɪ'fɪʃənsɪ] *n* (*see adj*) эффекти́вность *f*; дéльность *f.*
efficient [ɪ'fɪʃənt] *adj* эффекти́вный; (*person*) дéльный.
effort ['ɛfət] *n* уси́лие; (*attempt*) попы́тка; **~less** *adj* (*achievement*) лёгкий.
e.g. *adv abbr* (*for example*: = *exempli gratia*) напримéр.
egg [ɛg] *n* яйцó; **hard-boiled/soft-boiled ~** яйцó вкрутýю/всмя́тку; **~ cup** *n* рю́мка для яйцá; **~plant** *n* (*esp US*) баклажáн.
ego ['i:gəu] *n* самолю́бие.
Egypt ['i:dʒɪpt] *n* Еги́пет.
eight [eɪt] *n* вóсемь; **~een** *n* восемнáдцать; **~eenth** [eɪ'ti:nθ] *adj* восемнáдцатый; **~h** [eɪtθ] *adj*

восьмóй; **~ieth** *adj* восьмидесятый; **~y** *n* вóсемьдесят.
Eire ['ɛərə] *n* Эйре *nt ind.*
either ['aɪðə'] *adj* (*one or other*) любóй (*из двух*); (*both, each*) кáждый ◆ *adv* тáкже ◆ *pron*: **~ (of them)** любóй (из них) ◆ *conj*: **~ yes or no** лúбо да, лúбо нет; **on ~ side** на обéих сторонáх; **I don't smoke – I don't ~** я не курю́ – я тóже; **I don't like ~** мне не нрáвится ни тот, ни другóй; **there was no sound from ~ of the flats** ни из однóй из квартúр не доносúлось ни звýка.
elaborate [*adj* ɪ'læbərɪt, *vb* ɪ'læbəreɪt] *adj* слóжный ◆ *vt* (*expand*) развивáть (развúть *pf*); (*refine*) разрабáтывать (разрабóтать *pf*) ◆ *vi*: **to ~ on** (*idea, plan*) рассмáтривать (рассмотрéть *pf*) в детáлях.
elastic [ɪ'læstɪk] *n* резúнка ◆ *adj* (*stretchy*) эластúчный.
elated [ɪ'leɪtɪd] *adj*: **to be ~** ликовáть *(impf)*.
elation [ɪ'leɪʃən] *n* ликовáние.
elbow ['ɛlbəu] *n* лóкоть *m.*
elder ['ɛldə'] *adj* стáрший ◆ *n* (*tree*) бузинá; (*older person*): **~s** стáршие *pl adj*; **~ly** *adj* пожилóй ◆ *npl*: **the ~ly** престарéлые *pl adj.*
eldest ['ɛldɪst] *adj* (сáмый) стáрший ◆ *n* стáрший(-ая) *m(f) adj.*
elect [ɪ'lɛkt] *vt* избирáть (избрáть *pf*) ◆ *adj*: **the president ~** úзбранный президéнт; **to ~ to do** предпочитáть (предпочéсть *pf*) *+infin*; **~oral** *adj* избирáтельный; **~orate** *n*: **the ~orate** избирáтели *mpl*, электорáт.
electric [ɪ'lɛktrɪk] *adj* электрúческий; **~al** *adj* электрúческий; **~ blanket** *n* одеяло-грéлка; **~ian** [ɪlɛk'trɪʃən] *n* электромонтёр, элéктрик; **~ity** [ɪlɛk'trɪsɪtɪ] *n* электрúчество.
electronic [ɪlɛk'trɔnɪk] *adj* электрóнный; **~s** *n* электрóника.
elegance ['ɛlɪgəns] *n* элегáнтность *f.*
elegant ['ɛlɪgənt] *adj* элегáнтный.
element ['ɛlɪmənt] *n* (*also CHEM*) элемéнт; (*of heater, kettle etc*) электронагревáтельный элемéнт; **the ~s** *npl* стихúя *fsg*; **he is in his ~** он в своéй стихúи; **~ary** [ɛlɪ'mɛntərɪ] *adj* элементáрный; (*school, education*) начáльный.
elephant ['ɛlɪfənt] *n* слон(úха).
elevation [ɛlɪ'veɪʃən] *n* (*height*) возвы́шенность *f.*
elevator ['ɛlɪveɪtə'] *n* (*US*) лифт.
eleven [ɪ'lɛvn] *n* одúннадцать; **~th** *adj* одúннадцатый.
eligible ['ɛlɪdʒəbl] *adj* (*for marriage*) подходя́щий; **to be ~ for** (*qualified, suitable*) имéть *(impf)* прáво на *+acc.*
eliminate [ɪ'lɪmɪneɪt] *vt* исключáть (исключúть *pf*); (*team, contestant*) выбивáть (вы́бить *pf*).
elimination [ɪlɪmɪ'neɪʃən] *n* (*see vt*) исключéние; устранéние.
élite [eɪ'li:t] *n* элúта.
elm [ɛlm] *n* вяз.
eloquent ['ɛləkwənt] *adj* (*description, person*) красноречúвый; (*speech*) я́ркий.
else [ɛls] *adv* (*other*) ещё; **nothing ~** бóльше ничегó; **somewhere ~** (*be*) гдé-нибудь ещё; (*go*) кудá-нибудь ещё; (*come from*) откýда-нибудь ещё; **everywhere ~** вездé; **where ~?** (*position*) где

ещё?; (*motion*) куда́ ещё?; **there was little ~ to do** ма́ло, что мо́жно бы́ло де́лать; **everyone ~** все остальны́е; **nobody ~ spoke** бо́льше никто́ не говори́л; **or ~** ... а не то ...; **~where** *adv* (*be*) где́-то в друго́м ме́сте; (*go*) куда́-то в друго́е ме́сто.

elusive [ɪ'lu:sɪv] *adj* неулови́мый.

emancipation [ɪmænsɪ'peɪʃən] *n* освобожде́ние; (*of women*) эмансипа́ция.

embankment [ɪm'bæŋkmənt] *n* (*of road, railway*) на́сыпь *f*; (*of river*) на́бережная *f adj*.

embargo [ɪm'bɑ:gəu] (*pl* **~es**) *n* эмба́рго *nt ind*.

embark [ɪm'bɑ:k] *vi*: **to ~ on** (*journey*) отправля́ться (отпра́виться *pf*) в *+acc*; (*task, course of action*) предпринима́ть (предприня́ть *pf*).

embarrass [ɪm'bærəs] *vt* смуща́ть (смути́ть *pf*); (*POL*) ста́вить (поста́вить *pf*) в затрудне́ние; **~ed** *adj* (*laugh, silence*) смущённый; **~ing** *adj* (*position*) нело́вкий, неудо́бный; **~ment** *n* (*feeling*) смуще́ние; (*problem*) затрудне́ние.

embassy ['ɛmbəsɪ] *n* посо́льство.

embedded [ɪm'bɛdɪd] *adj* (*object*) заде́ланный.

emblem ['ɛmbləm] *n* эмбле́ма.

embody [ɪm'bɔdɪ] *vt* (*incarnate*) воплоща́ть (воплоти́ть *pf*); (*include*) содержа́ть *(impf)* (в себе́).

embrace [ɪm'breɪs] *vt* обнима́ть (обня́ть *pf*); (*include*) охва́тывать (охвати́ть *pf*) ♦ *vi* обнима́ться *(impf)*.

embroidery *n* (*stitching*) вы́шивка; (*activity*) вышива́ние.

embryo ['ɛmbrɪəu] *n* (*BIO*) эмбрио́н.

emerald ['ɛmərəld] *n* изумру́д.

emerge [ɪ'mə:dʒ] *vi* (*fact*) всплыва́ть (всплы́ть *pf*); (*industry, society*) появля́ться (появи́ться *pf*); **to ~ from** (*from room, imprisonment*) выходи́ть (вы́йти *pf*) из *+gen*.

emergency [ɪ'mə:dʒənsɪ] *n* экстрема́льная ситуа́ция; **in an ~** в экстрема́льной ситуа́ции; **state of ~** чрезвыча́йное положе́ние; **~ talks** э́кстренные перегово́ры; **~ exit** *n* авари́йный вы́ход.

emigrate ['ɛmɪgreɪt] *vi* эмигри́ровать *(impf/pf)*.

emigration [ɛmɪ'greɪʃən] *n* эмигра́ция.

eminent ['ɛmɪnənt] *adj* ви́дный, зна́тный.

emission [ɪ'mɪʃən] *n* (*of gas*) вы́брос; (*of radiation*) излуче́ние.

emotion [ɪ'məuʃən] *n* (*feeling*) чу́вство; **~al** *adj* эмоциона́льный; (*issue*) волну́ющий.

emotive [ɪ'məutɪv] *adj* волну́ющий.

emphases ['ɛmfəsi:z] *npl of* **emphasis**.

emphasis ['ɛmfəsɪs] (*pl* **emphases**) *n* значе́ние; (*in speaking*) ударе́ние, акце́нт.

emphasize ['ɛmfəsaɪz] *vt* подчёркивать (подчеркну́ть *pf*).

emphatic [ɛm'fætɪk] *adj* (*statement, denial*) категори́ческий, реши́тельный; (*person*) твёрдый, категори́чный; **~ally** *adv* категори́чески; (*certainly*) реши́тельно.

empire ['ɛmpaɪə'] *n* импе́рия.
empirical [ɛm'pɪrɪkl] *adj* эмпири́ческий.
employ [ɪm'plɔɪ] *vt* нанима́ть (наня́ть *pf*); (*tool, weapon*) применя́ть (примени́ть *pf*); **~ee** [ɪmplɔɪ'i:] *n* рабо́тник; **~er** *n* работода́тель *m*; **~ment** *n* рабо́та; (*availability of jobs*) за́нятость *f*.
emptiness ['ɛmptɪnɪs] *n* пустота́.
empty ['ɛmptɪ] *adj* пусто́й ◆ *vt* (*container*) опорожня́ть (опорожни́ть *pf*); (*place, house etc*) опустоша́ть (опустоши́ть *pf*) ◆ *vi* (*house*) пусте́ть (опусте́ть *pf*); **~-handed** *adj* с пусты́ми рука́ми.
EMU *n abbr* = *economic and monetary union*.
emulate ['ɛmjuleɪt] *vt* подража́ть (*impf*) +*dat*.
emulsion [ɪ'mʌlʃən] *n* (*also*: **~ paint**) эму́льсия, эмульсио́нная кра́ска.
enable [ɪ'neɪbl] *vt* (*make possible*) спосо́бствовать (*impf*) +*dat*; **to ~ sb to do** (*allow*) дава́ть (дать *pf*) возмо́жность кому́-н +*infin*.
enact [ɪ'nækt] *vt* (*play*) разы́грывать (разыгра́ть *pf*).
enamel [ɪ'næməl] *n* эма́ль *f*.
enchanting [ɪn'tʃɑ:ntɪŋ] *adj* обворожи́тельный.
encl. *abbr* (*on letters etc*: = *enclosed, enclosure*) приложе́ние.
enclose [ɪn'kləuz] *vt* (*land, space*) огора́живать (огороди́ть *pf*); (*object*) заключа́ть (заключи́ть *pf*); **to ~ (with)** (*letter*) прилага́ть (приложи́ть *pf*) (к +*dat*); **please find ~d a cheque for £100** здесь прилага́ется чек на £100.
enclosure [ɪn'kləuʒə'] *n* огоро́женное ме́сто.
encompass [ɪn'kʌmpəs] *vt* (*include*) охва́тывать (охвати́ть *pf*).
encore [ɔŋ'kɔ:'] *excl* бис ◆ *n*: **as an ~** на бис.
encounter [ɪn'kauntə'] *n* встре́ча ◆ *vt* встреча́ться (встре́титься *pf*) с +*instr*; (*problem*) ста́лкиваться (столкну́ться *pf*) с +*instr*.
encourage [ɪn'kʌrɪdʒ] *vt* поощря́ть (поощри́ть *pf*); (*growth*) спосо́бствовать (*impf*) +*dat*; **to ~ sb to do** убежда́ть (*impf*) кого́-н +*infin*; **~ment** *n* (*see vt*) поощре́ние; подде́ржка.
encyclop(a)edia [ɛnsaɪkləu'pi:dɪə] *n* энциклопе́дия.
end [ɛnd] *n* коне́ц; (*aim*) цель *f* ◆ *vt* (*also*: **bring to an ~, put an ~ to**) зака́нчивать (зако́нчить *pf*), прекраща́ть (прекрати́ть *pf*) ◆ *vi* (*situation, activity, period*) конча́ться (ко́нчиться *pf*); **in the ~** в конце́ концо́в; **on ~** (*object*) стоймя́; **for hours on ~** часа́ми; **~ up** *vi*: **to ~ up in** (*place*) ока́зываться (оказа́ться *pf*) в +*prp*; (*in prison*) угожда́ть (угоди́ть *pf*) в +*prp*; **we ~ed up taking a taxi** мы ко́нчили тем, что взя́ли такси́.
endanger [ɪn'deɪndʒə'] *vt* подверга́ть (подве́ргнуть *pf*) опа́сности; **an ~ed species** вымира́ющий вид.
endearing [ɪn'dɪərɪŋ] *adj* (*smile*) покоря́ющий; (*person, behaviour*) располага́ющий.
endeavour [ɪn'dɛvə'] (*US* **endeavor**) *n* (*attempt*) попы́тка.
ending ['ɛndɪŋ] *n* (*of book etc*) коне́ц.
endless ['ɛndlɪs] *adj* бесконе́чный;

(*forest, beach*) бескра́йний.
endorse [ɪn'dɔ:s] *vt* (*cheque*) распи́сываться (расписа́ться *pf*) на *+prp*; (*document*) де́лать (сде́лать *pf*) отме́тку на *+prp*; (*proposal, candidate*) подде́рживать (поддержа́ть *pf*); **~ment** *n* (*approval*) подде́ржка; (*BRIT: AUT*) отме́тка.
endurance [ɪn'djuərəns] *n* выно́сливость *f*.
endure [ɪn'djuəʳ] *vt* переноси́ть (перенести́ *pf*) ♦ *vi* вы́стоять *(pf)*.
enemy ['ɛnəmɪ] *adj* вра́жеский, неприя́тельский ♦ *n* враг; (*opponent*) проти́вник.
energetic [ɛnə'dʒɛtɪk] *adj* энерги́чный.
energy ['ɛnədʒɪ] *n* эне́ргия.
enforce [ɪn'fɔ:s] *vt* (*law*) следи́ть *(impf)* за соблюде́нием *+gen*.
engage [ɪn'geɪdʒ] *vt* (*attention, interest*) привлека́ть (привле́чь *pf*); (*person*) нанима́ть (наня́ть *pf*) ♦ *vi*: **to ~ in** занима́ться (заня́ться *pf*) *+instr*; **~d** *adj* (*couple*) обручённый; (*BRIT: busy*): **the line is ~d** ли́ния занята́; **he is ~d to** он обручён с *+instr*; **to get ~d** обруча́ться (обручи́ться *pf*); **~d tone** *n* (*BRIT: TEL*) гудки́ *pl* "за́нято"; **~ment** *n* (*appointment*) договорённость *f*; (*to marry*) обруче́ние; **~ment ring** *n* обруча́льное кольцо́.
engine ['ɛndʒɪn] *n* (*AUT*) дви́гатель *m*, мото́р; (*RAIL*) локомоти́в.
engineer [ɛndʒɪ'nɪəʳ] *n* (*designer*) инжене́р; (*for repairs*) меха́ник; (*US: RAIL*) машини́ст; **~ing** *n* (*SCOL*) инжене́рное де́ло; (*design*) техни́ческий диза́йн.
England ['ɪŋglənd] *n* А́нглия.
English ['ɪŋglɪʃ] *adj* англи́йский ♦ *n* (*LING*) англи́йский язы́к; **the ~** *npl* (*people*) англича́не *mpl*; **~man** *irreg n* англича́нин.
enhance [ɪn'hɑ:ns] *vt* (*enjoyment, beauty*) уси́ливать (уси́лить *pf*); (*reputation*) повыша́ть (повы́сить *pf*).
enigma [ɪ'nɪgmə] *n* зага́дка; **~tic** [ɛnɪg'mætɪk] *adj* зага́дочный.
enjoy [ɪn'dʒɔɪ] *vt* люби́ть *(impf)*; (*have benefit of*) облада́ть *(impf)* *+instr*; **to ~ o.s.** хорошо́ проводи́ть (провести́ *pf*) вре́мя; **to ~ doing** люби́ть *(impf)* *+infin*; **~able** *adj* прия́тный; **~ment** *n* удово́льствие.
enlarge [ɪn'lɑ:dʒ] *vt* увели́чивать (увели́чить *pf*) ♦ *vi*: **to ~ on** распространя́ться *(impf)* о *+prp*; **~ment** *n* (*PHOT*) увеличе́ние.
enlightened [ɪn'laɪtnd] *adj* просвещённый.
enlist [ɪn'lɪst] *vt* (*person*) вербова́ть (завербова́ть *pf*); (*support*) заруча́ться (заручи́ться *pf*) *+instr* ♦ *vi*: **to ~ in** (*MIL*) вербова́ться (завербова́ться *pf*) в *+acc*.
enormous [ɪ'nɔ:məs] *adj* грома́дный.
enough [ɪ'nʌf] *adj* доста́точно *+gen* ♦ *pron* доста́точно ♦ *adv*: **big ~** доста́точно большо́й; **I've had ~!** с меня́ доста́точно *or* хва́тит!; **have you got ~ work to do?** у Вас доста́точно рабо́ты?; **have you had ~ to eat?** Вы нае́лись?; **that's ~, thanks** доста́точно, спаси́бо; **I've had ~ of him** он мне надое́л; **~!** дово́льно!; **strangely** *or* **oddly ~** ... как э́то ни стра́нно ...
enquire [ɪn'kwaɪəʳ] *vti* = **inquire**.
enrich [ɪn'rɪtʃ] *vt* обогаща́ть

(обогатить *pf*).
en route [ɔn'ru:t] *adv* по пути.
ensure [ɪn'ʃuəʳ] *vt* обеспечивать (обеспечить *pf*).
entail [ɪn'teɪl] *vt* влечь (повлечь *pf*) за собой.
enter ['ɛntəʳ] *vt* (*room, building*) входить (войти *pf*) в *+acc*; (*university, college*) поступать (поступить *pf*) в *+acc*; (*club, profession, contest*) вступать (вступить *pf*) в *+acc*; (*in book*) заносить (занести *pf*); (COMPUT) вводить (ввести *pf*) ◆ *vi* входить (войти *pf*); **to ~ sb in** (*competition*) записывать (записать *pf*) кого-н в *+acc*; **~ into** *vt fus* (*discussion, deal*) вступать (вступить *pf*) в *+acc*.
enterprise ['ɛntəpraɪz] *n* (*company, undertaking*) предприятие; (*initiative*) предприимчивость *f*; **free/private ~** свободное/частное предпринимательство.
enterprising ['ɛntəpraɪzɪŋ] *adj* (*person*) предприимчивый; (*scheme*) предпринимательский.
entertain [ɛntə'teɪn] *vt* (*amuse*) развлекать (развлечь *pf*); (*play host to*) принимать (принять *pf*); (*idea*) раздумывать *(impf)* над *+instr*; **~er** *n* эстрадный артист; **~ing** *adj* занимательный, развлекательный; **~ment** *n* (*amusement*) развлечение; (*show*) представление.
enthusiasm [ɪn'θu:zɪæzəm] *n* энтузиазм.
enthusiastic [ɪnθu:zɪ'æstɪk] *adj*: **~ (about)** полный энтузиазма (по поводу *+gen*).
entice [ɪn'taɪs] *vt* соблазнять (соблазнить *pf*); (*to place*) заманивать (заманить *pf*).
entire [ɪn'taɪəʳ] *adj* весь; **~ly** *adv* полностью; (*for emphasis*) совершенно.
entitled *adj*: **to be ~ to sth/to do** иметь *(impf)* право на что-н/*+infin*.
entourage [ɔntu'rɑ:ʒ] *n* антураж, окружение.
entrance [*n* 'ɛntrns, *vb* ɪn'trɑ:ns] *n* (*way in*) вход; (*arrival*) появление ◆ *vt* обвораживать (обворожить *pf*); **to gain ~ to** (*university*) поступать (поступить *pf*) в *+acc*; (*profession*) вступать (вступить *pf*) в *+acc*; **to make an ~** появляться (появиться *pf*).
entrepreneur ['ɔntrəprə'nəːʳ] *n* предприниматель(ница) *m(f)*.
entry ['ɛntrɪ] *n* вход; (*in register, accounts*) запись *f*; (*in reference book*) статья; (*arrival*: *in country*) въезд; **"no ~"** "нет входа"; (AUT) "нет въезда"; **~ form** *n* заявка на участие.
envelope ['ɛnvələup] *n* конверт.
envious ['ɛnvɪəs] *adj* завистливый.
environment [ɪn'vaɪərnmənt] *n* среда; **the ~** окружающая среда; **~al** [ɪnvaɪərn'mɛntl] *adj* экологический.
envisage [ɪn'vɪzɪdʒ] *vt* предвидеть *(impf)*.
envoy ['ɛnvɔɪ] *n* посланник.
envy ['ɛnvɪ] *n* зависть *f* ◆ *vt* завидовать (позавидовать *pf*) *+dat*; **to ~ sb sth** завидовать (позавидовать *pf*) кому-н из-за чего-н.
epic ['ɛpɪk] *n* эпопея; (*poem*) эпическая поэма ◆ *adj* эпохальный.
epidemic [ɛpɪ'dɛmɪk] *n* эпидемия.
epilepsy ['ɛpɪlɛpsɪ] *n* эпилепсия.

episode [ˈɛpɪsəud] *n* эпизо́д.
epitaph [ˈɛpɪtɑːf] *n* эпита́фия.
epoch [ˈiːpɔk] *n* эпо́ха.
equal [ˈiːkwl] *adj* ра́вный; (*intensity, quality*) одина́ковый ◆ *n* ра́вный(-ая) *m(f) adj* ◆ *vt* (*number*) равня́ться *(impf)* +*dat*; **he is ~ to** (*task*) ему́ по си́лам *or* по плечу́; **~ity** [iːˈkwɔlɪtɪ] *n* ра́венство, равнопра́вие; **~ly** *adv* одина́ково; (*share*) по́ровну.
equate [ɪˈkweɪt] *vt*: **to ~ sth with sth, ~ sth to sth** прира́внивать (приравня́ть *pf*) что-н к чему́-н.
equation [ɪˈkweɪʃən] *n* (*MATH*) уравне́ние.
equator [ɪˈkweɪtəʳ] *n* эква́тор.
equilibrium [iːkwɪˈlɪbrɪəm] *n* равнове́сие.
equinox [ˈiːkwɪnɔks] *n* равноде́нствие.
equip [ɪˈkwɪp] *vt*: **to ~ (with)** (*person, army*) снаряжа́ть (снаряди́ть *pf*) (+*instr*); (*room, car*) обору́довать *(impf/pf)* (+*instr*); **to ~ sb for** (*prepare*) гото́вить (подгото́вить *pf*) кого́-н к +*dat*; **~ment** *n* обору́дование.
equitable [ˈɛkwɪtəbl] *adj* справедли́вый.
equivalent [ɪˈkwɪvələnt] *n* эквивале́нт ◆ *adj*: **~ (to)** эквивале́нтный (+*dat*).
era [ˈɪərə] *n* э́ра.
eradicate [ɪˈrædɪkeɪt] *vt* искореня́ть (искорени́ть *pf*).
erase [ɪˈreɪz] *vt* стира́ть (стере́ть *pf*); **~r** *n* рези́нка, ла́стик.
erect [ɪˈrɛkt] *adj* (*posture*) прямо́й ◆ *vt* (*build*) воздвига́ть (воздви́гнуть *pf*), возводи́ть (возвести́ *pf*); (*assemble*) ста́вить (поста́вить *pf*); **~ion** [ɪˈrɛkʃən] *n* (*see vt*) возведе́ние; устано́вка; (*PHYSIOL*) эре́кция.
erosion [ɪˈrəuʒən] *n* эро́зия.
erotic [ɪˈrɔtɪk] *adj* эроти́ческий.
erratic [ɪˈrætɪk] *adj* (*attempts*) беспоря́дочный; (*behaviour*) сумасбро́дный.
error [ˈɛrəʳ] *n* оши́бка.
erupt [ɪˈrʌpt] *vi* (*war, crisis*) разража́ться (разрази́ться *pf*); **the volcano ~ed** произошло́ изверже́ние вулка́на; **~ion** [ɪˈrʌpʃən] *n* (*of volcano*) изверже́ние; (*of fighting*) взрыв.
escalator [ˈɛskəleɪtəʳ] *n* эскала́тор.
escape [ɪsˈkeɪp] *n* (*from prison*) побе́г; (*from person*) бе́гство; (*of gas*) уте́чка ◆ *vi* убега́ть (убежа́ть *pf*); (*from jail*) бежа́ть *(impf/pf)*; (*leak*) утека́ть (уте́чь *pf*) ◆ *vt* (*consequences etc*) избега́ть (избежа́ть *pf*) +*gen*; **his name ~s me** его́ и́мя вы́пало у меня́ из па́мяти; **to ~ from** (*place*) сбега́ть (сбежа́ть *pf*) от +*gen*; **he ~d with minor injuries** он отде́лался лёгкими ушй́бами.
escort [*n* ˈɛskɔːt, *vb* ɪsˈkɔːt] *n* (*MIL, POLICE*) конво́й ◆ *vt* сопровожда́ть (сопроводи́ть *pf*).
especially [ɪsˈpɛʃlɪ] *adv* осо́бенно.
espionage [ˈɛspɪənɑːʒ] *n* шпиона́ж.
essay [ˈɛseɪ] *n* (*SCOL*) сочине́ние.
essence [ˈɛsns] *n* су́щность *f*; (*CULIN*) эссе́нция.
essential [ɪˈsɛnʃl] *adj* обяза́тельный, необходи́мый; (*basic*) суще́ственный ◆ *n* необходи́мое *nt adj*; **~s** (*of subject*) осно́вы; **it is ~ to ...** необходи́мо +*infin* ...; **~ly** *adv* в су́щности.
establish [ɪsˈtæblɪʃ] *vt*

(*organization*) учреждáть (учреди́ть *pf*); (*facts, contact*) устанáвливать (установи́ть *pf*); (*reputation*) утверждáть (утверди́ть *pf*) за собóй; **~ed** *adj* (*business*) при́знанный; (*custom, practice*) установи́вшийся; **~ment** *n* (*see vb*) учреждéние; установлéние; утверждéние; (*shop etc*) заведéние; **the E~ment** истéблишмент.

estate [ɪs'teɪt] *n* (*land*) помéстье; (*BRIT: also:* **housing ~**) жилóй кóмплекс; **~ agent** *n* (*BRIT*) агéнт по продáже недви́жимости, риэ́лтер.

esteem [ɪs'ti:m] *n*: **to hold sb in high ~** относи́ться *(impf)* к комý-н с больши́м почтéнием, чтить *(impf)* когó-н.

estimate [*vb* 'ɛstɪmeɪt, *n* 'ɛstɪmət] *vt* (*reckon*) предвари́тельно подсчи́тывать (подсчитáть *pf*); (*: cost*) оцéнивать (оцени́ть *pf*) ◆ *n* (*calculation*) подсчёт; (*assessment*) оцéнка; (*builder's etc*) смéта.

estranged [ɪs'treɪndʒd] *adj* (*from spouse, family*) стáвший чужи́м.

estuary ['ɛstjuərɪ] *n* ýстье.

etc. *abbr* (= *et cetera*) и т.д.

eternal [ɪ'tə:nl] *adj* вéчный.

eternity [ɪ'tə:nɪtɪ] *n* вéчность *f*.

ethical ['ɛθɪkl] *adj* (*relating to ethics*) эти́ческий; (*morally right*) эти́чный.

ethics ['ɛθɪks] *n, npl* э́тика *fsg*.

Ethiopia [i:θɪ'əupɪə] *n* Эфиóпия.

ethnic ['ɛθnɪk] *adj* этни́ческий

etiquette ['ɛtɪkɛt] *n* этикéт.

euphemism ['ju:fəmɪzəm] *n* эвфеми́зм.

euphoria [ju:'fɔ:rɪə] *n* эйфори́я.

Europe ['juərəp] *n* Еврóпа; **~an** [juərə'pi:ən] *adj* европéйский.

euthanasia [ju:θə'neɪzɪə] *n* *ускорéние кончи́ны безнадёжно больны́х.*

evacuate [ɪ'vækjueɪt] *vt* (*people*) эвакуи́ровать *(impf/pf)*; (*place*) освобождáть (освободи́ть *pf*).

evacuation [ɪvækju'eɪʃən] *n* (*see vb*) эвакуáция; освобождéние.

evade [ɪ'veɪd] *vt* (*duties, question*) уклоня́ться (уклони́ться *pf*) от *+gen*; (*person*) избегáть *(impf)* *+gen*.

evaluate [ɪ'væljueɪt] *vt* оцéнивать (оцени́ть *pf*).

evasion [ɪ'veɪʒən] *n* (*of responsibility, tax etc*) уклонéние.

evasive [ɪ'veɪsɪv] *adj* (*reply, action*) уклóнчивый.

eve [i:v] *n*: **on the ~ of** наканýне *+gen*.

even ['i:vn] *adj* (*level, smooth*) рóвный; (*equal*) рáвный; (*number*) чётный ◆ *adv* дáже; **~ if** дáже éсли; **~ though** хотя́ и; **~ more** ещё бóльше; (*+adj*) ещё бóлее; **~ so** всё же; **not ~** дáже не; **I am ~ more likely to leave now** тепéрь дáже ещё бóлее вероя́тно, что я уéду; **to break ~** закóнчить *(pf)* без убы́тка; **to get ~ with sb** (*inf*) расквитáться *(pf)* с кем-н.

evening ['i:vnɪŋ] *n* вéчер; **in the ~** вéчером; **~ dress** *n* (*no pl*: *formal clothes*) вечéрний туалéт.

event [ɪ'vɛnt] *n* (*occurrence*) собы́тие; (*SPORT*) вид (соревновáния); **in the ~ of** в слýчае *+gen*.

eventual [ɪ'vɛntʃuəl] *adj* конéчный; **~ly** *adv* в концé концóв.

ever ['ɛvə'] *adv* (*always*) всегдá; (*at

any time) когда́-либо, когда́-нибудь; **why ~ not?** почему́ же нет?; **the best ~** са́мый лу́чший; **have you ~ been to Russia?** Вы когда́-нибудь бы́ли в Росси́и?; **better than ~** лу́чше чем когда́-либо; **~ since** с тех пор; **~ since our meeting** со дня на́шей встре́чи; **~ since we met** с тех пор, как мы встре́тились; **~ since that day** с того́ дня; **~green** *n* вечнозелёный.

KEYWORD

every ['ɛvrɪ] *adj* **1** (*each*) ка́ждый; **every one of them** ка́ждый из них; **every shop in the town was closed** все магази́ны го́рода бы́ли закры́ты
2 (*all possible*) вся́кий, вся́ческий; **we wish you every success** мы жела́ем Вам вся́ческих успе́хов; **I gave you every assistance** я помо́г Вам всем, чем то́лько возмо́жно; **I tried every option** я испро́бовал все пути́; **I have every confidence in him** я в нём соверше́нно уве́рен; **he's every bit as clever as his brother** он столь же умён, как и его́ брат
3 (*showing recurrence*) ка́ждый; **every week** ка́ждую неде́лю; **every other car** ка́ждая втора́я маши́на; **she visits me every other/third day** она́ прихо́дит ко мне че́рез день/ка́ждые два дня; **every now and then** вре́мя от вре́мени.

everybody ['ɛvrɪbɔdɪ] *pron* (*each*) ка́ждый; (*all*) все *pl*.
everyday ['ɛvrɪdeɪ] *adj* (*daily*) ежедне́вный; (*common*) повседне́вный.
everyone ['ɛvrɪwʌn] *pron* = **everybody**.
everything ['ɛvrɪθɪŋ] *pron* всё.
everywhere ['ɛvrɪwɛə'] *adv* везде́, повсю́ду.
eviction [ɪ'vɪkʃən] *n* выселе́ние.
evidence ['ɛvɪdns] *n* (*proof*) доказа́тельство; (*testimony*) показа́ние; (*indication*) при́знаки *mpl*; **to give ~** дава́ть (дать *pf*) (свиде́тельские) показа́ния.
evident ['ɛvɪdnt] *adj* очеви́дный; **~ly** *adv* очеви́дно.
evil ['i:vl] *adj* (*person, spirit*) злой; (*influence*) дурно́й; (*system*) ги́бельный ◆ *n* зло.
evocative [ɪ'vɔkətɪv] *adj* *навева́ющий чу́вства и воспомина́ния*.
evoke [ɪ'vəuk] *vt* вызыва́ть (вы́звать *pf*).
evolution [i:və'lu:ʃən] *n* эволю́ция.
evolve [ɪ'vɔlv] *vi* (*animal, plant*) эволюциони́ровать *(impf/pf)*; (*plan, idea*) развива́ться (разви́ться *pf*).
ex- [ɛks] *prefix* (*former*) экс-, бы́вший.
exacerbate [ɛks'æsəbeɪt] *vt* обостря́ть (обостри́ть *pf*).
exact [ɪg'zækt] *adj* то́чный ◆ *vt*: **to ~ sth from** (*payment*) взы́скивать (взыска́ть *pf*) что-н с *+gen*; **~ing** *adj* (*task*) тру́дный; (*person*) взыска́тельный; **~ly** *adv* то́чно.
exaggerate [ɪg'zædʒəreɪt] *vti* преувели́чивать (преувели́чить *pf*).
exaggeration [ɪgzædʒə'reɪʃən] *n* преувеличе́ние.
exam [ɪg'zæm] *n abbr* = **examination**.

examination [ɪgzæmɪ'neɪʃən] *n* (*inspection*) изучéние; (*consideration*) рассмотрéние; (*SCOL*) экзáмен; (*MED*) осмóтр.
examine [ɪg'zæmɪn] *vt* (*scrutinize*) рассмáтривать (рассмотрéть *pf*), изучáть (изучи́ть *pf*); (*inspect*) осмáтривать (осмотрéть *pf*); (*SCOL*) экзаменовáть (проэкзаменовáть *pf*); (*MED*) осмáтривать (осмотрéть *pf*); **~r** *n* (*SCOL*) экзаменáтор.
example [ɪg'zɑ:mpl] *n* примéр; **for ~** напримéр.
exasperation [ɪgzɑ:spə'reɪʃən] *n* раздражéние.
exceed [ɪk'si:d] *vt* превышáть (превы́сить *pf*); **~ingly** *adv* весьмá, чрезвычáйно.
excel [ɪk'sɛl] *vi*: **to ~ (in** *or* **at)** отличáться (отличи́ться *pf*) (в *+prp*); **~lence** ['ɛksələns] *n* (*in sport, business*) мастерствó; (*superiority*) превосхóдство; **E~lency** ['ɛksələnsɪ] *n*: **His E~lency** егó Превосходи́тельство; **~lent** ['ɛksələnt] *adj* отли́чный, превосхóдный.
except [ɪk'sɛpt] *prep* (*also:* **~ for**) крóме *+gen* ♦ *vt*: **to ~ sb (from)** исключáть (исключи́ть *pf*) когó-н (из *+gen*); **~ if/when** крóме тех слýчаев, éсли/когдá; **~ that** крóме тогó, что; **~ion** [ɪk'sɛpʃən] *n* исключéние; **to take ~ion to** обижáться (оби́деться *pf*) на *+acc*; **~ional** [ɪk'sɛpʃənl] *adj* исключи́тельный.
excess [ɪk'sɛs] *n* избы́ток; **~ baggage** *n* изли́шек багажá; **~ive** *adj* чрезмéрный.
exchange [ɪks'tʃeɪndʒ] *n* (*argument*) перепáлка ♦ *vt*: **to ~ (for)** (*goods etc*) обмéнивать (обменя́ть *pf*) (на *+acc*); **~ (of)** обмéн (*+instr*); **~ rate** *n* валю́тный *or* обмéнный курс.
Exchequer [ɪks'tʃɛkə'] *n* (*BRIT*): **the ~** казначéйство.
excise ['ɛksaɪz] *n* акци́з, акци́зный сбор.
excite [ɪk'saɪt] *vt* возбуждáть (возбуди́ть *pf*), волновáть (взволновáть *pf*); (*stimulate*) заинтересóвывать (заинтересовáть *pf*); **to get ~d** возбуждáться (возбуди́ться *pf*), волновáться (взволновáться *pf*); **~ment** *n* (*agitation*) возбуждéние; (*exhilaration*) волнéние.
exciting [ɪk'saɪtɪŋ] *adj* (*news, opportunity*) волнýющий.
exclude [ɪks'klu:d] *vt* исключáть (исключи́ть *pf*).
exclusion [ɪks'klu:ʒən] *n* исключéние.
exclusive [ɪks'klu:sɪv] *adj* (*hotel*) дорогóй; (*use, right*) исключи́тельный; (*interview*) эксклюзи́вный; **~ of** исключáя *+acc*; **~ly** *adv* исключи́тельно.
excruciating [ɪks'kru:ʃɪeɪtɪŋ] *adj* мучи́тельный.
excursion [ɪks'kə:ʃən] *n* экскýрсия.
excuse [*n* ɪks'kju:s, *vb* ɪks'kju:z] *n* оправдáние ♦ *vt* (*justify*) опрáвдывать (оправдáть *pf*); (*forgive*) прощáть (прости́ть *pf*); **to make ~s for sb** опрáвдываться (*impf*) за когó-н; **that's no ~!** э́то не оправдáние!; **to ~ sb from sth** освобождáть (освободи́ть *pf*) когó-н от чегó-н; **~ me!** извини́те!, прости́те!; (*as apology*) извини́те *or* прости́те (меня́)!; **if you will ~ me, I have to** ... с Вáшего разрешéния я

до́лжен ...
execute [ˈɛksɪkjuːt] *vt* (*kill*) казни́ть *(impf/pf)*; (*carry out*) выполня́ть (вы́полнить *pf*).
execution [ɛksɪˈkjuːʃən] *n* (*see vb*) казнь *f*; выполне́ние.
executive [ɪgˈzɛkjutɪv] *n* (*person*) руководи́тель *m*; (*committee*) исполни́тельный о́рган ◆ *adj* (*board, role*) руководя́щий.
exemplary [ɪgˈzɛmplərɪ] *adj* приме́рный.
exempt [ɪgˈzɛmpt] *adj*: **~ from** освобождённый от *+gen* ◆ *vt*: **to ~ sb from** освобожда́ть (освободи́ть *pf*) кого́-н от *+gen*; **~ion** [ɪgˈzɛmpʃən] *n* освобожде́ние.
exercise [ˈɛksəsaɪz] *n* (*also* SCOL, MUS) упражне́ние; (*keep-fit*) заря́дка; (*physical*) гимна́стика ◆ *vt* (*patience*) проявля́ть (прояви́ть *pf*); (*authority*) применя́ть (примени́ть *pf*); (*right*) осуществля́ть (осуществи́ть *pf*); (*dog*) выгу́ливать *(impf)* ◆ *vi* (*also*: **to take ~**) упражня́ться *(impf)*; **military ~s** вое́нные уче́ния; **~ bike** *n* велосипе́д-тренажёр.
exert [ɪgˈzəːt] *vt* (*influence, pressure*) ока́зывать (оказа́ть *pf*); (*authority*) применя́ть (примени́ть *pf*); **to ~ o.s.** напряга́ться (напря́чься *pf*); **~ion** [ɪgˈzəːʃən] *n* (*effort*) уси́лие.
exhaust [ɪgˈzɔːst] *n* (*also*: **~ pipe**) выхлопна́я труба́; (*fumes*) выхлопны́е га́зы *mpl* ◆ *vt* (*person*) изнуря́ть (изнури́ть *pf*); (*money, resources*) истоща́ть (истощи́ть *pf*); (*topic*) исче́рпывать (исче́рпать *pf*); **~ed** *adj* изнурённый, изнеможённый; **~ion** [ɪgˈzɔːstʃən] *n* изнеможе́ние; **nervous ~ion** не́рвное истоще́ние; **~ive** *adj* исче́рпывающий.
exhibit [ɪgˈzɪbɪt] *n* экспона́т ◆ *vt* (*paintings*) экспони́ровать *(impf/pf)*, выставля́ть (вы́ставить *pf*); (*quality, emotion*) проявля́ть (прояви́ть *pf*); **~ion** [ɛksɪˈbɪʃən] *n* (*of paintings etc*) вы́ставка.
exhilarating [ɪgˈzɪləreɪtɪŋ] *adj* волну́ющий.
exile [ˈɛksaɪl] *n* (*banishment*) ссы́лка, изгна́ние; (*person*) ссы́льный(-ая) *m(f) adj*, изгна́нник ◆ *vt* (*abroad*) высыла́ть (вы́слать *pf*).
exist [ɪgˈzɪst] *vi* существова́ть *(impf)*; **~ence** *n* существова́ние; **~ing** *adj* существу́ющий.
exit [ˈɛksɪt] *n* (*way out*) вы́ход; (*on motorway*) вы́езд; (*departure*) ухо́д.
exodus [ˈɛksədəs] *n* ма́ссовое бе́гство, исхо́д.
exotic [ɪgˈzɔtɪk] *adj* экзоти́ческий.
expand [ɪksˈpænd] *vt* (*area, business, influence*) расширя́ть (расши́рить *pf*) ◆ *vi* (*gas, metal, business*) расширя́ться (расши́риться *pf*).
expanse [ɪksˈpæns] *n*: **an ~ of sea/sky** морско́й/небе́сный просто́р.
expansion [ɪksˈpænʃən] *n* расшире́ние; (*of economy*) рост.
expatriate [ɛksˈpætrɪət] *n* эмигра́нт(ка).
expect [ɪksˈpɛkt] *vt* ожида́ть *(impf)*; (*baby*) ждать *(impf)*; (*suppose*) полага́ть *(impf)* ◆ *vi*: **to be ~ing** (*be pregnant*) ждать *(impf)* ребёнка; **~ancy** *n* предвкуше́ние; **life ~ancy**

продолжи́тельность *f* жи́зни; **~ation** [ɛkspɛk'teɪʃən] *n* (*hope*) ожида́ние.
expedient [ɪks'pi:dɪənt] *adj* целесообра́зный.
expedition [ɛkspə'dɪʃən] *n* экспеди́ция; (*for pleasure*) похо́д.
expel [ɪks'pɛl] *vt* (*from school etc*) исключа́ть (исключи́ть *pf*); (*from place*) изгоня́ть (изгна́ть *pf*).
expenditure [ɪks'pɛndɪtʃə'] *n* (*money spent*) затра́ты *fpl*; (*of energy, time*) затра́та; (*of money*) расхо́дование.
expense [ɪks'pɛns] *n* (*cost*) сто́имость *f*; **~s** *npl* (*travelling etc expenses*) расхо́ды *mpl*; (*expenditure*) затра́ты *fpl*; **at the ~ of** за счёт *+gen*.
expensive [ɪks'pɛnsɪv] *adj* дорого́й.
experience [ɪks'pɪərɪəns] *n* (*in job, of situation*) о́пыт; (*event, activity*) слу́чай; (: *difficult, painful*) испыта́ние ♦ *vt* испы́тывать (испыта́ть *pf*), пережива́ть (пережи́ть *pf*); **~d** *adj* о́пытный.
experiment [ɪks'pɛrɪmənt] *n* экспериме́нт, о́пыт ♦ *vi*: **to ~ (with/on)** эксперименти́ровать (*impf*) (с *+instr*/на *+prp*); **~al** [ɪkspɛrɪ'mɛntl] *adj* (*methods, ideas*) эксперимента́льный; (*tests*) про́бный.
expert ['ɛkspə:t] *n* экспе́рт, специали́ст; **~ opinion/advice** мне́ние/сове́т экспе́рта *or* специали́ста; **~ise** [ɛkspə:'ti:z] *n* зна́ния *ntpl* и о́пыт.
expire [ɪks'paɪə'] *vi* (*run out*) истека́ть (исте́чь *pf*); **my passport ~s in January** срок де́йствия моего́ па́спорта истека́ет в январе́.
explain [ɪks'pleɪn] *vt* объясня́ть (объясни́ть *pf*).
explanation [ɛksplə'neɪʃən] *n* объясне́ние.
explanatory [ɪks'plænətrɪ] *adj* объясни́тельный, поясни́тельный.
explicit [ɪks'plɪsɪt] *adj* я́вный; (*sex, violence*) открове́нный.
explode [ɪks'pləud] *vi* (*bomb, person*) взрыва́ться (взорва́ться *pf*); (*population*) ре́зко возраста́ть (возрасти́ *pf*).
exploit [*vb* ɪks'plɔɪt, *n* 'ɛksplɔɪt] *vt* эксплуати́ровать (*impf*); (*opportunity*) испо́льзовать (*impf/pf*) ♦ *n* дея́ние; **~ation** [ɛksplɔɪ'teɪʃən] *n* (*see vb*) эксплуата́ция; испо́льзование.
exploration [ɛksplə'reɪʃən] *n* (*see vt*) иссле́дование; изуче́ние.
exploratory [ɪks'plɔrətrɪ] *adj* (*expedition*) иссле́довательский; (*talks*) предвари́тельный.
explore [ɪks'plɔ:'] *vt* (*place*) иссле́довать (*impf/pf*); (*idea, suggestion*) изуча́ть (изучи́ть *pf*); **~r** *n* иссле́дователь(ница) *m(f)*.
explosion [ɪks'pləuʒən] *n* взрыв; **population ~** демографи́ческий взрыв.
explosive [ɪks'pləusɪv] *adj* (*device, effect*) взрывно́й; (*situation*) взрывоопа́сный; (*person*) вспы́льчивый ♦ *n* (*substance*) взры́вчатое вещество́; (*device*) взрывно́е устро́йство.
exponent [ɪks'pəunənt] *n* (*of idea, theory*) побо́рник(-ица).
export [*n, cpd* 'ɛkspɔ:t, *vb* ɛks'pɔ:t] *n* (*process*) э́кспорт, вы́воз; (*product*) предме́т э́кспорта ♦ *vt* экспорти́ровать (*impf/pf*),

вывози́ть (вы́везти *pf*) ♦ *cpd* (*duty, licence*) э́кспортный.

expose [ɪks'pəuz] *vt* (*object*) обнажа́ть (обнажи́ть *pf*); (*truth, plot*) раскрыва́ть (раскры́ть *pf*); (*person*) разоблача́ть (разоблачи́ть *pf*); **to ~ sb to sth** подверга́ть (подве́ргнуть *pf*) кого́-н чему́-н; **~d** *adj* (*place*): **~d (to)** откры́тый (*+dat*).

exposure [ɪks'pəuʒə'] *n* (*of culprit*) разоблаче́ние; (*PHOT*) вы́держка, экспози́ция; **to suffer from ~** (*MED*) страда́ть (пострада́ть *pf*) от переохлажде́ния.

express [ɪks'prɛs] *adj* (*clear*) чёткий; (*BRIT*: *service*) сро́чный ♦ *n* экспре́сс ♦ *vt* выража́ть (вы́разить *pf*); **~ion** [ɪks'prɛʃən] *n* выраже́ние; **~ive** *adj* вырази́тельный.

expulsion [ɪks'pʌlʃən] *n* (*from school etc*) исключе́ние; (*from place*) изгна́ние.

exquisite [ɛks'kwɪzɪt] *adj* (*perfect*) изы́сканный.

extend [ɪks'tɛnd] *vt* (*visit, deadline*) продлева́ть (продли́ть *pf*); (*building*) расширя́ть (расши́рить *pf*); (*hand*) протя́гивать (протяну́ть *pf*); (*welcome*) ока́зывать (оказа́ть *pf*) ♦ *vi* (*land, road*) простира́ться (*impf*); (*period*) продолжа́ться (продо́лжиться *pf*); **to ~ an invitation to sb** приглаша́ть (пригласи́ть *pf*) кого́-н.

extension [ɪks'tɛnʃən] *n* (*of building*) пристро́йка; (*of time*) продле́ние; (*ELEC*) удлини́тель *m*; (*TEL*: *in house*) паралле́льный телефо́н; (: *in office*) доба́вочный телефо́н.

extensive [ɪks'tɛnsɪv] *adj* обши́рный; (*damage*) значи́тельный; **~ly** *adv*: **he has travelled ~ly** он мно́го путеше́ствовал.

extent [ɪks'tɛnt] *n* (*of area etc*) протяжённость *f*; (*of problem etc*) масшта́б; **to some ~** до не́которой сте́пени; **to go to the ~ of** ... доходи́ть (дойти́ *pf*) до того́, что ...; **to such an ~ that** ... до тако́й сте́пени, что ...

exterior [ɛks'tɪərɪə'] *adj* нару́жный ♦ *n* (*outside*) вне́шняя сторона́.

external [ɛks'tə:nl] *adj* вне́шний.

extinct [ɪks'tɪŋkt] *adj* (*animal*) вы́мерший; (*plant*) исче́знувший; **to become ~** вымира́ть (вы́мереть *pf*); **~ion** [ɪks'tɪŋkʃən] *n* (*of animal*) вымира́ние; (*of plant*) исчезнове́ние.

extortion [ɪks'tɔ:ʃən] *n* вымога́тельство.

extortionate [ɪks'tɔ:ʃnɪt] *adj* (*price*) граби́тельский; (*demands*) вымога́тельский.

extra ['ɛkstrə] *adj* (*additional*) дополни́тельный; (*spare*) ли́шний ♦ *adv* (*in addition*) дополни́тельно; (*especially*) осо́бенно ♦ *n* (*luxury*) изли́шество; (*surcharge*) допла́та.

extract [*vb* ɪks'trækt, *n* 'ɛkstrækt] *vt* (*tooth*) удаля́ть (удали́ть *pf*); (*mineral*) добыва́ть (добы́ть *pf*); (*money, promise*) вытя́гивать (вы́тянуть *pf*) ♦ *n* (*from novel, recording*) отры́вок.

extradition [ɛkstrə'dɪʃən] *n* вы́дача (*престу́пника*).

extraordinary [ɪks'trɔ:dnrɪ] *adj* незауря́дный, необыча́йный.

extravagance [ɪks'trævəgəns] *n* (*with money*) расточи́тельство.

extravagant [ɪks'trævəgənt] *adj* (*lavish*) экстравагáнтный; (*wasteful*: *person*) расточи́тельный.
extreme [ɪks'tri:m] *adj* крáйний; (*heat, cold*) сильнéйший ◆ *n* (*of behaviour*) крáйность *f*; **~ly** *adv* крáйне.
extrovert ['ɛkstrəvə:t] *n* экстровéрт.
exuberant [ɪg'zju:bərnt] *adj* (*person, behaviour*) экспанси́вный.
eye [aɪ] *n* (*ANAT*) глаз; (*of needle*) ýшко ◆ *vt* разгля́дывать (разглядéть *pf*); **to keep an ~ on** (*person, object*) присмáтривать (присмотрéть *pf*) за *+instr*; (*time*) следи́ть *(impf)* за *+instr*; **~brow** *n* бровь *f*; **~lash** *n* ресни́ца; **~lid** *n* вéко; **~liner** *n* карандáш для век; **~ shadow** *n* тéни *fpl* (для век); **~sight** *n* зрéние; **~witness** *n* очеви́дец.

F, f

F [ɛf] *n* (*MUS*) фа.
F *abbr* = **Fahrenheit**.
fabric ['fæbrɪk] *n* (*cloth*) ткань *f*.
fabulous ['fæbjuləs] *adj* (*inf*) скáзочный; (*extraordinary*) невероя́тный.
façade [fə'sa:d] *n* фасáд; (*pretence*) ви́димость *f*.
face [feɪs] *n* (*of person, organization*) лицó; (*of clock*) циферблáт; (*of mountain, cliff*) склон ◆ *vt* (*fact*) признавáть (признáть *pf*); **the house ~s the sea** дом обращён к мóрю; **he was facing the door** он был обращён лицóм к двери́; **we are facing difficulties** нам предстоя́т трýдности; **~ down** лицóм вниз; **to lose/save ~** терять (потеря́ть *pf*)/спасáть (спасти́ *pf*) репутáцию; **to make** *or* **pull a ~** дéлать (сдéлать *pf*) гримáсу; **in the ~ of** (*difficulties etc*) несмотря́ на *+acc*; **on the ~ of it** на пéрвый взгляд; **~ to ~ (with)** лицóм к лицý (с *+instr*); **~ up to** *vt fus* признавáть (признáть *pf*); (*difficulties*) справля́ться (спрáвиться *pf*) с *+instr*; **~ cloth** *n* (*BRIT*) махрóвая салфéтка (*для лицá*); **~ value** *n* номинáльная стóимость *f*; **to take sth at ~ value** принимáть (приня́ть *pf*) что-н за чи́стую монéту.
facial ['feɪʃl] *adj*: **~ expression** выражéние лицá; **~ hair** вóлосы, растýщие на лицé.
facilitate [fə'sɪlɪteɪt] *vt* способствовать *(impf/pf)* *+dat*.
facilities [fə'sɪlɪtɪz] *npl* (*buildings*) помещéние *ntsg*; (*equipment*) оборýдование *ntsg*; **cooking ~** услóвия для приготовлéния пи́щи.
facing ['feɪsɪŋ] *prep* напрóтив *+gen*.
fact [fækt] *n* факт; **in ~** факти́чески.
faction ['fækʃən] *n* (*group*) фрáкция.
factor ['fæktə'] *n* (*of problem*) фáктор.
factory ['fæktərɪ] *n* (*for textiles*) фáбрика; (*for machinery*) завóд.
factual ['fæktjuəl] *adj* факти́ческий.
faculty ['fækəltɪ] *n* спосóбность *f*; (*of university*) факультéт.
fad [fæd] *n* причýда.
fade [feɪd] *vi* (*colour*) выцветáть

(вы́цвести *pf*); (*light, hope, smile*) угаса́ть (уга́снуть *pf*); (*sound*) замира́ть (замере́ть *pf*); (*memory*) сгла́живаться (сгла́диться *pf*).

fag [fæg] *n* (*BRIT: inf*) сигаре́та.

Fahrenheit ['færənhaɪt] *n* Фаренге́йт.

fail [feɪl] *vt* (*exam, candidate*) прова́ливать (провали́ть *pf*); (*subj: person, memory*) изменя́ть (измени́ть *pf*) *+dat*, подводи́ть (подвести́ *pf*); (*: courage*) покида́ть (поки́нуть *pf*) ◆ *vi* (*candidate, attempt*) прова́ливаться (провали́ться *pf*); (*brakes*) отка́зывать (отказа́ть *pf*); **my eyesight/ health is ~ing** у меня́ слабе́ет зре́ние/здоро́вье; **to ~ to do** (*be unable*) не мочь (смочь *pf*) *+infin*; **without ~** обяза́тельно; **~ing** *n* недоста́ток ◆ *prep* за неиме́нием *+gen*; **~ure** *n* прова́л, неуда́ча; (*TECH*) поврежде́ние; (*person*) неуда́чник(-ица).

faint [feɪnt] *adj* сла́бый; (*recollection*) сму́тный; (*mark*) едва́ заме́тный ◆ *vi* (*MED*) па́дать (упа́сть *pf*) в о́бморок; **to feel ~** чу́вствовать (почу́вствовать *pf*) сла́бость; **~est** *adj*: **I haven't the ~est idea** я не име́ю ни мале́йшего поня́тия.

fair [fɛəʳ] *adj* (*person, decision*) справедли́вый; (*size, number*) изря́дный; (*chance, guess*) хоро́ший; (*skin, hair*) све́тлый; (*weather*) хоро́ший, я́сный ◆ *n* (*also:* **trade ~**) я́рмарка; (*BRIT: also:* **fun~**) аттракцио́ны *mpl* ◆ *adv*: **to play ~** вести́ *(impf)* дела́ че́стно; **~ground** *n* я́рмарочная пло́щадь *f*; **~ly** *adv* (*justly*) справедли́во; (*quite*) дово́льно; **~ play** *n* че́стная игра́.

fairy ['fɛərɪ] *n* фе́я; **~ tale** *n* ска́зка.

faith [feɪθ] *n* (*also REL*) ве́ра; **~ful** *adj*: **~ful (to)** ве́рный (*+dat*); **~fully** *adv* ве́рно.

fake [feɪk] *n* (*painting, document*) подде́лка ◆ *adj* фальши́вый, подде́льный ◆ *vt* (*forge*) подде́лывать (подде́лать *pf*); (*feign*) симули́ровать *(impf)*.

fall [fɔːl] (*pt* **fell**, *pp* **fallen**) *n* паде́ние; (*US: autumn*) о́сень *f* ◆ *vi* па́дать (упа́сть *pf*); (*government*) пасть *(pf)*; (*rain, snow*) па́дать *(impf)*, выпада́ть (вы́пасть *pf*); **~s** *npl* (*waterfall*) водопа́д *msg*; **a ~ of snow** снегопа́д; **to ~ flat** (*plan*) прова́ливаться (провали́ться *pf*); **to ~ flat (on one's face)** па́дать (упа́сть *pf*) ничко́м; **~ back on** *vt fus* прибега́ть (прибе́гнуть *pf*) к *+dat*; **~ down** *vi* (*person*) па́дать (упа́сть *pf*); (*building*) ру́шиться (ру́хнуть *pf*); **~ for** *vt fus* (*trick*) попада́ться (попа́сться *pf*) на *+acc*; (*story*) ве́рить (пове́рить *pf*) *+dat*; (*person*) влюбля́ться (влюби́ться *pf*) в *+acc*; **~ in** *vi* (*roof*) обва́ливаться (обвали́ться *pf*); **~ off** *vi* па́дать (упа́сть *pf*); (*handle, button*) отва́ливаться (отвали́ться *pf*); **~ out** *vi* (*hair, teeth*) выпада́ть (вы́пасть *pf*); **to ~ out with sb** ссо́риться (поссо́риться *pf*) с кем-н.

fallacy ['fæləsɪ] *n* заблужде́ние.

fallen ['fɔːlən] *pp of* **fall**.

false [fɔːls] *adj* (*untrue, wrong*) ло́жный; (*insincere, artificial*) фальши́вый; **~ teeth** *npl* (*BRIT*) иску́сственные зу́бы *mpl*.

fame [feɪm] *n* сла́ва.

familiar [fə'mılıə^r] *adj* (*well-known*) знако́мый; (*intimate*) дру́жеский; **he is ~ with** (*subject*) он знако́м с *+instr*.
family ['fæmılı] *n* семья́; (*children*) де́ти *pl*.
famine ['fæmın] *n* го́лод.
famous ['feıməs] *adj* знамени́тый.
fan [fæn] *n* (*folding*) ве́ер; (*ELEC*) вентиля́тор; (*of famous person*) покло́нник(-ица); (*of sports team*) боле́льщик(-ица) ◆ *vt* (*face*) обма́хивать (обмахну́ть *pf*); (*fire*) раздува́ть (разду́ть *pf*).
fanatic [fə'nætık] *n* (*extremist*) фана́тик.
fanciful ['fænsıful] *adj* причу́дливый.
fan club *n* клуб покло́нников.
fancy ['fænsı] *n* (*whim*) при́хоть *f* ◆ *adj* шика́рный ◆ *vt* (*want*) хоте́ть (захоте́ть *pf*); (*imagine*) вообража́ть (вообрази́ть *pf*); **to take a ~ to** увлека́ться (увле́чься *pf*) *+instr*; **he fancies her** (*inf*) она́ ему́ нра́вится; **~ that!** представля́ете!; **~ dress** *n* маскара́дный костю́м.
fanfare ['fænfɛə^r] *n* фанфа́ра.
fang [fæŋ] *n* (*of wolf*) клык.
fantastic [fæn'tæstık] *adj* фантасти́ческий; **that's ~!** замеча́тельно!, потряса́юще!
fantasy ['fæntəsı] *n* фанта́зия.
far [fɑ:^r] *adj* (*distant*) да́льний ◆ *adv* (*a long way*) далеко́; (*much*) гора́здо; **at the ~ end** в да́льнем конце́; **at the ~ side** на друго́й стороне́; **the ~ left/right** (*POL*) кра́йне ле́вый/пра́вый; **~ away, ~ off** далеко́; **he was ~ from poor** он был далеко́ *or* отню́дь не бе́ден; **by ~** намно́го; **go as ~ as the post office** дойди́те до по́чты; **as ~ as I know** наско́лько мне изве́стно; **how ~?** (*distance*) как далеко́?; **~away** *adj* (*place*) да́льний, далёкий; (*look*) отсу́тствующий.
farce [fɑ:s] *n* фарс.
farcical ['fɑ:sıkl] *adj* (*fig*) неле́пый.
fare [fɛə^r] *n* (*in taxi*) сто́имость *f* прое́зда; **(bus/train) ~** пла́та (в авто́бусе/на по́езде); **half/full ~** полсто́имости/по́лная сто́имость прое́зда.
Far East *n*: **the ~** Да́льний Восто́к.
farm [fɑ:m] *n* фе́рма ◆ *vt* (*land*) обраба́тывать (обрабо́тать *pf*); **~er** *n* фе́рмер; **~house** *n* фе́рмерский дом; **~ing** *n* (*agriculture*) се́льское хозя́йство; (*of crops*) выра́щивание; (*of animals*) разведе́ние; **~land** *n* сельскохозя́йственные уго́дья *ntpl*; **~yard** *n* фе́рмерский двор.
far-reaching ['fɑ:'ri:tʃıŋ] *adj* (*reform*) далеко́ иду́щий; (*effect*) глубо́кий.
farther ['fɑ:ðə^r] *adv* да́лее.
fascinating ['fæsıneıtıŋ] *adj* (*story*) захва́тывающий; (*person*) очарова́тельный.
fascination [fæsı'neıʃən] *n* очарова́ние.
fascism ['fæʃızəm] *n* (*POL*) фаши́зм.
fashion ['fæʃən] *n* (*trend*) мо́да; **in/out of ~** в/не в мо́де; **in a friendly ~** по-дру́жески; **~able** *adj* мо́дный; **~ show** *n* пока́з *or* демонстра́ция мод.
fast [fɑ:st] *adv* (*quickly*) бы́стро; (*firmly*: *stick*) про́чно; (: *hold*) кре́пко ◆ *n* (*REL*) пост ◆ *adj* бы́стрый; (*progress*) стреми́тельный; (*car*)

скоростно́й; (*colour*) про́чный; **to be ~** (*clock*) спеши́ть *(impf)*; **he is ~ asleep** он кре́пко спит.
fasten ['fɑ:sn] *vt* закрепля́ть (закрепи́ть *pf*); (*door*) запира́ть (запере́ть *pf*); (*shoe*) завя́зывать (завяза́ть *pf*); (*coat, dress*) застёгивать (застегну́ть *pf*); (*seat belt*) пристёгивать (пристегну́ть *pf*) ◆ *vi* (*coat, belt*) застёгиваться (застегну́ться *pf*); (*door*) запира́ться (запере́ться *pf*).
fast food *n* бы́стро пригото́вленная еда́.
fat [fæt] *adj* то́лстый ◆ *n* жир.
fatal ['feɪtl] *adj* (*mistake*) фата́льный, рокови́й; (*injury, illness*) смерте́льный; **~ly** *adv* (*injured*) смерте́льно.
fate [feɪt] *n* судьба́, рок; **~ful** *adj* рокови́й.
father ['fɑ:ðəʳ] *n* оте́ц; **~-in-law** *n* (*wife's father*) свёкор; (*husband's father*) тесть *m*.
fathom ['fæðəm] *n* фа́том, морска́я са́жень *f* ◆ *vt* (*also:* **~ out**) постига́ть (пости́чь *pf*).
fatigue [fə'ti:g] *n* утомле́ние.
fatty ['fætɪ] *adj* (*food*) жи́рный.
fault [fɔ:lt] *n* (*blame*) вина́; (*defect: in person*) недоста́ток; (: *in machine*) дефе́кт; (*GEO*) разло́м ◆ *vt* (*criticize*) придира́ться *(impf)* к *+dat*; **it's my ~** э́то моя́ вина́; **to find ~ with** придира́ться (придра́ться *pf*) к *+dat*; **I am at ~** я винова́т; **~y** *adj* (*goods*) испо́рченный; (*machine*) повреждённый.
fauna ['fɔ:nə] *n* фа́уна.
favour ['feɪvəʳ] (*US* **favor**) *n* (*approval*) расположе́ние; (*help*) одолже́ние ◆ *vt* (*prefer: solution*) ока́зывать (оказа́ть *pf*) предпочте́ние *+dat*; (: *pupil etc*) выделя́ть (вы́делить *pf*); (*assist*) благоприя́тствовать *(impf) +dat*; **to do sb a ~** ока́зывать (оказа́ть *pf*) кому́-н услу́гу; **in ~ of** в по́льзу *+gen*; **~able** (*US* **favorable**) *adj* благоприя́тный; **~ite** (*US* **favorite**) *adj* люби́мый ◆ *n* люби́мец; (*SPORT*) фаворит.
fawn [fɔ:n] *n* молодо́й оле́нь *m*.
fax [fæks] *n* факс ◆ *vt* посыла́ть (посла́ть *pf*) фа́ксом.
FBI *n abbr* (*US: = Federal Bureau of Investigation*) ФБР.
FE *abbr* (*= Further Education*) ≈ профессиона́льно-техни́ческое образова́ние.
fear [fɪəʳ] *n* страх; (*less strong*) боя́знь *f*; (*worry*) опасе́ние ◆ *vt* боя́ться *(impf) +gen*; **for ~ of missing my flight** боя́сь опозда́ть на самолёт; **~ful** *adj* (*person*): **to be ~ful of** боя́ться *(impf) or* страши́ться *(impf) +gen*; **~less** *adj* бесстра́шный.
feasible ['fi:zəbl] *adj* осуществи́мый.
feast [fi:st] *n* (*banquet*) пир; (*REL: also:* **~ day**) пра́здник.
feat [fi:t] *n* по́двиг.
feather ['fɛðəʳ] *n* перо́.
feature ['fi:tʃəʳ] *n* осо́бенность *f*, черта́; (*PRESS*) о́черк; (*TV, RADIO*) переда́ча ◆ *vi*: **to ~ in** фигури́ровать *(impf)* в *+prp*; **~s** *npl* (*of face*) черты́ *fpl*; **~ film** *n* худо́жественный фильм.
February ['fɛbruərɪ] *n* февра́ль *m*.
fed [fɛd] *pt, pp of* **feed**.
federal ['fɛdərəl] *adj* федера́льный.
federation [fɛdə'reɪʃən] *n* федера́ция.

fed up *adj*: **he is ~** он сыт по горло, ему́ надое́ло.
fee [fi:] *n* пла́та; **school ~s** пла́та за обуче́ние.
feeble ['fi:bl] *adj* хи́лый; (*excuse*) сла́бый.
feed [fi:d] (*pt, pp* **fed**) *n* (*fodder*) корм ◆ *vt* корми́ть (накорми́ть *pf*); **to ~ sth into** (*data*) загружа́ть (загрузи́ть *pf*) что-н в *+acc*; (*paper*) подава́ть (пода́ть *pf*) что-н в *+acc*; **~ on** *vt fus* пита́ться *(impf) +instr*.
feel [fi:l] (*pt, pp* **felt**) *vt* (*touch*) тро́гать (потро́гать *pf*); (*experience*) чу́вствовать *(impf)*, ощуща́ть (ощути́ть *pf*); **to ~ (that)** (*believe*) счита́ть *(impf)*, что; **he ~s hungry** он го́лоден; **she ~s cold** ей хо́лодно; **to ~ lonely/better** чу́вствовать *(impf)* себя́ одино́ким/лу́чше; **I don't ~ well** я пло́хо себя́ чу́вствую; **the material ~s like velvet** э́тот материа́л на о́щупь как ба́рхат; **I ~ like ...** (*want*) мне хо́чется ...; **~ about** *vi*: **to ~ about for sth** иска́ть *(impf)* что-н на о́щупь; **~ing** *n* чу́вство; (*physical*) ощуще́ние.
feet [fi:t] *npl of* **foot**.
fell [fɛl] *pt of* **fall**.
fellow ['fɛləu] *n* (*man*) па́рень *m*; (*of society*) действи́тельный член ◆ *cpd*: **their ~ prisoners/students** их сока́мерники/соку́рсники; **~ship** *n* (*SCOL*) стипе́ндия (*для иссле́довательской рабо́ты*).
felt [fɛlt] *pt, pp of* **feel** ◆ *n* фетр.
female ['fi:meɪl] *n* са́мка ◆ *adj* же́нский; (*child*) же́нского по́ла.
feminine ['fɛmɪnɪn] *adj* (*clothes, behaviour*) же́нственный; (*LING*) же́нского ро́да.
feminist ['fɛmɪnɪst] *n* фемини́ст(ка).
fence [fɛns] *n* (*barrier*) забо́р, и́згородь *f*.
fencing ['fɛnsɪŋ] *n* (*SPORT*) фехтова́ние.
fend [fɛnd] *vi*: **to ~ for o.s.** забо́титься (позабо́титься *pf*) о себе́; **~ off** *vt* отража́ть (отрази́ть *pf*).
fender ['fɛndə'] *n* (*US*: *of car*) крыло́.
fern [fə:n] *n* па́поротник.
ferocious [fə'rəuʃəs] *adj* (*animal*) свире́пый; (*behaviour, heat*) ди́кий.
ferocity [fə'rɔsɪtɪ] *n* жесто́кость *f*.
ferry ['fɛrɪ] *n* (*also*: **~boat**) паро́м ◆ *vt* перевози́ть (перевезти́ *pf*).
fertile ['fə:taɪl] *adj* (*land, soil*) плодоро́дный; (*imagination*) бога́тый; (*woman*) спосо́бный к зача́тию.
fertility [fə'tɪlɪtɪ] *n* (*of land, soil*) плодоро́дие; (*of woman*) спосо́бность *f* к зача́тию.
fertilizer ['fə:tɪlaɪzə'] *n* удобре́ние.
fervent ['fə:vənt] *adj* пы́лкий.
fervour ['fə:və'] (*US* **fervor**) *n* пыл.
festival ['fɛstɪvəl] *n* (*REL*) пра́здник; (*ART, MUS*) фестива́ль *m*.
festive ['fɛstɪv] *adj* (*mood*) пра́здничный; **the ~ season** (*BRIT*) Свя́тки *pl*.
festivities [fɛs'tɪvɪtɪz] *npl* пра́зднества *ntpl*.
fetch [fɛtʃ] *vt* (*object*) приноси́ть (принести́ *pf*); (*person*) приводи́ть (привести́ *pf*); (*by car*) привози́ть (привезти́ *pf*).
fête [feɪt] *n* благотвори́тельный база́р.
fetus ['fi:təs] *n* (*US*) = **foetus**.

feud [fju:d] *n* вражда́.
fever ['fi:vəʳ] *n* (*temperature*) жар; (*disease*) лихора́дка; **~ish** *adj* лихора́дочный; (*person*: *with excitement*) возбуждённый; **he is ~ish** у него́ жар, его́ лихора́дит.
few [fju:] *adj* (*not many*) немно́гие; (*some*) не́которые *pl adj* ♦ *pron*: **(a) ~** немно́гие *pl adj*; **a ~** (*several*) не́сколько *+gen*; **~er** *adj* ме́ньше *+gen*.
fiancé [fɪ'ɑ̃:ŋseɪ] *n* жени́х; **~e** *n* неве́ста.
fiasco [fɪ'æskəu] *n* фиа́ско *nt ind*.
fibre ['faɪbəʳ] (*US* **fiber**) *n* волокно́; (*dietary*) клетча́тка.
fickle ['fɪkl] *adj* непостоя́нный.
fiction ['fɪkʃən] *n* (*LITERATURE*) худо́жественная литерату́ра; **~al** *adj* (*event, character*) вы́мышленный.
fictitious [fɪk'tɪʃəs] *adj* (*invented*) фикти́вный; (*imaginary*) вы́мышленный.
fiddle ['fɪdl] *n* (*MUS*) скри́пка; (*swindle*) надува́тельство ♦ *vt* (*BRIT*: *accounts*) подде́лывать (подде́лать *pf*).
fidelity [fɪ'dɛlɪtɪ] *n* (*loyalty*) ве́рность *f*.
field [fi:ld] *n* по́ле; (*fig*) о́бласть *f*.
fierce [fɪəs] *adj* свире́пый; (*fighting*) я́ростный.
fiery ['faɪərɪ] *adj* (*sunset*) о́гненный; (*temperament*) горя́чий.
fifteen [fɪf'ti:n] *n* пятна́дцать; **~th** *adj* пятна́дцатый.
fifth [fɪfθ] *adj* пя́тый ♦ *n* (*fraction*) пя́тая *f adj*; (*AUT*: *also*: **~ gear**) пя́тая ско́рость *f*.
fiftieth ['fɪftɪɪθ] *adj* пятидеся́тый.
fifty ['fɪftɪ] *n* пятьдеся́т.
fig [fɪg] *n* инжи́р.
fight [faɪt] (*pt, pp* **fought**) *n* дра́ка; (*campaign, struggle*) борьба́ ♦ *vt* (*person*) дра́ться (подра́ться *pf*) с *+instr*; (*MIL*) воева́ть *(impf)* с *+instr*; (*illness, problem, emotion*) боро́ться *(impf)* с *+instr* ♦ *vi* (*people*) дра́ться *(impf)*; (*MIL*) воева́ть *(impf)*; **to ~ an election** уча́ствовать *(impf)* в предвы́борной борьбе́; **~er** *n* (*also fig*) боре́ц; **~ing** *n* (*battle*) бой; (*brawl*) дра́ка.
figure ['fɪgəʳ] *n* фигу́ра; (*number*) ци́фра ♦ *vt* (*think*) счита́ть *(impf)* ♦ *vi* (*appear*) фигури́ровать *(impf)*; **~ out** *vt* понима́ть (поня́ть *pf*); **~head** *n* (*pej*) номина́льный глава́ *m*.
file [faɪl] *n* (*dossier*) де́ло; (*folder*) скоросшива́тель *m*; (*COMPUT*) файл ♦ *vt* (*papers, document*) подшива́ть (подши́ть *pf*); (*LAW*: *claim*) подава́ть (пода́ть *pf*); (*wood, fingernails*) шлифова́ть (отшлифова́ть *pf*) ♦ *vi*: **to ~ in/past** входи́ть (войти́ *pf*)/ проходи́ть (пройти́ *pf*) коло́нной; **in single ~** в коло́нну по одному́.
fill [fɪl] *vi* (*room etc*) наполня́ться (напо́лниться *pf*) ♦ *vt* (*vacancy*) заполня́ть (запо́лнить *pf*); (*need*) удовлетворя́ть (удовлетвори́ть *pf*) ♦ *n*: **to eat one's ~** наеда́ться (нае́сться *pf*); **to ~ (with)** (*container*) наполня́ть (напо́лнить *pf*) (*+instr*); (*space, area*) заполня́ть (запо́лнить *pf*) (*+instr*); **~ in** *vt* заполня́ть (запо́лнить *pf*); **~ up** *vt* (*container*) наполня́ть (напо́лнить *pf*); (*space*) заполня́ть (запо́лнить *pf*) ♦ *vi* (*AUT*) заправля́ться (запра́виться *pf*).

fillet ['fɪlɪt] *n* филе́ *nt ind.*
filling ['fɪlɪŋ] *n* (*for tooth*) пло́мба; (*of pie*) начи́нка; (*of cake*) просло́йка.
film [fɪlm] *n* (*CINEMA*) фильм; (*PHOT*) плёнка; (*of powder, liquid etc*) то́нкий слой ♦ *vti* снима́ть (снять *pf*); ~ **star** *n* кинозвезда́ *m/f.*
Filofax® ['faɪləufæks] *n* ≈ ежедне́вник.
filter ['fɪltə'] *n* фильтр ♦ *vt* фильтрова́ть (профильтрова́ть *pf*).
filth [fɪlθ] *n* грязь *f*; ~**y** *adj* гря́зный.
fin [fɪn] *n* (*of fish*) плавни́к.
final ['faɪnl] *adj* (*last*) после́дний; (*SPORT*) фина́льный; (*ultimate*) заключи́тельный; (*definitive*) оконча́тельный ♦ *n* (*SPORT*) фина́л; ~**s** *npl* (*SCOL*) выпускны́е экза́мены *mpl*; ~**e** [fɪ'nɑːlɪ] *n* фина́л; ~**ist** *n* финали́ст; ~**ly** *adv* (*eventually*) в конце́ концо́в; (*lastly*) наконе́ц.
finance [faɪ'næns] *n* фина́нсы *pl* ♦ *vt* финанси́ровать *(impf/pf)*; ~**s** *npl* (*personal*) фина́нсы *pl.*
financial [faɪ'nænʃəl] *adj* фина́нсовый.
find [faɪnd] (*pt, pp* **found**) *vt* находи́ть (найти́ *pf*); (*discover*) обнару́живать (обнару́жить *pf*) ♦ *n* нахо́дка; **to ~ sb at home** застава́ть (заста́ть *pf*) кого́-н до́ма; **to ~ sb guilty** (*LAW*) признава́ть (призна́ть *pf*) кого́-н вино́вным(-ой); ~ **out** *vt* (*fact, truth*) узнава́ть (узна́ть *pf*); (*person*) разоблача́ть (разоблачи́ть *pf*) ♦ *vi*: **to ~ out about** узнава́ть (узна́ть *pf*) о *+prp*; ~**ings** *npl* (*LAW*) заключе́ние *ntsg*; (*in research*) результа́ты *mpl.*
fine [faɪn] *adj* прекра́сный; (*delicate: hair, features*) то́нкий; (*sand, powder, detail*) ме́лкий; (*adjustment*) то́чный ♦ *adv* (*well*) прекра́сно ♦ *n* штраф ♦ *vt* штрафова́ть (оштрафова́ть *pf*); **he's ~** (*well*) он чу́вствует себя́ хорошо́; (*happy*) у него́ всё в поря́дке; **the weather is ~** пого́да хоро́шая; **to cut it ~** (*of time*) оставля́ть (оста́вить *pf*) сли́шком ма́ло вре́мени.
finesse [fɪ'nɛs] *n* то́нкость *f*, изя́щество.
finger ['fɪŋgə'] *n* па́лец ♦ *vt* тро́гать (потро́гать *pf*); **little ~** мизи́нец.
finish ['fɪnɪʃ] *n* коне́ц; (*SPORT*) фи́ниш; (*polish etc*) отде́лка ♦ *vt* зака́нчивать (зако́нчить *pf*), конча́ть (ко́нчить *pf*) ♦ *vi* зака́нчиваться (зако́нчиться *pf*); (*person*) зака́нчивать (зако́нчить *pf*); **to ~ doing** конча́ть (ко́нчить *pf*) *+infin*; **he ~ed third** (*in race etc*) он зако́нчил тре́тьим; ~ **off** *vt* зака́нчивать (зако́нчить *pf*); (*kill*) прика́нчивать (прико́нчить *pf*); ~ **up** *vt* (*food*) доеда́ть (дое́сть *pf*); (*drink*) допива́ть (допи́ть *pf*) ♦ *vi* (*end up*) конча́ть (ко́нчить *pf*).
Finland ['fɪnlənd] *n* Финля́ндия; **Gulf of ~** Фи́нский зали́в.
Finn [fɪn] *n* финн; ~**ish** *adj* фи́нский.
fir [fəː'] *n* ель *f.*
fire ['faɪə'] *n* (*flames*) пла́мя *nt*; (*in hearth*) ого́нь *m*; (*accidental*) пожа́р; (*bonfire*) костёр ♦ *vt* (*gun etc*) вы́стрелить *(pf)* из *+gen*; (*arrow*) выпуска́ть (вы́пустить *pf*); (*stimulate*) разжига́ть

(разжéчь *pf*); (*inf*: *dismiss*) увольня́ть (уво́лить *pf*) ♦ *vi* (*shoot*) вы́стрелить (*pf*); **the house is on ~** дом гори́т; **~ alarm** *n* пожа́рная сигнализа́ция; **~arm** *n* огнестре́льное ору́жие *nt no pl*; **~ brigade** *n* пожа́рная кома́нда; **~ engine** *n* пожа́рная маши́на; **~ escape** *n* пожа́рная ле́стница; **~-extinguisher** *n* огнетуши́тель *m*; **~man** *irreg n* пожа́рный *m adj*, пожа́рник; **~place** *n* ками́н; **~ station** *n* пожа́рное депо́ *nt ind*; **~wood** *n* дрова́ *pl*; **~works** *npl* фейерве́рк *msg*.

firm [fə:m] *adj* (*ground, decision, faith*) твёрдый; (*mattress*) жёсткий; (*grasp, body, muscles*) кре́пкий ♦ *n* фи́рма; **~ly** *adv* (*believe, stand*) твёрдо; (*grasp, shake hands*) кре́пко.

first [fə:st] *adj* пе́рвый ♦ *adv* (*before all others*) пе́рвый; (*firstly*) во-пе́рвых ♦ *n* (*AUT*: *also*: **~ gear**) пе́рвая ско́рость *f*; (*BRIT*: *SCOL*: *degree*) дипло́м пе́рвой сте́пени; **at ~** снача́ла; **~ of all** пре́жде всего́; **~ aid** *n* пе́рвая по́мощь *f*; **~-aid kit** *n* паке́т пе́рвой по́мощи; **~-class** *adj* пе́рвого кла́сса; (*excellent*) первокла́ссный; **~-hand** *adj* ли́чный; **a ~-hand account** расска́з очеви́дца; **~ lady** *n* (*US*) пе́рвая ле́ди *f ind*; **~ly** *adv* во-пе́рвых; **~ name** *n* и́мя *nt*; **~-rate** *adj* первокла́ссный.

fiscal ['fɪskl] *adj* фиска́льный.

fish [fɪʃ] *n inv* ры́ба ♦ *vt* (*river, area*) лови́ть (*impf*) ры́бу в *+prp*, рыба́чить (*impf*) в *+prp* ♦ *vi* (*commercially*) занима́ться (*impf*) рыболо́вством; (*as sport, hobby*) занима́ться (*impf*) ры́бной ло́влей; **to go ~ing** ходи́ть/идти́ (пойти́ *pf*) на рыба́лку; **~erman** *irreg n* рыба́к; **~ing rod** *n* у́дочка; **~ slice** *n* ры́бный нож.

fist [fɪst] *n* кула́к.

fit [fɪt] *adj* (*suitable*) приго́дный; (*healthy*) в хоро́шей фо́рме ♦ *vt* (*subj*: *clothes etc*) подходи́ть (подойти́ *pf*) по разме́ру *+dat*, быть (*impf*) впо́ру *+dat* ♦ *vi* (*clothes*) подходи́ть (подойти́ *pf*) по разме́ру, быть (*impf*) впо́ру; (*parts*) подходи́ть (подойти́ *pf*) ♦ *n* (*MED*) припа́док; (*of coughing, giggles*) при́ступ; **~ to do** (*ready*) гото́вый *+infin*; **~ for** (*suitable for*) приго́дный для *+gen*; **a ~ of anger** при́ступ гне́ва; **this dress is a good ~** э́то пла́тье хорошо́ сиди́т; **by ~s and starts** уры́вками; **~ in** *vi* (*person, object*) вписываться (вписа́ться *pf*); **~ness** *n* (*MED*) состоя́ние здоро́вья; **~ting** *adj* (*thanks*) надлежа́щий; **~tings** *npl*: **fixtures and ~tings** обору́дование *ntsg*.

five [faɪv] *n* пять; **~r** *n* (*inf*: *BRIT*) пять фу́нтов; (: *US*) пять до́лларов.

fix [fɪks] *vt* (*arrange*: *date*) назнача́ть (назна́чить *pf*); (: *amount*) устана́вливать (установи́ть *pf*); (*mend*) нала́живать (нала́дить *pf*) ♦ *n* (*inf*): **to be in a ~** быть (*impf*) в тру́дном положе́нии; **~ed** *adj* (*price*) твёрдый; (*ideas*) навя́зчивый; (*smile*) засты́вший.

fixture ['fɪkstʃəʳ] *n see* **fittings**.

fizzy ['fɪzɪ] *adj* шипу́чий, газиро́ванный.

flabby ['flæbɪ] *adj* дря́блый.

flag [flæg] *n* флаг; **~ship** *n* фла́гман.

flair [flɛəʳ] *n* (*style*) стиль *m*; **a ~ for**

(*talent*) скло́нность *f* к *+dat*; **political ~** полити́ческий тала́нт.
flak [flæk] *n* (*inf*) нахлобу́чка.
flake [fleɪk] *n* (*of snow, soap powder*) хло́пья *pl*; (*of rust, paint*) слой.
flamboyant [flæm'bɔɪənt] *adj* я́ркий, бро́ский; (*person*) колори́тный.
flame [fleɪm] *n* (*of fire*) пла́мя *nt*.
flank [flæŋk] *n* (*of animal*) бок; (*MIL*) фланг ♦ *vt*: **~ed by** ме́жду *+instr*.
flannel ['flænl] *n* (*fabric*) флане́ль *f*; (*BRIT*: *also*: **face ~**) махро́вая салфе́тка (*для лица́*).
flap [flæp] *n* (*of envelope*) отворо́т; (*of pocket*) кла́пан ♦ *vt* (*wings*) хло́пать *impf +instr*.
flare [flɛəʳ] *n* (*signal*) сигна́льная раке́та; **~ up** *vi* вспы́хивать (вспы́хнуть *pf*).
flash [flæʃ] *n* вспы́шка; (*also*: **news ~**) "мо́лния" ♦ *vt* (*light*) (внеза́пно) освеща́ть (освети́ть *pf*); (*news, message*) посыла́ть (посла́ть *pf*) мо́лнией; (*look*) мета́ть (метну́ть *pf*) ♦ *vi* (*lightning, light, eyes*) сверка́ть (сверкну́ть *pf*); (*light on ambulance etc*) мига́ть *(impf)*; **in a ~** мгнове́нно; **to ~ by** *or* **past (sth)** (*person*) мча́ться (промча́ться *pf*) ми́мо (чего́-н); **~light** *n* фона́рь *m*, проже́ктор; **~y** *adj* (*pej*) крича́щий.
flask [flɑ:sk] *n* (*also*: **vacuum ~**) те́рмос.
flat [flæt] *adj* (*surface*) пло́ский; (*tyre*) спу́щенный; (*battery*) се́вший; (*beer*) вы́дохшийся; (*refusal, denial*) категори́ческий; (*MUS*: *note*) бемо́льный; (*rate, fee*) еди́ный ♦ *n* (*BRIT*: *apartment*) кварти́ра; (*AUT*: *also*: **~ tyre**) спу́щенная ши́на; (*MUS*) бемо́ль *m*; **to work ~ out** выкла́дываться *(impf)* по́лностью, рабо́тать *(impf)* на изно́с; **~ly** *adv* (*deny*) на́чисто; (*refuse*) наотре́з.
flatter ['flætəʳ] *vt* льсти́ть (польсти́ть *pf*) *+dat*.
flavour ['fleɪvəʳ] (*US* **flavor**) *vt* приправля́ть (припра́вить *pf*) ♦ *n* (*taste*) вкус; (*of ice-cream etc*) сорт; **strawberry-~ed** с клубни́чным при́вкусом.
flaw [flɔ:] *n* (*in argument, character*) недоста́ток, изъя́н; (*in cloth, glass*) дефе́кт; **~less** *adj* безупре́чный.
flea [fli:] *n* блоха́.
fleck [flɛk] *n* (*mark*) кра́пинка.
fled [flɛd] *pt, pp of* **flee**.
flee [fli:] (*pt, pp* **fled**) *vt* (*danger, famine*) бежа́ть *(impf)* от *+gen*; (*country*) бежа́ть *(impf/pf)* из *+gen* ♦ *vi* спаса́ться *(impf)* бе́гством.
fleece [fli:s] *n* (*sheep's coat*) руно́; (*sheep's wool*) ове́чья шерсть *f*.
fleet [fli:t] *n* (*of ships*) флот; (*of lorries, cars*) парк.
fleeting ['fli:tɪŋ] *adj* мимолётный.
Flemish ['flɛmɪʃ] *adj* флама́ндский.
flesh [flɛʃ] *n* (*ANAT*) плоть *f*; (*of fruit*) мя́коть *f*.
flew [flu:] *pt of* **fly**.
flex [flɛks] *n* ги́бкий шнур ♦ *vt* (*leg, muscles*) размина́ть (размя́ть *pf*); **~ibility** *n* ги́бкость *f*; **~ible** *adj* ги́бкий.
flick [flɪk] *vt* (*with finger*) сма́хивать (смахну́ть *pf*); (*ash*) стря́хивать (стряхну́ть *pf*); (*whip*) хлестну́ть *(pf) +instr*; (*switch*) щёлкнуть *(pf) +instr*.

flicker ['flɪkəʳ] *vi* (*light, flame*) мерцáть *(impf)*.
flight [flaɪt] *n* полёт; (*of steps*) пролёт (*лéстницы*).
flimsy ['flɪmzɪ] *adj* (*shoes, clothes*) лёгкий; (*structure*) непрóчный; (*excuse, evidence*) слáбый.
fling [flɪŋ] (*pt, pp* **flung**) *vt* (*throw*) швырять (швырнýть *pf*).
flip [flɪp] *vt* (*coin*) подбрáсывать (подбрóсить *pf*) щелчкóм.
float [fləut] *n* (*for fishing*) поплавóк; (*for swimming*) *пенопла́стовая доскá для обучáющихся плáвать*; (*money*) размéнные дéньги *pl* ◆ *vi* (*object: on water*) плáвать *(impf)*, держáться *(impf)* на повéрхности; (*swimmer, sound, cloud*) плыть *(impf)* ◆ *vt* (*idea, plan*) пускáть (пустúть *pf*) в ход; **to ~ a company** выпускáть (вы́пустить *pf*) áкции компáнии чéрез бúржу.
flock [flɔk] *n* (*of sheep*) стáдо; (*of birds*) стáя ◆ *vi*: **to ~ to** стекáться (стéчься *pf*) в *+prp*.
flood [flʌd] *n* (*of water*) наводнéние; (*of letters, imports etc*) потóк ◆ *vt* (*subj: water*) заливáть (залúть *pf*); (*: people*) наводнять (наводнúть *pf*) ◆ *vi* (*place*) наполняться (напóлниться *pf*) водóй; **to ~ into** (*people, goods*) хлы́нуть *(pf)* в/на *+acc*; **~ing** *n* наводнéние.
floor [flɔːʳ] *n* (*of room*) пол; (*storey*) этáж; (*of sea, valley*) дно ◆ *vt* (*subj: question, remark*) сражáть (сразúть *pf*); **ground** *or* *(US)* **first ~** пéрвый этáж; **~board** *n* половúца.
flop [flɔp] *n* (*failure*) провáл.
floppy ['flɔpɪ] *adj,n* (*also:* **~ disk**) дискéта, гúбкий диск.
flora ['flɔːrə] *n* флóра; **~l** ['flɔːrl] *adj* (*pattern*) цветúстый.
flour ['flauəʳ] *n* мукá.
flourish ['flʌrɪʃ] *vi* (*business*) процветáть *(impf)*; (*plant*) пы́шно растú *(impf)* ◆ *n* (*bold gesture*): **with a ~** демонстратúвно; **~ing** *adj* (*company, trade*) процветáющий.
flow [fləu] *n* (*also ELEC*) потóк; (*of blood, river*) течéние ◆ *vi* течь *(impf)*.
flower ['flauəʳ] *n* цветóк ◆ *vi* (*plant, tree*) цвестú *(impf)*; **~s** цветы́; **~bed** *n* клýмба; **~pot** *n* цветóчный горшóк; **~y** *adj* цветúстый; (*perfume*) цветóчный.
flown [fləun] *pp of* **fly**.
flu [fluː] *n* (*MED*) грипп.
fluent ['fluːənt] *adj* (*linguist*) бéгло говорящий; (*speech, writing*) бéглый, плáвный; **he speaks ~ Russian, he's ~ in Russian** он свобóдно *or* бéгло говорúт по-рýсски.
fluff [flʌf] *n* (*on jacket, carpet*) ворс; **~y** *adj* (*soft*) пушúстый.
fluid ['fluːɪd] *adj* (*movement*) текýчий; (*situation*) переменчúвый ◆ *n* жúдкость *f*.
fluke [fluːk] *n* (*inf*) везéние.
flung [flʌŋ] *pt, pp of* **fling**.
fluorescent [fluə'rɛsnt] *adj* (*dial, light*) флюоресцúрующий.
fluoride ['fluəraɪd] *n* фторúд.
flurry ['flʌrɪ] *n* (*of snow*) вихрь *m*; **a ~ of activity** бýрная дéятельность *f*.
flush [flʌʃ] *n* (*on face*) румянец ◆ *vt* (*drains, pipe*) промывáть (промы́ть *pf*) ◆ *vi* (*redden*) зардéться *(pf)* ◆ *adj*: **~ with** (*level*)

на однóм ýровне с *+instr*; **to ~ the toilet** спускáть (спусти́ть *pf*) вóду в туалéте; **~ed** *adj* раскраснéвшийся.
flustered ['flʌstəd] *adj* смущённый.
flute [flu:t] *n* флéйта.
flutter ['flʌtə'] *n* (*of wings*) взмах.
flux [flʌks] *n*: **in a state of ~** в состоя́нии непреры́вного изменéния.
fly [flaɪ] (*pt* **flew**, *pp* **flown**) *n* (*insect*) мýха; (*on trousers*: *also*: **flies**) ширúнка ◆ *vt* (*plane*) летáть (*impf*) на *+prp*; (*passengers, cargo*) перевози́ть (перевезти́ *pf*); (*distances*) пролетáть (пролетéть *pf*), преодолевáть (преодолéть *pf*) ◆ *vi* (*also fig*) летáть/летéть (*impf*); (*flag*) развевáться (*impf*); **~ing** *n* (*activity*) лётное дéло ◆ *adj*: **a ~ing visit** крáткий визи́т; **with ~ing colours** блестя́ще.
foal [fəul] *n* жеребёнок.
foam [fəum] *n* пéна; (*also*: **~ rubber**) поролóн.
focal point ['fəukl-] *n* средотóчие.
focus ['fəukəs] (*pl* **~es**) *n* (*PHOT*) фóкус; (*of attention, argument*) средотóчие ◆ *vt* (*camera*) настрáивать (настрóить *pf*) ◆ *vi*: **to ~ (on)** (*PHOT*) настрáиваться (настрóиться *pf*) (на *+acc*); **to ~ on** (*fig*) сосредотáчиваться (сосредотóчиться *pf*) на *+prp*; **in ~** в фóкусе; **out of ~** не в фóкусе.
fodder ['fɔdə'] *n* корм, фурáж.
foetus ['fi:təs] (*US* **fetus**) *n* плод, зарóдыш.
fog [fɔg] *n* тумáн; **~gy** *adj* тумáнный; **it's ~gy** тумáнно.
foil [fɔɪl] *vt* срывáть (сорвáть *pf*) ◆ *n* (*metal*) фольгá.
fold [fəuld] *n* (*crease*) склáдка; (: *in paper*) сгиб ◆ *vt* (*clothes, paper*) склáдывать (сложи́ть *pf*); (*arms*) скрéщивать (скрести́ть *pf*); **~er** *n* пáпка; (*ring-binder*) скоросшивáтель *m*; **~ing** *adj* складнóй.
foliage ['fəulɪɪdʒ] *n* листвá.
folk [fəuk] *npl* лю́ди *pl*, нарóд *msg* ◆ *cpd* (*art, music*) нарóдный; **~s** *npl* (*inf*: *relatives*) бли́зкие *pl adj*; **~lore** *n* фольклóр.
follow ['fɔləu] *vt* (*leader, person*) слéдовать (послéдовать *pf*) за *+instr*; (*example, advice*) слéдовать (послéдовать *pf*) *+dat*; (*event, story*) следи́ть (*impf*) за *+instr*; (*route, path*) держáться (*impf*) *+gen* ◆ *vi* слéдовать (послéдовать *pf*); **to ~ suit** (*fig*) слéдовать (послéдовать *pf*) примéру; **~ up** *vt* (*letter, offer*) рассмáтривать (рассмотрéть *pf*); (*case*) расслéдовать (*impf*); **~er** *n* (*of person*) послéдователь(ница) *m(f)*; (*of belief*) сторóнник(-ица); **~ing** *adj* слéдующий ◆ *n* (*followers*) сторóнники *mpl*.
fond [fɔnd] *adj* (*smile, look, parents*) лáсковый; (*memory*) прия́тный; **to be ~ of** люби́ть (*impf*).
food [fu:d] *n* едá, пи́ща; **~ poisoning** *n* пищевóе отравлéние; **~ processor** *n* кухóнный комбáйн.
fool [fu:l] *n* дурáк ◆ *vt* (*deceive*) обмáнывать (обманýть *pf*), одурáчивать (одурáчить *pf*); **~ish** *adj* глýпый; (*rash*) неосмотри́тельный.
foot [fut] (*pl* **feet**) *n* (*of person*) ногá, ступня́; (*of animal*) ногá; (*of

bed) коне́ц; (*of cliff*) подно́жие; (*measure*) фут ♦ *vt*: **to ~ the bill** плати́ть *(impf)*; **on ~** пешко́м; **~age** *n* (*CINEMA*: *material*) ка́дры *mpl*; **~ball** *n* футбо́льный мяч; (*game*: *BRIT*) футбо́л; (: *US*) америка́нский футбо́л; **~baller** *n* (*BRIT*) футболи́ст; **~hills** *npl* предго́рья *ntpl*; **~hold** *n* (*on rock etc*) опо́ра; **~ing** *n* (*fig*) осно́ва; **to lose one's ~ing** (*fall*) теря́ть (потеря́ть *pf*) опо́ру; **~note** *n* сно́ска; **~path** *n* тропи́нка, доро́жка; **~print** *n* след; **~wear** *n* о́бувь *f*.

KEYWORD

for [fɔːʳ] *prep* **1** (*indicating destination*) в/на *+acc*; (*indicating intention*) за *+instr*; **the train for London/Moscow** по́езд в Ло́ндон/на Москву́; **he left for work** он уе́хал на рабо́ту; **he went for the paper/the doctor** он пошёл за газе́той/врачо́м; **is this for me?** э́то мне *or* для меня́?; **there's a letter for you** Вам письмо́; **it's time for lunch/bed** пора́ обе́дать/спать

2 (*indicating purpose*) для *+gen*; **what's it for?** для чего́ э́то?; **give it to me – what for?** да́йте мне э́то – заче́м *or* для чего́?; **to pray for peace** моли́ться *(impf)* за мир

3 (*on behalf of, representing*): **to speak for sb** говори́ть *(impf)* от лица́ кого́-н; **MP for Brighton** член парла́мента от Бра́йтона; **he works for the government** он на госуда́рственной слу́жбе; **he works for a local firm** он рабо́тает на ме́стную фи́рму; **I'll ask him for you** я спрошу́ его́ от Ва́шего и́мени; **to do sth for sb** (*on behalf of*) де́лать (сде́лать *pf*) что-н за кого́-н

4 (*because of*) из-за *+gen*; **for lack of funds** из-за отсу́тствия средств; **for this reason** по э́той причи́не; **for some reason, for whatever reason** по како́й-то причи́не; **for fear of being criticized** боя́сь кри́тики; **to be famous for sth** быть *(impf)* изве́стным чем-н

5 (*with regard to*) для *+gen*; **it's cold for July** для ию́ля сейча́с хо́лодно; **he's tall for his age** для своего́ во́зраста он высо́кий; **a gift for languages** спосо́бности к языка́м; **for everyone who voted yes, 50 voted no** на ка́ждый го́лос "за", прихо́дится 50 голосо́в "про́тив"

6 (*in exchange for, in favour of*) за *+acc*; **I sold it for £5** я прода́л э́то за £5; **I'm all for it** я целико́м и по́лностью за э́то

7 (*referring to distance*): **there are roadworks for five miles** на протяже́нии пяти́ миль произво́дятся доро́жные рабо́ты; **to stretch for miles** простира́ться *(impf)* на мно́го миль; **we walked for miles/for ten miles** мы прошли́ мно́го миль/де́сять миль

8 (*referring to time*) на *+acc*; (: *in past*): **he was away for 2 years** он был в отъе́зде 2 го́да, его́ не́ было 2 го́да; **she will be away for a month** она́ уезжа́ет на ме́сяц; **can you do it for tomorrow?** Вы мо́жете сде́лать э́то на за́втра; **it hasn't rained for 3 weeks** уже́ 3 неде́ли не́ было дождя́; **for hours** часа́ми

9 (*with infinite clause*): **it is not for**

me to decide не мне реша́ть; **there is still time for you to do it** у Вас ещё есть вре́мя сде́лать э́то; **for this to be possible ...** что́бы э́то осуществи́ть ...
10 (*in spite of*) несмотря́ на *+acc*; **for all his complaints** несмотря́ на все его́ жа́лобы
11 (*in phrases*): **for the first/last time** в пе́рвый/после́дний раз; **for the time being** пока́
◆ *conj* (*rather formal*) и́бо.

forbid [fə'bɪd] (*pt* **forbad(e)**, *pp* **forbidden**) *vt* запреща́ть (запрети́ть *pf*); **to ~ sb to do** запреща́ть (запрети́ть *pf*) кому́-н *+infin*; **~ding** *adj* (*look*) неприя́зненный.
force [fɔ:s] *n* (*also PHYS*) си́ла ◆ *vt* (*compel*) заставля́ть (заста́вить *pf*), принужда́ть (прину́дить *pf*); (*push*) толка́ть (толкну́ть *pf*); (*break open*) взла́мывать (взлома́ть *pf*); **the F~s** *npl* (*BRIT: MIL*) вооружённые си́лы *fpl*; **in ~** в большо́м коли́честве; **to ~ o.s. to do** заставля́ть (заста́вить *pf*) себя́ *+infin*; **~d** *adj* (*landing*) вы́нужденный; (*smile*) натя́нутый; **~ful** *adj* си́льный.
forcibly ['fɔ:səblɪ] *adv* (*remove*) наси́льно.
ford [fɔ:d] *n* (*in river*) брод.
fore [fɔ:ʳ] *n*: **to come to the ~** выдвига́ться (вы́двинуться *pf*).
forecast ['fɔ:kɑ:st] (*irreg: like* **cast**) *n* прогно́з ◆ *vt* предска́зывать (предсказа́ть *pf*).
forecourt ['fɔ:kɔ:t] *n* (*of garage*) пере́дняя площа́дка.
forefinger ['fɔ:fɪŋgəʳ] *n* указа́тельный па́лец.
forefront ['fɔ:frʌnt] *n*: **in** *or* **at the ~ of** (*movement*) в аванга́рде *+gen*.
foreground ['fɔ:graund] *n* пере́дний план.
forehead ['fɔrɪd] *n* лоб.
foreign ['fɔrɪn] *adj* (*trade*) вне́шний; (*language*) иностра́нный; (*country*) зарубе́жный; **~ person** иностра́нец(-нка); **~er** *n* иностра́нец(-нка); **~ exchange** *n* (*system*) обме́н валю́ты; **F~ Office** *n* (*BRIT*) министе́рство иностра́нных дел; **F~ Secretary** *n* (*BRIT*) мини́стр иностра́нных дел.
foreman ['fɔ:mən] *irreg n* (*INDUSTRY*) ма́стер.
foremost ['fɔ:məust] *adj* (*most important*) важне́йший ◆ *adv*: **first and ~** в пе́рвую о́чередь, пре́жде всего́.
forensic [fə'rɛnsɪk] *adj* (*medicine, test*) суде́бный.
forerunner ['fɔ:rʌnəʳ] *n* предше́ственник(-ница).
foresee [fɔ:'si:] (*irreg: like* **see**) *vt* предви́деть (*impf/pf*); **~able** *adj*: **in the ~able future** в обозри́мом бу́дущем.
foresight ['fɔ:saɪt] *n* предусмотри́тельность *f*.
forest ['fɔrɪst] *n* лес; **~ry** *n* лесово́дство, лесни́чество.
forever [fə'rɛvəʳ] *adv* (*for good*) навсегда́; (*endlessly*) ве́чно.
foreword ['fɔ:wə:d] *n* предисло́вие.
forgave [fə'geɪv] *pt of* **forgive**.
forge [fɔ:dʒ] *vt* (*signature, money*) подде́лывать (подде́лать *pf*); **~ry** *n* подде́лка.
forget [fə'gɛt] (*pt* **forgot**, *pp* **forgotten**) *vt* забыва́ть (забы́ть *pf*); (*appointment*) забыва́ть

(забы́ть *pf*) о *+prp* ♦ *vi* забыва́ть (забы́ть *pf*); **~ful** *adj* забы́вчивый; **~-me-not** *n* незабу́дка.

forgive [fəˈgɪv] (*pt* **forgave**, *pp* **forgiven**) *vt* (*pardon*) проща́ть (прости́ть *pf*); **to ~ sb sth** проща́ть (прости́ть *pf*) кому́-н что-н; **to ~ sb for sth** (*excuse*) проща́ть (прости́ть *pf*) кого́-н за что-н; **I forgave him for doing it** я прости́л его́ за то, что он сде́лал э́то; **~ness** *n* проще́ние.

forgot [fəˈgɔt] *pt of* **forget**; **~ten** *pp of* **forget**.

fork [fɔ:k] *n* ви́лка; (*for gardening*) ви́лы *pl*; (*in road*) разви́лка; (*in river, tree*) разветвле́ние.

forlorn [fəˈlɔ:n] *adj* поки́нутый; (*hope, attempt*) тще́тный.

form [fɔ:m] *n* (*type*) вид; (*shape*) фо́рма; (*SCOL*) класс; (*questionnaire*) анке́та ♦ *vt* (*make*) образо́вывать (образова́ть *pf*); (*organization, group*) формирова́ть (сформирова́ть *pf*); (*idea, habit*) вырабатывать (вы́работать *pf*); **in top ~** в прекра́сной фо́рме.

formal [ˈfɔ:məl] *adj* форма́льный; (*person, behaviour*) церемо́нный; (*occasion*) официа́льный; **~ clothes** официа́льная фо́рма оде́жды; **~ities** [fɔ:ˈmælɪtɪz] *npl* форма́льности *fpl*; **~ity** [fɔ:ˈmælɪtɪ] *n* форма́льность *f*; (*of person, behaviour*) церемо́нность *f*; (*of occasion*) официа́льность *f*; **~ly** *adv* форма́льно; (*behave*) церемо́нно.

format [ˈfɔ:mæt] *n* форма́т.

formation [fɔ:ˈmeɪʃən] *n* формирова́ние.

formative [ˈfɔ:mətɪv] *adj*: **in his ~ years** в го́ды становле́ния его́ ли́чности.

former [ˈfɔ:məʳ] *adj* бы́вший; (*earlier*) пре́жний ♦ *n*: **the ~ ... the latter ...** пе́рвый ... после́дний ...; **~ly** *adv* ра́нее, ра́ньше.

formidable [ˈfɔ:mɪdəbl] *adj* (*opponent*) гро́зный; (*task*) серьёзнейший.

formula [ˈfɔ:mjulə] (*pl* **~e** *or* **~s**) *n* (*MATH, CHEM*) фо́рмула; (*plan*) схе́ма; **~e** [ˈfɔ:mjuli:] *npl of* **formula**; **~te** [ˈfɔ:mjuleɪt] *vt* (*plan, strategy*) вырaба́тывать (вы́работать *pf*), разраба́тывать (разрабо́тать *pf*); (*opinion, thought*) формули́ровать (сформули́ровать *pf*).

fort [fɔ:t] *n* кре́пость *f*, форт.

forte [ˈfɔ:tɪ] *n* си́льная сторона́.

forth [fɔ:θ] *adv*: **to go back and ~** ходи́ть *(impf)* взад и вперёд; **and so ~** и так да́лее; **~coming** *adj* предстоя́щии; (*person*) общи́тельный; **~right** *adj* (*condemnation, opposition*) прямо́й.

fortieth [ˈfɔ:tɪɪθ] *adj* сороково́й.

fortnight [ˈfɔ:tnaɪt] (*BRIT*) *n* две неде́ли; **~ly** *adv* раз в две неде́ли ♦ *adj*: **~ly magazine** журна́л, выходя́щий раз в две неде́ли.

fortress [ˈfɔ:trɪs] *n* кре́пость *f*.

fortunate [ˈfɔ:tʃənɪt] *adj* счастли́вый; **it is ~ that ...** уда́чно, что ...; **~ly** *adv* к сча́стью.

fortune [ˈfɔ:tʃən] *n* (*wealth*) состоя́ние; (*also:* **good ~**) сча́стье, уда́ча; **ill ~** несча́стье, неуда́ча.

forty [ˈfɔ:tɪ] *n* со́рок.

forum [ˈfɔ:rəm] *n* фо́рум.

forward [ˈfɔ:wəd] *adv* вперёд ♦ *n*

(*SPORT*) нападáющий(-ая) *m(f)* *adj* ◆ *vt* (*letter, parcel*) пересылáть (переслáть *pf*) ◆ *adj* (*position*) перéдний; (*not shy*) дéрзкий; **to move** ~ (*progress*) продвигáться (продвúнуться *pf*); **~s** *adv* вперёд.
fossil ['fɔsl] *n* окаменéлость *f*, ископáемое *nt adj*.
foster ['fɔstə'] *vt* (*child*) брать (взять *pf*) на воспитáние.
fought [fɔ:t] *pt, pp of* **fight**.
foul [faul] *adj* гáдкий, мéрзкий; (*language*) непристóйный; (*temper*) жýткий ◆ *n* (*SPORT*) нарушéние ◆ *vt* (*dirty*) гáдить (загáдить *pf*).
found [faund] *pt, pp of* **find** ◆ *vt* (*establish*) оснóвывать (основáть *pf*); **~ation** *n* (*base*) оснóва; (*organization*) óбщество, фонд; (*also:* **~ation cream**) крем под макияж; **~ations** *npl* (*of building*) фундáмент *msg*; **~er** *n* основáтель(ница) *m(f)*.
fountain ['fauntɪn] *n* фонтáн.
four [fɔ:'] *n* четы́ре; **on all ~s** на четверéньках; **~-poster** *n* (*also:* **~-poster bed**) кровáть *f* с пóлогом.
fourteen ['fɔ:'ti:n] *n* четы́рнадцать; **~th** *adj* четы́рнадцатый.
fourth ['fɔ:θ] *adj* четвёртый ◆ *n* (*AUT*: *also:* ~ **gear**) четвёртая скóрость *f*.
fowl [faul] *n* птúца.
fox [fɔks] *n* лисá ◆ *vt* озадáчивать (озадáчить *pf*).
foyer ['fɔɪeɪ] *n* фойé *nt ind*.
fraction ['frækʃən] *n* (*portion*) частúца; (*MATH*) дробь *f*; **a ~ of a second** дóля секýнды.
fracture ['fræktʃə'] *n* перелóм ◆ *vt* (*bone*) ломáть (сломáть *pf*).
fragile ['frædʒaɪl] *adj* хрýпкий.
fragment ['frægmənt] *n* фрагмéнт; (*of glass*) оскóлок, облóмок.
fragrance ['freɪgrəns] *n* благоухáние.
fragrant ['freɪgrənt] *adj* душúстый.
frail [freɪl] *adj* (*person*) слáбый, нéмощный; (*structure*) хрýпкий.
frame [freɪm] *n* (*of building, structure*) каркáс; (*of person*) óстов; (*of picture, window*) рáма; (*of spectacles*: *also:* **~s**) опрáва ◆ *vt* обрамлять (обрáмить *pf*); ~ **of mind** настроéние; **~work** *n* каркáс; (*fig*) рáмки *fpl*.
France [frɑ:ns] *n* Фрáнция.
franchise ['fræntʃaɪz] *n* (*POL*) прáво гóлоса; (*COMM*) франшúза.
frank [fræŋk] *adj* (*discussion, person*) откровéнный; (*look*) откры́тый; **~ly** *adv* откровéнно.
frantic ['fræntɪk] *adj* иступлённый; (*hectic*) лихорáдочный.
fraternity [frə'tə:nɪtɪ] *n* (*club*) содрýжество.
fraud [frɔ:d] *n* (*person*) мошéнник; (*crime*) мошéнничество; **~ulent** *adj* (*scheme, claim*) мошéннический.
fraught [frɔ:t] *adj*: ~ **with** чревáтый *+instr*.
fray [freɪ] *vi* трепáться (истрепáться *pf*); **tempers were ~ed** все бы́ли на грáни сры́ва.
freak [fri:k] *adj* стрáнный ◆ *n*: **he is a** ~ он со стрáнностями.
freckle ['frɛkl] *n* (*usu pl*) веснýшка.
free [fri:] *adj* свобóдный; (*costing nothing*) бесплáтный ◆ *vt* (*prisoner etc*) освобождáть (освободúть *pf*), выпускáть (вы́пустить *pf*) (на свобóду); (*object*) высвобождáть

(вы́свободить *pf*); ~ **(of charge)**, **for ~** беспла́тно; **~dom** *n* свобо́да; **~ kick** *n* (*FOOTBALL*) свобо́дный уда́р; **~lance** *adj* внешта́тный, рабо́тающий по догово́рам; **~ly** *adv* (*without restriction*) свобо́дно; (*liberally*) оби́льно; **~-range** *adj*: **~-range eggs** *я́йца от кур на свобо́дном вы́гуле*; **~ will** *n*: **of one's own ~ will** по до́брой во́ле.

freeze [fri:z] (*pt* **froze**, *pp* **frozen**) *vi* (*weather*) холода́ть (похолода́ть *pf*); (*liquid, pipe, person*) замерза́ть (замёрзнуть *pf*); (*person: stop moving*) застыва́ть (засты́ть *pf*) ♦ *vt* замора́живать (заморо́зить *pf*) ♦ *n* (*on arms, wages*) замора́живание; **~r** *n* морози́льник.

freezing ['fri:zɪŋ] *adj*: **~ (cold)** ледяно́й ♦ *n*: **3 degrees below ~** 3 гра́дуса моро́за *or* ни́же нуля́; **I'm ~** я замёрз; **it's ~** о́чень хо́лодно.

freight [freɪt] *n* фрахт.

French [frɛntʃ] *adj* францу́зский; **the ~** *npl* (*people*) францу́зы *mpl*; **~ fries** *npl* (*US*) карто́фель *msg* -фри; **~man** *irreg n* францу́з.

frenzy ['frɛnzɪ] *n* (*of violence*) остервене́ние, неи́стовство.

frequency ['fri:kwənsɪ] *n* частота́.

frequent [*adj* 'fri:kwənt, *vb* frɪ'kwɛnt] *adj* ча́стый ♦ *vt* посеща́ть (посети́ть *pf*); **~ly** *adv* ча́сто.

fresh [frɛʃ] *adj* све́жий; (*instructions, approach*) но́вый; **to make a ~ start** начина́ть (нача́ть *pf*) за́ново; **~ in one's mind** свежо́ в па́мяти; **~er** *n* (*BRIT*: *inf*) первоку́рсник; **~ly** *adv*: **~ly made** свежепригото́вленный; **~ly painted** свежевы́крашенный; **~water** *adj* (*lake*) пре́сный; (*fish*) пресново́дный.

fret [frɛt] *vi* волнова́ться (*impf*).

friction ['frɪkʃən] *n* тре́ние; (*fig*) тре́ния *ntpl*.

Friday ['fraɪdɪ] *n* пя́тница.

fridge [frɪdʒ] *n* (*BRIT*) холоди́льник.

fried [fraɪd] *pt, pp of* **fry** ♦ *adj* жа́реный.

friend [frɛnd] *n* (*male*) друг; (*female*) подру́га; **~ly** *adj* (*person, smile etc*) дружелю́бный; (*government, country*) дру́жественный; (*place, restaurant*) прия́тный ♦ *n* (*also*: **~ly match**) това́рищеская встре́ча; **to be ~ly with** дружи́ть (*impf*) с *+instr*; **to be ~ly to sb** относи́ться (отнести́сь *pf*) к кому́-н дружелю́бно; **~ship** *n* дру́жба.

fright [fraɪt] *n* испу́г; **to take ~** испуга́ться (*pf*); **~en** *vt* пуга́ть (испуга́ть *or* напуга́ть *pf*); **~ened** *adj* испу́ганный; **to be ~ened (of)** боя́ться (*impf*) (*+gen*); **he is ~ened by change** его́ пуга́ют измене́ния; **~ening** *adj* стра́шный.

frilly *adj*: **~ dress** пла́тье с обо́рками.

fringe [frɪndʒ] *n* (*BRIT*: *of hair*) чёлка; (*on shawl, lampshade etc*) бахрома́; (*of forest etc*) край, окра́ина.

frivolous ['frɪvələs] *adj* (*conduct, person*) легкомы́сленный; (*object, activity*) пустя́чный.

fro [frəu] *adv*: **to and ~** туда́-сюда́.

frog [frɔg] *n* лягу́шка.

KEYWORD

from [frɔm] *prep* **1** (*indicating starting place, origin etc*): **where do you come from?** Вы отку́да?; **from London to Glasgow** из Ло́ндона в Гла́зго; **a letter from my sister** письмо́ от мое́й сестры́; **a quotation from Dickens** цита́та из Ди́ккенса; **to drink from the bottle** пить (*impf*) из буты́лки
2 (*indicating movement*: *from inside*) из +*gen*; (: *away from*) от +*gen*; (: *off*) с +*gen*; (: *from behind*) из-за +*gen*; **she ran from the house** она́ вы́бежала из до́ма; **the car drove away from the house** маши́на отъе́хала от до́ма; **he took the magazine from the table** он взял журна́л со стола́; **they got up from the table** они́ вста́ли из-за стола́
3 (*indicating time*) с +*gen*; **from two o'clock to** *or* **until** *or* **till three (o'clock)** с двух часо́в до трёх (часо́в); **from January (to August)** с января́ (по а́вгуст)
4 (*indicating distance*: *position*) от +*gen*; (: *motion*) до +*gen*; **the hotel is one kilometre from the beach** гости́ница нахо́дится в киломе́тре от пля́жа; **we're still a long way from home** мы ещё далеко́ от до́ма
5 (*indicating price, number etc*: *range*) от +*gen*; (: *change*) с +*gen*; **prices range from £10 to £50** це́ны колеблются от £10 до £50; **the interest rate was increased from nine per cent to ten per cent** проце́нтные ста́вки повы́сились с девяти́ до десяти́ проце́нтов
6 (*indicating difference*) от +*gen*; **to be different from sb/sth** отлича́ться (*impf*) от кого́-н/чего́-н
7 (*because of, on the basis of*): **from what he says** су́дя по тому́, что он говори́т; **from what I understand** как я понима́ю; **to act from conviction** де́йствовать (*impf*) по убежде́нию; **he is weak from hunger** он слаб от го́лода.

front [frʌnt] *n* (*of house, also fig*) фаса́д; (*of dress*) пе́ред; (*of train, car*) пере́дняя часть *f*; (*also*: **sea ~**) на́бережная *f adj*; (*MIL, METEOROLOGY*) фронт ♦ *adj* пере́дний; **in ~** вперёд; **in ~ of** пе́ред +*instr*; **~ door** *n* входна́я дверь *f*; **~ier** ['frʌntɪə'] *n* грани́ца; **~ page** *n* пе́рвая страни́ца (*газе́ты*).
frost [frɔst] *n* моро́з; (*also*: **hoar~**) и́ней; **~bite** *n* обмороже́ние; **~y** *adj* (*weather, night*) моро́зный; (*welcome, look*) ледяно́й.
froth ['frɔθ] *n* (*on liquid*) пе́на.
frown [fraun] *n* нахму́ренный взгляд.
froze [frəuz] *pt of* **freeze**; **~n** *pp of* **freeze**.
fruit [fru:t] *n inv* фрукт; (*fig*) плод; **~ful** *adj* плодотво́рный; **~ion** [fru:'ɪʃən] *n*: **to come to ~ion** дава́ть (дать *pf*) плоды́; **~ machine** *n* (*BRIT*) игрово́й автома́т.
frustrate [frʌs'treɪt] *vt* (*person*) расстра́ивать (расстро́ить *pf*).
frustration [frʌs'treɪʃən] *n* доса́да.
fry [fraɪ] (*pt, pp* **fried**) *vt* жа́рить (пожа́рить *or* поджа́рить *pf*); **~ing pan** (*US* **fry-pan**) *n* сковорода́.
ft. *abbr* = **feet, foot**.

fudge [fʌdʒ] *n* ≈ сли́вочная пома́дка.
fuel ['fjuəl] *n* (*for heating*) то́пливо; (*for plane, car*) горю́чее *nt adj*.
fugitive ['fju:dʒɪtɪv] *n* беглец(-ля́нка).
fulfil [ful'fɪl] (*US* **fulfill**) *vt* (*function*) исполня́ть (испо́лнить *pf*); (*ambition*) осуществля́ть (осуществи́ть *pf*); **~ment** (*US* **fulfillment**) *n* (*of promise, desire*) исполне́ние; (*satisfaction*) удовлетворе́ние; (*of ambitions*) осуществле́ние, исполне́ние.
full [ful] *adj* по́лный; (*skirt*) широ́кий ◆ *adv*: **to know ~ well that** прекра́сно знать *(impf)*, что; **at ~ volume/power** на по́лную гро́мкость/мо́щность; **I'm ~ (up)** я сыт; **he is ~ of enthusiasm/hope** он по́лон энтузиа́зма/наде́жды; **~ details** все дета́ли; **at ~ speed** на по́лной ско́рости; **a ~ two hours** це́лых два часа́; **in ~** по́лностью; **~ employment** *n* по́лная за́нятость *f*; **~-length** *adj* (*film, novel*) полнометра́жный; (*coat*) дли́нный; (*mirror*) высо́кий; **~ moon** *n* по́лная луна́; **~-scale** *adj* (*attack, war, search etc*) широкомасшта́бный; **~-time** *adj, adv* (*study*) на дне́вном отделе́нии; (*work*) на по́лной ста́вке; **~y** *adv* (*completely*) по́лностью, вполне́; **~y as big as** по кра́йней ме́ре тако́й же величины́, как; **~y fledged** *adj* (*teacher, barrister*) вполне́ сложи́вшийся.
fumes [fju:mz] *npl* испаре́ния *ntpl*, пары́ *mpl*.
fun [fʌn] *n*: **what ~!** как ве́село!; **to have ~** весели́ться (повесели́ться *pf*); **he's good ~ (to be with)** с ним ве́село; **for ~** для заба́вы; **to make ~ of** подшу́чивать (подшути́ть *pf*) над *+instr*.
function ['fʌŋkʃən] *n* фу́нкция; (*product*) произво́дная *f adj*; (*social occasion*) приём ◆ *vi* (*operate*) функциони́ровать *(impf)*; **~al** *adj* (*operational*) де́йствующий; (*practical*) функциона́льный.
fund [fʌnd] *n* фонд; (*of knowledge etc*) запа́с; **~s** *npl* (*money*) (де́нежные) сре́дства *ntpl*, фо́нды *mpl*.
fundamental [fʌndə'mɛntl] *adj* фундамента́льный.
funding ['fʌndɪŋ] *n* финанси́рование.
funeral ['fju:nərəl] *n* по́хороны *pl*.
fungi ['fʌŋgaɪ] *npl of* **fungus**.
fungus ['fʌŋgəs] (*pl* **fungi**) *n* (*plant*) гриб; (*mould*) пле́сень *f*.
funnel ['fʌnl] *n* (*for pouring*) воро́нка; (*of ship*) труба́.
funny ['fʌnɪ] *adj* (*amusing*) заба́вный; (*strange*) стра́нный, чудно́й.
fur [fə:'] *n* мех.
furious ['fjuərɪəs] *adj* (*person*) взбешённый; (*exchange, argument*) бу́рный; (*effort, speed*) неи́стовый.
furnace ['fə:nɪs] *n* печь *f*.
furnish ['fə:nɪʃ] *vt* (*room, building*) обставля́ть (обста́вить *pf*); **to ~ sb with sth** (*supply*) предоставля́ть (предоста́вить *pf*) что-н кому́-н; **~ings** *npl* обстано́вка *fsg*.
furniture ['fə:nɪtʃə'] *n* ме́бель *f*; **piece of ~** предме́т ме́бели.
furry ['fə:rɪ] *adj* пуши́стый.
further ['fə:ðə'] *adj* дополни́тельный ◆ *adv* (*farther*)

да́льше; (*moreover*) бо́лее того́ ♦ *vt* (*career, project*) продвига́ть (продви́нуть *pf*), соде́йствовать (*impf/pf*) +*dat*; **~ education** *n* (*BRIT*) дальне́йшее обуче́ние (*не включа́я вы́сшее образова́ние*); **~more** *adv* бо́лее того́.

furthest ['fə:ðɪst] *superl of* **far**.

furtive ['fə:tɪv] *adj*: **~ movement/glance** движе́ние/взгляд укра́дкой.

fury ['fjuərɪ] *n* я́рость *f*, бе́шенство.

fuse [fju:z] (*US* **fuze**) *n* (*ELEC*) предохрани́тель *m*; (*on bomb*) фити́ль *m*.

fuselage ['fju:zəlɑ:ʒ] *n* фюзеля́ж.

fusion ['fju:ʒən] *n* (*of ideas, qualities*) слия́ние; (*also:* **nuclear ~**) я́дерный си́нтез.

fuss [fʌs] *n* (*excitement*) сумато́ха; (*anxiety*) суета́; (*trouble*) шум; **to make** *or* **kick up a ~** поднима́ть (подня́ть *pf*) шум; **to make a ~ of sb** носи́ться (*impf*) с кем-н; **~y** *adj* (*nervous*) суетли́вый; (*choosy*) ме́лочный, су́етный; (*elaborate*) вы́чурный.

futile ['fju:taɪl] *adj* (*attempt*) тще́тный; (*comment, existence*) бесплóдный.

future ['fju:tʃə'] *adj* бу́дущий ♦ *n* бу́дущее *nt adj*; (*LING*: *also:* **~ tense**) бу́дущее вре́мя *nt*; **in (the) ~** в бу́дущем; **in the near/immediate ~** в недалёком/ближа́йшем бу́дущем.

fuze [fju:z] *n* (*US*) = **fuse**.

fuzzy ['fʌzɪ] *adj* (*thoughts, picture*) расплы́вчатый; (*hair*) пуши́стый.

G, g

g. *abbr* (= **gram**) г.

gadget ['gædʒɪt] *n* приспособле́ние.

Gaelic ['geɪlɪk] *n* (*LING*) гэ́льский язы́к.

gag [gæg] *n* (*on mouth*) кляп ♦ *vt* вставля́ть (вста́вить *pf*) кляп +*dat*.

gain [geɪn] *n* (*increase*) приро́ст ♦ *vt* (*confidence, experience*) приобрета́ть (приобрести́ *pf*); (*speed*) набира́ть (набра́ть *pf*) ♦ *vi* (*benefit*): **to ~ from sth** извлека́ть (извле́чь *pf*) вы́году из чего́-н; **to ~ 3 pounds (in weight)** попра́виться (*pf*) на 3 фу́нта; **to ~ on sb** догоня́ть (догна́ть *pf*) кого́-н.

gala ['gɑ:lə] *n* (*festival*) пра́зднество.

galaxy ['gæləksɪ] *n* гала́ктика.

gale [geɪl] *n* (*wind*) си́льный ве́тер.

gallery ['gælərɪ] *n* (*also:* **art ~**) галере́я; (*in hall, church*) балко́н; (*in theatre*) галёрка.

gallon ['gæln] *n* галло́н (*4,5 ли́тра*).

gallop ['gæləp] *vi* (*horse*) скака́ть (*impf*) (гало́пом), галопи́ровать (*impf*).

Gallup Poll ['gæləp-] *n* опро́с (институ́та) Гэ́ллапа.

galore [gə'lɔ:'] *adv* в изоби́лии.

gamble ['gæmbl] *n* риско́ванное предприя́тие, риск ♦ *vt* (*money*) ста́вить (поста́вить *pf*) ♦ *vi* (*take a risk*) рискова́ть (рискну́ть *pf*); (*bet*) игра́ть (*impf*) в аза́ртные и́гры; **to ~ on sth** (*also fig*) де́лать (сде́лать *pf*) ста́вку на что-н; **~r** *n* игро́к.

gambling ['gæmblɪŋ] *n* аза́ртные и́гры *fpl*.

game [geɪm] *n* игра́; (*match*) матч; (*esp TENNIS*) гейм; (*also:* **board ~**) насто́льная игра́; (*CULIN*) дичь *f* ◆ *adj* (*willing*): ~ **(for)** гото́вый (на +*acc*); **big ~** кру́пный зверь.

gammon ['gæmən] *n* (*bacon*) о́корок; (*ham*) ветчина́.

gang [gæŋ] *n* ба́нда; (*of friends*) компа́ния.

gangster ['gæŋstəʳ] *n* га́нгстер.

gaol [dʒeɪl] *n* (*BRIT*) = **jail**.

gap [gæp] *n* (*space*) промежу́ток; (: *between teeth*) щерби́на; (: *in time*) интерва́л; (*difference*) расхожде́ние; **generation ~** разногла́сия ме́жду поколе́ниями.

gaping ['geɪpɪŋ] *adj* (*hole*) зия́ющий.

garage ['gærɑːʒ] *n* гара́ж; (*petrol station*) запра́вочная ста́нция, бензоколо́нка.

garbage ['gɑːbɪdʒ] *n* (*US: rubbish*) му́сор; (*inf: nonsense*) ерунда́; **~ can** *n* (*US*) помо́йный я́щик.

garden ['gɑːdn] *n* сад; **~s** *npl* (*park*) парк *msg*; **~er** *n* садово́д; (*employee*) садо́вник(-ица); **~ing** *n* садово́дство.

garish ['gɛərɪʃ] *adj* (*light*) ре́жущий глаз; (*dress, colour*) крича́щий.

garland ['gɑːlənd] *n* гирля́нда.

garlic ['gɑːlɪk] *n* чесно́к.

garment ['gɑːmənt] *n* наря́д.

garnish ['gɑːnɪʃ] *vt* украша́ть (укра́сить *pf*).

garrison ['gærɪsn] *n* гарнизо́н.

gas [gæs] *n* газ; (*US: gasoline*) бензи́н ◆ *vt* (*kill*) удуша́ть (удуши́ть *pf*).

gash [gæʃ] *n* (*wound*) глубо́кая ра́на; (*cut*) глубо́кий поре́з ◆ *vt* распа́рывать (распоро́ть *pf*).

gasoline ['gæsəliːn] *n* (*US*) бензи́н.

gasp [gɑːsp] *n* (*breath*) вдох.

gas station *n* (*US*) запра́вочная ста́нция, бензоколо́нка.

gastric ['gæstrɪk] *adj* желу́дочный.

gate [geɪt] *n* кали́тка; (*at airport*) вы́ход; **~s** воро́та; **~way** *n* воро́та *pl*.

gather ['gæðəʳ] *vt* собира́ть (собра́ть *pf*); (*understand*) полага́ть *(impf)* ◆ *vi* собира́ться (собра́ться *pf*); **to ~ speed** набира́ть (набра́ть *pf*) ско́рость; **~ing** *n* собра́ние.

gauche [gəuʃ] *adj* неуклю́жий.

gaudy ['gɔːdɪ] *adj* пёстрый.

gauge [geɪdʒ] *n* (*instrument*) измери́тельный прибо́р ◆ *vt* (*amount, quantity*) измеря́ть (изме́рить *pf*); (*fig*) оце́нивать (оцени́ть *pf*).

gaunt [gɔːnt] *adj* измождённый.

gauntlet ['gɔːntlɪt] *n* (*fig*): **to run the ~** подверга́ться (подве́ргнуться *pf*) напа́дкам; **to throw down the ~** броса́ть (бро́сить *pf*) перча́тку.

gauze [gɔːz] *n* (*fabric*) ма́рля.

gave [geɪv] *pt of* **give**.

gay [geɪ] *adj* (*cheerful*) весёлый; (*homosexual*): **~ bar** бар для голубы́х *or* гомосексуали́стов; **he is ~** он голубо́й *or* гомосексуали́ст.

gaze [geɪz] *n* (при́стальный) взгляд ◆ *vi*: **to ~ at sth** гляде́ть *(impf)* на что-н.

GB *abbr* = **Great Britain**.

GCSE *n abbr* (*BRIT*: = *General Certificate of Secondary Education*) ≈ аттеста́т о сре́днем образова́нии.

gear [gɪə'] *n* (*equipment, belongings etc*) принадле́жности *fpl*; (*AUT*) ско́рость *f* ♦ *vt* (*fig*): **to ~ sth to** приспоса́бливать (приспосо́бить *pf*) что-н к *+dat*; **top** *or (US)* **high/low ~** вы́сшая/ни́зкая переда́ча *or* ско́рость; **in ~** на переда́че *or* ско́рости, включённый; **~box** *n* коро́бка переда́ч *or* скоросте́й; **~ lever** (*US* **gear shift**) *n* переключа́тель *m* скоросте́й.

geese [gi:s] *npl of* **goose**.

geezer ['gi:zə'] *n* (*inf*) мужи́к.

gelatin(e) ['dʒɛləti:n] *n* желати́н.

gem [dʒɛm] *n* (*stone*) драгоце́нный ка́мень *m*, самоцве́т.

Gemini ['dʒɛmɪnaɪ] *n* Близнецы́ *mpl*.

gender ['dʒɛndə'] *n* (*sex*) пол; (*LING*) род.

gene [dʒi:n] *n* ген.

general ['dʒɛnərl] *n* (*MIL*) генера́л ♦ *adj* о́бщий; (*movement, interest*) всео́бщий; **in ~** в о́бщем; **~ election** *n* всео́бщие вы́боры *mpl*; **~ly** *adv* вообще́; (*+vb*) обы́чно; **to become ~ly available** станови́ться (стать *pf*) общедосту́пным(-ой); **it is ~ly accepted that** ... общепри́знанно, что ...

generate ['dʒɛnəreɪt] *vt* (*power, electricity*) генери́ровать *(impf)*, производи́ть (произвести́ *pf*); (*excitement, interest*) вызыва́ть (вы́звать *pf*); (*jobs*) создава́ть (созда́ть *pf*).

generation [dʒɛnə'reɪʃən] *n* поколе́ние; (*of power*) генери́рование; **for ~s** из поколе́ния в поколе́ние.

generator ['dʒɛnəreɪtə'] *n* генера́тор.

generosity [dʒɛnə'rɔsɪtɪ] *n* ще́дрость *f*.

generous ['dʒɛnərəs] *adj* (*person*: *lavish*) ще́дрый; (: *unselfish*) великоду́шный; (*amount of money*) изря́дный.

genetics [dʒɪ'nɛtɪks] *n* гене́тика.

Geneva [dʒɪ'ni:və] *n* Жене́ва.

genial ['dʒi:nɪəl] *adj* (*smile, expression*) приве́тливый; (*host*) раду́шный.

genitals ['dʒɛnɪtlz] *npl* половы́е о́рганы *mpl*.

genius ['dʒi:nɪəs] *n* (*skill*) тала́нт; (*person*) ге́ний.

gent [dʒɛnt] *n abbr* (*BRIT*: *inf*) = **gentleman**.

gentle ['dʒɛntl] *adj* не́жный; (*nature, movement, landscape*) мя́гкий.

gentleman ['dʒɛntlmən] *irreg n* (*man*) джентльме́н.

gently ['dʒɛntlɪ] *adv* (*smile, treat*) не́жно; (*curve, slope, move*) мя́гко; (*speak*) ла́сково.

gentry ['dʒɛntrɪ] *n inv*: **the ~** дворя́нство.

gents [dʒɛnts] *n*: **the ~** мужско́й туале́т.

genuine ['dʒɛnjuɪn] *adj* (*sincere*) и́скренний; (*real*) по́длинный.

geographic(al) [dʒɪə'græfɪk(l)] *adj* географи́ческий.

geography [dʒɪ'ɔgrəfɪ] *n* геогра́фия.

geology [dʒɪ'ɔlədʒɪ] *n* геоло́гия.

geometry [dʒɪ'ɔmətrɪ] *n* геоме́трия.

Georgia ['dʒɔ:dʒə] *n* Гру́зия; **~n** *adj* грузи́нский.

geranium [dʒɪ'reɪnɪəm] *n* гера́нь *f*.

geriatric [dʒɛrɪ'ætrɪk] *adj* гериатри́ческий.

germ [dʒə:m] *n* (*MED*) микро́б.
German ['dʒə:mən] *adj* неме́цкий
◆ *n* неме́ц(-мка); **~ measles** *n* (*BRIT*) красну́ха.
Germany ['dʒə:mənɪ] *n* Герма́ния.
gesture ['dʒɛstjə'] *n* жест.

KEYWORD

get [gɛt] (*pt, pp* **got**; *US*) (*pp* **gotten**) *vi* **1** (*become, be*): **it's getting late** стано́вится по́здно; **to get old** старе́ть (постаре́ть *pf*); **to get tired** устава́ть (уста́ть *pf*); **to get cold** мёрзнуть (замёрзнуть *pf*); **to get annoyed easily** легко́ раздража́ться (*impf*); **he was getting bored** ему́ ста́ло ску́чно; **he gets drunk every weekend** он напива́ется ка́ждый выходно́й; **he got killed** его́ уби́ли; **when do I get paid?** когда́ мне запла́тят?
2 (*go*): **to get to/from** добира́ться (добра́ться *pf*) до *+gen*/от *+gen*; **to get home** приходи́ть (прийти́ *pf*) домо́й; **how did you get here?** как Вы сюда́ добрали́сь?
3 (*begin*): **to get to know sb** узнава́ть (узна́ть *pf*) кого́-н; **I'm getting to like him** он начина́ет мне нра́виться; **let's get started** дава́йте начнём
◆ *modal aux vb*: **you've got to do it** Вы должны́ э́то сде́лать
◆ *vt* **1**: **to get sth done** сде́лать (*pf*) что-н; **to get the washing done** стира́ть (постира́ть *pf*); **to get the dishes done** мыть (помы́ть *or* вы́мыть *pf*) посу́ду; **to get the car started** *or* **to start** заводи́ть (завести́ *pf*) маши́ну; **to get sb to do** заставля́ть (заста́вить *pf*) кого́-н *+infin*; **to get sb ready** собра́ть (*pf*) кого́-н; **to get sth ready** гото́вить (пригото́вить *pf*) что-н; **to get sb drunk** напои́ть (*pf*) кого́-н; **she got me into trouble** она́ вовлекла́ меня́ в неприя́тности
2 (*obtain*: *permission, results*) получа́ть (получи́ть *pf*); (: *money*) достава́ть (доста́ть *pf*); (*find*: *job, flat*) находи́ть (найти́ *pf*); (*person*: *call*) звать (позва́ть *pf*); (: *pick up*) забира́ть (забра́ть *pf*); (*call out*: *doctor, plumber etc*) вызыва́ть (вы́звать *pf*); (*object*: *carry*) приноси́ть (принести́ *pf*); (: *buy*) покупа́ть (купи́ть *pf*); (: *deliver*) доставля́ть (доста́вить *pf*); **we must get him to hospital** мы должны́ доста́вить его́ в больни́цу; **do you think we'll get the piano through the door?** как Вы ду́маете, пиани́но пройдёт че́рез дверь?; **I'll get the car** я схожу́ за маши́ной; **can I get you something to drink?** что Вам мо́жно предложи́ть вы́пить?
3 (*receive*) получа́ть (получи́ть *pf*); **to get a reputation for** приобрета́ть (приобрести́ *pf*) дурну́ю репута́цию *+instr*; **what did you get for your birthday?** что Вам подари́ли на день рожде́ния?
4 (*grab*) хвата́ть (схвати́ть *pf*); (*hit*): **the bullet got him in the leg** пу́ля попа́ла ему́ в но́гу
5 (*catch, take*): **we got a taxi** мы взя́ли такси́; **did she get her plane?** она́ успе́ла на самолёт?; **what train are you getting?** каки́м по́ездом Вы е́дете?; **where do I get the train?** где мне сесть на по́езд?
6 (*understand*) понима́ть (поня́ть *pf*); (*hear*) расслы́шать (*pf*); **(do**

you) get it? (*inf*) (тебé) поня́тно?; **I've got it!** тепéрь поня́тно!; **I'm sorry, I didn't get your name** простúте, я не расслы́шал Ваше úмя
7 (*have, possess*): **how many children have you got?** скóлько у Вас детéй?; **I've got very little time** у меня́ óчень мáло врéмени

get about *vi* (*news*) распространя́ться (распространúться *pf*); **I don't get about much now** (*go places*) тепéрь я мáло где бывáю

get along *vi*: **get along with** лáдить (*impf*) с *+instr*; (*manage*) = **get by; I'd better be getting along** мне, пожáлуй, порá (идтú)

get at *vt fus* (*criticize*) придирáться (придрáться *pf*) к *+dat*; (*reach*) дотя́гиваться (дотянýться *pf*) до *+gen*

get away *vi* (*leave*) уходúть (уйтú *pf*); (*escape*) убегáть (убежáть *pf*)

get away with *vt fus*: **he gets away with everything** емý всё схóдит с рук

get back *vi* (*return*) возвращáться (возвратúться *pf*), вернýться (*pf*) ◆ *vt* получáть (получúть *pf*) назáд *or* обрáтно

get by *vi* (*pass*) проходúть (пройтú *pf*); (*manage*): **to get by without** обходúться (обойтúсь *pf*) без *+gen*; **I will get by** (*manage*) мне хвáтит

get down *vt* (*depress*) угнетáть (*impf*) ◆ *vi*: **to get down from** слезáть (слезть *pf*) с *+gen*

get down to *vt fus* садúться (сесть *pf*) *or* брáться (взя́ться *pf*) за *+acc*

get in *vi* (*train*) прибывáть (прибы́ть *pf*), приходúть (прийтú *pf*); (*arrive home*) приходúть (прийтú *pf*); (*to concert, building*) проходúть (пройтú *pf*); **he got in by ten votes** он прошёл с большинствóм в дéсять голосóв; **as soon as the bus arrived we all got in** как тóлько автóбус подошёл, мы сéли в негó

get into *vt fus* (*building*) входúть (войтú *pf*) в *+acc*; (*vehicle*) садúться (сесть *pf*) в *+acc*; (*clothes*) влезáть (влезть *pf*) в *+acc*; (*fight, argument*) вступáть (вступúть *pf*) в *+acc*; (*university, college*) поступáть (поступúть *pf*) в *+acc*; (*subj*: *train*) прибывáть (прибы́ть *pf*) в/на *+acc*; **to get into bed** ложúться (лечь *pf*) в постéль

get off *vi* (*escape*): **to get off lightly/with sth** отдéлываться (отдéлаться *pf*) легкó/чем-н ◆ *vt* (*clothes*) снимáть (снять *pf*) ◆ *vt fus* (*train, bus*) сходúть (сойтú *pf*) с *+gen*; (*horse, bicycle*) слезáть (слезть *pf*) с *+gen*

get on *vi* (*age*) старéть (*impf*); **how are you getting on?** как Вáши успéхи?

get out *vi* (*leave*) выбирáться (вы́браться *pf*); (*socialize*) выбирáться (вы́браться *pf*) из дóма

get out of *vt fus* (*duty*) отдéлываться (отдéлаться *pf*) от *+gen*

get over *vt fus* (*illness*) преодолевáть (преодолéть *pf*)

get round *vt fus* (*law, rule*) обходúть (обойтú *pf*); (*fig*: *person*) добивáться (добúться *pf*) своегó от *+gen*

get through *vi* (*TEL*)

дозва́ниваться (дозвони́ться *pf*)
get through to *vt fus* (*TEL*) дозва́ниваться (дозвони́ться *pf*) до *+gen*
get together *vi* (*several people*) собира́ться (собра́ться *pf*) ♦ *vt* (*people*) собира́ть (собра́ть *pf*)
get up *vi* встава́ть (встать *pf*)
get up to *vt fus* (*BRIT*) проде́лывать *(impf)*; **they're always getting up to mischief** они́ всегда́ прока́зничают.

ghastly ['gɑ:stlɪ] *adj* ме́рзкий, омерзи́тельный.
gherkin ['gə:kɪn] *n* марино́ванный огуре́ц.
ghetto ['gɛtəu] *n* ге́тто *nt ind.*
ghost [gəust] *n* (*spirit*) привиде́ние, при́зрак.
giant ['dʒaɪənt] *n* (*in myths*) велика́н; (*fig*: *COMM*) гига́нт ♦ *adj* огро́мный.
Gibraltar [dʒɪ'brɔ:ltə^r] *n* Гибралта́р.
giddy ['gɪdɪ] *adj*: **I feel ~** (*dizzy*) у меня́ кру́жится голова́.
gift [gɪft] *n* (*present*) пода́рок; (*ability*) дар, тала́нт; **~ed** *adj* одарённый.
gigantic [dʒaɪ'gæntɪk] *adj* гига́нтский.
giggle ['gɪgl] *vi* хихи́кать *(impf)*.
gills [gɪlz] *npl* (*of fish*) жа́бры *fpl.*
gilt [gɪlt] *adj* позоло́ченный.
gimmick ['gɪmɪk] *n* (*sales*) уло́вка; (*electoral*) трюк.
gin [dʒɪn] *n* джин.
ginger ['dʒɪndʒə^r] *n* (*spice*) имби́рь *m*; **~bread** *n* (*cake*) имби́рный пиро́г; (*biscuit*) ≈ пря́ник, имби́рное пече́нье.
gingerly ['dʒɪndʒəlɪ] *adv* опа́сливо.
giraffe [dʒɪ'rɑ:f] *n* жира́ф.
girl [gə:l] *n* (*child*) де́вочка; (*young unmarried woman*) де́вушка; (*daughter*) до́чка; **an English ~** англича́нка; **~friend** *n* подру́га.
giro ['dʒaɪrəu] *n* (*BRIT*: *welfare cheque*) *чек, по кото́рому получа́ют посо́бия по безрабо́тице.*
gist [dʒɪst] *n* суть *f.*

KEYWORD

give [gɪv] (*pt* **gave**, *pt* **given**) *vt* **1** (*hand over*): **to give sb sth** *or* **sth to sb** дава́ть (дать *pf*) кому́-н что-н; **they gave her a book for her birthday** они́ подари́ли ей кни́гу на день рожде́ния
2 (*used with noun to replace verb*): **to give a sigh** вздохну́ть *(pf)*; **to give a shrug** передёрнуть *(pf)* плеча́ми; **to give a speech** выступа́ть (вы́ступить *pf*) с ре́чью; **to give a lecture** чита́ть (прочита́ть *pf*) ле́кцию; **to give three cheers** три́жды прокрича́ть *(pf)* "ура́"
3 (*tell*: *news*) сообща́ть (сообщи́ть *pf*); (*advice*) дава́ть (дать *pf*); **could you give him a message for me please? tell him that** ... переда́йте ему́, пожа́луйста, от меня́, что ...; **I've got a message to give you from your brother** я до́лжен переда́ть тебе́ что-то от твоего́ бра́та; **he gave me his address over the phone** он дал мне свой а́дрес по телефо́ну
4: **to give sb sth** (*clothing, food, right*) дава́ть (дать *pf*) кому́-н что-н; (*title*) присва́ивать (присво́ить *pf*) кому́-н что-н; (*honour, responsibility*) возлага́ть (возложи́ть *pf*) на кого́-н что-н;

to give sb a surprise удивля́ть (удиви́ть *pf*) кого́-н; **that's given me an idea** э́то навело́ меня́ на мысль
5 (*dedicate*: *one's life*) отдава́ть (отда́ть *pf*); **you'll need to give me more time** Вы должны́ дать мне бо́льше вре́мени; **she gave it all her attention** она́ отнесла́сь к э́тому с больши́м внима́нием
6 (*organize*: *dinner etc*) дава́ть (дать *pf*)
◆ *vi* **1** (*stretch*: *fabric*) растя́гиваться (растяну́ться *pf*)
2 (*break*, *collapse*) = **give way**;
give away *vt* (*money*, *object*) отдава́ть (отда́ть *pf*); (*bride*) отдава́ть (отда́ть *pf*) за́муж
give back *vt* отдава́ть (отда́ть *pf*) обра́тно
give in *vi* (*yield*) сдава́ться (сда́ться *pf*) ◆ *vt* (*essay etc*) сдава́ть (сдать *pf*)
give off *vt fus* (*smoke*) выделя́ть *(impf)*; **the radiator gives off a lot of heat** от батаре́и идёт тепло́
give out *vt* (*distribute*) раздава́ть (разда́ть *pf*)
give up *vi* (*stop trying*) сдава́ться (сда́ться *pf*) ◆ *vt* (*job*, *boyfriend*) броса́ть (бро́сить *pf*); (*idea*, *hope*) оставля́ть (оста́вить *pf*); **to give up smoking** броса́ть (бро́сить *pf*) кури́ть; **to give o.s. up** сдава́ться (сда́ться *pf*)
give way *vi* (*rope*, *ladder*) не выде́рживать (вы́держать *pf*); (*wall*, *roof*) обва́ливаться (обвали́ться *pf*); (*floor*) прова́ливаться (провали́ться *pf*); (*chair*) ру́хнуть *(pf)*; (*BRIT*: *AUT*) уступа́ть (уступи́ть *pf*) доро́гу; **his legs gave way beneath him** у него́ подкоси́лись но́ги.

glacier ['glæsɪə'] *n* ледни́к.
glad [glæd] *adj*: **I am ~** я рад; **~ly** *adv* (*willingly*) с ра́достью.
glamorous ['glæmərəs] *adj* шика́рный, роско́шный.
glance [glɑːns] *n* (*look*) взгляд ◆ *vi*: **to ~ at** взгля́дывать (взгляну́ть *pf*) на *+acc*.
glancing ['glɑːnsɪŋ] *adj* боково́й.
gland [glænd] *n* железа́.
glare [glɛə'] *n* взгляд; (*of light*) ослепи́тельное сия́ние.
glaring ['glɛərɪŋ] *adj* я́вный, вопию́щий.
glasnost ['glæznɔst] *n* гла́сность *f*.
glass [glɑːs] *n* (*substance*) стекло́; (*container*, *contents*) стака́н; **~es** *npl* (*spectacles*) очки́ *ntpl*.
glaze [gleɪz] *n* (*on pottery*) глазу́рь *f*; **~d** *adj* (*eyes*) му́тный, ту́склый.
gleam [gliːm] *vi* мерца́ть *(impf)*.
glee [gliː] *n* (*joy*) ликова́ние.
glen [glɛn] *n* речна́я доли́на.
glib [glɪb] *adj* (*promise*, *response*) бо́йкий.
glide [glaɪd] *vi* скользи́ть *(impf)*; (*AVIAT*) плани́ровать *(impf)*; (*bird*) пари́ть *(impf)*; **~r** *n* планёр.
gliding ['glaɪdɪŋ] *n* плани́рование.
glimmer ['glɪmə'] *n* (*of interest*, *hope*) про́блеск; (*of light*) мерца́ние.
glimpse [glɪmps] *n* мимолётное впечатле́ние ◆ *vt* ви́деть (уви́деть *pf*) ме́льком.
glint [glɪnt] *vi* блесте́ть (блесну́ть *pf*), сверка́ть (сверкну́ть *pf*).
glitter ['glɪtə'] *vi* сверка́ть (сверкну́ть *pf*).
global ['gləubl] *adj* (*interest*, *attention*) глоба́льный; **~ warming** *n* всеми́рное *or*

глоба́льное потепле́ние.

globe [gləub] *n* (*world*) земно́й шар; (*model of world*) гло́бус.

gloom [glu:m] *n* мрак; (*fig*) уны́ние.

glorified ['glɔ:rɪfaɪd] *adj*: **she is merely a ~ secretary** она́ всего́-на́всего секрета́рша.

glorious ['glɔ:rɪəs] *adj* (*sunshine, flowers*) великоле́пный.

glory ['glɔ:rɪ] *n* (*prestige*) сла́ва.

gloss [glɔs] *n* гля́нец, лоск; (*also*: **~ paint**) лак.

glossary ['glɔsərɪ] *n* глосса́рий.

glossy ['glɔsɪ] *adj* (*photograph, magazine*) гля́нцевый; (*hair*) блестя́щий.

glove [glʌv] *n* перча́тка; **~ compartment** *n* перча́точный я́щик, бардачо́к (*разг*).

glow [gləu] *vi* свети́ться *(impf)*.

glucose ['glu:kəus] *n* глюко́за.

glue [glu:] *n* клей ♦ *vt*: **to ~ sth onto sth** прикле́ивать (прикле́ить *pf*) что-н на что-н.

glum [glʌm] *adj* мра́чный.

glut [glʌt] *n* избы́ток.

gnarled [nɑ:ld] *adj* (*tree*) сучкова́тый; (*hand*) скрю́ченный.

gnat [næt] *n* мо́шка.

KEYWORD

go [gəu] (*pt* **went**, *pp* **gone**, *pl* **goes**) *vi* **1** (*move*: *on foot*) ходи́ть/идти́ (пойти́ *pf*); (*travel*: *by transport*) е́здить/е́хать (пое́хать *pf*); **she went into the kitchen** она́ пошла́ на ку́хню; **he often goes to China** он ча́сто е́здит в Кита́й; **they are going to the theatre tonight** сего́дня ве́чером они́ иду́т в теа́тр

2 (*depart*: *on foot*) уходи́ть (уйти́ *pf*); (: *by plane*) улета́ть (улете́ть *pf*); (: *by train, car*) уезжа́ть (уе́хать *pf*); **the plane goes at 6am** самолёт улета́ет в 6 часо́в утра́; **the train/bus goes at 6pm** по́езд/авто́бус ухо́дит в 6 часо́в; **I must go now** тепе́рь я до́лжен идти́

3 (*attend*): **to go to** ходи́ть *(impf)* в/на *+acc*; **she doesn't go to lectures/school** она́ не хо́дит на ле́кции/в шко́лу; **she went to university** она́ учи́лась в университе́те

4 (*take part in activity*): **to go dancing** ходи́ть/идти́ (пойти́ *pf*) танцева́ть

5 (*work*): **is your watch going?** Ва́ши часы́ иду́т?; **the bell went** зазвони́л звоно́к; **the tape recorder was still going** магнитофо́н всё ещё рабо́тал

6 (*become*): **to go pale** бледне́ть (побледне́ть *pf*); **to go mouldy** пле́сневеть (запле́сневеть *pf*)

7 (*be sold*) расходи́ться (разойти́сь *pf*); **the books went for £10** кни́ги разошли́сь по £10

8 (*fit, suit*): **to go with** подходи́ть (подойти́ *pf*) к *+dat*

9 (*be about to, intend to*): **to go to do** собира́ться (собра́ться *pf*) *+infin*

10 (*time*) идти́ *(impf)*

11 (*event, activity*) проходи́ть (пройти́ *pf*); **how did it go?** ну, как всё прошло́?

12 (*be given*) идти́ (пойти́ *pf*); **the proceeds will go to charity** при́быль пойдёт на благотвори́тельные це́ли; **the job is to go to someone else** рабо́ту даду́т кому́-то друго́му

13 (*break etc*): **the fuse went**

предохрани́тель перегоре́л; **the leg of the chair went** но́жка сту́ла слома́лась
14 (*be placed*): **the milk goes in the fridge** молоко́ быва́ет в холоди́льнике
◆ *n* **1** (*try*) попы́тка; **to have a go (at doing)** де́лать (сде́лать *pf*) попы́тку (*+infin*)
2 (*turn*): **whose go is it?** (*in board games*) чей ход?
3 (*move*): **to be on the go** быть (*impf*) на нога́х

go about *vi* (*also:* **go around**: *rumour*) ходи́ть (*impf*)

go ahead *vi* (*event*) продолжа́ться (продо́лжиться *pf*); **to go ahead with** (*project*) приступа́ть (приступи́ть *pf*) к *+dat*; **may I begin? – yes, go ahead!** мо́жно нача́ть? – да, дава́йте!

go along *vi* идти́ (пойти́ *pf*); **to go along with sb** (*accompany*) идти́ (пойти́ *pf*) с кем-н; (*agree*) соглаша́ться (согласи́ться *pf*) с кем-н

go away *vi* (*leave*: *on foot*) уходи́ть (уйти́ *pf*); (: *by transport*) уезжа́ть (уе́хать *pf*); **go away and think about it for a while** иди́ и поду́май немно́го об э́том

go back *vi* (*return, go again*) возвраща́ться (возврати́ться *pf*), верну́ться (*pf*); **we went back into the house** мы верну́лись в дом; **I am never going back to her house again** я никогда́ бо́льше не пойду́ к ней

go for *vt fus* (*fetch*: *paper, doctor*) идти́ (пойти́ *pf*) за *+instr*; (*choose, like*) выбира́ть (вы́брать *pf*); (*attack*) набра́сываться (набро́ситься *pf*) на *+acc*; **that goes for me too** ко мне э́то то́же отно́сится

go in *vi* (*enter*) входи́ть (войти́ *pf*), заходи́ть (зайти́ *pf*)

go in for *vt fus* (*enter*) принима́ть (приня́ть *pf*) уча́стие в *+prp*; (*take up*) заня́ться (*pf*) *+instr*

go into *vt fus* (*enter*) входи́ть (войти́ *pf*) в *+acc*; (*take up*) заня́ться (*pf*) *+instr*; **to go into details** входи́ть (*impf*) *or* вдава́ться (*impf*) в подро́бности

go off *vi* (*leave*: *on foot*) уходи́ть (уйти́ *pf*); (: *by transport*) уезжа́ть (уе́хать *pf*); (*food*) по́ртиться (испо́ртиться *pf*); (*bomb*) взрыва́ться (взорва́ться *pf*); (*gun*) вы́стрелить (*pf*); (*alarm*) звони́ть (зазвони́ть *pf*); (*event*) проходи́ть (пройти́ *pf*); (*lights*) выключа́ться (вы́ключиться *pf*)
◆ *vt fus* разлюби́ть (*pf*)

go on *vi* (*discussion*) продолжа́ться (*impf*); (*continue*): **to go on (doing)** продолжа́ть (*impf*) (*+infin*); **life goes on** жизнь продолжа́ется; **what's going on here?** что́ здесь происхо́дит?; **we don't have enough information to go on** у нас недоста́точно информа́ции

go on with *vt fus* продолжа́ть (продо́лжить *pf*)

go out *vi* (*fire, light*) га́снуть (пога́снуть *pf*); (*leave*): **to go out of** выходи́ть (вы́йти *pf*) из *+gen*; **are you going out tonight?** Вы сего́дня ве́чером куда́-нибу́дь идёте?

go over *vi* идти́ (пойти́ *pf*) ◆ *vt fus* просма́тривать (просмотре́ть *pf*)

go through *vt fus* (*town etc*: *by transport*) проезжа́ть (прое́хать *pf*) че́рез *+acc*; (*files, papers*)

просма́тривать (просмотре́ть *pf*)
go up *vi* (*ascend*) поднима́ться (подня́ться *pf*); (*price, level, buildings*) расти́ (вы́расти *pf*)
go without *vt fus* обходи́ться (обойти́сь *pf*) без *+gen*.

go-ahead ['gəuəhɛd] *n* добро́.
goal [gəul] *n* (*SPORT*) гол; (*aim*) цель *f*; **~keeper** *n* врата́рь *m*, голки́пер; **~ post** *n* бокова́я шта́нга, сто́йка воро́т.
goat [gəut] *n* (*billy*) козёл; (*nanny*) коза́.
go-between ['gəubɪtwi:n] *n* посре́дник(-ица).
god [gɔd] *n* (*fig*) божество́, бог; **G~** Бог; **~child** *n* кре́стник(-ица); **~daughter** *n* кре́стница; **~dess** *n* боги́ня; **~father** *n* крёстный оте́ц; **~mother** *n* крёстная мать *f*; **~son** *n* кре́стник.
goggles ['gɔglz] *npl* защи́тные очки́ *ntpl*.
going ['gəuɪŋ] *adj*: **the ~ rate** существу́ющие расце́нки *fpl*; **~-over** *n* (*inf*: *examination*) осмо́тр; (*attack*) трёпка.
gold [gəuld] *n* (*metal*) зо́лото ♦ *adj* золото́й; **~ reserves** золото́й запа́с; **~fish** *n* серебряный кара́сь *m*.
golf [gɔlf] *n* гольф; **~ club** *n* (*stick*) клю́шка; **~ course** *n* по́ле для игры́ в гольф.
gone [gɔn] *pp of* **go**.
gong [gɔŋ] *n* гонг.
good [gud] *adj* хоро́ший; (*pleasant*) прия́тный; (*kind*) до́брый ♦ *n* (*virtue*) добро́; (*benefit*) по́льза; **~s** *npl* (*COMM*) това́ры *mpl*; **~!** хорошо́!; **to be ~ at** име́ть *(impf)* спосо́бности к *+dat*; **it's ~ for you** э́то поле́зно (для здоро́вья); **would you be ~ enough to ...?** не бу́дете ли Вы так добры́ *+pf infin* ...?; **a ~ deal (of)** большо́е коли́чество (*+gen*); **a ~ many** мно́го *+gen*; **~ afternoon/evening!** до́брый день/ве́чер!; **~ morning!** до́брое у́тро!; **~ night!** (*on leaving*) до свида́ния!; (*on going to bed*) споко́йной *or* до́брой но́чи!; **it's no ~ complaining** что то́лку жа́ловаться; **for ~** навсегда́; **~bye** *excl* до свида́ния; **to say ~bye (to)** проща́ться (попроща́ться *pf*) (с *+instr*); **G~ Friday** *n* Страстна́я пя́тница; **~-looking** *adj* краси́вый; **~-natured** *adj* доброду́шный; (*pet*) послу́шный; **~ness** *n* доброта́; **for ~ness sake!** ра́ди Бо́га!; **~ness gracious!** Бо́же!, Го́споди!; **~will** *n* (*of person*) до́брая во́ля.
goose [gu:s] (*pl* **geese**) *n* гусь(-сы́ня) *m(f)*.
gooseberry ['guzbərɪ] *n* крыжо́вник *m no pl*.
goose pimples *npl* гуси́ная ко́жа *fsg*.
gore [gɔ:'] *vt* бода́ть (забода́ть *pf*).
gorge [gɔ:dʒ] *n* тесни́на, (у́зкое) уще́лье ♦ *vt*: **to ~ o.s. (on)** наеда́ться (нае́сться *pf*) (*+gen*).
gorgeous ['gɔ:dʒəs] *adj* прекра́сный.
gorilla [gə'rɪlə] *n* гори́лла.
gorse [gɔ:s] *n* (*BOT*) утёсник.
gospel ['gɔspl] *n* (*REL*) Ева́нгелие.
gossip ['gɔsɪp] *n* (*rumours*) сплётня; (*chat*) разгово́ры *mpl*; (*person*) сплётник(-ица).
got [gɔt] *pt, pp of* **get**; **~ten** *pp* (*US*)

of **get**.
gout [gaut] *n* (*MED*) подáгра.
govern ['gʌvən] *vt* (*country*) управля́ть *(impf)* +*instr*; (*event, conduct*) руководи́ть *(impf)* +*instr*.
governess ['gʌvənɪs] *n* гувернáнтка.
government ['gʌvnmənt] *n* прави́тельство; (*act*) управлéние.
governor ['gʌvənə'] *n* (*of state, colony*) губернáтор; (*of school etc*) дирéктор.
gown [gaun] *n* (*dress*) плáтье; (*of teacher, judge*) мáнтия.
GP *n abbr* (= *general practitioner*) участкóвый терапéвт.
grab [græb] *vt* хватáть (схвати́ть *pf*) ◆ *vi*: **to ~ at** хватáться (схвати́ться *pf*) за +*acc*.
grace [greɪs] *n* грáция, изя́щество; (*REL*) моли́тва (*пéред едóй*); **5 days'** ~ 5 дней отсрóчки; **~ful** *adj* (*animal, person*) грациóзный.
gracious ['greɪʃəs] *adj* (*person, smile*) любéзный ◆ *excl*: **(good) ~!** Бóже прáвый!
grade [greɪd] *n* (*COMM*: *quality*) сорт; (*SCOL*: *mark*) оцéнка; (*US*: *school year*) класс ◆ *vt* (*rank, class*) распределя́ть (распредели́ть *pf*); (*products*) сортировáть (рассортировáть *pf*); **~ crossing** *n* (*US*) железнодорóжный переéзд; **~ school** *n* (*US*) начáльная шкóла.
gradient ['greɪdɪənt] *n* (*of hill*) уклóн.
gradual ['grædjuəl] *adj* постепéнный; **~ly** *adv* постепéнно.
graduate [*n* 'grædjuɪt, *vb* 'grædjueɪt] *n* выпускни́к(-и́ца) ◆ *vi*: **to ~ from** закáнчивать (закóнчить *pf*); **I ~d last year** я закóнчил университéт в прóшлом годý.
graduation [grædju'eɪʃən] *n* (*ceremony*) выпускнóй вéчер.
graffiti [grə'fi:tɪ] *n, npl* графи́ти *nt ind*.
grain [greɪn] *n* (*seed*) зернó; (*no pl*: *cereals*) хлéбные злáки *mpl*; (*of sand*) песчи́нка; (*of salt*) крупи́нка; (*of wood*) волокнó.
gram [græm] *n* грамм.
grammar ['græmə'] *n* грammáтика; **~ school** *n* (*BRIT*) ≈ гимнáзия.
grammatical [grə'mætɪkl] *adj* граммати́ческий.
gramme [græm] *n* = **gram**.
grand [grænd] *adj* грандиóзный; (*gesture*) вели́чественный; **~child** (*pl* **~children**) *n* внук(-ýчка); **~dad** *n* (*inf*) дéдушка *m*; **~daughter** *n* внýчка; **~eur** ['grændjə'] *n* великолéпие; **~father** *n* дед; **~iose** ['grændɪəus] *adj* грандиóзный; **~ma** *n* (*inf*) бабýля, бáбушка; **~mother** *n* бáбушка; **~parents** *npl* дéдушка *m* и бáбушка; **~ piano** *n* роя́ль *m*; **~son** *n* внук; **~stand** *n* (*SPORT*) центрáльная трибýна.
granite ['grænɪt] *n* грани́т.
granny ['grænɪ] *n* (*inf*) = **grandma**.
grant [grɑ:nt] *vt* (*money, visa*) жáловать (пожáловать *pf*); (*request*) удовлетворя́ть (удовлетвори́ть *pf*); (*admit*) признавáть (признáть *pf*) ◆ *n* (*SCOL*) стипéндия; (*ADMIN*) субси́дия; **to take sb/sth for ~ed** принимáть (приня́ть *pf*) когó-н/что-н как дóлжное.
grape [greɪp] *n* виногрáд *m no pl*; **~fruit** (*pl* **~fruit** *or* **~fruits**) *n*

грейпфру́т.
graph [grɑ:f] *n* (*diagram*) гра́фик; **~ic** *adj* (*explicit*) вырази́тельный; (*design*) изобрази́тельный; **~ics** *n* гра́фика.
grapple ['græpl] *vi*: **to ~ with sb** схва́тываться (схвати́ться *pf*) с кем-н.
grasp [grɑ:sp] *vt* хвата́ть *or* схва́тывать (схвати́ть *pf*) ◆ *n* (*grip*) хва́тка; (*understanding*) понима́ние; **~ing** *adj* (*greedy*) а́лчный.
grass [grɑ:s] *n* трава́; (*lawn*) газо́н; **~hopper** *n* кузне́чик; **~-roots** *adj* (*support, organization*) низово́й.
grate [greɪt] *n* ками́нная решётка ◆ *vt* (*CULIN*) тере́ть (натере́ть *pf*) ◆ *vi* (*metal, chalk*): **to ~ (on)** скрежета́ть *(impf)* (по *+dat*).
grateful ['greɪtful] *adj* благода́рный.
grater ['greɪtəʳ] *n* тёрка.
gratifying ['grætɪfaɪɪŋ] *adj* прия́тный.
grating ['greɪtɪŋ] *n* решётка ◆ *adj* скрипу́чий.
gratitude ['grætɪtju:d] *n* благода́рность *f*.
grave [greɪv] *n* моги́ла ◆ *adj* серьёзный.
gravel ['grævl] *n* гра́вий.
gravestone ['greɪvstəun] *n* надгро́бие.
graveyard ['greɪvjɑ:d] *n* кла́дбище.
gravity ['grævɪtɪ] *n* тяготе́ние, притяже́ние; (*seriousness*) серьёзность *f*.
gravy ['greɪvɪ] *n* (*sauce*) со́ус.
gray [greɪ] *adj* (*US*) = **grey**.
graze [greɪz] *vi* пасти́сь *(impf)* ◆ *vt* (*scrape*) цара́пать (оцара́пать *pf*).
grease [gri:s] *n* (*lubricant*) сма́зка; (*fat*) жир ◆ *vt* сма́зывать (сма́зать *pf*); **~proof paper** *n* (*BRIT*) жиронепроница́емая бума́га.
greasy ['gri:sɪ] *adj* жи́рный; (*hair*) са́льный.
great [greɪt] *adj* (*large*) большо́й; (*heat, pain*) си́льный; (*city, man*) вели́кий; (*inf*: *terrific*) замеча́тельный; **G~ Britain** *n* Великобрита́ния.
great- *prefix* пра-.
greatly *adv* о́чень; (*influenced*) весьма́, в значи́тельной сте́пени.
Greece [gri:s] *n* Гре́ция.
greed [gri:d] *n* жа́дность *f*; (*for power, wealth*) жа́жда; **~y** *adj* жа́дный.
Greek [gri:k] *adj* гре́ческий.
green [gri:n] *adj* зелёный ◆ *n* (*colour*) зелёный цвет; (*grass*) лужа́йка; **~s** *npl* (*vegetables*) зе́лень *fsg*; **~ belt** *n* зелёная зо́на, зелёный по́яс; **~ery** *n* зе́лень *f*; **~grocer** *n* (*BRIT*) зеленщи́к; **~house** *n* тепли́ца; **~house effect** *n*: **the ~house effect** парнико́вый эффе́кт.
Greenland ['gri:nlənd] *n* Гренла́ндия.
greet [gri:t] *vt* приве́тствовать (поприве́тствовать *pf*), здоро́ваться (поздоро́ваться *pf*); (*news*) встреча́ть (встре́тить *pf*); **~ing** *n* приве́тствие.
gregarious [grə'gɛərɪəs] *adj* общи́тельный.
grenade [grə'neɪd] *n* (*also*: **hand ~**) грана́та.
grew [gru:] *pt of* **grow**.
grey [greɪ] (*US* **gray**) *adj* се́рый; (*hair*) седо́й; **~hound** *n* борза́я *f*

adj.
grid [grɪd] *n* (*pattern*) се́тка; (*grating*) решётка; (*ELEC*) энергосисте́ма.
grief [gri:f] *n* го́ре.
grievance ['gri:vəns] *n* жа́лоба.
grieve [gri:v] *vi* горева́ть *(impf)*; **to ~ for** горева́ть *(impf)* о *+prp*.
grievous ['gri:vəs] *adj*: **~ bodily harm** тяжёлые теле́сные поврежде́ния *ntpl*.
grill [grɪl] *n* (*on cooker*) гриль *m*; (*grilled food*: *also:* **mixed ~**) жа́ренные на гри́ле проду́кты *mpl* ◆ *vt* (*BRIT*) жа́рить (пожа́рить *pf*) (на гри́ле).
grim [grɪm] *adj* (*place, person*) мра́чный; (*situation*) тяжёлый.
grimace [grɪ'meɪs] *n* грима́са.
grime [graɪm] *n* (*from soot, smoke*) ко́поть *f*; (*from mud*) грязь *f*.
grin [grɪn] *n* широ́кая улы́бка ◆ *vi*: **to ~ (at)** широко́ улыба́ться (улыбну́ться *pf*) (*+dat*).
grind [graɪnd] (*pt, pp* **ground**) *vt* (*coffee, pepper*) моло́ть (смоло́ть *pf*); (*US*: *meat*) прокру́чивать (прокрути́ть *pf*); (*knife*)точи́ть (наточи́ть *pf*).
grip [grɪp] *n* хва́тка; (*of tyre*) сцепле́ние ◆ *vt* (*object*) схва́тывать (схвати́ть *pf*); (*audience, attention*) захва́тывать (захвати́ть *pf*); **to come to ~s with** бра́ться (взя́ться *pf*) за реше́ние *+gen*; **~ping** *adj* захва́тывающий.
grisly ['grɪzlɪ] *adj* жу́ткий.
grit [grɪt] *n* (*stone*) гра́вий ◆ *vt* (*road*) посыпа́ть (посы́пать *pf*) гра́вием; **to ~ one's teeth** сти́скивать (сти́снуть *pf*) зу́бы.
groan [grəun] *n* (*of person*) стон.
grocer ['grəusəʳ] *n* бакале́йщик; **~ies** *npl* бакале́я *fsg*; **~'s (shop)** *n* бакале́йный магази́н, бакале́я.
groin [grɔɪn] *n* пах.
groom [gru:m] *n* (*for horse*) ко́нюх; (*also:* **bride~**) жени́х ◆ *vt* (*horse*) уха́живать *(impf)* за *+instr*; **to ~ sb for** (*job*) гото́вить (подгото́вить *pf*) кого́-н к *+dat*.
groove [gru:v] *n* кана́вка.
gross [grəus] *adj* вульга́рный; (*neglect, injustice*) вопию́щий; (*COMM*: *income*) валово́й; **~ly** *adv* чрезме́рно.
grotesque [grə'tɛsk] *adj* гроте́скный.
ground [graund] *pt, pp of* **grind** ◆ *n* (*earth, land*) земля́; (*floor*) пол; (*US*: *also:* **~ wire**) заземле́ние; (*usu pl*: *reason*) основа́ние ◆ *vt* (*US*: *ELEC*) заземля́ть (заземли́ть *pf*); **~s** *npl* (*of coffee*) гу́ща *fsg*; **school ~s** шко́льная площа́дка; **sports ~** спорти́вная площа́дка; **on the ~** на земле́; **to the ~** (*burnt*) дотла́; **the plane was ~ed by the fog** самолёт не мог подня́ться в во́здух из-за тума́на; **~ing** *n* (*in education*) подгото́вка; **~work** *n* (*preparation*) фунда́мент, осно́ва.
group [gru:p] *n* гру́ппа.
grouse [graus] *n inv* (*bird*) (шотла́ндская) куропа́тка.
grow [grəu] (*pt* **grew**, *pp* **grown**) *vi* расти́ (вы́расти *pf*); (*become*) станови́ться (стать *pf*) ◆ *vt* (*roses, vegetables*) выра́щивать (вы́растить *pf*); (*beard, hair*) отра́щивать (отрасти́ть *pf*); **~ up** *vi* (*child*) расти́ (вы́расти *pf*), взросле́ть (повзросле́ть *pf*).
growl [graul] *vi* (*dog*) рыча́ть *(impf)*.
grown [grəun] *pp of* **grow**; **~-up** *n* (*adult*) взро́слый(-ая) *m(f) adj*

◆ *adj* (*son, daughter*) взро́слый.
growth [grəuθ] *n* рост; (*increase*) приро́ст; (*MED*) о́пухоль *f*.
grub [grʌb] *n* (*larva*) личи́нка; (*inf: food*) жратва́.
grubby ['grʌbɪ] *adj* гря́зный.
grudge [grʌdʒ] *n* недово́льство; **to bear sb a ~** затаи́ть *(impf)* на кого́-н оби́ду.
gruelling ['gruəlɪŋ] (*US* **grueling**) *adj* тя́жкий.
gruesome ['gru:səm] *adj* жу́ткий.
gruff [grʌf] *adj* (*voice*) хри́плый; (*manner*) ре́зкий.
grumble ['grʌmbl] *vi* ворча́ть *(impf)*.
grumpy ['grʌmpɪ] *adj* сварли́вый.
grunt [grʌnt] *vi* (*pig*) хрю́кать (хрю́кнуть *pf*); (*person*) бурча́ть (бу́ркнуть *pf*).
guarantee [gærən'ti:] *n* (*assurance*) поручи́тельство; (*warranty*) гара́нтия ◆ *vt* гаранти́ровать *(impf/pf)*; **he can't ~ (that) he'll come** он не мо́жет поручи́ться, что он придёт.
guard [gɑ:d] *n* (*one person*) часово́й *m adj*, охра́нник; (*squad*) охра́на; (*BRIT: RAIL*) конду́ктор; (*TECH*) предохрани́тельное устро́йство; (*also:* **fire~**) предохрани́тельная решётка (*пе́ред ками́ном*) ◆ *vt* (*prisoner*) охраня́ть *(impf)*; (*secret*) храни́ть *(impf)*; **to ~ (against)** (*protect*) охраня́ть *(impf)* (от *+gen*); **to be on one's ~** быть *(impf)* насторо́же *or* начеку́; **~ against** *vt fus* (*prevent*) предохраня́ть *(impf)* от *+gen*; **~ed** *adj* (*statement, reply*) осторо́жный; **~ian** *n* (*LAW*) опеку́н.
guerrilla [gə'rɪlə] *n* партиза́н(ка).
guess [gɛs] *vt* (*estimate*) счита́ть (посчита́ть *pf*) приблизи́тельно; (*correct answer*) уга́дывать (угада́ть *pf*) ◆ *vi* дога́дываться (догада́ться *pf*) ◆ *n* дога́дка; **to take** *or* **have a ~** отга́дывать (отгада́ть *pf*).
guest [gɛst] *n* (*visitor*) гость(я) *m(f)*; (*in hotel*) постоя́лец(-лица); **~house** *n* гости́ница.
guidance ['gaɪdəns] *n* (*advice*) сове́т.
guide [gaɪd] *n* (*in museum, on tour*) гид, экскурсово́д; (*also:* **~book**) путеводи́тель *m*; (*handbook*) руково́дство ◆ *vt* (*show around*) води́ть *(impf)*, вести́ *(impf)*; (*direct*) направля́ть (напра́вить *pf*); **~book** *n* путеводи́тель *m*; **~ dog** *n* соба́ка-поводы́рь *f*; **~lines** *npl* руково́дство *ntsg*.
guild [gɪld] *n* ги́льдия.
guilt [gɪlt] *n* (*remorse*) вина́; (*culpability*) вино́вность *f*; **~y** *adj* (*person, expression*) винова́тый; (*of crime*) вино́вный.
guinea pig ['gɪnɪ-] *n* морска́я сви́нка; (*fig*) подо́пытный кро́лик.
guise [gaɪz] *n*: **in** *or* **under the ~ of** под ви́дом *or* личи́ной *+gen*.
guitar [gɪ'tɑ:ʳ] *n* гита́ра.
gulf [gʌlf] *n* (*GEO*) зали́в; (*fig*) про́пасть *f*.
gull [gʌl] *n* ча́йка.
gullible ['gʌlɪbl] *adj* легкове́рный.
gully ['gʌlɪ] *n* (*ravine*) лощи́на.
gulp [gʌlp] *vi* не́рвно сгла́тывать (сглотну́ть *pf*) ◆ *vt* (*also:* **~ down**) прогла́тывать (проглоти́ть *pf*).
gum [gʌm] *n* (*ANAT*) десна́; (*glue*) клей; (*also:* **chewing-~**) жва́чка (*разг*), жева́тельная рези́нка.
gun [gʌn] *n* пистоле́т; (*rifle,*

airgun) ружьё; **~fire** *n* стрельба́; **~man** *irreg n* вооружённый банди́т; **~point** *n*: **at ~point** под ду́лом пистоле́та; **~shot** *n* вы́стрел.

guru ['guru:] *n* гуру́ *m ind.*

gust [gʌst] *n* (*of wind*) поры́в.

gusto ['gʌstəu] *n*: **with ~** (*eat*) с удово́льствием; (*work*) с жа́ром.

gut [gʌt] *n* (*ANAT*) кишка́; **~s** *npl* (*ANAT*) кишки́ *fpl*, вну́тренности *fpl*; (*inf*: *courage*) му́жество *ntsg*.

gutter ['gʌtə^r] *n* (*in street*) сто́чная кана́ва; (*of roof*) водосто́чный жёлоб.

guy [gaɪ] *n* (*inf*: *man*) па́рень *m*; (*also*: **~rope**) пала́точный шнур.

gym [dʒɪm] *n* (*also*: **~nasium**) гимнасти́ческий зал; (*also*: **~nastics**) гимна́стика; **~nastics** [dʒɪm'næstɪks] *n* гимна́стика.

gynaecologist [gaɪnɪ'kɔlədʒɪst] (*US* **gynecologist**) *n* гинеко́лог.

gypsy ['dʒɪpsɪ] *n* цыга́н(ка).

H, h

habit ['hæbɪt] *n* (*custom*) привы́чка; (*addiction*) пристра́стие; (*REL*) облаче́ние.

habitat ['hæbɪtæt] *n* есте́ственная среда́ обита́ния.

habitual [hə'bɪtjuəl] *adj* (*action*) привы́чный; (*drinker*) запо́йный; (*liar*) отъя́вленный.

hack [hæk] *vt* отруба́ть (отруби́ть *pf*) ◆ *n* (*pej*: *writer*) писа́ка *m/f*.

had [hæd] *pt, pp of* **have**.

haddock ['hædək] (*pl* ~ *or* **~s**) *n* треска́.

hadn't ['hædnt] = **had not**.

haemorrhage ['hɛmərɪdʒ] (*US* **hemorrhage**) *n* кровотече́ние; **brain ~** кровоизлия́ние (в мозг).

haggard ['hægəd] *adj* (*face, look*) измождённый.

Hague [heɪg] *n*: **The ~** Гаа́га.

hail [heɪl] *n* град ◆ *vt* (*flag down*) подзыва́ть (подозва́ть *pf*) ◆ *vi*: **it's ~ing** идёт град; **~stone** *n* гра́дина.

hair [hɛə^r] *n* во́лосы *pl*; (*of animal*) шерсть *f*; **to do one's ~** причёсываться (причеса́ться *pf*); **~brush** *n* щётка для воло́с; **~cut** *n* стри́жка; **~dresser** *n* парикма́хер; **~ dryer** *n* фен; **~ spray** *n* лак для воло́с; **~style** *n* причёска; **~y** *adj* (*person*) волоса́тый; (*animal*) мохна́тый.

half [hɑ:f] (*pl* **halves**) *n* полови́на; (*also*: **~ pint**: *of beer etc*) полпи́нты *f*; (*on train, bus*) биле́т за полцены́ ◆ *adv* наполови́ну; **one and a ~** (*with m/nt nouns*) полтора́ *+gen sg*; (*with f nouns*) полторы́ *+gen sg*; **three and a ~** три с полови́ной; **~ a dozen (of)** полдю́жины *f* (*+gen*); **~ a pound (of)** полфу́нта *m* (*+gen*); **a week and a ~** полторы́ неде́ли; **~ (of)** полови́на (*+gen*); **~ the amount of** полови́на *+gen*; **to cut sth in ~** разреза́ть (разре́зать *pf*) что-н попола́м; **~-hearted** *adj* лени́вый; **~-hour** *n* полчаса́ *m*; **~-price** *adj, adv* за полцены́; **~-time** *n* переры́в ме́жду та́ймами; **~way** *adv* на полпути́.

hall [hɔ:l] *n* (*in house*) прихо́жая *f adj*, холл; (*for concerts, meetings etc*) зал.

hallmark ['hɔ:lmɑ:k] *n* про́ба; (*fig*) отличи́тельная черта́.

Hallowe'en ['hæləu'i:n] *n* кану́н Дня всех святы́х.

hallucination [həlu:sɪ'neɪʃən] *n*

галлюцинáция.
hallway ['hɔ:lweɪ] *n* прихóжая *f adj*, холл.
halo ['heɪləu] *n* (*REL*) нимб.
halt [hɔ:lt] *n* останóвка ◆ *vt* останáвливать (остановúть *pf*) ◆ *vi* останáвливаться (остановúться *pf*).
halve [hɑ:v] *vt* (*reduce*) сокращáть (сократúть *pf*) наполовúну; (*divide*) делúть (разделúть *pf*) пополáм.
halves [hɑ:vz] *pl of* **half**.
ham [hæm] *n* (*meat*) ветчинá; **~burger** *n* гáмбургер.
hammer ['hæmə'] *n* молотóк, мóлот ◆ *vi* (*on door etc*) колотúть *(impf)* ◆ *vt* (*nail*): **to ~ in** забивáть (забúть *pf*), вбивáть (вбить *pf*); **to ~ sth into sb** (*fig*) вдáлбливать (вдолбúть *pf*) что-н комý-н.
hamper ['hæmpə'] *vt* мешáть (помешáть *pf*) *+dat* ◆ *n* (*basket*) большáя корзúна с крышкой.
hamster ['hæmstə'] *n* хомяк.
hand [hænd] *n* (*ANAT*) рукá, кисть *f*; (*of clock*) стрéлка; (*worker*) рабóчий *m adj* ◆ *vt* (*give*) вручáть (вручúть *pf*); **to give** *or* **lend sb a ~** протягивать (протянýть *pf*) комý-н рýку (пóмощи); **at ~** под рукóй; **in ~** (*situation*) под контрóлем; (*time*) в распоряжéнии; **on ~** (*person, services etc*) в распоряжéнии; **I have the information to ~** я располагáю информáцией; **on the one ~ ..., on the other ~ ...** с однóй сторонь́ ..., с другóй сторонь́ ...; **~ in** *vt* (*work*) сдавáть (сдать *pf*); **~ out** *vt* раздавáть (раздáть *pf*); **~ over** *vt* передавáть (передáть *pf*); **~bag** *n* (дáмская) сýмочка; **~brake** *n* ручнóй тóрмоз; **~cuffs** *npl* нарýчники *mpl*; **~ful** *n* (*fig*: *of people*) гóрстка; **~-held** *adj* ручнóй.
handicap ['hændɪkæp] *n* (*disability*) физúческая неполноцéнность *f*; (*disadvantage*) препятствие ◆ *vt* препятствовать (воспрепятствовать *pf*) *+dat*; **mentally/physically ~ped** ýмственно/физúчески неполноцéнный.
handkerchief ['hæŋkətʃɪf] *n* носовóй платóк.
handle ['hændl] *n* рýчка ◆ *vt* (*touch*) держáть *(impf)* в рукáх; (*deal with*) справляться (спрáвиться *pf*) с *+instr*; (*treat*: *people*) обращáться *(impf)* с *+instr*; **to fly off the ~** (*inf*) срывáться (сорвáться *pf*); **"~ with care"** "обращáться осторóжно".
hand luggage *n* ручнáя кладь *f*.
handmade ['hænd'meɪd] *adj* ручнóй рабóты; **it's ~** это ручнáя рабóта.
hand-out ['hændaut] *n* благотворúтельная пóмощь *f*; (*summary*: *of lecture*) проспéкт.
handshake ['hændʃeɪk] *n* рукопожáтие.
handsome ['hænsəm] *adj* (*man*) красúвый; (*woman*) интерéсный; (*building, profit*) внушúтельный.
handwriting ['hændraɪtɪŋ] *n* пóчерк.
handy ['hændɪ] *adj* (*useful*) удóбный; (*close at hand*) поблúзости.
hang [hæŋ] (*pt, pp* **hung**) *vt* вéшать (повéсить *pf*); (*pt, pp* **hanged**; *execute*) вéшать (повéсить *pf*) ◆ *vi* висéть *(impf)*

♦ *n*: **to get the ~ of sth** (*inf*) разбира́ться (разобра́ться *pf*) в чём-н; **~ around** *vi* слоня́ться (*impf*), болта́ться (*impf*); **~ on** *vi* (*wait*) подожда́ть (*impf*); **~ up** *vi* (*TEL*) ве́шать (пове́сить *pf*) тру́бку ♦ *vt* ве́шать (пове́сить *pf*).
hangar ['hæŋəʳ] *n* анга́р.
hangover ['hæŋəuvəʳ] *n* (*after drinking*) похме́лье.
hanky ['hæŋkı] *n abbr* = **handkerchief**.
haphazard [hæp'hæzəd] *adj* бессисте́мный.
happen ['hæpən] *vi* случа́ться (случи́ться *pf*), происходи́ть (произойти́ *pf*); **I ~ed to meet him in the park** я случа́йно встре́тил его́ в па́рке; **as it ~s** кста́ти.
happily ['hæpılı] *adv* (*luckily*) к сча́стью; (*cheerfully*) ра́достно.
happiness ['hæpınıs] *n* сча́стье.
happy ['hæpı] *adj* (*pleased*) счастли́вый; (*cheerful*) весёлый; **I am ~ (with it)** (*content*) я дово́лен (э́тим); **he is always ~ to help** он всегда́ рад помо́чь; **~ birthday!** с днём рожде́ния!
harassment ['hærəsmənt] *n* пресле́дование.
harbour ['hɑ:bəʳ] (*US* **harbor**) *n* га́вань *f* ♦ *vt* (*hope, fear*) зата́ивать (зата́ить *pf*); (*criminal, fugitive*) укрыва́ть (укры́ть *pf*).
hard [hɑ:d] *adj* (*surface, object*) твёрдый; (*question, problem*) тру́дный; (*work, life*) тяжёлый; (*person*) суро́вый; (*facts, evidence*) неопровержи́мый ♦ *adv*: **to work ~** мно́го и усе́рдно рабо́тать (*impf*); **I don't have any ~ feelings** я не держу́ зла; **he is ~ of hearing** он туг на́ ухо; **to think ~** хорошо́ поду́мать (*pf*); **to try ~ to win** упо́рно добива́ться (*impf*) побе́ды; **to look ~ at** смотре́ть (посмотре́ть *pf*) при́стально на *+acc*; **~back** *n* кни́га в твёрдом переплёте; **~en** *vt* (*substance*) де́лать (сде́лать *pf*) твёрдым(-ой); (*attitude, person*) ожесточа́ть (ожесточи́ть *pf*) ♦ *vi* (*see vt*) тверде́ть (затверде́ть *pf*); ожесточа́ться (ожесточи́ться *pf*).
hardly ['hɑ:dlı] *adv* едва́; **~ ever/anywhere** почти́ никогда́/нигде́.
hardship ['hɑ:dʃıp] *n* тя́готы *pl*, тру́дности *fpl*.
hard up *adj* (*inf*) нужда́ющийся; **I am ~** я нужда́юсь.
hardware ['hɑ:dwɛəʳ] *n* (*tools*) скобяны́е изде́лия *ntpl*.
hard-working [hɑ:d'wə:kıŋ] *adj* усе́рдный.
hardy ['hɑ:dı] *adj* выно́сливый; (*plant*) морозоусто́йчивый.
hare [hɛəʳ] *n* за́яц.
harm [hɑ:m] *n* (*injury*) теле́сное поврежде́ние; (*damage*) уще́рб ♦ *vt* (*thing*) поврежда́ть (повреди́ть *pf*); (*person*) наноси́ть (нанести́ *pf*) вред *+dat*; **~ful** *adj* вре́дный; **~less** *adj* безоби́дный.
harmonica [hɑ:'mɔnıkə] *n* губна́я гармо́ника.
harmonious [hɑ:'məunıəs] *adj* гармони́чный.
harmony ['hɑ:mənı] *n* гармо́ния.
harness ['hɑ:nıs] *n* (*for horse*) у́пряжь *f*; (*for child*) постро́мки *fpl*; (*safety harness*) привязны́е ремни́ *mpl* ♦ *vt* (*horse*) запряга́ть (запря́чь *pf*); (*resources, energy*) обу́здывать (обузда́ть *pf*).
harp [hɑ:p] *n* а́рфа.
harrowing ['hærəuıŋ] *adj* душераздира́ющий.

harsh [hɑːʃ] *adj* (*sound, light, criticism*) ре́зкий; (*person*) жёсткий; (*remark*) стро́гий; (*life, winter*) суро́вый.
harvest ['hɑːvɪst] *n* (*time*) жа́тва; (*of barley, fruit*) урожа́й ◆ *vt* собира́ть (собра́ть *pf*) урожа́й *+gen*.
has [hæz] *vb see* **have**.
hash [hæʃ] *n*: **to make a ~ of sth** запа́рывать (запоро́ть *pf*) что-н.
hasn't ['hæznt] = **has not**.
hassle ['hæsl] (*inf*) *n* моро́ка.
haste [heɪst] *n* спе́шка; **~n** ['heɪsn] *vt* торопи́ть (поторопи́ть *pf*) ◆ *vi*: **to ~n to do** торопи́ться (поторопи́ться *pf*) *+infin*.
hastily ['heɪstɪlɪ] *adv* (*see adj*) поспе́шно; опроме́тчиво.
hasty ['heɪstɪ] *adj* поспе́шный; (*rash*) опроме́тчивый.
hat [hæt] *n* шля́па; (*woolly, furry*) ша́пка.
hatch [hætʃ] *n* (*NAUT*: *also*: **~way**) люк; (*also*: **service ~**) разда́точное окно́ ◆ *vi* (*also*: **~ out**) вылупля́ться (вы́лупиться *pf*).
hatchet ['hætʃɪt] *n* (*axe*) топо́рик.
hate [heɪt] *vt* ненави́деть *(impf)*.
hatred ['heɪtrɪd] *n* не́нависть *f*.
haul [hɔːl] *vt* (*pull*) таска́ть/тащи́ть *(impf)* ◆ *n* (*of stolen goods etc*) добы́ча; **~age** *n* перево́зка.
haunt [hɔːnt] *vt* (*fig*) пресле́довать *(impf)*; **to ~ sb/a house** явля́ться (яви́ться *pf*) кому́-н/в до́ме; **~ed** *adj*: **this house is ~ed** в э́том дом есть привиде́ния.

KEYWORD

have [hæv] (*pt, pp* **had**) *aux vb* **1**: **to have arrived** прие́хать *(pf)*; **have you already eaten?** ты уже́ пое́л?; **he has been kind to me** он был добр ко мне; **he has been promoted** он получи́л повыше́ние по слу́жбе; **has he told you?** он Вам сказа́л?; **having finished** *or* **when he had finished** ... зако́нчив *or* когда́ он зако́нчил ...
2 (*in tag questions*) не так ли; **you've done it, haven't you?** Вы сде́лали э́то, не так ли?
3 (*in short answers and questions*): **you've made a mistake – no I haven't/so I have** Вы оши́блись – нет, не оши́бся/да, оши́бся; **we haven't paid – yes we have!** мы не заплати́ли – нет, заплати́ли!; **I've been there before, have you?** я там уже́ был, а Вы?
◆ *modal aux vb* (*be obliged*): **I have (got) to finish this work** я до́лжен зако́нчить э́ту рабо́ту; **I haven't got** *or* **I don't have to wear glasses** я могу́ не носи́ть очки́; **this has to be a mistake** э́то, наверняка́, оши́бка
◆ *vt* **1** (*possess*): **I** *etc* **have** у меня́ *etc +nom*; **he has (got) blue eyes/dark hair** у него́ голубы́е глаза́/тёмные во́лосы; **do you have** *or* **have you got a car?** у Вас есть маши́на?
2 (*referring to meals etc*): **to have dinner** обе́дать (пообе́дать *pf*); **to have breakfast** за́втракать (поза́втракать *pf*); **to have a cigarette** выку́ривать (вы́курить *pf*) сигаре́ту; **to have a glass of wine** выпива́ть (вы́пить *pf*) стака́н вина́
3 (*receive, obtain etc*): **may I have your address?** Вы мне мо́жете дать свой а́дрес?; **you can have the book for £5** бери́те кни́гу за

£5; **I must have it by tomorrow** это должно́ быть у меня́ к за́втрашнему дню; **she is having a baby in March** у неё в ма́рте бу́дет ребёнок
4 (*allow*): **I won't have it!** я э́того не допущу́!
5: **I am having my television repaired** мне должны́ почини́ть телеви́зор; **to have sb do** попроси́ть (*pf*) кого́-н *+infin*; **he soon had them all laughing** ско́ро они́ у него́ все ста́ли смея́ться
6 (*experience, suffer*): **I have flu/a headache** у меня́ грипп/боли́т голова́; **to have a cold** простужа́ться (простуди́ться *pf*); **she had her bag stolen** у неё укра́ли су́мку; **he had an operation** ему́ сде́лали опера́цию
7 (*+n*): **to have a swim** пла́вать (попла́вать *pf*); **to have a rest** отдыха́ть (отдохну́ть *pf*); **let's have a look** дава́йте посмо́трим; **we are having a meeting tomorrow** за́втра у нас бу́дет собра́ние; **let me have a try** да́йте мне попро́бовать
have out *vt*: **to have it out with sb** объясня́ться (объясни́ться *pf*) с кем-н; **she had her tooth out** ей удали́ли зуб; **she had her tonsils out** ей вы́резали гла́нды.

haven ['heɪvn] *n* (*fig*) убе́жище.
haven't ['hævnt] = **have not**.
havoc ['hævək] *n* (*chaos*) ха́ос.
Hawaii [hə'waiː] *n* Гава́йи *m ind.*
hawk [hɔːk] *n* я́стреб.
hay [heɪ] *n* се́но; **~ fever** *n* сенна́я лихора́дка; **~stack** *n* стог се́на.
hazard ['hæzəd] *n* опа́сность *f* ◆ *vt*: **to ~ a guess** осме́ливаться (осме́литься *pf*) предположи́ть; **~ous** *adj* опа́сный.
haze [heɪz] *n* ды́мка; **heat ~** ма́рево.
hazy ['heɪzɪ] *adj* тума́нный.
he [hiː] *pron* он.
head [hɛd] *n* (*ANAT*) голова́; (*mind*) ум; (*of list, queue*) нача́ло; (*of table*) глава́; (*COMM*) руководи́тель(ница) *m(f)*; (*SCOL*) дире́ктор ◆ *vt* возглавля́ть (возгла́вить *pf*); **~s or tails** ≈ орёл или ре́шка; **he is ~ over heels in love** он влюблён по́ уши; **~ for** *vt fus* (*place*) направля́ться (напра́виться *pf*) в/на *+acc or* к *+dat*; (*disaster*) обрека́ть (обре́чь *pf*) себя́ на *+acc*; **~ache** *n* (*MED*) головна́я боль *f*; **~ing** *n* заголо́вок; **~land** *n* мыс; **~light** *n* фа́ра; **~line** *n* заголо́вок; **~long** *adv* (*headfirst*) голово́й вперёд; (*hastily*) опроме́тчиво; **~master** *n* дире́ктор шко́лы; **~mistress** *n* дире́ктор шко́лы; **~ office** *n* дире́кция; **~-on** *adj* лобово́й ◆ *adv* но́сом к но́су; **~phones** *npl* нау́шники *mpl*; **~quarters** *npl* штабкварти́ра *fsg*; **~scarf** *n* косы́нка; (*square*) (головно́й) плато́к; **~ teacher** *n* дире́ктор шко́лы; **~way** *n*: **to make ~way** продвига́ться (продви́нуться *pf*) вперёд; **~y** *adj* (*experience*) головокружи́тельный; (*atmosphere*) пьяня́щий.
heal [hiːl] *vt* выле́чивать (вы́лечить *pf*); (*damage*) поправля́ть (попра́вить *pf*) ◆ *vi* (*injury*) зажива́ть (зажи́ть *pf*); (*damage*) восстана́вливаться (восстанови́ться *pf*).
health [hɛlθ] *n* здоро́вье; **~ care** *n*

здравоохранéние; **H~ Service** *n* (*BRIT*): **the H~ Service** слýжба здравоохранéния; **~y** *adj* здорóвый; (*pursuit*) полéзный; (*profit*) достáточно хорóший.

heap [hi:p] *n* (*small*) кýча; (*large*) грýда ♦ *vt*: **to ~ (up)** (*stones, sand*) свáливать (свалúть *pf*) в кýчу; **to ~ with sth** (*plate, sink*) наполнять (напóлнить *pf*) чем-н; **~s of** (*inf*) кýча *fsg +gen*.

hear [hɪəʳ] (*pt, pp* **heard**) *vt* слы́шать (услы́шать *pf*); (*lecture, concert, case*) слýшать *(impf)*; **to ~ about** слы́шать (услы́шать *pf*) о *+prp*; **to ~ from sb** слы́шать (услы́шать *pf*) от когó-н; **I can't ~ you** Вас не слы́шно; **~d** [hə:d] *pt, pp of* **hear**; **~ing** *n* (*sense*) слух; (*LAW, POL*) слýшание; **~ing aid** *n* слуховóй аппарáт.

heart [hɑ:t] *n* сéрдце; (*of problem, matter*) суть *f*; **~s** *npl* (*CARDS*) чéрви *fpl*; **to lose/take ~** пасть *(pf)*/не пáдать *(impf)* дýхом; **at ~** в глубинé душú; **(off) by ~** наизýсть; **~ache** *n* сердéчная боль *f*; **~ attack** *n* сердéчный при́ступ, инфáркт; **~beat** *n* (*rhythm*) сердцебиéние; **~broken** *adj*: **he is ~broken** он убúт гóрем; **~ failure** *n* (*fatal*) остановка сéрдца; **~felt** *adj* úскренний.

hearth [hɑ:θ] *n* очáг.

heartless ['hɑ:tlɪs] *adj* бессердéчный.

hearty ['hɑ:tɪ] *adj* (*person, laugh*) весёлый; (*welcome, support*) сердéчный; (*appetite*) здорóвый.

heat [hi:t] *n* тепло́; (*extreme*) жар; (*of weather*) жарá; (*excitement*) пыл; (*also:* **qualifying ~**: *in race*) забéг; (: *in swimming*) заплы́в ♦ *vt* (*water, food*) греть *or* нагревáть (нагрéть *pf*); (*house*) отáпливать (отопúть *pf*); **~ up** *vi* (*water, house*) согревáться (согрéться *pf*) ♦ *vt* (*food, water*) подогревáть (подогрéть *pf*); (*room*) обогревáть (обогрéть *pf*); **~ed** *adj* (*argument*) горя́чий; (*pool*) обогревáемый; **~er** *n* обогревáтель *m*.

heath [hi:θ] *n* (*BRIT*) (вéресковая) пýстошь *f*.

heather ['hɛðəʳ] *n* вéреск.

heating ['hi:tɪŋ] *n* отоплéние.

heat wave *n* периóд сúльной жары́.

heaven ['hɛvn] *n* рай; **~ly** *adj* (*fig*) рáйский.

heavily ['hɛvɪlɪ] *adv* (*fall, sigh*) тяжелó; (*drink, smoke, depend*) сúльно; (*sleep*) крéпко.

heavy ['hɛvɪ] *adj* тяжёлый; (*rain, blow, fall*) сúльный; (*build: of person*) грýзный; **he is a ~ drinker/smoker** он мнóго пьёт/кýрит.

Hebrew ['hi:bru:] *adj* древнееврéйский.

Hebrides ['hɛbrɪdi:z] *npl*: **the ~** Гебрúдские островá *mpl*.

hectic ['hɛktɪk] *adj* (*day*) суматóшный; (*activities*) лихорáдочный.

he'd [hi:d] = **he would, he had**.

hedge [hɛdʒ] *n* живáя йзгородь *f*.

hedgehog ['hɛdʒhɔg] *n* ёж.

heed [hi:d] *vt* (*also:* **take ~ of**) принимáть (приня́ть *pf*) во внимáние.

heel [hi:l] *n* (*of foot*) пя́тка; (*of shoe*) каблýк.

hefty ['hɛftɪ] *adj* (*person, object*) здоровéнный; (*profit, fine*) изря́дный.

height [haɪt] *n* (*of tree, of plane*)

высота́; (*of person*) рост; (*of power*) верши́на; (*of hill*) возвы́шенность *f*; (*of season*) разга́р; (*of luxury, taste*) верх; **~en** *vt* уси́ливать (уси́лить *pf*).

heir [ɛəʳ] *n* насле́дник; **~ess** *n* насле́дница.

held [hɛld] *pt, pp of* **hold**.

helicopter ['hɛlɪkɔptəʳ] *n* вертолёт.

helium ['hi:lɪəm] *n* ге́лий.

hell [hɛl] *n* (*also fig*) ад; **~!** (*inf*) чёрт!

he'll [hi:l] = **he will, he shall**; *see* **will**.

hello [hə'ləu] *excl* здра́вствуйте; (*informal*) приве́т; (*TEL*) алло́.

helmet ['hɛlmɪt] *n* (*of policeman, miner*) ка́ска; (*also:* **crash ~**) шлем.

help [hɛlp] *n* по́мощь *f* ◆ *vt* помога́ть (помо́чь *pf*) *+dat*; **~!** на по́мощь!, помоги́те!; **~ yourself** угоща́йтесь; **he can't ~ it** он ничего́ не мо́жет поде́лать с э́тим; **~er** *n* помо́щник(-ица); **~ful** *adj* поле́зный; **~less** *adj* беспо́мощный; **~line** *n* телефо́н дове́рия.

hem [hɛm] *n* (*of dress*) подо́л.

hemorrhage ['hɛmərɪdʒ] *n* (*US*) = **haemorrhage**.

hen [hɛn] *n* (*chicken*) ку́рица.

hence [hɛns] *adv* (*therefore*) сле́довательно, всле́дствие э́того; **2 years ~** (*from now*) по истече́нии двух лет.

hepatitis [hɛpə'taɪtɪs] *n* гепати́т, боле́знь *f* Бо́ткина.

her [hə:ʳ] *pron* (*direct*) её; (*indirect*) ей; (*after prep*: *+gen*) неё; (: *+instr, +dat, +prp*) ней; *see also* **me** ◆ *adj* её; (*referring to subject of sentence*) свой; *see also* **my**.

herald ['hɛrəld] *vt* (*event*) предвеща́ть *(impf)*.

herb [hə:b] *n* трава́; (*as medicine*) лека́рственная трава́; **~s** *npl* (*CULIN*) зе́лень *fsg*.

herd [hə:d] *n* ста́до.

here [hɪəʳ] *adv* (*location*) здесь; (*destination*) сюда́; (*at this point*: *in past*) тут; **from ~** отсю́да; **"~!"** (*present*) "здесь!"; **~ is ..., ~ are ...** вот ...

hereditary [hɪ'rɛdɪtrɪ] *adj* насле́дственный.

heresy ['hɛrəsɪ] *n* е́ресь *f*.

heritage ['hɛrɪtɪdʒ] *n* насле́дие.

hermit ['hə:mɪt] *n* отше́льник(-ица).

hernia ['hə:nɪə] *n* гры́жа.

hero ['hɪərəu] (*pl* **~es**) *n* геро́й; **~ic** [hɪ'rəuɪk] *adj* герои́ческий.

heroin ['hɛrəuɪn] *n* герои́н.

heroine ['hɛrəuɪn] *n* герои́ня.

heron ['hɛrən] *n* ца́пля.

herring ['hɛrɪŋ] *n* (*ZOOL*) сельдь *f*; (*CULIN*) селёдка.

hers [hə:z] *pron* её; (*referring to subject of sentence*) свой; *see also* **mine**[1].

herself [hə:'sɛlf] *pron* (*reflexive, after prep*: *+acc, +gen*) себя́; (: *+dat, +prp*) себе́; (: *+instr*) собо́й; (*emphatic*) сама́; (*alone*): **by ~** одна́; *see also* **myself**.

he's [hi:z] = **he is, he has**.

hesitant ['hɛzɪtənt] *adj* нереши́тельный; **to be ~ to do** не реша́ться *(impf)* *+infin*.

hesitate ['hɛzɪteɪt] *vi* колеба́ться (поколеба́ться *pf*); (*be unwilling*) не реша́ться *(impf)*.

hesitation [hɛzɪ'teɪʃən] *n* колеба́ние.

heterosexual ['hɛtərəu'sɛksjuəl] *adj* гетеросексуа́льный.

heyday ['heɪdeɪ] *n*: **the ~ of**

расцве́т *+gen.*
hi [haɪ] *excl* (*as greeting*) приве́т.
hiccoughs [ˈhɪkʌps] *npl* = **hiccups.**
hiccups [ˈhɪkʌps] *npl*: **she's got (the)** ~ у неё ико́та.
hid [hɪd] *pt of* **hide; ~den** *pp of* **hide.**
hide [haɪd] (*pt* **hid**, *pp* **hidden**) *n* (*skin*) шку́ра ◆ *vt* (*object, person*) пря́тать (спря́тать *pf*); (*feeling, information*) скрыва́ть (скрыть *pf*); (*sun, view*) закрыва́ть (закры́ть *pf*) ◆ *vi*: **to ~ (from sb)** пря́таться (спря́таться *pf*) (от кого́-н); **~away** *n* убе́жище.
hideous [ˈhɪdɪəs] *adj* жу́ткий; (*face*) омерзи́тельный.
hiding [ˈhaɪdɪŋ] *n* (*beating*) по́рка; **to be in ~** скрыва́ться *(impf).*
hierarchy [ˈhaɪərɑːkɪ] *n* иера́рхия.
high [haɪ] *adj* высо́кий; (*wind*) си́льный ◆ *adv* высоко́; **the building is 20 m ~** высота́ зда́ния – 20 м; **to be ~** (*inf*: *on drugs etc*) кайфова́ть *(impf)*; **~ risk** высо́кая сте́пень ри́ска; **~ in the air** (*position*) высоко́ в во́здухе; **~chair** *n* высо́кий сту́льчик (*для ма́леньких дете́й*); **~er education** *n* вы́сшее образова́ние; **~ jump** *n* прыжо́к в высоту́; **H~lands** *npl*: **the H~lands** Высокого́рья *ntpl* (*Шотла́ндии*); **~light** *n* (*of event*) кульмина́ция ◆ *vt* (*problem, need*) выявля́ть (вы́явить *pf*); **~ly** *adv* о́чень; (*paid*) высоко́; **to speak ~ly of** высоко́ отзыва́ться (отозва́ться *pf*) о *+prp*; **to think ~ly of** быть *(impf)* высо́кого мне́ния о *+prp*; **~ness** *n*: **Her/His H~ness** Её/Его́ Высо́чество; **~-pitched** *adj* пронзи́тельный; **~-rise** *adj* высо́тный; **~ school** *n* (*BRIT*) сре́дняя шко́ла (*для 11-18ти ле́тних*); (*US*) сре́дняя шко́ла (*для 15-18ти ле́тних*); **~ season** *n* (*BRIT*) разга́р сезо́на; **~ street** *n* (*BRIT*) центра́льная у́лица; **~way** *n* (*US*) шоссе́ *nt ind*, автостра́да; (*main road*) автостра́да.
hijack [ˈhaɪdʒæk] *vt* (*plane, bus*) угоня́ть (угна́ть *pf*).
hike [haɪk] *n*: **to go for a ~** идти́ (пойти́ *pf*) на дли́тельную прогу́лку.
hilarious [hɪˈlɛərɪəs] *adj* чрезвыча́йно смешно́й.
hill [hɪl] *n* (*small*) холм; (*fairly high*) гора́; (*slope*) склон; **~side** *n* склон; **~y** *adj* холми́стый.
him [hɪm] *pron* (*direct*) его́; (*indirect*) ему́; (*after prep*: *+gen*) него́; (: *+dat*) нему́; (: *+instr*) ним; (: *+prp*) нём; *see also* **me; ~self** *pron* (*reflexive, after prep*: *+acc, +gen*) себя́; (: *+dat, +prp*) себе́; (: *+instr*) собо́й; (*emphatic*) сам; (*alone*): **by ~self** оди́н; *see also* **myself.**
hind [haɪnd] *adj* за́дний.
hinder [ˈhɪndəʳ] *vt* препя́тствовать (воспрепя́тствовать *pf*) *or* меша́ть (помеша́ть *pf*) *+dat.*
hindrance [ˈhɪndrəns] *n* (*nuisance*) поме́ха.
hindsight [ˈhaɪndsaɪt] *n*: **with ~** ретроспекти́вным взгля́дом.
Hindu [ˈhɪnduː] *adj* инду́сский.
hinge [hɪndʒ] *n* (*on door*) петля́.
hint [hɪnt] *n* (*suggestion*) намёк; (*tip*) сове́т; (*sign, glimmer*) подо́бие.
hip [hɪp] *n* бедро́.
hippopotami [hɪpəˈpɔtəmaɪ] *npl of* **hippopotamus.**
hippopotamus [hɪpəˈpɔtəməs] (*pl* **~es** *or* **hippopotami**) *n* гиппопота́м.

hire ['haɪə'] *vt* (*BRIT*: *car, equipment*) брать (взять *pf*) напрокат; (*venue*) снимать (снять *pf*), арендовать *(impf/pf)*; (*worker*) нанимать (нанять *pf*) ◆ *n* (*BRIT*: *of car*) прокат; **for ~** напрокат; **~-purchase** *n* (*BRIT*): **to buy sth on ~-purchase** покупать (купить *pf*) что-н в рассрочку.

his [hɪz] *adj* его; (*referring to subject of sentence*) свой; *see also* **my** ◆ *pron* его; *see also* **mine**[1].

hiss [hɪs] *vi* (*snake, gas*) шипеть *(impf)*.

historian [hɪ'stɔːrɪən] *n* историк.

historic [hɪ'stɔrɪk] *adj* (*agreement, achievement*) исторический; **~al** *adj* (*event, film*) исторический.

history ['hɪstərɪ] *n* (*of town, country*) история.

hit [hɪt] (*pt* **hit**) *vt* ударять (ударить *pf*); (*target*) попадать (попасть *pf*) в *+acc*; (*collide with*: *car*) сталкиваться (столкнуться *pf*) с *+instr*; (*affect*: *person, services*) ударять (ударить *pf*) по *+dat* ◆ *n* (*success*): **the play was a big ~** пьеса пользовалась большим успехом; **to ~ it off (with sb)** (*inf*) найти *(pf)* общий язык (с кем-н).

hitch [hɪtʃ] *vt* (*also*: **~ up**: *trousers, skirt*) подтягивать (подтянуть *pf*) ◆ *n* (*difficulty*) помеха; **to ~ sth to** (*fasten*) привязывать (привязать *pf*) что-н к *+dat*; (*hook*) прицеплять (прицепить *pf*) что-н к *+dat*; **to ~ (a lift)** ловить (поймать *pf*) попутку.

hi-tech ['haɪ'tɛk] *adj* высокотехнический.

hitherto [hɪðə'tuː] *adv* (*formal*) до настоящего времени.

HIV *n abbr* (= *human immunodeficiency virus*) ВИЧ; **~-negative/positive** с отрицательной/положительной реакцией на ВИЧ.

hive [haɪv] *n* (*of bees*) улей.

HMS *abbr* (*BRIT*) = *His (or Her) Majesty's Ship.*

hoard [hɔːd] *n* (*of food*) (тайный) запас; (*of treasure*) клад ◆ *vt* (*provisions*) запасать (запасти *pf*); (*money*) копить (скопить *pf*).

hoarse [hɔːs] *adj* (*voice*) хриплый.

hoax [həuks] *n* (*false alarm*) ложная тревога.

hob [hɔb] *n верхняя часть плиты с конфорками.*

hobby ['hɔbɪ] *n* хобби *nt ind.*

hockey ['hɔkɪ] *n* хоккей (на траве).

hoe [həu] *n* тяпка.

hog [hɔg] *vt* (*inf*) завладевать (завладеть *pf*) *+instr.*

hoist [hɔɪst] *n* подъёмник, лебёдка ◆ *vt* поднимать (поднять *pf*); **to ~ sth on to one's shoulders** взваливать (взвалить *pf*) что-н на плечи.

hold [həuld] (*pt, pp* **held**) *vt* (*grip*) держать *(impf)*; (*contain*) вмещать (вместить *pf*); (*detain*) содержать *(impf)*; (*power, qualification*) обладать *(impf)* *+instr*; (*post*) занимать (занять *pf*); (*conversation, meeting*) вести (провести *pf*); (*party*) устраивать (устроить *pf*) ◆ *vi* (*withstand pressure*) выдерживать (выдержать *pf*); (*be valid*) оставаться (остаться *pf*) в силе ◆ *n* (*grasp*) захват; (*NAUT*) трюм; (*AVIAT*) грузовой отсек; **to ~ one's head up** высоко держать *(impf)* голову; **to ~ sb hostage** держать *(impf)* кого-н в качестве залóжника; **~ the line!** (*TEL*) не кладите *or* вéшайте трýбку!; **he ~s you responsible for her death** он считáет Вас винóвым в её смéрти; **to catch** *or* **grab ~ of** хватáться (схватиться *pf*) за *+acc*; **to have a ~ over sb** держáть *(impf)* когó-н в рукáх; **~ back** *vt* (*thing*) придéрживать (придержáть *pf*); (*person*) удéрживать (удержáть *pf*); (*information*) скрывáть (скрыть *pf*); **~ down** *vt* (*person*) удéрживать (удержáть *pf*); **to ~ down a job** удéрживаться (удержáться *pf*) на рабóте; **~ on** *vi* (*grip*) держáться *(impf)*; (*wait*) ждать (подождáть *pf*); **~ on!** (*TEL*) не кладите *or* вéшайте трýбку!; **~ on to** *vt fus* (*for support*) держáться *(impf)* за *+acc*; (*keep*: *object*) придéрживать (придержáть *pf*); (: *beliefs*) сохранять (сохранить *pf*); **~ out** *vt* (*hand*) протягивать (протянýть *pf*); (*hope, prospect*) сохранять (сохранить *pf*) ♦ *vi* (*resist*) держáться (продержáться *pf*); **~ up** *vt* (*raise*) поднимáть (поднять *pf*); (*support*) поддéрживать (поддержáть *pf*); (*delay*) задéрживать (задержáть *pf*); (*rob*) грáбить (огрáбить *pf*); **~er** *n* (*container*) держáтель *m*; (*of ticket, record*) обладáтель(ница) *m(f)*; **title ~er** носящий(-ая) *m(f) adj* титул; **~-up** *n* (*robbery*) ограблéние; (*delay*) задéржка; (*BRIT*: *in traffic*) прóбка.

hole [həul] *n* (*in wall*) дырá; (*in road*) яма; (*burrow*) норá; (*in clothing*) дырка; (*in argument*) брешь *f*.

holiday ['hɔlıdeı] *n* (*BRIT*: *from school*) каникулы *pl*; (: *from work*) óтпуск; (*day off*) выходнóй день *m*; (*also*: **public ~**) прáздник; **on ~** (*from school*) на каникулах; (*from work*) в óтпуске.

Holland ['hɔlənd] *n* Голлáндия.

hollow ['hɔləu] *adj* (*container*) пóлый; (*log, tree*) дуплистый; (*cheeks*) впáлый; (*laugh*) нейскренний; (*claim, sound*) пустóй ♦ *n* (*in ground*) впáдина; (*in tree*) дуплó ♦ *vt*: **to ~ out** выкáпывать (выкопать *pf*).

holly ['hɔlı] *n* остролист.

holocaust ['hɔləkɔ:st] *n* (*nuclear*) истреблéние; (*Jewish*) холокóст.

holy ['həulı] *adj* святóй.

homage ['hɔmıdʒ] *n*: **to pay ~ to** воздавáть (воздáть *pf*) пóчести *+dat*.

home [həum] *n* дом; (*area, country*) рóдина ♦ *cpd* домáшний; (*ECON, POL*) внýтренний; (*SPORT*): **~ team** хозяева *mpl* поля ♦ *adv* (*go, come*) домóй; (*hammer etc*) в тóчку; **at ~** дóма; (*in country*) на рóдине; (*in situation*) как у себя дóма; **make yourself at ~** чýвствуйте себя как дóма; **~land** *n* рóдина; **~less** *adj* бездóмный ♦ *npl*: **the ~less** бездóмные *pl adj*; **~ly** *adj* уютный; **~-made** *adj* (*food*) домáшний; (*bomb*) самодéльный; **H~ Office** *n* (*BRIT*): **the H~ Office** ≈ Министéрство внýтренних дел.

homeopathy [həumı'ɔpəθı] *n* (*US*) = **homoeopathy**.

home: **H~ Secretary** *n* (*BRIT*) ≈ министр внýтренних дел; **~sick** *adj*: **to be ~sick** (*for family*) скучáть *(impf)* по дóму; (*for*

country) скуча́ть *(impf)* по ро́дине; **~ town** *n* родно́й го́род; **~work** *n* дома́шняя рабо́та, дома́шнее зада́ние.
homicide ['hɔmɪsaɪd] *n (esp US)* уби́йство.
homoeopathy [həumɪ'ɔpəθɪ] (*US* **homeopathy**) *n* гомеопа́тия.
homogeneous [hɔməu'dʒi:nɪəs] *adj* однoро́дный.
homosexual [hɔməu'sɛksjuəl] *adj* гомосексуа́льный ♦ *n* гомосексуали́ст(ка).
honest ['ɔnɪst] *adj* че́стный; **~ly** *adv* че́стно; **~y** *n* че́стность *f*.
honey ['hʌnɪ] *n (food)* мёд; **~moon** *n* медо́вый ме́сяц; **~suckle** *n* жи́молость *f*.
honor *etc (US)* = **honour** *etc*.
honorary ['ɔnərərɪ] *adj* почётный.
honour ['ɔnə'] (*US* **honor**) *vt* (*person*) почита́ть *(impf)*, чтить *(impf)*; (*commitment*) выполня́ть (вы́полнить *pf*) ♦ *n* (*pride*) честь *f*; (*tribute, distinction*) по́честь *f*; **~able** *adj* (*person, action*) благоро́дный.
hood [hud] *n* капюшо́н; (*US*: *AUT*) капо́т; (*of cooker*) вытяжно́й колпа́к.
hoof [hu:f] (*pl* **hooves**) *n* копы́то.
hook [huk] *n* крючо́к ♦ *vt* прицепля́ть (прицепи́ть *pf*).
hooligan ['hu:lɪgən] *n* хулига́н.
hoop [hu:p] *n* о́бруч.
hoover® ['hu:və'] (*BRIT*) *n* пылесо́с ♦ *vt* пылесо́сить (пропылесо́сить *pf*).
hooves [hu:vz] *npl of* **hoof**.
hop [hɔp] *vi* скака́ть *(impf)* на одно́й ноге́.
hope [həup] *vti* наде́яться *(impf)* ♦ *n* наде́жда; **to ~ that/to do** наде́яться *(impf)*, что/*+infin*; **I ~ so/not** наде́юсь, что да/нет; **~ful** *adj* (*person*) по́лный наде́жд; (*situation*) обнадёживающий; **to be ~ful of sth** наде́яться *(impf)* на что-н; **~fully** *adv* (*expectantly*) с наде́ждой; **~fully, he'll come back** бу́дем наде́яться, что он вернётся; **~less** *adj* (*situation, person*) безнадёжный; **I'm ~less at names** я не в состоя́нии запомина́ть имена́.
hops [hɔps] *npl* хмель *msg*.
horizon [hə'raɪzn] *n* горизо́нт; **~tal** [hɔrɪ'zɔntl] *adj* горизонта́льный.
hormone ['hɔ:məun] *n* гормо́н.
horn [hɔ:n] *n* (*of animal*) рог; (*also*: **French ~**) валто́рна; (*AUT*) гудо́к.
horoscope ['hɔrəskəup] *n* горосКо́п.
horrendous [hə'rɛndəs] *adj* ужаса́ющий.
horrible ['hɔrɪbl] *adj* ужа́сный.
horrid ['hɔrɪd] *adj* проти́вный, ме́рзкий.
horror ['hɔrə'] *n* (*alarm*) у́жас; (*dislike*) отвраще́ние; (*of war*) у́жасы *mpl*.
horse [hɔ:s] *n* ло́шадь *f*; **~back** *adv*: **on ~back** верхо́м; **~power** *n* лошади́ная си́ла; **~ racing** *n* ска́чки *fpl*; **~radish** *n* хрен; **~shoe** *n* подко́ва.
horticulture ['hɔ:tɪkʌltʃə'] *n* растениево́дство.
hose [həuz] *n* (*also*: **~pipe**) шланг.
hospice ['hɔspɪs] *n* больни́ца (*для безнадёжно больны́х*).
hospitable ['hɔspɪtəbl] *adj* (*person, behaviour*) гостеприи́мный.
hospital ['hɔspɪtl] *n* больни́ца.
hospitality [hɔspɪ'tælɪtɪ] *n* гостеприи́мство.
host [həust] *n* (*at party, dinner*) хозя́ин; (*TV, RADIO*) веду́щий *m*

adj; **a ~ of** мáсса *+gen*, множество *+gen*.
hostage ['hɔstɪdʒ] *n* залóжник (-ица).
hostel ['hɔstl] *n* общежи́тие; (*for homeless*) приют; (*also:* **youth ~**) молодёжная гости́ница.
hostess ['həustɪs] *n* (*at party, dinner etc*) хозя́йка; (*TV, RADIO*) веду́щая *f adj*; (*BRIT: also:* **air ~**) стюардéсса.
hostile ['hɔstaɪl] *adj* (*person, attitude*) враждéбный; (*conditions, environment*) неблагоприя́тный; (*troops*) врáжеский.
hostility [hɔ'stɪlɪtɪ] *n* враждéбность *f*.
hot [hɔt] *adj* (*object, temper, argument*) горя́чий; (*weather*) жáркий; (*spicy: food*) óстрый; **she is ~** ей жáрко; **it's ~** (*weather*) жáрко.
hotel [həu'tɛl] *n* гости́ница, отéль *m*.
hotly ['hɔtlɪ] *adv* горячó.
hot-water bottle [hɔt'wɔ:tə-] *n* грéлка.
hound [haund] *vt* трави́ть (затрави́ть *pf*) ◆ *n* гóнчая *f adj*.
hour ['auə'] *n* час; **~ly** *adj* (*rate*) почасовóй; (*service*) ежечáсный.
house [*n* haus, *vb* hauz] *n* дом; (*THEAT*) зал ◆ *vt* (*person*) сели́ть (посели́ть *pf*); (*collection*) размещáть (размести́ть *pf*); **at my ~** у меня́ дóма; **the H~ of Commons/Lords** (*BRIT*) палáта óбщин/лóрдов; **on the ~** (*inf*) бесплáтно; **~hold** *n* (*inhabitants*) домочáдцы *mpl*; (*home*) дом; **~keeper** *n* экономка; **~wife** *irreg n* домáшняя хозя́йка, домохозя́йка; **~work** *n* домáшние делá *ntpl*.
housing ['hauzɪŋ] *n* жили́ще, жильё; **~ estate** (*US* **~ project**) *n* жили́щный кóмплекс; (*larger*) жилóй масси́в.
hover ['hɔvə'] *vi* (*bird, insect*) пари́ть (*impf*); **~craft** *n* сýдно на воздýшной подýшке.

KEYWORD

how [hau] *adv* **1** (*in what way*) как; **to know how to do** знать (*impf*), как *+infin*, умéть (*impf*) *+infin*; **how did you like the film?** как Вам понрáвился фильм?; **how are you?** как делá *or* Вы?
2 скóлько; **how much milk/many people?** скóлько молокá/человéк?; **how long have you been here?** скóлько Вы ужé здесь?; **how old are you?** скóлько Вам лет?; **how tall is he?** какóго он рóста?; **how lovely/awful!** как чудéсно/ужáсно!

howl [haul] *vi* (*animal, wind*) выть (*impf*); (*baby, person*) ревéть (*impf*).
HP *n abbr* (*BRIT*) = **hire-purchase**.
h.p. *abbr* (*AUT*) (= **horsepower**) л.с.
HQ *abbr* = **headquarters**.
hub [hʌb] *n* (*of wheel*) ступи́ца; (*fig*) средотóчие.
hue [hju:] *n* тон, оттéнок.
hug [hʌg] *vt* обнимáть (обня́ть *pf*); (*object*) обхвáтывать (обхвати́ть *pf*).
huge [hju:dʒ] *adj* огрóмный, громáдный; **~ly** *adv* чрезвычáйно.
hull [hʌl] *n* (*NAUT*) кóрпус.
hum [hʌm] *vt* напевáть (*impf*) (*без слов*) ◆ *vi* (*person*) напевáть

(*impf*); (*machine*) гуде́ть (прогуде́ть *pf*).
human ['hju:mən] *adj* челове́ческий ♦ *n* (*also:* **~ being**) челове́к.
humane [hju:'meɪn] *adj* (*treatment*) челове́чный.
humanitarian [hju:mænɪ'tɛərɪən] *adj* (*aid*) гуманита́рный; (*principles*) гума́нный.
humanity [hju:'mænɪtɪ] *n* (*mankind*) челове́чество; (*humaneness*) челове́чность *f*, гума́нность *f*.
human rights *npl* права́ *ntpl* челове́ка.
humble ['hʌmbl] *adj* скро́мный ♦ *vt* сбива́ть (сбить *pf*) спесь с *+gen*.
humidity [hju:'mɪdɪtɪ] *n* вла́жность *f*.
humiliate [hju:'mɪlɪeɪt] *vt* унижа́ть (уни́зить *pf*).
humiliation [hju:mɪlɪ'eɪʃən] *n* униже́ние.
humility [hju:'mɪlɪtɪ] *n* (*modesty*) скро́мность *f*.
humming bird ['hʌmɪŋ-] *n* коли́бри *m/f ind*.
humor ['hju:mə'] (*US*) = **humour**.
humorous ['hju:mərəs] *adj* (*book*) юмористи́ческий; (*remark*) шутли́вый; **~ person** челове́к с ю́мором.
humour ['hju:mə'] (*US* **humor**) *n* ю́мор; (*mood*) настрое́ние ♦ *vt* ублажа́ть (ублажи́ть *pf*).
hump [hʌmp] *n* (*in ground*) бугóр; (*on back*) горб.
hunch [hʌntʃ] *n* дога́дка.
hundred ['hʌndrəd] *n* сто; **~th** *adj* со́тый.
hung [hʌŋ] *pt, pp of* **hang**.
Hungarian [hʌŋ'gɛərɪən] *adj* венге́рский.
Hungary ['hʌŋgərɪ] *n* Ве́нгрия.
hunger ['hʌŋgə'] *n* го́лод; **~ strike** *n* голодо́вка.
hungry ['hʌŋgrɪ] *adj* голо́дный; (*keen*): **~ for** жа́ждущий *+gen*; **he is ~** он го́лоден.
hunk [hʌŋk] *n* (большо́й) кусо́к.
hunt [hʌnt] *vt* (*animal*) охо́титься (*impf*) на *+acc*; (*criminal*) охо́титься (*impf*) за *+instr* ♦ *vi* (*SPORT*) охо́титься (*impf*) ♦ *n* охо́та; (*for criminal*) ро́зыск; **to ~ (for)** (*search*) иска́ть (*impf*); **~er** *n* охо́тник(-ица); **~ing** *n* охо́та.
hurdle ['hə:dl] *n* препя́тствие; (*SPORT*) барье́р.
hurricane ['hʌrɪkən] *n* урага́н.
hurried ['hʌrɪd] *adj* (*departure*) поспе́шный; (*action*) торопли́вый.
hurry ['hʌrɪ] *n* спе́шка ♦ *vi* спеши́ть (поспеши́ть *pf*), торопи́ться (поторопи́ться *pf*) ♦ *vt* (*person*) подгоня́ть (подогна́ть *pf*), торопи́ть (поторопи́ть *pf*); **to be in a ~** спеши́ть (*impf*), торопи́ться (*impf*); **~ up** *vt* (*person*) подгоня́ть (подогна́ть *pf*), торопи́ть (поторопи́ть *pf*); (*process*) ускоря́ть (уско́рить *pf*) ♦ *vi* торопи́ться (поторопи́ться *pf*); **~ up!** поторопи́сь!, скоре́е!
hurt [hə:t] (*pt, pp* **hurt**) *vt* причиня́ть (причини́ть *pf*) боль *+dat*; (*injure*) ушиба́ть (ушиби́ть *pf*); (*feelings*) задева́ть (заде́ть *pf*) ♦ *vi* (*be painful*) боле́ть (*impf*) ♦ *adj* (*offended*) оби́женный; (*injured*) ушибленный; **to ~ o.s.** ушиба́ться (ушиби́ться *pf*); **~ful** *adj* оби́дный.
husband ['hʌzbənd] *n* муж.

hush [hʌʃ] *n* тишина́; **~!** ти́хо!, ти́ше!
husky [ˈhʌskɪ] *adj* (*voice*) хри́плый ♦ *n* ездова́я соба́ка.
hut [hʌt] *n* (*house*) избу́шка, хи́жина; (*shed*) сара́й.
hyacinth [ˈhaɪəsɪnθ] *n* гиаци́нт.
hydraulic [haɪˈdrɔːlɪk] *adj* гидравли́ческий.
hydrogen [ˈhaɪdrədʒən] *n* водоро́д.
hyena [haɪˈiːnə] *n* гие́на.
hygiene [ˈhaɪdʒiːn] *n* гигие́на.
hygienic [haɪˈdʒiːnɪk] *adj* (*product*) гигиени́ческий.
hymn [hɪm] *n* церко́вный гимн.
hype [haɪp] *n* (*inf*) ажиота́ж.
hypnosis [hɪpˈnəusɪs] *n* гипно́з.
hypocrisy [hɪˈpɔkrɪsɪ] *n* лицеме́рие.
hypocritical [hɪpəˈkrɪtɪkl] *adj* лицеме́рный.
hypothermia [haɪpəˈθəːmɪə] *n* гипотерми́я.
hypotheses [haɪˈpɔθɪsiːz] *npl of* **hypothesis**.
hypothesis [haɪˈpɔθɪsɪs] (*pl* **hypotheses**) *n* гипо́теза.
hypothetic(al) [haɪpəuˈθɛtɪk(l)] *adj* гипотети́ческий.
hysteria [hɪˈstɪərɪə] *n* истери́я.

I, i

I [aɪ] *pron* я.
ice [aɪs] *n* лёд; (*ice cream*) моро́женое *nt adj* ♦ *vt* покрыва́ть (покры́ть *pf*) глазу́рью; **~berg** *n* а́йсберг; **~ cream** *n* моро́женое *nt adj*; **~ hockey** *n* хокке́й (*на льду*).
Iceland [ˈaɪslənd] *n* Исла́ндия.
icicle [ˈaɪsɪkl] *n* сосу́лька.
icing [ˈaɪsɪŋ] *n* глазу́рь *f*; **~ sugar** *n* (*BRIT*) са́харная пу́дра (*для приготовле́ния глазу́ри*).
icon [ˈaɪkɔn] *n* (*REL*) ико́на.
icy [ˈaɪsɪ] *adj* (*cold*) ледяно́й; (*road*) обледене́лый.
I'd [aɪd] = **I would, I had**.
idea [aɪˈdɪə] *n* иде́я.
ideal [aɪˈdɪəl] *n* идеа́л ♦ *adj* идеа́льный; **~ist** *n* идеали́ст(ка).
identical [aɪˈdɛntɪkl] *adj* иденти́чный.
identification [aɪdɛntɪfɪˈkeɪʃən] *n* определе́ние, идентифика́ция; (*of person, body*) опозна́ние; **(means of) ~** удостовере́ние ли́чности.
identify [aɪˈdɛntɪfaɪ] *vt* определя́ть (определи́ть *pf*); (*person*) узнава́ть (узна́ть *pf*); (*body*) опознава́ть (опозна́ть *pf*); (*distinguish*) выявля́ть (вы́явить *pf*).
identity [aɪˈdɛntɪtɪ] *n* (*of person*) ли́чность *f*; (*of group, nation*) самосозна́ние.
ideology [aɪdɪˈɔlədʒɪ] *n* идеоло́гия.
idiom [ˈɪdɪəm] *n* (*phrase*) идио́ма.
idiot [ˈɪdɪət] *n* идио́т(ка).
idle [ˈaɪdl] *adj* пра́здный; (*lazy*) лени́вый; (*unemployed*) безрабо́тный; (*machinery, factory*) безде́йствующий; **to be ~** безде́йствовать (*impf*).
idol [ˈaɪdl] *n* куми́р; (*REL*) и́дол.
idyllic [ɪˈdɪlɪk] *adj* идилли́ческий.
i.e. *abbr* (*that is*: = *id est*) т.е.

KEYWORD

if [ɪf] *conj* **1** (*conditional use*) е́сли; **if I finish early, I will ring you** е́сли я зако́нчу ра́но, я тебе́ позвоню́; **if I were you (I would ...)** на Ва́шем ме́сте (я бы ...)
2 (*whenever*) когда́
3 (*although*): **(even) if** да́же е́сли;

I'll get it done, (even) if it takes all night я сде́лаю э́то, да́же е́сли э́то займёт у меня́ всю ночь
4 (*whether*) ли; **I don't know if he is here** я не зна́ю, здесь ли он; **ask him if he can stay** спроси́те, смо́жет ли он оста́ться
5: **if so/not** е́сли да/нет; **if only** е́сли бы то́лько; **if only I could** е́сли бы я то́лько мог; *see also* **as**.

ignite [ɪg'naɪt] *vt* (*set fire to*) зажига́ть (заже́чь *pf*) ♦ *vi* загора́ться (загоре́ться *pf*).
ignition [ɪg'nɪʃən] *n* (*AUT*) зажига́ние.
ignorance ['ɪgnərəns] *n* неве́жество.
ignorant ['ɪgnərənt] *adj* неве́жественный; **~ of** несве́дущий в *+prp*.
ignore [ɪg'nɔːʳ] *vt* игнори́ровать *(impf/pf)*; (*subj*: *theory etc*) игнори́ровать (проигнори́ровать *pf*); (*disregard*) пренебрега́ть (пренебре́чь *pf*).
I'll [aɪl] = **I will, I shall**.
ill [ɪl] *adj* больно́й; (*effects*) дурно́й ♦ *adv*: **to speak ~ (of sb)** ду́рно говори́ть *(impf)* (о ком-н); **he is ~** он бо́лен; **to be taken ~** заболева́ть (заболе́ть *pf*).
illegal [ɪ'liːgl] *adj* незако́нный; (*organization*) нелега́льный.
illegible [ɪ'lɛdʒɪbl] *adj* неразбо́рчивый.
illegitimate [ɪlɪ'dʒɪtɪmət] *adj* (*child*) внебра́чный; (*activities*) нелегити́мный.
ill-fated [ɪl'feɪtɪd] *adj* злополу́чный.
ill-health [ɪl'hɛlθ] *n* плохо́е здоро́вье.
illicit [ɪ'lɪsɪt] *adj* незако́нный.
illiterate [ɪ'lɪtərət] *adj* негра́мотный.
illness ['ɪlnɪs] *n* боле́знь *f*.
illogical [ɪ'lɔdʒɪkl] *adj* нелоги́чный.
illuminate [ɪ'luːmɪneɪt] *vt* (*light up*) освеща́ть (освети́ть *pf*).
illusion [ɪ'luːʒən] *n* (*false idea*) иллю́зия; (*trick*) фо́кус.
illustrate ['ɪləstreɪt] *vt* иллюстри́ровать (проиллюстри́ровать *pf*).
illustration [ɪlə'streɪʃən] *n* иллюстра́ция.
illustrious [ɪ'lʌstrɪəs] *adj* (*person*) просла́вленный; (*career*) блестя́щий.
I'm [aɪm] = **I am**.
image ['ɪmɪdʒ] *n* (*picture*) о́браз; (*public face*) и́мидж; (*reflection*) изображе́ние.
imaginary [ɪ'mædʒɪnərɪ] *adj* (*creature, land*) воображáемый.
imagination [ɪmædʒɪ'neɪʃən] *n* воображе́ние.
imaginative [ɪ'mædʒɪnətɪv] *adj* (*solution*) хитроу́мный; **he is very ~** он облада́ет бога́тым воображе́нием.
imagine [ɪ'mædʒɪn] *vt* (*visualize*) представля́ть (предста́вить *pf*) (себе́), вообража́ть (вообрази́ть *pf*); (*dream*) вообража́ть (вообрази́ть *pf*); (*suppose*) предполага́ть (предположи́ть *pf*).
imitate ['ɪmɪteɪt] *vt* подража́ть *(impf) +dat*, имити́ровать *(impf)*.
imitation [ɪmɪ'teɪʃən] *n* подража́ние, имита́ция.
immaculate [ɪ'mækjulət] *adj* безупре́чный.

immaterial [ɪmə'tɪərɪəl] *adj* несуще́ственный.
immature [ɪmə'tjuə^r] *adj* незре́лый.
immediate [ɪ'mi:dɪət] *adj* (*reaction, answer*) неме́дленный; (*need*) безотлага́тельный; (*family*) ближа́йший; **~ly** *adv* (*at once*) неме́дленно; (*directly*) сра́зу.
immense [ɪ'mɛns] *adj* огро́мный, грома́дный.
immigrant ['ɪmɪgrənt] *n* иммигра́нт(ка).
immigration [ɪmɪ'greɪʃən] *n* иммигра́ция; (*also:* **~ control**) пограни́чный контро́ль *m*.
imminent ['ɪmɪnənt] *adj* (*arrival, departure*) немину́емый.
immobile [ɪ'məubaɪl] *adj* неподви́жный.
immoral [ɪ'mɔrl] *adj* амора́льный, безнра́вственный.
immortal [ɪ'mɔ:tl] *adj* бессме́ртный.
immune [ɪ'mju:n] *adj*: **he is ~ to** (*disease*) у него́ иммуните́т про́тив *+gen*; (*flattery, criticism etc*) он невосприи́мчив к *+dat*; **~ system** *n* иммýная систе́ма.
immunity [ɪ'mju:nɪtɪ] *n* (*to disease*) иммуните́т; (*to criticism*) невосприи́мчивость *f*; (*from prosecution*) неприкоснове́нность *f*.
immunize ['ɪmjunaɪz] *vt*: **to ~ sb (against)** де́лать (сде́лать *pf*) кому́-н приви́вку (про́тив *+gen*).
impact ['ɪmpækt] *n* (*of crash*) уда́р; (*force*) уда́рная си́ла; (*of law, measure*) возде́йствие.
impaired *adj* (*hearing, speech*) затруднённый.
impart [ɪm'pɑ:t] *vt*: **to ~ (to)** (*skills*) передава́ть (переда́ть *pf*) (*+dat*); (*news*) ве́дать (пове́дать *pf*) (*+dat*); (*flavour*) придава́ть (прида́ть *pf*) (*+dat*).
impartial [ɪm'pɑ:ʃl] *adj* беспристра́стный.
impatience [ɪm'peɪʃəns] *n* нетерпе́ние.
impatient [ɪm'peɪʃənt] *adj* нетерпели́вый; **to get** *or* **grow ~** теря́ть (потеря́ть *pf*) терпе́ние; **she was ~ to leave** ей не терпе́лось уйти́.
impeccable [ɪm'pɛkəbl] *adj* безупре́чный.
impediment [ɪm'pɛdɪmənt] *n*: **speech ~** дефе́кт ре́чи.
impending [ɪm'pɛndɪŋ] *adj* гряду́щий, надвига́ющийся.
imperative [ɪm'pɛrətɪv] *adj*: **it is ~ that** ... необходи́мо, что́бы ...
imperceptible [ɪmpə'sɛptɪbl] *adj* неощути́мый.
imperfect [ɪm'pə:fɪkt] *adj* (*system*) несоверше́нный; (*goods*) дефе́ктный.
imperial [ɪm'pɪərɪəl] *adj* (*history, power*) импе́рский; (*BRIT*: *measure*): **~ system** *брита́нская систе́ма едини́ц измере́ния и ве́са*.
impersonal [ɪm'pə:sənl] *adj* (*organization, place*) безли́кий.
impersonate [ɪm'pə:səneɪt] *vt* выдава́ть (вы́дать *pf*) себя́ за *+acc*.
impertinent [ɪm'pə:tɪnənt] *adj* де́рзкий.
impetuous [ɪm'pɛtjuəs] *adj* поры́вистый.
implement [*vb* 'ɪmplɪmɛnt, *n* 'ɪmplɪmənt] *vt* проводи́ть (провести́ *pf*) в жизнь ◆ *n* (*for gardening*) ору́дие.
implication [ɪmplɪ'keɪʃən] *n*

(*inference*) слéдствие.

implicit [ɪm'plɪsɪt] *adj* (*inferred*) невы́раженный, имплици́тный; (*unquestioning*) безоговóрочный.

implore [ɪm'plɔː'] *vt* умоля́ть *(impf)*.

imply [ɪm'plaɪ] *vt* (*hint*) намекáть (намекну́ть *pf*); (*mean*) означáть *(impf)*.

import [*vb* ɪm'pɔːt, *n, cpd* 'ɪmpɔːt] *vt* импорти́ровать *(impf/pf)*, ввози́ть (ввезти́ *pf*) ♦ *n* (*article*) импорти́руемый товáр; (*importation*) и́мпорт ♦ *cpd*: ~ **duty/licence** пóшлина/лицéнзия на ввоз.

importance [ɪm'pɔːtns] *n* вáжность *f*.

important [ɪm'pɔːtnt] *adj* вáжный; **it's not** ~ э́то невáжно.

impose [ɪm'pəuz] *vt* (*restrictions, fine*) налагáть (наложи́ть *pf*); (*discipline*) насаждáть (насади́ть *pf*) ♦ *vi* навя́зываться (навязáться *pf*).

imposing [ɪm'pəuzɪŋ] *adj* величéственный.

impossible [ɪm'pɔsɪbl] *adj* (*task, demand*) невыполни́мый; (*person*) невозмóжный; (*situation*) невыноси́мый.

impotent ['ɪmpətnt] *adj* бесси́льный.

impractical [ɪm'præktɪkl] *adj* (*plan etc*) нереáльный; (*person*) непракти́чный.

impress [ɪm'prɛs] *vt* (*person*) производи́ть (произвести́ *pf*) впечатлéние на *+acc*; **to ~ sth on sb** внушáть (внуши́ть *pf*) что-н комý-н.

impression [ɪm'prɛʃən] *n* впечатлéние; (*of stamp, seal*) отпечáток; (*imitation*) имитáция; **he is under the ~ that ...** у негó создалóсь впечатлéние, что ...; **~able** *adj* впечатли́тельный.

impressive [ɪm'prɛsɪv] *adj* впечатля́ющий.

imprint ['ɪmprɪnt] *n* отпечáток.

imprison [ɪm'prɪzn] *vt* заключáть (заключи́ть *pf*) в тюрьмý; **~ment** *n* (тюрéмное) заключéние.

improbable [ɪm'prɔbəbl] *adj* невероя́тный.

impromptu [ɪm'prɔmptjuː] *adj* (*party*) импровизи́рованный.

improve [ɪm'pruːv] *vt* улучшáть (улу́чшить *pf*) ♦ *vi* улучшáться (улу́чшиться *pf*); (*pupil*) станови́ться (стать *pf*) лу́чше; **the patient ~d** у больнóго наступи́ло улучшéние; **~ment** *n*: **~ment (in)** улучшéние (*+gen*).

improvise ['ɪmprəvaɪz] *vt* импровизи́ровать (сымпровизи́ровать *pf*) ♦ *vi* (*THEAT, MUS*) импровизи́ровать *(impf)*.

impudent ['ɪmpjudnt] *adj* бессты́дный.

impulse ['ɪmpʌls] *n* (*urge*) пoры́в; **to act on ~** поддавáться (поддáться *pf*) поры́ву.

impulsive [ɪm'pʌlsɪv] *adj* (*person*) импульси́вный; (*gesture*) поры́вистый.

KEYWORD

in [ɪn] *prep* **1** (*indicating position*) в/на *+prp*; **in the house/garden** в дóме/садý; **in the street/Ukraine** на у́лице/Украи́не; **in London/ Canada** в Лóндоне/Канáде; **in the country** в дерéвне; **in town** в гóроде; **in here** здесь; **in there** там

2 (*indicating motion*) в *+acc*; **in the house/room** в дом/ко́мнату
3 (*indicating time*: *during*): **in spring/summer/autumn/winter** весно́й/ле́том/о́сенью/зимо́й; **in the morning/afternoon/evening** у́тром/днём/ве́чером; **in the evenings** по вечера́м; **at 4 o'clock in the afternoon** в 4 часа́ дня
4 (*indicating time*: *in the space of*) за *+acc*; (: *after a period of*) че́рез *+acc*; **I did it in 3 hours** я сде́лал э́то за 3 часа́; **I'll see you in 2 weeks** уви́димся че́рез 2 неде́ли
5 (*indicating manner etc*): **in a loud/quiet voice** гро́мким/ти́хим го́лосом; **in English/Russian** по-англи́йски/по-ру́сски, на англи́йском/ру́сском языке́
6 (*wearing*) в *+prp*; **the boy in the blue shirt** ма́льчик в голубо́й руба́шке
7 (*indicating circumstances*): **in the sun** на со́лнце; **in the rain** под дождём; **in the shade** в тени́; **a rise in prices** повыше́ние цен
8 (*indicating mood, state*) в *+prp*
9 (*with ratios, numbers*): **one in ten households** одна́ из десяти́ семе́й; **20 pence in the pound** 20 пе́нсов на фунт; **they lined up in twos** они́ вы́строились по́ двое; **a gradient of one in five** укло́н оди́н к пяти́
10 (*referring to people, works*) у *+gen*; **the disease is common in children** э́то заболева́ние ча́сто встреча́ется у дете́й; **in Dickens** у Ди́ккенса; **you have a good friend in him** он тебе́ хоро́ший друг
11 (*indicating profession etc*): **to be in publishing/advertising** занима́ться *(impf)* изда́тельским де́лом/рекла́мным би́знесом; **to be in teaching** рабо́тать *(impf)* учи́телем; **to be in the army** быть *(impf)* в а́рмии
12 (*with present participle*): **in saying this** говоря́ э́то; **in behaving like this, she ...** поступа́я таки́м о́бразом, она́ ...
◆ *adv*: **to be in** (*train, ship, plane*) прибы́ть *(pf)*; (*in fashion*) быть *(impf)* в мо́де; **is he in today?** он сего́дня здесь?; **he is not in today** его́ сего́дня нет; **he wasn't in yesterday** его́ вчера́ не́ было; **he'll be in later today** он бу́дет по́зже сего́дня; **to ask sb in** предлага́ть (предложи́ть *pf*) кому́-н войти́; **to run/walk in** вбега́ть (вбежа́ть *pf*)/входи́ть (войти́ *pf*)
◆ *n*: **to know all the ins and outs** знать *(impf)* все ходы́ и вы́ходы.

in. *abbr* = **inch**.
inability [ɪnə'bɪlɪtɪ] *n*: **~ (to do)** неспосо́бность *f* (*+infin*).
inaccessible [ɪnək'sɛsɪbl] *adj* (*also fig*) недосту́пный.
inaccurate [ɪn'ækjurət] *adj* нето́чный.
inactivity [ɪnæk'tɪvɪtɪ] *n* безде́ятельность *f*.
inadequate [ɪn'ædɪkwət] *adj* недоста́точный; (*work*) неудовлетвори́тельный; (*person*) некомпете́нтный; **to feel ~** чу́вствовать *(impf)* себя́ не на у́ровне.
inadvertently [ɪnəd'və:tntlɪ] *adv* неумы́шленно.
inanimate [ɪn'ænɪmət] *adj* (*object*) неодушевлённый.
inappropriate [ɪnə'prəuprɪət] *adj* (*unsuitable*) неподходя́щий;

(*improper*) неуме́стный.
inarticulate [ɪnɑ:'tɪkjulət] *adj* (*person*) косноязы́чный.
inasmuch as [ɪnəz'mʌtʃ-] *adv* (*in that*) поско́льку; (*insofar as*) наско́лько.
inaudible [ɪn'ɔ:dɪbl] *adj* неслы́шный.
inauguration [ɪnɔ:gju'reɪʃən] *n* (*of person*) вступле́ние в до́лжность.
Inc. *abbr* = *incorporated.*
incapable [ɪn'keɪpəbl] *adj* (*helpless*) беспо́мощный; **~ of sth/doing** неспосо́бный на что-н/*+infin.*
incense [*n* 'ɪnsɛns, *vb* ɪn'sɛns] *n* ла́дан ◆ *vt* приводи́ть (привести́ *pf*) в я́рость.
incentive [ɪn'sɛntɪv] *n* сти́мул.
incessant [ɪn'sɛsnt] *adj* бесконе́чный, постоя́нный.
incest ['ɪnsɛst] *n* кровосмеше́ние.
inch [ɪntʃ] *n* (*measurement*) дюйм.
incidence ['ɪnsɪdns] *n* число́; **high ~** высо́кий у́ровень.
incident ['ɪnsɪdnt] *n* (*event*) слу́чай; **without ~** без происше́ствий; **~ally** [ɪnsɪ'dɛntəlɪ] *adv* (*by the way*) кста́ти, ме́жду про́чим.
incite [ɪn'saɪt] *vt* (*violence, hatred*) возбужда́ть (возбуди́ть *pf*); (*people*) подстрека́ть *(impf).*
inclination [ɪnklɪ'neɪʃən] *n* (*desire*) располо́женность *f*; (*tendency*) скло́нность *f.*
incline [*n* 'ɪnklaɪn, *vb* ɪn'klaɪn] *n* (*slope*) укло́н, накло́н ◆ *vi*: **he is ~d to ...** он скло́нен *+infin* ....; **he is ~d to depression** он скло́нен к депре́ссиям.
include [ɪn'klu:d] *vt* включа́ть (включи́ть *pf*).
including [ɪn'klu:dɪŋ] *prep* включа́я *+acc.*
inclusion [ɪn'klu:ʒən] *n* включе́ние.
inclusive [ɪn'klu:sɪv] *adj*: **~ of** включа́я *+acc*; **the price is fully ~** цена́ включа́ет в себя́ всё; **from March 1st to 5th ~** с 1-ого до 5-ого ма́рта включи́тельно.
incoherent [ɪnkəu'hɪərənt] *adj* (*argument*) непосле́довательный; (*speech*) несвя́зный; (*person*) косноязы́чный.
income ['ɪnkʌm] *n* дохо́д; **~ support** *n* де́нежное посо́бие (*се́мьям с ни́зким дохо́дом*); **~ tax** *n* подохо́дный нало́г.
incomparable [ɪn'kɔmpərəbl] *adj* несравне́нный.
incompatible [ɪnkəm'pætɪbl] *adj* несовмести́мый.
incompetence [ɪn'kɔmpɪtns] *n* некомпете́нтность *f.*
incompetent [ɪn'kɔmpɪtnt] *adj* (*person*) некомпете́нтный; (*work*) неуме́лый.
incomplete [ɪnkəm'pli:t] *adj* (*unfinished*) незавершённый; (*partial*) непо́лный.
incomprehensible [ɪnkɔmprɪ'hɛnsɪbl] *adj* непоня́тный.
inconceivable [ɪnkən'si:vəbl] *adj* немы́слимый.
inconsistency [ɪnkən'sɪstənsɪ] *n* (*of actions*) непосле́довательность *f*; (*of statement*) противоречи́вость *f.*
inconsistent [ɪnkən'sɪstnt] *adj* (*see n*) непосле́довательный; противоречи́вый; (*work*) неро́вный; **~ with** (*beliefs, values*) несовмести́мый с *+instr.*
inconvenience [ɪnkən'vi:njəns] *n*

(*problem*) неудо́бство ◆ *vt* причиня́ть (причини́ть *pf*) беспоко́йство *+dat*.

inconvenient [ɪnkən'viːnjənt] *adj* неудо́бный.

incorporate [ɪn'kɔːpəreɪt] *vt* (*contain*) содержа́ть *(impf)*; **to ~ (into)** включа́ть (включи́ть *pf*) (в *+acc*).

incorrect [ɪnkə'rɛkt] *adj* неве́рный, непра́вильный.

increase [*n* 'ɪnkriːs, *vb* ɪn'kriːs] *n*: **~ (in), ~ (of)** увеличе́ние (*+gen*) ◆ *vi* увели́чиваться (увели́читься *pf*) ◆ *vt* увели́чивать (увели́чить *pf*); (*price*) поднима́ть (подня́ть *pf*).

increasingly *adv* (*more intensely*) всё бо́лее; (*more often*) всё ча́ще.

incredible [ɪn'krɛdɪbl] *adj* невероя́тный.

incredulous [ɪn'krɛdjuləs] *adj* недове́рчивый.

incur [ɪn'kəːʳ] *vt* (*expenses, loss*) нести́ (понести́ *pf*); (*debt*) наде́лать *(pf) +gen*; (*disapproval, anger*) навлека́ть (навле́чь *pf*) на себя́.

incurable [ɪn'kjuərəbl] *adj* (*disease*) неизлечи́мый.

indebted [ɪn'dɛtɪd] *adj*: **I am ~ to you** (*grateful*) я Вам обя́зан.

indecent [ɪn'diːsnt] *adj* непристо́йный.

indecisive [ɪndɪ'saɪsɪv] *adj* нереши́тельный.

indeed [ɪn'diːd] *adv* (*certainly*) действи́тельно, в са́мом де́ле; (*in fact, furthermore*) бо́лее того́; **I'm upset, ~ shocked** я расстро́ен, да́же шоки́рован; **this book is very interesting ~** э́та кни́га чрезвыча́йно интере́сная; **thank you very much ~** большо́е Вам спаси́бо; **he is ~ very talented** он на са́мом де́ле о́чень тала́нтлив; **yes ~!** да, действи́тельно *or* коне́чно!

indefinite [ɪn'dɛfɪnɪt] *adj* (*answer, view*) неопределённый; (*period, number*) неограни́ченный; **~ly** *adv* (*continue, wait*) бесконе́чно; (*be closed, delayed*) на неопределённое вре́мя.

independence [ɪndɪ'pɛndns] *n* незави́симость *f*.

independent [ɪndɪ'pɛndnt] *adj* незави́симый.

in-depth ['ɪndɛpθ] *adj* глубо́кий.

indestructible [ɪndɪs'trʌktəbl] *adj* (*object*) неразруши́мый; (*friendship, alliance*) неруши́мый.

index ['ɪndɛks] (*pl* **~es**) *n* (*in book*) указа́тель *m*; (*in library etc*) катало́г; **price ~** и́ндекс цен; **~ finger** *n* указа́тельный па́лец.

India ['ɪndɪə] *n* И́ндия; **~n** *adj* инди́йский ◆ *n* инди́ец; **Red ~n** инде́ец.

indicate ['ɪndɪkeɪt] *vt* ука́зывать (указа́ть *pf*) на *+acc*; (*mention*) ука́зывать (указа́ть *pf*).

indication [ɪndɪ'keɪʃən] *n* знак; **all the ~s are that ...** всё ука́зывает на то, что ...

indicative [ɪn'dɪkətɪv] *adj*: **to be ~ of** свиде́тельствовать *(impf)* о *+prp*, ука́зывать *(impf)* на *+acc*.

indicator ['ɪndɪkeɪtəʳ] *n* (*AUT*) указа́тель *m* поворо́та; (*fig*) показа́тель *m*.

indifference [ɪn'dɪfrəns] *n* безразли́чие, равноду́шие.

indifferent [ɪn'dɪfrənt] *adj* безразли́чный, равноду́шный; (*mediocre*) посре́дственный.

indigestion [ɪndɪ'dʒɛstʃən] *n* расстро́йство желу́дка.

indignant [ɪn'dɪgnənt] *adj*: **~ at**

sth/with sb возмущённый чем-н/кем-н.
indignation [ɪndɪg'neɪʃən] *n* возмуще́ние, негодова́ние.
indirect [ɪndɪ'rɛkt] *adj* (*way*) око́льный, обхо́дный; (*answer*) уклóнчивый; (*effect*) побо́чный; **~ object** (*LING*) ко́свенное дополне́ние.
indiscriminate [ɪndɪs'krɪmɪnət] *adj* (*bombing*) беспоря́дочный.
indispensable [ɪndɪs'pɛnsəbl] *adj* (*object*) необходи́мый; (*person*) незамени́мый.
indisputable [ɪndɪs'pju:təbl] *adj* (*undeniable*) неоспори́мый.
individual [ɪndɪ'vɪdjuəl] *n* ли́чность *f*, индиви́дуум ♦ *adj* индивидуа́льный; **certain ~s** отде́льные ли́чности; **~ist** *n* индивидуали́ст(ка); **~ly** *adv* в отде́льности, отде́льно; (*responsible*) ли́чно.
indoctrination [ɪndɔktrɪ'neɪʃən] *n* идеологи́ческая обрабо́тка.
indoor ['ɪndɔ:ʳ] *adj* (*plant*) ко́мнатный; (*pool*) закры́тый; **~s** *adv* (*go*) в помеще́ние; (*be*) в помеще́нии; **he stayed ~s all morning** он просиде́л до́ма всё у́тро.
induce [ɪn'dju:s] *vt* (*cause*) вызыва́ть (вы́звать *pf*); (*persuade*) побужда́ть (побуди́ть *pf*); (*MED*: *birth*) стимули́ровать *(impf/pf)*.
indulge [ɪn'dʌldʒ] *vt* (*desire, whim etc*) потво́рствовать *(impf) +dat*, потака́ть *(impf) +dat*; (*person, child*) балова́ть (избалова́ть *pf*) ♦ *vi*: **to ~ in** балова́ться (побалова́ться *pf*) *+instr*; **~nce** *n* (*pleasure*) при́хоть *f*; (*leniency*) потво́рство.
industrial [ɪn'dʌstrɪəl] *adj* индустриа́льный, промы́шленный; **~ accident** несча́стный слу́чай на произво́дстве; **~ action** *n* забасто́вка; **~ estate** *n* (*BRIT*) индустриа́льный парк.
industry ['ɪndəstrɪ] *n* (*manufacturing*) индустри́я, промы́шленность *f no pl*; **industries** о́трасли *pl* промы́шленности; **tourist/fashion ~** индустри́я тури́зма/мо́ды.
inedible [ɪn'ɛdɪbl] *adj* несъедо́бный.
ineffective [ɪnɪ'fɛktɪv] *adj* неэффекти́вный.
inefficiency [ɪnɪ'fɪʃənsɪ] *n* (*see adj*) неэффекти́вность *f*, непроизводи́тельность *f*.
inefficient [ɪnɪ'fɪʃənt] *adj* неэффекти́вный; (*machine*) непроизводи́тельный.
inept [ɪ'nɛpt] *adj* неуме́лый.
inequality [ɪnɪ'kwɔlɪtɪ] *n* (*of system*) нера́венство.
inert [ɪ'nə:t] *adj* (*still*) неподви́жный.
inescapable [ɪnɪ'skeɪpəbl] *adj* неизбе́жный.
inevitable [ɪn'ɛvɪtəbl] *adj* неизбе́жный.
inevitably [ɪn'ɛvɪtəblɪ] *adv* неизбе́жно.
inexcusable [ɪnɪks'kju:zəbl] *adj* непрости́тельный.
inexpensive [ɪnɪk'spɛnsɪv] *adj* недорого́й.
inexperienced [ɪnɪk'spɪərɪənst] *adj* нео́пытный.
inexplicable [ɪnɪk'splɪkəbl] *adj* необъясни́мый.
infamous ['ɪnfəməs] *adj* (*person*)

бесчéстный.
infant [ˈɪnfənt] *n* (*baby*) младéнец; (*young child*) ребёнок.
infantry [ˈɪnfəntrɪ] *n* пехóта.
infatuation [ɪnfætjuˈeɪʃən] *n* страсть *f*.
infect [ɪnˈfɛkt] *vt* заражáть (зарази́ть *pf*); **~ion** [ɪnˈfɛkʃən] *n* зарáза, инфéкция; **~ious** [ɪnˈfɛkʃəs] *adj* (*disease*) инфекциóнный; (*fig*) зарази́тельный.
inference [ˈɪnfərəns] *n* заключéние.
inferior [ɪnˈfɪərɪəʳ] *adj* (*position, status*) подчинённый; (*goods*) ни́зкого кáчества.
infertile [ɪnˈfə:taɪl] *adj* (*person, animal*) бесплóдный; (*soil*) неплодорóдный.
infertility [ɪnfə:ˈtɪlɪtɪ] *n* (*see adj*) бесплóдие; неплодорóдность *f*.
infested [ɪnˈfɛstɪd] *adj*: **the house is ~ with rats** дом киши́т кры́сами.
infidelity [ɪnfɪˈdɛlɪtɪ] *n* невéрность *f*.
infinite [ˈɪnfɪnɪt] *adj* бесконéчный.
infinitive [ɪnˈfɪnɪtɪv] *n* инфинити́в, неопределённая фóрма глагóла.
infinity [ɪnˈfɪnɪtɪ] *n* бесконéчность *f*.
infirm [ɪnˈfə:m] *adj* нéмощный; **~ary** *n* больни́ца.
inflammable [ɪnˈflæməbl] *adj* (*fabric*) легкó воспламеня́ющийся; (*chemical*) горю́чий.
inflammation [ɪnfləˈmeɪʃən] *n* воспалéние.
inflation [ɪnˈfleɪʃən] *n* инфля́ция.
inflexible [ɪnˈflɛksɪbl] *adj* (*rule, timetable*) жёсткий; (*person*) неги́бкий.
inflict [ɪnˈflɪkt] *vt*: **to ~ sth on sb** причиня́ть (причини́ть *pf*) что-н комý-н.
influence [ˈɪnfluəns] *n* (*power*) влия́ние; (*effect*) воздéйствие ◆ *vt* влия́ть (повлия́ть *pf*) на *+acc*; **under the ~ of alcohol** под воздéйствием алкогóля.
influential [ɪnfluˈɛnʃl] *adj* влия́тельный.
influx [ˈɪnflʌks] *n* притóк.
inform [ɪnˈfɔ:m] *vt*: **to ~ sb of sth** сообщáть (сообщи́ть *pf*) комý-н о чём-н ◆ *vi*: **to ~ on sb** доноси́ть (донести́ *pf*) на когó-н.
informal [ɪnˈfɔ:ml] *adj* (*visit, invitation*) неофициáльный; (*discussion, manner*) непринуждённый; (*clothes*) бýдничный.
information [ɪnfəˈmeɪʃən] *n* информáция, сообщéние; **a piece of ~** сообщéние.
informative [ɪnˈfɔ:mətɪv] *adj* содержáтельный.
informer [ɪnˈfɔ:məʳ] *n* (*also:* **police ~**) осведоми́тель(ница) *m(f)*.
infrastructure [ˈɪnfrəstrʌktʃəʳ] *n* инфраструктýра.
infringe [ɪnˈfrɪndʒ] *vt* (*law*) преступáть (преступи́ть *pf*) ◆ *vi*: **to ~ on** ущемля́ть (ущеми́ть *pf*), посягáть (посягнýть *pf*) на *+acc*.
infuriating [ɪnˈfjuərɪeɪtɪŋ] *adj* приводя́щий в я́рость.
ingenious [ɪnˈdʒi:njəs] *adj* хитроýмный; (*person*) изобретáтельный.
ingenuity [ɪndʒɪˈnju:ɪtɪ] *n* (*see adj*) хитроýмность *f*; изобретáтельность *f*.
ingredient [ɪnˈgri:dɪənt] *n* ингредиéнт; (*fig*) составнáя часть *f*.

inhabit [ɪn'hæbɪt] *vt* населя́ть *(impf)*; **~ant** *n* жи́тель(ница) *m(f)*.
inhale [ɪn'heɪl] *vt* вдыха́ть (вдохну́ть *pf*) ◆ *vi* де́лать (сде́лать *pf*) вдох; (*when smoking*) затя́гиваться (затяну́ться *pf*).
inherent [ɪn'hɪərənt] *adj*: **~ in** *or* **to** прису́щий *+dat*.
inherit [ɪn'hɛrɪt] *vt* насле́довать *(impf/pf)*, унасле́довать *(pf)*; **~ance** *n* насле́дство.
inhibit [ɪn'hɪbɪt] *vt* ско́вывать (скова́ть *pf*); (*growth*) заде́рживать (задержа́ть *pf*); **~ed** *adj* ско́ванный; **~ion** [ɪnhɪ'bɪʃən] *n* ско́ванность *f no pl*.
inhospitable [ɪnhɔs'pɪtəbl] *adj* (*person*) негостеприи́мный; (*place*) неприве́тливый.
inhuman [ɪn'hju:mən] *adj* (*behaviour*) бесчелове́чный.
initial [ɪ'nɪʃl] *adj* первонача́льный, нача́льный ◆ *n* (*also:* **~ letter**) нача́льная бу́ква ◆ *vt* ста́вить (поста́вить *pf*) инициа́лы на *+prp*; **~s** *npl* (*of name*) инициа́лы *mpl*; **~ly** *adv* (*at first*) внача́ле, снача́ла.
initiate [ɪ'nɪʃɪeɪt] *vt* (*talks etc*) класть (положи́ть *pf*) нача́ло *+dat*; (*new member*) посвяща́ть (посвяти́ть *pf*).
initiation [ɪnɪʃɪ'eɪʃən] *n* основа́ние; (*into secret etc*) посвяще́ние.
initiative [ɪ'nɪʃətɪv] *n* инициати́ва, начина́ние; (*enterprise*) инициати́вность *f*; **to take the ~** брать (взять *pf*) на себя́ инициати́ву.
inject [ɪn'dʒɛkt] *vt* (*drugs, poison*) вводи́ть (ввести́ *pf*); (*patient*): **to ~ sb with sth** де́лать (сде́лать *pf*) уко́л чего́-н кому́-н; **to ~ into** (*money*) влива́ть (влить *pf*) в *+acc*; **~ion** [ɪn'dʒɛkʃən] *n* уко́л; (*of money*) влива́ние.
injunction [ɪn'dʒʌŋkʃən] *n* (LAW) суде́бный запре́т.
injure ['ɪndʒə'] *vt* (*person, limb, feelings*) ра́нить *(impf/pf)*; **~d** *adj* ра́неный.
injury ['ɪndʒərɪ] *n* ра́на, ране́ние; (*industrial, sports*) тра́вма.
injustice [ɪn'dʒʌstɪs] *n* несправедли́вость *f*.
ink [ɪŋk] *n* (*in pen*) черни́ла *pl*.
inland ['ɪnlənd] *adv* (*travel*) вглубь; **I~ Revenue** *n* (BRIT) ≈ Гла́вное нало́говое управле́ние.
in-laws ['ɪnlɔ:z] *npl* (*of woman*) *родня́ со стороны́ му́жа*; (*of man*) *родня́ со стороны́ жены́*.
inlet ['ɪnlɛt] *n* (у́зкий) зали́в.
inmate ['ɪnmeɪt] *n* (*of prison*) заключённый(-ая) *m(f) adj*; (*of asylum*) пацие́нт(ка).
inn [ɪn] *n* тракти́р.
inner ['ɪnə'] *adj* вну́тренний; **~ city** *n* центра́льная часть *f* го́рода.
innocence ['ɪnəsns] *n* невино́вность *f*; (*naivety*) неви́нность *f*.
innocent ['ɪnəsnt] *adj* невино́вный; (*naive*) неви́нный.
innovation [ɪnəu'veɪʃən] *n* но́вшество.
innumerable [ɪ'nju:mrəbl] *adj* бесчи́сленный.
inoculation [ɪnɔkju'leɪʃən] *n* приви́вка.
input ['ɪnput] *n* (*resources, money*) вложе́ние.
inquest ['ɪnkwɛst] *n* (*into death*) (суде́бное) рассле́дование.
inquire [ɪn'kwaɪə'] *vi*: **to ~ (about)** наводи́ть (навести́ *pf*) спра́вки (о *+prp*); (*health*) справля́ться

(спра́виться *pf*) (о *+prp*); **to ~ when/where** осведомля́ться (осве́домиться *pf*) когда́/где; **~ into** *vt fus* рассле́довать *(impf/pf)*.
inquisitive [ɪn'kwɪzɪtɪv] *adj* любопы́тный.
ins *abbr* = **inches**.
insane [ɪn'seɪn] *adj* (*foolish*) безу́мный; (*mad*) сумасше́дший.
insatiable [ɪn'seɪʃəbl] *adj* ненасы́тный.
inscription [ɪn'skrɪpʃən] *n* на́дпись *f*.
insect ['ɪnsɛkt] *n* насеко́мое *nt adj*; **~icide** [ɪn'sɛktɪsaɪd] *n* инсектици́д.
insecure [ɪnsɪ'kjuə'] *adj* (*person*) неуве́ренный в себе́.
insecurity [ɪnsɪ'kjuərɪtɪ] *n* неуве́ренность *f* в себе́.
insensitive [ɪn'sɛnsɪtɪv] *adj* бесчу́вственный.
inseparable [ɪn'sɛprəbl] *adj* (*ideas, elements*) неразделимый; (*friends*) неразлу́чный.
insert [ɪn'sə:t] *vt*: **to ~ (into)** вставля́ть (вста́вить *pf*) (в *+acc*); (*piece of paper*) вкла́дывать (вложи́ть *pf*) (в *+acc*); **~ion** [ɪn'sə:ʃən] *n* (*in book, file*) вста́вка; (*of needle*) введе́ние.
inside ['ɪn'saɪd] *n* вну́тренняя часть *f* ◆ *adj* вну́тренний ◆ *adv* (*be*) внутри́; (*go*) внутрь ◆ *prep* (*position*) внутри́ *+gen*; (*motion*) внутрь *+gen*; **~ ten minutes** в преде́лах десяти мину́т; **~s** *npl* (*inf*: *stomach*) вну́тренности *fpl*; **~ out** *adv* наизна́нку; (*know*) вдоль и поперёк.
insight ['ɪnsaɪt] *n*: **~ (into)** понима́ние (*+gen*).
insignificant [ɪnsɪg'nɪfɪknt] *adj* незначи́тельный.
insist [ɪn'sɪst] *vi*: **to ~ (on)** наста́ивать (настоя́ть *pf*) (на *+prp*); **he ~ed that I came** он настоя́л на том, что́бы я пришёл; **he ~ed that all was well** он наста́ивал на том, что всё в поря́дке; **~ence** *n* настоя́ние; **~ent** *adj* насто́йчивый.
insofar as [ɪnsəu'fɑ:'-] *adv* поско́льку.
insolent ['ɪnsələnt] *adj* (*attitude, remark*) на́глый.
insomnia [ɪn'sɔmnɪə] *n* бессо́нница.
inspect [ɪn'spɛkt] *vt* (*equipment, premises*) осма́тривать (осмотре́ть *pf*); **~ion** [ɪn'spɛkʃən] *n* осмо́тр; **~or** *n* (*ADMIN, POLICE*) инспе́ктор; (*BRIT*: *on buses, trains*) контролёр.
inspiration [ɪnspə'reɪʃən] *n* вдохнове́ние.
inspire [ɪn'spaɪə'] *vt* (*workers, troops*) вдохновля́ть (вдохнови́ть *pf*); **to ~ sth (in sb)** внуша́ть (внуши́ть *pf*) что-н (кому́-н).
instability [ɪnstə'bɪlɪtɪ] *n* нестаби́льность *f*.
install [ɪn'stɔ:l] *vt* (*machine*) устана́вливать (установи́ть *pf*); (*official*) ста́вить (поста́вить *pf*); **~ation** [ɪnstə'leɪʃən] *n* (*of machine, plant*) устано́вка.
instalment [ɪn'stɔ:lmənt] (*US* **installment**) *n* (*of payment*) взнос; (*of story*) часть *f*; **to pay in ~s** плати́ть (заплати́ть *pf*) в рассро́чку.
instance ['ɪnstəns] *n* приме́р; **for ~** наприме́р; **in the first ~** в пе́рвую о́чередь.
instant ['ɪnstənt] *n* мгнове́ние, миг ◆ *adj* (*reaction, success*) мгнове́нный; (*coffee*)

раствори́мый; **come here this ~!** иди́ сюда́ сию́ мину́ту!; **~ly** *adv* неме́дленно, сра́зу.
instead [ɪn'stɛd] *adv* взаме́н ◆ *prep*: **~ of** вме́сто *or* взаме́н *+gen*.
instep ['ɪnstɛp] *n* подъём (*ноги́, ту́фли*).
instil [ɪn'stɪl] *vt*: **to ~ sth in(to) sb** вселя́ть (всели́ть *pf*) что-н в кого́-н.
instinct ['ɪnstɪŋkt] *n* инсти́нкт; **by ~** инстинкти́вно; **~ive** [ɪn'stɪŋktɪv] *adj* инстинкти́вный.
institute ['ɪnstɪtju:t] *n* (*for research, teaching*) институ́т; (*professional body*) ассоциа́ция ◆ *vt* (*system, rule*) учрежда́ть (учреди́ть *pf*).
institution [ɪnstɪ'tju:ʃən] *n* учрежде́ние; (*custom, tradition*) институ́т.
instruct [ɪn'strʌkt] *vt*: **to ~ sb in sth** обуча́ть (обучи́ть *pf*) кого́-н чему́-н; **to ~ sb to do** поруча́ть (поручи́ть *pf*) кому́-н *+infin*; **~ion** [ɪn'strʌkʃən] *n* (*teaching*) обуче́ние; **~ions** *npl* (*orders*) указа́ния *ntpl*; **~ions (for use)** инстру́кция *or* руково́дство (по примене́нию); **~or** *n* (*for driving etc*) инстру́ктор.
instrument ['ɪnstrumənt] *n* инструме́нт; **~al** [ɪnstru'mɛntl] *adj*: **to be ~al in** игра́ть (сыгра́ть *pf*) суще́ственную роль в *+prp*.
insufficient [ɪnsə'fɪʃənt] *adj* недоста́точный.
insulation [ɪnsju'leɪʃən] *n* (*against cold*) (тепло)изоля́ция.
insulin ['ɪnsjulɪn] *n* инсули́н.
insult [*vb* ɪn'sʌlt, *n* 'ɪnsʌlt] *vt* оскорбля́ть (оскорби́ть *pf*) ◆ *n* оскорбле́ние; **~ing** [ɪn'sʌltɪŋ] *adj* оскорби́тельный.
insurance [ɪn'ʃuərəns] *n* страхова́ние.
insure [ɪn'ʃuə'] *vt*: **to ~ (against)** страхова́ть (застрахова́ть *pf*) (от *+gen*); **to ~ (o.s.) against** страхова́ться (застрахова́ться *pf*) от *+gen*.
intact [ɪn'tækt] *adj* (*unharmed*) неповреждённый; (*whole*) нетро́нутый.
intake ['ɪnteɪk] *n* (*of food, drink*) потребле́ние; (*BRIT: of pupils, recruits*) набо́р.
integral ['ɪntɪgrəl] *adj* неотъе́млемый.
integrate ['ɪntɪgreɪt] *vt* интегри́ровать *(impf/pf)* ◆ *vi* (*groups, individuals*) объединя́ться (объедини́ться *pf*).
integrity [ɪn'tɛgrɪtɪ] *n* (*morality*) че́стность *f*, поря́дочность *f*.
intellect ['ɪntəlɛkt] *n* интелле́кт; **~ual** [ɪntə'lɛktjuəl] *adj* интеллектуа́льный ◆ *n* интеллектуа́л.
intelligence [ɪn'tɛlɪdʒəns] *n* ум; (*thinking power*) у́мственные спосо́бности *fpl*; (*MIL etc*) разве́дка; **~ service** *n* разве́дывательная слу́жба.
intelligent [ɪn'tɛlɪdʒənt] *adj* у́мный; (*animal*) разу́мный.
intend [ɪn'tɛnd] *vt*: **to ~ sth for** предназнача́ть (предназна́чить *pf*) что-н для *+gen*; **to ~ to do** намерева́ться *(impf) +infin*; **~ed** *adj* (*effect*) заплани́рованный; (*victim*) предполага́емый.
intense [ɪn'tɛns] *adj* (*heat, emotion*) си́льный; (*noise, activity*) интенси́вный; **~ly** *adv* си́льно.
intensify [ɪn'tɛnsɪfaɪ] *vt* уси́ливать (уси́лить *pf*).
intensity [ɪn'tɛnsɪtɪ] *n* (*of effort,*

sun) интенсивность *f*.
intensive [ɪn'tɛnsɪv] *adj* интенсивный; **~ care** интенсивная терапия.
intent [ɪn'tɛnt] *adj*: **~ (on)** сосредоточенный (на *+prp*); **to be ~ on doing** (*determined*) стремиться *(impf) +infin*.
intention [ɪn'tɛnʃən] *n* намерение; **~al** *adj* намеренный.
interact [ɪntər'ækt] *vi*: **to ~ (with)** взаимодействовать *(impf)* (с *+instr*); **~ion** [ɪntər'ækʃən] *n* взаимодействие.
interchangeable [ɪntə'tʃeɪndʒəbl] *adj* взаимозаменяемый.
intercom ['ɪntəkɔm] *n* селектор.
intercourse ['ɪntəkɔ:s] *n* (*sexual*) половое сношение.
interest ['ɪntrɪst] *n*: **~ (in)** интерес (к *+dat*); (COMM: *sum of money*) проценты *mpl* ◆ *vt* интересовать *(impf)*; **~ed** *adj* заинтересованный; **to be ~ed (in sth)** (*music etc*) интересоваться *(impf)* (чем-н); **~ing** *adj* интересный; **~ rate** *n* процентная ставка.
interfere [ɪntə'fɪə'] *vi*: **to ~ in** вмешиваться (вмешаться *pf*) в *+acc*; **to ~ with** (*hinder*) мешать (помешать *pf*) *+dat*; **~nce** *n* вмешательство.
interim ['ɪntərɪm] *adj* (*government*) временный; (*report*) промежуточный ◆ *n*: **in the ~** тем временем.
interior [ɪn'tɪərɪə'] *n* (*of building*) интерьер; (*of car, box etc*) внутренность *f* ◆ *adj* (*door, room etc*) внутренний; **~ department/ minister** департамент/министр внутренних дел.
intermediate [ɪntə'mi:dɪət] *adj* (*stage*) промежуточный.
internal [ɪn'tə:nl] *adj* внутренний.
international [ɪntə'næʃənl] *adj* международный.
interpret [ɪn'tə:prɪt] *vt* (*explain*) интерпретировать *(impf/pf)*, толковать *(impf)*; (*translate*) переводить (перевести *pf*) (*устно*) ◆ *vi* переводить (перевести *pf*) (*устно*); **~ation** [ɪntə:prɪ'teɪʃən] *n* интерпретация, толкование; **~er** *n* переводчик(-ица).
interrogation [ɪntɛrəu'geɪʃən] *n* допрос.
interrupt [ɪntə'rʌpt] *vti* прерывать (прервать *pf*); **~ion** [ɪntə'rʌpʃən] *n* (*act*) прерывание.
interval ['ɪntəvl] *n* интервал; (BRIT: SPORT) перерыв; (: THEAT) антракт; **at ~s** время от времени.
intervene [ɪntə'vi:n] *vi* (*in conversation, situation*) вмешиваться (вмешаться *pf*); (*event*) мешать (помешать *pf*).
intervention [ɪntə'vɛnʃən] *n* (*interference*) вмешательство; (*mediation*) посредничество.
interview ['ɪntəvju:] *n* (*see vt*) собеседование; интервью *nt ind* ◆ *vt* (*for job*) проводить (провести *pf*) собеседование с *+instr*; (RADIO, TV *etc*) интервьюировать *(impf/pf)*, брать (взять *pf*) интервью у *+gen*.
intestine [ɪn'tɛstɪn] *n* кишка; **~s** кишечник *msg*.
intimacy ['ɪntɪməsɪ] *n* интимность *f*.
intimate ['ɪntɪmət] *adj* близкий; (*relationship, conversation, atmosphere*) интимный;

(*knowledge*) глубо́кий.
intimidate [ɪn'tɪmɪdeɪt] *vt* запу́гивать (запуга́ть *pf*).
intimidation [ɪntɪmɪ'deɪʃən] *n* запу́гивание.

KEYWORD

into ['ɪntu] *prep* **1** (*indicating motion*) в/на *+acc*; **into the house/garden** в дом/сад; **into the post office/factory** на по́чту/фа́брику; **research into cancer** иссле́дования в о́бласти ра́ковых заболева́ний; **he worked late into the night** он рабо́тал до по́здней но́чи
2 (*indicating change of condition, result*): **she has translated the letter into Russian** она́ перевела́ письмо́ на ру́сский язы́к; **the vase broke into pieces** ва́за разби́лась вдре́безги; **they got into trouble for it** им попа́ло за э́то; **he lapsed into silence** он погрузи́лся в молча́ние; **to burst into tears** распла́каться *(pf)*; **to burst into flames** загора́ться (загоре́ться *pf*).

intolerable [ɪn'tɔlərəbl] *adj* нетерпи́мый, невыноси́мый.
intolerance [ɪn'tɔlərns] *n* нетерпи́мость *f*.
intricate ['ɪntrɪkət] *adj* замыслова́тый.
intriguing [ɪn'tri:gɪŋ] *adj* (*fascinating*) интригу́ющий.
introduce [ɪntrə'dju:s] *vt* (*new idea, measure etc*) вводи́ть (ввести́ *pf*); (*speaker, programme*) представля́ть (предста́вить *pf*); **to ~ sb (to sb)** представля́ть (предста́вить *pf*) кого́-н (кому́-н); **to ~ sb to** (*pastime etc*) знако́мить (познако́мить *pf*) кого́-н с *+instr*.
introduction [ɪntrə'dʌkʃən] *n* введе́ние; (*to person, new experience*) знако́мство.
introductory [ɪntrə'dʌktərɪ] *adj* (*lesson*) вступи́тельный.
introvert ['ɪntrəuvə:t] *n* интрове́рт.
intrude [ɪn'tru:d] *vi*: **to ~ (on)** вторга́ться (вто́ргнуться *pf*) (в/на *+acc*); **~r** *n*: **there is an ~r in our house** к нам в дом кто-то вто́ргся.
intrusion [ɪn'tru:ʒən] *n* вторже́ние.
intuition [ɪntju:'ɪʃən] *n* интуи́ция.
intuitive [ɪn'tju:ɪtɪv] *adj* интуити́вный.
inundate ['ɪnʌndeɪt] *vt*: **to ~ with** (*calls etc*) зава́ливать (завали́ть *pf*) *+instr*.
invade [ɪn'veɪd] *vt* (*MIL*) вторга́ться (вто́ргнуться *pf*) в *+acc*.
invalid [*n* 'ɪnvəlɪd, *adj* ɪn'vælɪd] *n* инвали́д ♦ *adj* недействи́тельный.
invaluable [ɪn'væljuəbl] *adj* неоцени́мый.
invariably [ɪn'vɛərɪəblɪ] *adv* неизме́нно.
invasion [ɪn'veɪʒən] *n* (*MIL*) вторже́ние.
invent [ɪn'vɛnt] *vt* изобрета́ть (изобрести́ *pf*); (*fabricate*) выду́мывать (вы́думать *pf*); **~ion** [ɪn'vɛnʃən] *n* (*see vt*) изобрете́ние; вы́думка; **~ive** *adj* изобрета́тельный; **~or** *n* изобрета́тель *m*.
inventory ['ɪnvəntrɪ] *n* (*of house etc*) (инвентаризацио́нная) о́пись *f*.
invertebrate [ɪn'və:tɪbrət] *n* беспозвоно́чное *nt adj*.

inverted commas [ɪn'vəːtɪd-] *npl* (*BRIT*: *LING*) кавы́чки *fpl*.
invest [ɪn'vɛst] *vt* вкла́дывать (вложи́ть *pf*) ♦ *vi*: **to ~ in** вкла́дывать (вложи́ть *pf*) де́ньги в *+acc*.
investigate [ɪn'vɛstɪgeɪt] *vt* (*accident, crime*) рассле́довать (*impf/pf*).
investigation [ɪnvɛstɪ'geɪʃən] *n* рассле́дование.
investment [ɪn'vɛstmənt] *n* (*activity*) инвести́рование; (*amount of money*) инвести́ция, вклад.
investor [ɪn'vɛstəʳ] *n* инве́стор, вкла́дчик.
invigilator [ɪn'vɪdʒɪleɪtəʳ] *n* *экзамена́тор, следя́щий за тем, что́бы студе́нты не спи́сывали во вре́мя экза́менов.*
invigorating [ɪn'vɪgəreɪtɪŋ] *adj* (*air*) бодря́щий.
invincible [ɪn'vɪnsɪbl] *adj* (*army, team*) непобеди́мый.
invisible [ɪn'vɪzɪbl] *adj* неви́димый.
invitation [ɪnvɪ'teɪʃən] *n* приглаше́ние.
invite [ɪn'vaɪt] *vt* приглаша́ть (пригласи́ть *pf*); (*discussion, criticism*) побужда́ть (побуди́ть *pf*) к *+dat*; **to ~ sb to do** предлага́ть (предложи́ть *pf*) кому́-н *+infin*.
inviting [ɪn'vaɪtɪŋ] *adj* соблазни́тельный.
invoice ['ɪnvɔɪs] *n* счёт, факту́ра ♦ *vt* выпи́сывать (вы́писать *pf*) счёт *or* факту́ру *+dat*.
involuntary [ɪn'vɔləntrɪ] *adj* (*action, reflex*) непроизво́льный.
involve [ɪn'vɔlv] *vt* (*include*) вовлека́ть (вовле́чь *pf*); (*concern, affect*) каса́ться (*impf*) *+gen*; **to ~ sb (in sth)** вовлека́ть (вовле́чь *pf*) кого́-н (во что-н); **~ment** *n* (*participation*) прича́стность *f*; (*enthusiasm*) вовлечённость *f*.
inwards *adv* (*move, face*) внутрь.
iodine ['aɪəudiːn] *n* йод.
ion ['aɪən] *n* (*ELEC*) ио́н.
IOU *n abbr* (= *I owe you*) долгова́я распи́ска.
IQ *n abbr* (= *intelligence quotient*) коэффицие́нт у́мственного разви́тия.
IRA *n abbr* (= *Irish Republican Army*) ИРА.
Iran [ɪ'rɑːn] *n* Ира́н; **~ian** [ɪ'reɪnɪən] *adj* ира́нский.
Iraq [ɪ'rɑːk] *n* Ира́к; **~i** *adj* ира́кский.
Ireland ['aɪələnd] *n* Ирла́ндия.
iris ['aɪrɪs] (*pl* **~es**) *n* (*ANAT*) ра́дужная оболо́чка (гла́за).
Irish ['aɪrɪʃ] *adj* ирла́ндский ♦ *npl*: **the ~** ирла́ндцы; **~man** *irreg n* ирла́ндец.
iron ['aɪən] *n* (*metal*) желе́зо; (*for clothes*) утю́г ♦ *cpd* желе́зный ♦ *vt* (*clothes*) гла́дить (погла́дить *pf*); **~ out** *vt* (*fig*: *problems*) ула́живать (ула́дить *pf*).
ironic(al) [aɪ'rɔnɪk(l)] *adj* ирони́ческий.
ironmonger ['aɪənmʌŋgəʳ] *n* (*BRIT*) торго́вец скобяны́ми изде́лиями.
irony ['aɪrənɪ] *n* иро́ния.
irrational [ɪ'ræʃənl] *adj* неразу́мный, нерациона́льный.
irreconcilable [ɪrɛkən'saɪləbl] *adj* (*ideas, conflict*) непримири́мый.
irregular [ɪ'rɛgjuləʳ] *adj* (*pattern*) непра́вильной фо́рмы; (*surface*) неро́вный; (*LING*) непра́вильный.
irrelevant [ɪ'rɛləvənt] *adj*: **this fact**

is ~ э́тот факт к де́лу не отно́сится.

irreparable [ɪ'rɛprəbl] *adj* (*damage*) непоправи́мый.

irreplaceable [ɪrɪ'pleɪsəbl] *adj* незамени́мый.

irrepressible [ɪrɪ'prɛsəbl] *adj* неудержи́мый.

irresistible [ɪrɪ'zɪstɪbl] *adj* (*urge, desire*) непреодоли́мый; (*person, thing*) неотрази́мый.

irrespective [ɪrɪ'spɛktɪv] *prep*: **~ of** незави́симо от *+gen*.

irresponsible [ɪrɪ'spɔnsɪbl] *adj* безотве́тственный.

irreverent [ɪ'rɛvərnt] *adj* (*person, behaviour*) непочти́тельный.

irrevocable [ɪ'rɛvəkəbl] *adj* (*action, decision*) бесповоро́тный.

irrigation [ɪrɪ'geɪʃən] *n* ороше́ние, ирригáция.

irritable ['ɪrɪtəbl] *adj* раздражи́тельный.

irritate ['ɪrɪteɪt] *vt* раздража́ть (раздражи́ть *pf*).

irritating ['ɪrɪteɪtɪŋ] *adj* (*person, sound etc*) доса́дный.

irritation [ɪrɪ'teɪʃən] *n* раздраже́ние.

is [ɪz] *vb see* **be**.

Islam ['ɪzlɑːm] *n* (*REL*) исла́м; **~ic** [ɪz'læmɪk] *adj* мусульма́нский.

island ['aɪlənd] *n* (*GEO*) о́стров.

isn't ['ɪznt] = **is not**.

isolate ['aɪsəleɪt] *vt* (*set apart*) изоли́ровать *(impf/pf)*; **~d** *adj* (*place, person*) изоли́рованный; (*incident*) отде́льный.

isolation [aɪsə'leɪʃən] *n* изоля́ция.

Israel ['ɪzreɪl] *n* Изра́иль *m*; **~i** [ɪz'reɪlɪ] *adj* изра́ильский.

issue ['ɪʃuː] *n* (*problem, subject*) вопро́с, пробле́ма; (*of book, stamps etc*) вы́пуск; (*most important part*): **the ~** суть *f* ♦ *vt* (*newspaper*) выпуска́ть (вы́пустить *pf*); (*statement*) де́лать (сде́лать *pf*); (*equipment, documents*) выдава́ть (вы́дать *pf*); **to be at ~** быть *(impf)* предме́том обсужде́ния; **to make an ~ of sth** де́лать (сде́лать *pf*) пробле́му из чего́-н.

KEYWORD

it [ɪt] *pron* **1** (*specific subject*) он (*f* она́, *nt* оно́); (*direct object*) его́ (*f* её); (*indirect object*) ему́ (*f* ей); (*after prep*: *+gen*) него́ (*f* неё); (: *+dat*) нему́ (*f* ней); (: *+instr*) ним (*f* ней); (: *+prp*) нём (*f* ней); **where is your car? – it's in the garage** где Ва́ша маши́на? – она́ в гараже́; **I like this hat, whose is it?** мне нра́вится э́та шля́па, чья она́?

2 э́то; (: *indirect object*) э́тому; **what kind of car is it? – it's a Lada** кака́я э́то маши́на? – э́то Ла́да; **who is it? – it's me** кто э́то? – э́то я

3 (*after prep*: *+gen*) э́того; (: *+dat*) э́тому; (: *+instr*) э́тим; (: *+prp*) э́том; **I spoke to him about it** я говори́л с ним об э́том; **why is it that ...?** отчего́ ...?; **what is it?** (*what's wrong*) что тако́е?

4 (*impersonal*): **it's raining** идёт дождь; **it's cold today** сего́дня хо́лодно; **it's interesting that ...** интере́сно, что ...; **it's 6 o'clock** сейча́с 6 часо́в; **it's the 10th of August** сего́дня 10-ое а́вгуста.

Italian [ɪ'tæljən] *adj* италья́нский.

italics [ɪ'tælɪks] *npl* (*TYP*) курси́в *msg*.

Italy ['ɪtəlɪ] *n* Ита́лия.

itch [ɪtʃ] *vi* чеса́ться *(impf)*; **he was**

~ing to know our secret ему́ не терпе́лось узна́ть наш секре́т; **~y** *adj*: **I feel all ~y** у меня́ всё че́шется.

it'd ['ɪtd] = **it had, it would**.

item ['aɪtəm] *n* предме́т; (*on agenda*) пункт; (*also:* **news ~**) сообще́ние.

itinerary [aɪ'tɪnərərɪ] *n* маршру́т.

it'll ['ɪtl] = **it shall, it will**.

its [ɪts] *adj, pron* его (*f* её); (*referring to subject of sentence*) свой (*f* своя́, *nt* своё) *see also* **my, mine**[1].

it's [ɪts] = **it has, it is**.

itself [ɪt'sɛlf] *pron* (*reflexive*) себя́; (*emphatic: masculine*) он сам; (*: feminine*) она́ сама́; (*: neuter*) оно́ само́.

ITV *n abbr* (*BRIT: TV*) = *Independent Television.*

I've [aɪv] = **I have**.

ivory ['aɪvərɪ] *n* (*substance*) слоно́вая кость *f*.

ivy ['aɪvɪ] *n* (*BOT*) плющ.

J, j

jab [dʒæb] *n* (*BRIT: inf: MED*) уко́л.

jack [dʒæk] *n* (*AUT*) домкра́т; (*CARDS*) вале́т.

jackal ['dʒækl] *n* шака́л.

jackdaw ['dʒækdɔ:] *n* га́лка.

jacket ['dʒækɪt] *n* ку́ртка; (*of suit*) пиджа́к; (*of book*) суперобло́жка.

jackpot ['dʒækpɔt] *n* куш.

jaded ['dʒeɪdɪd] *adj* утомлённый и равноду́шный.

jagged ['dʒægɪd] *adj* зубча́тый.

jail [dʒeɪl] *n* тюрьма́ ♦ *vt* сажа́ть (посади́ть *pf*) (в тюрьму́).

jam [dʒæm] *n* (*preserve*) джем; (*also:* **traffic ~**) про́бка ♦ *vt* (*passage*) забива́ть (заби́ть *pf*); (*mechanism*) закли́нивать (закли́нить *pf*) ♦ *vi* (*drawer*) застрева́ть (застря́ть *pf*); **to ~ sth into** запи́хивать (запихну́ть *pf*) что-н в *+acc*.

janitor ['dʒænɪtə'] *n* вахтёр.

January ['dʒænjuərɪ] *n* янва́рь *m*.

jar [dʒɑ:'] *n* ба́нка.

jargon ['dʒɑ:gən] *n* жарго́н.

jasmine ['dʒæzmɪn] *n* жасми́н.

jaunt [dʒɔ:nt] *n* вы́лазка; **~y** *adj* (*tone, step*) бо́йкий.

javelin ['dʒævlɪn] *n* копьё.

jaw [dʒɔ:] *n* че́люсть *f*.

jazz [dʒæz] *n* джаз.

jealous ['dʒɛləs] *adj* ревни́вый; **to be ~ of** (*possessive*) ревнова́ть *(impf)* к *+dat*; (*envious*) зави́довать *(impf) +dat*; **~y** *n* (*resentment*) ре́вность *f*; (*envy*) за́висть *f*.

jeans [dʒi:nz] *npl* джи́нсы *pl*.

jelly ['dʒɛlɪ] *n* желе́ *nt ind*; (*US*) джем; **~fish** *n* меду́за.

jeopardy ['dʒɛpədɪ] *n*: **to be in ~** быть *(impf)* в опа́сности.

jerk [dʒə:k] *n* (*jolt*) рыво́к ♦ *vt* дёргать (дёрнуть *pf*), рвану́ть *(pf)* ♦ *vi* дёргаться (дёрнуться *pf*); **the car ~ed to a halt** маши́на ре́зко затормози́ла.

jersey ['dʒə:zɪ] *n* (*pullover*) сви́тер.

Jesus ['dʒi:zəs] *n* (*REL*) Ису́с.

jet [dʒɛt] *n* (*of gas, liquid*) струя́; (*AVIAT*) реакти́вный самолёт; **~ lag** *n наруше́ние су́точного режи́ма органи́зма по́сле дли́тельного полёта.*

jetty ['dʒɛtɪ] *n* прича́л.

Jew [dʒu:] *n* евре́й(ка).

jewel ['dʒu:əl] *n* драгоце́нный ка́мень *m*; **~ler** (*US* **jeweler**) *n* ювели́р; **~lery** (*US* **jewelry**) *n* драгоце́нности *fpl*, ювели́рные

изде́лия *ntpl.*
Jewess ['dʒu:ɪs] *n* евре́йка.
Jewish ['dʒu:ɪʃ] *adj* евре́йский.
jibe [dʒaɪb] *n* насме́шка.
jiffy ['dʒɪfɪ] *n* (*inf*): **in a ~** ми́гом.
jig [dʒɪg] *n* джи́га.
jigsaw ['dʒɪgsɔ:] *n* (*also:* **~ puzzle**) головоло́мка (*в ви́де карти́ны, кусо́чки кото́рой ну́жно сложи́ть вме́сте*).
job [dʒɔb] *n* рабо́та; (*task*) де́ло; (*inf: difficulty*): **I had a ~ getting here!** я с трудо́м добра́лся сюда́!; **it's not my ~** э́то не моё де́ло; **it's a good ~ that ...** хорошо́ ещё, что ...; **J~centre** *n* (*BRIT*) би́ржа труда́; **~less** *adj* безрабо́тный.
jockey ['dʒɔkɪ] *n* жоке́й.
jog [dʒɔg] *vt* толка́ть (толкну́ть *pf*) ◆ *vi* бе́гать *(impf)* трусцо́й; **to ~ sb's memory** подстёгивать (подстегну́ть *pf*) чью-н па́мять; **~ging** *n* бег трусцо́й.
join [dʒɔɪn] *vt* (*queue*) встава́ть (встать *pf*) в *+acc*; (*organization*) вступа́ть (вступи́ть *pf*) в *+acc*; (*put together*) соединя́ть (соедини́ть *pf*); (*group*) присоединя́ться (присоедини́ться *pf*) к *+dat* ◆ *vi* (*rivers*) слива́ться (сли́ться *pf*); (*roads*) сходи́ться (сойти́сь *pf*); **~ in** *vi* присоединя́ться (присоедини́ться *pf*) ◆ *vt fus* (*work, discussion etc*) принима́ть (приня́ть *pf*) уча́стие в *+prp*; **~ up** *vi* (*meet*) соединя́ться (соедини́ться *pf*); (*MIL*) поступа́ть (поступи́ть *pf*) на вое́нную слу́жбу.
joiner ['dʒɔɪnə'] *n* (*BRIT*) столя́р.
joint [dʒɔɪnt] *n* (*TECH*) стык; (*ANAT*) суста́в; (*BRIT: CULIN*) кусо́к (*мя́са*); (*inf: place*) прито́н; (*: of cannabis*) скру́тка с марихуа́ной ◆ *adj* совме́стный.
joke [dʒəuk] *n* (*gag*) шу́тка, анекдо́т; (*also:* **practical ~**) ро́зыгрыш ◆ *vi* шути́ть (пошути́ть *pf*); **to play a ~ on** шути́ть (пошути́ть *pf*) над *+instr*, сыгра́ть *(pf)* шу́тку с *+instr*; **~r** *n* шу́тник; (*CARDS*) джо́кер.
jolly ['dʒɔlɪ] *adj* весёлый ◆ *adv* (*BRIT: inf*) о́чень.
jolt [dʒəult] *n* (*jerk*) рыво́к ◆ *vt* встря́хивать (встряхну́ть *pf*); (*emotionally*) потряса́ть (потрясти́ *pf*).
journal ['dʒə:nl] *n* журна́л; (*diary*) дне́вник; **~ism** *n* журнали́стика; **~ist** *n* журнали́ст(ка).
journey ['dʒə:nɪ] *n* пое́здка; (*distance covered*) путь *m*, доро́га.
jovial ['dʒəuvɪəl] *adj* бо́дрый, жизнера́достный.
joy [dʒɔɪ] *n* ра́дость *f*; **~ful** *adj* ра́достный; **~rider** *n* *челове́к, угоня́ющий маши́ны ра́ди развлече́ния.*
JP *n abbr* (= *Justice of the Peace*) мирово́й судья́ *m*.
Jr. *abbr* (*in names*) = **junior**.
jubilant ['dʒu:bɪlnt] *adj* лику́ющий.
jubilee ['dʒu:bɪli:] *n* юбиле́й.
judge [dʒʌdʒ] *n* судья́ *m* ◆ *vt* (*competition, person etc*) суди́ть *(impf)*; (*consider, estimate*) оце́нивать (оцени́ть *pf*); **~ment** *n* (*LAW*) пригово́р, реше́ние суда́; (*view*) сужде́ние; (*discernment*) рассуди́тельность *f*.
judicial [dʒu:'dɪʃl] *adj* суде́бный.
judiciary [dʒu:'dɪʃɪərɪ] *n*: **the ~** суде́бные о́рганы *mpl*.
judo ['dʒu:dəu] *n* дзюдо́ *nt ind*.

jug [dʒʌg] *n* кувши́н.
juggle ['dʒʌgl] *vi* жонгли́ровать *(impf)* ◆ *vt (fig)* жонгли́ровать *(impf) +instr.*
juice [dʒu:s] *n* сок.
juicy ['dʒu:sɪ] *adj* со́чный.
jukebox ['dʒu:kbɔks] *n* музыка́льный автома́т.
July [dʒu:'laɪ] *n* ию́ль *m.*
jumble ['dʒʌmbl] *n (muddle)* нагроможде́ние ◆ *vt (also:* **~ up**) переме́шивать (перемеша́ть *pf*); **~ sale** *n (BRIT)* *благотвори́тельная распрода́жа подёржанных веще́й.*
jumbo ['dʒʌmbəu] *n (also:* **~ jet**) реакти́вный аэро́бус.
jump [dʒʌmp] *vi* пры́гать (пры́гнуть *pf*); *(start)* подпры́гивать (подпры́гнуть *pf*); *(increase)* подска́кивать (подскочи́ть *pf*) ◆ *vt (fence)* перепры́гивать (перепры́гнуть *pf*) (че́рез *+acc*), переска́кивать (перескочи́ть *pf*) (че́рез *+acc*) ◆ *n* прыжо́к; *(increase)* скачо́к; **to ~ the queue** *(BRIT)* идти́ (пойти́ *pf*) без о́череди.
jumper ['dʒʌmpə^r] *n (BRIT)* сви́тер, дже́мпер; *(US: dress)* сарафа́н.
junction ['dʒʌŋkʃən] *n (BRIT: of roads)* перекрёсток; *(: RAIL)* у́зел.
June [dʒu:n] *n* ию́нь *m.*
jungle ['dʒʌŋgl] *n* джу́нгли *pl.*
junior ['dʒu:nɪə^r] *adj* мла́дший ◆ *n* мла́дший(-ая) *m(f) adj;* **he's ~ to me (by 2 years), he's my ~ (by 2 years)** он мла́дше меня́ (на 2 го́да).
junk [dʒʌŋk] *n* барахло́, хлам; **~ food** *n еда́, содержа́щая ма́ло пита́тельных веще́ств;* **~ie** *n (inf)* наркома́н.
jurisdiction [dʒuərɪs'dɪkʃən] *n (LAW)* юрисди́кция; *(ADMIN)* сфе́ра полномо́чий.
juror ['dʒuərə^r] *n* прися́жный заседа́тель *m.*
jury ['dʒuərɪ] *n* прися́жные *pl adj* (заседа́тели).
just [dʒʌst] *adj* справедли́вый ◆ *adv (exactly)* как раз, и́менно; *(only)* то́лько; *(barely)* едва́; **he's ~ left** он то́лько что ушёл; **it's ~ right** э́то как раз то, что на́до; **~ two o'clock** ро́вно два часа́; **she's ~ as clever as you** она́ столь же умна́, как и ты; **it's ~ as well (that)** ... и хорошо́, (что) ...; **~ as he was leaving** как раз когда́ он собра́лся уходи́ть; **~ before Christmas** пе́ред са́мым Рождество́м; **there was ~ enough petrol** бензи́на едва́ хвати́ло; **~ here** вот здесь; **he (only) ~ missed** он чуть не попа́л; **~ listen!** ты то́лько послу́шай!
justice ['dʒʌstɪs] *n (LAW: system)* правосу́дие; *(fairness)* справедли́вость *f*; *(US: judge)* судья́ *m;* **to do ~ to** *(fig)* отдава́ть (отда́ть *pf*) до́лжное *+dat.*
justification [dʒʌstɪfɪ'keɪʃən] *n* основа́ние; *(of action)* оправда́ние.
justify ['dʒʌstɪfaɪ] *vt* опра́вдывать (оправда́ть *pf*); **to ~ o.s.** опра́вдываться (оправда́ться *pf*).
juvenile ['dʒu:vənaɪl] *n* подро́сток, несовершенноле́тний(-яя) *m(f) adj* ◆ *adj* де́тский.

K, k

K *abbr* = *one thousand*; (*COMPUT*: = *kilobyte*) К.
kangaroo [kæŋgə'ru:] *n* кенгуру́ *m ind.*
karaoke [kɑ:rə'əukɪ] *n* кариóки *ind.*
karate [kə'rɑ:tɪ] *n* каратэ́ *nt ind.*
kebab [kə'bæb] *n* ≈ шашлы́к.
keel [ki:l] *n* киль *m.*
keen [ki:n] *adj* óстрый; (*eager*) стра́стный, увлечённый; (*competition*) напряжённый; **to be ~ to do** *or* **on doing** óчень хотéть *(impf) +infin*; **to be ~ on sth** увлека́ться *(impf)* чем-н.
keep [ki:p] (*pt, pp* **kept**) *vt* (*receipt, money*) оставля́ть (оста́вить *pf*) себé; (*store*) храни́ть *(impf)*; (*preserve*) сохраня́ть (сохрани́ть *pf*); (*house, shop, family*) содержа́ть *(impf)*; (*prisoner, chickens*) держа́ть *(impf)*; (*accounts, diary*) вести́ *(impf)*; (*promise*) сдéрживать (сдержа́ть *pf*) ♦ *vi* (*in certain state or place*) остава́ться (оста́ться *pf*); (*food*) сохраня́ться *(impf)*; (*continue*): **to ~ doing** продолжа́ть *(impf) +impf infin* ♦ *n*: **he has enough for his ~** емý доста́точно на прожи́тие; **where do you ~ the salt?** где у Вас соль?; **he tries to ~ her happy** он дéлает всё для тогó, чтóбы онá былá довóльна; **to ~ the house tidy** содержа́ть *(impf)* дом в поря́дке; **to ~ sth to o.s.** держа́ть *(impf)* что-н при себé; **to ~ sth (back) from sb** скрыва́ть (скрыть *pf*) что-н от когó-н; **to ~ sth from happening** не дава́ть (дать *pf*) чемý-н случи́ться; **to ~ time** (*clock*) идти́ *(impf)* тóчно; **~ on** *vi*: **to ~ on doing** продолжа́ть *(impf) +impf infin*; **to ~ on (about)** не перестава́я говори́ть *(impf)* (о *+prp*); **~ out** *vt* не впуска́ть (впусти́ть *pf*); **"~ out"** "посторóнним вход воспрещён"; **~ up** *vt* (*payments, standards*) поддéрживать *(impf)* ♦ *vi*: **to ~ up (with)** поспева́ть (поспéть *pf*) (за *+instr*), идти́ *(impf)* в нóгу (с *+instr*); **~ fit** *n* аэрóбика.
kennel ['kɛnl] *n* конурá; **~s** *npl* гости́ница *fsg* для собáк.
Kenya ['kɛnjə] *n* Кéния.
kept [kɛpt] *pt, pp of* **keep**.
kerb [kə:b] *n* (*BRIT*) бордю́р.
kerosene ['kɛrəsi:n] *n* кероси́н.
kettle ['kɛtl] *n* ча́йник.
key [ki:] *n* ключ; (*of piano, computer*) кла́виша ♦ *cpd* ключевóй ♦ *vt* (*also:* **~ in**) набира́ть (набра́ть *pf*) (на клавиатýре); **~board** *n* клавиатýра; **~ring** *n* брелóк.
khaki ['kɑ:kɪ] *n, adj* ха́ки *nt, adj ind.*
kick [kɪk] *vt* (*person, table*) ударя́ть (уда́рить *pf*) ногóй; (*ball*) ударя́ть (уда́рить *pf*) ногóй по *+dat*; (*inf*: *habit, addiction*) поборóть *(pf)* ♦ *vi* (*horse*) ляга́ться *(impf)* ♦ *n* удáр; **~ off** *vi*: **the match ~s off at 3pm** матч начинáется в 3 часá (*в футбóле*).
kid [kɪd] *n* (*inf*: *child*) ребёнок; (*goat*) козлёнок.
kidnap ['kɪdnæp] *vt* похища́ть (похи́тить *pf*).
kidney ['kɪdnɪ] *n* (*MED*) пóчка; (*CULIN*) пóчки *fpl.*
kill [kɪl] *vt* убива́ть (уби́ть *pf*); **to ~ o.s.** покóнчить *(pf)* с собóй; **to be ~ed** (*in war, accident*) погиба́ть

(поги́бнуть *pf*); **~er** *n* уби́йца *m/f.*
kilo ['ki:ləu] *n* килогра́мм, кило́ *nt ind* (*разг*); **~gram(me)** ['kɪləugræm] *n* килогра́мм; **~metre** ['kɪləmi:tə'] (*US* **kilometer**) *n* киломе́тр.
kind [kaɪnd] *adj* до́брый ♦ *n* тип, род; **in ~** (*COMM*) нату́рой; **a ~ of** род *+gen*; **two of a ~** две ве́щи одного́ ти́па; **what ~ of ...?** како́й ...?
kindergarten ['kɪndəgɑ:tn] *n* де́тский сад.
kind-hearted [kaɪnd'hɑ:tɪd] *adj* до́брый, добросерде́чный.
kindly ['kaɪndlɪ] *adj* (*smile*) до́брый; (*person, tone*) доброжела́тельный ♦ *adv* (*smile, behave*) любе́зно, доброжела́тельно; **will you ~ give me his address** бу́дьте добры́, да́йте мне его́ а́дрес.
kindness ['kaɪndnɪs] *n* (*quality*) доброта́.
king [kɪŋ] *n* коро́ль *m*; **~dom** *n* короле́вство; **the animal/plant ~dom** живо́тное/расти́тельное ца́рство; **~fisher** *n* зиморо́док.
kiosk ['ki:ɔsk] *n* кио́ск; (*BRIT: TEL*) телефо́нная бу́дка.
kipper ['kɪpə'] *n* ≈ копчёная селёдка.
kiss [kɪs] *n* поцелу́й ♦ *vt* целова́ть (поцелова́ть *pf*) ♦ *vi* целова́ться (поцелова́ться *pf*).
kit [kɪt] *n* (*also:* **sports ~**) костю́м; (*equipment*) снаряже́ние; (*set of tools*) набо́р; (*for assembly*) компле́кт.
kitchen ['kɪtʃɪn] *n* ку́хня.
kite [kaɪt] *n* (*toy*) возду́шный змей.
kitten ['kɪtn] *n* котёнок.
kitty ['kɪtɪ] *n* (*pool of money*) о́бщая ка́сса.
kiwi ['ki:wi:] *n* ки́ви *f ind.*
km *abbr* (= **kilometre**) км.
knack [næk] *n* спосо́бность *f.*
knee [ni:] *n* коле́но.
kneel [ni:l] (*pt, pp* **knelt**) *vi* (*also:* **~ down**: *action*) встава́ть (встать *pf*) на коле́ни; (: *state*) стоя́ть *(impf)* на коле́нях.
knelt [nɛlt] *pt, pp of* **kneel**.
knew [nju:] *pt of* **know**.
knickers ['nɪkəz] *npl* (*BRIT*) (же́нские) тру́сики *mpl.*
knife [naɪf] (*pl* **knives**) *n* нож ♦ *vt* ра́нить *(impf)* ножо́м.
knight [naɪt] *n* ры́царь *m*; (*CHESS*) конь *m*.
knit [nɪt] *vt* (*garment*) вяза́ть (связа́ть *pf*) ♦ *vi* вяза́ть *(impf)*; (*bones*) сраста́ться (срасти́сь *pf*); **to ~ one's brows** хму́рить (нахму́рить *pf*) бро́ви; **~ting** *n* вяза́нье; **~ting needle** *n* вяза́льная спи́ца.
knives [naɪvz] *npl of* **knife**.
knob [nɔb] *n* (*on door*) ру́чка; (*on radio etc*) кно́пка.
knock [nɔk] *vt* (*strike*) ударя́ть (уда́рить *pf*); (*bump into*) ста́лкиваться (столкну́ться *pf*) с *+instr*; (*inf: criticize*) критикова́ть *(impf)* ♦ *n* (*blow, bump*) уда́р, толчо́к; (*on door*) стук; **to ~ some sense into sb** учи́ть (научи́ть *pf*) кого́-н уму́-ра́зуму; **he ~ed at** *or* **on the door** он постуча́л в дверь; **~ down** *vt* (*person, price*) сбива́ть (сбить *pf*); **~ out** *vt* (*subj: person, drug*) оглуша́ть (оглуши́ть *pf*); (*BOXING*) нокаути́ровать *(pf)*; (*defeat*) выбива́ть (вы́бить *pf*); **~ over** *vt* сбива́ть (сбить *pf*).
knot [nɔt] *n* (*also NAUT*) у́зел; (*in wood*) сучо́к ♦ *vt* завя́зывать (завяза́ть *pf*) узло́м.

know [nəu] (*pt* **knew**, *pp* **known**) *vt* (*facts, people*) знать (*impf*); **to ~ how to do** умéть (*impf*) *+infin*; **to ~ about** *or* **of** знать (*impf*) о *+prp*; **~-all** *n* (*BRIT: inf: pej*) всезнáйка *m/f*; **~-how** *n* нóу-хáу *nt ind*; **~ingly** *adv* (*purposely*) сознáтельно; (*smile, look*) понимáюще.
knowledge ['nɔlɪdʒ] *n* знáние; (*things learnt*) знáния *ntpl*; (*awareness*) представлéние; **~able** *adj* знáющий; **he is very ~able about art** он большóй знатóк искýсства.
known [nəun] *pp of* **know**.
knuckle ['nʌkl] *n* костя́шка.
KO *n abbr* (= *knockout*) нокáут.
Korea [kə'rɪə] *n* Корéя.

L, l

L *abbr* (*BRIT: AUT:* = *learner*) учéбная *f adj*.
l. *abbr* (= **litre**) л.
lab [læb] *n abbr* = **laboratory**.
label ['leɪbl] *n* этикéтка, ярлы́к; (*on suitcase*) би́рка ♦ *vt* (*see n*) прикрепля́ть (прикрепи́ть *pf*) ярлы́к на *+acc*; прикрепля́ть (прикрепи́ть *pf*) би́рку к *+dat*.
labor ['leɪbəʳ] *n* (*US*) = **labour**.
laboratory [lə'bɔrətərɪ] *n* лаборатóрия.
labour ['leɪbəʳ] (*US* **labor**) *n* (*work*) труд; (*workforce*) рабóчая си́ла; (*MED*): **to be in ~** рожáть (*impf*); **~er** *n* неквалифици́рованный рабóчий *m adj*.
lace [leɪs] *n* (*fabric*) крýжево; (*of shoe*) шнурóк ♦ *vt* (*shoe*: *also:* **~ up**) шнуровáть (зашнуровáть *pf*).
lack [læk] *n* (*absence*) отсýтствие; (*shortage*) недостáток, нехвáтка ♦ *vt*: **she ~ed self-confidence** ей не хватáло *or* не доставáло увéренности в себé; **through** *or* **for ~ of** из-за недостáтка *+gen*.
lacquer ['lækəʳ] *n* лак.
lad [læd] *n* пáрень *m*.
ladder ['lædəʳ] *n* лéстница; (*BRIT: in tights*) спусти́вшиеся пéтли *fpl*.
laden ['leɪdn] *adj*: **to be ~ (with)** ломи́ться (*impf*) от *+gen*; (*person*): **~ (with)** нагрýженный (*+instr*).
ladle ['leɪdl] *n* полóвник.
lady ['leɪdɪ] *n* (*woman*) дáма; **ladies and gentlemen ...** дáмы и господá ...; **young/old ~** молодáя/пожилáя жéнщина; **the ladies' (room)** жéнский туалéт; **~bird** *n* бóжья корóвка; **~bug** *n* (*US*) = **ladybird**.
lag [læg] *n* (*period of time*) задéржка.
lager ['lɑːgəʳ] *n* свéтлое пи́во.
laid [leɪd] *pt, pp of* **lay**.
lain [leɪn] *pp of* **lie**.
lake [leɪk] *n* óзеро.
lamb [læm] *n* (*ZOOL*) ягнёнок; (*CULIN*) (молодáя) барáнина.
lame [leɪm] *adj* (*person, animal*) хромóй; (*excuse, argument*) слáбый.
lament [lə'mɛnt] *n* плач ♦ *vt* оплáкивать (оплáкать *pf*).
lamp [læmp] *n* лáмпа; (*street lamp*) фонáрь *m*; **~post** *n* (*BRIT*) фонáрный столб; **~shade** *n* абажýр.
land [lænd] *n* земля́ ♦ *vi* (*from ship*) высáживаться (вы́садиться *pf*); (*AVIAT*) приземля́ться (приземли́ться *pf*) ♦ *vt* (*plane*) сажáть (посади́ть *pf*); (*goods*)

выгружать (выгрузить *pf*); **to ~ sb with sth** (*inf*) наваливать (навалить *pf*) что-н на кого-н; **~ing** *n* (*of house*) лестничная площадка; (*of plane*) посадка, приземление; **~lady** *n* (*of house, flat*) домовладелица, хозяйка; (*of pub*) хозяйка; **~lord** *n* (*of house, flat*) домовладелец, хозяин; (*of pub*) хозяин; **~mark** *n* (наземный) ориентир; (*fig*) веха; **~owner** *n* землевладелец(-лица); **~scape** *n* (*view, painting*) пейзаж; (*terrain*) ландшафт; **~slide** *n* (*GEO*) оползень *m*; (*POL*: *also*: **~slide victory**) решительная победа.

lane [leɪn] *n* (*in country*) тропинка; (*of road*) полоса; (*SPORT*) дорожка.

language ['læŋgwɪdʒ] *n* язык; **bad ~** сквернословие.

lantern ['læntən] *n* фонарь *m*.

lap [læp] *n* колени *ntpl*; (*SPORT*) круг.

lapel [lə'pɛl] *n* лацкан.

lapse [læps] *n* (*bad behaviour*) промах; (*of time*) промежуток; (*of concentration*) потеря.

larch [lɑ:tʃ] *n* лиственница.

lard [lɑ:d] *n* свиной жир.

larder ['lɑ:də'] *n* кладовая *f adj*.

large [lɑ:dʒ] *adj* большой; (*major*) крупный; **at ~** (*as a whole*) в целом; (*at liberty*) на воле; **~ly** *adv* по большей части; **~ly because** ... в основном, потому что ...; **~-scale** *adj* крупномасштабный.

lark [lɑ:k] *n* (*bird*) жаворонок.

larva ['lɑ:və] (*pl* **~e**) *n* личинка.

larvae ['lɑ:vi:] *npl of* **larva**.

laryngitis [lærɪn'dʒaɪtɪs] *n* ларингит.

larynx ['lærɪŋks] *n* гортань *f*.

laser ['leɪzə'] *n* лазер.

lash [læʃ] *n* (*eyelash*) ресница; (*of whip*) удар (*хлыстá*) ♦ *vt* (*also*: **~ against**: *subj*: *rain, wind*) хлестать (*impf*) о *+acc*; (*tie*): **to ~ to** привязывать (привязать *pf*) к *+dat*.

last [lɑ:st] *adj* (*most recent*) прошлый; (*final*) последний ♦ *adv* в последний раз; (*finally*) в конце ♦ *vi* (*continue*) длиться (продлиться *pf*), продолжаться (*impf*); (*keep*: *thing*) сохраняться (сохраниться *pf*); (: *person*) держаться (продержаться *pf*); (*suffice*): **we had enough money to ~ us** нам хватило денег; **~ year** в прошлом году; **~ week** на прошлой неделе; **~ night** (*early*) вчера вечером; (*late*) прошлой ночью; **at ~** наконец; **~ but one** предпоследний; **~ing** *adj* (*friendship*) продолжительный, длительный; (*solution*) долговременный; **~ly** *adv* наконец; **~-minute** *adj* последний.

latch [lætʃ] *n* (*on gate*) задвижка; (*on front door*) замок *m*.

late [leɪt] *adj* поздний; (*dead*) покойный ♦ *adv* поздно; (*behind time*) с опозданием; **to be ~** опаздывать (опоздать *pf*); **of ~** в последнее время; **in ~ May** в конце мая; **~comer** *n* опоздавший(-ая) *m(f) adj*; **~ly** *adv* в последнее время.

later ['leɪtə'] *adj* (*time, date*) более поздний; (*meeting, version*) последующий ♦ *adv* позже, позднее; **~ on** в последствии, позже; **he arrived ~ than me** он пришёл позже меня.

latest ['leɪtɪst] *adj* са́мый по́здний; (*most recent*) (са́мый) после́дний; (*news*) после́дний; **at the ~** са́мое по́зднее.
lathe [leɪð] *n* тока́рный стано́к.
lather ['lɑːðə'] *n* (мы́льная) пе́на.
Latin ['lætɪn] *n* (*LING*) лати́нский язы́к ♦ *adj*: **~ languages** рома́нские языки́; **~ countries** стра́ны ю́жной Евро́пы; **~ America** *n* Лати́нская Аме́рика.
latitude ['lætɪtjuːd] *n* (*GEO*) широта́.
latter ['lætə'] *adj* после́дний ♦ *n*: **the ~** после́дний(-яя) *m(f) adj*.
Latvia ['lætvɪə] *n* Ла́твия; **~n** *adj* латви́йский ♦ *n* (*LING*) латы́шский язы́к.
laugh [lɑːf] *n* смех ♦ *vi* смея́ться (*impf*); **for a ~** (*inf*) для сме́ха; **~ at** *vt fus* смея́ться (посмея́ться *pf*) над *+instr*; **~able** *adj* смехотво́рный; **~ing stock** *n*: **to be the ~ing stock of** служи́ть (*impf*) посме́шищем для *+gen*; **~ter** *n* смех.
launch [lɔːntʃ] *n* (*of rocket, product*) за́пуск ♦ *vt* (*ship*) спуска́ть (спусти́ть *pf*) на́ воду; (*rocket*) запуска́ть (запусти́ть *pf*); (*attack, campaign*) начина́ть (нача́ть *pf*); (*product*) пуска́ть (пусти́ть *pf*) в прода́жу, запуска́ть (запусти́ть *pf*).
laundrette [lɔːn'drɛt] *n* (*BRIT*) пра́чечная *f adj* самообслу́живания.
laundry ['lɔːndrɪ] *n* (*washing*) сти́рка.
laurel ['lɔrl] *n* лавр, ла́вровое де́рево.
lava ['lɑːvə] *n* ла́ва.
lavatory ['lævətərɪ] *n* туале́т.
lavender ['lævəndə'] *n* лава́нда.
lavish ['lævɪʃ] *adj* (*amount, hospitality*) ще́дрый ♦ *vt*: **to ~ sth on sb** осыпа́ть (осы́пать *pf*) кого́-н чем-н.
law [lɔː] *n* зако́н; (*professions*): **(the) ~** юриспруде́нция; (*SCOL*) пра́во; **it's against the ~** э́то противозако́нно; **~-abiding** *adj* законопослу́шный; **~ and order** *n* правопоря́док; **~ful** *adj* зако́нный.
lawn [lɔːn] *n* газо́н.
lawsuit ['lɔːsuːt] *n* суде́бный иск.
lawyer ['lɔːjə'] *n* (*solicitor, barrister*) адвока́т.
lax [læks] *adj* (*discipline*) сла́бый; (*standards*) ни́зкий; (*morals, behaviour*) распу́щенный.
laxative ['læksətɪv] *n* слаби́тельное *nt adj*.
lay [leɪ] (*pt, pp* **laid**) *pt of* **lie** ♦ *adj* (*not expert*) непрофессиона́льный; (*REL*) мирско́й ♦ *vt* (*place*) класть (положи́ть *pf*); (*table*) накрыва́ть (накры́ть *pf*) (на *+acc*); (*carpet*) стлать (постели́ть *pf*); (*cable*) прокла́дывать (проложи́ть *pf*); (*egg*) откла́дывать (отложи́ть *pf*); **~ down** *vt* (*object*) класть (положи́ть *pf*); (*rules etc*) устана́вливать (установи́ть *pf*); (*weapons*) скла́дывать (сложи́ть *pf*); **to ~ down the law** прика́зывать (приказа́ть *pf*); **~ off** *vt* (*workers*) увольня́ть (уво́лить *pf*); **~ on** *vt* (*meal etc*) устра́ивать (устро́ить *pf*); **~ out** *vt* раскла́дывать (разложи́ть *pf*); **~-by** (*BRIT*) площа́дка для вре́менной стоя́нки (*на автодоро́ге*).
layer ['leɪə'] *n* слой.
layout ['leɪaut] *n* (*of garden,*

building) планиро́вка.
laziness ['leɪzɪnɪs] *n* лень *f*.
lazy ['leɪzɪ] *adj* лени́вый.
lb. *abbr* (= *pound (weight)*) фунт.
lead¹ [li:d] (*pt, pp* **led**) *n* (*front position*) пе́рвенство, ли́дерство; (*clue*) нить *f*; (*in play, film*) гла́вная роль *f*; (*for dog*) поводо́к; (*ELEC*) про́вод ◆ *vt* (*competition, market*) лиди́ровать (*impf*) в *+prp*; (*opponent*) опережа́ть (*impf*); (*person, group: guide*) вести́ (повести́ *pf*); (*activity, organization etc*) руководи́ть (*impf*) *+instr* ◆ *vi* (*road, pipe*) вести́ (*impf*); (*SPORT*) лиди́ровать (*impf*); **to ~ the way** ука́зывать (указа́ть *pf*) путь; **~ away** *vt* уводи́ть (увести́ *pf*); **~ on** *vt* води́ть (*impf*) за́ нос; **~ to** *vt fus* вести́ (привести́ *pf*) к *+dat*; **~ up to** *vt fus* (*events*) приводи́ть (привести́ *pf*) к *+dat*; (*topic*) подводи́ть (подвести́ *pf*) к *+dat*.
lead² [lɛd] *n* (*metal*) свине́ц; (*in pencil*) графи́т.
leader ['li:də'] *n* (*of group, SPORT*) ли́дер; **~ship** *n* руково́дство; (*quality*) ли́дерские ка́чества *ntpl*.
lead-free ['lɛdfri:] *adj* не содержа́щий свинца́.
leading ['li:dɪŋ] *adj* (*most important*) веду́щий; (*first, front*) пере́дний.
lead singer [li:d-] *n* соли́ст(ка).
leaf [li:f] (*pl* **leaves**) *n* лист.
leaflet ['li:flɪt] *n* листо́вка.
league [li:g] *n* ли́га; **to be in ~ with sb** быть (*impf*) в сго́воре с кем-н.
leak [li:k] *n* уте́чка; (*hole*) течь *f* ◆ *vi* протека́ть (проте́чь *pf*); (*liquid, gas*) проса́чиваться (просочи́ться *pf*) ◆ *vt* (*information*) разглаша́ть (разгласи́ть *pf*).
lean [li:n] (*pt, pp* **leaned** *or* **leant**) *adj* (*person*) поджа́рый; (*meat*) по́стный ◆ *vt*: **to ~ sth on** *or* **against** прислоня́ть (прислони́ть *pf*) что-н к *+dat* ◆ *vi*: **to ~ forward/back** наклоня́ться (наклони́ться *pf*) вперёд/наза́д; **to ~ against** (*wall*) прислоня́ться (прислони́ться *pf*) к *+dat*; (*person*) опира́ться (опере́ться *pf*) на *+acc*; **to ~ on** (*chair*) опира́ться (опере́ться *pf*) о *+acc*; (*rely on*) опира́ться (опере́ться *pf*) на *+acc*; **~t** [lɛnt] *pt, pp of* **lean**.
leap [li:p] (*pt, pp* **leaped** *or* **leapt**) *n* скачо́к ◆ *vi* пры́гать (пры́гнуть *pf*); (*price, number*) подска́кивать (подскочи́ть *pf*); **~t** [lɛpt] *pt, pp of* **leap**.
learn [lə:n] (*pt, pp* **learned** *or* **learnt**) *vt* (*skill*) учи́ться (научи́ться *pf*) *+dat*; (*facts, poem*) учи́ть (вы́учить *pf*) ◆ *vi* учи́ться (*impf*); **to ~ about** *or* **of/that ...** (*hear, read*) узнава́ть (узна́ть *pf*) о *+prp*/, что ...; **to ~ about sth** (*study*) изуча́ть (изучи́ть *pf*) что-н; **to ~ (how) to do** учи́ться (научи́ться *pf*) *+impf infin*; **~ed** ['lə:nɪd] *adj* учёный; **~t** [lə:nt] *pt, pp of* **learn**.
lease [li:s] *n* аре́ндный догово́р, аре́нда ◆ *vt*: **to ~ sth (to sb)** сдава́ть (сдать *pf*) что-н в аре́нду (кому́-н); **to ~ sth from sb** арендова́ть (*impf/pf*) *or* брать (взять *pf*) в аре́нду у кого́-н.
leash [li:ʃ] *n* поводо́к.
least [li:st] *adj*: **the ~** (*+noun: smallest*) наиме́ньший; (: *slightest: difficulty*) мале́йший ◆ *adv* (*+vb*) ме́ньше всего́; (*+adj*):

the ~ наиме́нее; **at** ~ по кра́йней ме́ре; **not in the** ~ (*as response*) совсе́м нет; (*+vb, +adj*) нисколько *or* во́все не.

leather ['lɛðəʳ] *n* ко́жа.

leave [li:v] (*pt, pp* **left**) *vt* оставля́ть (оста́вить *pf*), покида́ть (поки́нуть *pf*); (*go away from*: *on foot*) уходи́ть (уйти́ *pf*) из *+gen*; (: *by transport*) уезжа́ть (уе́хать *pf*) из *+gen*; (*party, committee*) выходи́ть (вы́йти *pf*) из *+gen* ♦ *vi* (*on foot*) уходи́ть (уйти́ *pf*); (*by transport*) уезжа́ть (уе́хать *pf*); (*bus, train*) уходи́ть (уйти́ *pf*) ♦ *n* о́тпуск; **to** ~ **sth to sb** (*money, property*) оставля́ть (оста́вить *pf*) что-н кому́-н; **to be left (over)** остава́ться (оста́ться *pf*); **on** ~ в о́тпуске; ~ **behind** *vt* оставля́ть (оста́вить *pf*); ~ **out** *vt* (*omit*) пропуска́ть (пропусти́ть *pf*); **he was left out** его́ пропусти́ли.

leaves [li:vz] *npl of* **leaf**.

lecture ['lɛktʃəʳ] *n* ле́кция ♦ *vi* чита́ть (*impf*) ле́кции ♦ *vt* (*scold*): **to** ~ **sb on** *or* **about** чита́ть (прочита́ть *pf*) кому́-н ле́кцию по по́воду *+gen*; **to give a** ~ **on** чита́ть (прочита́ть *pf*) ле́кцию о *+prp*; **~r** *n* (*BRIT*: *SCOL*) преподава́тель(ница) *m(f)*.

led [lɛd] *pt, pp of* **lead**[1].

ledge [lɛdʒ] *n* вы́ступ; (*of window*) подоко́нник.

leech [li:tʃ] *n* (*also fig*) пия́вка.

leek [li:k] *n* лук-поре́й *no pl*.

left [lɛft] *pt, pp of* **leave** ♦ *adj* (*of direction, position*) ле́вый ♦ *n* ле́вая сторона́ ♦ *adv* (*motion*): **(to the)** ~ нале́во; (*position*): **(on the)** ~ сле́ва; **the L~** (*POL*) ле́вые *pl adj*; **~-handed** *adj*: **he/she is ~-handed** он/она́ левша́; **~-wing** *adj* (*POL*) ле́вый.

leg [lɛg] *n* (*ANAT*) нога́; (*of insect, furniture*) но́жка; (*also*: **trouser** ~) штани́на; (*of journey, race*) эта́п.

legacy ['lɛgəsɪ] *n* (*in will*) насле́дство; (*fig*) насле́дие.

legal ['li:gl] *adj* (*advice, requirement*) юриди́ческий; (*system, action*) суде́бный; (*lawful*) зако́нный; **~ity** [lɪ'gælɪtɪ] *n* зако́нность *f*; **~ize** *vt* узако́нивать (узако́нить *pf*); **~ly** *adv* юриди́чески; (*by law*) по зако́ну.

legend ['lɛdʒənd] *n* (*story*) леге́нда; (*person*) легенда́рная ли́чность *f*; **~ary** *adj* легенда́рный.

legislation [lɛdʒɪs'leɪʃən] *n* законода́тельство.

legislative ['lɛdʒɪslətɪv] *adj* (*POL*) законода́тельный.

legitimate [lɪ'dʒɪtɪmət] *adj* зако́нный, легити́мный.

leisure ['lɛʒəʳ] *n* (*also*: ~ **time**) досу́г, свобо́дное вре́мя *nt*; **at (one's)** ~ не спеша́; **~ly** *adj* нетороп́ливый.

lemon ['lɛmən] *n* (*fruit*) лимо́н; **~ade** [lɛmə'neɪd] *n* лимона́д.

lend [lɛnd] (*pt, pp* **lent**) *vt*: **to** ~ **sth to sb,** ~ **sb sth** ода́лживать (одолжи́ть *pf*) что-н кому́-н.

length [lɛŋθ] *n* (*measurement*) длина́; (*distance*) протяжённость *f*; (*piece*: *of wood, cloth etc*) отре́зок; (*duration*) продолжи́тельность *f*; **at** ~ (*for a long time*) простра́нно; **~y** *adj* (*text*) дли́нный; (*meeting*) продолжи́тельный; (*explanation*) простра́нный.

lenient ['li:nɪənt] *adj* мя́гкий.

lens [lɛnz] *n* (*of glasses, camera*)

ли́нза.

Lent [lɛnt] *n* Вели́кий пост.

lent [lɛnt] *pt, pp of* **lend**.

lentil ['lɛntl] *n* чечеви́ца *no pl.*

Leo ['li:əu] *n* Лев.

leopard ['lɛpəd] *n* леопа́рд.

leotard ['li:əta:d] *n* трико́ *nt ind.*

lesbian ['lɛzbɪən] *adj* лесби́йский ◆ *n* лесбия́нка.

less [lɛs] *adj* (*attention, money*) ме́ньше *+gen* ◆ *adv* (*beautiful, clever*) ме́нее ◆ *prep* ми́нус *+nom*; **~ than** ме́ньше *or* ме́нее *+gen*; **~ than half** ме́ньше полови́ны; **~ than ever** ме́ньше, чем когда́-либо; **~ and ~** всё ме́ньше и ме́ньше; (*+adj*) всё ме́нее и ме́нее; **the ~ ... the more ...** чем ме́ньше ..., тем бо́льше ...; **~er** *adj*: **to a ~er extent** в ме́ньшей сте́пени.

lesson ['lɛsn] *n* уро́к; **to teach sb a ~** (*fig*) проучи́ть *(pf)* кого́-н.

let [lɛt] (*pt, pp* **let**) *vt* (*BRIT*: *lease*) сдава́ть (сдать *pf*) (внаём); (*allow*): **to ~ sb do** разреша́ть (разреши́ть *pf*) *or* позволя́ть (позво́лить *pf*) кому́-н *+infin*; **~ me try** да́йте я попро́бую; **to ~ sb know about ...** дава́ть (дать *pf*) кому́-н знать о *+prp ...*; **~'s go** пошли́, пойдёмте; **"to ~"** "сдаётся внаём"; **to ~ go of** отпуска́ть (отпусти́ть *pf*); **~ down** *vt* (*tyre etc*) спуска́ть (спусти́ть *pf*); (*fig*: *person*) подводи́ть (подвести́ *pf*); **~ in** *vt* (*water, air*) пропуска́ть (пропусти́ть *pf*); (*person*) впуска́ть (впусти́ть *pf*); **~ off** *vt* (*culprit, child*) отпуска́ть (отпусти́ть *pf*); (*bomb*) взрыва́ть (взорва́ть *pf*); **~ out** *vt* выпуска́ть (вы́пустить *pf*); (*sound*) издава́ть (изда́ть *pf*).

lethal ['li:θl] *adj* (*weapon, chemical*) смертоно́сный; (*dose*) смерте́льный.

lethargic [lɛ'θa:dʒɪk] *adj* вя́лый, со́нный.

letter ['lɛtəʳ] *n* письмо́; (*of alphabet*) бу́ква; **~ box** *n* (*BRIT*) почто́вый я́щик.

lettuce ['lɛtɪs] *n* сала́т лату́к.

leukaemia [lu:'ki:mɪə] (*US* **leukemia**) *n* белокро́вие, лейкеми́я.

level ['lɛvl] *adj* (*flat*) ро́вный ◆ *n* у́ровень *m* ◆ *adv*: **to draw ~ with** (*person, vehicle*) поравня́ться *(pf)* с *+instr*; **to be ~ with** быть *(impf)* на одно́м у́ровне с *+instr*; **"A" ~s** (*BRIT*: *exams*) выпускны́е экза́мены *mpl* (*в сре́дней шко́ле*); (: *qualifications*) *квалифика́ция, получа́емая при успе́шной сда́че выпускно́го экза́мена.*

lever ['li:vəʳ] *n* рыча́г; (*bar*) лом; **~age** *n* (*fig*: *influence*) влия́ние.

levy ['lɛvɪ] *n* нало́г ◆ *vt* взима́ть *(impf)*.

liability [laɪə'bɪlətɪ] *n* (*responsibility*) отве́тственность *f*; (*person, thing*) обу́за *m/f*; **liabilities** *npl* (*COMM*) обяза́тельства *ntpl.*

liable ['laɪəbl] *adj*: **~ for** (*legally responsible*) подсу́дный за *+acc*; **to be ~ to** подлежа́ть *(impf) +dat*; **he's ~ to take offence** возмо́жно, что он оби́дится.

liaison [li:'eɪzɔn] *n* (*cooperation*) взаимоде́йствие, коопера́ция.

liar ['laɪəʳ] *n* лжец, лгу́н(ья).

libel ['laɪbl] *n* клевета́.

liberal ['lɪbərl] *adj* (*also POL*) либера́льный; (*large, generous*) ще́дрый; **L~ Democrat** *n*

либерáл-демокрáт; **the L~ Democrats** (*party*) пáртия либерáл-демокрáтов.
liberate ['lɪbəreɪt] *vt* освобождáть (освободи́ть *pf*).
liberation [lɪbə'reɪʃən] *n* освобождéние.
liberty ['lɪbətɪ] *n* свобóда; **to be at ~** (*criminal*) быть *(impf)* на свобóде; **I'm not at ~ to comment** я не вóлен комменти́ровать; **to take the ~ of doing** позволя́ть (позвóлить *pf*) себé *+infin*.
Libra ['li:brə] *n* Весы́ *pl*.
librarian [laɪ'brɛərɪən] *n* библиотéкарь *m*.
library ['laɪbrərɪ] *n* библиотéка.
lice [laɪs] *npl of* **louse**.
licence ['laɪsns] (*US* **license**) *n* (*permit*) лицéнзия; (*AUT*: *also*: **driving ~**) (води́тельские) правá *ntpl*.
license ['laɪsns] *n* (*US*) = **licence** ♦ *vt* выдавáть (вы́дать *pf*) лицéнзию на *+acc*; **~d** *adj* (*restaurant*) с лицéнзией на продáжу спиртны́х напи́тков.
lichen ['laɪkən] *n* лишáйник.
lick [lɪk] *vt* (*stamp, fingers etc*) лизáть *(impf)*, обли́зывать (облизáть *pf*); **to ~ one's lips** обли́зываться (облизáться *pf*).
lid [lɪd] *n* кры́шка; (*also*: **eye~**) вéко.
lie [laɪ] (*pt* **lay**, *pp* **lain**) *vi* (*be horizontal*) лежáть *(impf)*; (*be situated*) лежáть *(impf)*, находи́ться *(impf)*; (*problem, cause*) заключáться *(impf)*; (*pt, pp* **lied**; *be untruthful*) лгать (солгáть *pf*), врать (соврáть *pf*) ♦ *n* (*untrue statement*) ложь *f no pl*; **to ~** *or* **be lying in first/last place** быть *(impf)* на пéрвом/послéднем мéсте; **~ down** *vi* (*motion*) ложи́ться (лечь *pf*); (*position*) лежáть *(impf)*; **~-in** *n* (*BRIT*): **to have a ~-in** вставáть (встать *pf*) попóзже.
lieutenant [lɛf'tɛnənt, (*US*) lu:'tɛnənt] *n* лейтенáнт.
life [laɪf] (*pl* **lives**) *n* жизнь *f*; **~ belt** *n* (*BRIT*) спасáтельный круг; **~boat** *n* спасáтельное сýдно; (*on ship*) спасáтельная шлю́пка; **~guard** *n* спасáтель(ница) *m(f)*; **~ jacket** *n* спасáтельный жилéт; **~less** *adj* безжи́зненный; **~line** *n* (*fig*) срéдство выживáния; **~long** *adj* (*friend, habit*) неизмéнный; **it was a ~long ambition of his** э́то бы́ло мечтóй всей егó жи́зни; **~ preserver** *n* (*US*) = **life jacket**; **~style** *n* óбраз жи́зни; **~time** *n* (*of person*) жизнь *f*; (*of institution*) врéмя *nt* существовáния.
lift [lɪft] *vt* поднимáть (подня́ть *pf*); (*ban, sanctions*) снимáть (снять *pf*) ♦ *vi* (*fog*) рассéиваться (рассéяться *pf*) ♦ *n* (*BRIT*) лифт; **to give sb a ~** (*BRIT*: *AUT*) подвози́ть (подвезти́ *pf*) когó-н.
ligament ['lɪgəmənt] *n* свя́зка.
light [laɪt] (*pt, pp* **lit**) *n* свет; (*AUT*) фáра ♦ *vt* (*candle, fire*) зажигáть (зажéчь *pf*); (*place*) освещáть (освети́ть *pf*) ♦ *adj* (*pale, bright*) свéтлый; (*not heavy*) лёгкий; **~s** *npl* (*also*: **traffic ~s**) светофóр *msg*; **have you got a ~?** (*for cigarette*) мóжно у Вас прикури́ть?; **to come to ~** выясня́ться (вы́ясниться *pf*); **in the ~ of** (*discussions etc*) в свéте *+gen*; **~ up** *vi* (*face*) светлéть (просветлéть *pf*) ♦ *vt* (*illuminate*) освещáть (освети́ть *pf*); **~-hearted** *adj* (*person*)

беспе́чный; (*question, remark*) несерьёзный; **~house** *n* мая́к; **~ing** *n* освеще́ние; **~ly** *adv* (*touch, kiss*) слегка́; (*eat, treat*) легко́; (*sleep*) чу́тко; **to get off ~ly** легко́ отде́лываться (отде́латься *pf*).

lightning ['laɪtnɪŋ] *n* мо́лния.

like [laɪk] *prep* как *+acc*; (*similar to*) похо́жий на *+acc* ◆ *vt* (*sweets, reading*) люби́ть *(impf)* ◆ *n*: **and the ~** и тому́ подо́бное; **he looks ~ his father** он похо́ж на своего́ отца́; **what does she look ~?** как она́ вы́глядит?; **what's he ~?** что он за челове́к?; **there's nothing ~ ...** ничто́ не мо́жет сравни́ться с *+instr ...*; **do it ~ this** де́лайте э́то так; **that's just ~ him** (*typical*) э́то на него́ похо́же; **it is nothing ~ ...** э́то совсе́м не то, что ...; **I ~/~d him** он мне нра́вится/понра́вился; **I would ~, I'd ~** мне хоте́лось бы, я бы хоте́л; **would you ~ a coffee?** хоти́те ко́фе?; **his ~s and dislikes** его́ вку́сы; **~able** *adj* симпати́чный.

likelihood ['laɪklɪhud] *n* вероя́тность *f*.

likely ['laɪklɪ] *adj* вероя́тный; **she is ~ to agree** она́ вероя́тно согласи́тся; **not ~!** (*inf*) ни за что!

likeness ['laɪknɪs] *n* схо́дство.

likewise ['laɪkwaɪz] *adv* та́кже; **to do ~** поступа́ть (поступи́ть *pf*) таки́м же о́бразом.

lilac ['laɪlək] *n* сире́нь *f no pl*.

lily ['lɪlɪ] *n* ли́лия.

limb [lɪm] *n* (*ANAT*) коне́чность *f*.

lime [laɪm] *n* (*fruit*) лайм; (*tree*) ли́па; (*chemical*) и́звесть *f*.

limelight ['laɪmlaɪt] *n*: **to be in the ~** быть *(impf)* в це́нтре внима́ния.

limestone ['laɪmstəun] *n* известня́к.

limit ['lɪmɪt] *n* преде́л; (*restriction*) лими́т, ограниче́ние ◆ *vt* (*production, expense etc*) лимити́ровать *(impf/pf)*, ограни́чивать (ограни́чить *pf*); **~ation** [lɪmɪ'teɪʃən] *n* ограниче́ние; **~ed** *adj* ограни́ченный.

limousine ['lɪməzi:n] *n* лимузи́н.

limp [lɪmp] *vi* хрома́ть *(impf)* ◆ *adj* (*person, limb*) бесси́льный; (*material*) мя́гкий.

line [laɪn] *n* ли́ния; (*row*) ряд; (*of writing, song*) строка́, стро́чка; (*wrinkle*) морщи́на; (*wire*) про́вод; (*fig: of thought*) ход; (*of business, work*) о́бласть *f* ◆ *vt* (*road*) выстра́иваться (вы́строиться *pf*) вдоль *+gen*; (*clothing*) подбива́ть (подби́ть *pf*); (*container*) выкла́дывать (вы́ложить *pf*) изнутри́; **hold the ~ please!** (*TEL*) пожа́луйста, не клади́те тру́бку!; **to cut in ~** (*US*) идти́ (пойти́ *pf*) без о́череди; **in ~ with** (*in keeping with*) в соотве́тствии с *+instr*; **~ up** *vi* выстра́иваться (вы́строиться *pf*) ◆ *vt* (*order*) выстра́ивать (вы́строить *pf*).

linear ['lɪnɪə^r] *adj* лине́йный.

lined [laɪnd] *adj* (*paper*) лино́ванный; (*face*) морщи́нистый.

linen ['lɪnɪn] *n* (*sheets etc*) бельё.

liner ['laɪnə^r] *n* (*ship*) ла́йнер; (*also: bin ~*) *целофа́новый мешо́к для му́сорного ведра́*.

linesman ['laɪnzmən] *irreg n* судья́ *m* на ли́нии.

linger ['lɪŋgə^r] *vi* уде́рживаться (удержа́ться *pf*); (*person*) заде́рживаться (задержа́ться *pf*).

lingerie ['lænʒəri:] *n* же́нское

(ни́жнее) бельё.
linguist ['lɪŋgwɪst] *n* (*language specialist*) лингви́ст; **~ics** [lɪŋ'gwɪstɪks] *n* языкозна́ние, лингви́стика.
lining ['laɪnɪŋ] *n* (*cloth*) подкла́дка.
link [lɪŋk] *n* связь *f*; (*of chain*) звено́ ◆ *vt* (*join*) соединя́ть (соедини́ть *pf*); (*associate*): **to ~ with** *or* **to** свя́зывать (связа́ть *pf*) с *+instr*; **~ up** *vt* (*systems*) соединя́ть (соедини́ть *pf*) ◆ *vi* соединя́ться (соедини́ться *pf*).
lino ['laɪnəu] *n* = **linoleum**.
linoleum [lɪ'nəulɪəm] *n* лино́леум.
lion ['laɪən] *n* лев.
lip [lɪp] *n* (*ANAT*) губа́; **~-read** *vi* чита́ть *(impf)* с губ; **~stick** *n* (губна́я) пома́да.
liqueur [lɪ'kjuə'] *n* ликёр.
liquid ['lɪkwɪd] *n* жи́дкость *f* ◆ *adj* жи́дкий.
liquor ['lɪkə'] *n* (*esp US*) спиртно́е *nt adj*, спиртно́й напи́ток.
Lisbon ['lɪzbən] *n* Лиссабо́н.
lisp [lɪsp] *n* шепеля́вость *f*.
list [lɪst] *n* спи́сок ◆ *vt* (*enumerate*) перечисля́ть (перечи́слить *pf*); (*write down*) составля́ть (соста́вить *pf*) спи́сок *+gen*.
listen ['lɪsn] *vi*: **to ~ (to sb/sth)** слу́шать *(impf)* (кого́-н/что-н).
lit [lɪt] *pt, pp of* **light**.
liter ['li:tə'] *n* (*US*) = **litre**.
literacy ['lɪtərəsɪ] *n* гра́мотность *f*.
literal ['lɪtərl] *adj* буква́льный; **~ly** *adv* буква́льно.
literary ['lɪtərərɪ] *adj* литерату́рный.
literate ['lɪtərət] *adj* (*able to read and write*) гра́мотный.
literature ['lɪtrɪtʃə'] *n* литерату́ра.
Lithuania [lɪθju'eɪnɪə] *n* Литва́; **~n** *adj* лито́вский.
litre ['li:tə'] (*US* **liter**) *n* литр.
litter ['lɪtə'] *n* (*rubbish*) му́сор; (*ZOOL*) вы́водок, припло́д.
little ['lɪtl] *adj* ма́ленький; (*younger*) мла́дший; (*short*) коро́ткий ◆ *adv* ма́ло; **a ~ (bit)** немно́го; **~ by ~** ма́ло-пома́лу, понемно́гу; **~-known** *adj* малоизве́стный.
live [*vb* lɪv, *adj* laɪv] *vi* жить *(impf)* ◆ *adj* (*animal, plant*) живо́й; (*broadcast*) прямо́й; (*performance*) пе́ред пу́бликой; (*bullet*) боево́й; (*ELEC*) под напряже́нием; **to ~ with sb** жить *(impf)* с кем-н; **he ~d to (be) a hundred** он дожи́л до ста лет; **~ on** *vt fus* (*food*) жить *(impf)* на *+prp*; (*salary*) жить *(impf)* на *+acc*; **~ up to** *vt fus* опра́вдывать (оправда́ть *pf*).
livelihood ['laɪvlɪhud] *n* сре́дства *ntpl* к существова́нию.
lively ['laɪvlɪ] *adj* живо́й; (*place, event*) оживлённый.
liver ['lɪvə'] *n* (*ANAT*) пе́чень *f*; (*CULIN*) печёнка.
lives [laɪvz] *npl of* **life**.
livestock ['laɪvstɔk] *n* скот.
living ['lɪvɪŋ] *adj* живо́й ◆ *n*: **to earn** *or* **make a ~** зараба́тывать (зарабо́тать *pf*) на жизнь; **~ conditions** *npl* усло́вия *ntpl* жи́зни; **~ room** *n* гости́ная *f adj*; **~ standards** *npl* жи́зненный у́ровень *msg*.
lizard ['lɪzəd] *n* я́щерица.
load [ləud] *n* (*of person, animal*) но́ша; (*of vehicle*) груз; (*weight*) нагру́зка ◆ *vt* (*also*: **~ up**: *goods*) грузи́ть (погрузи́ть *pf*); (*gun, camera*) заряжа́ть (заряди́ть *pf*); **to ~ (with)** (*also*: **~ up**: *vehicle, ship*) нагружа́ть (нагрузи́ть *pf*)

(*+instr*); **~s of, a ~ of** (*inf*) ку́ча *+gen*; **a ~ of rubbish** (*inf*) сплошна́я чепуха́; **~ed** *adj* (*gun*) заря́женный; **~ed question** вопро́с с подво́хом.
loaf [ləuf] (*pl* **loaves**) *n* (*bread*) буха́нка.
loan [ləun] *n* заём; (*money*) ссу́да ◆ *vt* дава́ть (дать *pf*) взаймы́; (*money*) ссужа́ть (ссуди́ть *pf*); **to take sth on ~** брать (взять *pf*) что-н на вре́мя.
loathe [ləuð] *vt* ненави́деть *(impf)*.
loaves [ləuvz] *npl of* **loaf**.
lobby ['lɔbɪ] *n* (*of building*) вестибю́ль *m*; (*pressure group*) ло́бби *nt ind* ◆ *vt* склоня́ть (склони́ть *pf*) на свою́ сто́рону.
lobster ['lɔbstəʳ] *n* ома́р.
local ['ləukl] *adj* ме́стный; **the ~s** *npl* ме́стные *pl adj* (жи́тели); **~ authorities** *npl* ме́стные вла́сти *fpl*; **~ government** *n* ме́стное управле́ние; **~ly** *adv* (*live, work*) побли́зости.
locate [ləu'keɪt] *vt* определя́ть (определи́ть *pf*) местонахожде́ние *+gen*; **to be ~d in** (*situated*) находи́ться *(impf)* в/на *+prp*.
location [ləu'keɪʃən] *n* (*place*) местонахожде́ние; **on ~** (*CINEMA*) на нату́ре.
loch [lɔx] *n* (*SCOTTISH*) о́зеро.
lock [lɔk] *n* (*on door etc*) замо́к; (*on canal*) шлюз; (*of hair*) ло́кон ◆ *vt* запира́ть (запере́ть *pf*) ◆ *vi* (*door*) запира́ться (запере́ться *pf*); (*wheels*) тормози́ть (затормози́ть *pf*); **~ in** *vt*: **to ~ sb in** запира́ть (запере́ть *pf*) кого́-н; **~ up** *vt* (*criminal etc*) упря́тывать (упря́тать *pf*); (*house*) запира́ть (запере́ть *pf*) ◆ *vi* запира́ться (запере́ться *pf*).
locker ['lɔkəʳ] *n* шка́фчик.
locomotive [ləukə'məutɪv] *n* локомоти́в.
locust ['ləukəst] *n* саранча́ *f no pl*.
lodge [lɔdʒ] *n* привра́тницкая *f adj*; **~r** *n* квартира́нт(ка).
lodgings ['lɔdʒɪŋz] *npl* кварти́ра *fsg*.
loft [lɔft] *n* черда́к.
log [lɔg] *n* бревно́; (*for fire*) поле́но; (*account*) журна́л ◆ *vt* (*event, fact*) регистри́ровать (зарегистри́ровать *pf*).
logic ['lɔdʒɪk] *n* ло́гика; **~al** *adj* (*based on logic*) логи́ческий; (*reasonable*) логи́чный.
logo ['ləugəu] *n* эмбле́ма.
London ['lʌndən] *n* Ло́ндон.
lone [ləun] *adj* (*person*) одино́кий.
loneliness ['ləunlɪnɪs] *n* одино́чество.
lonely ['ləunlɪ] *adj* (*person, childhood*) одино́кий; (*place*) уединённый.
long [lɔŋ] *adj* дли́нный; (*in time*) до́лгий ◆ *adv* (*see adj*) до́лго; дли́нно ◆ *vi*: **to ~ for sth/to do** жа́ждать *(impf)* чего́-н/*+infin*; **so** *or* **as ~ as you don't mind** е́сли то́лько Вы не возража́ете; **don't be ~!** не заде́рживайтесь!; **how ~ is the street?** какова́ длина́ э́той у́лицы?; **how ~ is the lesson?** ско́лько дли́тся уро́к?; **6 metres ~** длино́й в 6 ме́тров; **6 months ~** продолжи́тельностью в 6 ме́сяцев; **all night (~)** всю ночь (напролёт); **he no ~er comes** он бо́льше не прихо́дит; **~ before** задо́лго до *+gen*; **~ after** до́лгое вре́мя по́сле *+gen*; **before ~** вско́ре; **at ~ last** наконе́ц; **~-distance** *adj* (*travel*) да́льний.

longitude [ˈlɔŋgɪtju:d] *n* долгота́.

long: **~ jump** *n* прыжо́к в длину́; **~-life** *adj* консерви́рованный; (*battery*) продлённого де́йствия; **~-lost** *adj* (*relative etc*) давно́ утра́ченный *or* потеря́нный; **~-standing** *adj* долголе́тний; **~-suffering** *adj* многострада́льный; **~-term** *adj* долгосро́чный.

look [luk] *vi* (*see*) смотре́ть (посмотре́ть *pf*); (*glance*) взгляну́ть *(pf)*; (*seem, appear*) вы́глядеть *(impf)* ♦ *n* (*glance*) взгляд; (*appearance*) вид; (*expression*) выраже́ние; **~s** *npl*: **good ~s** краси́вая вне́шность *fsg*; **to ~ south/(out) onto the sea** (*face*) выходи́ть *(impf)* на юг/на мо́ре; **~ after** *vt fus* (*care for*) уха́живать *(impf)* за *+instr*; (*deal with*) забо́титься *(impf)* о *+prp*; **~ around** *vt fus* = **look round**; **~ at** *vt fus* смотре́ть (посмотре́ть *pf*) на *+acc*; (*read quickly*) просма́тривать (просмотре́ть *pf*); **~ back** *vi* (*turn around*): **to ~ back (at)** огля́дываться (огляну́ться *pf*) (на *+acc*); **~ down on** *vt fus* (*fig*) смотре́ть *(impf)* свысока́ на *+acc*; **~ for** *vt fus* иска́ть (поиска́ть *pf*); **~ forward to** *vt fus*: **to ~ forward to sth** ждать *(impf)* чего́-н с нетерпе́нием; **we ~ forward to hearing from you** (с нетерпе́нием) ждём Ва́шего отве́та; **~ into** *vt fus* рассле́довать *(impf/pf)*; **~ on** *vi* (*watch*) наблюда́ть *(impf)*; **~ out** *vi* (*beware*): **to ~ out (for)** остерега́ться *(impf)* (*+gen*); **to ~ out (of)** (*glance out*) выгля́дывать (вы́глянуть *pf*) (в *+acc*); **~ out for** *vt fus* (*search for*) стара́ться (постара́ться *pf*) найти́; **~ round** *vt fus* (*museum etc*) осма́тривать (осмотре́ть *pf*); **~ through** *vt fus* (*papers*) просма́тривать (просмотре́ть *pf*); (*window*) смотре́ть (посмотре́ть *pf*) в *+acc*; **~ to** *vt fus* (*rely on*) ждать *(impf)* от *+gen*; **~ up** *vi* поднима́ть (подня́ть *pf*) глаза́; (*situation*) идти́ *(impf)* к лу́чшему ♦ *vt* (*fact*) посмотре́ть *(pf)*; **~out** *n* (*person*) наблюда́тель(ница) *m(f)*; (*point*) наблюда́тельный пункт; **to be on the ~out for sth** присма́тривать *(impf)* что-н.

loop [lu:p] *n* пе́тля ♦ *vt*: **to ~ sth round sth** завя́зывать (завяза́ть *pf*) что-н пе́тлей вокру́г чего́-н.

loose [lu:s] *adj* свобо́дный; (*knot, grip, connection*) сла́бый; (*hair*) распу́щенный ♦ *n*: **to be on the ~** быть *(impf)* в бега́х; **the handle is ~** ру́чка расшата́лась; **to set ~** (*prisoner*) освобожда́ть (освободи́ть *pf*); **~n** *vt* (*belt, screw, grip*) ослабля́ть (осла́бить *pf*).

loot [lu:t] *n* (*inf*) награ́бленное *nt adj* ♦ *vt* (*shops, homes*) разграбля́ть (разгра́бить *pf*).

lord [lɔ:d] *n* (*BRIT*: *peer*) лорд; (*REL*): **the L~** Госпо́дь *m*; **my L~** мило́рд; **good L~!** Бо́же пра́вый!

lorry [ˈlɔrɪ] *n* (*BRIT*) грузови́к.

lose [lu:z] (*pt, pp* **lost**) *vt* теря́ть (потеря́ть *pf*); (*contest, argument*) прои́грывать (проигра́ть *pf*) ♦ *vi* (*in contest, argument*) прои́грывать (проигра́ть *pf*); **~r** *n* (*in contest*) проигра́вший(-ая) *m(f) adj*.

loss [lɔs] *n* поте́ря; (*sense of*

bereavement) утра́та; (*COMM*) убы́ток; **heavy ~es** тяжёлые поте́ри *fpl*; **to be at a ~** теря́ться (растеря́ться *pf*).
lost [lɔst] *pt, pp of* **lose** ◆ *adj* пропа́вший; **to get ~** заблуди́ться (*pf*).
lot [lɔt] *n* (*of people, goods*) па́ртия; (*at auction*) лот; **a ~ (of)** (*many*) мно́го (*+gen*); **the ~** (*everything*) всё; **~s of ...** мно́го *+gen ...*; **I see a ~ of him** мы с ним ча́сто ви́димся; **I read/don't read a ~** я мно́го/ма́ло чита́ю; **a ~ bigger/more expensive** намно́го *or* гора́здо бо́льше/доро́же; **to draw ~s (for sth)** тяну́ть (*impf*) жре́бий (для чего́-н).
lotion [ˈləuʃən] *n* лосьо́н.
lottery [ˈlɔtərɪ] *n* лотере́я.
loud [laud] *adj* (*noise, voice, laugh*) гро́мкий; (*support, condemnation*) шу́мный; (*clothes*) крича́щий ◆ *adv* гро́мко; **out ~** вслух; **~ly** *adv* (*speak, laugh*) гро́мко; (*support*) шу́мно; **~speaker** *n* громкоговори́тель *m*.
lounge [laundʒ] *n* (*in house, hotel*) гости́ная *f adj*; (*at airport*) зал ожида́ния.
louse [laus] (*pl* **lice**) *n* (*insect*) вошь *f*.
lovable [ˈlʌvəbl] *adj* ми́лый.
love [lʌv] *vt* люби́ть (*impf*) ◆ *n*: **~ (for)** любо́вь *f* (к *+dat*); **to ~ to do** люби́ть (*impf*) *+infin*; **I'd ~ to come** я бы с удово́льствием пришёл; **"~ (from) Anne"** "лю́бящая Вас А́нна"; **to fall in ~ with** влюбля́ться (влюби́ться *pf*) в *+acc*; **he is in ~ with her** он в неё влюблён; **to make ~** занима́ться (заня́ться *pf*) любо́вью; **"fifteen ~"** (*TENNIS*) "пятна́дцать – ноль"; **~ affair** *n* рома́н; **~d ones** *npl* бли́зкие *pl adj*; **~ life** *n* инти́мная жизнь *f*.
lovely [ˈlʌvlɪ] *adj* (*beautiful*) краси́вый; (*delightful*) чуде́сный.
lover [ˈlʌvəʳ] *n* любо́вник(-ица); (*of art etc*) люби́тель(ница) *m(f)*.
loving [ˈlʌvɪŋ] *adj* не́жный.
low [ləu] *adj* ни́зкий; (*quiet*) ти́хий; (*depressed*) пода́вленный ◆ *adv* (*fly*) ни́зко; (*sing*: *quietly*) ти́хо ◆ *n* (*METEOROLOGY*) ни́зкое давле́ние; **we are (running) ~ on milk** у нас остаётся ма́ло молока́; **to reach an all-time ~** опуска́ться (опусти́ться *pf*) на небыва́ло ни́зкий у́ровень.
lower [ˈləuəʳ] *adj* (*bottom*: *of two things*) ни́жний; (*less important*) ни́зший ◆ *vt* (*object*) спуска́ть (спусти́ть *pf*); (*level, price*) снижа́ть (сни́зить *pf*); (*voice*) понижа́ть (пони́зить *pf*); (*eyes*) опуска́ть (опусти́ть *pf*).
low-fat [ˈləuˈfæt] *adj* обезжи́ренный.
loyal [ˈlɔɪəl] *adj* ве́рный; (*POL*) лоя́льный; **~ty** *n* ве́рность *f*; (*POL*) лоя́льность *f*.
LP *n abbr* (= *long-playing record*) долгоигра́ющая пласти́нка.
Ltd *abbr* (*COMM*: = *limited (liability) company*) компа́ния с ограни́ченной отве́тственностью.
lucid [ˈlu:sɪd] *adj* (*writing, speech*) я́сный.
luck [lʌk] *n* (*also*: **good ~**) уда́ча; **bad ~** неуда́ча; **good ~!** уда́чи (Вам)!; **hard** *or* **tough ~!** не повезло́!; **~ily** *adv* к сча́стью; **~y** *adj* (*situation, object*) счастли́вый; (*person*) уда́чливый; **he is ~y at**

cards/in love емý везёт в кáртах/ любвú.
lucrative ['lu:krətɪv] *adj* прúбыльный, дохóдный; (*job*) высокооплáчиваемый.
ludicrous ['lu:dɪkrəs] *adj* смехотвóрный.
luggage ['lʌgɪdʒ] *n* багáж.
lukewarm ['lu:kwɔ:m] *adj* слегкá тёплый; (*fig*) прохлáдный.
lull [lʌl] *n* затúшье ♦ *vt*: **to ~ sb to sleep** убaюкивать (убаюкать *pf*) когó-н; **to ~ sb into a false sense of security** усыплять (усыпúть *pf*) чью-н бдúтельность.
lullaby ['lʌləbaɪ] *n* колыбéльная *f adj*.
luminous ['lu:mɪnəs] *adj* (*digit, star*) светящийся.
lump [lʌmp] *n* (*of clay, snow*) ком; (*of butter, sugar*) кусóк; (*bump*) шúшка; (*growth*) óпухоль *f* ♦ *vt*: **to ~ together** мешáть (смешáть *pf*) в (однý) кýчу; **a ~ sum** единоврéменно выплáчиваемая сýмма; **~y** *adj* (*sauce*) комковáтый.
lunar ['lu:nə^r] *adj* лýнный.
lunatic ['lu:nətɪk] *adj* (*behaviour*) безýмный.
lunch [lʌntʃ] *n* обéд; **~ time** *n* обéденное врéмя *nt*, обéд.
lung [lʌŋ] *n* лёгкое *nt adj*; **~ cancer** рак лёгких.
lurch [lə:tʃ] *vi*: **the car ~ed forward** машúну брóсило вперёд.
lure [luə^r] *vt* замáнивать (заманúть *pf*); **to ~ sb away from** отвлекáть (отвлéчь *pf*) когó-н от *+gen*.
lush [lʌʃ] *adj* (*healthy*) пышный.
lust [lʌst] *n* (*sexual desire*) пóхоть *f*; (*greed*): **~ (for)** жáжда (к *+dat*).
lustre ['lʌstə^r] (*US* **luster**) *n* блеск.
Luxembourg ['lʌksəmbə:g] *n* Люксембýрг.
luxurious [lʌg'zjuərɪəs] *adj* роскóшный.
luxury ['lʌkʃərɪ] *n* (*great comfort*) рóскошь *f*; (*treat*) роскóшество.
lynch [lɪntʃ] *vt* линчевáть (*impf/pf*).
lyrical ['lɪrɪkl] *adj* (*fig*) востóрженный.
lyrics ['lɪrɪks] *npl* словá *ntpl or* текст *msg* (*пéсни*).

M, m

m. *abbr* (= **metre**) м; = **mile, million**.
MA *n abbr* = **Master of Arts**.
mac [mæk] *n* (*BRIT*: *inf*) макинтóш.
macabre [mə'kɑ:brə] *adj* жýткий.
macaroni [mækə'rəunɪ] *n* макарóны *pl*.
machine [mə'ʃi:n] *n* машúна; (*also*: **sewing ~**) машúнка; **~ gun** *n* пулемёт; **~ry** [mə'ʃi:nərɪ] *n* оборýдование; (*POL*) механúзм.
mackerel ['mækrl] *n inv* скýмбрия.
mackintosh ['mækɪntɔʃ] *n* = **mac**.
mad [mæd] *adj* сумасшéдший, помéшанный; (*angry*) бéшеный; (*keen*): **he is ~ about** он помéшан на *+prp*.
madam ['mædəm] *n* (*form of address*) мадáм *f ind*, госпожá.
made [meɪd] *pt, pp of* **make**.
madman ['mædmən] *irreg n* сумасшéдший *m adj*.
madness ['mædnɪs] *n* безýмие.
Madrid [mə'drɪd] *n* Мадрúд.
Mafia ['mæfɪə] *n*: **the ~** мáфия.
magazine [mægə'zi:n] *n* журнáл.
maggot ['mægət] *n* личúнка мýхи.
magic ['mædʒɪk] *n* мáгия; **~al** *adj* магúческий; (*experience,*

evening) волше́бный; **~ian** [mə'dʒɪʃən] *n* (*conjurer*) фо́кусник.

magistrate ['mædʒɪstreɪt] *n* (*LAW*) миров**о́**й судь**я́** *m*.

magnate ['mægneɪt] *n* магна́т.

magnet ['mægnɪt] *n* магни́т; **~ic** [mæg'nɛtɪk] *adj* магни́тный; (*personality*) притяга́тельный.

magnificent [mæg'nɪfɪsnt] *adj* великоле́пный.

magnify ['mægnɪfaɪ] *vt* увели́чивать (увели́чить *pf*); (*sound*) уси́ливать (уси́лить *pf*); **~ing glass** *n* увеличи́тельное стекло́, лу́па.

magnitude ['mægnɪtju:d] *n* (*size*) величина́; (*importance*) масшта́б.

mahogany [mə'hɔgənɪ] *n* кра́сное де́рево.

maid [meɪd] *n* (*in house*) служа́нка; (*in hotel*) го́рничная *f adj*.

maiden ['meɪdn] *adj* (*first*) пе́рвый; **~ name** *n* де́вичья фами́лия.

mail [meɪl] *n* по́чта ◆ *vt* отправля́ть (отпра́вить *pf*) по по́чте; **~box** *n* (*US*: *letter box*) почто́вый я́щик; **~ order** *n заказ́ това́ров по по́чте*.

maim [meɪm] *vt* кале́чить (искале́чить *pf*).

main [meɪn] *adj* гла́вный ◆ *n*: **gas/water ~** газопрово́дная/ водопрово́дная магистра́ль *f*; **the ~s** *npl* сеть *fsg*; **~ meal** обе́д; **~land** *n*: **the ~land** матери́к, больша́я земля́; **~ly** *adv* гла́вным о́бразом; **~stay** *n* гла́вная опо́ра; **~stream** *n* госпо́дствующая тенде́нция.

maintain [meɪn'teɪn] *vt* (*friendship, system, momentum*) подде́рживать (поддержа́ть *pf*); (*building*) обслу́живать (*impf*); (*affirm*: *belief, opinion*) утвержда́ть (*impf*).

maintenance ['meɪntənəns] *n* (*of friendship, system*) подде́ржа́ние; (*of building*) обслу́живание; (*LAW*: *alimony*) алиме́нты *pl*.

maize [meɪz] *n* кукуру́за, ма́йс.

majestic [mə'dʒɛstɪk] *adj* вели́чественный.

majesty ['mædʒɪstɪ] *n*: **Your M~** Ва́ше Вели́чество.

major ['meɪdʒə'] *adj* (*important*) суще́ственный.

majority [mə'dʒɔrɪtɪ] *n* большинство́.

make [meɪk] (*pt, pp* **made**) *vt* де́лать (сде́лать *pf*); (*clothes*) шить (сшить *pf*); (*manufacture*) изготовля́ть (изгото́вить *pf*); (*meal*) гото́вить (пригото́вить *pf*); (*money*) зараба́тывать (зарабо́тать *pf*) ◆ *n* (*brand*) ма́рка; **to ~ sb do** (*force*) заставля́ть (заста́вить *pf*) кого́-н *+infin*; **2 and 2 ~ 4** (*equal*) 2 плюс 2 – 4; **to ~ sb unhappy** расстра́ивать (расстро́ить *pf*) кого́-н; **to ~ a noise** шуме́ть (*impf*); **to ~ the bed** стели́ть (постели́ть *pf*) посте́ль; **to ~ a fool of sb** де́лать (сде́лать *pf*) из кого́-н дурака́; **to ~ a profit** получа́ть (получи́ть *pf*) при́быль; **to ~ a loss** нести́ (понести́ *pf*) убы́ток; **to ~ it** (*arrive*) успева́ть (успе́ть *pf*); **let's ~ it Monday** дава́йте договори́мся на понеде́льник; **to ~ do with/without** обходи́ться (обойти́сь *pf*) *+instr*/без *+gen*; **~ for** *vt fus* (*place*) направля́ться (напра́виться *pf*) к *+dat*/в *+acc*; **~ out** *vt* (*decipher*) разбира́ть (разобра́ть *pf*); (*see*) различа́ть (различи́ть *pf*); (*write out*) выпи́сывать (вы́писать *pf*); (*understand*) разбира́ться (разобра́ться *pf*) в *+prp*; **~ up** *vt fus* (*constitute*) составля́ть (соста́вить *pf*) ◆ *vt* (*invent*) выду́мывать (вы́думать *pf*) ◆ *vi* (*after quarrel*) мири́ться (помири́ться *pf*); (*with cosmetics*): **to ~ (o.s.) up** де́лать (сде́лать *pf*) макия́ж; **~ up for** *vt fus* (*mistake*) загла́живать (загла́дить *pf*); (*loss*) восполня́ть (воспо́лнить *pf*); **~r** *n* (*of goods*) изготови́тель *m*; **~shift** *adj* вре́менный; **~-up** *n* косме́тика, макия́ж; (*THEAT*) грим.

making ['meɪkɪŋ] *n* (*of programme*) созда́ние; **to have the ~s of** име́ть *(impf)* зада́тки *+gen*.

malaria [mə'lɛərɪə] *n* маляри́я.

male [meɪl] *n* (*human*) мужчи́на *m*; (*animal*) саме́ц ◆ *adj* мужско́й; (*child*) мужско́го по́ла.

malice ['mælɪs] *n* зло́ба.

malicious [mə'lɪʃəs] *adj* зло́бный, злой.

malignant [mə'lɪgnənt] *adj* (*MED*) злока́чественный.

mall [mɔːl] *n* (*also:* **shopping ~**) ≈ торго́вый центр.

mallet ['mælɪt] *n* деревя́нный молото́к.

malnutrition [mælnjuː'trɪʃən] *n* недоеда́ние.

malt [mɔːlt] *n* (*grain*) со́лод; (*also:* **~ whisky**) солодо́вое ви́ски *nt ind.*

mammal ['mæml] *n* млекопита́ющее *nt adj.*

mammoth ['mæməθ] *adj* (*task*) колосса́льный.

man [mæn] (*pl* **men**) *n* мужчи́на *m*; (*person, mankind*) челове́к ◆ *vt* (*machine*) обслу́живать *(impf)*; (*post*) занима́ть (заня́ть *pf*); **an old ~** стари́к; **~ and wife** муж и жена́.

manage ['mænɪdʒ] *vi* (*get by*) обходи́ться (обойти́сь *pf*) ◆ *vt* (*business, organization*) руководи́ть *(impf) +instr*, управля́ть *(impf) +instr*; (*shop, restaurant*) заве́довать *(impf) +instr*; (*economy*) управля́ть *(impf) +instr*; (*workload, task*) справля́ться (спра́виться *(impf)*) с *+instr*; **I ~d to convince him** мне удало́сь убеди́ть его́; **~ment** *n* (*body*) руково́дство; (*act*): **~ment (of)** управле́ние (*+instr*); **~r** *n* (*of business, organization*) управля́ющий *m adj*, ме́неджер; (*of shop*) заве́дующий *m adj*; (*of pop star*) ме́неджер; (*SPORT*) гла́вный тре́нер; **~ress** [mænɪdʒə'rɛs] *n* (*of shop*) заве́дующая *f adj*; **~rial** [mænɪ'dʒɪərɪəl] *adj* (*role*) управле́нческий; **~rial staff** управле́нческий аппара́т.

managing director ['mænɪdʒɪŋ-] *n* дире́ктор-распоряди́тель *m*.

mandarin ['mændərɪn] *n* (*also:* **~ orange**) мандари́н.

mandate ['mændeɪt] *n* (*POL*) полномо́чие.

mandatory ['mændətərɪ] *adj* обяза́тельный.

mane [meɪn] *n* гри́ва.

maneuver [mə'nuːvə'] *n, vb* (*US*) = **manoeuvre**.

mango ['mæŋgəu] (*pl* **~es**) *n* ма́нго *nt ind.*

mania ['meɪnɪə] *n* (*also PSYCH*) ма́ния.

maniac ['meɪnɪæk] *n* маньяк.

manic [ˈmænɪk] *adj* безу́мный, маниака́льный.

manifest [ˈmænɪfɛst] *vt* проявля́ть (прояви́ть *pf*) ◆ *adj* очеви́дный, я́вный.

manifesto [mænɪˈfɛstəu] *n* манифе́ст.

manipulate [məˈnɪpjuleɪt] *vt* манипули́ровать *(impf)* +*instr*.

mankind [mænˈkaɪnd] *n* челове́чество.

manly [ˈmænlɪ] *adj* му́жественный.

man-made [ˈmænˈmeɪd] *adj* иску́сственный.

manner [ˈmænəʳ] *n* (*way*) о́браз; (*behaviour*) мане́ра; **~s** *npl* (*conduct*) мане́ры *fpl*; **all ~ of things/people** всевозмо́жные ве́щи/лю́ди; **in a ~ of speaking** в не́котором ро́де; **~ism** *n* мане́ры *fpl*.

manoeuvre [məˈnu:vəʳ] (*US* **maneuver**) *vt* уме́ло передвига́ть (передви́нуть *pf*); (*manipulate*) маневри́ровать *(impf)* +*instr* ◆ *vi* маневри́ровать *(impf)* ◆ *n* манёвр.

manpower [ˈmænpauəʳ] *n* рабо́чая си́ла.

mansion [ˈmænʃən] *n* особня́к.

manslaughter [ˈmænslɔ:təʳ] *n* непредумы́шленное уби́йство.

mantelpiece [ˈmæntlpi:s] *n* ками́нная доска́.

manual [ˈmænjuəl] *adj* ручно́й ◆ *n* посо́бие; **~ worker** чернорабо́чий(-ая) *m(f) adj*.

manufacture [mænjuˈfæktʃəʳ] *vt* (*goods*) изготовля́ть (изгото́вить *pf*), производи́ть (произвести́ *pf*) ◆ *n* изготовле́ние, произво́дство; **~r** *n* изготови́тель *m*, производи́тель *m*.

manure [məˈnjuəʳ] *n* наво́з.

manuscript [ˈmænjuskrɪpt] *n* (*old text*) манускри́пт, ру́копись *f*.

many [ˈmɛnɪ] *adj* (*a lot of*) мно́го +*gen* ◆ *pron* (*several*) мно́гие *pl adj*; **a great ~** о́чень мно́го +*gen*, мно́жество +*gen*; **how ~?** ско́лько?; **~ a time** мно́го раз; **in ~ cases** во мно́гих слу́чаях; **~ of us** мно́гие из нас.

map [mæp] *n* ка́рта; (*of town*) план.

maple [ˈmeɪpl] *n* клён.

mar [mɑ:ʳ] *vt* по́ртить (испо́ртить *pf*).

marathon [ˈmærəθən] *n* марафо́н.

marble [ˈmɑ:bl] *n* (*stone*) мра́мор.

March [mɑ:tʃ] *n* март.

march [mɑ:tʃ] *vi* марширова́ть (промарширова́ть *pf*); (*protesters*) проходи́ть (пройти́ *pf*) ма́ршем ◆ *n* марш.

mare [mɛəʳ] *n* кобы́ла.

margarine [mɑ:dʒəˈri:n] *n* маргари́н.

margin [ˈmɑ:dʒɪn] *n* (*on page*) поля́ *ntpl*; (*of victory*) преиму́щество; (*of defeat*) меньшинство́; (*also:* **profit ~**) ма́ржа, чи́стая при́быль *f no pl*; **~al** *adj* незначи́тельный.

marigold [ˈmærɪgəuld] *n* ноготки́ *mpl*.

marijuana [mærɪˈwɑ:nə] *n* марихуа́на.

marina [məˈri:nə] *n* мари́на, при́стань *f* для яхт.

marine [məˈri:n] *adj* морско́й; (*engineer*) судово́й ◆ *n* (*BRIT*) слу́жащий *m adj* вое́нно-морско́го фло́та; (*US*) морско́й пехоти́нец.

marital [ˈmærɪtl] *adj* супру́жеский; **~ status** семе́йное положе́ние.

maritime ['mærɪtaɪm] *adj* морско́й.
mark [mɑːk] *n* (*symbol*) значо́к, поме́тка; (*stain*) пятно́; (*of shoes etc*) след; (*token*) знак; (*BRIT: SCOL*) отме́тка, оце́нка ◆ *vt* (*with pen*) помеча́ть (поме́тить *pf*); (*subj: shoes, tyres*) оставля́ть (оста́вить *pf*) след на *+prp*; (*furniture*) поврежда́ть (повреди́ть *pf*); (*clothes, carpet*) ста́вить (поста́вить *pf*) пятно́ на *+prp*; (*place, time*) ука́зывать (указа́ть *pf*); (*BRIT: SCOL*) проверя́ть (прове́рить *pf*); **~ed** *adj* заме́тный; **~er** *n* (*sign*) знак; (*bookmark*) закла́дка; (*pen*) флома́стер.
market ['mɑːkɪt] *n* ры́нок ◆ *vt* выпуска́ть (вы́пустить *pf*) в прода́жу; **~ing** *n* ма́ркетинг; **~ research** *n* иссле́дование ры́нка, ма́ркетинговые иссле́дования *ntpl*.
marmalade ['mɑːməleɪd] *n* джем (*ци́трусовый*).
maroon [mə'ruːn] *vt*: **we were ~ed** мы бы́ли отре́заны от вне́шнего ми́ра.
marquee [mɑː'kiː] *n* марки́за, пала́точный павильо́н.
marriage ['mærɪdʒ] *n* брак; (*wedding*) сва́дьба; **~ certificate** *n* свиде́тельство о бра́ке.
married ['mærɪd] *adj* (*man*) жена́тый; (*woman*) заму́жняя; (*couple*) жена́тые; (*life*) супру́жеский.
marrow ['mærəu] *n* (*BOT*) кабачо́к; (*also*: **bone ~**) ко́стный мозг.
marry ['mærɪ] *vt* (*subj: man*) жени́ться *(impf/pf)* на *+prp*; (: *woman*) выходи́ть (вы́йти *pf*) за́муж за *+acc*; (: *priest*) венча́ть (обвенча́ть *pf*); (*also*: **~ off**: *son*) жени́ть *(impf/pf)*; (: *daughter*) выдава́ть (вы́дать *pf*) за́муж ◆ *vi*: **to get married** (*man*) жени́ться *(impf)*; (*woman*) выходи́ть (вы́йти *pf*) за́муж; (*couple*) жени́ться (пожени́ться *pf*).
Mars [mɑːz] *n* Марс.
marsh [mɑːʃ] *n* боло́то.
marshal ['mɑːʃl] *n* (*at public event*) распоряди́тель(ница) *m(f)* ◆ *vt* (*support*) упоря́дочить *(pf)*; **police** (*US*) нача́льник полице́йского уча́стка.
marshy ['mɑːʃɪ] *adj* боло́тистый.
martial law ['mɑːʃl-] *n* вое́нное положе́ние.
martyr ['mɑːtə'] *n* му́ченик(-ица).
marvellous (*US* **marvelous**) ['mɑːvləs] *adj* восхити́тельный, изуми́тельный.
Marxist ['mɑːksɪst] *adj* маркси́стский ◆ *n* маркси́ст(ка).
marzipan ['mɑːzɪpæn] *n* марципа́н.
mascara [mæs'kɑːrə] *n* тушь *f* (для ресни́ц).
mascot ['mæskət] *n* талисма́н.
masculine ['mæskjulɪn] *adj* мужско́й; (*LING*) мужско́го ро́да.
mash [mæʃ] *vt* де́лать (сде́лать *pf*) пюре́ из *+gen*.
mask [mɑːsk] *n* ма́ска ◆ *vt* (*feelings*) маскирова́ть *(impf)*.
mason ['meɪsn] *n* (*also*: **stone ~**) ка́менщик; (*also*: **free~**) масо́н, во́льный ка́менщик; **~ic** [mə'sɔnɪk] *adj* масо́нский; **~ry** *n* (ка́менная) кла́дка.
mass [mæs] *n* (*also PHYS*) ма́сса; (*REL: Orthodox*) обе́дня; (: *Catholic*) ме́сса ◆ *cpd* ма́ссовый; **the ~es** *npl* (наро́дные) ма́ссы *fpl*; **~es of** (*inf*) ма́сса *fsg +gen*, у́йма *fsg +gen*.

massacre [ˈmæsəkəʳ] *n* мáссовое убúйство.
massage [ˈmæsɑːʒ] *n* массáж ◆ *vt* (*rub*) массúровать *(impf)*.
massive [ˈmæsɪv] *adj* массúвный; (*support, changes*) огрóмный.
mass media *n inv* срéдства *ntpl* мáссовой информáции.
mast [mɑːst] *n* мáчта.
master [ˈmɑːstəʳ] *n* (*also fig*) хозя́ин ◆ *vt* (*control*) владéть (овладéть *pf*) *+instr*; (*learn, understand*) овладевáть (овладéть *pf*) *+instr*; **M~ Smith** (*title*) господúн *or* мáстер Смит; **M~ of Arts/Science** ≈ магúстр гуманитáрных/естéственных наýк; **~piece** *n* шедéвр.
masturbation [mæstəˈbeɪʃən] *n* мастурбáция.
mat [mæt] *n* кóврик; (*also:* **door~**) двернóй кóврик; (*also:* **table ~**) подстáвка ◆ *adj* = **matt**.
match [mætʃ] *n* спúчка; (SPORT) матч; (*equal*) рóвня *m/f* ◆ *vt* (*subj: colours*) сочетáться *(impf)* с *+instr*; (*correspond to*) соотвéтствовать *(impf) +dat* ◆ *vi* (*colours, materials*) сочетáться *(impf)*; **to be a good ~** (*colours, clothes*) хорошó сочетáться *(impf)*; **they make** *or* **are a good ~** онú хорóшая пáра; **~ing** *adj* сочетáющийся.
mate [meɪt] *n* (*inf: friend*) друг; (*animal*) самéц(-мка); (NAUT) помóщник капитáна ◆ *vi* спáриваться (спáриться *pf*).
material [məˈtɪərɪəl] *n* материáл ◆ *adj* материáльный; **~s** *npl* (*equipment*) принадлéжности *fpl*; **building ~s** строúтельные материáлы; **~ize** *vi* материализовáться *(impf/pf)*, осуществля́ться (осуществúться *pf*).
maternal [məˈtəːnl] *adj* материнский.
maternity [məˈtəːnɪtɪ] *n* материнство.
mathematics [mæθəˈmætɪks] *n* математика.
matron [ˈmeɪtrən] *n* (*in hospital*) стáршая медсестрá; (*in school*) (шкóльная) медсестрá.
matt [mæt] *adj* мáтовый.
matter [ˈmætəʳ] *n* дéло, вопрóс; (*substance, material*) веществó ◆ *vi* имéть *(impf)* значéние; **~s** *npl* (*affairs, situation*) делá *ntpl*; **reading ~** (BRIT) материáл для чтéния; **what's the ~?** в чём дéло?; **no ~ what** несмотря́ ни на чтó, что бы то нú было; **as a ~ of course** как самó собóй разумéющееся; **as a ~ of fact** сóбственно говоря́; **it doesn't ~** э́то не вáжно; **~-of-fact** *adj* (*tone*) безразлúчный.
mattress [ˈmætrɪs] *n* матрáс.
mature [məˈtjuəʳ] *adj* (*person*) зрéлый; (*cheese, wine*) вы́держанный ◆ *vi* (*develop*) развивáться (развúться *pf*); (*grow up*) взрослéть (повзрослéть *pf*); (*cheese*) зреть *or* созревáть (созрéть *pf*); (*wine*) выстáиваться (вы́стояться *pf*).
maturity [məˈtjuərɪtɪ] *n* зрéлость *f*.
maxima [ˈmæksɪmə] *npl of* **maximum**.
maximum [ˈmæksɪməm] (*pl* **maxima** *or* **~s**) *adj* максимáльный ◆ *n* мáксимум.
May [meɪ] *n* май.
may [meɪ] (*conditional* **might**) *vi* (*to show possibility*): **I ~ go to Russia** я, мóжет быть, поéду в Россúю;

(*to show permission*): ~ **I smoke/ come?** мóжно закури́ть/мне прийти́?; **it** ~ *or* **might rain** мóжет пойти́ дождь; **you** ~ *or* **might as well go now** Вы, пожáлуй, мóжете идти́ сейчáс; **come what** ~ будь что бýдет.
maybe ['meɪbi:] *adv* мóжет быть.
mayhem ['meɪhɛm] *n* погрóм.
mayonnaise [meɪə'neɪz] *n* майонéз.
mayor [mɛə'] *n* мэр.

KEYWORD

me [mi:] *pron* **1** (*direct*) меня́; **he loves me** он лю́бит меня́; **it's me** э́то я
2 (*indirect*) мне; **give me them** *or* **them to me** дáйте их мне
3 (*after prep*: *+gen*) меня́; (: *+dat, +prp*) мне; (: *+instr*) мной; **it's for me** (*on answering phone*) э́то мне
4 (*referring to subject of sentence*: *after prep*: *+gen*) себя́; (: *+dat*) себé; (: *+instr*) собóй; (: *+prp*) себé; **I took him with me** я взял егó с собóй.

meadow ['mɛdəu] *n* луг.
meagre ['mi:gə'] (*US* **meager**) *adj* скýдный.
meal [mi:l] *n* едá *no pl*; (*afternoon*) обéд; (*evening*) ýжин; **during ~s** во врéмя еды́, за едóй.
mean [mi:n] (*pt, pp* **meant**) *adj* (*miserly*) скупóй; (*unkind*) пóдлый ◆ *vt* (*signify*) знáчить (*impf*), означáть (*impf*); (*refer to*) имéть (*impf*) в видý ◆ *n* (*average*) середи́на; **~s** *npl* (*way*) спóсоб *msg*, срéдство *ntsg*; (*money*) срéдства *ntpl*; **by ~s of** посрéдством *+gen*, с пóмощью *+gen*; **by all ~s!** пожáлуйста!; **do you ~ it?** Вы э́то серьёзно?; **to ~ to do** (*intend*) намеревáться (*impf*) *+infin*; **to be ~t for** предназначáться (*impf*) *+dat*; **~ing** *n* (*purpose, value*) смысл; (*definition*) значéние; **~ingful** *adj* (*result, occasion*) значи́тельный; (*glance, remark*) многозначи́тельный; **~ingless** *adj* бессмы́сленный; **~t** [mɛnt] *pt, pp of* **mean**; **~time** *adv* (*also:* **in the ~time**) тем врéменем, мéжду тем; **~while** *adv* = **meantime**.
measles ['mi:zlz] *n* корь *f*.
measure ['mɛʒə'] *vt* измеря́ть (изме́рить *pf*) ◆ *n* мéра; (*of whisky etc*) пóрция; (*also:* **tape ~**) рулéтка, сантимéтр ◆ *vi*: **the room ~s 10 feet by 20** плóщадь э́той кóмнаты 10 фýтов на 20; **~d** *adj* (*tone*) сдéржанный; (*step*) размéренный; (*opinion*) взвéшенный; **~ments** *npl* мéрки *fpl*, размéры *mpl*.
meat [mi:t] *n* мя́со; **cold ~s** (*BRIT*) холóдные мясны́е закýски *fpl*.
mechanic [mɪ'kænɪk] *n* механик; **~al** *adj* механи́ческий; **~s** *npl* (*of government*) механика *fsg*.
mechanism ['mɛkənɪzəm] *n* механи́зм.
medal ['mɛdl] *n* медáль *f*; **~list** (*US* **medalist**) *n* медали́ст(ка).
meddle ['mɛdl] *vi*: **to ~ in** вмéшиваться (вмешáться *pf*) в *+acc*; **to ~ with sth** вторгáться (втóргнуться *pf*) во что-н.
media ['mi:dɪə] *n or npl*: **the ~** срéдства *ntpl* мáссовой информáции ◆ *npl see* **medium**.
mediaeval [mɛdɪ'i:vl] *adj* = **medieval**.
mediate ['mi:dɪeɪt] *vi* (*arbitrate*) посрéдничать (*impf*).

mediator [ˈmiːdɪeɪtəʳ] *n* посре́дник(-ица).
medical [ˈmɛdɪkl] *adj* медици́нский ♦ *n* медосмо́тр.
medication [mɛdɪˈkeɪʃən] *n* лека́рство, лека́рственный препара́т.
medicinal [mɛˈdɪsɪnl] *adj* (*substance, qualities*) лека́рственный.
medicine [ˈmɛdsɪn] *n* (*science*) медици́на; (*drug*) лека́рство.
medieval [mɛdɪˈiːvl] *adj* средневеко́вый.
mediocre [miːdɪˈəukəʳ] *adj* зауря́дный, посре́дственный.
meditation [mɛdɪˈteɪʃən] *n* (*REL*) медита́ция.
Mediterranean [mɛdɪtəˈreɪnɪən] *adj*: **the ~ (Sea)** Средизе́мное мо́ре.
medium [ˈmiːdɪəm] (*pl* **media** *or* **~s**) *adj* сре́дний ♦ *n* (*means*) сре́дство.
meek [miːk] *adj* кро́ткий.
meet [miːt] (*pt, pp* **met**) *vt* встреча́ть (встре́тить *pf*); (*obligations*) выполня́ть (вы́полнить *pf*); (*problem*) ста́лкиваться (столкну́ться *pf*) с *+instr*; (*need*) удовлетворя́ть (удовлетвори́ть *pf*) ♦ *vi* (*people*) встреча́ться (встре́титься *pf*); (*lines, roads*) пересека́ться (пересе́чься *pf*); **~ with** *vt fus* (*difficulty*) ста́лкиваться (столкну́ться *pf*) с *+instr*; (*success*) по́льзоваться *(impf)* *+instr*; (*approval*) находи́ть (найти́ *pf*); **~ing** *n* встре́ча; (*at work, of committee etc*) заседа́ние, собра́ние; (*POL: also:* **mass ~ing**) ми́тинг; **she's at a ~ing** она́ на заседа́нии.
melancholy [ˈmɛlənkəlɪ] *adj* (*smile*) меланхоли́ческий.
mellow [ˈmɛləu] *adj* (*sound*) бархати́стый; (*taste*) мя́гкий ♦ *vi* смягча́ться (смягчи́ться *pf*).
melodrama [ˈmɛləudrɑːmə] *n* мелодра́ма.
melody [ˈmɛlədɪ] *n* мело́дия.
melon [ˈmɛlən] *n* ды́ня.
melt [mɛlt] *vi* та́ять (раста́ять *pf*) ♦ *vt* (*snow, butter*) топи́ть (растопи́ть *pf*).
member [ˈmɛmbəʳ] *n* (*also ANAT*) член; **M~ of Parliament** (*BRIT*) член парла́мента; **~ship** *n* (*members*) чле́ны *mpl*; (*status*) чле́нство.
membrane [ˈmɛmbreɪn] *n* мембра́на.
memento [məˈmɛntəu] *n* сувени́р.
memo [ˈmɛməu] *n* (*ADMIN: instruction*) директи́ва.
memoirs [ˈmɛmwɑːz] *npl* мемуа́ры *pl*.
memorable [ˈmɛmərəbl] *adj* па́мятный.
memorial [mɪˈmɔːrɪəl] *n* па́мятник ♦ *cpd* (*service*) мемориа́льный.
memorize [ˈmɛməraɪz] *vt* зау́чивать (заучи́ть *pf*) (наизу́сть).
memory [ˈmɛmərɪ] *n* па́мять *f*; (*recollection*) воспомина́ние; **in ~ of** в па́мять о *+prp*.
men [mɛn] *npl of* **man**.
menace [ˈmɛnɪs] *n* (*threat*) угро́за.
menacing [ˈmɛnɪsɪŋ] *adj* угрожа́ющий.
mend [mɛnd] *vt* ремонти́ровать (отремонти́ровать *pf*), чини́ть (почини́ть *pf*); (*clothes*) чини́ть (почини́ть *pf*) ♦ *n*: **to be on the ~** идти́ *(impf)* на попра́вку; **to ~ one's ways** исправля́ться

(испра́виться *pf*).
menial ['mi:nɪəl] *adj* чёрный.
meningitis [mɛnɪn'dʒaɪtɪs] *n* менинги́т.
menopause ['mɛnəupɔ:z] *n*: **the ~** климактери́ческий пери́од, кли́макс.
menstruation [mɛnstru'eɪʃən] *n* менструа́ция.
menswear ['mɛnzwɛə'] *n* мужска́я оде́жда.
mental ['mɛntl] *adj* (*ability, exhaustion*) у́мственный; (*image*) мы́сленный; (*illness*) душе́вный, психи́ческий; (*arithmetic, calculation*) в уме́; **~ity** [mɛn'tælɪtɪ] *n* менталите́т, умонастрое́ние.
mention ['mɛnʃən] *n* упомина́ние ♦ *vt* упомина́ть (упомяну́ть *pf*); **don't ~ it!** не́ за что!
mentor ['mɛntɔ:'] *n* наста́вник.
menu ['mɛnju:] *n* меню́ *nt ind*.
MEP *n abbr* (BRIT: = *Member of the European Parliament*) член Европе́йского парла́мента.
mercenary ['mə:sɪnərɪ] *adj* коры́стный ♦ *n* наёмник.
merchant ['mə:tʃənt] *n* торго́вец.
merciful ['mə:sɪful] *adj* милосе́рдный; (*fortunate*) бла́гой.
merciless ['mə:sɪlɪs] *adj* беспоща́дный.
mercury ['mə:kjurɪ] *n* (*metal*) ртуть *f*.
mercy ['mə:sɪ] *n* милосе́рдие; **to be at sb's ~** быть *(impf) or* находи́ться *(impf)* во вла́сти кого́-н.
mere [mɪə'] *adj*: **she's a ~ child** она́ всего́ лишь ребёнок; **his ~ presence irritates her** само́ его́ прису́тствие раздража́ет её; **~ly** *adv* (*simply*) про́сто; (*just*) то́лько.
merge [mə:dʒ] *vt* слива́ть (слить *pf*), объединя́ть (объедини́ть *pf*) ♦ *vi* (*also* COMM) слива́ться (сли́ться *pf*); (*roads*) сходи́ться (сойти́сь *pf*); **~r** *n* (COMM) слия́ние.
meringue [mə'ræŋ] *n* безе́ *nt ind*.
merit ['mɛrɪt] *n* досто́инство ♦ *vt* заслу́живать (заслужи́ть *pf*).
merry ['mɛrɪ] *adj* весёлый; **M~ Christmas!** С Рождество́м!, Счастли́вого Рождества́!
mesh [mɛʃ] *n* (*net*) сеть *f*.
mess [mɛs] *n* (*in room*) беспоря́док; (*of situation*) неразбери́ха; (MIL) столо́вая *f adj*; **to be in a ~** (*untidy*) быть *(impf)* в беспоря́дке; **~ up** *vt* (*spoil*) по́ртить (испо́ртить *pf*).
message ['mɛsɪdʒ] *n* сообще́ние; (*note*) запи́ска; (*of play, book*) иде́я; **to leave sb a ~** (*note*) оставля́ть (оста́вить *pf*) кому́-н запи́ску; **can I give him a ~?** ему́ что́-нибудь переда́ть?
messenger ['mɛsɪndʒə'] *n* курье́р, посы́льный *m adj*.
Messrs *abbr* (*on letters*: = *messieurs*) гг.
messy ['mɛsɪ] *adj* (*untidy*) неу́бранный.
met [mɛt] *pt, pp of* **meet**.
metabolism [mɛ'tæbəlɪzəm] *n* метаболи́зм, обме́н веще́ств.
metal ['mɛtl] *n* мета́лл.
metaphor ['mɛtəfə'] *n* мета́фора.
meteor ['mi:tɪə'] *n* метео́р.
meteorology [mi:tɪə'rɔlədʒɪ] *n* метеороло́гия.
meter ['mi:tə'] *n* (*instrument*) счётчик; (US: *unit*) = **metre**.
method ['mɛθəd] *n* (*way*) ме́тод, спо́соб; **~ical** [mɪ'θɔdɪkl] *adj*

методи́чный; **M~ist** *n* (*REL*) методи́ст(ка).
meticulous [mɪ'tɪkjuləs] *adj* тща́тельный.
metre ['mi:tə'] (*US* **meter**) *n* метр.
metric ['mɛtrɪk] *adj* метри́ческий.
metropolitan [mɛtrə'pɔlɪtn] *adj* столи́чный.
mice [maɪs] *npl of* **mouse**.
micro: **~phone** *n* микрофо́н; **~scope** *n* микроско́п; **~scopic** *adj* микроскопи́ческий; **~wave** *n* (*also:* **~wave oven**) микроволнова́я печь *f*.
mid [mɪd] *adj*: **in ~ May/afternoon** в середи́не ма́я/дня; **in ~ air** в во́здухе; **~day** *n* по́лдень *m*.
middle ['mɪdl] *n* середи́на ◆ *adj* сре́дний; **in the ~ of** посреди́ *+gen*; **~-aged** *adj* сре́дних лет; **M~ Ages** *npl*: **the M~ Ages** сре́дние века́ *mpl*; **~-class** *adj* принадлежа́щий к сре́днему кла́ссу; **M~ East** *n*: **the M~ East** Бли́жний Восто́к.
midge [mɪdʒ] *n* мо́шка.
midnight ['mɪdnaɪt] *n* по́лночь *f*.
midst [mɪdst] *n*: **in the ~ of** посреди́ *+gen*.
midway [mɪd'weɪ] *adv*: **~ (between)** на полпути́ (ме́жду *+instr*); **~ through** в середи́не *+gen*.
midweek [mɪd'wi:k] *adv* в середи́не неде́ли.
midwife ['mɪdwaɪf] (*pl* **midwives**) *n* акуше́рка.
midwives ['mɪdwaɪvz] *npl of* **midwife**.
might [maɪt] *vb see* **may**; **~y** *adj* мо́щный.
migraine ['mi:greɪn] *n* мигре́нь *f*.
migrant ['maɪgrənt] *adj*: **~ worker** рабо́чий-мигра́нт.
migration [maɪ'greɪʃən] *n* мигра́ция.
mike [maɪk] *n abbr* = **microphone**.
mild [maɪld] *adj* мя́гкий; (*interest*) незначи́тельный; (*infection*) лёгкий.
mildew ['mɪldju:] *n* пле́сень *f*.
mildly ['maɪldlɪ] *adv* (*see adj*) мя́гко; слегка́; легко́; **to put it ~** мя́гко говоря́.
mile [maɪl] *n* ми́ля; **~age** *n* (*number of miles*) пробе́г в ми́лях; (*distance*) расстоя́ние в ми́лях; **~stone** *n* ≈ километро́вый столб; (*fig*) ве́ха.
militant ['mɪlɪtnt] *adj* во́инствующий.
military ['mɪlɪtərɪ] *adj* вое́нный ◆ *n*: **the ~** вое́нные *pl adj*; **~ service** *n* вое́нная слу́жба.
militia [mɪ'lɪʃə] *n* (наро́дное) ополче́ние.
milk [mɪlk] *n* молоко́ ◆ *vt* (*cow*) дои́ть (подои́ть *pf*); (*fig*) эксплуати́ровать *(impf)*; **~y** *adj* моло́чный.
mill [mɪl] *n* (*factory*: *making cloth*) фа́брика; (: *making steel*) заво́д; (*also:* **coffee ~**) кофемо́лка.
millimetre (*US* **millimeter**) ['mɪlɪmi:tə'] *n* миллиме́тр.
million ['mɪljən] *n* миллио́н; **~aire** [mɪljə'nɛə'] *n* миллионе́р.
mime [maɪm] *n* пантоми́ма ◆ *vt* изобража́ть (изобрази́ть *pf*) же́стами.
mimic ['mɪmɪk] *vt* (*subj*: *comedian*) пароди́ровать *(impf/pf)*.
min. *abbr* (= **minute**) мин(.).
mince [mɪns] *vt* (*meat*) пропуска́ть (пропусти́ть *pf*) че́рез мясору́бку ◆ *n* (*BRIT*) (мясно́й) фарш.
mind [maɪnd] *n* (*intellect*) ум ◆ *vt* (*look after*) смотре́ть *(impf)* за

+instr; **I don't ~ the noise** меня́ не беспоко́ит шум; **it's always on my ~** э́то не выхо́дит у меня́ из головы́; **to keep** *or* **bear sth in ~** име́ть *(impf)* что-н в виду́; **to make up one's ~** реша́ться (реши́ться *pf*); **to my ~ ...** по моему́ мне́нию ...; **I don't ~** мне всё равно́; **~ you, ...** име́йте в виду́ ...; **never ~!** ничего́!; **~ful** *adj*: **to be ~ful of** име́ть *(impf)* в виду́; **~less** *adj* (*violence*) безду́мный; (*job*) механи́ческий.

KEYWORD

mine[1] [maɪn] *pron* **1** мой; **that book is mine** э́та кни́га моя́, э́то моя́ кни́га; **this is mine** э́то моё; **an uncle of mine** мой дя́дя
2 (*referring back to subject*) свой; **may I borrow your pen? I have forgotten mine** мо́жно взять Ва́шу ру́чку? я забы́л свою́.

mine[2] [maɪn] *n* (*for coal*) ша́хта; (*explosive*) ми́на ◆ *vt* (*coal*) добыва́ть (добы́ть *pf*); **~field** *n* ми́нное по́ле; **~r** *n* шахтёр.
mineral ['mɪnərəl] *n* минера́л; (*ore*) поле́зное ископа́емое *nt adj*; **~ water** *n* минера́льная вода́.
miniature ['mɪnətʃə'] *adj* миниатю́рный.
minibus ['mɪnɪbʌs] *n* микроавто́бус.
minima ['mɪnɪmə] *npl of* **minimum**.
minimal ['mɪnɪml] *adj* минима́льный.
minimize ['mɪnɪmaɪz] *vt* (*reduce*) своди́ть (свести́ *pf*) к ми́нимуму; (*play down*) преуменьша́ть (преуме́ньшить *pf*).
minimum ['mɪnɪməm] (*pl* **minima**) *n* ми́нимум ◆ *adj* минима́льный.
mining ['maɪnɪŋ] *n* (*industry*) у́гольная промы́шленность *f*.
minister ['mɪnɪstə'] *n* (*BRIT*) мини́стр; (*REL*) свяще́нник; **~ial** [mɪnɪs'tɪərɪəl] *adj* (*BRIT*) министе́рский.
ministry ['mɪnɪstrɪ] *n* (*BRIT*: *POL*) министе́рство.
minor ['maɪnə'] *adj* (*injuries*) незначи́тельный; (*repairs*) ме́лкий ◆ *n* (*LAW*) несовершенноле́тний(-яя) *m(f) adj*; **~ity** [maɪ'nɔrɪtɪ] *n* меньшинство́.
mint [mɪnt] *n* (*BOT*) мя́та; (*sweet*) мя́тная конфе́та ◆ *vt* чека́нить (отчека́нить *pf*); **in ~ condition** как но́венький.
minus ['maɪnəs] *n* (*also*: **~ sign**) ми́нус ◆ *prep*: **12 ~ 6 equals 6** 12 ми́нус 6 равня́ется 6; **~ 24 (degrees)** ми́нус 24 гра́дуса.
minute[1] [maɪ'nju:t] *adj* (*search*) тща́тельный.
minute[2] ['mɪnɪt] *n* мину́та; **~s** *npl* (*of meeting*) протоко́л *msg*; **at the last ~** в после́днюю мину́ту.
miracle ['mɪrəkl] *n* чу́до.
miraculous [mɪ'rækjuləs] *adj* чуде́сный.
mirror ['mɪrə'] *n* зе́ркало.
misbehave [mɪsbɪ'heɪv] *vi* пло́хо себя́ вести́ *(impf)*.
miscarriage ['mɪskærɪdʒ] *n* (*MED*) вы́кидыш; **~ of justice** суде́бная оши́бка.
miscellaneous [mɪsɪ'leɪnɪəs] *adj* (*subjects, items*) разнообра́зный.
mischief ['mɪstʃɪf] *n* озорство́; (*maliciousness*) зло.
mischievous ['mɪstʃɪvəs] *adj* (*naughty, playful*) озорно́й.
misconception ['mɪskən'sɛpʃən] *n* заблужде́ние, ло́жное

представлéние.
misconduct [mɪs'kɔndʌkt] *n* дурнóе поведéние; **professional ~** нарушéние профессионáльной éтики.
miserable ['mɪzərəbl] *adj* (*unhappy*) несчáстный; (*unpleasant*) сквéрный; (*donation, conditions*) жáлкий; (*failure*) позóрный.
misery ['mɪzərɪ] *n* (*unhappiness*) невзгóда; (*wretchedness*) бéдственное существовáние.
misfortune [mɪs'fɔːtʃən] *n* несчáстье.
misguided [mɪs'gaɪdɪd] *adj* (*person*) невéрно ориентíрованный; (*ideas*) ошíбочный.
misinterpret [mɪsɪn'təːprɪt] *vt* невéрно интерпретíровать *(impf/pf) or* истолкóвывать (истолковáть *pf*).
mislead [mɪs'liːd] (*irreg like* **lead**[1]) *vt* вводíть (ввестí *pf*) в заблуждéние; **~ing** *adj* обмáнчивый.
misprint ['mɪsprɪnt] *n* опечáтка.
Miss [mɪs] *n* мисс *f ind.*
miss [mɪs] *vt* (*train, bus etc*) пропускáть (пропустíть *pf*); (*target*) не попадáть (попáсть *pf*) в *+acc*; (*person, home*) скучáть *(impf)* по *+dat*; (*chance, opportunity*) упускáть (упустíть *pf*) ◆ *vi* (*person*) промáхиваться (промахнýться *pf*) ◆ *n* прóмах; **you can't ~ my house** мой дом невозмóжно не замéтить; **~ out** *vt* (*BRIT*) пропускáть (пропустíть *pf*).
missile ['mɪsaɪl] *n* (*MIL*) ракéта.
missing ['mɪsɪŋ] *adj* пропáвший; (*tooth, wheel*) недостаю́щий; **to be ~** (*absent*) отсýтствовать *(impf)*; **to be ~, go ~** пропадáть (пропáсть *pf*) без вести.
mission ['mɪʃən] *n* (*also POL, REL*) мíссия; **~ary** *n* миссионéр(ка).
mist [mɪst] *n* (*light*) ды́мка.
mistake [mɪs'teɪk] (*irreg: like* **take**) *n* ошíбка ◆ *vt* (*be wrong about*) ошибáться (ошибíться *pf*) в *+prp*; **by ~** по ошíбке; **to make a ~** ошибáться (ошибíться *pf*), дéлать (сдéлать *pf*) ошíбку; **to ~ A for B** принимáть (прин́ять *pf*) А за Б; **~n** *pp of* **mistake** ◆ *adj*: **to be ~n** ошибáться (ошибíться *pf*).
mistook [mɪs'tuk] *pt of* **mistake**.
mistress ['mɪstrɪs] *n* (*also fig*) хозя́йка; (*lover*) любóвница.
mistrust [mɪs'trʌst] *vt* не доверя́ть *(impf) +dat*, испы́тывать (испытáть *pf*) недовéрие к *+dat* ◆ *n*: **~ (of)** недовéрие (к *+dat*).
misty ['mɪstɪ] *adj* (*day*) тумáнный.
misunderstand [mɪsʌndə'stænd] (*irreg: like* **understand**) *vt* непрáвильно понимáть (поня́ть *pf*) ◆ *vi* не понимáть (поня́ть *pf*); **~ing** *n* недоразумéние.
misuse [*n* mɪs'juːs, *vb* mɪs'juːz] *n* (*of power, funds*) злоупотреблéние ◆ *vt* злоупотребля́ть (злоупотребíть *pf*) *+instr.*
mitten ['mɪtn] *n* вáрежка, рукавíца.
mix [mɪks] *vt* (*cake, cement*) замéшивать (замесíть *pf*) ◆ *n* смесь *f* ◆ *vi* (*people*): **to ~ (with)** общáться *(impf)* (с *+instr*); **to ~ sth (with sth)** смéшивать (смешáть *pf*) что-н (с чем-н); **~ up** *vt* (*combine*) перемéшивать (перемешáть *pf*); (*confuse: people*) пýтать (спýтать *pf*);

(: *things*) пу́тать (перепу́тать *pf*); **~er** *n* (*for food*) ми́ксер; **~ture** ['mɪkstʃə'] *n* смесь *f*; **~-up** *n* пу́таница.
mm *abbr* (= **millimetre**) мм.
moan [məun] *n* (*cry*) стон ◆ *vi* (*inf*: *complain*): **to ~ (about)** ныть (*impf*) (о +*prp*).
moat [məut] *n* ров.
mob [mɔb] *n* (*crowd*) толпа́.
mobile ['məubaɪl] *adj* подви́жный ◆ *n* (*toy*) подвесно́е декорати́вное украше́ние; **~ phone** *n* портати́вный телефо́н.
mobility [məu'bɪlɪtɪ] *n* подви́жность *f*.
mobilize ['məubɪlaɪz] *vt* мобилизова́ть (*impf/pf*).
mock [mɔk] *vt* (*ridicule*) издева́ться (*impf*) над +*instr* ◆ *adj* (*fake*) ло́жный; **~ery** *n* издева́тельство; **to make a ~ery of sb/sth** выставля́ть (вы́ставить *pf*) кого́-н/что-н на посме́шище.
mod cons *npl abbr* (BRIT) = **modern conveniences**.
mode [məud] *n* (*of life*) о́браз; (*of transport*) вид.
model ['mɔdl] *n* моде́ль *f*, маке́т; (*also:* **fashion ~**) манеке́нщик (-ица), моде́ль; (*also:* **artist's ~**) нату́рщик(-ица) ◆ *adj* (*ideal*) образцо́вый.
moderate [*adj*, *n* 'mɔdərət, *vb* 'mɔdəreɪt] *adj* (*views, amount*) уме́ренный; (*change*) незначи́тельный ◆ *vt* умеря́ть (уме́рить *pf*).
moderation [mɔdə'reɪʃən] *n* уме́ренность *f*.
modern ['mɔdən] *adj* совреме́нный.
modest ['mɔdɪst] *adj* скро́мный; **~y** *n* скро́мность *f*.
modification [mɔdɪfɪ'keɪʃən] *n* (*see vt*) модифика́ция; видоизмене́ние.
modify ['mɔdɪfaɪ] *vt* (*vehicle, engine*) модифици́ровать (*impf/pf*); (*plan*) видоизменя́ть (видоизмени́ть *pf*).
moist [mɔɪst] *adj* вла́жный; **~en** *vt* (*lips*) увлажня́ть (увлажни́ть *pf*); (*sponge*) мочи́ть (смочи́ть *pf*); **~ure** *n* вла́га.
mold [məuld] *n, vb* (US) = **mould**.
mole [məul] *n* (*spot*) ро́динка; (ZOOL) крот.
molecule ['mɔlɪkju:l] *n* моле́кула.
molt [məult] *vi* (US) = **moult**.
mom [mɔm] *n* (US) = **mum**.
moment ['məumənt] *n* моме́нт, мгнове́ние; **for a ~** на мгнове́ние *or* мину́ту; **at that ~** в э́тот моме́нт; **at the ~** в настоя́щий моме́нт; **~ary** *adj* мгнове́нный.
momentous [məu'mɛntəs] *adj* знамена́тельный.
momentum [məu'mɛntəm] *n* (*fig*) дви́жущая си́ла; **to gather** *or* **gain ~** набира́ть (набра́ть *pf*) си́лу.
mommy ['mɔmɪ] *n* (US) = **mummy**.
monarch ['mɔnək] *n* мона́рх; **~y** *n* мона́рхия.
monastery ['mɔnəstərɪ] *n* монасты́рь *m*.
Monday ['mʌndɪ] *n* понеде́льник.
monetary ['mʌnɪtərɪ] *adj* де́нежный.
money ['mʌnɪ] *n* де́ньги *pl*; **to make ~** (*person*) зараба́тывать (зарабо́тать *pf*) де́ньги.
mongrel ['mʌŋgrəl] *n* дворня́га.
monitor ['mɔnɪtə'] *n* монито́р ◆ *vt* (*broadcasts*) контроли́ровать (*impf*); (*pulse*) следи́ть (*impf*) за

+instr.
monk [mʌŋk] *n* монах.
monkey ['mʌŋkɪ] *n* обезьяна.
monopoly [mə'nɔpəlɪ] *n* монополия.
monotonous [mə'nɔtənəs] *adj* однообразный, монотонный.
monster ['mɔnstə'] *n* чудовище, монстр.
monstrous ['mɔnstrəs] *adj* чудовищный.
month [mʌnθ] *n* месяц; **~ly** *adj* ежемесячный; (*ticket*) месячный ◆ *adv* ежемесячно.
monument ['mɔnjumənt] *n* (*memorial*) памятник, монумент; **~al** [mɔnju'mɛntl] *adj* (*important*) монументальный; (*terrific*) колоссальный.
mood [mu:d] *n* настроение; (*of crowd*) настрой; **to be in a good/bad ~** быть *(impf)* в хорошем/плохом настроении; **~y** *adj* (*temperamental*): **she is a very ~y person** у неё очень переменчивое настроение.
moon [mu:n] *n* луна; **~light** *n* лунный свет.
moor [muə'] *n* вересковая пустошь *f.*
moose [mu:s] *n inv* лось *m.*
mop [mɔp] *n* (*for floor*) швабра; (*of hair*) копна ◆ *vt* (*floor*) мыть (вымыть *or* помыть *pf*) (*шваброй*); (*eyes, face*) вытирать (вытереть *pf*).
moped ['məupɛd] *n* мопед.
moral ['mɔrl] *adj* моральный; (*person*) нравственный ◆ *n* (*of story*) мораль *f*; **~s** *npl* (*values*) нравы *mpl.*
morale [mɔ'rɑ:l] *n* моральный дух.
morality [mə'rælɪtɪ] *n* нравственность *f.*
morbid ['mɔ:bɪd] *adj* (*imagination*) ненормальный; (*ideas*) жуткий.

KEYWORD

more [mɔ:'] *adj* **1** (*greater in number etc*) больше *+gen*; **I have more friends than enemies** у меня больше друзей, чем врагов
2 (*additional*) ещё; **do you want (some) more tea?** хотите ещё чаю?; **is there any more wine?** вино ещё есть?; **I have no** *or* **I don't have any more money** у меня больше нет денег; **it'll take a few more weeks** это займёт ещё несколько недель
◆ *pron* **1** (*greater amount*): **more than ten** больше десяти; **we've sold more than a hundred tickets** мы продали более ста билетов; **it costs more than we expected** это стоит больше, чем мы ожидали
2 (*further or additional amount*): **is there any more?** ещё есть?; **there's no more** больше ничего нет; **a little more** ещё немного *or* чуть-чуть; **many/much more** намного/гораздо больше
◆ *adv* **1** (*+vb*) больше; **I like this picture more** эта картина мне нравится больше
2: **more dangerous/difficult (than)** более опасный/трудный (, чем)
3: **more economically (than)** более экономично(, чем); **more easily/quickly (than)** легче/быстрее(, чем); **more and more** (*excited, friendly*) всё более и более; **he grew to like her more and more** она нравилась ему всё больше и больше; **more or less**

более или менее; **she is more beautiful than ever** она прекраснее, чем когда-либо; **he loved her more than ever** он любил её больше, чем когда-либо; **the more ..., the better** чем больше ..., тем лучше; **once more** ещё раз; **I'd like to see more of you** мне хотелось бы видеть Вас чаще.

moreover [mɔ:'rəuvə^r] *adv* более того.
morgue [mɔ:g] *n* морг.
morning ['mɔ:nɪŋ] *n* утро; (*between midnight and 3 a.m.*) ночь *f* ◆ *cpd* утренний; **in the ~** утром; **3 o'clock in the ~** 3 часа ночи; **7 o'clock in the ~** 7 часов утра.
Morse [mɔ:s] *n* (*also:* **~ code**) азбука Морзе.
mortal ['mɔ:tl] *adj* (*man, sin*) смертный; (*deadly*) смертельный; **~ity** [mɔ:'tælɪtɪ] *n* смертность *f*.
mortar ['mɔ:tə^r] *n* (*cement*) цементный раствор.
mortgage ['mɔ:gɪdʒ] *n* ипотечная ссуда ◆ *vt* закладывать (заложить *pf*).
Moscow ['mɔskəu] *n* Москва.
Moslem ['mɔzləm] *adj, n* = **Muslim**.
mosque [mɔsk] *n* мечеть *f*.
mosquito [mɔs'ki:təu] (*pl* **~es**) *n* комар.
moss [mɔs] *n* мох.

KEYWORD

most [məust] *adj* **1** (*almost all: countable nouns*) большинство *+gen*; (*: uncountable and collective nouns*) большая часть *+gen*; **most cars** большинство машин; **most milk** большая часть молока; **in most cases** в большинстве случаев
2 (*largest, greatest*): **who has the most money?** у кого больше всего денег?; **this book has attracted the most interest among the critics** эта книга вызвала наибольший интерес у критиков
◆ *pron* (*greatest quantity, number: countable nouns*) большинство; (*: uncountable and collective nouns*) большая часть *f*; **most of the houses** большинство домов; **most of the cake** большая часть торта; **do the most you can** делайте всё, что Вы можете; **I ate the most** я съел больше всех; **to make the most of sth** максимально использовать (*impf*) что-н; **at the (very) most** самое большее
◆ *adv* (*+vb*) больше всего; (*+adv*) исключительно; (*+adj*) самый, наиболее; **I liked him the most** он понравился мне больше всех; **what do you value most, wealth or health?** что Вы больше всего цените, богатство или здоровье?

mostly ['məustlɪ] *adv* большей частью, в основном.
MOT *n abbr* (BRIT) = *Ministry of Transport*: **~ (test)** техосмотр.
motel [məu'tɛl] *n* мотель *m*.
moth [mɔθ] *n* мотылёк.
mother ['mʌðə^r] *n* мать *f* ◆ *vt* (*pamper*) нянчиться (*impf*) с *+instr* ◆ *adj*: **~ country** родина, родная страна; **~hood** *n* материнство; **~-in-law** *n* (*wife's mother*) тёща; (*husband's mother*)

свекро́вь *f*; ~ **tongue** *n* родно́й язы́к.

motif [məu'ti:f] *n* (*design*) орна́мент.

motion ['məuʃən] *n* (*movement, gesture*) движе́ние; (*proposal*) предложе́ние; ~**less** *adj* неподви́жный.

motivated ['məutiveitid] *adj* (*inspired*) заинтересо́ванный; ~ **by envy/greed** дви́жимый зави́стью/жа́дностью.

motivation [məutı'veıʃən] *n* (*drive*) целеустремлённость *f*.

motive ['məutıv] *n* моти́в, побужде́ние.

motor ['məutə'] *n* мото́р ◆ *cpd* (*trade*) автомоби́льный; ~**bike** *n* мотоци́кл; ~**cycle** *n* мотоци́кл; ~**ist** *n* автомобили́ст; ~**way** *n* (*BRIT*) автомагистра́ль *f*, автостра́да.

motto ['mɔtəu] (*pl* ~**es**) *n* деви́з.

mould [məuld] (*US* **mold**) *n* (*cast*) фо́рма; (*mildew*) пле́сень *f* ◆ *vt* (*substance*) лепи́ть (вы́лепить *pf*); (*fig*: *opinion, character*) формирова́ть (сформирова́ть *pf*); ~**y** *adj* (*food*) запле́сневелый.

moult [məult] (*US* **molt**) *vi* линя́ть (*impf*).

mound [maund] *n* (*heap*) ку́ча.

mount [maunt] *vt* (*horse*) сади́ться (сесть *pf*) на *+acc*; (*display*) устра́ивать (устро́ить *pf*); (*jewel*) оправля́ть (опра́вить *pf*); (*picture*) обрамля́ть (обра́мить *pf*); (*stair*) всходи́ть (взойти́ *pf*) по *+dat* ◆ *vi* (*increase*) расти́ (*impf*) ◆ *n*: **M~ Ararat** гора́ Арара́т; ~ **up** *vi* нака́пливаться (накопи́ться *pf*).

mountain ['mauntın] *n* гора́ ◆ *cpd* го́рный; ~**ous** *adj* го́рный, гори́стый.

mourn [mɔ:n] *vt* (*death*) опла́кивать (*impf*) ◆ *vi*: **to ~ for** скорбе́ть (*impf*) по *+dat or* о *+prp*; ~**ful** *adj* ско́рбный; ~**ing** *n* тра́ур; **in ~ing** в тра́уре.

mouse [maus] (*pl* **mice**) *n* мышь *f*.

moustache [məs'tɑ:ʃ] (*US* **mustache**) *n* усы́ *mpl*.

mouth [mauθ] (*pl* ~**s**) *n* рот; (*of cave, hole*) вход; (*of river*) у́стье; ~**ful** *n* (*of food*) кусо́чек; (*of drink*) глото́к; ~ **organ** *n* губна́я гармо́шка; ~**piece** *n* (*MUS*) мундшту́к; (*TEL*) микрофо́н.

move [mu:v] *n* (*movement*) движе́ние; (*in game*) ход; (*of house*) перее́зд; (*of job*) перехо́д ◆ *vt* передвига́ть (передви́нуть *pf*); (*piece*: *in game*) ходи́ть (пойти́ *pf*) *+instr*; (*arm etc*) дви́гать (дви́нуть *pf*) *+instr*; (*person*: *emotionally*) тро́гать (тро́нуть *pf*), растро́гать (*pf*) ◆ *vi* дви́гаться (дви́нуться *pf*); (*things*) дви́гаться (*impf*); (*also*: ~ **house**) переезжа́ть (перее́хать *pf*); **get a ~ on!** потора́пливайтесь!; ~ **about** *vi* (*change position*) передвига́ться (передви́нуться *pf*), перемеща́ться (*impf*); (*travel*) переезжа́ть (*impf*) с ме́ста на ме́сто; ~ **around** *vi* = **move about**; ~ **away** *vi*: **to ~ away (from)** (*leave*) уезжа́ть (уе́хать *pf*) (из *+gen*); (*step away*) отходи́ть (отойти́ *pf*) (от *+gen*); ~ **in** *vi* (*police, soldiers*) входи́ть (войти́ *pf*); **to ~ in(to)** (*house*) въезжа́ть (въе́хать *pf*) (в *+acc*); ~ **out** *vi* (*of house*) выезжа́ть (вы́ехать *pf*); ~ **over** *vi* (*to make room*) подвига́ться (подви́нуться *pf*); ~

up *vi* (*be promoted*) продвига́ться (продви́нуться *pf*); **~ment** *n* движе́ние; (*between fixed points*) передвиже́ние; (*in attitude, policy*) сдвиг.
movie ['mu:vɪ] *n* (кино)фи́льм; **to go to the ~s** ходи́ть/идти́ (пойти́ *pf*) в кино́.
moving ['mu:vɪŋ] *adj* (*emotional*) тро́гательный; (*mobile*) подви́жный.
mow [məu] (*pt* **mowed**, *pp* **mowed** *or* **mown**) *vt* (*grass*) подстрига́ть (подстри́чь *pf*).
MP *n abbr* = **Member of Parliament**.
mph *abbr* = *miles per hour*.
Mr ['mɪstə'] (*US* **Mr.**) *n*: **~ Smith** (*informal*) ми́стер Смит; (*formal*) г-н Смит.
Mrs ['mɪsɪz] (*US* **Mrs.**) *n*: **~ Smith** (*informal*) ми́ссис Смит; (*formal*) г-жа Смит.
Ms [mɪz] (*US* **Ms.**) *n* = **Miss, Mrs**.

KEYWORD

much [mʌtʃ] *adj* мно́го *+gen*; **we haven't got much time** у нас не так мно́го вре́мени; **how much** ско́лько *+gen*; **how much money do you need?** ско́лько де́нег Вам ну́жно?; **he's spent so much money today** он сего́дня потра́тил так мно́го де́нег; **I have as much money as you (do)** у меня́ сто́лько же де́нег, ско́лько у Вас; **I don't have as much time as you (do)** у меня́ нет сто́лько вре́мени, ско́лько у Вас
♦ *pron* мно́го, мно́гое; **much is still unclear** мно́гое ещё нея́сно; **there isn't much to do here** здесь не́чего де́лать; **how much does it cost? – too much** ско́лько э́то сто́ит? – сли́шком до́рого; **how much is it?** ско́лько э́то сто́ит?, почём э́то (*разг*)?
♦ *adv* **1** (*greatly, a great deal*) о́чень; **thank you very much** о́чень большо́е спаси́бо; **we are very much looking forward to your visit** мы о́чень ждём Ва́шего прие́зда; **he is very much a gentleman** он настоя́щий джентельме́н; **however much he tries** ско́лько бы он ни стара́лся; **I try to help as much as possible** *or* **I can** я стара́юсь помога́ть как мо́жно бо́льше *or* ско́лько могу́; **I read as much as ever** я чита́ю сто́лько же, ско́лько пре́жде; **he is as much a member of the family as you** он тако́й же член семьи́, как и Вы
2 (*by far*) намно́го, гора́здо; **I'm much better now** мне сейча́с намно́го *or* гора́здо лу́чше; **it's much the biggest publishing company in Europe** э́то са́мое кру́пное изда́тельство в Евро́пе
3 (*almost*) почти́; **the view today is much as it was 10 years ago** вид сего́дня почти́ тако́й же, как и 10 лет наза́д; **how are you feeling? – much the same** как Вы себя́ чу́вствуете? – всё так же.

muck [mʌk] *n* (*dirt*) грязь *f*.
mud [mʌd] *n* грязь *f*.
muddle ['mʌdl] *n* (*mix-up*) пу́таница, неразбери́ха; (*mess*) беспоря́док ♦ *vt* (*also*: **~ up**: *person*) запу́тывать (запу́тать *pf*); (: *things*) переме́шивать (перемеша́ть *pf*).
muddy ['mʌdɪ] *adj* гря́зный.
muffled ['mʌfld] *adj* приглушённый.

mug [mʌg] *n* кру́жка; (*inf: face*) мо́рда; (*: fool*) ду́рень *m* ♦ *vt* гра́бить (огра́бить *pf*) (*на у́лице*).
mule [mju:l] *n* (*ZOOL*) мул.
multilevel ['mʌltɪlɛvl] *adj* (*US*) = **multistorey**.
multinational [mʌltɪ'næʃənl] *adj* междунаро́дный.
multiple ['mʌltɪpl] *adj* (*injuries*) многочи́сленный ♦ *n* (*MATH*) кра́тное число́; **~ collision** столкнове́ние не́скольких автомоби́лей; **~ sclerosis** *n* рассе́янный склеро́з.
multiplication [mʌltɪplɪ'keɪʃən] *n* умноже́ние.
multiply ['mʌltɪplaɪ] *vt* умножа́ть (умно́жить *pf*) ♦ *vi* размножа́ться (размно́житься *pf*).
multistorey ['mʌltɪ'stɔ:rɪ] *adj* (*BRIT*) многоэта́жный.
multitude ['mʌltɪtju:d] *n* (*large number*): **a ~ of** мно́жество *+gen*.
mum [mʌm] (*BRIT: inf*) *n* ма́ма ♦ *adj*: **to keep ~ about sth** пома́лкивать *(impf)* о чём-н.
mumble ['mʌmbl] *vt* бормота́ть (пробормота́ть *pf*) ♦ *vi* бормота́ть *(impf)*.
mummy ['mʌmɪ] *n* (*BRIT: inf*) маму́ля, ма́ма; (*corpse*) му́мия.
mumps [mʌmps] *n* сви́нка.
munch [mʌntʃ] *vti* жева́ть *(impf)*.
mundane [mʌn'deɪn] *adj* обы́денный.
municipal [mju:'nɪsɪpl] *adj* муниципа́льный.
mural ['mjuərl] *n* фре́ска, насте́нная ро́спись *f*.
murder ['mə:də'] *n* уби́йство (*умы́шленное*) ♦ *vt* убива́ть (уби́ть *pf*) (*умы́шленно*); **~er** *n* уби́йца *m/f*.
murky ['mə:kɪ] *adj* (*street, night*) мра́чный; (*water*) му́тный.
murmur ['mə:mə'] *n* (*of voices, waves*) ро́пот ♦ *vti* шепта́ть (*impf*).
muscle ['mʌsl] *n* мы́шца, му́скул.
muscular ['mʌskjulə'] *adj* (*pain, injury*) мы́шечный; (*person*) му́скулистый.
museum [mju:'zɪəm] *n* музе́й.
mushroom ['mʌʃrum] *n* гриб.
music ['mju:zɪk] *n* му́зыка; **~al** *adj* музыка́льный; (*sound, tune*) мелоди́чный ♦ *n* мю́зикл; **~ian** [mju:'zɪʃən] *n* музыка́нт.
Muslim ['mʌzlɪm] *n* мусульма́нин (-нка) ♦ *adj* мусульма́нский.
mussel ['mʌsl] *n* ми́дия.
must [mʌst] *n* (*need*) необходи́мость *f* ♦ *aux vb* (*necessity*): **I ~ do it** я до́лжен э́то сде́лать; (*probability*): **he ~ be there by now** он до́лжен уже́ там быть; **you ~ come and see me soon** Вы обяза́тельно должны́ ско́ро ко мне зайти́; **why ~ he behave so badly?** отчего́ он так пло́хо себя́ ведёт?
mustache ['mʌstæʃ] *n* (*US*) = **moustache**.
mustard ['mʌstəd] *n* горчи́ца.
muster ['mʌstə'] *vt* (*support, energy*) собира́ть (собра́ть *pf*); (*troops*) набира́ть (набра́ть *pf*).
mustn't ['mʌsnt] = **must not**.
mute [mju:t] *adj* (*silent*) безмо́лвный.
mutilate ['mju:tɪleɪt] *vt* (*person*) уве́чить (изуве́чить *pf*); (*thing*) уро́довать (изуро́довать *pf*).
mutiny ['mju:tɪnɪ] *n* мятёж, бунт.
mutter ['mʌtə'] *vti* бормота́ть (*impf*).
mutton ['mʌtn] *n* бара́нина.

mutual ['mju:tʃuəl] *adj* (*feeling, help*) взаи́мный; (*friend, interest*) о́бщий; **~ understanding** взаимопонима́ние; **~ly** *adv* взаи́мно.

muzzle ['mʌzl] *n* (*of dog*) мо́рда; (*of gun*) ду́ло; (*for dog*) намо́рдник ◆ *vt* (*dog*) надева́ть (наде́ть *pf*) намо́рдник на *+acc.*

KEYWORD

my [maɪ] *adj* **1** (*with objects*) мой; **this is my house/car** э́то мой дом/моя́ маши́на; **is this my pen or yours?** э́то моя́ ру́чка или Ва́ша?
2 (*with parts of the body etc*): **I've washed my hair/cut my finger** я помы́л го́лову/поре́зал па́лец
3 (*referring to subject of sentence*) свой; **I've lost my key** я потеря́л свой ключ.

KEYWORD

myself [maɪ'sɛlf] *pron* **1** (*reflexive*): **I've hurt myself** я уши́бся; **I consider myself clever** я счита́ю себя́ у́мным
2 (*complement*): **she's the same age as myself** она́ одного́ во́зраста со мной
3 (*after prep*: *+gen*) себя́; (: *+dat, +prp*) себе́; (: *+instr*) собо́й; **I wanted to keep the book for myself** я хоте́л оста́вить кни́гу себе́; **I sometimes talk to myself** иногда́ я сам с собо́й разгова́риваю; **(all) by myself** (*alone*) сам; **I made it all by myself** я всё э́то сде́лал сам
4 (*emphatic*) сам; **I myself chose the flowers** я сам выбира́л цветы́.

mysterious [mɪs'tɪərɪəs] *adj* таи́нственный.

mystery ['mɪstərɪ] *n* (*puzzle*) зага́дка.

mystical ['mɪstɪkl] *adj* мисти́ческий.

myth [mɪθ] *n* миф; **~ology** *n* мифоло́гия.

N, n

n/a *abbr* (= *not applicable*) не применя́ется.

nag [næg] *vt* (*scold*) пили́ть *(impf)*.

nail [neɪl] *n* но́готь *m*; (*TECH*) гвоздь *m* ◆ *vt*: **to ~ sth to** прибива́ть (приби́ть *pf*) что-н к *+dat*; **~ polish** *n* лак для ногте́й.

naive [naɪ'i:v] *adj* наи́вный.

naked ['neɪkɪd] *adj* го́лый.

name [neɪm] *n* (*of person*) и́мя *nt*; (*of place, object*) назва́ние; (*of pet*) кли́чка ◆ *vt* называ́ть (назва́ть *pf*); **what's your ~?** как Вас зову́т?; **my ~ is Peter** меня́ зову́т Пи́тер; **what's the ~ of this place?** как называ́ется э́то ме́сто?; **by ~** по и́мени; **in the ~ of** и́менем *+gen*, во и́мя *+gen*; **~less** *adj* (*unknown*) безымя́нный; (*anonymous*) неизве́стный; **~ly** *adv* а и́менно.

nanny ['nænɪ] *n* ня́ня.

nap [næp] *n* (*sleep*) коро́ткий сон.

napkin ['næpkɪn] *n* (*also:* **table ~**) салфе́тка.

nappy ['næpɪ] *n* (*BRIT*) подгу́зник.

narrative ['nærətɪv] *n* исто́рия, по́весть *f*.

narrator [nə'reɪtə^r] *n* (*in book*) расска́зчик(-ица); (*in film*) ди́ктор.

narrow ['nærəu] *adj* у́зкий; (*majority, advantage*) незначи́тельный ◆ *vi* (*road*) сужа́ться (су́зиться *pf*); (*gap, difference*) уменьша́ться (уме́ньшиться *pf*) ◆ *vt*: **to ~ sth down to** своди́ть (свести́ *pf*) что-н к *+dat*; **to have a ~ escape** е́ле-е́ле *or* едва́ спасти́сь *(pf)*.

nasal ['neɪzl] *adj* (*voice*) гнуса́вый.

nasty ['nɑːstɪ] *adj* (*unpleasant*) проти́вный; (*malicious*) зло́бный; (*situation, wound*) скве́рный.

nation ['neɪʃən] *n* наро́д; (*state*) страна́; (*native population*) на́ция.

national ['næʃənl] *adj* национа́льный; **N~ Health Service** *n* (*BRIT*) госуда́рственная слу́жба здравоохране́ния; **N~ Insurance** *n* (*BRIT*) госуда́рственное страхова́ние; **~ism** *n* национали́зм; **~ist** *adj* националисти́ческий; **~ity** [næʃə'nælɪtɪ] *n* (*status*) гражда́нство; (*ethnic group*) наро́дность *f*.

nationwide ['neɪʃənwaɪd] *adj* общенаро́дный ◆ *adv* по всей стране́.

native ['neɪtɪv] *n* (*local inhabitant*) ме́стный(-ая) жи́тель(ница) *m(f)* ◆ *adj* (*indigenous*) коренно́й, иско́нный; (*of one's birth*) родно́й; (*innate*) врождённый; **a ~ of Russia** уроже́нец(-нка) Росси́и; **a ~ speaker of Russian** носи́тель(ница) *m(f)* ру́сского языка́.

NATO ['neɪtəu] *n abbr* (*= North Atlantic Treaty Organization*) НАТО.

natural ['nætʃrəl] *adj* (*behaviour*) есте́ственный; (*aptitude, materials*) приро́дный; (*disaster*) стихи́йный; **~ist** *n* натурали́ст; **~ly** *adv* есте́ственно; (*innately*) от приро́ды; (*in nature*) в приро́де; **~ly, I refused** есте́ственно, я отказа́лся.

nature ['neɪtʃə'] *n* (*also*: **N~**) приро́да; (*character*) нату́ра; (*sort*) хара́ктер; **by ~** (*person*) по нату́ре; (*event, thing*) по приро́де.

naughty ['nɔːtɪ] *adj* (*child*) непослу́шный, озорно́й.

nausea ['nɔːsɪə] *n* тошнота́.

nautical ['nɔːtɪkl] *adj* морско́й.

naval ['neɪvl] *adj* вое́нно-морско́й.

navel ['neɪvl] *n* пупо́к.

navigate ['nævɪgeɪt] *vt* (*NAUT, AVIAT*) управля́ть *(impf) +instr* ◆ *vi* определя́ть (определи́ть *pf*) маршру́т.

navigation [nævɪ'geɪʃən] *n* (*science*) навига́ция; (*action*): **~ (of)** управле́ние (*+instr*).

navigator ['nævɪgeɪtə'] *n* шту́рман.

navy ['neɪvɪ] *n* вое́нно-морско́й флот; **~(-blue)** *adj* тёмно-си́ний.

Nazi ['nɑːtsɪ] *n* наци́ст(ка).

NB *abbr* (*note well*: *= nota bene*) NB, нотабе́не.

near [nɪə'] *adj* бли́зкий ◆ *adv* бли́зко ◆ *prep* (*also*: **~ to**: *space*) во́зле *+gen*, о́коло *+gen*; (: *time*) к *+dat*, о́коло *+gen*; **~by** *adj* близлежа́щий ◆ *adv* побли́зости; **~ly** *adv* почти́; **I ~ly fell** я чуть (бы́ло) не упа́л.

neat [niːt] *adj* (*person, place*) опря́тный; (*work*) аккура́тный; (*clear*: *categories*) чёткий; (*esp US*: *inf*) кла́ссный; **~ly** *adv* (*dress*) опря́тно; (*work*) аккура́тно; (*sum up*) чётко.

necessarily [ˈnɛsɪsrılı] *adv* неизбе́жно.
necessary [ˈnɛsɪsrı] *adj* необходи́мый; (*inevitable*) обяза́тельный, неизбе́жный; **it's not ~** э́то не обяза́тельно; **it is ~ to/that** ... необходи́мо *+infin*/ что́бы ....
necessity [nɪˈsɛsɪtı] *n* необходи́мость *f*; **necessities** *npl* (*essentials*) предме́ты *mpl* пе́рвой необходи́мости.
neck [nɛk] *n* (*ANAT*) ше́я; (*of garment*) во́рот; (*of bottle*) го́рлышко; **~lace** [ˈnɛklıs] *n* ожере́лье.
need [ni:d] *n* потре́бность *f*; (*deprivation*) нужда́; (*necessity*): **~ (for)** нужда́ (в *+prp*) ◆ *vt*: **I ~ time/money** мне ну́жно вре́мя/ нужны́ де́ньги; **there's no ~ to worry** не́зачем волнова́ться; **I ~ to see him** мне на́до *or* ну́жно с ним уви́деться; **you don't ~ to leave yet** Вам ещё не пора́ уходи́ть.
needle [ˈni:dl] *n* игла́, иго́лка; (*for knitting*) спи́ца ◆ *vt* (*fig: inf*) подка́лывать (подколо́ть *pf*).
needless [ˈni:dlıs] *adj* изли́шний; **~ to say** само́ собо́й разуме́ется.
needn't [ˈni:dnt] = **need not**.
needy [ˈni:dı] *adj* нужда́ющийся.
negative [ˈnɛgətıv] *adj* (*also ELEC*) отрица́тельный ◆ *n* (*PHOT*) негати́в.
neglect [nɪˈglɛkt] *vt* (*child, work*) забра́сывать (забро́сить *pf*); (*garden, health*) запуска́ть (запусти́ть *pf*); (*duty*) пренебрега́ть (пренебре́чь *pf*) ◆ *n*: **~ (of)** невнима́ние (к *+dat*); **in a state of ~** в запусте́нии.
negligence [ˈnɛglıdʒəns] *n* хала́тность *f*.
negligible [ˈnɛglıdʒıbl] *adj* ничто́жный.
negotiate [nɪˈgəuʃıeıt] *vt* (*see n*) заключа́ть (заключи́ть *pf*); преодолева́ть (преодоле́ть *pf*); (*corner*) огиба́ть (обогну́ть *pf*) ◆ *vi*: **to ~ (with sb for sth)** вести́ (*impf*) перегово́ры (с кем-н о чём-н).
negotiation [nıgəuʃıˈeıʃən] *n* (*of treaty, deal*) заключе́ние; (*of obstacle*) преодоле́ние; **~s** перегово́ры *mpl*.
negotiator [nɪˈgəuʃıeıtəʳ] *n* уча́стник перегово́ров.
neigh [neı] *vi* ржать (*impf*).
neighbour [ˈneıbəʳ] (*US* **neighbor**) *n* сосе́д(ка); **~hood** *n* (*place*) райо́н; (*people*) сосе́ди *mpl*; **~ing** *adj* сосе́дний.
neither [ˈnaıðəʳ] *adj* ни тот, ни друго́й ◆ *conj*: **I didn't move and ~ did John** ни я, ни Джон не дви́нулись с ме́ста ◆ *pron*: **~ of them came** ни тот, ни друго́й не пришли́, ни оди́н из них не пришёл; **~ version is true** ни та, ни друга́я ве́рсия не верна́; **~ ... nor ...** ни ..., ни ...; **~ good nor bad** ни хорошо́, ни пло́хо.
neon [ˈni:ɔn] *n* нео́н.
nephew [ˈnɛvju:] *n* племя́нник.
nerve [nə:v] *n* (*ANAT*) нерв; (*courage*) вы́держка; (*impudence*) на́глость *f*.
nervous [ˈnə:vəs] *adj* не́рвный; **to be** *or* **feel ~** не́рвничать (*impf*); **~ breakdown** *n* не́рвный срыв; **~ness** *n* не́рвность *f*.
nest [nɛst] *n* гнездо́.
nestle [ˈnɛsl] *vi* приюти́ться (*pf*).
net [nɛt] *n* (*also fig*) сеть *f*; (*SPORT*) се́тка ◆ *adj* (*COMM*) чи́стый ◆ *vt*

(*fish*) лови́ть (пойма́ть *pf*) в сеть; (*profit*) приноси́ть (принести́ *pf*).
Netherlands ['nɛðələndz] *npl*: **the ~** Нидерла́нды *pl*.
nett [nɛt] *adj* = **net**.
nettle ['nɛtl] *n* крапи́ва.
network ['nɛtwə:k] *n* сеть *f*.
neurotic [njuə'rɔtɪk] *adj* неврастени́чный.
neutral ['nju:trəl] *adj* нейтра́льный ♦ *n* (*AUT*) холосто́й ход.
never ['nɛvə'] *adv* никогда́; **~ in my life** никогда́ в жи́зни; **~theless** *adv* тем не ме́нее.
new [nju:] *adj* (*brand new*) но́вый; (*recent*) неда́вний; **~born** *adj* новоро́жденный; **~comer** *n* новичо́к; **~ly** *adv* неда́вно.
news [nju:z] *n* (*good, bad*) но́вость *f*, изве́стие; **a piece of ~** но́вость; **the ~** (*RADIO, TV*) но́вости *fpl*; **~ agency** *n* информацио́нное аге́нтство; **~letter** *n* информацио́нный бюллете́нь *m*; **~reader** *n* ди́ктор (*програ́ммы новосте́й*).
New Year *n* Но́вый год; **Happy ~!** С Но́вым го́дом!; **~'s Day** *n* пе́рвое января́; **~'s Eve** *n* кану́н Но́вого го́да.
next [nɛkst] *adj* сле́дующий; (*adjacent*) сосе́дний ♦ *adv* пото́м, зате́м ♦ *prep*: **~ to** ря́дом с *+instr*, во́зле *+gen*; **~ time** в сле́дующий раз; **the ~ day** на сле́дующий день; **~ year** в бу́дущем *or* сле́дующем году́; **in the ~ 15 minutes** в ближа́йшие 15 мину́т; **~ to nothing** почти́ ничего́; **~ please!** сле́дующий, пожа́луйста!; **~ door** *adv* по сосе́дству, ря́дом ♦ *adj* (*neighbour*) ближа́йший; **~ of kin** *n* ближа́йший ро́дственник.
NHS *n abbr* (*BRIT*) = **National Health Service**.
nib [nɪb] *n* перо́.
nibble ['nɪbl] *vt* надку́сывать (надкуси́ть *pf*).
nice [naɪs] *adj* прия́тный, хоро́ший; (*attractive*) симпати́чный; **to look ~** хорошо́ вы́глядеть (*impf*); **that's very ~ of you** о́чень ми́ло с Ва́шей стороны́.
nick [nɪk] *n* (*in skin*) поре́з; (*in surface*) зару́бка ♦ *vt* (*inf*: *steal*) утащи́ть (*pf*); **in the ~ of time** как раз во́время.
nickel ['nɪkl] *n* ни́кель *m*; (*US*: *coin*) *моне́та в 5 це́нтов*.
nickname ['nɪkneɪm] *n* кли́чка, про́звище ♦ *vt* прозыва́ть (прозва́ть *pf*).
nicotine ['nɪkəti:n] *n* никоти́н.
niece [ni:s] *n* племя́нница.
niggling ['nɪglɪŋ] *adj* навя́зчивый.
night [naɪt] *n* ночь *f*; (*evening*) ве́чер; **at ~, by ~** но́чью; **all ~ long** всю ночь напролёт; **in** *or* **during the ~** но́чью; **last ~** вчера́ но́чью; (*evening*) вчера́ ве́чером; **the ~ before last** позапро́шлой но́чью; (*evening*) позавчера́ ве́чером; **~club** *n* ночно́й клуб; **~dress** *n* ночна́я руба́шка; **~fall** *n* су́мерки *pl*; **~gown** *n* = **nightdress**.
nightingale ['naɪtɪŋgeɪl] *n* солове́й.
nightlife ['naɪtlaɪf] *n* ночна́я жизнь *f*.
nightly ['naɪtlɪ] *adj* (*every night*) ежено́щный ♦ *adv* ежено́щно.
nightmare ['naɪtmɛə'] *n* кошма́р.
nil [nɪl] *n* нуль *m*; (*BRIT*: *score*) ноль *m*.
nimble ['nɪmbl] *adj* (*agile*) шу́стрый; (*alert*)

сообразительный.
nine [naɪn] *n* девять; **~teen** *n* девятнадцать; **~teenth** *adj* девятнадцатый; **~tieth** *adj* девяностый; **~ty** *n* девяносто.
ninth [naɪnθ] *adj* девятый.
nip [nɪp] *vt* (*pinch*) щипать (ущипнуть *pf*); (*bite*) кусать (укусить *pf*) ◆ *vi* (*BRIT*: *inf*): **to ~ out** выскакивать (выскочить *pf*).
nipple ['nɪpl] *n* (*ANAT*) сосок.
nitrogen ['naɪtrədʒən] *n* азот.

KEYWORD

no [nəu] (*pl* **noes**) *adv* (*opposite of "yes"*) нет; **are you coming? – no (I'm not)** Вы придёте? -нет(, не приду); **no thank you** нет, спасибо
◆ *adj* (*not any*): **I have no money/books** у меня нет денег/книг; **there is no one here** здесь никого нет; **it is of no importance at all** это не имеет никакого значения; **no system is totally fair** никакая система не является полностью справедливой; **"no entry"** "вход воспрещён"; **"no smoking"** "не курить"
◆ *n*: **there were twenty noes** двадцать человек было "против".

nobility [nəu'bɪlɪtɪ] *n* (*class*) знать *f*, дворянство.
noble ['nəubl] *adj* (*aristocratic*) дворянский; (*high-minded*) благородный.
nobody ['nəubədɪ] *pron* никто.
nocturnal [nɔk'tə:nl] *adj* ночной.
nod [nɔd] *vi* кивать *(impf)* ◆ *n* кивок ◆ *vt*: **to ~ one's head** кивать *(impf)* головой; **~ off** *vi* задремать *(pf)*.
noise [nɔɪz] *n* шум.
noisy ['nɔɪzɪ] *adj* шумный.
nominal ['nɔmɪnl] *adj* номинальный.
nominate ['nɔmɪneɪt] *vt* (*propose*): **to ~ sb (for)** выставлять (выставить *pf*) кандидатуру кого-н (на *+acc*); (*appoint*): **to ~ sb (to/as)** назначать (назначить *pf*) кого-н (на *+acc*/*+instr*).
nomination [nɔmɪ'neɪʃən] *n* (*see vb*) выставление; назначение.
nominee [nɔmɪ'ni:] *n* кандидат.
non- [nɔn] *prefix* не-.
none [nʌn] *pron* (*person*) никто, ни один; (*thing*) ничто, ни один; **~ of you** никто *or* ни один из Вас; **I've ~ left** у меня ничего не осталось.
nonetheless ['nʌnðə'lɛs] *adv* тем не менее, всё же.
nonfiction [nɔn'fɪkʃən] *n* документальная литература.
nonsense ['nɔnsəns] *n* ерунда, чепуха.
nonstop *adj* (*conversation*) беспрерывный; (*flight*) беспосадочный ◆ *adv* (*speak*) беспрерывно; (*fly*) без посадок.
noodles ['nu:dlz] *npl* вермишель *fsg*.
noon [nu:n] *n* полдень *m*.
no-one ['nəuwʌn] *pron* = **nobody**.
noose [nu:s] *n* петля.
nor [nɔ:'] *conj* = **neither** ◆ *adv see* **neither**.
norm [nɔ:m] *n* норма.
normal ['nɔ:ml] *adj* нормальный; **~ly** *adv* (*usually*) обычно; (*properly*) нормально.
north [nɔ:θ] *n* север ◆ *adj* северный ◆ *adv* (*go*) на север; (*be*) к северу; **N~ Africa** *n* Северная Африка; **N~ America** *n*

Се́верная Аме́рика; **~east** *n* се́веро-восто́к; **~erly** ['nɔ:ðəlɪ] *adj* се́верный; **~ern** ['nɔ:ðən] *adj* се́верный; **N~ern Ireland** *n* Се́верная Ирла́ндия; **N~ Pole** *n* Се́верный по́люс; **N~ Sea** *n* Се́верное мо́ре; **~west** *n* се́верозáпад.

Norway ['nɔ:weɪ] *n* Норве́гия.

Norwegian [nɔ:'wi:dʒən] *adj* норве́жский.

nose [nəuz] *n* нос; (*sense of smell*) нюх, чутьё; **~bleed** *n* носово́е кровотече́ние; **~y** ['nəuzɪ] *adj* (*inf*) = **nosy**.

nostalgia [nɔs'tældʒɪə] *n* ностальги́я.

nostalgic [nɔs'tældʒɪk] *adj* (*memory, film*) ностальги́ческий; **to be ~ (for)** испы́тывать *(impf)* ностальги́ю (по *+dat*).

nostril ['nɔstrɪl] *n* ноздря́.

nosy ['nəuzɪ] *adj* (*inf*): **to be ~** сова́ть *(impf)* нос в чужи́е дела́.

not [nɔt] *adv* нет; (*before verbs*) не; **he is ~** *or* **isn't at home** его́ нет до́ма; **he asked me ~ to do it** он попроси́л меня́ не де́лать э́того; **you must ~** *or* **you mustn't do that** (*forbidden*) э́того нельзя́ де́лать; **it's too late, isn't it?** уже́ сли́шком по́здно, не пра́вда ли?; **~ that** ... не то, что́бы ...; **~ yet** нет ещё, ещё нет; **~ now** не сейча́с; *see also* **all, only**.

notably ['nəutəblɪ] *adv* (*particularly*) осо́бенно; (*markedly*) заме́тно.

notch [nɔtʃ] *n* насе́чка.

note [nəut] *n* (*record*) за́пись *f*; (*letter*) запи́ска; (*also:* **foot~**) сно́ска; (*also:* **bank~**) банкно́та; (*MUS*) но́та; (*tone*) тон ◆ *vt* (*observe*) замеча́ть (заме́тить *pf*); (*also:* **~ down**) запи́сывать (записа́ть *pf*); **~book** *n* записна́я кни́жка; **~d** *adj* изве́стный; **~pad** *n* блокно́т; **~paper** *n* пи́счая бума́га.

nothing ['nʌθɪŋ] *n* ничто́; (*zero*) ноль *m*; **he does ~** он ничего́ не де́лает; **there is ~ to do/be said** де́лать/сказа́ть не́чего; **~ new/much/of the sort** ничего́ но́вого/осо́бенного/подо́бного; **for ~** да́ром.

notice ['nəutɪs] *n* (*announcement*) объявле́ние; (*warning*) предупрежде́ние ◆ *vt* замеча́ть (заме́тить *pf*); **to take ~ of** обраща́ть (обрати́ть *pf*) внима́ние на *+acc*; **at short ~** без предупрежде́ния; **until further ~** впредь до дальне́йшего уведомле́ния; **~able** *adj* заме́тный.

notify ['nəutɪfaɪ] *vt*: **to ~ sb (of sth)** уведомля́ть (уве́домить *pf*) кого́-н (о чём-н).

notion ['nəuʃən] *n* (*idea*) поня́тие; (*opinion*) представле́ние.

notorious [nəu'tɔ:rɪəs] *adj* изве́стный; (*place*) печа́льно изве́стный.

noun [naun] *n* (и́мя *nt*) существи́тельное *nt adj*.

nourish ['nʌrɪʃ] *vt* пита́ть *(impf)*; (*fig*) взра́щивать (взрасти́ть *pf*); **~ing** *adj* пита́тельный; **~ment** *n* (*food*) пита́ние.

novel ['nɔvl] *n* рома́н ◆ *adj* оригина́льный; **~ist** *n* романи́ст(ка); **~ty** *n* (*newness*) новизна́; (*object*) нови́нка.

November [nəu'vɛmbə^r] *n* ноя́брь *m*.

novice ['nɔvɪs] *n* нови́чо́к.

now [nau] *adv* тепе́рь, сейча́с

♦ *conj*: ~ **(that)** ... тепéрь, когдá ...; **right** ~ прямо сейчáс, сейчáс же; **by** ~ к настоящему врéмени; ~ **and then** *or* **again** врéмя от врéмени; **from** ~ **on** отнынé, впредь; **until** ~ до сих пор; ~**adays** *adv* в нáши дни.
nowhere ['nəuwɛə'] *adv* (*be*) нигдé; (*go*) никудá.
nuclear ['nju:klɪə'] *adj* ядерный.
nucleus ['nju:klɪəs] (*pl* **nuclei**) *n* ядрó.
nude [nju:d] *adj* обнажённый, нагóй ♦ *n*: **in the** ~ в обнажённом вúде.
nudge [nʌdʒ] *vt* подтáлкивать (подтолкнýть *pf*).
nudity ['nju:dɪtɪ] *n* наготá.
nuisance ['nju:sns] *n* досáда; (*person*) занýда, докýчливый человéк; **what a** ~! какáя досáда!
numb [nʌm] *adj*: ~ **(with)** онемéвший (от *+gen*); **to go** ~ онемéть (*pf*).
number ['nʌmbə'] *n* нóмер; (*MATH*) числó; (*written figure*) цúфра; (*quantity*) колúчество ♦ *vt* (*pages etc*) нумеровáть (пронумеровáть *pf*); (*amount to*) насчúтывать *(impf)*; **a** ~ **of** нéсколько *+gen*, ряд *+gen*; ~**plate** *n* (*BRIT*) номернóй знак.
numeral ['nju:mərəl] *n* цúфра.
numerical [nju:'mɛrɪkl] *adj* (*value*) числовóй; **in** ~ **order** по номерáм.
numerous ['nju:mərəs] *adj* многочúсленный; **on** ~ **occasions** многокрáтно.
nun [nʌn] *n* монáхиня.
nurse [nə:s] *n* медсестрá; (*also: male* ~) медбрáт ♦ *vt* (*patient*) ухáживать *(impf)* за *+instr*.
nursery ['nə:sərɪ] *n* (*institution*) ясли *pl*; (*room*) дéтская *f adj*; (*for plants*) питóмник; ~ **rhyme** *n* пéсенка для детéй; ~ **school** *n* дéтский сад.
nursing ['nə:sɪŋ] *n* (*profession*) профéссия медсестры́; ~ **home** *n* чáстный дом (для престарéлых).
nurture ['nə:tʃə'] *vt* (*child, plant*) вырáщивать (вы́растить *pf*).
nut [nʌt] *n* (*BOT*) орéх; (*TECH*) гáйка; ~**meg** *n* мускáтный орéх.
nutrient ['nju:trɪənt] *n* питáтельное веществó.
nutrition [nju:'trɪʃən] *n* (*nourishment*) питáтельность *f*; (*diet*) питáние.
nutritious [nju:'trɪʃəs] *adj* питáтельный.
nylon ['naɪlɔn] *n* нейлóн ♦ *adj* нейлóновый.

O, o

oak [əuk] *n* дуб ♦ *adj* дубóвый.
OAP *n abbr* (*BRIT*) = **old age pensioner**.
oar [ɔ:'] *n* весло́.
oases [əu'eisi:z] *npl of* **oasis**.
oasis [əu'eɪsɪs] (*pl* **oases**) *n* оáзис.
oath [əuθ] *n* (*promise*) клятва; (: *LAW*) присяга; (*swear word*) проклятие; **on** *(BRIT) or* **under** ~ под присягой.
oats [əuts] *npl* овёс *msg*.
obedience [ə'bi:dɪəns] *n* повиновéние, послушáние.
obedient [ə'bi:dɪənt] *adj* послýшный.
obese [əu'bi:s] *adj* тýчный.
obey [ə'beɪ] *vt* подчиня́ться (подчинúться *pf*) *+dat*, повиновáться *(impf/pf) +dat*.

obituary [ə'bɪtjuərɪ] *n* некролóг.
object [*n* 'ɔbdʒɪkt, *vb* əb'dʒɛkt] *n* (*thing*) предмéт; (*aim, purpose*) цель *f*; (*of affection, desires*) объéкт; (*LING*) дополнéние ♦ *vi*: **to ~ (to)** возражáть (возразúть *pf*) (прóтив *+gen*); **money is no ~** дéньги – не проблéма; **~ion** [əb'dʒɛkʃən] *n* возражéние; **I have no ~ion to ...** я не имéю никакúх возражéний прóтив *+gen ...*; **~ionable** [əb'dʒɛkʃənəbl] *adj* (*language, conduct*) возмутúтельный; (*person*) гнýсный; **~ive** [əb'dʒɛktɪv] *adj* объектúвный ♦ *n* цель *f*.
obligation [ɔblɪ'geɪʃən] *n* обязáтельство.
obligatory [ə'blɪgətərɪ] *adj* обязáтельный.
oblige [ə'blaɪdʒ] *vt* обязывать (обязáть *pf*); (*force*): **to ~ sb to do** обязывать (обязáть *pf*) когó-н *+infin*; **I'm much ~d to you for your help** (*grateful*) я óчень обязан Вам за Вáшу пóмощь.
obliging [ə'blaɪdʒɪŋ] *adj* любéзный.
oblivion [ə'blɪvɪən] *n* забвéние.
oblivious [ə'blɪvɪəs] *adj*: **to be ~ of** *or* **to** не сознавáть *(impf) +gen.*
obnoxious [əb'nɔkʃəs] *adj* отвратúтельный.
oboe ['əubəu] *n* гобóй.
obscene [əb'si:n] *adj* непристóйный.
obscure [əb'skjuə^r] *adj* (*little known*) неприметный; (*incomprehensible*) неясный, смýтный ♦ *vt* (*view etc*) загорáживать (загородúть *pf*); (*truth etc*) затемнять (затемнúть *pf*).
observant [əb'zə:vnt] *adj* наблюдáтельный.
observation [ɔbzə'veɪʃən] *n* наблюдéние; (*remark*) замечáние.
observe [əb'zə:v] *vt* (*watch*) наблюдáть *(impf)* за *+instr*; (*comment*) замечáть (замéтить *pf*); (*abide by*) соблюдáть (соблюстú *pf*); **~r** *n* наблюдáтель *m*.
obsession [əb'sɛʃən] *n* страсть *f*.
obsessive [əb'sɛsɪv] *adj* стрáстный, одержúмый.
obsolete ['ɔbsəli:t] *adj* устарéвший.
obstacle ['ɔbstəkl] *n* препятствие.
obstinate ['ɔbstɪnɪt] *adj* упрямый.
obstruct [əb'strʌkt] *vt* (*road, path*) загорáживать (загородúть *pf*); (*traffic, progress*) препятствовать (воспрепятствовать *pf*) *+dat*; **~ion** [əb'strʌkʃən] *n* (*of law*) обструкция; (*object*) препятствие.
obtain [əb'teɪn] *vt* приобретáть (приобрестú *pf*).
obvious ['ɔbvɪəs] *adj* очевúдный; **~ly** *adv* очевúдно; (*of course*) разумéется; **~ly not** разумéется, нет.
occasion [ə'keɪʒən] *n* (*time*) раз; (*case, opportunity*) слýчай; (*event*) событие; **~al** *adj* рéдкий, нечáстый; **~ally** *adv* изредка.
occupant ['ɔkjupənt] *n* (*long-term*) обитáтель(ница) *m(f)*.
occupation [ɔkju'peɪʃən] *n* занятие; (*MIL*) оккупáция.
occupy ['ɔkjupaɪ] *vt* занимáть (занять *pf*); (*country, attention*) захвáтывать (захватúть *pf*); **to ~ o.s. with sth** занимáться (заняться *pf*) чем-н.
occur [ə'kə:^r] *vi* происходúть

(произойти́ *pf*), случа́ться (случи́ться *pf*); (*exist*) встреча́ться (встре́титься *pf*); **to ~ to sb** приходи́ть (прийти́ *pf*) кому́-н в го́лову; **~rence** *n* (*event*) происше́ствие.

ocean ['əuʃən] *n* океа́н.

o'clock [ə'klɔk] *adv*: **it is five ~** сейча́с пять часо́в.

October [ɔk'təubə'] *n* октя́брь *m*.

octopus ['ɔktəpəs] *n* осьмино́г.

odd [ɔd] *adj* (*strange*) стра́нный, необы́чный; (*uneven*) нечётный; (*not paired*) непа́рный; **60-~** шестьдеся́т с ли́шним; **at ~ times** времена́ми; **I was the ~ one out** я был ли́шний; **~ly** *adv* (*behave, dress*) стра́нно; *see also* **enough**; **~s** *npl* (*in betting*) ста́вки *fpl*; **to be at ~s (with)** быть (*impf*) не в лада́х (с *+instr*).

odour ['əudə'] (*US* **odor**) *n* за́пах.

KEYWORD

of [ɔv] *prep* **1**: **the history of Russia** исто́рия Росси́и; **a friend of ours** наш друг; **a boy of 10** ма́льчик десяти́ лет; **that was kind of you** э́то бы́ло о́чень любе́зно с Ва́шей стороны́; **a man of great ability** челове́к больши́х спосо́бностей; **the city of New York** го́род Нью-Йо́рк; **south of London** к ю́гу от Ло́ндона

2 (*expressing quantity, amount, dates etc*): **a kilo of flour** килогра́мм муки́; **how much of this material do you need?** ско́лько тако́й ткани́ Вам ну́жно?; **there were three of them** (*people*) их бы́ло тро́е; (*objects*) их бы́ло три; **three of us stayed** тро́е из нас оста́лись; **the 5th of July** 5-ое ию́ля; **on the 5th of July** 5-ого ию́ля

3 (*from*) из *+gen*; **the house is made of wood** дом сде́лан из де́рева.

KEYWORD

off [ɔf] *adv* **1** (*referring to distance, time*): **it's a long way off** э́то далеко́ отсю́да; **the city is 5 miles off** до го́рода 5 миль; **the game is 3 days off** до игры́ оста́лось 3 дня́

2 (*departure*): **to go off to Paris/ Italy** уезжа́ть (уе́хать *pf*) в Пари́ж/Ита́лию; **I must be off** мне пора́

3 (*removal*): **to take off one's hat/clothes** снима́ть (снять *pf*) шля́пу/оде́жду; **the button came off** пу́говица оторвала́сь; **ten percent off** (*COMM*) ски́дка в де́сять проце́нтов

4: **to be off** (*on holiday*) быть (*impf*) в о́тпуске; **I'm off on Fridays** у меня́ выходно́й по пя́тницам; **he was off on Friday** (*off work*) в пя́тницу его́ не́ было на рабо́те; **I have a day off** у меня́ отгу́л; **to be off sick** не рабо́тать (*impf*) по боле́зни

◆ *adj* **1** (*not on*) вы́ключенный; (: *tap*) закры́тый; (*disconnected*) отключённый

2 (*cancelled*: *meeting, match*) отменённый; (: *agreement*) расто́ргнутый

3 (*BRIT*): **to go off** (*milk*) прокиса́ть (прoки́снуть *pf*); (*cheese, meat*) по́ртиться (испо́ртиться *pf*)

4: **on the off chance** на вся́кий слу́чай; **to have an off day** встава́ть (встать *pf*) с ле́вой

ноги́
◆ *prep* **1** (*indicating motion*) с *+gen*; **to fall off a cliff** упа́сть *(pf)* со скалы́
2 (*distant from*) от *+gen*; **it's just off the M1** э́то недалеко́ от автостра́ды M1; **it's five km off the main road** э́то в пяти́ км от шоссе́; **to be off meat** (*dislike*) разлюби́ть *(pf)* мя́со.

offence [ə'fɛns] (*US* **offense**) *n* (*crime*) правонаруше́ние; **to take ~ at** обижа́ться (оби́деться *pf*) на *+acc*.
offend [ə'fɛnd] *vt* (*person*) обижа́ть (оби́деть *pf*); **~er** *n* правонаруши́тель(ница) *m(f)*; **~ing** *adj* соотве́тствующий.
offense [ə'fɛns] *n* (*US*) = **offence**.
offensive [ə'fɛnsɪv] *adj* (*remark, behaviour*) оскорби́тельный ◆ *n* (*MIL*) наступле́ние; **~ weapon** ору́дие нападе́ния.
offer ['ɔfə'] *n* предложе́ние ◆ *vt* предлага́ть (предложи́ть *pf*).
office ['ɔfɪs] *n* о́фис; (*room*) кабине́т; **doctor's ~** (*US*) кабине́т врача́; **to take ~** (*person*) вступа́ть (вступи́ть *pf*) в до́лжность.
officer ['ɔfɪsə'] *n* (*MIL*) офице́р; (*also:* **police ~**) полице́йский *m adj*; (: *in Russia*) милиционе́р.
official [ə'fɪʃl] *adj* официа́льный ◆ *n* должностно́е лицо́; **government ~** официа́льное лицо́.
off-licence ['ɔflaɪsns] *n* (*BRIT*) ви́нный магази́н.
off-peak ['ɔf'pi:k] *adj* (*heating, electricity*) непи́ковый.
offset ['ɔfsɛt] *irreg vt* уравнове́шивать *(impf)*.
offshore [ɔf'ʃɔ:'] *adj* (*oilrig, fishing*) морско́й; **~ wind** ве́тер с бе́рега.
offspring ['ɔfsprɪŋ] *n inv* о́тпрыск.
often ['ɔfn] *adv* ча́сто; **how ~ ...?** как ча́сто ...?; **more ~ than not** ча́ще всего́; **as ~ as not** дово́льно ча́сто; **every so ~** вре́мя от вре́мени.
oil [ɔɪl] *n* ма́сло; (*petroleum*) нефть *f*; (*for heating*) печно́е то́пливо ◆ *vt* сма́зывать (сма́зать *pf*); **~y** *adj* (*rag*) прома́сленный.
ointment ['ɔɪntmənt] *n* мазь *f*.
O.K. ['əu'keɪ] *excl* (*inf*) хорошо́, ла́дно.
okay ['əu'keɪ] *excl* = **O.K.**
old [əuld] *adj* ста́рый; **how ~ are you?** ско́лько Вам лет?; **he's 10 years ~** ему́ 10 лет; **~ man** стари́к; **~ woman** стару́ха; **~er brother** ста́рший брат; **~ age** *n* ста́рость *f*; **~-fashioned** *adj* старомо́дный.
olive ['ɔlɪv] *n* (*fruit*) масли́на, оли́вка ◆ *adj* оли́вковый; **~ oil** *n* оли́вковое ма́сло.
Olympic Games *npl*: **the ~** (*also:* **the Olympics**) Олимпи́йские и́гры *fpl*.
omelet(te) ['ɔmlɪt] *n* омле́т.
omen ['əumən] *n* предзнаменова́ние.
ominous ['ɔmɪnəs] *adj* злове́щий.
omission [əu'mɪʃən] *n* про́пуск.
omit [əu'mɪt] *vt* пропуска́ть (пропусти́ть *pf*).

KEYWORD

on [ɔn] *prep* **1** (*position*) на *+prp*; (*motion*) на *+acc*; **the book is on the table** кни́га на столе́; **to put the book on the table** класть (положи́ть *pf*) кни́гу на стол; **on**

the left сле́ва; **the house is on the main road** дом стои́т у шоссе́
2 (*indicating means, method, condition etc*): **on foot** пешко́м; **on the plane/train** (*go*) на самолёте/по́езде; (*be*) в самолёте/по́езде; **on the radio/television** по ра́дио/телеви́зору; **she's on the telephone** она́ разгова́ривает по телефо́ну; **to be on drugs** принима́ть *(impf)* лека́рства; **to be on holiday/business** быть *(impf)* в о́тпуске/командиро́вке
3 (*referring to time*): **on Friday** в пя́тницу; **on Fridays** по пя́тницам; **on June 20th** 20-ого ию́ня; **a week on Friday** че́рез неде́лю, счита́я с пя́тницы; **on arrival** по прие́зде; **on seeing this** увидев э́то
4 (*about, concerning*) о *+prp*, по *+dat*; **information on train services** информа́ция о расписа́нии поездо́в; **a book on physics** кни́га по фи́зике
◆ *adv* **1** (*referring to dress*) в *+prp*; **to have one's coat on** быть *(impf)* в пальто́; **what's she got on?** во что она́ была́ оде́та?; **she put her boots/hat on** она́ наде́ла сапоги́/шля́пу
2 (*further, continuously*) да́льше, да́лее; **to walk on** идти́ *(impf)* да́льше
◆ *adj* **1** (*functioning, in operation*) включённый; (*: tap*) откры́тый; **is the meeting still on?** (*not cancelled*) собра́ние бу́дет?; **there's a good film on at the cinema** в кинотеа́тре идёт хоро́ший фильм
2: **that's not on!** (*inf: of behaviour*) так не пойдёт *or* не годи́тся!

once [wʌns] *adv* (оди́н) раз; (*formerly*) когда́-то, одна́жды ◆ *conj* как то́лько; **at ~** сра́зу же; (*simultaneously*) вме́сте; **~ a week** (оди́н) раз в неде́лю; **~ more** ещё раз; **~ and for all** раз и навсегда́.
oncoming ['ɔnkʌmɪŋ] *adj* встре́чный.

KEYWORD

one [wʌn] *n* оди́н (*f* одна́, *nt* одно́, *pl* одни́); **one hundred and fifty** сто пятьдеся́т; **one day there was a knock at the door** одна́жды разда́лся стук в дверь; **one by one** по одному́, оди́н за други́м
◆ *adj* **1** (*sole*) еди́нственный; **the one book which ...** еди́нственная кни́га, кото́рая ...
2 (*same*) оди́н; **they all belong to the one family** они́ все из одно́й семьи́
◆ *pron* **1**: **I'm the one who did it** э́то я сде́лал; **this one** э́тот (*f* э́та, *nt* э́то); **that one** тот (*f* та, *nt* то); **I've already got one** у меня́ уже́ есть
2: **one another** друг дру́га; **do you ever see one another?** Вы когда́нибудь ви́дитесь?; **they didn't dare look at one another** они́ не сме́ли взгляну́ть друг на дру́га
3 (*impersonal*): **one never knows** никогда́ не зна́ешь; **to cut one's finger** поре́зать *(pf)* (себе́) па́лец.

one-man *adj* (*business*) индивидуа́льный.
one-off *n* (*BRIT: inf*) едини́чный

слу́чай.
one's *adj*: **to dry ~ hands** вытира́ть (вы́тереть *pf*) ру́ки; **naturally one loves ~ children** челове́ку сво́йственно люби́ть свои́х дете́й.
oneself *pron* (*reflexive*) себя́; (*emphatic*) сам; (*after prep*: *+acc*, *+gen*) само́го себя́; (: *+dat*) само́му себе́; (: *+instr*) сами́м собо́й; (: *+prp*) само́м себе́; **to hurt ~** ушиба́ться (ушиби́ться *pf*); **to keep sth for ~** держа́ть *(impf)* что-н при себе́; **to talk to ~** разгова́ривать *(impf)* с (сами́м) собо́й.
one-sided *adj* односторо́нний; (*contest*) нера́вный.
one-way *adj*: **~-~ street** у́лица с односторо́нним движе́нием.
ongoing [ˈɔngəuɪŋ] *adj* продолжа́ющийся.
onion [ˈʌnjən] *n* лук.
only [ˈəunlɪ] *adv* то́лько ◆ *adj* еди́нственный ◆ *conj* то́лько; **not ~ ... but also ...** не то́лько ..., но и ...
onset [ˈɔnsɛt] *n* наступле́ние.
onshore [ˈɔnʃɔ:ˈ] *adj*: **~ wind** ве́тер с мо́ря.
onward(s) [ˈɔnwəd(z)] *adv* вперёд, да́льше; **from that time ~** с тех пор.
opal [ˈəupl] *n* опа́л.
opaque [əuˈpeɪk] *adj* ма́товый.
OPEC [ˈəupɛk] *n abbr* (= *Organization of Petroleum-Exporting Countries*) ОПЕ́К.
open [ˈəupn] *adj* откры́тый ◆ *vt* открыва́ть (откры́ть *pf*) ◆ *vi* открыва́ться (откры́ться *pf*); (*book, debate etc*) начина́ться (нача́ться *pf*); **in the ~ (air)** на откры́том во́здухе; **~ up** *vt* открыва́ть (откры́ть *pf*) ◆ *vi* открыва́ться (откры́ться *pf*); **~ing** *adj* (*speech, remarks etc*) вступи́тельный ◆ *n* (*gap, hole*) отве́рстие; (*job*) вака́нсия; **~ly** *adv* откры́то; **~-minded** *adj* (*person*) откры́тый; **~-plan** *adj*: **~-plan office** о́фис с откры́той планиро́вкой.
opera [ˈɔpərə] *n* о́пера.
operate [ˈɔpəreɪt] *vt* управля́ть *(impf)* *+instr* ◆ *vi* де́йствовать *(impf)*; (*MED*): **to ~ (on sb)** опери́ровать (прооопери́ровать *pf*) (кого́-н).
operation [ɔpəˈreɪʃən] *n* опера́ция; (*of machine*: *functioning*) рабо́та; (: *controlling*) управле́ние; **to be in ~** де́йствовать *(impf)*; **he had an ~** (*MED*) ему́ сде́лали опера́цию; **~al** [ɔpəˈreɪʃənl] *adj*: **the machine was ~al** маши́на функциони́ровала.
operative [ˈɔpərətɪv] *adj* (*law etc*) де́йствующий.
operator [ˈɔpəreɪtəˈ] *n* (*TEL*) телефони́ст(ка); (*TECH*) опера́тор.
opinion [əˈpɪnjən] *n* мне́ние; **in my ~** по моему́ мне́нию, по-мо́ему; **~ poll** *n* опро́с обще́ственного мне́ния.
opium [ˈəupɪəm] *n* о́пиум.
opponent [əˈpəunənt] *n* оппоне́нт, проти́вник(-ница); (*SPORT*) проти́вник.
opportunity [ɔpəˈtju:nɪtɪ] *n* возмо́жность *f*; **to take the ~ of doing** по́льзоваться (воспо́льзоваться *pf*) слу́чаем что́бы *+infin*.
oppose [əˈpəuz] *vt* проти́виться (воспроти́виться *pf*) *+dat*; **to be ~d to sth** проти́виться *(impf)* чему́-н; **as ~d to** в

противополо́жность *+dat*.
opposing [ə'pəuzıŋ] *adj* (*ideas, forces*) противобо́рствующий; **the ~ team** кома́нда проти́вника.
opposite ['ɔpəzıt] *adj* противополо́жный ◆ *adv* напро́тив ◆ *prep* напро́тив *+gen* ◆ *n*: **the ~** (*say, think, do etc*) противополо́жное *nt adj*.
opposition [ɔpə'zıʃən] *n* оппози́ция; **the O~** (*POL*) оппозицио́нная па́ртия.
oppress [ə'prɛs] *vt* угнета́ть (*impf*); **~ion** [ə'prɛʃən] *n* угнете́ние; **~ive** *adj* (*régime*) угнета́тельский; (*weather, heat*) гнету́щий.
opt [ɔpt] *vi*: **to ~ for** избира́ть (избра́ть *pf*); **to ~ to do** реша́ть (реши́ть *pf*) *+infin*; **~ out** *vi*: **to ~ out of** выходи́ть (вы́йти *pf*) из *+gen*.
optical ['ɔptıkl] *adj* опти́ческий.
optician [ɔp'tıʃən] *n* окули́ст.
optimism ['ɔptımızəm] *n* оптими́зм.
optimistic [ɔptı'mıstık] *adj* оптимисти́чный.
optimum ['ɔptıməm] *adj* оптима́льный.
option ['ɔpʃən] *n* (*choice*) вариа́нт; **~al** *adj* необяза́тельный.
or [ɔː'] *conj* и́ли; (*otherwise*): **~ (else)** а то, ина́че; (*with negative*): **he hasn't seen ~ heard anything** он ничего́ не ви́дел и не слы́шал.
oral ['ɔːrəl] *adj* у́стный; (*medicine*) ора́льный ◆ *n* у́стный экза́мен.
orange ['ɔrındʒ] *n* апельси́н ◆ *adj* (*colour*) ора́нжевый.
orbit ['ɔːbıt] *n* орби́та ◆ *vt* обраща́ться (*impf*) вокру́г *+gen*.
orchard ['ɔːtʃəd] *n* сад (*фрукто́вый*).
orchestra ['ɔːkıstrə] *n* орке́стр.
orchid ['ɔːkıd] *n* орхиде́я.
ordeal [ɔː'diːl] *n* испыта́ние.
order ['ɔːdə'] *n* зака́з; (*command*) прика́з; (*sequence, discipline*) поря́док ◆ *vt* зака́зывать (заказа́ть *pf*); (*command*) прика́зывать (приказа́ть *pf*) *+dat*; (*also*: **put in ~**) располага́ть (расположи́ть *pf*) по поря́дку; **in ~** в поря́дке; **in ~ to do** для того́ что́бы *+infin*; **out of ~** (*not in sequence*) не по поря́дку; (*not working*) неиспра́вный; **to ~ sb to do** прика́зывать (приказа́ть *pf*) кому́-н *+infin*; **~ly** *n* (*MED*) санита́р ◆ *adj* (*room*) опря́тный; (*system*) упоря́доченный.
ordinary ['ɔːdnrı] *adj* обы́чный, обыкнове́нный; (*mediocre*) заря́дный; **out of the ~** необыкнове́нный.
ore [ɔː'] *n* руда́.
organ ['ɔːgən] *n* (*ANAT*) о́рган; (*MUS*) орга́н; **~ic** [ɔː'gænık] *adj* (*fertilizer*) органи́ческий; (*food*) вы́ращенный без примене́ния химика́тов; **~ism** *n* органи́зм.
organization [ɔːgənaı'zeıʃən] *n* организа́ция.
organize ['ɔːgənaız] *vt* организо́вывать (организова́ть *pf*), устра́ивать (устро́ить *pf*).
orgasm ['ɔːgæzəm] *n* орга́зм.
Orient ['ɔːrıənt] *n*: **the ~** Восто́к.
oriental [ɔːrı'ɛntl] *adj* восто́чный.
origin ['ɔrıdʒın] *n* происхожде́ние; **~al** [ə'rıdʒınl] *adj* первонача́льный; (*new*) оригина́льный; (*genuine*) по́длинный; (*imaginative*) самобы́тный ◆ *n* по́длинник, оригина́л; **~ally** [ə'rıdʒınəlı] *adv* первонача́льно; **~ate** [ə'rıdʒıneıt]

vi: **to ~ate from** происходи́ть (произойти́ *pf*) от/из *+gen*; **to ~ate in** зарожда́ться (зароди́ться *pf*) в *+prp*.
ornament ['ɔ:nəmənt] *n* (*decorative object*) украше́ние; **~al** [ɔ:nə'mɛntl] *adj* декорати́вный.
ornate [ɔ:'neɪt] *adj* декорати́вный.
orphan ['ɔ:fn] *n* сирота́ *m/f*; **~age** *n* де́тский дом.
orthodox ['ɔ:θədɔks] *adj* ортодокса́льный; **the Russian O~ Church** Ру́сская Правосла́вная це́рковь.
orthopaedic [ɔ:θə'pi:dɪk] (*US* **orthopedic**) *adj* ортопеди́ческий.
ostrich ['ɔstrɪtʃ] *n* стра́ус.
other ['ʌðə^r] *adj* друго́й ◆ *pron*: **the ~ (one)** друго́й(-а́я) *m(f) adj* ◆ *adv*: **~ than** кро́ме *+gen*; **~s** (*other people*) други́е *pl adj*; **the ~s** остальны́е *pl adj*; **the ~ day** на днях; **~wise** *adv* (*differently*) ина́че, по-друго́му; (*apart from that*) в остально́м ◆ *conj* а то, ина́че.
otter ['ɔtə^r] *n* вы́дра.
ought [ɔ:t] (*pt* **ought**) *aux vb*: **I ~ to do it** мне сле́довало бы э́то сде́лать; **this ~ to have been corrected** э́то сле́довало испра́вить; **he ~ to win** он до́лжен вы́играть.
ounce [auns] *n* у́нция.
our ['auə^r] *adj* наш; *see also* **my**; **~s** *pron* наш; (*referring to subject of sentence*) свой; *see also* **mine**[1]; **~selves** *pl pron* (*reflexive, complement*) себя́; (*after prep*: *+acc, +gen*) себя́; (: *+dat, +prp*) себе́; (: *+instr*) собо́й; (*emphatic*) са́ми; (*alone*): **(all) by ~selves** са́ми; **let's keep it between ~selves** дава́йте оста́вим э́то ме́жду на́ми; *see also* **myself**.
oust [aust] *vt* изгоня́ть (изгна́ть *pf*).

KEYWORD

out [aut] *adv* **1** (*not in*): **they're out in the garden** они́ в саду́; **out in the rain/snow** под дождём/сне́гом; **out here** здесь; **out there** там; **to go out** выходи́ть (вы́йти *pf*); **out loud** гро́мко
2 (*not at home, absent*): **he is out at the moment** его́ сейча́с нет (до́ма); **let's have a night out on Friday** дава́йте пойдём куда́-нибудь в пя́тницу ве́чером!
3 (*indicating distance*) в *+prp*; **the boat was ten km out (from the shore)** кора́бль находи́лся в десяти́ км от бе́рега
4 (*SPORT*): **the ball is out** мяч за преде́лами по́ля
◆ *adj* **1**: **to be out** (*unconscious*) быть (*impf*) без созна́ния; (*out of game*) выбыва́ть (вы́быть *pf*); (*flowers*) распуска́ться (распусти́ться *pf*); (*news, secret*) станови́ться (стать *pf*) изве́стным(-ой); (*fire, light, gas*) ту́хнуть (поту́хнуть *pf*), га́снуть (пога́снуть *pf*); **to go out of fashion** выходи́ть (вы́йти *pf*) из мо́ды
2 (*finished*): **before the week was out** до оконча́ния неде́ли
3: **to be out to do** (*intend*) намерева́ться (*impf*) *+infin*; **to be out in one's calculations** (*wrong*) ошиба́ться (ошиби́ться *pf*) в расчётах
◆ *prep* **1** (*outside, beyond*) из *+gen*; **to go out of the house** выходи́ть (вы́йти *pf*) из до́ма; **to be out of danger** (*safe*) быть

(impf) вне опа́сности
2 (cause, motive): **out of curiosity** из любопы́тства; **out of fear/joy/boredom** от стра́ха/ра́дости/ску́ки; **out of grief** с го́ря; **out of necessity** по необходи́мости
3 (from, from among) из *+gen*
4 (without): **we are out of sugar/petrol** у нас ко́нчился са́хар/бензи́н.

out-and-out ['autəndaut] *adj (villain)* отъя́вленный.
outbreak ['autbreɪk] *n (of disease, violence)* вспы́шка; *(of war)* нача́ло.
outburst ['autbə:st] *n* взрыв.
outcast ['autkɑ:st] *n* изго́й.
outcome ['autkʌm] *n* исхо́д.
outcry ['autkraɪ] *n* негодова́ние, проте́ст.
outdated [aut'deɪtɪd] *adj (customs, ideas)* отжи́вший; *(technology)* устаре́лый.
outdo [aut'du:] *irreg vt* превосходи́ть (превзойти́ *pf*).
outdoor [aut'dɔ:ʳ] *adj* на откры́том во́здухе; *(pool)* откры́тый; **~s** *adv* на у́лице, на откры́том во́здухе.
outer ['autəʳ] *adj* нару́жный; **~ space** *n* косми́ческое простра́нство.
outfit ['autfɪt] *n (clothes)* костю́м.
outgoing ['autgəuɪŋ] *adj (extrovert)* общи́тельный; *(president, mayor etc)* уходя́щий.
outing ['autɪŋ] *n* похо́д.
outlandish [aut'lændɪʃ] *adj* дико́винный.
outlaw ['autlɔ:] *vt* объявля́ть (объяви́ть *pf*) вне зако́на.
outlay ['autleɪ] *n* затра́ты *fpl.*
outlet ['autlɛt] *n (hole)* выходно́е отве́рстие; *(pipe)* сток; *(COMM: also:* **retail ~***)* торго́вая то́чка; *(for emotions)* вы́ход.
outline ['autlaɪn] *n (shape)* ко́нтур, очерта́ния *ntpl*; *(sketch, explanation)* набро́сок ◆ *vt (fig)* набра́сывать (наброса́ть *pf*).
outlook ['autluk] *n (attitude)* взгля́ды *mpl*, воззре́ния *ntpl*; *(prospects)* перспекти́вы *fpl.*
outlying ['autlaɪɪŋ] *adj* отдалённый.
outnumber [aut'nʌmbəʳ] *vt* чи́сленно превосходи́ть (превзойти́ *pf*).
out-of-date [autəv'deɪt] *adj (clothes)* немо́дный; *(equipment)* устаре́лый.
out-of-the-way ['autəvðə'weɪ] *adj (place)* глуби́нный.
outpatient ['autpeɪʃənt] *n* амбулато́рный(-ая) пацие́нт(ка).
output ['autput] *n* проду́кция, вы́работка; *(COMPUT)* выходны́е да́нные *pl.*
outrage ['autreɪdʒ] *n (emotion)* возмуще́ние ◆ *vt* возмуща́ть (возмути́ть *pf*); **~ous** [aut'reɪdʒəs] *adj* возмути́тельный.
outright [aut'raɪt] *adv (win, own)* абсолю́тно; *(refuse, deny)* наотре́з; *(ask)* пря́мо ◆ *adj (winner, victory)* абсолю́тный; *(refusal, hostility)* откры́тый; **to be killed ~** погиба́ть (поги́бнуть *pf*) сра́зу.
outset ['autsɛt] *n* нача́ло.
outside [aut'saɪd] *n* нару́жная сторона́ ◆ *adj* нару́жный, вне́шний ◆ *adv (be)* снару́жи; *(go)* нару́жу ◆ *prep* вне *+gen*, за преде́лами *+gen*; *(building)* у *+gen*; *(city)* под *+instr*; **~r** *n (stranger)* посторо́нний(-яя) *m(f)*

adj.
outskirts ['autskə:ts] *npl* окрáины *fpl.*
outspoken [aut'spəukən] *adj* откровéнный.
outstanding [aut'stændɪŋ] *adj* (*exceptional*) выдаю́щийся; (*unfinished*) незакóнченный; (*unpaid*) неоплáченный.
outward ['autwəd] *adj* внéшний; **the ~ journey** поéздка тудá.
outweigh [aut'weɪ] *vt* перевéшивать (перевéсить *pf*).
outwit [aut'wɪt] *vt* перехитрúть *(pf).*
oval ['əuvl] *adj* овáльный.
ovary ['əuvərɪ] *n* яи́чник.
ovation [əu'veɪʃən] *n* овáция.
oven ['ʌvn] *n* (*domestic*) духóвка.

KEYWORD

over ['əuvə'] *adv* **1** (*across*): **to cross over** переходи́ть (перейти́ *pf*); **over here** здесь; **over there** там; **to ask sb over** (*to one's house*) приглашáть (пригласи́ть *pf*) когó-н в гóсти *or* к себé
2 (*indicating movement from upright*): **to knock/turn sth over** сбивáть (сбить *pf*)/ перевора́чивать (переверну́ть *pf*) что-н; **to fall over** пáдать (упáсть *pf*); **to bend over** нагибáться (нагну́ться *pf*)
3 (*finished*): **the game is over** игрá окóнчена; **his life is over** егó жизнь кóнчена
4 (*excessively*) сли́шком, чересчу́р
5 (*remaining: money, food etc*): **there are 3 over** остáлось 3
6: **all over** (*everywhere*) вездé, повсю́ду; **over and over (again)** снóва и снóва
◆ *prep* **1** (*on top of*) на *+prp*; (*above*) над *+instr*
2 (*on(to) the other side of*) чéрез *+acc*; **the pub over the road** паб чéрез дорóгу
3 (*more than*) свы́ше *+gen*; **over and above** бóльше, чем
4 (*in the course of*) в течéние *+gen*, за *+acc*; **over the winter** зá зиму, в течéние зимы́; **let's discuss it over dinner** давáйте обсу́дим э́то за обéдом; **the work is spread over two weeks** рабóта рассчи́тана на две недéли.

overall ['əuvərɔ:l] *adj* óбщий ◆ *adv* (*in general*) в цéлом *or* óбщем; (*altogether*) целикóм ◆ *n* (*BRIT*) халáт; **~s** *npl* (*clothing*) комбинезóн *msg*; **~ majority** подавля́ющее большинствó.
overboard ['əuvəbɔ:d] *adv*: **to fall ~** пáдать (упáсть *pf*) зá борт.
overcast ['əuvəkɑ:st] *adj* хму́рый, пáсмурный.
overcoat ['əuvəkəut] *n* пальтó *nt ind.*
overcome [əuvə'kʌm] *irreg vt* (*problems*) преодолевáть (преодолéть *pf*).
overcrowded [əuvə'kraudɪd] *adj* перепóлненный.
overdo [əuvə'du:] *irreg vt* (*work, exercise*) перестарáться *(pf)* в *+prp*; (*interest, concern*) утри́ровать *(impf).*
overdose ['əuvədəus] *n* передозирóвка.
overdraft ['əuvədrɑ:ft] *n* овердрáфт.
overdue [əuvə'dju:] *adj* (*change, reform etc*) запоздáлый.
overgrown [əuvə'grəun] *adj*

(*garden*) заросший.
overhead [*adv* əuvə'hɛd, *adj, n* 'əuvəhɛd] *adv* наверху́, над голово́й; (*in the sky*) в не́бе ◆ *adj* (*lighting*) ве́рхний; (*cable, railway*) надзе́мный ◆ *n* (*US*) = **overheads**; **~s** *npl* (*expenses*) накладны́е расхо́ды *mpl*.
overhear [əuvə'hɪə^r] *irreg vt* (случа́йно) подслу́шать *(pf)*.
overjoyed [əuvə'dʒɔɪd] *adj*: **to be ~ (at)** о́чень ра́доваться (обра́доваться *pf*) (*+dat*); **she was ~ to see him** она́ была́ о́чень ра́да его́ ви́деть.
overlap [əuvə'læp] *vi* находи́ть *(impf)* оди́н на друго́й; (*fig*) части́чно совпада́ть (совпа́сть *pf*).
overleaf [əuvə'li:f] *adv* на оборо́те.
overload [əuvə'ləud] *vt* (*also ELEC, fig*) перегружа́ть (перегрузи́ть *pf*).
overlook [əuvə'luk] *vt* (*place*) выходи́ть *(impf)* на *+acc*; (*problem*) упуска́ть (упусти́ть *pf*) из ви́ду; (*behaviour*) закрыва́ть (закры́ть *pf*) глаза́ на *+acc*.
overnight [əuvə'naɪt] *adv* (*during the night*) за́ ночь; (*fig*) в одноча́сье, сра́зу; **to stay ~** ночева́ть (переночева́ть *pf*).
overpowering [əuvə'pauərɪŋ] *adj* (*heat, stench*) невыноси́мый.
overriding [əuvə'raɪdɪŋ] *adj* (*factor, consideration*) реша́ющий.
overrun [əuvə'rʌn] *irreg vi* (*meeting*) дли́ться *(impf)* до́льше поло́женного (вре́мени).
overseas [əuvə'si:z] *adv* (*live, work*) за рубежо́м *or* грани́цей; (*go*) за рубе́ж *or* грани́цу ◆ *adj* (*market, trade*) вне́шний; (*student, visitor*) иностра́нный.
oversee [əuvə'si:] *vt* следи́ть *(impf)* за *+instr*.
overshadow [əuvə'ʃædəu] *vt* (*place, building etc*) возвыша́ться *(impf)* над *+instr*; (*fig*) затмева́ть (затми́ть *pf*).
oversight ['əuvəsaɪt] *n* недосмо́тр.
overt [əu'və:t] *adj* откры́тый.
overtake [əuvə'teɪk] *irreg vt* (*AUT*) обгоня́ть (обогна́ть *pf*).
overthrow [əuvə'θrəu] *irreg vt* сверга́ть (све́ргнуть *pf*).
overtime ['əuvətaɪm] *n* сверхуро́чное вре́мя *nt*.
overture ['əuvətʃuə^r] *n* (*MUS*) увертю́ра; (*fig*) вступле́ние.
overturn [əuvə'tə:n] *vt* (*car, chair*) перевора́чивать (переверну́ть *pf*); (*decision, plan*) отверга́ть (отве́ргнуть *pf*); (*government, system*) сверга́ть (све́ргнуть *pf*).
overweight [əuvə'weɪt] *adj* ту́чный.
overwhelm [əuvə'wɛlm] *vt* (*subj*: *feelings, emotions*) переполня́ть (перепо́лнить *pf*); **~ing** *adj* (*victory, defeat*) по́лный; (*majority*) подавля́ющий; (*feeling, desire*) всепобежда́ющий.
owe [əu] *vt*: **she ~s me £500** она́ должна́ мне £500; **he ~s his life to that man** он обя́зан свое́й жи́знью э́тому челове́ку.
owing to ['əuɪŋ-] *prep* вследствие *+gen*.
owl [aul] *n* сова́.
own [əun] *vt* владе́ть *(impf)* *+instr* ◆ *adj* со́бственный; **he lives on his ~** он живёт оди́н; **to get one's ~ back** оты́грываться (отыгра́ться *pf*); **~ up** *vi*: **to ~ up to sth** признава́ться (призна́ться *pf*) в

чём-н; **~er** *n* владе́лец(-лица); **~ership** *n*: **~ership (of)** владе́ние (*+instr*).
ox [ɔks] (*pl* **~en**) *n* бык.
oxygen ['ɔksɪdʒən] *n* кислоро́д.
oyster ['ɔɪstə'] *n* у́стрица.
oz. *abbr* = **ounce**.
ozone ['əuzəun] *n* озо́н.

P, p

p *abbr* (*BRIT*) = **penny, pence**.
PA *n abbr* (= *personal assistant*) ли́чный секрета́рь *m*.
pa [pɑ:] *n* (*inf*) па́па *m*.
p.a. *abbr* = **per annum**.
pace [peɪs] *n* (*step*) шаг; (*speed*) темп ♦ *vi*: **to ~ up and down** ходи́ть (*impf*) взад вперёд; **to keep ~ with** идти́ (*impf*) в но́гу с *+instr*; **~maker** *n* (*MED*) ритмиза́тор се́рдца.
Pacific [pə'sɪfɪk] *n*: **the ~ (Ocean)** Ти́хий океа́н.
pacifist ['pæsɪfɪst] *n* пацифи́ст(ка).
pack [pæk] *n* (*packet*) па́чка; (*of wolves*) ста́я; (*also:* **back~**) рюкза́к; (*of cards*) коло́да ♦ *vt* (*fill*) паковать *or* упако́вывать (упакова́ть *pf*); (*cram*): **to ~ into** набива́ть (наби́ть *pf*) в *+acc* ♦ *vi*: **to ~ (one's bags)** укла́дываться (уложи́ться *pf*).
package ['pækɪdʒ] *n* паке́т; (*also:* **~ deal**: *COMM*) паке́т предложе́ний; **~ holiday** *n* (*BRIT*) организо́ванный о́тдых по путёвке.
packet ['pækɪt] *n* (*of cigarettes etc*) па́чка; (*of crisps*) паке́т.
packing ['pækɪŋ] *n* прокла́дочный материа́л; (*act*) упако́вка.
pact [pækt] *n* пакт.
pad [pæd] *n* (*of paper*) блокно́т; (*soft material*) прокла́дка ♦ *vt* (*cushion, soft toy etc*) набива́ть (наби́ть *pf*).
paddle ['pædl] *n* (*oar*) байда́рочное весло́; (*US*: *bat*) раке́тка ♦ *vt* управля́ть (*impf*) *+instr* ♦ *vi* (*in sea*) шлёпать (*impf*).
paddock ['pædək] *n* (*field*) вы́гон.
padlock ['pædlɔk] *n* (вися́чий) замо́к.
pagan ['peɪgən] *adj* язы́ческий.
page [peɪdʒ] *n* страни́ца; (*also:* **~boy**) паж ♦ *vt* вызыва́ть (вы́звать *pf*).
paid [peɪd] *pt, pp of* **pay**.
pain [peɪn] *n* боль *f*; **to be in ~** страда́ть (*impf*) от бо́ли; **to take ~s to do** стара́ться (постара́ться *pf*) изо всех сил *+infin*; **~ful** *adj* мучи́тельный; **my back is ~ful** спина́ причиня́ет мне боль; **~fully** *adv* (*fig*: *very*) глубоко́; (: *aware, familiar*) до бо́ли; **~killer** *n* болеутоля́ющее *nt adj* (сре́дство); **~less** *adj* безболе́зненный; **~staking** *adj* кропотли́вый.
paint [peɪnt] *n* кра́ска ♦ *vt* кра́сить (вы́красить *or* покра́сить *pf*); (*picture, portrait*) рисова́ть (нарисова́ть *pf*), писа́ть (написа́ть *pf*); **to ~ the door blue** кра́сить (вы́красить *or* покра́сить *pf*) дверь в голубо́й цвет; **~er** *n* (*artist*) худо́жник(-ица); (*decorator*) маля́р; **~ing** *n* карти́на; (*activity*: *of artist*) жи́вопись *f*; (: *of decorator*) маля́рное де́ло; **~work** *n* кра́ска.
pair [pɛə'] *n* па́ра.
pajamas [pə'dʒɑ:məz] *npl* (*US*) пижа́ма *fsg*.

pal [pæl] *n* (*inf*) дружо́к, ко́реш.
palace ['pæləs] *n* дворе́ц.
pale [peɪl] *adj* бле́дный.
Palestine ['pælɪstaɪn] *n* Палести́на.
pallet ['pælɪt] *n* (*for goods*) поддо́н.
palm [pɑ:m] *n* (*also:* **~ tree**) па́льма; (*of hand*) ладо́нь *f* ♦ *vt*: **to ~ sth off on sb** (*inf*) подсо́вывать (подсу́нуть *pf*) что-н кому́-н.
palpable ['pælpəbl] *adj* ощути́мый.
pamphlet ['pæmflət] *n* брошю́ра; (*political, literary etc*) памфле́т.
pan [pæn] *n* (*also:* **sauce~**) кастрю́ля; (*also:* **frying ~**) сковорода́.
pancake ['pænkeɪk] *n* (*thin*) блин; (*thick*) ола́дья.
panda ['pændə] *n* па́нда, бамбу́ковый медве́дь *m*.
pane [peɪn] *n*: **~ (of glass)** (*in window*) око́нное стекло́.
panel ['pænl] *n* (*of wood, glass etc*) пане́ль *f*; (*of experts*) коми́ссия; **~ of judges** жюри́ *nt ind*; **~ling** (*US* **paneling**) *n* деревя́нная обши́вка.
pang [pæŋ] *n* (*of jealousy*) уко́л; **~s of conscience** уко́ры со́вести; **~ of regret** му́ки сожале́ния; **hunger ~s** голо́дные бо́ли.
panic ['pænɪk] *n* па́ника ♦ *vi* паникова́ть *(impf)*.
panorama [pænə'rɑ:mə] *n* панора́ма.
pansy ['pænzɪ] *n* аню́тины гла́зки *pl*.
panther ['pænθə'] *n* панте́ра.
pantihose ['pæntɪhəuz] *npl* (*US*) колго́тки *pl*.
pantomime ['pæntəmaɪm] *n* (*BRIT*) *рожде́ственское театрализо́ванное представле́ние*.
pants [pænts] *npl* (*BRIT*: *underwear*) трусы́ *pl*; (*US*: *trousers*) брю́ки *pl*.
paper ['peɪpə'] *n* бума́га; (*also:* **news~**) газе́та; (*exam*) пи́сьменный экза́мен; (*essay*: *at conference*) докла́д; (: *in journal*) статья́; (*also:* **wall~**) обо́и *pl* ♦ *adj* бума́жный ♦ *vt* окле́ивать (окле́ить *pf*) обо́ями; **~s** *npl* (*also:* **identity ~s**) докуме́нты *mpl*; **~back** *n* кни́га в мя́гкой обло́жке; **~clip** *n* (канцеля́рская) скре́пка; **~work** *n* канцеля́рская рабо́та.
papier-mâché [pæpjeɪ'mæʃeɪ] *n* папье́-маше́ *nt ind*.
paprika ['pæprɪkə] *n* кра́сный мо́лотый пе́рец.
par [pɑ:'] *n*: **to be on a ~ with** быть *(impf)* на ра́вных с *+instr*.
parachute ['pærəʃu:t] *n* парашю́т.
parade [pə'reɪd] *n* ше́ствие; (*MIL*) пара́д ♦ *vi* (*MIL*) идти́ *(impf)* стро́ем.
paradise ['pærədaɪs] *n* (*also fig*) рай.
paradox ['pærədɔks] *n* парадо́кс; **~ically** [pærə'dɔksɪklɪ] *adv* как э́то ни парадокса́льно.
paraffin ['pærəfɪn] *n* (*BRIT*: *also:* **~ oil**) кероси́н.
paragraph ['pærəgrɑ:f] *n* абза́ц.
parallel ['pærəlɛl] *adj* паралле́льный; (*fig*: *similar*) аналоги́чный ♦ *n* паралле́ль *f*.
paralyse ['pærəlaɪz] *vt* (*BRIT*: *also fig*) парализова́ть *(impf/pf)*; **he is ~d** (*BRIT*) он парализо́ван.
paralysis [pə'rælɪsɪs] *n* (*MED*) парали́ч.
paramilitary [pærə'mɪlɪtərɪ] *adj* военизи́рованный.

paramount ['pærəmaunt] *adj* первостепе́нный.
paranoia [pærə'nɔɪə] *n* парано́йя.
paranoid ['pærənɔɪd] *adj* (*person*) парано́идный.
paraphrase ['pærəfreɪz] *vt* перефрази́ровать *(impf/pf)*.
parasite ['pærəsaɪt] *n* парази́т.
parcel ['pɑ:sl] *n* (*package*) свёрток; (*sent by post*) посы́лка.
pardon ['pɑ:dn] *n* (*LAW*) поми́лование ◆ *vt* (*LAW*) поми́ловать *(pf)*; **~ me!, I beg your ~!** прошу́ проще́ния!; **(I beg your) ~?**, *(US)* **~ me?** (*what did you say?*) прости́те, не рассль́ішал.
parent ['pɛərənt] *n* роди́тель(ница) *m(f)*; **~s** *npl* (*mother and father*) роди́тели *mpl*; **~al** [pə'rɛntl] *adj* роди́тельский.
parentheses [pə'rɛnθɪsi:z] *npl of* **parenthesis**.
parenthesis [pə'rɛnθɪsɪs] (*pl* **parentheses**) *n* (*phrase*) вво́дное предложе́ние.
Paris ['pærɪs] *n* Пари́ж.
parish ['pærɪʃ] *n* (*REL*) прихо́д.
parity ['pærɪtɪ] *n* (*of pay etc*) парите́т.
park [pɑ:k] *n* парк ◆ *vt* ста́вить (поста́вить *pf*), паркова́ть (припаркова́ть *pf*) ◆ *vi* паркова́ться (припаркова́ться *pf*).
parking ['pɑ:kɪŋ] *n* (*of vehicle*) паркова́ние; (*space to park*) стоя́нка; **"no ~"** "стоя́нка запрещена́"; **~ lot** *n* (*US*) (авто)стоя́нка.
parliament ['pɑ:ləmənt] *n* парла́мент; **~ary** [pɑ:lə'mɛntərɪ] *adj* парла́ментский.
parody ['pærədɪ] *n* паро́дия.
parole [pə'rəul] *n*: **he was released on ~** (*LAW*) он был освобождён под че́стное сло́во.
parrot ['pærət] *n* попуга́й.
parry ['pærɪ] *vt* (*blow*) отража́ть (отрази́ть *pf*).
parsley ['pɑ:slɪ] *n* петру́шка.
parsnip ['pɑ:snɪp] *n* пастерна́к (посевно́й).
part [pɑ:t] *n* (*section, division*) часть *f*; (*component*) дета́ль *f*; (*role*) роль *f*; (*episode*) се́рия; (*US*: *in hair*) пробо́р ◆ *adv* = **partly** ◆ *vt* разделя́ть (раздели́ть *pf*); (*hair*) расчёсывать (расчеса́ть *pf*) на пробо́р ◆ *vi* (*people*) расстава́ться (расста́ться *pf*); (*crowd*) расступа́ться (расступи́ться *pf*); **to take ~ in** принима́ть (приня́ть *pf*) уча́стие в *+prp*; **to take sb's ~** (*support*) станови́ться (стать *pf*) на чью-н сто́рону; **for my ~** с мое́й стороны́; **for the most ~** бо́льшей ча́стью; **~ with** *vt fus* расстава́ться (расста́ться *pf*) с *+instr*.
partial ['pɑ:ʃl] *adj* (*incomplete*) части́чный; **I am ~ to chocolate** (*like*) у меня́ пристра́стие к шокола́ду.
participant [pɑ:'tɪsɪpənt] *n* уча́стник(-ица).
participate [pɑ:'tɪsɪpeɪt] *vi*: **to ~ in** уча́ствовать *(impf)* в *+prp*.
participation [pɑ:tɪsɪ'peɪʃən] *n* уча́стие.
particle ['pɑ:tɪkl] *n* части́ца.
particular [pə'tɪkjulə'] *adj* (*distinct, special*) осо́бый; (*fussy*) привере́дливый; **~s** *npl* (*personal details*) да́нные *pl adj*; **in ~** в ча́стности; **~ly** *adv* осо́бенно.
parting ['pɑ:tɪŋ] *n* разделе́ние;

(*farewell*) проща́ние; (*BRIT*: *in hair*) пробо́р ◆ *adj* проща́льный.
partisan [pɑ:tɪ'zæn] *adj* (*politics, views*) пристра́стный ◆ *n* (*supporter*) приве́рженец.
partition [pɑ:'tɪʃən] *n* (*wall, screen*) перегоро́дка.
partly ['pɑ:tlɪ] *adv* части́чно.
partner ['pɑ:tnəʳ] *n* партнёр(ша); (*spouse*) супру́г(а); (*COMM, SPORT, CARDS*) партнёр; **~ship** *n* (*COMM*: *company*) това́рищество; (: *with person*) партнёрство; (*POL*) сою́з.
part-time ['pɑ:t'taɪm] *adj* (*work*) почасово́й; (*staff*) за́нятый непо́лный рабо́чий день ◆ *adv*: **to work ~-~** быть *(impf)* на почасово́й ста́вке; **to study ~-~** обуча́ться *(impf)* по непо́лной програ́мме.
party ['pɑ:tɪ] *n* па́ртия; (*celebration*: *formal*) ве́чер; (: *informal*) вечери́нка; (*group*: *rescue*) отря́д; (: *of tourists etc*) гру́ппа ◆ *cpd* (*POL*) парти́йный; **birthday ~** пра́зднование дня рожде́ния, день рожде́ния.
pass [pɑ:s] *vt* (*time*) проводи́ть (провести́ *pf*); (*hand over*) передава́ть (переда́ть *pf*); (*go past*: *on foot*) проходи́ть (пройти́ *pf*); (: *by transport*) проезжа́ть (прое́хать *pf*); (*overtake*: *vehicle*) обгоня́ть (обогна́ть *pf*); (*exam*) сдава́ть (сдать *pf*); (*law, proposal*) принима́ть (приня́ть *pf*) ◆ *vi* (*go past*: *on foot*) проходи́ть (пройти́ *pf*); (: *by transport*) проезжа́ть (прое́хать *pf*); (*in exam*) сдава́ть (сдать *pf*) экза́мен ◆ *n* (*permit*) про́пуск; (*GEO*) перева́л; (*SPORT*) пас, переда́ча; (*SCOL*: *also*: **~ mark**): **to get a ~** получа́ть (получи́ть *pf*) зачёт; **~ by** *vi* (*on foot*) проходи́ть (пройти́ *pf*); (*by transport*) проезжа́ть (прое́хать *pf*); **~ on** *vt* передава́ть (переда́ть *pf*).
passage ['pæsɪdʒ] *n* (*also ANAT*) прохо́д; (*in book*) отры́вок; (*journey*) путеше́ствие.
passenger ['pæsɪndʒəʳ] *n* пассажи́р(ка).
passer-by [pɑ:sə'baɪ] (*pl* **~s-~**) *n* прохо́жий(-ая) *m(f) adj*.
passing ['pɑ:sɪŋ] *adj* мимолётный ◆ *n*: **in ~** мимохо́дом.
passion ['pæʃən] *n* страсть *f*; **~ate** *adj* стра́стный.
passive ['pæsɪv] *adj* пасси́вный.
passport ['pɑ:spɔ:t] *n* па́спорт.
past [pɑ:st] *prep* ми́мо *+gen*; (*beyond*) за *+instr*; (*later than*) по́сле *+gen* ◆ *adj* (*government etc*) бы́вший; (*week, month etc*) про́шлый ◆ *n* про́шлое *nt adj*; (*LING*): **the ~ (tense)** проше́дшее вре́мя ◆ *adv*: **to run ~** пробега́ть (пробежа́ть *pf*) ми́мо; **ten/ quarter ~ eight** де́сять мину́т/ че́тверть девя́того; **for the ~ few days** за после́дние не́сколько дней.
pasta ['pæstə] *n* макаро́нные изде́лия *ntpl*.
paste [peɪst] *n* (*wet mixture*) па́ста; (*glue*) кле́йстер; (*CULIN*) паштéт ◆ *vt* (*paper etc*) наноси́ть (нанести́ *pf*) клей на *+acc*.
pastel ['pæstl] *adj* пасте́льный.
pastime ['pɑ:staɪm] *n* времяпрепровожде́ние.
pastoral ['pɑ:stərl] *adj* (*REL*) па́сторский.
pastry ['peɪstrɪ] *n* (*dough*) те́сто.
pasture ['pɑ:stʃəʳ] *n* па́стбище.
pat [pæt] *vt* (*dog*) ласка́ть (приласка́ть *pf*) ◆ *n*: **to give**

sb/o.s. a ~ on the back (*fig*) хвали́ть (похвали́ть *pf*) кого́-н/себя́.
patch [pætʃ] *n* (*of material*) запла́та; (*also:* **eye ~**) повя́зка; (*area*) пятно́; (*repair*) запла́та ◆ *vt* (*clothes*) лата́ть (залата́ть *pf*); **to go through a bad ~** попада́ть (попа́сть *pf*) в полосу́ невезе́ния; **bald ~** лы́сина; **~work** *n* (*SEWING*) лоску́тная рабо́та; **~y** *adj* (*colour*) пятни́стый; (*information, knowledge etc*) отры́вочный.
pâté ['pæteɪ] *n* (*CULIN*) паште́т.
patent ['peɪtnt] *n* пате́нт ◆ *vt* (*COMM*) патентова́ть (запатентова́ть *pf*).
paternal [pə'tə:nl] *adj* (*love, duty*) отцо́вский.
path [pɑ:θ] *n* (*trail, track*) тропа́, тропи́нка; (*concrete, gravel etc*) доро́жка; (*trajectory*) путь *m* движе́ния.
pathetic [pə'θɛtɪk] *adj* жа́лостный; (*very bad*) жа́лкий.
pathological [pæθə'lɔdʒɪkl] *adj* (*liar, hatred*) патологи́ческий.
pathology [pə'θɔlədʒɪ] *n* патоло́гия.
pathos ['peɪθɔs] *n* пате́тика.
patience ['peɪʃns] *n* (*quality*) терпе́ние.
patient ['peɪʃnt] *n* пацие́нт(ка) ◆ *adj* терпели́вый.
patio ['pætɪəu] *n* па́тио *m ind*, вну́тренний дво́рик.
patriot ['peɪtrɪət] *n* патрио́т(ка); **~ic** [pætrɪ'ɔtɪk] *adj* патриоти́чный; (*song etc*) патриоти́ческий; **~ism** *n* патриоти́зм.
patrol [pə'trəul] *n* патру́ль *m* ◆ *vt* патрули́ровать *(impf)*.
patron ['peɪtrən] *n* (*client*) (постоя́нный) клие́нт; (*benefactor: of charity*) шеф; **~ of the arts** покрови́тель(ница) *m(f)* иску́сств; **~age** *n* (*of charity*) ше́фство; **~ize** ['pætrənaɪz] *vt* (*pej: look down on*) трети́ровать *(impf)*; **~ saint** *n* (*REL*) засту́пник(-ица).
pattern ['pætən] *n* (*design*) узо́р; (*SEWING*) вы́кройка.
pause [pɔ:z] *n* па́уза, переры́в ◆ *vi* де́лать (сде́лать *pf*) переры́в; (*in speech*) де́лать (сде́лать *pf*) па́узу.
pave [peɪv] *vt* мости́ть (вы́мостить *pf*); **to ~ the way for** (*fig*) прокла́дывать (проложи́ть *pf*) путь к *+dat*; **~ment** *n* (*BRIT*) тротуа́р.
pavilion [pə'vɪlɪən] *n* (*SPORT*) павильо́н.
paw [pɔ:] *n* (*of animal*) ла́па.
pawn [pɔ:n] *n* (*CHESS, fig*) пе́шка ◆ *vt* закла́дывать (заложи́ть *pf*); **~broker** *n* ростовщи́к(-и́ца).
pay [peɪ] (*pt, pp* **paid**) *n* зарпла́та ◆ *vt* (*sum of money, wage*) плати́ть (заплати́ть *pf*); (*debt, bill*) плати́ть (уплати́ть *pf*) ◆ *vi* (*be profitable*) окупа́ться (окупи́ться *pf*); **to ~ attention (to)** обраща́ть (обрати́ть *pf*) внима́ние (на *+acc*); **to ~ sb a visit** наноси́ть (нанести́ *pf*) кому́-н визи́т; **~ back** *vt* возвраща́ть (возврати́ть *pf*), верну́ть *(pf)*; (*person*) отплати́ть *(pf)*; **~ for** *vt fus* плати́ть (заплати́ть *pf*) за *+acc*; (*fig*) поплати́ться *(pf)* за *+acc*; **~ in** *vt* вноси́ть (внести́ *pf*); **~ off** *vt* (*debt, creditor*) выпла́чивать (вы́платить *pf*); (*person*) рассчи́тывать (рассчита́ть *pf*) ◆ *vi* окупа́ться (окупи́ться *pf*); ~

up *vi* рассчи́тываться (рассчита́ться *pf*) (сполна́); **~able** *adj* (*cheque*): **~able to** подлежа́щий упла́те на и́мя *+gen*; **~ment** *n* (*act*) платёж, упла́та; (*amount*) вы́плата.
PC *n abbr* (= **personal computer**) ПК; (*BRIT*) = **police constable**.
pc *abbr* = **per cent**.
pea [pi:] *n* (*BOT, CULIN*) горо́х *m no pl*.
peace [pi:s] *n* (*not war*) мир; (*calm*) поко́й; **~ful** *adj* (*calm*) ми́рный.
peach [pi:tʃ] *n* пе́рсик.
peacock ['pi:kɔk] *n* павли́н.
peak [pi:k] *n* верши́на, пик; (*of cap*) козырёк.
peanut ['pi:nʌt] *n* ара́хис.
pear [pɛə'] *n* гру́ша.
pearl [pə:l] *n* жемчу́жина; **~s** же́мчуг.
peasant ['pɛznt] *n* крестья́нин(-нка).
peat [pi:t] *n* торф.
pebble ['pɛbl] *n* га́лька *no pl*.
peck [pɛk] *vt* (*subj*: *bird*) клева́ть *(impf)*; (: *once*) клю́нуть *(pf)* ◆ *n* (*kiss*) чмо́канье.
peculiar [pɪ'kju:lɪə'] *adj* (*strange*) своеобра́зный; (*unique*): **~ to** сво́йственный *+dat*.
pedal ['pɛdl] *n* педа́ль *f* ◆ *vi* крути́ть *(impf)* педа́ли.
pedantic [pɪ'dæntɪk] *adj* педанти́чный.
pedestal ['pɛdəstl] *n* пьедеста́л.
pedestrian [pɪ'dɛstrɪən] *n* пешехо́д.
pedigree ['pɛdɪgri:] *n* родосло́вная *f adj* ◆ *cpd* поро́дистый.
pee [pi:] *vi* (*inf*) пи́сать (попи́сать *pf*).
peel [pi:l] *n* кожура́ ◆ *vt* (*vegetables, fruit*) чи́стить (почи́стить *pf*) ◆ *vi* (*paint*) лупи́ться (облупи́ться *pf*); (*wallpaper*) отстава́ть (отста́ть *pf*); (*skin*) шелуши́ться *(impf)*.
peep [pi:p] *n* (*look*) взгляд укра́дкой ◆ *vi* взгля́дывать (взгляну́ть *pf*).
peer [pɪə'] *n* (*BRIT*: *noble*) пэр; (*equal*) ро́вня *m/f*; (*contemporary*) рове́сник(-ица) ◆ *vi*: **to ~ at** всма́триваться (всмотре́ться *pf*) в *+acc*.
peg [pɛg] *n* (*for coat etc*) крючо́к; (*BRIT*: *also*: **clothes ~**) прище́пка.
pejorative [pɪ'dʒɔrətɪv] *adj* уничижи́тельный.
pelvis ['pɛlvɪs] *n* таз.
pen [pɛn] *n* ру́чка; (*felt-tip*) флома́стер; (*enclosure*) заго́н.
penal ['pi:nl] *adj* (*colony, institution*) исправи́тельный; (*system*) кара́тельный; **~ code** уголо́вный ко́декс; **~ize** *vt* нака́зывать (наказа́ть *pf*); (*SPORT*) штрафова́ть (оштрафова́ть *pf*).
penalty ['pɛnltɪ] *n* наказа́ние; (*fine*) штраф; (*SPORT*) пена́льти *m ind*.
pence [pɛns] *npl of* **penny**.
pencil ['pɛnsl] *n* каранда́ш.
pending ['pɛndɪŋ] *prep* вплоть до *+gen*, в ожида́нии *+gen* ◆ *adj* (*lawsuit, exam etc*) предстоя́щий.
pendulum ['pɛndjuləm] *n* ма́ятник.
penetrate ['pɛnɪtreɪt] *vt* (*subj*: *person, light*) проника́ть (прони́кнуть *pf*) в/на *+acc*.
penetration [pɛnɪ'treɪʃən] *n* проникнове́ние.
penguin ['pɛŋgwɪn] *n* пингви́н.

penicillin [pɛnɪ'sɪlɪn] *n* пеницилли́н.

peninsula [pə'nɪnsjulə] *n* полуо́стров.

penis ['pi:nɪs] *n* пе́нис, полово́й член.

penknife ['pɛnnaɪf] *n* перочи́нный нож.

penniless ['pɛnɪlɪs] *adj* без гроша́.

penny ['pɛnɪ] (*pl* **pennies** *or (BRIT)* **pence**) *n* (*BRIT*) пе́нни *nt ind*, пенс.

pension ['pɛnʃən] *n* пе́нсия; **~er** *n* (*BRIT*: *also:* **old age ~er**) пенсионе́р(ка).

pentagon ['pɛntəgən] *n* (*US*): **the P~** Пентаго́н.

pent-up ['pɛntʌp] *adj* подавля́емый.

penultimate [pɛ'nʌltɪmət] *adj* предпосле́дний.

people ['pi:pl] *npl* (*persons*) лю́ди *pl*; (*nation, race*) наро́д; **several ~ came** пришло́ не́сколько челове́к; **~ say that ...** говоря́т, что ...

pepper ['pɛpə'] *n* пе́рец ◆ *vt* (*fig*): **to ~ with** забра́сывать (заброса́ть *pf*) *+instr*; **~mint** *n* (*sweet*) мя́тная конфе́та.

per [pə:'] *prep* (*of amounts*) на *+acc*; (*of price*) за *+acc*; (*of charge*) с *+gen*; **~ annum/day** в год/день; **~ person** на челове́ка.

perceive [pə'si:v] *vt* (*realize*) осознава́ть (осозна́ть *pf*).

per cent *n* проце́нт.

percentage [pə'sɛntɪdʒ] *n* проце́нт.

perception [pə'sɛpʃən] *n* (*insight*) понима́ние.

perceptive [pə'sɛptɪv] *adj* проница́тельный.

perch [pə:tʃ] *vi*: **to ~ (on)** (*bird*) сади́ться (сесть *pf*) (на *+acc*); (*person*) приса́живаться (присе́сть *pf*) (на *+acc*).

percolator ['pə:kəleɪtə'] *n* (*also:* **coffee ~**) кофева́рка.

percussion [pə'kʌʃən] *n* уда́рные инструме́нты *mpl*.

perennial [pə'rɛnɪəl] *adj* (*fig*) ве́чный.

perfect [*adj, n* 'pə:fɪkt, *vb* pə'fɛkt] *adj* соверше́нный, безупре́чный; (*weather*) прекра́сный; (*utter*: *nonsense etc*) соверше́нный ◆ *vt* (*technique*) соверше́нствовать (усоверше́нствовать *pf*); **~ion** [pə'fɛkʃən] *n* соверше́нство; **~ionist** [pə'fɛkʃənɪst] *n* взыска́тельный челове́к; **~ly** ['pə:fɪktlɪ] *adv* (*emphatic*) вполне́, соверше́нно; (*faultlessly*) безупре́чно; (*completely*) вполне́, прекра́сно.

perform [pə'fɔ:m] *vt* (*task, operation*) выполня́ть (вы́полнить *pf*); (*piece of music*) исполня́ть (испо́лнить *pf*); (*play*) игра́ть (сыгра́ть *pf*) ◆ *vi* (*well, badly*) спра́виться *(pf)*; **~ance** *n* (*of actor, athlete etc*) выступле́ние; (*of musical work*) исполне́ние; (*of play, show*) представле́ние; (*of car, engine, company*) рабо́та; **~er** *n* исполни́тель(ница) *m(f)*.

perfume ['pə:fju:m] *n* духи́ *pl*.

perhaps [pə'hæps] *adv* мо́жет быть, возмо́жно.

peril ['pɛrɪl] *n* опа́сность *f*.

perimeter [pə'rɪmɪtə'] *n* пери́метр.

period ['pɪərɪəd] *n* (*length of time*) пери́од; (*SCOL*) уро́к; (*esp US*: *full stop*) то́чка; (*MED*) менструа́ция ◆ *adj* (*costume, furniture*) стари́нный; **~ic** [pɪərɪ'ɔdɪk] *adj* периоди́ческий; **~ical** [pɪərɪ'ɔdɪkl] *n* (*magazine*) периоди́ческое

изда́ние ◆ *adj* периоди́ческий.
periphery [pəˈrɪfərɪ] *n* перифери́я.
perish [ˈpɛrɪʃ] *vi* (*person*) погиба́ть (поги́бнуть *pf*).
perk [pə:k] *n* (*inf*) дополни́тельное преиму́щество.
perm [pə:m] *n* пермане́нт, хими́ческая зави́вка.
permanent [ˈpə:mənənt] *adj* постоя́нный; (*dye, ink*) сто́йкий.
permissible [pəˈmɪsɪbl] *adj* допусти́мый, позволи́тельный.
permission [pəˈmɪʃən] *n* позволе́ние.
permit [*vb* pəˈmɪt, *n* ˈpə:mɪt] *vt* позволя́ть (позво́лить *pf*) ◆ *n* разреше́ние.
perpetual [pəˈpɛtjuəl] *adj* (*motion, questions*) ве́чный; (*darkness, noise*) постоя́нный.
persecute [ˈpə:sɪkju:t] *vt* пресле́довать *(impf)*.
persecution [pə:sɪˈkju:ʃən] *n* пресле́дование.
perseverance [pə:sɪˈvɪərns] *n* насто́йчивость *f*.
persevere [pə:sɪˈvɪəʳ] *vi* упо́рствовать *(impf)*.
persist [pəˈsɪst] *vi*: **to ~ (in doing)** наста́ивать (настоя́ть *pf*) (на том, что́бы *+infin*); **~ence** *n* упо́рство; **~ent** *adj* непрекраща́ющийся; (*smell*) сто́йкий; (*person*) упо́рный.
person [ˈpə:sn] *n* челове́к; **in ~** ли́чно; **~al** *adj* ли́чный; **~al computer** *n* персона́льный компью́тер; **~ality** [pə:səˈnælɪtɪ] *n* хара́ктер; (*famous person*) знамени́тость *f*; **~ally** *adv* ли́чно; **to take sth ~ally** принима́ть (приня́ть *pf*) что-н на свой счёт.
personnel [pə:səˈnɛl] *n* персона́л, штат; (*MIL*) ли́чный соста́в.
perspective [pəˈspɛktɪv] *n* (*ARCHIT, ART*) перспекти́ва; (*way of thinking*) ви́дение; **to get sth into ~** (*fig*) смотре́ть (посмотре́ть *pf*) на что-н в и́стинном све́те.
perspiration [pə:spɪˈreɪʃən] *n* пот.
persuade [pəˈsweɪd] *vt*: **to ~ sb to do** убежда́ть (убеди́ть *pf*) *or* угова́ривать (уговори́ть *pf*) кого́- н *+infin*.
persuasion [pəˈsweɪʒən] *n* убежде́ние.
persuasive [pəˈsweɪsɪv] *adj* (*argument*) убеди́тельный; (*person*) насто́йчивый.
pertinent [ˈpə:tɪnənt] *adj* уме́стный.
Peru [pəˈru:] *n* Перу́ *f ind*.
perverse [pəˈvə:s] *adj* (*contrary*) вре́дный.
perversion [pəˈvə:ʃən] *n* извраще́ние.
pervert [*vt* pəˈvə:t, *n* ˈpə:və:t] *vt* (*person, mind*) развраща́ть (разврати́ть *pf*), растлева́ть (растли́ть *pf*); (*truth, sb's words*) извраща́ть (изврати́ть *pf*) ◆ *n* (*also:* **sexual ~**) (полово́й) извраще́нец.
pessimism [ˈpɛsɪmɪzəm] *n* пессими́зм.
pessimistic [pɛsɪˈmɪstɪk] *adj* пессимисти́чный.
pest [pɛst] *n* (*insect*) вреди́тель *m*; (*fig*: *nuisance*) зану́да *m/f*.
pester [ˈpɛstəʳ] *vt* пристава́ть (приста́ть *pf*) к *+dat*.
pesticide [ˈpɛstɪsaɪd] *n* пестици́д.
pet [pɛt] *n* дома́шнее живо́тное *nt adj*.
petal [ˈpɛtl] *n* лепесто́к.
petite [pəˈti:t] *adj* миниатю́рный.
petition [pəˈtɪʃən] *n* (*signed document*) пети́ция.

petrified ['pɛtrɪfaɪd] *adj* (*fig*) оцепенéвший.
petrol ['pɛtrəl] (*BRIT*) *n* бензи́н; **two/four-star ~** ни́зкооктановый/ высóкооктановый бензи́н.
petroleum [pə'trəulɪəm] *n* нефть *f*.
petty ['pɛtɪ] *adj* (*trivial*) мéлкий; (*small-minded*) ограни́ченный.
pew [pju:] *n* скамья́ (*в цéркви*).
phantom ['fæntəm] *n* фантóм.
pharmaceutical [fɑ:mə'sju:tɪkl] *adj* фармацевти́ческий.
pharmacist ['fɑ:məsɪst] *n* фармацéвт.
pharmacy ['fɑ:məsɪ] *n* (*shop*) аптéка.
phase [feɪz] *n* фáза ◆ *vt*: **to ~ sth in** поэтáпно вводи́ть (ввести́ *pf*) что-н; **to ~ sth out** поэтáпно ликвиди́ровать (*impf/pf*) что-н.
PhD *n abbr* (= *Doctor of Philosophy*) дóктор филосóфии.
pheasant ['fɛznt] *n* фазáн.
phenomena [fə'nɔmɪnə] *npl of* **phenomenon**.
phenomenal [fə'nɔmɪnl] *adj* феноменáльный.
phenomenon [fə'nɔmɪnən] (*pl* **phenomena**) *n* явлéние, феномéн.
philosopher [fɪ'lɔsəfə'] *n* филóсоф.
philosophical [fɪlə'sɔfɪkl] *adj* филосóфский.
philosophy [fɪ'lɔsəfɪ] *n* филосóфия.
phobia ['fəubjə] *n* фóбия, страх.
phone [fəun] *n* телефóн ◆ *vt* звони́ть (позвони́ть *pf*) +*dat*; **to be on the ~** говори́ть (*impf*) по телефóну; (*possess phone*) имéть (*impf*) телефóн; **~ back** *vt* перезвáнивать (перезвони́ть *pf*) +*dat* ◆ *vi* перезвáнивать (перезвони́ть *pf*); **~ up** *vt* звони́ть (позвони́ть *pf*) +*dat*; **~ box** *n* (*BRIT*) телефóнная бýдка, телефóн-автомáт; **~ call** *n* телефóнный звонóк.
phonetics [fə'nɛtɪks] *n* фонéтика.
phoney ['fəunɪ] *adj* фальши́вый.
photo ['fəutəu] *n* фотогрáфия; **~copier** ['fəutəukɔpɪə'] *n* (*machine*) ксéрокс, копировáльная маши́на; **~copy** *n* ксерокóпия, фотокóпия ◆ *vt* фотокопи́ровать (сфотокопи́ровать *pf*), ксерокопи́ровать (*impf/pf*); **~genic** [fəutəu'dʒɛnɪk] *adj* фотогени́чный; **~graph** *n* фотогрáфия ◆ *vt* фотографи́ровать (сфотографи́ровать *pf*); **~grapher** [fə'tɔgrəfə'] *n* фотóграф; **~graphy** [fə'tɔgrəfɪ] *n* фотогрáфия.
phrase [freɪz] *n* фрáза ◆ *vt* формули́ровать (сформули́ровать *pf*).
physical ['fɪzɪkl] *adj* физи́ческий; (*world, object*) материáльный; **~ly** *adv* физи́чески.
physician [fɪ'zɪʃən] *n* (*esp US*) врач.
physicist ['fɪzɪsɪst] *n* фи́зик.
physics ['fɪzɪks] *n* фи́зика.
physiotherapy [fɪzɪəu'θɛrəpɪ] *n* физиотерапи́я.
physique [fɪ'zi:k] *n* телосложéние.
pianist ['pi:ənɪst] *n* пиани́ст(ка).
piano [pɪ'ænəu] *n* пиани́но, фортепья́но *nt ind*.
pick [pɪk] *n* (*also:* **~axe**) киркá ◆ *vt* (*select*) выбирáть (вы́брать *pf*); (*gather: fruit, flowers*) собирáть (собрáть *pf*); (*remove*) рвать (*impf*); (*lock*) взлáмывать (взломáть *pf*); **take your ~**

выбира́йте; **to ~ one's nose/ teeth** ковыря́ть *(impf)* в носу́/ зуба́х; **to ~ a quarrel (with sb)** иска́ть *(impf)* по́вод для ссо́ры (с кем-н); **~ out** *vt* (*distinguish*) разгляде́ть *(pf)*; (*select*) выбира́ть (вы́брать *pf*); **~ up** *vi* (*improve*) улучша́ться (улу́чшиться *pf*) ♦ *vt* (*lift*) поднима́ть (подня́ть *pf*); (*arrest*) забира́ть (забра́ть *pf*); (*collect: person: by car*) заезжа́ть (зае́хать *pf*) за *+instr*; (*: parcel*) забира́ть (забра́ть *pf*); (*passenger*) подбира́ть (подобра́ть *pf*); (*language, skill etc*) усва́ивать (усво́ить *pf*); (*RADIO*) лови́ть (пойма́ть *pf*); **to ~ up speed** набира́ть (набра́ть *pf*) ско́рость; **to ~ o.s. up** (*after falling*) поднима́ться (подня́ться *pf*).

picket ['pɪkɪt] *n* пике́т ♦ *vt* пикети́ровать *(impf)*.

pickle ['pɪkl] *n* (*also:* **~s**) соле́нья *ntpl* ♦ *vt* (*in vinegar*) маринова́ть (замаринова́ть *pf*); (*in salt water*) соли́ть (засоли́ть *pf*).

pickpocket ['pɪkpɔkɪt] *n* вор-карма́нник.

pick-up ['pɪkʌp] *n* (*also:* **~-~ truck** *or* **van**) пика́п.

picnic ['pɪknɪk] *n* пикни́к.

picture ['pɪktʃə^r] *n* карти́на; (*photo*) фотогра́фия; (*TV*) изображе́ние ♦ *vt* (*imagine*) рисова́ть (нарисова́ть *pf*) карти́ну *+gen*; **the ~s** *npl* (*BRIT: inf*) кино́ *nt ind*.

picturesque [pɪktʃə'rɛsk] *adj* живопи́сный.

pie [paɪ] *n* пиро́г; (*small*) пирожо́к.

piece [pi:s] *n* (*portion, part*) кусо́к; (*component*) дета́ль *f* ♦ *vt*: **to ~ together** (*information*) свя́зывать (связа́ть *pf*); (*object*) соединя́ть (соедини́ть *pf*); **a ~ of clothing** вещь, предме́т оде́жды; **a ~ of advice** сове́т; **to take to ~s** (*dismantle*) разбира́ть (разобра́ть *pf*).

pier [pɪə^r] *n* пирс.

pierce [pɪəs] *vt* протыка́ть (проткну́ть *pf*), прока́лывать (проколо́ть *pf*).

pig [pɪg] *n* (*also fig*) свинья́.

pigeon ['pɪdʒən] *n* го́лубь *m*; **~hole** *n* (*in office, bureau*) яче́йка (*для корреспонде́нции*).

pigment ['pɪgmənt] *n* пигме́нт.

pigtail ['pɪgteɪl] *n* коси́чка.

pike [paɪk] *n inv* (*fish*) щу́ка.

pile [paɪl] *n* (*large heap*) ку́ча, гру́да; (*neat stack*) сто́пка; (*of carpet*) ворс ♦ *vi*: **to ~ into** (*vehicle*) набива́ться (наби́ться *pf*) в *+acc*; **to ~ out of** (*vehicle*) выва́ливаться (вы́валиться *pf*) из *+gen*; **~ up** *vt* (*objects*) сва́ливать (свали́ть *pf*) в ку́чу ♦ *vi* громозди́ться *(impf)*; (*problems, work*) нака́пливаться (накопи́ться *pf*).

piles [paɪlz] *npl* (*MED*) геморро́й *msg*.

pilgrimage ['pɪlgrɪmɪdʒ] *n* пало́мничество.

pill [pɪl] *n* табле́тка; **the ~** (*contraceptive*) противозача́точные *pl adj* (табле́тки).

pillar ['pɪlə^r] *n* (*ARCHIT*) столб, коло́нна.

pillow ['pɪləu] *n* поду́шка; **~case** *n* на́волочка.

pilot ['paɪlət] *n* (*AVIAT*) пило́т, лётчик ♦ *cpd* (*scheme, study etc*) эксперимента́льный ♦ *vt* (*aircraft*) управля́ть *(impf)* *+instr*.

pimple ['pɪmpl] *n* прыщ, пры́щик.

pin [pɪn] *n* (*for clothes, papers*) була́вка ♦ *vt* прика́лывать (приколо́ть *pf*); **~s and needles** (*fig*) колотьё; **to ~ sth on sb** (*fig*) возлага́ть (возложи́ть *pf*) что-н на кого́-н; **~ down** *vt*: **to ~ sb down** (*fig*) принужда́ть (прину́дить *pf*) кого́-н.

pinch [pɪntʃ] *n* (*small amount*) щепо́тка ♦ *vt* щипа́ть (ущипну́ть *pf*); (*inf*: *steal*) стащи́ть (*pf*); **at a ~** в кра́йнем слу́чае.

pine [paɪn] *n* (*tree, wood*) сосна́.

pineapple ['paɪnæpl] *n* анана́с.

pink [pɪŋk] *adj* ро́зовый.

pinnacle ['pɪnəkl] *n* верши́на.

pint [paɪnt] *n* пи́нта.

pioneer [paɪə'nɪəʳ] *n* (*of science, method*) первооткрыва́тель *m*, нова́тор.

pious ['paɪəs] *adj* на́божный.

pip [pɪp] *n* (*of grape, melon*) ко́сточка; (*of apple, orange*) зёрнышко.

pipe [paɪp] *n* (*for water, gas*) труба́; (*for smoking*) тру́бка ♦ *vt* (*water, gas, oil*) подава́ть (пода́ть *pf*); **~s** *npl* (*also:* **bagpipes**) волы́нка *fsg*.

pirate ['paɪərət] *n* (*sailor*) пира́т ♦ *vt* (*video tape, cassette*) незако́нно распространя́ть (распространи́ть *pf*).

Pisces ['paɪsi:z] *n* Ры́бы *fpl*.

pistol ['pɪstl] *n* пистоле́т.

pit [pɪt] *n* (*in ground*) я́ма; (*also:* **coal ~**) ша́хта; (*quarry*) карье́р ♦ *vt*: **to ~ one's wits against sb** состяза́ться *(impf)* в эруди́ции с кем-н.

pitch [pɪtʃ] *n* (*BRIT*: *SPORT*) по́ле; (*MUS*) высота́; (*level*) у́ровень *m*.

pitiful ['pɪtɪful] *adj* жа́лкий.

pitiless ['pɪtɪlɪs] *adj* безжа́лостный.

pity ['pɪtɪ] *n* жа́лость *f* ♦ *vt* жале́ть (пожале́ть *pf*).

pivot ['pɪvət] *n* (*fig*) центр.

pizza ['pi:tsə] *n* пи́цца.

placard ['plækɑ:d] *n* плака́т.

place [pleɪs] *vt* (*put*) помеща́ть (помести́ть *pf*); (*identify*: *person*) вспомина́ть (вспо́мнить *pf*) ♦ *n* ме́сто; (*home*): **at his ~** у него́ (до́ма); **to ~ an order with sb for sth** (*COMM*) зака́зывать (заказа́ть *pf*) что-н у кого́-н; **to take ~** происходи́ть (произойти́ *pf*); **out of ~** (*inappropriate*) неуме́стный; **in the first ~** (*first of all*) во-пе́рвых; **to change ~s with sb** меня́ться (поменя́ться *pf*) места́ми с кем-н.

placid ['plæsɪd] *adj* споко́йный.

plague [pleɪg] *n* (*MED*) чума́; (*fig*: *of locusts etc*) наше́ствие ♦ *vt* (*fig*: *subj*: *problems*) осажда́ть (осади́ть *pf*).

plaice [pleɪs] *n inv* ка́мбала.

plain [pleɪn] *adj* просто́й; (*unpatterned*) гла́дкий; (*clear*) я́сный, поня́тный ♦ *adv* (*wrong, stupid etc*) я́вно ♦ *n* (*GEO*) равни́на; **~ly** *adv* я́сно.

plan [plæn] *n* план ♦ *vt* плани́ровать (заплани́ровать *pf*); (*draw up plans for*) плани́ровать *(impf)* ♦ *vi* плани́ровать *(impf)*.

plane [pleɪn] *n* (*AVIAT*) самолёт; (*fig*: *level*) план.

planet ['plænɪt] *n* плане́та.

plank [plæŋk] *n* (*of wood*) доска́.

planner ['plænəʳ] *n* (*of towns*) планиро́вщик.

planning ['plænɪŋ] *n* (*of future, event*) плани́рование; (*also:* **town ~**) планиро́вка.

plant [plɑ:nt] *n* (*BOT*) расте́ние; (*factory*) заво́д; (*machinery*) устано́вка ◆ *vt* (*seed, garden*) сажа́ть (посади́ть *pf*); (*field*) засе́ивать (засе́ять *pf*); (*bomb, evidence*) подкла́дывать (подложи́ть *pf*); **~ation** [plæn'teɪʃən] *n* (*of tea, sugar etc*) планта́ция; (*of trees*) лесонасажде́ние.

plaque [plæk] *n* (*on teeth*) налёт; (*on building*) мемориа́льная доска́.

plaster ['plɑ:stə^r] *n* (*for walls*) штукату́рка; (*also:* **~ of Paris**) гипс; (*BRIT: also:* **sticking ~**) пла́стырь *m* ◆ *vt* (*wall, ceiling*) штукату́рить (оштукату́рить *pf*); (*cover*): **to ~ with** залепля́ть (залепи́ть *pf*) *+instr*.

plastic ['plæstɪk] *n* пластма́сса ◆ *adj* (*made of plastic*) пластма́ссовый.

plate [pleɪt] *n* (*dish*) таре́лка.

plateau ['plætəu] (*pl* **~s** *or* **~x**) *n* плато́ *nt ind*.

platform ['plætfɔ:m] *n* (*at meeting*) трибу́на; (*at concert*) помо́ст; (*for landing, loading on etc*) площа́дка; (*RAIL, POL*) платфо́рма.

platonic [plə'tɔnɪk] *adj* платони́ческий.

plausible ['plɔ:zɪbl] *adj* убеди́тельный.

play [pleɪ] *n* пье́са ◆ *vt* (*subj: children: game*) игра́ть *(impf)* в *+acc*; (*sport, cards*) игра́ть (сыгра́ть *pf*) в *+acc*; (*opponent*) игра́ть (сыгра́ть *pf*) с *+instr*; (*part, piece of music*) игра́ть (сыгра́ть *pf*); (*instrument*) игра́ть *(impf)* на *+prp*; (*tape, record*) ста́вить (поста́вить *pf*) ◆ *vi* игра́ть *(impf)*; **~ down** *vt* не заостря́ть *(impf)* внима́ние на *+prp*; **~er** *n* (*SPORT*) игро́к; **~ful** *adj* (*person*) игри́вый; **~ground** *n* (*in park*) де́тская площа́дка; (*in school*) игрова́я площа́дка; **~group** *n* де́тская гру́ппа; **~pen** *n* (де́тский) мане́ж; **~time** *n* (*SCOL*) переме́на; **~wright** *n* драмату́рг.

plc *abbr* (*BRIT: = public limited company*) публи́чная компа́ния с ограни́ченной отве́тственностью.

plea [pli:] *n* (*personal request*) мольба́; (*public request*) призы́в; (*LAW*) заявле́ние.

plead [pli:d] *vt* (*ignorance, ill health etc*) ссыла́ться (сосла́ться *pf*) на *+acc* ◆ *vi* (*LAW*): **to ~ guilty/not guilty** признава́ть (призна́ть *pf*) себя́ вино́вным(-ой)/невино́вным(-ой); (*beg*): **to ~ with sb** умоля́ть *(impf) or* моли́ть *(impf)* кого́-н.

pleasant ['plɛznt] *adj* прия́тный.

please [pli:z] *excl* пожа́луйста ◆ *vt* угожда́ть (угоди́ть *pf*) *+dat*; **~ yourself!** (*inf*) как Вам уго́дно!; **do as you ~** де́лайте как хоти́те; **he is difficult/easy to ~** ему́ тру́дно/легко́ угоди́ть; **~d** *adj*: **~d (with)** дово́льный (*+instr*); **~d to meet you** о́чень прия́тно.

pleasure ['plɛʒə^r] *n* удово́льствие; **it's a ~** не сто́ит; **to take ~ in** получа́ть (получи́ть *pf*) удово́льствие от *+gen*.

pleat [pli:t] *n* скла́дка.

pledge [plɛdʒ] *n* обяза́тельство ◆ *vt* (*money*) обяза́ться *(pf)* дать; (*support*) обяза́ться *(pf)* оказа́ть.

plentiful ['plɛntɪful] *adj* оби́льный.

plenty ['plɛntɪ] *n* (*enough*) изоби́лие; **~ of** (*food, money etc*) мно́го *+gen*; (*jobs, people, houses*) мно́жество *+gen*; **we've got ~ of time to get there** у нас дово́льно вре́мени, что́бы туда́ добра́ться.

pliable ['plaɪəbl] *adj* (*material*) ги́бкий.

pliers ['plaɪəz] *npl* плоскогу́бцы *pl*.

plight [plaɪt] *n* мучи́тельное положе́ние.

plot [plɔt] *n* (*conspiracy*) за́говор; (*of story*) сюже́т; (*of land*) уча́сток ◆ *vt* (*plan*) замышля́ть (*impf*); (MATH) наноси́ть (нанести́ *pf*) ◆ *vi* (*conspire*) составля́ть (соста́вить *pf*) за́говор.

plough [plau] (*US* **plow**) *n* плуг ◆ *vt* паха́ть (вспаха́ть *pf*).

ploy [plɔɪ] *n* уло́вка.

pluck [plʌk] *vt* (*eyebrows*) выщи́пывать (вы́щипать *pf*); (*instrument*) перебира́ть (*impf*) стру́ны *+gen*; **to ~ up courage** набира́ться (набра́ться *pf*) хра́брости *or* му́жества.

plug [plʌg] *n* (ELEC) ви́лка, ште́псель *m*; (*in sink, bath*) про́бка ◆ *vt* (*hole*) затыка́ть (заткну́ть *pf*); (*inf*: *advertise*) реклами́ровать (разреклами́ровать *pf*); **~ in** *vt* (ELEC) включа́ть (включи́ть *pf*) в розе́тку.

plum [plʌm] *n* сли́ва.

plumber ['plʌməʳ] *n* водопрово́дчик.

plumbing ['plʌmɪŋ] *n* (*piping*) водопрово́д и канализа́ция; (*trade, work*) слеса́рное де́ло.

plummet ['plʌmɪt] *vi*: **to ~ (down)** (*price, amount*) ре́зко па́дать (упа́сть *pf*).

plump [plʌmp] *adj* по́лный, пу́хлый ◆ *vi*: **to ~ for** (*inf*) выбира́ть (вы́брать *pf*).

plunge [plʌndʒ] *n* (*fig*: *of prices etc*) ре́зкое паде́ние ◆ *vt* (*knife*) мета́ть (метну́ть *pf*); (*hand*) выбра́сывать (вы́бросить *pf*) ◆ *vi* (*fall*) ру́хнуть (*pf*); (*dive*) броса́ться (бро́ситься *pf*); (*fig*: *prices etc*) ре́зко па́дать (упа́сть *pf*); **to take the ~** (*fig*) отва́живаться (отва́житься *pf*); **~r** *n* (*for sink*) плу́нжер.

plural ['pluərl] *n* мно́жественное число́.

plus [plʌs] *n, adj* плюс *ind* ◆ *prep*: **ten ~ ten is twenty** де́сять плюс де́сять – два́дцать; **ten/twenty ~** (*more than*) де́сять/два́дцать с ли́шним.

plush [plʌʃ] *adj* шика́рный.

plutonium [plu:'təunɪəm] *n* плуто́ний.

plywood ['plaɪwud] *n* фане́ра.

PM *abbr* (BRIT) = **Prime Minister**.

p.m. *adv abbr* (= *post meridiem*) по́сле полу́дня.

pneumonia [nju:'məunɪə] *n* воспале́ние лёгких, пневмони́я.

PO Box *n abbr* (= *Post Office Box*) абоне́нтский *or* почто́вый я́щик.

pocket ['pɔkɪt] *n* карма́н; (*fig*: *small area*) уголо́к ◆ *vt* класть (положи́ть *pf*) себе́ в карма́н; **to be out of ~** (BRIT) быть (*impf*) в убы́тке.

pod [pɔd] *n* (BOT) стручо́к.

poem ['pəuɪm] *n* (*long*) поэ́ма; (*short*) стихотворе́ние.

poet ['pəuɪt] *n* поэ́т(е́сса); **~ic** [pəu'ɛtɪk] *adj* поэти́ческий; **~ry** *n* поэ́зия.

poignant ['pɔɪnjənt] *adj* пронзи́тельный.

point [pɔɪnt] *n* (*of needle, knife etc*) остриё, ко́нчик; (*purpose*) смысл; (*significant part*) суть *f*; (*particular position*) то́чка; (*detail, moment*) моме́нт; (*stage in development*) ста́дия; (*score*) очко́; (*ELEC*: *also*: **power ~**) розе́тка ◆ *vt* (*show, mark*) ука́зывать (указа́ть *pf*) ◆ *vi*: **to ~ at** ука́зывать (указа́ть *pf*) на *+acc*; **~s** *npl* (*RAIL*) стре́лка *fsg*; **to be on the ~ of doing** собира́ться (*impf*) *+infin*; **I made a ~ of visiting him** я счёл необходи́мым посети́ть его́; **to get/miss the ~** понима́ть (поня́ть *pf*)/не понима́ть (поня́ть *pf*) суть; **to come to the ~** доходи́ть (дойти́ *pf*) до су́ти; **there's no ~ in doing** нет смы́сла *+infin*; **to ~ sth at sb** (*gun etc*) наце́ливать (наце́лить *pf*) что-н на кого́-н; **~ out** *vt* ука́зывать (указа́ть *pf*) на *+acc*; **~ to** *vt fus* ука́зывать (указа́ть *pf*) на *+acc*; **~-blank** *adv* (*refuse*) наотре́з; (*say, ask*) напрями́к ◆ *adj*: **at ~-blank range** в упо́р; **~ed** *adj* о́стрый; (*fig*: *remark*) язви́тельный; **~less** *adj* бессмы́сленный; **~ of view** *n* то́чка зре́ния.

poise [pɔɪz] *n* равнове́сие.

poison ['pɔɪzn] *n* яд ◆ *vt* отравля́ть (отрави́ть *pf*); **~ous** *adj* (*toxic*) ядови́тый.

poke [pəuk] *vt* (*with stick etc*) ты́кать (ткнуть *pf*); **to ~ sth in(to)** (*put*) втыка́ть (воткну́ть *pf*) что-н в *+acc*.

poker ['pəukə^r] *n* кочерга́; (*CARDS*) по́кер.

Poland ['pəulənd] *n* По́льша.

polar ['pəulə^r] *adj* поля́рный; **~ bear** *n* бе́лый медве́дь *m*.

pole [pəul] *n* (*stick*) шест; (*telegraph pole*) столб; (*GEO*) по́люс; **~ vault** *n* прыжо́к с шесто́м.

police [pə'li:s] *npl* поли́ция *fsg*; (*in Russia*) мили́ция *fsg* ◆ *vt* патрули́ровать (*impf*) на *+prp*; **~man** *irreg n* полице́йский *m adj*; **~ station** *n* полице́йский уча́сток; (*in Russia*) отделе́ние мили́ции; **~woman** *irreg n* (же́нщина-)полице́йский *m adj*.

policy ['pɔlɪsɪ] *n* поли́тика; (*also*: **insurance ~**) по́лис.

polio ['pəulɪəu] *n* полиомиели́т.

Polish ['pəulɪʃ] *adj* по́льский.

polish ['pɔlɪʃ] *n* (*see vt*) гутали́н; лак; масти́ка; (*shine, also fig*) лоск ◆ *vt* (*shoes*) вычища́ть (вы́чистить *pf*); (*furniture etc*) полирова́ть (отполирова́ть *pf*); (*floors*) натира́ть (натере́ть *pf*); **~ed** *adj* (*style*) отто́ченный.

polite [pə'laɪt] *adj* ве́жливый.

political [pə'lɪtɪkl] *adj* полити́ческий; (*person*) полити́чески акти́вный, политизи́рованный; **~ly** *adv* полити́чески.

politician [pɔlɪ'tɪʃən] *n* поли́тик, полити́ческий де́ятель *m*.

politics ['pɔlɪtɪks] *n* поли́тика; (*SCOL*) политоло́гия.

poll [pəul] *n* (*also*: **opinion ~**) опро́с; (*usu pl*: *election*) вы́боры *mpl* ◆ *vt* (*number of votes*) набира́ть (набра́ть *pf*).

pollen ['pɔlən] *n* пыльца́.

pollute [pə'lu:t] *vt* загрязня́ть (загрязни́ть *pf*).

pollution [pə'lu:ʃən] *n* загрязне́ние; (*substances*) загрязни́тель *m*.

polo neck ['pəuləu-] *n* (*also*: **~ sweater** *or* **jumper**) сви́тер с кру́глым воротнико́м.

polyester [pɔlɪ'ɛstə'] *n* (*fabric*) полиэфи́рное волокно́.
polystyrene [pɔlɪ'staɪri:n] *n* пенопла́ст.
polytechnic [pɔlɪ'tɛknɪk] *n* (*college*) ≈ политехни́ческий институ́т.
polythene ['pɔlɪθi:n] *n* полиэтиле́н.
pomegranate ['pɔmɪgrænɪt] *n* (*BOT*) грана́т.
pompous ['pɔmpəs] *adj* (*pej*: *person, style*) напы́щенный.
pond [pɔnd] *n* пруд.
ponder ['pɔndə'] *vt* обду́мывать (обду́мать *pf*).
pony ['pəunɪ] *n* по́ни *m ind*; **~tail** *n* (*hairstyle*) хвост, хво́стик.
poodle ['pu:dl] *n* пу́дель *m*.
pool [pu:l] *n* (*puddle*) лу́жа; (*pond*) пруд; (*also:* **swimming ~**) бассе́йн; (*fig*: *of light, paint*) пятно́; (*SPORT, COMM*) пул ◆ *vt* объединя́ть (объедини́ть *pf*); **~s** *npl* (*also:* **football ~s**) тотализа́тор; **typing ~**, (*US*) **secretary ~** машинопи́сное бюро́ *nt ind*.
poor [puə'] *adj* (*not rich*) бе́дный; (*bad*) плохо́й; **the ~** *npl* (*people*) беднота́ *fsg*; **~ in** (*resources etc*) бе́дный *+instr*; **~ly** *adv* пло́хо ◆ *adj*: **she is feeling ~ly** она́ пло́хо себя́ чу́вствует.
pop [pɔp] *n* (*also:* **~ music**) поп-му́зыка; (*inf*: *US*: *father*) па́па *m*, оте́ц; (*sound*) хлопо́к ◆ *vi* (*balloon*) ло́паться (ло́пнуть *pf*) ◆ *vt* (*put quickly*): **to ~ sth into/onto** забра́сывать (забро́сить *pf*) что-н в *+acc*/на *+acc*; **~ in** *vi* загля́дывать (загляну́ть *pf*), заска́кивать (заскочи́ть *pf*); **~ up** *vi* вылеза́ть (вы́лезти *pf*); **~corn** *n* возду́шная кукуру́за, попко́рн.
pope [pəup] *n*: **the P~** Па́па *m* ри́мский.
poplar ['pɔplə'] *n* то́поль *m*.
poppy ['pɔpɪ] *n* мак.
pop star *n* поп-звезда́ *m/f*.
populace ['pɔpjuləs] *n*: **the ~** наро́д.
popular ['pɔpjulə'] *adj* популя́рный; **~ity** [pɔpju'lærɪtɪ] *n* популя́рность *f*.
population [pɔpju'leɪʃən] *n* (*of town, country*) населе́ние.
porcelain ['pɔ:slɪn] *n* фарфо́р.
porch [pɔ:tʃ] *n* крыльцо́; (*US*) вера́нда.
pore [pɔ:'] *n* по́ра.
pork [pɔ:k] *n* свини́на.
porn [pɔ:n] *n* (*inf*) порногра́фия.
pornographic [pɔ:nə'græfɪk] *adj* порнографи́ческий.
pornography [pɔ:'nɔgrəfɪ] *n* порногра́фия.
porpoise ['pɔ:pəs] *n* бу́рый дельфи́н.
porridge ['pɔrɪdʒ] *n* овся́ная ка́ша.
port [pɔ:t] *n* (*harbour*) порт; (*wine*) портве́йн; **~ of call** порт захо́да.
portable ['pɔ:təbl] *adj* портати́вный.
porter ['pɔ:tə'] *n* (*doorkeeper*) портье́ *m ind*, швейца́р; (*for luggage*)носи́льщик.
portfolio [pɔ:t'fəulɪəu] *n* (*ART*) па́пка.
portion ['pɔ:ʃən] *n* (*part*) часть *f*; (*equal part*) до́ля; (*of food*) по́рция.
portrait ['pɔ:treɪt] *n* портре́т.
portray [pɔ:'treɪ] *vt* изобража́ть (изобрази́ть *pf*); **~al** *n* изображе́ние.
Portugal ['pɔ:tjugl] *n* Португа́лия.
Portuguese [pɔ:tju'gi:z] *adj*

португа́льский.
pose [pəuz] *n* по́за ◆ *vt* (*question*) ста́вить (поста́вить *pf*); (*problem, danger*) создава́ть (созда́ть *pf*) ◆ *vi* (*pretend*): **to ~ as** выдава́ть (вы́дать *pf*) себя́ за *+acc*; **to ~ for** пози́ровать *(impf)* для *+gen*.
posh [pɔʃ] *adj* (*inf*: *hotel etc*) фешене́бельный; (: *person, behaviour*) великосве́тский.
position [pə'zɪʃən] *n* положе́ние; (*of house, thing*) расположе́ние, ме́сто; (*job*) до́лжность *f*; (*in competition, race*) ме́сто; (*attitude*) пози́ция ◆ *vt* располага́ть (расположи́ть *pf*).
positive ['pɔzɪtɪv] *adj* (*affirmative*) положи́тельный; (*certain*) уве́ренный, убеждённый; (*definite*: *decision, policy*) определённый.
possess [pə'zɛs] *vt* владе́ть *(impf)* *+instr*; (*quality, ability*) облада́ть *(impf)* *+instr*; **~ion** [pə'zɛʃən] *n* (*state of possessing*) владе́ние; **~ions** *npl* (*belongings*) принадле́жности *fpl*; **to take ~ion of** вступа́ть (вступи́ть *pf*) во владе́ние *+instr*; **~ive** *adj* со́бственнический; (*LING*) притяжа́тельный.
possibility [pɔsɪ'bɪlɪtɪ] *n* возмо́жность *f*.
possible ['pɔsɪbl] *adj* возмо́жный; **it's ~** э́то возмо́жно *or* не исключено́; **as soon as ~** как мо́жно скоре́е.
possibly ['pɔsɪblɪ] *adv* (*perhaps*) возмо́жно; **if you ~ can** е́сли то́лько Вы мо́жете; **I cannot ~ come** я ника́к не смогу́ прийти́.
post [pəust] *n* (*BRIT*: *mail*) по́чта; (*pole*) столб; (*job, situation*) пост ◆ *vt* (*BRIT*: *mail*) посыла́ть (посла́ть *pf*), отправля́ть (отпра́вить *pf*) (по по́чте); **~age** *n* почто́вые расхо́ды *mpl*; **~al** *adj* почто́вый; **~card** *n* (почто́вая) откры́тка; **~code** *n* (*BRIT*) почто́вый и́ндекс.
poster ['pəustə'] *n* афи́ша, плака́т; (*for advertising*) по́стер.
postgraduate ['pəust'grædjuət] *n* аспира́нт(ка) ◆ *adj*: **~ study** аспиранту́ра.
posthumous ['pɔstjuməs] *adj* посме́ртный.
postman ['pəustmən] *irreg n* почтальо́н.
post office *n* почто́вое отделе́ние, отделе́ние свя́зи; (*organization*): **the P~ O~** ≈ Министе́рство свя́зи.
postpone [pəus'pəun] *vt* откла́дывать (отложи́ть *pf*); **~ment** *n* отсро́чка.
postscript ['pəustskrɪpt] *n* (*in letter*) постскри́птум.
posture ['pɔstʃə'] *n* (*of body*) оса́нка.
postwar [pəust'wɔː'] *adj* послевое́нный.
posy ['pəuzɪ] *n* буке́тик.
pot [pɔt] *n* (*for cooking, flowers*) горшо́к; (*also:* **tea~**) (зава́рочный) ча́йник; (*also:* **coffee~**) кофе́йник; (*bowl, container*) ба́нка ◆ *vt* (*plant*) сажа́ть (посади́ть *pf*); **a ~ of tea** ча́йник ча́я.
potato [pə'teɪtəu] (*pl* **~es**) *n* карто́фель *m no pl*, карто́шка (*разг*); (*single potato*) карто́фелина.
potent ['pəutnt] *adj* мо́щный; (*drink*) кре́пкий.
potential [pə'tɛnʃl] *adj*

возмо́жный, потенциа́льный ♦ *n* потенциа́л; **~ly** *adv* потенциа́льно.
pottery ['pɔtərı] *n* кера́мика; (*factory*) заво́д керами́ческих изде́лий.
potty ['pɔtı] *adj* (*inf: mad*) чо́кнутый ♦ *n* (*for child*) горшо́к.
pouch [pautʃ] *n* (*for tobacco*) кисе́т; (*for coins*) кошелёк; (*ZOOL*) су́мка.
poultry ['pəultrı] *n* (*birds*) дома́шняя пти́ца; (*meat*) пти́ца.
pounce [pauns] *vi*: **to ~ on** набра́сываться (набро́ситься *pf*) на *+acc*.
pound [paund] *n* (*money, weight*) фунт; **~ sterling** *n* фунт сте́рлингов.
pour [pɔː'] *vt* (*liquid*) налива́ть (нали́ть *pf*); (*dry substance*) насыпа́ть (насы́пать *pf*) ♦ *vi* (*water etc*) ли́ться (*impf*); (*rain*) лить (*impf*); **to ~ sb some tea** налива́ть (нали́ть *pf*) кому́-н чай; **~ in** *vi* (*people*) вали́ть (повали́ть *pf*); (*news, letters etc*) сы́паться (посы́паться *pf*); **~ out** *vi* (*people*) вали́ть (повали́ть *pf*) ♦ *vt* (*drink*) налива́ть (нали́ть *pf*); (*fig: thoughts etc*) излива́ть (изли́ть *pf*).
pout [paut] *vi* надува́ть (наду́ть *pf*) гу́бы, ду́ться (наду́ться *pf*).
poverty ['pɔvətı] *n* бе́дность *f*.
powder ['paudə'] *n* порошо́к; (*also:* **face ~**) пу́дра.
power ['pauə'] *n* (*authority*) власть *f*; (*ability, opportunity*) возмо́жность *f*; (*legal right*) полномо́чие; (*of engine*) мо́щность *f*; (*electricity*) (электро)эне́ргия; **to be in ~** находи́ться (*impf*) у вла́сти; **~ful** *adj* могу́чий; (*person, organization*) могу́щественный; (*argument, engine*) мо́щный; **~less** *adj* бесси́льный; **~ station** *n* электроста́нция.
pp *abbr* = *pages*.
PR *n abbr* = **public relations**.
practicable ['præktıkəbl] *adj* осуществи́мый.
practical ['præktıkl] *adj* (*not theoretical*) практи́ческий; (*sensible, viable*) практи́чный; (*good with hands*) уме́лый; **~ity** [præktı'kælıtı] *n* практи́чность *f*; **~ities** *npl* (*of situation etc*) практи́ческая сторона́ *fsg*; **~ly** *adv* практи́чески.
practice ['præktıs] *n* пра́ктика; (*custom*) привы́чка ♦ *vti* (*US*) = **practise**; **in ~** на пра́ктике; **I am out of ~** я разучи́лся.
practise ['præktıs] (*US* **practice**) *vt* (*piano etc*) упражня́ться (*impf*) на *+acc*; (*sport, language*) отраба́тывать (отрабо́тать *pf*); (*custom*) выполня́ть (вы́полнить *pf*); (*craft*) занима́ться (*impf*) *+instr*; (*religion*) испове́довать (*impf*) ♦ *vi* (*MUS*) упражня́ться (*impf*); (*SPORT*) тренирова́ться (*impf*); (*lawyer, doctor*) практикова́ть (*impf*); **to ~ law/medicine** занима́ться (*impf*) адвока́тской/враче́бной пра́ктикой.
practising ['præktısıŋ] *adj* (*Christian etc*) ве́рующий; (*doctor, lawyer*) практику́ющий.
practitioner [præk'tıʃənə'] *n* терапе́вт.
pragmatic [præg'mætık] *adj* (*reason etc*) прагмати́ческий.
praise [preız] *n* (*approval*) похвала́ ♦ *vt* хвали́ть (похвали́ть *pf*).

pram [præm] *n* (*BRIT*) де́тская коля́ска.
prawn [prɔ:n] *n* креве́тка.
pray [preɪ] *vi* моли́ться (помоли́ться *pf*); **to ~ for/that** моли́ться *(impf)* за *+acc*/, что́бы; **~er** [prɛəʳ] *n* моли́тва.
preach [pri:tʃ] *vi* пропове́довать *(impf)* ♦ *vt* (*sermon*) произноси́ть (произнести́ *pf*); **~er** *n* пропове́дник(-ица).
precarious [prɪ'kɛərɪəs] *adj* риско́ванный.
precaution [prɪ'kɔ:ʃən] *n* предосторо́жность *f*.
precede [prɪ'si:d] *vt* предше́ствовать *(impf)* *+dat*; **~nce** ['prɛsɪdəns] *n* (*priority*) первоочерёдность *f*; **~nt** ['prɛsɪdənt] *n* прецеде́нт.
preceding [prɪ'si:dɪŋ] *adj* предше́ствующий.
precinct ['pri:sɪŋkt] *n* (*US*: *in city*) райо́н, префекту́ра; **pedestrian ~** (*BRIT*) пешехо́дная зо́на; **shopping ~** (*BRIT*) торго́вый центр.
precious ['prɛʃəs] *adj* це́нный; (*stone*) драгоце́нный.
precise [prɪ'saɪs] *adj* то́чный; **~ly** *adv* (*accurately*) то́чно; (*exactly*) ро́вно.
precision [prɪ'sɪʒən] *n* то́чность *f*.
precocious [prɪ'kəuʃəs] *adj*: **a ~ child** не по года́м развито́й ребёнок.
precondition ['pri:kən'dɪʃən] *n* предпосы́лка.
predator ['prɛdətəʳ] *n* хи́щник.
predecessor ['pri:dɪsɛsəʳ] *n* предше́ственник(-ица).
predicament [prɪ'dɪkəmənt] *n* затрудне́ние.
predict [prɪ'dɪkt] *vt* предска́зывать (предсказа́ть *pf*); **~able** *adj* предсказу́емый; **~ion** [prɪ'dɪkʃən] *n* предсказа́ние.
predominantly [prɪ'dɔmɪnəntlɪ] *adv* преиму́щественно.
preface ['prɛfəs] *n* предисло́вие.
prefer [prɪ'fə:ʳ] *vt* предпочита́ть (предпоче́сть *pf*); **~able** *adj* предпочти́тельный; **~ably** *adv* предпочти́тельно; **~ence** ['prɛfrəns] *n* (*liking*): **to have a ~ence for** предпочита́ть *(impf)*; **~ential** [prɛfə'rɛnʃəl] *adj*: **~ential treatment** осо́бое отноше́ние.
prefix ['pri:fɪks] *n* приста́вка.
pregnancy ['prɛgnənsɪ] *n* бере́менность *f*.
pregnant ['prɛgnənt] *adj* бере́менная; (*remark, pause*) многозначи́тельный; **she is 3 months ~** она́ на четвёртом ме́сяце бере́менности.
prehistoric ['pri:hɪs'tɔrɪk] *adj* доистори́ческий.
prejudice ['prɛdʒudɪs] *n* (*dislike*) предрассу́док; (*preference*) предвзя́тость *f*, предубежде́ние.
preliminary [prɪ'lɪmɪnərɪ] *adj* предвари́тельный.
prelude ['prɛlju:d] *n* прелю́дия.
premature ['prɛmətʃuəʳ] *adj* преждевре́менный; (*baby*) недоно́шенный.
premier ['prɛmɪəʳ] *adj* лу́чший ♦ *n* премье́р(-мини́стр).
première ['prɛmɪɛəʳ] *n* премье́ра.
premise ['prɛmɪs] *n* предпосы́лка; **~s** *npl* (*of business*) помеще́ние *ntsg*; **on the ~s** в помеще́нии.
premium ['pri:mɪəm] *n* пре́мия; **to be at a ~** по́льзоваться *(impf)* больши́м спро́сом.
premonition [prɛmə'nɪʃən] *n* предчу́вствие.

preoccupation [pri:ɔkju'peɪʃən] *n*: **~ with** озабо́ченность *f +instr.*
preoccupied [pri:'ɔkjupaɪd] *adj* озабо́ченный.
preparation [prɛpə'reɪʃən] *n* (*activity*) подгото́вка; (*of food*) приготовле́ние; **~s** *npl* (*arrangements*) приготовле́ния *ntpl.*
preparatory [prɪ'pærətərɪ] *adj* подготови́тельный.
prepare [prɪ'pɛəʳ] *vt* подгота́вливать (подгото́вить *pf*); (*meal*) гото́вить *(impf)*, пригота́вливать (пригото́вить *pf*) ◆ *vi*: **to ~ for** гото́виться (подгото́виться *pf*) к *+dat*; **~d** *adj* гото́вый; **~d for** (*ready*) гото́вый к *+dat.*
preposition [prɛpə'zɪʃən] *n* предло́г.
preposterous [prɪ'pɔstərəs] *adj* ди́кий.
prescribe [prɪ'skraɪb] *vt* (*MED*) прописывать (прописа́ть *pf*).
prescription [prɪ'skrɪpʃən] *n* (*MED*: *slip of paper*) реце́пт; (: *medicine*) лека́рство (*назна́ченное врачо́м*).
presence ['prɛzns] *n* прису́тствие; (*fig*) нару́жность *f*; **in sb's ~** в прису́тствии кого́-н.
present [*adj, n* 'prɛznt, *vb* 'prɛznt] *adj* (*current*) ны́нешний, настоя́щий; (*in attendance*) прису́тствующий ◆ *n* (*gift*) пода́рок ◆ *vt* представля́ть (предста́вить *pf*); (*RADIO, TV*) вести́ *(impf)*; **to ~ sth to sb, ~ sb with sth** (*prize etc*) вруча́ть (вручи́ть *pf*) что-н кому́-н; (*gift*) преподноси́ть (преподнести́ *pf*) что-н кому́-н; **to ~ sb (to)** (*introduce*) представля́ть (предста́вить *pf*) кого́-н (*+dat*); **the ~** (*time*) настоя́щее *nt adj*; **at ~** в настоя́щее вре́мя; **to give sb a ~** дари́ть (подари́ть *pf*) кому́-н пода́рок; **~ation** [prɛzn'teɪʃən] *n* (*of report etc*) изложе́ние; (*appearance*) вне́шний вид; (*also*: **~ation ceremony**) презента́ция; **~-day** *adj* сего́дняшний, ны́нешний; **~er** [prɪ'zɛntəʳ] *n* (*RADIO, TV*) веду́щий(-ая) *m(f) adj*; (: *of news*) ди́ктор; **~ly** *adv* вско́ре; (*now*) в настоя́щее вре́мя.
preservation [prɛzə'veɪʃən] *n* (*act*: *of building, democracy*) сохране́ние.
preservative [prɪ'zə:vətɪv] *n* (*for food*) консерва́нт; (*for wood*) пропи́точный соста́в.
preserve [prɪ'zə:v] *vt* сохраня́ть (сохрани́ть *pf*); (*food*) консерви́ровать (законсерви́ровать *pf*) ◆ *n* (*usu pl*: *jam*) варе́нье.
preside [prɪ'zaɪd] *vi*: **to ~ (over)** председа́тельствовать *(impf)* (на *+prp*).
presidency ['prɛzɪdənsɪ] *n* президе́нтство.
president ['prɛzɪdənt] *n* (*POL, COMM*) президе́нт; **~ial** [prɛzɪ'dɛnʃl] *adj* президе́нтский; **~ial candidate** кандида́т в президе́нты; **~ial adviser** сове́тник президе́нта.
press [prɛs] *n* (*also*: **printing ~**) печа́тный стано́к ◆ *vt* (*hold together*) прижима́ть (прижа́ть *pf*); (*push*) нажима́ть (нажа́ть *pf*); (*iron*) гла́дить (погла́дить *pf*); (*pressurize*: *person*) вынужда́ть (вы́нудить *pf*); **the ~** (*newspapers, journalists*) пре́сса; **to ~ sth on sb** (*insist*) навя́зывать

(навяза́ть *pf*) что-н кому́-н; **to ~ sb to do** *or* **into doing** вынужда́ть (вы́нудить *pf*) кого́-н *+infin*; **to ~ for** (*change etc*) наста́ивать (настоя́ть *pf*) на *+prp*; **~ on** *vi* продолжа́ть *(impf)*; **~ ahead** *vi*: **~ ahead with** продолжа́ть (продо́лжить *pf*); **~ conference** *n* пресс-конфере́нция; **~ing** *adj* (*urgent*) неотло́жный.

pressure ['prɛʃəʳ] *n* давле́ние; (*stress*) напряже́ние; **to put ~ on sb (to do)** ока́зывать (оказа́ть *pf*) давле́ние *or* нажи́м на кого́-н (*+infin*); **~ group** *n* инициати́вная гру́ппа.

prestige [prɛs'ti:ʒ] *n* прести́ж.

prestigious [prɛs'tɪdʒəs] *adj* прести́жный.

presumably [prɪ'zju:məblɪ] *adv* на́до полага́ть.

presume [prɪ'zju:m] *vt*: **to ~ (that)** (*suppose*) предполага́ть (предположи́ть *pf*), что.

presumption [prɪ'zʌmpʃən] *n* предположе́ние.

presumptuous [prɪ'zʌmpʃəs] *adj* самонаде́янный.

pretence [prɪ'tɛns] (*US* **pretense**) *n* притво́рство; **under false ~s** под ло́жным предло́гом.

pretend [prɪ'tɛnd] *vi*: **to ~ that** притворя́ться (притвори́ться *pf*), что; **he ~ed to help** он сде́лал вид, что помога́ет; **he ~ed to be asleep** он притвори́лся, что спит.

pretense [prɪ'tɛns] *n* (*US*) = **pretence**.

pretentious [prɪ'tɛnʃəs] *adj* претенцио́зный.

pretext ['pri:tɛkst] *n* предло́г.

pretty ['prɪtɪ] *adj* (*person*) хоро́шенький; (*thing*) краси́вый ◆ *adv* (*quite*) дово́льно.

prevail [prɪ'veɪl] *vi* (*be current*) преоблада́ть *(impf)*, превали́ровать *(impf)*; (*gain influence*) оде́рживать (одержа́ть *pf*) верх; **~ing** *adj* (*wind*) преоблада́ющий.

prevent [prɪ'vɛnt] *vt* (*accident etc*) предотвраща́ть (предотврати́ть *pf*), предупрежда́ть (предупреди́ть *pf*); **to ~ sb from doing** меша́ть (помеша́ть *pf*) кому́-н *+infin*; **~ative** *adj* = **preventive**; **~ion** [prɪ'vɛnʃən] *n* предотвраще́ние, предупрежде́ние; **~ive** *adj* (*POL*: *measures*) превенти́вный; (*medicine*) профилакти́ческий.

preview ['pri:vju:] *n* (*of film*) (закры́тый) просмо́тр.

previous ['pri:vɪəs] *adj* предыду́щий; **~ to** до *+gen*; **~ly** *adv* (*before*) ра́нее; (*in the past*) пре́жде.

prey [preɪ] *n* добы́ча.

price [praɪs] *n* цена́ ◆ *vt* оце́нивать (оцени́ть *pf*); **~less** *adj* (*diamond, painting etc*) бесце́нный.

prick [prɪk] *n* (*pain*) уко́л ◆ *vt* (*make hole in*) прока́лывать (проколо́ть *pf*); (*finger*) уколо́ть *(pf)*; **to ~ up one's ears** навостри́ть *(pf)* у́ши.

prickly ['prɪklɪ] *adj* колю́чий.

pride [praɪd] *n* го́рдость *f*; (*pej*: *arrogance*) горды́ня ◆ *vt*: **to ~ o.s. on** горди́ться *(impf)* *+instr*.

priest [pri:st] *n* свяще́нник; **~hood** *n* свяще́нство.

prim [prɪm] *adj* чо́порный.

primarily ['praɪmərɪlɪ] *adv* в пе́рвую о́чередь.

primary ['praɪmərɪ] *adj* (*task*) первостепе́нный,

первоочередной ◆ *n* (*US*: *POL*) предварительные выборы *mpl*; **~ school** *n* (*BRIT*) начальная школа.
prime [praɪm] *adj* (*most important*) главный, основной; (*best quality*) первосортный; (*example*) яркий ◆ *n* расцвет ◆ *vt* (*fig*: *person*) подготавливать (подготовить *pf*); **P~ Minister** *n* премьер-министр.
primitive ['prɪmɪtɪv] *adj* (*early*) первобытный; (*unsophisticated*) примитивный.
primrose ['prɪmrəuz] *n* первоцвет.
prince [prɪns] *n* принц; (*Russian*) князь *m*; **~ss** [prɪn'sɛs] *n* принцесса; (*Russian*: *wife*) княгиня; (: *daughter*) княжна.
principal ['prɪnsɪpl] *adj* главный, основной ◆ *n* (*of school, college*) директор.
principle ['prɪnsɪpl] *n* принцип; (*scientific law*) закон; **in ~** в принципе; **on ~** из принципа.
print [prɪnt] *n* (*TYP*) шрифт; (*ART*) эстамп, гравюра; (*PHOT*, *fingerprint*) отпечаток; (*footprint*) след ◆ *vt* (*book etc*) печатать (напечатать *pf*); (*cloth*) набивать (набить *pf*); (*write in capitals*) писать (написать *pf*) печатными буквами; **this book is out of ~** эта книга распродана; **~er** *n* (*machine*) принтер; (*firm*: *also*: **~er's**) типография.
prior ['praɪəʳ] *adj* (*previous*) прежний; (*more important*) главнейший; **to have ~ knowledge of sth** знать *(impf)* о чём-н заранее; **~ to** до *+gen*.
priority [praɪ'ɔrɪtɪ] *n* (*most urgent task*) первоочередная задача; (*most important thing, task*) приоритет; **to have ~ (over)** иметь *(impf)* преимущество (перед *+instr*).
prison ['prɪzn] *n* тюрьма ◆ *cpd* тюремный; **~er** *n* (*in prison*) заключённый(-ая) *m(f) adj*; (*captured person*) пленный(-ая) *m(f) adj*; **~er of war** *n* военнопленный *m adj*.
privacy ['prɪvəsɪ] *n* уединение.
private ['praɪvɪt] *adj* (*property, industry*) частный; (*discussion, club*) закрытый; (*belongings, life*) личный; (*thoughts, plans*) скрытый; (*secluded*) уединённый; (*secretive, reserved*) замкнутый; (*confidential*) конфиденциальный; **"~"** (*on door*) "посторонним вход воспрещён"; **in ~** конфиденциально.
privatize ['praɪvɪtaɪz] *vt* приватизировать *(impf/pf)*.
privilege ['prɪvɪlɪdʒ] *n* привилегия; **~d** *adj* привилегированный.
prize [praɪz] *n* приз ◆ *adj* первоклассный ◆ *vt* (высоко) ценить *(impf)*.
pro *prep* (*in favour of*) за *+acc* ◆ *n*: **the ~s and cons** "за" и "против".
probability [prɔbə'bɪlɪtɪ] *n*: **~ of/that** вероятность *f +gen*/что; **in all ~** по всей вероятности.
probable ['prɔbəbl] *adj* вероятный.
probably ['prɔbəblɪ] *adv* вероятно.
probation [prə'beɪʃən] *n* (*LAW*) условное осуждение; (*employee*) испытательный срок.
probe [prəub] *vt* (*investigate*) расследовать *(impf/pf)*; (*poke*) прощупывать *(impf)*.
problem ['prɔbləm] *n* проблема.
procedure [prə'siːdʒəʳ] *n*

процеду́ра.
proceed [prəˈsiːd] *vi* (*activity, event, process*) продолжа́ться (продо́лжиться *pf*); (*person*) дви́гаться (дви́нуться *pf*) да́льше; **to ~ with** (*continue*) продолжа́ть (продо́лжить *pf*); **to ~ to do** продолжа́ть (продо́лжить *pf*) *+infin*; **~ings** *npl* (*events*) мероприя́тия *ntpl*; (*LAW*) суде́бное разбира́тельство *ntsg*; **~s** [ˈprəusiːdz] *npl* поступле́ния *ntpl*.
process [ˈprəusɛs] *n* проце́сс ◆ *vt* обраба́тывать (обрабо́тать *pf*); **in the ~** в проце́ссе.
procession [prəˈsɛʃən] *n* проце́ссия.
proclaim [prəˈkleɪm] *vt* провозглаша́ть (провозгласи́ть *pf*).
proclamation [prɔkləˈmeɪʃən] *n* провозглаше́ние.
prod [prɔd] *vt* (*push*) ты́кать (ткнуть *pf*) ◆ *n* тычо́к.
prodigy [ˈprɔdɪdʒɪ] *n*: **child ~** вундерки́нд.
produce [*vb* prəˈdjuːs, *n* ˈprɔdjuːs] *vt* производи́ть (произвести́ *pf*); (*CHEM*) выраба́тывать (вы́работать *pf*); (*evidence, argument*) представля́ть (предста́вить *pf*); (*bring or take out*) предъявля́ть (предъяви́ть *pf*); (*play, film*) ста́вить (поста́вить *pf*) ◆ *n* (*AGR*) (сельскохозя́йственная) проду́кция; **~r** *n* (*of film, play*) режиссёр-постано́вщик, продю́сер; (*of record*) продю́сер.
product [ˈprɔdʌkt] *n* (*thing*) изде́лие; (*food, result*) проду́кт.
production [prəˈdʌkʃən] *n* (*process*) произво́дство; (*amount produced*) проду́кция; (*THEAT*) постано́вка.
productive [prəˈdʌktɪv] *adj* производи́тельный, продукти́вный.
productivity [prɔdʌkˈtɪvɪtɪ] *n* производи́тельность *f*, продукти́вность *f*.
profess [prəˈfɛs] *vt* (*claim*) претендова́ть *(impf)* на *+acc*.
profession [prəˈfɛʃən] *n* профе́ссия; **~al** *adj* профессиона́льный.
professor [prəˈfɛsəʳ] *n* (*BRIT*) профе́ссор; (*US*) преподава́тель (-ница) *m(f)*.
proficient [prəˈfɪʃənt] *adj* уме́лый.
profile [ˈprəufaɪl] *n* (*of face*) про́филь *m*; (*article*) о́черк.
profit [ˈprɔfɪt] *n* при́быль *f*, дохо́д ◆ *vi*: **to ~ by** *or* **from** (*fig*) извлека́ть (извле́чь *pf*) вы́году из *+gen*; **~ability** [prɔfɪtəˈbɪlɪtɪ] *n* при́быльность *f*; **~able** *adj* при́быльный; (*fig*) вы́годный.
profound [prəˈfaund] *adj* глубо́кий.
prognoses [prɔgˈnəusiːz] *npl of* **prognosis**.
prognosis [prɔgˈnəusɪs] (*pl* **prognoses**) *n* прогно́з.
program(me) [ˈprəugræm] *n* програ́мма ◆ *vt* программи́ровать (запрограмми́ровать *pf*); **~r** *n* программи́ст(ка).
progress [*n* ˈprəugrɛs, *vb* prəˈgrɛs] *n* (*advances, changes*) прогре́сс; (*development*) разви́тие ◆ *vi* прогресси́ровать *(impf)*; (*continue*) продолжа́ться (продо́лжиться *pf*); **the match is in ~** сейча́с идёт матч; **~ion** [prəˈgrɛʃən] *n* (*gradual*

development) продвиже́ние; **~ive** [prə'grɛsɪv] *adj* прогресси́вный; (*gradual*) постепе́нный.

prohibit [prə'hɪbɪt] *vt* запреща́ть (запрети́ть *pf*); **~ion** [prəuɪ'bɪʃən] *n* запреще́ние, запре́т.

project [*n* 'prɔdʒɛkt, *vb* prə'dʒɛkt] *n* прое́кт; (*SCOL*) рабо́та ♦ *vt* (*plan, estimate*) проекти́ровать *(impf)* ♦ *vi* (*jut out*) выступа́ть (вы́ступить *pf*).

projection [prə'dʒɛkʃən] *n* (*estimate*) перспекти́вная оце́нка.

projector [prə'dʒɛktəʳ] *n* (*CINEMA*) кинопрое́ктор; (*also:* **slide ~**) прое́ктор.

prolific [prə'lɪfɪk] *adj* плодови́тый.

prologue ['prəulɔg] (*US* **prolog**) *n* проло́г.

prolong [prə'lɔŋ] *vt* продлева́ть (продли́ть *pf*).

promenade [prɔmə'nɑ:d] *n* промена́д, ме́сто для прогу́лок.

prominence ['prɔmɪnəns] *n* (*of person*) ви́дное положе́ние; (*of issue*) ви́дное ме́сто.

prominent ['prɔmɪnənt] *adj* выдаю́щийся.

promiscuous [prə'mɪskjuəs] *adj* развра́тный.

promise ['prɔmɪs] *n* (*vow*) обеща́ние; (*talent*) потенциа́л; (*hope*) наде́жда ♦ *vi* (*vow*) дава́ть (дать *pf*) обеща́ние ♦ *vt*: **to ~ sb sth, ~ sth to sb** обеща́ть (пообеща́ть *pf*) что-н кому́-н; **to ~ (sb) to do/that** обеща́ть (пообеща́ть *pf*) (кому́-н) *+infin*/, что; **to ~ well** подава́ть *(impf)* больши́е наде́жды.

promising ['prɔmɪsɪŋ] *adj* многообеща́ющий.

promote [prə'məut] *vt* (*employee*) повыша́ть (повы́сить *pf*) (в до́лжности); (*product, pop star*) реклами́ровать *(impf/pf)*; (*ideas*) подде́рживать (поддержа́ть *pf*); **~r** *n* (*of event*) аге́нт; (*of cause, idea*) пропаганди́ст(ка).

promotion [prə'məuʃən] *n* (*at work*) повыше́ние (в до́лжности); (*of product, event*) реклами́рование.

prompt [prɔmpt] *adj* незамедли́тельный ♦ *vt* (*cause*) побужда́ть (побуди́ть *pf*); (*when talking*) подска́зывать (подсказа́ть *pf*) ♦ *adv*: **at 8 o'clock ~** ро́вно в 8 часо́в; **to ~ sb to do** побужда́ть (побуди́ть *pf*) кого́-н *+infin*; **~ly** *adv* (*immediately*) незамедли́тельно; (*exactly*) то́чно.

prone [prəun] *adj*: **~ to** (*inclined to*) скло́нный к *+dat*.

pronoun ['prəunaun] *n* местоиме́ние.

pronounce [prə'nauns] *vt* (*word*) произноси́ть (произнести́ *pf*); (*declaration, verdict*) объявля́ть (объяви́ть *pf*); (*opinion*) выска́зывать (вы́сказать *pf*); **~d** *adj* отчётливый.

pronunciation [prənʌnsɪ'eɪʃən] *n* (*of word*) произноше́ние.

proof [pru:f] *n* (*evidence*) доказа́тельство ♦ *adj*: **this vodka is 70 % ~** э́то семидесятигра́дусная во́дка.

prop [prɔp] *n* (*support*) подпо́рка ♦ *vt* (*also:* **~ up**) подпира́ть (подпере́ть *pf*); **to ~ sth against** прислоня́ть (прислони́ть *pf*) что-н к *+dat*; **~s** *npl* (*THEAT*) реквизи́т *msg*.

propaganda [prɔpə'gændə] *n* пропага́нда.

propel [prə'pɛl] *vt* (*vehicle,*

machine) приводи́ть (привести́ *pf*) в движе́ние; **~ler** *n* пропе́ллер.
proper ['prɔpəʳ] *adj* (*real*) настоя́щий; (*correct*) подходя́щий, надлежа́щий; (*socially acceptable*) прили́чный; **~ly** *adv* (*eat, study*) как сле́дует; (*behave*) прили́чно, до́лжным о́бразом.
property ['prɔpətɪ] *n* (*possessions*) со́бственность *f*; (*building and land*) недви́жимость *f*; (*quality*) сво́йство.
prophecy ['prɔfɪsɪ] *n* проро́чество.
proportion [prə'pɔːʃən] *n* (*part*) часть *f*, до́ля; (*ratio*) пропо́рция, соотноше́ние; **~al** *adj*: **~al (to)** пропорциона́льный (*+dat*).
proposal [prə'pəuzl] *n* предложе́ние.
propose [prə'pəuz] *vt* (*plan, toast*) предлага́ть (предложи́ть *pf*); (*motion*) выдвига́ть (вы́двинуть *pf*) ♦ *vi* (*offer marriage*): **to ~ (to sb)** де́лать (сде́лать *pf*) предложе́ние (кому́-н); **to ~ sth/to do** *or* **doing** предполага́ть *(impf)* что-н/*+infin*.
proposition [prɔpə'zɪʃən] *n* (*statement*) утвержде́ние; (*offer*) предложе́ние.
proprietor [prə'praɪətəʳ] *n* владе́лец(-лица).
prose [prəuz] *n* (*not poetry*) про́за.
prosecute ['prɔsɪkjuːt] *vt*: **to ~ sb** подава́ть (пода́ть *pf*) на кого́-н в суд.
prosecution [prɔsɪ'kjuːʃən] *n* (*LAW*: *action*) суде́бное пресле́дование; (: *accusing side*) обвине́ние.
prosecutor ['prɔsɪkjuːtəʳ] *n* обвини́тель *m*.
prospect ['prɔspɛkt] *n* перспекти́ва; **~s** *npl* (*for work etc*) перспекти́вы *fpl*; **~ive** [prə'spɛktɪv] *adj* (*future*) бу́дущий; (*potential*) возмо́жный; **~us** [prə'spɛktəs] *n* проспе́кт.
prosper ['prɔspəʳ] *vi* преуспева́ть (преуспе́ть *pf*); **~ity** [prɔ'spɛrɪtɪ] *n* процвета́ние; **~ous** *adj* преуспева́ющий.
prostitute ['prɔstɪtjuːt] *n* проститу́тка.
protagonist [prə'tægənɪst] *n* (*supporter*) приве́рженец.
protect [prə'tɛkt] *vt* защища́ть (защити́ть *pf*); **~ion** [prə'tɛkʃən] *n* защи́та; **~ive** *adj* защи́тный; (*person*) покрови́тельственный.
protein ['prəutiːn] *n* бело́к, протеи́н.
protest [*n* 'prəutɛst, *vb* prə'tɛst] *n* проте́ст ♦ *vi*: **to ~ about/against** протестова́ть *(impf)* по по́воду *+gen*/про́тив *+gen* ♦ *vt* (*insist*): **to ~ that** заявля́ть (заяви́ть *pf*), что.
Protestant ['prɔtɪstənt] *n* протеста́нт(ка).
protocol ['prəutəkɔl] *n* протоко́л.
prototype ['prəutətaɪp] *n* прототи́п.
proud [praud] *adj*: **~ (of)** го́рдый (*+instr*).
prove [pruːv] *vt* дока́зывать (доказа́ть *pf*) ♦ *vi*: **to ~ (to be)** оказа́ться *(impf/pf)* *+instr*; **to ~ o.s.** проявля́ть (прояви́ть *pf*) себя́.
proverb ['prɔvəːb] *n* посло́вица; **~ial** [prə'vəːbɪəl] *adj* легенда́рный.
provide [prə'vaɪd] *vt* обеспе́чивать (обеспе́чить *pf*) *+instr*; **to ~ sb with sth** обеспе́чивать (обеспе́чить *pf*) кого́-н чем-н; **~ for** *vt fus* (*person*) обеспе́чивать (обеспе́чить *pf*); **~d (that)** *conj* при усло́вии, что.

providing [prə'vaidɪŋ] *conj* = **provided (that)**.
province ['prɔvɪns] *n* óбласть *f*.
provincial [prə'vɪnʃəl] *adj* провинциáльный.
provision [prə'vɪʒən] *n* (*supplying*) обеспéчение; (*of contract, agreement*) положéние; **~s** *npl* (*food*) провизия *fsg*; **~al** *adj* врéменный.
provocation [prɔvə'keɪʃən] *n* провокáция.
provocative [prə'vɔkətɪv] *adj* (*remark, gesture*) провокациóнный.
provoke [prə'vəuk] *vt* провоцúровать (спровоцúровать *pf*).
proximity [prɔk'sɪmɪtɪ] *n* блúзость *f*.
proxy ['prɔksɪ] *n*: **by ~** по довéренности.
prudent ['pru:dnt] *adj* благоразýмный.
prune [pru:n] *n* чернослúв *m no pl* ◆ *vt* подрезáть (подрéзать *pf*).
PS *abbr* = **postscript**.
pseudonym ['sju:dənɪm] *n* псевдонúм.
psychiatric [saɪkɪ'ætrɪk] *adj* психиатрúческий.
psychiatrist [saɪ'kaɪətrɪst] *n* психиáтр.
psychic ['saɪkɪk] *adj* (*also*: **~al**: *person*) ясновúдящий.
psychological [saɪkə'lɔdʒɪkl] *adj* психологúческий.
psychologist [saɪ'kɔlədʒɪst] *n* психóлог.
psychology [saɪ'kɔlədʒɪ] *n* психолóгия.
psychopath ['saɪkəupæθ] *n* психопáт(ка).
psychotic [saɪ'kɔtɪk] *adj* психúчески больнóй.
PTO *abbr* (= *please turn over*) смотрú на оборóте.
pub [pʌb] *n* паб, пивнáя *f adj*.
puberty ['pju:bətɪ] *n* половáя зрéлость *f*.
public ['pʌblɪk] *adj* общéственный; (*statement, action etc*) публúчный ◆ *n*: **the ~** (*everyone*) общéственность *f*, нарóд; **to make ~** предавáть (предáть *pf*) глáсности; **in ~** публúчно.
publication [pʌblɪ'keɪʃən] *n* публикáция, издáние.
publicity [pʌb'lɪsɪtɪ] *n* (*information*) реклáма, паблúсити *nt ind*; (*attention*) шумúха.
publicize ['pʌblɪsaɪz] *vt* предавáть (предáть *pf*) глáсности.
public: **~ly** *adv* публúчно; **~ opinion** *n* общéственное мнéние; **~ relations** *npl* внéшние свя́зи *fpl*, свя́зи с общéственностью; **~ school** *n* (*BRIT*) чáстная шкóла; (*US*) государственная шкóла.
publish ['pʌblɪʃ] *vt* издавáть (издáть *pf*); (*PRESS*: *letter, article*) публиковáть (опубликовáть *pf*); **~er** *n* (*company*) издáтельство; **~ing** *n* (*profession*) издáтельское дéло.
pudding ['pudɪŋ] *n* пýдинг; (*BRIT*: *dessert*) слáдкое *nt adj*; **black ~**, (*US*) **blood ~** кровянáя колбасá.
puddle ['pʌdl] *n* лýжа.
puff [pʌf] *n* (*of wind*) дуновéние; (*of cigarette, pipe*) затя́жка; (*of smoke*) клуб.
pull [pul] *vt* тянýть (потянýть *pf*); (*trigger*) нажимáть (нажáть *pf*) на *+acc*; (*curtains etc*) задёргивать (задёрнуть *pf*) ◆ *vi* (*tug*) тянýть *(impf)* ◆ *n*: **to give sth**

a ~ (*tug*) тяну́ть (потяну́ть *pf*) что-н; **to ~ to pieces** разрыва́ть (разорва́ть *pf*) на ча́сти; **to ~ o.s. together** брать (взять *pf*) себя́ в ру́ки; **to ~ sb's leg** (*fig*) разы́грывать (разыгра́ть *pf*) кого́-н; **~ down** *vt* (*building*) сноси́ть (снести́ *pf*); **~ in** *vt* (*crowds, people*) привлека́ть (привле́чь *pf*); **~ out** *vt* (*extract*) выта́скивать (вы́тащить *pf*) ◆ *vi*: **to ~ out (from)** (*AUT*: *from kerb*) отъезжа́ть (отъе́хать *pf*) (от *+gen*); **~ up** *vi* (*stop*) остана́вливаться (останови́ться *pf*) ◆ *vt* (*plant*) вырыва́ть (вы́рвать *pf*) (с ко́рнем).
pulley ['pulɪ] *n* шкив.
pullover ['puləuvə^r] *n* пуло́вер.
pulpit ['pulpɪt] *n* ка́федра.
pulse [pʌls] *n* (*ANAT*) пульс.
puma ['pju:mə] *n* пу́ма.
pump [pʌmp] *n* насо́с; (*also:* **petrol ~**) бензоколо́нка ◆ *vt* кача́ть *(impf)*; (*extract*: *oil, water, gas*) выка́чивать (вы́качать *pf*).
pumpkin ['pʌmpkɪn] *n* ты́ква.
pun [pʌn] *n* каламбу́р.
punch [pʌntʃ] *n* уда́р; (*for making holes*) дыроко́л; (*drink*) пунш ◆ *vt* (*hit*): **to ~ sb/sth** ударя́ть (уда́рить *pf*) кого́-н/что-н кулако́м.
punctual ['pʌŋktjuəl] *adj* пунктуа́льный.
punctuation [pʌŋktju'eɪʃən] *n* пунктуа́ция.
puncture ['pʌŋktʃə^r] *n* (*AUT*) проко́л ◆ *vt* прока́лывать (проколо́ть *pf*).
punish ['pʌnɪʃ] *vt*: **to ~ sb (for sth)** нака́зывать (наказа́ть *pf*) кого́-н (за что-н); **~ment** *n* наказа́ние.
punter ['pʌntə^r] *n* (*inf*: *customer*) клие́нт(ка).
pupil ['pju:pl] *n* (*SCOL*) учени́к(-и́ца); (*of eye*) зрачо́к.
puppet ['pʌpɪt] *n* марионе́тка.
puppy ['pʌpɪ] *n* (*young dog*) щено́к.
purchase ['pə:tʃɪs] *n* поку́пка ◆ *vt* покупа́ть (купи́ть *pf*).
pure [pjuə^r] *adj* чи́стый; **~ly** *adv* чи́сто.
purify ['pjuərɪfaɪ] *vt* очища́ть (очи́стить *pf*).
purity ['pjuərɪtɪ] *n* чистота́.
purple ['pə:pl] *adj* фиоле́товый.
purpose ['pə:pəs] *n* цель *f*; **on ~** наме́ренно; **~ful** *adj* целеустремлённый.
purr [pə:^r] *vi* мурлы́кать *(impf)*.
purse [pə:s] *n* (*BRIT*) кошелёк; (*US*: *handbag*) су́мка ◆ *vt*: **to ~ one's lips** поджима́ть (поджа́ть *pf*) гу́бы.
pursue [pə'sju:] *vt* пресле́довать *(impf)*; (*fig*: *policy*) осуществля́ть *(impf)*; (: *interest*) проявля́ть *(impf)*.
pursuit [pə'sju:t] *n* (*of person, thing*) пресле́дование; (*of happiness, wealth etc*) по́иски *mpl*; (*pastime*) заня́тие.
push [puʃ] *n* (*shove*) толчо́к ◆ *vt* (*press*) нажима́ть (нажа́ть *pf*); (*shove*) толка́ть (толкну́ть *pf*); (*promote*) прота́лкивать (протолкну́ть *pf*) ◆ *vi* (*press*) нажима́ть (нажа́ть *pf*); (*shove*) толка́ться *(impf)*; (*fig*): **to ~ for** тре́бовать (потре́бовать *pf*) *+acc or +gen*; **~ through** *vt* (*measure, scheme*) прота́лкивать (протолкну́ть *pf*); **~ up** *vt* (*prices*) повыша́ть (повы́сить *pf*); **~y** *adj* (*pej*) насты́рный.
put [put] (*pt, pp* **put**) *vt* ста́вить

(поста́вить *pf*); (*thing*: *horizontally*) класть (положи́ть *pf*); (*person*: *in institution*) помеща́ть (помести́ть *pf*); (: *in prison*) сажа́ть (посади́ть *pf*); (*idea, feeling*) выража́ть (вы́разить *pf*); (*case, view*) излага́ть (изложи́ть *pf*); **I ~ it to you that** ... я говорю́ Вам, что ...; **~ across** *vt* (*ideas etc*) объясня́ть (объясни́ть *pf*); **~ away** *vt* (*store*) убира́ть (убра́ть *pf*); **~ back** *vt* (*replace*) класть (положи́ть *pf*) на ме́сто; (*postpone*) откла́дывать (отложи́ть *pf*); (*delay*) заде́рживать (задержа́ть *pf*); **~ by** *vt* откла́дывать (отложи́ть *pf*); **~ down** *vt* (*place*) ста́вить (поста́вить *pf*); (: *horizontally*) класть (положи́ть *pf*); (*note down*) запи́сывать (записа́ть *pf*); (*suppress, humiliate*) подавля́ть (подави́ть *pf*); (*animal*: *kill*) умерщвля́ть (умертви́ть *pf*); **to ~ sth down to** (*attribute*) объясня́ть (объясни́ть *pf*) что-н *+instr*; **~ forward** *vt* (*ideas*) выдвига́ть (вы́двинуть *pf*); **~ in** *vt* (*application, complaint*) подава́ть (пода́ть *pf*); (*time, effort*) вкла́дывать (вложи́ть *pf*); **~ off** *vt* (*delay*) откла́дывать (отложи́ть *pf*); (*discourage*) отта́лкивать (оттолкну́ть *pf*); (*switch off*) выключа́ть (вы́ключить *pf*); **~ on** *vt* (*clothes*) надева́ть (наде́ть *pf*); (*make-up, ointment etc*) накла́дывать (наложи́ть *pf*); (*light etc*) включа́ть (включи́ть *pf*); (*kettle, record, dinner*) ста́вить (поста́вить *pf*); (*assume*: *look*) напуска́ть (напусти́ть *pf*) на себя́; (*behaviour*) принима́ть (приня́ть *pf*); **to ~ on weight** поправля́ться (попра́виться *pf*); **~ out** *vt* (*fire*) туши́ть (потуши́ть *pf*); (*candle, cigarette, light*) гаси́ть (погаси́ть *pf*); (*rubbish*) выноси́ть (вы́нести *pf*); (*one's hand*) вытя́гивать (вы́тянуть *pf*); **~ through** *vt* (*person, call*) соединя́ть (соедини́ть *pf*); (*plan, agreement*) выполня́ть (вы́полнить *pf*); **~ up** *vt* (*building, tent*) ста́вить (поста́вить *pf*); (*umbrella*) раскрыва́ть (раскры́ть *pf*); (*hood*) надева́ть (наде́ть *pf*); (*poster, sign*) выве́шивать (вы́весить *pf*); (*price, cost*) поднима́ть (подня́ть *pf*); (*guest*) помеща́ть (помести́ть *pf*); **~ up with** *vt fus* мири́ться *(impf)* с *+instr*.

putty ['pʌtɪ] *n* зама́зка.

puzzle ['pʌzl] *n* (*game, toy*) головоло́мка.

puzzling ['pʌzlɪŋ] *adj* запу́танный.

pyjamas [pɪ'dʒɑːməz] (*US* **pajamas**) *npl*: **(a pair of) ~** пижа́ма *fsg*.

pylon ['paɪlən] *n* пило́н, опо́ра.

pyramid ['pɪrəmɪd] *n* (*GEOM*) пирами́да.

python ['paɪθən] *n* пито́н.

Q, q

quadruple [kwɔ'druːpl] *vt* увели́чивать (увели́чить *pf*) в четы́ре ра́за ♦ *vi* увели́чиваться (увели́читься *pf*) в четы́ре ра́за.

quaint [kweɪnt] *adj* (*house, village*) причу́дливый; (*ideas, customs*) чудно́й.

quake [kweɪk] *vi* трепета́ть *(impf)*.

qualification [kwɔlɪfɪ'keɪʃən] *n* (*usu pl*: *academic, vocational*) квалифика́ция; (*skill, quality*) ка́чество; **what are your ~s?** кака́я у Вас квалифика́ция?

qualified ['kwɔlɪfaɪd] *adj* (*trained*) квалифици́рованный; **I'm not ~ to judge that** я не компете́нтен суди́ть об э́том.

qualify ['kwɔlɪfaɪ] *vt* (*modify: make more specific*) уточня́ть (уточни́ть *pf*); (*: express reservation*) огова́ривать (оговори́ть *pf*) ♦ *vi*: **to ~ as an engineer** получа́ть (получи́ть *pf*) квалифика́цию инжене́ра; **to ~ (for)** (*benefit etc*) име́ть (*impf*) пра́во (на *+acc*); (*in competition*) выходи́ть (вы́йти *pf*) (в *+acc*).

quality ['kwɔlɪtɪ] *n* ка́чество; (*property: of wood, stone*) сво́йство.

quantity ['kwɔntɪtɪ] *n* коли́чество.

quarantine ['kwɔrnti:n] *n* каранти́н.

quarrel ['kwɔrl] *n* ссо́ра ♦ *vi*: **to ~ (with)** ссо́риться (поссо́риться *pf*) (с *+instr*); **~some** *adj* вздо́рный.

quarry ['kwɔrɪ] *n* карье́р; (*for stone*) каменоло́мня.

quarter ['kwɔ:təʳ] *n* че́тверть *f*; (*of year, town*) кварта́л; (*US: coin*) *два́дцать пять це́нтов* ♦ *vt* дели́ть (раздели́ть *pf*) на четы́ре ча́сти; **~s** *npl* (*for living*) помеще́ние *ntsg*; (*: MIL*) каза́рмы *fpl*; **a ~ of an hour** че́тверть *f* часа́; **~ly** *adj* (*meeting*) (еже)кварта́льный; (*payment*) (по)кварта́льный ♦ *adv* (*see adj*) ежекварта́льно; покварта́льно.

quartz [kwɔ:ts] *n* кварц.

quash [kwɔʃ] *vt* (*verdict, judgement*) отменя́ть (отмени́ть *pf*).

quay [ki:] *n* (*also:* **~side**) при́стань *f*.

queasy ['kwi:zɪ] *adj*: **I feel a bit ~** меня́ немно́го мути́т.

queen [kwi:n] *n* короле́ва; (*CARDS*) да́ма; (*CHESS*) ферзь *m*; **~ mother** *n* короле́ва-мать *f*.

queer [kwɪəʳ] *adj* (*odd*) стра́нный ♦ *n* (*pej: homosexual*) го́мик.

quell [kwɛl] *vt* подавля́ть (подави́ть *pf*).

quench [kwɛntʃ] *vt*: **to ~ one's thirst** утоля́ть (утоли́ть *pf*) жа́жду.

query ['kwɪərɪ] *n* вопро́с ♦ *vt* подверга́ть (подве́ргнуть *pf*) сомне́нию.

quest [kwɛst] *n* по́иск.

question ['kwɛstʃən] *n* вопро́с; (*doubt*) сомне́ние ♦ *vt* (*interrogate*) допра́шивать (допроси́ть *pf*); (*doubt*) сомнева́ться (*impf*) в *+prp*; **beyond ~** бесспо́рно; **that's out of the ~** об э́том не мо́жет быть и ре́чи; **~able** *adj* сомни́тельный; **~ mark** *n* вопроси́тельный знак; **~naire** [kwɛstʃə'nɛəʳ] *n* анке́та.

queue [kju:] (*BRIT*) *n* о́чередь *f* ♦ *vi* (*also:* **~ up**) стоя́ть (*impf*) в о́череди.

quibble ['kwɪbl] *vi*: **to ~ about** *or* **over** спо́рить (поспо́рить *pf*) о *+prp*.

quick [kwɪk] *adj* бы́стрый; (*clever: person*) сообрази́тельный; (*: mind*) живо́й; (*brief*) коро́ткий; **be ~!** бы́стро!; **~ly** *adv* бы́стро; **~sand** *n* зыбу́чий песо́к; **~-witted** *adj* сообрази́тельный.

quid [kwɪd] *n inv* (*BRIT: inf*) фунт (*сте́рлингов*).

quiet ['kwaɪət] *adj* ти́хий; (*peaceful, not busy*) споко́йный;

(*without fuss*) скро́мный ♦ *n* (*silence*) тишина́; (*peace*) поко́й; **~en** *vi* (*also:* **~en down**) затиха́ть (зати́хнуть *pf*); **~ly** *adv* ти́хо; (*calmly*) споко́йно.

quilt [kwɪlt] *n* (*also:* **continental ~**) стёганое одея́ло.

quirk [kwə:k] *n* причу́да, при́хоть *f*.

quit [kwɪt] (*pt, pp* **quit** *or* **quitted**) *vt* броса́ть (бро́сить *pf*) ♦ *vi* (*give up*) сдава́ться (сда́ться *pf*); (*resign*) увольня́ться (уво́литься *pf*).

quite [kwaɪt] *adv* (*rather*) дово́льно; (*entirely*) соверше́нно; (*almost*): **the flat's not ~ big enough** кварти́ра недоста́точно больша́я; **~ a few** дово́льно мно́го; **~ (so)!** ве́рно!, и́менно!

quits [kwɪts] *adj*: **let's call it ~** бу́дем квиты.

quiver ['kwɪvə'] *vi* трепета́ть (*impf*).

quiz [kwɪz] *n* (*game*) виктори́на ♦ *vt* расспра́шивать (расспроси́ть *pf*).

quota ['kwəutə] *n* кво́та.

quotation [kwəu'teɪʃən] *n* цита́та; (*estimate*) цена́ (продавца́).

quote [kwəut] *n* цита́та; (*estimate*) цена́ ♦ *vt* цити́ровать (процити́ровать *pf*); (*figure, example*) приводи́ть (привести́ *pf*); (*price*) назнача́ть (назна́чить *pf*); **~s** *npl* (*quotation marks*) кавы́чки *fpl*.

R, r

rabbi ['ræbaɪ] *n* равви́н.

rabbit ['ræbɪt] *n* (*male*) кро́лик; (*female*) крольчи́ха.

rabble ['ræbl] *n* (*pej*) сброд.

rabies ['reɪbi:z] *n* бе́шенство, водобоя́знь *f*.

RAC *n abbr* (BRIT: = *Royal Automobile Club*) *крупне́йшая автомоби́льная ассоциа́ция*.

race [reɪs] *n* (*species*) ра́са; (*competition*) го́нки *fpl*; (: *running*) забе́г; (: *swimming*) заплы́в; (: *horse race*) ска́чки *fpl*; (*for power, control*) борьба́ ♦ *vt* (*horse*) гнать (*impf*) ♦ *vi* (*compete*) принима́ть (приня́ть *pf*) уча́стие в соревнова́нии; (*hurry*) мча́ться (*impf*); (*pulse*) учаща́ться (участи́ться *pf*); **~course** *n* ипподро́м; **~horse** *n* скакова́я ло́шадь *f*.

racial ['reɪʃl] *adj* ра́совый.

racing ['reɪsɪŋ] *n* (*horse racing*) ска́чки *fpl*; (*motor racing*) го́нки *fpl*.

racism ['reɪsɪzəm] *n* раси́зм.

racist ['reɪsɪst] *adj* раси́стский ♦ *n* раси́ст(ка).

rack [ræk] *n* (*shelf*) по́лка; (*also:* **luggage ~**) бага́жная по́лка; (*also:* **roof ~**) бага́жник (*на кры́ше автомоби́ля*); (*for dishes*) суши́лка для посу́ды ♦ *vt*: **she was ~ed by pain** её терза́ла боль; **to ~ one's brains** лома́ть (*impf*) го́лову.

racket ['rækɪt] *n* (SPORT) раке́тка; (*noise*) гвалт; (*con*) кримина́л.

radar ['reɪdɑ:'] *n* рада́р.

radiance ['reɪdɪəns] *n* (*glow*)

сияние.

radiant ['reɪdɪənt] *adj* (*smile, person*) сияющий.

radiation [reɪdɪ'eɪʃən] *n* (*radioactive*) радиация, радиоактивное излучение; (*of heat, light*) излучение.

radiator ['reɪdɪeɪtəʳ] *n* радиатор, батарея; (*AUT*) радиатор.

radical ['rædɪkl] *adj* радикальный.

radii ['reɪdɪaɪ] *npl of* **radius**.

radio ['reɪdɪəu] *n* (*broadcasting*) радио *nt ind*; (*for transmitting and receiving*) радиопередатчик ♦ *vt* (*person*) связываться (связаться *pf*) по радио с *+instr*; **on the ~** по радио; **~active** *adj* радиоактивный; **~ station** *n* радиостанция.

radish ['rædɪʃ] *n* редиска; **~es** редис *msg*.

radius ['reɪdɪəs] (*pl* **radii**) *n* радиус.

RAF *n abbr* (*BRIT*) (= **Royal Air Force**) ≈ ВВС.

raffle ['ræfl] *n* (вещевая) лотерея.

raft [rɑːft] *n* плот.

rag [ræg] *n* тряпка; (*pej*: *newspaper*) газетёнка; **~s** *npl* (*clothes*) лохмотья *pl*.

rage [reɪdʒ] *n* (*fury*) бешенство, ярость *f* ♦ *vi* (*person*) свирепствовать *(impf)*; (*storm, debate*) бушевать *(impf)*; **it's all the ~** (*in fashion*) все помешались на этом.

ragged ['rægɪd] *adj* (*edge*) зазубренный; (*clothes*) потрёпанный.

raid [reɪd] *n* (*MIL*) рейд; (*criminal*) налёт; (*by police*) облава, рейд ♦ *vt* (*see n*) совершать (совершить *pf*) рейд на *+acc*; совершать (совершить *pf*) налёт на *+acc*; устраивать (устроить *pf*) облаву *or* рейд на *+acc*.

rail [reɪl] *n* (*on stairs, bridge etc*) перила *pl*; **~s** *npl* (*RAIL*) рельсы *mpl*; **by ~** поездом; **~ing(s)** *n(pl)* (*iron fence*) решётка *fsg*; **~road** *n* (*US*) = **railway**; **~way** *n* (*BRIT*) железная дорога ♦ *cpd* железнодорожный; **~way line** *n* (*BRIT*) железнодорожная линия; **~way station** *n* (*BRIT*: *large*) железнодорожный вокзал; (: *small*) железнодорожная станция.

rain [reɪn] *n* дождь *m* ♦ *vi*: **it's ~ing** идёт дождь; **in the ~** под дождём, в дождь; **~bow** *n* радуга; **~coat** *n* плащ; **~fall** *n* (*measurement*) уровень *m* осадков; **~y** *adj* (*day*) дождливый.

raise [reɪz] *n* (*esp US*) повышение ♦ *vt* (*lift, produce*) поднимать (поднять *pf*); (*increase, improve*) повышать (повысить *pf*); (*doubts*: *subj*: *person*) высказывать (высказать *pf*); (: *results*) вызывать (вызвать *pf*); (*rear*: *family*) воспитывать (воспитать *pf*); (*get together*: *army, funds*) собирать (собрать *pf*); (: *loan*) изыскивать (изыскать *pf*); **to ~ one's voice** повышать (повысить *pf*) голос.

raisin ['reɪzn] *n* изюминка; **~s** изюм *m no pl*.

rake [reɪk] *n* (*tool*) грабли *pl* ♦ *vt* (*garden*) разравнивать (разровнять *pf*) (граблями); (*leaves, hay*) сгребать (сгрести *pf*).

rally ['rælɪ] *n* (*POL etc*) манифестация; (*AUT*) (авто)ралли *nt ind*; (*TENNIS*) ралли *nt ind* ♦ *vt* (*supporters*)

сплáчивать (сплотѝть *pf*) ◆ *vi* (*supporters*) сплáчиваться (сплотѝться *pf*).
ram [ræm] *n* барáн ◆ *vt* (*crash into*) тарáнить (протарáнить *pf*); (*push*: *bolt*) задвигáть (задвѝнуть *pf*); (: *fist*) двѝнуть (*pf*) *+instr*.
RAM *n abbr* (*COMPUT*: = *random access memory*) ЗУПВ.
ramble ['ræmbl] *vi* (*walk*) бродѝть (*impf*); (*talk*: *also*: ~ **on**) болтáть (*impf*).
rambling ['ræmblɪŋ] *adj* (*speech*) несвя́зный.
ramp [ræmp] *n* скат, уклóн; **on** ~ (*US*: *AUT*) въезд на автострáду; **off** ~ (*US*: *AUT*) съезд с автострáды.
rampage [ræm'peɪdʒ] *n*: **to be on the** ~ бу́йствовать (*impf*).
rampant ['ræmpənt] *adj*: **to be** ~ (*crime*) свирéпствовать (*impf*).
ramshackle ['ræmʃækl] *adj* вéтхий.
ran [ræn] *pt of* **run**.
ranch [rɑːntʃ] *n* рáнчо *nt ind*.
random ['rændəm] *adj* случáйный ◆ *n*: **at** ~ наугáд.
rang [ræŋ] *pt of* **ring**.
range [reɪndʒ] *n* (*series*: *of proposals*) ряд; (: *of products*) ассортимéнт *m no pl*; (: *of colours*) гáмма; (*of mountains*) цепь *f*; (*of missile*) дáльность *f*, рáдиус дéйствия; (*of voice*) диапазóн; (*MIL*: *also*: **shooting** ~) стрéльбище ◆ *vt* (*place in a line*) выстрáивать (вы́строить *pf*) ◆ *vi*: **to** ~ **over** (*extend*) простирáться (*impf*); **to** ~ **from ... to ...** колебáться (*impf*) от *+gen* ... до *+gen* ....
ranger ['reɪndʒə'] *n* (*in forest*) леснѝк; (*in park*) смотрѝтель(ница) *m(f)*.
rank [ræŋk] *n* (*row*) ряд; (*MIL*) шерéнга; (*status*) чин, ранг; (*BRIT*: *also*: **taxi** ~) стоя́нка таксѝ ◆ *vi*: **to** ~ **among** чѝслиться (*impf*) средѝ *+gen* ◆ *vt*: **I** ~ **him sixth** я стáвлю егó на шестóе мéсто; **the** ~ **and file** (*fig*) рядовы́е члéны *mpl*.
ransom ['rænsəm] *n* вы́куп; **to hold to** ~ (*fig*) держáть (*impf*) в залóжниках.
rant [rænt] *vi*: **to** ~ **and rave** рвать (*impf*) и метáть (*impf*).
rap [ræp] *vi*: **to** ~ **on a door/table** стучáть (постучáть *pf*) в дверь/по столу́.
rape [reɪp] *n* изнасѝлование ◆ *vt* насѝловать (изнасѝловать *pf*).
rapid ['ræpɪd] *adj* стремѝтельный; **~ly** *adv* стремѝтельно.
rapist ['reɪpɪst] *n* насѝльник.
rapport [ræ'pɔː'] *n* взаимопонимáние.
rapturous ['ræptʃərəs] *adj* востóрженный.
rare [rɛə'] *adj* рéдкий; (*steak*) кровáвый; **~ly** *adv* рéдко, нечáсто.
rash [ræʃ] *adj* опромéтчивый ◆ *n* (*MED*) сыпь *f no pl*.
raspberry ['rɑːzbərɪ] *n* малѝна *f no pl*.
rat [ræt] *n* (*also fig*) кры́са.
rate [reɪt] *n* (*speed*) скóрость *f*; (: *of change, inflation*) темп; (*of interest*) стáвка; (*ratio*) у́ровень *m*; (*price*: *at hotel etc*) расцéнка ◆ *vt* (*value*) оцéнивать (оценѝть *pf*); (*estimate*) расцéнивать (расценѝть *pf*); **~s** *npl* (*BRIT*: *property tax*) налóг *msg* на недвѝжимость; **to** ~ **sb as**

считáть *(impf)* когó-н *+instr*; **to ~ sth as** расцéнивать (расцени́ть *pf*) что-н как.

rather ['rɑːðə'] *adv* (*quite, somewhat*) довóльно; (*to some extent*) нéсколько; (*more accurately*): **or ~** вернéе сказáть; **it's ~ expensive** (*quite*) э́то довóльно дóрого; **there's ~ a lot** сли́шком мнóго; **I would ~ go** я, пожáлуй, пойду́; **I'd ~ not leave** я бы не хотéл уходи́ть; **~ than** (*+n*) а не *+nom*, вмéсто *+gen*; **~ than go to the park, I went to the cinema** вмéсто тогó, чтóбы идти́ в парк, я пошёл в кинó.

ratify ['rætɪfaɪ] *vt* ратифици́ровать *(impf/pf)*.

rating ['reɪtɪŋ] *n* оцéнка, рéйтинг; **~s** *npl* (*RADIO, TV*) рéйтинг *msg*.

ratio ['reɪʃɪəu] *n* соотношéние; **in the ~ of one hundred to one** в соотношéнии сто к одномý.

ration ['ræʃən] *n* (*allowance*: *of food*) рациóн, паёк; (: *of petrol*) нóрма ♦ *vt* норми́ровать *(impf/pf)*; **~s** *npl* (*MIL*) рациóн *msg*.

rational ['ræʃənl] *adj* разу́мный, рационáльный; **~ly** *adv* рационáльно.

rationing ['ræʃnɪŋ] *n* нормировáние.

rattle ['rætl] *n* дребезжáние; (*of train, car*) громыхáние; (*for baby*) погремýшка ♦ *vi* (*small objects*) дребезжáть *(impf)* ♦ *vt* (*shake noisily*) сотрясáть (сотрясти́ *pf*); (*fig*: *unsettle*) нерви́ровать *(impf)*; **to ~ along** (*car, bus*) прогромыхáть *(impf)*; **the wind ~d the windows** от вéтра дребезжáли óкна; **~snake** *n* гремýчая змея́.

raucous ['rɔːkəs] *adj* рокóчущий.

rave [reɪv] *vi* (*in anger*) бесновáться *(impf)*, бушевáть *(impf)*; (*MED*) брéдить *(impf)*; (*with enthusiasm*): **to ~ about** восторгáться *(impf) +instr*.

raven ['reɪvən] *n* вóрон.

ravine [rə'viːn] *n* ущéлье.

raw [rɔː] *adj* сырóй; (*unrefined*: *sugar*) нерафини́рованный; (*sore*) свéжий; (*inexperienced*) зелёный; (*weather, day*) промóзглый; **~ material** *n* сырьё *nt no pl*.

ray [reɪ] *n* луч; (*of heat*) потóк.

razor ['reɪzə'] *n* бри́тва; **safety ~** безопáсная бри́тва; **electric ~** электробри́тва.

Rd *abbr* = **road**.

re [riː] *prep* относи́тельно *+gen*.

reach [riːtʃ] *vt* (*place, end, agreement*) достигáть (дости́гнуть *or* дости́чь *pf*) *+gen*; (*conclusion, decision*) приходи́ть (прийти́ *pf*) к *+dat*; (*be able to touch*) доставáть (достáть *pf*); (*by telephone*) свя́зываться (связáться *pf*) с *+instr* ♦ *vi*: **to ~ into** совáть (сýнуть *pf*) в *+acc*; **out of/within ~** вне/в предéлах досягáемости; **within ~ of the shops** недалекó от магази́нов; **"keep out of the ~ of children"** "берéчь от детéй"; **to ~ for** протя́гивать (протянýть *pf*) рýку к *+dat*; **to ~ up** протя́гивать (протянýть *pf*) рýку вверх; **~ out** *vt* протя́гивать (протянýть *pf*) ♦ *vi*: **to ~ out for sth** протя́гивать (протянýть *pf*) рýку за чем-н.

react [riː'ækt] *vi* (*CHEM*): **to ~ (with)** вступáть (вступи́ть *pf*) в реáкцию (с *+instr*); (*MED*): **to ~ (to)** реаги́ровать *(impf)* (на *+acc*); (*respond*) реаги́ровать (отреаги́ровать *pf*) (на *+acc*); (*rebel*): **to ~ (against)** восстава́ть (восста́ть *pf*) (про́тив *+gen*); **~ion** [ri:'ækʃən] *n* (*CHEM*) реа́кция; (*also MED, POL*): **~ion (to/against)** реа́кция (на *+acc*/про́тив *+gen*); **~ions** *npl* (*reflexes*) реа́кция *fsg*; **~ionary** [ri:'ækʃənrı] *adj* реакцио́нный; **~or** *n* (*also: nuclear ~or*) реа́ктор.

read[1] [rɛd] *pt, pp of* **read**[2].

read[2] [ri:d] (*pt, pp* **read**) *vt* чита́ть (прочита́ть *or* проче́сть *pf*); (*mood*) определя́ть (определи́ть *pf*); (*thermometer etc*) снима́ть (снять *pf*) показа́ния с *+gen*; (*SCOL*) изуча́ть *(impf)* ◆ *vi* (*person*) чита́ть *(impf)*; (*text etc*) чита́ться *(impf)*; **~ out** *vt* зачи́тывать (зачита́ть *pf*); **~er** *n* (*of book, newspaper etc*) чита́тель(ница) *m(f)*; **~ership** *n* (*of newspaper etc*) круг чита́телей.

readily ['rɛdılı] *adv* (*willingly*) с гото́вностью; (*easily*) легко́.

readiness ['rɛdınıs] *n* гото́вность *f*; **in ~** нагото́ве.

reading ['ri:dıŋ] *n* (*of books etc*) чте́ние; (*on thermometer etc*) показа́ние.

ready ['rɛdı] *adj* гото́вый ◆ *vt*: **to get sb/sth ~** гото́вить *or* подгота́вливать (подгото́вить *pf*) кого́-н/что-н; **to get ~** гото́виться *or* пригота́вливаться (пригото́виться *pf*).

real [rıəl] *adj* настоя́щий; (*leather*) натура́льный; **in ~ terms** реа́льно; **~ estate** *n* недви́жимость *f*; **~ism** *n* реали́зм; **~istic** [rıə'lıstık] *adj* реалисти́ческий; **~ity** [ri:'ælıtı] *n* реа́льность *f*, действи́тельность *f*; **in ~ity** на са́мом де́ле, в реа́льности.

realization [rıəlaı'zeıʃən] *n* (*see vt*) осозна́ние; осуществле́ние.

realize ['rıəlaız] *vt* (*understand*) осознава́ть (осозна́ть *pf*); (*fulfil*) осуществля́ть (осуществи́ть *pf*).

really ['rıəlı] *adv* (*very*) о́чень; (*actually*): **what ~ happened?** что произошло́ в действи́тельности *or* на са́мом де́ле?; **~?** (*with interest*) действи́тельно?, пра́вда?; (*expressing surprise*) неуже́ли?

realm [rɛlm] *n* (*fig: of activity, study*) о́бласть *f*, сфе́ра.

reap [ri:p] *vt* (*fig*) пожина́ть (пожа́ть *pf*).

reappear [ri:ə'pıə'] *vi* сно́ва появля́ться (появи́ться *pf*).

rear [rıə'] *adj* за́дний ◆ *n* (*back*) за́дняя часть *f* ◆ *vt* (*cattle, family*) выра́щивать (вы́растить *pf*) ◆ *vi* (*also: ~ up*) станови́ться (стать *pf*) на дыбы́.

rearrange [ri:ə'reındʒ] *vt* (*objects*) переставля́ть (переста́вить *pf*); (*order*) изменя́ть (измени́ть *pf*).

reason ['ri:zn] *n* (*cause*) причи́на; (*ability to think*) ра́зум, рассу́док; (*sense*) смысл ◆ *vi*: **to ~ with sb** убежда́ть *(impf)* кого́-н; **it stands to ~ that ...** разуме́ется, что ...; **~able** *adj* разу́мный; (*quality*) неплохо́й; (*price*) уме́ренный; **~ably** *adv* (*sensibly*) разу́мно; (*fairly*) дово́льно; **~ing** *n* рассужде́ние.

reassurance [ri:ə'ʃuərəns] *n* (*comfort*) подде́ржка.

reassure [ri:ə'ʃuə'] *vt* (*comfort*) утеша́ть (уте́шить *pf*); **to ~ sb of** заверя́ть (заве́рить *pf*) кого́-н в *+prp*.

reassuring [ri:ə'ʃuərɪŋ] *adj* ободря́ющий.
rebate ['ri:beɪt] *n* обра́тная вы́плата.
rebel [*n* 'rɛbl, *vb* rɪ'bɛl] *n* бунта́рь (-рка) *m(f)* ◆ *vi* восстава́ть (восста́ть *pf*); **~lion** [rɪ'bɛljən] *n* восста́ние; **~lious** [rɪ'bɛljəs] *adj* (*child, behaviour*) строптúвый; (*troops*) мятéжный.
rebound [*vb* rɪ'baund, *n* 'ri:baund] *vi*: **to ~ (off)** отска́кивать (отскочи́ть *pf*) (от *+gen*) ◆ *n*: **he married her on the ~** он жени́лся на ней по́сле разочарова́ния в любви́ к друго́й.
rebuild [ri:'bɪld] (*irreg: like* **build**) *vt* (*town, building*) перестра́ивать (перестро́ить *pf*); (*fig*) восстана́вливать (восстанови́ть *pf*).
rebuke [rɪ'bju:k] *vt* де́лать (сде́лать *pf*) вы́говор *+dat*.
recall [rɪ'kɔ:l] *vt* вспомина́ть (вспо́мнить *pf*); (*parliament, ambassador etc*) отзыва́ть (отозва́ть *pf*).
recapture [ri:'kæptʃə'] *vt* (*town, territory*) сно́ва захва́тывать (захвати́ть *pf*); (*atmosphere etc*) воссоздава́ть (воссозда́ть *pf*).
receding [rɪ'si:dɪŋ] *adj* (*hair*) редéющий.
receipt [rɪ'si:t] *n* (*document*) квита́нция; (*act of receiving*) получе́ние; **~s** *npl* (*COMM*) де́нежные поступле́ния *ntpl*, платежи́ *mpl*.
receive [rɪ'si:v] *vt* получа́ть (получи́ть *pf*); (*criticism*) встреча́ть (встре́тить *pf*); (*visitor, guest*) принима́ть (приня́ть *pf*); **~r** *n* (*TEL*) (телефо́нная) тру́бка; (*COMM*) ликвида́тор (*неплатёжеспосо́бной компа́нии*).
recent ['ri:snt] *adj* неда́вний; **~ly** *adv* неда́вно.
reception [rɪ'sɛpʃən] *n* (*in hotel*) регистра́ция; (*in office, hospital*) приёмная *f adj*; (*in health centre*) регистрату́ра; (*party, also RADIO, TV*) приём; **~ist** *n* (*in hotel, hospital*) регистра́тор; (*in office*) секрета́рь *m*.
receptive [rɪ'sɛptɪv] *adj* восприи́мчивый.
recess [rɪ'sɛs] *n* (*POL*) кани́кулы *pl*.
recession [rɪ'sɛʃən] *n* (*ECON*) спад.
recipe ['rɛsɪpɪ] *n* (*also fig*) реце́пт.
recipient [rɪ'sɪpɪənt] *n* получа́тель *m*.
reciprocal [rɪ'sɪprəkl] *adj* взаи́мный, обою́дный.
recital [rɪ'saɪtl] *n* (*concert*) со́льный конце́рт.
recite [rɪ'saɪt] *vt* (*poem*) деклами́ровать (продеклами́ровать *pf*).
reckless ['rɛkləs] *adj* безрассу́дный.
reckon ['rɛkən] *vt* (*calculate*) счита́ть (посчита́ть *or* сосчита́ть *pf*); (*think*): **I ~ that ...** я счита́ю, что ...
reclaim [rɪ'kleɪm] *vt* (*demand back*) тре́бовать (потре́бовать *pf*) обра́тно; (*land: from sea*) отвоёвывать (отвоева́ть *pf*).
recognition [rɛkəg'nɪʃən] *n* призна́ние; (*of person, place*) узнава́ние; **he has changed beyond ~** он измени́лся до неузнава́емости.
recognize ['rɛkəgnaɪz] *vt* признава́ть (призна́ть *pf*); (*symptom*) распознава́ть (распозна́ть *pf*); **to ~ (by)** (*person,*

place) узнава́ть (узна́ть *pf*) (по *+dat*).

recollect [rɛkə'lɛkt] *vt* припомина́ть (припо́мнить *pf*), вспомина́ть (вспо́мнить *pf*); **~ion** [rɛkə'lɛkʃən] *n* воспомина́ние, па́мять *f*.

recommend [rɛkə'mɛnd] *vt* рекомендова́ть (порекомендова́ть *pf*); **~ation** [rɛkəmɛn'deɪʃən] *n* рекоменда́ция.

reconcile ['rɛkənsaɪl] *vt* (*people*) мири́ть (помири́ть *pf*); (*facts, beliefs*) примиря́ть (примири́ть *pf*); **to ~ o.s. to sth** смиря́ться (смири́ться *pf*) с чем-н.

reconciliation [rɛkənsɪlɪ'eɪʃən] *n* примире́ние.

reconsider [ri:kən'sɪdə'] *vt* пересма́тривать (пересмотре́ть *pf*).

reconstruct [ri:kən'strʌkt] *vt* перестра́ивать (перестро́ить *pf*); (*event, crime*) воспроизводи́ть (воспроизвести́ *pf*), реконструи́ровать *(impf/pf)*; **~ion** [ri:kən'strʌkʃən] *n* (*of building*) реконстру́кция; (*of country*) перестро́йка; (*of crime*) воспроизведе́ние.

record [*vb* rɪ'kɔ:d, *n, adj* 'rɛkɔ:d] *vt* (*in writing, on tape*) запи́сывать (записа́ть *pf*); (*register: temperature, speed etc*) регистри́ровать (зарегистри́ровать *pf*) ♦ *n* (*written account*) за́пись *f*; (*of meeting*) протоко́л; (*of attendance*) учёт; (*MUS*) пласти́нка; (*history: of person, company*) репута́ция; (*also: criminal ~*) суди́мость *f*; (*SPORT*) реко́рд ♦ *adj*: **in ~ time** в реко́рдное вре́мя; **off the ~** (*speak*) неофициа́льно; **~er** [rɪ'kɔ:də'] *n* (*MUS*) англи́йская фле́йта; **~ holder** (*SPORT*) *n* рекордсме́н(ка); **~ing** [rɪ'kɔ:dɪŋ] *n* за́пись *f*; **~ player** *n* прои́грыватель *m*.

recount [rɪ'kaunt] *vt* (*story*) пове́дать *(impf)*; (*event*) пове́дать *(pf)* о *+prp*.

recoup [rɪ'ku:p] *vt* (*losses*) компенси́ровать *(impf/pf)*.

recover [rɪ'kʌvə'] *vt* получа́ть (получи́ть *pf*) обра́тно; (*COMM*) возмеща́ть (возмести́ть *pf*) ♦ *vi* (*get better*): **to ~ (from)** поправля́ться (попра́виться *pf*) (по́сле *+gen*); **~y** *n* (*MED*) выздоровле́ние; (*COMM*) подъём; (*of stolen items*) возвраще́ние; (*of lost items*) обнаруже́ние.

recreation [rɛkrɪ'eɪʃən] *n* (*leisure activities*) развлече́ние.

recruit [rɪ'kru:t] *n* (*MIL*) новобра́нец, призывни́к ♦ *vt* (*into organization, army*) вербова́ть (завербова́ть *pf*); (*into company*) нанима́ть (наня́ть *pf*); **(new) ~** (*in company*) но́вый сотру́дник; (*in organization*) но́вый член; **~ment** *n* (*MIL*) вербо́вка; (*by company*) набо́р (*на рабо́ту*).

rectangle ['rɛktæŋgl] *n* прямоуго́льник.

rectangular [rɛk'tæŋgjulə'] *adj* прямоуго́льный.

rectify ['rɛktɪfaɪ] *vt* исправля́ть (испра́вить *pf*).

recuperate [rɪ'kju:pəreɪt] *vi* оправля́ться (опра́виться *pf*).

recur [rɪ'kə:'] *vi* повторя́ться (повтори́ться *pf*); **~rence** *n* повторе́ние; **~rent** *adj* повторя́ющийся.

recycle [ri:'saɪkl] *vt*

перерабáтывать (переработáть *pf*).
red [rɛd] *n* крáсный цвет; (*pej*: *POL*) крáсный(-ая) *m(f) adj* ◆ *adj* крáсный; (*hair*) рыжий; **to be in the ~** имéть (*impf*) задóлженность; **R~ Cross** *n* Крáсный Крест; **~currant** *n* крáсная смородина *f no pl*.
redeem [rɪ'di:m] *vt* (*situation, reputation*) спасáть (спасти́ *pf*); (*debt*) выплáчивать (вы́платить *pf*).
redefine [ri:dɪ'faɪn] *vt* пересмáтривать (пересмотрéть *pf*).
redhead ['rɛdhɛd] *n* ры́жий(-ая) *m(f) adj*.
redress [rɪ'drɛs] *vt* (*error, wrong*) исправля́ть (испрáвить *pf*).
red tape *n* (*fig*) бюрокрáтия, волоки́та.
reduce [rɪ'dju:s] *vt* сокращáть (сократи́ть *pf*); **to ~ sb to tears** доводи́ть (довести́ *pf*) когó-н до слёз; **to ~ sb to silence** заставля́ть (застáвить *pf*) когó-н замолчáть; **he was ~d to stealing** он дошёл до тогó, что стал воровáть.
reduction [rɪ'dʌkʃən] *n* (*in price*) ски́дка; (*in numbers*) сокращéние.
redundancy [rɪ'dʌndənsɪ] (*BRIT*) *n* (*dismissal*) увольнéние (*при сокращéнии штáтов*); (*unemployment*) сокращéние штáтов.
redundant [rɪ'dʌndnt] *adj* (*BRIT*: *unemployed*) увóленный; (*useless*) изли́шний; **he was made ~** егó сократи́ли.
reed [ri:d] *n* (*BOT*) тростни́к.
reef [ri:f] *n* риф.
reel [ri:l] *n* катýшка; (*of film, tape*) бобина.
ref [rɛf] *n abbr* (*SPORT*: *inf*) = **referee**.
refer [rɪ'fə:ʳ] *vt*: **to ~ sb to** (*book etc*) отсылáть (отослáть *pf*) когó-н к +*dat*; (*doctor*) направля́ть (напрáвить *pf*) когó-н к +*dat*; **~ to** *vt fus* упоминáть (упомянýть *pf*) о +*prp*; (*relate to*) относи́ться (*impf*) к +*dat*; (*consult*) обращáться (обрати́ться *pf*) к +*dat*.
referee [rɛfə'ri:] *n* (*SPORT*) рефери́ *m ind*, судья́ *m*; (*BRIT*: *for job*) *лицó, даю́щее рекомендáцию* ◆ *vt* суди́ть (*impf*).
reference ['rɛfrəns] *n* (*mention*) упоминáние; (*in book, paper*) ссы́лка; (*for job*: *letter*) рекомендáция; **with ~ to** (*in letter*) ссылáясь на +*acc*; **~ book** *n* спрáвочник.
referenda [rɛfə'rɛndə] *npl of* **referendum**.
referendum [rɛfə'rɛndəm] (*pl* **referenda**) *n* референдум.
referral [rɪ'fə:rəl] *n* направлéние.
refine [rɪ'faɪn] *vt* (*sugar*) рафини́ровать (*impf/pf*); (*oil*) очищáть (очи́стить *pf*); (*theory, task*) совершéнствовать (усовершéнствовать *pf*); **~d** *adj* (*person, taste*) утончённый; **~ment** *n* (*of person*) утончённость *f*; (*of system*) усовершéнствование.
reflect [rɪ'flɛkt] *vt* отражáть (отрази́ть *pf*) ◆ *vi* (*think*) раздýмывать (*impf*); **~ on** *vt* (*discredit*) отражáться (отрази́ться *pf*) на +*acc*; **~ion** [rɪ'flɛkʃən] *n* отражéние; (*thought*) раздýмье; (*comment*): **~ion on**

суждéние о *+prp*; **on ~ion** взвéсив все обстоя́тельства.
reflex ['ri:flɛks] *n* рефлéкс.
reform [rɪ'fɔ:m] *n* (*of law, system*) рефóрма ◆ *vt* (*character*) преобразовáть *(impf/pf)*; (*system*) реформи́ровать *(impf/pf)*.
refrain [rɪ'freɪn] *n* (*of song*) припéв ◆ *vi*: **to ~ from commenting** воздéрживаться (воздержáться *pf*) от комментáриев.
refresh [rɪ'frɛʃ] *vt* освежáть (освежи́ть *pf*); **~ing** *adj* (*sleep*) освежáющий; (*drink*) тонизи́рующий; **~ments** *npl* закýски *fpl* и напи́тки *mpl*.
refrigerator [rɪ'frɪdʒəreɪtə^r] *n* холоди́льник.
refuge ['rɛfju:dʒ] *n* (*shelter*) убéжище, прибéжище; **to take ~ in** находи́ть (найти́ *pf*) прибéжище в *+prp*.
refugee [rɛfju'dʒi:] *n* бéженец(-нка).
refund [*n* 'ri:fʌnd, *vb* rɪ'fʌnd] *n* возмещéние ◆ *vt* возмещáть (возмести́ть *pf*).
refurbish [ri:'fə:bɪʃ] *vt* ремонти́ровать (отремонти́ровать *pf*); **~ment** *n* ремóнт.
refusal [rɪ'fju:zəl] *n* откáз.
refuse[1] [rɪ'fju:z] *vt* (*offer, gift*) откáзываться (отказáться *pf*) от *+gen*; (*permission*) откáзывать (отказáть *pf*) в *+prp* ◆ *vi* откáзываться (отказáться *pf*); **to ~ to do** откáзываться (отказáться *pf*) *+infin*.
refuse[2] ['rɛfju:s] *n* мýсор.
refute [rɪ'fju:t] *vt* опровергáть (опровéргнуть *pf*).
regain [rɪ'geɪn] *vt* (*power, position*) вновь обретáть (обрести́ *pf*).
regard [rɪ'gɑ:d] *n* (*esteem*) уважéние ◆ *vt* (*consider*) считáть *(impf)*; (*view, look on*): **to ~ with** относи́ться *(impf)* с *+instr*; **to give one's ~s to** передавáть (передáть *pf*) поклóны *+dat*; **as ~s, with ~ to** что касáется *+gen*, относи́тельно *+gen*; **~ing** *prep* относи́тельно *+gen*; **~less** *adv* (*continue*) несмотря́ ни на чтó; **~less of** несмотря́ на *+acc*, не считáясь с *+instr*.
reggae ['rɛgeɪ] *n* рэ́гги *m ind*.
regime [reɪ'ʒi:m] *n* (*POL*) режи́м.
regiment ['rɛdʒɪmənt] *n* полк.
region ['ri:dʒən] *n* (*area: of country*) райóн, региóн; (*ADMIN, ANAT*) óбласть *f*; **in the ~ of** (*fig*) в райóне *+gen*; **~al** *adj* (*organization*) областнóй, регионáльный; (*accent*) мéстный.
register ['rɛdʒɪstə^r] *n* (*census, record*) зáпись *f*; (*SCOL*) журнáл; (*also:* **electoral ~**) спи́сок избирáтелей ◆ *vt* регистри́ровать (зарегистри́ровать *pf*); (*subj: meter etc*) покáзывать (показáть *pf*) ◆ *vi* регистри́роваться (зарегистри́роваться *pf*); (*as student*) запи́сываться (записáться *pf*); (*make impression*) запечатлевáться (запечатлéться *pf*) в пáмяти; **~ed** *adj* (*letter*) заказнóй; **R~ed Trademark** *n* зарегистри́рованный товáрный знак.
registrar ['rɛdʒɪstrɑ:^r] *n* регистрáтор.
registration [rɛdʒɪs'treɪʃən] *n* регистрáция; (*AUT: also:* ~

number) (регистрацио́нный) но́мер автомоби́ля.
registry office ['rɛdʒɪstrɪ-] *n* (*BRIT*) ≈ ЗАГС (*отде́л за́писей гражда́нского состоя́ния*).
regret [rɪ'grɛt] *n* сожале́ние ◆ *vt* сожале́ть *(impf)* о *+prp*; (*death*) скорбе́ть *(impf)* о *+prp*; **~table** *adj* приско́рбный, досто́йный сожале́ния.
regular ['rɛgjulə'] *adj* регуля́рный; (*even*) ро́вный; (*symmetrical*) пра́вильный; (*usual*: *time*) обы́чный ◆ *n* (*in cafe, restaurant*) завсегда́тай; (*in shop*) клие́нт; **~ly** *adv* регуля́рно; (*symmetrically*: *shaped etc*) пра́вильно.
regulate ['rɛgjuleɪt] *vt* регули́ровать *(impf)*.
regulation [rɛgju'leɪʃən] *n* регули́рование; (*rule*) пра́вило.
rehabilitation ['ri:əbɪlɪ'teɪʃən] *n* (*of addict*) реабилита́ция; (*of criminal*) интегра́ция.
rehearsal [rɪ'hə:səl] *n* репети́ция.
rehearse [rɪ'hə:s] *vt* репети́ровать (отрепети́ровать *pf*).
reign [reɪn] *n* ца́рствование ◆ *vi* (*monarch*) ца́рствовать *(impf)*; (*fig*) цари́ть *(impf)*.
reimburse [ri:ɪm'bə:s] *vt* возмеща́ть (возмести́ть *pf*).
rein [reɪn] *n* (*for horse*) вожжа́.
reincarnation [ri:ɪnkɑ:'neɪʃən] *n* (*belief*) переселе́ние душ.
reindeer ['reɪndɪə'] *n inv* се́верный оле́нь *m*.
reinforce [ri:ɪn'fɔ:s] *vt* (*strengthen*) укрепля́ть (укрепи́ть *pf*); (*back up*) подкрепля́ть (подкрепи́ть *pf*); **~ment** *n* укрепле́ние; **~ments** *npl* (*MIL*) подкрепле́ние *ntsg*.
reinstate [ri:ɪn'steɪt] *vt* восстана́вливать (восстанови́ть *pf*) в пре́жнем положе́нии.
reject [*vb* rɪ'dʒɛkt, *n* 'ri:dʒɛkt] *vt* отклоня́ть (отклони́ть *pf*), отверга́ть (отве́ргнуть *pf*); (*political system*) отверга́ть (отве́ргнуть *pf*); (*candidate*) отклоня́ть (отклони́ть *pf*); (*goods*) бракова́ть (забракова́ть *pf*) ◆ *n* (*product*) некондицио́нное изде́лие; **~ion** [rɪ'dʒɛkʃən] *n* отклоне́ние.
rejoice [rɪ'dʒɔɪs] *vi*: **to ~ at** *or* **over** ликова́ть *(impf)* по по́воду *+gen*.
rejuvenate [rɪ'dʒu:vəneɪt] *vt* (*person*) омола́живать (омолоди́ть *pf*).
relapse [rɪ'læps] *n* (*MED*) рециди́в.
relate [rɪ'leɪt] *vt* (*tell*) переска́зывать (пересказа́ть *pf*); (*connect*): **to ~ sth to** относи́ть (отнести́ *pf*) что-н к *+dat* ◆ *vi*: **to ~ to** (*person*) сходи́ться (сойти́сь *pf*) с *+instr*; (*subject, thing*) относи́ться (отнести́сь *pf*) к *+dat*; **~d** *adj*: **~d (to)** (*person*) свя́занный родство́м (с *+instr*); (*animal, language*) ро́дственный (с *+instr*); **they are ~d** они́ состоя́т в родстве́.
relating to [rɪ'leɪtɪŋ-] *prep* относи́тельно *+gen*.
relation [rɪ'leɪʃən] *n* (*member of family*) ро́дственник(-ица); (*connection*) отноше́ние; **~s** *npl* (*dealings*) сноше́ния *ntpl*; (*relatives*) родня́ *fsg*; **~ship** *n* (*between two people, countries*) (взаимо-)отноше́ния *ntpl*; (*between two things, affair*) связь *f*.
relative ['rɛlətɪv] *n* (*family member*) ро́дственник(-ица) ◆ *adj* (*comparative*) относи́тельный; ~

to (*in relation to*) относя́щийся к *+dat*; **~ly** *adv* относи́тельно.

relax [rɪ'læks] *vi* расслабля́ться (рассла́биться *pf*) ◆ *vt* (*grip, rule, control*) ослабля́ть (осла́бить *pf*); (*person*) расслабля́ть (рассла́бить *pf*); **~ation** [ri:læk'seɪʃən] *n* о́тдых; (*of muscle*) расслабле́ние; (*of grip, rule, control*) ослабле́ние; **~ed** *adj* непринуждённый, споко́йный; **~ing** *adj* (*holiday*) расслабля́ющий.

relay [*n* 'ri:leɪ, *vb* rɪ'leɪ] *n* (*race*) эстафе́та ◆ *vt* передава́ть (переда́ть *pf*).

release [rɪ'li:s] *n* (*from prison*) освобожде́ние; (*of gas, book, film*) вы́пуск ◆ *vt* (*see n*) освобожда́ть (освободи́ть *pf*); выпуска́ть (вы́пустить *pf*); (*TECH*: *catch, spring etc*) отпуска́ть (отпусти́ть *pf*).

relentless [rɪ'lɛntlɪs] *adj* (*effort*) неосла́бный; (*rain*) продолжи́тельный; (*determined*) неуста́нный.

relevance ['rɛləvəns] *n* (*of remarks, question*) уме́стность *f*; (*of information*) актуа́льность *f*.

relevant ['rɛləvənt] *adj* актуа́льный; **~ to** относя́щийся к *+dat*.

reliability [rɪlaɪə'bɪlɪtɪ] *n* (*see adj*) надёжность *f*; достове́рность *f*.

reliable [rɪ'laɪəbl] *adj* надёжный; (*information*) достове́рный.

reliance [rɪ'laɪəns] *n*: **~ (on)** (*person, drugs*) зави́симость *f* (от *+gen*).

relic ['rɛlɪk] *n* (*of past etc*) рели́квия.

relief [rɪ'li:f] *n* облегче́ние; (*aid*) по́мощь *f*.

relieve [rɪ'li:v] *vt* (*pain, suffering*) облегча́ть (облегчи́ть *pf*); (*fear, worry*) уменьша́ть (уме́ньшить *pf*); (*colleague, guard*) сменя́ть (смени́ть *pf*); **to ~ sb of sth** освобожда́ть (освободи́ть *pf*) кого́-н от чего́-н; **~d** *adj*: **to feel ~d** чу́вствовать (почу́вствовать *pf*) облегче́ние.

religion [rɪ'lɪdʒən] *n* рели́гия.

religious [rɪ'lɪdʒəs] *adj* религио́зный.

relinquish [rɪ'lɪŋkwɪʃ] *vt* (*authority*) отка́зываться (отказа́ться *pf*) от *+gen*.

relish ['rɛlɪʃ] *n* (*CULIN*) припра́ва; (*enjoyment*) наслажде́ние ◆ *vt* наслажда́ться (наслади́ться *pf*) *+instr*, смакова́ть *(impf)*.

reluctance [rɪ'lʌktəns] *n* нежела́ние.

reluctant [rɪ'lʌktənt] *adj* неохо́тный; (*person*): **he is ~ to go there** он идёт туда́ неохо́тно; **~ly** *adv* неохо́тно.

rely on [rɪ'laɪ-] *vt fus* (*count on*) полага́ться *(impf)* на *+acc*; (*trust*) полага́ться (положи́ться *pf*) на *+acc*.

remain [rɪ'meɪn] *vi* остава́ться (оста́ться *pf*); **~der** *n* оста́ток; **~ing** *adj* сохрани́вшийся, оста́вшийся; **~s** *npl* (*of meal*) оста́тки *mpl*; (*of building*) разва́лины *fpl*; (*of body*) оста́нки *mpl*.

remand [rɪ'mɑ:nd] *n*: **on ~** взя́тый под стра́жу ◆ *vt*: **he was ~ed in custody** он был взят под стра́жу.

remark [rɪ'mɑ:k] *n* замеча́ние ◆ *vt* замеча́ть (заме́тить *pf*); **~able** *adj* замеча́тельный.

remedial [rɪ'mi:dɪəl] *adj* (*classes*)

исправи́тельный, корректи́вный.
remedy ['rɛmədɪ] *n* (*cure*) сре́дство ♦ *vt* исправля́ть (испра́вить *pf*).
remember [rɪ'mɛmbəʳ] *vt* (*recall*) вспомина́ть (вспо́мнить *pf*); (*bear in mind*) по́мнить *(impf)*.
remembrance [rɪ'mɛmbrəns] *n* па́мять *f*.
remind [rɪ'maɪnd] *vt*: **to ~ sb to do** напомина́ть (напо́мнить *pf*) кому́-н *+infin*; **to ~ sb of sth** напомина́ть (напо́мнить *pf*) кому́-н о чём-н; **she ~s me of her mother** она́ напомина́ет мне свою́ мать; **~er** *n* напомина́ние.
reminisce [rɛmɪ'nɪs] *vi* вспомина́ть (вспо́мнить *pf*); **~nt** *adj*: **to be ~nt of sth** напомина́ть (напо́мнить *pf*) что-н.
remit [rɪ'mɪt] *vt* (*send*) пересыла́ть (пересла́ть *pf*).
remnant ['rɛmnənt] *n* оста́ток.
remorse [rɪ'mɔ:s] *n* раска́яние.
remote [rɪ'məut] *adj* (*place, time*) отдалённый; **~ control** *n* дистанцио́нное управле́ние; **~ly** *adv* отдалённо; **I'm not ~ly interested** я ниско́лько не заинтересо́ван.
removable [rɪ'mu:vəbl] *adj* съёмный.
removal [rɪ'mu:vəl] *n* удале́ние; (*BRIT*: *of furniture*) перево́зка.
remove [rɪ'mu:v] *vt* (*take away*) убира́ть (убра́ть *pf*); (*clothing, employee*) снима́ть (снять *pf*); (*stain*) удаля́ть (удали́ть *pf*); (*problem, doubt*) устраня́ть (устрани́ть *pf*).
Renaissance [rɪ'neɪsɑ̃:s] *n*: **the ~** (*HISTORY*) Возрожде́ние.
render ['rɛndəʳ] *vt* (*assistance*) ока́зывать (оказа́ть *pf*); (*harmless, useless*) де́лать (сде́лать *pf*) *+instr*.
rendezvous ['rɔndɪvu:] *n* (*meeting*) свида́ние; (*place*) ме́сто свида́ния.
renew [rɪ'nju:] *vt* возобновля́ть (возобнови́ть *pf*); **~al** *n* возобновле́ние.
renounce [rɪ'nauns] *vt* отка́зываться (отказа́ться *pf*) от *+gen*; (*belief, throne*) отрека́ться (отре́чься *pf*) от *+gen*.
renovate ['rɛnəveɪt] *vt* модернизи́ровать *(impf/pf)*.
renovation [rɛnə'veɪʃən] *n* модерниза́ция; (*of work of art*) реставра́ция.
renowned [rɪ'naund] *adj* просла́вленный.
rent [rɛnt] *n* кварти́рная пла́та ♦ *vt* (*take for rent*: *house*) снима́ть (снять *pf*); (: *television, car*) брать (взять *pf*) напрока́т; (*also*: **~ out**: *house*) сдава́ть (сдать *pf*) (внаём); (: *television, car*) дава́ть (дать *pf*) напрока́т; **~al** *n* (*charge*) пла́та за прока́т.
rep [rɛp] *n abbr* (*COMM*) = **representative**.
repair [rɪ'pɛəʳ] *n* ремо́нт ♦ *vt* (*clothes, shoes*) чини́ть (почини́ть *pf*); (*car*) ремонти́ровать (отремонти́ровать *pf*); **in good/bad ~** в хоро́шем/плохо́м состоя́нии.
repay [ri:'peɪ] *irreg vt* (*money, debt*) выпла́чивать (вы́платить *pf*); (*person*) упла́чивать (уплати́ть *pf*) *+dat*; **to ~ sb (for sth)** (*favour*) отпла́чивать (отплати́ть *pf*) кому́-н (за что-н); **~ment** *n* вы́плата.

repeat [rɪ'pi:t] *vt* повторя́ть (повтори́ть *pf*) ◆ *vi* повторя́ться (повтори́ться *pf*) ◆ *n* (*RADIO, TV*) повторе́ние; **~edly** *adv* неоднокра́тно.
repel [rɪ'pɛl] *vt* (*disgust*) отта́лкивать (оттолкну́ть *pf*); **~lent** *n*: **insect ~lent** репелле́нт.
repent [rɪ'pɛnt] *vi*: **to ~ (of)** ка́яться (пока́яться *pf*) (в *+prp*); **~ance** *n* покая́ние.
repercussions [ri:pə'kʌʃənz] *npl* после́дствия *ntpl*.
repertoire ['rɛpətwɑ:'] *n* репертуа́р.
repetition [rɛpɪ'tɪʃən] *n* (*repeat*) повторе́ние.
repetitive [rɪ'pɛtɪtɪv] *adj* повторя́ющийся.
replace [rɪ'pleɪs] *vt* (*put back*) класть (положи́ть *pf*) обра́тно; (: *vertically*) ста́вить (поста́вить *pf*) обра́тно; (*take the place of*) заменя́ть (замени́ть *pf*); **~ment** *n* заме́на.
replay [*n* 'ri:pleɪ, *vb* ri:'pleɪ] *n* (*of match*) переигро́вка; (*of film*) повто́рный пока́з ◆ *vt* (*match, game*) переи́грывать (переигра́ть *pf*); (*part of tape*) повто́рно прои́грывать (проигра́ть *pf*).
replenish [rɪ'plɛnɪʃ] *vt* (*stock etc*) пополня́ть (попо́лнить *pf*).
replica ['rɛplɪkə] *n* (*copy*) ко́пия.
reply [rɪ'plaɪ] *n* отве́т ◆ *vi* отвеча́ть (отве́тить *pf*).
report [rɪ'pɔ:t] *n* (*account*) докла́д, отчёт; (*PRESS, TV etc*) репорта́ж; (*statement*) сообще́ние; (*BRIT*: *also:* **school ~**) отчёт об успева́емости ◆ *vt* сообща́ть (сообщи́ть *pf*) о *+prp*; (*event, meeting*) докла́дывать (доложи́ть *pf*) о *+prp*; (*person*) доноси́ть (донести́ *pf*) на *+acc* ◆ *vi* (*make a report*) докла́дывать (доложи́ть *pf*); **to ~ to sb** (*present o.s.*) явля́ться (яви́ться *pf*) к кому́-н; (*be responsible to*) быть (*impf*) под нача́лом кого́-н; **to ~ that** сообща́ть (сообщи́ть *pf*), что; **~edly** *adv* как сообща́ют; **~er** *n* репортёр.
represent [rɛprɪ'zɛnt] *vt* (*person, nation*) представля́ть (предста́вить *pf*); (*view, belief*) излага́ть (изложи́ть *pf*); (*constitute*) представля́ть (*impf*) собо́й; (*idea, emotion*) символизи́ровать (*impf/pf*); (*describe*): **to ~ sth as** изобража́ть (изобрази́ть *pf*) что-н как; **~ation** [rɛprɪzɛn'teɪʃən] *n* (*state*) представи́тельство; (*picture, statue*) изображе́ние; **~ative** *n* представи́тель *m* ◆ *adj* представи́тельный.
repress [rɪ'prɛs] *vt* подавля́ть (подави́ть *pf*); **~ion** [rɪ'prɛʃən] *n* подавле́ние; **~ive** *adj* репресси́вный.
reprieve [rɪ'pri:v] *n* (*LAW*) отсро́чка (*в исполне́нии пригово́ра*); (*fig: delay*) переды́шка.
reprimand ['rɛprɪmɑ:nd] *n* вы́говор ◆ *vt* де́лать (сде́лать *pf*) вы́говор *+dat*.
reprisal [rɪ'praɪzl] *n* распра́ва.
reproach [rɪ'prəutʃ] *n* упрёк ◆ *vt*: **to ~ sb for sth/with sth** упрека́ть (упрекну́ть *pf*) кого́-н за что-н/в чём-н.
reproduce [ri:prə'dju:s] *vt* воспроизводи́ть (воспроизвести́ *pf*) ◆ *vi* размножа́ться (размно́житься *pf*).

reproduction [ri:prəˈdʌkʃən] *n* воспроизведéние; (*ART*) репродýкция.
reproductive [ri:prəˈdʌktɪv] *adj* (*process*) репродуктúвный; (*system*) половóй.
reptile [ˈrɛptaɪl] *n* пресмыкáющееся *nt adj* (живóтное).
republic [rɪˈpʌblɪk] *n* респýблика; **~an** *n* (*US*: *POL*): **R~an** республикáнец(-нка).
repulsive [rɪˈpʌlsɪv] *adj* отвратúтельный.
reputable [ˈrɛpjutəbl] *adj* (*person*) уважáемый; **~ company** компáния с хорóшей репутáцией.
reputation [rɛpjuˈteɪʃən] *n* репутáция.
reputed [rɪˈpju:tɪd] *adj* (*rumoured*) предполагáемый; **~ly** *adv* по óбщему мнéнию.
request [rɪˈkwɛst] *n* (*polite demand*) прóсьба; (*formal demand*) заявка ♦ *vt*: **to ~ sth of** *or* **from sb** просúть (попросúть *pf*) что-н у когó-н.
require [rɪˈkwaɪəʳ] *vt* (*subj*: *person*) нуждáться *(impf)* в *+prp*; (: *thing, situation*) трéбовать *(impf)*; (*order*): **to ~ sth of sb** трéбовать (потрéбовать *pf*) что-н от когó-н; **we ~ you to complete the task** мы трéбуем, чтóбы Вы завершúли рабóту; **~ment** *n* (*need, want*) потрéбность *f*.
requisite [ˈrɛkwɪzɪt] *n* трéбование ♦ *adj* необходúмый.
rescue [ˈrɛskju:] *n* спасéние ♦ *vt*: **to ~ (from)** спасáть (спастú *pf*) (от *+gen*); **to come to sb's ~** приходúть (прийтú *pf*) кому́-н на пóмощь.
research [rɪˈsə:tʃ] *n* исслéдование ♦ *vt* исслéдовать *(impf/pf)*; **~er** *n* исслéдователь *m*.
resemblance [rɪˈzɛmbləns] *n* схóдство.
resemble [rɪˈzɛmbl] *vt* походúть *(impf)* на *+acc*.
resent [rɪˈzɛnt] *vt* (*fact*) негодовáть *(impf)* прóтив *+gen*; (*person*) негодовáть *(impf)* на *+acc*; **~ful** *adj* негодýющий; **~ment** *n* негодовáние.
reservation [rɛzəˈveɪʃən] *n* (*booking*) предварúтельный закáз; (*doubt*) сомнéние; (*for tribe*) резервáция.
reserve [rɪˈzə:v] *n* (*store*) резéрв, запáс; (*also*: **nature ~**) заповéдник; (*SPORT*) запаснóй игрóк; (*restraint*) сдéржанность *f* ♦ *vt* (*look, tone*) сохранять (сохранúть *pf*); (*seats, table etc*) бронúровать (забронúровать *pf*); **in ~** в резéрве *or* запáсе; **~d** *adj* (*restrained*) сдéржанный.
reservoir [ˈrɛzəvwɑ:ʳ] *n* (*of water*) водохранúлище.
reshuffle [ri:ˈʃʌfl] *n*: **Cabinet ~** перетасóвка *or* перестанóвки *fpl* в кабинéте минúстров.
reside [rɪˈzaɪd] *vi* (*live*) проживáть *(impf)*; **~nce** [ˈrɛzɪdəns] *n* (*home*) резидéнция; (*length of stay*) пребывáние; **~nt** [ˈrɛzɪdənt] *n* (*of country, town*) (постоянный(-ая)) жúтель(ница) *m(f)*; (*in hotel*) проживáющий(-ая) *m(f) adj* ♦ *adj* (*population*) постоянный; **~ntial** [rɛzɪˈdɛnʃəl] *adj* (*area*) жилóй; (*course, college*) с проживáнием.
resign [rɪˈzaɪn] *vi* (*from post*) уходúть (уйтú *pf*) в отстáвку ♦ *vt* (*one's post*) оставлять (остáвить *pf*) с *+gen*; **to ~ o.s. to** смиряться

(смири́ться *pf*) с *+instr*; **~ation** [rɛzɪg'neɪʃən] *n* отста́вка; (*acceptance*) поко́рность *f*; **~ed** *adj* (*to situation etc*) смири́вшийся.
resilience [rɪ'zɪlɪəns] *n* сто́йкость *f*.
resilient [rɪ'zɪlɪənt] *adj* сто́йкий.
resin ['rɛzɪn] *n* смола́.
resist [rɪ'zɪst] *vt* сопротивля́ться *(impf) +dat*; (*temptation*) усто́ять *(pf)* пе́ред *+instr*; **~ance** *n* (*opposition*) сопротивле́ние; (*to illness*) сопротивля́емость *f*.
resolute ['rɛzəlu:t] *adj* (*faith*) твёрдый; (*opposition*) реши́тельный.
resolution [rɛzə'lu:ʃən] *n* (*decision*) реше́ние; (: *formal*) резолю́ция; (*determination*) реши́мость *f*; (*of problem, difficulty*) разреше́ние.
resolve [rɪ'zɔlv] *n* реши́тельность *f* ◆ *vt* (*problem, difficulty*) разреша́ть (разреши́ть *pf*) ◆ *vi*: **to ~ to do** реша́ть (реши́ть *pf*) *+infin*; **~d** *adj* реши́тельный.
resonant ['rɛzənənt] *adj* звү́чный.
resort [rɪ'zɔ:t] *n* (*town*) куро́рт; (*recourse*) прибега́ние ◆ *vi*: **to ~ to** прибега́ть (прибе́гнуть *pf*) к *+dat*; **the last ~** после́дняя наде́жда; **in the last ~** в кра́йнем слу́чае.
resounding [rɪ'zaundɪŋ] *adj* (*noise*) звү́чный; (*fig*: *success*) гро́мкий.
resource [rɪ'sɔ:s] *n* ресу́рс; **~ful** *adj* изобрета́тельный, нахо́дчивый.
respect [rɪs'pɛkt] *n* уваже́ние ◆ *vt* уважа́ть *(impf)*; **~s** *npl* (*greetings*) почте́ние *ntsg*; **with ~ to, in ~ of** в отноше́нии *+gen*; **in this ~** в э́том отноше́нии; **~ability** *n* респекта́бельность *f*; **~able** *adj* прили́чный; (*morally correct*) респекта́бельный; **~ful** *adj* почти́тельный.
respective [rɪs'pɛktɪv] *adj*: **he drove them to their ~ homes** он отвёз их обо́их по дома́м; **~ly** *adv* соотве́тственно.
respond [rɪs'pɔnd] *vi* (*answer*) отвеча́ть (отве́тить *pf*); (*react*): **to ~ to** (*pressure, criticism*) реаги́ровать (отреаги́ровать *pf*) на *+acc*.
response [rɪs'pɔns] *n* (*answer*) отве́т; (*reaction*) резона́нс, о́тклик.
responsibility [rɪspɔnsɪ'bɪlɪtɪ] *n* (*liability*) отве́тственность *f*; (*duty*) обя́занность *f*.
responsible [rɪs'pɔnsɪbl] *adj*: **~ (for)** отве́тственный (за *+acc*).
responsive [rɪs'pɔnsɪv] *adj* (*child, nature*) отзы́вчивый; **~ to** (*demand, treatment*) восприи́мчивый к *+dat*.
rest [rɛst] *n* (*relaxation, pause*) о́тдых; (*stand, support*) подста́вка ◆ *vi* (*relax, stop*) отдыха́ть (отдохну́ть *pf*) ◆ *vt* (*head, eyes etc*) дава́ть (дать *pf*) о́тдых *+dat*; (*lean*): **to ~ sth against** прислоня́ть (прислони́ть *pf*) что-н к *+dat*; **the ~** (*remainder*) остально́е *nt adj*; **the ~ of them** остальны́е (из них); **to ~ on** (*person*) опира́ться (опере́ться *pf*) на *+acc*; (*idea*) опира́ться *(impf)* на *+acc*; (*object*) лежа́ть *(impf)* на *+prp*; **~ assured that ...** бу́дьте уве́рены, что ...; **it ~s with him to ...** на нём лежи́т *+infin ...*; **to ~ one's eyes** *or* **gaze on** остана́вливать (останови́ть *pf*) (свой) взгляд на *+acc*.
restaurant ['rɛstərɔŋ] *n* рестора́н.
restful ['rɛstful] *adj* успока́ивающий.

restless ['rɛstlɪs] *adj* беспоко́йный.

restoration [rɛstə'reɪʃən] *n* (*of building etc*) реставра́ция; (*of order, health*) восстановле́ние.

restore [rɪ'stɔː'] *vt* (*see n*) реставри́ровать (отреставри́ровать *pf*); восстана́вливать (восстанови́ть *pf*); (*stolen property*) возвраща́ть (возврати́ть *pf*); (*to power*) верну́ть *(pf)*.

restrain [rɪs'treɪn] *vt* сде́рживать (сдержа́ть *pf*); (*person*): **to ~ sb from doing** не дава́ть (дать *pf*) кому́-н *+infin*; **~ed** *adj* сде́ржанный; **~t** *n* (*moderation*) сде́ржанность *f*; (*restriction*) ограниче́ние.

restrict [rɪs'trɪkt] *vt* ограни́чивать (ограни́чить *pf*); **~ion** [rɪs'trɪkʃən] *n*: **~ion (on)** ограниче́ние (на *+acc*); **~ive** *adj* ограничи́тельный; (*clothing*) стесня́ющий.

result [rɪ'zʌlt] *n* результа́т ◆ *vi*: **to ~ in** зака́нчиваться (зако́нчиться *pf*) *+instr*; **as a ~ of** в результа́те *+gen*.

resume [rɪ'zjuːm] *vt* (*work, journey*) возобновля́ть (возобнови́ть *pf*) ◆ *vi* продолжа́ть (продо́лжить *pf*).

résumé ['reɪzjuːmeɪ] *n* резюме́ *nt ind*; (*US*: *for job*) автобиогра́фия.

resumption [rɪ'zʌmpʃən] *n* возобновле́ние.

resurgence [rɪ'səːdʒəns] *n* всплеск.

retail ['riːteɪl] *adj* ро́зничный ◆ *adv* в ро́зницу; **~er** *n* ро́зничный торго́вец; **~ price** *n* ро́зничная цена́.

retain [rɪ'teɪn] *vt* (*keep*) сохраня́ть (сохрани́ть *pf*).

retaliate [rɪ'tælɪeɪt] *vi*: **to ~ (against)** (*attack*) наноси́ть (нанести́ *pf*) отве́тный уда́р (*+dat*); (*ill-treatment*) отпла́чивать (отплати́ть *pf*) (за *+acc*).

retaliation [rɪtælɪ'eɪʃən] *n* (*see vi*) отве́тный уда́р; возме́здие.

retarded [rɪ'tɑːdɪd] *adj* (*development, growth*) заме́дленный.

reticent ['rɛtɪsnt] *adj* сде́ржанный.

retina ['rɛtɪnə] *n* сетча́тка.

retire [rɪ'taɪə'] *vi* (*give up work*) уходи́ть (уйти́ *pf*) на пе́нсию; (*withdraw*) удаля́ться (удали́ться *pf*); (*go to bed*) удаля́ться (удали́ться *pf*) на поко́й; **~d** *adj*: **he is ~d** он на пе́нсии; **~ment** *n* вы́ход *or* ухо́д на пе́нсию.

retiring [rɪ'taɪərɪŋ] *adj* (*shy*) засте́нчивый.

retreat [rɪ'triːt] *n* (*place*) убе́жище; (*withdrawal*) ухо́д; (*MIL*) отступле́ние ◆ *vi* отступа́ть (отступи́ть *pf*).

retribution [rɛtrɪ'bjuːʃən] *n* возме́здие.

retrieval [rɪ'triːvəl] *n* восстановле́ние.

retrieve [rɪ'triːv] *vt* (*object*) брать (взять *pf*) обра́тно; (*honour*) восстана́вливать (восстанови́ть *pf*); (*situation*) спаса́ть (спасти́ *pf*).

retrospect ['rɛtrəspɛkt] *n*: **in ~** в ретроспе́кции; **~ive** [rɛtrə'spɛktɪv] *adj* (*law, tax*) име́ющий обра́тную си́лу.

return [rɪ'təːn] *n* (*from, to place*) возвраще́ние; (*of sth stolen etc*) возвра́т; (*COMM*) дохо́д ◆ *cpd* (*journey, ticket*) обра́тный ◆ *vi* возвраща́ться (возврати́ться *pf*), верну́ться *(pf)* ◆ *vt* возвраща́ть (возврати́ть *pf*), верну́ть *(pf)*; (*LAW*: *verdict*) выноси́ть (вы́нести *pf*); (*POL*: *candidate*) избира́ть (избра́ть *pf*); (*ball*) отбива́ть (отби́ть *pf*); **in ~ (for)** в отве́т (на *+acc*); **many happy ~s (of the day)!** с днём рожде́ния!; **to ~ to** (*consciousness*) приходи́ть (прийти́ *pf*) в *+acc*; (*power*) верну́ться *(pf)* к *+dat*.

reunion [ri:'ju:nɪən] *n* (*reuniting*) воссоедине́ние; (*party*) встре́ча.

rev [rɛv] *n abbr* (*AUT*) = **revolution**.

Rev. *abbr* (*REL*) = **Reverend**.

revamp [ri:'væmp] *vt* обновля́ть (обнови́ть *pf*).

reveal [rɪ'vi:l] *vt* (*make known*) обнару́живать (обнару́жить *pf*); (*make visible*) открыва́ть (откры́ть *pf*); **~ing** *adj* (*action, statement*) показа́тельный; (*dress*) откры́тый.

revel ['rɛvl] *vi*: **to ~ in sth** упива́ться *(impf)* чем-н; **to ~ in doing** обожа́ть *(impf) +infin*.

revelation [rɛvə'leɪʃən] *n* (*fact*) откры́тие.

revenge [rɪ'vɛndʒ] *n* месть *f*; **to take ~ on, ~ o.s. on** мстить (отомсти́ть *pf*) *+dat*.

revenue ['rɛvənju:] *n* дохо́ды *mpl*.

reverence ['rɛvərəns] *n* почте́ние.

Reverend ['rɛvərənd] *adj*: **the ~** его́ преподо́бие.

reversal [rɪ'və:sl] *n* радика́льное измене́ние; (*of roles*) переме́на.

reverse [rɪ'və:s] *n* (*opposite*) противополо́жность *f*; (*of coin, medal*) оборо́тная сторона́; (*of paper*) оборо́т; (*AUT*: *also*: **~ gear**) обра́тный ход ◆ *adj* (*opposite*) обра́тный ◆ *vt* (*order, position, decision*) изменя́ть (измени́ть *pf*); (*process, policy*) повора́чивать (поверну́ть *pf*) вспять ◆ *vi* (*BRIT*: *AUT*) дава́ть (дать *pf*) за́дний ход; **in ~ order** в обра́тном поря́дке; **to ~ a car** дава́ть (дать *pf*) за́дний ход; **to ~ roles** меня́ться (поменя́ться *pf*) роля́ми.

revert [rɪ'və:t] *vi*: **to ~ to** (*to former state*) возвраща́ться (возврати́ться *pf*) к *+dat*; (*LAW*: *money, property*) переходи́ть (перейти́ *pf*) к *+dat*.

review [rɪ'vju:] *n* (*of situation, policy etc*) пересмо́тр; (*of book, film etc*) реце́нзия; (*magazine*) обозре́ние ◆ *vt* (*situation, policy etc*) пересма́тривать (пересмотре́ть *pf*); (*book, film etc*) рецензи́ровать (отрецензи́ровать *pf*).

revise [rɪ'vaɪz] *vt* (*manuscript*) перераба́тывать (перерабо́тать *pf*); (*opinion, law*) пересма́тривать (пересмотре́ть *pf*) ◆ *vi* (*SCOL*) повторя́ть (повтори́ть *pf*).

revision [rɪ'vɪʒən] *n* (*see vb*) перерабо́тка; пересмо́тр; повторе́ние.

revival [rɪ'vaɪvəl] *n* (*recovery*) оживле́ние; (*of interest, faith*) возрожде́ние.

revive [rɪ'vaɪv] *vt* (*person*) возвраща́ть (возврати́ть *pf*) к жи́зни; (*economy, industry*) оживля́ть (оживи́ть *pf*); (*tradition, interest etc*) возрожда́ть (возроди́ть *pf*) ◆ *vi* (*see vt*) приходи́ть (прийти́ *pf*) в созна́ние; оживля́ться (оживи́ться *pf*); возрожда́ться (возроди́ться *pf*).

revolt [rɪ'vəult] *n* (*rebellion*) восста́ние ◆ *vi* (*rebel*) восстава́ть

(восстáть *pf*) ◆ *vt* вызывáть (вы́звать *pf*) отвращéние у *+gen*; **~ing** *adj* отврати́тельный.
revolution [rɛvəˈluːʃən] *n* револю́ция; (*of wheel, earth etc*) оборóт; **~ary** *adj* революциóнный ◆ *n* революционéр(ка).
revolve [rɪˈvɔlv] *vi* (*turn*) вращáться *(impf)*; (*fig*): **to ~ (a)round** вращáться *(impf)* вокрýг *+gen*.
revolver [rɪˈvɔlvəʳ] *n* револьвéр.
revulsion [rɪˈvʌlʃən] *n* отвращéние.
reward [rɪˈwɔːd] *n* нагрáда ◆ *vt*: **to ~ (for)** (*effort*) вознаграждáть (вознагради́ть *pf*) (за *+acc*); **~ing** *adj*: **this work is ~ing** э́та рабóта прино́сит удовлетворéние.
rewind [riːˈwaɪnd] *irreg vt* перемáтывать (перемотáть *pf*).
rewrite [riːˈraɪt] *irreg vt* (*rework*) перепи́сывать (переписáть *pf*).
rhetorical [rɪˈtɔrɪkl] *adj* ритори́ческий.
rheumatic [ruːˈmætɪk] *adj* ревмати́ческий.
rheumatism [ˈruːmətɪzəm] *n* ревмати́зм.
rhinoceros [raɪˈnɔsərəs] *n* носорóг.
rhubarb [ˈruːbɑːb] *n* ревéнь *m*.
rhyme [raɪm] *n* ри́фма; (*in poetry*) размéр.
rhythm [ˈrɪðm] *n* ритм.
rib [rɪb] *n* (*ANAT*) ребрó.
ribbon [ˈrɪbən] *n* лéнта; **in ~s** (*torn*) в клóчья.
rice [raɪs] *n* рис.
rich [rɪtʃ] *adj* богáтый; (*clothes, jewels*) роскóшный; (*food, colour, life*) насы́щенный; (*abundant*): **~ in** богáтый *+instr*; **the ~** *npl* (*rich people*) богáтые *pl adj*; **~es** *npl* (*wealth*) богáтство *ntsg*; **~ly** *adv* (*dressed, decorated*) богáто; (*rewarded*) щéдро; (*deserved, earned*) вполнé.
rickets [ˈrɪkɪts] *n* (*MED*) рахи́т.
ricochet [ˈrɪkəʃeɪ] *vi* рикошети́ровать *(impf)*.
rid [rɪd] (*pt, pp* **rid**) *vt*: **to ~ sb of sth** избавля́ть (избáвить *pf*) когó-н от чегó-н; **to get ~ of** избавля́ться (избáвиться *pf*) *or* отдéлываться (отдéлаться *pf*) от *+gen*.
ridden [ˈrɪdn] *pp of* **ride**.
riddle [ˈrɪdl] *n* (*conundrum*) загáдка ◆ *vt*: **~d with** (*holes, bullets*) изрешечённый *+instr*; (*guilt, doubts*) пóлный *+gen*; (*corruption*) прони́занный *+instr*.
ride [raɪd] (*pt* **rode**, *pp* **ridden**) *n* поéздка ◆ *vi* (*as sport*) éздить *(impf)* верхóм; (*go somewhere, travel*) éздить/éхать *(impf)* ◆ *vt* (*horse*) éздить/éхать *(impf)* верхóм на *+prp*; (*bicycle, motorcycle*) éздить/éхать *(impf)* на *+prp*; (*distance*) проезжáть (проéхать *pf*); **a 5 mile ~** поéздка в 5 миль; **to take sb for a ~** (*fig*) прокати́ть *(pf)* когó-н; **~r** *n* (*on horse*) наéздник(-ица); (*on bicycle*) велосипеди́ст(ка); (*on motorcycle*) мотоцикли́ст(ка).
ridge [rɪdʒ] *n* (*of hill*) грéбень *m*.
ridicule [ˈrɪdɪkjuːl] *vt* высмéивать (вы́смеять *pf*).
ridiculous [rɪˈdɪkjuləs] *adj* смехотвóрный; **it's ~** э́то смешнó.
riding [ˈraɪdɪŋ] *n* верховáя ездá.
rife [raɪf] *adj*: **to be ~** (*corruption*) процветáть *(impf)*; **to be ~ with** (*rumours, fears*) изоби́ловать *(impf) +instr*.

rifle ['raɪfl] *n* (*MIL*) винтовка; (*for hunting*) ружьё.
rift [rɪft] *n* (*also fig*) трещина.
rig [rɪg] *n* (*also*: **oil ~**) буровая установка ◆ *vt* подтасовывать (подтасовать *pf*) результаты *+gen*; **~ging** *n* (*NAUT*) такелаж.
right [raɪt] *adj* правильный; (*person, time, size*) подходящий; (*fair, just*) справедливый; (*not left*) правый ◆ *n* (*entitlement*) право; (*not left*) правая сторона ◆ *adv* (*correctly*) правильно; (*not to the left*) направо ◆ *vt* (*ship*) выравнивать (выровнять *pf*); (*car*) ставить (поставить *pf*) на колёса; (*fault, situation*) исправлять (исправить *pf*); (*wrong*) устранять (устранить *pf*) ◆ *excl* так, хорошо; **she's ~** она права; **that's ~!** (*answer*) правильно!; **is that clock ~?** эти часы правильно идут?; **on the ~** справа; **you are in the ~** правда за Вами; **by ~s** по справедливости; **~ and wrong** правильное и неправильное; **~ now** сейчас же; **~ away** сразу же; **~eous** ['raɪtʃəs] *adj* праведный; **~ful** *adj* законный; **~-handed** *adj*: **he is ~-handed** он правша; **~ly** *adv* (*with reason*) справедливо; **~ of way** *n* (*path etc*) право прохода; (*AUT*) право проезда; **~-wing** *adj* (*POL*) правый.
rigid ['rɪdʒɪd] *adj* (*structure, control*) жёсткий; (*fig*: *attitude etc*) косный.
rigor ['rɪgə'] *n* (*US*) = **rigour**.
rigorous ['rɪgərəs] *adj* жёсткий; (*training*) серьёзный.
rigour ['rɪgə'] (*US* **rigor**) *n* жёсткость *f*; **~s** *npl* (*severity*) трудности *fpl*.
rim [rɪm] *n* (*of glass, dish*) край; (*of spectacles*) ободок; (*of wheel*) обод.
rind [raɪnd] *n* (*of bacon, cheese*) корка; (*of lemon, orange etc*) кожура.
ring [rɪŋ] (*pt* **rang**, *pp* **rung**) *n* (*of metal, smoke*) кольцо; (*of people, objects, light*) круг; (*of spies, drug dealers etc*) сеть *f*; (*for boxing*) ринг; (*of circus*) арена; (*of doorbell, telephone*) звонок ◆ *vi* звонить (позвонить *pf*); (*doorbell*) звенеть *(impf)*; (*also*: **~ out**: *voice, shot*) раздаваться (раздаться *pf*) ◆ *vt* (*BRIT*: *TEL*) звонить (позвонить *pf*) *+dat*; **to give sb a ~** (*BRIT*: *TEL*) звонить (позвонить *pf*) кому-н; **my ears are ~ing** у меня звенит в ушах; **to ~ the bell** звонить *(impf)* в звонок; **~ up** *vt* (*BRIT*) звонить (позвонить *pf*) *+dat*; **~ing** *n* (*of telephone, doorbell*) звонок; (*of church bell, in ears*) звон.
rink [rɪŋk] *n* (*also*: **ice ~**, **roller skating ~**) каток.
rinse [rɪns] *vt* полоскать (прополоскать *pf*) ◆ *n*: **to give sth a ~** ополаскивать (ополоснуть *pf*) что-н.
riot ['raɪət] *n* (*disturbance*) беспорядки *mpl*, бесчинства *ntpl* ◆ *vi* бесчинствовать *(impf)*; **to run ~** буйствовать *(impf)*; **~ous** *adj* (*mob, behaviour*) бесчинствующий; (*living*) разгульный; (*welcome*) бурный.
rip [rɪp] *n* разрыв ◆ *vt* (*paper, cloth*) разрывать (разорвать *pf*) ◆ *vi* разрываться (разорваться *pf*).
ripe [raɪp] *adj* спелый, зрелый; **~n** *vi* спеть (поспеть *pf*), зреть *or* созревать (созреть *pf*) ◆ *vt*: **the**

sun will ~n them они́ созре́ют на со́лнце.

ripple ['rɪpl] *n* рябь *f no pl*, зыбь *f no pl*; (*of laughter, applause*) волна́.

rise [raɪz] (*pt* **rose**, *pp* **risen**) *n* (*slope*) подъём; (*increase*) повыше́ние; (*fig*: *of state, leader*) возвыше́ние ◆ *vi* поднима́ться (подня́ться *pf*); (*prices, numbers, voice*) повыша́ться (повы́ситься *pf*); (*sun, moon*) всходи́ть (взойти́ *pf*); (*also*: **~ up**: *rebels*) восстава́ть (восста́ть *pf*); (*in rank*) продвига́ться (продви́нуться *pf*); **~ to power** прихо́д к вла́сти; **to give ~ to** вызыва́ть (вы́звать *pf*); **to ~ to the occasion** ока́зываться (оказа́ться *pf*) на высоте́ положе́ния; **~n** [rɪzn] *pp of* **rise**.

rising ['raɪzɪŋ] *adj* (*number, prices*) расту́щий; (*sun, moon*) восходя́щий.

risk [rɪsk] *n* риск ◆ *vt* (*endanger*) рискова́ть *(impf)* +*instr*; (*chance*) рискова́ть (рискну́ть *pf*) +*instr*; **to take a ~** рискова́ть (рискну́ть *pf*), идти́ (пойти́ *pf*) на риск; **to run the ~ of doing** рискова́ть *(impf)* +*infin*; **at ~** в опа́сной ситуа́ции; **to put sb/sth at ~** подверга́ть (подве́ргнуть *pf*) кого́-н/что-н ри́ску; **at one's own ~** на свой (страх и) риск; **~y** *adj* риско́ванный.

rite [raɪt] *n* обря́д; **last ~s** после́днее прича́стие.

ritual ['rɪtjuəl] *adj* ритуа́льный ◆ *n* (*REL*) обря́д; (*procedure*) ритуа́л.

rival ['raɪvl] *n* сопе́рник(-ица); (*in business*) конкуре́нт ◆ *adj* (*business*) конкури́рующий ◆ *vt* сопе́рничать *(impf)* с +*instr*; **~ team** кома́нда сопе́рника; **~ry** *n* (*in sport, love*) сопе́рничество; (*in business*) конкуре́нция.

river ['rɪvəʳ] *n* река́ ◆ *cpd* (*port, traffic*) речно́й; **up/down ~** вверх/вниз по реке́.

road [rəud] *n* доро́га, путь *m*; (*in town*) доро́га; (*motorway etc*) шоссе́ *nt ind* ◆ *cpd* (*accident*) доро́жный; **major/minor ~** гла́вная/второстепе́нная доро́га; **~ sense** чу́вство доро́ги; **~ junction** пересече́ние доро́г, перекрёсток; **~block** *n* доро́жное загражде́ние; **~side** *n* обо́чина.

roam [rəum] *vi* скита́ться *(impf)*.

roar [rɔːʳ] *n* рёв; (*of laughter*) взрыв ◆ *vi* реве́ть *(impf)*; **to ~ with laughter** хохота́ть *(impf)*.

roast [rəust] *n* (*of meat*) жарко́е *nt adj* ◆ *vt* (*meat, potatoes*) жа́рить (зажа́рить *pf*).

rob [rɔb] *vt* гра́бить (огра́бить *pf*); **to ~ sb of sth** красть (укра́сть *pf*) что-н у кого́-н; (*fig*) лиша́ть (лиши́ть *pf*) кого́-н чего́-н; **~ber** *n* граби́тель *m*; **~bery** *n* ограбле́ние, грабёж.

robe [rəub] *n* (*for ceremony etc*) ма́нтия; (*also*: **bath ~**) ба́нный хала́т; (*US*) плед.

robin ['rɔbɪn] *n* (*ZOOL*: *also*: **~ redbreast**) заря́нка.

robot ['rəubɔt] *n* ро́бот.

robust [rəu'bʌst] *adj* кре́пкий.

rock [rɔk] *n* (*substance*) (го́рная) поро́да; (*boulder*) валу́н; (*US*: *small stone*) ка́мешек; (*MUS*: *also*: **~ music**) рок ◆ *vt* (*swing*) кача́ть *(impf)*; (*shake*) шата́ть *(impf)* ◆ *vi* (*object*) кача́ться *(impf)*, шата́ться *(impf)*; (*person*) кача́ться *(impf)*; **on the ~s** (*drink*) со льдом; (*marriage etc*) на гра́ни

распа́да; ~ **and roll** *n* рок-н-ро́лл.
ocket ['rɔkɪt] *n* раке́та.
ocky ['rɔkɪ] *adj* (*hill*) скали́стый; (*path, soil*) камени́стый; (*unstable*) ша́ткий.
od [rɔd] *n* прут; (*also:* **fishing ~**) у́дочка.
ode [rəud] *pt of* **ride**.
odent ['rəudnt] *n* грызу́н.
ogue [rəug] *n* плут.
ole [rəul] *n* роль *f*; ~ **model** *n* приме́р (*для подража́ния*).
oll [rəul] *n* (*of paper, cloth etc*) руло́н; (*of banknotes*) сви́ток; (*also:* **bread ~**) бу́лочка; (*register, list*) спи́сок; (*of drums*) бой; (*of thunder*) раска́т ◆ *vt* (*ball, stone etc*) ката́ть/кати́ть *(impf)*; (*also:* ~ **up**: *string*) скру́чивать (скрути́ть *pf*); (: *sleeves*) зака́тывать (заката́ть *pf*); (*cigarette*) свёртывать (сверну́ть *pf*); (*eyes*) зака́тывать (закати́ть *pf*); (*also:* ~ **out**: *pastry*) раска́тывать (раската́ть *pf*) ◆ *vi* (*also:* ~ **along**: *ball, car etc*) кати́ться *(impf)*; (*ship*) кача́ться *(impf)*; ~ **up** *vt* (*carpet, newspaper*) svора́чивать (сверну́ть *pf*); **~er** *n* (*for hair*) бигуди́ *pl ind*; **~er skates** *npl* ро́лики *mpl*, ро́ликовые коньки́ *mpl*; **~ing pin** *n* ска́лка; **~ing stock** *n* (*RAIL*) подвижно́й соста́в.
ROM [rɔm] *n abbr* (*COMPUT*: = *read-only memory*) ПЗУ.
Roman ['rəumən] *adj* ри́мский; ~ **Catholic** *adj* (ри́мско-) католи́ческий ◆ *n* като́лик(-и́чка).
omance [rə'mæns] *n* (*love affair, novel*) рома́н; (*charm*) рома́нтика.
Romania [rəu'meɪnɪə] *n* Румы́ния; **~n** *adj* румы́нский.
romantic [rə'mæntɪk] *adj* романти́чный; (*play, story etc*) романти́ческий.
Rome [rəum] *n* Рим.
roof [ru:f] (*pl* **~s**) *n* кры́ша; **the ~ of the mouth** нёбо.
room [ru:m] *n* (*in house*) ко́мната; (*in school*) класс; (*in hotel*) но́мер; (*space*) ме́сто; **~s** *npl* (*lodging*) кварти́ра *fsg*; **"~s to let"**, (*US*) **"~s for rent"** "сдаю́тся ко́мнаты"; **single/double ~** (*in hotel*) одноме́стный/двухме́стный но́мер.
roost [ru:st] *vi* уса́живаться (усе́сться *pf*) на ночлёг.
root [ru:t] *n* ко́рень *m*; **~s** *npl* (*family origins*) ко́рни *mpl*.
rope [rəup] *n* верёвка ◆ *vt* (*also:* ~ **off**: *area*) отгора́живать (отгороди́ть *pf*) верёвкой; **to ~ to** привя́зывать (привяза́ть *pf*) верёвкой к *+dat*; **to ~ together** свя́зывать (связа́ть *pf*) верёвкой; **to know the ~s** (*fig*) знать *(impf)*, что к чему́.
rose [rəuz] *pt of* **rise** ◆ *n* ро́за.
rosemary ['rəuzmərɪ] *n* розмари́н.
roster ['rɔstə^r] *n*: **duty ~** расписа́ние дежу́рств.
rosy ['rəuzɪ] *adj* (*face, cheeks*) румя́ный; (*situation*) ра́достный; (*future*) ра́дужный.
rot [rɔt] *n* (*result*) гниль *f* ◆ *vt* гнои́ть (сгнои́ть *pf*) ◆ *vi* гнить (сгни́ть *pf*).
rota ['rəutə] *n* расписа́ние дежу́рств.
rotary ['rəutərɪ] *adj* (*motion*) враща́тельный; (*engine*) ро́торно-поршнево́й.
rotate [rəu'teɪt] *vt* враща́ть *(impf)*; (*crops, jobs*) чередова́ть *(impf)* ◆ *vi* враща́ться *(impf)*.

rotation [rəu'teɪʃən] *n* враще́ние; (*of crops*) севооборо́т.
rotor ['rəutə'] *n* (*also:* **~ blade**) (несу́щий) винт (*вертолёта*).
rotten ['rɔtn] *adj* гнило́й; (*meat, eggs*) ту́хлый; (*fig: unpleasant*) ме́рзкий; (*inf: bad*) пога́ный; **to feel ~** (*ill*) чу́вствовать (*impf*) себя́ пога́но.
rouble ['ru:bl] (*US* **ruble**) *n* рубль *m*.
rouge [ru:ʒ] *n* румя́на *pl*.
rough [rʌf] *adj* гру́бый; (*surface*) шерохова́тый; (*terrain*) пересечённый; (*person, manner*) ре́зкий; (*sea*) бу́рный; (*town, area*) опа́сный; (*plan, work*) черново́й; (*guess*) приблизи́тельный ◆ *vt*: **to ~ it** обходи́ться (обойти́сь *pf*) без удо́бств ◆ *adv*: **to sleep ~** (*BRIT*) ночева́ть (*impf*) где придётся; **~ly** *adv* гру́бо; (*approximately*) приблизи́тельно.
Roumania *etc* = **Romania** *etc*.
round [raund] *adj* кру́глый; (*duty: of policeman, doctor*) обхо́д; (*game: of cards, golf*) па́ртия; (*in competition*) тур; (*of ammunition*) патро́н, компле́кт вы́стрела; (*of talks, also BOXING*) ра́унд ◆ *vt* огиба́ть (обогну́ть *pf*) ◆ *prep* (*surrounding*) вокру́г *+gen*; (*approximately*): **~ about three hundred** где-то о́коло трёхсот ◆ *adv*: **all ~** круго́м, вокру́г; **a ~ of applause** взрыв аплодисме́нтов; **a ~ of drinks** по бока́лу на ка́ждого; **~ his neck/the table** вокру́г его́ ше́и/стола́; **it's just ~ the corner** (*fig*) э́того руко́й пода́ть; **to go ~ the back** обходи́ть (обойти́ *pf*) сза́ди; **to walk ~ the room** ходи́ть (*impf*) по ко́мнате; **to go ~ to sb's (house)** ходи́ть/идти́ (*impf*) к кому́-н; **there's enough to go ~** хва́тит на всех; **~ off** *vt* (*speech etc*) заверша́ть (заверши́ть *pf*); **~ up** *vt* (*cattle, people*) сгоня́ть (согна́ть *pf*); (*price, figure*) округля́ть (округли́ть *pf*); **~about** *n* (*BRIT: AUT*) кольцева́я тра́нспортная развя́зка; (: *at fair*) карусе́ль *f* ◆ *adj*: **in a ~about way** око́льным путём; **~up** *n* (*of information*) сво́дка.
rouse [rauz] *vt* (*wake up*) буди́ть (разбуди́ть *pf*); (*stir up*) возбужда́ть (возбуди́ть *pf*).
rousing ['rauzɪŋ] *adj* (*cheer*) бу́рный.
route [ru:t] *n* (*way*) путь *m*, доро́га; (*of bus, train etc*) маршру́т.
routine [ru:'ti:n] *adj* (*work*) повседне́вный; (*procedure*) обы́чный ◆ *n* (*habits*) распоря́док; (*drudgery*) рути́на; (*THEAT*) но́мер.
row¹ [rəu] *n* ряд ◆ *vi* грести́ (*impf*) ◆ *vt* управля́ть (*impf*) *+instr*; **in a ~** (*fig*) подря́д.
row² [rau] *n* (*noise*) шум; (*dispute*) сканда́л; (*inf: scolding*) нагоня́й ◆ *vi* сканда́лить (поскандáлить *pf*).
rowdy ['raudɪ] *adj* бу́йный.
rowing ['rəuɪŋ] *n* гребля́.
royal ['rɔɪəl] *adj* короле́вский; **R~ Air Force** *n* (*BRIT*) ≈ вое́нновозду́шные си́лы *fpl*; **~ty** *n* (*royal persons*) чле́ны *mpl* короле́вской семьи́; (*payment*) (а́вторский) гонора́р.
rpm *abbr* (= *revolutions per minute*) оборо́ты в мину́ту.
RSVP *abbr* (= *répondez s'il vous*

plaît) *просьба ответить на приглашение.*

rub [rʌb] *vt* (*part of body*) тереть (потереть *pf*); (*object*: *to clean*) тереть *(impf)*; (: *to dry*) вытирать (вытереть *pf*); (*hands*: *also*: **~ together**) потирать (потереть *pf*) ♦ *n*: **to give sth a ~** (*polish*) натирать (натереть *pf*) что-н; **to ~ sb up** *or (US)* **~ sb the wrong way** раздражать *(impf)* кого-н.

rubber ['rʌbəʳ] *n* (*substance*) резина, каучук; (*BRIT*: *eraser*) резинка, ластик.

rubbish ['rʌbɪʃ] *n* мусор; (*junk*) хлам; (*fig*: *pej*: *nonsense*) ерунда, чушь *f*; (: *goods*) дрянь *f*.

rubble ['rʌbl] *n* обломки *mpl*.

ruble ['ru:bl] *n* (*US*) = **rouble**.

ruby ['ru:bɪ] *n* рубин.

rucksack ['rʌksæk] *n* рюкзак.

rudder ['rʌdəʳ] *n* руль *m*.

ruddy ['rʌdɪ] *adj* (*face*) румяный.

rude [ru:d] *adj* (*impolite*) грубый; (*unexpected*) жестокий.

rudimentary [ru:dɪ'mɛntərɪ] *adj* элементарный.

rue [ru:] *vt* (*action, decision*) сожалеть *(impf)* о *+prp*; (*day, hour etc*) проклинать (проклясть *pf*).

rug [rʌg] *n* коврик; (*BRIT*: *blanket*) плед.

rugby ['rʌgbɪ] *n* (*also*: **~ football**) регби *nt ind*.

rugged ['rʌgɪd] *adj* (*landscape*) скалистый; (*features*) грубый; (*character*) прямой.

ruin ['ru:ɪn] *n* (*destruction*: *of building, plans*) разрушение; (*downfall*) гибель *f*; (*bankruptcy*) разорение ♦ *vt* (*building, hopes, plans*) разрушать (разрушить *pf*); (*future, health, reputation*) губить (погубить *pf*); (*person*: *financially*) разорять (разорить *pf*); (*spoil*: *clothes*) портить (испортить *pf*); **~s** *npl* (*of building*) развалины *fpl*, руины *fpl*.

rule [ru:l] *n* (*norm, regulation*) правило; (*government*) правление ♦ *vt* (*country, people*) править *(impf) +instr* ♦ *vi* (*leader, monarch etc*) править *(impf)*; **as a ~** как правило; **~ out** *vt* (*exclude*) исключать (исключить *pf*); **~d** *adj* (*paper*) линованый; **~r** *n* правитель(ница) *m(f)*; (*instrument*) линейка.

ruling ['ru:lɪŋ] *adj* (*party*) правящий ♦ *n* (*LAW*) постановление.

rum [rʌm] *n* ром.

Rumania *etc* = **Romania** *etc*.

rumble ['rʌmbl] *n* (*of traffic, thunder*) гул.

rumour ['ru:məʳ] (*US* **rumor**) *n* слух ♦ *vt*: **it is ~ed that ...** ходят слухи, что ...

rump [rʌmp] *n* (*of horse*) круп; (*of cow*) зад.

run [rʌn] (*pt* **ran**, *pp* **run**) *n* (*fast pace*) бег; (*journey*) поездка; (*SKIING*) трасса; (*CRICKET, BASEBALL*) очко; (*in tights etc*) спустившиеся петли *fpl* ♦ *vi* бегать/бежать *(impf)*; (*flee*) бежать *(impf/pf)*, сбегать (сбежать *pf*); (*work*: *machine*) работать *(impf)*; (*bus, train*) ходить *(impf)*; (*play, show*) идти *(impf)*; (: *contract*) длиться *(impf)*; (*in election*) баллотироваться *(pf)* ♦ *vt* (*race, distance*) пробегать (пробежать *pf*); (*business, hotel*) управлять *(impf) +instr*; (*competition, course*) устраивать (устро́ить *pf*); (*house*) вести́ *(impf)*; (*COMPUT*: *program*) выполня́ть (вы́полнить *pf*); (*water*) пуска́ть (пусти́ть *pf*); (*bath*) наполня́ть (напо́лнить *pf*); (*PRESS*: *feature*) печа́тать (напеча́тать *pf*); **to ~ sth along** *or* **over** (*hand, fingers*) проводи́ть (провести́ *pf*) чем-н по *+dat*; **in the long ~** в коне́чном ито́ге; **to be on the ~** скрыва́ться *(impf)*; **I'll ~ you to the station** я подвезу́ Вас до ста́нции; **~ about** *vi* бе́гать *(impf)*; **~ around** *vi* = **run about**; **~ away** *vi* убега́ть (убежа́ть *pf*); **~ down** *vt* (*production, industry*) свора́чивать (сверну́ть *pf*); (*AUT*: *hit*) сбива́ть (сбить *pf*); (*criticize*) поноси́ть *(impf)*; **to be ~ down** (*person*) выбива́ться (вы́биться *pf*) из сил; **~ in** *vt* (*BRIT*: *car*) обка́тывать (обката́ть *pf*); **~ into** *vt fus* (*meet*: *person*) ста́лкиваться (столкну́ться *pf*) с *+instr*; (: *trouble*) ната́лкиваться (натолкну́ться *pf*) на *+acc*; (*collide with*) вреза́ться (вре́заться *pf*) в *+acc*; **~ off** *vt* (*copies*) де́лать (сде́лать *pf*), отсня́ть *(pf)* ◆ *vi* (*person, animal*) сбега́ть (сбежа́ть *pf*); **~ out** *vi* (*person*) выбега́ть (вы́бежать *pf*); (*liquid*) вытека́ть (вы́течь *pf*); (*lease, visa*) истека́ть (исте́чь *pf*); (*money*) иссяка́ть (исся́кнуть *pf*); **my passport ~s out in July** срок де́йствия моего́ па́спорта истека́ет в ию́ле; **~ out of** *vt fus*: **I've ~ out of money/petrol** *or (US)* **gas** у меня ко́нчились де́ньги/ко́нчился бензи́н; **~ over** *vt* (*AUT*) задави́ть *(pf)*; **~ through** *vt fus* пробега́ть (пробежа́ть *pf*); (*rehearse*) прогоня́ть (прогна́ть *pf*); **~ up** *vt*: **to ~ up a debt** аккумули́ровать *(impf/pf)* долги́; **to ~ up against** (*difficulties*) ста́лкиваться (столкну́ться *pf*) с *+instr*; **~away** *adj* (*truck, horse etc*) потеря́вший управле́ние.

rung [rʌŋ] *pp of* **ring** ◆ *n* (*of ladder*) ступе́нька.

runner ['rʌnəʳ] *n* (*in race*: *person*) бегу́н(ья); (: *horse*) скаку́н; (*on sledge, for drawer etc*) по́лоз; **~-up** *n* фина́лист (*заня́вший второ́е ме́сто*).

running ['rʌnɪŋ] *n* (*sport*) бег; (*of business*) руково́дство ◆ *adj* (*water*: *to house*) водопрово́дный; **he is in/out of the ~ for sth** ему́ сули́т/не сули́т что-н; **6 days ~** 6 дней подря́д; **~ costs** *npl* (*of business*) операцио́нные изде́ржки *fpl*; (*of car*) содержа́ние *ntsg*.

runny ['rʌnɪ] *adj* (*honey, egg*) жи́дкий; (*nose*) сопли́вый.

run-up ['rʌnʌp] *n* (*to event*) предве́рие.

runway ['rʌnweɪ] *n* взлётно-поса́дочная полоса́.

rupture ['rʌptʃəʳ] *n* (*MED*) гры́жа.

rural ['ruərl] *adj* се́льский.

rush [rʌʃ] *n* (*hurry*) спе́шка; (*COMM*: *sudden demand*) большо́й спрос; (*of water*) пото́к; (*of emotion*) прили́в ◆ *vt*: **to ~ one's meal/work** второпя́х есть *(impf)*/де́лать *(impf)* рабо́ту ◆ *vi* (*person*) бежа́ть *(impf)*; (*air, water*) хлы́нуть *(pf)*; **~es** *npl* (*BOT*) камы́ши *mpl*; **~ hour** *n* час пик.

Russia ['rʌʃə] *n* Росси́я; **~n** *adj* (*native Russian*) ру́сский; (*belonging to Russian Federation*) росси́йский ◆ *n* ру́сский(-ая) *m(f)*

adj; (*LING*) ру́сский язы́к.
rust [rʌst] *n* ржа́вчина ♦ *vi* ржаве́ть (заржаве́ть *pf*).
rustic ['rʌstɪk] *adj* дереве́нский.
rusty ['rʌstɪ] *adj* ржа́вый; (*fig*: *skill*) подзабы́тый.
rut [rʌt] *n* (*groove*) колея́, борозда́; **to get into a ~** (*fig*) заходи́ть (зайти́ *pf*) в тупи́к.
ruthless ['ru:θlɪs] *adj* беспоща́дный.
rye [raɪ] *n* рожь *f*.

S, s

Sabbath ['sæbəθ] *n* (*Christian*) воскресе́нье.
sabotage ['sæbətɑ:ʒ] *n* саботáж ♦ *vt* (*machine, building*) выводи́ть (вы́вести *pf*) из стро́я; (*plan, meeting*) саботи́ровать *(impf/pf)*.
sachet ['sæʃeɪ] *n* паке́тик.
sack [sæk] *n* (*bag*) мешо́к ♦ *vt* (*dismiss*) выгоня́ть (вы́гнать *pf*), увольня́ть (уво́лить *pf*); **to give sb the ~** выгоня́ть (вы́гнать *pf*) кого́-н (с рабо́ты); **I got the ~** меня́ вы́гнали (с рабо́ты); **~ing** *n* (*dismissal*) увольне́ние.
sacred ['seɪkrɪd] *adj* свяще́нный; (*place*) свято́й.
sacrifice ['sækrɪfaɪs] *n* (*offering*) жертвоприноше́ние ♦ *vt* (*fig*) же́ртвовать (поже́ртвовать *pf*) *+instr*.
sad [sæd] *adj* печа́льный.
saddle ['sædl] *n* седло́.
sadistic [sə'dɪstɪk] *adj* сади́стский.
sadly ['sædlɪ] *adv* (*unhappily*) печа́льно, гру́стно; (*unfortunately*) к сожале́нию; (*seriously*: *mistaken, neglected*) серьёзно.
sadness ['sædnɪs] *n* печа́ль *f*, грусть *f*.
sae *abbr* (*BRIT*: = *stamped addressed envelope*) *надпи́санный конве́рт с ма́ркой.*
safari [sə'fɑ:rɪ] *n*: **to go on ~** проводи́ть (провести́ *pf*) о́тпуск в сафа́ри.
safe [seɪf] *adj* (*place, subject*) безопа́сный; (*return, journey*) благополу́чный; (*bet*) надёжный ♦ *n* сейф; **to be ~** находи́ться *(impf)* в безопа́сности; **~ from** (*attack*) защищённый от *+gen*; **~ and sound** цел и невреди́м; **(just) to be on the ~ side** на вся́кий слу́чай; **~guard** *n* гара́нтия ♦ *vt* (*life, interests*) охраня́ть *(impf)*; **~ly** *adv* (*assume, say*) с уве́ренностью; (*drive, arrive*) благополу́чно; **~ty** *n* безопа́сность *f*; **~ty pin** англи́йская була́вка.
saga ['sɑ:gə] *n* са́га.
sage [seɪdʒ] *n* (*herb*) шалфе́й.
Sagittarius [sædʒɪ'tɛərɪəs] *n* Стреле́ц.
said [sɛd] *pt, pp of* **say**.
sail [seɪl] *n* па́рус ♦ *vt* (*boat*) пла́вать/плыть *(impf)* на *+prp* ♦ *vi* (*passenger, ship*) пла́вать/плыть *(impf)*; (*also*: **set ~**) отплыва́ть (отплы́ть *pf*); **to go for a ~** е́хать (пое́хать *pf*) ката́ться на ло́дке; **~ing** *n* (*SPORT*) па́русный спорт; **~or** *n* моря́к, матро́с.
saint [seɪnt] *n* свято́й(-а́я) *m(f) adj*; **~ly** *adj* свято́й.
sake [seɪk] *n*: **for the ~ of sb/sth, for sb's/sth's ~** ра́ди кого́-н/ чего́-н.
salad ['sæləd] *n* сала́т.
salami [sə'lɑ:mɪ] *n* саля́ми *f ind*.
salary ['sælərɪ] *n* зарпла́та.

sale [seɪl] *n* (*act*) прода́жа; (*with discount*) распрода́жа; (*auction*) то́рги *mpl*; **~s** *npl* (*amount sold*) объём *msg* прода́жи; **"for ~"** "продаётся"; **on ~** в прода́же; **~sman** *irreg n* (*also:* **travelling ~sman**) торго́вый аге́нт.
salient ['seɪlɪənt] *adj* суще́ственный.
saliva [sə'laɪvə] *n* слюна́.
salmon ['sæmən] *n inv* (*ZOOL*) лосо́сь *m*; (*CULIN*) лососи́на.
salon ['sælɔn] *n* сало́н; **beauty ~** космети́ческий сало́н.
salt [sɔ:lt] *n* соль *f*; **~y** *adj* солёный.
salute [sə'lu:t] *n* (*MIL*) салю́т ◆ *vt* (*MIL*) отдава́ть (отда́ть *pf*) честь *+dat*; (*fig*) приве́тствовать *(impf)*.
salvage ['sælvɪdʒ] *n* (*saving*) спасе́ние ◆ *vt* (*also fig*) спаса́ть (спасти́ *pf*).
salvation [sæl'veɪʃən] *n* спасе́ние.
same [seɪm] *adj* тако́й же; (*identical*) одина́ковый ◆ *pron*: **the ~** тот же (са́мый) (*f* та же (са́мая), *nt* то же (са́мое), *pl* те же (са́мые)); **the ~ book as** та же (са́мая) кни́га, что и; **at the ~ time** (*simultaneously*) в э́то же вре́мя; (*yet*) в то же вре́мя; **all** *or* **just the ~** всё равно́; **to do the ~ (as sb)** де́лать (сде́лать *pf*) то же (са́мое) (что и кто-н); **Happy New Year! – the ~ to you!** С Но́вым Го́дом! – Вас та́кже!
sample ['sɑ:mpl] *n* (*of work, goods*) образе́ц ◆ *vt* (*food, wine*) про́бовать (попро́бовать *pf*); **to take a blood/urine ~** брать (взять *pf*) кровь/мочу́ на ана́лиз.
sanction ['sæŋkʃən] *n* (*approval*) са́нкция ◆ *vt* (*approve*) санкциони́ровать *(impf/pf)*; **~s** *npl* (*severe measures*) са́нкции *fpl*.
sanctuary ['sæŋktjuərɪ] *n* (*for animals*) запове́дник; (*for people*) убе́жище.
sand [sænd] *n* песо́к ◆ *vt* (*also:* **~ down**) ошку́ривать (ошку́рить *pf*).
sandal ['sændl] *n* санда́лия.
sandpaper ['sændpeɪpəʳ] *n* нажда́чная бума́га.
sandstone ['sændstəun] *n* песча́ник.
sandwich ['sændwɪtʃ] *n* бутербро́д ◆ *vt*: **~ed between** зажа́тый ме́жду *+instr*; **cheese/ham ~** бутербро́д с сы́ром/ветчино́й.
sandy ['sændɪ] *adj* песча́ный.
sane [seɪn] *adj* разу́мный.
sang [sæŋ] *pt of* **sing**.
sanitary ['sænɪtərɪ] *adj* санита́рный; (*clean*) гигиени́чный.
sanitation [sænɪ'teɪʃən] *n* санитари́я.
sanity ['sænɪtɪ] *n* (*of person*) рассу́док; (*sense*) разу́мность *f*.
sank [sæŋk] *pt of* **sink**.
Santa Claus [sæntə'klɔ:z] *n* (*in Britain etc*) Са́нта-Кла́ус; (*in Russia*) ≈ Дед Моро́з.
sap [sæp] *n* (*BOT*) сок ◆ *vt* (*strength*) выса́сывать (вы́сосать *pf*); (*confidence*) отбира́ть (отобра́ть *pf*).
sapling ['sæplɪŋ] *n* молодо́е де́ревце.
sapphire ['sæfaɪəʳ] *n* сапфи́р.
sarcasm ['sɑ:kæzm] *n* сарка́зм.
sarcastic [sɑ:'kæstɪk] *adj* саркасти́чный.
sardine [sɑ:'di:n] *n* сарди́на.
sash [sæʃ] *n* (*around waist*) куша́к; (*over shoulder*) ле́нта.
sat [sæt] *pt, pp of* **sit**.

Satan ['seɪtn] *n* Сатана́ *m*.
satellite ['sætəlaɪt] *n* спу́тник; (*POL*: *country*) сателли́т.
satin ['sætɪn] *adj* атла́сный.
satire ['sætaɪəʳ] *n* сати́ра.
satirical [sə'tɪrɪkl] *adj* сатири́ческий.
satisfaction [sætɪs'fækʃən] *n* (*pleasure*) удовлетворе́ние; (*refund, apology etc*) возмеще́ние.
satisfactory [sætɪs'fæktərɪ] *adj* удовлетвори́тельный.
satisfy ['sætɪsfaɪ] *vt* удовлетворя́ть (удовлетвори́ть *pf*); (*convince*) убежда́ть (убеди́ть *pf*); **to ~ sb (that)** убежда́ть (убеди́ть *pf*) кого́-н (в том, что); **~ing** *adj* прия́тный.
saturation [sætʃə'reɪʃən] *n* (*process*) насыще́ние; (*state*) насы́щенность *f*.
Saturday ['sætədɪ] *n* суббо́та.
sauce [sɔ:s] *n* со́ус; **~pan** *n* кастрю́ля.
saucer ['sɔ:səʳ] *n* блю́дце.
Saudi Arabia [saudɪə'reɪbɪə] *n* Сау́довская Ара́вия.
sauna ['sɔ:nə] *n* са́уна, фи́нская ба́ня.
sausage ['sɔsɪdʒ] *n* (*for cooking*) сарде́лька, соси́ска.
savage ['sævɪdʒ] *adj* свире́пый.
save [seɪv] *vt* (*rescue*) спаса́ть (спасти́ *pf*); (*economize on*) эконо́мить (сэконо́мить *pf*); (*put by*) сберега́ть (сбере́чь *pf*); (*keep*: *receipts, file*) сохраня́ть (сохрани́ть *pf*); (: *seat, place*) занима́ть (заня́ть *pf*); (*work, trouble*) избавля́ть (изба́вить *pf*) от *+gen*; (*SPORT*) отбива́ть (отби́ть *pf*), отража́ть (отрази́ть *pf*) ◆ *vi* (*also*: **~ up**) копи́ть (скопи́ть *pf*) де́ньги ◆ *prep* поми́мо *+gen*.
saving ['seɪvɪŋ] *n* эконо́мия ◆ *adj*: **the ~ grace of** спасе́ние *+gen*; **~s** *npl* (*money*) сбереже́ния *ntpl*.
saviour ['seɪvjəʳ] (*US* **savior**) *n* спаси́тель(ница) *m(f)*; (*REL*) Спаси́тель *m*.
savour ['seɪvəʳ] (*US* **savor**) *vt* (*food, drink*) смакова́ть (*impf*); (*experience*) наслажда́ться (наслади́ться *pf*) *+instr*; **~y** (*US* **savory**) *adj* несла́дкий.
saw [sɔ:] (*pt* **sawed**, *pp* **sawed** *or* **sawn**) *vt* пили́ть (*impf*) ◆ *n* пила́ ◆ *pt of* **see**; **~dust** *n* опи́лки *pl*; **~mill** *n* лесопи́льный заво́д.
saxophone ['sæksəfəun] *n* саксофо́н.
say [seɪ] (*pt, pp* **said**) *vt* говори́ть (сказа́ть *pf*) ◆ *n*: **to have one's ~** выража́ть (вы́разить *pf*) своё мне́ние; **to ~ yes** соглаша́ться (согласи́ться *pf*); **to ~ no** отка́зываться (отказа́ться *pf*); **could you ~ that again?** повтори́те, пожа́луйста; **that is to ~** то есть; **that goes without ~ing** э́то само́ собо́й разуме́ется; **~ing** *n* поґово́рка.
scab [skæb] *n* (*on wound*) струп.
scaffolding ['skæfəldɪŋ] *n* леса́ *mpl*.
scald [skɔ:ld] *n* ожо́г ◆ *vt* ошпа́ривать (ошпа́рить *pf*).
scale [skeɪl] *n* шкала́; (*usu pl*: *of fish*) чешуя́ *f no pl*; (*MUS*) га́мма; (*of map, project etc*) масшта́б ◆ *vt* взбира́ться (взобра́ться *pf*) на *+acc*; **~s** *npl* (*for weighing*) весы́ *pl*; **on a large ~** в широ́ком масшта́бе.
scalp [skælp] *n* скальп.
scalpel ['skælpl] *n* ска́льпель *m*.
scampi ['skæmpɪ] *npl* (*BRIT*)

панирóванные кревéтки *fpl*.

scan [skæn] *vt* (*examine*) обслéдовать *(pf)*; (*read quickly*) просмáтривать (просмотрéть *pf*); (*RADAR*) сканúровать *(impf)* ◆ *n* (*MED*) сканúрование; **ultrasound ~** ультразвýк.

scandal ['skændl] *n* скандáл; (*gossip*) сплéтни *fpl*; (*disgrace*) позóр; **~ous** *adj* (*behaviour, story*) скандáльный.

Scandinavia [skændɪ'neɪvɪə] *n* Скандинáвия.

scant [skænt] *adj* (*attention*) повéрхностный.

scapegoat ['skeɪpgəut] *n* козёл отпущéния.

scar [skɑ:] *n* шрам; (*fig*) трáвма ◆ *vt* травмúровать *(impf/pf)*; **his face is ~red** у негó на лицé шрам.

scarce [skɛəs] *adj* рéдкий; **to make o.s. ~** (*inf*) улизнýть *(pf)*; **~ly** *adv* (*hardly*) едвá ли; (*with numbers*) тóлько.

scare [skɛə'] *n* (*fright*) испýг; (*public fear*) тревóга ◆ *vt* пугáть (испугáть *pf*); **there was a bomb ~ at the station** опасáлись, что на стáнции подлóжена бóмба; **~crow** *n* (огорóдное) чýчело; **~d** *adj* испýганный, напýганный; **he was ~d** он испугáлся *or* был испýган.

scarf [skɑ:f] (*pl* **~s** *or* **scarves**) *n* шарф; (*also:* **head~**) платóк.

scarves [skɑ:vz] *npl of* **scarf**.

scary ['skɛərɪ] *adj* стрáшный.

scathing ['skeɪðɪŋ] *adj* уничтожáющий.

scatter ['skætə'] *vt* (*papers, seeds*) разбрáсывать (разбросáть *pf*) ◆ *vi* рассыпáться (рассы́паться *pf*).

scenario [sɪ'nɑ:rɪəu] *n* сценáрий.

scene [si:n] *n* (*THEAT, fig*) сцéна; (*of crime, accident*) мéсто; (*sight, view*) картúна; **~ry** *n* (*THEAT*) декорáции *fpl*; (*landscape*) пейзáж.

scenic ['si:nɪk] *adj* живопúсный.

scent [sɛnt] *n* (*smell*) зáпах; (*track, also fig*) след; (*perfume*) духú *pl*.

sceptical ['skɛptɪkl] (*US* **skeptical**) *adj* (*person*) скептúчный; (*remarks*) скептúческий.

scepticism ['skɛptɪsɪzəm] (*US* **skepticism**) *n* скептицúзм.

schedule ['ʃɛdju:l, (*US*) 'skɛdju:l] *n* (*timetable*) расписáние, грáфик; (*list of prices, details etc*) пéречень *m* ◆ *vt* (*timetable*) распúсывать (расписáть *pf*); (*visit*) назначáть (назнáчить *pf*); **on ~** по расписáнию *or* грáфику; **to be ahead of ~** опережáть (опередúть *pf*) грáфик; **to be behind ~** отставáть (отстáть *pf*) от грáфика.

scheme [ski:m] *n* (*plan, idea*) зáмысел; (*plot*) прóиски *pl*, кóзни *pl*; (*pension plan etc*) план.

schizophrenic [skɪtsə'frɛnɪk] *adj* шизофренúческий.

scholar ['skɔlə'] *n* (*learned person*) учёный *m adj*; **~ship** *n* (*grant*) стипéндия.

school [sku:l] *n* шкóла; (*US*: *inf*) университéт; (*BRIT*: *college*) институ́т ◆ *cpd* шкóльный; **~boy** *n* шкóльник; **~children** *npl* шкóльники *mpl*; **~girl** *n* шкóльница; **~ing** *n* шкóльное образовáние.

science ['saɪəns] *n* наýка; (*in school*) естествознáние; **~ fiction** *n* наýчная фантáстика.

scientific [saɪən'tɪfɪk] *adj* наýчный.

scientist ['saɪəntɪst] *n* учёный *m*

adj.

scintillating ['sıntıleıtıŋ] *adj* (*fig: conversation, wit*) блестя́щий.

scissors ['sızəz] *npl*: **(a pair of) ~** но́жницы *pl.*

scoff [skɔf] *vi*: **to ~ (at)** насмеха́ться *(impf)* (над *+instr*).

scold [skəuld] *vt* брани́ть (вы́бранить *pf*), руга́ть (отруга́ть *pf*).

scone [skɔn] *n* (*CULIN*) кекс.

scooter ['sku:tə^r] *n* (*also:* **motor ~**) мопе́д; (*toy*) самока́т.

scope [skəup] *n* (*opportunity*) просто́р; (*of plan, undertaking*) масшта́б.

scorch [skɔ:tʃ] *vt* (*clothes*) сжига́ть (сжечь *pf*); (*earth, grass*) выжига́ть (вы́жечь *pf*).

score [skɔ:^r] *n* (*in game, test*) счёт ◆ *vt* (*goal*) забива́ть (заби́ть *pf*); (*point*) набира́ть (набра́ть *pf*); (*in test*) получа́ть (получи́ть *pf*) ◆ *vi* (*in game*) набира́ть (набра́ть *pf*) очки́; (*FOOTBALL*) забива́ть (заби́ть *pf*) гол; **~s of** деся́тки *+gen*; **on that ~** на э́тот счёт; **to ~ six out of ten** набира́ть (набра́ть *pf*) шесть ба́ллов из десяти́; **~ out** *vt* вычёркивать (вы́черкнуть *pf*); **~board** *n* табло́ *nt ind*; **~line** *n* счёт.

scorn [skɔ:n] *n* презре́ние ◆ *vt* презира́ть *(impf)*; **~ful** *adj* презри́тельный.

Scorpio ['skɔ:piəu] *n* Скорпио́н.

scorpion ['skɔ:piən] *n* скорпио́н.

Scot [skɔt] *n* шотла́ндец(-дка).

Scotch [skɔtʃ] *n* (шотла́ндское) ви́ски *nt ind.*

scotch [skɔtʃ] *vt* пресека́ть (пресе́чь *pf*).

Scotland ['skɔtlənd] *n* Шотла́ндия.

Scots [skɔts] *adj* шотла́ндский.

Scottish ['skɔtıʃ] *adj* шотла́ндский.

scourge [skə:dʒ] *n* бич.

scout [skaut] *n* (*MIL*) разве́дчик; (*also:* **boy ~**) (бой)ска́ут.

scramble ['skræmbl] *vi*: **to ~ out of** выкара́бкиваться (вы́карабкаться *pf*) из *+gen*; **to ~ for** дра́ться (подра́ться *pf*) за *+acc*; **~d eggs** *n* яи́чница-болту́нья.

scrap [skræp] *n* (*of paper*) клочо́к; (*of information*) обры́вок; (*of material*) лоску́т; (*also:* **~ metal**) металлоло́м, металли́ческий лом ◆ *vt* (*machines etc*) отдава́ть (отда́ть *pf*) на слом; (*plans etc*) отка́зываться (отказа́ться *pf*) от *+gen*; **~s** *npl* (*of food*) объе́дки *mpl.*

scrape [skreıp] *vt* (*remove*) очища́ть (очи́стить *pf*); (*rub against*) цара́пать (поцара́пать *pf*), обдира́ть (ободра́ть *pf*) ◆ *vi*: **to ~ through** (*exam etc*) пролеза́ть (проле́зть *pf*) на *+prp.*

scratch [skrætʃ] *n* цара́пина ◆ *vt* цара́пать (поцара́пать *pf*); (*an itch*) чеса́ть (почеса́ть *pf*) ◆ *vi* чеса́ться (почеса́ться *pf*); **from ~** с нуля́; **to be up to ~** быть *(impf)* на до́лжном у́ровне.

scrawl [skrɔ:l] *n* кара́кули *fpl* ◆ *vt* цара́пать (нацара́пать *pf*).

scream [skri:m] *n* вопль *m*, крик ◆ *vi* вопи́ть *(impf)*, крича́ть *(impf)*.

screech [skri:tʃ] *vi* визжа́ть *(impf)*.

screen [skri:n] *n* экра́н; (*barrier, also fig*) ши́рма ◆ *vt* (*protect, conceal*) заслоня́ть (заслони́ть *pf*); (*show: film etc*) выпуска́ть (вы́пустить *pf*) на экра́н; (*check: candidates etc*) проверя́ть (прове́рить *pf*); **~ing** *n* (*MED*) профилакти́ческий осмо́тр; **~play** *n* сцена́рий.

screw [skru:] *n* винт ◆ *vt* (*fasten*) приви́нчивать (привинти́ть *pf*); **to ~ sth in** зави́нчивать (завинти́ть *pf*) что-н; **~driver** *n* отвёртка.

scribble ['skrɪbl] *vt* черкну́ть *(pf)* ◆ *vi* исчёркивать (исчёркать *pf*).

script [skrɪpt] *n* (*CINEMA etc*) сцена́рий; (*Arabic etc*) шрифт.

Scripture(s) ['skrɪptʃəʳ(-əz)] *n(pl)* Свяще́нное Писа́ние *ntsg*.

scroll [skrəul] *n* сви́ток.

scrub [skrʌb] *vt* скрести́ *(impf)*.

scruffy ['skrʌfɪ] *adj* потрёпанный.

scrupulous ['skru:pjuləs] *adj* (*painstaking*) тща́тельный, скрупулёзный; (*fair-minded*) щепети́льный.

scrutiny ['skru:tɪnɪ] *n* тща́тельное изуче́ние *or* рассмотре́ние.

scuffle ['skʌfl] *n* потасо́вка.

sculptor ['skʌlptəʳ] *n* ску́льптор.

sculpture ['skʌlptʃəʳ] *n* скульпту́ра.

scum [skʌm] *n* пе́на; (*inf: pej: people*) подо́нки *mpl*.

scythe [saɪð] *n* серп.

sea [si:] *n* мо́ре ◆ *cpd* морско́й; **by ~** (*travel*) мо́рем; **on the ~** (*town*) на мо́ре; **out to ~, out at ~** в мо́ре; **~food** *n* ры́бные блю́да *ntpl*; **~front** *n* на́бережная *f adj*; **~gull** *n* ча́йка.

seal [si:l] *n* (*ZOOL*) тюле́нь *m*; (*stamp*) печа́ть *f* ◆ *vt* (*envelope*) запеча́тывать (запеча́тать *pf*); (*opening*) заде́лывать (заде́лать *pf*).

sea level *n* у́ровень *m* мо́ря.

sea lion *n* морско́й лев.

seam [si:m] *n* (*of garment*) шов.

search [sə:tʃ] *n* по́иск; (*for criminal*) ро́зыск; (*of sb's home etc*) о́быск ◆ *vt* обы́скивать (обыска́ть *pf*) ◆ *vi*: **to ~ for** иска́ть *(impf)*; **in ~ of** в по́исках *+gen*; **~ing** *adj* (*look*) пытли́вый; (*question*) наводя́щий.

seasick ['si:sɪk] *adj*: **to be ~** страда́ть *(impf)* морско́й боле́знью.

seaside ['si:saɪd] *n* взмо́рье.

season ['si:zn] *n* вре́мя *nt* го́да; (*for football, of films etc*) сезо́н ◆ *vt* (*food*) заправля́ть (запра́вить *pf*); **~al** *adj* сезо́нный; **~ed** *adj* (*traveller*) закалённый; **~ing** *n* припра́ва.

seat [si:t] *n* (*chair, place*) сиде́нье; (*in theatre, parliament*) ме́сто; (*of trousers*) зад ◆ *vt* (*subj: venue*) вмеща́ть (вмести́ть *pf*); **to be ~ed** сиде́ть *(impf)*; **~ belt** *n* привязно́й реме́нь *m*.

seaweed ['si:wi:d] *n* во́доросли *fpl*.

sec. *abbr* = **second²**.

secluded [sɪ'klu:dɪd] *adj* уединённый.

second¹ [sɪ'kɔnd] *vt* (*BRIT: employee*) командирова́ть *(impf)*.

second² ['sɛkənd] *adj* второ́й ◆ *adv* (*come*) вторы́м; (*when listing*) во-вторы́х ◆ *n* (*unit of time*) секу́нда; (*AUT: also:* **~ gear**) втора́я ско́рость *f*; (*COMM*) некондицио́нный това́р; (*BRIT: SCOL*) дипло́м второ́го кла́сса ◆ *vt* (*motion*) подде́рживать (поддержа́ть *pf*); **~ary** *adj* втори́чный; **~ary school** *n* сре́дняя шко́ла; **~-class** *adj* второразря́дный; (*POST*) второ́го кла́сса; **~ hand** *n* (*on* *clock*) секу́ндная стре́лка; **~-hand** *adj* подéржанный; **~ly** *adv* во-вторы́х; **~-rate** *adj* (*film*) посрéдственный; (*restaurant*) второразря́дный; **~ thoughts** *npl*: **to have ~ thoughts (about doing)** начина́ть (нача́ть *pf*) сомнева́ться (слéдует ли *+infin*); **on ~ thoughts** *or (US)* **thought** по зрéлом размышлéнии.

secrecy ['si:krəsɪ] *n* секрéтность *f.*

secret ['si:krɪt] *adj* секрéтный, та́йный; (*admirer*) та́йный ◆ *n* секрéт, та́йна; **in ~** (*do, meet*) секрéтно, та́йно.

secretarial [sɛkrɪ'tɛərɪəl] *adj* секретáрский; **~ course** ку́рсы *mpl* секретарéй.

secretariat [sɛkrɪ'tɛərɪət] *n* секретариáт.

secretary ['sɛkrətərɪ] *n* секретáрь *m*; **S~ of State (for)** (*BRIT*) ≈ мини́стр (*+gen*).

secretive ['si:krətɪv] *adj* (*pej*: *person*) скры́тный; **he is ~ about his plans** он дéржит свои́ пла́ны в секрéте.

secretly ['si:krɪtlɪ] *adv* (*do, meet*) секрéтно.

secret service *n* секрéтная слу́жба.

sect [sɛkt] *n* сéкта.

sectarian [sɛk'tɛərɪən] *adj* сектáнтский.

section ['sɛkʃən] *n* (*part*) часть *f*; (*of population, company*) сéктор; (*of document, book*) раздéл.

sector ['sɛktə^r] *n* (*part*) сéктор.

secular ['sɛkjulə^r] *adj* свéтский.

secure [sɪ'kjuə^r] *adj* (*safe*: *person, money, job*) надёжный; (*firmly fixed*: *rope, shelf*) прóчный ◆ *vt* (*fix*: *rope, shelf etc*) (прóчно) закрепля́ть (закрепи́ть *pf*); (*get*: *job, loan etc*) обеспéчивать (обеспéчить *pf*).

security [sɪ'kjuərɪtɪ] *n* (*protection*) безопáсность *f*; (*for one's future*) обеспéченность *f.*

sedate [sɪ'deɪt] *adj* (*person*) степéнный; (*pace*) размéренный ◆ *vt* дава́ть (дать *pf*) седати́вное *or* успокои́тельное срéдство.

sedative ['sɛdɪtɪv] *n* седати́вное *or* успокои́тельное срéдство.

sediment ['sɛdɪmənt] *n* оса́док.

seduce [sɪ'dju:s] *vt* соблазня́ть (соблазни́ть *pf*).

seduction [sɪ'dʌkʃən] *n* (*act*) обольщéние.

seductive [sɪ'dʌktɪv] *adj* (*look, voice*) обольсти́тельный; (*offer*) соблазни́тельный.

see [si:] (*pt* **saw**, *pp* **seen**) *vt* ви́деть (уви́деть *pf*) ◆ *vi* ви́деть (*impf*); (*find out*) выясня́ть (вы́яснить *pf*); **to ~ that** (*ensure*) следи́ть (проследи́ть *pf*), чтóбы; **~ you soon!** пока́!, до скóрого!; **~ off** *vt* провожа́ть (проводи́ть *pf*); **~ through** *vt* доводи́ть (довести́ *pf*) до конца́ ◆ *vt fus* ви́деть (*impf*) насквóзь *+acc*; **~ to** *vt fus* забóтиться (позабóтиться *pf*) о *+prp.*

seed [si:d] *n* сéмя *nt*; **to go to ~** (*fig*) сдать (*pf*); **~ling** *n* расса́да *no pl*; **~y** *adj* (*place*) захуда́лый.

seeing ['si:ɪŋ] *conj*: **~ (that)** поскóльку, так как.

seek [si:k] (*pt, pp* **sought**) *vt* иска́ть (*impf*).

seem [si:m] *vi* каза́ться (показа́ться *pf*); **there ~s to be ...** ка́жется, что имéется ...; **he ~s to be tired** он ка́жется уста́лым; **~ingly** *adv* по-ви́димому.

seen [si:n] *pp of* **see**.

see-through ['si:θru:] *adj*

прозра́чный.
segment ['sɛgmənt] *n* (*of population*) се́ктор; (*of orange*) до́лька.
seize [si:z] *vt* хвата́ть (схвати́ть *pf*); (*power, hostage, territory*) захва́тывать (захвати́ть *pf*); (*opportunity*) по́льзоваться (воспо́льзоваться *pf*) *+instr*.
seizure ['si:ʒə'] *n* (*MED*) при́ступ; (*of power*) захва́т; (*of goods*) конфиска́ция.
seldom ['sɛldəm] *adv* ре́дко.
select [sɪ'lɛkt] *adj* (*school, area*) элита́рный ◆ *vt* (*choose*) выбира́ть (вы́брать *pf*); **~ion** [sɪ'lɛkʃən] *n* (*process*) отбо́р; (*range*) вы́бор; (*medley*) подбо́рка; **~ive** *adj* (*person*) разбо́рчивый; (*not general*) избира́тельный.
self [sɛlf] (*pl* **selves**) *n*: **he became his usual ~ again** он стал опя́ть сами́м собо́й.
self- [sɛlf] *prefix* само-; **~-assured** *adj* самоуве́ренный; **~-catering** *adj* (*BRIT*): **~-catering holiday** *туристи́ческая путёвка, в кото́рую включа́ется проéзд и жильё*; **~-centred** (*US* **~-centered**) *adj* эгоцентри́чный; **~-confidence** *n* уве́ренность *f* в себе́; **~-conscious** *adj* (*nervous*) засте́нчивый; **~-control** *n* самооблада́ние; **~-defence** (*US* **~-defense**) *n* самозащи́та, самооборо́на; **in ~-defence** защища́я себя́; **~-discipline** *n* самодисципли́на; **~-employed** *adj* рабо́тающий на себя́; **~-evident** *adj* самоочеви́дный; **~-interest** *n* коры́сть *f*; **~ish** *adj* эгоисти́ческий; **~ishness** *n* (*of person*) эгои́зм; **~less** *adj* самоотве́рженный; **~-pity** *n* жа́лость *f* к (самому́) себе́; **~-portrait** *n* автопортре́т; **~-respect** *n* самоуваже́ние; **~-righteous** *adj* убеждённый в свое́й правоте́; **~-satisfied** *adj* самодово́льный; **~-sufficient** *adj* самостоя́тельный.
sell [sɛl] (*pt, pp* **sold**) *vt* продава́ть (прода́ть *pf*) ◆ *vi* продава́ться (*impf*); **to ~ at** *or* **for 10 pounds** продава́ться (*impf*) по 10 фу́нтов; **~ off** *vt* распродава́ть (распрода́ть *pf*); **~ out** *vi* (*book etc*) расходи́ться (разойти́сь *pf*); (*shop*): **to ~ out of sth** распродава́ть (распрода́ть *pf*) что-н; **the tickets are sold out** все биле́ты про́даны.
Sellotape® ['sɛləuteɪp] *n* (*BRIT*) кле́йкая ле́нта.
selves [sɛlvz] *pl of* **self**.
semblance ['sɛmblns] *n* ви́димость *f*.
semester [sɪ'mɛstə'] *n* (*esp US*) семе́стр.
semi- ['sɛmɪ] *prefix* полу-; **~circle** *n* полукру́г; **~colon** *n* то́чка с запято́й; **~final** *n* полуфина́л.
seminar ['sɛmɪnɑ:'] *n* семина́р.
senate ['sɛnɪt] *n* сена́т.
senator ['sɛnɪtə'] *n* (*US etc*) сена́тор.
send [sɛnd] (*pt, pp* **sent**) *vt* посыла́ть (посла́ть *pf*); **~ away** *vt* (*letter, goods*) отсыла́ть (отосла́ть *pf*); (*visitor*) прогоня́ть (прогна́ть *pf*); **~ back** *vt* посыла́ть (посла́ть *pf*) обра́тно; **~ for** *vt fus* (*by post*) зака́зывать (заказа́ть *pf*); (*person*) посыла́ть (посла́ть *pf*) за *+instr*; **~ off** *vt* (*letter*) отправля́ть (отпра́вить *pf*); (*BRIT: SPORT*) удаля́ть (удали́ть *pf*); **~ out** *vt* (*invitation*)

рассыла́ть (разосла́ть *pf*); (*signal*) посыла́ть (посла́ть *pf*); **~er** *n* отправи́тель *m*.
senile ['si:naɪl] *adj* маразмати́ческий.
senior ['si:nɪə'] *adj* (*staff, officer*) ста́рший; (*manager, consultant*) гла́вный; **to be ~ to sb** (*in rank*) быть *(impf)* вы́ше кого́-н по до́лжности; **she is 15 years his ~** она́ ста́рше его́ на 15 лет; **~ citizen** *n* (*esp BRIT*) пожило́й челове́к, челове́к пенсио́нного во́зраста; **~ity** [si:nɪ'ɔrɪtɪ] *n* старшинство́.
sensation [sɛn'seɪʃən] *n* (*feeling*) ощуще́ние; (*great success*) сенса́ция; **~al** *adj* (*wonderful*) потряса́ющий; (*dramatic*) сенсацио́нный.
sense [sɛns] *vt* чу́вствовать (почу́вствовать *pf*), ощуща́ть (ощути́ть *pf*) ◆ *n* (*feeling*) чу́вство, ощуще́ние; **it makes ~** в э́том есть смысл; **the ~s** пять чувств; **~less** *adj* бессмы́сленный; (*unconscious*) без чувств; **~ of humour** (*US* **~ of humor**) *n* чу́вство ю́мора.
sensible ['sɛnsɪbl] *adj* разу́мный; (*shoes*) практи́чный.
sensitive ['sɛnsɪtɪv] *adj* чувстви́тельный; (*understanding*) чу́ткий; (*issue*) щекотли́вый.
sensitivity [sɛnsɪ'tɪvɪtɪ] *n* (*see adj*) чувстви́тельность *f*; чу́ткость *f*; щекотли́вость *f*.
sensual ['sɛnsjuəl] *adj* чу́вственный.
sensuous ['sɛnsjuəs] *adj* (*lips*) чу́вственный; (*material*) не́жный.
sent [sɛnt] *pt, pp of* **send**.
sentence ['sɛntns] *n* (*LING*) предложе́ние; (*LAW*) пригово́р ◆ *vt*: **to ~ sb to** пригова́ривать (приговори́ть *pf*) кого́-н к *+dat*.
sentiment ['sɛntɪmənt] *n* (*tender feelings*) чу́вство; (*opinion*) настрое́ние; **~al** [sɛntɪ'mɛntl] *adj* сентимента́льный.
sentry ['sɛntrɪ] *n* часово́й *m adj*, карау́льный *m adj*.
separate [*adj* 'sɛprɪt, *vb* 'sɛpəreɪt] *adj* отде́льный; (*ways*) ра́зный ◆ *vt* (*split up: people*) разлуча́ть (разлучи́ть *pf*); (*: things*) разделя́ть (раздели́ть *pf*); (*distinguish*) различа́ть (различи́ть *pf*) ◆ *vi* расходи́ться (разойти́сь *pf*); **~ly** ['sɛprɪtlɪ] *adv* отде́льно, по отде́льности.
separation [sɛpə'reɪʃən] *n* (*being apart*) разлу́ка; (*LAW*) разде́льное прожива́ние.
September [sɛp'tɛmbə'] *n* сентя́брь *m*.
septic ['sɛptɪk] *adj* заражённый.
sequel ['si:kwl] *n* продолже́ние.
sequence ['si:kwəns] *n* после́довательность *f*.
serene [sɪ'ri:n] *adj* безмяте́жный.
sergeant ['sɑ:dʒənt] *n* сержа́нт.
serial ['sɪərɪəl] *n* (*TV, RADIO*) сериа́л; (*PRESS*) *произведе́ние, в не́скольких частя́х*.
series ['sɪərɪz] *n inv* се́рия.
serious ['sɪərɪəs] *adj* серьёзный; **are you ~ (about it)?** Вы (э́то) серьёзно?; **~ly** *adv* серьёзно; **~ness** *n* серьёзность *f*.
sermon ['sə:mən] *n* про́поведь *f*.
servant ['sə:vənt] *n* слуга́(-ужа́нка) *m(f)*.
serve [sə:v] *vt* (*company, country*) служи́ть *(impf)* *+dat*; (*customer*) обслу́живать (обслужи́ть *pf*); (*subj: train etc*) обслу́живать *(impf)*; (*apprenticeship*)

проходи́ть (пройти́ *pf*); (*prison term*) отбыва́ть (отбы́ть *pf*) ♦ *vi* (*TENNIS*) подава́ть (пода́ть *pf*) ♦ *n* (*TENNIS*) пода́ча; **it ~s him right** поделóм емý; **to ~ on** (*jury, committee*) состоя́ть *(impf)* в *+prp*; **to ~ as/for** служи́ть (послужи́ть *pf*) *+instr*/вмéсто *+gen*.

service ['sə:vɪs] *n* (*help*) услу́га; (*in hotel*) обслу́живание, сéрвис; (*REL*) слу́жба; (*AUT*) техобслу́живание; (*TENNIS*) пода́ча ♦ *vt* (*car*) проводи́ть (провести́ *pf*) техобслу́живание *+gen*; **the S~s** *npl* (*MIL*) Вооружённые си́лы *fpl*; **military** *or* **national** ~ воéнная слу́жба; **train** ~ железнодорóжное сообщéние; **postal** ~ почтóвая связь.

serviette [sə:vɪ'ɛt] *n* (*BRIT*) салфéтка.

session ['sɛʃən] *n* (*of treatment*) сеа́нс; **recording** ~ за́пись *f*; **to be in** ~ (*court etc*) заседа́ть *(impf)*.

set [sɛt] (*pt, pp* **set**) *n* (*collection*) набóр; (*of pans, clothes*) комплéкт; (*also:* **television ~**) телеви́зор; (*TENNIS*) сет; (*MATH*) мнóжество; (*CINEMA, THEAT: stage*) сцéна ♦ *adj* (*fixed*) устанóвленный; (*ready*) готóвый ♦ *vt* (*place: vertically*) ста́вить (постáвить *pf*); (*: horizontally*) класть (положи́ть *pf*); (*table*) накрыва́ть (накры́ть *pf*); (*time*) назнача́ть (назна́чить *pf*); (*price, record*) устанáвливать (установи́ть *pf*); (*alarm, task*) ста́вить (постáвить *pf*); (*exam*) составля́ть (состáвить *pf*) ♦ *vi* (*sun*) сади́ться (сесть *pf*), заходи́ть (зайти́ *pf*); (*jam*) густéть (загустéть *pf*); (*jelly, concrete*) застыва́ть (засты́ть *pf*); **to ~ to music** класть (положи́ть *pf*) на му́зыку; **to ~ on fire** поджига́ть (поджéчь *pf*); **to ~ free** освобожда́ть (освободи́ть *pf*); **~ about** *vt fus* (*task*) приступа́ть (приступи́ть *pf*) к *+dat*; **~ aside** *vt* (*money*) откла́дывать (отложи́ть *pf*); (*time*) выделя́ть (вы́делить *pf*); **~ back** *vt* (*progress*) задéрживать (задержа́ть *pf*); **to ~ sb back £5** обходи́ться (обойти́сь *pf*) комý-н в £5; **~ off** *vi* отправля́ться (отпра́виться *pf*) ♦ *vt* (*bomb*) взрыва́ть (взорва́ть *pf*); (*alarm*) приводи́ть (привести́ *pf*) в дéйствие; (*events*) вызыва́ть (вы́звать *pf*); **~ out** *vt* выставля́ть (вы́ставить *pf*) ♦ *vi* (*depart*): **to ~ out (from)** отправля́ться (отпра́виться *pf*) (из *+gen*); **to ~ out to do** намерева́ться *(impf)* *+infin*; **~ up** *vt* (*organization*) учрежда́ть (учреди́ть *pf*); **~back** *n* неуда́ча.

settee [sɛ'ti:] *n* дива́н.

setting ['sɛtɪŋ] *n* (*background*) обстанóвка; (*position: of controls*) положéние.

settle ['sɛtl] *vt* (*argument, problem*) разреша́ть (разреши́ть *pf*); (*matter*) ула́живать (ула́дить *pf*); (*bill*) рассчи́тываться (рассчита́ться *pf*) с *+instr* ♦ *vi* (*dust, sediment*) осeда́ть (осéсть *pf*); (*also:* **~ down**) обоснóвываться (обоснова́ться *pf*); (*: live sensibly*) остепени́ться *(pf)*; (*calm down*) успока́иваться (успокóиться *pf*); **to ~ for sth** соглаша́ться (согласи́ться *pf*) на что-н; **to ~ on sth**

остана́вливаться (остановиться *pf*) на чём-н; **~ in** *vi* осва́иваться (осво́иться *pf*); **~ment** *n* (*payment*) упла́та; (*agreement*) соглаше́ние; (*village, colony*) поселе́ние; (*of conflict*) урегули́рование.

seven ['sɛvn] *n* семь; **~teen** *n* семна́дцать; **~teenth** *adj* семна́дцатый; **~th** *adj* седьмо́й; **~tieth** *adj* семидеся́тый; **~ty** *n* се́мьдесят.

sever ['sɛvəʳ] *vt* (*artery, pipe*) перереза́ть (перере́зать *pf*); (*relations*) прерыва́ть (прерва́ть *pf*).

several ['sɛvərl] *adj* не́сколько *+gen* ◆ *pron* не́которые *pl adj*; **~ of us** не́которые из нас.

severe [sɪ'vɪəʳ] *adj* (*shortage, pain, winter*) жесто́кий; (*damage*) серьёзный; (*stern*) жёсткий.

severity [sɪ'vɛrɪtɪ] *n* жесто́кость *f*; (*of damage*) серьёзность *f*.

sew [səu] (*pt* **sewed**, *pp* **sewn**) *vti* шить *(impf)*.

sewage ['su:ɪdʒ] *n* сто́чные во́ды *fpl*; **~ system** канализа́ция.

sewer ['su:əʳ] *n* канализацио́нная труба́.

sewing ['səuɪŋ] *n* шитьё; **~ machine** *n* шве́йная маши́нка.

sewn [səun] *pp of* **sew**.

sex [sɛks] *n* (*gender*) пол; (*lovemaking*) секс; **to have ~ with sb** переспа́ть *(pf)* с кем-н; **~ist** *adj* секси́стский; **he is ~ist** он – секси́ст; **~ual** *adj* полово́й; **~ual equality** ра́венство поло́в; **~ual harassment** сексуа́льное пресле́дование; **~y** *adj* сексуа́льный; (*woman*) сексапи́льная.

shabby ['ʃæbɪ] *adj* потрёпанный; (*treatment*) недосто́йный.

shack [ʃæk] *n* лачу́га.

shade [ʃeɪd] *n* (*shelter*) тень *f*; (*for lamp*) абажу́р; (*of colour*) отте́нок ◆ *vt* (*shelter*) затеня́ть (затени́ть *pf*); (*eyes*) заслоня́ть (заслони́ть *pf*); **in the ~** в тени́.

shadow ['ʃædəu] *n* тень *f* ◆ *vt* (*follow*) ходи́ть *(impf)* как тень за *+instr*; **~ cabinet** *n* (*BRIT*) тенево́й кабине́т.

shady ['ʃeɪdɪ] *adj* (*place, trees*) тени́стый; (*fig: dishonest*) тёмный.

shaft [ʃɑ:ft] *n* (*of mine, lift*) ша́хта; (*of light*) сноп.

shake [ʃeɪk] (*pt* **shook**, *pp* **shaken**) *vt* трясти́ *(impf)*; (*bottle*) взба́лтывать (взболта́ть *pf*); (*building*) сотряса́ть (сотрясти́ *pf*); (*weaken: beliefs, resolve*) пошатну́ть *(pf)*; (*upset, surprise*) потряса́ть (потрясти́ *pf*) ◆ *vi* (*voice*) дрожа́ть *(impf)*; **to ~ one's head** кача́ть (покача́ть *pf*) голово́й; **to ~ hands with sb** жать (пожа́ть *pf*) кому́-н ру́ку; **to ~ with** трясти́сь *(impf)* от *+gen*; **~ off** *vt* стря́хивать (стряхну́ть *pf*); (*fig: pursuer*) избавля́ться (изба́виться *pf*) от *+gen*; **~ up** *vt* (*fig: organization*) встря́хивать (встряхну́ть *pf*);

shaky ['ʃeɪkɪ] *adj* (*hand, voice*) дрожа́щий.

shall [ʃæl] *aux vb*: **I ~ go** я пойду́; **~ I open the door?** (мне) откры́ть дверь?; **I'll get some, ~ I?** я принесу́ немно́го, да?

shallow ['ʃæləu] *adj* (*water*) ме́лкий; (*box*) неглубо́кий; (*breathing, also fig*) пове́рхностный.

sham [ʃæm] *n* притво́рство.

shambles ['ʃæmblz] *n* неразбери́ха.
shame [ʃeɪm] *n* (*embarrassment*) стыд; (*disgrace*) позо́р ♦ *vt* позо́рить (опозо́рить *pf*); **it is a ~ that/to do** жаль, что/+*infin*; **what a ~!** кака́я жа́лость!, как жаль!; **~ful** *adj* позо́рный; **~less** *adj* бессты́дный.
shampoo [ʃæm'pu:] *n* шампу́нь *m* ♦ *vt* мыть (помы́ть *or* вы́мыть *pf*) шампу́нем.
shan't [ʃɑ:nt] = **shall not**.
shape [ʃeɪp] *n* фо́рма ♦ *vt* (*ideas, events*) формирова́ть (сформирова́ть *pf*); (*clay*) лепи́ть (слепи́ть *pf*); **to take ~** обрета́ть (обрести́ *pf*) фо́рму; **-~d** *suffix*: **heart-~d** сердцеви́дный; **~less** *adj* бесфо́рменный; **~ly** *adj* стро́йный.
share [ʃɛə^r] *n* до́ля; (*COMM*) а́кция ♦ *vt* (*books, cost*) дели́ть (подели́ть *pf*); (*toys*) дели́ться (подели́ться *pf*) +*instr*; (*features, qualities*) разделя́ть *(impf)*; (*opinion, concern*) разделя́ть (раздели́ть *pf*); **~ out** *vt* дели́ть (раздели́ть *pf*); **~holder** *n* акционе́р.
shark [ʃɑ:k] *n* аку́ла.
sharp [ʃɑ:p] *adj* о́стрый; (*sound*) ре́зкий; (*MUS*) дие́з *ind* ♦ *adv* (*precisely*): **at 2 o'clock ~** ро́вно в два часа́; **he is very ~** у него́ о́чень о́стрый ум; **~en** *vt* (*pencil, knife*) точи́ть (поточи́ть *pf*); **~ener** *n* (*also*: **pencil ~ener**) точи́лка; **~ly** *adv* ре́зко.
shatter ['ʃætə^r] *vt* (*vase, hopes*) разбива́ть (разби́ть *pf*); (*upset*: *person*) потряса́ть (потрясти́ *pf*) ♦ *vi* би́ться (разби́ться *pf*).
shave [ʃeɪv] *vt* брить (побри́ть *pf*) ♦ *vi* бри́ться (побри́ться *pf*) ♦ *n*: **to have a ~** бри́ться (побри́ться *pf*).
shaving ['ʃeɪvɪŋ] *n* бритьё; **~s** *npl* (*of wood etc*) стру́жки *fpl*.
shawl [ʃɔ:l] *n* шаль *f*.
she [ʃi:] *pron* она́.
sheaf [ʃi:f] (*pl* **sheaves**) *n* (*of papers*) сто́пка.
shears ['ʃɪəz] *npl* (*for hedge*) садо́вые но́жницы *pl*.
sheaves [ʃi:vz] *npl of* **sheaf**.
shed [ʃɛd] (*pt, pp* **shed**) *n* (*in garden*) сара́й ♦ *vt* (*skin, load*) сбра́сывать (сбро́сить *pf*); (*tears*) лить *(impf)*.
she'd [ʃi:d] = **she had, she would**.
sheen [ʃi:n] *n* лоск.
sheep [ʃi:p] *n inv* овца́; **~dog** *n* овча́рка.
sheer [ʃɪə^r] *adj* (*utter*) су́щий; (*steep*) отве́сный.
sheet [ʃi:t] *n* (*on bed*) простыня́; (*of paper, glass etc*) лист; (*of ice*) полоса́.
sheik(h) [ʃeɪk] *n* шейх.
shelf [ʃɛlf] (*pl* **shelves**) *n* по́лка.
shell [ʃɛl] *n* (*of mollusc*) ра́ковина; (*of egg, nut*) скорлупа́; (*explosive*) снаря́д; (*of building*) карка́с; (*of ship*) ко́рпус ♦ *vt* (*peas*) лущи́ть (облущи́ть *pf*); (*MIL*) обстре́ливать (обстреля́ть *pf*).
she'll [ʃi:l] = **she will, she shall**.
shellfish ['ʃɛlfɪʃ] *n inv* (*crab*) рачки́ *pl*; (*scallop*) моллю́ски *mpl*.
shelter ['ʃɛltə^r] *n* (*refuge*) прию́т; (*protection*) укры́тие ♦ *vt* (*protect*) укрыва́ть (укры́ть *pf*); (*hide*) дава́ть (дать *pf*) прию́т +*dat* ♦ *vi* укрыва́ться (укры́ться *pf*); **~ed** *adj* (*life*) беззабо́тный; (*spot*) защищённый.
shelves [ʃɛlvz] *npl of* **shelf**.

shepherd ['ʃɛpəd] *n* пасту́х.
sheriff ['ʃɛrɪf] *n* (*US*) шери́ф.
sherry ['ʃɛrɪ] *n* хе́рес.
she's [ʃi:z] = **she is, she has**.
shield [ʃi:ld] *n* щит; (*trophy*) трофе́й ◆ *vt*: **to ~ (from)** заслоня́ть (заслони́ть *pf*) (от *+gen*).
shift [ʃɪft] *n* (*in direction, conversation*) переме́на; (*in policy, emphasis*) сдвиг; (*at work*) сме́на ◆ *vt* передвига́ть (передви́нуть *pf*), перемеща́ть (перемести́ть *pf*) ◆ *vi* перемеща́ться (перемести́ться *pf*).
shimmer ['ʃɪmə'] *vi* мерца́ть (*impf*).
shin [ʃɪn] *n* го́лень *f*.
shine [ʃaɪn] (*pt, pp* **shone**) *n* блеск ◆ *vi* (*sun, light*) свети́ть (*impf*); (*eyes, hair*) блесте́ть (*impf*) ◆ *vt*: **to ~ a torch on sth** направля́ть (напра́вить *pf*) фона́рь на что-н.
shiny ['ʃaɪnɪ] *adj* блестя́щий.
ship [ʃɪp] *n* кора́бль *m* ◆ *vt* (*by ship*) перевози́ть (перевезти́ *pf*) по мо́рю; (*send*) экспеди́ровать (*impf/pf*); **~building** *n* кораблестрое́ние, судострое́ние; **~ment** *n* (*goods*) па́ртия; **~ping** *n* (*of cargo*) перево́зка; **~wreck** *n* (*ship*) су́дно, потерпе́вшее круше́ние ◆ *vt*: **to be ~wrecked** терпе́ть (потерпе́ть *pf*) кораблекруше́ние; **~yard** *n* (судострои́тельная) верфь *f*.
shirt [ʃə:t] *n* (*man's*) руба́шка; (*woman's*) блу́зка; **in (one's) ~ sleeves** в одно́й руба́шке.
shit [ʃɪt] *excl* (*inf!*) чёрт.
shiver ['ʃɪvə'] *n* дрожь *f* ◆ *vi* дрожа́ть (*impf*).
shoal [ʃəul] *n* (*of fish*) кося́к.
shock [ʃɔk] *n* (*start, impact*) толчо́к; (*ELEC, MED*) шок; (*emotional*) потрясе́ние ◆ *vt* (*upset*) потряса́ть (потрясти́ *pf*); (*offend*) возмуща́ть (возмути́ть *pf*), шоки́ровать (*impf/pf*); **~ absorber** *n* амортиза́тор; **~ing** *adj* (*outrageous*) возмути́тельный; (*dreadful*) кошма́рный.
shoddy ['ʃɔdɪ] *adj* (*goods*) дрянно́й; (*workmanship*) куста́рный.
shoe [ʃu:] *n* (*for person*) ту́фля; (*for horse*) подко́ва; **~s** (*footwear*) о́бувь *fsg*; **~lace** *n* шнуро́к.
shone [ʃɔn] *pt, pp of* **shine**.
shook [ʃuk] *pt of* **shake**.
shoot [ʃu:t] (*pt, pp* **shot**) *n* (*BOT*) росто́к, побе́г ◆ *vt* (*gun*) стреля́ть (*impf*) из *+gen*; (*bird, robber etc*: *kill*) застре́ливать (застрели́ть *pf*); (: *wound*) вы́стрелить (*pf*) в *+acc*; (*film*) снима́ть (снять *pf*) ◆ *vi*: **to ~ (at)** стреля́ть (вы́стрелить *pf*) (в *+acc*); (*FOOTBALL etc*) бить (*impf*) (по *+dat*); **~ down** *vt* (*plane*) сбива́ть (сбить *pf*); **~ing** *n* (*shots, attack*) стрельба́; (*HUNTING*) охо́та.
shop [ʃɔp] *n* магази́н; (*also: work~*) мастерска́я *f adj* ◆ *vi* (*also: go ~ping*) ходи́ть (*impf*) по магази́нам, де́лать (*impf*) поку́пки; **~keeper** *n* владе́лец(-лица) магази́на; **~lifting** *n* кра́жа това́ров (*из магази́нов*); **~ping** *n* (*goods*) поку́пки *fpl*; **~ping centre** (*US* **~ping center**) *n* торго́вый центр; **~ping mall** *n* (*esp US*) торго́вый центр.

shore [ʃɔːʳ] *n* бе́рег.

short [ʃɔːt] *adj* коро́ткий; (*in height*) невысо́кий; (*curt*) ре́зкий; (*insufficient*) ску́дный; **we are ~ of milk** у нас ма́ло молока́; **in ~** коро́че говоря́; **it is ~ for ...** э́то сокраще́ние от *+gen ...*; **to cut ~** (*speech, visit*) сокраща́ть (сократи́ть *pf*); **everything ~ of ...** всё, кро́ме *+gen ...*; **~ of doing** кро́ме как *+infin*; **to fall ~ of** не выполня́ть (вы́полнить *pf*); **we're running ~ of time** у нас зака́нчивается вре́мя; **to stop ~** застыва́ть (засты́ть *pf*) на ме́сте; **to stop ~ of doing** не осме́ливаться (осме́литься *pf*) *+infin*; **~age** *n*: **a ~age of** нехва́тка *+gen*, дефици́т *+gen*; **~ cut** *n* (*on journey*) коро́ткий путь *m*; **~fall** *n* недоста́ток; **~hand** *n* (*BRIT*) стеногра́фия; **~-lived** *adj* кратковре́менный, недо́лгий; **~ly** *adv* вско́ре; **~s** *npl*: **(a pair of) ~s** шо́рты *pl*; **~-sighted** *adj* (*BRIT*) близору́кий; **~ story** *n* расска́з; **~-term** *adj* (*effect*) кратковре́менный.

shot [ʃɔt] *pt, pp of* **shoot** ♦ *n* (*of gun*) вы́стрел; (*FOOTBALL*) уда́р; (*injection*) уко́л; (*PHOT*) сни́мок; **a good/poor ~** (*person*) ме́ткий/плохо́й стрело́к; **like a ~** ми́гом; **~gun** *n* дробови́к.

should [ʃud] *aux vb*: **I ~ go now** я до́лжен идти́ тепе́рь; **I ~ go if I were you** на Ва́шем ме́сте я бы пошёл; **I ~ like to** я бы хоте́л.

shoulder ['ʃəuldəʳ] *n* (*ANAT*) плечо́ ♦ *vt* (*fig*) принима́ть (приня́ть *pf*) на себя́; **~ blade** *n* лопа́тка.

shouldn't ['ʃudnt] = **should not**.

shout [ʃaut] *n* крик ♦ *vt* выкри́кивать (вы́крикнуть *pf*) ♦ *vi* (*also:* **~ out**) крича́ть (*impf*).

shove [ʃʌv] *vt* толка́ть (*impf*); (*inf: put*): **to ~ sth in** запи́хивать (запиха́ть *or* запихну́ть *pf*) что-н в *+acc*.

shovel ['ʃʌvl] *n* лопа́та ♦ *vt* (*snow, coal*) грести́ (сгрести́ *pf*) (*лопа́той*).

show [ʃəu] (*pt* **showed**, *pp* **shown**) *n* (*of emotion*) пока́з; (*semblance*) подо́бие; (*exhibition*) вы́ставка; (*THEAT*) спекта́кль *m*; (*TV*) програ́мма, шо́у *nt ind* ♦ *vt* пока́зывать (показа́ть *pf*); (*courage etc*) проявля́ть (прояви́ть *pf*) ♦ *vi* (*be evident*) обнару́живаться (обнару́житься *pf*), проявля́ться (прояви́ться *pf*); **for ~** для ви́ду; **to be on ~** (*exhibits etc*) выставля́ться (*impf*); **~ in** *vt* (*person*) проводи́ть (провести́ *pf*); **~ off** *vi* хва́статься (похва́статься *pf*) ♦ *vt* (*display*) хва́статься (похва́статься *pf*) *+instr*; **~ out** *vt* (*person*) провожа́ть (проводи́ть *pf*) к вы́ходу; **~ up** *vi* (*against background*) видне́ться (*impf*); (*fig*) обнару́живаться (обнару́житься *pf*); (*inf: turn up*) явля́ться (яви́ться *pf*) ♦ *vt* (*uncover*) выявля́ть (вы́явить *pf*); **~ business** *n* шо́у би́знес.

shower ['ʃauəʳ] *n* (*also:* **~ bath**) душ; (*of rain*) кратковре́менный дождь *m* ♦ *vi* принима́ть (приня́ть *pf*) душ ♦ *vt*: **to ~ sb with** (*gifts, abuse etc*) осыпа́ть (осы́пать *pf*) кого́-н *+instr*; **to have** *or* **take a ~** принима́ть (приня́ть *pf*) душ.

show: **~ing** *n* (*of film*) пока́з, демонстра́ция; **~ jumping** *n* конку́р; **~n** *pp of* **show**; **~-off** *n*

(*inf*) хвасту́н(ья); **~room** *n* демонстрацио́нный зал.
shrank [ʃræŋk] *pt of* **shrink**.
shrapnel ['ʃræpnl] *n* шрапне́ль *f*.
shred [ʃrɛd] *n* (*usu pl*) клочо́к ◆ *vt* кроши́ть (накроши́ть *pf*).
shrewd [ʃru:d] *adj* проница́тельный.
shriek [ʃri:k] *n* визг ◆ *vi* визжа́ть *(impf)*.
shrill [ʃrɪl] *adj* визгли́вый.
shrimp [ʃrɪmp] *n* (ме́лкая) креве́тка.
shrine [ʃraɪn] *n* святы́ня; (*tomb*) ра́ка.
shrink [ʃrɪŋk] (*pt* **shrank**, *pp* **shrunk**) *vi* (*cloth*) сади́ться (сесть *pf*); (*profits, audiences*) сокраща́ться (сократи́ться *pf*); (*also:* **~ away**) отпря́нуть *(pf)*.
shrivel ['ʃrɪvl] (*also:* **~ up**) *vt* высу́шивать (вы́сушить *pf*) ◆ *vi* высыха́ть (вы́сохнуть *pf*).
shroud [ʃraud] *vt*: **~ed in mystery** оку́танный та́йной.
shrub [ʃrʌb] *n* куст.
shrug [ʃrʌg] *vi*: **to ~ (one's shoulders)** пожима́ть (пожа́ть *pf*) плеча́ми; **~ off** *vt* отма́хиваться (отмахну́ться *pf*) от *+gen*.
shrunk [ʃrʌŋk] *pp of* **shrink**.
shudder ['ʃʌdə^r] *vi* содрога́ться (содрогну́ться *pf*).
shuffle ['ʃʌfl] *vt* тасова́ть (стасова́ть *pf*) ◆ *vi*: **to ~ (one's feet)** волочи́ть *(impf)* но́ги.
shun [ʃʌn] *vt* избега́ть *(impf) +gen*.
shut [ʃʌt] (*pt, pp* **shut**) *vt* закрыва́ть (закры́ть *pf*) ◆ *vi* (*factory*) закрыва́ться (закры́ться *pf*); **~ down** *vt* (*factory etc*) закрыва́ть (закры́ть *pf*) ◆ *vi* (*factory*) закрыва́ться (закры́ться *pf*); **~ off** *vt* (*supply etc*) перекрыва́ть (перекры́ть *pf*); **~ up** *vi* (*keep quiet*) заткну́ться *(pf)* ◆ *vt* (*keep quiet*) затыка́ть (заткну́ть *pf*) рот *+dat*; **~ter** *n* (*on window*) ста́вень *m*; (*PHOT*) затво́р.
shuttle ['ʃʌtl] *n* (*plane*) самолёт-челно́к; (*also:* **space ~**) шатл; (*also:* **~ service**) челно́чный маршру́т.
shy [ʃaɪ] *adj* (*timid*) засте́нчивый, стесни́тельный; (*reserved*) осторо́жный; **~ness** *n* (*see adj*) засте́нчивость *f*, стесни́тельность *f*; осторо́жность *f*.
Siberia [saɪ'bɪərɪə] *n* Сиби́рь *f*.
sibling ['sɪblɪŋ] *n* (*brother*) родно́й брат; (*sister*) родна́я сестра́.
sick [sɪk] *adj* (*ill*) больно́й; (*humour*) скве́рный; **he is/was ~** (*vomiting*) его́ рвёт/вы́рвало; **I feel ~** меня́ тошни́т; **I'm ~ of arguing/school** меня́ тошни́т от спо́ров/шко́лы; **~en** *vt* вызыва́ть (вы́звать *pf*) отвраще́ние у *+gen*; **~ening** *adj* проти́вный, тошнотво́рный.
sickly ['sɪklɪ] *adj* (*child*) хи́лый; (*smell*) тошнотво́рный.
sickness ['sɪknɪs] *n* (*illness*) боле́знь *f*; (*vomiting*) рво́та.
side [saɪd] *n* сторона́; (*of body*) бок; (*team*) кома́нда; (*of hill*) склон ◆ *adj* (*door etc*) боково́й; **~board** *n* буфе́т; **~burns** *npl* бакенба́рды *pl*; **~ effect** *n* побо́чное де́йствие; **~ street** *n* переу́лок; **~walk** *n* (*US*) тротуа́р; **~ways** *adv* (*go in, lean*) бо́ком; (*look*) и́скоса.
siding ['saɪdɪŋ] *n* запасно́й путь *m*.
siege [si:dʒ] *n* оса́да.

sieve [sɪv] *n* (*CULIN*) си́то ♦ *vt* просе́ивать (просе́ять *pf*).
sift [sɪft] *vt* просе́ивать (просе́ять *pf*).
sigh [saɪ] *n* вздох ♦ *vi* вздыха́ть (вздохну́ть *pf*).
sight [saɪt] *n* (*faculty*) зре́ние; (*spectacle*) зре́лище, вид; (*on gun*) прице́л; **in ~** в по́ле зре́ния; **out of ~** из ви́да; **~seeing** *n*: **to go ~seeing** осма́тривать (осмотре́ть *pf*) достопримеча́тельности.
sign [saɪn] *n* (*notice*) вы́веска; (*with hand*) знак; (*indication, evidence*) при́знак ♦ *vt* (*document*) подпи́сывать (подписа́ть *pf*); **to ~ sth over to sb** передава́ть (переда́ть *pf*) что-н кому́-н; **~ on** *vi* (*BRIT*: *as unemployed*) отмеча́ться (отме́титься *pf*) как безрабо́тный; (*for course*) регистри́роваться (зарегистри́роваться *pf*); **~ up** *vi* (*MIL*) нанима́ться (наня́ться *pf*); (*for course*) регистри́роваться (зарегистри́роваться *pf*) ♦ *vt* нанима́ть (наня́ть *pf*).
signal ['sɪgnl] *n* сигна́л ♦ *vi* сигнализи́ровать (*impf/pf*); **to ~ to** подава́ть (пода́ть *pf*) знак *+dat*.
signature ['sɪgnətʃə^r] *n* по́дпись *f*.
significance [sɪg'nɪfɪkəns] *n* значе́ние.
significant [sɪg'nɪfɪkənt] *adj* (*amount, discovery*) значи́тельный.
signify ['sɪgnɪfaɪ] *vt* (*represent*) означа́ть (*impf*).
silence ['saɪləns] *n* тишина́ ♦ *vt* заставля́ть (заста́вить *pf*) замолча́ть.
silent ['saɪlənt] *adj* безмо́лвный; (*taciturn*) молчали́вый; (*film*) немо́й; **to remain ~** молча́ть (*impf*).
silhouette [sɪlu:'ɛt] *n* силуэ́т.
silk [sɪlk] *n* шёлк ♦ *adj* шёлковый; **~y** *adj* шелкови́стый.
silly ['sɪlɪ] *adj* глу́пый.
silt [sɪlt] *n* ил.
silver ['sɪlvə^r] *n* серебро́ ♦ *adj* серебри́стый; **~y** *adj* серебри́стый.
similar ['sɪmɪlə^r] *adj*: **~ (to)** схо́дный (с *+instr*), подо́бный (*+dat*); **~ity** [sɪmɪ'lærɪtɪ] *n* схо́дство; **~ly** *adv* (*in a similar way*) подо́бным о́бразом.
simmer ['sɪmə^r] *vi* (*CULIN*) туши́ться (*impf*).
simple ['sɪmpl] *adj* просто́й; (*foolish*) недалёкий.
simplicity [sɪm'plɪsɪtɪ] *n* (*see adj*) простота́; недалёкость *f*.
simplify ['sɪmplɪfaɪ] *vt* упроща́ть (упрости́ть *pf*).
simply ['sɪmplɪ] *adv* про́сто.
simulate ['sɪmjuleɪt] *vt* изобража́ть (изобрази́ть *pf*).
simultaneous [sɪməl'teɪnɪəs] *adj* одновре́менный; **~ly** *adv* одновре́менно.
sin [sɪn] *n* грех ♦ *vi* греши́ть (согреши́ть *pf*).
since [sɪns] *adv* с тех пор ♦ *conj* (*time*) с тех пор как; (*because*) так как ♦ *prep*: **~ July** с ию́ля; **~ then, ever ~** с тех пор; **it's two weeks ~ I wrote** уже́ две неде́ли с тех пор как я написа́л; **~ our last meeting** со вре́мени на́шей после́дней встре́чи.
sincere [sɪn'sɪə^r] *adj* и́скренний.
sincerity [sɪn'sɛrɪtɪ] *n* и́скренность *f*.

sing [sɪŋ] (*pt* **sang**, *pp* **sung**) *vti* петь (спеть *pf*).
singe [sɪndʒ] *vt* пали́ть (опали́ть *pf*).
singer ['sɪŋəʳ] *n* певе́ц(-ви́ца).
singing ['sɪŋɪŋ] *n* пе́ние.
single ['sɪŋgl] *adj* (*person*) одино́кий; (*individual*) одино́чный; (*not double*) одина́рный ◆ *n* (*BRIT*: *also*: **~ ticket**) биле́т в оди́н коне́ц; (*record*) *пласти́нка с за́писью одно́й пе́сни*; **not a ~ person** ни оди́н челове́к; **~ out** *vt* (*choose*) отбира́ть (отобра́ть *pf*); **~-minded** *adj* целеустремлённый; **~ room** *n* ко́мната на одного́.
singly ['sɪŋglɪ] *adv* врозь, по отде́льности.
singular ['sɪŋgjuləʳ] *adj* необыча́йный ◆ *n* (*LING*) еди́нственное число́.
sinister ['sɪnɪstəʳ] *adj* злове́щий.
sink [sɪŋk] (*pt* **sank**, *pp* **sunk**) *n* ра́ковина ◆ *vt* (*ship*) топи́ть (потопи́ть *pf*); (*well*) рыть (вы́рыть *pf*); (*foundations*) врыва́ть (врыть *pf*) ◆ *vi* (*ship*) тону́ть (потону́ть *pf or* затону́ть *pf*); (*heart, spirits*) па́дать (упа́сть *pf*); (*also*: **~ back, ~ down**) отки́дываться (отки́нуться *pf*); **to ~ sth into** (*teeth, claws etc*) вонза́ть (вонзи́ть *pf*) что-н в *+acc*; **~ in** *vi* (*fig*): **it took a long time for her words to ~ in** её слова́ дошли́ до меня́ нескоро.
sinus ['saɪnəs] *n* (*ANAT*) па́зуха.
sip [sɪp] *n* ма́ленький глото́к ◆ *vt* потя́гивать *impf*.
sir [səʳ] *n* сэр, господи́н; **S~ John Smith** Сэр Джон Смит.
siren ['saɪərn] *n* сире́на.
sister ['sɪstəʳ] *n* сестра́; (*BRIT*: *MED*) (медици́нская *or* мед-) сестра́; **~-in-law** *n* (*brother's wife*) неве́стка; (*husband's sister*) золо́вка; (*wife's sister*) своя́ченица.
sit [sɪt] (*pt, pp* **sat**) *vi* (*sit down*) сади́ться (сесть *pf*); (*be sitting*) сиде́ть *(impf)*; (*assembly*) заседа́ть *(impf)* ◆ *vt* (*exam*) сдава́ть (сдать *pf*); **~ down** *vi* сади́ться (сесть *pf*); **~ up** *vi* (*after lying*) приподнима́ться (приподня́ться *pf*).
sitcom ['sɪtkɔm] *n abbr* (*TV*: = *situation comedy*) бытова́я коме́дия.
site [saɪt] *n* (*place*) ме́сто; (*also*: **building ~**) строи́тельная площа́дка.
sit-in ['sɪtɪn] *n* сидя́чая демонстра́ция.
sitting ['sɪtɪŋ] *n* (*of assembly etc*) заседа́ние; (*in canteen*) сме́на; **~ room** *n* гости́ная *f adj*.
situated ['sɪtjueɪtɪd] *adj*: **to be ~** находи́ться *(impf)*, располага́ться *(impf)*.
situation [sɪtju'eɪʃən] *n* ситуа́ция, положе́ние; (*job*) ме́сто; (*location*) положе́ние; **"~s vacant"** (*BRIT*) "вака́нтные места́".
six [sɪks] *n* шесть; **~teen** *n* шестна́дцать; **~teenth** *adj* шестна́дцатый; **~th** *adj* шесто́й; **~tieth** *adj* шестидеся́тый; **~ty** *n* шестьдеся́т.
size [saɪz] *n* разме́р; (*extent*) величина́, масшта́б; **~able** *adj* поря́дочный.
skate [skeɪt] *n* (*also*: **ice ~**) конёк; (*also*: **roller ~**) ро́ликовый конёк, ро́лик ◆ *vi* ката́ться *(impf)* на конька́х.

skating ['skeɪtɪŋ] *n* (*for pleasure*) ката́ние на конька́х.
skeleton ['skɛlɪtn] *n* (*ANAT*) скеле́т; (*outline*) схе́ма.
skeptical *etc* (*US*) = **sceptical** *etc.*
sketch [skɛtʃ] *n* эски́з, набро́сок; (*outline*) набро́сок; (*THEAT, TV*) сце́нка, скетч ♦ *vt* (*draw*) наброса́ть *(impf)*; (*also:* **~ out**) обрисо́вывать (обрисова́ть *pf*) в о́бщих черта́х; **~y** *adj* пове́рхностный.
ski [ski:] *n* лы́жа ♦ *vi* ката́ться *(impf)* на лы́жах.
skid [skɪd] *vi* (*AUT*) идти́ (пойти́ *pf*) ю́зом.
skier ['ski:əʳ] *n* лы́жник(-ица).
skiing ['ski:ɪŋ] *n* (*for pleasure*) ката́ние на лы́жах.
skilful ['skɪlful] (*US* **skillful**) *adj* иску́сный, уме́лый.
skill [skɪl] *n* (*ability, dexterity*) мастерство́; (*in computing etc*) на́вык; **~ed** *adj* (*able*) иску́сный; (*worker*) квалифици́рованный; **~ful** *adj* (*US*) = **skilful**.
skim [skɪm] *vt* (*milk*) снима́ть (снять *pf*) сли́вки с *+gen*; (*glide over*) скользи́ть *(impf)* над *+instr* ♦ *vi*: **to ~ through** пробега́ть (пробежа́ть *pf*).
skin [skɪn] *n* (*of person*) ко́жа; (*of animal*) шку́ра; (*of fruit, vegetable*) кожура́; (*of grape, tomato*) ко́жица ♦ *vt* (*animal*) снима́ть (снять *pf*) шку́ру с *+gen*; **~ny** *adj* то́щий.
skip [skɪp] *n* (*BRIT*: *container*) скип ♦ *vi* подпры́гивать (подпры́гнуть *pf*); (*with rope*) скака́ть *(impf)* ♦ *vt* (*miss out*) пропуска́ть (пропусти́ть *pf*).
skipper ['skɪpəʳ] *n* (*NAUT*) шки́пер, капита́н; (*SPORT*) капита́н.
skirt [skə:t] *n* ю́бка ♦ *vt* обходи́ть (обойти́ *pf*).
skull [skʌl] *n* че́реп.
skunk [skʌŋk] *n* (*animal*) скунс.
sky [skaɪ] *n* не́бо; **~light** *n* слухово́е окно́; **~scraper** *n* небоскрёб.
slab [slæb] *n* плита́.
slack [slæk] *adj* (*rope*) прови́сший; (*discipline*) сла́бый; (*security*) плохо́й.
slag [slæg] *vt* (*also:* **~ off**: *BRIT*: *inf*): **to ~ sb (off)** перемыва́ть (перемы́ть *pf*) кому́-н ко́сточки.
slam [slæm] *vt* (*door*) хло́пать (хло́пнуть *pf*) *+instr* ♦ *vi* (*door*) захло́пываться (захло́пнуться *pf*).
slang [slæŋ] *n* (*informal language*) сленг; (*jargon*) жарго́н.
slant [slɑ:nt] *n* накло́н; (*fig*: *approach*) укло́н.
slap [slæp] *n* шлепо́к ♦ *vt* шлёпать (шлёпнуть *pf*); **to ~ sb across the face** дава́ть (дать *pf*) кому́-н пощёчину; **to ~ sth on sth** (*paint etc*) ля́пать (наля́пать *pf*) что-н на что-н.
slash [slæʃ] *vt* ре́зать (поре́зать *pf*); (*fig*: *prices*) уре́зывать (уре́зать *pf*).
slate [sleɪt] *n* (*material*) сла́нец; (*tile*) кро́вельная пли́тка (*из гли́нистого сла́нца*) ♦ *vt* (*fig*) разноси́ть (разнести́ *pf*) в пух и прах.
slaughter ['slɔ:təʳ] *n* (*see vt*) убо́й; резня́, бо́йня ♦ *vt* (*animals*) забива́ть (заби́ть *pf*); (*people*) истребля́ть (истреби́ть *pf*).
slave [sleɪv] *n* раб(ы́ня); **~ry** *n* ра́бство.
Slavonic [slə'vɔnɪk] *adj* славя́нский.

sleazy ['sli:zɪ] *adj* (*place*) запу́щенный.
sledge [slɛdʒ] *n* са́ни *pl*; (*for children*) са́нки *pl*; **~hammer** *n* кува́лда.
sleek [sli:k] *adj* (*fur*) лоснящийся; (*hair*) блестя́щий.
sleep [sli:p] (*pt, pp* **slept**) *n* сон ◆ *vi* спать *(impf)*; (*spend night*) ночева́ть (переночева́ть *pf*); **to go to ~** засыпа́ть (засну́ть *pf*); **~ in** *vi* просыпа́ть (проспа́ть *pf*); **~er** *n* (*RAIL: train*) по́езд со спа́льными ваго́нами; (: *berth*) спа́льное ме́сто; **~ing bag** *n* спа́льный мешо́к; **~less** *adj* (*night*) бессо́нный; **~walker** *n* луна́тик; **~y** *adj* со́нный.
sleet [sli:t] *n* мо́крый снег.
sleeve [sli:v] *n* (*of jacket etc*) рука́в; (*of record*) конве́рт.
slender ['slɛndəʳ] *adj* (*figure*) стро́йный; (*majority*) небольшо́й.
slept [slɛpt] *pt, pp of* **sleep**.
slice [slaɪs] *n* (*of meat*) кусо́к; (*of bread, lemon*) ло́мтик ◆ *vt* (*bread, meat etc*) нареза́ть (наре́зать *pf*).
slick [slɪk] *adj* (*performance*) гла́дкий; (*salesman, answer*) бо́йкий ◆ *n* (*also:* **oil ~**) плёнка не́фти.
slid [slɪd] *pt, pp of* **slide**.
slide [slaɪd] (*pt, pp* **slid**) *n* (*in playground*) де́тская го́рка; (*PHOT*) слайд; (*BRIT: also:* **hair ~**) зако́лка ◆ *vt* задвига́ть (задви́нуть *pf*) ◆ *vi* скользи́ть *(impf)*.
slight [slaɪt] *adj* хру́пкий; (*small*) незначи́тельный; (: *error*) ме́лкий; (*accent, pain*) сла́бый ◆ *n* униже́ние; **not in the ~est** нисколько; **~ly** *adv* (*rather*) слегка́.
slim [slɪm] *adj* (*figure*) стро́йный; (*chance*) сла́бый ◆ *vi* худе́ть (похуде́ть *pf*).
slimy ['slaɪmɪ] *adj* (*pond*) и́листый.
sling [slɪŋ] (*pt, pp* **slung**) *n* (*MED*) пе́ревязь *f* ◆ *vt* (*throw*) швыря́ть (швырну́ть *pf*).
slip [slɪp] *n* (*mistake*) про́мах; (*underskirt*) ни́жняя ю́бка; (*of paper*) поло́ска ◆ *vt* сова́ть (су́нуть *pf*) ◆ *vi* (*slide*) скользи́ть (скользну́ть *f*); (*lose balance*) поскользну́ться *(pf)*; (*decline*) снижа́ться (сни́зиться *pf*); **to give sb the ~** ускольза́ть (ускользну́ть *pf*) от кого́-н; **a ~ of the tongue** огово́рка; **to ~ sth on/off** надева́ть (наде́ть *pf*)/ сбра́сывать (сбро́сить *pf*) что-н; **to ~ into** (*room etc*) скользну́ть *(pf)* в *+acc*; **to ~ out of** (*room etc*) вы́скользнуть *(pf)* из *+gen*; **~ away** *vi* ускольза́ть (ускользну́ть *pf*); **~ in** *vt* сова́ть (су́нуть *pf*) ◆ *vi* (*errors*) закра́дываться (закра́сться *pf*).
slipper ['slɪpəʳ] *n* та́почка.
slippery ['slɪpərɪ] *adj* ско́льзкий.
slit [slɪt] (*pt, pp* **slit**) *n* (*cut*) разре́з; (*in skirt*) шли́ца; (*opening*) щель *f* ◆ *vt* разреза́ть (разре́зать *pf*).
slither ['slɪðəʳ] *vi* (*person*) скользи́ть *(impf)*; (*snake*) извива́ться *(impf)*.
sliver ['slɪvəʳ] *n* (*of glass*) оско́лок.
slog [slɔg] *n*: **it was a hard ~** э́то была́ тяжёлая рабо́та.
slogan ['sləugən] *n* ло́зунг.
slope [sləup] *n* склон; (*gentle hill*) укло́н; (*slant*) накло́н.
sloppy ['slɔpɪ] *adj* (*work*) халту́рный.
slot [slɔt] *n* (*in machine*) про́резь *f*,

паз ◆ *vt*: **to ~ sth into** опуска́ть (опусти́ть *pf*) что-н в *+acc*.
Slovakia [sləu'vækɪə] *n* Слова́кия; **~n** *adj* слова́цкий.
slow [sləu] *adj* ме́дленный; (*stupid*) тупо́й ◆ *adv* ме́дленно ◆ *vt* (*also*: **~ down**, **~ up**: *vehicle*) замедля́ть (заме́длить *pf*) ◆ *vi* (*traffic*) замедля́ться (заме́длиться *pf*); (*car, train etc*) сбавля́ть (сба́вить *pf*) ход; **my watch is (20 minutes) ~** мои́ часы́ отстаю́т (на 20 мину́т); **~ly** *adv* ме́дленно; **~ motion** *n*: **in ~ motion** в заме́дленном де́йствии.
slug [slʌg] *n* (*ZOOL*) сли́зень *m*.
sluggish ['slʌgɪʃ] *adj* вя́лый.
slum [slʌm] *n* трущо́ба.
slump [slʌmp] *n* (*economic*) спад; (*in profits, sales*) паде́ние.
slung [slʌŋ] *pt, pp of* **sling**.
slur [slə:ʳ] *vt* (*words*) невня́тно произноси́ть (произнести́ *pf*) ◆ *n* (*fig*): **~ (on)** пятно́ (на *+prp*).
sly [slaɪ] *adj* лука́вый.
smack [smæk] *n* (*slap*) шлепо́к ◆ *vt* хло́пать (хло́пнуть *pf*); (*child*) шлёпать (отшлёпать *pf*) ◆ *vi*: **to ~ of** отдава́ть *(impf)* *+instr*.
small [smɔ:l] *adj* ма́ленький; (*quantity, amount*) небольшо́й; **~pox** *n* о́спа; **~ talk** *n* све́тская бесе́да.
smart [smɑ:t] *adj* (*neat, tidy*) опря́тный; (*clever*) толко́вый ◆ *vi* (*also fig*) жечь *(impf)*; **my eyes are ~ing** у меня́ щи́плет глаза́.
smash [smæʃ] *n* (*collision*: *also*: **~-up**) ава́рия ◆ *vt* разбива́ть (разби́ть *pf*); (*SPORT*: *record*) побива́ть (поби́ть *pf*) ◆ *vi* (*break*) разбива́ться (разби́ться *pf*); **to ~ against** *or* **into** (*collide*) вреза́ться (вре́заться *pf*) в *+acc*; **~ing** *adj* (*inf*) потряса́ющий.
smear [smɪəʳ] *n* (*trace*) след; (*MED*: *also*: **~ test**) мазо́к ◆ *vt* (*spread*) ма́зать (нама́зать *pf*).
smell [smɛl] (*pt, pp* **smelt** *or* **smelled**) *n* за́пах; (*sense*) обоня́ние ◆ *vt* чу́вствовать (почу́вствовать *pf*) за́пах *+gen* ◆ *vi* (*food etc*) па́хнуть *(impf)*; **to ~ (of)** (*unpleasant*) воня́ть *(impf)* (*+instr*); **~y** *adj* воню́чий.
smelt [smɛlt] *pt, pp of* **smell**.
smile [smaɪl] *n* улы́бка ◆ *vi* улыба́ться (улыбну́ться *pf*).
smirk [smə:k] *n* (*pej*) ухмы́лка.
smog [smɔg] *n* смог.
smoke [sməuk] *n* дым ◆ *vi* (*person*) кури́ть *(impf)*; (*chimney*) дыми́ться *(impf)* ◆ *vt* (*cigarettes*) кури́ть (вы́курить *pf*); **~d** *adj* (*bacon, fish*) копчёный; (*glass*) ды́мчатый; **~r** *n* (*person*) куря́щий(-ая) *m(f) adj*, кури́льщик(-щица).
smoking ['sməukɪŋ] *n* (*act*) куре́ние; **"no ~"** "не кури́ть".
smoky ['sməukɪ] *adj* (*room*) ды́мный.
smolder ['sməuldəʳ] *vi* (*US*) = **smoulder**.
smooth [smu:ð] *adj* гла́дкий; (*sauce*) одноро́дный; (*flavour*) мя́гкий; (*movement*) пла́вный.
smother ['smʌðəʳ] *vt* (*fire*) туши́ть (потуши́ть *pf*); (*person*) души́ть (задуши́ть *pf*); (*emotions*) подавля́ть (подави́ть *pf*).
smoulder ['sməuldəʳ] (*US* **smolder**) *vi* (*fire*) тлеть *(impf)*; (*fig*: *anger*) таи́ться *(impf)*.
smudge [smʌdʒ] *n* пятно́ ◆ *vt* разма́зывать (разма́зать *pf*).
smug [smʌg] *adj* дово́льный.

smuggle ['smʌgl] *vt* (*goods*) провози́ть (провезти́ *pf*) (*контраба́ндой*).
smuggling ['smʌglɪŋ] *n* контраба́нда.
snack [snæk] *n* заку́ска.
snag [snæg] *n* поме́ха.
snail [sneɪl] *n* ули́тка.
snake [sneɪk] *n* змея́.
snap [snæp] *adj* (*decision etc*) момента́льный ◆ *vt* (*break*) разла́мывать (разломи́ть *pf*); (*fingers*) щёлкать (щёлкнуть *pf*) *+instr* ◆ *vi* (*break*) разла́мываться (разломи́ться *pf*); (*speak sharply*) крича́ть (*impf*); **to ~ shut** (*trap, jaws etc*) защёлкивать (защёлкнуть *pf*); **~ up** *vt* расхва́тывать (расхвата́ть *pf*); **~shot** *n* сни́мок.
snare [snɛəʳ] *n* сило́к.
snarl [snɑ:l] *vi* рыча́ть (*impf*).
snatch [snætʃ] *n* обры́вок ◆ *vt* (*grab*) хвата́ть (схвати́ть *pf*); (*handbag*) вырыва́ть (вы́рвать *pf*); (*child*) похища́ть (похи́тить *pf*); (*opportunity*) урыва́ть (урва́ть *pf*).
sneak [sni:k] *vi*: **to ~ into** проска́льзывать (проскользну́ть *pf*) в *+acc*; **to ~ out of** выска́льзывать (вы́скользнуть *pf*) из *+gen*; **to ~ up on** я́бедничать (ная́бедничать *pf*) на *+acc*; **~ers** *npl* кроссо́вки *fpl*.
sneer [snɪəʳ] *vi* (*mock*): **to ~ at** глуми́ться (*impf*) над *+instr*.
sneeze [sni:z] *vi* чиха́ть (чихну́ть *pf*).
sniff [snɪf] *n* (*sound*) сопе́ние ◆ *vi* шмы́гать (шмыгну́ть *pf*) но́сом; (*when crying*) всхли́пывать (*impf*) ◆ *vt* ню́хать (*impf*).
snip [snɪp] *vt* ре́зать (поре́зать *pf*).
sniper ['snaɪpəʳ] *n* сна́йпер.
snob [snɔb] *n* сноб; **~bish** *adj* снобистский.
snooker ['snu:kəʳ] *n* сну́кер.
snore [snɔ:ʳ] *vi* храпе́ть (*impf*).
snorkel ['snɔ:kl] *n* тру́бка (*ныря́льщика*).
snow [snəu] *n* снег ◆ *vi*: **it's ~ing** идёт снег; **~ball** *n* снежо́к; **~drift** *n* сугро́б; **~drop** *n* подсне́жник; **~fall** *n* снегопа́д; **~flake** *n* снежи́нка; **~man** *n irreg* снегови́к, сне́жная ба́ба.
SNP *n abbr* = *Scottish National Party*.
snub [snʌb] *vt* пренебрежи́тельно обходи́ться (обойти́сь *pf*) с *+instr*.
snug [snʌg] *adj* (*place*) ую́тный; (*well-fitting*) облега́ющий.

KEYWORD

so [səu] *adv* **1** (*thus, likewise*) так; **if this is so** е́сли э́то так; **if so** е́сли так; **while she was so doing, he** ... пока́ она́ э́то де́лала, он ...; **I didn't do it – you did so!** я не де́лал э́того – а вот и сде́лал!; **you weren't there – I was so!** тебя́ там не́ было – а вот и был!; **I like him – so do I** мне он нра́вится – мне то́же; **I'm still at school – so is he** я ещё учу́сь в шко́ле – он то́же; **so it is!** и действи́тельно!, и пра́вда!; **I hope/think so** наде́юсь/ду́маю, что так; **so far** пока́ что; **how do you like the book so far?** ну как Вам кни́га?
2 (*in comparisons*: *+adv*) насто́лько, так; (: *+adj*) насто́лько, тако́й; **so quickly (that)** насто́лько *or* так бы́стро (, что); **so big (that)** тако́й

большо́й(, что); **she's not so clever as her brother** она́ не так умна́, как её брат
3 (*describing degree, extent*) так; **I've got so much work** у меня́ так мно́го рабо́ты; **I love you so much** я тебя́ так люблю́; **thank you so much** спаси́бо Вам большо́е; **I'm so glad to see you** я так рад Вас ви́деть; **there are so many books I would like to read** есть так мно́го книг, кото́рые я бы хоте́л прочесть; **so ... that ...** так ... что ...
4 (*about*) о́коло *+gen*; **ten or so** о́коло десяти́; **I only have an hour or so** у меня́ есть о́коло ча́са
5 (*phrases*): **so long!** (*inf*: *goodbye*) пока́!
◆ *conj* **1** (*expressing purpose*): **so as to do** что́бы *+infin*; **I brought this wine so that you could try it** я принёс э́то вино́, что́бы Вы могли́ его́ попро́бовать
2 (*expressing result*) так что; **so I was right** так что, я был прав; **so you see, I could have stayed** так что, ви́дите, я мог бы оста́ться.

soak [səuk] *vt* (*drench*) промочи́ть *(pf)*; (*steep*) зама́чивать (замочи́ть *pf*) ◆ *vi* (*steep*) отмока́ть *(impf)*; **~ up** *vt* впи́тывать (впита́ть *pf*) (в себя́).
soap [səup] *n* мы́ло; **~ opera** *n* (*TV*) мы́льная о́пера.
soar [sɔ:ʳ] *vi* (*price, temperature*) подска́кивать (подскочи́ть *pf*).
sob [sɔb] *n* рыда́ние ◆ *vi* рыда́ть *(impf)*.
sober ['səubəʳ] *adj* тре́звый; (*colour, style*) сде́ржанный.
soccer ['sɔkəʳ] *n* футбо́л.
sociable ['səuʃəbl] *adj* общи́тельный.
social ['səuʃl] *adj* (*history, structure etc*) обще́ственный, социа́льный; **he has a good ~ life** он мно́го обща́ется с людьми́; **~ism** *n* социали́зм; **~ist** *n* социали́ст ◆ *adj* социалисти́ческий; **~ize** *vi*: **to ~ize (with)** обща́ться *(impf)* (с *+instr*); **~ly** *adv*: **to visit sb ~ly** заходи́ть (зайти́ *pf*) к кому́-н по-дру́жески; **~ly acceptable** социа́льно прие́млемый; **~ security** (*BRIT*) *n* социа́льная защищённость *f or* защи́та; **~ work** *n* рабо́та в о́бласти социа́льной защи́ты.
society [sə'saɪətɪ] *n* о́бщество.
sociology [səusɪ'ɔlədʒɪ] *n* социоло́гия.
sock [sɔk] *n* носо́к.
socket ['sɔkɪt] *n* глазни́ца; (*BRIT*: *ELEC*: *in wall*) розе́тка.
soda ['səudə] *n* (*also*: **~ water**) со́довая *f adj*; (*US*: *also*: **~ pop**) газиро́вка.
sodden ['sɔdn] *adj* проклятый.
sodium ['səudɪəm] *n* на́трий.
sofa ['səufə] *n* дива́н.
soft [sɔft] *adj* мя́гкий; **~ drink** *n* безалкого́льный напи́ток; **~ly** *adv* (*gently*) мя́гко; (*quietly*) ти́хо; **~ness** *n* мя́гкость *f*; **~ware** *n* програ́мма, програ́ммное обеспе́чение.
soggy ['sɔgɪ] *adj* (*ground*) сыро́й.
soil [sɔɪl] *n* (*earth*) по́чва; (*territory*) земля́ ◆ *vt* па́чкать (запа́чкать *or* испа́чкать *pf*).
solar ['səuləʳ] *adj* со́лнечный.
sold [səuld] *pt, pp of* **sell**.
solder ['səuldəʳ] *vt* спа́ивать (спая́ть *pf*).

soldier ['səuldʒəʳ] *n* (*MIL*) солда́т.
sole [səul] *n* (*of foot*) подо́шва; (*of shoe*) подо́шва, подмётка ♦ *n inv* (*fish*) па́лтус ♦ *adj* (*unique*) еди́нственный; **~ly** *adv* то́лько.
solemn ['sɔləm] *adj* торже́ственный.
solicitor [sə'lɪsɪtəʳ] *n* (*BRIT*) адвока́т.
solid ['sɔlɪd] *adj* (*not hollow*) це́льный; (*not liquid*) твёрдый; (*reliable*) непоколеби́мый; (*entire*) це́лый; (*gold*) чи́стый ♦ *n* твёрдое те́ло; **~s** *npl* (*food*) твёрдая пи́ща *fsg*.
solidarity [sɔlɪ'dærɪtɪ] *n* солида́рность *f*.
solitary ['sɔlɪtərɪ] *adj* одино́кий; (*empty*) уединённый; (*single*) едини́чный; **~ confinement** *n* одино́чное заключе́ние.
solitude ['sɔlɪtju:d] *n* одино́чество, уедине́ние.
solo ['səuləu] *n* со́ло *nt ind* ♦ *adv* (*fly*) в одино́чку; (*play*) со́ло; **~ist** *n* соли́ст(ка).
soluble ['sɔljubl] *adj* раствори́мый.
solution [sə'lu:ʃən] *n* (*answer*) реше́ние; (*liquid*) раство́р.
solve [sɔlv] *vt* (*problem*) разреша́ть (разреши́ть *pf*); (*mystery*) раскрыва́ть (раскры́ть *pf*).
solvent ['sɔlvənt] *adj* платёжеспосо́бный ♦ *n* раствори́тель *m*.
sombre ['sɔmbəʳ] (*US* **somber**) *adj* мра́чный.

KEYWORD

some [sʌm] *adj* **1** (*a certain amount or number of*): **would you like some tea/biscuits?** хоти́те ча́ю/пече́нья?; **there's some milk in the fridge** в холоди́льнике есть молоко́; **he asked me some questions** он за́дал мне не́сколько вопро́сов; **there are some people waiting to see you** Вас ждут каки́е-то лю́ди
2 (*certain: in contrasts*) не́который; **some people say that ...** не́которые говоря́т, что ...
3 (*unspecified*) како́й-то; **some woman phoned you** Вам звони́ла кака́я-то же́нщина; **we'll meet again some day** мы когда́-нибудь опя́ть встре́тимся; **shall we meet some day next week?** дава́йте встре́тимся ка́к-нибудь на сле́дующей неде́ле!
♦ *pron* (*a certain number: people*) не́которые *pl*, одни́ *pl*; **some took the bus, and some walked** не́которые пое́хали на авто́бусе, а не́которые пошли́ пешко́м; **I've got some** (*books etc*) у меня́ есть немно́го; **who would like a piece of cake? – I'd like some** кто хо́чет кусо́к то́рта? – я хочу́; **I've read some of the book** я прочёл часть кни́ги
♦ *adv* о́коло; **some ten people** о́коло десяти́ челове́к.

somebody ['sʌmbədɪ] *pron* = **someone**.
somehow ['sʌmhau] *adv* (*in some way*) ка́к-нибудь; (*for some reason*) почему́-то, каки́м-то о́бразом.
someone ['sʌmwʌn] *pron* (*specific person*) кто́-то; (*unspecified person*) кто́-нибудь; **I saw ~ in the garden** я ви́дел кого́-то в

саду́; **~ will help you** Вам кто́-нибудь помо́жет.
somersault ['sʌməsɔ:lt] *n* (*in air*) са́льто *nt ind*; (*on ground*) кувыро́к.
something ['sʌmθɪŋ] *pron* (*something specific*) что́-то; (*something unspecified*) что́-нибудь; **there's ~ wrong with my car** что́-то случи́лось с моей маши́ной; **would you like ~ to eat/drink?** хоти́те чего́-нибудь пое́сть/вы́пить?; **I have ~ for you** у меня́ ко́е-что для Вас есть.
sometime ['sʌmtaɪm] *adv* (*in future*) когда́-нибудь; (*in past*) как-то.
sometimes ['sʌmtaɪmz] *adv* иногда́.
somewhat ['sʌmwɔt] *adv* не́сколько.
somewhere ['sʌmwɛə'] *adv* (*be*: *somewhere specific*) где́-то; (: *anywhere*) где́-нибудь; (*go*: *somewhere specific*) куда́-то; (: *anywhere*) куда́-нибудь; (*come from*) отку́да-то; **it's ~ or other in Scotland** э́то где-то в Шотла́ндии; **is there a post office ~ around here?** здесь где́-нибудь есть по́чта?; **let's go ~ else** дава́йте поéдем куда́-нибудь в друго́е ме́сто.
son [sʌn] *n* сын.
song [sɔŋ] *n* пе́сня.
son-in-law ['sʌnɪnlɔ:] *n* зять *m*.
sonnet ['sɔnɪt] *n* соне́т.
soon [su:n] *adv* (*in a short time*) ско́ро; (*early*) ра́но; **~ (afterwards)** вско́ре; *see also* **as**; **~er** *adv* скоре́е; **I would ~er do that** я бы скоре́е сде́лал э́то; **~er or later** ра́но или по́здно.
soot [sut] *n* са́жа.
soothe [su:ð] *vt* успока́ивать (успоко́ить *pf*).
sophisticated [sə'fɪstɪkeɪtɪd] *adj* изощрённый; (*refined*) изы́сканный.
soprano [sə'prɑ:nəu] *n* сопра́но *f ind*.
sordid ['sɔ:dɪd] *adj* (*place*) убо́гий; (*story etc*) гну́сный.
sore [sɔ:'] *n* я́зва, боля́чка ◆ *adj* (*esp US*: *offended*) оби́женный; (*painful*): **my arm is ~, I've got a ~ arm** у меня́ боли́т рука́; **it's a ~ point** (*fig*) э́то больно́е ме́сто; **~ly** *adv*: **I am ~ly tempted (to)** у меня́ большо́й собла́зн (*+infin*).
sorrow ['sɔrəu] *n* печа́ль *f*, грусть *f*.
sorry ['sɔrɪ] *adj* плачёвный; **I'm ~** мне жаль; **~!** извини́те, пожа́луйста!; **~?** (*pardon*) прости́те?; **I feel ~ for him** мне его́ жаль *or* жа́лко.
sort [sɔ:t] *n* (*type*) сорт ◆ *vt* (*mail*) сортирова́ть (рассортирова́ть *pf*); (*also*: **~ out**: *papers, belongings etc*) разбира́ть (разобра́ть *pf*); (: *problems*) разбира́ться (разобра́ться *pf*) в *+prp*.
SOS *n abbr* (= *save our souls*) SOS.
so-so ['səusəu] *adv* так себе́.
sought [sɔ:t] *pt, pp of* **seek**.
soul [səul] *n* (*spirit, person*) душа́.
sound [saund] *adj* (*healthy*) здоро́вый; (*safe, not damaged*) це́лый; (*secure*: *investment*) надёжный; (*reliable, thorough*) соли́дный; (*sensible*: *advice*) разу́мный ◆ *n* звук ◆ *vt* (*alarm*) поднима́ть (подня́ть *pf*) ◆ *vi* звуча́ть (*impf*) ◆ *adv*: **he is ~ asleep** он кре́пко спит; **I don't**

like the ~ of it мне э́то не нра́вится; **~ly** *adv* (*sleep*) кре́пко; (*beat etc*) здо́рово; **~track** *n* му́зыка (*из кинофи́льма*).
soup [su:p] *n* суп.
sour ['sauə^r] *adj* ки́слый; (*fig*: *bad-tempered*) угрю́мый.
source [sɔ:s] *n* (*also fig*) исто́чник.
south [sauθ] *n* юг ♦ *adj* ю́жный ♦ *adv* (*go*) на юг; (*be*) на ю́ге; **S~ America** *n* Ю́жная Аме́рика; **~east** *n* ю́го-восто́к; **~erly** ['sʌðəlɪ] *adj* обращённый к ю́гу; (*wind*) ю́жный; **~ern** ['sʌðən] *adj* ю́жный; **S~ Pole** *n*: **the S~ Pole** Ю́жный по́люс; **~west** *n* ю́го-за́пад.
souvenir [su:və'nɪə^r] *n* сувени́р.
sovereign ['sɔvrɪn] *n* (*ruler*) госуда́рь(-рыня) *m(f)*; **~ty** *n* суверените́т.
Soviet ['səuvɪət] *adj* сове́тский; **the ~ Union** (*formerly*) Сове́тский Сою́з.
sow¹ [sau] *n* (*pig*) свинья́.
sow² [səu] (*pt* **sowed**, *pp* **sown**) *vt* (*also fig*) се́ять (посе́ять *pf*).
soya ['sɔɪə] (*US* **soy**) *adj* со́евый.
spa [spɑ:] *n* (*US*: *also*: **health ~**) во́ды *fpl*.
space [speɪs] *n* простра́нство; (*small place, room*) ме́сто; (*beyond Earth*) ко́смос; (*interval, period*) промежу́ток ♦ *cpd* косми́ческий ♦ *vt* (*also*: **~ out**: *payments, visits*) распределя́ть (распредели́ть *pf*); **~craft** *n* косми́ческий кора́бль *m*; **~ship** *n* = **spacecraft**.
spacious ['speɪʃəs] *adj* просто́рный.
spade [speɪd] *n* (*tool*) лопа́та; (*child's*) лопа́тка; **~s** *npl* (*CARDS*) пи́ки *fpl*.
spaghetti [spə'gɛtɪ] *n* спаге́тти *pl ind*.
Spain [speɪn] *n* Испа́ния.
span [spæn] *pt of* **spin** ♦ *n* (*of hand, wings*) разма́х; (*in time*) промежу́ток ♦ *vt* охва́тывать (охвати́ть *pf*).
Spanish ['spænɪʃ] *adj* испа́нский; **the ~** *npl* испа́нцы *mpl*.
spank [spæŋk] *vt* шлёпать (отшлёпать *pf*).
spanner ['spænə^r] *n* (*BRIT*) (га́ечный) ключ.
spare [spɛə^r] *adj* (*free*: *time, seat*) свобо́дный; (*surplus*) ли́шний; (*reserve*) запасно́й ♦ *vt* (*trouble, expense*) избавля́ть (изба́вить *pf*) от *+gen*; (*make available*) выделя́ть (вы́делить *pf*); (*refrain from hurting*) щади́ть (пощади́ть *pf*); **I have some time to ~** у меня́ есть немно́го свобо́дного вре́мени; **to have money to ~** име́ть *(impf)* ли́шние де́ньги; **~ time** *n* свобо́дное вре́мя *nt*.
sparingly ['spɛərɪŋlɪ] *adv* эконо́мно.
spark [spɑ:k] *n* (*also fig*) и́скра.
sparkle ['spɑ:kl] *n* блеск ♦ *vi* (*diamonds, water, eyes*) сверка́ть (*impf*).
sparkling ['spɑ:klɪŋ] *adj* (*wine*) игри́стый.
sparrow ['spærəu] *n* воробе́й.
sparse [spɑ:s] *adj* ре́дкий.
spartan ['spɑ:tən] *adj* спарта́нский.
spasm ['spæzəm] *n* (*MED*) спазм.
spat [spæt] *pt, pp of* **spit**.
spate [speɪt] *n* (*fig*): **a ~ of** пото́к *+gen*.
speak [spi:k] (*pt* **spoke**, *pp* **spoken**) *vi* говори́ть *(impf)*; (*make a speech*) выступа́ть (вы́ступить *pf*) ♦ *vt* (*truth*) говори́ть (сказа́ть

pf); **to ~ to sb** разгова́ривать (*impf*) *or* говори́ть (*impf*) с кем-н; **to ~ of** *or* **about** говори́ть (*impf*) о *+prp*; **~er** *n* (*in public*) ора́тор; (*also:* **loudspeaker**) громкоговори́тель *m*.

spear [spɪəʳ] *n* копьё.

special [ˈspɛʃl] *adj* (*important*) осо́бый, осо́бенный; (*edition, adviser, school*) специа́льный; **~ist** *n* специали́ст; **~ity** [spɛʃɪˈælɪtɪ] *n* (*dish*) фи́рменное блю́до; (*subject*) специализа́ция; **~ize** *vi*: **to ~ize (in)** специализи́роваться (*impf/pf*) (в/на *+prp*); **~ly** *adv* (*especially*) осо́бенно.

species [ˈspiːʃiːz] *n inv* вид.

specific [spəˈsɪfɪk] *adj* специфи́ческий, определённый; **~ally** *adv* (*exactly*) точне́е; (*specially*) специа́льно; **~ation** [spɛsɪfɪˈkeɪʃən] *n* (*TECH*) спецификация; (*requirement*) тре́бование.

specify [ˈspɛsɪfaɪ] *vt* уточня́ть (уточни́ть *pf*).

specimen [ˈspɛsɪmən] *n* (*example*) экземпля́р; (*sample*) образе́ц; **a ~ of urine** моча́ для ана́лиза.

speck [spɛk] *n* (*of dirt*) пя́тнышко; (*of dust*) крупи́ца, крупи́нка.

specs [spɛks] *npl* (*inf*: *glasses*) очки́ *pl*.

spectacle [ˈspɛktəkl] *n* (*scene, event*) зре́лище; **~s** *npl* (*glasses*) очки́ *pl*.

spectacular [spɛkˈtækjuləʳ] *adj* впечатля́ющий.

spectator [spɛkˈteɪtəʳ] *n* зри́тель(ница) *m(f)*.

spectra [ˈspɛktrə] *npl of* **spectrum**.

spectrum [ˈspɛktrəm] (*pl* **spectra**) *n* спектр.

speculate [ˈspɛkjuleɪt] *vi* (*COMM*) спекули́ровать (*impf*); (*guess*): **to ~ about** стро́ить (*impf*) предположе́ния о *+prp*.

speculation [spɛkjuˈleɪʃən] *n* (*see vb*) спекуля́ция; предположе́ние.

sped [spɛd] *pt, pp of* **speed**.

speech [spiːtʃ] *n* речь *f*; **~less** *adj*: **I was ~less with anger** от гне́ва я лиши́лся да́ра ре́чи.

speed [spiːd] (*pt, pp* **sped**) *n* (*rate*) ско́рость *f*; (*promptness*) быстрота́ ♦ *vi* (*move*): **to ~ along/by** мча́ться (промча́ться *pf*) по *+dat*/ми́мо *+gen*; **at full** *or* **top ~** на по́лной *or* преде́льной ско́рости; **~ up** (*pt, pp* **speeded up**) *vi* ускоря́ться (уско́риться *pf*) ♦ *vt* ускоря́ть (уско́рить *pf*); **~ily** *adv* поспе́шно; **~ing** *n* превыше́ние ско́рости; **~ limit** *n* преде́л ско́рости; **~ometer** [spɪˈdɔmɪtəʳ] *n* спидо́метр; **~y** *adj* (*prompt*) ско́рый.

spell [spɛl] (*pt, pp* **spelt** (*BRIT*) *or* **spelled**) *n* (*also:* **magic ~**) колдовство́; (*period of time*) пери́од ♦ *vt* (*also:* **~ out**) произноси́ть (произнести́ *pf*) по бу́квам; (*fig*: *explain*) разъясня́ть (разъясни́ть *pf*) ♦ *vi*: **he can't ~** у него́ плоха́я орфогра́фия; **~bound** *adj* зачаро́ванный; **~ing** *n* правописа́ние.

spelt [spɛlt] *pt, pp* (*BRIT*) *of* **spell**.

spend [spɛnd] (*pt, pp* **spent**) *vt* (*money*) тра́тить (истра́тить *or* потра́тить *pf*); (*time, life*) проводи́ть (провести́ *pf*).

sperm [spəːm] *n* спе́рма.

sphere [sfɪəʳ] *n* сфе́ра.

spice [spaɪs] *n* спе́ция, пря́ность *f*.

spicy [ˈspaɪsɪ] *adj* (*food*) о́стрый.

spider [ˈspaɪdəʳ] *n* пау́к.

spike [spaɪk] *n* (*point*) остриё.

spill [spɪl] *(pt, pp* **spilt** *or* **spilled***)* *vt* *(liquid)* проливать (пролить *pf*), разливать (разлить *pf*) ◆ *vi* *(liquid)* проливаться (пролиться *pf*), разливаться (разлиться *pf*); **~age** *n* *(of oil)* выброс.
spin [spɪn] *(pt* **spun** *or* **span**, *pp* **spun***)* *n* *(trip in car)* катание; *(AVIAT)* штопор ◆ *vt* *(BRIT: clothes)* выжимать (выжать *pf*) (в стиральной машине) ◆ *vi* *(make thread)* прясть *(impf)*; *(person, head)* кружиться *(impf)*.
spinach ['spɪnɪtʃ] *n* шпинат.
spinal ['spaɪnl] *adj* спинной; **~ injury** повреждение позвоночника; **~ cord** *n* спинной мозг.
spine [spaɪn] *n* *(ANAT)* позвоночник; *(thorn)* колючка, игла.
spinning ['spɪnɪŋ] *n* *(craft)* прядение.
spinster ['spɪnstəʳ] *n* старая дева.
spiral ['spaɪərl] *n* спираль *f*.
spire ['spaɪəʳ] *n* шпиль *m*.
spirit ['spɪrɪt] *n* дух; *(soul)* душа; **~s** *npl* *(alcohol)* спиртные напитки *mpl*, спиртное *ntsg adj*; **in good/low ~s** в хорошем/подавленном настроении; **~ed** *adj* энергичный; *(performance)* воодушевлённый.
spiritual ['spɪrɪtjuəl] *adj* духовный.
spit [spɪt] *(pt, pp* **spat***)* *n* *(for roasting)* вертел; *(saliva)* слюна ◆ *vi* *(person)* плевать (плюнуть *pf*); *(fire, hot oil)* шипеть *(impf)*; *(inf: rain)* моросить *(impf)*.
spite [spaɪt] *n* злоба, злость *f* ◆ *vt* досаждать (досадить *pf*) *+dat*; **in ~ of** несмотря на *+acc*; **~ful** *adj* злобный.
splash [splæʃ] *n* *(sound)* всплеск ◆ *vt* брызгать (брызнуть *pf*) ◆ *vi* *(also: ~* **about***)* плескаться *(impf)*.
splendid ['splɛndɪd] *adj* великолепный.
splendour ['splɛndəʳ] *(US* **splendor***)* *n* великолепие.
splint [splɪnt] *n* *(MED)* шина.
splinter ['splɪntəʳ] *n* *(of wood)* щепка; *(of glass)* осколок; *(in finger)* заноза.
split [splɪt] *(pt, pp* **split***)* *n* *(crack, tear)* трещина; *(POL, fig)* раскол ◆ *vt* *(see n)* расщеплять (расщепить *pf*); раскалывать (расколоть *pf*); *(work, profits)* разделять (разделить *pf*) ◆ *vi* *(divide)* расщепляться (расщепиться *pf*), разделяться (разделиться *pf*); **~ up** *vi* *(couple)* расходиться (разойтись *pf*); *(group)* разделяться (разделиться *pf*).
splutter ['splʌtəʳ] *vi* *(engine)* чихать *(impf)*; *(person)* лепетать *(impf)*.
spoil [spɔɪl] *(pt, pp* **spoilt** *or* **spoiled***)* *vt* портить (испортить *pf*).
spoke [spəuk] *pt of* **speak** ◆ *n* *(of wheel)* спица; **~n** *pp of* **speak**.
spokesman ['spəuksmən] *irreg n* представитель *m*.
spokeswoman ['spəukswumən] *irreg n* представительница.
sponge [spʌndʒ] *n* губка; *(also: ~* **cake***)* бисквит.
sponsor ['spɔnsəʳ] *n* спонсор ◆ *vt* финансировать *(impf/pf)*, спонсировать *(impf/pf)*; *(applicant)* поручаться (поручиться *pf*) за *+acc*; **~ship** *n* спонсорство.
spontaneous [spɔn'teɪnɪəs] *adj* *(gesture)* спонтанный,

непосре́дственный; (*demonstration*) стихи́йный.

spool [spu:l] *n* (*for thread*) кату́шка; (*for film, tape etc*) боби́на.

spoon [spu:n] *n* ло́жка; **~ful** *n* (по́лная) ло́жка.

sporadic [spə'rædɪk] *adj* споради́ческий.

sport [spɔ:t] *n* (*game*) спорт *m no pl*; **~ing** *adj* (*event etc*) спорти́вный; **~sman** *irreg n* спортсме́н; **~swoman** *irreg n* спортсме́нка; **~y** *adj* спорти́вный.

spot [spɔt] *n* (*mark*) пятно́; (*dot: on pattern*) кра́пинка; (*on skin*) пры́щик; (*place*) ме́сто ♦ *vt* замеча́ть (заме́тить *pf*); **a ~ of bother** ме́лкая неприя́тность *f*; **~s of rain** ка́пли дождя́; **on the ~** (*in that place*) на ме́сте; (*immediately*) в тот же моме́нт; **~less** *adj* чисте́йший; **~light** *n* проже́ктор; **~ted** *adj* (*pattern*) пятни́стый; **~ty** *adj* (*face, youth*) прыща́вый.

spouse [spaus] *n* супру́г(а).

spout [spaut] *n* (*of jug*) но́сик.

sprang [spræŋ] *pt of* **spring**.

sprawl [sprɔ:l] *vi* (*person*) разва́ливаться (развали́ться *pf*); (*place*) раски́дываться (раски́нуться *pf*).

spray [spreɪ] *n* (*drops of water*) бры́зги *pl*; (*hair spray*) аэрозо́ль *m* ♦ *vt* опры́скивать (опры́скать *pf*).

spread [sprɛd] (*pt, pp* **spread**) *n* (*range*) спектр; (*distribution*) распростране́ние; (*CULIN: butter*) бутербро́дный маргари́н; (*inf: food*) пир ♦ *vt* (*lay out*) расстила́ть (расстели́ть *pf*); (*scatter*) разбра́сывать (разброса́ть *pf*); (*butter*) нама́зывать (нама́зать *pf*); (*wings*) расправля́ть (распра́вить *pf*); (*arms*) раскрыва́ть (раскры́ть *pf*); (*workload, wealth*) распределя́ть (распредели́ть *pf*) ♦ *vi* (*disease, news*) распространя́ться (распространи́ться *pf*); **~ out** *vi* (*move apart*) рассыпа́ться (рассы́паться *pf*).

spree [spri:] *n* разгу́л.

sprightly ['spraɪtlɪ] *adj* бо́дрый.

spring [sprɪŋ] (*pt* **sprang**, *pp* **sprung**) *n* (*coiled metal*) пружи́на; (*season*) весна́; (*of water*) исто́чник, родни́к ♦ *vi* (*leap*) пры́гать (пры́гнуть *pf*); **in ~** весно́й; **to ~ from** (*stem from*) вытека́ть (*impf*) из *+gen*; **~time** *n* весе́няя пора́.

sprinkle ['sprɪŋkl] *vt* (*salt, sugar*) посыпа́ть (посы́пать *pf*) *+instr*; **to ~ water on sth, ~ sth with water** бры́згать (побры́згать *pf*) водо́й на что-н.

sprint [sprɪnt] *n* (*race*) спринт ♦ *vi* (*run fast*) стреми́тельно бе́гать/бежа́ть (*impf*).

sprout [spraut] *vi* (*BOT*) пуска́ть (пусти́ть *pf*) ростки́; **~s** *npl* (*also:* **Brussels ~s**) брюссе́льская капу́ста *fsg*.

spruce [spru:s] *n inv* (*BOT*) ель *f* ♦ *adj* (*neat*) опря́тный.

sprung [sprʌŋ] *pp of* **spring**.

spun [spʌn] *pt, pp of* **spin**.

spur [spə:ʳ] *n* (*fig*) сти́мул ♦ *vt* (*also:* **~ on**) пришпо́ривать (пришпо́рить *pf*); **to ~ sb on to** побужда́ть (побуди́ть *pf*) кого́-н к *+dat*; **on the ~ of the moment** вдруг, не разду́мывая.

spurn [spə:n] *vt* отверга́ть (отве́ргнуть *pf*).
spy [spaɪ] *n* шпио́н ◆ *vi*: **to ~ on** шпио́нить *(impf)* за *+instr*; **~ing** *n* шпиона́ж.
sq. *abbr* = **square**.
squabble ['skwɔbl] *vi* вздо́рить (повздо́рить *pf*).
squad [skwɔd] *n* (*MIL, POLICE*) отря́д; (*SPORT*) кома́нда.
squadron ['skwɔdrn] *n* (*AVIAT*) эскадри́лья.
squalid ['skwɔlɪd] *adj* (*place*) убо́гий.
squalor ['skwɔlə^r] *n* убо́гость *f*.
square [skwɛə^r] *n* (*shape*) квадра́т; (*in town*) пло́щадь *f* ◆ *adj* квадра́тный ◆ *vt* (*reconcile, settle*) ула́живать (ула́дить *pf*); **a ~ meal** соли́дный обе́д; **2 metres ~** 2 ме́тра в ширину́, 2 ме́тра в длину́; **2 ~ metres** 2 квадра́тных ме́тра; **~ly** *adv* пря́мо.
squash [skwɔʃ] *n* (*BRIT*: *drink*) напи́ток; (*SPORT*) сквош ◆ *vt* дави́ть (раздави́ть *pf*).
squat [skwɔt] *adj* призе́мистый ◆ *vi* (*also*: **~ down**: *position*) сиде́ть *(impf)* на ко́рточках; (: *motion*) сади́ться (сесть *pf*) на ко́рточки.
squeak [skwi:k] *vi* (*door*) скрипе́ть (скри́пнуть *pf*); (*mouse*) пища́ть (пи́скнуть *pf*).
squeal [skwi:l] *vi* визжа́ть *(impf)*.
squeamish ['skwi:mɪʃ] *adj* брезгли́вый.
squeeze [skwi:z] *n* (*of hand*) пожа́тие; (*ECON*) ограниче́ние ◆ *vt* сжима́ть (сжать *pf*); (*juice*) выжима́ть (вы́жать *pf*).
squid [skwɪd] *n* кальма́р.
squint [skwɪnt] *n* (*MED*) косогла́зие.
squirrel ['skwɪrəl] *n* бе́лка.
squirt [skwə:t] *vi* бры́згать (бры́знуть *pf*) ◆ *vt* бры́згать (бры́знуть *pf*) *+instr*.
Sr *abbr* (*in names*) = **senior**.
St *abbr* (= **saint**) св.; (= **street**) ул.
stab [stæb] *vt* наноси́ть (нанести́ *pf*) уда́р *+dat*; (*kill*): **to ~ sb (to death)** заре́зать *(pf)* кого́-н ◆ *n* (*of pain*) уко́л; (*inf*: *try*): **to have a ~ at doing** пыта́ться (попыта́ться *pf*) *+infin*.
stability [stə'bɪlɪtɪ] *n* усто́йчивость *f*, стаби́льность *f*.
stabilize ['steɪbəlaɪz] *vt* (*prices*) стабилизи́ровать *(impf/pf)* ◆ *vi* стабилизи́роваться *(impf/pf)*.
stable ['steɪbl] *adj* стаби́льный, усто́йчивый ◆ *n* (*for horse*) коню́шня.
stack [stæk] *n* (*of wood, plates*) шта́бель *m*; (*of papers*) ки́па ◆ *vt* (*also*: **~ up**: *chairs etc*) скла́дывать (сложи́ть *pf*).
stadia ['steɪdɪə] *npl of* **stadium**.
stadium ['steɪdɪəm] (*pl* **stadia** *or* **~s**) *n* (*SPORT*) стадио́н.
staff [stɑ:f] *n* (*workforce*) штат, сотру́дники *mpl*; (*BRIT*: *SCOL*: *also*: **teaching ~**) преподава́тельский соста́в *or* коллекти́в ◆ *vt* укомплекто́вывать (укомплектова́ть *pf*).
stag [stæg] *n* (*ZOOL*) саме́ц оле́ня.
stage [steɪdʒ] *n* (*in theatre*) сце́на; (*platform*) подмо́стки *pl*; (*point, period*) ста́дия ◆ *vt* (*play*) ста́вить (поста́вить *pf*); (*demonstration*) устра́ивать (устро́ить *pf*); **in ~s** поэта́пно, по эта́пам.
stagger ['stægə^r] *vt* (*amaze*) потряса́ть (потрясти́ *pf*); (*holidays etc*) расписывать (расписа́ть *pf*) ◆ *vi*: **he ~ed along**

the road он шёл по доро́ге шата́ясь; **~ing** *adj* потряса́ющий.
stagnant ['stægnənt] *adj* (*water*) стоя́чий; (*economy*) засто́йный.
staid [steɪd] *adj* чи́нный.
stain [steɪn] *n* пятно́ ◆ *vt* (*mark*) ста́вить (поста́вить *pf*) пятно́ на *+acc*; **~less steel** *n* нержаве́ющая сталь *f*.
stair [stɛəʳ] *n* (*step*) ступе́нь *f*, ступе́нька; **~s** *npl* (*steps*) ле́стница *fsg*; **~case** *n* ле́стница; **~way** = **staircase**.
stake [steɪk] *n* (*post*) кол; (*investment*) до́ля ◆ *vt* (*money, reputation*) рискова́ть (рискну́ть *pf*) + *instr*; **his reputation was at ~** его́ репута́ция была́ поста́влена на ка́рту; **to ~ a claim (to)** притяза́ть (*impf*) (на *+acc*).
stale [steɪl] *adj* (*bread*) чёрствый; (*food*) несве́жий; (*air*) за́тхлый.
stalemate ['steɪlmeɪt] *n* (*fig*) тупи́к.
stalk [stɔːk] *n* (*of flower*) сте́бель *m*; (*of fruit*) черешо́к.
stall [stɔːl] *n* (*in market*) прила́вок; (*in stable*) сто́йло ◆ *vi*: **I ~ed (the car)** у меня́ загло́хла маши́на; **~s** *npl* (*BRIT*: *THEAT*) парте́р *msg*.
stamina ['stæmɪnə] *n* сто́йкость *f*, вы́держка.
stammer ['stæməʳ] *n* заика́ние.
stamp [stæmp] *n* (*POST*) ма́рка; (*rubber stamp*) печа́ть *f*, штамп; (*mark, also fig*) печа́ть ◆ *vi* (*also*: **~ one's foot**) то́пать (то́пнуть *pf*) (ного́й) ◆ *vt* (*mark*) клейми́ть (заклейми́ть *pf*); (: *with rubber stamp*) штампова́ть (проштампова́ть *pf*).
stampede [stæm'piːd] *n* да́вка.
stance [stæns] *n* (*also fig*) пози́ция.
stand [stænd] (*pt, pp* **stood**) *n* (*stall*) ларёк, кио́ск; (*at exhibition*) стенд; (*SPORT*) трибу́на; (*for umbrellas*) сто́йка; (*for coats, hats*) ве́шалка ◆ *vi* (*be upright*) стоя́ть (*impf*); (*rise*) встава́ть (встать *pf*); (*remain*: *decision, offer*) остава́ться (оста́ться *pf*) в си́ле; (*in election etc*) баллоти́роваться (*impf*) ◆ *vt* (*place*: *object*) ста́вить (поста́вить *pf*); (*tolerate, withstand*) терпе́ть (стерпе́ть *pf*), выноси́ть (вы́нести *pf*); **to make a ~ against sth** выступа́ть (вы́ступить *pf*) про́тив чего́-н; **to ~ for parliament** (*BRIT*) баллоти́роваться (*impf*) в парла́мент; **to ~ at** (*value, score etc*) остава́ться (оста́ться *pf*) на *+prp*; **~ by** *vi* (*be ready*) быть (*impf*) наготове ◆ *vt fus* не отступа́ть (отступи́ть *pf*) от *+gen*; **~ for** *vt fus* (*signify*) обознача́ть (*impf*); (*represent*) представля́ть (*impf*); **I won't ~ for it** я э́того не потерплю́; **~ out** *vi* (*be obvious*) выделя́ться (вы́делиться *pf*); **~ up** *vi* (*rise*) встава́ть (встать *pf*); **~ up for** *vt fus* (*defend*) стоя́ть (постоя́ть *pf*) за *+acc*; **~ up to** *vt fus* выде́рживать (вы́держать *pf*).
standard ['stændəd] *n* (*level*) у́ровень *m*; (*norm, criterion*) станда́рт ◆ *adj* (*normal*: *size etc*) станда́ртный; **~s** *npl* (*morals*) нра́вы *mpl*; **~ of living** *n* у́ровень *m* жи́зни.
stand-by ['stændbaɪ] *n*: **to be on ~** (*doctor etc*) быть (*impf*) наготове.
stand-in ['stændɪn] *n* замести́тель *m*.
standpoint ['stændpɔɪnt] *n* пози́ция.

standstill ['stændstɪl] *n*: **to be at a ~** (*negotiations*) быть *(impf)* в тупике́; **to come to a ~** (*negotiations*) заходи́ть (зайти́ *pf*) в тупи́к; (*traffic*) стать *(pf)*.
stank [stæŋk] *pt of* **stink**.
staple ['steɪpl] *n* (*for papers*) скоба́ ◆ *adj* (*food etc*) основно́й ◆ *vt* (*fasten*) сшива́ть (сшить *pf*).
star [stɑːʳ] *n* звезда́ ◆ *vi*: **to ~ in** игра́ть (сыгра́ть *pf*) гла́вную роль в *+prp* ◆ *vt*: **the film ~s my brother** гла́вную роль в фи́льме игра́ет мой брат; **the ~s** *npl* (*horoscope*) звёзды *fpl*.
starch [stɑːtʃ] *n* (*also CULIN*) крахма́л.
stare [stɛəʳ] *vi*: **to ~ at** при́стально смотре́ть *(impf)* на *+acc*.
stark [stɑːk] *adj* (*bleak*) го́лый ◆ *adv*: **~ naked** соверше́нно го́лый.
starling ['stɑːlɪŋ] *n* скворе́ц.
starry ['stɑːrɪ] *adj* звёздный.
start [stɑːt] *n* нача́ло; (*SPORT*) старт; (*in fright*) вздра́гивание; (*advantage*) преиму́щество ◆ *vt* (*begin, found*) начина́ть (нача́ть *pf*); (*cause*) вызыва́ть (вы́звать *pf*); (*engine*) заводи́ть (завести́ *pf*) ◆ *vi* (*begin*) начина́ться (нача́ться *pf*); (*begin moving*) отправля́ться (отпра́виться *pf*); (*engine, car*) заводи́ться (завести́сь *pf*); (*jump*: *in fright*) вздра́гивать (вздро́гнуть *pf*); **to ~ doing** *or* **to do** начина́ть (нача́ть *pf*) *+impf infin*; **~ off** *vi* (*begin*) начина́ться (нача́ться *pf*); (*begin moving, leave*) отправля́ться (отпра́виться *pf*); **~ out** *vi* (*leave*) отправля́ться (отпра́виться *pf*); **~ up** *vi* (*engine, car*) заводи́ться (завести́сь *pf*) ◆ *vt* (*business*) начина́ть (нача́ть *pf*); (*car, engine*) заводи́ть (завести́ *pf*); **~er** *n* (*BRIT*: *CULIN*) заку́ска; **~ing point** *n* (*for journey*) отправно́й пункт.
startle ['stɑːtl] *vt* вспу́гивать (вспугну́ть *pf*).
startling ['stɑːtlɪŋ] *adj* порази́тельный.
starvation [stɑː'veɪʃən] *n* го́лод.
starve [stɑːv] *vi* (*to death*) умира́ть (умере́ть *pf*) от го́лода; (*be very hungry*) голода́ть *(impf)* ◆ *vt* (*person, animal*) мори́ть (замори́ть *pf*) го́лодом.
state [steɪt] *n* (*condition*) состоя́ние; (*government*) госуда́рство ◆ *vt* (*say, declare*) констати́ровать *(impf/pf)*; **the S~s** *npl* (*GEO*) Шта́ты *mpl*; **to be in a ~** быть *(impf)* в па́нике; **~ly** *adj*: **~ly home** дом-уса́дьба.
statement ['steɪtmənt] *n* (*declaration*) заявле́ние.
statesman ['steɪtsmən] *irreg n* госуда́рственный де́ятель *m*.
static ['stætɪk] *adj* (*not moving*) стати́чный, неподви́жный.
station ['steɪʃən] *n* ста́нция; (*larger railway station*) вокза́л; (*also*: **police ~**) полице́йский уча́сток ◆ *vt* (*position*: *guards etc*) выставля́ть (вы́ставить *pf*).
stationary ['steɪʃnərɪ] *adj* (*vehicle*) неподви́жный.
stationery ['steɪʃnərɪ] *n* канцеля́рские принадле́жности *fpl*.
statistic [stə'tɪstɪk] *n* стати́стик; **~al** *adj* статисти́ческий; **~s** *n* (*science*) стати́стика.
statue ['stætjuː] *n* ста́туя.
stature ['stætʃəʳ] *n* (*size*) рост.
status ['steɪtəs] *n* ста́тус;

(*importance*) значе́ние; **the ~ quo** ста́тус-кво *m ind.*
statutory ['stætjutrɪ] *adj* устано́вленный зако́ном.
staunch [stɔ:ntʃ] *adj* пре́данный.
stay [steɪ] *n* пребыва́ние ◆ *vi* (*remain*) остава́ться (оста́ться *pf*); (*with sb, as guest*) гости́ть *(impf)*; (*in place*) остана́вливаться (останови́ться *pf*); **to ~ at home** остава́ться (оста́ться *pf*) до́ма; **to ~ put** не дви́гаться (дви́нуться *pf*) с ме́ста; **to ~ the night** ночева́ть (переночева́ть *pf*); **~ in** *vi* (*at home*) остава́ться (оста́ться *pf*) до́ма; **~ on** *vi* остава́ться (оста́ться *pf*); **~ out** *vi* (*of house*) отсу́тствовать *(impf)*; **~ up** *vi* (*at night*) не ложи́ться *(impf)* (спать).
steadfast ['stɛdfɑ:st] *adj* сто́йкий.
steadily ['stɛdɪlɪ] *adv* (*firmly*) про́чно; (*constantly, fixedly*) постоя́нно.
steady ['stɛdɪ] *adj* (*constant*) стаби́льный; (*boyfriend, speed*) постоя́нный; (*person*) уравнове́шенный; (*firm: hand etc*) твёрдый; (*look, voice*) ро́вный ◆ *vt* (*object*) придава́ть (прида́ть *pf*) усто́йчивость *+dat*; (*nerves, voice*) совлада́ть *(pf)* с *+instr.*
steak [steɪk] *n* филе́ *nt ind*; (*fried beef*) бифште́кс.
steal [sti:l] (*pt* **stole**, *pp* **stolen**) *vt* ворова́ть (сворова́ть *pf*), красть (укра́сть *pf*) ◆ *vi* ворова́ть *(impf)*, красть *(impf)*; (*creep*) кра́сться *(impf)*.
steam [sti:m] *n* пар ◆ *vt* (*CULIN*) па́рить *(impf)* ◆ *vi* (*give off steam*) выделя́ть *(impf)* пар; **~er** *n* (*ship*) парохо́д.
steel [sti:l] *n* сталь *f* ◆ *adj* стально́й.
steep [sti:p] *adj* круто́й; (*price*) высо́кий ◆ *vt* (*food*) вымачивать (вы́мочить *pf*); (*clothes*) зама́чивать (замочи́ть *pf*).
steeple ['sti:pl] *n* шпиль *m.*
steer [stɪə^r] *vt* (*vehicle, person*) води́ть/вести́ *(impf)* ◆ *vi* маневри́ровать *(impf)*; **~ing wheel** *n* руль *m.*
stem [stɛm] *n* (*of plant*) сте́бель *m*; (*of glass*) но́жка ◆ *vt* (*stop*) остана́вливать (останови́ть *pf*); **~ from** *vt fus* произраста́ть (произрасти́ *pf*) из *+gen.*
stench [stɛntʃ] *n* (*pej*) смрад.
stencil ['stɛnsl] *n* трафаре́т.
step [stɛp] *n* (*also fig*) шаг; (*of stairs*) ступе́нь *f*, ступе́нька ◆ *vi* (*forward, back*) ступа́ть (ступи́ть *pf*); **~s** *npl* (*BRIT*) = **stepladder**; **to be in/out of ~ (with)** идти́ *(impf)* в но́гу/не в но́гу (с *+instr*); **~ down** *vi* (*fig: resign*) уходи́ть (уйти́ *pf*) в отста́вку; **~ on** *vt fus* (*walk on*) наступа́ть (наступи́ть *pf*) на *+acc*; **~ up** *vt* (*increase*) уси́ливать (уси́лить *pf*); **~brother** *n* сво́дный брат; **~daughter** *n* па́дчерица; **~father** *n* о́тчим; **~ladder** *n* (*BRIT*) стремя́нка; **~mother** *n* ма́чеха; **~sister** *n* сво́дная сестра́; **~son** *n* па́сынок.
stereo ['stɛrɪəu] *n* (*system*) стереосисте́ма.
stereotype ['stɪərɪətaɪp] *n* стереоти́п.
sterile ['stɛraɪl] *adj* беспло́дный; (*clean*) стери́льный.
sterilize ['stɛrɪlaɪz] *vt* стерилизова́ть *(impf/pf)*.
sterling ['stə:lɪŋ] *n* (*ECON*) фунт

стéрлингов; **~ silver** серебрó 925-ой прóбы.
stern [stə:n] *adj* стрóгий.
stew [stju:] *n* (*meat*) тушёное мя́со ◆ *vt* туши́ть (потуши́ть *pf*).
steward ['stju:əd] *n* (*on plane*) бортпроводни́к; **~ess** *n* (*on plane*) стюардéсса, бортпроводни́ца.
stick [stɪk] (*pt, pp* **stuck**) *n* (*of wood*) пáлка; (*walking stick*) трость *f* ◆ *vt* (*with glue etc*) клéить (приклéить *pf*); (*inf*: *put*) совáть (су́нуть *pf*); (*thrust*) втыкáть (воткну́ть *pf*) ◆ *vi* (*become attached*) приклéиваться (приклéиться *pf*); (*in mind*) засéсть (*pf*); **~ out** *vi* (*ears*) торчáть (*impf*); **~ up for** *vt fus* (*person*) заступáться (заступи́ться *pf*) за *+acc*; (*principle*) отстáивать (отстоя́ть *pf*); **~er** *n* наклéйка; **~y** *adj* (*hands etc*) ли́пкий; (*label*) клéйкий; (*situation*) щекотли́вый.
stiff [stɪf] *adj* (*brush*) жёсткий; (*person*) деревя́нный; (*zip*) тугóй; (*manner, smile*) натя́нутый; (*competition*) ожесточённый; (*severe*: *sentence*) сурóвый; (*strong*: *drink*) крéпкий; (: *breeze*) си́льный ◆ *adv* дó смерти.
stifle ['staɪfl] *vt* (*yawn*) подавля́ть (подави́ть *pf*).
stifling ['staɪflɪŋ] *adj* (*heat*) уду́шливый.
stigma ['stɪgmə] *n* (*fig*) клеймó.
still [stɪl] *adj* ти́хий ◆ *adv* (*up to this time*) всё ещё; (*even, yet*) ещё; (*nonetheless*) всё-таки, тем не мéнее; **~ life** *n* (*ART*) натюрмóрт.
stimulant ['stɪmjulənt] *n* стимули́рующее *or* возбуждáющее срéдство.
stimulate ['stɪmjuleɪt] *vt* стимули́ровать *(impf/pf)*.
stimulating ['stɪmjuleɪtɪŋ] *adj* вдохновля́ющий.
stimuli ['stɪmjulaɪ] *npl of* **stimulus**.
stimulus ['stɪmjuləs] (*pl* **stimuli**) *n* (*encouragement*) сти́мул.
sting [stɪŋ] (*pt, pp* **stung**) *n* (*from insect*) уку́с; (*from plant*) ожóг; (*organ*: *of wasp etc*) жáло ◆ *vt* (*also fig*) уязвля́ть (уязви́ть *pf*) ◆ *vi* (*insect, animal*) жáлиться (*impf*); (*plant*) жéчься (*impf*); (*eyes, ointment etc*) жечь (*impf*).
stink [stɪŋk] (*pt* **stank**, *pp* **stunk**) *vi* смердéть (*impf*), воня́ть (*impf*) (*разг*).
stir [stə:ʳ] *n* (*fig*) шум, сенсáция ◆ *vt* (*tea etc*) мешáть (помешáть *pf*); (*fig*: *emotions*) волновáть (взволновáть *pf*) ◆ *vi* (*move*) шевели́ться (пошевели́ться *pf*); **~ up** *vt* (*trouble*) вызывáть (вы́звать *pf*); **~-fry** *vt* бы́стро обжáривать (обжáрить *pf*).
stitch [stɪtʃ] *n* (*SEWING*) стежóк; (*KNITTING*) петля́; (*MED*) шов ◆ *vt* (*sew*) шить (сшить *pf*); (*MED*) зашивáть (заши́ть *pf*); **I have a ~ in my side** у меня́ кóлет в бокý.
stoat [stəut] *n* горностáй.
stock [stɔk] *n* (*supply*) запáс; (*AGR*) поголóвье; (*CULIN*) бульóн; (*FINANCE*: *usu pl*) цéнные бумáги *fpl* ◆ *adj* (*reply, excuse etc*) дежу́рный ◆ *vt* (*have in stock*) имéть (*impf*) в нали́чии; **~s and shares** áкции и цéнные бумáги; **to be in/out of ~** имéться (*impf*)/не имéться (*impf*) в нали́чии; **to take ~ of** (*fig*) оцéнивать (оцени́ть *pf*); **~broker** *n* (*COMM*) фóндовый брóкер; **~ exchange** *n* фóндовая би́ржа.

stocking ['stɔkɪŋ] *n* чуло́к.
stock market *n* (*BRIT*) фо́ндовая би́ржа.
stocky ['stɔkɪ] *adj* корена́стый.
stoke [stəuk] *vt* (*fire*) подде́рживать *(impf)*; (*boiler, furnace*) подде́рживать *(impf)* ого́нь в *+prp*.
stole [stəul] *pt of* **steal**; **~n** *pp of* **steal**.
stomach ['stʌmək] *n* (*ANAT*) желу́док; (*belly*) живо́т ♦ *vt* (*fig*) переноси́ть *(impf)*.
stone [stəun] *n* (*also MED*) ка́мень *m*; (*pebble*) ка́мешек; (*in fruit*) ко́сточка; (*BRIT*: *weight*) сто́ун (*14 фу́нтов*) ♦ *adj* ка́менный.
stony ['stəunɪ] *adj* (*ground*) камени́стый; (*silence*) холо́дный; (*glance*) ка́менный.
stood [stud] *pt, pp of* **stand**.
stool [stu:l] *n* табуре́т(ка).
stoop [stu:p] *vi* (*also:* **~ down**: *bend*) наклоня́ться (наклони́ться *pf*), нагиба́ться (нагну́ться *pf*).
stop [stɔp] *n* остано́вка; (*LING*: *also:* **full ~**) то́чка ♦ *vt* остана́вливать (останови́ть *pf*); (*prevent*: *also:* **put a ~ to**) прекраща́ть (прекрати́ть *pf*) ♦ *vi* (*person, clock*) остана́вливаться (останови́ться *pf*); (*rain, noise etc*) прекраща́ться (прекрати́ться *pf*); **to ~ doing** перестава́ть (переста́ть *pf*) *+infin*; **~ by** *vi* заходи́ть (зайти́ *pf*); **~page** ['stɔpɪdʒ] *n* (*strike*) забасто́вка; **~watch** *n* секундоме́р.
storage ['stɔ:rɪdʒ] *n* хране́ние.
store [stɔ:'] *n* (*stock, reserve*) запа́с; (*depot*) склад; (*BRIT*: *large shop*) универма́г; (*esp US*: *shop*) магази́н ♦ *vt* храни́ть *(impf)*; **in ~** в бу́дущем; **~room** *n* кладова́я *f adj*.
storey ['stɔ:rɪ] (*US* **story**) *n* эта́ж.
stork [stɔ:k] *n* а́ист.
storm [stɔ:m] *n* (*also fig*) бу́ря; (*of criticism*) шквал; (*of laughter*) взрыв ♦ *vt* (*attack*: *place*) штурмова́ть *(impf)*; **~y** *adj* (*fig*) бу́рный; **~y weather** нена́стье.
story ['stɔ:rɪ] *n* исто́рия; (*lie*) вы́думка, ска́зка; (*US*) = **storey**.
stout [staut] *adj* (*strong*: *branch etc*) кре́пкий; (*fat*) доро́дный; (*resolute*: *friend, supporter*) сто́йкий.
stove [stəuv] *n* печь *f*, пе́чка.
St Petersburg [sənt'pi:təzbə:g] *n* Санкт-Петербу́рг.
straight [streɪt] *adj* прямо́й; (*simple*: *choice*) я́сный ♦ *adv* пря́мо; **to put** *or* **get sth ~** (*make clear*) вноси́ть (внести́ *pf*) я́сность во что-н; **~ away**, **~ off** (*at once*) сра́зу (же); **~en** *vt* (*skirt, tie, bed*) поправля́ть (попра́вить *pf*); **~forward** *adj* (*simple*) просто́й; (*honest*) прямо́й.
strain [streɪn] *n* (*pressure*) нагру́зка; (*MED*: *physical*) растяже́ние; (: *mental*) напряже́ние ♦ *vt* (*back etc*) растя́гивать (растяну́ть *pf*); (*stretch*: *resources*) ударя́ть (уда́рить *pf*) по *+dat*; (*CULIN*) проце́живать (процеди́ть *pf*); **~ed** *adj* (*muscle*) растя́нутый; (*laugh, relations*) натя́нутый.
strand [strænd] *n* нить *f*; (*of hair*) прядь *f*; **~ed** *adj*: **to be ~ed** застрева́ть (застря́ть *pf*).
strange [streɪndʒ] *adj* стра́нный; (*not known*) незнако́мый; **~ly** *adv* (*act, laugh*) стра́нно; *see also*

enough; **~r** *n* (*unknown person*) незнако́мый челове́к, посторо́нний(-яя) *m(f) adj*.
strangle ['stræŋgl] *vt* (*also fig*) души́ть (задуши́ть *pf*).
strap [stræp] *n* реме́нь *m*; (*of dress*) брете́лька; (*of watch*) ремешо́к.
strategic [strə'ti:dʒɪk] *adj* стратеги́ческий.
strategy ['strætɪdʒɪ] *n* страте́гия.
straw [strɔ:] *n* соло́ма; (*drinking straw*) соло́минка; **that's the last ~!** э́то после́дняя ка́пля!
strawberry ['strɔ:bərɪ] *n* клубни́ка *f no pl*; (*wild*) земляни́ка *f no pl*.
stray [streɪ] *adj* (*animal*) бродя́чий; (*bullet*) шально́й ♦ *vi* заблуди́ться *(pf)*; (*thoughts*) блужда́ть *(impf)*.
streak [stri:k] *n* (*stripe*) полоса́.
stream [stri:m] *n* руче́й; (*of people, vehicles, questions*) пото́к ♦ *vi* (*liquid*) течь *(impf)*, ли́ться *(impf)*; **to ~ in/out** (*people*) вали́ть (повали́ть *pf*) толпо́й в *+acc*/из *+gen*.
street [stri:t] *n* у́лица.
strength [strɛŋθ] *n* си́ла; (*of girder, knot etc*) про́чность *f*, кре́пость *f*; **~en** *vt* (*building, machine*) укрепля́ть (укрепи́ть *pf*); (*fig*: *group*) пополня́ть (попо́лнить *pf*); (: *argument*) подкрепля́ть (подкрепи́ть *pf*).
strenuous ['strɛnjuəs] *adj* (*exercise*) уси́ленный; (*efforts*) напряжённый.
stress [strɛs] *n* (*pressure*) давле́ние, напряже́ние; (*mental strain*) стресс; (*emphasis*) ударе́ние ♦ *vt* (*point, need etc*) де́лать (сде́лать *pf*) ударе́ние на *+acc*; (*syllable*) ста́вить (поста́вить *pf*) ударе́ние на *+acc*.
stretch [strɛtʃ] *n* (*area*) отре́зок, простра́нство ♦ *vt* (*pull*) натя́гивать (натяну́ть *pf*) ♦ *vi* (*person, animal*) потя́гиваться (потяну́ться *pf*); (*extend*): **to ~ to** *or* **as far as** простира́ться *(impf)* до *+gen*; **~ out** *vi* растя́гиваться (растяну́ться *pf*) ♦ *vt* (*arm etc*) протя́гивать (протяну́ть *pf*).
stretcher ['strɛtʃə^r] *n* носи́лки *pl*.
strewn [stru:n] *adj*: **~ with** усы́панный *+instr*.
stricken ['strɪkən] *adj*: **~ with** (*arthritis, disease*) поражённый *+instr*.
strict [strɪkt] *adj* стро́гий; (*precise*: *meaning*) то́чный; **~ly** *adv* (*severely*) стро́го; (*exactly*) то́чно.
stride [straɪd] (*pt* **strode**, *pp* **stridden**) *n* (*step*) шаг ♦ *vi* шага́ть *(impf)*.
stridden ['strɪdn] *pp of* **stride**.
strike [straɪk] (*pt, pp* **struck**) *n* (*of workers*) забасто́вка; (*MIL*: *attack*) уда́р ♦ *vt* (*hit*: *person, thing*) ударя́ть (уда́рить *pf*); (*subj*: *idea, thought*) осеня́ть (осени́ть *pf*); (*oil etc*) открыва́ть (откры́ть *pf*) месторожде́ние *+gen*; (*bargain, deal*) заключа́ть (заключи́ть *pf*) ♦ *vi* (*workers*) бастова́ть *(impf)*; (*disaster, illness*) обру́шиваться (обру́шиться *pf*); (*clock*) бить (проби́ть *pf*); **to be on ~** (*workers*) бастова́ть *(impf)*; **to ~ a match** зажига́ть (заже́чь *pf*) спи́чку; **~r** *n* забасто́вщик(-ица); (*SPORT*) напада́ющий(-ая) *m(f) adj*.
striking ['straɪkɪŋ] *adj* порази́тельный.
string [strɪŋ] (*pt, pp* **strung**) *n* верёвка; (*MUS*: *for guitar etc*)

струна́; (*of beads*) ни́тка ♦ *vt*: **to ~ together** свя́зывать (связа́ть *pf*); **the ~s** *npl* (*MUS*) стру́нные инструме́нты *mpl*; **to ~ out** растя́гивать (растяну́ть *pf*).

strip [strɪp] *n* полоса́ ♦ *vt* (*undress*) раздева́ть (разде́ть *pf*); (*paint*) обдира́ть (ободра́ть *pf*), сдира́ть (содра́ть *pf*); (*also*: **~ down**: *machine*) разбира́ть (разобра́ть *pf*) ♦ *vi* раздева́ться (разде́ться *pf*).

stripe [straɪp] *n* поло́ска; (*POLICE, MIL*) петли́ца; **~d** *adj* полоса́тый.

stripper ['strɪpə'] *n* уча́стница стрипти́за.

strive [straɪv] (*pt* **strove**, *pp* **striven**) *vi*: **to ~ for sth/to do** стреми́ться *(impf)* к чему́-н/+*infin*.

striven ['strɪvn] *pp of* **strive**.

strode [strəud] *pt of* **stride**.

stroke [strəuk] *n* (*also MED*) уда́р; (*SWIMMING*) стиль *m* ♦ *vt* гла́дить (погла́дить *pf*); **at a ~** одни́м ма́хом.

stroll [strəul] *n* прогу́лка ♦ *vi* прогу́ливаться (прогуля́ться *pf*), проха́живаться (пройти́сь *pf*).

strong [strɔŋ] *adj* си́льный; **they are 50 ~** их 50; **~hold** *n* (*fig*) опло́т, тверды́ня.

strove [strəuv] *pt of* **strive**.

struck [strʌk] *pt, pp of* **strike**.

structural ['strʌktʃrəl] *adj* структу́рный.

structure ['strʌktʃə'] *n* структу́ра.

struggle ['strʌgl] *n* (*fight*) борьба́ ♦ *vi* (*try hard*) си́литься *(impf)*, прилага́ть *(impf)* бо́льшие уси́лия; (*fight*) боро́ться *(impf)*; (: *to free o.s.*) сопротивля́ться *(impf)*.

strung [strʌŋ] *pt, pp of* **string**.

stub [stʌb] *n* (*of cheque, ticket etc*) корешо́к; (*of cigarette*) оку́рок ♦ *vt*: **to ~ one's toe** бо́льно спотыка́ться (споткну́ться *pf*).

stubble ['stʌbl] *n* (*on chin*) щети́на.

stubborn ['stʌbən] *adj* (*determination, child*) упря́мый, упо́рный.

stuck [stʌk] *pt, pp of* **stick** ♦ *adj*: **to be ~** застря́ть *(pf)*.

stud [stʌd] *n* (*on clothing etc*) кно́пка, заклёпка; (*earring*) серьга́ со штифто́м; (*on sole of boot*) шип ♦ *vt* (*fig*): **~ded with** усы́панный +*instr*.

student ['stju:dənt] *n* (*at university*) студе́нт(ка); (*at school*) уча́щийся (-аяся) *m(f) adj* ♦ *adj* студе́нческий.

studio ['stju:dɪəu] *n* сту́дия.

study ['stʌdɪ] *n* (*activity*) учёба; (*room*) кабине́т ♦ *vt* изуча́ть (изучи́ть *pf*) ♦ *vi* учи́ться *(pf)*.

stuff [stʌf] *n* (*things*) ве́щи *fpl*; (*substance*) вещество́ ♦ *vt* набива́ть (наби́ть *pf*); (*CULIN*) начиня́ть (начини́ть *pf*), фарширова́ть (нафарширова́ть *pf*); (*inf*: *push*) запи́хивать (запиха́ть *pf*); **~ing** *n* наби́вка; (*CULIN*) начи́нка, фарш; **~y** *adj* (*room*) ду́шный; (*person, ideas*) чо́порный.

stumble ['stʌmbl] *vi* спотыка́ться (споткну́ться *pf*); **to ~ across** *or* **on** (*fig*) натыка́ться (наткну́ться *pf*) на +*acc*.

stump [stʌmp] *n* (*of tree*) пень *m*; (*of limb*) обру́бок ♦ *vt* озада́чивать (озада́чить *pf*).

stun [stʌn] *vt* (*subj*: *news*) потряса́ть (потрясти́ *pf*), ошеломля́ть (ошеломи́ть *pf*);

(: *blow on head*) оглуша́ть (оглуши́ть *pf*).
stung [stʌŋ] *pt, pp of* **sting**.
stunk [stʌŋk] *pp of* **stink**.
stunning ['stʌnɪŋ] *adj* (*fabulous*) потряса́ющий.
stunted ['stʌntɪd] *adj* (*trees*) подру́бленный; (*growth*) заме́дленный.
stupendous [stju:'pɛndəs] *adj* (*large*) колосса́льный; (*impressive*) изуми́тельный.
stupid ['stju:pɪd] *adj* глу́пый; **~ity** [stju:'pɪdɪtɪ] *n* глу́пость *f.*
sturdy ['stə:dɪ] *adj* кре́пкий.
stutter ['stʌtə^r] *n* заика́ние ◆ *vi* заика́ться *(impf)*.
style [staɪl] *n* стиль *m.*
stylish ['staɪlɪʃ] *adj* шика́рный.
subconscious [sʌb'kɔnʃəs] *adj* подсозна́тельный.
subdue [səb'dju:] *vt* подавля́ть (подави́ть *pf*); **~d** *adj* (*light*) приглушённый; (*person*) пода́вленный.
subject [*n* 'sʌbdʒɪkt, *vb* səb'dʒɛkt] *n* (*topic*) те́ма; (*SCOL*) предме́т; (*LING*) подлежа́щее *nt adj* ◆ *vt*: **to ~ sb to sth** подверга́ть (подве́ргнуть *pf*) кого́-н чему́-н; **to be ~ to** (*tax*) подлежа́ть *(impf)* *+dat*; (*law*) подчиня́ться *(impf)* *+dat*; **~ive** [səb'dʒɛktɪv] *adj* субъекти́вный.
submarine [sʌbmə'ri:n] *n* подво́дная ло́дка.
submerge [səb'mə:dʒ] *vt* погружа́ть (погрузи́ть *pf*) (*в во́ду*) ◆ *vi* погружа́ться (погрузи́ться *pf*) (*в во́ду*).
submission [səb'mɪʃən] *n* (*state*) подчине́ние, повинове́ние; (*of plan etc*) пода́ча.
submissive [səb'mɪsɪv] *adj* поко́рный.
submit [səb'mɪt] *vt* (*proposal, application etc*) представля́ть (предста́вить *pf*) на рассмотре́ние ◆ *vi*: **to ~ to sth** подчиня́ться (подчини́ться *pf*) чему́-н.
subordinate [sə'bɔ:dɪnət] *adj*: **to be ~ to** (*in rank*) подчиня́ться *(impf)* *+dat* ◆ *n* подчинённый(-ая) *m(f) adj.*
subscribe [səb'skraɪb] *vi*: **to ~ to** (*opinion, fund*) подде́рживать (поддержа́ть *pf*); (*magazine etc*) подпи́сываться (подписа́ться *pf*) на *+acc.*
subscription [səb'skrɪpʃən] *n* (*to magazine etc*) подпи́ска.
subsequent ['sʌbsɪkwənt] *adj* после́дующий; **~ to** вслед *+dat*; **~ly** *adv* впосле́дствии.
subside [səb'saɪd] *vi* (*feeling, wind*) утиха́ть (ути́хнуть *pf*); (*flood*) убыва́ть (убы́ть *pf*); **~nce** [səb'saɪdns] *n* оседа́ние.
subsidiary [səb'sɪdɪərɪ] *n* (*also:* **~ company**) доче́рняя компа́ния.
subsidy ['sʌbsɪdɪ] *n* субси́дия, дота́ция.
substance ['sʌbstəns] *n* (*product, material*) вещество́.
substantial [səb'stænʃl] *adj* (*solid*) про́чный, основа́тельный; (*fig: reward, meal*) соли́дный; **~ly** *adv* (*by a lot*) значи́тельно; (*in essence*) суще́ственно, основа́тельно.
substitute ['sʌbstɪtju:t] *n* (*person*) заме́на; (: *FOOTBALL etc*) запасно́й *m adj* (игро́к); (*thing*) замени́тель *m* ◆ *vt*: **to ~ A for B** заменя́ть (замени́ть *pf*) А на Б.
substitution [sʌbstɪ'tju:ʃən] *n* (*act*) заме́на.

subtitle ['sʌbtaɪtl] *n* (*in film*) субти́тр.
subtle ['sʌtl] *adj* (*change*) то́нкий, едва́ улови́мый; (*person*) то́нкий, иску́сный; **~ty** *n* (*detail*) то́нкость *f*; (*of person*) иску́сность *f*.
subtract [səb'trækt] *vt* вычита́ть (вы́честь *pf*).
suburb ['sʌbə:b] *n* при́город; **the ~s** *npl* (*area*) при́город *msg*; **~an** [sə'bə:bən] *adj* при́городный.
subversive [səb'və:sɪv] *adj* подрывно́й.
subway ['sʌbweɪ] *n* (*US*) метро́ *nt ind*, подзе́мка (*разг*); (*BRIT*: *underpass*) подзе́мный перехо́д.
succeed [sək'si:d] *vi* (*plan etc*) удава́ться (уда́ться *pf*), име́ть (*impf*) успе́х; (*person*: *in career etc*) преуспева́ть (преуспе́ть *pf*) ♦ *vt* (*in job, order*) сменя́ть (смени́ть *pf*); **he ~ed in finishing the article** ему́ удало́сь зако́нчить статью́.
success [sək'sɛs] *n* успе́х, уда́ча; **the book was a ~** кни́га име́ла успе́х; **he was a ~** он доби́лся успе́ха; **~ful** *adj* (*venture*) успе́шный; **he was ~ful in convincing her** ему́ удало́сь убеди́ть её; **~fully** *adv* успе́шно.
succession [sək'sɛʃən] *n* (*series*) череда́, ряд; (*to throne etc*) насле́дование; **in ~** подря́д.
successive [sək'sɛsɪv] *adj* (*governments*) сле́дующий оди́н за други́м.
successor [sək'sɛsə^r] *n* пре́емник (-ица); (*to throne*) насле́дник(-ица).
succinct [sək'sɪŋkt] *adj* сжа́тый.
succulent ['sʌkjulənt] *adj* (*fruit, meat*) со́чный.
succumb [sə'kʌm] *vi* (*to temptation*) поддава́ться (подда́ться *pf*).
such [sʌtʃ] *adj* тако́й ♦ *adv*: **~ a long trip** така́я дли́нная пое́здка; **~ a book** така́я кни́га; **~ books** таки́е кни́ги; **~ a lot of** тако́е мно́жество *+gen*; **~ as** (*like*) таки́е как; **as ~** как тако́во́й; **~-and-~** *adj* таки́е-то и таки́е-то.
suck [sʌk] *vt* (*bottle, sweet*) coса́ть (*impf*).
suction ['sʌkʃən] *n* вса́сывание.
sudden ['sʌdn] *adj* внеза́пный; **all of a ~** внеза́пно, вдруг; **~ly** *adv* внеза́пно, вдруг.
sue [su:] *vt* предъявля́ть (предъяви́ть *pf*) иск *+dat*.
suede [sweɪd] *n* за́мша.
suet ['suɪt] *n* жир.
suffer ['sʌfə^r] *vt* (*hardship etc*) переноси́ть (перенести́ *pf*); (*pain*) страда́ть (*impf*) от *+gen* ♦ *vi* (*person, results etc*) страда́ть (пострада́ть *pf*); **to ~ from** страда́ть (*impf*) *+instr*; **~er** *n* (*MED*) страда́ющий(-ая) *m(f) adj*; **~ing** *n* (*hardship*) страда́ние.
suffice [sə'faɪs] *vi*: **this ~s** ... э́того доста́точно, ...
sufficient [sə'fɪʃənt] *adj* доста́точный; **~ly** *adv* доста́точно.
suffocate ['sʌfəkeɪt] *vi* задыха́ться (задохну́ться *pf*).
sugar ['ʃugə^r] *n* са́хар; **~ cane** *n* са́харный тростни́к.
suggest [sə'dʒɛst] *vt* (*propose*) предлага́ть (предложи́ть *pf*); (*indicate*) предполага́ть (предположи́ть *pf*); **~ion** [sə'dʒɛstʃən] *n* (*see vt*) предложе́ние; предположе́ние; **~ive** *adj* (*remarks, looks*)

неприли́чный.
suicide ['suɪsaɪd] *n* (*death*) самоуби́йство; *see also* **commit**.
suit [su:t] *n* костю́м; (*LAW*) иск; (*CARDS*) масть *f* ♦ *vt* (*be convenient, appropriate*) подходи́ть (подойти́ *pf*) *+dat*; (*colour, clothes*) идти́ (*impf*) *+dat*; **to ~ sth to** (*adapt*) приспоса́бливать (приспосо́бить *pf*) что-н к *+dat*; **they are well ~ed** (*couple*) они́ хорошо́ друг дру́гу подхо́дят; **~able** *adj* подходя́щий; **~ably** *adv* надлежа́щим о́бразом.
suitcase ['su:tkeɪs] *n* чемода́н.
suite [swi:t] *n* (*of rooms*) апарта́менты *mpl*; (*furniture*): **bedroom/dining room ~** спа́льный/столо́вый гарниту́р.
sulfur ['sʌlfəʳ] *n* (*US*) = **sulphur**.
sulk [sʌlk] *vi* зло́бствовать (*impf*), ду́ться (*impf*) (*разг*).
sullen ['sʌlən] *adj* угрю́мый.
sulphur ['sʌlfəʳ] (*US* **sulfur**) *n* се́ра.
sultana [sʌl'tɑ:nə] *n* кишми́ш.
sultry ['sʌltrɪ] *adj* (*weather*) ду́шный.
sum [sʌm] *n* (*calculation*) арифме́тика, вычисле́ние; (*amount*) су́мма; **~ up** *vt* (*describe*) сумми́ровать (*impf/pf*) ♦ *vi* подводи́ть (подвести́ *pf*) ито́г.
summarize ['sʌməraɪz] *vt* сумми́ровать (*impf/pf*).
summary ['sʌmərɪ] *n* (*of essay etc*) кра́ткое изложе́ние.
summer ['sʌməʳ] *n* ле́то ♦ *adj* ле́тний; **in ~** ле́том; **~time** *n* (*season*) ле́то, ле́тняя пора́.
summit ['sʌmɪt] *n* (*of mountain*) верши́на, пик; (*also:* **~ meeting**) встре́ча на вы́сшем у́ровне *or* в верха́х.
sumptuous ['sʌmptjuəs] *adj* роско́шный.
sun [sʌn] *n* со́лнце; **~bathe** *vi* загора́ть (*impf*); **~burn** *n* со́лнечный ожо́г.
Sunday ['sʌndɪ] *n* воскресе́нье.
sunflower ['sʌnflauəʳ] *n* (*BOT*) подсо́лнечник.
sung [sʌŋ] *pp of* **sing**.
sunglasses ['sʌnglɑ:sɪz] *npl* солнцезащи́тные очки́ *pl*.
sunk [sʌŋk] *pp of* **sink**.
sun: **~light** *n* со́лнечный свет; **~ny** *adj* (*weather, place*) со́лнечный; **~rise** *n* восхо́д (со́лнца); **~set** *n* зака́т, захо́д (со́лнца); **~shine** *n* со́лнечный свет; **in the ~shine** на со́лнце; **~stroke** *n* со́лнечный уда́р; **~tan** *n* зага́р.
super ['su:pəʳ] *adj* миро́вой, потряса́ющий.
superb [su:'pə:b] *adj* превосхо́дный, великоле́пный.
superficial [su:pə'fɪʃəl] *adj* пове́рхностный; (*wound*) лёгкий.
superfluous [su'pə:fluəs] *adj* изли́шний, нену́жный.
superintendent [su:pərɪn'tɛndənt] *n* (*POLICE*) нача́льник.
superior [su'pɪərɪəʳ] *adj* (*better*) лу́чший; (*more senior*) вышестоя́щий; (*smug*) высокоме́рный ♦ *n* нача́льник; **~ity** [supɪərɪ'ɔrɪtɪ] *n* превосхо́дство.
supermarket ['su:pəmɑ:kɪt] *n* суперма́ркет, универса́м.
supernatural [su:pə'nætʃərəl] *adj* сверхъесте́ственный.
superpower ['su:pəpauəʳ] *n* (*POL*) вели́кая держа́ва, сверхдержа́ва.
superstition [su:pə'stɪʃən] *n* суеве́рие.
superstitious [su:pə'stɪʃəs] *adj*

суеве́рный.
supervise ['su:pəvaɪz] *vt* (*person, activity*) кури́ровать *(impf)*.
supervision [su:pə'vɪʒən] *n* руково́дство, надзо́р.
supervisor ['su:pəvaɪzə^r] *n* (*of workers*) нача́льник; (*SCOL*) нау́чный(-ая) руководи́тель(ница) *m(f)*.
supper ['sʌpə^r] *n* у́жин.
supple ['sʌpl] *adj* (*person, body*) ги́бкий; (*leather*) упру́гий.
supplement ['sʌplɪmənt] *n* (*of vitamins*) доба́вка, дополне́ние; (*of book, newspaper etc*) приложе́ние ♦ *vt* добавля́ть (доба́вить *pf*) к *+dat*; **~ary** [sʌplɪ'mɛntərɪ] *adj* (*question*) дополни́тельный.
supplier [sə'plaɪə^r] *n* поставщи́к.
supply [sə'plaɪ] *n* (*see vt*) поста́вка; снабже́ние; (*stock*) запа́с ♦ *vt* (*goods*) поставля́ть (поста́вить *pf*); (*gas*) снабжа́ть (снабди́ть *pf*); **to ~ sb/sth with sth** (*see vt*) поставля́ть (поста́вить *pf*) что-н кому́-н/чему́-н; снабжа́ть (снабди́ть *pf*) кого́-н/что-н чем-н; **supplies** *npl* (*food*) запа́сы *mpl* продово́льствия.
support [sə'pɔ:t] *n* (*moral, financial etc*) подде́ржка; (*TECH*) опо́ра ♦ *vt* (*morally*) подде́рживать (поддержа́ть *pf*); (*financially: family etc*) содержа́ть *(impf)*; (*football team etc*) боле́ть *(impf)* за *+acc*; (*hold up*) подде́рживать *(impf)*; (*theory etc*) подтвержда́ть (подтверди́ть *pf*); **~er** *n* (*POL etc*) сторо́нник(-ица); (*SPORT*) боле́льщик(-ица); **~ive** *adj*: **to be ~ive of sb** подде́рживать (поддержа́ть *pf*) кого́-н.
suppose [sə'pəuz] *vt* полага́ть *(impf)*, предполага́ть (предположи́ть *pf*); **he was ~d to do it** (*duty*) он до́лжен был э́то сде́лать; **~dly** [sə'pəuzɪdlɪ] *adv* я́кобы.
supposing [sə'pəuzɪŋ] *conj* предполо́жим, допу́стим.
suppress [sə'prɛs] *vt* (*revolt*) подавля́ть (подави́ть *pf*); **~ion** [sə'prɛʃən] *n* подавле́ние.
supremacy [su'prɛməsɪ] *n* госпо́дство, превосхо́дство.
supreme [su'pri:m] *adj* (*in titles*) Верхо́вный; (*effort, achievement*) велича́йший.
surcharge ['sə:tʃɑ:dʒ] *n* дополни́тельный сбор.
sure [ʃuə^r] *adj* (*certain*) уве́ренный; (*reliable*) ве́рный; **to make ~ of sth/that** удостове́риться *(pf)* в чём-н/что; **~!** (*O.K.*) о чём речь!; **~ enough** и пра́вда *or* впра́вду; **~ly** *adv* (*certainly*) наверняка́.
surface ['sə:fɪs] *n* пове́рхность *f* ♦ *vi* всплыва́ть (всплы́ть *pf*).
surfing ['sə:fɪŋ] *n* сёрфинг.
surge [sə:dʒ] *n* (*increase*) рост; (*fig: of emotion*) прили́в.
surgeon ['sə:dʒən] *n* (*MED*) хиру́рг.
surgery ['sə:dʒərɪ] *n* (*treatment*) хирурги́я, хирурги́ческое вмеша́тельство; (*BRIT: room*) кабине́т; **to undergo ~** переноси́ть (перенести́ *pf*) опера́цию.
surgical ['sə:dʒɪkl] *adj* хирурги́ческий.
surly ['sə:lɪ] *adj* угрю́мый.
surname ['sə:neɪm] *n* фами́лия.
surpass [sə:'pɑ:s] *vt* (*person, thing*) превосходи́ть (превзойти́ *pf*).
surplus ['sə:pləs] *n* избы́ток, изли́шек; (*of trade, payments*)

акти́вное са́льдо *nt ind* ◆ *adj* (*stock, grain*) избы́точный.
surprise [sə'praɪz] *n* удивле́ние; (*unexpected event*) неожи́данность *f* ◆ *vt* (*astonish*) удивля́ть (удиви́ть *pf*); (*catch unawares*) застава́ть (заста́ть *pf*) врасплóх.
surprising [sə'praɪzɪŋ] *adj* (*situation, announcement*) неожи́данный; **~ly** *adv* удиви́тельно.
surrender [sə'rɛndə^r] *n* сда́ча, капитуля́ция ◆ *vi* (*army, hijackers etc*) сдава́ться (сда́ться *pf*).
surround [sə'raund] *vt* (*subj: walls, hedge etc*) окружа́ть *(impf)*; (*MIL, POLICE etc*) окружа́ть (окружи́ть *pf*); **~ing** *adj* (*countryside*) окружа́ющий, близлежа́щий; **~ings** *npl* (*place*) окре́стности *fpl*; (*conditions*) окруже́ние *ntsg*.
surveillance [sə:'veɪləns] *n* наблюде́ние.
survey [*vb* sə:'veɪ, *n* 'sə:veɪ] *vt* (*scene, work etc*) осма́тривать (осмотре́ть *pf*) ◆ *n* (*of land*) геодези́ческая съёмка; (*of house*) инспе́кция; (*of habits etc*) обзо́р; **~or** [sə'veɪə^r] *n* (*of land*) геодези́ст; (*of house*) инспе́ктор.
survival [sə'vaɪvl] *n* выжива́ние.
survive [sə'vaɪv] *vi* выжива́ть (вы́жить *pf*), уцеле́ть *(pf)*; (*custom etc*) сохраня́ться (сохрани́ться *pf*), уцеле́ть *(pf)* ◆ *vt* (*person*) пережива́ть (пережи́ть *pf*); (*illness*) переноси́ть (перенести́ *pf*).
survivor [sə'vaɪvə^r] *n* (*of illness, accident*) вы́живший(-ая) *m(f) adj*.
susceptible [sə'sɛptəbl] *adj*: **~ (to)** (*injury*) подве́рженный (*+dat*); **to be ~ to flattery** легкó поддава́ться *(impf)* на лесть.
suspect [*vb* səs'pɛkt, *n, adj* 'sʌspɛkt] *vt* (*person*) подозрева́ть *(impf)*; (*think*) подозрева́ть *(impf)* ◆ *n* подозрева́емый(-ая) *m(f)adj* ◆ *adj* подозри́тельный.
suspend [səs'pɛnd] *vt* (*delay*) приостана́вливать (приостанови́ть *pf*); (*stop*) прерыва́ть (прерва́ть *pf*); (*from employment*) отстраня́ть (отстрани́ть *pf*); **~ers** *npl* (*BRIT*) подвя́зки *fpl*; (*US*) подтя́жки *fpl*.
suspense [səs'pɛns] *n* трево́га; **to keep sb in ~** держа́ть *(impf)* кого́-н во взве́шенном состоя́нии.
suspension [səs'pɛnʃən] *n* (*from job, team*) отстране́ние; (*AUT*) амортиза́тор; (*of payment*) приостановле́ние.
suspicion [səs'pɪʃən] *n* подозре́ние.
suspicious [səs'pɪʃəs] *adj* подозри́тельный.
sustain [səs'teɪn] *vt* подде́рживать (поддержа́ть *pf*); (*losses*) нести́ (понести́ *pf*); (*injury*) получа́ть (получи́ть *pf*); **~able** *adj* (*development*) стаби́льный; (*progress*) усто́йчивый; **~ed** *adj* неослабева́ющий.
swagger ['swægə^r] *vi* ше́ствовать *(impf)*.
swallow ['swɔləu] *n* (*ZOOL*) ла́сточка ◆ *vt* (*food, pills*) глота́ть (проглоти́ть *pf*); (*fig*) подавля́ть (подави́ть *pf*).
swam [swæm] *pt of* **swim**.
swamp [swɔmp] *n* топь *f* ◆ *vt* (*with water*) залива́ть (зали́ть *pf*); (*fig: person*) зава́ливать (завали́ть *pf*).

swan [swɔn] *n* лебедь *m*.
swap [swɔp] *n* обмен ♦ *vt*: **to ~ (for)** (*exchange (for)*) менять (обменять *pf*) (на *+acc*); (*replace (with)*) сменять (сменить *pf*) (на *+acc*).
swarm [swɔ:m] *n* (*of bees*) рой; (*of people*) тьма.
sway [sweɪ] *vi* качаться (качнуться *pf*) ♦ *vt*: **to be ~ed by** поддаваться (поддаться *pf*) на *+acc*.
swear [swɛə'] (*pt* **swore**, *pp* **sworn**) *vi* (*curse*) сквернословить *(impf)*, ругаться (выругаться *pf*) ♦ *vt* клясться (поклясться *pf*).
sweat [swɛt] *n* пот ♦ *vi* потеть (вспотеть *pf*); **~er** *n* свитер; **~shirt** *n* спортивный свитер; **~y** *adj* (*clothes*) пропотевший; (*hands*) потный.
swede [swi:d] *n* (*BRIT*) брюква.
Sweden ['swi:dn] *n* Швеция.
Swedish ['swi:dɪʃ] *adj* шведский; **the ~** *npl* шведы.
sweep [swi:p] (*pt, pp* **swept**) *vt* (*brush*) мести *or* подметать (подмести *pf*); (*arm*) смахивать (смахнуть *pf*); (*subj*: *current*) сносить (снести *pf*), смывать (смыть *pf*) ♦ *vi* (*wind*) бушевать *(impf)*; **~ing** *adj* (*gesture*) широкий; (*statement*) огульный.
sweet [swi:t] *n* (*candy*) конфета; (*BRIT*: *CULIN*) сладкое *nt adj no pl*, сладости *fpl* ♦ *adj* сладкий; (*kind, attractive*) милый; **~ corn** *n* кукуруза; **~ness** *n* сладость *f*; (*kindness*) любезность *f*.
swell [swɛl] (*pt* **swelled**, *pp* **swollen** *or* **swelled**) *n* (*of sea*) волнение ♦ *adj* (*US*: *inf*) мировой ♦ *vi* (*numbers*) расти (вырасти *pf*); (*also:* **~ up**: *face, ankle etc*) опухать (опухнуть *pf*), вздуваться (вздуться *pf*); **~ing** *n* (*MED*) опухоль *f*, вздутие.
sweltering ['swɛltərɪŋ] *adj* душный.
swept [swɛpt] *pt, pp of* **sweep**.
swift [swɪft] *adj* стремительный; **~ly** *adv* стремительно.
swim [swɪm] (*pt* **swam**, *pp* **swum**) *vi* плавать/плыть *(impf)*; (*as sport*) плавать *(impf)*; (*head*) идти (пойти *pf*) кругом; (*room*) плыть (поплыть *pf*) ♦ *vt* переплывать (переплыть *pf*); (*a length*) проплывать (проплыть *pf*); **~mer** *n* пловец(-вчиха); **~ming** *n* плавание; **~ming costume** *n* (*BRIT*) купальный костюм; **~ming pool** *n* плавательный бассейн; **~ming trunks** *npl* плавки *pl*; **~suit** *n* купальник.
swing [swɪŋ] (*pt, pp* **swung**) *n* (*in playground*) качели *pl*; (*change*: *in opinions etc*) крен, поворот ♦ *vt* (*arms*) размахивать *(impf) +instr*; (*legs*) болтать *(impf) +instr*; (*also:* **~ round**: *vehicle etc*) разворачивать (развернуть *pf*) ♦ *vi* качаться *(impf)*; (*also:* **~ round**: *vehicle etc*) разворачиваться (развернуться *pf*); **to be in full ~** (*party etc*) быть *(impf)* в полном разгаре.
swirl [swə:l] *vi* кружиться *(impf)*.
Swiss [swɪs] *adj* швейцарский.
switch [swɪtʃ] *n* (*for light, radio etc*) выключатель *m*; (*change*) переключение ♦ *vt* (*change*) переключать (переключить *pf*); **~ off** *vt* выключать (выключить *pf*); **~ on** *vt* включать (включить *pf*); **~board** *n* (*TEL*) коммутатор.
Switzerland ['swɪtsələnd] *n*

Швейца́рия.
swivel ['swɪvl] *vi* (*also:* ~ **round**) повора́чиваться *(impf)*.
swollen ['swəulən] *pp of* **swell**.
sword [sɔ:d] *n* меч.
swore [swɔ:'] *pt of* **swear**.
sworn [swɔ:n] *pp of* **swear** ◆ *adj* (*statement, evidence*) да́нный под прися́гой; (*enemy*) закля́тый.
swum [swʌm] *pp of* **swim**.
swung [swʌŋ] *pt, pp of* **swing**.
sycamore ['sɪkəmɔ:'] *n* я́вор.
syllable ['sɪləbl] *n* слог.
syllabus ['sɪləbəs] *n* (уче́бная) програ́мма.
symbol ['sɪmbl] *n* (*sign*) знак; (*representation*) си́мвол; **~ic(al)** [sɪm'bɔlɪk(l)] *adj* символи́ческий; **~ism** *n* символи́зм.
symmetrical [sɪ'mɛtrɪkl] *adj* симметри́чный.
symmetry ['sɪmɪtrɪ] *n* симме́трия.
sympathetic [sɪmpə'θɛtɪk] *adj* (*person*) уча́стливый; (*remark, opinion*) сочу́вственный; (*likeable: character*) прия́тный, симпати́чный; **to be ~ to(wards)** (*supportive of*) сочу́вствовать *(impf)* +*dat*.
sympathize ['sɪmpəθaɪz] *vi*: **to ~ with** сочу́вствовать *(impf)* +*dat*.
sympathy ['sɪmpəθɪ] *n* (*pity*) сочу́вствие, уча́стие; **with our deepest ~** с глубоча́йшими соболе́знованиями; **to come out in ~** (*workers*) бастова́ть *(impf)* в знак солида́рности.
symphony ['sɪmfənɪ] *n* симфо́ния.
symptom ['sɪmptəm] *n* симпто́м.
synagogue ['sɪnəgɔg] *n* синаго́га.
syndicate ['sɪndɪkɪt] *n* (*of people, businesses*) синдика́т.
syndrome ['sɪndrəum] *n* синдро́м.
synonym ['sɪnənɪm] *n* сино́ним.
synthetic [sɪn'θɛtɪk] *adj* (*materials*) синтети́ческий, иску́сственный.
syringe [sɪ'rɪndʒ] *n* шприц.
syrup ['sɪrəp] *n* (*juice*) сиро́п; (*also:* **golden ~**) (све́тлая *or* жёлтая) па́тока.
system ['sɪstəm] *n* систе́ма; **~atic** [sɪstə'mætɪk] *adj* системати́ческий.

T, t

ta [tɑ:] *excl* (*BRIT: inf*) спаси́бо.
table ['teɪbl] *n* (*furniture*) стол; (*MATH, CHEM etc*) табли́ца; **to lay** *or* **set the ~** накрыва́ть (накры́ть *pf*) на стол; **~ of contents** оглавле́ние; **~cloth** *n* ска́терть *f*; **~ d'hôte** [tɑ:bl'dəut] *adj*: **~ d'hôte menu** табльдо́т; **~ lamp** *n* насто́льная ла́мпа; **~mat** *n* подста́вка; **~spoon** *n* столо́вая ло́жка; **~ tennis** *n* насто́льный те́ннис.
tabloid ['tæblɔɪd] *n* табло́ид, малоформа́тная газе́та.
taboo [tə'bu:] *n* табу́ *nt ind* ◆ *adj* запрещённый.
tacit ['tæsɪt] *adj* молчали́вый.
tack [tæk] *n* (*nail*) гвоздь *m* с широ́кой шля́пкой ◆ *vt* (*nail*) прибива́ть (приби́ть *pf*); (*stitch*) смётывать (смета́ть *pf*).
tackle ['tækl] *n* (*for fishing etc*) снасть *f*; (*for lifting*) сло́жный блок; (*SPORT*) блокиро́вка ◆ *vt* (*difficulty*) справля́ться (спра́виться *pf*) с +*instr*; (*fight, challenge*) схвати́ться *(pf)* с +*instr*; (*SPORT*) блоки́ровать *(impf/pf)*.
tacky ['tækɪ] *adj* (*sticky*) ли́пкий; (*pej: cheap*) дешёвый.
tact [tækt] *n* такт, такти́чность *f*;

~ful *adj* такти́чный.
tactical ['tæktıkl] *adj* такти́ческий.
tactics ['tæktıks] *npl* та́ктика *fsg.*
tactless ['tæktlıs] *adj* беста́ктный.
tag [tæg] *n* (*label*) этике́тка, ярлы́к.
tail [teıl] *n* (*of animal, plane*) хвост; (*of shirt*) коне́ц; (*of coat*) пола́ ◆ *vt* сади́ться (сесть *pf*) на хвост *+dat*; **~s** *npl* (*suit*) фрак *msg*; **~back** *n* (*BRIT: AUT*) хвост.
tailor ['teılər] *n* (мужско́й) портно́й *m adj.*
take [teık] (*pt* **took**, *pp* **taken**) *vt* брать (взять *pf*); (*photo, measures*) снима́ть (снять *pf*); (*shower, decision, drug*) принима́ть (приня́ть *pf*); (*notes*) де́лать (сде́лать *pf*); (*grab: sb's arm etc*) хвата́ть (схвати́ть *pf*); (*require: courage, time*) тре́бовать (потре́бовать *pf*); (*tolerate: pain etc*) переноси́ть (перенести́ *pf*); (*hold: passengers etc*) вмеща́ть (вмести́ть *pf*); (*on foot: person*) отводи́ть (отвести́ *pf*); (*: thing*) относи́ть (отнести́ *pf*); (*by transport: person, thing*) отвози́ть (отвезти́ *pf*); (*exam*) сдава́ть (сдать *pf*); **to ~ sth from** (*drawer etc*) вынима́ть (вы́нуть *pf*) что-н из *+gen*; (*steal from: person*) брать (взять *pf*) что-н у *+gen*; **I ~ it that** ... как я понима́ю, ...; **~ apart** *vt* разбира́ть (разобра́ть *pf*); **~ away** *vt* (*remove*) убира́ть (убра́ть *pf*); (*carry off*) забира́ть (забра́ть *pf*); (*MATH*) отнима́ть (отня́ть *pf*); **~ back** *vt* (*return: thing*) относи́ть (отнести́ *pf*) обра́тно; (*: person*) отводи́ть (отвести́ *pf*) обра́тно; (*one's words*) брать (взять *pf*) наза́д; **~ down** *vt* (*building*) сноси́ть (снести́ *pf*); (*note*) запи́сывать (записа́ть *pf*); **~ in** *vt* (*deceive*) обма́нывать (обману́ть *pf*); (*understand*) воспринима́ть (восприня́ть *pf*); (*lodger, orphan*) брать (взять *pf*); **~ off** *vi* (*AVIAT*) взлета́ть (взлете́ть *pf*) ◆ *vt* (*remove*) снима́ть (снять *pf*); **~ on** *vt* (*work, employee*) брать (взять *pf*); (*opponent*) сража́ться (срази́ться *pf*) с *+instr*; **~ out** *vt* (*invite*) води́ть/вести́ (повести́ *pf*); (*remove*) вынима́ть (вы́нуть *pf*); **to ~ sth out of** (*drawer, pocket etc*) вынима́ть (вы́нуть *pf*) что-н из *+gen*; **don't ~ your anger out on me!** не вымеща́й свой гнев на мне!; **~ over** *vt* (*business, country*) принима́ть (приня́ть *pf*) руково́дство *+instr* ◆ *vi*: **to ~ over from sb** сменя́ть (смени́ть *pf*) кого́-н; **~ to** *vt fus*: **she took to him at once** он ей сра́зу понра́вился; **~ up** *vt* (*hobby, job*) заня́ться *(pf) +instr*; (*idea, story*) подхва́тывать (подхвати́ть *pf*); (*time, space*) занима́ть (заня́ть *pf*); **I'll ~ you up on that!** ловлю́ Вас на сло́ве!; **~away** *n* (*BRIT: food*) горя́чая еда́ на вы́нос; **~off** *n* (*AVIAT*) взлёт; **~over** *n* (*COMM*) поглоще́ние.
takings ['teıkıŋz] *npl* (*COMM*) вы́ручка *fsg.*
tale [teıl] *n* расска́з; **to tell ~s** (*fig*) я́бедничать (ная́бедничать *pf*).
talent ['tælnt] *n* тала́нт; **~ed** *adj* тала́нтливый.
talk [tɔ:k] *n* (*speech*) докла́д; (*conversation, interview*) бесе́да, разгово́р; (*gossip*) разгово́ры *mpl* ◆ *vi* (*speak*) говори́ть *(impf)*; (*to sb*) разгова́ривать *(impf)*; **~s**

npl (*POL etc*) переговóры *pl*; **to ~ about** говорúть (поговорúть *pf*) *or* разговáривать *(impf)* о *+prp*; **to ~ sb into doing** уговáривать (уговорúть *pf*) когó-н *+infin*; **to ~ sb out of sth** отговáривать (отговорúть *pf*) когó-н от чегó-н; **to ~ shop** говорúть *(impf)* о делáх; **~ over** *vt* (*problem*) обговáривать (обговорúть *pf*); **~ative** *adj* разговóрчивый, болтлúвый.
tall [tɔ:l] *adj* высóкий; **he is 6 feet ~** егó рост – 6 фýтов.
tally ['tælɪ] *n* счёт.
tambourine [tæmbə'ri:n] *n* (*MUS*) тамбурúн, бýбен.
tame [teɪm] *adj* ручнóй; (*fig*) вя́лый.
tampon ['tæmpɔn] *n* тампóн.
tan [tæn] *n* (*also:* **sun~**) загáр.
tandem ['tændəm] *n* (*cycle*) тандéм; **in ~** (*together*) совмéстно, вмéсте.
tang [tæŋ] *n* сúльный зáпах.
tangerine [tændʒə'ri:n] *n* мандарúн.
tangible ['tændʒəbl] *adj* (*benefits*) ощутúмый, осязáемый; (*proof*) реáльный.
tank [tæŋk] *n* (*water tank*) бак; (*: large*) цистéрна; (*for fish*) аквáриум; (*MIL*) танк.
tanker ['tæŋkə^r] *n* (*ship*) тáнкер; (*truck, RAIL*) цистéрна.
tanned [tænd] *adj* загорéлый.
tantrum ['tæntrəm] *n* истéрика.
tap [tæp] *n* (водопровóдный) кран; (*gentle blow*) стук ♦ *vt* (*hit*) стучáть (постучáть *pf*) по *+dat*; (*resources*) испóльзовать *(impf/ pf)*; (*telephone, conversation*) прослýшивать *(impf)*.
tape [teɪp] *n* (*also:* **magnetic ~**) (магнúтная) плёнка; (*cassette*) кассéта; (*sticky tape*) клéйкая лéнта ♦ *vt* (*record*) запúсывать (записáть *pf*); (*stick*) заклéивать (заклéить *pf*) клéйкой лéнтой.
taper ['teɪpə^r] *vi* (*narrow*) сужáться (сýзиться *pf*).
tape recorder *n* магнитофóн.
tapestry ['tæpɪstrɪ] *n* (*object*) гобелéн.
tar [tɑ:] *n* дёготь *m*.
tarantula [tə'ræntjulə] *n* тарáнтул.
target ['tɑ:gɪt] *n* цель *f*.
tariff ['tærɪf] *n* (*on goods*) тарúф; (*BRIT: in hotels etc*) прейскурáнт.
tarmac ['tɑ:mæk] *n* (*BRIT: on road*) асфáльт.
tarot ['tærəu] *adj*: **~ cards** гадáльные кáрты *fpl*.
tart [tɑ:t] *n* (*CULIN: large*) пирóг ♦ *adj* (*flavour*) тéрпкий.
tartan ['tɑ:tn] *adj* (*rug, scarf etc*) клéтчатый.
tartar ['tɑ:tə^r] *n* (*on teeth*) зубнóй кáмень *m*.
task [tɑ:sk] *n* задáча; **to take sb to ~** отчúтывать (отчитáть *pf*) когó-н.
taste [teɪst] *n* вкус; (*sample*) прóба; (*fig: glimpse, idea*) представлéние ♦ *vt* прóбовать (попрóбовать *pf*) ♦ *vi*: **to ~ of** *or* **like** имéть *(impf)* вкус *+gen*; **you can ~ the garlic (in the dish)** (в блюде) чýвствуется чеснóк; **in bad/good ~** в дурнóм/хорóшем вкýсе; **~ful** *adj* элегáнтный; **~less** *adj* безвкýсный.
tasty ['teɪstɪ] *adj* (*food*) вкýсный.
tatters ['tætəz] *npl*: **in ~** (*clothes*) изóрванный в клóчья.
tattoo [tə'tu:] *n* (*on skin*) татуирóвка.
taught [tɔ:t] *pt, pp of* **teach**.

taunt [tɔ:nt] *n* издевательство ◆ *vt* (*person*) издеваться *(impf)* над *+instr.*
Taurus ['tɔ:rəs] *n* Телец.
taut [tɔ:t] *adj* (*thread etc*) тугой; (*skin*) упругий.
tax [tæks] *n* налог ◆ *vt* (*earnings, goods etc*) облагать (обложить *pf*) налогом; (*fig: memory, patience*) испытывать (испытать *pf*); **~ation** [tæk'seɪʃən] *n* (*system*) налогообложение; (*money paid*) размер налога; **~-free** *adj* (*goods, services*) не облагаемый налогом.
taxi ['tæksɪ] *n* такси *nt ind.*
taxpayer ['tækspeɪə^r] *n* налогоплательщик(-щица).
TB *n abbr* = **tuberculosis**.
tea [ti:] *n* чай; (*BRIT: meal*) ужин; **high ~** (*BRIT*) (поздний) обед.
teach [ti:tʃ] (*pt,pp* **taught**) *vi* преподавать *(impf)* ◆ *vt*: **to ~ sb sth, ~ sth to sb** учить (научить *pf*) кого-н чему-н; (*in school*) преподавать *(impf)* что-н кому-н; **~er** *n* учитель(ница) *m(f)*; **~ing** *n* (*work*) преподавание.
teak [ti:k] *n* тик.
team [ti:m] *n* (*of people*) команда; **~work** *n* коллективная работа.
teapot ['ti:pɔt] *n* (заварочный) чайник.
tear[1] [tεə^r] (*pt* **tore**, *pp* **torn**) *n* дыра, дырка ◆ *vt* (*rip*) рвать (порвать *pf*) ◆ *vi* (*rip*) рваться (порваться *pf*).
tear[2] [tɪə^r] *n* слеза; **in ~s** в слезах; **~ful** *adj* заплаканный.
tease [ti:z] *vt* дразнить *(impf)*.
teaspoon ['ti:spu:n] *n* чайная ложка.
teatime ['ti:taɪm] *n* ужин.
tea towel *n* (*BRIT*) посудное полотенце.
technical ['tεknɪkl] *adj* (*terms, advances*) технический; **~ly** *adv* (*strictly speaking*) технически, формально; (*regarding technique*) с технической точки зрения.
technician [tεk'nɪʃən] *n* техник.
technique [tεk'ni:k] *n* техника.
technological [tεknə'lɔdʒɪkl] *adj* технический.
technology [tεk'nɔlədʒɪ] *n* техника; (*in particular field*) технология.
teddy (bear) ['tεdɪ(-)] *n* (плюшевый) мишка.
tedious ['ti:dɪəs] *adj* нудный.
tee [ti:] *n* подставка для мяча (*в гольфе*).
teenage ['ti:neɪdʒ] *adj* (*fashions etc*) подростковый; **~ children** подростки *mpl*; **~r** *n* подросток.
teens [ti:nz] *npl*: **to be in one's ~** быть *(impf)* в подростковом возрасте.
teeth [ti:θ] *npl of* **tooth**.
teetotal ['ti:'təutl] *adj* непьющий.
telecommunications ['tεlɪkəmju:nɪ'keɪʃənz] *n* телекоммуникации *fpl.*
telegram ['tεlɪgræm] *n* телеграмма.
telegraph ['tεlɪgrɑ:f] *n* телеграф.
telepathy [tə'lεpəθɪ] *n* телепатия.
telephone ['tεlɪfəun] *n* телефон ◆ *vt* (*person*) звонить (позвонить *pf*) *+dat*; **he is on the ~** (*talking*) он говорит по телефону; **are you on the ~?** (*possessing phone*) у Вас есть телефон?; **~ call** *n* телефонный звонок; **there is a ~ call for Peter** Питера просят к телефону; **~ directory** *n* телефонный справочник; **~**

number *n* номер телефона, телефон (*разг*).
telescope ['tɛlɪskəup] *n* телескоп.
television ['tɛlɪvɪʒən] *n* телевидение; (*set*) телевизор; **on ~** по телевидению.
telex ['tɛlɛks] *n* телекс.
tell [tɛl] (*pt,pp* **told**) *vt* (*say*) говорить (сказать *pf*); (*relate*) рассказывать (рассказать *pf*); (*distinguish*): **to ~ sth from** отличать (отличить *pf*) что-н от *+gen* ◆ *vi* (*have an effect*): **to ~ (on)** сказываться (сказаться *pf*) (на *+prp*); **to ~ sb to do** говорить (сказать *pf*) кому-н *+infin*; **~ off** *vt*: **to ~ sb off** отчитывать (отчитать *pf*) кого-н; **~er** *n* (*in bank*) кассир; **~ing** *adj* (*remark, detail*) показательный.
telly ['tɛlɪ] *n abbr* (BRIT: *inf*: = *television*) телик.
temper ['tɛmpə^r] *n* (*nature*) нрав; (*mood*) настроение; (*fit of anger*) гнев; **to be in a ~** быть (*impf*) в раздражении; **to lose one's ~** выходить (выйти *pf*) из себя.
temperament ['tɛmprəmənt] *n* темперамент; **~al** [tɛmprə'mɛntl] *adj* темпераментный; (*fig*) капризный.
temperate ['tɛmprət] *adj* умеренный.
temperature ['tɛmprətʃə^r] *n* температура; **he has** *or* **is running a ~** у него температура, он температурит (*разг*).
tempi ['tɛmpi:] *npl of* **tempo**.
temple ['tɛmpl] *n* (REL) храм; (ANAT) висок.
tempo ['tɛmpəu] (*pl* **~s** *or* **tempi**) *n* темп.
temporarily ['tɛmpərərɪlɪ] *adv* временно.
temporary ['tɛmpərərɪ] *adj* временный.
tempt [tɛmpt] *vt* соблазнять (соблазнить *pf*), искушать (*impf*); **to ~ sb into doing** соблазнять (соблазнить *pf*) кого-н *+infin*; **~ation** [tɛmp'teɪʃən] *n* соблазн, искушение; **~ing** *adj* (*offer*) соблазнительный.
ten [tɛn] *n* десять.
tenacity [tə'næsɪtɪ] *n* упорство.
tenancy ['tɛnənsɪ] *n* (*of room, land etc*) владение на правах аренды; (*period*) срок аренды *or* найма.
tenant ['tɛnənt] *n* съёмщик (-мщица).
tend [tɛnd] *vt* (*crops, patient*) ухаживать (*impf*) за *+instr* ◆ *vi*: **to ~ to do** иметь (*impf*) склонность *+infin*.
tendency ['tɛndənsɪ] *n* (*habit*) склонность *f*; (*trend*) тенденция.
tender ['tɛndə^r] *adj* нежный; (*sore*) чувствительный ◆ *n* (COMM: *offer*) предложение ◆ *vt* (*apology*) приносить (принести *pf*); **legal ~** (*money*) законное платёжное средство; **to ~ one's resignation** подавать (подать *pf*) в отставку; **~ness** *n* нежность *f*.
tendon ['tɛndən] *n* сухожилие.
tennis ['tɛnɪs] *n* теннис.
tenor ['tɛnə^r] *n* (MUS) тенор.
tense [tɛns] *adj* напряжённый.
tension ['tɛnʃən] *n* напряжение.
tent [tɛnt] *n* палатка.
tentative ['tɛntətɪv] *adj* (*person, smile*) осторожный; (*conclusion, plans*) сдержанный.
tenth [tɛnθ] *adj* десятый ◆ *n* (*fraction*) одна десятая *f adj*.
tenuous ['tɛnjuəs] *adj* слабый.
tepid ['tɛpɪd] *adj* (*liquid*) тепловатый.

term [tə:m] *n* (*expression*) те́рмин; (*period in power etc*) срок; (*SCOL: in school*) че́тверть *f*; (: *at university*) триме́стр ◆ *vt* (*call*) называ́ть (назва́ть *pf*); **~s** *npl* (*conditions*) усло́вия *ntpl*; **in abstract ~s** в абстра́ктных выраже́ниях; **in the short ~** в ближа́йшем бу́дущем; **in the long ~** в перспекти́ве; **to be on good ~s with sb** быть *(impf)* в хоро́ших отноше́ниях с кем-н; **to come to ~s with** примиря́ться (примири́ться *pf*) с *+instr*.

terminal ['tə:mɪnl] *adj* неизлечи́мый ◆ *n* (*ELEC*) кле́мма, зажи́м; (*COMPUT*) термина́л; (*also*: **air ~**) аэровокза́л, термина́л; (*BRIT*: *also*: **coach ~**) авто́бусный вокза́л.

terminate ['tə:mɪneɪt] *vt* прекраща́ть (прекрати́ть *pf*).

terminology [tə:mɪ'nɔlədʒɪ] *n* терминоло́гия.

terrace ['tɛrəs] *n* терра́са; **the ~s** *npl* (*BRIT*: *standing areas*) трибу́ны *fpl*; **~d** *adj* (*garden*) терра́сный; **~d house** *дом в ряду́ примыка́ющих друг к дру́гу одноти́пных домо́в.*

terrain [tɛ'reɪn] *n* ландша́фт.

terrible ['tɛrɪbl] *adj* ужа́сный.

terribly ['tɛrɪblɪ] *adv* ужа́сно.

terrific [tə'rɪfɪk] *adj* (*thunderstorm, speed etc*) колосса́льный; (*time, party etc*) потряса́ющий.

terrify ['tɛrɪfaɪ] *vt* ужаса́ть (ужасну́ть *pf*).

territorial [tɛrɪ'tɔ:rɪəl] *adj* территориа́льный.

territory ['tɛrɪtərɪ] *n* террито́рия; (*fig*) о́бласть *f*.

terror ['tɛrəʳ] *n* у́жас; **~ism** *n* террори́зм; **~ist** *n* террори́ст(ка); **~ize** *vt* терроризи́ровать *(impf/pf)*.

terse [tə:s] *adj* сжа́тый, кра́ткий.

test [tɛst] *n* (*trial, check*) прове́рка, тест; (*of courage etc*) испыта́ние; (*MED*) ана́лиз; (*CHEM*) о́пыт; (*SCOL*) контро́льная рабо́та, тест; (*also*: **driving ~**) экза́мен на води́тельские права́ ◆ *vt* проверя́ть (прове́рить *pf*); (*courage*) испы́тывать (испыта́ть *pf*); (*MED*) анализи́ровать (проанализи́ровать *pf*).

testament ['tɛstəmənt] *n*: **the Old/New T~** Ве́тхий/Но́вый Заве́т.

testicle ['tɛstɪkl] *n* яи́чко.

testify ['tɛstɪfaɪ] *vi* (*LAW*) дава́ть (дать *pf*) показа́ния; **to ~ to sth** свиде́тельствовать *(impf)* о чём-н.

testimony ['tɛstɪmənɪ] *n* (*LAW*) показа́ние, свиде́тельство; (*clear proof*): **to be (a) ~ to** явля́ться (яви́ться *pf*) свиде́тельством *+gen*.

test tube *n* проби́рка.

text [tɛkst] *n* текст; **~book** *n* уче́бник.

textiles ['tɛkstaɪlz] *npl* (*fabrics*) тексти́льные изде́лия *ntpl*; (*textile industry*) тексти́льная промы́шленность *fsg*.

texture ['tɛkstʃəʳ] *n* (*structure*) строе́ние, структу́ра; (*feel*) факту́ра.

than [ðæn] *conj* чем; (*with numerals*) бо́льше *+gen*, бо́лее *+gen*; **I have less work ~ you** у меня́ ме́ньше рабо́ты, чем у Вас; **more ~ once** не раз; **more ~ three times** бо́лее *or* бо́льше трёх раз.

thank [θæŋk] *vt* благодари́ть (поблагодари́ть *pf*); **~ you (very much)** (большо́е) спаси́бо; **~**

God! слáва Бóгу!; **~ful** *adj*: **~ful (for)** благодáрный (за *+acc*); **~less** *adj* неблагодáрный; **~s** *npl* благодáрность *fsg* ◆ *excl* спасѝбо; **many ~s, ~s a lot** большóе спасѝбо; **~s to** благодаря́ *+dat*.

KEYWORD

that [ðæt] (*pl* **those**) *adj* (*demonstrative*) тот (*f* та, *nt* то); **that man** тот мужчи́на; **which book would you like? – that one over there** какýю кнѝгу Вы хоти́те? – вон ту; **I like this film better than that one** мне э́тот фильм нрáвится бóльше, чем тот
◆ *pron* **1** (*demonstrative*) э́то; **who's/what's that?** кто/что э́то?; **is that you?** э́то Вы?; **we talked of this and that** мы говори́ли об э́том и о том *or* сём; **that's what he said** вот что он сказáл; **what happened after that?** а что произошлó пóсле э́того?; **that is (to say)** тó есть
2 (*direct object*) котóрый (*f* котóрую, *nt* котóрое, *pl* котóрые); (*indirect object*) котóрому (*f* котóрой, *pl* котóрым); (*after prep*: *+acc*) котóрый (*f* котóрую, *nt* котóрое, *pl* котóрые); (: *+gen*) котóрого (*f* котóрой, *pl* котóрых); (: *+dat*) котóрому (*f* котóрой, *pl* котóрым); (: *+instr*) котóрым (*f* котóрой, *pl* котóрыми); (: *+prp*) котóром (*f* котóрой, *pl* котóрых); **the theory that we discussed** теóрия, котóрую мы обсуждáли; **all (that) I have** всё, что у меня́ есть
3 (*of time*) когдá; **the day (that) he died** день, когдá он умер
◆ *conj* что; (*introducing purpose*) чтóбы; **he thought that I was ill** он дýмал, что я был бóлен; **she suggested that I phone you** онá предложи́ла, чтóбы я Вам позвони́л
◆ *adv* (*demonstrative*): **I can't work that much** я не могý так мнóго рабóтать; **it can't be that bad** не так уж всё плóхо; **the wall's about that high** стенá примéрно вот такóй высоты́.

thaw [θɔː] *n* óттепель *f*.

KEYWORD

the [ðiː] *def art* **1**: **the books/children are at home** кни́ги/дéти дóма; **the rich and the poor** богáтые *pl adj* и бéдные *pl adj*; **to attempt the impossible** пытáться (попытáться *pf*) сдéлать невозмóжное
2 (*in titles*): **Elizabeth the First** Елизавéта Пéрвая
3 (*in comparisons*): **the more ... the more ...** чем бóльше ..., тем бóльше ...; (*+adj*) чем бóлее ..., тем бóлее ...

theatre [ˈθɪətəʳ] (*US* **theater**) *n* теáтр; (*MED*: *also*: **operating ~**) операциóнная *f adj*.
theatrical [θɪˈætrɪkl] *adj* театрáльный.
theft [θɛft] *n* крáжа.
their [ðɛəʳ] *adj* их; (*referring to subject of sentence*) свой; *see also* **my**; **~s** *pron* их; (*referring to subject of sentence*) свой; *see also* **mine**[1].
them [ðɛm] *pron* (*direct*) их; (*indirect*) им; (*after prep*: *+gen*,

+prp) них; (: *+dat*) ним; (: *+instr*) ни́ми; **a few of ~** не́которые из них; **give me a few of ~** да́йте мне не́сколько из них; *see also* **me**.

theme [θi:m] *n* те́ма.

themselves [ðəm'sɛlvz] *pl pron* (*reflexive*) себя́; (*emphatic*) са́ми; (*after prep*: *+gen*) себя́; (: *+dat, +prp*) себе́; (: *+instr*) собо́й; (*alone*): **(all) by ~** одни́; **they shared the money between ~** они́ раздели́ли де́ньги ме́жду собо́й; *see also* **myself**.

then [ðɛn] *adv* пото́м; (*at that time*) тогда́ ◆ *conj* (*therefore*) тогда́ ◆ *adj* (*at the time*) тогда́шний; **from ~ on** с тех пор; **by ~** к тому́ вре́мени; **if ... ~ ...** е́сли ... то ...

theology [θɪ'ɔlədʒɪ] *n* теоло́гия, богосло́вие.

theoretical [θɪə'rɛtɪkl] *adj* теорети́ческий.

theory ['θɪərɪ] *n* тео́рия; **in ~** теорети́чески.

therapeutic(al) [θɛrə'pju:tɪk(l)] *adj* терапевти́ческий.

therapist ['θɛrəpɪst] *n* врач.

therapy ['θɛrəpɪ] *n* терапи́я.

KEYWORD

there [ðɛə'] *adv* **1**: **there is some milk in the fridge** в холоди́льнике есть молоко́; **there is someone in the room** в ко́мнате кто́-то есть; **there will be a lot of people at the concert** на конце́рте бу́дет мно́го наро́ду; **there was a book/there were flowers on the table** на столе́ лежа́ла кни́га/стоя́ли цветы́; **there has been an accident** произошла́ ава́рия

2 (*referring to place*: *position*) там; (: *motion*) туда́; **there he is!** вот он!

thereabouts ['ðɛərə'bauts] *adv* (*place*) побли́зости; (*amount*) о́коло э́того.

thereafter [ðɛər'ɑ:ftə'] *adv* с того́ вре́мени.

thereby ['ðɛəbaɪ] *adv* таки́м о́бразом.

therefore ['ðɛəfɔ:'] *adv* поэ́тому.

there's ['ðɛəz] = **there is, there has**.

thermal ['θə:ml] *adj* (*springs*) горя́чий; (*underwear*) утеплённый.

thermometer [θə'mɔmɪtə'] *n* термо́метр, гра́дусник.

Thermos® ['θə:məs] *n* (*also:* **~ flask**) те́рмос.

these [ði:z] *pl adj, pron* э́ти.

theses ['θi:si:z] *npl of* **thesis**.

thesis ['θi:sɪs] (*pl* **theses**) *n* (*SCOL*) диссерта́ция.

they [ðeɪ] *pron* они́; **~ say that ...** говоря́т, что ...; **~'d = they had, they would**; **~'ll = they shall, they will**; **~'re = they are**; **~'ve = they have**.

thick [θɪk] *adj* (*in shape*) то́лстый; (*in consistency*) густо́й; (*inf*: *stupid*) тупо́й ◆ *n*: **in the ~ of the battle** в са́мой гу́ще би́твы; **the wall is 20 cm ~** толщина́ стены́ – 20 см; **~en** *vi* (*plot*) усложня́ться (усложни́ться *pf*) ◆ *vt* (*sauce etc*) де́лать (сде́лать *pf*) гу́ще; **~ness** *n* (*size*) толщина́; **~-skinned** *adj* (*fig*) толстоко́жий.

thief [θi:f] (*pl* **thieves**) *n* вор(о́вка).

thieves [θi:vz] *npl of* **thief**.

thigh [θaɪ] *n* бедро́.

thimble ['θɪmbl] *n* напёрсток.

thin [θɪn] *adj* то́нкий; (*person, animal*) худо́й; (*soup, sauce*) жи́дкий ◆ *vt*: **to ~ (down)** (*sauce, paint*) разбавля́ть (разба́вить *pf*).
thing [θɪŋ] *n* вещь *f*; **~s** *npl* (*belongings*) ве́щи *fpl*; **poor ~** бедня́жка *m/f*; **the best ~ would be to ...** са́мое лу́чшее бы́ло бы *+infin ...*; **how are ~s?** как дела́?
think [θɪŋk] (*pt,pp* **thought**) *vt* (*reflect, believe*) ду́мать (*impf*); **to ~ of** (*come up with*) приводи́ть (привести́ *pf*); (*consider*) ду́мать (поду́мать *pf*) о *+prp*; **what did you ~ of them?** что Вы о них ду́маете?; **to ~ about** ду́мать (поду́мать *pf*) о *+prp*; **I'll ~ about it** я поду́маю об э́том; **I am ~ing of starting a business** я ду́маю нача́ть би́знес; **I ~ so/not** я ду́маю, что да/нет; **to ~ well of sb** ду́мать (*impf*) о ком-н хорошо́; **~ over** *vt* обду́мывать (обду́мать *pf*); **~ up** *vt* приду́мывать (приду́мать *pf*).
thinly ['θɪnlɪ] *adv* то́нко.
third [θə:d] *adj* тре́тий ◆ *n* (*fraction*) треть *f*, одна́ тре́тья *f adj*; (*AUT*: *also*: **~ gear**) тре́тья ско́рость *f*; (*BRIT*: *SCOL*) *дипло́м тре́тьей или ни́зшей сте́пени*; **~ly** *adv* в-тре́тьих; **T~ World** *n*: **the T~ World** Тре́тий мир.
thirst [θə:st] *n* жа́жда; **~y** *adj*: **I am ~y** я хочу́ *or* мне хо́чется пить.
thirteen [θə:'ti:n] *n* трина́дцать; **~th** *adj* трина́дцатый.
thirtieth ['θə:tɪɪθ] *adj* тридца́тый.
thirty ['θə:tɪ] *n* три́дцать.

KEYWORD

this [ðɪs] (*pl* **these**) *adj* (*demonstrative*) э́тот (*f* э́та, *nt* э́то); **this man** э́тот мужчи́на; **which book would you like? – this one please** каку́ю кни́гу Вы хоти́те? – вот э́ту, пожа́луйста
◆ *pron* (*demonstrative*) э́тот (*f* э́та, *nt* э́то); **who/what is this?** кто/что э́то?; **this is where I live** вот здесь я живу́; **this is what he said** вот, что он сказа́л; **this is Mr Brown** э́то ми́стер Бра́ун
◆ *adv* (*demonstrative*): **this high/long** вот тако́й высоты́/длины́; **the dog was about this big** соба́ка была́ вот така́я больша́я; **we can't stop now we've gone this far** тепе́рь, когда́ мы так далеко́ зашли́, мы не мо́жем останови́ться.

thistle ['θɪsl] *n* чертополо́х.
thorn [θɔ:n] *n* шип, колю́чка.
thorough ['θʌrə] *adj* (*search, wash*) тща́тельный; (*knowledge, research*) основа́тельный; (*person*) скрупулёзный; **~bred** *n* чистокро́вная *or* чистопоро́дная ло́шадь *f*; **~ly** *adv* по́лностью, тща́тельно; (*very*: *satisfied*) вполне́; (: *ashamed*) соверше́нно.
those [ðəuz] *pl adj, pron* те.
though [ðəu] *conj* хотя́ ◆ *adv* впро́чем, одна́ко.
thought [θɔ:t] *pt, pp of* **think** ◆ *n* мысль *f*; (*reflection*) размышле́ние; (*opinion*) соображе́ние; **~ful** *adj* (*deep in thought*) заду́мчивый; (*serious*) глубо́кий; (*considerate*) внима́тельный; **~less** *adj* безду́мный.
thousand ['θauzənd] *n* ты́сяча; **two ~** две ты́сячи; **five ~** пять ты́сяч; **~s of** ты́сячи *+gen*; **~th** *adj* ты́сячный.
thrash [θræʃ] *vt* поро́ть

(вы́пороть *pf*); (*inf*: *defeat*) громи́ть (разгроми́ть *pf*).
thread [θrɛd] *n* (*yarn*) нить *f*, ни́тка; (*of screw*) резьба́ ◆ *vt* (*needle*) продева́ть (проде́ть *pf*) ни́тку в *+acc*.
threat [θrɛt] *n* угро́за; **~en** *vi* (*storm, danger*) грози́ть *(impf)* ◆ *vt*: **to ~en sb with** угрожа́ть *(impf)* *or* грози́ть *(impf)* кому́-н *+instr*; **to ~en to do** угрожа́ть *(impf)* *or* грози́ть *(impf)* *+infin*.
three [θriː] *n* три; **~-dimensional** *adj* (*object*) трёхме́рный; **~-piece suite** *n* мя́гкая ме́бель *f*.
threshold [ˈθrɛʃhəuld] *n* поро́г.
threw [θruː] *pt of* **throw**.
thrifty [ˈθrɪftɪ] *adj* бережли́вый.
thrill [θrɪl] *n* тре́пет ◆ *vt* приводи́ть (привести́ *pf*) в тре́пет, восхища́ть (восхити́ть *pf*); **to be ~ed** быть *(impf)* в восто́рге; **~er** *n* три́ллер; **~ing** *adj* захва́тывающий.
thrive [θraɪv] (*pt* **thrived** *or* **throve**, *pp* **thrived**) *vi* процвета́ть *(impf)*; (*plant*) разраста́ться (разрасти́сь *pf*); **to ~ on** процвета́ть *(impf)* на *+prp*.
throat [θrəut] *n* го́рло; **I have a sore ~** у меня́ боли́т го́рло.
throes [θrəuz] *npl*: **in the ~ of** в лихора́дке *+gen*.
throne [θrəun] *n* трон.
throng [ˈθrɔŋ] *n* толпа́ ◆ *vt* заполня́ть (запо́лнить *pf*).
throttle [ˈθrɔtl] *n* (*AUT*) дро́ссель *m* ◆ *vt* души́ть (задуши́ть *pf*).
through [θruː] *prep* (*space*) че́рез *+acc*; (*water etc*) в *+acc*; (*time*) в тече́ние *+gen*; (*by means of*) че́рез *+acc*, посре́дством *+gen*; (*because of*) из-за *+gen* ◆ *adj* (*ticket, train*) прямо́й ◆ *adv* насквo̓зь; **he is absent ~ illness** он отсу́тствовал по боле́зни; **to put sb ~ to sb** (*TEL*) соединя́ть (соедини́ть *pf*) кого́-н с кем-н; **to be ~ with** поко́нчить *(pf)* с *+instr*; **"no ~ road"** (*BRIT*) "нет сквозно́го прое́зда"; **~out** *prep* (*place*) по *+dat*; (*time*) в тече́ние *+gen* ◆ *adv* везде́, повсю́ду.
throve [θrəuv] *pt of* **thrive**.
throw [θrəu] (*pt* **threw**, *pp* **thrown**) *n* бросо́к ◆ *vt* (*object*) броса́ть (бро́сить *pf*); (*fig*: *person*) сбива́ть (сбить *pf*) с то́лку; **to ~ a party** зака́тывать (заката́ть *pf*) ве́чер; **~ away** *vt* (*rubbish*) выбра́сывать (вы́бросить *pf*); (*money*) броса́ть *(impf)* на ве́тер; **~ off** *vt* сбра́сывать (сбро́сить *pf*); **~ out** *vt* (*rubbish, person*) выбра́сывать (вы́бросить *pf*); (*idea*) отверга́ть (отве́ргнуть *pf*); **~ up** *vi* (*vomit*): **he threw up** его́ вы́рвало; **~-in** *n* вбра́сывание.
thrush [θrʌʃ] *n* (*ZOOL*) дрозд.
thrust [θrʌst] (*pt, pp* **thrust**) *n* (*TECH*) дви́жущая си́ла ◆ *vt* толка́ть (толкну́ть *pf*).
thud [θʌd] *n* глухо́й стук.
thug [θʌg] *n* (*criminal*) у́рка, головоре́з.
thumb [θʌm] *n* (*ANAT*) большо́й па́лец (*ки́сти*) ◆ *vt*: **to ~ a lift** (*inf*) голосова́ть *(impf)* (*на доро́ге*).
thump [θʌmp] *n* (*blow*) уда́р; (*sound*) глухо́й стук ◆ *vt* (*person*) сту́кнуть *(pf)* ◆ *vi* (*heart etc*) стуча́ть *(impf)*.
thunder [ˈθʌndəʳ] *n* гром; **~storm** *n* гроза́.
Thursday [ˈθəːzdɪ] *n* четве́рг.
thus [ðʌs] *adv* ита́к, таки́м о́бразом.
thwart [θwɔːt] *vt* (*person*) чини́ть

(impf) препя́тствия *+dat*; (*plans*) расстра́ивать (расстро́ить *pf*).
thyme [taɪm] *n* тимья́н, чабре́ц.
thyroid ['θaɪrɔɪd] *n* (*also:* **~ gland**) щитови́дная железа́.
tick [tɪk] *n* (*of clock*) ти́канье; (*mark*) га́лочка, пти́чка; (*ZOOL*) клещ ♦ *vi* (*clock*) ти́кать *(impf)* ♦ *vt* отмеча́ть (отме́тить *pf*) га́лочкой; **in a ~** (*BRIT: inf*) ми́гом.
ticket ['tɪkɪt] *n* биле́т; (*price tag*) этике́тка; (*also:* **parking ~**) штраф за наруше́ние пра́вил паркова́ния.
tickle ['tɪkl] *vt* щекота́ть (пощекота́ть *pf*) ♦ *vi* щекота́ть *(impf)*.
ticklish ['tɪklɪʃ] *adj* (*problem*) щекотли́вый; (*person*): **to be ~** боя́ться *(impf)* щеко́тки.
tidal ['taɪdl] *adj* (*estuary*) прили́воотли́вный; **~ wave** *n* прили́вная волна́.
tide [taɪd] *n* прили́в и отли́в; (*fig: of events*) волна́; (*of fashion, opinion*) направле́ние; **high ~** по́лная вода́, вы́сшая то́чка прили́ва; **low ~** ма́лая вода́, ни́зшая то́чка отли́ва; **~ over** *vt*: **this money will ~ me over till Monday** на э́ти де́ньги я смогу́ продержа́ться до понеде́льника.
tidy ['taɪdɪ] *adj* опря́тный; (*person, mind*) аккура́тный ♦ *vt* (*also:* **~ up**) прибира́ть (прибра́ть *pf*).
tie [taɪ] *n* (*string etc*) шнуро́к; (*BRIT: also:* **neck~**) га́лстук; (*fig: link*) связь *f*; (*SPORT*) ничья́ ♦ *vt* завя́зывать (завяза́ть *pf*) ♦ *vi* (*SPORT*) игра́ть (сыгра́ть *pf*) вничью́; **to ~ sth in a bow** завя́зывать (завяза́ть *pf*) что-н ба́нтом; **to ~ a knot in sth** завя́зывать (завяза́ть *pf*) что-н узло́м; **~ up** *vt* (*dog, boat*) привя́зывать (привяза́ть *pf*); (*prisoner, parcel*) свя́зывать (связа́ть *pf*); **I'm ~d up at the moment** (*busy*) сейча́с я за́нят.
tier [tɪəʳ] *n* (*of stadium etc*) я́рус; (*of cake*) слой.
tiger ['taɪgəʳ] *n* тигр.
tight [taɪt] *adj* (*rope*) туго́й; (*shoes, bend, clothes*) у́зкий; (*security*) уси́ленный; (*schedule, budget*) жёсткий ♦ *adv* (*hold, squeeze*) кре́пко; (*shut*) пло́тно; **money is ~** у меня́ ту́го с деньга́ми; **~en** *vt* (*rope*) натя́гивать (натяну́ть *pf*); (*screw*) затя́гивать (затяну́ть *pf*); (*grip*) сжима́ть (сжать *pf*); (*security*) уси́ливать (уси́лить *pf*) ♦ *vi* (*grip*) сжима́ться (сжа́ться *pf*); (*rope*) натя́гиваться (натяну́ться *pf*); **~-lipped** *adj* скры́тный; (*fig: through anger*) с поджа́тыми губа́ми; **~ly** *adv* (*grasp*) кре́пко; **~rope** *n* натя́нутый кана́т; **~s** *npl* (*BRIT*) колго́тки *pl*.
tile [taɪl] *n* (*on roof*) черепи́ца; (*on floor*) пли́тка; (*on wall*) ка́фельная пли́тка.
till [tɪl] *n* ка́сса ♦ *prep, conj* = **until**.
tilt [tɪlt] *vt* наклоня́ть (наклони́ть *pf*); (*head*) склоня́ть (склони́ть *pf*) ♦ *vi* наклоня́ться (наклони́ться *pf*).
timber ['tɪmbəʳ] *n* (*wood*) древеси́на.
time [taɪm] *n* вре́мя *nt*; (*occasion*) раз ♦ *vt* (*measure time of*) засека́ть (засе́чь *pf*) вре́мя *+gen*; (*fix moment for*) выбира́ть (вы́брать *pf*) вре́мя для *+gen*; **a long ~** до́лго; **for the ~ being** пока́; **four at a ~** по четы́ре; **from ~ to ~** вре́мя от вре́мени; **at ~s**

времена́ми; **in ~** (*soon enough*) во́время; (*after some time*) со вре́менем; (*MUS*: *play*) в такт; **in a week's ~** че́рез неде́лю; **in no ~** в два счёта; **any ~** (*whenever*) в любо́е вре́мя; (*as response*) не́ за что; **on ~** во́время; **five ~s five** пятью пять; **what ~ is it?** кото́рый час?; **to have a good ~** хорошо́ проводи́ть (провести́ *pf*) вре́мя; **~ bomb** *n* (*device*) бо́мба с часовы́м механи́змом; **~less** *adj* ве́чный; **~ limit** *n* преде́льный срок; **~ly** *adj* своевре́менный; **~ off** *n* свобо́дное вре́мя *nt*; **~r** *n* (*time switch*) та́ймер; **~scale** *n* (*BRIT*) вре́мя *nt*, пери́од вре́мени; **~table** *n* расписа́ние.

timid ['tımıd] *adj* ро́бкий.

timing ['taımıŋ] *n*: **the ~ of his resignation was unfortunate** вы́бор вре́мени его́ отста́вки был неуда́чен.

tin [tın] *n* (*material*) о́лово; (*container*) (жестяна́я) ба́нка; (: *BRIT*: *can*) консе́рвная ба́нка; **~foil** *n* фольга́.

tinge [tındʒ] *n* отте́нок ♦ *vt*: **~d with** с отте́нком *+gen*.

tinker ['tıŋkə^r] *n* бродя́чий луди́льщик.

tinned [tınd] *adj* (*BRIT*) консерви́рованный.

tin-opener ['tınəupnə^r] *n* (*BRIT*) консе́рвный нож.

tinted ['tıntıd] *adj* (*hair*) кра́шеный; (*spectacles, glass*) ды́мчатый.

tiny ['taını] *adj* кро́шечный.

tip [tıp] *n* (*of pen etc*) ко́нчик; (*gratuity*) чаевы́е *pl adj*; (*BRIT*: *for rubbish*) сва́лка; (*advice*) сове́т ♦ *vt* (*waiter*) дава́ть (дать *pf*) на чай *+dat*; (*tilt*) наклоня́ть (наклони́ть *pf*); (*also*: **~ over**) опроки́дывать (опроки́нуть *pf*); (*also*: **~ out**) выва́ливать (вы́валить *pf*); **~-off** *n* предупрежде́ние.

tiptoe ['tıptəu] *n*: **on ~** на цы́почках.

tire ['taıə^r] *n* (*US*) = **tyre** ♦ *vt* утомля́ть (утоми́ть *pf*) ♦ *vi* устава́ть (уста́ть *pf*); **~d** *adj* уста́лый; **to be ~d of sth** устава́ть (уста́ть *pf*) от чего́-н; **~less** *adj* (*worker*) неутоми́мый; (*efforts*) неуста́нный; **~some** *adj* надое́дливый.

tiring ['taıərıŋ] *adj* утоми́тельный.

tissue ['tıʃu:] *n* бума́жная салфе́тка; (*ANAT, BIO*) ткань *f*.

tit [tıt] *n* (*ZOOL*) сини́ца; **~ for tat** зуб за зуб.

title ['taıtl] *n* (*of book etc*) назва́ние; (*rank, in sport*) ти́тул.

KEYWORD

to [tu:] *prep* **1** (*direction*) в/на *+acc*; **to drive to school/the station** е́здить/е́хать (пое́хать *pf*) в шко́лу/на ста́нцию; **to the left** нале́во; **to the right** напра́во

2 (*as far as*) до *+gen*; **from Paris to London** от Пари́жа до Ло́ндона; **to count to ten** счита́ть (посчита́ть *pf*) до десяти́

3 (*with expressions of time*): **a quarter to five** без че́тверти пять

4 (*for, of*) к *+dat*; **the key to the front door** ключ (к) входно́й две́ри; **a letter to his wife** письмо́ жене́; **she is secretary to the director** она́ секрета́рь дире́ктора

5 (*expressing indirect object*): **to give sth to sb** дава́ть (дать *pf*)

что-н кому́-н; **to talk to sb** разгова́ривать *(impf)* *or* говори́ть *(impf)* с кем-н; **what have you done to your hair?** что Вы сде́лали со свои́ми волоса́ми?
6 (*in relation to*) к *+dat*; **three goals to two** три: два; **X miles to the gallon** ≈ X ли́тров на киломе́тр; **1500 roubles to the dollar** 1500 рубле́й за до́ллар
7 (*purpose, result*) к *+dat*; **to my surprise** к моему́ удивле́нию; **to come to sb's aid** приходи́ть (прийти́ *pf*) кому́-н на по́мощь
◆ *with vb* **1: to want/try to do** хоте́ть (захоте́ть *pf*)/пыта́ться (попыта́ться *pf*) *+infin*; **he has nothing to lose** ему́ не́чего теря́ть; **I am happy/upset to ...** я сча́стлив/огорчён *+infin ...*; **ready to use** гото́вый к употребле́нию; **too old/young to ...** сли́шком стар/мо́лод, что́бы *+infin ...*
2 (*with vb omitted*): **I don't want to** я не хочу́; **I don't feel like going – you really ought to** мне не хо́чется идти́ – нет, Вы должны́
3 (*purpose, result*) что́бы *+infin*; **I did it to help you** я сде́лал э́то, что́бы помо́чь Вам
◆ *adv*: **to push the door to, pull the door to** закрыва́ть (закры́ть *pf*) дверь.

toad [təud] *n* (*ZOOL*) жа́ба; **~stool** *n* (*BOT*) пога́нка.
toast [təust] *n* тост ◆ *vt* (*CULIN*) поджа́ривать (поджа́рить *pf*); (*drink to*) пить (вы́пить *pf*) за *+acc*; **~er** *n* то́стер.
tobacco [tə'bækəu] *n* таба́к.
today [tə'deɪ] *adv, n* сего́дня.
toddler ['tɔdlə'] *n* малы́ш.
toe [təu] *n* (*of foot*) па́лец (*ноги́*); (*of shoe, sock*) нос́ок; **to ~ the line** (*fig*) ходи́ть (*impf*) по стру́нке.
toffee ['tɔfɪ] *n* ири́ска, тяну́чка.
together [tə'gɛðə'] *adv* вме́сте; (*at same time*) одновре́менно; **~ with** вме́сте с *+instr*.
toilet ['tɔɪlət] *n* унита́з; (*BRIT*: *room*) туале́т ◆ *cpd* туале́тный; **~ries** *npl* туале́тные принадле́жности *fpl*.
token ['təukən] *n* (*sign, souvenir*) знак; (*substitute coin*) жето́н ◆ *adj* (*strike, payment etc*) символи́ческий; **book/gift ~** (*BRIT*) кни́жный/пода́рочный тало́н; **record ~** (*BRIT*) тало́н на пласти́нку.
told [təuld] *pt, pp of* **tell**.
tolerable ['tɔlərəbl] *adj* (*bearable*) терпи́мый; (*fairly good*) сно́сный.
tolerance ['tɔlərns] *n* (*patience*) терпи́мость *f*.
tolerant ['tɔlərnt] *adj*: **~ (of)** терпи́мый (к *+dat*).
tolerate ['tɔləreɪt] *vt* терпе́ть (*impf*).
toll [təul] *n* (*of casualties etc*) число́; (*tax, charge*) сбор, пла́та.
tomato [tə'mɑ:təu] (*pl* **~es**) *n* помидо́р.
tomb [tu:m] *n* моги́ла; **~stone** *n* надгро́бная плита́.
tomorrow [tə'mɔrəu] *adv, n* за́втра; **the day after ~** послеза́втра; **~ morning** за́втра у́тром.
ton [tʌn] *n* (*BRIT*) дли́нная то́нна; (*US*: *also*: **short ~**) коро́ткая то́нна; (*also*: **metric ~**) метри́ческая то́нна; **~s of** (*inf*) то́нны *+gen*.
tone [təun] *n* (*of voice, colour*) тон ◆ *vi* (*colours*: *also*: **~ in**)

сочета́ться *(impf)*; **~ up** *vt* (*muscles*) укрепля́ть (укрепи́ть *pf*).
tongue [tʌŋ] *n* язы́к.
tonic ['tɔnɪk] *n* (*MED*) тонизи́рующее сре́дство; (*also:* **~ water**) то́ник.
tonight [tə'naɪt] *adv* (*this evening*) сего́дня ве́чером; (*this night*) сего́дня но́чью ◆ *n* (*see adv*) сего́дняшний ве́чер; сего́дняшняя ночь *f*.
tonsil ['tɔnsl] *n* (*usu pl*) минда́лина; **~litis** [tɔnsɪ'laɪtɪs] *n* тонзилли́т.
too [tu:] *adv* (*excessively*) сли́шком; (*also*: *referring to subject*) та́кже, то́же; (: *referring to object*) та́кже; **~ much, ~ many** сли́шком мно́го.
took [tuk] *pt of* **take**.
tool [tu:l] *n* (*instrument*) инструме́нт.
tooth [tu:θ] (*pl* **teeth**) *n* (*ANAT*) зуб; (*TECH*) зубе́ц; **~ache** *n* зубна́я боль *f*; **~brush** *n* зубна́я щётка; **~paste** *n* зубна́я па́ста.
top [tɔp] *n* (*of mountain*) верши́на; (*of tree*) верху́шка; (*of head*) маку́шка; (*of ladder, also DRESS*) верх; (*of page, list etc*) нача́ло; (*of cupboard, table, box*) ве́рхняя пове́рхность *f*; (*lid*: *of box, jar*) кры́шка; (: *bottle*) про́бка; (*also:* **spinning ~**) юла́, волчо́к ◆ *adj* (*shelf, step*) ве́рхний; (*marks*) вы́сший; (*scientist*) веду́щий ◆ *vt* (*poll, vote*) лиди́ровать *(impf)* в *+prp*; (*list*) возглавля́ть (возгла́вить *pf*); (*exceed*: *estimate etc*) превыша́ть (превы́сить *pf*); **on ~ of** (*above*: *be*) на *+prp*; (: *put*) на *+acc*; (*in addition to*) сверх *+gen*; **from ~ to bottom** све́рху до́низу; **~ up** (*US* **~off**) *vt* (*bottle*) долива́ть (доли́ть *pf*).
topic ['tɔpɪk] *n* те́ма; **~al** *adj* актуа́льный.
topless ['tɔplɪs] *adj* обнажённый до по́яса.
topple ['tɔpl] *vt* (*overthrow*) ски́дывать (ски́нуть *pf*) ◆ *vi* опроки́дываться (опроки́нуться *pf*).
top-secret ['tɔp'si:krɪt] *adj* сверхсекре́тный.
torch [tɔ:tʃ] *n* (*with flame*) фа́кел; (*BRIT*: *electric*) фона́рь *m*.
tore [tɔ:ʳ] *pt of* **tear**[1].
torment [*n* 'tɔ:mɛnt, *vb* tɔ:'mɛnt] *n* муче́ние ◆ *vt* му́чить *(impf)*.
torn [tɔ:n] *pp of* **tear**[1].
tornado [tɔ:'neɪdəu] (*pl* **~es**) *n* смерч.
torpedo [tɔ:'pi:dəu] (*pl* **~es**) *n* торпе́да.
torrent ['tɔrnt] *n* пото́к; **~ial** [tɔ'rɛnʃl] *adj* проливно́й.
torso ['tɔ:səu] *n* ту́ловище, торс.
tortoise ['tɔ:təs] *n* черепа́ха.
torture ['tɔ:tʃəʳ] *n* пы́тка ◆ *vt* пыта́ть *(impf)*.
Tory ['tɔ:rɪ] (*BRIT*: *POL*) *adj* консервати́вный ◆ *n* то́ри *m/f ind*, консерва́тор.
toss [tɔs] *vt* (*throw*) подки́дывать (подки́нуть *pf*), подбра́сывать (подбро́сить *pf*); (*head*) отки́дывать (отки́нуть *pf*) ◆ *vi*: **to ~ and turn** воро́чаться *(impf)*; **to ~ a coin** подбра́сывать (подбро́сить *pf*) моне́ту; **to ~ up to do** подбра́сывать (подбро́сить *pf*) моне́ту, что́бы *+infin*.
total ['təutl] *adj* (*number, workforce etc*) о́бщий; (*failure, wreck etc*) по́лный ◆ *n* о́бщая су́мма ◆ *vt*

(*add up*) скла́дывать (сложи́ть *pf*); (*add up to*) составля́ть (соста́вить *pf*).
totalitarian [təutælɪ'tɛərɪən] *adj* (*POL*) тоталита́рный.
totally ['təutəlɪ] *adv* по́лностью; (*unprepared*) соверше́нно.
touch [tʌtʃ] *n* осяза́ние; (*approach*) мане́ра; (*detail*) штрих; (*contact*) прикоснове́ние ◆ *vt* (*with hand, foot*) каса́ться (косну́ться *pf*) *+gen*, тро́гать (тро́нуть *pf*); (*tamper with*) тро́гать *(impf)*; (*make contact with*) прикаса́ться (прикосну́ться *pf*) к *+dat*, дотра́гиваться (дотро́нуться *pf*) до *+gen*; (*move: emotionally*) тро́гать (тро́нуть *pf*); **there's been a ~ of frost** подморо́зило; **to get in ~ with sb** свя́зываться (связа́ться *pf*) с кем-н; **to lose ~** (*friends*) теря́ть (потеря́ть *pf*) связь; **~ on** *vt fus* каса́ться (косну́ться *pf*) *+gen*; **~ed** *adj* (*moved*) тро́нутый; **~ing** *adj* тро́гательный; **~line** *n* бокова́я ли́ния; **~y** *adj* (*person*) оби́дчивый.
tough [tʌf] *adj* (*hard-wearing*) кре́пкий, про́чный; (*person: physically*) выно́сливый; (*: mentally*) сто́йкий; (*difficult*) тяжёлый.
tour ['tuə'] *n* (*journey*) пое́здка; (*of town, factory etc*) экску́рсия; (*by pop group etc*) гастро́ли *pl* ◆ *vt* (*country, city*) объезжа́ть (объе́хать *pf*); (*factory*) обходи́ть (обойти́ *pf*).
tourism ['tuərɪzm] *n* тури́зм.
tourist ['tuərɪst] *n* тури́ст(ка) ◆ *cpd* (*attractions, season*) туристи́ческий.
tournament ['tuənəmənt] *n* турни́р.
tow [təu] *vt* вози́ть/везти́ *(impf)* на букси́ре; **"on or (US) in ~"** (*AUT*) "на букси́ре".
toward(s) [tə'wɔ:d(z)] *prep* к *+dat*; **~ doing** с тем что́бы *+infin*.
towel ['tauəl] *n* (*also:* **hand ~**) полоте́нце для рук; (*also:* **bath ~**) ба́нное полоте́нце.
tower ['tauə'] *n* ба́шня; **~ block** *n* (*BRIT*) ба́шня, высо́тный дом.
town [taun] *n* го́род; **to go to ~** (*fig*) разоря́ться (разори́ться *pf*); **~ centre** *n* центр (го́рода); **~ council** *n* городско́й сове́т; **~ hall** *n* ра́туша; **~ship** *n* (*in South Africa*) негритя́нский при́город; (*in America*) городско́й райо́н.
towrope ['təurəup] *n* букси́рный трос.
toxic ['tɔksɪk] *adj* токси́чный.
toy [tɔɪ] *n* игру́шка.
trace [treɪs] *n* след ◆ *vt* (*draw*) переводи́ть (перевести́ *pf*); (*follow*) просле́живать (проследи́ть *pf*); (*find*) разы́скивать (разыска́ть *pf*).
track [træk] *n* след; (*path*) тропа́; (*of bullet etc*) траекто́рия; (*RAIL*) (железнодоро́жный) путь *m*; (*song, also SPORT*) доро́жка ◆ *vt* (*follow*) идти́ *(impf)* по сле́ду *+gen*; **to keep ~ of** следи́ть *(impf)* за *+instr*; **~ down** *vt* (*prey*) высле́живать (вы́следить *pf*); **~suit** *n* трениро́вочный костю́м.
tract [trækt] *n* (*GEO*) простра́нство.
tractor ['træktə'] *n* тра́ктор.
trade [treɪd] *n* (*activity*) торго́вля; (*skill, job*) ремесло́ ◆ *vi* (*do business*) торгова́ть *(impf)* ◆ *vt*: **to ~ sth (for sth)** обме́нивать (обменя́ть *pf*) что-н (на что-н); ~

in *vt* (*car etc*) предлага́ть (предложи́ть *pf*) для встре́чной прода́жи; **~mark** *n* това́рный знак; **~r** *n* торго́вец; **~sman** *irreg n* (*shopkeeper*) торго́вец, ла́вочник; **~ union** *n* профсою́з.
tradition [trə'dɪʃən] *n* тради́ция; **~al** *adj* (*also fig*) традицио́нный.
traffic ['træfɪk] *n* движе́ние; (*of drugs*) нелега́льная торго́вля; **~ jam** *n* про́бка; **~ lights** *npl* светофо́р *msg*; **~ warden** *n* (*BRIT*) *регулиро́вщик паркова́ния маши́н на у́лицах го́рода.*
tragedy ['trædʒədɪ] *n* траге́дия.
tragic ['trædʒɪk] *adj* траги́ческий.
trail [treɪl] *n* (*path*) доро́жка, тропи́нка; (*track*) след; (*of smoke, dust*) хвост ◆ *vt* (*drag*) волочи́ть *(impf)*; (*follow*) сле́довать *(impf)* по пята́м за *+instr* ◆ *vi* (*hang loosely*) волочи́ться *(impf)*; (*in game, contest*) волочи́ться *(impf)* в хвосте́, отстава́ть *(impf)*; **~er** *n* (*AUT*) прице́п; (*US*: *caravan*) автоприце́п; (*CINEMA*) рекла́мный ро́лик, ано́нс.
train [treɪn] *n* по́езд; (*of dress*) шлейф ◆ *vt* (*apprentice, doctor etc*) обуча́ть (обучи́ть *pf*); (*athlete, mind*) тренирова́ть *(impf)*; (*dog*) дрессирова́ть (вы́дрессировать *pf*) ◆ *vi* учи́ться (обучи́ться *pf*); (*SPORT*) тренирова́ться *(impf)*; **one's ~ of thought** ход чьих-н мы́слей; **to ~ sb as** учи́ть *(impf)* кого́-н на *+acc*; **to ~ sth on** (*camera etc*) направля́ть (напра́вить *pf*) что-н на *+acc*; **~ed** *adj* (*worker*) квалифици́рованный; (*animal*) дрессиро́ванный; **~ee** [treɪ'ni:] *n* (*hairdresser*) учени́к; **~ee teacher** практика́нт(ка); **~er** *n* (*coach*) тре́нер; (*of animals*) дрессиро́вщик(-щица); **~ers** *npl* (*shoes*) кроссо́вки *fpl*; **~ing** *n* (*for occupation*) обуче́ние; (*SPORT*) трениро́вка; **to be in ~ing** (*SPORT*) тренирова́ться *(impf)*.
trait [treɪt] *n* черта́.
traitor ['treɪtə'] *n* преда́тель(ница) *m(f)*.
tram [træm] *n* (*BRIT*) трамва́й.
tramp [træmp] *n* (*person*) бродя́га *m/f*.
trample ['træmpl] *vt*: **to ~ (underfoot)** раста́птывать (растопта́ть *pf*).
trampoline ['træmpəli:n] *n* бату́т.
trance [trɑ:ns] *n* (*also fig*) транс.
tranquil ['træŋkwɪl] *adj* безмяте́жный; **~lity** [træŋ'kwɪlɪtɪ] (*US* **tranquility**) *n* безмяте́жность *f*.
transaction [træn'zækʃən] *n* опера́ция.
transatlantic ['trænzət'læntɪk] *adj* трансатланти́ческий.
transcend [træn'sɛnd] *vt* переступа́ть (переступи́ть *pf*).
transcript ['trænskrɪpt] *n* (*typed*) распеча́тка; (*hand-written*) ру́копись *f*.
transfer ['trænsfə'] *n* перево́д; (*POL*) переда́ча; (*SPORT*) перехо́д; (*design*) переводна́я карти́нка ◆ *vt* (*employees, money*) переводи́ть (перевести́ *pf*); (*POL*) передава́ть (переда́ть *pf*).
transform [træns'fɔ:m] *vt* (*completely*) преобразо́вывать (преобразова́ть *pf*); (*alter*) преобража́ть (преобрази́ть *pf*); **~ation** [trænsfə'meɪʃən] *n* (*see vt*) преобразова́ние; преображе́ние.
transfusion [træns'fju:ʒən] *n* (*also*: **blood ~**) перелива́ние кро́ви.

transient ['trænziənt] *adj* мимолётный.
transit ['trænzɪt] *n*: **in ~** (*people, things*) при перевóзке.
transition [træn'zɪʃən] *n* перехóд; **~al** *adj* перехóдный.
translate [trænz'leɪt] *vt*: **to ~ (from/into)** переводи́ть (перевести́ *pf*) (с *+gen*/на *+acc*).
translation [trænz'leɪʃən] *n* перевóд.
translator [trænz'leɪtəʳ] *n* перевóдчик(-ица).
transmission [trænz'mɪʃən] *n* передáча.
transmit [trænz'mɪt] *vt* передавáть (передáть *pf*); **~ter** *n* передáтчик.
transparency [træns'pɛərnsɪ] *n* (*of glass etc*) прозрáчность *f*.
transparent [træns'pærnt] *adj* прозрáчный.
transplant [*n* 'trænsplɑ:nt, *vb* træns'plɑ:nt] *n* пересáдка ◆ *vt* (*MED, BOT*) пересáживать (пересади́ть *pf*).
transport [*n* 'trænspɔ:t, *vb* træns'pɔ:t] *n* трáнспорт; (*of people, goods*) перевóзка ◆ *vt* (*carry*) перевози́ть (перевезти́ *pf*).
transportation ['trænspɔ:'teɪʃən] *n* транспортирóвка, перевóзка; (*means of transport*) трáнспорт.
transvestite [trænz'vɛstaɪt] *n* трансвести́т.
trap [træp] *n* ловýшка, западня́; (*carriage*) двукóлка ◆ *vt* лови́ть (поймáть *pf*) в ловýшку; (*confine*) запирáть (заперéть *pf*).
trash [træʃ] *n* мýсор; (*pej*: *nonsense*) чушь *f*.
trauma ['trɔ:mə] *n* трáвма; **~tic** [trɔ:'mætɪk] *adj* (*fig*) мучи́тельный.
travel ['trævl] *n* (*travelling*) путешéствия *ntpl* ◆ *vi* (*for pleasure*) путешéствовать *(impf)*; (*commute*) éздить *(impf)*; (*news, sound*) распространя́ться (распространи́ться *pf*) ◆ *vt* (*distance*: *by transport*) проезжáть (проéхать *pf*); **~s** *npl* (*journeys*) разъéзды *mpl*; **~ler** (*US* **traveler**) *n* путешéственник(-ица); **~ler's cheque** (*US* **traveler's check**) *n* дорóжный чек.
travesty ['trævəstɪ] *n* парóдия.
trawler ['trɔ:ləʳ] *n* трáулер.
tray [treɪ] *n* (*for carrying*) поднóс; (*on desk*) корзи́нка.
treacherous ['trɛtʃərəs] *adj* (*person*) верολóмный; (*look, action*) предáтельский; (*ground, tide*) ковáрный.
treachery ['trɛtʃərɪ] *n* предáтельство, верολóмство.
treacle ['tri:kl] *n* пáтока.
tread [trɛd] (*pt* **trod**, *pp* **trodden**) *n* (*of stair*) ступéнь *f*; (*of tyre*) протéктор ◆ *vi* ступáть *(impf)*.
treason ['tri:zn] *n* измéна.
treasure ['trɛʒəʳ] *n* сокрóвище ◆ *vt* дорожи́ть *(impf)* +*instr*; (*thought*) лелéять *(impf)*; **~s** *npl* (*art treasures etc*) сокрóвища *ntpl*; **~r** *n* казначéй.
treasury ['trɛʒərɪ] *n*: **the T~**, (*US*) **the T~ Department** Государственное Казначéйство.
treat [tri:t] *n* (*present*) удовóльствие ◆ *vt* (*person, object*) обращáться *(impf)* с +*instr*; (*patient, illness*) лечи́ть *(impf)*; **to ~ sb to sth** угощáть (угости́ть *pf*) когó-н чем-н; **~ment** *n* (*attention, handling*) обращéние; (*MED*) лечéние.
treaty ['tri:tɪ] *n* соглашéние.
treble ['trɛbl] *vt* утрáивать

(утро́ить *pf*) ◆ *vi* утра́иваться (утро́иться *pf*).

tree [tri:] *n* де́рево.

trek [trɛk] *n* (*trip*) похо́д, перехо́д.

tremble ['trɛmbl] *vi* дрожа́ть (*impf*).

tremendous [trɪ'mɛndəs] *adj* (*enormous*) грома́дный; (*excellent*) великоле́пный.

tremor ['trɛmə'] *n* (*trembling*) дрожь *f*, содрога́ние; (*also:* **earth ~**) толчо́к (*при землетрясе́нии*).

trench [trɛntʃ] *n* кана́ва; (*MIL*) транше́я, око́п.

trend [trɛnd] *n* (*tendency*) тенде́нция; (*of events, fashion*) направле́ние; **~y** *adj* мо́дный.

trespass ['trɛspəs] *vi*: **to ~ on** (*private property*) вторга́ться (вто́ргнуться *pf*) в *+acc*; **"no ~ing"** "прохо́д воспрещён".

trial ['traɪəl] *n* (*LAW*) проце́сс, суд; (*of machine etc*) испыта́ние; **~s** *npl* (*bad experiences*) перипети́и *fpl*; **on ~** (*LAW*) под судо́м; **by ~ and error** ме́тодом проб и оши́бок.

triangle ['traɪæŋgl] *n* (*MATH, MUS*) треуго́льник.

triangular [traɪ'æŋgjulə'] *adj* треуго́льный.

tribal ['traɪbl] *adj* племенно́й.

tribe [traɪb] *n* пле́мя *nt*.

tribunal [traɪ'bju:nl] *n* трибуна́л.

tributary ['trɪbjutərɪ] *n* прито́к.

tribute ['trɪbju:t] *n* (*compliment*) дань *f*; **to pay ~ to** отдава́ть (отда́ть *pf*) дань *+dat*.

trick [trɪk] *n* (*magic trick*) фо́кус; (*prank*) подво́х; (*skill, knack*) приём ◆ *vt* проводи́ть (провести́ *pf*); **to play a ~ on sb** разы́грывать (разыгра́ть *pf*) кого́-н; **that should do the ~** э́то должно́ срабо́тать.

trickle ['trɪkl] *n* (*of water etc*) стру́йка ◆ *vi* (*water, rain etc*) струи́ться (*impf*).

tricky ['trɪkɪ] *adj* (*job*) непросто́й; (*business*) хи́трый; (*problem*) ка́верзный.

trifle ['traɪfl] *n* (*small detail*) пустя́к ◆ *adv*: **a ~ long** чуть длинова́т.

trigger ['trɪgə'] *n* (*of gun*) куро́к.

trim [trɪm] *adj* (*house, garden*) ухо́женный; (*figure*) подтя́нутый ◆ *vt* (*cut*) подра́внивать (подровня́ть *pf*); (*decorate*): **to ~ (with)** отде́лывать (отде́лать *pf*) (*+instr*) ◆ *n*: **to give sb a ~** подра́внивать (подровня́ть *pf*) во́лосы кому́-н.

trinity ['trɪnɪtɪ] *n* (*REL*): **the (Holy) T~** Тро́ица.

trinket ['trɪŋkɪt] *n* (*ornament*) безделу́шка; (*jewellery*) побряку́шка.

trio ['tri:əu] *n* тро́йка.

trip [trɪp] *n* (*journey*) пое́здка; (*outing*) прогу́лка ◆ *vi* (*stumble*) спотыка́ться (споткну́ться *pf*); **on a ~** на экску́рсии; **~ up** *vi* (*stumble*) спотыка́ться (споткну́ться *pf*) ◆ *vt* (*person*) ста́вить (подста́вить *pf*) подно́жку *+dat*.

tripe [traɪp] *n* (*CULIN*) требуха́.

triple ['trɪpl] *adj* тройно́й; **~ jump** *n* тройно́й прыжо́к.

tripod ['traɪpɔd] *n* трено́га.

trite [traɪt] *adj* (*pej*) изби́тый.

triumph ['traɪʌmf] *n* (*satisfaction*) торжество́; (*achievement*) триу́мф ◆ *vi*: **to ~ (over)** торжествова́ть (восторжествова́ть *pf*) (над *+instr*); **~ant** [traɪ'ʌmfənt] *adj* (*team, wave*) торжеству́ющий; (*return*) побе́дный.

trivial ['trɪvɪəl] *adj* тривиа́льный.

trod [trɔd] *pt of* **tread**; **~den** *pp of* **tread**.

trolley ['trɔlɪ] *n* теле́жка; (*also:* **~ bus**) тролле́йбус.

trombone [trɔm'bəun] *n* тромбо́н.

troop [tru:p] *n* (*of people*) отря́д, гру́ппа; **~s** *npl* (*MIL*) войска́ *ntpl*.

trophy ['trəufɪ] *n* трофе́й.

tropical ['trɔpɪkl] *adj* тропи́ческий.

trot [trɔt] *n* рысь *f* (*спо́соб бе́га*).

trouble ['trʌbl] *n* (*difficulty*) затрудне́ние; (*worry, unrest*) беспоко́йство; (*bother, effort*) хло́поты *pl* ♦ *vt* (*worry*) беспоко́ить *(impf)*; (*disturb*) беспоко́ить (побеспоко́ить *pf*) ♦ *vi*: **to ~ to do** побеспоко́иться *(pf)* +*infin*; **~s** *npl* (*personal*) неприя́тности *fpl*; **to be in ~** (*ship, climber etc*) быть *(impf)* в беде́; **I am in ~** у меня́ неприя́тности; **to have ~ doing** с трудо́м +*infin*; **~d** *adj* (*person*) встрево́женный; (*country*) сму́тный; **~maker** *n* смутья́н; **~some** *adj* (*child*) озорно́й.

trough [trɔf] *n* (*also:* **drinking ~**) коры́то; (*also:* **feeding ~**) корму́шка; (*low point*) впа́дина.

trousers ['trauzəz] *npl* брю́ки *pl*; **short ~** шо́рты.

trout [traut] *n inv* (*ZOOL*) форе́ль *f*.

truant ['truənt] *n* (*BRIT*): **to play ~** прогу́ливать (прогуля́ть *pf*) уро́ки.

truce [tru:s] *n* переми́рие.

truck [trʌk] *n* (*lorry*) грузови́к; (*RAIL*) платфо́рма.

true [tru:] *adj* и́стинный; (*accurate: likeness*) то́чный; (*loyal*) ве́рный; **to come ~** сбыва́ться (сбы́ться *pf*); **it is ~** э́то пра́вда *or* ве́рно.

truly ['tru:lɪ] *adv* по-настоя́щему; (*truthfully*) по пра́вде говоря́; **yours ~** (*in letter*) и́скренне Ваш.

trump [trʌmp] *n* (*also:* **~ card**) ко́зырь *m*.

trumpet ['trʌmpɪt] *n* труба́.

truncheon ['trʌntʃən] *n* (*BRIT*) дуби́нка.

trunk [trʌŋk] *n* (*of tree*) ствол; (*of elephant*) хо́бот; (*case*) доро́жный сунду́к; (*US: AUT*) бага́жник; **~s** *npl* (*also:* **swimming ~s**) пла́вки *pl*.

trust [trʌst] *n* (*faith*) дове́рие; (*responsibility*) долг; (*LAW*) довери́тельная со́бственность *f* ♦ *vt* (*rely on, have faith in*) доверя́ть *(impf)* +*dat*; (*hope*): **to ~ (that)** полага́ть *(impf)*, что; (*entrust*): **to ~ sth to sb** доверя́ть (дове́рить *pf*) что-н кому́-н; **to take sth on ~** принима́ть (приня́ть *pf*) что-н на ве́ру; **~ed** *adj* пре́данный; **~ee** [trʌs'ti:] *n* попечи́тель *m*; **~ing** *adj* дове́рчивый; **~worthy** *adj* надёжный.

truth [tru:θ] (*pl* **~s**) *n* пра́вда; (*principle*) и́стина; **~ful** *adj* правди́вый.

try [traɪ] *n* (*attempt*) попы́тка; (*RUGBY*) прохо́д с мячо́м ♦ *vt* (*test*) про́бовать (попро́бовать *pf*); (*LAW*) суди́ть *(impf)*; (*patience*) испы́тывать *(impf)*; (*key, door*) про́бовать (попро́бовать *pf*); (*attempt*): **to ~ to do** стара́ться (постара́ться *pf*) *or* пыта́ться (попыта́ться *pf*) +*infin* ♦ *vi* (*make effort*) стара́ться *(impf)*, пыта́ться *(impf)*; **to have a ~** про́бовать (попро́бовать *pf*); **~ on** *vt* (*dress etc*) ме́рить (поме́рить *pf*), примеря́ть

(примéрить *pf*); **~ing** *adj* утоми́тельный.
tsar [zɑ:ʳ] *n* царь *m*.
T-shirt ['ti:ʃə:t] *n* футбóлка.
tub [tʌb] *n* (*container*) бóчка; (*bath*) ва́нна.
tube [tju:b] *n* (*pipe*) трýбка; (*container*) тю́бик; (*BRIT*: *metro*) метрó *nt ind*; (*for tyre*) ка́мера.
tuberculosis [tjubə:kju'ləusɪs] *n* туберкулёз.
TUC *n abbr* (*BRIT*: = *Trades Union Congress*) конгрéсс (брита́нских) профсою́зов.
tuck [tʌk] *vt* (*put*) сýнуть *(pf)*.
Tuesday ['tju:zdɪ] *n* втóрник.
tug [tʌg] *n* (*ship*) букси́р ♦ *vt* дёргать (дёрнуть *pf*).
tuition [tju:'ɪʃən] *n* (*BRIT*) обучéние; (*US*: *fees*) пла́та за обучéние; **private ~** ча́стные урóки.
tulip ['tju:lɪp] *n* тюльпа́н.
tumble ['tʌmbl] *n* падéние ♦ *vi* (*fall*: *person*) вали́ться (свали́ться *pf*).
tumbler ['tʌmbləʳ] *n* бока́л.
tummy ['tʌmɪ] *n* (*inf*) живóт.
tumour ['tju:məʳ] (*US* **tumor**) *n* (*MED*) óпухоль *f*.
tuna ['tju:nə] *n inv* (*also*: **~ fish**) тунéц.
tune [tju:n] *n* (*melody*) моти́в ♦ *vt* настра́ивать (настрóить *pf*); (*AUT*) нала́живать (нала́дить *pf*); **the guitar is in/out of ~** гита́ра настрóена/расстрóена; **to sing in ~** петь *(impf)* в лад; **to sing out of ~** фальши́вить *(impf)*; **to be in/out of ~ with** (*fig*) быть *(impf)* в ладý/не в ладý с *+instr*; **~ in** *vi* (*RADIO, TV*): **to ~ in (to)** настра́иваться (настрóиться *pf*) (на *+acc*); **~ful** *adj* мелоди́чный; **~r** *n*: **piano ~r** настрóйщик фортепья́но.
tunic ['tju:nɪk] *n* тýника.
tunnel ['tʌnl] *n* (*passage*) туннéль *m*.
turbine ['tə:baɪn] *n* (*TECH*) турби́на.
turbulent ['tə:bjulənt] *adj* бýрный.
turf [tə:f] *n* (*grass*) дёрн.
Turkey ['tə:kɪ] *n* Тýрция.
turkey ['tə:kɪ] *n* индéйка.
Turkish ['tə:kɪʃ] *adj* турéцкий.
turmoil ['tə:mɔɪl] *n* смятéние; **in ~** в смятéнии.
turn [tə:n] *n* поворóт; (*chance*) óчередь *f*; (*inf*: *MED*) вы́вих ♦ *vt* повора́чивать (повернýть *pf*) ♦ *vi* (*object*) повора́чиваться (повернýться *pf*); (*person*: *look back*) обора́чиваться (обернýться *pf*); (*reverse direction*) развора́чиваться (развернýться *pf*); (*become*): **he's ~ed forty** емý испóлнилось сóрок; **a good/bad ~** дóбрая/ плоха́я услýга; **"no left ~"** (*AUT*) "нет лéвого поворóта"; **it's your ~** твоя́ óчередь; **in ~** по óчереди; **to take ~s at sth** дéлать *(impf)* что-н по óчереди; **to ~ nasty** озлобля́ться (озлóбиться *pf*); **~ away** *vi* отвора́чиваться (отвернýться *pf*) ♦ *vt* (*business, applicant*) отклоня́ть (отклони́ть *pf*); **~ back** *vi* повора́чивать (повернýть *pf*) наза́д ♦ *vt* (*person*) вернýть *(pf)*; (*vehicle*) развора́чивать (развернýть *pf*); **to ~ back the clock** (*fig*) повернýть *(pf)* врéмя вспять; **~ down** *vt* (*request*) отклоня́ть (отклони́ть *pf*); (*heating*) уменьша́ть (умéньшить *pf*); **~ in** *vi* (*inf*) идти́ (пойти́ *pf*) на боковýю; **~ off** *vi* свора́чивать (свернýть *pf*) ♦ *vt* выключа́ть

(вы́ключить *pf*); ~ **on** *vt* включа́ть (включи́ть *pf*); ~ **out** *vt* (*light, gas*) выключа́ть (вы́ключить *pf*); (*produce*) выпуска́ть (вы́пустить *pf*) ♦ *vi* (*troops, voters*) прибыва́ть (прибы́ть *pf*); **to ~ out to be** ока́зываться (оказа́ться *pf*) *+instr*; ~ **over** *vi* (*person*) перевора́чиваться (переверну́ться *pf*) ♦ *vt* (*object, page*) перевора́чивать (переверну́ть *pf*); ~ **round** *vi* (*person, vehicle*) развора́чиваться (разверну́ться *pf*); ~ **up** *vi* (*person*) объявля́ться (объяви́ться *pf*); (*lost object*) находи́ться (найти́сь *pf*) ♦ *vt* (*collar*) поднима́ть (подня́ть *pf*); (*radio*) де́лать (сде́лать *pf*) гро́мче; (*heater*) де́лать (сде́лать *pf*) вы́ше; **~ing** *n* поворо́т; **~ing point** *n* (*fig*) поворо́тный пункт, перело́мный моме́нт.

turnip ['tə:nɪp] *n* (*BOT, CULIN*) ре́па.

turnout ['tə:naut] *n*: **there was a high ~ for the local elections** в ме́стных вы́борах принима́ло уча́стие мно́го люде́й.

turnover ['tə:nəuvə^r] *n* (*COMM*) оборо́т; (: *of staff*) теку́честь *f*.

turntable ['tə:nteɪbl] *n* верту́шка.

turn-up ['tə:nʌp] *n* (*BRIT*) манже́та.

turquoise ['tə:kwɔɪz] *adj* (*colour*) бирюзо́вый.

turtle ['tə:tl] *n* черепа́ха.

tussle ['tʌsl] *n* (*fight, scuffle*) схва́тка.

tutor ['tju:tə^r] *n* преподава́тель (-ница) *m(f)*; (*private tutor*) репети́тор; **~ial** [tju:'tɔ:rɪəl] *n* (*SCOL*) семина́р.

TV [ti:'vi:] *n abbr* (= **television**) ТВ.

tweed [twi:d] *n* твид.

twelfth [twɛlfθ] *adj* двена́дцатый.

twelve [twɛlv] *n* двена́дцать; **at ~ (o'clock)** в двена́дцать (часо́в).

twentieth ['twɛntɪɪθ] *adj* двадца́тый.

twenty ['twɛntɪ] *n* два́дцать.

twice [twaɪs] *adv* два́жды; **~ as much** вдво́е бо́льше.

twig [twɪg] *n* сучо́к.

twilight ['twaɪlaɪt] *n* (*evening*) су́мерки *mpl*.

twin [twɪn] *adj* (*towers*) па́рный ♦ *n* близне́ц ♦ *vt*: **to be ~ned with** (*towns etc*) быть *(impf)* побрати́мами с *+instr*; **~ sister** сестра́-близне́ц; **~ brother** брат-близне́ц.

twinkle ['twɪŋkl] *vi* мерца́ть *(impf)*; (*eyes*) сверка́ть *(impf)*.

twist [twɪst] *n* (*action*) закру́чивание; (*in road, coil, flex*) вито́к; (*in story*) поворо́т ♦ *vt* (*turn*) изгиба́ть (изогну́ть *pf*); (*injure*: *ankle etc*) выви́хивать (вы́вихнуть *pf*); (*fig*: *meaning, words*) искажа́ть (искази́ть *pf*), кове́ркать (искове́ркать *pf*) ♦ *vi* (*road, river*) извива́ться *(impf)*.

twitch [twɪtʃ] *n* (*nervous*) подёргивание.

two [tu:] *n* два *m/nt* (*f* две); **to put ~ and ~ together** (*fig*) сообрази́ть *(pf)* что к чему́; **~-faced** *adj* (*pej*) двули́чный.

tycoon [taɪ'ku:n] *n*: **(business) ~** магна́т.

type [taɪp] *n* тип; (*TYP*) шрифт ♦ *vt* (*letter etc*) печа́тать (напеча́тать *pf*); **~writer** *n* пи́шущая маши́нка.

typhoid ['taɪfɔɪd] *n* брюшно́й тиф.

typhoon [taɪ'fu:n] *n* тайфу́н.

typical ['tɪpɪkl] *adj*: **~ (of)** типи́чный (для *+gen*).

typing ['taɪpɪŋ] *n* маши́нопись *f*.
typist ['taɪpɪst] *n* машини́стка.
tyranny ['tɪrənɪ] *n* тирани́я.
tyrant ['taɪərnt] *n* тира́н.
tyre ['taɪə'] (*US* **tire**) *n* ши́на.
tzar [zɑ:'] *n* = **tsar**.

U, u

udder ['ʌdə'] *n* вы́мя *nt*.
UFO ['ju:fəu] *n abbr* (= *unidentified flying object*) НЛО.
ugly ['ʌglɪ] *adj* (*person, dress etc*) уро́дливый, безобра́зный; (*dangerous*: *situation*) скве́рный.
UK *n abbr* = **United Kingdom**.
Ukraine [ju:'kreɪn] *n* Украи́на.
Ukrainian [ju:'kreɪnɪən] *adj* украи́нский.
ulcer ['ʌlsə'] *n* я́зва.
ultimata [ʌltɪ'meɪtə] *npl of* **ultimatum**.
ultimate ['ʌltɪmət] *adj* (*final*) оконча́тельный, коне́чный; (*greatest*) преде́льный; **~ly** *adv* в коне́чном ито́ге.
ultimatum [ʌltɪ'meɪtəm] (*pl* **~s** *or* **ultimata**) *n* ультима́тум.
ultraviolet ['ʌltrə'vaɪəlɪt] *adj* (*light etc*) ультрафиоле́товый.
umbrella [ʌm'brɛlə] *n* (*for rain, sun*) зо́нтик, зонт.
umpire ['ʌmpaɪə'] *n* судья́ *m*, рефери́ *m ind*.
UN *n abbr* = *United Nations*; = **UNO**.
unable [ʌn'eɪbl] *adj* неспосо́бный; **he is ~ to pay** он неспосо́бен заплати́ть.
unaccompanied [ʌnə'kʌmpənɪd] *adj* (*child, bag*) не сопровожда́емый.
unaccustomed [ʌnə'kʌstəmd] *adj*: **he is ~ to ...** он непривы́чен к *+dat* ....
unanimous [ju:'nænɪməs] *adj* единоду́шный.
unarmed [ʌn'ɑ:md] *adj* безору́жный.
unashamed [ʌnə'ʃeɪmd] *adj* бессты́дный.
unassuming [ʌnə'sju:mɪŋ] *adj* непритяза́тельный.
unattached [ʌnə'tætʃt] *adj* (*person*) одино́кий.
unattractive [ʌnə'træktɪv] *adj* непривлека́тельный.
unauthorized [ʌn'ɔ:θəraɪzd] *adj* неразрешённый; (*actions*) несанкциони́рованный.
unavoidable [ʌnə'vɔɪdəbl] *adj* (*delay*) неизбе́жный.
unaware [ʌnə'wɛə'] *adj*: **to be ~ of** не подозрева́ть *(impf)* о *+prp*.
unbalanced [ʌn'bælənst] *adj* (*report*) несбаланси́рованный; (*person*) неуравнове́шенный.
unbearable [ʌn'bɛərəbl] *adj* невыноси́мый.
unbeatable [ʌn'bi:təbl] *adj* (*price, quality*) непревзойдённый.
unbelievable [ʌnbɪ'li:vəbl] *adj* невероя́тный.
unbias(s)ed [ʌn'baɪəst] *adj* (*report*) непредвзя́тый; (*person*) беспристра́стный.
unbroken [ʌn'brəukən] *adj* (*silence*) непре́рванный; (*series*) непреры́вный; (*SPORT*: *record*) непоби́тый.
uncanny [ʌn'kænɪ] *adj* (*resemblance, knack*) необъясни́мый; (*silence*) жу́ткий
uncertain [ʌn'sə:tn] *adj* (*unsure*): **~ about** неуве́ренный относи́тельно *+gen*; **in no ~ terms** без обиняко́в; **~ty** *n* (*not*

knowing) неопределённость *f*; (*often pl*: *doubt*) сомнение.
unchanged [ʌn'tʃeɪndʒd] *adj* (*orders, habits*) неизменный.
unchecked [ʌn'tʃɛkt] *adv* беспрепятственно.
uncle ['ʌŋkl] *n* дядя *m*.
uncomfortable [ʌn'kʌmfətəbl] *adj* неудобный; (*unpleasant*) тревожный.
uncommon [ʌn'kɔmən] *adj* (*rare, unusual*) необычный.
uncompromising [ʌn'kɔmprəmaɪzɪŋ] *adj* бескомпромиссный.
unconditional [ʌnkən'dɪʃənl] *adj* (*acceptance, obedience*) безусловный; (*discharge, surrender*) безоговорочный.
unconscious [ʌn'kɔnʃəs] *adj* без сознания; (*unaware*): ~ **of** не сознающий *+gen*; **~ly** *adv* (*unawares*) подсознательно.
uncontrollable [ʌnkən'trəuləbl] *adj* (*child, animal*) неуправляемый; (*laughter*) неудержимый.
unconventional [ʌnkən'vɛnʃənl] *adj* нетрадиционный.
uncover [ʌn'kʌvə'] *vt* открывать (открыть *pf*); (*plot, secret*) раскрывать (раскрыть *pf*).
undecided [ʌndɪ'saɪdɪd] *adj* (*person*) нерешительный.
undeniable [ʌndɪ'naɪəbl] *adj* (*fact, evidence*) неоспоримый.
under ['ʌndə'] *adv* (*go, fly etc*) вниз ◆ *prep* (*position*) под *+instr*; (*motion*) под *+acc*; (*less than*: *cost, pay*) меньше *+gen*; (*according to*) по *+dat*; (*during*) при *+prp*; **children ~ 16** дети до 16-ти лет; **~ there** там внизу; **~ repair** в ремонте.
undercover [ʌndə'kʌvə'] *adj* тайный.
underestimate ['ʌndər'ɛstɪmeɪt] *vt* недооценивать (недооценить *pf*).
undergo [ʌndə'gəu] *irreg vt* (*repair*) проходить (пройти *pf*); (*operation*) переносить (перенести *pf*); (*change*) претерпевать (претерпеть *pf*).
undergraduate [ʌndə'grædjuɪt] *n* студент(ка).
underground ['ʌndəgraund] *adv* (*work*) под землёй ◆ *adj* (*car park*) подземный; (*activities*) подпольный ◆ *n*: **the ~** (*BRIT*: *RAIL*) метро *nt ind*; (*POL*) подполье.
underline [ʌndə'laɪn] *vt* подчёркивать (подчеркнуть *pf*).
undermine [ʌndə'maɪn] *vt* (*authority*) подрывать (подорвать *pf*).
underneath [ʌndə'ni:θ] *adv* внизу ◆ *prep* (*position*) под *+instr*; (*motion*) под *+acc*.
underpants ['ʌndəpænts] *npl* (*men's*) трусы *pl*.
underprivileged [ʌndə'prɪvɪlɪdʒd] *adj* (*family*) неимущий.
understand [ʌndə'stænd] (*irreg*: *like* **stand**) *vt* понимать (понять *pf*); (*believe*): **to ~ that** полагать (*impf*), что; **~able** *adj* понятный; **~ing** *adj* понимающий ◆ *n* понимание; (*agreement*) договорённость *f*.
understatement ['ʌndəsteɪtmənt] *n*: **that's an ~!** это слишком мягко сказано!
understood [ʌndə'stud] *pt, pp of* **understand** ◆ *adj* (*agreed*) согласованный; (*implied*) подразумеваемый.
undertake [ʌndə'teɪk] (*irreg*: *like* **take**) *vt* (*task, duty*) брать (взять

pf) на себя́; **to ~ to do** обя́зываться (обяза́ться *pf*) *+infin.*

undertaker [ˈʌndəteɪkəʳ] *n* владе́лец похоро́нного бюро́.

underwater [ʌndəˈwɔːtəʳ] *adv* под водо́й ♦ *adj* подво́дный.

underwear [ˈʌndəwɛəʳ] *n* ни́жнее бельё.

underworld [ˈʌndəwəːld] *n* (*of crime*) престу́пный мир.

undesirable [ʌndɪˈzaɪərəbl] *adj* нежела́тельный.

undisputed [ˈʌndɪsˈpjuːtɪd] *adj* неоспори́мый.

undo [ʌnˈduː] (*irreg: like* **do**) *vt* (*laces, strings*) развя́зывать (развяза́ть *pf*); (*buttons*) расстёгивать (расстегну́ть *pf*); (*spoil*) губи́ть (погуби́ть *pf*).

undoubted [ʌnˈdautɪd] *adj* несомне́нный, бесспо́рный; **~ly** *adv* несомне́нно, бесспо́рно.

undress [ʌnˈdrɛs] *vt* раздева́ть (разде́ть *pf*) ♦ *vi* раздева́ться (разде́ться *pf*).

undue [ʌnˈdjuː] *adj* изли́шний.

undulating [ˈʌndjuleɪtɪŋ] *adj* волни́стый.

unduly [ʌnˈdjuːlɪ] *adv* изли́шне.

uneasy [ʌnˈiːzɪ] *adj* (*feeling*) трево́жный; (*peace, truce*) напряжённый; **he is** *or* **feels ~** он неспоко́ен.

uneducated [ʌnˈɛdjukeɪtɪd] *adj* необразо́ванный.

unemployed [ʌnɪmˈplɔɪd] *adj* безрабо́тный ♦ *npl*: **the ~** безрабо́тные *pl adj.*

unemployment [ʌnɪmˈplɔɪmənt] *n* безрабо́тица.

unending [ʌnˈɛndɪŋ] *adj* нескончáемый.

uneven [ʌnˈiːvn] *adj* неро́вный.

unexpected [ʌnɪksˈpɛktɪd] *adj* неожи́данный; **~ly** *adv* неожи́данно.

unfair [ʌnˈfɛəʳ] *adj*: **~ (to)** несправедли́вый (к *+dat*).

unfaithful [ʌnˈfeɪθful] *adj* неве́рный.

unfamiliar [ʌnfəˈmɪlɪəʳ] *adj* незнако́мый.

unfashionable [ʌnˈfæʃnəbl] *adj* немо́дный.

unfavourable [ʌnˈfeɪvrəbl] (*US* **unfavorable**) *adj* неблагоприя́тный.

unfinished [ʌnˈfɪnɪʃt] *adj* незако́нченный.

unfit [ʌnˈfɪt] *adj* (*physically*): **she is ~** она́ в плохо́й спорти́вной фо́рме; **he is ~ for the job** он неприго́ден для э́той рабо́ты.

unfold [ʌnˈfəuld] *vt* (*sheets, map*) развора́чивать (разверну́ть *pf*) ♦ *vi* (*situation*) развора́чиваться (разверну́ться *pf*).

unforeseen [ˈʌnfɔːˈsiːn] *adj* непредви́денный.

unforgettable [ʌnfəˈgɛtəbl] *adj* незабыва́емый.

unforgivable [ʌnfəˈgɪvəbl] *adj* непрости́тельный.

unfortunate [ʌnˈfɔːtʃənət] *adj* (*unlucky*) несча́стный; (*regrettable*) неуда́чный; **~ly** *adv* к сожале́нию.

unfounded [ʌnˈfaundɪd] *adj* необосно́ванный.

unfriendly [ʌnˈfrɛndlɪ] *adj* недружелю́бный.

ungrateful [ʌnˈgreɪtful] *adj* неблагода́рный.

unhappy [ʌnˈhæpɪ] *adj* несча́стный; **~ with** (*dissatisfied*) недово́льный *+instr.*

unharmed [ʌnˈhɑːmd] *adj* (*person*)

невреди́мый.
unhealthy [ʌn'hɛlθɪ] *adj* нездоро́вый.
unhurt [ʌn'hə:t] *adj* невреди́мый.
unidentified [ʌnaɪ'dɛntɪfaɪd] *adj* (*unnamed*) анони́мный; *see also* **UFO**.
uniform ['ju:nɪfɔ:m] *n* фо́рма ◆ *adj* (*length, width*) единообра́зный; (*temperature*) постоя́нный.
unilateral [ju:nɪ'lætərəl] *adj* (*disarmament etc*) односторо́нний.
uninhabited [ʌnɪn'hæbɪtɪd] *adj* необита́емый.
unintentional [ʌnɪn'tɛnʃənəl] *adj* неумы́шленный.
union ['ju:njən] *n* (*unification*) объедине́ние; (*also:* **trade ~**) профсою́з ◆ *cpd* профсою́зный.
unique [ju:'ni:k] *adj* уника́льный.
unison ['ju:nɪsn] *n*: **in ~** (*say*) в оди́н го́лос; (*sing*) в унисо́н.
unit ['ju:nɪt] *n* (*single whole*) це́лое *nt adj*; (*measurement*) едини́ца; (*section: of furniture etc*) се́кция.
unite [ju:'naɪt] *vt* объединя́ть (объедини́ть *pf*) ◆ *vi* объединя́ться (объедини́ться *pf*); **~d** *adj* объединённый; (*effort*) совме́стный; **U~d Kingdom** *n* Соединённое Короле́вство.
unity ['ju:nɪtɪ] *n* еди́нство.
universal [ju:nɪ'və:sl] *adj* универса́льный.
universe ['ju:nɪvə:s] *n* вселе́нная *f adj*.
university [ju:nɪ'və:sɪtɪ] *n* университе́т.
unjust [ʌn'dʒʌst] *adj* несправедли́вый.
unkind [ʌn'kaɪnd] *adj* недо́брый; (*behaviour*) зло́бный.
unknown [ʌn'nəun] *adj* неизве́стный.
unlawful [ʌn'lɔ:ful] *adj* незако́нный.
unleash [ʌn'li:ʃ] *vt* (*fig: feeling*) дава́ть (дать *pf*) во́лю *+dat*; (*: force*) развя́зывать (развяза́ть *pf*).
unless [ʌn'lɛs] *conj* е́сли не; **~ he comes** е́сли он не придёт.
unlike [ʌn'laɪk] *adj* (*not alike*) непохо́жий ◆ *prep* (*different from*) в отли́чие от *+gen*; **he is ~ his brother** (*not like*) он непохо́ж на бра́та.
unlikely [ʌn'laɪklɪ] *adj* (*not likely*) маловероя́тный.
unlimited [ʌn'lɪmɪtɪd] *adj* неограни́ченный.
unload [ʌn'ləud] *vt* (*box, car*) разгружа́ть (разгрузи́ть *pf*).
unlucky [ʌn'lʌkɪ] *adj* невезу́чий; (*object*) несчастли́вый; **he is ~** он невезу́чий, ему́ не везёт.
unmarried [ʌn'mærɪd] *adj* (*man*) нежена́тый, холосто́й; (*woman*) незаму́жняя.
unmistak(e)able [ʌnmɪs'teɪkəbl] *adj* (*voice, sound*) характе́рный.
unnatural [ʌn'nætʃrəl] *adj* неесте́ственный.
unnecessary [ʌn'nɛsəsərɪ] *adj* нену́жный.
unnoticed [ʌn'nəutɪst] *adj* незаме́ченный.
UNO ['ju:nəu] *n abbr* (= *United Nations Organization*) ООН.
unobtrusive [ʌnəb'tru:sɪv] *adj* (*person*) ненавя́зчивый.
unofficial [ʌnə'fɪʃl] *adj* неофициа́льный.
unorthodox [ʌn'ɔ:θədɔks] *adj* (*also* REL) неортодокса́льный.
unpack [ʌn'pæk] *vi* распако́вываться

(распакова́ться *pf*) ♦ *vt* распако́вывать (распакова́ть *pf*).
unparalleled [ʌn'pærəlɛld] *adj* непревзойдённый; (*crisis*) небыва́лый.
unpleasant [ʌn'plɛznt] *adj* неприя́тный.
unpopular [ʌn'pɔpjulə'] *adj* непопуля́рный.
unprecedented [ʌn'prɛsɪdəntɪd] *adj* беспрецеде́нтный.
unpredictable [ʌnprɪ'dɪktəbl] *adj* непредсказу́емый.
unprofessional [ʌnprə'fɛʃənl] *adj* непрофессиона́льный.
unqualified [ʌn'kwɔlɪfaɪd] *adj* неквалифици́рованный; (*total*) соверше́нный.
unravel [ʌn'rævl] *vt* (*fig*: *mystery*) разга́дывать (разгада́ть *pf*).
unreal [ʌn'rɪəl] *adj* (*not real*) нереа́льный.
unrealistic ['ʌnrɪə'lɪstɪk] *adj* нереалисти́чный.
unreasonable [ʌn'ri:znəbl] *adj* неразу́мный; (*length of time*) нереа́льный.
unrelated [ʌnrɪ'leɪtɪd] *adj* (*incident*) изоли́рованный, отде́льный; **to be ~** (*people*) не состоя́ть (*impf*) в родстве́.
unreliable [ʌnrɪ'laɪəbl] *adj* ненадёжный.
unrest [ʌn'rɛst] *n* волне́ния *ntpl.*
unruly [ʌn'ru:lɪ] *adj* неуправля́емый.
unsafe [ʌn'seɪf] *adj* опа́сный.
unsatisfactory ['ʌnsætɪs'fæktərɪ] *adj* неудовлетвори́тельный.
unscathed [ʌn'skeɪðd] *adj* невреди́мый.
unscrupulous [ʌn'skru:pjuləs] *adj* бессо́вестный.
unsettled [ʌn'sɛtld] *adj* (*person*) беспоко́йный; **the weather is ~** пого́да не установи́лась.
unshaven [ʌn'ʃeɪvn] *adj* небри́тый.
unsightly [ʌn'saɪtlɪ] *adj* непригля́дный.
unskilled [ʌn'skɪld] *adj* неквалифици́рованный.
unstable [ʌn'steɪbl] *adj* (*government*) нестаби́льный; (*person*: *mentally*) неуравнове́шенный.
unsteady [ʌn'stɛdɪ] *adj* нетвёрдый.
unsuccessful [ʌnsək'sɛsful] *adj* (*attempt*) безуспе́шный; (*writer*) неуда́вшийся; **to be ~ (in sth)** терпе́ть (потерпе́ть *pf*) неуда́чу (в чём-н); **your application was ~** Ва́ше заявле́ние не при́нято; **~ly** *adv* безуспе́шно.
unsuitable [ʌn'su:təbl] *adj* неподходя́щий.
unsure [ʌn'ʃuə'] *adj* неуве́ренный; **he is ~ of himself** он неуве́рен в себе́.
unsuspecting [ʌnsəs'pɛktɪŋ] *adj* ничего́ не подозрева́ющий.
unsympathetic ['ʌnsɪmpə'θɛtɪk] *adj* безуча́стный.
unthinkable [ʌn'θɪŋkəbl] *adj* немы́слимый.
untidy [ʌn'taɪdɪ] *adj* неопря́тный.
until [ən'tɪl] *prep* до *+gen* ♦ *conj* пока́ не; **~ he comes** пока́ он не придёт; **~ now/then** до сих/тех пор.
untimely [ʌn'taɪmlɪ] *adj* (*moment*) неподходя́щий; (*arrival*) неуме́стный; (*death*) безвре́менный.
untold [ʌn'təuld] *adj* (*joy, suffering*) несказа́нный.

unused[1] [ʌn'ju:zd] *adj* (*not used*) неиспо́льзованный.

unused[2] [ʌn'ju:st] *adj*: **he is ~ to it** он к э́тому не привы́к; **she is ~ to flying** она́ не привы́кла лета́ть.

unusual [ʌn'ju:ʒuəl] *adj* необы́чный; (*exceptional*) необыкнове́нный.

unveil [ʌn'veɪl] *vt* (*statue*) открыва́ть (откры́ть *pf*).

unwanted [ʌn'wɔntɪd] *adj* (*child, pregnancy*) нежела́нный.

unwavering [ʌn'weɪvərɪŋ] *adj* (*faith*) непоколеби́мый; (*gaze*) твёрдый.

unwelcome [ʌn'wɛlkəm] *adj* (*guest*) незва́ный, непро́шеный; (*news*) неприя́тный.

unwell [ʌn'wɛl] *adj*: **to feel ~** чу́вствовать *(impf)* себя́ пло́хо; **he is ~** ему́ нездоро́вится, он нездоро́в.

unwilling [ʌn'wɪlɪŋ] *adj*: **to be ~ to do** не хоте́ть *(impf) +infin*.

unwind [ʌn'waɪnd] (*irreg: like* **wind**) *vi* (*relax*) расслабля́ться (рассла́биться *pf*).

unwise [ʌn'waɪz] *adj* неблагоразу́мный.

unwitting [ʌn'wɪtɪŋ] *adj* householder нево́льный.

unworthy [ʌn'wə:ðɪ] *adj* недосто́йный.

KEYWORD

up [ʌp] *prep*: **he went up the stairs/the hill** он подня́лся по ле́стнице/на́ гору; **the cat was up a tree** ко́шка была́ на де́реве; **they live further up this street** они́ живу́т да́льше на э́той у́лице; **he has gone up to Scotland** он пое́хал в Шотла́ндию

◆ *adv* **1** (*upwards, higher*): **up in the sky/the mountains** высоко́ в не́бе/в гора́х; **put the picture a bit higher up** пове́сьте карти́ну повы́ше; **up there** (*up above*) там наверху́

2: **to be up** (*out of bed*) встава́ть (встать *pf*); (*prices, level*) поднима́ться (подня́ться *pf*); **the tent is up** пала́тка поста́влена

3: **up to** (*as far as*) до *+gen*; **up to now** до сих пор

4: **to be up to** (*depending on*) зави́сеть *(impf)* от *+gen*; **it's not up to me to decide** не мне реша́ть; **it's up to you** э́то Ва́ше де́ло

5: **to be up to** (*inf: be doing*) затева́ть *(impf)*; **he's not up to the job** он не тя́нет на э́ту рабо́ту; **his work is not up to the required standard** его́ рабо́та не соотве́тствует тре́буемым станда́ртам; **what's she up to these days?** а что она́ тепе́рь поде́лывает?

◆ *n*: **ups and downs** (*in life, career*) взлёты *mpl* и паде́ния *ntpl*.

upbringing ['ʌpbrɪŋɪŋ] *n* воспита́ние.

update [ʌp'deɪt] *vt* (*records*) обновля́ть (обнови́ть *pf*).

upgrade [ʌp'greɪd] *vt* (*house*) модернизи́ровать *(impf/pf)*; (*employee*) повыша́ть (повы́сить *pf*) (в до́лжности).

upheaval [ʌp'hi:vl] *n* переворо́т.

uphill [ʌp'hɪl] *adj* (*fig*) тяжёлый ◆ *adv* вверх; **to go ~** поднима́ться (подня́ться *pf*) в го́ру.

uphold [ʌp'həuld] (*irreg: like* **hold**) *vt* подде́рживать (поддержа́ть

pf).
upholstery [ʌp'həulstərɪ] *n* оби́вка.
upkeep ['ʌpki:p] *n* содержа́ние.
upon [ə'pɔn] *prep* (*position*) на *+prp*; (*motion*) на *+acc*.
upper ['ʌpəʳ] *adj* ве́рхний ◆ *n* верх; **~most** *adj* ве́рхний; **what was ~most in my mind** что бо́льше всего́ занима́ло мои́ мы́сли.
upright ['ʌpraɪt] *adj* (*vertical*) вертика́льный; (*honest*) безупре́чный.
uprising ['ʌpraɪzɪŋ] *n* восста́ние.
uproar ['ʌprɔ:ʳ] *n* (*protest*) возмуще́ние; (*shouts*) шум.
upset [*vb, adj* ʌp'sɛt, *n* 'ʌpsɛt] (*irreg*: *like* **set**) *vt* (*glass etc*) опроки́дывать (опроки́нуть *pf*); (*routine*) наруша́ть (нару́шить *pf*); (*person, plan*) расстра́ивать (расстро́ить *pf*) ◆ *adj* расстро́енный ◆ *n*: **I have a stomach ~** (*BRIT*) у меня́ расстро́йство желу́дка.
upside down ['ʌpsaɪd-] *adv* (*hang, hold*) вверх нога́ми; (*turn*) вверх дном.
upstairs [ʌp'stɛəz] *adv* (*be*) наверху́; (*go*) наве́рх ◆ *adj* ве́рхний ◆ *n* ве́рхний эта́ж.
upstream [ʌp'stri:m] *adv* про́тив тече́ния.
uptight [ʌp'taɪt] *adj* (*inf*) натя́нутый.
up-to-date ['ʌptə'deɪt] *adj* (*information*) после́дний.
upturn ['ʌptə:n] *n* (*ECON*) подъём.
upward ['ʌpwəd] *adj*: **~ movement/glance** движе́ние/взгляд вверх ◆ *adv* = **upwards**; **~s** *adv* вверх; (*more than*): **~s of** свы́ше *+gen*.
uranium [juə'reɪnɪəm] *n* ура́н.
urban ['ə:bən] *adj* городско́й.
urge [ə:dʒ] *n* потре́бность *f* ◆ *vt*: **to ~ sb to do** настоя́тельно проси́ть (*impf*) кого́-н *+infin*.
urgency ['ə:dʒənsɪ] *n* (*of task etc*) неотло́жность *f*; (*of tone*) насто́йчивость *f*.
urgent ['ə:dʒənt] *adj* (*message*) сро́чный; (*need*) несу́щный, неотло́жный; (*voice*) насто́йчивый.
urinate ['juərɪneɪt] *vi* мочи́ться (помочи́ться *pf*).
urine ['juərɪn] *n* моча́.
urn [ə:n] *n* (*also*: **tea ~**) тита́н.
Uruguay ['juərəgwaɪ] *n* Уругва́й.
us [ʌs] *pron* (*direct*) нас; (*indirect*) нам; (*after prep*: *+gen, +prp*) нас; (: *+dat*) нам; (: *+instr*) на́ми; **a few of ~** не́которые из нас; *see also* **me**.
US *n abbr* (= *United States*) США.
USA *n abbr* (= *United States of America*) США.
use [*vb* ju:z, *n* ju:s] *vt* (*object, tool*) по́льзоваться *(impf)* *+instr*, испо́льзовать *(impf/pf)*; (*phrase*) употребля́ть (употреби́ть *pf*) ◆ *n* (*using*) испо́льзование, употребле́ние; (*usefulness*) по́льза; (*purpose*) примене́ние; **she ~d to do it** она́ когда́-то занима́лась э́тим; **what's this ~d for?** для чего́ э́то испо́льзуется?; **to be ~d to** привы́кнуть *(pf)* к *+dat*; **to be in ~** употребля́ться *(impf)*, быть *(impf)* в употребле́нии; **to be out of ~** не употребля́ться *(impf)*; **of ~** поле́зный; **it's no ~** (э́то) бесполе́зно; **~ up** *vt* (*food*) испо́льзовать *(impf/pf)*; **~d** [ju:zd] *adj* (*car*) подержанный; **~ful** ['ju:sful] *adj* поле́зный; **~fulness** ['ju:sfəlnɪs] *n* по́льза; **~less** ['ju:slɪs]

adj (*unusable*) неприго́дный; (*pointless*) бесполе́зный; **~r** ['ju:zəʳ] *n* по́льзователь *f*; **~r-friendly** ['ju:zə'frɛndlı] *adj* просто́й в испо́льзовании.
USSR *n abbr* (*formerly*: = *Union of Soviet Socialist Republics*) СССР.
usual ['ju:ʒuəl] *adj* (*time, place etc*) обы́чный; **as ~** как обы́чно; **~ly** *adv* обы́чно.
utensil [ju:'tɛnsl] *n* инструме́нт; (*for cooking*) принадле́жность *f*.
utility [ju:'tılıtı] *n*: **public utilities** коммуна́льные услу́ги *fpl*.
utilize ['ju:tılaız] *vt* утилизи́ровать *(impf/pf)*.
utmost ['ʌtməust] *adj* велича́йший ♦ *n*: **to do one's ~** де́лать (сде́лать *pf*) всё возмо́жное.
utter ['ʌtəʳ] *adj* (*amazement*) по́лный; (*conviction*) глубо́кий; (*rubbish*) соверше́нный ♦ *vt* (*words*) произноси́ть (произнести́ *pf*); **~ly** *adv* соверше́нно.
U-turn ['ju:'tə:n] *n* (*AUT*) разворо́т на 180 гра́дусов.

V, v

vacancy ['veıkənsı] *n* (*BRIT*: *job*) вака́нсия; (*room*) свобо́дный но́мер.
vacant ['veıkənt] *adj* (*room, seat*) свобо́дный; (*look*) пусто́й.
vacation [və'keıʃən] *n* (*esp US*: *holiday*) о́тпуск; (*BRIT*: *SCOL*) кани́кулы *pl*.
vaccinate ['væksıneıt] *vt*: **to ~ sb (against sth)** де́лать (сде́лать *pf*) приви́вку кому́-н (от чего́-н).
vaccine ['væksi:n] *n* вакци́на.
vacuum ['vækjum] *n* (*empty space*) ва́куум ♦ *vt* пылесо́сить (пропылесо́сить *pf*); **~ cleaner** *n* пылесо́с.
vagina [və'dʒaınə] *n* влага́лище.
vague [veıg] *adj* (*blurred*: *memory, outline*) сму́тный; (*look*) рассе́янный; (*idea, instructions, answer*) неопределённый; **he was ~ about it** он не сказа́л ничего́ определённого об э́том; **~ly** *adv* (*say*) неопределённо; (*look*) рассе́янно; (*suspect*) сму́тно; (*slightly*) слегка́.
vain [veın] *adj* тщесла́вный; (*useless*) тще́тный; **in ~** тще́тно, напра́сно.
valid ['vælıd] *adj* (*ticket, document*) действи́тельный; (*reason, argument*) ве́ский; **~ity** [və'lıdıtı] *n* (*see adj*) действи́тельность *f*; ве́скость *f*.
valley ['vælı] *n* доли́на.
valuable ['væljuəbl] *adj* це́нный; (*time*) драгоце́нный; **~s** *npl* (*jewellery etc*) це́нности *fpl*.
valuation [vælju'eıʃən] *n* оце́нка.
value ['vælju:] *n* це́нность *f* ♦ *vt* оце́нивать (оцени́ть *pf*); (*appreciate*) цени́ть *(impf)*; **~s** *npl* (*principles*) це́нности *fpl*; **~d** *adj* (*customer, advice*) це́нный.
valve [vælv] *n* (*also MED*) кла́пан.
vampire ['væmpaıəʳ] *n* вампи́р.
van [væn] *n* (*AUT*) фурго́н.
vandalism ['vændəlızəm] *n* вандали́зм.
vanilla [və'nılə] *n* вани́ль *f*.
vanish ['vænıʃ] *vi* исчеза́ть (исче́знуть *pf*).
vanity ['vænıtı] *n* тщесла́вие.
vapour ['veıpəʳ] (*US* **vapor**) *n* пар.
variable ['vɛərıəbl] *adj* (*likely to change*) изме́нчивый; (*able to be*

changed: speed) переме́нный.
variation [vɛərɪ'eɪʃən] *n* (*change*) измене́ние; (*different form*) вариа́ция.
varied ['vɛərɪd] *adj* разнообра́зный.
variety [və'raɪətɪ] *n* разнообра́зие; (*type*) разнови́дность *f*.
various ['vɛərɪəs] *adj* (*different*) разли́чный; (*several*) ра́зный.
varnish ['vɑ:nɪʃ] *n* (*product*) лак; (*also:* **nail** ~) лак для ногте́й ♦ *vt* (*wood, table*) лакирова́ть (отлакирова́ть *pf*); (*nails*) кра́сить (накра́сить *pf*).
vary ['vɛərɪ] *vt* разнообра́зить (*impf*) ♦ *vi* (*sizes, colours*) различа́ться (*impf*); (*become different*): **to ~ with** (*weather etc*) меня́ться (*impf*) в зави́симости от *+gen*.
vase [vɑ:z] *n* ва́за.
vast [vɑ:st] *adj* (*knowledge, area*) обши́рный; (*expense*) грома́дный.
VAT [væt] *n abbr* (*BRIT*: = *value-added tax*) НДС.
vat [væt] *n* ка́дка.
Vatican ['vætɪkən] *n*: **the ~** Ватика́н.
vault [vɔ:lt] *n* (*tomb*) склеп; (*in bank*) сейф, храни́лище ♦ *vt* (*also:* **~ over**) перепры́гивать (перепры́гнуть *pf*) (че́рез *+acc*).
VCR *n abbr* = **video cassette recorder**.
veal [vi:l] *n* (*CULIN*) теля́тина.
veer [vɪə^r] *vi* (*vehicle*) свора́чивать (сверну́ть *pf*); (*wind*) меня́ть (поменя́ть *pf*) направле́ние.
vegetable ['vɛdʒtəbl] *n* (*BOT*) о́вощ ♦ *adj* (*oil etc*) расти́тельный; (*dish*) овощно́й.
vegetarian [vɛdʒɪ'tɛərɪən] *n* вегетариа́нец(-а́нка) ♦ *adj* вегетариа́нский.
vegetation [vɛdʒɪ'teɪʃən] *n* (*plants*) расти́тельность *f*.
vehement ['vi:ɪmənt] *adj* (*attack, denial*) я́ростный.
vehicle ['vi:ɪkl] *n* автотра́нспортное сре́дство; (*fig*) сре́дство.
veil [veɪl] *n* вуа́ль *f*.
vein [veɪn] *n* (*of leaf*) жи́лка; (*ANAT*) ве́на; (*of ore*) жи́ла.
velocity [vɪ'lɔsɪtɪ] *n* ско́рость *f*.
velvet ['vɛlvɪt] *n* ба́рхат ♦ *adj* ба́рхатный.
vendor ['vɛndə^r] *n*: **street ~** у́личный(-ая) торго́вец(-вка).
veneer [və'nɪə^r] *n* (*on furniture*) фанеро́вка.
vengeance ['vɛndʒəns] *n* мще́ние, возме́здие; **with a ~** (*fig*) с лихво́й.
venison ['vɛnɪsn] *n* олени́на.
venom ['vɛnəm] *n* (*of snake, insect*) яд; (*bitterness, anger*) зло́ба.
vent [vɛnt] *n* (*also:* **air ~**) вентиляцио́нное отве́рстие ♦ *vt* (*fig*) дава́ть (дать *pf*) вы́ход *+dat*.
ventilate ['vɛntɪleɪt] *vt* (*room, building*) прове́тривать (прове́трить *pf*).
ventilation [vɛntɪ'leɪʃən] *n* вентиля́ция.
ventilator ['vɛntɪleɪtə^r] *n* вентиля́тор.
venture ['vɛntʃə^r] *n* предприя́тие ♦ *vt* (*opinion*) осме́ливаться (осме́литься *pf*) на *+acc* ♦ *vi* осме́ливаться (осме́литься *pf*); **business ~** предприя́тие.
venue ['vɛnju:] *n* ме́сто проведе́ния.
veranda(h) [və'rændə] *n* вера́нда.
verb [və:b] *n* глаго́л.

verbal ['vəːbl] *adj* (*spoken*) у́стный.
verdict ['vəːdɪkt] *n* (*LAW*) верди́кт; (*fig: opinion*) заключе́ние.
verge [vəːdʒ] *n* (*BRIT: of road*) обо́чина; **to be on the ~ of sth** быть (*impf*) на гра́ни чего́-н.
verify ['vɛrɪfaɪ] *vt* (*confirm*) подтвержда́ть (подтверди́ть *pf*); (*check*) сверя́ть (све́рить *pf*).
veritable ['vɛrɪtəbl] *adj* настоя́щий.
vermin ['vəːmɪn] *npl* вреди́тели *mpl*.
versatile ['vəːsətaɪl] *adj* (*person*) разносторо́нний; (*substance, machine etc*) универса́льный.
verse [vəːs] *n* (*poetry, in Bible*) стих; (*part of poem*) строфа́.
version ['vəːʃən] *n* (*form*) вариа́нт; (*account: of events*) ве́рсия.
versus ['vəːsəs] *prep* про́тив *+gen*.
vertical ['vəːtɪkl] *adj* вертика́льный.
vertigo ['vəːtɪgəu] *n* головокруже́ние.
verve [vəːv] *n* воодушевле́ние.
very ['vɛrɪ] *adv* о́чень ◆ *adj*: **the ~ book which ...** та са́мая кни́га, кото́рая ...; **thank you ~ much** большо́е (Вам) спаси́бо; **~ much better** гора́здо лу́чше; **I ~ much hope so** я о́чень наде́юсь на э́то; **the ~ last** са́мый после́дний; **at the ~ least** как ми́нимум.
vessel ['vɛsl] *n* су́дно; (*bowl*) сосу́д; **blood ~** кровено́сный сосу́д.
vest [vɛst] *n* (*BRIT: underwear*) ма́йка; (*US: waistcoat*) жиле́т.
vet [vɛt] *n abbr* (*BRIT: = veterinary surgeon*) ветерина́р.
veteran ['vɛtərn] *n* (*of war*) ветера́н.
veterinary ['vɛtrɪnərɪ] *adj* ветерина́рный.
veto ['viːtəu] (*pl* **~es**) *n* ве́то *nt ind* ◆ *vt* (*POL, LAW*) налага́ть (наложи́ть *pf*) ве́то на *+acc*.
vetting ['vɛtɪŋ] *n* прове́рка.
via ['vaɪə] *prep* че́рез *+acc*.
viable ['vaɪəbl] *adj* жизнеспосо́бный.
viaduct ['vaɪədʌkt] *n* виаду́к.
vibrant ['vaɪbrnt] *adj* (*lively*) по́лный жи́зни; (*light*) я́ркий; (*colour*) со́чный; (*voice*) трепе́щущий.
vibrate [vaɪ'breɪt] *vi* вибри́ровать (*impf*).
vibration [vaɪ'breɪʃən] *n* вибра́ция.
vicar ['vɪkəʳ] *n* (*REL*) прихо́дский свяще́нник.
vice [vaɪs] *n* поро́к; (*TECH*) тиски́ *pl*.
vice-chairman [vaɪs'tʃɛəmən] *irreg n* замести́тель *m* председа́теля.
vice president *n* ви́це-президе́нт.
vice versa ['vaɪsɪ'vəːsə] *adv* наоборо́т.
vicinity [vɪ'sɪnɪtɪ] *n*: **in the ~ (of)** вблизи́ (от *+gen*).
vicious ['vɪʃəs] *adj* (*attack, blow*) жесто́кий; (*words, look, dog*) зло́й; **~ circle** *n* поро́чный круг.
victim ['vɪktɪm] *n* же́ртва.
victor ['vɪktəʳ] *n* победи́тель(ница) *m(f)*.
victorious [vɪk'tɔːrɪəs] *adj* (*team*) победоно́сный; (*shout*) побе́дный.
victory ['vɪktərɪ] *n* побе́да.
video ['vɪdɪəu] *cpd* ви́део *ind* ◆ *n* (*also:* **~ film**) видеофи́льм; (*also:* **~ cassette**) видеокассе́та; (*also:* **~ cassette recorder**) видеомагнитофо́н; (*also:* **~ camera**) видеока́мера; **~ game** *n*

видеоигра́; **~ recorder** *n* видеомагнитофо́н; **~ tape** *n* видеоле́нта.
vie [vaɪ] *vi*: **to ~ with sb/for sth** состяза́ться *(impf)* с кем-н/в чём-н.
Vienna [vɪ'ɛnə] *n* Ве́на.
view [vju:] *n* (*sight, outlook*) вид; (*opinion*) взгляд ◆ *vt* рассма́тривать (рассмотре́ть *pf*); **in full ~ (of)** на виду́ (у *+gen*); **in ~ of the bad weather/the fact that** ввиду́ плохо́й пого́ды/того́, что; **in my ~** на мой взгляд; **~er** *n* (*person*) зри́тель(ница) *m(f)*; **~finder** *n* (PHOT) видоиска́тель *m*; **~point** *n* (*attitude*) то́чка зре́ния; (*place*) ме́сто обозре́ния.
vigil ['vɪdʒɪl] *n* бде́ние; **~ant** *adj* бди́тельный.
vigor ['vɪgəʳ] (*US*) *n* = **vigour**.
vigorous ['vɪgərəs] *adj* (*action, campaign*) энерги́чный.
vigour ['vɪgəʳ] (*US* **vigor**) *n* си́ла, мощь *f*.
vile [vaɪl] *adj* гну́сный, омерзи́тельный.
villa ['vɪlə] *n* ви́лла.
village ['vɪlɪdʒ] *n* дере́вня.
villain ['vɪlən] *n* (*in novel etc*) злоде́й; (BRIT: *criminal*) престу́пник.
vindicate ['vɪndɪkeɪt] *vt* опра́вдывать (оправда́ть *pf*).
vine [vaɪn] *n* (*with grapes*) (виногра́дная) лоза́.
vinegar ['vɪnɪgəʳ] *n* у́ксус.
vineyard ['vɪnjɑ:d] *n* виногра́дник.
vintage ['vɪntɪdʒ] *cpd* (*comedy, performance etc*) класси́ческий; (*wine*) ма́рочный.
vinyl ['vaɪnl] *n* вини́л.
viola [vɪ'əulə] *n* (MUS) альт.
violation [vaɪə'leɪʃən] *n* (*of agreement etc*) наруше́ние.
violence ['vaɪələns] *n* (*brutality*) наси́лие.
violent ['vaɪələnt] *adj* (*behaviour*) жесто́кий; (*death*) наси́льственный; (*debate, criticism*) ожесточённый.
violet ['vaɪələt] *adj* фиоле́товый ◆ *n* (*plant*) фиа́лка.
violin [vaɪə'lɪn] *n* (MUS) скри́пка; **~ist** *n* скрипа́ч(ка).
VIP *n abbr* (= *very important person*) о́чень ва́жное лицо́.
virgin ['və:dʒɪn] *n* де́вственница ◆ *adj* (*snow, forest etc*) де́вственный; **~ity** [və:'dʒɪnɪtɪ] *n* де́вственность *f*.
Virgo ['və:gəu] *n* Де́ва.
virile ['vɪraɪl] *adj* му́жественный, возмужа́лый.
virtually ['və:tjuəlɪ] *adv* факти́чески, практи́чески.
virtue ['və:tju:] *n* (*moral correctness*) доброде́тель *f*; (*advantage*) преиму́щество; (*good quality*) досто́инство; **by ~ of** благодаря́ *+dat*.
virtuous ['və:tjuəs] *adj* (*morally correct*) доброде́тельный.
virus ['vaɪərəs] *n* (MED) ви́рус.
visa ['vi:zə] *n* (*for travel*) ви́за.
visibility [vɪzɪ'bɪlɪtɪ] *n* ви́димость *f*.
visible ['vɪzəbl] *adj* ви́димый; (*results, growth*) очеви́дный.
vision ['vɪʒən] *n* (*sight*) зре́ние; (*foresight*) прови́дение, ви́дение.
visit ['vɪzɪt] *n* посеще́ние, визи́т ◆ *vt* (*person, place*) посеща́ть (посети́ть *pf*); (*elderly, disabled*) навеща́ть (навести́ть *pf*); **~or** *n* (*person visiting*) гость(я) *m(f)*; (*in public place*) посети́тель(ница) *m(f)*; (*in town etc*) прие́зжий(-ая)

m(f) adj.

visual ['vɪzjuəl] *adj* (*image*) зри́тельный; **~ize** *vt* мы́сленно представля́ть (предста́вить *pf*).

vital ['vaɪtl] *adj* жи́зненный; (*problem*) насу́щный; (*full of life: person*) живо́й, по́лный жи́зни; **it is ~ ...** необходи́мо ...; **~ity** [vaɪ'tælɪtɪ] *n* (*liveliness*) жи́вость *f*; **~ly** *adv*: **~ly important** жи́зненно ва́жный.

vitamin ['vɪtəmɪn] *n* витами́н.

vivid ['vɪvɪd] *adj* (*description, colour*) я́ркий; (*memory*) отчётливый; (*imagination*) живо́й; **~ly** *adv* (*describe*) я́рко; (*remember*) отчётливо.

vocabulary [vəu'kæbjulərɪ] *n* (*words known*) слова́рный запа́с.

vocal ['vəukl] *adj* (*articulate*)речи́стый.

vocation [vəu'keɪʃən] *n* призва́ние; **~al** *adj* профессиона́льный.

vodka ['vɔdkə] *n* во́дка.

vogue [vəug] *n* мо́да; **in ~** в мо́де.

voice [vɔɪs] *n* го́лос ♦ *vt* (*opinion*) выска́зывать (вы́сказать *pf*).

void [vɔɪd] *n* (*emptiness*) пустота́; (*hole*) прова́л ♦ *adj* (*invalid*) недействи́тельный.

volatile ['vɔlətaɪl] *adj* (*situation, person*) изме́нчивый; (*liquid*) лету́чий.

volcanic [vɔl'kænɪk] *adj* вулкани́ческий.

volcano [vɔl'keɪnəu] (*pl* **~es**) *n* вулка́н.

volley ['vɔlɪ] *n* (*of gunfire*) залп; (*of questions*) град; (*TENNIS etc*) уда́р с лёта; **~ball** *n* (*SPORT*) волейбо́л.

voltage ['vəultɪdʒ] *n* (*ELEC*) напряже́ние.

volume ['vɔlju:m] *n* объём; (*book*) том; (*sound level*) гро́мкость *f*.

voluntarily ['vɔləntrɪlɪ] *adv* доброво́льно.

voluntary ['vɔləntərɪ] *adj* (*willing*) доброво́льный; (*unpaid*) обще́ственный.

volunteer [vɔlən'tɪəʳ] *n* (*unpaid helper*) доброво́льный(-ая) помо́щник(-ица); (*to army etc*) доброво́лец ♦ *vt* (*information*) предлага́ть (предложи́ть *pf*) ♦ *vi* (*for army etc*) идти́ (пойти́ *pf*) доброво́льцем; **to ~ to do** вызыва́ться (вы́зваться *pf*) *+infin.*

vomit ['vɔmɪt] *n* рво́та ♦ *vi*: **he ~ed** его́ вы́рвало.

vote [vəut] *n* (*indication of opinion*) голосова́ние; (*votes cast*) го́лос; (*right to vote*) пра́во го́лоса ♦ *vi* голосова́ть (проголосова́ть *pf*) ♦ *vt* (*Labour etc*) голосова́ть (проголосова́ть *pf*) за *+acc*; (*elect*): **he was ~d chairman** он был и́збран председа́телем; (*propose*): **to ~ that** предлага́ть (предложи́ть *pf*), что́бы; **to put sth to the ~, take a ~ on sth** ста́вить (поста́вить *pf*) что-н на голосова́ние; **~ of thanks** благода́рственная речь *f*; **to pass a ~ of confidence/no confidence** выража́ть (вы́разить *pf*) во́тум дове́рия/недове́рия; **to ~ for** *or* **in favour of/against** голосова́ть (проголосова́ть *pf*) за *+acc*/ про́тив *+gen*; **~r** *n* избира́тель(ница) *m(f)*.

voting ['vəutɪŋ] *n* голосова́ние.

voucher ['vautʃəʳ] *n* (*with petrol, cigarettes etc*) ва́учер.

vow [vau] *n* кля́тва ♦ *vt*: **to ~ to do/that** кля́сться (покля́сться *pf*) *+infin*/, что; **~s** *npl* (*REL*) обе́т *msg*.

vowel ['vauəl] *n* гла́сный *m adj*.

voyage ['vɔɪɪdʒ] *n* (*by ship*) плáвание; (*by spacecraft*) полёт.
vulgar ['vʌlgəʳ] *adj* (*rude*) вульгáрный; (*tasteless*) пóшлый.
vulnerable ['vʌlnərəbl] *adj* (*position*) уязвúмый; (*person*) ранúмый; **he is ~ to ...** он подвéржен *+dat* ....
vulture ['vʌltʃəʳ] *n* (*ZOOL*) гриф.

W, w

wad [wɔd] *n* (*of cotton wool*) тампóн; (*of banknotes, paper*) пáчка.
wade [weɪd] *vi*: **to ~ through** (*water*) пробирáться (пробрáться *pf*) чéрез *+acc*.
waft [wɔft] *vi* доносúться (донестúсь *pf*).
wage [weɪdʒ] *n* (*also:* **~s**) зáработок, зарплáта ♦ *vt*: **to ~ war** вестú *(impf)* войнý.
wail [weɪl] *n* (*of person*) вопль *m* ♦ *vi* (*person*) вопúть *(impf)*; (*siren*) выть *(impf)*.
waist [weɪst] *n* тáлия; **~coat** *n* (*BRIT*) жилéт.
wait [weɪt] *vi* ждать *(impf)* ♦ *n* ожидáние; **to keep sb ~ing** заставлять (застáвить *pf*) когó-н ждать; **I can't ~ to go home** (*fig*) мне не тéрпится пойтú домóй; **to ~ for sb/sth** ждать *(impf)* когó-н/чегó-н; **we had a long ~ for the bus** мы дóлго ждáли автóбуса; **~ on** *vt fus* (*serve*) обслýживать (обслужúть *pf*); **~er** *n* официáнт; **~ing list** *n* спúсок очередникóв; **~ing room** *n* (*in surgery*) приёмная *f adj*; (*in station*) зал ожидáния; **~ress** *n* официáнтка.
wake [weɪk] (*pt* **woke** *or* **waked**, *pp* **woken** *or* **waked**) *vt* (*also:* **~ up**) будúть (разбудúть *pf*) ♦ *vi* (*also:* **~ up**) просыпáться (проснýться *pf*) ♦ *n* бдéние (у грóба); (*NAUT*) кильвáтер; **~n** *vti* = **wake**.
Wales [weɪlz] *n* Уэ́льс.
walk [wɔ:k] *n* (*hike*) похóд; (*shorter*) прогýлка; (*gait*) похóдка; (*path*) тропá ♦ *vi* (*go on foot*) ходúть/идтú *(impf)* (пешкóм); (*baby*) ходúть *(impf)*; (*for pleasure, exercise*) гулять *(impf)* ♦ *vt* (*distance*) проходúть (пройтú *pf*); (*dog*) выгýливать (вы́гулять *pf*); **10 minutes' ~ from here** в 10-ти минýтах ходьбы́ отсю́да; **~ out** *vi* (*audience*) демонстратúвно покидáть (покúнуть *pf*) зал; (*workers*) бастовáть *(impf)*; **~er** *n* (*hiker*) турúст(ка); **~ing stick** *n* трость *f*.
wall [wɔ:l] *n* стенá; **~ed** *adj* обнесённый стенóй.
wallet ['wɔlɪt] *n* бумáжник.
wallpaper ['wɔ:lpeɪpəʳ] *n* обóи *pl* ♦ *vt* оклéивать (оклéить *pf*) обóями.
walnut ['wɔ:lnʌt] *n* (*nut*) грéцкий орéх; (*wood*) орéх.
walrus ['wɔ:lrəs] (*pl* **~** *or* **~es**) *n* морж.
waltz [wɔ:lts] *n* вальс.
wander ['wɔndəʳ] *vi* (*person*) бродúть *(impf)*; (*mind, thoughts*) блуждáть *(impf)* ♦ *vt* бродúть *(impf)* по *+dat*.
wane [weɪn] *vi* (*enthusiasm, influence*) ослабевáть (ослабéть *or* ослáбнуть *pf*).
want [wɔnt] *vt* (*wish for*) хотéть *(impf)* *+acc or +gen*; (*need*) нуждáться *(impf)* в *+prp* ♦ *n*: **for ~ of** за недостáтком *+gen*; **to ~ to**

do хоте́ть *(impf)* *+infin*; **I ~ you to apologize** я хочу́, что́бы Вы извини́лись; **~ed** *adj* (*criminal etc*) разы́скиваемый; **~ing** *adj*: **he was found ~ing** он оказа́лся не на высоте́ положе́ния.
wanton [ˈwɔntn] *adj* (*gratuitous*) беспричи́нный.
war [wɔːʳ] *n* война́; **to declare ~ (on)** объявля́ть (объяви́ть *pf*) войну́ (*+dat*).
ward [wɔːd] *n* (*MED*) пала́та; (*BRIT*: *POL*) о́круг; (*LAW*) *ребёнок, под опе́кой*; **~ off** *vt* (*attack, enemy*) отража́ть (отрази́ть *pf*); (*danger, illness*) отвраща́ть (отврати́ть *pf*).
warden [ˈwɔːdn] *n* (*of park, reserve*) смотри́тель(ница) *m(f)*; (*of prison*) нача́льник; (*of youth hostel*) коменда́нт.
wardrobe [ˈwɔːdrəub] *n* шифонье́р, платяно́й шкаф; (*clothes*) гардеро́б; (*THEAT*) костюме́рная *f adj*.
warehouse [ˈwɛəhaus] *n* склад.
wares [wɛəz] *npl* това́ры *mpl*.
warfare [ˈwɔːfɛəʳ] *n* вое́нные *or* боевы́е де́йствия *ntpl*.
warily [ˈwɛərɪlɪ] *adv* насторо́женно.
warm [wɔːm] *adj* тёплый; (*thanks, supporter*) горя́чий; (*heart*) до́брый; **it's ~ today** сего́дня тепло́; **I'm ~** мне тепло́; **~ up** *vi* (*person, room*) согрева́ться (согре́ться *pf*); (*water*) нагрева́ться (нагре́ться *pf*); (*athlete*) размина́ться (размя́ться *pf*) ◆ *vt* разогрева́ть (разогре́ть *pf*); **the weather ~ed up** на у́лице потепле́ло; **~-hearted** *adj* серде́чный; **~ly** *adv* (*applaud*) горячо́; (*dress, welcome*) тепло́; **~th** *n* тепло́.
warn [wɔːn] *vt*: **to ~ sb (not) to do/of/that** предупрежда́ть (предупреди́ть *pf*) кого́-н (не) *+infin*/о *+prp*/, что; **~ing** *n* предупрежде́ние.
warp [wɔːp] *vi* (*wood*) коро́биться (покоро́биться *pf*) ◆ *vt* (*fig*) кове́ркать (искове́ркать *pf*).
warrant [ˈwɔrnt] *n* (*also*: **search ~**) о́рдер на о́быск; **~y** *n* гара́нтия.
Warsaw [ˈwɔːsɔː] *n* Варша́ва.
warship [ˈwɔːʃɪp] *n* вое́нный кора́бль *m*.
wart [wɔːt] *n* борода́вка.
wartime [ˈwɔːtaɪm] *n*: **in ~** в вое́нное вре́мя.
wary [ˈwɛərɪ] *adj*: **to be ~ of sb/sth** относи́ться *(impf)* к кому́-н/ чему́-н насторо́женно.
was [wɔz] *pt of* **be**.
wash [wɔʃ] *n* мытьё; (*clothes*) сти́рка; (*washing programme*) режи́м сти́рки (*в стира́льной маши́не*); (*of ship*) пе́нистый след ◆ *vt* (*hands, body*) мыть (помы́ть *pf*); (*clothes*) стира́ть (постира́ть *pf*); (*face*) умыва́ть (умы́ть *pf*) ◆ *vi* (*person*) мы́ться (помы́ться *pf*); (*sea etc*): **to ~ over sth** перека́тываться (перекати́ться *pf*) че́рез что-н; **to have a ~** помы́ться *(pf)*; **to give sth a ~** помы́ть *(pf)* что-н; (*clothes*) постира́ть *(pf)* что-н; **~ off** *vi* отмыва́ться (отмы́ться *pf*); (*stain*) отсти́рываться (отстира́ться *pf*); **~ up** *vi* (*BRIT*) мыть (вы́мыть *pf*) посу́ду; (*US*) мы́ться (помы́ться *pf*); **~er** *n* ша́йба; **~ing** *n* сти́рка; **~ing-up** *n* (гря́зная) посу́да.
wasn't [ˈwɔznt] = **was not**.
wasp [wɔsp] *n* оса́.

wastage ['weɪstɪdʒ] *n* (*waste*) растра́та.

waste [weɪst] *n* (*act*) тра́та; (*rubbish*) отхо́ды *mpl*; (*also:* **~land**: *in city*) пусты́рь *m* ♦ *adj* (*rejected, damaged*) брако́ванный; (*left over*) отрабо́танный ♦ *vt* растра́чивать (растра́тить *pf*); (*opportunity*) упуска́ть (упусти́ть *pf*); **~s** *npl* (*area*) пусты́ня *fsg*; **~ paper** испо́льзованная бума́га; **~ful** *adj* неэконо́мный; **~paper basket** *n* корзи́на для (нену́жных) бума́г.

watch [wɔtʃ] *n* (*also:* **wrist~**) (нару́чные) часы́ *pl*; (*act of watching*) наблюде́ние ♦ *vt* (*look at*) наблюда́ть (*impf*) за *+instr*; (*match, programme*) смотре́ть (посмотре́ть *pf*); (*events, weight, language*) следи́ть (*impf*) за *+instr*; (*be careful of: person*) остерега́ться (*impf*) *+gen*; (*look after*) смотре́ть (*impf*) за *+instr* ♦ *vi* (*take care*) смотре́ть (*impf*); (*keep guard*) дежу́рить (*impf*); **~ out** *vi* остерега́ться (остере́чься *pf*); **~ful** *adj* бди́тельный.

water ['wɔːtəʳ] *n* вода́ ♦ *vt* полива́ть (поли́ть *pf*) ♦ *vi* (*eyes*) слези́ться (*impf*); **in British ~s** в брита́нских во́дах; **~ down** *vt* разбавля́ть (разба́вить *pf*) (водо́й); (*fig*) смягча́ть (смягчи́ть *pf*); **~colour** (*US* **~color**) *n* (*picture*) акваре́ль *f*; **~fall** *n* водопа́д; **~ing can** *n* ле́йка; **~logged** *adj* зато́пленный; **~melon** *n* арбу́з; **~proof** *adj* непромока́емый; **~shed** *n* водоразде́л; **~tight** *adj* (*seal, door*) водонепроница́емый; **~way** *n* во́дный путь *m*; **~y** *adj* (*soup etc*) водяни́стый.

watt [wɔt] *n* ватт.

wave [weɪv] *n* волна́; (*of hand*) взмах ♦ *vi* (*signal*) маха́ть (*impf*); (*branches*) кача́ться (*impf*); (*flag*) развева́ться (*impf*) ♦ *vt* маха́ть (*impf*) *+instr*; (*stick, gun*) разма́хивать (*impf*) *+instr*; **~length** *n* (*RADIO*) длина́ волны́; **they are on the same ~length** (*fig*) они́ смо́трят на ве́щи одина́ково.

wax [wæks] *n* (*polish*) воск; (: *for floor*) масти́ка; (*for skis*) мазь *f*; (*in ear*) се́ра ♦ *vt* (*floor*) натира́ть (натере́ть *pf*) масти́кой; (*car*) натира́ть (натере́ть *pf*) во́ском; (*skis*) ма́зать (сма́зать *pf*) ма́зью.

way [weɪ] *n* (*route*) путь *m*, доро́га; (*manner, method*) спо́соб; (*usu pl: habit*) привы́чка; **which ~? – this ~** куда́? – сюда́; **is it a long ~ from here?** э́то далеко́ отсю́да?; **which ~ do we go now?** куда́ нам тепе́рь идти́?; **on the ~** (*en route*) по пути́ *or* доро́ге; **to be on one's ~** быть (*impf*) в пути́; **to go out of one's ~ to do** стара́ться (постара́ться *pf*) изо всех сил *+infin*; **to be in sb's ~** стоя́ть (*impf*) на чьём-н пути́; **to lose one's ~** заблуди́ться (*pf*); **the plan is under ~** план осуществля́ется; **in a ~** в изве́стном смы́сле; **in some ~s** в не́которых отноше́ниях; **no ~!** (*inf*) ни за что!; **by the ~ ...** ме́жду про́чим ...; **"~ in"** (*BRIT*) "вход"; **"~ out"** (*BRIT*) "вы́ход"; **"give ~"** (*BRIT: AUT*) "уступи́те доро́гу".

WC *n abbr* = *water closet*.

we [wiː] *pron* мы.

weak [wiːk] *adj* сла́бый; **to grow ~**

слабе́ть (ослабе́ть *pf*); **~en** *vi* (*person*) смягча́ться (смягчи́ться *pf*) ♦ *vt* (*government, person*) ослабля́ть (осла́бить *pf*); **~ness** *n* сла́бость *f*; **to have a ~ness for** име́ть *(impf)* сла́бость к *+dat.*

wealth [wɛlθ] *n* (*money, resources*) бога́тство; (*of details, knowledge etc*) оби́лие; **~y** *adj* состоя́тельный, бога́тый.

wean [wi:n] *vt* (*baby*) отнима́ть (отня́ть *pf*) от груди́.

weapon ['wɛpən] *n* ору́жие.

wear [wɛə'] (*pt* **wore**, *pp* **worn**) *n* (*use*) но́ска; (*damage*) изно́с ♦ *vi* (*last*) носи́ться *(impf)*; (*rub through*) изна́шиваться (износи́ться *pf*) ♦ *vt* (*generally*) носи́ть *(impf)*; (*put on*) надева́ть (наде́ть *pf*); (*damage*) изна́шивать (износи́ть *pf*); **he was ~ing his new shirt** на нём была́ его́ но́вая руба́шка; **~ down** *vt* (*resistance*) сломи́ть *(pf)*; **~ out** *vt* (*shoes, clothing*) изна́шивать (износи́ть *pf*); **~ and tear** *n* изно́с.

weary ['wɪərɪ] *adj* утомлённый ♦ *vi*: **to ~ of** утомля́ться (утоми́ться *pf*) от *+gen.*

weasel ['wi:zl] *n* (*ZOOL*) ла́ска.

weather ['wɛðə'] *n* пого́да ♦ *vt* (*crisis*) выде́рживать (вы́держать *pf*); **I am under the ~** мне нездоро́вится; **~ forecast** *n* прогно́з пого́ды.

weave [wi:v] (*pt* **wove**, *pp* **woven**) *vt* (*cloth*) ткать (сотка́ть *pf*); **~r** *n* ткач(и́ха).

weaving ['wi:vɪŋ] *n* (*craft*) тка́чество.

web [wɛb] *n* паути́на; (*fig*) сеть *f.*

wed [wɛd] (*pt,pp* **wedded**) *vi* венча́ться (обвенча́ться *pf*).

we'd [wi:d] = **we had, we would**.

wedding [wɛdɪŋ] *n* сва́дьба; (*in church*) венча́ние; **silver/golden ~** серебряная/золота́я сва́дьба.

wedge [wɛdʒ] *n* клин ♦ *vt* закрепля́ть (закрепи́ть *pf*) кли́ном; (*pack tightly*): **to ~ in** вти́скивать (вти́снуть *pf*) в *+acc.*

Wednesday ['wɛdnzdɪ] *n* среда́.

wee [wi:] *adj* (*SCOTTISH*) ма́ленький.

weed [wi:d] *n* сорня́к ♦ *vt* поло́ть (вы́полоть *pf*).

week [wi:k] *n* неде́ля; **a ~ today** че́рез неде́лю; **a ~ on Friday** в сле́дующую пя́тницу; **~day** *n* бу́дний день *m*; **~end** *n* выходны́е *pl adj* (дни), суббо́та и воскресе́нье; **~ly** *adv* еженеде́льно ♦ *adj* еженеде́льный.

weep [wi:p] (*pt,pp* **wept**) *vi* (*person*) пла́кать *(impf).*

weigh [weɪ] *vt* взве́шивать (взве́сить *pf*) ♦ *vi* ве́сить *(impf)*; **~ down** *vt* отягоща́ть (отяготи́ть *pf*); (*fig*) тяготи́ть *(impf).*

weight [weɪt] *n* вес; (*for scales*) ги́ря; **to lose ~** худе́ть (похуде́ть *pf*); **to put on ~** поправля́ться (попра́виться *pf*); **~y** *adj* (*important*) весо́мый.

weir [wɪə'] *n* (*in river*) запру́да.

weird [wɪəd] *adj* (*strange*) стра́нный, дико́винный.

welcome ['wɛlkəm] *adj* жела́нный ♦ *n* (*hospitality*) приём; (*greeting*) приве́тствие ♦ *vt* (*also*: **bid ~**) приве́тствовать *(impf)*; **thank you – you're ~!** спаси́бо – пожа́луйста!

weld [wɛld] *vt* сва́ривать (свари́ть *pf*).

welfare ['wɛlfɛə'] *n* (*well-being*)

благополу́чие; (*US*: *social aid*) социа́льное посо́бие; **~ state** *n* госуда́рство всео́бщего благосостоя́ния.
well [wɛl] *n* (*for water*) коло́дец; (*also:* **oil ~**) (нефтяна́я) сква́жина ♦ *adv* хорошо́ ♦ *excl* (*anyway*) ну; (*so*) ну вот ♦ *adj*: **he is ~** он здоро́в; **as ~** та́кже; **I woke ~ before dawn** я просну́лся задо́лго до рассве́та; **I've brought my anorak as ~ as a jumper** кро́ме сви́тера я привёз ещё и ку́ртку; **~ done!** молоде́ц!; **get ~ soon!** поправля́йтесь скоре́е!; **he is doing ~ at school** в шко́ле он успева́ет; **the business is doing ~** би́знес процвета́ет; **~ up** *vi* (*tears*) наверну́ться *(pf)*.
we'll [wi:l] = **we will, we shall**.
well-being ['wɛl'bi:ɪŋ] *n* благополу́чие.
well-dressed ['wɛl'drɛst] *adj* хорошо́ оде́тый.
wellies ['wɛlɪz] *npl* = **wellingtons**.
wellingtons ['wɛlɪŋtənz] *npl* (*also:* **wellington boots**) рези́новые сапоги́ *mpl*.
well-known ['wɛl'nəun] *adj* изве́стный.
well-off ['wɛl'ɔf] *adj* обеспе́ченный.
Welsh [wɛlʃ] *adj* уэ́льский; **the ~** *npl* (*people*) уэ́льсцы *mpl*, валли́йцы *mpl*; **~man** *irreg n* уэ́льсец, валли́ец; **~woman** *n irreg* валли́йка, жи́тельница Уэ́льса.
went [wɛnt] *pt of* **go**.
wept [wɛpt] *pt, pp of* **weep**.
were [wə:ʳ] *pt of* **be**.
we're [wɪəʳ] = **we are**.
weren't [wə:nt] = **were not**.
west [wɛst] *n* за́пад ♦ *adj* за́падный ♦ *adv* на за́пад; **the W~** (*POL*) За́пад; **~erly** *adj* за́падный; **~ern** *adj* за́падный ♦ *n* (*CINEMA*) ве́стерн.
wet [wɛt] *adj* (*damp, rainy*) вла́жный, сыро́й; (*soaking*) мо́крый; **to get ~** мо́кнуть (промо́кнуть *pf*).
we've [wi:v] = **we have**.
whale [weɪl] *n* кит.
wharf [wɔ:f] (*pl* **wharves**) *n* при́стань *f*.
wharves [wɔ:vz] *npl of* **wharf**.

KEYWORD

what [wɔt] *adj* **1** (*interrogative*: *direct, indirect*) како́й (*f* кака́я, *nt* како́е, *pl* каки́е); **what books do you need?** каки́е кни́ги Вам нужны́?; **what size is the dress?** како́го разме́ра э́то пла́тье?
2 како́й (*f* кака́я, *nt* како́е, *pl* каки́е); **what a lovely day!** како́й чуде́сный день!; **what a fool I am!** како́й же я дура́к!
♦ *pron* **1** (*interrogative*) что; **what are you doing?** что Вы де́лаете?; **what are you talking about?** о чём Вы говори́те?; **what is it called?** как э́то называ́ется?; **what about me?** а как же я?; **what about doing ...?** как насчёт того́, что́бы *+infin* ...?
2 (*relative*) что; **I saw what was on the table** я ви́дел, что бы́ло на столе́; **tell me what you're thinking about** скажи́те мне, о чём Вы ду́маете; **what you say is wrong** то, что Вы говори́те, неве́рно
♦ *excl* (*disbelieving*) что; **I've crashed the car – what!** я разби́л маши́ну – что!

whatever [wɔt'ɛvəʳ] *adj*: **~ book** любая книга ♦ *pron*: **do ~ is necessary/you want** делайте всё, что необходимо/хотите; **~ happens** что бы ни случилось; **no reason ~** нет никакой причины; **nothing ~** совсем ничего.

whatsoever [wɔtsəu'ɛvəʳ] *adj*: **no reason ~** нет никакой причины.

wheat [wi:t] *n* пшеница.

wheel [wi:l] *n* (*of car etc*) колесо; (*also*: **steering ~**) руль *m*; **~barrow** *n* тачка; **~chair** *n* инвалидная коляска.

wheeze [wi:z] *vi* хрипеть *(impf)*.

when [wɛn] *adv, conj* когда; **~ you've read the book** ... когда Вы прочитаете книгу ...

whenever [wɛn'ɛvəʳ] *adv* в любое время ♦ *conj* (*any time*) когда только; (*every time that*) каждый раз, когда.

where [wɛəʳ] *adv* (*position*) где; (*motion*) куда ♦ *conj* где; **~ ... from?** откуда ...?; **this is ~ ...** это там, где ...; **~abouts** [*adv* wɛərə'bauts, *n* 'wɛərəbauts] *adv* (*position*) где; (*motion*) куда ♦ *n* местонахождение; **~as** *conj* тогда *or* в то время как; **~by** *adv* (*formal*) посредством чего; **~upon** *adv* вследствие чего; **~ver** [wɛər'ɛvəʳ] *conj* (*no matter where*): **~ver he was** где бы он ни был; (*not knowing where*): **~ver that is** где бы то ни было ♦ *adv* (*interrogative*: *position*) где же; (: *motion*) куда же; **~ver he goes** куда бы он ни шёл.

wherewithal ['wɛəwɪðɔ:l] *n*: **the ~ (to do)** средства *ntpl* (*+infin*).

whether ['wɛðəʳ] *conj*: **I doubt ~ she loves me** я сомневаюсь, любит ли она меня; **I don't know ~ to accept this proposal** я не знаю, принять это предложение; **~ you go or not** пойдёте Вы или нет.

KEYWORD

which [wɪtʃ] *adj* **1** (*interrogative*: *direct, indirect*) какой (*f* какая, *nt* какое, *pl* какие); **which picture would you like?** какую картину Вы хотите?; **which books are yours?** какие книги Ваши?; **which one?** какой? (*f* какая, *nt* какое); **I've got two pens, which one do you want?** у меня есть две ручки, какую Вы хотите?; **which one of you did it?** кто из Вас это сделал?

2: **in which case** в таком случае; **by which time** к тому времени

♦ *pron* **1** (*interrogative*) какой (*f* какая, *nt* какое, *pl* какие); **there are several museums, which shall we visit first?** здесь есть несколько музеев, в какой мы пойдём сначала?; **which do you want, the apple or the banana?** что Вы хотите – яблоко или банан?; **which of you are staying?** кто из Вас остаётся?

2 (*relative*) который (*f* которая, *nt* которое, *pl* которые); **the apple which is on the table** яблоко, которое лежит на столе; **the news was bad, which is what I had feared** вести были плохие, как я и опасался; **I had lunch, after which I decided to go home** я пообедал, после чего я решил пойти домой; **I made a speech, after which nobody spoke** я выступил с речью, после которой никто ничего не сказал.

whichever [wɪtʃ'ɛvəʳ] *adj*: **take ~ book you prefer** возьмите любую книгу, какую предпочтёте; **~ book you take** какую бы книгу Вы ни взяли.
whiff [wɪf] *n* дуновение.
while [waɪl] *n* (*period of time*) время *nt* ◆ *conj* пока, в то время как; (*although*) хотя; **for a ~** ненадолго; **~ away** *vt*: **to ~ away the time** коротать (скоротать *pf*) время.
whim [wɪm] *n* прихоть *f*.
whimper ['wɪmpəʳ] *n* хныканье ◆ *vi* хныкать *(impf)*.
whimsical ['wɪmzɪkl] *adj* чудной.
whine [waɪn] *vi* (*person, animal*) скулить *(impf)*; (*engine, siren*) выть *(impf)*.
whip [wɪp] *n* кнут, хлыст; (*POL*: *person*) организатор парламентской фракции ◆ *vt* (*person, animal*) хлестать *(impf)*; (*cream, eggs*) взбивать (взбить *pf*); **to ~ sth out** выхватывать (выхватить *pf*) что-н; **to ~ sth away** вырывать (вырвать *pf*) что-н.
whirl [wəːl] *vi* кружиться *(impf)*, вращаться *(impf)*; **~wind** *n* вихрь *m*.
whirr [wəːʳ] *vi* трещать *(impf)*.
whisk [wɪsk] *n* (*CULIN*) венчик ◆ *vt* (*CULIN*) взбивать (взбить *pf*); **to ~ sb away** *or* **off** отгонять (отогнать *pf*) кого-н.
whiskers ['wɪskəz] *npl* (*of animal*) усы *mpl*; (*of man*) бакенбарды *fpl*.
whisky ['wɪskɪ] (*US, IRELAND* **whiskey**) *n* виски *nt ind*.
whisper ['wɪspəʳ] *n* шёпот ◆ *vi* шептаться *(impf)* ◆ *vt* шептать *(impf)*.
whistle ['wɪsl] *n* (*sound*) свист; (*object*) свисток ◆ *vi* свистеть *(impf)*, свистнуть *(pf)*.
white [waɪt] *adj* белый ◆ *n* (*colour*) белый цвет; (*person*) белый(-ая) *m(f) adj*; (*of egg, eye*) белок; **~ lie** *n* безобидная ложь *f*; **~wash** *n* (*paint*) известковый раствор (*для побелки*) ◆ *vt* (*building*) белить (побелить *pf*); (*fig*: *incident*) обелять (обелить *pf*).
whiting ['waɪtɪŋ] *n inv* хек.
whizz [wɪz] *vi*: **to ~ past** *or* **by** проноситься (пронестись *pf*) мимо.

KEYWORD

who [huː] *pron* **1** (*interrogative*) кто; **who is it?, who's there?** кто это *or* там?; **who did you see there?** кого Вы там видели?
2 (*relative*) который (*f* которая, *nt* которое, *pl* которые); **the woman who spoke to me** женщина, которая говорила со мной; **those who can swim** те, кто умеют плавать.

whole [həul] *adj* целый ◆ *n* (*entire unit*) целое *nt adj*; (*all*): **the ~ of Europe** вся Европа; **on the ~, as a ~** в целом; **~meal** *adj* (*BRIT*): **~meal flour** мука грубого помола; **~meal bread** хлеб из муки грубого помола; **~sale** *adj* (*price*) оптовый; (*destruction*) массовый ◆ *adv* (*buy, sell*) оптом; **~some** *adj* здоровый.
wholly ['həulɪ] *adv* полностью, целиком.

KEYWORD

whom [hu:m] *pron* **1** (*interrogative*: *+acc, +gen*) кого́; (: *+dat*) кому́; (: *+instr*) кем; (: *+prp*) ком; **whom did you see there?** кого́ Вы там ви́дели?; **to whom did you give the book?** кому́ Вы отда́ли кни́гу?
2 (*relative*: *+acc*) кото́рого (*f* кото́рую, *pl* кото́рых); (: *+gen*) кото́рого (*f* кото́рой, *pl* кото́рых); (: *+dat*) кото́рому (*f* кото́рой, *pl* кото́рым); (: *+instr*) кото́рым (*f* кото́рой, *pl* кото́рыми); (: *+prp*) кото́ром (*f* кото́рой, *pl* кото́рых); **the man whom I saw/to whom I spoke** челове́к, кото́рого я ви́дел/с кото́рым я говори́л.

whore [hɔ:ʳ] *n* (*inf*: *pej*) шлю́ха.

KEYWORD

whose [hu:z] *adj* **1** (*possessive*: *interrogative*) чей; **whose book is this?, whose is this book?** чья э́то кни́га?
2 (*possessive*: *relative*) кото́рый; **the woman whose son you rescued** же́нщина, сы́на кото́рой Вы спасли́
◆ *pron* чей (*f* чья, *nt* чьё, *pl* чьи); **whose is this?** э́то чьё?; **I know whose it is** я зна́ю, чьё э́то.

why [waɪ] *adv, conj* почему́ ◆ *excl*: **~, it's you!** как, э́то Вы?; **~ is he always late?** почему́ он всегда́ опа́здывает?; **I'm not going – ~ not?** я не пойду́ – почему́?; **~ not do it now?** почему́ бы не сде́лать э́то сейча́с?; **I wonder ~ he said that** интере́сно, почему́ он э́то сказа́л; **that's not ~ I'm here** я здесь не по э́той причи́не; **that's ~** вот почему́; **there is a reason ~ I want to see him** у меня́ есть причи́на для встре́чи с ним; **~, it's obvious/that's impossible!** но ведь э́то же очеви́дно/невозмо́жно!
wicked ['wɪkɪd] *adj* зло́бный, злой; (*mischievous*: *smile*) лука́вый.
wide [waɪd] *adj* широ́кий ◆ *adv*: **to open ~** широ́ко открыва́ть (откры́ть *pf*); **to shoot ~** стреля́ть *(impf)* ми́мо це́ли; **the bridge is 3 metres ~** ширина́ моста́ – 3 ме́тра; **~ly** *adv* (*believed, known*) широко́; (*travelled*) мно́го; (*differing*) значи́тельно; **~n** *vt* расширя́ть (расши́рить *pf*) ◆ *vi* расширя́ться (расши́риться *pf*); **~ open** *adj* широко́ раскры́тый; **~spread** *adj* (*belief etc*) широко́ распространённый.
widow ['wɪdəu] *n* вдова́; **~ed** *adj* вдо́вый; **to be ~ed** овдове́ть *(pf)*; **~er** *n* вдове́ц.
width [wɪdθ] *n* ширина́.
wield [wi:ld] *vt* (*power*) облада́ть *(impf) +instr.*
wife [waɪf] (*pl* **wives**) *n* жена́.
wig [wɪg] *n* пари́к.
wiggle ['wɪgl] *vt* (*hips*) пока́чивать *(impf) +instr.*
wild [waɪld] *adj* (*animal, plant, guess*) ди́кий; (*weather, sea*) бу́рный; (*person, behaviour*) бу́йный; **the ~s** *npl* (*remote area*) ди́кие места́ *ntpl*; **in the ~s of** в де́брях *+gen*; **~erness** ['wɪldənɪs] *n* ди́кая ме́стность *f*; (*desert*) пусты́ня; **~life** *n* ди́кая приро́да; **~ly** *adv* (*behave*) бу́йно, ди́ко;

(*applaud*) бу́рно; (*hit*) неи́стово; (*guess*) наобу́м.

wilful ['wɪlful] (*US* **willful**) *adj* (*obstinate*) своенра́вный; (*deliberate*) умы́шленный.

KEYWORD

will [wɪl] *aux vb* **1** (*forming future tense*): **I will finish it tomorrow** я зако́нчу э́то за́втра; **I will be working all morning** я бу́ду рабо́тать всё у́тро; **I will have finished it by tomorrow** я зако́нчу э́то к за́втрашнему дню; **I will always remember you** я бу́ду по́мнить тебя́ всегда́; **will you do it? – yes, I will/no, I won't** Вы сде́лаете э́то? – да, сде́лаю/нет, не сде́лаю; **the car won't start** маши́на ника́к не заво́дится
2 (*in conjectures, predictions*): **he will** *or* **he'll be there by now** он, наве́рное, уже́ там; **mistakes will happen** оши́бки неизбе́жны
3 (*in commands, requests, offers*): **will you be quiet!** а ну́-ка, поти́ше!; **will you help me?** Вы мне не помо́жете?; **will you have a cup of tea?** не хоти́те ли ча́шку ча́я?
◆ (*pt,pp* **willed**) *vt*: **to will o.s. to do** заставля́ть (заста́вить *pf*) себя́ *+infin*; **to will sb to do** заклина́ть *(impf)* кого́-н *+infin*
◆ *n* (*volition*) во́ля; (*testament*) завеща́ние.

willful ['wɪlful] *adj* (*US*) = **wilful**.

willing ['wɪlɪŋ] *adj* (*agreed*) согла́сный; (*enthusiastic*) усе́рдный; **he's ~ to do it** он гото́в сде́лать э́то; **~ly** *adv* с гото́вностью, охо́тно; **~ness** *n* гото́вность *f*.

willow ['wɪləu] *n* (*tree*) и́ва.

willpower ['wɪl'pauə'] *n* си́ла во́ли.

wilt [wɪlt] *vi* ни́кнуть (пони́кнуть *pf*).

wily ['waɪlɪ] *adj* лука́вый.

win [wɪn] (*pt,pp* **won**) *n* побе́да ◆ *vt* выи́грывать (вы́играть *pf*); (*support, popularity*) завоёвывать (завоева́ть *pf*) ◆ *vi* побежда́ть (победи́ть *pf*), выи́грывать (вы́играть *pf*); **~ over** *vt* (*person*) покоря́ть (покори́ть *pf*).

winch [wɪntʃ] *n* лебёдка.

wind[1] [wɪnd] *n* ве́тер; (*MED*) га́зы *mpl* ◆ *vt*: **the blow ~ed him** от уда́ра у него́ захвати́ло дух.

wind[2] [waɪnd] (*pt, pp* **wound**) *vt* (*rope, thread*) мота́ть (смота́ть *pf*); (*toy, clock*) заводи́ть (завести́ *pf*) ◆ *vi* (*road, river*) ви́ться *(impf)*; **~ up** *vt* (*toy, clock*) заводи́ть (завести́ *pf*); (*debate*) заверша́ть (заверши́ть *pf*).

windfall ['wɪndfɔ:l] *n* (*money*) неожи́данные де́ньги *pl*.

windmill ['wɪndmɪl] *n* ветряна́я ме́льница.

window ['wɪndəu] *n* окно́; (*in shop*) витри́на; **~sill** *n* подоко́нник.

windscreen ['wɪndskri:n] *n* ветрово́е стекло́.

windswept ['wɪndswɛpt] *adj* (*place*) продува́емый ветра́ми; (*person, hair*) растрёпанный.

windy ['wɪndɪ] *adj* ве́треный; **it's ~ today** сего́дня ве́трено.

wine [waɪn] *n* вино́.

wing [wɪŋ] *n* (*also AUT*) крыло́; **~s** *npl* (*THEAT*) кули́сы *fpl*; **~er** *n* (*SPORT*) кра́йний напада́ющий *m adj*.

wink [wɪŋk] *n* подми́гивание ◆ *vi* подми́гивать (подмигну́ть *pf*), мига́ть (мигну́ть *pf*); (*light*) мига́ть (мигну́ть *pf*).
winner ['wɪnəʳ] *n* победи́тель(ница) *m(f)*.
winnings ['wɪnɪŋz] *npl* вы́игрыш *msg*.
winter ['wɪntəʳ] *n* (*season*) зима́; **in ~** зимо́й.
wintry ['wɪntrɪ] *adj* зи́мний.
wipe [waɪp] *n*: **to give sth a ~** протира́ть (протере́ть *pf*) что-н ◆ *vt* (*rub*) вытира́ть (вы́тереть *pf*); (*erase*) стира́ть (стере́ть *pf*); **~ out** *vt* (*city, population*) стира́ть (стере́ть *pf*) с лица́ земли́.
wire ['waɪəʳ] *n* про́волока; (*ELEC*) про́вод; (*telegram*) телегра́мма ◆ *vt* (*person*) телеграфи́ровать (*impf/pf*) *+dat*; (*ELEC*: *also*: **~ up**) подключа́ть (подключи́ть *pf*); **to ~ a house** де́лать (сде́лать *pf*) (электро)прово́дку в до́ме.
wireless ['waɪəlɪs] *n* (*BRIT*) ра́дио *nt ind*.
wiring ['waɪərɪŋ] *n* (электро)прово́дка.
wiry ['waɪərɪ] *adj* (*person*) жи́листый; (*hair*) жёсткий.
wisdom ['wɪzdəm] *n* му́дрость *f*.
wise [waɪz] *adj* му́дрый.
..wise [waɪz] *suffix*: **time~** в смы́сле вре́мени.
wish [wɪʃ] *n* жела́ние ◆ *vt* жела́ть (пожела́ть *pf*); **best ~es** (*for birthday etc*) всего́ наилу́чшего; **with best ~es** (*in letter*) с наилу́чшими пожела́ниями; **to ~ sb goodbye** проща́ться (попроща́ться *pf*) с кем-н; **he ~ed me well** он пожела́л мне всего́ хоро́шего; **to ~ to do** хоте́ть (*impf*) *+infin*; **I ~ him to come** я хочу́, что́бы он пришёл; **to ~ for** жела́ть (пожела́ть *pf*) *+acc or +gen*; **~ful** *adj*: **it's ~ful thinking** э́то – приня́тие жела́емого за действи́тельное.
wistful ['wɪstful] *adj* тоскли́вый.
wit [wɪt] *n* (*wittiness*) остроу́мие; (*intelligence*: *also*: **~s**) ум, ра́зум.
witch [wɪtʃ] *n* ве́дьма; **~craft** *n* колдовство́.

KEYWORD

with [wɪð] *prep* **1** (*accompanying, in the company of*) с *+instr*; **I spent the day with him** я провёл с ним день; **we stayed with friends** мы останови́лись у друзе́й; **I'll be with you in a minute** я освобожу́сь че́рез мину́ту; **I'm with you** (*I understand*) я Вас понима́ю; **she is really with it** (*inf*: *fashionable*) она́ о́чень сти́льная; (: *aware*) она́ всё сообража́ет
2 (*descriptive*) с *+instr*; **a girl with blue eyes** де́вушка с голубы́ми глаза́ми; **a skirt with a silk lining** ю́бка на шёлковой подкла́дке
3 (*indicating manner*) с *+instr*; (*indicating cause*) от *+gen*; (*indicating means*): **to write with a pencil** писа́ть (*impf*) карандашо́м; **with tears in her eyes** со слеза́ми на глаза́х; **red with anger** кра́сный от гне́ва; **you can open the door with this key** Вы мо́жете откры́ть дверь э́тим ключём; **to fill sth with water** наполня́ть (напо́лнить *pf*) что-н водо́й.

withdraw [wɪθ'drɔː] (*irreg*: *like* **draw**) *vt* (*object*) извлека́ть (извле́чь *pf*); (*remark*) брать (взять *pf*) назад; (*offer*) снимать (снять *pf*) ◆ *vi* (*troops, person*) уходить (уйти *pf*); **to ~ money from an account** снимать (снять *pf*) деньги со счёта; **~al** *n* (*of offer, remark*) отказ; (*of troops*) вывод; (*of money*) снятие; **~n** *pp of* **withdraw** ◆ *adj* замкнутый.

wither ['wɪðə'] *vi* (*plant*) вянуть (завянуть *pf*).

withhold [wɪθ'həuld] (*irreg: like* **hold**) *vt* (*money*) удерживать (удержать *pf*); (*information*) утаивать (утаить *pf*).

within [wɪð'ɪn] *prep* (*place, distance, time*) внутри *+gen*, в пределах *+gen* ◆ *adv* внутри; **~ reach** в пределах досягаемости; **~ sight (of)** в поле зрения (*+gen*); **the finish is ~ sight** конец не за горами.

without [wɪð'aut] *prep* без *+gen*; **~ a hat** без шапки; **~ saying a word** не говоря ни слова; **~ looking** не глядя; **to go ~ sth** обходиться (обойтись *pf*) без чего-н.

withstand [wɪθ'stænd] (*irreg: like* **stand**) *vt* выдерживать (выдержать *pf*).

witness ['wɪtnɪs] *n* свидетель(ница) *m(f)* ◆ *vt* (*event*) быть (*impf*) свидетелем(-льницей) *+gen*; (*document*) заверять (заверить *pf*); **~ box** *n* свидетельское место.

witty ['wɪtɪ] *adj* остроумный.

wives [waɪvz] *npl of* **wife**.

wobble ['wɔbl] *vi* (*legs*) трястись (*impf*); (*chair*) шататься (*impf*).

wobbly ['wɔblɪ] *adj* (*table etc*) шаткий.

woe [wəu] *n* горе.

woke [wəuk] *pt of* **wake**; **~n** *pp of* **wake**.

wolf [wulf] (*pl* **wolves**) *n* волк.

wolves [wulvz] *npl of* **wolf**.

woman ['wumən] (*pl* **women**) *n* женщина.

womb [wu:m] *n* матка.

women ['wɪmɪn] *npl of* **woman**.

won [wʌn] *pt, pp of* **win**.

wonder ['wʌndə'] *n* (*feeling*) изумление ◆ *vi*: **I ~ whether you could tell me ...** не можете ли Вы сказать мне ...; **I ~ why he is late** интересно, почему он опоздал; **to ~ at** удивляться (*impf*) *+dat*; **to ~ about** раздумывать (*impf*) о *+prp*; **it's no ~ (that)** не удивительно(, что); **~ful** *adj* (*excellent*) чудесный; **~fully** *adv* чудесно.

won't [wəunt] = **will not**.

woo [wu:] *vt* (*voters*) обхаживать (*impf*).

wood [wud] *n* (*timber*) дерево; (*forest*) лес; **~en** *adj* (*object*) деревянный; (*fig*) дубовый; **~pecker** *n* дятел; **~work** *n* (*skill*) столярное дело; **~worm** *n* (*larvae*) личинка древоточца.

wool [wul] *n* (*material, yarn*) шерсть *f*; **to pull the ~ over sb's eyes** (*fig*) пускать (*impf*) пыль в глаза кому-н; **~len** (*US* **woolen**) *adj* шерстяной; **~ly** (*US* **wooly**) *adj* шерстяной; (*fig: ideas*) расплывчатый; (*: person*) вялый.

word [wə:d] *n* слово; (*news*) слух ◆ *vt* формулировать (сформулировать *pf*); **in other ~s** другими словами; **to break/keep one's ~** нарушать (нарушить *pf*)/держать (сдержать *pf*) своё слово; **to have ~s with sb** иметь (*impf*) крупный разговор с кем-н; **~ing** *n* формулировка; **~ processor** *n* текстовый процéссор.

wore [wɔ:ʳ] *pt of* **wear**.

work [wə:k] *n* рабóта; (*ART, LITERATURE*) произведéние ◆ *vi* рабóтать *(impf)*; (*medicine etc*) дéйствовать (подéйствовать *pf*) ◆ *vt* (*clay*) рабóтать *(impf)* с *+instr*; (*wood, metal*) рабóтать *(impf)* по *+dat*; (*land*) обрабáтывать (обрабóтать *pf*); (*mine*) разрабáтывать (разрабóтать *pf*); (*machine*) управлять *(impf) +instr*; (*miracle*) совершáть (совершить *pf*); **he has been out of ~ for three months** уже́ три мéсяца он был без рабóты; **to ~ loose** (*part*) расшáтываться (расшатáться *pf*); (*knot*) слáбнуть (ослáбнуть *pf*); **~ on** *vt fus* (*task*) рабóтать *(impf)* над *+instr*; (*person*) рабóтать *(impf)* с *+instr*; (*principle*) исходить *(impf)* из *+gen*; **~ out** *vi* (*plans etc*) удавáться (удáться *pf*) ◆ *vt* (*problem*) разрешáть (разрешить *pf*); (*plan*) разрабáтывать (разрабóтать *pf*); **it ~s out at £100** (*cost*) выхóдит £100; **~er** *n* (*in factory*) рабóчий(-ая) *m(f) adj*; (*in community etc*) рабóтник(-ница); **~force** *n* рабóчая сила; **~ing-class** *adj* рабóчий; **~ing order** *n*: **in ~ing order** в рабóчем состоянии; **~man** *irreg n* (квалифицированный) рабóчий *m adj*; **~s** *n* (*BRIT: factory*) завóд, фáбрика; **~shop** *n* мастéрская *f adj*, цех; (*session*) семинáр; (*THEAT, MUS*) стýдия.

world [wə:ld] *n* мир ◆ *adj* мировóй; **to think the ~ of sb** быть *(impf)* óчень высóкого мнéния о ком-н; **~ champion** чемпиóн мира; **~ly** *adj* (*knowledgeable*) искушённый; **~wide** *adj* всемирный.

worm [wə:m] *n* (*ZOOL*) червь *m*.

worn [wɔ:n] *pp of* **wear** ◆ *adj* (*carpet*) потёртый; **~-out** *adj* (*object*) изнóшенный; (*person*) измóтанный.

worried [ˈwʌrɪd] *adj* обеспокóенный, встревóженный.

worry [ˈwʌrɪ] *n* (*anxiety*) беспокóйство, волнéние ◆ *vi* беспокóиться *(impf)*, волновáться *(impf)* ◆ *vt* (*person*) беспокóить (обеспокóить *pf*), волновáть (взволновáть *pf*); **~ing** *adj* тревóжный.

worse [wə:s] *adj* хýдший ◆ *adv* хýже ◆ *n* хýдшее *nt adj*; **a change for the ~** ухудшéние; **~n** *vi* ухудшáться (ухýдшиться *pf*); **~ off** *adj* (*financially*) бóлее бéдный.

worship [ˈwə:ʃɪp] *n* поклонéние, преклонéние ◆ *vt* поклоняться *(impf) +dat*, преклоняться *(impf)* пéред *+instr*.

worst [wə:st] *adj* наихýдший ◆ *adv* хýже всегó ◆ *n* наихýдшее *nt adj*; **at ~** в хýдшем слýчае.

worth [wə:θ] *adj*: **to be ~** стóить *(impf)*; **it's ~ it** это тогó стóит; **~less** *adj* никчёмный; **~while** *adj* стóящий.

worthy [ˈwə:ðɪ] *adj*: **~ (of)** достóйный (*+gen*).

KEYWORD

would [wud] *aux vb* **1** (*conditional tense*): **I would tell you if I could** я бы сказáл Вам, éсли бы мог; **if you asked him he would do it** éсли Вы егó попрóсите, (то) он

сде́лает э́то; **if you had asked him he would have done it** е́сли бы Вы попроси́ли его́, (то) он бы сде́лал э́то
2 (*in offers, invitations, requests*): **would you like a cake?** не хоти́те (ли) пирога́?; **would you ask him to come in?** пожа́луйста, пригласи́те его́ войти́!; **would you open the window please?** откро́йте, пожа́луйста, окно́!
3 (*in indirect speech*): **I said I would do it** я сказа́л, что сде́лаю э́то; **he asked me if I would stay with him** он попроси́л меня́ оста́ться с ним; **he asked me if I would resit the exam if I failed** он спроси́л меня́, бу́ду ли я пересдава́ть экза́мен, е́сли я провалю́сь
4 (*emphatic*): **it WOULD have to snow today!** име́нно сего́дня до́лжен пойти́ снег!; **you WOULD say that, wouldn't you!** Вы, коне́чно, э́то ска́жете!
5 (*insistence*): **she wouldn't behave** она́ ника́к не хоте́ла хорошо́ себя́ вести́
6 (*conjecture*): **it would have been midnight** должно́ быть, была́ по́лночь; **it would seem so** должно́ быть, так; **it would seem that** ... похо́же, что ...
7 (*indicating habit*): **he would come here on Mondays** он приходи́л сюда́ по понеде́льникам.

would-be ['wudbi:] *adj* (*pej*) начина́ющий, бу́дущий.
wouldn't ['wudnt] = **would not**.
wound[1] [waund] *pt, pp of* **wind**[2].
wound[2] [wu:nd] *n* ра́на ◆ *vt* ра́нить *(impf/pf)*.
wove [wəuv] *pt of* **weave**; **~n** *pp of* **weave**.
wrangle ['ræŋgl] *n* пререка́ния *ntpl*.
wrap [ræp] *vt* (*also:* **~ up**) завора́чивать (заверну́ть *pf*); (*wind*): **to ~ sth round sth** (*tape etc*) обора́чивать (оберну́ть *pf*) что-н вокру́г чего́-н; **~per** *n* (*on chocolate*) обёртка.
wrath [rɔθ] *n* гнев.
wreath [ri:θ] (*pl* **~s**) *n* (*for dead*) вено́к.
wreck [rɛk] *n* (*vehicle, ship*) обло́мки *mpl* ◆ *vt* (*car*) разбива́ть (разби́ть *pf*); (*stereo*) лома́ть (слома́ть *pf*); (*weekend*) по́ртить (испо́ртить *pf*); (*relationship*) разруша́ть (разру́шить *pf*); (*life, health*) губи́ть (погуби́ть *pf*); **~age** *n* обло́мки *pl*; (*of building*) разва́лины *fpl*.
wren [rɛn] *n* крапи́вник.
wrench [rɛntʃ] *n* (*TECH*) га́ечный ключ; (*tug*) рыво́к; (*fig*) щемя́щая тоска́ ◆ *vt* (*twist*) вывёртывать (вы́вернуть *pf*); **to ~ sth from sb** вырыва́ть (вы́рвать *pf*) что-н у кого́-н.
wrestle ['rɛsl] *vi* (*SPORT*): **to ~ (with sb)** боро́ться *(impf)* (с кем-н).
wrestling ['rɛslɪŋ] *n* борьба́.
wretched ['rɛtʃɪd] *adj* несча́стный.
wriggle ['rɪgl] *vi* (*also:* **~ about**: *worm*) извива́ться *(impf)*; (*person*) ёрзать *(impf)*.
wring [rɪŋ] (*pt,pp* **wrung**) *vt* (*hands*) лома́ть *(impf)*; (*also:* **~ out**: *clothes*) выжима́ть (вы́жать *pf*); (*fig*): **to ~ sth out of sb** выжима́ть (вы́жать *pf*) что-н из кого́-н.
wrinkle ['rɪŋkl] *n* (*on face*)

морщи́на ◆ *vt* (*nose etc*) мо́рщить (смо́рщить *pf*) ◆ *vi* (*skin etc*) мо́рщиться (смо́рщиться *pf*).

wrist [rɪst] *n* (*ANAT*) запя́стье.

writ [rɪt] *n* (*LAW*) о́рдер.

write [raɪt] (*pt* **wrote**, *pp* **written**) *vt* (*letter, novel etc*) писа́ть (написа́ть *pf*); (*cheque, receipt*) выпи́сывать (вы́писать *pf*) ◆ *vi* писа́ть *(impf)*; **to ~ to sb** писа́ть (написа́ть *pf*) кому́-н; **~ down** *vt* (*note*) писа́ть (написа́ть *pf*); **~ off** *vt* (*debt*) спи́сывать (списа́ть *pf*); (*plan*) отменя́ть (отмени́ть *pf*); **~r** *n* писа́тель *m*.

writhe [raɪð] *vi* извива́ться *(impf)*.

writing ['raɪtɪŋ] *n* (*words written*) на́дпись *f*; (*also:* **hand~**) по́черк; **~ is his favourite occupation** бо́льше всего́ он лю́бит писа́ть; **in ~** в пи́сьменном ви́де.

written ['rɪtn] *pp of* **write**.

wrong [rɔŋ] *adj* непра́вильный; (*information*) неве́рный; (*immoral*) дурно́й ◆ *adv* непра́вильно ◆ *n* (*injustice*) несправедли́вость *f* ◆ *vt* нехорошо́ поступа́ть (поступи́ть *pf*) с *+instr*; **you are ~ to do it** э́то нехорошо́ с Ва́шей стороны́; **you are ~ about that, you've got it ~** Вы непра́вы; **who is in the ~?** чья э́то вина́?; **what's ~?** в чём де́ло?; **to go ~** (*plan*) не удава́ться (уда́ться *pf*); **right and ~** хоро́шее и дурно́е; **~ful** *adj* несправедли́вый.

wrote [rəut] *pt of* **write**.

wrought [rɔ:t] *adj*: **~ iron** сва́рочная *or* ко́вкая сталь *f*.

wrung [rʌŋ] *pt, pp of* **wring**.

wry [raɪ] *adj* (*humour, expression*) лука́вый; (*smile*) криво́й.

X, x

Xmas ['ɛksməs] *n abbr* = **Christmas**.

X-ray ['ɛksreɪ] *n* (*ray*) рентге́новские лучи́ *mpl*; (*photo*) рентге́новский сни́мок ◆ *vt* просве́чивать (просвети́ть *pf*) (рентге́новскими луча́ми).

xylophone ['zaɪləfəun] *n* ксилофо́н.

Y, y

yacht [jɔt] *n* я́хта.

yard [jɑ:d] *n* (*of house etc*) двор; (*measure*) ярд.

yawn [jɔ:n] *n* зево́к ◆ *vi* зева́ть (зевну́ть *pf*).

year [jɪə^r^] *n* год; **he is eight ~s old** ему́ во́семь лет; **an eight-~-old child** восьмиле́тний ребёнок; **~ly** *adj* ежего́дный ◆ *adv* ежего́дно.

yearn [jə:n] *vi*: **to ~ for sth** тоскова́ть *(impf)* по чему́-н; **to ~ to do** жа́ждать *(impf) +infin*.

yeast [ji:st] *n* дро́жжи *pl*.

yell [jɛl] *vi* вопи́ть *(impf)*.

yellow ['jɛləu] *adj* жёлтый.

yes [jɛs] *particle* да; (*in reply to negative*) нет ◆ *n* проголосова́вший(-ая) *m(f) adj* "за"; **to say ~** говори́ть (сказа́ть *pf*) да.

yesterday ['jɛstədɪ] *adv* вчера́ ◆ *n* вчера́шний день *m*; **~ morning/evening** вчера́ у́тром/ве́чером; **all day ~** вчера́ весь день.

yet [jɛt] *adv* ещё, до сих пор ◆ *conj* одна́ко, всё же; **the work is not**

finished ~ рабо́та ещё не око́нчена; **the best** ~ са́мый лу́чший на сего́дняшний день; **as** ~ ещё, до настоя́щего моме́нта.

yew [ju:] *n* (*tree*) тис.

yield [ji:ld] *n* (*AGR*) урожа́й *m* ◆ *vt* (*surrender*) сдава́ть (сдать *pf*); (*produce*) приноси́ть (принести́ *pf*) ◆ *vi* (*surrender*) отступа́ть (отступи́ть *pf*); (*US: AUT*) уступа́ть (уступи́ть *pf*) доро́гу.

yog(h)ourt ['jəugət] *n* йо́гурт.

yog(h)urt ['jəugət] *n* = **yog(h)ourt**.

yoke [jəuk] *n* (*also fig*) ярмо́.

yolk [jəuk] *n* желто́к.

KEYWORD

you [ju:] *pron* **1** (*subject: familiar*) ты; (: *polite*) Вы; (: *2nd person pl*) вы; **you English are very polite** вы, англича́не, о́чень ве́жливы; **you and I will stay here** мы с тобо́й/Ва́ми оста́немся здесь
2 (*direct: familiar*) тебя́; (: *polite*) Вас; (: *2nd person pl*) вас; **I love you** я тебя́/Вас люблю́
3 (*indirect: familiar*) тебе́; (: *polite*) Вам; (: *2nd person pl*) вам; **I'll give you a present** я тебе́/Вам что́-нибудь подарю́
4 (*after prep: +gen: familiar*) тебя́; (: *polite*) Вас; (: *2nd person pl*) вас; (: *+dat: familiar*) тебе́; (: *polite*) Вам; (: *2nd person pl*) вам; (: *+instr: familiar*) тобо́й; (: *polite*) Ва́ми; (: *2nd person pl*) ва́ми; (: *+prp: familiar*) тебе́; (: *polite*) Вас; (: *2nd person pl*) вас; **they've been talking about you** они́ говори́ли о тебе́/Вас
5 (*after prep: referring to subject of sentence: +gen*) себя́; (: *+dat, +prp*) себе́; (: *+instr*) собо́й; **will you take the children with you?** Вы возьмёте дете́й с собо́й?; **she's younger than you** она́ моло́же тебя́/Вас
6 (*impersonal: one*): **you never know what can happen** никогда́ не зна́ешь, что мо́жет случи́ться; **you can't do that!** так нельзя́!; **fresh air does you good** све́жий во́здух поле́зен для здоро́вья.

you'd [ju:d] = **you had, you would**.

you'll [ju:l] = **you shall, you will**.

young [jʌŋ] *adj* молодо́й; (*child*) ма́ленький ◆ *npl* (*of animal*) молодня́к *msg*; **the** ~ (*people*) молодёжь *f*; **~er** *adj* мла́дший; **~ster** *n* ребёнок.

your [jɔ:ʳ] *adj* (*familiar*) твой; (*polite*) Ваш; (*2nd person pl*) ваш; *see also* **my**.

you're [juəʳ] = **you are**.

yours [jɔ:z] *pron* (*familiar*) твой; (*polite*) Ваш; (*2nd person pl*) ваш; (*referring to subject of sentence*) свой; **is this ~?** э́то твоё/Ва́ше?; **~ sincerely, ~ faithfully** и́скренне Ваш; *see also* **mine**[1].

yourself [jɔ:'sɛlf] *pron* (*reflexive*) себя́; (*after prep: +gen*) себя́; (: *+dat, +prp*) себе́; (: *+instr*) собо́й; (*emphatic*) сам (*f* сама́, *pl* са́ми); (*alone*): **(all) by ~** оди́н; **you ~ told me** Вы са́ми сказа́ли мне; *see also* **myself**.

yourselves [jɔ:'sɛlvz] *pl pron* (*reflexive*) себя́; (*after prep: +gen*) себя́; (: *+dat, +prp*) себе́; (: *+instr*) собо́й; (*emphatic*) са́ми; (*alone*): **(all) by ~** одни́; **talk amongst ~ for a moment** поговори́те ме́жду собо́й пока́; *see also* **myself**.

youth [ju:θ] *n* (*young days*) мóлодость *f*, ю́ность *f*; (*young people*) молодёжь *f*; (*pl* **~s**; *young man*) ю́ноша *m*; **~ful** *adj* ю́ношеский; (*person, looks*) ю́ный.
you've [ju:v] = **you have**.

Z, z

zany ['zeını] *adj* забáвный.
zap [zæp] *vt* (COMPUT) стирáть (стерéть *pf*).
zeal [zi:l] *n* рвéние; **~ous** ['zεləs] *adj* рéвностный.
zebra ['zi:brə] *n* зéбра; **~ crossing** *n* (BRIT) "зéбра", пешехóдный перехóд.
zero ['zıərəu] *n* ноль *m*, нуль *m*.
zest [zεst] *n* (*for life*) жáжда; (*of orange*) цéдра.
zigzag ['zıgzæg] *n* зигзáг.
zinc [zıŋk] *n* цинк.
zip [zıp] *n* (*also:* **~ fastener**) мóлния ♦ *vt* (*also:* **~ up**) застёгивать (застегнýть *pf*) на мóлнию; **~per** *n* (*US*) = **zip**.
zodiac ['zəudıæk] *n* зодиáк.
zombie ['zɔmbı] *n* (*fig*) зóмби *ind*.
zone [zəun] *n* зóна.
zoo [zu:] *n* зоопáрк.
zoology [zu:'ɔlədʒı] *n* зоолóгия.
zoom [zu:m] *vi*: **to ~ past** мелькáть (промелькнýть *pf*) мúмо; **~ lens** *n* объектúв с перемéнным фóкусным расстоя́нием.

APPENDICES

АНГЛИЙСКИЕ НЕПРАВИЛЬНЫЕ ГЛАГОЛЫ

present	pt	pp
arise	arose	arisen
awake	awoke	awaked
be (am, is, are; being)	was, were	been
bear	bore	born(e)
beat	beat	beaten
become	became	become
begin	began	begun
behold	beheld	beheld
bend	bent	bent
beseech	besought	besought
beset	beset	beset
bet	bet, betted	bet, betted
bid	bid, bade	bid, bidden
bind	bound	bound
bite	bit	bitten
bleed	bled	bled
blow	blew	blown
break	broke	broken
breed	bred	bred
bring	brought	brought
build	built	built
burn	burnt, burned	burnt, burned
burst	burst	burst
buy	bought	bought
can	could	(been able)
cast	cast	cast
catch	caught	caught
choose	chose	chosen
cling	clung	clung
come	came	come
cost	cost	cost
creep	crept	crept
cut	cut	cut
deal	dealt	dealt
dig	dug	dug
do (*3rd person:* he/she/it does)	did	done
draw	drew	drawn
dream	dreamed, dreamt	dreamed, dreamt
drink	drank	drunk
drive	drove	driven

present	pt	pp
dwell	dwelt	dwelt
eat	ate	eaten
fall	fell	fallen
feed	fed	fed
feel	felt	felt
fight	fought	fought
find	found	found
flee	fled	fled
fling	flung	flung
fly (flies)	flew	flown
forbid	forbade	forbidden
forecast	forecast	forecast
forget	forgot	forgotten
forgive	forgave	forgiven
forsake	forsook	forsaken
freeze	froze	frozen
get	got	got, (*US*) gotten
give	gave	given
go (goes)	went	gone
grind	ground	ground
grow	grew	grown
hang	hung, hanged	hung, hanged
have (has; having)	had	had
hear	heard	heard
hide	hid	hidden
hit	hit	hit
hold	held	held
hurt	hurt	hurt
keep	kept	kept
kneel	knelt, kneeled	knelt, kneeled
know	knew	known
lay	laid	laid
lead	led	led
lean	leant, leaned	leant, leaned
leap	leapt, leaped	leapt, leaped
learn	learnt, learned	learnt, learned
leave	left	left
lend	lent	lent
let	let	let
lie (lying)	lay	lain

present	pt	pp
light	lit, lighted	lit, lighted
lose	lost	lost
make	made	made
may	might	—
mean	meant	meant
meet	met	met
mistake	mistook	mistaken
mow	mowed	mown, mowed
must	(had to)	(had to)
pay	paid	paid
put	put	put
quit	quit, quitted	quit, quitted
read	read	read
rid	rid	rid
ride	rode	ridden
ring	rang	rung
rise	rose	risen
run	ran	run
saw	sawed	sawn
say	said	said
see	saw	seen
seek	sought	sought
sell	sold	sold
send	sent	sent
set	set	set
shake	shook	shaken
shall	should	—
shear	sheared	shorn, sheared
shed	shed	shed
shine	shone	shone
shoot	shot	shot
show	showed	shown
shrink	shrank	shrunk
shut	shut	shut
sing	sang	sung
sink	sank	sunk
sit	sat	sat
slay	slew	slain
sleep	slept	slept
slide	slid	slid
sling	slung	slung
slit	slit	slit
smell	smelt, smelled	smelt, smelled
sow	sowed	sown, sowed
speak	spoke	spoken
speed	sped, speeded	sped, speeded

present	pt	pp
spell	spelt, spelled	spelt, spelled
spend	spent	spent
spill	spilt, spilled	spilt, spilled
spin	spun	spun
spit	spat	spat
split	split	split
spoil	spoiled, spoilt	spoiled, spoilt
spread	spread	spread
spring	sprang	sprung
stand	stood	stood
steal	stole	stolen
stick	stuck	stuck
sting	stung	stung
stink	stank	stunk
stride	strode	stridden
strike	struck	struck, stricken
strive	strove	striven
swear	swore	sworn
sweep	swept	swept
swell	swelled	swollen, swelled
swim	swam	swum
swing	swung	swung
take	took	taken
teach	taught	taught
tear	tore	torn
tell	told	told
think	thought	thought
throw	threw	thrown
thrust	thrust	thrust
tread	trod	trodden
wake	woke, waked	woken, waked
wear	wore	worn
weave	wove, weaved	woven, weaved
wed	wedded, wed	wedded, wed
weep	wept	wept
win	won	won
wind	wound	wound
wring	wrung	wrung
write	wrote	written

TABLES OF RUSSIAN IRREGULAR FORMS

For all tables, where there are alternatives given under the accusative, these are animate forms which are identical with the genitive.

Nouns

Table 1	мать	
	Singular	*Plural*
Nom	мать	мáтери
Acc	мать	матерéй
Gen	мáтери	матерéй
Dat	мáтери	матерям
Instr	мáтерью	матерями
Prp	о мáтери	о матерях

Table 2	дочь	
	Singular	*Plural*
Nom	дочь	дóчери
Acc	дочь	дочерéй
Gen	дóчери	дочерéй
Dat	дóчери	дочерям
Instr	дóчерью	дочерьмú
Prp	о дóчери	о дочерях

Table 3	путь	
	Singular	*Plural*
Nom	путь	путú
Acc	путь	путú
Gen	путú	путéй
Dat	путú	путям
Instr	путём	путями
Prp	о путú	о путях

Table 4	время	
	Singular	*Plural*
Nom	врéмя	временá
Acc	врéмя	временá
Gen	врéмени	времён
Dat	врéмени	временáм
Instr	врéменем	временáми
Prp	о врéмени	о временáх
(Similarly with nouns like úмя, плéмя etc)		

Pronouns

Table 5	*m*	*f*	*nt*	*pl*
Nom	чей	чья	чьё	чьи
Acc	чей/чьегó	чью	чьё	чьи/чьих
Gen	чьегó	чьей	чьегó	чьих
Dat	чьемý	чьей	чьемý	чьим
Instr	чьим	чьей	чьим	чьúми
Prp	о чьём	о чьей	о чьём	о чьих
(The instrumental form чьей has the alternative чьéю)				

Table 6a					
Nom	я	ты	он	она́	оно́
Acc/Gen	меня́	тебя́	его́	её	его́
Dat	мне	тебе́	ему́	ей	ему́
Instr	мной	тобо́й	им	ей	им
Prp	обо мне	о тебе́	о нём	о ней	о нём

(The instrumental forms мной, тобо́й, ей have alternatives мно́ю, тобо́ю and е́ю respectively. The reflexive personal pronoun себя́ declines like тебя́)

Table 6b			
Nom	мы	вы	они́
Acc/Gen	нас	вас	их
Dat	нам	вам	им
Instr	на́ми	ва́ми	и́ми
Prp	о нас	о вас	о них

Table 7		
Nom	кто	что
Acc	кого́	что
Gen	кого́	чего́
Dat	кому́	чему́
Instr	кем	чем
Prp	о ком	о чём

Table 8	*m*	*f*	*nt*	*pl*
Nom	мой	моя́	моё	мои́
Acc	мой/моего́	мою́	моё	мои́/мои́х
Gen	моего́	мое́й	моего́	мои́х
Dat	моему́	мое́й	моему́	мои́м
Instr	мои́м	мое́й	мои́м	мои́ми
Prp	о моём	о мое́й	о моём	о мои́х

(твой declines like мой, as does the reflexive possessive pronoun свой. The instrumental form мое́й has the alternative мое́ю)

Table 9	*m*	*f*	*nt*	*pl*
Nom	наш	на́ша	на́ше	на́ши
Acc	наш/на́шего	на́шу	на́ше	на́ши/на́ших
Gen	на́шего	на́шей	на́шего	на́ших
Dat	на́шему	на́шей	на́шему	на́шим
Instr	на́шим	на́шей	на́шим	на́шими
Prp	о на́шем	о на́шей	о на́шем	о на́ших

(ваш declines like наш. The instrumental form на́шей has the alternative на́шею. The possessive pronouns его́, её and их are invariable)

Table 10	*m*	*f*	*nt*	*pl*
Nom	э́тот	э́та	э́то	э́ти
Acc	э́тот/э́того	э́ту	э́то	э́ти/э́тих
Gen	э́того	э́той	э́того	э́тих
Dat	э́тому	э́той	э́тому	э́тим
Instr	э́тим	э́той	э́тим	э́тими
Prp	об э́том	об э́той	об э́том	об э́тих

(The instrumental form э́той has the alternative э́тою)

Table 11	*m*	*f*	*nt*	*pl*
Nom	тот	та	то	те
Acc	тот/того́	ту	то	те/тех
Gen	того́	той	того́	тех
Dat	тому́	той	тому́	тем
Instr	тем	той	тем	те́ми
Prp	о том	о той	о том	о тех

(The instrumental form той has the alternative то́ю)

Table 12	*m*	*f*	*nt*	*pl*
Nom	сей	сия́	сие́	сии́
Acc	сей/сего́	сию́	сие́	сии́/сих
Gen	сего́	сей	сего́	сих
Dat	сему́	сей	сему́	сим
Instr	сим	сей	сим	си́ми
Prp	о сём	о сей	о сём	о сих
(The instrumental form сей has the alternative се́ю)				

Table 13	*m*	*f*	*nt*	*pl*
Nom	весь	вся	всё	все
Acc	весь/всего́	всю	всё	все/всех
Gen	всего́	всей	всего́	всех
Dat	всему́	всей	всему́	всем
Instr	всем	всей	всем	все́ми
Prp	обо всём	обо всей	обо всём	обо всех
(The instrumental form всей has the alternative все́ю)				

Verbs

Table 14	**хоте́ть**
я	хочу́
ты	хо́чешь
он/она́	хо́чет
мы	хоти́м
вы	хоти́те
они́	хотя́т
Past tense:	хоте́л, хоте́ла, хоте́ло, хоте́ли
(Similarly with verbs such as расхоте́ть, захоте́ть etc)	

Table 15	**есть**
я	ем
ты	ешь
он/она́	ест
мы	еди́м
вы	еди́те
они́	едя́т
Past tense:	ел, е́ла, е́ло, е́ли
Imperative:	е́шь(те)!
(Similarly with verbs such as съесть, пое́сть, перее́сть etc)	

Table 16	дать
я	дам
ты	дашь
он/онá	даст
мы	дади́м
вы	дади́те
они́	дадýт
Past tense:	дал, далá, дало́, дáли
Imperative:	дáй(те)!
(Similarly with verbs such as передáть, издáть, отдáть, раздáть etc)	

Table 17	чтить
я	чту
ты	чтишь
он/онá	чтит
мы	чтим
вы	чти́те
они́	чтут/чтят
Past tense:	чтил, чти́ла, чти́ло, чти́ли
Imperative:	чти́(те)!
(Similarly with verbs such as почти́ть etc)	

Table 18	идти́
я	идý
ты	идёшь
он/онá	идёт
мы	идём
вы	идёте
они́	идýт
Past tense:	шёл, шла, шло, шли
Imperative:	иди́(те)!
(Similarly with verbs such as прийти́, уйти́, отойти́, зайти́ etc)	

Table 19	éхать
я	éду
ты	éдешь
он/онá	éдет
мы	éдем
вы	éдете
они́	éдут
Past tense:	éхал, éхала, éхало, éхали
Imperative:	поезжáй(те)!
(Similarly with verbs such as приéхать, переéхать, уéхать, въéхать etc)	

Table 20	**бежáть**
я	бегý
ты	бежи́шь
он/онá	бежи́т
мы	бежи́м
вы	бежи́те
они́	бегýт
Past tense:	бежáл, бежáла, бежáло, бежáли
Imperative:	беги́(те)!
(Similarly with verbs such as побежáть, убежáть, прибежáть etc)	

Table 21	**быть**
я	бýду
ты	бýдешь
он/онá	бýдет
мы	бýдем
вы	бýдете
они́	бýдут
Past tense:	был, былá, бы́ло, бы́ли
Imperative:	бýдь(те)!
(Not used in present tense, except есть in certain cases)	

Numerals

Table 22	*m*	*f*	*nt*	*pl*
Nom	оди́н	однá	однó	одни́
Acc	оди́н/одногó	однý	однó	одни́/одни́х
Gen	одногó	однóй	одногó	одни́х
Dat	одномý	однóй	одномý	одни́м
Instr	одни́м	однóй	одни́м	одни́ми
Prp	об однóм	об однóй	об однóм	об одни́х
(The instrumental form однóй has the alternative однóю)				

Table 23	*m*	*f*	*nt*
Nom	два	две	два
Acc	два/двух	две/двух	два/двух
Gen	двух	двух	двух
Dat	двум	двум	двум
Instr	двумя́	двумя́	двумя́
Prp	о двух	о двух	о двух

Table 24		
Nom	три	четы́ре
Acc	три/трёх	четы́ре/ четырёх
Gen	трёх	четырёх
Dat	трём	четырём
Instr	тремя́	четырьмя́
Prp	о трёх	о четырёх

Table 25	*m/nt*	*f*
Nom	о́ба	о́бе
Acc	о́ба/обо́их	о́бе/обе́их
Gen	обо́их	обе́их
Dat	обо́им	обе́им
Instr	обо́ими	обе́ими
Prp	об обо́их	об обе́их

Table 26		
Nom/Acc	пять	пятьдеся́т
Gen/Dat	пяти́	пяти́десяти
Instr	пятью́	пятью́десятью
Prp	о пяти́	о пяти́десяти
(шесть to два́дцать and три́дцать decline like пять; шестьдеся́т, во́семьдесят and се́мьдесят decline like пятьдеся́т)		

Table 27		
Nom/Acc	со́рок	сто
Gen/Dat/Instr	сорока́	ста
Prp	о сорока́	о ста
(девяно́сто declines like сто)		

Table 28				
Nom/Acc	две́сти	три́ста	четы́реста	пятьсо́т
Gen	двухсо́т	трёхсо́т	четырёхсо́т	пятисо́т
Dat	двумста́м	трёмста́м	четырёмста́м	пятиста́м
Instr	двумяста́ми	тремяста́ми	четырьмяста́ми	пятьюста́ми
Prp	о двухста́х	о трёхста́х	о четырёхста́х	о пятиста́х
(шестьсо́т, семьсо́т, восемьсо́т and девятьсо́т decline like пятьсо́т)				

Table 29	*Singular*	*Plural*
Nom	ты́сяча	ты́сячи
Acc	ты́сячу	ты́сячи
Gen	ты́сячи	ты́сяч
Dat	ты́сяче	ты́сячам
Instr	ты́сячей	ты́сячами
Prp	о ты́сяче	о ты́сячах
(The instrumental singular form ты́сячью also exists)		

Table 30a			
Nom	дво́е	тро́е	че́тверо
Acc	дво́е/двои́х	тро́е/трои́х	че́тверо/четверы́х
Gen	двои́х	трои́х	четверы́х
Dat	двои́м	трои́м	четверы́м
Instr	двои́ми	трои́ми	четверы́ми
Prp	о двои́х	о трои́х	о четверы́х

Table 30b			
Nom	пя́теро	ше́стеро	се́меро
Acc	пя́теро/пятеры́х	ше́стеро/ шестеры́х	се́меро/семеры́х
Gen	пятеры́х	шестеры́х	семеры́х
Dat	пятеры́м	шестеры́м	семеры́м
Instr	пятеры́ми	шестеры́ми	семеры́ми
Prp	о пятеры́х	о шестеры́х	о семеры́х

КОЛИЧЕСТВЕННЫЕ ЧИСЛИТЕЛЬНЫЕ / CARDINAL NUMBERS

КОЛИЧЕСТВЕННЫЕ ЧИСЛИТЕЛЬНЫЕ		CARDINAL NUMBERS
оди́н (одна́, одно́, одни́)	**1**	one
два (две)	**2**	two
три	**3**	three
четы́ре	**4**	four
пять	**5**	five
шесть	**6**	six
семь	**7**	seven
во́семь	**8**	eight
де́вять	**9**	nine
де́сять	**10**	ten
оди́ннадцать	**11**	eleven
двена́дцать	**12**	twelve
трина́дцать	**13**	thirteen
четы́рнадцать	**14**	fourteen
пятна́дцать	**15**	fifteen
шестна́дцать	**16**	sixteen
семна́дцать	**17**	seventeen
восемна́дцать	**18**	eighteen
девятна́дцать	**19**	nineteen
два́дцать	**20**	twenty
два́дцать оди́н (одна́, одно́ одни́)	**21**	twenty-one
два́дцать два (две)	**22**	twenty-two
три́дцать	**30**	thirty
со́рок	**40**	forty
пятьдеся́т	**50**	fifty
шестьдеся́т	**60**	sixty
се́мьдесят	**70**	seventy
во́семьдесят	**80**	eighty
девяно́сто	**90**	ninety
сто	**100**	a hundred
сто оди́н (одна́, одно́, одни́)	**101**	a hundred and one
две́сти	**200**	two hundred
две́сти оди́н (одна́, одно́, одни́)	**201**	two hundred and one
три́ста	**300**	three hundred
четы́реста	**400**	four hundred
пятьсо́т	**500**	five hundred
ты́сяча	**1 000**	a thousand
миллио́н	**1 000 000**	a million

СОБИРАТЕЛЬНЫЕ ЧИСЛИТЕЛЬНЫЕ

COLLECTIVE NUMERALS

двóе
трóе
чéтверо
пя́теро
шéстеро
сéмеро

ПОРЯДКОВЫЕ ЧИСЛИТЕЛЬНЫЕ

ORDINAL NUMBERS

пéрвый **1-ый**	first **1st**
вторóй **2-óй**	second **2nd**
трéтий **3-ий**	third **3rd**
четвёртый **4-ый**	fourth **4th**
пя́тый **5-ый**	fifth **5th**
шестóй **6-óй**	sixth **6th**
седьмóй **7-óй**	seventh **7th**
восьмóй **8-óй**	eighth **8th**
девя́тый **9-ый**	ninth **9th**
деся́тый **10-ый**	tenth **10th**
оди́ннадцатый	eleventh
двенáдцатый	twelfth
тринáдцатый	thirteenth
четы́рнадцатый	fourteenth
пятнáдцатый	fifteenth
шестнáдцатый	sixteenth
семнáдцатый	seventeenth
восемнáдцатый	eighteenth
девятнáдцатый	nineteenth
двадцáтый	twentieth
двáдцать пéрвый	twenty-first
двáдцать вторóй	twenty-second
тридцáтый	thirtieth
сороковóй	fortieth
пятидеся́тый	fiftieth
восьмидеся́тый	eightieth
девянóстый	ninetieth
сóтый	hundredth
сто пéрвый	hundred-and-first
ты́сячный	thousandth
миллиóнный	millionth

ДРОБИ / FRACTIONS

однá вторáя	½	a half
однá трéтья	⅓	a third
однá четвёртая	¼	a quarter
однá пя́тая	⅕	a fifth
три чéтверти	¾	three quarters
две трéти	⅔	two thirds
полторá (полторы́)	**1½**	one and a half
ноль цéлых (и) пять деся́тых	**0.5**	(nought) point five
три цéлых (и) четы́ре деся́тых	**3.4**	three point four
шесть цéлых (и) вóсемьдесят дéвять сóтых	**6.89**	six point eight nine
дéсять процéнтов	**10%**	ten per cent
сто процéнтов	**100%**	a hundred per cent

ДАТЫ И ВРЕМЯ / DATE AND TIME

котóрый час?	what time is it?
сейчáс 5 часóв	it is *or* it's 5 o'clock
в какóе врéмя?	at what time?
в *+acc* ...	at ...
в час дня	at one p.m.
пóлночь (*f*)	00.00, midnight
двáдцать четы́ре (часá) дéсять (минут), дéсять мину́т пéрвого	00.10, ten past midnight, ten past twelve a.m.
дéсять мину́т второ́го, час дéсять	01.10, ten past one, one ten
чéтверть второ́го, час пятнáдцать	01.15, a quarter past one, one fifteen
половúна второ́го, час трúдцать	01.30, half past one, one thirty
без чéтверти два, час сóрок пять	01.45, a quarter to two, one forty-five
без десятú два, час пятьдеся́т	01.50, ten to two, one fifty
двенáдцать часóв дня, пóлдень (*m*)	12.00, midday
половúна пéрвого, двенáдцать трúдцать дня	12.30, half past twelve, twelve thirty p.m.
тринáдцать часóв, час дня	13.00, one (o'clock) (in the afternoon), one p.m.
девятнáдцать часóв, семь часóв вéчера	19.00, seven (o'clock) (in the evening), seven p.m.
двáдцать одúн (час) трúдцать (мину́т), дéвять трúдцать вéчера	21.30, nine thirty (p.m. or at night)
двáдцать три (часá) сóрок пять (мину́т), без чéтверти двенáдцать, одúннадцать сóрок пять	23.45, a quarter to twelve, eleven forty-five p.m.

ез двáдцать минýт	in twenty minutes
дцать минýт назáд	twenty minutes ago
ижáйшие двáдцать минýт	in the next twenty minutes
вáдцать минýт	within twenty minutes
стя́ двáдцать минýт	after twenty minutes
иác двáдцать минýт	it's twenty after three (*US*)
гвёртого	
часá	half an hour
зерть часá	quarter of an hour
торá часá	an hour and a half
с чéтвертью	an hour and a quarter
ез час	in an hour's time
дый час	every hour, on the hour
ез час, кáждый час	hourly
ез час	in an hour from now
будите меня́ в семь часóв	wake me up at seven
вяти́ до пяти́	from nine to five
ух до трёх (часóв)	between two and three (o'clock)
óдня с девяти́ утрá	since nine o'clock this morning
десяти́ часóв вéчера	till ten o'clock tonight
ло трёх часóв дня	at about three o'clock in the afternoon
часá по Гри́нвичу	three o'clock GMT
лько начáло пя́того	it's just gone four
ле четырёх	at the back of four
óдня	today
кдый день/втóрник	every day/Tuesday
рá	yesterday
óдня ýтром	this morning
тра днём/вéчером	tomorrow afternoon/night
завчерá вéчером, позапрóшлой очью	the night before last
завчерá	the day before yesterday
рá вéчером, прóшлой нóчью	last night
дня́/шесть лет назáд	two days/six years ago
слезáвтра	the day after tomorrow
рéду	on Wednesday
хóдит тудá по срéдам	he goes there on Wednesdays
крыто по пя́тницам"	"closed on Fridays"
онедéльника до пя́тницы	from Monday to Friday
етвергý	by Thursday
-то в мáрте, в суббóту	one Saturday in March
рез недéлю	in a week's time
втóрник на слéдующей недéле	a week on *or* next Tuesday
оскресéнье на прóшлой недéле	a week last Sunday
рез понедéльник	Monday week
этой/слéдующей/прóшлой едéле	this/next/last week
рез две недéли	in two weeks *or* a fortnight
онедéльник чéрез две недéли	two weeks on Monday

в э́тот день шесть лет наза́д	six years to the day
пе́рвая/после́дняя пя́тница ме́сяца	the first/last Friday of the month
сле́дующий ме́сяц	next month
про́шлый год	last year
в конце́ ме́сяца	at the end of the month
два ра́за в неде́лю/ме́сяц/год	twice a week/month/year
како́е сего́дня число́?	what's the date?, what date is it today?
сего́дня 28-ое	today's date is the 28th, today is th 28th
пе́рвое января́	the first of January, January the firs
ты́сяча девятьсо́т шестьдеся́т пя́тый год	1965, nineteen (hundred and) sixty-five
я роди́лся в 1967-ом году́	I was born in 1967
у него́ день рожде́ния 5-го ию́ня	his birthday is on June 5th (*BRIT*) o 5th June (*US*)
18-го авгу́ста 1992	on 18th August (*BRIT*) or August 18 1992
с 19-го до 3-го	from the 19th to the 3rd
в 89-ом году́	in '89
весна́ 87-го го́да	the Spring of '87
в 1930-ых года́х	in (*or* during) the 1930s
в 1940-ы́х года́х	in 1940 something
в 2006-ом году́	in the year 2006
в 13-ом ве́ке	in the 13th century
4-ый год до н.э.	4 B.C.
70-ый год н.э.	70 A.D.

Товарные знаки

Слова, которые по нашему мнению, являются товарными знаками, получили соответствующее обозначение. Наличие или отсутствие обозначения не влияет на юридический статус того или иного товарного знака.

Trademarks

Words which we have reason to believe constitute trademarks have been designated as such. However, neither the presence or the absence such designation should be regarded as affecting the legal status of any trademark.

чéрез двáдцать минýт	in twenty minutes
двáдцать минýт назáд	twenty minutes ago
в ближáйшие двáдцать минýт	in the next twenty minutes
за двáдцать минýт	within twenty minutes
спустя́ двáдцать минýт	after twenty minutes
сейчáс двáдцать минýт четвёртого	it's twenty after three (*US*)
полчасá	half an hour
чéтверть часá	quarter of an hour
полторá часá	an hour and a half
час с чéтвертью	an hour and a quarter
чéрез час	in an hour's time
кáждый час	every hour, on the hour
чéрез час, кáждый час	hourly
чéрез час	in an hour from now
разбуди́те меня́ в семь часóв	wake me up at seven
с девяти́ до пяти́	from nine to five
с двух до трёх (часóв)	between two and three (o'clock)
сегóдня с девяти́ утрá	since nine o'clock this morning
до десяти́ часóв вéчера	till ten o'clock tonight
óколо трёх часóв дня	at about three o'clock in the afternoon
три часá по Грúнвичу	three o'clock GMT
тóлько начáло пя́того	it's just gone four
пóсле четырёх	at the back of four
сегóдня	today
кáждый день/втóрник	every day/Tuesday
вчерá	yesterday
сегóдня ýтром	this morning
зáвтра днём/вéчером	tomorrow afternoon/night
позавчерá вéчером, позапрóшлой нóчью	the night before last
позавчерá	the day before yesterday
вчерá вéчером, прóшлой нóчью	last night
два дня́/шесть лет назáд	two days/six years ago
послезáвтра	the day after tomorrow
в срéду	on Wednesday
он хóдит тудá по срéдам	he goes there on Wednesdays
"закры́то по пя́тницам"	"closed on Fridays"
с понедéльника до пя́тницы	from Monday to Friday
к четвергý	by Thursday
кáк-то в мáрте, в суббóту	one Saturday in March
чéрез недéлю	in a week's time
во втóрник на слéдующей недéле	a week on *or* next Tuesday
в воскресéнье на прóшлой недéле	a week last Sunday
чéрез понедéльник	Monday week
на э́той/слéдующей/прóшлой недéле	this/next/last week
чéрез две недéли	in two weeks *or* a fortnight
в понедéльник чéрез две недéли	two weeks on Monday

в э́тот день шесть лет наза́д	six years to the day
пе́рвая/после́дняя пя́тница ме́сяца	the first/last Friday of the month
сле́дующий ме́сяц	next month
про́шлый год	last year
в конце́ ме́сяца	at the end of the month
два ра́за в неде́лю/ме́сяц/год	twice a week/month/year
како́е сего́дня число́?	what's the date?, what date is it today?
сего́дня 28-ое	today's date is the 28th, today is the 28th
пе́рвое января́	the first of January, January the first
ты́сяча девятьсо́т шестьдеся́т пя́тый год	1965, nineteen (hundred and) sixty-five
я роди́лся в 1967-ом году́	I was born in 1967
у него́ день рожде́ния 5-го ию́ня	his birthday is on June 5th (*BRIT*) or 5th June (*US*)
18-го августа 1992	on 18th August (*BRIT*) or August 18 1992
с 19-го до 3-го	from the 19th to the 3rd
в 89-ом году́	in '89
весна́ 87-го го́да	the Spring of '87
в 1930-ых года́х	in (*or* during) the 1930s
в 1940-ых года́х	in 1940 something
в 2006-ом году́	in the year 2006
в 13-ом ве́ке	in the 13th century
4-ый год до н.э.	4 B.C.
70-ый год н.э.	70 A.D.

Товарные знаки

Слова, которые по нашему мнению, являются товарными знаками, получили соответствующее обозначение. Наличие или отсутствие обозначения не влияет на юридический статус того или иного товарного знака.

Trademarks

Words which we have reason to believe constitute trademarks have been designated as such. However, neither the presence or the absence of such designation should be regarded as affecting the legal status of any trademark.